人力资源社会保障政策法规大全

（1951—2017）

第 1 册

综合 · 公共就业 · 劳动关系 · 退役军人事务

《人力资源社会保障政策法规大全》编写组　编

中国民主法制出版社

图书在版编目(CIP)数据

人力资源社会保障政策法规大全：1951—2017 /《人力资源社会保障政策法规大全》编写组编. -- 北京：中国民主法制出版社，2019.5

ISBN 978-7-5162-1978-2

Ⅰ. ①人… Ⅱ. ①人… Ⅲ. ①人力资源管理—劳动政策—汇编—中国—1951-2017②人力资源管理—劳动法—汇编—中国—1951—2017③社会保障—福利政策—汇编—中国—1951—2017④社会保障—法规—汇编—中国—1951—2017 Ⅳ. ①F249.20②D922.509

中国版本图书馆 CIP 数据核字(2019)第 030812 号

图书出品人:刘海涛　　**出版统筹**:乔先彪
特约策划:陈明乾　　**责任编辑**:翟琰萍
发行总监:杨光捷　　**责任校对**:姚丽娅

书名/人力资源社会保障政策法规大全(1951—2017)
作者/《人力资源社会保障政策法规大全》编写组　编

出版·发行/中国民主法制出版社
北京市丰台区右安门外玉林里 7 号(100069)
电　话/(010)63055259(总编室) 63057714(营销中心)
传　真/(010)63056975 63056983
Http://www.npcpub.com
E-mail:mzfz@npcpub.com
经　销/新华书店
开　本/32 开(850mm×1168mm)
印　张/174　　字　数/4205 千
版　本/2019 年 5 月第 1 版　2019 年 5 月第 1 次印刷
印　刷/山东新华印刷厂潍坊厂

书　号/ISBN 978-7-5162-1978-2
定　价/698.00 元(全 4 册)

总说明

为贯彻依法治国方略，落实“法治人社”建设目标，宣传、普及人力资源社会保障政策法规知识，我们编写了这部《人力资源社会保障政策法规大全（1951—2017）》（以下简称《大全》）。按照业务类型，将全书分作七大部分。前六部分为国内法，第七部分为中国政府承认与批准加入的国际劳工公约，已废止文件目录附后。共收录政策法规文件 958 件；中国政府承认与批准加入的国际劳工公约 24 件；已废止人力资源社会保障文件目录 4146 件。

《大全》每五年修订再版一次。主要供以下人员使用：人力资源社会保障部门、经办机构和基层社区公共服务平台工作人员，政府相关部门有关人员，用人单位人力资源社会保障机构工作人员，人民法院有关审判人员，工会保障保护机构人员，社会法律工作者，高校有关专业师生。

将现行有效、连续使用且使用频率较高的人力资源社会保障政策法规汇集成册，把已废止文件列出目录附在正文之后，并按照统一体例进行编排，是一项十分浩繁的工作。由于编者对有关法规和政策文件学习不够，遗漏和错讹之处在所难免，敬请读者将在使用中发现的问题及时函告我们，以便再版时一并订正，在此谨表谢意！

《人力资源社会保障政策法规大全》编写组

2018 年 11 月

编写说明

本册是《人力资源社会保障政策法规大全(1951—2017)》的第1册,正文的第一至第四部分。包括:综合、公共就业、劳动关系和退役军人事务。共收录法律、行政法规、规章、地方性法规、政策性文件及相关法规304件。其中,综合86件,公共就业60件,劳动关系124件,退役军人事务34件。

《人力资源社会保障政策法规大全》编写组

2018年11月

凡　例

1. 本书采用先分类、后分级方法排序。先分类：首先按照“综合+业务版块”+附录形式排序。其中，业务版块包括六个部分，即综合、公共就业、劳动关系、退役军人事务、人事人才和社会保障。中国政府承认与批准加入的国际劳工公约单独作为一个版块，排在国内法的后边，不另加序号。已废止的文件，本书仅列出目录。因目录为编者根据相关文件整理而成，故附在本书正文后。后分级：在每一部分中，依据文件的法律效力，按照法律、行政法规、政府规章、规范性文件排序；不同层级的文件，国家文件在先，地方文件在后；同层级的文件，政府文件在先，部门文件在后；同为政府文件，效力高的在前。如，同为国务院文件，行政法规在前，其他文件在后；同为部门或地方政府文件，规章在前，其他文件在后。

2. 有关政府部门的称呼，严格按照原发文标准。如原文件标题无发文机关，则用“全称”或“标准简称”。两个发文机关共同发布的文件，国家发文机关的标题用全称或“标准简称”；地方发文机关，第一个用全称或“标准简称”，第二个省略地域名，如“××省人力资源和社会保障厅、省教育厅”等。有三个以上发文机关的，原则上编文号的为第一个发文机关，用全称或“标准简称”，其余用“等×部门”。

3. “政府令”用“标准简称”。如：“国务院令第×号”“人力资源和社会保障部令第×号”等。

4. 内文中的文字和阿拉伯数字用法，遵守国家有关文字出版物用法规定。对原文件中文字或数字用法不规范但国家又无明确规定的，本书本着既尊重原文，又考虑全书体例一致原则，仅作技术性的处理，但不涉及文件内容。

5. 对文件后的“附件”“附表”，有的属于不公开，有的属于无收录必要，则采取在文后另起一行加注，如“附表本书略”等。对原文附注，采用文后注，标明“原文注”字样。其他需要说明的事项，则加标“编者注”字样。

6. 对于摘录的文件，本书仅收录有关人力资源社会保障部分内容，书中不另加说明。

7. “废止文件目录”部分的已失效、废止或停止（不再）执行的文件，均指年度内有关机关公开印发的清理文件结果或在一文件中明令废止或不再执行（含部分内容不再执行）的某另一文件。类目通称“废止文件”，具体情形在目录中标明。目录系编者根据有关文件汇编而成，不是原文件。资料收集下限是2017年底。

总目录

目　录

第一部分　综　合

一、法律

五、国务院部门文件

六、山东省地方性法规

七、山东省人民政府文件

（一）山东省人民政府规章

八、中共山东省委组织部文件

九、山东省人力资源社会保障厅文件

十、山东省人民政府部门文件

第二部分　公共就业

一、综合

二、公共就业服务

第三部分　劳动关系

一、劳动合同

四、劳动人事争议调解仲裁

第四部分　退役军人事务

第一部分

综　合

一、法律

中华人民共和国宪法（摘录）

（1982年12月4日第五届全国人民代表大会第五次会议通过，1982年12月4日全国人民代表大会公告公布施行；根据1988年4月12日第七届全国人民代表大会第一次会议通过的《中华人民共和国宪法修正案》、1993年3月29日第八届全国人民代表大会第一次会议通过的《中华人民共和国宪法修正案》、1999年3月15日第九届全国人民代表大会第二次会议通过的《中华人民共和国宪法修正案》、2004年3月14日第十届全国人民代表大会第二次会议通过的《中华人民共和国宪法修正案》和2018年3月11日第十三届全国人民代表大会第一次会议通过的《中华人民共和国宪法修正案》修正）

第四十二条　中华人民共和国公民有劳动的权利和义务。

国家通过各种途径，创造劳动就业条件，加强劳动保护，改善劳动条件，并在发展生产的基础上，提高劳动报酬和福利待遇。

劳动是一切有劳动能力的公民的光荣职责。国有企业和城乡集体经济组织的劳动者都应当以国家主人翁的态度对待自己的劳动。国家提倡社会主义劳动竞赛，奖励劳动模范和先进工作者。国家提倡公民从事义务劳动。

国家对就业前的公民进行必要的劳动就业训练。

第四十三条　中华人民共和国劳动者有休息的权利。

国家发展劳动者休息和休养的设施，规定职工的工作时间和休假制度。

第四十四条 国家依照法律规定实行企业事业组织的职工和国家机关工作人员的退休制度。退休人员的生活受到国家和社会的保障。

第四十五条 中华人民共和国公民在年老、疾病或者丧失劳动能力的情况下，有从国家和社会获得物质帮助的权利。国家发展为公民享受这些权利所需要的社会保险、社会救济和医疗卫生事业。

国家和社会保障残废军人的生活，抚恤烈士家属，优待军人家属。

国家和社会帮助安排盲、聋、哑和其他有残疾的公民的劳动、生活和教育。

第四十八条 中华人民共和国妇女在政治的、经济的、文化的、社会的和家庭的生活等各方面享有同男子平等的权利。

国家保护妇女的权利和利益，实行男女同工同酬，培养和选拔妇女干部。

中华人民共和国劳动法

（1994年7月5日第八届全国人民代表大会常务委员会第八次会议通过，根据2009年8月27日第十一届全国人民代表大会常务委员会第十次会议《关于修改部分法律的决定》第一次修正）

第一章　总　则

第一条　为了保护劳动者的合法权益，调整劳动关系，建立和维护适应社会主义市场经济的劳动制度，促进经济发展和社会进步，根据宪法，制定本法。

第二条　在中华人民共和国境内的企业、个体经济组织（以下统称用人单位）和与之形成劳动关系的劳动者，适用本法。

国家机关、事业组织、社会团体和与之建立劳动合同关系的劳动者，依照本法执行。

第三条　劳动者享有平等就业和选择职业的权利、取得劳动报酬的权利、休息休假的权利、获得劳动安全卫生保护的权利、接受职业技能培训的权利、享受社会保险和福利的权利、提请劳动争议处理的权利以及法律规定的其他劳动权利。

劳动者应当完成劳动任务，提高职业技能，执行劳动安全卫生规程，遵守劳动纪律和职业道德。

第四条　用人单位应当依法建立和完善规章制度，保障劳动者享有劳动权利和履行劳动义务。

第五条　国家采取各种措施，促进劳动就业，发展职业教育，制定劳动标准，调节社会收入，完善社会保险，协调劳动关系，逐步提高劳动者的生活水平。

第六条 国家提倡劳动者参加社会义务劳动，开展劳动竞赛和合理化建议活动，鼓励和保护劳动者进行科学研究、技术革新和发明创造，表彰和奖励劳动模范和先进工作者。

第七条 劳动者有权依法参加和组织工会。

工会代表和维护劳动者的合法权益，依法独立自主地开展活动。

第八条 劳动者依照法律规定，通过职工大会、职工代表大会或者其他形式，参与民主管理或者就保护劳动者合法权益与用人单位进行平等协商。

第九条 国务院劳动行政部门主管全国劳动工作。

县级以上地方人民政府劳动行政部门主管本行政区域内的劳动工作。

第二章 促进就业

第十条 国家通过促进经济和社会发展，创造就业条件，扩大就业机会。

国家鼓励企业、事业组织、社会团体在法律、行政法规规定的范围内兴办产业或者拓展经营，增加就业。

国家支持劳动者自愿组织起来就业和从事个体经营实现就业。

第十一条 地方各级人民政府应当采取措施，发展多种类型的职业介绍机构，提供就业服务。

第十二条 劳动者就业，不因民族、种族、性别、宗教信仰不同而受歧视。

第十三条 妇女享有与男子平等的就业权利。在录用职工时，除国家规定的不适合妇女的工种或者岗位外，不得以性别为由拒绝录用妇女或者提高对妇女的录用标准。

第十四条 残疾人、少数民族人员、退出现役的军人的就业，法律、法规有特别规定的，从其规定。

第十五条　禁止用人单位招用未满十六周岁的未成年人。

文艺、体育和特种工艺单位招用未满十六周岁的未成年人，必须依照国家有关规定，履行审批手续，并保障其接受义务教育的权利。

第三章　劳动合同和集体合同

第十六条　劳动合同是劳动者与用人单位确立劳动关系、明确双方权利和义务的协议。

建立劳动关系应当订立劳动合同。

第十七条　订立和变更劳动合同，应当遵循平等自愿、协商一致的原则，不得违反法律、行政法规的规定。

劳动合同依法订立即具有法律约束力，当事人必须履行劳动合同规定的义务。

第十八条　下列劳动合同无效：

（一）违反法律、行政法规的劳动合同；

（二）采取欺诈、威胁等手段订立的劳动合同。

无效的劳动合同，从订立的时候起，就没有法律约束力。确认劳动合同部分无效的，如果不影响其余部分的效力，其余部分仍然有效。

劳动合同的无效，由劳动争议仲裁委员会或者人民法院确认。

第十九条　劳动合同应当以书面形式订立，并具备以下条款：

（一）劳动合同期限；

（二）工作内容；

（三）劳动保护和劳动条件；

（四）劳动报酬；

（五）劳动纪律；

（六）劳动合同终止的条件；

（七）违反劳动合同的责任。

劳动合同除前款规定的必备条款外，当事人可以协商约定其他内容。

第二十条 劳动合同的期限分为有固定期限、无固定期限和以完成一定的工作为期限。

劳动者在同一用人单位连续工作满十年以上，当事人双方同意续延劳动合同的，如果劳动者提出订立无固定期限的劳动合同，应当订立无固定期限的劳动合同。

第二十一条 劳动合同可以约定试用期。试用期最长不得超过六个月。

第二十二条 劳动合同当事人可以在劳动合同中约定保守用人单位商业秘密的有关事项。

第二十三条 劳动合同期满或者当事人约定的劳动合同终止条件出现，劳动合同即行终止。

第二十四条 经劳动合同当事人协商一致，劳动合同可以解除。

第二十五条 劳动者有下列情形之一的，用人单位可以解除劳动合同：

（一）在试用期间被证明不符合录用条件的；

（二）严重违反劳动纪律或者用人单位规章制度的；

（三）严重失职，营私舞弊，对用人单位利益造成重大损害的；

（四）被依法追究刑事责任的。

第二十六条 有下列情形之一的，用人单位可以解除劳动合同，但是应当提前三十日以书面形式通知劳动者本人：

（一）劳动者患病或者非因工负伤，医疗期满后，不能从事原工作也不能从事由用人单位另行安排的工作的；

（二）劳动者不能胜任工作，经过培训或者调整工作岗位，仍不能胜任工作的；

（三）劳动合同订立时所依据的客观情况发生重大变化，致使原劳动合同无法履行，经当事人协商不能就变更劳动合同达成协议的。

第二十七条 用人单位濒临破产进行法定整顿期间或者生产经营状况发生严重困难，确需裁减人员的，应当提前三十日向工会或者全体职工说明情况，听取工会或者职工的意见，经向劳动行政部门报告后，可以裁减人员。

用人单位依据本条规定裁减人员，在六个月内录用人员的，应当优先录用被裁减的人员。

第二十八条 用人单位依据本法第二十四条、第二十六条、第二十七条的规定解除劳动合同的，应当依照国家有关规定给予经济补偿。

第二十九条 劳动者有下列情形之一的，用人单位不得依据本法第二十六条、第二十七条的规定解除劳动合同：

（一）患职业病或者因工负伤并被确认丧失或者部分丧失劳动能力的；

（二）患病或者负伤，在规定的医疗期内的；

（三）女职工在孕期、产期、哺乳期内的；

（四）法律、行政法规规定的其他情形。

第三十条 用人单位解除劳动合同，工会认为不适当的，有权提出意见。如果用人单位违反法律、法规或者劳动合同，工会有权要求重新处理；劳动者申请仲裁或者提起诉讼的，工会应当依法给予支持和帮助。

第三十一条 劳动者解除劳动合同，应当提前三十日以书面形式通知用人单位。

第三十二条 有下列情形之一的，劳动者可以随时通知用人单位解除劳动合同：

（一）在试用期内的；

（二）用人单位以暴力、威胁或者非法限制人身自由的手段强迫劳动的；

（三）用人单位未按照劳动合同约定支付劳动报酬或者提供劳动条件的。

第三十三条 企业职工一方与企业可以就劳动报酬、工作时间、休息休假、劳动安全卫生、保险福利等事项，签订集体合同。集体合同草案应当提交职工代表大会或者全体职工讨论通过。

集体合同由工会代表职工与企业签订；没有建立工会的企业，由职工推举的代表与企业签订。

第三十四条 集体合同签订后应当报送劳动行政部门；劳动行政部门自收到集体合同文本之日起十五日内未提出异议的，集体合同即行生效。

第三十五条 依法签订的集体合同对企业和企业全体职工具有约束力。职工个人与企业订立的劳动合同中劳动条件和劳动报酬等标准不得低于集体合同的规定。

第四章 工作时间和休息休假

第三十六条 国家实行劳动者每日工作时间不超过八小时、平均每周工作时间不超过四十四小时的工时制度。

第三十七条 对实行计件工作的劳动者，用人单位应当根据本法第三十六条规定的工时制度合理确定其劳动定额和计件报酬标准。

第三十八条 用人单位应当保证劳动者每周至少休息一日。

第三十九条 企业因生产特点不能实行本法第三十六条、第三十八条规定的，经劳动行政部门批准，可以实行其他工作和休息办法。

第四十条 用人单位在下列节日期间应当依法安排劳动者休假：

（一）元旦；

（二）春节；

（三）国际劳动节；

（四）国庆节；

（五）法律、法规规定的其他休假节日。

第四十一条 用人单位由于生产经营需要，经与工会和劳动者协商后可以延长工作时间，一般每日不得超过一小时；因特殊原因需要延长工作时间的，在保障劳动者身体健康的条件下延长工作时间每日不得超过三小时，但是每月不得超过三十六小时。

第四十二条 有下列情形之一的，延长工作时间不受本法第四十一条的限制：

（一）发生自然灾害、事故或者因其他原因，威胁劳动者生命健康和财产安全，需要紧急处理的；

（二）生产设备、交通运输线路、公共设施发生故障，影响生产和公众利益，必须及时抢修的；

（三）法律、行政法规规定的其他情形。

第四十三条 用人单位不得违反本法规定延长劳动者的工作时间。

第四十四条 有下列情形之一的，用人单位应当按照下列标准支付高于劳动者正常工作时间工资的工资报酬：

（一）安排劳动者延长工作时间的，支付不低于工资的百分之一百五十的工资报酬；

（二）休息日安排劳动者工作又不能安排补休的，支付不低于工资的百分之二百的工资报酬；

（三）法定休假日安排劳动者工作的，支付不低于工资的百分之三百的工资报酬。

第四十五条 国家实行带薪年休假制度。

劳动者连续工作一年以上的，享受带薪年休假。具体办法由国务院规定。

第五章　工　资

第四十六条　工资分配应当遵循按劳分配原则，实行同工同酬。

工资水平在经济发展的基础上逐步提高。国家对工资总量实行宏观调控。

第四十七条　用人单位根据本单位的生产经营特点和经济效益，依法自主确定本单位的工资分配方式和工资水平。

第四十八条　国家实行最低工资保障制度。最低工资的具体标准由省、自治区、直辖市人民政府规定，报国务院备案。

用人单位支付劳动者的工资不得低于当地最低工资标准。

第四十九条　确定和调整最低工资标准应当综合参考下列因素：

（一）劳动者本人及平均赡养人口的最低生活费用；

（二）社会平均工资水平；

（三）劳动生产率；

（四）就业状况；

（五）地区之间经济发展水平的差异。

第五十条　工资应当以货币形式按月支付给劳动者本人。不得克扣或者无故拖欠劳动者的工资。

第五十一条　劳动者在法定休假日和婚丧假期间以及依法参加社会活动期间，用人单位应当依法支付工资。

第六章　劳动安全卫生

第五十二条　用人单位必须建立、健全劳动安全卫生制度，严格执行国家劳动安全卫生规程和标准，对劳动者进行劳动安全卫生教育，防止劳动过程中的事故，减少职业危害。

第五十三条　劳动安全卫生设施必须符合国家规定的标准。

新建、改建、扩建工程的劳动安全卫生设施必须与主体工程同时设计、同时施工、同时投入生产和使用。

第五十四条 用人单位必须为劳动者提供符合国家规定的劳动安全卫生条件和必要的劳动防护用品，对从事有职业危害作业的劳动者应当定期进行健康检查。

第五十五条 从事特种作业的劳动者必须经过专门培训并取得特种作业资格。

第五十六条 劳动者在劳动过程中必须严格遵守安全操作规程。

劳动者对用人单位管理人员违章指挥、强令冒险作业，有权拒绝执行；对危害生命安全和身体健康的行为，有权提出批评、检举和控告。

第五十七条 国家建立伤亡事故和职业病统计报告和处理制度。县级以上各级人民政府劳动行政部门、有关部门和用人单位应当依法对劳动者在劳动过程中发生的伤亡事故和劳动者的职业病状况，进行统计、报告和处理。

第七章 女职工和未成年工特殊保护

第五十八条 国家对女职工和未成年工实行特殊劳动保护。

未成年工是指年满十六周岁未满十八周岁的劳动者。

第五十九条 禁止安排女职工从事矿山井下、国家规定的第四级体力劳动强度的劳动和其他禁忌从事的劳动。

第六十条 不得安排女职工在经期从事高处、低温、冷水作业和国家规定的第三级体力劳动强度的劳动。

第六十一条 不得安排女职工在怀孕期间从事国家规定的第三级体力劳动强度的劳动和孕期禁忌从事的劳动。对怀孕七个月以上的女职工，不得安排其延长工作时间和夜班劳动。

第六十二条 女职工生育享受不少于九十天的产假。

第六十三条 不得安排女职工在哺乳未满一周岁的婴儿期间从事国家规定的第三级体力劳动强度的劳动和哺乳期禁忌从事的

其他劳动，不得安排其延长工作时间和夜班劳动。

第六十四条 不得安排未成年工从事矿山井下、有毒有害、国家规定的第四级体力劳动强度的劳动和其他禁忌从事的劳动。

第六十五条 用人单位应当对未成年工定期进行健康检查。

第八章 职业培训

第六十六条 国家通过各种途径，采取各种措施，发展职业培训事业，开发劳动者的职业技能，提高劳动者素质，增强劳动者的就业能力和工作能力。

第六十七条 各级人民政府应当把发展职业培训纳入社会经济发展的规划，鼓励和支持有条件的企业、事业组织、社会团体和个人进行各种形式的职业培训。

第六十八条 用人单位应当建立职业培训制度，按照国家规定提取和使用职业培训经费，根据本单位实际，有计划地对劳动者进行职业培训。

从事技术工种的劳动者，上岗前必须经过培训。

第六十九条 国家确定职业分类，对规定的职业制定职业技能标准，实行职业资格证书制度，由经过政府批准的考核鉴定机构负责对劳动者实施职业技能考核鉴定。

第九章 社会保险和福利

第七十条 国家发展社会保险事业，建立社会保险制度，设立社会保险基金，使劳动者在年老、患病、工伤、失业、生育等情况下获得帮助和补偿。

第七十一条 社会保险水平应当与社会经济发展水平和社会承受能力相适应。

第七十二条 社会保险基金按照保险类型确定资金来源，逐步实行社会统筹。用人单位和劳动者必须依法参加社会保险，缴纳社会保险费。

第七十三条 劳动者在下列情形下，依法享受社会保险待遇：

（一）退休；

（二）患病、负伤；

（三）因工伤残或者患职业病；

（四）失业；

（五）生育。

劳动者死亡后，其遗属依法享受遗属津贴。

劳动者享受社会保险待遇的条件和标准由法律、法规规定。

劳动者享受的社会保险金必须按时足额支付。

第七十四条 社会保险基金经办机构依照法律规定收支、管理和运营社会保险基金，并负有使社会保险基金保值增值的责任。

社会保险基金监督机构依照法律规定，对社会保险基金的收支、管理和运营实施监督。

社会保险基金经办机构和社会保险基金监督机构的设立和职能由法律规定。

任何组织和个人不得挪用社会保险基金。

第七十五条 国家鼓励用人单位根据本单位实际情况为劳动者建立补充保险。

国家提倡劳动者个人进行储蓄性保险。

第七十六条 国家发展社会福利事业，兴建公共福利设施，为劳动者休息、休养和疗养提供条件。

用人单位应当创造条件，改善集体福利，提高劳动者的福利待遇。

第十章 劳动争议

第七十七条 用人单位与劳动者发生劳动争议，当事人可以依法申请调解、仲裁、提起诉讼，也可以协商解决。

调解原则适用于仲裁和诉讼程序。

第七十八条 解决劳动争议，应当根据合法、公正、及时处理的原则，依法维护劳动争议当事人的合法权益。

第七十九条 劳动争议发生后，当事人可以向本单位劳动争议调解委员会申请调解；调解不成，当事人一方要求仲裁的，可以向劳动争议仲裁委员会申请仲裁。当事人一方也可以直接向劳动争议仲裁委员会申请仲裁。对仲裁裁决不服的，可以向人民法院提起诉讼。

第八十条 在用人单位内，可以设立劳动争议调解委员会。劳动争议调解委员会由职工代表、用人单位代表和工会代表组成。劳动争议调解委员会主任由工会代表担任。

劳动争议经调解达成协议的，当事人应当履行。

第八十一条 劳动争议仲裁委员会由劳动行政部门代表、同级工会代表、用人单位方面的代表组成。劳动争议仲裁委员会主任由劳动行政部门代表担任。

第八十二条 提出仲裁要求的一方应当自劳动争议发生之日起六十日内向劳动争议仲裁委员会提出书面申请。仲裁裁决一般应在收到仲裁申请的六十日内作出。对仲裁裁决无异议的，当事人必须履行。

第八十三条 劳动争议当事人对仲裁裁决不服的，可以自收到仲裁裁决书之日起十五日内向人民法院提起诉讼。一方当事人在法定期限内不起诉又不履行仲裁裁决的，另一方当事人可以申请人民法院强制执行。

第八十四条 因签订集体合同发生争议，当事人协商解决不成的，当地人民政府劳动行政部门可以组织有关各方协调处理。

因履行集体合同发生争议，当事人协商解决不成的，可以向劳动争议仲裁委员会申请仲裁；对仲裁裁决不服的，可以自收到仲裁裁决书之日起十五日内向人民法院提起诉讼。

第十一章　监督检查

第八十五条　县级以上各级人民政府劳动行政部门依法对用人单位遵守劳动法律、法规的情况进行监督检查，对违反劳动法律、法规的行为有权制止，并责令改正。

第八十六条　县级以上各级人民政府劳动行政部门监督检查人员执行公务，有权进入用人单位了解执行劳动法律、法规的情况，查阅必要的资料，并对劳动场所进行检查。

县级以上各级人民政府劳动行政部门监督检查人员执行公务，必须出示证件，秉公执法并遵守有关规定。

第八十七条　县级以上各级人民政府有关部门在各自职责范围内，对用人单位遵守劳动法律、法规的情况进行监督。

第八十八条　各级工会依法维护劳动者的合法权益，对用人单位遵守劳动法律、法规的情况进行监督。

任何组织和个人对于违反劳动法律、法规的行为有权检举和控告。

第十二章　法律责任

第八十九条　用人单位制定的劳动规章制度违反法律、法规规定的，由劳动行政部门给予警告，责令改正；对劳动者造成损害的，应当承担赔偿责任。

第九十条　用人单位违反本法规定，延长劳动者工作时间的，由劳动行政部门给予警告，责令改正，并可以处以罚款。

第九十一条　用人单位有下列侵害劳动者合法权益情形之一的，由劳动行政部门责令支付劳动者的工资报酬、经济补偿，并可以责令支付赔偿金：

（一）克扣或者无故拖欠劳动者工资的；

（二）拒不支付劳动者延长工作时间工资报酬的；

（三）低于当地最低工资标准支付劳动者工资的；

（四）解除劳动合同后，未依照本法规定给予劳动者经济补偿的。

第九十二条 用人单位的劳动安全设施和劳动卫生条件不符合国家规定或者未向劳动者提供必要的劳动防护用品和劳动保护设施的，由劳动行政部门或者有关部门责令改正，可以处以罚款；情节严重的，提请县级以上人民政府决定责令停产整顿；对事故隐患不采取措施，致使发生重大事故，造成劳动者生命和财产损失的，对责任人员比照刑法第一百八十七条的规定追究刑事责任。

第九十三条 用人单位强令劳动者违章冒险作业，发生重大伤亡事故，造成严重后果的，对责任人员依法追究刑事责任。

第九十四条 用人单位非法招用未满十六周岁的未成年人的，由劳动行政部门责令改正，处以罚款；情节严重的，由工商行政管理部门吊销营业执照。

第九十五条 用人单位违反本法对女职工和未成年工的保护规定，侵害其合法权益的，由劳动行政部门责令改正，处以罚款；对女职工或者未成年工造成损害的，应当承担赔偿责任。

第九十六条 用人单位有下列行为之一，由公安机关对责任人员处以十五日以下拘留、罚款或者警告；构成犯罪的，对责任人员依法追究刑事责任：

（一）以暴力、威胁或者非法限制人身自由的手段强迫劳动的；

（二）侮辱、体罚、殴打、非法搜查和拘禁劳动者的。

第九十七条 由于用人单位的原因订立的无效合同，对劳动者造成损害的，应当承担赔偿责任。

第九十八条 用人单位违反本法规定的条件解除劳动合同或者故意拖延不订立劳动合同的，由劳动行政部门责令改正；对劳动者造成损害的，应当承担赔偿责任。

第九十九条 用人单位招用尚未解除劳动合同的劳动者，对原用人单位造成经济损失的，该用人单位应当依法承担连带赔偿责任。

第一百条 用人单位无故不缴纳社会保险费的，由劳动行政部门责令其限期缴纳，逾期不缴的，可以加收滞纳金。

第一百零一条 用人单位无理阻挠劳动行政部门、有关部门及其工作人员行使监督检查权，打击报复举报人员的，由劳动行政部门或者有关部门处以罚款；构成犯罪的，对责任人员依法追究刑事责任。

第一百零二条 劳动者违反本法规定的条件解除劳动合同或者违反劳动合同中约定的保密事项，对用人单位造成经济损失的，应当依法承担赔偿责任。

第一百零三条 劳动行政部门或者有关部门的工作人员滥用职权、玩忽职守、徇私舞弊，构成犯罪的，依法追究刑事责任；不构成犯罪的，给予行政处分。

第一百零四条 国家工作人员和社会保险基金经办机构的工作人员挪用社会保险基金，构成犯罪的，依法追究刑事责任。

第一百零五条 违反本法规定侵害劳动者合法权益，其他法律、法规已规定处罚的，依照该法律、行政法规的规定处罚。

第十三章 附 则

第一百零六条 省、自治区、直辖市人民政府根据本法和本地区的实际情况，规定劳动合同制度的实施步骤，报国务院备案。

第一百零七条 本法自1995年1月1日起施行。

中华人民共和国工会法

（1992年4月3日第七届全国人民代表大会第五次会议通过，根据2001年10月27日第九届全国人民代表大会常务委员会第二十四次会议《关于修改〈中华人民共和国工会法〉的决定》第一次修正，根据2009年8月27日第十一届全国人民代表大会常务委员会第十次会议《关于修改部分法律的决定》第二次修正）

目　录

第一章　总　则

第一条　为保障工会在国家政治、经济和社会生活中的地位，确定工会的权利与义务，发挥工会在社会主义现代化建设事业中的作用，根据宪法，制定本法。

第二条　工会是职工自愿结合的工人阶级的群众组织。

中华全国总工会及其各工会组织代表职工的利益，依法维护职工的合法权益。

第三条　在中国境内的企业、事业单位、机关中以工资收入为主要生活来源的体力劳动者和脑力劳动者，不分民族、种族、性别、职业、宗教信仰、教育程度，都有依法参加和组织工会的权利。任何组织和个人不得阻挠和限制。

第四条　工会必须遵守和维护宪法，以宪法为根本的活动准则，以经济建设为中心，坚持社会主义道路、坚持人民民主专政、坚持中国共产党的领导、坚持马克思列宁主义毛泽东思想邓小平理论，坚持改革开放，依照工会章程独立自主地开展工作。

工会会员全国代表大会制定或者修改《中国工会章程》，章程不得与宪法和法律相抵触。

国家保护工会的合法权益不受侵犯。

第五条　工会组织和教育职工依照宪法和法律的规定行使民主权利，发挥国家主人翁的作用，通过各种途径和形式，参与管理国家事务、管理经济和文化事业、管理社会事务；协助人民政府开展工作，维护工人阶级领导的、以工农联盟为基础的人民民主专政的社会主义国家政权。

第六条　维护职工合法权益是工会的基本职责。工会在维护全国人民总体利益的同时，代表和维护职工的合法权益。

工会通过平等协商和集体合同制度，协调劳动关系，维护企业职工劳动权益。

工会依照法律规定通过职工代表大会或者其他形式，组织职工参与本单位的民主决策、民主管理和民主监督。

工会必须密切联系职工，听取和反映职工的意见和要求，关心职工的生活，帮助职工解决困难，全心全意为职工服务。

第七条　工会动员和组织职工积极参加经济建设，努力完成生产任务和工作任务。教育职工不断提高思想道德、技术业务和科学文化素质，建设有理想、有道德、有文化、有纪律的职工队伍。

第八条　中华全国总工会根据独立、平等、互相尊重、互不干涉内部事务的原则，加强同各国工会组织的友好合作关系。

第二章　工会组织

第九条　工会各级组织按照民主集中制原则建立。

各级工会委员会由会员大会或者会员代表大会民主选举产生。企业主要负责人的近亲属不得作为本企业基层工会委员会成员的人选。

各级工会委员会向同级会员大会或者会员代表大会负责并报告工作，接受其监督。

工会会员大会或者会员代表大会有权撤换或者罢免其所选举的代表或者工会委员会组成人员。

上级工会组织领导下级工会组织。

第十条　企业、事业单位、机关有会员二十五人以上的，应当建立基层工会委员会；不足二十五人的，可以单独建立基层工会委员会，也可以由两个以上单位的会员联合建立基层工会委员会，也可以选举组织员一人，组织会员开展活动。女职工人数较多的，可以建立工会女职工委员会，在同级工会领导下开展工作；女职工人数较少的，可以在工会委员会中设女职工委员。

企业职工较多的乡镇、城市街道，可以建立基层工会的联合会。

县级以上地方建立地方各级总工会。

同一行业或者性质相近的几个行业，可以根据需要建立全国的或者地方的产业工会。

全国建立统一的中华全国总工会。

第十一条　基层工会、地方各级总工会、全国或者地方产业工会组织的建立，必须报上一级工会批准。

上级工会可以派员帮助和指导企业职工组建工会，任何单位和个人不得阻挠。

第十二条　任何组织和个人不得随意撤销、合并工会组织。

基层工会所在的企业终止或者所在的事业单位、机关被撤销，该工会组织相应撤销，并报告上一级工会。

依前款规定被撤销的工会，其会员的会籍可以继续保留，具体管理办法由中华全国总工会制定。

第十三条 职工二百人以上的企业、事业单位的工会，可以设专职工会主席。工会专职工作人员的人数由工会与企业、事业单位协商确定。

第十四条 中华全国总工会、地方总工会、产业工会具有社会团体法人资格。

基层工会组织具备民法通则规定的法人条件的，依法取得社会团体法人资格。

第十五条 基层工会委员会每届任期三年或者五年。各级地方总工会委员会和产业工会委员会每届任期五年。

第十六条 基层工会委员会定期召开会员大会或者会员代表大会，讨论决定工会工作的重大问题。经基层工会委员会或者三分之一以上的工会会员提议，可以临时召开会员大会或者会员代表大会。

第十七条 工会主席、副主席任期未满时，不得随意调动其工作。因工作需要调动时，应当征得本级工会委员会和上一级工会的同意。

罢免工会主席、副主席必须召开会员大会或者会员代表大会讨论，非经会员大会全体会员或者会员代表大会全体代表过半数通过，不得罢免。

第十八条 基层工会专职主席、副主席或者委员自任职之日起，其劳动合同期限自动延长，延长期限相当于其任职期间；非专职主席、副主席或者委员自任职之日起，其尚未履行的劳动合同期限短于任期的，劳动合同期限自动延长至任期期满。但是，任职期间个人严重过失或者达到法定退休年龄的除外。

第三章　工会的权利和义务

第十九条　企业、事业单位违反职工代表大会制度和其他民主管理制度，工会有权要求纠正，保障职工依法行使民主管理的权利。

法律、法规规定应当提交职工大会或者职工代表大会审议、通过、决定的事项，企业、事业单位应当依法办理。

第二十条　工会帮助、指导职工与企业以及实行企业化管理的事业单位签订劳动合同。

工会代表职工与企业以及实行企业化管理的事业单位进行平等协商，签订集体合同。集体合同草案应当提交职工代表大会或者全体职工讨论通过。

工会签订集体合同，上级工会应当给予支持和帮助。

企业违反集体合同，侵犯职工劳动权益的，工会可以依法要求企业承担责任；因履行集体合同发生争议，经协商解决不成的，工会可以向劳动争议仲裁机构提请仲裁，仲裁机构不予受理或者对仲裁裁决不服的，可以向人民法院提起诉讼。

第二十一条　企业、事业单位处分职工，工会认为不适当的，有权提出意见。

企业单方面解除职工劳动合同时，应当事先将理由通知工会，工会认为企业违反法律、法规和有关合同，要求重新研究处理时，企业应当研究工会的意见，并将处理结果书面通知工会。

职工认为企业侵犯其劳动权益而申请劳动争议仲裁或者向人民法院提起诉讼的，工会应当给予支持和帮助。

第二十二条　企业、事业单位违反劳动法律、法规规定，有下列侵犯职工劳动权益情形，工会应当代表职工与企业、事业单位交涉，要求企业、事业单位采取措施予以改正；企业、事业单位应当予以研究处理，并向工会作出答复；企业、事业单位拒不改正的，工会可以请求当地人民政府依法作出处理：

（一）克扣职工工资的；

（二）不提供劳动安全卫生条件的；

（三）随意延长劳动时间的；

（四）侵犯女职工和未成年工特殊权益的；

（五）其他严重侵犯职工劳动权益的。

第二十三条 工会依照国家规定对新建、扩建企业和技术改造工程中的劳动条件和安全卫生设施与主体工程同时设计、同时施工、同时投产使用进行监督。对工会提出的意见，企业或者主管部门应当认真处理，并将处理结果书面通知工会。

第二十四条 工会发现企业违章指挥、强令工人冒险作业，或者生产过程中发现明显重大事故隐患和职业危害，有权提出解决的建议，企业应当及时研究答复；发现危及职工生命安全的情况时，工会有权向企业建议组织职工撤离危险现场，企业必须及时作出处理决定。

第二十五条 工会有权对企业、事业单位侵犯职工合法权益的问题进行调查，有关单位应当予以协助。

第二十六条 职工因工伤亡事故和其他严重危害职工健康问题的调查处理，必须有工会参加。工会应当向有关部门提出处理意见，并有权要求追究直接负责的主管人员和有关责任人员的责任。对工会提出的意见，应当及时研究，给予答复。

第二十七条 企业、事业单位发生停工、怠工事件，工会应当代表职工同企业、事业单位或者有关方面协商，反映职工的意见和要求并提出解决意见。对于职工的合理要求，企业、事业单位应当予以解决。工会协助企业、事业单位做好工作，尽快恢复生产、工作秩序。

第二十八条 工会参加企业的劳动争议调解工作。

地方劳动争议仲裁组织应当有同级工会代表参加。

第二十九条 县级以上各级总工会可以为所属工会和职工提供法律服务。

第三十条　工会协助企业、事业单位、机关办好职工集体福利事业，做好工资、劳动安全卫生和社会保险工作。

第三十一条　工会会同企业、事业单位教育职工以国家主人翁态度对待劳动，爱护国家和企业的财产，组织职工开展群众性的合理化建议、技术革新活动，进行业余文化技术学习和职工培训，组织职工开展文娱、体育活动。

第三十二条　根据政府委托，工会与有关部门共同做好劳动模范和先进生产（工作）者的评选、表彰、培养和管理工作。

第三十三条　国家机关在组织起草或者修改直接涉及职工切身利益的法律、法规、规章时，应当听取工会意见。

县级以上各级人民政府制定国民经济和社会发展计划，对涉及职工利益的重大问题，应当听取同级工会的意见。

县级以上各级人民政府及其有关部门研究制定劳动就业、工资、劳动安全卫生、社会保险等涉及职工切身利益的政策、措施时，应当吸收同级工会参加研究，听取工会意见。

第三十四条　县级以上地方各级人民政府可以召开会议或者采取适当方式，向同级工会通报政府的重要的工作部署和与工会工作有关的行政措施，研究解决工会反映的职工群众的意见和要求。

各级人民政府劳动行政部门应当会同同级工会和企业方面代表，建立劳动关系三方协商机制，共同研究解决劳动关系方面的重大问题。

第四章　基层工会组织

第三十五条　国有企业职工代表大会是企业实行民主管理的基本形式，是职工行使民主管理权力的机构，依照法律规定行使职权。

国有企业的工会委员会是职工代表大会的工作机构，负责职工代表大会的日常工作，检查、督促职工代表大会决议的执行。

第三十六条 集体企业的工会委员会，应当支持和组织职工参加民主管理和民主监督，维护职工选举和罢免管理人员、决定经营管理的重大问题的权力。

第三十七条 本法第三十五条、第三十六条规定以外的其他企业、事业单位的工会委员会，依照法律规定组织职工采取与企业、事业单位相适应的形式，参与企业、事业单位民主管理。

第三十八条 企业、事业单位研究经营管理和发展的重大问题应当听取工会的意见；召开讨论有关工资、福利、劳动安全卫生、社会保险等涉及职工切身利益的会议，必须有工会代表参加。

企业、事业单位应当支持工会依法开展工作，工会应当支持企业、事业单位依法行使经营管理权。

第三十九条 公司的董事会、监事会中职工代表的产生，依照公司法有关规定执行。

第四十条 基层工会委员会召开会议或者组织职工活动，应当在生产或者工作时间以外进行，需要占用生产或者工作时间的，应当事先征得企业、事业单位的同意。

基层工会的非专职委员占用生产或者工作时间参加会议或者从事工会工作，每月不超过三个工作日，其工资照发，其他待遇不受影响。

第四十一条 企业、事业单位、机关工会委员会的专职工作人员的工资、奖励、补贴，由所在单位支付。社会保险和其他福利待遇等，享受本单位职工同等待遇。

第五章 工会的经费和财产

第四十二条 工会经费的来源：

（一）工会会员缴纳的会费；

（二）建立工会组织的企业、事业单位、机关按每月全部职工工资总额的百分之二向工会拨缴的经费；

（三）工会所属的企业、事业单位上缴的收入；

（四）人民政府的补助；

（五）其他收入。

前款第二项规定的企业、事业单位拨缴的经费在税前列支。

工会经费主要用于为职工服务和工会活动。经费使用的具体办法由中华全国总工会制定。

第四十三条 企业、事业单位无正当理由拖延或者拒不拨缴工会经费，基层工会或者上级工会可以向当地人民法院申请支付令；拒不执行支付令的，工会可以依法申请人民法院强制执行。

第四十四条 工会应当根据经费独立原则，建立预算、决算和经费审查监督制度。

各级工会建立经费审查委员会。

各级工会经费收支情况应当由同级工会经费审查委员会审查，并且定期向会员大会或者会员代表大会报告，接受监督。工会会员大会或者会员代表大会有权对经费使用情况提出意见。

工会经费的使用应当依法接受国家的监督。

第四十五条 各级人民政府和企业、事业单位、机关应当为工会办公和开展活动，提供必要的设施和活动场所等物质条件。

第四十六条 工会的财产、经费和国家拨给工会使用的不动产，任何组织和个人不得侵占、挪用和任意调拨。

第四十七条 工会所属的为职工服务的企业、事业单位，其隶属关系不得随意改变。

第四十八条 县级以上各级工会的离休、退休人员的待遇，与国家机关工作人员同等对待。

第六章 法律责任

第四十九条 工会对违反本法规定侵犯其合法权益的，有权提请人民政府或者有关部门予以处理，或者向人民法院提起诉讼。

第五十条 违反本法第三条、第十一条规定，阻挠职工依法参加和组织工会或者阻挠上级工会帮助、指导职工筹建工会的，由劳动行政部门责令其改正；拒不改正的，由劳动行政部门提请县级以上人民政府处理；以暴力、威胁等手段阻挠造成严重后果，构成犯罪的，依法追究刑事责任。

第五十一条 违反本法规定，对依法履行职责的工会工作人员无正当理由调动工作岗位，进行打击报复的，由劳动行政部门责令改正、恢复原工作；造成损失的，给予赔偿。

对依法履行职责的工会工作人员进行侮辱、诽谤或者进行人身伤害，构成犯罪的，依法追究刑事责任；尚未构成犯罪的，由公安机关依照治安管理处罚法的规定处罚。

第五十二条 违反本法规定，有下列情形之一的，由劳动行政部门责令恢复其工作，并补发被解除劳动合同期间应得的报酬，或者责令给予本人年收入二倍的赔偿：

（一）职工因参加工会活动而被解除劳动合同的；

（二）工会工作人员因履行本法规定的职责而被解除劳动合同的。

第五十三条 违反本法规定，有下列情形之一的，由县级以上人民政府责令改正，依法处理：

（一）妨碍工会组织职工通过职工代表大会和其他形式依法行使民主权利的；

（二）非法撤销、合并工会组织的；

（三）妨碍工会参加职工因工伤亡事故以及其他侵犯职工合法权益问题的调查处理的；

（四）无正当理由拒绝进行平等协商的。

第五十四条 违反本法第四十六条规定，侵占工会经费和财产拒不返还的，工会可以向人民法院提起诉讼，要求返还，并赔偿损失。

第五十五条 工会工作人员违反本法规定，损害职工或者工会权益的，由同级工会或者上级工会责令改正，或者予以处分；情节严重的，依照《中国工会章程》予以罢免；造成损失的，应当承担赔偿责任；构成犯罪的，依法追究刑事责任。

第七章　附　则

第五十六条　中华全国总工会会同有关国家机关制定机关工会实施本法的具体办法。

第五十七条　本法自公布之日起施行。1950 年 6 月 29 日中央人民政府颁布的《中华人民共和国工会法》同时废止。

中华人民共和国
老年人权益保障法（摘录）

（1996年8月29日第八届全国人民代表大会常务委员会第二十一次会议通过，根据2009年8月27日第十一届全国人民代表大会常务委员会第十次会议《关于修改部分法律的决定》第一次修正，2012年12月28日第十一届全国人民代表大会常务委员会第三十次会议修订，根据2015年4月24日第十二届全国人民代表大会常务委员会第十四次会议《关于修改〈中华人民共和国电力法〉等六部法律的决定》第二次修正，根据2018年12月29日第十三届全国人民代表大会常务委员会第七次会议《关于修改〈中华人民共和国劳动法〉等七部法律的决定》第三次修正）

第二十八条 国家通过基本养老保险制度，保障老年人的基本生活。

第二十九条 国家通过基本医疗保险制度，保障老年人的基本医疗需要。享受最低生活保障的老年人和符合条件的低收入家庭中的老年人参加新型农村合作医疗和城镇居民基本医疗保险所需个人缴费部分，由政府给予补贴。

有关部门制定医疗保险办法，应当对老年人给予照顾。

第三十条 国家逐步开展长期护理保障工作，保障老年人的护理需求。

对生活长期不能自理、经济困难的老年人，地方各级人民政府应当根据其失能程度等情况给予护理补贴。

第三十四条 老年人依法享有的养老金、医疗待遇和其他待遇应当得到保障，有关机构必须按时足额支付，不得克扣、拖欠或者挪用。

国家根据经济发展以及职工平均工资增长、物价上涨等情况，适时提高养老保障水平。

第四十六条 国家建立健全养老服务人才培养、使用、评价和激励制度，依法规范用工，促进从业人员劳动报酬合理增长，发展专职、兼职和志愿者相结合的养老服务队伍。

国家鼓励高等学校、中等职业学校和职业培训机构设置相关专业或者培训项目，培养养老服务专业人才。

第五十三条 各级人民政府和有关部门应当为老年人及时、便利地领取养老金、结算医疗费和享受其他物质帮助提供条件。

第六十九条 老年人参加劳动的合法收入受法律保护。

任何单位和个人不得安排老年人从事危害其身心健康的劳动或者危险作业。

中华人民共和国
妇女权益保障法（摘录）

（1992年4月3日第七届全国人民代表大会第五次会议通过，根据2005年8月28日第十届全国人民代表大会常务委员会第十七次会议《关于修改〈中华人民共和国妇女权益保障法〉的决定》第一次修正，根据2018年10月26日第十三届全国人民代表大会常务委员会第六次会议《关于修改〈中华人民共和国野生动物保护法〉等十五部法律的决定》第二次修正）

第二十二条 国家保障妇女享有与男子平等的劳动权利和社会保障权利。

第二十三条 各单位在录用职工时，除不适合妇女的工种或者岗位外，不得以性别为由拒绝录用妇女或者提高对妇女的录用标准。

各单位在录用女职工时，应当依法与其签订劳动（聘用）合同或者服务协议，劳动（聘用）合同或者服务协议中不得规定限制女职工结婚、生育的内容。

禁止录用未满十六周岁的女性未成年人，国家另有规定的除外。

第二十四条 实行男女同工同酬。妇女在享受福利待遇方面享有与男子平等的权利。

第二十五条 在晋职、晋级、评定专业技术职务等方面，应当坚持男女平等的原则，不得歧视妇女。

第二十六条 任何单位均应根据妇女的特点，依法保护妇女在工作和劳动时的安全和健康，不得安排不适合妇女从事的工作和劳动。

妇女在经期、孕期、产期、哺乳期受特殊保护。

第二十七条 任何单位不得因结婚、怀孕、产假、哺乳等情形，降低女职工的工资，辞退女职工，单方解除劳动（聘用）合同或者服务协议。但是，女职工要求终止劳动（聘用）合同或者服务协议的除外。

各单位在执行国家退休制度时，不得以性别为由歧视妇女。

第二十八条 国家发展社会保险、社会救助、社会福利和医疗卫生事业，保障妇女享有社会保险、社会救助、社会福利和卫生保健等权益。

中华人民共和国
未成年人保护法（摘录）

（1991年9月4日第七届全国人民代表大会常务委员会第二十一次会议通过，2006年12月29日第十届全国人民代表大会常务委员会第二十五次会议第一次修订通过，根据2012年10月26日第十一届全国人民代表大会常务委员会第二十九次会议通过的《全国人民代表大会常务委员会关于修改〈中华人民共和国未成年人保护法〉的决定》第二次修正）

第三十八条 任何组织或者个人不得招用未满十六周岁的未成年人，国家另有规定的除外。

任何组织或者个人按照国家有关规定招用已满十六周岁未满十八周岁的未成年人的，应当执行国家在工种、劳动时间、劳动强度和保护措施等方面的规定，不得安排其从事过重、有毒、有害等危害未成年人身心健康的劳动或者危险作业。

第四十七条 未成年人已经完成规定年限的义务教育不再升学的，政府有关部门和社会团体、企业事业组织应当根据实际情况，对他们进行职业教育，为他们创造劳动就业条件。

第六十八条 非法招用未满十六周岁的未成年人，或者招用已满十六周岁的未成年人从事过重、有毒、有害等危害未成年人身心健康的劳动或者危险作业的，由劳动保障部门责令改正，处以罚款；情节严重的，由工商行政管理部门吊销营业执照。

中华人民共和国
人口与计划生育法（摘录）

（2001 年 12 月 29 日第九届全国人民代表大会常务委员会第二十五次会议通过，根据 2015 年 12 月 27 日第十二届全国人民代表大会常务委员会第十八次会议《关于修改〈中华人民共和国人口与计划生育法〉的决定》修正）

第二十三条 国家对实行计划生育的夫妻，按照规定给予奖励。

第二十四条 国家建立、健全基本养老保险、基本医疗保险、生育保险和社会福利等社会保障制度，促进计划生育。

国家鼓励保险公司举办有利于计划生育的保险项目。

有条件的地方可以根据政府引导、农民自愿的原则，在农村实行多种形式的养老保障办法。

第二十五条 符合法律、法规规定生育子女的夫妻，可以获得延长生育假的奖励或者其他福利待遇。

第二十六条 妇女怀孕、生育和哺乳期间，按照国家有关规定享受特殊劳动保护并可以获得帮助和补偿。

公民实行计划生育手术，享受国家规定的休假；地方人民政府可以给予奖励。

中华人民共和国法官法（摘录）

（1995年2月28日第八届全国人民代表大会常务委员会第十二次会议通过，根据2001年6月30日第九届全国人民代表大会常务委员会第二十二次会议《关于修改〈中华人民共和国法官法〉的决定》第一次修正，根据2017年9月1日第十二届全国人民代表大会常务委员会第二十九次会议《关于修改〈中华人民共和国法官法〉等八部法律的决定》第二次修正）

第十二章　工资保险福利

第三十六条　法官的工资制度和工资标准，根据审判工作特点，由国家规定。

第三十七条　法官实行定期增资制度。经考核确定为优秀、称职的，可以按照规定晋升工资；有特殊贡献的，可以按照规定提前晋升工资。

第三十八条　法官享受国家规定的审判津贴、地区津贴、其他津贴以及保险和福利待遇。

第十三章　辞职辞退

第三十九条　法官要求辞职，应当由本人提出书面申请，依照法律规定的程序免除其职务。

第四十条　法官有下列情形之一的，予以辞退：

（一）在年度考核中，连续两年确定为不称职的；

（二）不胜任现职工作，又不接受另行安排的；

（三）因审判机构调整或者缩减编制员额需要调整工作，本人拒绝合理安排的；

（四）旷工或者无正当理由逾假不归连续超过十五天，或者一年内累计超过三十天的；

（五）不履行法官义务，经教育仍不改正的。

第四十一条 辞退法官应当依照法律规定的程序免除其职务。

第十四章 退休

第四十二条 法官的退休制度，根据审判工作特点，由国家另行规定。

第四十三条 法官退休后，享受国家规定的养老保险金和其他待遇。

中华人民共和国检察官法（摘录）

（1995年2月28日第八届全国人民代表大会常务委员会第十二次会议通过，根据2001年6月30日第九届全国人民代表大会常务委员会第二十二次会议《关于修改〈中华人民共和国检察官法〉的决定》第一次修正，根据2017年9月1日第十二届全国人民代表大会常务委员会第二十九次会议《关于修改〈中华人民共和国法官法〉等八部法律的决定》第二次修正）

第十二章　工资保险福利

第三十九条　检察官的工资制度和工资标准，根据检察工作特点，由国家规定。

第四十条　检察官实行定期增资制度。经考核确定为优秀、称职的，可以按照规定晋升工资；有特殊贡献的，可以按照规定提前晋升工资。

第四十一条　检察官享受国家规定的检察津贴、地区津贴、其他津贴以及保险和福利待遇。

第十三章　辞职辞退

第四十二条　检察官要求辞职，应当由本人提出书面申请，依照法律规定的程序免除其职务。

第四十三条　检察官有下列情形之一的，予以辞退：

（一）在年度考核中，连续两年确定为不称职的；

（二）不胜任现职工作，又不接受另行安排的；

（三）因检察机构调整或者缩减编制员额需要调整工作，本人拒绝合理安排的；

（四）旷工或者无正当理由逾假不归连续超过十五天，或者一年内累计超过三十天的；

（五）不履行检察官义务，经教育仍不改正的。

第四十四条 辞退检察官应当依照法律规定的程序免除其职务。

第十四章 退 休

第四十五条 检察官的退休制度，根据检察工作特点，由国家另行规定。

第四十六条 检察官退休后，享受国家规定的养老保险金和其他待遇。

中华人民共和国教师法（摘录）

（1993年10月31日第八届全国人民代表大会常务委员会第四次会议通过，根据2009年8月27日第十一届全国人民代表大会常务委员会第十次会议通过的《全国人民代表大会常务委员会关于修改部分法律的决定》修正）

第六章　待　遇

第二十五条　教师的平均工资水平应当不低于或者高于国家公务员的平均工资水平，并逐步提高。建立正常晋级增薪制度，具体办法由国务院规定。

第二十六条　中小学教师和职业学校教师享受教龄津贴和其他津贴，具体办法由国务院教育行政部门会同有关部门制定。

第二十七条　地方各级人民政府对教师以及具有中专以上学历的毕业生到少数民族地区和边远贫困地区从事教育教学工作的，应当予以补贴。

第二十九条　教师的医疗同当地国家公务员享受同等的待遇；定期对教师进行身体健康检查，并因地制宜安排教师进行休养。

医疗机构应当对当地教师的医疗提供方便。

第三十条　教师退休或者退职后，享受国家规定的退休或者退职待遇。

县级以上地方人民政府可以适当提高长期从事教育教学工作的中小学退休教师的退休金比例。

第三十一条　各级人民政府应当采取措施，改善国家补助、集体支付工资的中小学教师的待遇，逐步做到在工资收入上与国家支付工资的教师同工同酬，具体办法由地方各级人民政府根据本地区的实际情况规定。

第三十二条 社会力量所办学校的教师的待遇，由举办者自行确定并予以保障。

中华人民共和国安全生产法（摘录）

（2002年6月29日第九届全国人民代表大会常务委员会第二十八次会议通过，根据2009年8月27日第十一届全国人民代表大会常务委员会第十次会议《关于修改部分法律的决定》第一次修正，根据2014年8月31日第十二届全国人民代表大会常务委员会第十次会议《关于修改〈中华人民共和国安全生产法〉的决定》第二次修正）

第二十三条 生产经营单位不得因安全生产管理人员依法履行职责而降低其工资、福利等待遇或者解除与其订立的劳动合同。

第二十五条 生产经营单位使用被派遣劳动者的，应当将被派遣劳动者纳入本单位从业人员统一管理，对被派遣劳动者进行岗位安全操作规程和安全操作技能的教育和培训。劳务派遣单位应当对被派遣劳动者进行必要的安全生产教育和培训。

第四十八条 生产经营单位必须依法参加工伤保险，为从业人员缴纳保险费。

第四十九条 生产经营单位与从业人员订立的劳动合同，应当载明有关保障从业人员劳动安全、防止职业危害的事项，以及依法为从业人员办理工伤保险的事项。

生产经营单位不得以任何形式与从业人员订立协议，免除或者减轻其对从业人员因生产安全事故伤亡依法应承担的责任。

第五十一条 生产经营单位不得因从业人员对本单位安全生产工作提出批评、检举、控告或者拒绝违章指挥、强令冒险作业而降低其工资、福利等待遇或者解除与其订立的劳动合同。

第五十八条 生产经营单位使用被派遣劳动者的，被派遣劳动者享有本法规定的从业人员的权利，并应当履行本法规定的从业人员的义务。

第一百零三条 生产经营单位与从业人员订立协议，免除或者减轻其对从业人员因生产安全事故伤亡依法应承担的责任的，该协议无效；对生产经营单位的主要负责人、个人经营的投资人处二万元以上十万元以下的罚款。

中华人民共和国企业破产法（摘录）

（2006年8月27日第十届全国人民代表大会常务委员会第二十三次会议通过）

第一百一十三条 破产财产在优先清偿破产费用和共益债务后，依照下列顺序清偿：

（一）破产人所欠职工的工资和医疗、伤残补助、抚恤费用，所欠的应当划入职工个人账户的基本养老保险、基本医疗保险费用，以及法律、行政法规规定应当支付给职工的补偿金；

（二）破产人欠缴的除前项规定以外的社会保险费用和破产人所欠税款；

（三）普通破产债权。破产财产不足以清偿要求的，按照比例分配。

破产企业的董事、监事和高级管理人员的工资按照该企业职工的平均工资计算。

第一百二十七条 债务人违反本法规定，拒不向人民法院提交或者提交不真实的财产状况说明、债务清册、债权清册、有关财务会计报告以及职工工资的支付情况和社会保险费用的缴纳情况的，人民法院可以对直接责任人员依法处以罚款。

第一百三十二条 本法施行后，破产人在本法公布之日前所欠职工的工资和医疗、伤残补助、抚恤费用，所欠的应当划入职工个人账户的基本养老保险、基本医疗保险费用，以及法律、行政法规规定应当支付给职工的补偿金，依照本法第一百一十三条的规定清偿后不足以清偿的部分，以本法第一百零九条规定的特定财产优先于对该特定财产享有担保权的权利人受偿。

中华人民共和国建筑法（摘录）

（1997 年 11 月 1 日第八届全国人民代表大会常务委员会第二十八次会议通过，根据 2011 年 4 月 22 日第十一届全国人民代表大会常务委员会第二十次会议《关于修改〈中华人民共和国建筑法〉的决定》修正）

第四十八条　建筑施工企业应当依法为职工参加工伤保险缴纳工伤保险费。鼓励企业为从事危险作业的职工办理意外伤害保险，支付保险费。

中华人民共和国刑法（摘录）

（1979 年 7 月 1 日第五届全国人民代表大会第二次会议通过，1997 年 3 月 14 日第八届全国人民代表大会第五次会议修订，根据 1999 年 12 月 25 日第九届全国人民代表大会常务委员会第十三次会议通过的《中华人民共和国刑法修正案》修正，根据 2001 年 8 月 31 日第九届全国人民代表大会常务委员会第二十三次会议通过的《中华人民共和国刑法修正案（二）》修正，根据 2001 年 12 月 29 日第九届全国人民代表大会常务委员会第二十五次会议通过的《中华人民共和国刑法修正案（三）》修正，根据 2002 年 12 月 28 日第九届全国人民代表大会常务委员会第三十一次会议通过的《中华人民共和国刑法修正案（四）》修正，根据 2005 年 2 月 28 日第十届全国人民代表大会常务委员会第十四次会议通过的《中华人民共和国刑法修正案（五）》修正，根据 2006 年 6 月 29 日第十届全国人民代表大会常务委员会第二十二次会议通过的《中华人民共和国刑法修正案（六）》修正，根据 2009 年 2 月 28 日第十一届全国人民代表大会常务委员会第七次会议通过的《中华人民共和国刑法修正案（七）》修正，根据 2011 年 2 月 25 日第十一届全国人民代表大会常务委员会第十九次会议通过的《中华人民共和国刑法修正案（八）》修正，根据 2015 年 8 月 29 日第十二届全国人民代表大会常务委员会第十六次会议通过的《中华人民共和国刑法修正案（九）》修正，根据 2017 年 11 月 4 日第十二届全国人民代表大会常务委员会第三十次会议通过的《中华人民共和国刑法修正案（十）》修正）

第二百四十四条 【强迫劳动罪】以暴力、威胁或者限制人身自由的方法强迫他人劳动的，处三年以下有期徒刑或者拘役，并处罚金；情节严重的，处三年以上十年以下有期徒刑，并处罚金。

明知他人实施前款行为，为其招募、运送人员或者有其他协助强迫他人劳动行为的，依照前款的规定处罚。

单位犯前两款罪的，对单位判处罚金，并对其直接负责的主管人员和其他直接责任人员，依照第一款的规定处罚。

第二百四十四条之一 【雇用童工从事危重劳动罪】违反劳动管理法规，雇用未满十六周岁的未成年人从事超强度体力劳动的，或者从事高空、井下作业的，或者在爆炸性、易燃性、放射性、毒害性等危险环境下从事劳动，情节严重的，对直接责任人员，处三年以下有期徒刑或者拘役，并处罚金；情节特别严重的，处三年以上七年以下有期徒刑，并处罚金。

有前款行为，造成事故，又构成其他犯罪的，依照数罪并罚的规定处罚。

第四百一十八条 【招收公务员、学生徇私舞弊罪】国家机关工作人员在招收公务员、学生工作中徇私舞弊，情节严重的，处三年以下有期徒刑或者拘役。

二、国务院文件

（一）行政法规

国务院关于职工探亲待遇的规定

（1981 年 3 月 6 日第五届全国人民代表大会常务委员会第十七次会议批准，1981 年 3 月 14 日国发〔1981〕36 号公布施行）

第一条 为了适当地解决职工同亲属长期远居两地的探亲问题，特制定本规定。

第二条 凡在国家机关、人民团体和全民所有制企业、事业单位工作满一年的固定职工，与配偶不住在一起，又不能在公休假日团聚的，可以享受本规定探望配偶的待遇；与父亲、母亲都不住在一起，又不能在公休假日团聚的，可以享受本规定探望父母的待遇。但是，职工与父亲或与母亲一方能够在公休假日团聚的，不能享受本规定探望父母的待遇。

第三条 职工探亲假期：

（一）职工探望配偶的，每年给予一方探亲假一次，假期为三十天。

（二）未婚职工探望父母，原则上每年给假一次，假期为二十天。如果因为工作需要，本单位当年不能给予假期，或者职工自愿两年探亲一次，可以两年给假一次，假期为四十五天。

（三）已婚职工探望父母的，每四年给假一次，假期为二十天。

探亲假期是指职工与配偶、父、母团聚的时间，另外，根据实际需要给予路程假。上述假期均包括公休假日和法定节日在内。

第四条 凡实行休假制度的职工（例如学校的教职工），应该在休假期间探亲；如果休假期较短，可由本单位适当安排，补足其探亲假的天数。

第五条 职工在规定的探亲假期和路程假期内，按照本人的标准工资发给工资。

第六条 职工探望配偶和未婚职工探望父母的往返路费，由所在单位负担。已婚职工探望父母的往返路费，在本人月标准工资百分之三十以内的，由本人自理，超过部分由所在单位负担。

第七条 各省、直辖市人民政府可以根据本规定制定实施细则，并抄送国家劳动总局备案。

自治区可以根据本规定的精神制定探亲规定，报国务院批准执行。

第八条 集体所有制企业、事业单位职工的探亲待遇，由各省、自治区、直辖市人民政府根据本地区的实际情况自行规定。

第九条 本规定自发布之日起施行。一九五八年二月九日《国务院关于工人、职员回家探亲的假期和工资待遇的暂行规定》同时废止。

国有企业富余职工安置规定

（1993年4月20日　国务院令第111号）

第一条　为了妥善安置国有企业富余职工，增强企业活力，提高企业经济效益，制定本规定。

第二条　安置国有企业（以下简称企业）中的富余职工，应当遵循企业自行安置为主、社会帮助安置为辅，保障富余职工基本生活的原则。

第三条　企业安置富余职工应当依照本规定采取拓展多种经营、组织劳务活动、发展第三产业、综合利用资源和其它措施。

企业行政主管部门、劳动行政主管部门和工会组织应当指导、帮助和支持企业做好富余职工安置工作，积极创造条件，培育和完善劳务市场，开辟社会安置渠道。

第四条　企业为安置富余职工而兴办的从事第三产业的独立核算企业，自开业之日起二年免征、三年减半征收企业所得税。

第五条　企业开办的劳动就业服务企业，应当承担安置本企业富余职工的任务。企业应当按照国家有关国有资产管理的规定，在资金、场地、原材料和设备等方面给予扶持。

第六条　企业组织本企业富余职工依法兴办的独立核算企业，可以承担本企业中原由外单位承包的技术改造或者劳务项目。

第七条　企业可以对富余职工实行待岗和转业培训，培训期间的工资待遇由企业自行确定。

第八条　经企业职工代表大会讨论同意并报企业行政主管部门备案，企业可以对职工实行有限期的放假。职工放假期间，由企业发给生活费。

孕期或者哺乳期的女职工，经本人申请，企业可以给予不超过二年的假期，放假期间发给生活费。假期内含产假的，产假期间按照国家规定发给工资。

第九条 职工距退休年龄不到五年的，经本人申请，企业领导批准，可以退出工作岗位休养。职工退出工作岗位休养期间，由企业发给生活费。已经实行退休费用统筹的地方，企业和退出工作岗位休养的职工应当按照有关规定缴纳基本养老保险费。职工退出工作岗位休养期间达到国家规定的退休年龄时，按照规定办理退休手续。职工退出工作岗位休养期间视为工龄，与其以前的工龄合并计算。

第十条 职工可以申请辞职。经企业批准辞职的职工，在办理辞职手续时，企业应当按照国家有关规定发给一次性生活补助费。

第十一条 按照本规定第八条、第九条规定发放的生活费在企业工资基金中列支，生活费标准由企业自主确定，但是不得低于省、自治区、直辖市人民政府规定的最低标准。

第十二条 企业因生产经营发生重大变化，必须裁减职工的，对劳动合同制职工，经企业职工代表大会讨论同意，可以提前解除劳动合同，但是应当按照合同约定履行义务；合同没有约定的，企业对被提前解除劳动合同的职工，按照其在本企业工作的年限，工龄每满一年，发给相当于本人一个月标准工资的补偿费。

第十三条 各级劳动行政主管部门和企业行政主管部门应当做好富余职工的社会安置和调剂工作，鼓励和帮助富余职工组织起来就业和自谋职业。企业之间调剂职工，可以正式调动，也可以临时借调；临时借调的，借调期间的工资和福利待遇由双方企业在协议中商定。

第十四条 富余职工由企业自行安置有困难到社会待业的，在待业期间，依法享受待业保险待遇。劳动行政主管部门和有关行政主管部门应当创造条件，帮助职工再就业。

第十五条 企业依照本规定兴办的独立核算企业安置的职工，按照国家有关规定纳入新办企业的职工人数和经济指标的统计范围。

第十六条 省、自治区、直辖市人民政府可以根据本规定制定实施办法。

第十七条 本规定由国务院劳动行政主管部门负责解释。

第十八条 本规定自发布之日起施行。

（二）规范性文件

国务院关于取消第二批行政审批项目和改变一批行政审批项目管理方式的决定（摘录）

（2003年2月27日　国发〔2003〕5号）

附件1

国务院决定取消的第二批行政审批项目目录（406项）

部门	序号	项目名称	设定依据	备　注
人事部	67	实行企业化管理（不享受财政资金补助）的事业单位工资总额计划的审批	《国务院办公厅关于印发〈人事部职能配置内设机构和人员编制规定〉的通知》（国办发〔1998〕107号）	
劳动保障部	68	基本医疗保险使用医院制剂的目录及给付比例备案	《劳动和社会保障部关于印发〈国家基本医疗保险药品目录〉的通知》（劳社部发〔2000〕11号）	

附件 2

国务院决定改变管理方式的行政审批项目目录（82项）

部门	序号	项目名称	设定依据	备注
劳动保障部	14	职工工伤伤残等级鉴定	《劳动部关于发布〈企业职工工伤保险试行办法〉的通知》（劳部发〔1996〕266号）	
	15	工伤护理等级鉴定	《劳动部关于发布〈企业职工工伤保险试行办法〉的通知》（劳部发〔1996〕266号）	
	16	非因工伤残或疾病完全丧失劳动能力等级鉴定	《劳动部关于发布〈企业职工工伤保险试行办法〉的通知》（劳部发〔1996〕266号）	
	17	职业培训教师上岗资格认定	《劳动部关于做好技工学校和就业训练中心及其他职业培训机构教师上岗资格认定工作的通知》（劳部发〔1997〕88号）	

国务院办公厅关于印发《人力资源和社会保障部主要职责内设机构和人员编制规定》的通知

（2008年7月12日　国办发〔2008〕68号）

各省、自治区、直辖市人民政府，国务院各部委、各直属机构：

《人力资源和社会保障部主要职责内设机构和人员编制规定》已经国务院批准，现予印发。

人力资源和社会保障部主要职责内设机构和人员编制规定

根据第十一届全国人民代表大会第一次会议批准的国务院机构改革方案和《国务院关于机构设置的通知》（国发〔2008〕11号），设立人力资源和社会保障部，为国务院组成部门。

一、职责调整

（一）划入的职责

将原人事部、原劳动和社会保障部的职责整合，划入人力资源和社会保障部。

（二）取消的职责

1. 已由国务院公布取消的行政审批事项。

2. 制定技工学校年度指导性招生计划。

3. 综合协调外商投资企业劳动工资政策。

4. 制定企业惩处职工的基本准则。

（三）划出移交的职责

1. 将制定中国公民出境就业管理政策，境外就业职业介绍机构资格认定、审批和监督检查等职责划给商务部。

2. 将国际职员服务性工作交给事业单位。

3. 将技工学校评估认定工作交给社会中介组织。

（四）加强的职责

1. 加强统筹机关企事业单位人员管理职责，完善劳动收入分配制度，充分发挥人力资源优势。

2. 加强统筹城乡就业和社会保障政策职责，建立健全从就业到养老的服务和保障体系。

3. 加强统筹人才市场与劳动力市场整合职责，加快建立统一规范的人力资源市场，促进人力资源合理流动、有效配置。

4. 加强统筹机关企事业单位基本养老保险职责，逐步提高基金统筹层次，推进基本养老保险制度改革。

5. 加强促进就业职责，健全公共就业服务体系，建立城乡劳动者平等就业制度，促进社会就业更加充分。

6. 加强组织实施劳动监察和协调农民工工作职责，切实维护劳动者合法权益。

二、主要职责

（一）拟订人力资源和社会保障事业发展规划、政策，起草人力资源和社会保障法律法规草案，制定部门规章，并组织实施和监督检查。

（二）拟订人力资源市场发展规划和人力资源流动政策，建立统一规范的人力资源市场，促进人力资源合理流动、有效配置。

（三）负责促进就业工作，拟订统筹城乡的就业发展规划和政策，完善公共就业服务体系，拟订就业援助制度，完善职业资格制度，统筹建立面向城乡劳动者的职业培训制度，牵头拟订高校毕业生就业政策，会同有关部门拟订高技能人才、农村实用人才培养和激励政策。

（四）统筹建立覆盖城乡的社会保障体系。统筹拟定城乡社会保险及其补充保险政策和标准，组织拟订全国统一的社会保险关系转续办法和基础养老金全国统筹办法，统筹拟订机关企事业单位基本养老保险政策并逐步提高基金统筹层次。会同有关部门拟订社会保险及其补充保险基金管理和监督制度，编制全国社会保险基金预决算草案，参与制定全国社会保障基金投资政策。

（五）负责就业、失业、社会保险基金预测预警和信息引导，拟订应对预案，实施预防、调节和控制，保持就业形势稳定和社会保险基金总体收支平衡。

（六）会同有关部门拟订机关、事业单位人员工资收入分配政策，建立机关企事业单位人员工资正常增长和支付保障机制，拟订机关企事业单位人员福利和离退休政策。

（七）会同有关部门指导事业单位人事制度改革，拟定事业单位人员和机关工勤人员管理政策，参与人才管理工作，制定专业技术人员管理和继续教育政策，牵头推进深化职称制度改革工作，健全博士后管理制度，负责高层次专业技术人才选拔和培养工作，拟订吸引国（境）外专家、留学人员来华（回国）工作或定居政策。

（八）会同有关部门拟定军队转业干部安置政策和安置计划，负责军队转业干部教育培训工作，组织拟订部分企业军队转业干部解困和稳定政策，负责自主择业军队转业干部管理服务工作。

（九）负责行政机关公务员综合管理，拟订有关人员调配政策和特殊人员安置政策，会同有关部门拟定国家荣誉制度和政府奖励制度。

（十）会同有关部门拟订农民工工作综合性政策和规划，推动农民工相关政策的落实，协调解决重点难点问题，维护农民工合法权益。

（十一）统筹拟订劳动、人事争议调解仲裁制度和劳动关系政策，完善劳动关系协调机制，制定消除非法使用童工政策和女工、未成年工的特殊劳动保护政策，组织实施劳动监察，协调劳动者维权工作，依法查处重大案件。

（十二）负责本部和国家公务员局国际交流与合作工作，制定派往国际组织职员管理制度。

（十三）承办国务院交办的其他事项。

三、内设机构

根据上述职责，人力资源和社会保障部设23个内设机构：

（一）办公厅

负责机关文电、会务、机要、档案、财务、政务公开、安全保密和信访工作。

（二）政策研究司

组织、开展人力资源和社会保障政策研究工作；承担重要文稿起草工作；协调专家咨询工作；承担人力资源和社会保障新闻发布等工作。

（三）法规司

起草相关法律法规草案和规章；承担机关有关规范性文件的合法性审核工作；承办相关行政复议和行政应诉工作。

（四）规划财务司

拟订人力资源和社会保障事业发展规划和年度计划；承担编制全国社会保险基金预决算草案工作；参与拟订社会保障资金（基金）财务管理制度；承担部属单位国有资产管理和审计工作；承担有关信息规划和统计管理工作；承担有关科技项目和国际援贷款项目管理工作。

（五）就业促进司

拟订就业规划和年度计划，拟订劳动者平等就业、农村劳动力转移就业和跨地区有序流动政策，健全公共就业服务体系；指导和规范公共就业服务信息管理；参与拟订专项就业资金使用管理办法；牵头拟订高校毕业生就业政策；拟订就业援助和特殊群体就业政策；拟订国（境）外人员（不含专家）入境就业管理政策。

（六）人力资源市场司

拟订人力资源市场发展政策和规划；拟订国（境）外人力资源服务机构市场准入管理制度；指导和监督对职业中介机构的管理；拟订人员调配政策，承办国家特殊需要人员的调配工作；按规定承办中央国家机关及其在京有关单位接收大中专毕业生、从京外调配人员事宜。

（七）军官转业安置司（国务院军队转业干部安置工作小组办公室）

拟订军队转业干部安置、培训政策和安置计划，完善培训和安置制度，承担中央国家机关及其在京有关单位安置、选调和培训工作；组织拟订部分企业军队转业干部解困和稳定政策；承担自主择业军队转业干部管理服务工作；承担国务院军队转业干部安置工作小组的具体工作。

（八）职业能力建设司

拟订城乡劳动者职业培训政策、规划；拟订高技能人才、农村使用人才培养和激励政策；在国家教育工作方针政策指导下，拟订技工学校及职业培训机构发展规划和管理规则，指导师资队伍和教材建设；完善职业技能资格制度；组织拟订职业分类、职业技能国家标准和行业标准。

（九）专业技术人员管理司

拟订专业技术人员管理和继续教育政策；承办深化职称制度改革事宜；健全博士后管理制度；承担高层次专业技术人才规划和培养工作，承担组织享受政府特殊津贴专家的选拔工作；拟订吸引国（境）外专家、留学人员来华（回国）工作或定居政策；拟订国（境）外机构在国内招聘专业技术骨干人才管理政策。

（十）事业单位人事管理司

指导事业单位人事制度改革和人事管理工作；拟订事业单位

人员和机关工勤人员管理政策；按照管理权限，承办事业单位专业技术岗位设置方案的核准或备案事宜；拟订事业单位招聘国（境）外人员（不含专家）政策。

（十一）农民工工作司

拟订农民工工作综合性政策和规划，维护农民工合法权益；推动农民工相关政策的落实，协调解决重点难点问题；协调处理涉及农民工的重大事件；指导、协调农民工工作信息建设。

（十二）劳动关系司

拟订劳动关系政策；拟订劳动合同和集体合同制度实施规范；拟订企业职工工资收入分配的宏观调控政策，指导和监督国有企业工资总额管理和企业负责人工资收入分配；完善企业职工离退休政策；指导劳动标准制定工作；拟订消除非法使用童工政策和女工、未成年工的特殊劳动保护政策。

（十三）工资福利司

拟订机关、事业单位工作人员工资收入分配、福利和离退休政策，牵头拟订驻外使领馆工作人员、驻港澳地区内派人员和机关事业单位驻外非外交人员工资政策；承担中央国家机关所属事业单位工资总额管理工作。

（十四）养老保险司

统筹拟订机关企事业单位基本养老保险及其补充养老保险政策，逐步提高基金统筹层次；拟订城镇居民养老保险政策、规划和标准；拟订养老保险基金管理办法；拟订养老保险基金预测预警制度；审核省级基本养老保险费率。

（十五）失业保险司

拟订失业保险政策、规划和标准；拟订失业保险基金管理办法；建立失业预警制度，拟订预防、调节和控制较大规模失业的政策；拟订经济结构调整中涉及职工安置权益保障的政策。

（十六）医疗保险司

统筹拟订医疗保险、生育保险政策、规划和标准；拟订医疗保险、生育保险基金管理办法；组织拟订定点医疗机构、药店的医疗保险服务和生育保险服务管理、结算办法及支付范围；拟订疾病、生育停工期间的津贴标准；拟订机关企事业单位补充医疗保险政策和管理办法。

（十七）工伤保险司

拟订工伤保险政策、规划和标准；完善工伤预防、认定和康复政策；组织拟订工伤伤残等级鉴定标准；组织拟订定点医疗机构、药店、康复机构、残疾辅助器具安装机构的资格标准。

（十八）农村社会保险司

拟订农村养老保险和被征地农民社会保障的政策、规划和标准；会同有关方面拟订农村社会保险基金管理办法；拟订征地方案中有关被征地农民社会保障措施的审核办法。

（十九）社会保险基金监督司

拟订社会保险及其补充保险基金监督制度、运营政策和运营机构资格标准；依法监督社会保险及其补充保险基金征缴、支付、管理和运营，并组织查处重大案件；参与拟订全国社会保障基金投资政策。

（二十）调解仲裁管理司

统筹拟订劳动、人事争议调解仲裁制度的实施规范，指导劳动、人事争议调解工作；指导开展劳动、人事争议预防工作；依法组织处理重大劳动、人事争议。

（二十一）劳动监察局

拟订劳动监察工作制度；组织实施劳动监察，依法查处和督办重大案件；指导地方开展劳动监察工作；协调劳动者维权工作，组织处理有关突发事件；承担其他人力资源和社会保障监督检查工作。

（二十二）国际合作司（港澳台办公室）

承办本部和国家公务员局国际交流合作工作；承办本部和国家公务员局与港澳台交流合作事宜；组织参加有关国际组织的活

动；承担人力资源和社会保障领域多边协议谈判工作；拟订派往国际组织职员管理制度。

（二十三）人事司

承担本部和国家公务员局的人事工作和机构编制工作；承办中央管理的部分领导人员的行政任免手续。机关党委负责机关、国家公务员局和在京直属单位的党群工作。离退休干部局负责机关、国家公务员局离退休干部工作，指导直属单位的离退休干部工作。

四、人员编制

人力资源和社会保障部机关行政编制为509名（含两委人员编制8名、援派机动编制8名、离退休干部工作人员编制41名）。其中：部长1名、副部长4名，司局级领导职数80名（含机关党委专职副书记2名、离退休干部局领导职数4名）。

五、其他事项

（一）管理国家外国专家局、国家公务员局。国家公务员局的人事党务、机关财务后勤、离退休干部、国际交流与合作事务，由人力资源和社会保障部管理。

（二）高校毕业生就业管理的职责分工。毕业生就业政策由人力资源和社会保障部牵头，会同教育部等部门拟订；毕业生离校前的就业指导和服务工作，由教育部负责；毕业生离校后的就业指导和服务工作，由人力资源和社会保障部负责。

（三）所属事业单位的设置、职责和编制事项另行规定。

六、附则

本规定由中央机构编制委员会办公室负责解释，其调整由中央机构编制委员会办公室按规定程序办理。

国务院办公厅关于在全国范围内开展厂办大集体改革工作的指导意见（摘录）

（2011 年 4 月 18 日　国办发〔2011〕18 号）

四、职工安置和劳动关系处理

（九）厂办大集体改制、关闭或破产的，应依法妥善处理与在职集体职工的劳动关系。与在职集体职工解除劳动关系的，应依法支付经济补偿。

（十）对在主办国有企业工作 10 年以上、已经与主办国有企业形成事实劳动关系的厂办大集体在职集体职工，主办国有企业要与其进行协商，依法与其签订劳动合同，或按照厂办大集体在职集体职工的安置政策予以安置。

（十一）对在厂办大集体工作或服务的主办国有企业职工，已与厂办大集体签订劳动合同的，可按照厂办大集体在职集体职工安置政策予以安置；未与厂办大集体签订劳动合同的，由主办国有企业妥善安置。

（十二）对距法定退休年龄不足 5 年（含 5 年）或工龄已满 30 年、再就业有困难的厂办大集体在职集体职工，可实行企业内部退养，发放基本生活费，并按规定继续为其缴纳社会保险费，达到退休年龄时正式办理退休手续。具体办法由地方人民政府、主办国有企业和厂办大集体协商确定。

（十三）对再就业有困难且接近内部退养年龄的厂办大集体在职集体职工，在解除劳动关系时，经企业与职工协商一致，可以签订社会保险缴费协议，由企业为职工缴纳基本养老保险费和职工基本医疗保险费，代替支付经济补偿金或生活补助费。缴费方式、缴费期限及具体人员范围等由当地人民政府确定。

（十四）厂办大集体可用净资产支付解除在职集体职工劳动关系的经济补偿金。净资产如有剩余，剩余部分作为主办国有企业持有改制企业的股权，也可向改制企业的员工或外部投资者转让，转让收益归主办国有企业所有。

（十五）厂办大集体净资产不足以支付解除在职集体职工劳动关系经济补偿金的，差额部分所需资金由主办国有企业、地方财政和中央财政共同承担。其中，对地方国有企业兴办的厂办大集体，中央财政补助 50%；对中央下放地方的煤炭、有色、军工等企业兴办的厂办大集体，中央财政补助 100%；对中央企业兴办的厂办大集体，中央财政将根据企业效益等具体情况确定补助比例，原则上不超过 50%。中央财政补助资金可统筹用于安置厂办大集体职工。

（十六）对厂办大集体改革进度快、实施效果好的城市，中央财政将按照“奖补结合”的原则，提高对地方国有企业兴办的厂办大集体的补助比例。在 2011 年底前完成改革的，中央财政补助 80%；2012 年底前完成改革的，中央财政补助 70%；2013 年底前完成改革的，中央财政补助 60%；2014 年及以后完成改革的不予奖励。

五、社会保障政策

（十七）厂办大集体职工与企业解除劳动关系后，就业扶持政策按国家有关规定执行，并按规定接续各项社会保险关系，符合条件的，享受相应的社会保险待遇。

（十八）厂办大集体与职工解除劳动关系前，欠缴的各项社会保险费用，应足额补缴。个人欠缴部分由个人补齐；企业欠缴部分，经有关部门认定后，可制定补缴计划，分期补缴，但企业缴费划入职工个人账户部分和职工个人缴费部分应一次性补齐。关闭、破产的厂办大集体确实无法通过资产变现补缴的基本养老保险欠费，除企业缴费中应划入职工养老保险个人账户部分外，可按有关规定报经批准后核销。

（十九）对未参加基本养老保险的厂办大集体在职集体职工和退休人员，各地要根据实际情况，采取切实措施，按照自愿原则，纳入基本养老保险范围，并根据未参保人员的负担能力和年龄情况合理确定缴费标准。

（二十）厂办大集体的困难职工，凡符合城市居民最低生活保障条件的，应按规定纳入最低生活保障范围，切实做到应保尽保。

国务院关于取消和调整一批行政审批项目等事项的决定（摘录）

（2014年7月22日　国发〔2014〕27号）

附件2

国务院决定取消的职业资格许可和认定事项目录

（共计11项）

序号	项目名称	实施部门（单位）	其他共同实施部门	设定依据	处理决定
1	房地产经纪人	住房城乡建设部	人力资源社会保障部	《房地产经纪人员职业资格制度暂行规定》（人发〔2001〕128号）	取消
2	注册税务师	税务总局	人力资源社会保障部	《注册税务师资格制度暂行规定》（人发〔1996〕116号）	取消
3	质量专业技术人员	质检总局	人力资源社会保障部	《质量专业技术人员职业资格考试暂行规定》（人发〔2000〕123号）	取消
4	土地登记代理人	国土资源部	人力资源社会保障部	《土地登记代理人职业资格制度暂行规定》（人发〔2002〕116号）	取消

续表

序号	项目名称	实施部门（单位）	其他共同实施部门	设定依据	处理决定
5	矿业权评估师	国土资源部	人力资源社会保障部	《矿业权评估师执业资格制度暂行规定》（人发〔2000〕82号）	取消
6	国际商务专业人员	商务部	人力资源社会保障部	《国际商务专业人员职业资格制度暂行规定》（人发〔2002〕70号）	取消
7	注册资产评估师	财政部	人力资源社会保障部	《注册资产评估师执业资格制度暂行规定》（人职发〔1995〕54号）	取消
8	企业法律顾问	国务院国资委	司法部、人力资源社会保障部	《企业法律顾问执业资格制度暂行规定》（人发〔1997〕26号）	取消
9	建筑业企业项目经理	中国冶金建设协会	无	《建筑施工企业项目经理资质管理办法》（建建〔1995〕1号）	取消
10	水利工程质量与安全监督员	水利部	无	《水利工程质量监督管理规定》（水建〔1997〕339号） 《水利工程建设安全生产管理规定》（水利部令2005年第26号）	取消

续表

序号	项目名称	实施部门（单位）	其他共同实施部门	设定依据	处理决定
11	品牌管理师	中国商业联合会	无	《品牌管理专业人员技术条件（SB/T 10761-2012）》（商务部公告2012年第58号）	取消

国务院关于取消和调整一批行政审批项目等事项的决定（摘录）

（2014年10月23日　国发〔2014〕50号）

附件2

国务院决定取消的职业资格许可和认定事项目录

（共计67项）

一、取消的专业技术人员职业资格许可和认定事项（共计26项，其中准入类14项，水平评价类12项）

序号	项目名称	实施部门（单位）	资格类别	设定依据	处理决定	备注
1	土地估价师资格	国土资源部	准入类	《土地估价师资格考试管理办法》（国土资源部令2006年第35号）	取消	
2	机动车驾驶员培训机构教学负责人、机动车驾驶员培训结业考核人员从业资格	交通运输部	准入类	《道路运输从业人员管理规定》（交通部令2006年第9号）	取消	
3	公路水运工程试验检测人员资格	交通运输部	准入类	《公路水运工程试验检测管理办法》（交通部令2005年第12号）	取消	

续表

序号	项目名称	实施部门（单位）	资格类别	设定依据	处理决定	备注
4	理货人员从业资格	交通运输部	准入类	《关于印发〈理货人员从业资格管理办法〉等三个办法的通知》（交水发〔2007〕575号）	取消	
5	水土保持监测人员上岗资格	水利部	准入类	《水土保持生态环境监测网络管理办法》（水利部令2000年第12号）	取消	
6	拍卖行业从业人员资格	中国拍卖行业协会	准入类	《拍卖管理办法》（商务部令2004年第24号）	取消	原实施单位为国资委管理的行业协会
7	机械工业质量管理咨询师	中国机械工业质量管理协会	准入类	《关于试行机械工业质量管理咨询诊断师证书的暂行规定》（机质字〔1984〕242号）	取消	

续表

序号	项目名称	实施部门（单位）	资格类别	设定依据	处理决定	备注
8	机械工业标准复核人员资格	中国机械工业标准化技术协会	准入类	《机械工业标准复核人员管理细则（试行）》（机科标〔1994〕38号）	取消	
9	机械工业企业标准化人员资格	中国机械工业标准化技术协会	准入类	《关于开展机械工业企业标准化培训工作的通知》（机科标〔1995〕93号）	取消	
10	出入境检验检疫报检员资格	质检总局	准入类	《国务院对确需保留的行政审批项目设定行政许可的决定》（国务院令第412号）《中华人民共和国进出口商品检验法实施条例》（国务院令第447号）	取消	

续表

序号	项目名称	实施部门（单位）	资格类别	设定依据	处理决定	备注
11	外国证券类机构驻华代表机构首席代表资格核准	证监会	准入类	《国务院对确需保留的行政审批项目设定行政许可的决定》（国务院令第412号）	取消	
12	保荐代表人资格	证监会	准入类	《国务院对确需保留的行政审批项目设定行政许可的决定》（国务院令第412号）	取消	
13	保险公司精算专业人员资格认可	保监会	准入类	《中华人民共和国保险法》	取消	
14	保险公估机构高级管理人员任职资格核准	保监会	准入类	《国务院对确需保留的行政审批项目设定行政许可的决定》（国务院令第412号）	取消	

续表

序号	项目名称	实施部门（单位）	资格类别	设定依据	处理决定	备注
15	注册企业培训师	国家发展改革委	水平评价类	无	取消	原由中国人力资源开发研究会具体实施
16	中国职业经理人	国家发展改革委	水平评价类	无	取消	原由中国人力资源开发研究会具体实施
17	商业企业价格人员岗位资格行业认证	国家发展改革委	水平评价类	《价格认证管理办法》（计价格〔1999〕1074号）《商业企业价格人员岗位资格行业认证办法（试行）》（发改价证认〔2004〕36号）	取消	原由国家发展改革委价格认证中心具体实施

续表

序 号	项目名称	实施部门（单位）	资格类别	设定依据	处理决定	备 注
18	机械工业企业价格人员岗位资格行业认证	国家发展改革委	水平评价类	《价格认证管理办法》（计价格〔1999〕1074号） 《全国机械工业企业价格人员岗位资格行业认证办法（试行）》（中机联人〔2006〕56号）	取消	原由国家发展改革委价格认证中心具体实施
19	建设项目水资源论证上岗资格	水利部	水平评价类	《建设项目水资源论证管理办法》（水利部、国家发展计划委员会令2002年第15号） 《水文水资源调查评价资质和建设项目水资源论证资质管理办法（试行）》（水利部令2003年第17号）	取消	

续表

序号	项目名称	实施部门（单位）	资格类别	设定依据	处理决定	备注
20	内部审计人员岗位资格	审计署	水平评价类	《内部审计人员岗位资格证书实施办法》（中内协发〔2003〕22号）《审计署关于内部审计工作的规定》（审计署令2003年第4号）	取消	
21	特许经营管理师	中国商业联合会	水平评价类	《特许经营管理师》协会标准（CGCC/Z0005－2007）	取消	原实施单位为国资委管理的行业协会
22	QC小组活动诊断师	中国机械工业质量管理协会	水平评价类	无	取消	
23	机械工业质量管理奖评审员	中国机械工业质量管理协会	水平评价类	无	取消	
24	知识产权管理工程师	国家知识产权局	水平评价类	无	取消	

续表

序号	项目名称	实施部门（单位）	资格类别	设定依据	处理决定	备注
25	金融理财师	原由中国人民银行中国金融教育发展基金会实施，2009年后由社会机构自行实施	水平评价类	无	取消	
26	国际金融理财师	原由中国人民银行中国金融教育发展基金会实施，2009年后由社会机构自行实施	水平评价类	无	取消	

二、取消的技能人员职业资格许可和认定事项(共计41项,其中准入类1项,水平评价类40项)

序号	项目名称	实施部门(单位)	资格类别	设定依据	处理决定	备注
1	中央储备粮保管、检验、防治人员资格认定	国家粮食局	准入类	《中央储备粮管理条例》(国务院令第388号)	取消	
2	长途电话交换机务员	工业和信息化部	水平评价类	《邮电通信行业职业技能标准(试行)》(邮部联〔1996〕515号) 《关于颁发〈国家职业技能鉴定规范(邮电营业员等57职业)〉(考核大纲)的通知》(邮部联〔1996〕1060号)	取消	
3	市内电话交换机务员	工业和信息化部	水平评价类	《邮电通信行业职业技能标准(试行)》(邮部联〔1996〕515号) 《关于颁发〈国家职业技能鉴定规范(邮电营业员等57职业)〉(考核大纲)的通知》(邮部联〔1996〕1060号)	取消	

续表

序号	项目名称	实施部门（单位）	资格类别	设定依据	处理决定	备注
4	邮电业务营销员	工业和信息化部	水平评价类	《邮电通信行业职业技能标准（试行）》（邮部联〔1996〕515号）《关于颁发〈国家职业技能鉴定规范（邮电营业员等57职业）〉（考核大纲）的通知》（邮部联〔1996〕1060号）	取消	
5	割草机操作工	农业部	水平评价类	无	取消	
6	农产品加工机械操作工	农业部	水平评价类	无	取消	
7	农业技术推广员（水产）	农业部	水平评价类	无	取消	
8	品种试验员	农业部	水平评价类	无	取消	
9	水稻直播机操作工	农业部	水平评价类	无	取消	
10	植物组织培养员	农业部	水平评价类	无	取消	

续表

序号	项目名称	实施部门（单位）	资格类别	设定依据	处理决定	备注
11	种子贮藏技术人员	农业部	水平评价类	无	取消	
12	健康教育指导师资格	国家卫生计生委	水平评价类	《全国健康教育与健康促进工作规划纲要（2005—2010年）》（卫妇社发〔2005〕11号）	取消	
13	中国保健行业心理保健师资格	国家卫生计生委	水平评价类	无	取消	
14	中国保健行业营养保健师资格	国家卫生计生委	水平评价类	无	取消	
15	安全评价人员资格	安全监管总局	水平评价类	《安全评价人员资格登记管理规则》（安监总规划字〔2005〕108号）	取消	
16	松香包装工	国家林业局	水平评价类	《中华人民共和国工种分类目录》（1992）	取消	
17	木材搬运工	国家林业局	水平评价类	《中华人民共和国工种分类目录》（1992）	取消	

续表

序号	项目名称	实施部门（单位）	资格类别	设定依据	处理决定	备注
18	挂杆复烤工	国家烟草局	水平评价类	《中华人民共和国职业分类大典》(1999)	取消	
19	不间断电源机务员	中国民航局	水平评价类	《关于印发民航行业飞机维护机械员等79个工种〈国家职业技能鉴定规范〉的通知》(劳社培就司发〔1999〕60号)	取消	民航行业已依照有关规章实施人员内部管理
20	测距设备机务员	中国民航局	水平评价类	《关于印发民航行业飞机维护机械员等79个工种〈国家职业技能鉴定规范〉的通知》(劳社培就司发〔1999〕60号)	取消	同上
21	电话交换机机务员	中国民航局	水平评价类	《关于印发民航行业飞机维护机械员等79个工种〈国家职业技能鉴定规范〉的通知》(劳社培就司发〔1999〕60号)	取消	同上

续表

序号	项目名称	实施部门（单位）	资格类别	设定依据	处理决定	备注
22	电讯材料员	中国民航局	水平评价类	《关于印发民航行业飞机维护机械员等79个工种〈国家职业技能鉴定规范〉的通知》（劳社培就司发〔1999〕60号）	取消	民航行业已依照有关规章实施人员内部管理
23	二次雷达机务员	中国民航局	水平评价类	《关于印发民航行业飞机维护机械员等79个工种〈国家职业技能鉴定规范〉的通知》（劳社培就司发〔1999〕60号）	取消	同上
24	飞机（苏式）维护电气员	中国民航局	水平评价类	《关于印发民航行业飞机维护机械员等79个工种〈国家职业技能鉴定规范〉的通知》（劳社培就司发〔1999〕60号）	取消	同上

续表

序号	项目名称	实施部门（单位）	资格类别	设定依据	处理决定	备注
25	飞机（苏式）维护无线电、雷达员	中国民航局	水平评价类	《关于印发民航行业飞机维护机械员等79个工种〈国家职业技能鉴定规范〉的通知》（劳社培就司发〔1999〕60号）	取消	民航行业已依照有关规章实施人员内部管理
26	飞机（苏式）维护仪表员	中国民航局	水平评价类	《关于印发民航行业飞机维护机械员等79个工种〈国家职业技能鉴定规范〉的通知》（劳社培就司发〔1999〕60号）	取消	同上
27	飞机电气修理工	中国民航局	水平评价类	《关于印发民航行业飞机维护机械员等79个工种〈国家职业技能鉴定规范〉的通知》（劳社培就司发〔1999〕60号）	取消	同上

续表

序号	项目名称	实施部门（单位）	资格类别	设定依据	处理决定	备注
28	飞机机械附件修理工	中国民航局	水平评价类	《关于印发民航行业飞机维护机械员等79个工种〈国家职业技能鉴定规范〉的通知》（劳社培就司发〔1999〕60号）	取消	民航行业已依照有关规章实施人员内部管理
29	飞机结构修理工	中国民航局	水平评价类	《关于印发民航行业飞机维护机械员等79个工种〈国家职业技能鉴定规范〉的通知》（劳社培就司发〔1999〕60号）	取消	同上
30	飞机气动、救生设备修理工	中国民航局	水平评价类	《关于印发民航行业飞机维护机械员等79个工种〈国家职业技能鉴定规范〉的通知》（劳社培就司发〔1999〕60号）	取消	同上

续表

序号	项目名称	实施部门（单位）	资格类别	设定依据	处理决定	备注
31	飞机维护电气员	中国民航局	水平评价类	《关于印发民航行业飞机维护机械员等79个工种〈国家职业技能鉴定规范〉的通知》（劳社培就司发〔1999〕60号）	取消	民航行业已依照有关规章实施人员内部管理
32	飞行计划处理设备机务员	中国民航局	水平评价类	《关于印发民航行业飞机维护机械员等79个工种〈国家职业技能鉴定规范〉的通知》（劳社培就司发〔1999〕60号）	取消	同上
33	归航机/指点标机机务员	中国民航局	水平评价类	《关于印发民航行业飞机维护机械员等79个工种〈国家职业技能鉴定规范〉的通知》（劳社培就司发〔1999〕60号）	取消	同上

续表

序号	项目名称	实施部门（单位）	资格类别	设定依据	处理决定	备注
34	航管计算机外围设备机务员	中国民航局	水平评价类	《关于印发民航行业飞机维护机械员等79个工种〈国家职业技能鉴定规范〉的通知》（劳社培就司发〔1999〕60号）	取消	民航行业已依照有关规章实施人员内部管理
35	航管计算机硬件机务员	中国民航局	水平评价类	《关于印发民航行业飞机维护机械员等79个工种〈国家职业技能鉴定规范〉的通知》（劳社培就司发〔1999〕60号）	取消	同上
36	航空材料员	中国民航局	水平评价类	《关于印发民航行业飞机维护机械员等79个工种〈国家职业技能鉴定规范〉的通知》（劳社培就司发〔1999〕60号）	取消	同上

续表

序号	项目名称	实施部门（单位）	资格类别	设定依据	处理决定	备注
37	航空电信报（话）务员	中国民航局	水平评价类	《关于印发民航行业飞机维护机械员等79个工种〈国家职业技能鉴定规范〉的通知》（劳社培就司发〔1999〕60号）	取消	民航行业已依照有关规章实施人员管内部理
38	航空发动机附件修理工	中国民航局	水平评价类	《关于印发民航行业飞机维护机械员等79个工种〈国家职业技能鉴定规范〉的通知》（劳社培就司发〔1999〕60号）	取消	同上
39	航空发动机修理工	中国民航局	水平评价类	《关于印发民航行业飞机维护机械员等79个工种〈国家职业技能鉴定规范〉的通知》（劳社培就司发〔1999〕60号）	取消	同上

续表

序号	项目名称	实施部门（单位）	资格类别	设定依据	处理决定	备注
40	航管内话通信机务员	中国民航局	水平评价类	《关于印发民航行业飞机维护机械员等 79 个工种〈国家职业技能鉴定规范〉的通知》（劳社培就司发〔1999〕60 号）	取消	民航行业已依照有关规章实施人员内部管理
41	航空摄影测绘员	中国民航局	水平评价类	《关于印发民航行业飞机维护机械员等 79 个工种〈国家职业技能鉴定规范〉的通知》（劳社培就司发〔1999〕60 号）	取消	同上

附件 4

国务院决定调整或明确为后置审批的工商登记前置审批事项目录(共 82 项)(摘录)

序号	项目名称	实施机关	设定依据	处理决定
6	中外合作职业技能培训机构设立审批	省级人民政府人力资源社会保障行政主管部门	《中华人民共和国中外合作办学条例》(国务院令第 372 号) 《中外合作职业技能培训办学管理办法》(劳动和社会保障部令第 27 号)	改为后置审批
7	设立人才中介服务机构及其业务范围审批	县级以上人民政府人力资源社会保障行政主管部门	《国务院对确需保留的行政审批项目设定行政许可的决定》(国务院令第 412 号) 《人才市场管理规定》(人事部、工商总局令 2005 年第 4 号)	改为后置审批

国务院关于取消一批职业资格许可和认定事项的决定

（2016 年 1 月 20 日　国发〔2016〕5 号）

各省、自治区、直辖市人民政府，国务院各部委、各直属机构：

经研究论证，国务院决定取消 61 项职业资格许可和认定事项，现予公布。同时，建议取消 1 项依据有关法律设立的职业资格许可和认定事项，国务院将依照法定程序提请全国人民代表大会常务委员会修订相关法律规定。

各地区、各部门要切实转变管理理念和管理方式，加强对职业资格实施的评估检查，建立事中事后监管机制，营造更好激励人才发展的环境，推动大众创业、万众创新。人力资源社会保障部要会同有关部门抓紧制定公布国家职业资格目录清单并实行动态调整，在目录之外不得开展职业资格许可和认定工作，逐步建立科学合理的国家职业资格体系，让广大劳动者更好施展创业创新才能。

附件：国务院决定取消的职业资格许可和认定事项目录（共计 61 项）

附件

国务院决定取消的职业资格许可和认定事项目录

（共计61项）

一、取消的专业技术人员职业资格许可和认定事项（共计43项，其中准入类5项，水平评价类38项）

序号	项目名称	实施部门（单位）	资格类别	设定依据	处理决定	备　注
1	公路水运工程造价人员资格	交通运输部	准入类	《建设工程勘察设计管理条例》（国务院令第293号）	取消	
2	潜水人员从业资格	交通运输部	准入类	《中华人民共和国潜水员管理办法》（交通部令1999年第3号）	取消	
3	中央在京直属企业所属远洋渔业船员资格	农业部	准入类	《中华人民共和国船员条例》（国务院令第494号） 《中华人民共和国渔业船员管理办法》（农业部令2014年第4号）	取消	
4	民航计量检定员资格	中国民航局	准入类	《中华人民共和国计量法实施细则》（1987年1月19日国务院批准，1987年2月1日国家计量局发布） 《中国民用航空计量管理规定》（民航总局令第55号）	取消	

续表

序号	项目名称	实施部门（单位）	资格类别	设定依据	处理决定	备　注
5	考古发掘领队资格	国家文物局	准入类	《中华人民共和国文物保护法实施条例》（国务院令第377号）	取消	
6	中国物流职业经理资格	国家发展改革委	水平评价类	《关于促进我国现代物流业发展的意见》（发改运行〔2004〕1617号）	取消	
7	中英合作采购与供应管理职业资格	国家发展改革委	水平评价类	《关于促进我国现代物流业发展的意见》（发改运行〔2004〕1617号）	取消	
8	注册人力资源管理师	国家发展改革委	水平评价类	《中国人力资源开发研究会章程》	取消	
9	中国工程建设职业经理人	国家发展改革委	水平评价类	《中国施工企业管理协会章程》	取消	
10	人力资源测评师	国家发展改革委	水平评价类	《中国人力资源开发研究会章程》	取消	
11	电子行业质量体系内部审核员资格	工业和信息化部	水平评价类	无	取消	

续表

序号	项目名称	实施部门（单位）	资格类别	设定依据	处理决定	备注
12	单片机设计师职业资格	工业和信息化部	水平评价类	《关于授权中国电子企业协会在全国IC设计从业人员中开展IC设计师、单片机设计师技术培训的批复》（信电职监字〔2006〕41号）	取消	
13	城市雕塑创作设计资格	住房城乡建设部	水平评价类	《关于当前城市雕塑建设中几个问题的规定》（城雕〔1986〕0008号）《城市雕塑建设管理办法》（文艺发〔1993〕40号）	取消	
14	勘察设计行业工程总承包项目经理	住房城乡建设部	水平评价类	《关于在全国工程勘察设计行业开展工程项目经理资格考评工作的通知》（中设协字〔2007〕第12号）	取消	
15	全国建设工程造价员资格	住房城乡建设部	水平评价类	《关于统一换发概预算人员资格证书事宜的通知》（建办标函〔2005〕558号）《全国建设工程造价员管理办法》（中价协〔2011〕21号）	取消	

续表

序号	项目名称	实施部门（单位）	资格类别	设定依据	处理决定	备　注
16	道路运输经理人资格	交通运输部	水平评价类	《道路运输从业人员管理规定》（交通部令 2006 年第 9 号）	取消	
17	水文、水资源调查评价上岗资格	水利部	水平评价类	《中华人民共和国水文条例》（国务院令第 496 号） 《水文水资源调查评价资质和建设项目水资源论证资质管理办法（试行）》（水利部令第 17 号）	取消	
18	尘肺诊断医师资格	国家卫生计生委	水平评价类	《关于进一步加强职业病诊断鉴定管理工作的通知》（卫法监发〔2003〕350 号）	取消	整合为“职业病诊断医师职业资格”
19	职业中毒诊断医师资格	国家卫生计生委	水平评价类	《关于进一步加强职业病诊断鉴定管理工作的通知》（卫法监发〔2003〕350 号）	取消	同上

续表

序号	项目名称	实施部门（单位）	资格类别	设定依据	处理决定	备　注
20	物理因素职业病诊断医师资格	国家卫生计生委	水平评价类	《关于进一步加强职业病诊断鉴定管理工作的通知》（卫法监发〔2003〕350号）	取消	整合为“职业病诊断医师职业资格”
21	全国职业性放射病诊断医师资格	国家卫生计生委	水平评价类	《关于加强职业病诊断医师培训工作的通知》（卫监督卫便函〔2004〕3号）	取消	同上
22	化学品毒性鉴定专家	国家卫生计生委	水平评价类	《化学品毒性鉴定管理规范》（卫法监发〔2000〕420号） 《关于开展化学品毒性鉴定机构资质认证有关问题的通知》（卫法监发〔2001〕167号）	取消	
23	职业卫生专家	国家卫生计生委	水平评价类	《职业卫生技术服务机构管理办法》（卫生部令第31号） 《卫生部关于印发〈卫生部职业卫生技术服务机构资质审定工作程序〉等文件的通知》（卫监督发〔2005〕318号）	取消	

续表

序号	项目名称	实施部门（单位）	资格类别	设定依据	处理决定	备　注
24	职业卫生技术服务专业人员	国家卫生计生委	水平评价类	《职业卫生技术服务机构管理办法》（卫生部令第31号） 《卫生部关于印发〈卫生部职业卫生技术服务机构资质审定工作程序〉等文件的通知》（卫监督发〔2005〕318号）	取消	
25	建设项目职业病危害放射防护评价报告书编制资格	国家卫生计生委	水平评价类	《职业卫生技术服务机构管理办法》（卫生部令第31号） 《关于开展职业卫生技术服务机构资质审定工作的通知》（卫法监发〔2002〕309号） 《关于职业卫生监管部门职责分工的通知》（中央编办发〔2010〕104号）	取消	
26	金融专业英语	中国人民银行	水平评价类	《关于建立〈金融专业英语证书考试制度〉的通知》（银发〔1994〕107号）	取消	

续表

序号	项目名称	实施部门（单位）	资格类别	设定依据	处理决定	备　注
27	煤炭行业监理工程师	中国煤炭建设协会	水平评价类	《煤炭建设监理工程师资格考试及注册实施细则（试行）》（煤规字〔1995〕第51号）	取消	原实施单位为国务院国资委管理的行业协会
28	煤炭建筑施工企业项目经理	中国煤炭建设协会	水平评价类	《煤炭建筑施工企业项目经理资质管理办法》（煤规字〔1995〕第172号）	取消	同上
29	物流师和采购师	中国物流与采购联合会	水平评价类	《关于开展物流师职业资格认证的通知》（物联培字〔2003〕116号） 《关于开展采购与供应链管理国际资格认证和注册采购师资格认证的通知》（物联培字〔2005〕35号）	取消	同上
30	铸造工程师	中国铸造协会	水平评价类	无	取消	同上

续表

序号	项目名称	实施部门（单位）	资格类别	设定依据	处理决定	备注
31	汽车营销师	中国汽车工业协会	水平评价类	《关于试行〈汽车营销师职业标准〉的通知》（中汽协字〔2005〕34号）	取消	原实施单位为国务院国资委管理的行业协会
32	冶金行业造价师	中国钢铁工业协会	水平评价类	《关于由中国建设工程造价管理协会归口做好建设工程概预算人员行业自律工作的通知》（建标〔2005〕69号） 《全国建设工程造价员管理办法》（中价协〔2011〕21号）	取消	同上
33	石油和化工行业健康安全环境管理师	中国石油和化学工业联合会	水平评价类	无	取消	同上
34	石油和化工行业能源管理师	中国石油和化学工业联合会	水平评价类	《关于在石油和化工行业试行能源管理师制度的实施意见》（中石化协人发〔2006〕307号）	取消	同上

续表

序号	项目名称	实施部门（单位）	资格类别	设定依据	处理决定	备注
35	电力行业监理工程师、总监理工程师	中国电力建设企业协会	水平评价类	《全国电力行业监理工程师和总监理工程师管理办法》（中电建协〔2005〕25号）	取消	原实施单位为国务院国资委管理的行业协会
36	电力施工建设企业项目经理岗位资格	中国电力建设企业协会	水平评价类	《电力工程项目经理职业岗位资格管理办法》	取消	同上
37	电力建设工程调试职业资格	中国电力建设企业协会	水平评价类	《电力工程调试能力资格管理办法（2013版）》（中电建协调〔2013〕7号）	取消	同上
38	产权交易职业资格	中国企业国有产权交易机构协会	水平评价类	《企业国有产权转让管理暂行办法》（国务院国资委、财政部令第3号）	取消	同上
39	广告师、助理广告师	工商总局、人力资源社会保障部	水平评价类	《关于印发广告专业技术人员职业资格制度规定和助理广告师、广告师职业资格考试实施办法的通知》（人社部发〔2014〕25号）	取消	

续表

序号	项目名称	实施部门（单位）	资格类别	设定依据	处理决定	备注
40	升放无人驾驶自由气球或者系留气球作业人员资格	中国气象局	水平评价类	《施放气球管理办法》（中国气象局令第9号） 《关于防雷专业技术和施放气球作业人员资格认定转变管理方式的通知》（气办发〔2004〕19号）	取消	
41	人工影响天气作业人员资格	中国气象局	水平评价类	无	取消	
42	文物进出境责任鉴定员	国家文物局	水平评价类	《中华人民共和国文物保护法实施条例》（国务院令第377号）	取消	
43	铁路建设工程监理员	中国铁路总公司	水平评价类	《铁路建设工程监理员执业资格管理办法》（建协〔2003〕13号）	取消	

二、取消的技能人员职业资格许可和认定事项（共计18项，均为水平评价类）

序号	项目名称	实施部门（单位）	资格类别	设定依据	处理决定
1	糖果工艺师	人力资源社会保障部	水平评价类	《中华人民共和国职业分类大典》（2006增补本）	取消
2	珠心算教练师	人力资源社会保障部	水平评价类	《中华人民共和国职业分类大典》（2005增补本）	取消
3	商品储运员	人力资源社会保障部	水平评价类	《中华人民共和国职业分类大典》（1999）	取消
4	咖啡师	人力资源社会保障部	水平评价类	《中华人民共和国职业分类大典》（2006增补本）	取消
5	厨政管理师	人力资源社会保障部	水平评价类	《中华人民共和国职业分类大典》（2007增补本）	取消
6	冲印师	人力资源社会保障部	水平评价类	《中华人民共和国职业分类大典》（1999）	取消
7	影视木偶制作员	新闻出版广电总局	水平评价类	《中华人民共和国职业分类大典》（1999）	取消

续表

序号	项目名称	实施部门（单位）	资格类别	设定依据	处理决定
8	影视设备机械员	新闻出版广电总局	水平评价类	《中华人民共和国职业分类大典》(1999)	取消
9	舞台音响效果工	新闻出版广电总局	水平评价类	《中华人民共和国职业分类大典》(1999)	取消
10	拷贝检片员	新闻出版广电总局	水平评价类	《中华人民共和国职业分类大典》(1999)	取消
11	拷贝字幕员	新闻出版广电总局	水平评价类	《中华人民共和国职业分类大典》(1999)	取消
12	营林试验工	国家林业局	水平评价类	《中华人民共和国职业分类大典》(1999)	取消
13	装卸归楞工	国家林业局	水平评价类	《中华人民共和国职业分类大典》(1999)	取消
14	木材防腐师	国家林业局	水平评价类	《中华人民共和国职业分类大典》(2006 增补本)	取消

续表

序号	项目名称	实施部门（单位）	资格类别	设定依据	处理决定
15	木材及家具检验工	国家林业局	水平评价类	《中华人民共和国职业分类大典》(1999)	取消
16	旅店服务员	中国商业联合会	水平评价类	《中华人民共和国职业分类大典》(1999)	取消
17	浴池服务员	中国商业联合会	水平评价类	《中华人民共和国职业分类大典》(1999)	取消
18	人造花制作工	中国轻工业联合会	水平评价类	《中华人民共和国职业分类大典》(1999)	取消

国务院关于钢铁行业化解过剩产能实现脱困发展的意见（摘录）

（2016 年 2 月 1 日　国发〔2016〕6 号）

三、政策措施

（十一）做好职工安置。要把职工安置作为化解过剩产能工作的重中之重，通过企业主体作用与社会保障相结合，多措并举做好职工安置。安置计划不完善、资金保障不到位以及未经职工代表大会或全体职工讨论通过的职工安置方案，不得实施。

1. 挖掘企业内部潜力。充分发挥企业主体作用，采取协商薪酬、灵活工时、培训转岗等方式，稳定现有工作岗位，缓解职工分流压力。支持创业平台建设和职工自主创业，积极培育适应钢铁企业职工特点的创业创新载体，扩大返乡创业试点范围，提升创业服务孵化能力，培育接续产业集群，引导职工就地就近创业就业。

2. 对符合条件的职工实行内部退养。对距离法定退休年龄 5 年以内的职工经自愿选择、企业同意并签订协议后，依法变更劳动合同，企业为其发放生活费并缴纳基本养老保险费和基本医疗保险费。职工在达到法定退休年龄前，不得领取基本养老金。

3. 依法依规解除、终止劳动合同。企业确需与职工解除劳动关系的，应依法支付经济补偿，偿还拖欠的职工在岗期间工资和补缴社会保险费用，并做好社会保险关系转移接续手续等工作。企业主体消亡时，依法与职工终止劳动合同，对于距离法定退休年龄 5 年以内的职工，可以由职工自愿选择领取经济补偿金，或由单位一次性预留为其缴纳至法定退休年龄的社会保险费和基本生活费，由政府指定的机构代发基本生活费、代缴基本养老保险费和基本医疗保险费。

4. 做好再就业帮扶。通过技能培训、职业介绍等方式，促进失业人员再就业或自主创业。对就业困难人员，要加大就业援助力度，通过开发公益性岗位等多种方式予以帮扶。对符合条件的失业人员按规定发放失业保险金，符合救助条件的应及时纳入社会救助范围，保障其基本生活。

国务院关于煤炭行业化解过剩产能实现脱困发展的意见（摘录）

（2016年2月1日　国发〔2016〕7号）

三、政策措施

（十四）做好职工安置。要把职工安置作为化解过剩产能工作的重中之重，坚持企业主体作用与社会保障相结合，细化措施方案，落实保障政策，维护职工合法权益。安置计划不完善、资金保障不到位以及未经职工代表大会或全体职工讨论通过的职工安置方案，不得实施。

1. 挖掘企业内部潜力。采取协商薪酬、灵活工时、培训转岗等方式，稳定现有工作岗位，对采取措施不裁员或少裁员的生产经营困难企业，通过失业保险基金发放稳岗补贴。支持创业平台建设和职工自主创业，积极培育适应煤矿职工特点的创业创新载体，将返乡创业试点范围扩大到矿区，通过加大专项建设基金投入等方式，提升创业服务孵化能力，培育接续产业集群，引导职工就地就近创业就业。

2. 对符合条件的职工实行内部退养。对距离法定退休年龄5年以内的职工经自愿选择、企业同意并签订协议后，依法变更劳动合同，企业为其发放生活费并缴纳基本养老保险费和基本医疗保险费。职工在达到法定退休年龄前，不得领取基本养老金。

3. 依法依规解除、终止劳动合同。企业确需与职工解除劳动关系的，应依法支付经济补偿，偿还拖欠的职工在岗期间工资和补缴社会保险费用，并做好社会保险关系转移接续手续等工作。企业主体消亡时，依法与职工终止劳动合同，对于距离法定退休年龄5年以内的职工，可以由职工自愿选择领取经济补偿金，或由单位一次性预留为其缴纳至法定退休年龄的社会保险费和基本生活费，由政府指定的机构代发基本生活费、代缴基本养老保险费和基本医疗保险费。

4. 做好再就业帮扶。通过技能培训、职业介绍等方式，促进失业人员再就业或自主创业。对就业困难人员，要加大就业援助力度，通过开发公益性岗位等多种方式予以帮扶。对符合条件的失业人员按规定发放失业保险金，符合救助条件的应及时纳入社会救助范围，保障其基本生活。

国务院关于取消一批职业资格许可和认定事项的决定

（2016年6月8日　国发〔2016〕35号）

各省、自治区、直辖市人民政府，国务院各部委、各直属机构：

经研究论证，国务院决定取消47项职业资格许可和认定事项，现予公布。

取消不必要的职业资格许可和认定事项，是降低制度性交易成本、推进供给侧结构性改革的重要举措，也是为大中专毕业生就业创业和去产能中人员转岗创造便利条件。各地区、各部门要从大局出发，进一步提高认识，主动开展自我清查，人力资源社会保障部要对照职业分类大典对现有准入类和水平评价类职业资格许可和认定事项进行全面清理，持续降低就业创业门槛。只要不涉及国家安全、公共安全、公民人身财产安全的职业，原则上要放宽市场准入。水平评价类职业资格要真正市场化，不能影响就业创业。今后没有法律法规依据的准入类职业资格一律不得新设。人力资源社会保障部要会同有关部门在继续取消职业资格许可和认定事项的同时，抓紧公布实施国家职业资格目录清单，接受社会监督，清单之外一律不得许可和认定职业资格，清单之内除准入类职业资格外一律不得与就业创业挂钩。要依法依规加强对职业资格设置和实施的监管，逐步构建国家职业资格框架体系，推动职业资格科学设置、规范运行、依法监管。在推进职业教育结构调整时，要更加突出以用为本，提升学生实践能力，让实际工作对职业技能的需求真正成为职业教育和选人用人的导向。

附件：国务院决定取消的职业资格许可和认定事项目录（共计47项）

附件：

国务院决定取消的职业资格许可和认定事项目录

（共计 47 项）

一、取消的专业技术人员职业资格许可和认定事项（共计 9 项，其中准入类 8 项，水平评价类 1 项）

序号	项目名称	实施部门（单位）	资格类别	设定依据	处理决定	备　注
1	价格鉴证师	国家发展改革委、人力资源社会保障部	准入类	《国务院对确需保留的行政审批项目设定行政许可的决定》（国务院令第 412 号） 《价格鉴证师执业资格制度暂行规定》（人发〔1999〕66 号）	取消	
2	招标师	国家发展改革委、人力资源社会保障部	准入类	《中华人民共和国招标投标法实施条例》 《招标师职业资格制度暂行规定》（人社部发〔2013〕19 号）	取消	
3	矿产储量评估师	国土资源部、人力资源社会保障部	准入类	《矿产储量评估师执业资格制度暂行规定》（人发〔1999〕33 号）	取消	
4	物业管理师	住房城乡建设部、人力资源社会保障部	准入类	《物业管理师制度暂行规定》（国人部发〔2005〕95 号）	取消	
5	珠宝玉石质量检验师	质检总局、人力资源社会保障部	准入类	《珠宝玉石质量检验专业技术人员执业资格制度暂行规定》（人发〔1996〕79 号）	取消	

续表

序号	项目名称	实施部门（单位）	资格类别	设定依据	处理决定	备注
6	棉花质量检验师	质检总局、人力资源社会保障部	准入类	《棉花质量检验师执业资格制度暂行规定》（人发〔2000〕70号）	取消	
7	计量检定员	质检总局	准入类	《中华人民共和国计量法实施细则》《计量检定人员管理办法》（质检总局令第105号）	取消	与注册计量师合并实施
8	地震安全性评价工程师	中国地震局、人力资源社会保障部	准入类	《国务院对确需保留的行政审批项目设定行政许可的决定》（国务院令第412号）《地震安全性评价工程师制度暂行规定》（国人部发〔2005〕72号）	取消	
9	水利工程造价工程师	水利部	水平评价类	《水利工程造价工程师注册管理办法》（水建管〔2007〕83号）	取消	作为一个专业纳入造价工程师职业资格统筹实施

二、取消的技能人员职业资格许可和认定事项(共计38项,均为水平评价类)

序号	项目名称		实施部门(单位)	资格类别	设定依据	处理决定
	小类	细类(职业)				
1	其他社会服务和居民生活服务人员	灾害信息员	民政部	水平评价类	《中华人民共和国职业分类大典》(2007增补本)	取消
2	林业工程技术人员	花艺环境设计师	人力资源社会保障部	水平评价类	《中华人民共和国职业分类大典》(2006增补本)	取消
3	安全工程技术人员	安全防范设计评估师	人力资源社会保障部	水平评价类	《中华人民共和国职业分类大典》(2006增补本)	取消
4	电影电视制作及舞台专业人员	录音师	人力资源社会保障部	水平评价类	《中华人民共和国职业分类大典》(1999)	取消
5	废旧物资回收利用人员	轮胎翻修工	人力资源社会保障部	水平评价类	《中华人民共和国职业分类大典》(2006增补本)	取消

续表

序号	项目名称		实施部门（单位）	资格类别	设定依据	处理决定
	小类	细类(职业)				
6	商品监督和市场管理人员	市场管理员	人力资源社会保障部	水平评价类	《中华人民共和国职业分类大典》(1999)	取消
7	河道、水库管养人员	水域环境养护保洁员	人力资源社会保障部	水平评价类	《中华人民共和国职业分类大典》(2006增补本)	取消
8	电子设备装配调试人员	集成电路测试员	人力资源社会保障部	水平评价类	《中华人民共和国职业分类大典》(2006增补本)	取消
9	电气工程技术人员	照明设计师、霓虹灯制作员	人力资源社会保障部	水平评价类	《中华人民共和国职业分类大典》(2006增补本)	取消
10	广播电影电视工程技术人员	数字视频合成师	人力资源社会保障部	水平评价类	《中华人民共和国职业分类大典》(2006增补本)	取消
11	环境保护工程技术人员	室内环境治理员	人力资源社会保障部	水平评价类	《中华人民共和国职业分类大典》(2006增补本)	取消
12	编辑	网络编辑员	人力资源社会保障部	水平评价类	《中华人民共和国职业分类大典》(2005增补本)	取消

续表

序号	项目名称		实施部门（单位）	资格类别	设定依据	处理决定
	小类	细类(职业)				
13	采购人员	采购师	人力资源社会保障部	水平评价类	《中华人民共和国职业分类大典》（1999）	取消
14	其他饭店、旅游及健身娱乐场所服务人员	水生哺乳动物驯养师	人力资源社会保障部	水平评价类	《中华人民共和国职业分类大典》（2005增补本）	取消
15	检验人员	合成材料测试员、室内装饰装修质量检验员、玻璃分析检验员	人力资源社会保障部	水平评价类	《中华人民共和国职业分类大典》（2007增补本）	取消
16	机泵操作人员	混凝土泵工	人力资源社会保障部	水平评价类	《中华人民共和国职业分类大典》（1999）	取消
17	美术品制作人员	装饰美工	人力资源社会保障部	水平评价类	《中华人民共和国职业分类大典》（1999）	取消

续表

序号	项目名称		实施部门（单位）	资格类别	设定依据	处理决定
	小类	细类(职业)				
18	广播影视舞台设备安装调试及运行操作人员	音响师	人力资源社会保障部	水平评价类	《中华人民共和国职业分类大典》(1999)	取消
19	日用机电产品维修人员	照相器材维修工、钟表维修工	人力资源社会保障部	水平评价类	《中华人民共和国职业分类大典》(1999)	取消
20	物业管理人员	物业管理员	人力资源社会保障部	水平评价类	《中华人民共和国职业分类大典》(1999)	取消
21	旅游及公共游览场所服务人员	插花员	人力资源社会保障部	水平评价类	《中华人民共和国职业分类大典》(1999)	取消
22	推销、展销人员	营销师、服装模特	人力资源社会保障部	水平评价类	《中华人民共和国职业分类大典》(1999)	取消
23	水上运输服务人员	港口客运员	交通运输部	水平评价类	《中华人民共和国职业分类大典》(1999)	取消

续表

序号	项目名称		实施部门(单位)	资格类别	设定依据	处理决定
	小类	细类(职业)				
24	公路道路运输服务人员	汽车货运理货员	交通运输部	水平评价类	《中华人民共和国职业分类大典》(1999)	取消
25	水产品加工人员	水产品原料处理工	农业部	水平评价类	《中华人民共和国职业分类大典》(1999)	取消
26	人造板生产人员	人造板饰面工	国家林业局	水平评价类	《中华人民共和国职业分类大典》(1999)	取消
27	原烟复烤人员	打叶复烤工、烟叶回潮工	国家烟草局	水平评价类	《中华人民共和国职业分类大典》(1999)	取消
28	卷烟生产人员	烟叶制丝工、膨胀烟丝工、烟草薄片工、卷烟卷接工	国家烟草局	水平评价类	《中华人民共和国职业分类大典》(1999)	取消
29	烟用醋酸纤维丝束滤棒制作人员	滤棒工	国家烟草局	水平评价类	《中华人民共和国职业分类大典》(1999)	取消

续表

序号	项目名称		实施部门（单位）	资格类别	设定依据	处理决定
	小类	细类(职业)				
30	其他机械制造加工人员	电焊条、焊丝制造工	中国机械工业联合会	水平评价类	《中华人民共和国职业分类大典》(1999)	取消
31	五金制品制作装配人员	铝制品制作工	中国轻工业联合会	水平评价类	《中华人民共和国职业分类大典》(1999)	取消
32	塑料制品加工人员	塑料制品配料工	中国轻工业联合会	水平评价类	《中华人民共和国职业分类大典》(1999)	取消
33	搪瓷制品生产人员	搪瓷瓷釉制作工、搪瓷坯体制作工、搪瓷涂搪烧成工、搪瓷花版饰花工	中国轻工业联合会	水平评价类	《中华人民共和国职业分类大典》(1999)	取消
34	日用机械电器制造装配人员	空调器装配工、电冰箱(柜)装配工、洗衣机装配工、小型家用电器装配工	中国轻工业联合会	水平评价类	《中华人民共和国职业分类大典》(1999)	取消

续表

序号	项目名称		实施部门（单位）	资格类别	设定依据	处理决定
	小类	细类(职业)				
35	印染人员	坯布检查处理工	中国纺织工业联合会	水平评价类	《中华人民共和国职业分类大典》(1999)	取消
36	合成橡胶生产人员	顺丁橡胶生产工、丁苯橡胶生产工	中国石油化工集团公司	水平评价类	《中华人民共和国职业分类大典》(1999)	取消
37	基本有机化工产品生产人员	环烃生产工、烃类衍生物生产工	中国石油化工集团公司	水平评价类	《中华人民共和国职业分类大典》(1999)	取消
38	化学纤维生产人员	湿纺原液制造工、纺丝凝固浴液配制工	中国石油化工集团公司	水平评价类	《中华人民共和国职业分类大典》(1999)	

国务院关于取消一批职业资格许可和认定事项的决定

（2016年12月1日　国发〔2016〕68号）

各省、自治区、直辖市人民政府，国务院各部委、各直属机构：

经研究论证，国务院决定取消114项职业资格许可和认定事项，现予公布。同时，建议取消1项依据有关法律设立的职业资格许可和认定事项，国务院将依照法定程序提请全国人民代表大会常务委员会修订相关法律规定。

减少职业资格许可和认定事项是推进简政放权、放管结合、优化服务改革的重要内容，也是深化人才发展体制机制改革和推动大众创业、万众创新的重要举措。各地区、各部门要从全面深化改革特别是供给侧结构性改革的大局出发，进一步转变职能、转变观念、提高认识，加大职业资格许可和认定事项清理力度，不断降低人才负担和制度成本，持续激发市场和社会活力，促进就业创业。对已经取消的职业资格许可和认定事项，人力资源社会保障部要会同有关部门加强跟踪督查，及时组织"回头看"，确保清理到位，防止反弹。要抓紧公布实施国家职业资格目录清单，清单之外一律不得许可和认定职业资格，清单之内除准入类职业资格外一律不得与就业创业挂钩。要加强对职业资格设置、实施的监管和服务，对违法违规设置、实施的职业资格事项，发现一起、查处一起。要推动职业资格信息共享，提高信息化服务水平，逐步建立持证人员信用管理体系，严肃查处证书挂靠、寻租等行为。要妥善处理职业资格许可和认定事项取消后续工作，研究制定职业标准和评价规范，搞好政策衔接，确保人才队伍稳定。

附件：国务院决定取消的职业资格许可和认定事项目录（共计114项）

附件

国务院决定取消的职业资格许可和认定事项目录

（共计114项）

一、取消的专业技术人员职业资格许可和认定事项（共计7项，其中准入类3项，水平评价类4项）

序号	项目名称	实施部门（单位）	资格类别	设定依据	处理决定	备注
1	公路水运工程监理工程师资格	交通运输部	准入类	《建设工程质量管理条例》《建设工程安全生产管理条例》	取消	纳入监理工程师职业资格统一实施
2	肉品品质检验人员资格	农业部	准入类	《生猪屠宰管理条例》	取消	纳入兽医卫生检验人员资格统一实施
3	临时导游	国家旅游局	准入类	《导游人员管理条例》	取消	纳入导游资格统一实施
4	投资建设项目管理师	国家发展改革委、人力资源社会保障部	水平评价类	《投资建设项目管理师职业水平认证制度暂行规定》（国人部发〔2004〕110号）	取消	

续表

序号	项目名称	实施部门（单位）	资格类别	设定依据	处理决定	备注
5	水利工程建设监理人员资格	水利部	水平评价类	《建设工程质量管理条例》《建设工程安全生产管理条例》	取消	纳入监理工程师职业资格统一实施
6	防雷专业技术人员资格	中国气象局	水平评价类	《防雷减灾管理办法》（中国气象局令第24号）《防雷工程专业资质管理办法》（中国气象局令第25号）	取消	由省级以上气象学会组织实施
7	管理咨询人员职业资格	中国企业联合会、人力资源社会保障部	水平评价类	《管理咨询人员职业水平评价暂行规定》（国人部发〔2005〕71号）	取消	

二、取消的技能人员职业资格许可和认定事项（共计107项，均为水平评价类）

序号	项目名称		实施部门（单位）	资格类别	设定依据	处理决定	备注
	小类	细类（职业）					
1	机械设备装配人员	工程机械装配与调试工	中国机械工业联合会	水平评价类	《关于印发皮革护理员等5个国家职业技能标准的通知》（人社厅发〔2010〕96号）	取消	
2	动力设备装配人员	电机装配工	中国机械工业联合会	水平评价类	《关于印发第三批国家职业标准的通知》（劳社厅发〔2002〕1号）	取消	
		船舶柴油机装配工	中国船舶工业集团公司、中国船舶重工集团公司		《关于印发液化天然气操作工等7个国家职业技能标准的通知》（人社厅发〔2011〕56号）		
3	机械设备维修人员	钻掘设备维修钳工	国土资源部	水平评价类	《关于印发地质测量工等6个国家职业标准的通知》（劳社厅发〔2008〕7号）	取消	
4	电子产品维修人员	计算机（微机）维修工	人力资源社会保障部	水平评价类	《关于印发第十八批平版印刷工等20个国家职业标准的通知》（劳社厅发〔2008〕5号）	取消	

续表

序号	项目名称		实施部门（单位）	资格类别	设定依据	处理决定	备注
	小类	细类（职业）					
5	裁剪缝纫人员	服装制作工	人力资源社会保障部	水平评价类	《关于印发第五批国家职业标准的通知》（劳社厅发〔2003〕1号）	取消	
6	乳品、冷食品及罐头、饮料制作人员	饮料制作工	中国轻工业联合会	水平评价类	《关于印发第十七批铝制品制作工等26个国家职业标准的通知》（劳社厅发〔2008〕1号）	取消	
		乳品加工工	农业部、中国轻工业联合会		《关于印发第十九批矿山救护工等22个国家职业标准的通知》（劳社厅发〔2008〕6号）		
		乳品预处理工	农业部		《关于印发果茶桑园艺工等11个国家职业标准的通知》（劳社厅发〔2005〕5号）		

续表

序号	项目名称		实施部门（单位）	资格类别	设定依据	处理决定	备注
	小类	细类(职业)					
7	食品添加剂及调味品制作人员	酱油酱类制作工、食醋制作工、酱腌菜制作工、调味品品评师	人力资源社会保障部	水平评价类	《关于印发第八批林木种苗工等65个国家职业标准的通知》（劳社厅发〔2004〕1号）《关于印发液化天然气操作工等7个国家职业技能标准的通知》（人社厅发〔2011〕56号）	取消	
		味精制作工	中国轻工业联合会		《关于印发第十批玩具设计师等68个国家职业标准的通知》（劳社厅发〔2005〕1号）		
8	粮油食品制作人员	烘焙工、豆制品制作工	人力资源社会保障部	水平评价类	《关于印发第五批国家职业标准的通知》（劳社厅发〔2003〕1号）《关于印发第八批林木种苗工等65个国家职业标准的通知》（劳社厅发〔2004〕1号）	取消	

续表

序号	项目名称		实施部门（单位）	资格类别	设定依据	处理决定	备注
	小类	细类(职业)					
9	屠宰加工人员	猪屠宰加工工、牛羊屠宰加工工、禽类屠宰加工工	人力资源社会保障部	水平评价类	《关于印发第五批国家职业标准的通知》(劳社厅发〔2003〕1号)	取消	
10	肉、蛋食品加工人员	肉制品加工工	人力资源社会保障部	水平评价类	《关于印发第五批国家职业标准的通知》(劳社厅发〔2003〕1号)	取消	
11	印前处理人员	平版制版工、柔性版制版工、网版制版工、凹版制版工、印前制作员	人力资源社会保障部	水平评价类	《关于印发第十批玩具设计师等68个国家职业标准的通知》(劳社厅发〔2005〕1号)《关于印发第十五批模具设计师等65个国家职业标准的通知》(劳社厅发〔2006〕33号)		

续表

序号	项目名称		实施部门（单位）	资格类别	设定依据	处理决定	备注
	小类	细类（职业）					
11	印前处理人员	平版制版工、柔性版制版工、网版制版工、凹版制版工、印前制作员	人力资源社会保障部	水平评价类	《关于印发平版制版工等23个国家职业技能标准的通知》（人社厅发〔2010〕39号） 《关于印发凹版制版工等2个国家职业技能标准的通知》（人社厅发〔2012〕66号）	取消	
12	印刷操作人员	平版印刷工、柔性版印刷工、网版印刷工、凹版印刷工	人力资源社会保障部	水平评价类	《关于印发第十批玩具设计师等68个国家职业标准的通知》（劳社厅发〔2005〕1号） 《关于印发第十八批平版印刷工等20个国家职业标准的通知》（劳社厅发〔2008〕5号） 《关于印发平版制版工等23个国家职业技能标准的通知》（人社厅发〔2010〕39号）	取消	

续表

序号	项目名称		实施部门（单位）	资格类别	设定依据	处理决定	备注
	小类	细类（职业）					
13	印后制作人员	印品整饰工、装订工	人力资源社会保障部	水平评价类	《关于印发平版制版工等23个国家职业技能标准的通知》（人社厅发〔2010〕39号）《关于印发凹版制版工等2个国家职业技能标准的通知》（人社厅发〔2012〕66号）	取消	
14	装饰装修人员	装饰装修工、地面供暖施工员	人力资源社会保障部	水平评价类	《关于印发组合机床操作工等28个国家职业标准的通知》（劳社厅发〔2000〕14号）《关于印发防腐蚀工等17个国家职业技能标准的通知》（人社厅发〔2009〕90号）	取消	
15	图书资料与档案业务人员	图书资料业务人员	文化部	水平评价类	《关于印发民族乐器演奏员等4个国家职业标准（试行）的通知》（劳社厅发〔2004〕10号）	取消	纳入职称系列进行评价管理

续表

序号	项目名称		实施部门（单位）	资格类别	设定依据	处理决定	备注
	小类	细类(职业)					
16	电信业务人员	电信业务营业员、话务员	工业和信息化部	水平评价类	《关于印发电信机务员等5个国家职业标准的通知》（劳社厅发〔2007〕22号）《关于印发电信业务营业员等四个国家职业技能标准的通知》（人社厅发〔2011〕114号）	取消	
17	电信通信传输业务人员	市话测量员	工业和信息化部	水平评价类	《关于印发线务员等4个国家职业技能标准的通知》（人社厅发〔2009〕78号）	取消	
18	其他购销人员	粮油购销员	国家粮食局	水平评价类	《关于印发粮油竞价交易员等7个国家职业标准的通知》（劳社厅发〔2005〕10号）	取消	
19	铁路客货运输服务人员	铁路售票员、售票值班员	中国铁路总公司	水平评价类	《关于印发列车值班员等65个国家职业（工种）标准的通知》（劳社厅发〔2007〕14号）	取消	

续表

序号	项目名称		实施部门（单位）	资格类别	设定依据	处理决定	备注
	小类	细类(职业)					
20	大田作物生产人员	农艺工	农业部	水平评价类	《关于印发农艺工等4个国家职业标准的通知》（劳社厅发〔2007〕19号）	取消	
21	农业实验人员	农业实验工、农情测报员	农业部	水平评价类	《关于印发农业实验工等7个国家职业技能标准的通知》（人社厅发〔2010〕89号） 《关于印发农情测报员等4个国家职业技能标准的通知》（人社厅发〔2011〕88号）	取消	
22	园艺作物生产人员	蔬菜园艺工，果树园艺工，茶园园艺工，果、茶、桑园艺工	农业部	水平评价类	《关于印发蔬菜园艺工等14个国家职业标准的通知》（劳社厅发〔2004〕3号） 《关于印发果茶桑园艺工等11个国家职业标准的通知》（劳社厅发〔2005〕5号）		

续表

序号	项目名称		实施部门（单位）	资格类别	设定依据	处理决定	备注
	小类	细类(职业)					
22	园艺作物生产人员	蔬菜园艺工，果树园艺工，茶园园艺工，果、茶、桑园艺工	农业部	水平评价类	《关于印发果树园艺工等4个国家职业技能标准的通知》（人社厅发〔2009〕99号）	取消	
23	热带作物生产人员	剑麻栽培工	农业部	水平评价类	《关于印发果茶桑园艺工等11个国家职业标准的通知》（劳社厅发〔2005〕5号）	取消	
24	中药材生产人员	中药材种植员	国家中医药局	水平评价类	《关于印发中药调剂员等5个国家职业技能标准的通知》（人社厅发〔2009〕94号）	取消	
25	农副林特产品加工人员	棉花加工工	供销合作总社	水平评价类	《关于印发防腐蚀工等22个国家职业标准的通知》（劳社厅发〔2001〕3号）	取消	

续表

序号	项目名称		实施部门（单位）	资格类别	设定依据	处理决定	备注
	小类	细类(职业)					
26	家畜饲养人员	牛肉分级员	农业部	水平评价类	《关于印发果茶桑园艺工等11个国家职业标准的通知》（劳社厅发〔2005〕5号）	取消	
27	家禽饲养人员	家禽饲养工	农业部	水平评价类	《关于印发果茶桑园艺工等11个国家职业标准的通知》（劳社厅发〔2005〕5号）	取消	
28	蜜蜂饲养人员	蜂产品加工工	供销合作总社	水平评价类	《关于印发第六批国家职业标准的通知》（劳社厅发〔2003〕14号）	取消	
29	实验动物饲养人员	实验动物饲养工	农业部	水平评价类	《关于印发农业实验工等7个国家职业技能标准的通知》（人社厅发〔2010〕89号）	取消	

续表

序号	项目名称		实施部门（单位）	资格类别	设定依据	处理决定	备注
	小类	细类(职业)					
30	动物疫病防治人员	水生生物检疫检验员	农业部	水平评价类	《关于印发农作物种子繁育员等17个国家职业标准的通知》(劳社厅发〔2003〕3号)	取消	
31	草业生产人员	草原监护员、草坪建植工、牧草工	农业部	水平评价类	《关于印发蔬菜园艺工等14个国家职业标准的通知》(劳社厅发〔2004〕3号) 《关于印发果茶桑园艺工等11个国家职业标准的通知》(劳社厅发〔2005〕5号)	取消	
32	水产养殖人员	海水水生植物苗种繁育工、珍珠养殖工、生物饵料培养工、水产养殖质量管理员	农业部	水平评价类	《关于印发果茶桑园艺工等11个国家职业标准的通知》(劳社厅发〔2005〕5号) 《关于印发第十九批矿山救护工等22个国家职业标准的通知》(劳社厅发〔2008〕6号)		

续表

序号	项目名称		实施部门（单位）	资格类别	设定依据	处理决定	备注
	小类	细类(职业)					
32	水产养殖人员	海水水生植物苗种繁育工、珍珠养殖工、生物饵料培养工、水产养殖质量管理员	农业部	水平评价类	《关于印发农情测报员等4个国家职业技能标准的通知》(人社厅发〔2011〕88号)	取消	
33	农村能源开发利用人员	农村节能员、生物质能利用工、微水电利用工、小风电利用工	农业部	水平评价类	《关于印发蔬菜园艺工等14个国家职业标准的通知》(劳社厅发〔2004〕3号)《关于印发果茶桑园艺工等11个国家职业标准的通知》(劳社厅发〔2005〕5号)《关于印发农业技术指导员等5个国家职业标准的通知》(劳社厅发〔2007〕4号)	取消	

续表

序号	项目名称		实施部门（单位）	资格类别	设定依据	处理决定	备注
	小类	细类(职业)					
34	钻井人员	钻井工、固井工、井架安装工	中国石油天然气集团公司	水平评价类	《关于印发第三批国家职业标准的通知》(劳社厅发〔2002〕1号)	取消	
35	石油、天然气开采人员	油、气井测试工，采油工，采气工，井下作业工，天然气净化工，油气输送工，油气管道保护工，液化天然气操作工	中国石油天然气集团公司	水平评价类	《关于印发第三批国家职业标准的通知》(劳社厅发〔2002〕1号)《关于印发液化天然气操作工等7个国家职业技能标准的通知》(人社厅发〔2011〕56号)	取消	
36	盐业生产人员	海盐制盐工、苦卤综合利用工、精制盐工、盐	中国盐业总公司	水平评价类	《关于印发第五批国家职业标准的通知》(劳社厅发〔2003〕1号)	取消	

续表

序号	项目名称		实施部门(单位)	资格类别	设定依据	处理决定	备注
	小类	细类(职业)					
36	盐业生产人员	斤分装设备操作工、冷冻提硝工、真空制盐工、井矿盐卤水净化工、井矿盐采卤工、驳筑集拆坨盐工、湖盐脱水工、湖盐采掘工	中国盐业总公司	水平评价类	《关于印发第七批速录师等14个国家职业标准的通知》(劳社厅发〔2003〕19号)	取消	
37	石油炼制生产人员	燃料油生产工，润滑油、脂生产工，石油产品精制工，加油站操作员	中国石油天然气集团公司、中国石油化工集团公司	水平评价类	《关于印发第五批国家职业标准的通知》(劳社厅发〔2003〕1号)《关于印发第十二批房地产策划师等54个国家职业标准的通知》(劳社厅发〔2006〕1号)	取消	

续表

序号	项目名称		实施部门（单位）	资格类别	设定依据	处理决定	备注
	小类	细类(职业)					
38	化学肥料生产人员	硝酸铵生产工、碳酸氢铵生产工、硫铵工	中国石油和化学工业联合会	水平评价类	《关于印发第十批玩具设计师等68个国家职业标准的通知》（劳社厅发〔2005〕1号）《关于印发高炉原料工等27个工种国家职业标准的通知》（人社厅发〔2008〕71号）	取消	
39	合成树脂生产人员	聚乙烯生产工、聚丙烯生产工、聚丁二烯生产工、聚氯乙烯生产工、环氧树脂生产工、丙烯腈-丁二烯-苯乙烯共聚物（ABS）生产工、聚苯乙烯生产工	中国石油和化学工业联合会、中国石油天然气集团公司、中国石油化工集团公司	水平评价类	《关于印发第五批国家职业标准的通知》（劳社厅发〔2003〕1号）《关于印发第六批国家职业标准的通知》（劳社厅发〔2003〕14号）	取消	

续表

序号	项目名称		实施部门（单位）	资格类别	设定依据	处理决定	备注
	小类	细类(职业)					
40	精细化工产品生产人员	农药生物测试实验工、染料分析工、涂料合成树脂工、制漆配色调制工、催化剂试验工、化工添加剂制造工、催化剂制造工、化学试剂制造工	中国石油和化学工业联合会、中国石油天然气集团公司、中国石油化工集团公司	水平评价类	《关于印发第五批国家职业标准的通知》（劳社厅发〔2003〕1号）《关于印发第十二批房地产策划师等54个国家职业标准的通知》（劳社厅发〔2006〕1号）《关于印发第十五批模具设计师等65个国家职业标准的通知》（劳社厅发〔2006〕33号）《关于印发紧急救助员等6个国家职业技能标准的通知》（人社厅发〔2012〕54号）	取消	

续表

序号	项目名称		实施部门（单位）	资格类别	设定依据	处理决定	备注
	小类	细类（职业）					
41	工件表面处理加工人员	涂装工	人力资源社会保障部	水平评价类	《关于印发船舶管系工等42个国家职业技能标准的通知》（人社厅发〔2009〕66号）	取消	
42	运输车辆装配人员	自行车、电动自行车装配工	中国轻工业联合会	水平评价类	《关于印发第七批速录师等14个国家职业标准的通知》（劳社厅发〔2003〕19号）	取消	
43	船舶制造人员	船体装配工、船舶管系工、船舶钳工、船舶气割工	中国船舶工业集团公司、中国船舶重工集团公司	水平评价类	《关于印发船舶管系工等42个国家职业技能标准的通知》（人社厅发〔2009〕66号） 《关于印发液化天然气操作工等7个国家职业技能标准的通知》（人社厅发〔2011〕56号）	取消	

续表

序号	项目名称		实施部门（单位）	资格类别	设定依据	处理决定	备注
	小类	细类(职业)					
44	其他机械设备修理人员	带温带压堵漏工	中国钢铁工业协会	水平评价类	《关于印发船舶管系工等42个国家职业技能标准的通知》(人社厅发〔2009〕66号)	取消	
45	橡胶制品生产人员	橡胶硫化工、橡胶成型工、橡胶半成品制造工、橡胶炼胶工	中国石油和化学工业联合会	水平评价类	《关于印发第十批玩具设计师等68个国家职业标准的通知》(劳社厅发〔2005〕1号)	取消	
46	饲料生产加工人员	饲料厂中央控制室操作工	农业部	水平评价类	《关于印发农作物种子繁育员等17个国家职业标准的通知》(劳社厅发〔2003〕3号)	取消	
47	中药制药人员	中药固体制剂工	国家中医药局	水平评价类	《关于印发中药调剂员等5个国家职业技能标准的通知》(人社厅发〔2009〕94号)	取消	

续表

序号	项目名称		实施部门（单位）	资格类别	设定依据	处理决定	备注
	小类	细类(职业)					
48	水泥及水泥制品生产加工人员	石灰焙烧工	中国建筑材料联合会	水平评价类	《关于印发第八批林木种苗工等65个国家职业标准的通知》（劳社厅发〔2004〕1号）	取消	
49	墙体屋面材料生产人员	石膏粉生产工	中国建筑材料联合会	水平评价类	《关于印发第八批林木种苗工等65个国家职业标准的通知》（劳社厅发〔2004〕1号）	取消	
50	装饰石材生产人员	石材护理工	中国建筑材料联合会	水平评价类	《关于印发防腐蚀工等17个国家职业技能标准的通知》（人社厅发〔2009〕90号）	取消	
51	陶瓷制品生产人员	陶瓷模型制作工	中国轻工业联合会	水平评价类	《关于印发第八批林木种苗工等65个国家职业标准的通知》（劳社厅发〔2004〕1号）	取消	

续表

序号	项目名称		实施部门（单位）	资格类别	设定依据	处理决定	备注
	小类	细类(职业)					
52	珠宝首饰加工制作人员	贵金属首饰机制工	国土资源部、中国轻工业联合会	水平评价类	《关于印发第十批玩具设计师等68个国家职业标准的通知》（劳社厅发〔2005〕1号）	取消	
53	行政事务人员	公关员、计算机操作员、制图员	人力资源社会保障部	水平评价类	《关于印发第三批国家职业标准的通知》（劳社厅发〔2002〕1号）《关于印发第九批国家职业标准的通知》（劳社厅发〔2004〕7号）《关于印发第十八批平版印刷工等20个国家职业标准的通知》（劳社厅发〔2008〕5号）	取消	

续表

序号	项目名称		实施部门（单位）	资格类别	设定依据	处理决定	备注
	小类	细类(职业)					
54	营业人员	营业员、收银员	人力资源社会保障部	水平评价类	《关于印发船舶管系工等42个国家职业技能标准的通知》（人社厅发〔2009〕66号） 《关于印发平版制版工等23个国家职业技能标准和通知》（人社厅发〔2010〕39号）	取消	
		珠宝首饰营业员	国土资源部		《关于印发组合机床操作工等28个国家职业标准的通知》（劳社厅发〔2000〕14号）		
		用户通信终端销售员	工业和信息化部				
55	拍卖、典当及租赁业务人员	鉴定估价师	人力资源社会保障部	水平评价类	《关于印发第六批国家职业标准的通知》（劳社厅发〔2003〕14号）	取消	

续表

序号	项目名称		实施部门（单位）	资格类别	设定依据	处理决定	备注
	小类	细类（职业）					
56	保管人员	冷藏工	人力资源社会保障部	水平评价类	《关于印发船舶管系工等42个国家职业技能标准的通知》（人社厅发〔2009〕66号）	取消	
57	调酒和茶艺人员	调酒师	人力资源社会保障部	水平评价类	《关于印发平版制版工等23个国家职业技能标准的通知》（人社厅发〔2010〕39号）	取消	
58	公共卫生和营养配餐人员	公共营养师、营养配餐员	人力资源社会保障部	水平评价类	《关于印发第十五批模具设计师等65个国家职业标准的通知》（劳社厅发〔2006〕33号）《关于印发船舶管系工等42个国家职业技能标准的通知》（人社厅发〔2009〕66号）	取消	

续表

序号	项目名称		实施部门（单位）	资格类别	设定依据	处理决定	备注
	小类	细类（职业）					
59	社会中介服务人员	科技咨询师、职业信息分析师	人力资源社会保障部	水平评价类	《关于印发第七批速录师等14个国家职业标准的通知》（劳社厅发〔2003〕19号） 《关于印发第十批玩具设计师等68个国家职业标准的通知》（劳社厅发〔2005〕1号）	取消	
		农产品经纪人	农业部、供销合作总社		《关于印发第七批速录师等14个国家职业标准的通知》（劳社厅发〔2003〕19号）		
60	演员	电影电视演员	文化部	水平评价类	《关于印发电影电视演员等十个国家职业标准（试行）的通知》（劳社厅发〔2006〕7号）	取消	纳入职称系列进行评价管理

续表

序号	项目名称		实施部门（单位）	资格类别	设定依据	处理决定	备注
	小类	细类(职业)					
61	美术专业人员	书法师	文化部	水平评价类	《关于印发电影电视演员等十个国家职业标准（试行）的通知》（劳社厅发〔2006〕7号）	取消	
62	摄影服务人员	摄影师	人力资源社会保障部	水平评价类	《关于印发第十五批模具设计师等65个国家职业标准的通知》（劳社厅发〔2006〕33号）	取消	
63	洗染织补人员	洗衣师	中国商业联合会	水平评价类	《关于印发第十七批铝制品制作工等26个国家职业标准的通知》（劳社厅发〔2008〕1号）	取消	
64	办公设备维修人员	办公设备维修工	人力资源社会保障部	水平评价类	《关于印发平版制版工等23个国家职业技能标准的通知》（人社厅发〔2010〕39号）	取消	

续表

序号	项目名称		实施部门（单位）	资格类别	设定依据	处理决定	备注
	小类	细类(职业)					
65	玩具制作人员	布绒玩具制作工	中国轻工业联合会	水平评价类	《关于印发平版制版工等23个国家职业技能标准的通知》（人社厅发〔2010〕39号）	取消	
66	漆器工艺品制作人员	漆器镶嵌工、彩绘雕填制工、漆器制胎工	中国轻工业联合会	水平评价类	《关于印发第十三批漆器制胎工等4个国家职业标准的通知》（劳社厅发〔2006〕10号）	取消	
67	金属工艺品制作人员	金属摆件工	中国轻工业联合会	水平评价类	《关于印发平版制版工等23个国家职业技能标准的通知》（人社厅发〔2010〕39号）	取消	
68	雕刻工艺品制作人员	工艺品雕刻工	中国轻工业联合会	水平评价类	《关于印发第五批国家职业标准的通知》（劳社厅发〔2003〕1号）	取消	

续表

序号	项目名称		实施部门（单位）	资格类别	设定依据	处理决定	备注
	小类	细类(职业)					
69	文教用品制作人员	自来水笔制作工、圆珠笔制作工、铅笔制造工、墨水制造工	中国轻工业联合会	水平评价类	《关于印发第八批林木种苗工等65个国家职业标准的通知》(劳社厅发〔2004〕1号)	取消	
70	乐器制作人员	钢琴制作工、管乐器制作工	中国轻工业联合会	水平评价类	《关于印发第五批国家职业标准的通知》(劳社厅发〔2003〕1号)《关于印发第八批林木种苗工等65个国家职业标准的通知》(劳社厅发〔2004〕1号)	取消	
71	筑路、养护、维修人员	舟桥起重工、道岔钳工、机动舟驾驶员、铁路舟桥工	中国铁路总公司	水平评价类	《关于印发列车值班员等65个国家职业(工种)标准的通知》(劳社厅发〔2007〕14号)	取消	

续表

序号	项目名称		实施部门（单位）	资格类别	设定依据	处理决定	备注
	小类	细类(职业)					
72	铁路、地铁运输机械设备操作及有关人员	运转车长、指导车长、机车检查保养员、机车整备工、列车轴温检测员、信号员（长）、驼峰调车长、救援机械副司机、铁路电源工	中国铁路总公司	水平评价类	《关于印发列车值班员等65个国家职业（工种）标准的通知》（劳社厅发〔2007〕14号）《关于印发铁路通信工（维护）等4个国家职业技能标准的通知》（人社厅发〔2011〕61号）	取消	
73	起重装卸机械操作及有关人员	叉车司机、装载机司机	中国铁路总公司	水平评价类	《关于印发列车值班员等65个国家职业（工种）标准的通知》（劳社厅发〔2007〕14号）	取消	
74	海洋环境调查与监测人员	海洋环境监测工	国家海洋局	水平评价类	《关于印发海洋环境监测工等6个国家职业标准的通知》（劳社厅发〔2008〕4号）	取消	

续表

序号	项目名称		实施部门（单位）	资格类别	设定依据	处理决定	备注
	小类	细类（职业）					
75	计量人员	化工仪表维修工	中国石油和化学工业联合会	水平评价类	《关于印发第十批玩具设计师等68个国家职业标准的通知》（劳社厅发〔2005〕1号）	取消	
76	包装人员	钢铁产品包装工	中国钢铁工业协会	水平评价类	《关于印发高炉原料工等27个工种国家职业标准的通知》（人社厅发〔2008〕71号）	取消	
77	浴池服务人员	修脚师	人力资源社会保障部	水平评价类	《关于印发第十七批铝制品制作工等26个国家职业标准的通知》（劳社厅发〔2008〕1号）	取消	
78	木材制品制作人员	木雕工	人力资源社会保障部	水平评价类	《关于印发锁具修理工等5个国家职业技能标准的通知》（人社厅发〔2012〕114号）	取消	

续表

序号	项目名称		实施部门（单位）	资格类别	设定依据	处理决定	备注
	小类	细类（职业）					
79	工程设备安装人员	电气设备安装工	中国电力企业联合会	水平评价类	《关于印发防腐蚀工等22个国家职业标准的通知》（劳社厅发〔2001〕3号）	取消	
		机械设备安装工、管工	人力资源社会保障部		《关于印发第五批国家职业标准的通知》（劳社厅发〔2003〕1号）《关于印发手工木工等8个国家职业技能标准的通知》（人社厅发〔2011〕129号）		
80	化工工程技术人员	调香师	人力资源社会保障部	水平评价类	《关于印发第十五批模具设计师等65个国家职业标准的通知》（劳社厅发〔2006〕33号）	取消	

续表

序号	项目名称		实施部门（单位）	资格类别	设定依据	处理决定	备注
	小类	细类(职业)					
81	建筑工程技术人员	景观设计师	人力资源社会保障部	水平评价类	《关于印发第十五批模具设计师等65个国家职业标准的通知》（劳社厅发〔2006〕33号）	取消	
82	纺织工程技术人员	纺织面料设计师	人力资源社会保障部	水平评价类	《关于印发第十八批平版印刷工等20个国家职业标准的通知》（劳社厅发〔2008〕5号）	取消	
83	食品工程技术人员	豆制品工艺师、坚果炒货工艺员	人力资源社会保障部	水平评价类	《关于印发第十七批铝制品制作工等26个国家职业标准的通知》（劳社厅发〔2008〕1号） 《关于印发平版制版工等23个国家职业技能标准的通知》（人社厅发〔2010〕39号）	取消	

续表

序号	项目名称		实施部门（单位）	资格类别	设定依据	处理决定	备注
	小类	细类（职业）					
84	管理（工业）工程技术人员	商务策划师、企业文化师	人力资源社会保障部	水平评价类	《关于印发第十二批房地产策划师等54个国家职业标准的通知》（劳社厅发〔2006〕1号） 《关于印发第十五批模具设计师等65个国家职业标准的通知》（劳社厅发〔2006〕33号）	取消	
85	工艺美术专业人员	室内装饰设计员、陈列展览设计人员、广告设计师、包装设计师、玩具设计师、首饰设计师	人力资源社会保障部	水平评价类	《关于印发第四批国家职业标准的通知》（劳社厅发〔2002〕10号） 《关于印发第五批国家职业标准的通知》（劳社厅发〔2003〕1号） 《关于印发第六批国家职业标准的通知》（劳社厅发〔2003〕14号）	取消	

续表

序号	项目名称		实施部门（单位）	资格类别	设定依据	处理决定	备注
	小类	细类(职业)					
85	工艺美术专业人员	建筑模型设计制作员、家具设计师、动画绘制员、陶瓷产品设计师、地毯设计师、皮具设计师、鞋类设计师、会展设计师、色彩搭配师	人力资源社会保障部	水平评价类	《关于印发第九批国家职业标准的通知》(劳社厅发〔2004〕7号) 《关于印发第十批玩具设计师等68个国家职业标准的通知》(劳社厅发〔2005〕1号) 《关于印发第十五批模具设计师等65个国家职业标准的通知》(劳社厅发〔2006〕33号) 《关于印发第十七批铝制品制作工等26个国家职业标准的通知》(劳社厅发〔2008〕1号) 《关于印发养老护理员等四个国家职业技能标准的通知》(人社厅发〔2011〕104号)	取消	

续表

序号	项目名称		实施部门（单位）	资格类别	设定依据	处理决定	备注
	小类	细类（职业）					
86	餐厅服务人员	餐厅服务员	人力资源社会保障部	水平评价类	《关于印发船舶管系工等42个国家职业技能标准的通知》（人社厅发〔2009〕66号）	取消	
87	饭店服务人员	前厅服务员、客房服务员	人力资源社会保障部	水平评价类	《关于印发船舶管系工等42个国家职业技能标准的通知》（人社厅发〔2009〕66号）	取消	
88	健身和娱乐场所服务人员	足部按摩师、芳香保健师	人力资源社会保障部	水平评价类	《关于印发第十二批房地产策划师等54个国家职业标准的通知》（劳社厅发〔2006〕1号） 《关于印发第十四批理财规划师等3个国家职业标准的通知》（劳社厅发〔2006〕20号）	取消	

续表

序号	项目名称		实施部门（单位）	资格类别	设定依据	处理决定	备注
	小类	细类(职业)					
88	健身和娱乐场所服务人员	反射疗法师	国家卫生计生委	水平评价类	《关于印发反射疗法师等3个国家职业标准的通知》(劳社厅发〔2007〕11号)	取消	
89	环境卫生人员	保洁员	人力资源社会保障部	水平评价类	《关于印发第十八批平版印刷工等20个国家职业标准的通知》(劳社厅发〔2008〕5号)	取消	
90	其他社会服务和居民生活服务人员	呼叫服务员、礼仪主持人	人力资源社会保障部	水平评价类	《关于印发第十批玩具设计师等68个国家职业标准的通知》(劳社厅发〔2005〕1号) 《关于印发第十五批模具设计师等65个国家职业标准的通知》(劳社厅发〔2006〕33号)	取消	

续表

序号	项目名称		实施部门（单位）	资格类别	设定依据	处理决定	备注
	小类	细类(职业)					
91	化工产品生产通用工艺人员	蒸馏工、萃取工、吸收工、干燥工、结晶工、蒸发工	中国石油和化学工业联合会	水平评价类	《关于印发第十批玩具设计师等68个国家职业标准的通知》（劳社厅发〔2005〕1号）	取消	
92	仪器仪表装配人员	电工仪器仪表装配工	人力资源社会保障部	水平评价类	《关于印发防腐蚀工等22个国家职业标准的通知》（劳社厅发〔2001〕3号）	取消	
93	国际商务人员	报关员	海关总署	水平评价类	《关于印发报关员国家职业标准的通知》（劳社厅发〔2007〕25号）	取消	
94	航空运输服务人员	民航售票员	中国民航局	水平评价类	《关于印发平版制版工等23个国家职业技能标准的通知》（人社厅发〔2010〕39号）	取消	

续表

序号	项目名称		实施部门（单位）	资格类别	设定依据	处理决定	备注
	小类	细类(职业)					
95	营造林人员	营造林工程监理员	国家林业局	水平评价类	《关于印发第八批林木种苗工等65个国家职业标准的通知》（劳社厅发〔2004〕1号）	取消	
96	地质勘查人员	磨片工、淘洗工、掘进材料工、钻探材料工	国土资源部	水平评价类	《关于印发掘进工等7个国家职业技能标准的通知》（人社厅发〔2010〕61号）	取消	
97	炼铁人员	铁库工	中国钢铁工业协会	水平评价类	《关于印发高炉原料工等27个工种国家职业标准的通知》（人社厅发〔2008〕71号）	取消	
98	炼钢人员	炼钢备品工	中国钢铁工业协会	水平评价类	《关于印发高炉原料工等27个工种国家职业标准的通知》（人社厅发〔2008〕71号）	取消	

续表

序号	项目名称		实施部门（单位）	资格类别	设定依据	处理决定	备注
	小类	细类(职业)					
99	机械热加工人员	剪切工	中国机械工业联合会	水平评价类	《关于印发第十二批房地产策划师等54个国家职业标准的通知》（劳社厅发〔2006〕1号）	取消	
100	电子器件制造人员	真空电子器件化学零件制造工、真空电子器件金属零件制造工	工业和信息化部	水平评价类	《关于印发真空电子器件化学零件制造工等11个国家职业标准的通知》（劳社厅发〔2004〕2号）	取消	
101	电池制造人员	原电池制造工	工业和信息化部	水平评价类	《关于印发半导体芯片制造工等13个国家职业标准的通知》（劳社厅发〔2003〕2号）	取消	
102	纤维预处理人员	绢纺精炼工	中国纺织工业联合会	水平评价类	《关于印发第十二批房地产策划师等54个国家职业标准的通知》（劳社厅发〔2006〕1号）	取消	

续表

序号	项目名称		实施部门（单位）	资格类别	设定依据	处理决定	备注
	小类	细类(职业)					
103	制糖和糖制品加工人员	食糖制造工	中国轻工业联合会	水平评价类	《关于印发第十批玩具设计师等68个国家职业标准的通知》（劳社厅发〔2005〕1号）	取消	
104	简单体力劳动人员	铁路装卸工、装卸值班员	中国铁路总公司	水平评价类	《关于印发列车值班员等65个国家职业（工种）标准的通知》（劳社厅发〔2007〕14号）	取消	
105	计算机与应用工程技术人员	多媒体作品制作员、数字视频（DV）策划制作师	人力资源社会保障部	水平评价类	《关于印发第四批国家职业标准的通知》（劳社厅发〔2002〕10号） 《关于印发第十五批模具设计师等65个国家职业标准的通知》（劳社厅发〔2006〕33号）	取消	

续表

序号	项目名称		实施部门（单位）	资格类别	设定依据	处理决定	备注
	小类	细类(职业)					
106	检验人员	印染工艺检验工	中国纺织工业联合会	水平评价类	《关于印发第十二批房地产策划师等54个国家职业标准的通知》（劳社厅发〔2006〕1号）	取消	
107	不便分类的其他从业人员	铁路报话员	中国铁路总公司	水平评价类	《关于印发铁路通信工（维护）等4个国家职业技能标准的通知》（人社厅发〔2011〕61号）	取消	
		沥青工	中国钢铁工业协会		《关于印发防腐蚀工等17个国家职业技能标准的通知》（人社厅发〔2009〕90号）		

国务院关于取消一批行政许可事项的决定(摘录)

(2017 年 9 月 22 日　国发〔2017〕46 号)

附件 1

国务院决定取消的国务院部门行政许可事项目录(共计 40 项)

序号	项目名称	审批部门	设定依据	加强事中事后监管措施
10	列入政府管理范围的专业技术人员职业资格审批	人力资源社会保障部	《国务院对确需保留的行政审批项目设定行政许可的决定》《国务院办公厅关于清理规范各类职业资格相关活动的通知》(国办发〔2007〕73 号)	取消审批后,人力资源社会保障部通过以下措施加强事中事后监管:1. 对政府管理的专业技术人员职业资格实行目录清单管理并向社会公布,建立常态化清理机制;2. 国家职业资格目录之外一律不得许可和认定职业资格,目录之内除准入类职业资格外一律不得与就业创业挂钩;3. 畅通投诉举报渠道,接受社会监督;4. 严肃查处清单外擅自新设职业资格、“挂证”等违法违规行为

三、最高人民法院司法解释

最高人民法院关于审理工伤保险行政案件若干问题的规定

（2014年6月18日　法释〔2014〕9号）

为正确审理工伤保险行政案件，根据《中华人民共和国社会保险法》《中华人民共和国劳动法》《中华人民共和国行政诉讼法》《工伤保险条例》及其他有关法律、行政法规规定，结合行政审判实际，制定本规定。

第一条　人民法院审理工伤认定行政案件，在认定是否存在《工伤保险条例》第十四条第（六）项“本人主要责任”、第十六条第（二）项“醉酒或者吸毒”和第十六条第（三）项“自残或者自杀”等情形时，应当以有权机构出具的事故责任认定书、结论性意见和人民法院生效裁判等法律文书为依据，但有相反证据足以推翻事故责任认定书和结论性意见的除外。

前述法律文书不存在或者内容不明确，社会保险行政部门就前款事实作出认定的，人民法院应当结合其提供的相关证据依法进行审查。

《工伤保险条例》第十六条第（一）项“故意犯罪”的认定，应当以刑事侦查机关、检察机关和审判机关的生效法律文书或者结论性意见为依据。

第二条　人民法院受理工伤认定行政案件后，发现原告或者第三人在提起行政诉讼前已经就是否存在劳动关系申请劳动仲裁或者提起民事诉讼的，应当中止行政案件的审理。

第三条　社会保险行政部门认定下列单位为承担工伤保险责

任单位的，人民法院应予支持：

（一）职工与两个或两个以上单位建立劳动关系，工伤事故发生时，职工为之工作的单位为承担工伤保险责任的单位；

（二）劳务派遣单位派遣的职工在用工单位工作期间因工伤亡的，派遣单位为承担工伤保险责任的单位；

（三）单位指派到其他单位工作的职工因工伤亡的，指派单位为承担工伤保险责任的单位；

（四）用工单位违反法律、法规规定将承包业务转包给不具备用工主体资格的组织或者自然人，该组织或者自然人聘用的职工从事承包业务时因工伤亡的，用工单位为承担工伤保险责任的单位；

（五）个人挂靠其他单位对外经营，其聘用的人员因工伤亡的，被挂靠单位为承担工伤保险责任的单位。

前款第（四）、（五）项明确的承担工伤保险责任的单位承担赔偿责任或者社会保险经办机构从工伤保险基金支付工伤保险待遇后，有权向相关组织、单位和个人追偿。

第四条 社会保险行政部门认定下列情形为工伤的，人民法院应予支持：

（一）职工在工作时间和工作场所内受到伤害，用人单位或者社会保险行政部门没有证据证明是非工作原因导致的；

（二）职工参加用人单位组织或者受用人单位指派参加其他单位组织的活动受到伤害的；

（三）在工作时间内，职工来往于多个与其工作职责相关的工作场所之间的合理区域因工受到伤害的；

（四）其他与履行工作职责相关，在工作时间及合理区域内受到伤害的。

第五条 社会保险行政部门认定下列情形为“因工外出期间”的，人民法院应予支持：

（一）职工受用人单位指派或者因工作需要在工作场所以外

从事与工作职责有关的活动期间；

（二）职工受用人单位指派外出学习或者开会期间；

（三）职工因工作需要的其他外出活动期间。

职工因工外出期间从事与工作或者受用人单位指派外出学习、开会无关的个人活动受到伤害，社会保险行政部门不认定为工伤的，人民法院应予支持。

第六条 对社会保险行政部门认定下列情形为“上下班途中”的，人民法院应予支持：

（一）在合理时间内往返于工作地与住所地、经常居住地、单位宿舍的合理路线的上下班途中；

（二）在合理时间内往返于工作地与配偶、父母、子女居住地的合理路线的上下班途中；

（三）从事属于日常工作生活所需要的活动，且在合理时间和合理路线的上下班途中；

（四）在合理时间内其他合理路线的上下班途中。

第七条 由于不属于职工或者其近亲属自身原因超过工伤认定申请期限的，被耽误的时间不计算在工伤认定申请期限内。

有下列情形之一耽误申请时间的，应当认定为不属于职工或者其近亲属自身原因：

（一）不可抗力；

（二）人身自由受到限制；

（三）属于用人单位原因；

（四）社会保险行政部门登记制度不完善；

（五）当事人对是否存在劳动关系申请仲裁、提起民事诉讼。

第八条 职工因第三人的原因受到伤害，社会保险行政部门以职工或者其近亲属已经对第三人提起民事诉讼或者获得民事赔偿为由，作出不予受理工伤认定申请或者不予认定工伤决定的，人民法院不予支持。

职工因第三人的原因受到伤害，社会保险行政部门已经作出工伤认定，职工或者其近亲属未对第三人提起民事诉讼或者尚未获得民事赔偿，起诉要求社会保险经办机构支付工伤保险待遇的，人民法院应予支持。

职工因第三人的原因导致工伤，社会保险经办机构以职工或者其近亲属已经对第三人提起民事诉讼为由，拒绝支付工伤保险待遇的，人民法院不予支持，但第三人已经支付的医疗费用除外。

第九条 因工伤认定申请人或者用人单位隐瞒有关情况或者提供虚假材料，导致工伤认定错误的，社会保险行政部门可以在诉讼中依法予以更正。

工伤认定依法更正后，原告不申请撤诉，社会保险行政部门在作出原工伤认定时有过错的，人民法院应当判决确认违法；社会保险行政部门无过错的，人民法院可以驳回原告诉讼请求。

第十条 最高人民法院以前颁布的司法解释与本规定不一致的，以本规定为准。

第八次全国法院民事商事审判工作会议（民事部分）纪要（摘录）

（2016年11月30日）

三、关于侵权纠纷案件的审理

（二）关于社会保险与侵权责任的关系问题

9. 被侵权人有权获得工伤保险待遇或者其他社会保险待遇的，侵权人的侵权责任不因受害人获得社会保险而减轻或者免除。根据社会保险法第三十条和四十二条的规定，被侵权人有权请求工伤保险基金或者其他社会保险支付工伤保险待遇或者其他保险待遇。

10. 用人单位未依法缴纳工伤保险费，劳动者因第三人侵权造成人身损害并构成工伤，侵权人已经赔偿的，劳动者有权请求用人单位支付除医疗费之外的工伤保险待遇。用人单位先行支付工伤保险待遇的，可以就医疗费用在第三人应承担的赔偿责任范围内向其追偿。

六、关于劳动争议纠纷案件的审理

劳动争议案件的审理对于构建和谐劳动关系，优化劳动力、资本、技术、管理等要素配置，激发创新创业活力，推动大众创业、万众创新，促进新技术新产业的发展具有重要意义。应当坚持依法保护劳动者合法权益和维护用人单位生存发展并重的原则，严格依法区分劳动关系和劳务关系，防止认定劳动关系泛化。

（一）关于案件受理问题

26. 劳动人事仲裁机构作出仲裁裁决，当事人在法定期限内未提起诉讼但再次申请仲裁，劳动人事仲裁机构作出不予受理裁决、决定或通知，当事人不服提起诉讼，经审查认为前后2次申请仲裁事项属于不同事项的，人民法院予以受理；经审查认为属于同一事项的，人民法院不予受理，已经受理的裁定驳回起诉。

（二）关于仲裁时效问题

27. 当事人在仲裁阶段未提出超过仲裁申请期间的抗辩，劳动人事仲裁机构作出实体裁决后，当事人在诉讼阶段又以超过仲裁时效期间为由进行抗辩的，人民法院不予支持。

当事人未按照规定提出仲裁时效抗辩，又以仲裁时效期间届满为由申请再审或者提出再审抗辩的，人民法院不予支持。

（三）关于竞业限制问题

28. 用人单位和劳动者在竞业限制协议中约定的违约金过分高于或者低于实际损失，当事人请求调整违约金数额的，人民法院可以参照《最高人民法院关于适用〈中华人民共和国合同法〉若干问题的解释（二）》第二十九条的规定予以处理。

（四）关于劳动合同解除问题

29. 用人单位在劳动合同期限内通过“末位淘汰”或“竞争上岗”等形式单方解除劳动合同，劳动者可以用人单位违法解除劳动合同为由，请求用人单位继续履行劳动合同或者支付赔偿金。

四、人力资源社会保障部文件

（一）人力资源社会保障部规章

人事部关于印发《全民所有制机关事业单位职工人数和工资总额计划管理暂行办法》的通知

（1990年8月14日　人计发〔1990〕17号）

各省、自治区、直辖市及计划单列市人事（劳动人事）厅（局）、国务院各部委、各直属机构人事（干部）部门：

现将《全民所有制机关、事业单位职工人数和工资总额计划管理暂行办法》印发给你们试行。请结合你们的实际情况，切实加强机关、事业单位职工人数和工资总额计划的宏观调控和管理，并将试行情况及时报我部综合计划司。

全民所有制机关、事业单位职工人数和工资总额计划管理暂行办法

第一章　总　则

第一条　为了加强全民所有制机关、事业单位职工人数和工资总额的计划管理，强化政府人事部门宏观调控职能，使计划管理科学化、规范化、制度化，特制定本暂行办法。

第二条　全民所有制机关、事业单位职工人数和工资总额计划（以下简称计划），是国民经济和社会发展计划的重要组成部分，在国家劳动工资计划中单列，由各级政府人事部门负责编制

和管理，实行统一计划，分级管理。

第三条 计划管理范围是：

（一）各级国家机关、政党机关、社会团体；

（二）上述机关、团体所属的事业单位；

（三）国家规定的其他应纳入机关、事业单位计划管理的部门和单位。

第四条 计划工作的基本任务：

（一）贯彻执行计划期党和国家提出的政治、经济、社会发展任务和重大方针政策。

（二）根据国民经济和社会发展计划要求，编制机关、事业单位职工人数、工资总额的长期规划和年度计划，合理确定机关、事业单位的职工人数和工资总额增长幅度。

（三）贯彻按劳分配原则，合理确定调整部门、地区以及各类人员之间的工资关系。

（四）按照节约、高效的原则，合理配置人力资源，调整职工队伍的布局和结构，促进人才合理流动。

（五）根据经济体制和政治体制改革的要求，不断改革和完善计划管理体制。

第二章 计划指标

第五条 计划由下列主要指标构成：

（一）基期末预计到达数；

（二）计划期计划增加（减少）数；

（三）计划期末计划到达数。

第六条 计划期职工人数增减包括：

（一）新增职工：

1. 国家统一分配的人员；

2. 社会招收人员；

3. 调入人员；

4. 成建制划入的人员；
5. 其他人员。
（二）减少职工：
1. 自然减员减少的人员；
2. 调出人员；
3. 成建制划出的人员；
4. 其他人员。
第七条 计划期工资总额增减包括：
（一）新增工资总额：
1. 增加职工增资；
2. 转正定级增资；
3. 工龄、教龄、护龄津贴增长；
4. 国家统一安排的新增工资项目；
5. 上年增资项目翘尾；
6. 晋职晋级增资；
7. 增加奖金；
8. 成建制划入的工资额；
9. 国家规定的其他项目。
（二）减少工资总额：
1. 减人减少工资；
2. 掉尾工资；
3. 减补员工资差额；
4. 超编制单位的工资核减；
5. 成建制划出的工资额；
6. 其他。

第三章 计划编制

第八条 编制计划须具备下列资料：
（一）基期计划执行情况；

（二）基期和计划期国民生产总值、国民收入、社会总产值、社会劳动生产率、工业企业全员劳动生产率预计到达数和计划数；

（三）基期和计划期社会商品零售物价指数、职工生活费用价格指数预计到达数和计划数；

（四）基期城乡居民生活水平变动情况及计划期国家提高城乡居民生活水平的有关政策、措施；

（五）计划期各项事业发展计划、重点发展领域及有关政策规定；

（六）就业结构及职业需求结构与数量；

（七）财政收支情况；

（八）行政事业经费开支情况；

（九）机构、编制定员情况；

（十）新增劳动力资源，特别是干部资源状况及可供机关事业单位利用程度。

第四章　计划报批

第九条　报批计划按下列程序和要求进行；

（一）各省、自治区、直辖市及计划单列市和国务院各部委、各直属机构的人事部门，根据人事部提出的编制计划的指导原则和政策，按照国家下达的控制数字和表式要求结合本地区、本部门的实际情况，在计划部门的指导下，经过科学的预测分析自下而上地编制计划草案，并附文字报告和详细说明，于每年九月底以前报送人事部。同时，抄送同级计划、劳动部门。

（二）人事部在汇总、审核各地区、各部门计划草案的基础上，经过综合平衡，提出分地区、分部门计划建议方案。

（三）人事部通过一定形式听取地区、部门意见后，对计划建议方案进行必要的调整，按要求时间报国家计委，同时抄送劳动部，由国家计委综合平衡后，纳入国民经济和社会发展计划

（草案）。

第五章　计划的下达和调整

第十条　各地区、各部门在接到人事部下达的计划后，应尽快将计划逐级下达到基层。

第十一条　各级人事部门在下达计划的同时，应将计划抄送同级计划、劳动部门和有关开户银行。

第十二条　各地区、各部门在执行计划过程中，如发现计划与实际不符确需调整计划时，应于当年八月底前向人事部提出调整计划的报告，人事部应及时批复。未经人事部批准，不得自行修改计划。

第六章　计划管理

第十三条　凡属本办法《第七条》和《第八条》规定增加的职工和工资，均应纳入计划管理范围。未经国家核准不得超计划增人、增资。

第十四条　根据编制定员确定增人指标。凡已满编或超编的单位，除国家另有规定外，一律不分配增人指标。确需增人时，须先申请增加编制。超编单位要逐年核减其职工人数和工资总额。

第十五条　中央、国务院驻地方的机关和事业单位，根据工作需要和国家规定接收军队转业干部和城镇复退军人时，其劳动指标由当地予以划拨。

第十六条　国家下达的年度计划指标（含自然减员指标）除国家另有规定外不得跨年度使用。

第十七条　补充自然减员指标，由各地区、各部门按照国家有关规定使用。

第七章 计划的监督与检查

第十八条 各地区、各部门的人事部门应根据计划指标，对计划执行情况定期进行检查与考核，发现问题及时解决。每年集中检查两次：第一次在第三季度；第二次在下年的第一季度。每次的检查结果（附详细说明），以书面形式报送人事部。

第十九条 各级人事计划部门，要制定具体指标，定期对下级人事计划部门的工作进行考核和评估。

第二十条 必须维护计划的严肃性。充分发挥审计、银行等部门的监督作用。对于乱开口子，超计划增人增资的地区、部门，除在安排下年度计划时，相应核减其指标外，还应视情节轻重对责任单位，给予通报批评。对严格执行国家计划、成绩显著的单位，给予表扬和奖励。

第八章 计划统计

第二十一条 统计资料是编制计划的重要依据，统计是检查和控制计划执行情况的重要手段。各级人事部门必须按照有关规定，准确、全面、系统地搜集、整理和分析统计资料，并及时报送有关部门，为研究问题，制定政策、指导工作提供依据。

第九章 附 则

第二十二条 各地区、各部门可根据本办法制定实施细则。

第二十三条 本办法由人事部综合计划司负责解释。

第二十四条 本办法自下达之日起试行。

劳动行政处罚听证程序规定

（1996年9月25日　劳动部令第2号）

第一条　为规范劳动行政处罚听证程序，根据《中华人民共和国行政处罚法》，制定本规定。

第二条　本规定适用于依法享有行政处罚权的县级以上劳动行政部门和依法申请听证的行政处罚当事人。

县级以上劳动行政部门的法制工作机构或承担法制工作的机构负责部门的听证工作。

劳动行政部门的法制工作机构与劳动行政执法机构为同一机构的，就要遵循听证与案件调查取证职责分离的原则。

第三条　劳动行政部门作出责令停滞不前产停业、吊销许可证、较大数额罚款等行政处罚决定之前，应当告知当事人有要求听证的权利；当事人要求听证的，劳动行政部门应当组织听证。当事人不承担组织听证的费用。

根据国务院的规定，较大数额罚款的听证范围，由省、自治区、直辖市人大常委会或人民政府确定。

第四条　听证由听证主持人、听证记录员、案件调查取证人员、当事人及其委托代理人、与案件的处理结果有直接利害关系的第三人参加。

第五条　劳动行政部门应当从本部门的下列人员中指定一名听证主持人、一名听证记录员：

（一）法制工作机构的公务员；

（二）未设法制机构的，承担法制工作的其他机构的公务员；

（三）法制机构与行政执法机构为同一机构的，该机构其他非参与本案调查的公务员。

第六条 听证主持人享有下列权利：

（一）决定举行听证的时间和地点；

（二）就案件的事实或者与之相关的法律进行询问、发问；

（三）维护听证秩序，对违反听证秩序的人员进行警告或者批评；

（四）中止或者终止听证；

（五）就听证案件的处理向劳动行政部门的负责人提出书面建议。

第七条 听证主持人承担下列义务：

（一）将与听证有关的通知及有关材料依法及时送达当事人及其他有关人员；

（二）根据听证认定的证据，依法独立、客观、公正地作出判断并写出书面报告；

（三）保守与案件相关的国家秘密、商业秘密和个人隐私。

听证记录员负责制作听证笔录，并承担前款第（三）项的义务。

第八条 听证案件的当事人依法享有下列权利：

（一）申请回避权。依法申请听证主持人、听证记录员回避；

（二）委托代理权。当事人可以亲自参加听证，也可以委托一至二人代理参加听证；

（三）质证权。对本案的证据向调查人员及其证人进行质询；

（四）申辩权。就本案的事实与法律问题进行申辩；

（五）最后陈述权。听证结束前有权就本案的事实、法律及处理进行最后陈述。

第九条 听证案件的当事人依法承担下列义务：

（一）按时参加听证；

（二）如实回答听证主持人的询问；

（三）遵守听证秩序。

第十条 与案件的处理结果有直接利害关系的第三人享有与当事人相同的权利并承担相同的义务。

第十一条 劳动行政部门告知当事人有要求举行听证的权利，可以用书面形式告知，也可以用口头形式告知。以口头形式告知应当制作笔录，并经当事人签名。在告知当事人有权要求听证的同时，必须告知当事人要求举行听证的期限，即应在告知后三日内提出。

当事人要求听证的，应当在接受劳动行政部门告知后三日内以书面或者口头形式提出。经口头形式提出的，劳动行政部门应制作笔录，并经当事人签名。逾期不提出者，视为放弃听证权。

第十二条 劳动行政部门负责听证的机构接到当事人要求听证的申请后，应当立即确定听证主持人和听证记录员。由听证主持人在举行听证的七日前送达听证通知书。听证通知书应载明听证主持人和听证记录员的姓名、听证时间、听证地点、调查取证人员认定的违法事实、证据及行政处罚建议等内容。

劳动行政部门的有关机构或人员接到当事人要求听证的申请后，应当立即告知本部门负责听证的机构。

除涉及国家秘密、商业秘密或者个人隐私外，听证应当公开进行。对于公开举行的听证，劳动行政部门可以先期公布听证案由、听证时间及地点。

第十三条 听证主持人有下列情况之一的，应当自行回避，当事人也有权申请其回避：

（一）参与本案的调查取证人员；

（二）本案当事人的近亲属或者与当事人有其他利害关系的人员；

（三）与案件的处理结果有利害关系，可能影响听证公正进行的人员。

听证记录员的回避适用前款的规定。

听证主持人和听证记录员的回避，由劳动行政部门负责人决定。

第十四条 听证应当按照下列程序进行：

（一）由听证主持人宣布听证会开始，宣布听证纪律、告知当事人听证中的权利和义务；

（二）由案件调查取证人员宣布案件的事实、证据、适用的法律、法规和规章，以及拟作出的行政处罚决定的理由；

（三）听证主持人询问当事人、案件调查取证人员、证人和其他有关人员并要求出示有关证据材料；

（四）由当事人或者其代理人从事实和法律上进行答辩，并对证据材料进行质证；

（五）当事人或者其代理人和本案调查取证人员就本案相关的事实和法律问题进行辩论；

（六）辩论结束后，当事人作最后陈述；

（七）听证主持人宣布听证会结束。

第十五条 听证应当制作笔录。笔录由听证记录员制作。听证笔录在听证结束后，应当立即交当事人审核无误后签字或者盖章。

第十六条 所有与认定案件主要事实有关的证据都必须在听证中出示，并通过质证和辩论进行认定。劳动行政部门不得以未经听证认定的证据作为行政处罚的依据。

第十七条 听证结束后，听证主持人应当根据听证确定的事实和证据，依据法律、法规和规章，向劳动行政部门负责人提出对听证案件处理的书面建议。劳动行政部门应当依据《中华人民共和国行政处罚法》第三十八条的规定作出决定。

社会保险行政争议处理办法

（2001 年 5 月 27 日　劳动和社会保障部令第 13 号）

第一条　为妥善处理社会保险行政争议，维护公民、法人和其他组织的合法权益，保障和监督社会保险经办机构（以下简称经办机构）依法行使职权，根据劳动法、行政复议法及有关法律、行政法规，制定本办法。

第二条　本办法所称的社会保险行政争议，是指经办机构在依照法律、法规及有关规定经办社会保险事务过程中，与公民、法人或者其他组织之间发生的争议。

本办法所称的经办机构，是指法律、法规授权的劳动保障行政部门所属的专门办理养老保险、医疗保险、失业保险、工伤保险、生育保险等社会保险事务的工作机构。

第三条　公民、法人或者其他组织认为经办机构的具体行政行为侵犯其合法权益，向经办机构或者劳动保障行政部门申请社会保险行政争议处理，经办机构或者劳动保障行政部门处理社会保险行政争议适用本办法。

第四条　经办机构和劳动保障行政部门的法制工作机构或者负责法制工作的机构为本单位的社会保险行政争议处理机构（以下简称保险争议处理机构），具体负责社会保险行政争议的处理工作。

第五条　经办机构和劳动保障行政部门分别采用复查和行政复议的方式处理社会保险行政争议。

第六条　有下列情形之一的，公民、法人或者其他组织可以申请行政复议：

（一）认为经办机构未依法为其办理社会保险登记、变更或者注销手续的；

（二）认为经办机构未按规定审核社会保险缴费基数的；

（三）认为经办机构未按规定记录社会保险费缴费情况或者拒绝其查询缴费记录的；

（四）认为经办机构违法收取费用或者违法要求履行义务的；

（五）对经办机构核定其社会保险待遇标准有异议的；

（六）认为经办机构不依法支付其社会保险待遇或者对经办机构停止其享受社会保险待遇有异议的；

（七）认为经办机构未依法为其调整社会保险待遇的；

（八）认为经办机构未依法为其办理社会保险关系转移或者接续手续的；

（九）认为经办机构的其他具体行政行为侵犯其合法权益的。

属于前款第（二）、（五）、（六）、（七）项情形之一的，公民、法人或者其他组织可以直接向劳动保障行政部门申请行政复议，也可以先向作出该具体行政行为的经办机构申请复查，对复查决定不服，再向劳动保障行政部门申请行政复议。

第七条 公民、法人或者其他组织认为经办机构的具体行政行为所依据的除法律、法规、规章和国务院文件以外的其他规范性文件不合法，在对具体行政行为申请行政复议时，可以向劳动保障行政部门一并提出对该规范性文件的审查申请。

第八条 公民、法人或者其他组织对经办机构作出的具体行政行为不服，可以向直接管理该经办机构的劳动保障行政部门申请行政复议。

第九条 申请人认为经办机构的具体行政行为侵犯其合法权益的，可以自知道该具体行政行为之日起60日内向经办机构申请复查或者向劳动保障行政部门申请行政复议。

申请人与经办机构之间发生的属于人民法院受案范围的行政

案件，申请人也可以依法直接向人民法院提起行政诉讼。

第十条 经办机构作出具体行政行为时，未告知申请人有权申请行政复议或者行政复议申请期限的，行政复议申请期限从申请人知道行政复议权或者行政复议申请期限之日起计算，但最长不得超过两年。

因不可抗力或者其他正当理由耽误法定申请期限的，申请期限自障碍消除之日起继续计算。

第十一条 申请人向经办机构申请复查或者向劳动保障行政部门申请行政复议，一般应当以书面形式提出，也可以口头提出。口头提出的，接到申请的保险争议处理机构应当当场记录申请人的基本情况、请求事项、主要事实和理由、申请时间等事项，并由申请人签字或者盖章。

劳动保障行政部门的其他工作机构接到以书面形式提出的行政复议申请的，应当立即转送本部门的保险争议处理机构。

第十二条 申请人向作出该具体行政行为的经办机构申请复查的，该经办机构应指定其内部专门机构负责处理，并应当自接到复查申请之日起 20 日内作出维持或者改变该具体行政行为的复查决定。决定改变的，应当重新作出新的具体行政行为。

经办机构作出的复查决定应当采用书面形式。

第十三条 申请人对经办机构的复查决定不服，或者经办机构逾期未作出复查决定的，申请人可以向直接管理该经办机构的劳动保障行政部门申请行政复议。

申请人在经办机构复查该具体行政行为期间，向劳动保障行政部门申请行政复议的，经办机构的复查程序终止。

第十四条 经办机构复查期间，行政复议的申请期限中止，复查期限不计入行政复议申请期限。

第十五条 劳动保障行政部门的保险争议处理机构接到行政复议申请后，应当注明收到日期，并在 5 个工作日内进行审查，由劳动保障行政部门按照下列情况分别作出决定：

（一）对符合法定受理条件，但不属于本行政机关受理范围的，应当告知申请人向有关机关提出；

（二）对不符合法定受理条件的，应当作出不予受理决定，并制作行政复议不予受理决定书，送达申请人。该决定书中应当说明不予受理的理由。

除前款规定外，行政复议申请自劳动保障行政部门的保险争议处理机构收到之日起即为受理，并制作行政复议受理通知书，送达申请人和被申请人。该通知中应当告知受理日期。

本条规定的期限，从劳动保障行政部门的保险争议处理机构收到行政复议申请之日起计算；因行政复议申请书的主要内容欠缺致使劳动保障行政部门难以作出决定而要求申请人补正有关材料的，从保险争议处理机构收到补正材料之日起计算。

第十六条 经办机构作出具体行政行为时，没有制作或者没有送达行政文书，申请人不服提起行政复议的，只要能证明具体行政行为存在，劳动保障行政部门应当依法受理。

第十七条 申请人认为劳动保障行政部门无正当理由不受理其行政复议申请的，可以向上级劳动保障行政部门申诉，上级劳动保障行政部门在审查后，作出以下处理决定：

（一）申请人提出的行政复议申请符合法定受理条件的，应当责令下级劳动保障行政部门予以受理；其中申请人不服的具体行政行为是依据劳动保障法律、法规、部门规章、本级以上人民政府制定的规章或者本行政机关制定的规范性文件作出的，或者上级劳动保障行政部门认为有必要直接受理的，可以直接受理；

（二）上级劳动保障行政部门认为下级劳动保障行政部门不予受理行为确属有正当理由，应当将审查结论告知申请人。

第十八条 劳动保障行政部门的保险争议处理机构对已受理的社会保险行政争议案件，应当自收到申请之日起 7 个工作日内，将申请书副本或者申请笔录复印件和行政复议受理通知书送达被申请人。

第十九条 被申请人应当自接到行政复议申请书副本或者申请笔录复印件之日起 10 日内，提交答辩书，并提交作出该具体行政行为的证据、所依据的法律规范及其他有关材料。

被申请人不提供或者无正当理由逾期提供的，视为该具体行政行为没有证据、依据。

第二十条 申请人可以依法查阅被申请人提出的书面答辩、作出具体行政行为的证据、依据和其他有关材料。

第二十一条 劳动保障行政部门处理社会保险行政争议案件，原则上采用书面审查方式。必要时，可以向有关单位和个人调查了解情况，听取申请人、被申请人和有关人员的意见，并制作笔录。

第二十二条 劳动保障行政部门处理社会保险行政争议案件，以法律、法规、规章和依法制定的其他规范性文件为依据。

第二十三条 劳动保障行政部门在依法向有关部门请示行政复议过程中所遇到的问题应当如何处理期间，行政复议中止。

第二十四条 劳动保障行政部门在审查申请人一并提出的作出具体行政行为所依据的有关规定的合法性时，应当根据具体情况，分别作出以下处理：

（一）该规定是由本行政机关制定的，应当在 30 日内对该规定依法作出处理结论；

（二）该规定是由本行政机关以外的劳动保障行政部门制定的，应当在 7 个工作日内将有关材料直接移送制定该规定的劳动保障行政部门，请其在 60 日内依法作出处理结论，并将处理结论告知移送的劳动保障行政部门；

（三）该规定是由政府及其他工作部门制定的，应当在 7 个工作日内按照法定程序转送有权处理的国家机关依法处理。

审查该规定期间，行政复议中止，劳动保障行政部门应将有关中止情况通知申请人和被申请人。

第二十五条 行政复议中止的情形结束后，劳动保障行政部门应当继续对该具体行政行为进行审查，并将恢复行政复议审查的时间通知申请人和被申请人。

第二十六条 申请人向劳动保障行政部门提出行政复议申请后，在劳动保障行政部门作出处理决定之前，撤回行政复议申请的，经说明理由，劳动保障行政部门可以终止审理，并将有关情况记录在案。

第二十七条 劳动保障行政部门行政复议期间，被申请人变更或者撤销原具体行政行为的，应当书面告知劳动保障行政部门和申请人。劳动保障行政部门可以终止对原具体行政行为的审查，并书面告知申请人和被申请人。

申请人对被申请人变更或者重新作出的具体行政行为不服，向劳动保障行政部门提出行政复议申请的，劳动保障行政部门应当受理。

第二十八条 劳动保障行政部门的保险争议处理机构应当对其组织审理的社会保险行政争议案件提出处理建议，经本行政机关负责人审查同意或者重大案件经本行政机关集体讨论决定后，由本行政机关依法作出行政复议决定。

第二十九条 劳动保障行政部门作出行政复议决定，应当制作行政复议决定书。行政复议决定书应当载明下列事项：

（一）申请人的姓名、性别、年龄、工作单位、住址（法人或者其他组织的名称、地址、法定代表人的姓名、职务）；

（二）被申请人的名称、地址、法定代表人的姓名、职务；

（三）申请人的复议请求和理由；

（四）被申请人的答辩意见；

（五）劳动保障行政部门认定的事实、理由，适用的法律、法规、规章和依法制定的其他规范性文件；

（六）复议结论；

（七）申请人不服复议决定向人民法院起诉的期限；

（八）作出复议决定的年、月、日。

行政复议决定书应当加盖本行政机关的印章。

第三十条 经办机构和劳动保障行政部门应当依照民事诉讼法有关送达的规定，将复查决定和行政复议文书送达申请人和被申请人。

第三十一条 申请人对劳动保障行政部门作出的行政复议决定不服的，可以依法向人民法院提起行政诉讼。

第三十二条 经办机构必须执行生效的行政复议决定书。拒不执行或者故意拖延不执行的，由直接主管该经办机构的劳动保障行政部门责令其限期履行，并按照人事管理权限对直接负责的主管人员给予行政处分，或者建议经办机构对有关人员给予行政处分。

第三十三条 经办机构或者劳动保障行政部门审查社会保险行政争议案件，不得向申请人收取任何费用。

行政复议活动所需经费，由本单位的行政经费予以保障。

第三十四条 本办法自发布之日起施行。

人力资源社会保障行政复议办法

（2010年3月16日　人力资源和社会保障部令第6号）

第一章　总　则

第一条　为了规范人力资源社会保障行政复议工作，根据《中华人民共和国行政复议法》（以下简称行政复议法）和《中华人民共和国行政复议法实施条例》（以下简称行政复议法实施条例），制定本办法。

第二条　公民、法人或者其他组织认为人力资源社会保障部门作出的具体行政行为侵犯其合法权益，向人力资源社会保障行政部门申请行政复议，人力资源社会保障行政部门及其法制工作机构开展行政复议相关工作，适用本办法。

第三条　各级人力资源社会保障行政部门是人力资源社会保障行政复议机关（以下简称行政复议机关），应当认真履行行政复议职责，遵循合法、公正、公开、及时、便民的原则，坚持有错必纠，保障法律、法规和人力资源社会保障规章的正确实施。

行政复议机关应当依照有关规定配备专职行政复议人员，为行政复议工作提供财政保障。

第四条　行政复议机关负责法制工作的机构（以下简称行政复议机构）具体办理行政复议事项，履行下列职责：

（一）处理行政复议申请；

（二）向有关组织和人员调查取证，查阅文件和资料，组织行政复议听证；

（三）依照行政复议法实施条例第九条的规定，办理第三人参加行政复议事项；

（四）依照行政复议法实施条例第四十一条的规定，决定行政复议中止、恢复行政复议审理事项；

（五）依照行政复议法实施条例第四十二条的规定，拟订行政复议终止决定；

（六）审查申请行政复议的具体行政行为是否合法与适当，提出处理建议，拟订行政复议决定，主持行政复议调解，审查和准许行政复议和解协议；

（七）处理或者转送对行政复议法第七条所列有关规定的审查申请；

（八）依照行政复议法第二十九条的规定，办理行政赔偿等事项；

（九）依照行政复议法实施条例第三十七条的规定，办理鉴定事项；

（十）按照职责权限，督促行政复议申请的受理和行政复议决定的履行；

（十一）对人力资源社会保障部门及其工作人员违反行政复议法、行政复议法实施条例和本办法规定的行为依照规定的权限和程序提出处理建议；

（十二）研究行政复议过程中发现的问题，及时向有关机关和部门提出建议，重大问题及时向行政复议机关报告；

（十三）办理因不服行政复议决定提起行政诉讼的行政应诉事项；

（十四）办理或者组织办理未经行政复议直接提起行政诉讼的行政应诉事项；

（十五）办理行政复议、行政应诉案件统计和重大行政复议决定备案事项；

（十六）组织培训；

（十七）法律、法规规定的其他职责。

第五条 专职行政复议人员应当具备与履行行政复议职责相

适应的品行、专业知识和业务能力，并取得相应资格。各级人力资源社会保障部门应当保障行政复议人员参加培训的权利，应当为行政复议人员参加法律类资格考试提供必要的帮助。

第六条 行政复议人员享有下列权利：

（一）依法履行行政复议职责的行为受法律保护；

（二）获得履行行政复议职责相应的物质条件；

（三）对行政复议工作提出建议；

（四）参加培训；

（五）法律、法规和规章规定的其他权利。

行政复议人员应当履行下列义务：

（一）严格遵守宪法和法律；

（二）以事实为根据，以法律为准绳审理行政复议案件；

（三）忠于职守，尽职尽责，清正廉洁，秉公执法；

（四）依法保障行政复议参加人的合法权益；

（五）保守国家秘密、商业秘密和个人隐私；

（六）维护国家利益、社会公共利益，维护公民、法人或者其他组织的合法权益；

（七）法律、法规和规章规定的其他义务。

第二章 行政复议范围

第七条 有下列情形之一的，公民、法人或者其他组织可以依法申请行政复议：

（一）对人力资源社会保障部门作出的警告、罚款、没收违法所得、依法予以关闭、吊销许可证等行政处罚决定不服的；

（二）对人力资源社会保障部门作出的行政处理决定不服的；

（三）对人力资源社会保障部门作出的行政许可、行政审批不服的；

（四）对人力资源社会保障部门作出的行政确认不服的；

（五）认为人力资源社会保障部门不履行法定职责的；

（六）认为人力资源社会保障部门违法收费或者违法要求履行义务的；

（七）认为人力资源社会保障部门作出的其他具体行政行为侵犯其合法权益的。

第八条 公民、法人或者其他组织对下列事项，不能申请行政复议：

（一）人力资源社会保障部门作出的行政处分或者其他人事处理决定；

（二）劳动者与用人单位之间发生的劳动人事争议；

（三）劳动能力鉴定委员会的行为；

（四）劳动人事争议仲裁委员会的仲裁、调解等行为；

（五）已就同一事项向其他有权受理的行政机关申请行政复议的；

（六）向人民法院提起行政诉讼，人民法院已经依法受理的；

（七）法律、行政法规规定的其他情形。

第三章 行政复议申请

第一节 申请人

第九条 依照本办法规定申请行政复议的公民、法人或者其他组织为人力资源社会保障行政复议申请人。

第十条 同一行政复议案件申请人超过5人的，推选1—5名代表参加行政复议，并提交全体行政复议申请人签字的授权委托书以及全体行政复议申请人的身份证复印件。

第十一条 依照行政复议法实施条例第九条的规定，公民、法人或者其他组织申请作为第三人参加行政复议，应当提交《第三人参加行政复议申请书》，该申请书应当列明其参加行政复议的事实和理由。

申请作为第三人参加行政复议的，应当对其与被审查的具体行政行为有利害关系负举证责任。

行政复议机构通知或者同意第三人参加行政复议的，应当制作《第三人参加行政复议通知书》，送达第三人，并注明第三人参加行政复议的日期。

第十二条 申请人、第三人可以委托1至2名代理人参加行政复议。

申请人、第三人委托代理人参加行政复议的，应当向行政复议机构提交授权委托书。授权委托书应当载明下列事项：

（一）委托人姓名或者名称，委托人为法人或者其他组织的，还应当载明法定代表人或者主要负责人的姓名、职务；

（二）代理人姓名、性别、职业、住所以及邮政编码；

（三）委托事项、权限和期限；

（四）委托日期以及委托人签字或者盖章。

申请人、第三人解除或者变更委托的，应当书面报告行政复议机构。

第二节 被申请人

第十三条 公民、法人或者其他组织对人力资源社会保障部门作出的具体行政行为不服，依照本办法规定申请行政复议的，作出该具体行政行为的人力资源社会保障部门为被申请人。

第十四条 对县级以上人力资源社会保障行政部门的具体行政行为不服的，可以向上一级人力资源社会保障行政部门申请复议，也可以向该人力资源社会保障行政部门的本级人民政府申请行政复议。

对人力资源社会保障部作出的具体行政行为不服的，向人力资源社会保障部申请行政复议。

第十五条 对人力资源社会保障行政部门按照国务院规定设立的社会保险经办机构（以下简称社会保险经办机构）依照法

律、法规规定作出的具体行政行为不服，可以向直接管理该社会保险经办机构的人力资源社会保障行政部门申请行政复议。

第十六条 对依法受委托的属于事业组织的公共就业服务机构、职业技能考核鉴定机构以及街道、乡镇人力资源社会保障工作机构等作出的具体行政行为不服的，可以向委托其行使行政管理职能的人力资源社会保障行政部门的上一级人力资源社会保障行政部门申请复议，也可以向该人力资源社会保障行政部门的本级人民政府申请行政复议。委托的人力资源社会保障行政部门为被申请人。

第十七条 对人力资源社会保障部门和政府其他部门以共同名义作出的具体行政行为不服的，可以向其共同的上一级行政部门申请复议。共同作出具体行政行为的人力资源社会保障部门为共同被申请人之一。

第十八条 人力资源社会保障部门设立的派出机构、内设机构或者其他组织，未经法律、法规授权，对外以自己名义作出具体行政行为的，该人力资源社会保障部门为被申请人。

第三节 行政复议申请期限

第十九条 公民、法人或者其他组织认为人力资源社会保障部门作出的具体行政行为侵犯其合法权益的，可以自知道该具体行政行为之日起60日内提出行政复议申请。

前款规定的行政复议申请期限依照下列规定计算：

（一）当场作出具体行政行为的，自具体行政行为作出之日起计算；

（二）载明具体行政行为的法律文书直接送达的，自受送达人签收之日起计算；

（三）载明具体行政行为的法律文书依法留置送达的，自送达人和见证人在送达回证上签注的留置送达之日起计算；

（四）载明具体行政行为的法律文书邮寄送达的，自受送达人在邮件签收单上签收之日起计算；没有邮件签收单的，自受送达人在送达回执上签名之日起计算；

（五）具体行政行为依法通过公告形式告知受送达人的，自公告规定的期限届满之日起计算；

（六）被申请人作出具体行政行为时未告知公民、法人或者其他组织，事后补充告知的，自该公民、法人或者其他组织收到补充告知的通知之日起计算；

（七）被申请人有证据材料能够证明公民、法人或者其他组织知道该具体行政行为的，自证据材料证明其知道具体行政行为之日起计算。

人力资源社会保障部门作出具体行政行为，依法应当向有关公民、法人或者其他组织送达法律文书而未送达的，视为该公民、法人或者其他组织不知道该具体行政行为。

申请人因不可抗力或者其他正当理由耽误法定申请期限的，申请期限自原因消除之日起继续计算。

第二十条 人力资源社会保障部门对公民、法人或者其他组织作出具体行政行为，应当告知其申请行政复议的权利、行政复议机关和行政复议申请期限。

第四节 行政复议申请的提出

第二十一条 申请人书面申请行政复议的，可以采取当面递交、邮寄或者传真等方式递交行政复议申请书。

有条件的行政复议机构可以接受以电子邮件形式提出的行政复议申请。

对采取传真、电子邮件方式提出的行政复议申请，行政复议机构应当告知申请人补充提交证明其身份以及确认申请书真实性的相关书面材料。

第二十二条 申请人书面申请行政复议的，应当在行政复议申请书中载明下列事项：

（一）申请人基本情况：申请人是公民的，包括姓名、性别、年龄、身份证号码、工作单位、住所、邮政编码；申请人是法人或者其他组织的，包括名称、住所、邮政编码和法定代表人或者主要负责人的姓名、职务；

（二）被申请人的名称；

（三）申请行政复议的具体行政行为、行政复议请求、申请行政复议的主要事实和理由；

（四）申请人签名或者盖章；

（五）日期。

申请人口头申请行政复议的，行政复议机构应当依照前款规定内容，当场制作行政复议申请笔录交申请人核对或者向申请人宣读，并由申请人签字确认。

第二十三条 有下列情形之一的，申请人应当提供相应的证明材料：

（一）认为被申请人不履行法定职责的，提供曾经申请被申请人履行法定职责的证明材料；

（二）申请行政复议时一并提出行政赔偿申请的，提供受具体行政行为侵害而造成损害的证明材料；

（三）属于本办法第十九条第四款情形的，提供发生不可抗力或者有其他正当理由的证明材料；

（四）需要申请人提供证据材料的其他情形。

第二十四条 申请人提出行政复议申请时错列被申请人的，行政复议机构应当告知申请人变更被申请人。

申请人变更被申请人的期间，不计入行政复议审理期限。

第二十五条 依照行政复议法第七条的规定，申请人认为具体行政行为所依据的规定不合法的，可以在对具体行政行为申请行政复议的同时一并提出对该规定的审查申请；申请人在对具体行政行为提出行政复议申请时尚不知道该具体行政行为所依据的规定的，可以在行政复议机关作出行政复议决定前向行政复议机关提出对该规定的审查申请。

第四章　行政复议受理

第二十六条　行政复议机构收到行政复议申请后，应当在5日内进行审查，按照下列情况分别作出处理：

（一）对符合行政复议法实施条例第二十八条规定条件的，依法予以受理，制作《行政复议受理通知书》和《行政复议提出答复通知书》，送达申请人和被申请人；

（二）对符合本办法第七条规定的行政复议范围，但不属于本机关受理范围的，应当书面告知申请人向有关行政复议机关提出；

（三）对不符合法定受理条件的，应当作出不予受理决定，制作《行政复议不予受理决定书》，送达申请人，该决定书中应当说明不予受理的理由和依据。

对不符合前款规定的行政复议申请，行政复议机构应当将有关处理情况告知申请人。

第二十七条　人力资源社会保障行政部门的其他工作机构收到复议申请的，应当及时转送行政复议机构。

除不符合行政复议法定条件或者不属于本机关受理的行政复议申请外，行政复议申请自行政复议机构收到之日起即为受理。

第二十八条　依照行政复议法实施条例第二十九条的规定，行政复议申请材料不齐全或者表述不清楚的，行政复议机构可以向申请人发出补正通知，一次性告知申请人需要补正的事项。

补正通知应当载明下列事项：

（一）行政复议申请书中需要修改、补充的具体内容；

（二）需要补正的证明材料；

（三）合理的补正期限；

（四）逾期未补正的法律后果。

补正期限从申请人收到补正通知之日起计算。

无正当理由逾期不补正的，视为申请人放弃行政复议申请。

申请人应当在补正期限内向行政复议机构提交需要补正的材料。补正申请材料所用时间不计入行政复议审理期限。

第二十九条　申请人依法提出行政复议申请，行政复议机关无正当理由不予受理的，上一级人力资源社会保障行政部门可以根据申请人的申请或者依职权先行督促其受理；经督促仍不受理的，应当责令其限期受理，并且制作《责令受理行政复议申请通知书》；必要时，上一级人力资源社会保障行政部门也可以直接受理。

上一级人力资源社会保障行政部门经审查认为行政复议申请不符合法定受理条件的，应当告知申请人。

第三十条　劳动者与用人单位因工伤保险待遇发生争议，向劳动人事争议仲裁委员会申请仲裁期间，又对人力资源社会保障行政部门作出的工伤认定结论不服向行政复议机关申请行政复议的，如果符合法定条件，应当予以受理。

第五章　行政复议审理和决定

第三十一条　行政复议原则上采取书面审查的办法，但是申请人提出要求或者行政复议机构认为有必要的，可以向有关组织和人员调查情况，听取申请人、被申请人和第三人的意见。

第三十二条　行政复议机构应当自行政复议申请受理之日起7日内，将行政复议申请书副本或者行政复议申请笔录复印件发送被申请人。被申请人应当自收到申请书副本或者申请笔录复印件之日起10日内，提交行政复议答复书，并提交当初作出具体行政行为的证据、依据和其他有关材料。

行政复议答复书应当载明下列事项，并加盖被申请人印章：

（一）被申请人的名称、地址、法定代表人的姓名、职务；

（二）作出具体行政行为的事实和有关证据材料；

（三）作出具体行政行为依据的法律、法规、规章和规范性文件的具体条款和内容；

（四）对申请人行政复议请求的意见和理由；

（五）日期。

被申请人应当对其提交的证据材料分类编号，对证据材料的来源、证明对象和内容作简要说明。

因不可抗力或者其他正当理由，被申请人不能在法定期限内提出书面答复、提交当初作出具体行政行为的证据、依据和其他有关材料的，可以向行政复议机关提出延期答复和举证的书面申请。

第三十三条 有下列情形之一的，行政复议机构可以实地调查核实证据：

（一）申请人或者被申请人对于案件事实的陈述有争议的；

（二）被申请人提供的证据材料之间相互矛盾的；

（三）第三人提出新的证据材料，足以推翻被申请人认定的事实的；

（四）行政复议机构认为确有必要的其他情形。

调查取证时，行政复议人员不得少于2人，并应当向当事人或者有关人员出示证件。

第三十四条 对重大、复杂的案件，申请人提出要求或者行政复议机构认为必要时，可以采取听证的方式审理。

有下列情形之一的，属于重大、复杂的案件：

（一）涉及人数众多或者群体利益的案件；

（二）具有涉外因素的案件；

（三）社会影响较大的案件；

（四）案件事实和法律关系复杂的案件；

（五）行政复议机构认为其他重大、复杂的案件。

第三十五条 公民、法人或者其他组织对人力资源社会保障部门行使法律、法规规定的自由裁量权作出的具体行政行为不服申请行政复议，在行政复议机关作出行政复议决定之前，申请人和被申请人可以在自愿、合法基础上达成和解。申请人和被申请人达成和解的，应当向行政复议机构提交书面和解协议。

书面和解协议应当载明行政复议请求、事实、理由和达成和解的结果，并且由申请人和被申请人签字或者盖章。

行政复议机构应当对申请人和被申请人提交的和解协议进行审查。和解确属申请人和被申请人的真实意思表示，和解内容不违反法律、法规的强制性规定，不损害国家利益、社会公共利益和他人合法权益的，行政复议机构应当准许和解，并终止行政复议案件的审理。

第三十六条 依照行政复议法实施条例第四十一条的规定，行政复议机构中止、恢复行政复议案件的审理，应当分别制发《行政复议中止通知书》和《行政复议恢复审理通知书》，并通知申请人、被申请人和第三人。

第三十七条 依照行政复议法实施条例第四十二条的规定，行政复议机关终止行政复议的，应当制发《行政复议终止通知书》，并通知申请人、被申请人和第三人。

第三十八条 依照行政复议法第二十八条第一款第一项规定，具体行政行为认定事实清楚，证据确凿，适用依据正确，程序合法，内容适当的，行政复议机关应当决定维持。

第三十九条 依照行政复议法第二十八条第一款第二项规定，被申请人不履行法定职责的，行政复议机关应当决定其在一定期限内履行法定职责。

第四十条 具体行政行为有行政复议法第二十八条第一款第三项规定的，行政复议机关应当决定撤销、变更该具体行政行为或者确认该具体行政行为违法；决定撤销该具体行政行为或者确认该具体行政行为违法的，可以责令被申请人在一定期限内重新作出具体行政行为。

第四十一条 被申请人未依照行政复议法第二十三条的规定提出书面答复、提交当初作出具体行政行为的证据、依据和其他有关材料的，视为该具体行政行为没有证据、依据，行政复议机关应当决定撤销该具体行政行为。

第四十二条 具体行政行为有行政复议法实施条例第四十七条规定情形之一的，行政复议机关可以作出变更决定。

第四十三条 依照行政复议法实施条例第四十八条第一款的规定，行政复议机关决定驳回行政复议申请的，应当制发《驳回行政复议申请决定书》，并通知申请人、被申请人和第三人。

第四十四条 行政复议机关依照行政复议法第二十八条的规定责令被申请人重新作出具体行政行为的，被申请人应当在法律、法规、规章规定的期限内重新作出具体行政行为；法律、法规、规章未规定期限的，重新作出具体行政行为的期限为60日。

公民、法人或者其他组织对被申请人重新作出的具体行政行为不服，可以依法申请行政复议或者提起行政诉讼。

第四十五条 有下列情形之一的，行政复议机关可以按照自愿、合法的原则进行调解：

（一）公民、法人或者其他组织对人力资源社会保障部门行使法律、法规规定的自由裁量权作出的具体行政行为不服申请行政复议的；

（二）当事人之间的行政赔偿或者行政补偿纠纷；

（三）其他适于调解的。

第四十六条 行政复议机关进行调解应当符合下列要求：

（一）在查明案件事实的基础上进行；

（二）充分尊重申请人和被申请人的意愿；

（三）遵循公正、合理原则；

（四）调解结果应当符合有关法律、法规的规定；

（五）调解结果不得损害国家利益、社会公共利益或者他人合法权益。

第四十七条 申请人和被申请人经调解达成协议的，行政复议机关应当制作《行政复议调解书》。《行政复议调解书》应当载明下列内容：

（一）申请人姓名、性别、年龄、住所（法人或者其他组织的名称、地址、法定代表人或者主要负责人的姓名、职务）；

（二）被申请人的名称；

（三）申请人申请行政复议的请求、事实和理由；

（四）被申请人答复的事实、理由、证据和依据；

（五）进行调解的基本情况；

（六）调解结果；

（七）日期。

《行政复议调解书》应当加盖行政复议机关印章。《行政复议调解书》经申请人、被申请人签字或者盖章，即具有法律效力。

调解未达成协议或者调解书生效前一方反悔的，行政复议机关应当及时作出行政复议决定。

第四十八条 行政复议机关在审查申请人一并提出的作出具体行政行为所依据的规定的合法性时，应当根据具体情况，分别作出下列处理：

（一）如果该规定是由本行政机关制定的，应当在30日内对该规定依法作出处理结论；

（二）如果该规定是由其他人力资源社会保障行政部门制定的，应当在7日内按照法定程序转送制定该规定的人力资源社会保障行政部门，请其在60日内依法处理；

（三）如果该规定是由人民政府制定的，应当在7日内按照法定程序转送有权处理的国家机关依法处理。

对该规定进行审查期间，中止对具体行政行为的审查；审查结束后，行政复议机关再继续对具体行政行为的审查。

第四十九条 行政复议机关对决定撤销、变更具体行政行为或者确认具体行政行为违法并且申请人提出行政赔偿请求的下列具体行政行为，应当在行政复议决定中同时作出被申请人依法给予赔偿的决定：

（一）被申请人违法实施罚款、没收违法所得、依法予以关闭、吊销许可证等行政处罚的；

（二）被申请人造成申请人财产损失的其他违法行为。

第五十条 行政复议机关作出行政复议决定，应当制作《行政复议决定书》，载明下列事项：

（一）申请人的姓名、性别、年龄、住所（法人或者其他组织的名称、地址、法定代表人或者主要负责人的姓名、职务）；

（二）被申请人的名称、住所；

（三）申请人的行政复议请求和理由；

（四）第三人的意见；

（五）被申请人答复意见；

（六）行政复议机关认定的事实、理由，适用的法律、法规、规章以及其他规范性文件；

（七）复议决定；

（八）申请人不服行政复议决定向人民法院起诉的期限；

（九）日期。

《行政复议决定书》应当加盖行政复议机关印章。

第五十一条 行政复议机关应当根据《中华人民共和国民事诉讼法》的规定，采用直接送达、邮寄送达或者委托送达等方式，将行政复议决定送达申请人、被申请人和第三人。

第五十二条 下级行政复议机关应当及时将重大行政复议决定报上级行政复议机关备案。

第五十三条 案件审查结束后，办案人员应当及时将案卷进行整理归档。案卷保存期不少于10年，国家另有规定的从其规定。保存期满后的案卷，应当按照国家有关档案管理的规定处理。

案卷归档材料应当包括：

（一）行政复议申请的处理

1. 行政复议申请书或者行政复议申请笔录、申请人提交的证据材料；

2. 授权委托书、申请人身份证复印件、法定代表人或者主要负责人身份证明书；

3. 行政复议补正通知书；

4. 行政复议受理通知书和行政复议提出答复通知书；

5. 行政复议不予受理决定书；

6. 行政复议告知书；

7. 行政复议答复书、被申请人提交的证据材料；

8. 第三人参加行政复议申请书、第三人参加行政复议通知书；

9. 责令限期受理行政复议申请通知书。

（二）案件审理

1. 行政复议调查笔录；

2. 行政复议听证记录；

3. 行政复议中止通知书、行政复议恢复审理通知书；

4. 行政复议和解协议；

5. 行政复议延期处理通知书；

6. 撤回行政复议申请书；

7. 规范性文件转送函。

（三）处理结果

1. 行政复议决定书；

2. 行政复议调解书；

3. 行政复议终止书；

4. 驳回行政复议申请决定书。

（四）其他

1. 行政复议文书送达回证；

2. 行政复议意见书；

3. 行政复议建议书；

4. 其他。

第五十四条 案卷装订、归档应当达到下列要求：

（一）案卷装订整齐；

（二）案卷目录用钢笔或者签字笔填写，字迹工整；

（三）案卷材料不得涂改；

（四）卷内材料每页下方应当居中标注页码。

第六章 附 则

第五十五条 本办法所称人力资源社会保障部门包括人力资源社会保障行政部门、社会保险经办机构、公共就业服务机构等具有行政职能的机构。

第五十六条 人力资源社会保障行政复议活动所需经费、办公用房以及交通、通讯、摄像、录音等设备由各级人力资源社会保障部门予以保障。

第五十七条 行政复议机关可以使用行政复议专用章。在人力资源社会保障行政复议活动中，行政复议专用章和行政复议机关印章具有同等效力。

第五十八条 本办法未规定事项，依照行政复议法、行政复议法实施条例规定执行。

第五十九条 本办法自发布之日起施行。劳动和社会保障部1999年11月23日发布的《劳动和社会保障行政复议办法》（劳动和社会保障部令第5号）同时废止。

重大劳动保障违法行为社会公布办法

（2016年9月1日　人力资源和社会保障部令第29号）

第一条　为加强对重大劳动保障违法行为的惩戒，强化社会舆论监督，促进用人单位遵守劳动保障法律、法规和规章，根据《劳动保障监察条例》《企业信息公示暂行条例》等有关规定，制定本办法。

第二条　人力资源社会保障行政部门依法向社会公布用人单位重大劳动保障违法行为，适用本办法。

第三条　人力资源社会保障行政部门向社会公布重大劳动保障违法行为，应当遵循依法依规、公平公正、客观真实的原则。

第四条　人力资源社会保障部负责指导监督全国重大劳动保障违法行为社会公布工作，并向社会公布在全国有重大影响的劳动保障违法行为。

省、自治区、直辖市人力资源社会保障行政部门负责指导监督本行政区域重大劳动保障违法行为社会公布工作，并向社会公布在本行政区域有重大影响的劳动保障违法行为。

地市级、县级人力资源社会保障行政部门依据行政执法管辖权限，负责本辖区的重大劳动保障违法行为社会公布工作。

第五条　人力资源社会保障行政部门对下列已经依法查处并作出处理决定的重大劳动保障违法行为，应当向社会公布：

（一）克扣、无故拖欠劳动者劳动报酬，数额较大的；拒不支付劳动报酬，依法移送司法机关追究刑事责任的；

（二）不依法参加社会保险或者不依法缴纳社会保险费，情节严重的；

（三）违反工作时间和休息休假规定，情节严重的；

（四）违反女职工和未成年工特殊劳动保护规定，情节严重的；

（五）违反禁止使用童工规定的；

（六）因劳动保障违法行为造成严重不良社会影响的；

（七）其他重大劳动保障违法行为。

第六条 向社会公布重大劳动保障违法行为，应当列明下列事项：

（一）违法主体全称、统一社会信用代码（或者注册号）及地址；

（二）法定代表人或者负责人姓名；

（三）主要违法事实；

（四）相关处理情况。

涉及国家秘密、商业秘密以及个人隐私的信息不得公布。

第七条 重大劳动保障违法行为应当在人力资源社会保障行政部门门户网站公布，并在本行政区域主要报刊、电视等媒体予以公布。

第八条 地市级、县级人力资源社会保障行政部门对本辖区发生的重大劳动保障违法行为每季度向社会公布一次。

人力资源社会保障部和省级人力资源社会保障行政部门每半年向社会公布一次重大劳动保障违法行为。

根据工作需要，对重大劳动保障违法行为可随时公布。

第九条 县级以上地方人力资源社会保障行政部门在向社会公布重大劳动保障违法行为之前，应当将公布的信息报告上一级人力资源社会保障行政部门。

第十条 人力资源社会保障行政部门应当将重大劳动保障违法行为及其社会公布情况记入用人单位劳动保障守法诚信档案，纳入人力资源社会保障信用体系，并与其他部门和社会组织依法依规实施信息共享和联合惩戒。

第十一条 用人单位对社会公布内容有异议的，由负责查处的人力资源社会保障行政部门自收到申请之日起 15 个工作日内予以复核和处理，并通知用人单位。

重大劳动保障违法行为处理决定被依法变更或者撤销的，负责查处的人力资源社会保障行政部门应当自变更或者撤销之日起 10 个工作日内，对社会公布内容予以更正。

第十二条 人力资源社会保障行政部门工作人员在重大劳动保障违法行为社会公布中滥用职权、玩忽职守、徇私舞弊的，依法予以处理。

第十三条 本办法自 2017 年 1 月 1 日起施行。

（二）规范性文件

劳动和社会保障部办公厅关于转发财政部 国家税务总局《关于个人与用人单位解除劳动关系取得的一次性补偿收入征免个人所得税问题的通知》的通知

（2001年9月27日　劳社厅函〔2001〕212号）

各省、自治区、直辖市劳动和社会保障厅（局）：

为进一步支持企业、事业单位、机关、社会团体等用人单位推进劳动人事制度改革，妥善安置有关人员，维护社会稳定，财政部、国家税务总局近期下发了《关于个人与用人单位解除劳动关系取得的一次性补偿收入征免个人所得税问题的通知》（财税〔2001〕157号），现转发给你们，请参阅。

财政部 国家税务总局关于个人与用人单位解除劳动关系取得的一次性补偿收入征免个人所得税问题的通知

各省、自治区、直辖市、计划单列市财政厅（局）、地方税务局，新疆生产建设兵团财务局：

为进一步支持企业、事业单位、机关、社会团体等用人单位推进劳动人事制度改革，妥善安置有人员，维护社会稳定，现对个人因与用人单位解除劳动关系而取得的一次性补偿收入征免个人所得税的有关问题通知如下：

一、个人因与用人单位解除劳动关系而取得的一次性补偿收入（包括用人单位发放的经济补偿金、生活补助费和其他补助费用)，其收入在当地上年职工平均工资3倍数额以内的部分，免征个人所得税；超过的部分按照《国家税务总局关于个人因解除劳动合同取得经济补偿金征收个人所得税问题的通知》（国税发〔1999〕178号）的有关规定，计算征收个人所得税。

二、个人领取一次性补偿收入时按照国家和地方政府规定的比例实际缴纳的住房公积金、医疗保险费、基本养老保险费、失业保险费，可以在计征其一次性补偿收入的个人所得税时予以扣除。

三、企业依照国家有关法律规定宣告破产，企业职工从该破产企业取得的一次性安置费收入，免征个人所得税。本通知自2001年10月1日起执行。以前规定与本通知规定不符的，一律按本通知规定执行。对于此前已发生而尚未进行税务处理的一次性补偿收入也按本通知规定执行。

劳动和社会保障部关于进一步加强劳动和社会保障统计工作的意见

（2001 年 10 月 30 日　劳社部函〔2001〕175 号）

各省、自治区、直辖市劳动和社会保障厅（局）：

为贯彻《国家统计局、监察部、司法部关于开展〈统计法〉和“两办通知”执行情况大检查的通知》（国统字〔2001〕35 号）精神，全面了解和掌握劳动保障系统统计工作的基本情况，提高统计工作质量，更好地为劳动保障事业发展服务，我部对全国劳动保障统计工作进行了全面检查。从检查情况看，多数地区的统计工作得到了加强，同时也发现了统计工作中存在的一些薄弱环节。为进一步加强劳动保障统计工作，切实提高统计工作的质量和效率，现就有关问题提出以下意见：

一、充分认识统计工作的重要性，进一步强化统计基础建设

劳动保障统计是劳动保障事业发展重要的基础性工作。各项劳动保障统计数据既是制定劳动保障各项政策的重要依据，又是各项政策执行情况和社情民意的最直接体现。各级劳动保障部门要坚决按照江泽民总书记“七一”重要讲话和党的十五届六中全会精神，从讲政治的高度，以实事求是的态度，增强对新时期劳动保障统计工作重要性的认识；按照部党组提出的“抓落实、抓管理、抓调研，加强干部队伍建设”要求，切实加强对统计工作的领导，强化统计基础建设，在机构编制、人员配备和经费安排上予以优先考虑，为统计工作的开展创造良好条件。要重视和加强统计队伍的建设，充实统计人员队伍，保持统计人员的相对稳定，以切实保证统计制度的落实和统计工作的连续性；要进一步通过各种行之有效的培训方式，对劳动保障统计工作人员进行统计知识和劳动保障业务培训，提高统计人员素质，逐步实现统计人员持证上岗。

二、加强统一管理和综合协调，发挥统计工作的整体效能

各地劳动保障部门都要明确一个处（室）负责统计的管理和综合协调工作，组织国家统计报表制度和统计调查工作的实施，协调劳动保障部门与其他部门在统计方面的关系，制定本地区统计工作制度，并按照“统一管理、分工负责、综合协调、统一对外”的原则，规划制定本地区统计报表制度和统计调查方案，统一对外发布和提供有关统计信息资料。重要数据的公开发布和对外提供，要进行统一审批，坚决制止数出多门、重复统计、数据相互矛盾现象的发生。

三、进一步改革统计调查方法，加快劳动保障统计调查方法体系的建设

根据各级领导和社会各界对劳动保障统计资料的需求，各地要进一步改革统计调查方法，加快建立以必要的全面定期报表和抽样调查为主体，辅之以重点调查、典型调查等非全面调查方法和普查相结合的新型劳动保障统计调查方法体系。要针对不同时期劳动保障工作的重点，采用灵活多样的统计调查方法，并着力探索不同统计调查方法有机结合的途径。要根据形势不断发展的要求，进一步调整统计指标和分组，完善定期报表制度。同时积极就劳动保障工作中的难点、热点和群众关心的问题开展抽样调查、典型调查等非全面的快速调查，并进行超级汇总，以及时、准确地取得全面定期报表所不能得到的情况和统计数据，为制定政策提供依据，为社会各界提供咨询服务。

四、依法做好统计工作，不断提高数据质量

数据质量是统计工作的生命。各级劳动保障部门要严格按照《统计法》和《劳动保障部统计工作管理办法》的规定，采取各种有效措施，依法开展统计调查，不断提高统计数据质量。要从源头抓起，逐步建立起统一的基层单位基本数据的统计台账，建立健全基层单位数据库，并定期进行维护和更新，确保来自基层单位统计数据的准确、可靠；要建立和完善统计数据质量责任制，并从2001年起定期开展统计数据质量检查和评估工作；要严肃统计纪律、加强统计监督，任何单位或个人不得以任何理由修改基层单位上报的统计数据和来自基层单位的汇总数据，坚决制止弄虚作假、虚报浮夸、篡改统计数据的违法行为。

五、围绕劳动保障中心工作，加强统计的调查分析和预测

加强统计分析和预测工作是劳动保障统计的关键，也是提高统计工作服务水平的重要环节。各地要紧紧围绕劳动保障中心工作，尤其是热点、难点和人民群众关心的劳动保障问题，积极开展全方位、多层次的统计调查、分析和预测工作，不断提高分析预测水平，并使之经常化、制度化。要努力完善劳动保障工作季度形势分析和年度公报制度，全方位、多角度反映劳动保障工作情况。

六、充分开发和利用现有统计资源，提高统计工作的有效性和时效性

劳动保障统计应立足于面向领导、面向企业、面向广大劳动者提供统计咨询和统计服务。要加强对已有统计数据资料的综合开发和利用。要通过整理历史资料、整合不同来源的资料，为领导科学决策、企业加快发展和劳动者合理定位提供准确的数据、分析和建议。要通过统计报告、统计数据、统计图表等形式生动形象地反映劳动保障工作的进展情况，并通过定期或不定期的报刊、书籍、磁介质以及网络等，广泛发布相关统计资料，更好地为社会各界服务。要充分利用现代科技成果，特别是计算机和网络技术，提高统计数据的处理质量和效率。从2001年年报起，各地区上报劳动保障部的定期统计报表和规定的重要信息（除密级件或其他特殊原因之外），都要争取通过网络来完成。

人力资源和社会保障部关于印发《社会保险工作人员纪律规定》的通知

（2012年12月31日　人社部发〔2012〕99号）

各省、自治区、直辖市及新疆生产建设兵团人力资源社会保障厅（局）：

近年来，各级人力资源社会保障部门加快推进社会保障体系建设工作，不断加强行政管理、经办服务和基金监管制度建设，落实各项内部监控措施，较好地保障了广大参保人员的社会保险权益，维护了社会保险基金安全。随着社会保险事业的发展，社会保险工作职务犯罪的风险点也在增加，一些社会保险工作人员特别是领导干部和关键岗位人员利用职务便利谋取私利案件时有发生，社会影响恶劣。为进一步加强党风政风建设，规范和制约权力运行，预防和遏制职务犯罪，促进社会保险工作人员廉洁从政，树立勤政为民的良好形象，确保社会保险基金安全完整，推动社会保障事业健康发展，针对社会保险工作特点和易发生腐败问题的重点环节，我们制定了《社会保险工作人员纪律规定》（以下简称《纪律规定》）。现印发你们，并就贯彻执行的有关问题通知如下：

一、切实加强组织领导

《纪律规定》适用于全国人力资源社会保障系统所有从事社会保险工作的人员，包括：养老、医疗、工伤、失业、生育保险行政人员和经办人员，社会保险基金监督人员，信息管理系统相关人员等。各级人力资源社会保障部门要把贯彻执行《纪律规定》作为落实党风廉政建设责任制、加强惩治和预防腐败体系建设的一项重要任务，认真组织落实。要结合本地实际情况，进行充实细化，提出进一步要求。主要负责同志要以身作则，率先垂范，带头执行并贯彻落实好《纪律规定》。

二、广泛开展宣传教育

各级人力资源社会保障部门要将《纪律规定》和本地区、本单位的贯彻办法在门户网站上公布，自觉接受社会监督。要将其作为社会保险工作人员日常教育的一项重要内容，结合正反两方面典型案例，通过岗前培训、在职培训和专项培训等多种方式，使之入脑入心，付诸行动。要在每年的全国性、全省性社会保险专业会议中，专门安排这方面的内容，开展经验交流，做到警钟长鸣。

三、严格实行问责制度

对经举报热线、信访窗口等渠道实名反映和监督检查发现的社会保险工作人员违反《纪律规定》问题，相关部门要认真组织核查，依照有关规定给予批评教育、纪律处分或者行政处理；涉嫌违法犯罪的，移交司法机关处理。要认真执行社会保险基金要情报告制度，对社会保险工作人员职务犯罪问题隐情不报、急情迟报、大情小报，特别是其他部门已经反映或媒体已经披露、而社会保险部门压延不报的，要按规定追究责任。要将《纪律规定》执行情况列入领导干部考核的重要内容，考核结果作为评优、晋级的重要依据。

社会保险工作人员纪律规定

社会保险工作人员要严格遵守国家法律法规和有关政策，严格执行各项制度，不准利用职务便利为自己或他人谋取私利。

一、严格社会保险审批事项。坚持政务公开，按规定的原则、标准和程序办事。

（一）不准违规审批参加基本养老保险职工提前退休；

（二）不准违规决定定点医疗机构、定点零售药店、协议工伤康复机构和协议工伤辅助器具配置机构等资格审查事宜；

（三）不准违规核定社会保险费缴费基数、费率，擅自减免应缴纳的社会保险费或者核销欠缴的社会保险费。

二、严格社会保险标准制定。坚持科学决策、民主决策和集体决策。

（四）不准违反保密规定泄露社会保险事项评审评定专家名单，干预专家评审意见；

（五）不准违规决定基本医疗保险、工伤保险和生育保险药品目录，基本医疗保险、工伤保险诊疗项目范围，工伤保险辅助器具目录等制定调整事宜；

（六）不准违规决定定点医疗机构、定点零售药店、协议工伤康复机构和协议工伤辅助器具配置机构的医疗（康复、辅助器具）费用结算标准。

三、严格社会保险基金管理。坚持专户管理，专款专用。

（七）不准私自或与他人串通，隐匿、转移、侵占、挪用、拆借、套取社会保险基金；

（八）不准违规扩大失业保险基金、工伤保险基金等使用范围；

（九）不准违规干预或插手社会保险补贴资金等专项资金的分配使用。

四、严格社会保险经办管理。坚持落实内控制度，推进逐级授权、逐级审查和分段分岗专人负责制。

（十）不准弄虚作假，违规为超龄、虚假身份等不符合条件人员参加相应的社会保险，办理社会保险登记；

（十一）不准隐匿、滞压社会保险费或将社会保险费存入社会保险基金专户之外的资金账户；

（十二）不准擅自扩大社会保险待遇发放范围，增减社会保险基金支付项目，变更社会保险待遇支付标准，违反审批程序，在手续和资料不全的情况下支付社会保险基金；

（十三）不准虚列、虚报、虚增支付项目，或通过伪造证明材料等欺诈手段骗取或协助他人骗取社会保险基金支出。

五、严格社会保险信息管理。坚持分权制衡原则，科学设置信息系统用户权限，严格执行政府采购流程。

（十四）不准伪造、篡改、擅自销毁参保人社会保险缴费记录、享受社会保险待遇记录、个人权益记录等社会保险数据资料；

（十五）不准违规外泄各类业务信息和重要数据；

（十六）不准在社会保险信息管理政府采购过程中围标串标、明招暗定、以次充好、回避招标或利用其他手段谋取私利。

六、严格社会保险监督管理。坚持依规监督，依法处理。

（十七）不准接收行政相对人的礼品、礼金、有价证券，参加可能影响公正执行公务的宴请及其他活动安排；

（十八）不准违规干预或插手监督检查项目和程序；

（十九）不准隐瞒社会保险违法违规重要情况或案件线索，影响检查实施和问题处理；

（二十）不准擅自改变社会保险基金监督检查结论，违规作出行政处理决定。

劳动部关于印发《关于贯彻执行〈中华人民共和国劳动法〉若干问题的意见》的通知

（1995年8月4日　劳部发〔1995〕309号）

各省、自治区、直辖市及计划单列市劳动（劳动人事）厅（局）、国务院有关部门、解放军总后勤部生产管理部：

现将《关于贯彻执行〈中华人民共和国劳动法〉若干问题的意见》印发给你们，请遵照执行。

关于贯彻执行《中华人民共和国劳动法》若干问题的意见的通知

《中华人民共和国劳动法》（以下简称劳动法）已于1995年1月1日起施行，现就劳动法在贯彻执行中遇到的若干问题提出以下意见。

一、适用范围

1. 劳动法第二条中的“个体经济组织”是指一般雇工在七人以下的个体工商户。

2. 中国境内的企业、个体经济组织与劳动者之间，只要形成劳动关系，即劳动者事实上已成为企业、个体经济组织的成员，并为其提供有偿劳动，适用劳动法。

3. 国家机关、事业组织、社会团体实行劳动合同制度的以及按规定应实行劳动合同制度的工勤人员；实行企业化管理的事业组织的人员；其他通过劳动合同与国家机关、事业组织、社会团体建立劳动关系的劳动者，适用劳动法。

4. 公务员和比照实行公务员制度的事业组织和社会团体的工作人员，以及农村劳动者（乡镇企业职工和进城务工、经商的农民除外）、现役军人和家庭保姆等不适用劳动法。

5. 中国境内的企业、个体经济组织在劳动法中被称为用人单位。国家机关、事业组织、社会团体和与之建立劳动合同关系的劳动者依照劳动法执行。根据劳动法的这一规定，国家机关、事业组织、社会团体应当视为用人单位。

二、劳动合同和集体合同

（一）劳动合同的订立

6. 用人单位应与其富余人员、放长假的职工，签订劳动合同，但其劳动合同与在岗职工的劳动合同在内容上可以有所区别。用人单位与劳动者经协商一致可以在劳动合同中就不在岗期间的有关事项作出规定。

7. 用人单位应与其长期被外单位借用的人员、带薪上学人员、以及其他非在岗但仍保持劳动关系的人员签订劳动合同，但在外借和上学期间，劳动合同中的某些相关条款经双方协商可以变更。

8. 请长病假的职工，在病假期间与原单位保持着劳动关系，用人单位应与其签订劳动合同。

9. 原固定工中经批准的停薪留职人员，愿意回原单位继续工作的，原单位应与其签订劳动合同；不愿回原单位继续工作的，原单位可以与其解除劳动关系。

10. 根据劳动部《实施〈劳动法〉中有关劳动合同问题的解答》（劳部发〔1995〕202号）的规定，党委书记、工会主席等党群专职人员也是职工的一员，依照劳动法的规定，与用人单位签订劳动合同。对于有特殊规定的，可以按有关规定办理。

11. 根据劳动部《实施〈劳动法〉中有关劳动合同问题的解答》（劳部发〔1995〕202号）的规定，经理由其上级部门聘任（委任）的，应与聘任（委任）部门签订劳动合同。实行公司制的经理和有关经营管理人员，应依据《中华人民共和国公司法》的规定与董事会签订劳动合同。

12．在校生利用业余时间勤工助学，不视为就业，未建立劳动关系，可以不签订劳动合同。

13．用人单位发生分立或合并后，分立或合并后的用人单位可依据其实际情况与原用人单位的劳动者遵循平等自愿、协商一致的原则变更原劳动合同。

14．派出到合资、参股单位的职工如果与原单位仍保持着劳动关系，应当与原单位签订劳动合同，原单位可就劳动合同的有关内容在与合资、参股单位订立的劳务合同时，明确职工的工资、保险、福利、休假等有关待遇。

15．租赁经营（生产）、承包经营（生产）的企业，所有权并没有发生改变，法人名称未变，在与职工订立劳动合同时，该企业仍为用人单位一方。依据租赁合同或承包合同，租赁人、承包人如果作为该企业的法定代表人或者该法定代表人的授权委托人时，可代表该企业（用人单位）与劳动者订立劳动合同。

16．用人单位与劳动者签订劳动合同时，劳动合同可以由用人单位拟定，也可以由双方当事人共同拟定，但劳动合同必须经双方当事人协商一致后才能签订，职工被迫签订的劳动合同或未经协商一致签订的劳动合同为无效劳动合同。

17．用人单位与劳动者之间形成了事实劳动关系，而用人单位故意拖延不订立劳动合同，劳动行政部门应予以纠正。用人单位因此给劳动者造成损害的，应按劳动部《违反〈劳动法〉有关劳动合同规定的赔偿办法》（劳部发〔1995〕223号）的规定进行赔偿。

（二）劳动合同的内容

18．劳动者被用人单位录用后，双方可以在劳动合同中约定试用期，试用期应包括在劳动合同期限内。

19. 试用期是用人单位和劳动者为相互了解、选择而约定的不超过六个月的考察期。一般对初次就业或再次就业的职工可以约定。在原固定工进行劳动合同制度的转制过程中，用人单位与原固定工签订劳动合同时，可以不再约定试用期。

20. 无固定期限的劳动合同是指不约定终止日期的劳动合同。按照平等自愿、协商一致的原则，用人单位和劳动者只要达成一致，无论初次就业的，还是由固定工转制的，都可以签订无固定期限的劳动合同。

无固定期限的劳动合同不得将法定解除条件约定为终止条件，以规避解除劳动合同时用人单位应承担支付给劳动者经济补偿的义务。

21. 用人单位经批准招用农民工，其劳动合同期限可以由用人单位和劳动者协商确定。

从事矿山井下以及在其他有害身体健康的工种、岗位工作的农民工，实行定期轮换制度，合同期限最长不超过八年。

22. 劳动法第二十条中的“在同一用人单位连续工作满十年以上”是指劳动者与同一用人单位签订的劳动合同的期限不间断达到十年，劳动合同期满双方同意续订劳动合同时，只要劳动者提出签订无固定期限劳动合同的，用人单位应当与其签订无固定期限的劳动合同。在固定工转制中各地如有特殊规定的，从其规定。

23. 用人单位用于劳动者职业技能培训费用的支付和劳动者违约时培训费的赔偿可以在劳动合同中约定，但约定劳动者违约时负担的培训费和赔偿金的标准不得违反劳动部《违反〈劳动法〉有关劳动合同规定的赔偿办法》（劳部发〔1995〕223号）等有关规定。

24. 用人单位在与劳动者订立劳动合同时，不得以任何形式向劳动者收取定金、保证金（物）或抵押金（物）。对违反以上规定的，应按照劳动部、公安部、全国总工会《关于加强外商投资企业和私营企业劳动管理切实保障职工合法权益的通知》（劳部发〔1994〕118号）和劳动部办公厅《对“关于国有企业和集体所有制企业能否参照执行劳部发〔1994〕118号文件中的有关规定的请示”的复函》（劳办发〔1994〕256号）的规定，由公安部门和劳动行政部门责令用人单位立即退还给劳动者本人。

（三）经济性裁员

25. 依据劳动法第二十七条和劳动部《企业经济性裁减人员规定》（劳部发〔1994〕447号）第四条的规定，用人单位确需裁减人员，应按下列程序进行：

（1）提前三十日向工会或全体职工说明情况，并提供有关生产经营状况的资料；

（2）提出裁减人员方案，内容包括：被裁减人员名单、裁减时间及实施步骤，符合法律、法规规定和集体合同约定的被裁减人员的经济补偿办法；

（3）将裁减人员方案征求工会或者全体职工的意见，并对方案进行修改和完善；

（4）向当地劳动行政部门报告裁减人员方案以及工会或者全体职工的意见，并听取劳动行政部门的意见；

（5）由用人单位正式公布裁减人员方案，与被裁减人员办理解除劳动合同手续，按照有关规定向被裁减人员本人支付经济补偿金，并出具裁减人员证明书。

（四）劳动合同的解除和无效劳动合同

26. 劳动合同的解除是指劳动合同订立后，尚未全部履行以前，由于某种原因导致劳动合同一方或双方当事人提前消灭劳动关系的法律行为。劳动合同的解除分为法定解除和约定解除两种。根据劳动法的规定，劳动合同既可以由单方依法解除，也可以双方协商解除。劳动合同的解除，只对未履行的部分发生效力，不涉及已履行的部分。

27. 无效劳动合同是指所订立的劳动合同不符合法定条件，不能发生当事人预期的法律后果的劳动合同。劳动合同的无效由人民法院或劳动争议仲裁委员会确认，不能由合同双方当事人决定。

28. 劳动者涉嫌违法犯罪被有关机关收容审查、拘留或逮捕的，用人单位在劳动者被限制人身自由期间，可与其暂时停止劳动合同的履行。

暂时停止履行劳动合同期间，用人单位不承担劳动合同规定的相应义务。劳动者经证明被错误限制人身自由的，暂时停止履行劳动合同期间劳动者的损失，可由其依据《国家赔偿法》要求有关部门赔偿。

29. 劳动者被依法追究刑事责任的，用人单位可依据劳动法第二十五条解除劳动合同。

“被依法追究刑事责任”是指：被人民检察院免予起诉的、被人民法院判处刑罚的、被人民法院依据刑法第三十二条免予刑事处分的。

劳动者被人民法院判处拘役、三年以下有期徒刑缓刑的，用人单位可以解除劳动合同。

30. 劳动法第二十五条为用人单位可以解除劳动合同的条款，即使存在第二十九条规定的情况，只要劳动者同时存在第二十五条规定的四种情形之一，用人单位也可以根据第二十五条的规定解除劳动合同。

31. 劳动者被劳动教养的，用人单位可以依据被劳教的事实解除与该劳动者的劳动合同。

32. 按照劳动法第三十一条的规定，劳动者解除劳动合同，应当提前三十日以书面形式通知用人单位。超过三十日，劳动者可以向用人单位提出办理解除劳动合同手续，用人单位予以办理。如果劳动者违法解除劳动合同给原用人单位造成经济损失，应当承担赔偿责任。

33. 劳动者违反劳动法规定或劳动合同的约定解除劳动合同(如擅自离职)，给用人单位造成经济损失的，应当根据劳动法第一百零二条和劳动部《违反〈劳动法〉有关劳动合同规定的赔偿办法》(劳部发〔1995〕223号）的规定，承担赔偿责任。

34. 除劳动法第二十五条规定的情形外，劳动者在医疗期、孕期、产期和哺乳期内，劳动合同期限届满时，用人单位不得终止劳动合同。劳动合同的期限应自动延续至医疗期、孕期、产期和哺乳期期满为止。

35. 请长病假的职工在医疗期满后，能从事原工作的，可以继续履行劳动合同；医疗期满后仍不能从事原工作也不能从事由单位另行安排的工作的，由劳动鉴定委员会参照工伤与职业病致残程度鉴定标准进行劳动能力鉴定。被鉴定为一至四级的，应当退出劳动岗位，解除劳动关系，办理因病或非因工负伤退休退职手续，享受相应的退休退职待遇；被鉴定为五至十级的，用人单位可以解除劳动合同，并按规定支付经济补偿金和医疗补助费。

(五）解除劳动合同的经济补偿

36. 用人单位依据劳动法第二十四条、第二十六条、第二十七条的规定解除劳动合同，应当按照劳动法和劳动部《违反和解除劳动合同的经济补偿办法》(劳部发〔1994〕481号）支付劳动者经济补偿金。

37. 根据《民法通则》第四十四条第二款“企业法人分立、合并，它的权利和义务由变更后的法人享有和承担”的规定，用人单位发生分立或合并后，分立或合并后的用人单位可依据其实际情况与原用人单位的劳动者遵循平等自愿、协商一致的原则变更、解除或重新签订劳动合同。

在此种情况下的重新签订劳动合同视为原劳动合同的变更，用人单位变更劳动合同，劳动者不能依据劳动法第二十八条要求经济补偿。

38. 劳动合同期满或者当事人约定的劳动合同终止条件出

现，劳动合同即行终止，用人单位可以不支付劳动者经济补偿金。国家另有规定的，可以从其规定。

39. 用人单位依据劳动法第二十五条解除劳动合同，可以不支付劳动者经济补偿金。

40. 劳动者依据劳动法第三十二条第（一）项解除劳动合同，用人单位可以不支付经济补偿金，但应按照劳动者的实际工作天数支付工资。

41. 在原固定工实行劳动合同制度的过程中，企业富余职工辞职，经企业同意可以不与企业签订劳动合同的，企业应根据《国有企业富余职工安置规定》（国务院令第 111 号，1993 年公布）发给劳动者一次性生活补助费。

42. 职工在接近退休年龄（按有关规定一般为五年以内）时因劳动合同到期终止劳动合同的，如果符合退休、退职条件，可以办理退休、退职手续；不符合退休、退职条件的，在终止劳动合同后按规定领取失业救济金。享受失业救济金的期限届满后仍未就业，符合社会救济条件的，可以按规定领取社会救济金，达到退休年龄时办理退休手续，领取养老保险金。

43. 劳动合同解除后，用人单位对符合规定的劳动者应支付经济补偿金。不能因劳动者领取了失业救济金而拒付或克扣经济补偿金，失业保险机构也不得以劳动者领取了经济补偿金为由，停发或减发失业救济金。

（六）体制改革过程中实行劳动合同制度的有关政策

44. 困难企业签订劳动合同，应区分不同情况，有些亏损企业属政策性亏损，生产仍在进行，还能发出工资，应该按照劳动法的规定签订劳动合同。已经停产半停产的企业，要根据具体情况签订劳动合同，保证这些企业职工的基本生活。

45. 在国有企业固定工转制过程中，劳动者无正当理由不得单方面与用人单位解除劳动关系；用人单位也不得以实行劳动合同制度为由，借机辞退部分职工。

46. 关于在企业内录干、聘干问题，劳动法规定用人单位内的全体职工统称为劳动者，在同一用人单位内，各种不同的身分界限随之打破。应该按照劳动法的规定，通过签订劳动合同来明确劳动者的工作内容、岗位等。用人单位根据工作需要，调整劳动者的工作岗位时，可以与劳动者协商一致，变更劳动合同的相关内容。

47. 由于各用人单位千差万别，对工作内容、劳动报酬的规定也就差异很大，因此，国家不宜制定统一的劳动合同标准文本。目前，各地、各行业制定并向企业推荐的劳动合同文本，对于用人单位和劳动者双方有一定的指导意义，但这些劳动合同文本只能供用人单位和劳动者参考。

48. 按照劳动部办公厅《对全面实行劳动合同制若干问题的请示的复函》（劳办发〔1995〕19 号）的规定，各地企业在与原固定工签订劳动合同时，应注意保护老弱病残职工的合法权益。对工作时间较长，年龄较大的职工，各地可以根据劳动法第一百零六条制定一次性的过渡政策，具体办法由各省、自治区、直辖市确定。

49. 在企业全面建立劳动合同制度以后，原合同制工人与本企业内的原固定工应享受同等待遇。是否发给 15% 的工资性补贴，可以由各省、自治区、直辖市人民政府根据劳动法第一百零六条在制定劳动合同制度的实施步骤时加以规定。

50. 在目前工伤保险和残疾人康复就业制度尚未建立和完善的情况下，对因工部分丧失劳动能力的职工，劳动合同期满也不能终止劳动合同，仍由原单位按照国家有关规定提供医疗等待遇。

（七）集体合同

51. 当前签订集体合同的重点应在非国有企业和现代企业制度试点的企业进行，积累经验，逐步扩大范围。

52. 关于国有企业在承包制条件下签订的“共保合同”，凡内容符合劳动法和有关法律、法规和规章关于集体合同规定的，应按照有关规定办理集体合同送审、备案手续；凡不符合劳动法和有关法律、法规和规章规定的，应积极创造条件逐步向规范的集体合同过渡。

三、工资

（一）最低工资

53. 劳动法中的“工资”是指用人单位依据国家有关规定或劳动合同的约定，以货币形式直接支付给本单位劳动者的劳动报酬，一般包括计时工资、计件工资、奖金、津贴和补贴、延长工作时间的工资报酬以及特殊情况下支付的工资等。“工资”是劳动者劳动收入的主要组成部分。

劳动者的以下劳动收入不属于工资范围：（1）单位支付给劳动者个人的社会保险福利费用，如丧葬抚恤救济费、生活困难补助费、计划生育补贴等；（2）劳动保护方面的费用，如用人单位支付给劳动者的工作服、解毒剂、清凉饮料费用等；（3）按规定未列入工资总额的各种劳动报酬及其他劳动收入，如根据国家规定发放的创造发明奖、国家星火奖、自然科学奖、科学技术进步奖、合理化建议和技术改进奖、中华技能大奖等，以及稿费、讲课费、翻译费等。

54. 劳动法第四十八条中的“最低工资”是指劳动者在法定工作时间内履行了正常劳动义务的前提下，由其所在单位支付的最低劳动报酬。最低工资不包括延长工作时间的工资报酬，以货币形式支付的住房和用人单位支付的伙食补贴，中班、夜班、高温、低温、井下、有毒、有害等特殊工作环境和劳动条件下的津贴，国家法律、法规、规章规定的社会保险福利待遇。

55. 劳动法第四十四条中的“劳动者正常工作时间工资”是指劳动合同规定的劳动者本人所在工作岗位（职位）相对应的工资。鉴于当前劳动合同制度尚处于推进过程中，按上述规定执行确有困难的用人单位，地方或行业劳动部门可在不违反劳动部《关于工资〈支付暂行规定〉有关问题的补充规定》（劳部发〔1995〕226号）文件所确定的总的原则的基础上，制定过渡办法。

56. 在劳动合同中，双方当事人约定的劳动者在未完成劳动定额或承包任务的情况下，用人单位可低于最低工资标准支付劳动者工资的条款不具有法律效力。

57. 劳动者与用人单位形成或建立劳动关系后，试用、熟练、见习期间，在法定工作时间内提供了正常劳动，其所在的用人单位应当支付其不低于最低工资标准的工资。

58. 企业下岗待工人员，由企业依据当地政府的有关规定支付其生活费，生活费可以低于最低工资标准，下岗待工人员中重新就业的，企业应停发其生活费。女职工因生育、哺乳请长假而下岗的，在其享受法定产假期间，依法领取生育津贴；没有参加生育保险的企业，由企业照发原工资。

59. 职工患病或非因工负伤治疗期间，在规定的医疗期间内由企业按有关规定支付其病假工资或疾病救济费，病假工资或疾病救济费可以低于当地最低工资标准支付，但不能低于最低工资标准的80%。

（二）延长工作时间的工资报酬

60. 实行每天不超过8小时，每周不超过44小时或40小时标准工作时间制度的企业，以及经批准实行综合计算工时工作制的企业，应当按照劳动法的规定支付劳动者延长工作时间的工资报酬。全体职工已实行劳动合同制度的企业，一般管理人员（实行不定时工作制人员除外）经批准延长工作时间的，可以支付延长工作时间的工资报酬。

61. 实行计时工资制的劳动者的日工资，按其本人月工资标准除以平均每月法定工作天数（实行每周40小时工作制的为21.16天，实行每周44小时工作制的为23.33天）进行计算。

62. 实行综合计算工时工作制的企业职工，工作日正好是周休息日的，属于正常工作；工作日正好是法定节假日时，要依照劳动法第四十四条第（三）项的规定支付职工的工资报酬。

（三）有关企业工资支付的政策

63. 企业克扣或无故拖欠劳动者工资的，劳动监察部门应根据劳动法第九十一条、劳动部《违反和解除劳动合同的经济补偿办法》第三条、《违反〈中华人民共和国劳动法〉行政处罚办法》第六条予以处理。

64. 经济困难的企业执行劳动部《工资支付暂行规定》（劳部发〔1994〕489号）确有困难，应根据以下规定执行：

（1）《关于做好国有企业职工和离退休人员基本生活保障工作的通知》（国发〔1993〕76号）的规定，“企业发放工资确有困难时，应发给职工基本生活费，具体标准由各地区、各部门根据实际情况确定”；

（2）《关于国有企业流动资金贷款的紧急通知》（银传〔1994〕34号）的规定，“地方政府通过财政补贴，企业主管部门有可能也要拿出一部分资金，银行要拿出一部分贷款，共同保证职工基本生活和社会的稳定”；

（3）《国有企业富余职工安置规定》（国务院令第111号，1993年发布）的规定：“企业可以对职工实行有限期的放假。职工放假期间，由企业发给生活费”。

四、工作时间和休假

（一）综合计算工作时间

65. 经批准实行综合计算工作时间的用人单位，分别以周、月、季、年等为周期综合计算工作时间，但其平均日工作时间和平均周工作时间应与法定标准工作时间基本相同。

66. 对于那些在市场竞争中，由于外界因素的影响，生产任务不均衡的企业的部分职工，经劳动行政部门严格审批后，可以参照综合计算工时工作制的办法实施，但用人单位应采取适当方式确保职工的休息休假权利和生产、工作任务的完成。

67. 经批准实行不定时工作制的职工，不受劳动法第四十一条规定的日延长工作时间标准和月延长工作时间标准的限制，但用人单位应采用弹性工作时间等适当的工作和休息方式，确保职工的休息休假权利和生产、工作任务的完成。

68. 实行标准工时制度的企业，延长工作时间应严格按劳动法第四十一条的规定执行，不能按季、年综合计算延长工作时间。

69. 中央直属企业、企业化管理的事业单位实行不定时工作制和综合计算工时工作制等其他工作和休息办法的，须经国务院行业主管部门审核，报国务院劳动行政部门批准。地方企业实行不定时工作制和综合计算工时工作制等其他工作和休息办法的审批办法，由省、自治区、直辖市人民政府劳动行政部门制定，报国务院劳动行政部门备案。

（二）延长工作时间

70. 休息日安排劳动者工作的，应先按同等时间安排其补休，不能安排补休的应按劳动法第四十四条第（二）项的规定支付劳动者延长工作时间的工资报酬。法定节假日（元旦、春节、劳动节、国庆节）安排劳动者工作的，应按劳动法第四十四条第（三）项支付劳动者延长工作时间的工资报酬。

71. 协商是企业决定延长工作时间的程序（劳动法第四十二条和《劳动部贯彻〈国务院关于职工工作时间的规定〉的实施办法》第七条规定除外），企业确因生产经营需要，必须延长工作时间时，应与工会和劳动者协商。协商后，企业可以在劳动法限定的延长工作时数内决定延长工作时间，对企业违反法律、法规强迫劳动者延长工作时间的，劳动者有权拒绝。若由此发生劳动争议，可以提请劳动争议处理机构予以处理。

（三）休假

72. 实行新工时制度后，企业职工原有的年休假制度仍然实行。在国务院尚未作出新的规定之前，企业可以按照1991年6

月5日《中共中央国务院关于职工休假问题的通知》，安排职工休假。

五、社会保险

73. 企业实施破产时，按照国家有关企业破产的规定，从其财产清产和土地转让所得中按实际需要划拨出社会保险费用和职工再就业的安置费。其划拨的养老保险费和失业保险费由当地社会保险基金经办机构和劳动部门就业服务机构接收，并负责支付离退休人员的养老保险费用和支付失业人员应享受的失业保险待遇。

74. 企业富余职工、请长假人员、请长病假人员、外借人员和带薪上学人员，其社会保险费仍按规定由原单位和个人继续缴纳，缴纳保险费期间计算为缴费年限。

75. 用人单位全部职工实行劳动合同制度后，职工在用人单位内由转制前的原工人岗位转为原干部（技术）岗位或由原干部（技术）岗位转为原工人岗位，其退休年龄和条件，按现岗位国家规定执行。

76. 依据劳动部《企业职工患病或非因工负伤医疗期的规定》（劳部发〔1994〕479号）和劳动部《关于贯彻〈企业职工患病或非因工负伤医疗期的规定〉的通知》（劳部发〔1995〕236号），职工患病或非因工负伤，根据本人实际参加工作的年限和本企业工作年限长短，享受3—24个月的医疗期。对于某些患特殊疾病（如癌症、精神病、瘫痪等）的职工，在24个月内尚不能痊愈的，经企业和当地劳动部门批准，可以适当延长医疗期。

77. 劳动者的工伤待遇在国家尚未颁布新的工伤保险法律、行政法规之前，各类企业仍要执行《劳动保险条例》及相关的政策规定，如果当地政府已实行工伤保险制度改革的，应执行当地的新规定；个体经济组织的劳动者的工伤保险参照企业职工的规定执行；国家机关、事业组织、社会团体的劳动者的工伤保险，如果包括在地方人民政府的工伤改革规定范围内的，按地方政府的规定执行。

78. 劳动者患职业病按照1987年由卫生部等部门发布的《职业病范围和职业病患者处理办法的规定》和所附的“职业病名单”（〔87〕卫防第60号）处理，经职业病诊断机构确诊并发给《职业病诊断证明书》，劳动行政部门据此确认工伤，并通知用人单位或者社会保险基金经办机构发给有关工伤保险待遇；劳动者因工负伤的，劳动行政部门根据企业的工伤事故报告和工伤者本人的申请，作出工伤认定，由社会保险基金经办机构或用人单位，发给有关工伤保险待遇。患职业病或工伤致残的，由当地劳动鉴定委员会按照劳动部《职工工伤和职业病致残程度鉴定标准》（劳险字〔1992〕6号）评定伤残等级和护理依赖程度。劳动鉴定委员会的伤残等级和护理依赖程度的结论，以医学检查、诊断结果为技术依据。

79. 劳动者因工负伤或患职业病，用人单位应按国家和地方政府的规定进行工伤事故报告，或者经职业病诊断机构确诊进行职业病报告。用人单位和劳动者有权按规定向当地劳动行政部门报告。如果用人单位瞒报、漏报工作或职业病，工会、劳动者可以向劳动行政部门报告。经劳动行政部门确认后，用人单位或社会保险基金经办机构应补发工伤保险待遇。

80. 劳动者对劳动行政部门作出的工伤或职业病的确认意见不服，可依法提起行政复议或行政诉讼。

81. 劳动者被认定患职业病或因工负伤后，对劳动鉴定委员会作出的伤残等级和护理依赖程度鉴定结论不服，可依法提起行政复议或行政诉讼。对劳动能力鉴定结论所依据的医学检查、诊断结果有异议的，可以要求复查诊断，复查诊断按各省、自治区和直辖市劳动鉴定委员会规定的程序进行。

六、劳动争议

82. 用人单位与劳动者发生劳动争议不论是否订立劳动合

同，只要存在事实劳动关系，并符合劳动法的适用范围和《中华人民共和国企业劳动争议处理条例》的受案范围，劳动争议仲裁委员会均应受理。

83. 劳动合同鉴证是劳动行政部门审查、证明劳动合同的真实性、合法性的一项行政监督措施，尤其在劳动合同制度全面实施的初期有其必要性。劳动行政部门鼓励并提倡用人单位和劳动者进行劳动合同鉴证。劳动争议仲裁委员会不能以劳动合同未经鉴证为由不受理相关的劳动争议案件。

84. 国家机关、事业组织、社会团体与本单位工人以及其他与之建立劳动合同关系的劳动者之间，个体工商户与帮工、学徒之间，以及军队、武警部队的事业组织和企业与其无军籍的职工之间发生的劳动争议，只要符合劳动争议的受案范围，劳动争议仲裁委员会应予受理。

85. “劳动争议发生之日”是指当事人知道或者应当知道其权利被侵害之日。

86. 根据《中华人民共和国商业银行法》的规定，商业银行为企业法人。商业银行与其职工适用《劳动法》、《中华人民共和国企业劳动争议处理条例》等劳动法律、法规和规章。商业银行与其职工发生的争议属于劳动争议的受案范围的，劳动争议仲裁委员会应予受理。

87. 劳动法第二十五条第（三）项中的“重大损害”，应由企业内部规章来规定，不便于在全国对其作统一解释。若用人单位以此为由解除劳动合同，与劳动者发生劳动争议，当事人向劳动争议仲裁委员会申请仲裁的，由劳动争议仲裁委员会根据企业类型、规模和损害程度等情况，对企业规章中规定的“重大损害”进行认定。

88. 劳动监察是劳动法授予劳动行政部门的职责，劳动争议仲裁是劳动法授予各级劳动争议仲裁委员会的职能。用人单位或行业部门不能设立劳动监察机构和劳动争议仲裁委员会，也不能设立劳动行政部门劳动监察机构的派出机构和劳动争议仲裁委员会的派出机构。

89. 劳动争议当事人向企业劳动争议调解委员会申请调解，从当事人提出申请之日起，仲裁申诉时效中止，企业劳动争议调解委员会应当在三十日内结束调解，即中止期间最长不得超过三十日。结束调解之日起，当事人的申诉时效继续计算。调解超过三十日的，申诉时效从三十日之后的第一天继续计算。

90. 劳动争议仲裁委员会的办事机构对未予受理的仲裁申请，应逐件向仲裁委员会报告并说明情况，仲裁委员会认为应当受理的，应及时通知当事人。当事人从申请至受理的期间应视为时效中止。

七、法律责任

91. 劳动法第九十一条的含义是，如果用人单位实施了本条规定的前三项侵权行为之一的，劳动行政部门应责令用人单位支付劳动者的工资报酬和经济补偿，并可以责令支付赔偿金。如果用人单位实施了本条规定的第四项侵权行为，即解除劳动合同后未依法给予劳动者经济补偿的，因不存在支付工资报酬的问题，故劳动行政部门只责令用人单位支付劳动者经济补偿，还可以支付赔偿金。

92. 用人单位实施下列行为之一的，应认定为劳动法第一百零一条中的“无理阻挠”行为：

（1）阻止劳动监督检查人员进入用人单位内（包括进入劳动现场）进行监督检查的；

（2）隐瞒事实真相，出具伪证，或者隐匿、毁灭证据的；

（3）拒绝提供有关资料的；

（4）拒绝在规定的时间和地点就劳动行政部门所提问题作出解释和说明的；

（5）法律、法规和规章规定的其他情况。

八、适用法律

93. 劳动部、外经贸部《外商投资企业劳动管理规定》（劳部发〔1994〕246号）与劳动部《违反和解除劳动合同的经济补偿办法》（劳部发〔1994〕481号）中关于解除劳动合同的经济补偿规定是一致的，246号文中的“生活补助费”是劳动法第二十八条所指经济补偿的具体化，与481号文中的“经济补偿金”可视为同一概念。

94. 劳动部、外经贸部《外商投资企业劳动管理规定》（劳部发〔1994〕246号）与劳动部《违反〈中华人民共和国劳动法〉行政处罚办法》（劳部发〔1994〕532号）在企业低于当地最低工资标准支付职工工资应付赔偿金的标准，延长工作时间的罚款标准，阻止劳动监察人员行使监督检查权的罚款标准等方面规定不一致，按照同等效力的法律规范新法优于旧法执行的原则，应执行劳动部劳部发〔1994〕532号规章。

95. 劳动部《企业最低工资规定》（劳部发〔1993〕333号）与劳动部《违反〈中华人民共和国劳动法〉行政处罚办法》（劳部发〔1994〕532号）在拖欠或低于国家最低工资标准支付工资的赔偿金标准方面规定不一致，应按劳动部劳部发〔1994〕532号规章执行。

96. 劳动部《违反〈中华人民共和国劳动法〉行政处罚办法》（劳部发〔1994〕532号）对行政处罚行为、处罚标准未作规定，而其他劳动行政规章和地方政府规章作了规定的，按有关规定执行。

97. 对违反劳动法的用人单位，劳动行政部门有权依据劳动法律、法规和规章的规定予以处理，用人单位对劳动行政部门作出的行政处罚决定不服，在法定期限内不提起诉讼或不申请复议又不执行行政处罚决定的，劳动行政部门可以根据行政诉讼法第六十六条申请人民法院强制执行。劳动行政部门依法申请人民法院强制执行时，应当提交申请执行书，据以执行的法律文书和其他必须提交的材料。

98. 适用法律、法规、规章及其他规范性文件遵循下列原则：

（1）法律的效力高于行政法规与地方性法规；行政法规与地方性法规效力高于部门规章和地方政府规章；部门规章和地方政府规章效力高于其他规范性文件。

（2）在适用同一效力层次的文件时，新法律优于旧法律；新法规优于旧法规；新规章优于旧规章；新规范性文件优于旧规范性文件。

99. 依据《法规规章备案规定》（国务院令第48号，1990年发布）“地方人民政府规章同国务院部门规章之间或者国务院部门规章相互之间有矛盾的，由国务院法制局进行协调；经协调不能取得一致意见的，由国务院法制局提出意见，报国务院决定。”地方劳动行政部门在发现劳动部规章与国务院其他部门规章或地方政府规章相矛盾时，可将情况报劳动部，由劳动部报国务院法制局进行协调或决定。

100. 地方或行业劳动部门发现劳动部的规章之间、其他规范性文件之间或规章与其他规范性文件之间相矛盾，一般适用“新文件优于旧文件”的原则，同时可向劳动部请示。

劳动和社会保障部办公厅关于贯彻实施《中华人民共和国职业病防治法》有关问题的通知

（2003 年 3 月 24 日　劳社厅函〔2003〕177 号）

各省、自治区、直辖市劳动和社会保障厅（局）：

为了贯彻实施《中华人民共和国职业病防治法》（以下简称《职业病防治法》），依法保护职业病患者的合法权益，现就执行该法第 53 条的有关问题通知如下：

《职业病防治法》施行前劳动者被诊断患有职业病，并已按《职业病范围和职业病患者处理办法》（卫防字〔1987〕第 60 号）处理的，原处理办法不变；《职业病防治法》施行后劳动者被诊断患有职业病的，应执行《职业病防治法》的有关规定。

人力资源和社会保障部关于印发《进一步整合资源加强基层劳动就业社会保障公共服务平台和网络建设指导意见》的通知

（2010年3月30日　人社部发〔2010〕22号）

各省、自治区、直辖市人力资源社会保障（人事、劳动保障）厅（局），新疆生产建设兵团人事局、劳动保障局：

《关于进一步整合资源加强基层劳动就业社会保障公共服务平台和网络建设的指导意见》已经第42次部务会通过，现印发给你们，请及时转发，并结合实际提出贯彻落实要求。

关于进一步整合资源加强基层劳动就业社会保障公共服务平台和网络建设的指导意见

基层劳动就业社会保障公共服务平台和网络是政府社会管理与公共服务体系的重要组成部分，是人力资源和社会保障政策落实和工作落实的重要载体。随着我国人力资源和社会保障事业不断发展和服务领域不断拓宽，基层劳动就业社会保障公共服务平台和网络不健全、职能不完善、队伍力量弱、服务能力不足等问题日益突出，成为制约人力资源和社会保障事业可持续发展的瓶颈。为提高基层劳动就业社会保障公共服务能力，加快政府职能转变，满足人民群众日益增长的公共服务需求，现就加强基层劳动就业社会保障公共服务平台和网络建设提出如下意见：

一、指导思想、基本原则和总体目标

（一）指导思想：以邓小平理论和“三个代表”重要思想为

指导，深入贯彻落实科学发展观，紧紧围绕统筹城乡就业和加快建立覆盖城乡社会保障体系的目标，按照转变政府职能、强化社会管理和公共服务的要求，通过有效整合资源，健全完善县以下基层劳动就业社会保障公共服务平台和网络，全面提高服务能力和水平，为广大人民群众提供规范、便捷、高效的公共服务。

（二）基本原则：坚持公益性质，注重服务的公平性、可及性和均等化；坚持政府主办与购买服务相结合，充分利用社会资源参与公共服务；坚持统筹规划，整合现有公共服务资源，健全基层劳动就业社会保障公共服务平台和网络；坚持属地管理，结合实际，因地制宜，循序渐进。

（三）总体目标：第一阶段，从2010年开始到2012年的3年时间内，以公共就业、社会保障、劳动关系协调、劳动争议调解和劳动保障监察为重点，有效整合各项服务资源，明确职能职责，完善服务设施，保障工作经费，在全国街道、乡镇和社区、行政村基本建立健全劳动就业社会保障公共服务平台和网络；第二阶段，从2013年开始到“十二五”末，社会保障“一卡通”经过试点全面实施，基本实现基层劳动就业社会保障公共服务的规范化、专业化、信息化、网络化的目标，城乡居民能够就近享受到劳动就业和社会保障公共服务。

二、整合资源，明确职责

（四）将建立健全基层劳动就业社会保障公共服务平台和网络纳入工作规划。要将基层劳动就业社会保障公共服务体系建设纳入当地“十二五”规划，有计划、有步骤地建立健全街道、乡镇劳动就业社会保障公共服务平台和社区、行政村劳动就业社会保障公共服务网络。争取所有街道、乡镇都建立劳动就业社会保障服务中心（所），所有社区、行政村都设立劳动就业社会保障服务站（协管员）。各地也可根据区域分布和服务人数等实际情况，在邻近的乡镇或行政村建立共用的服务平台和网络。街道、乡镇已经建立多功能公共服务平台的地区，劳动就业社会保障公共服务中心（所）要主动设立办事窗口。

（五）完善街道、乡镇劳动就业社会保障公共服务功能。已经建立街道、乡镇劳动就业社会保障公共服务平台的地区，要强化服务功能，逐步增加和健全劳动关系协调、劳动争议调解、劳动保障监察、人事人才、失业登记、职业培训、劳务输出、农民工监测、农民工权益维护等服务功能，并进一步规范服务流程，提高服务水平。有条件的地区可主动承担其他公共服务功能。尚未建立街道、乡镇劳动就业社会保障公共服务平台的地区，在建设过程中要整体设计、统一推进。

（六）创新社区、行政村劳动就业社会保障公共服务网络运行模式。社区、行政村劳动就业社会保障公共服务站点一般应与其他公共服务项目整合资源，统筹推进建设，主要通过政府购买服务方式来实现。社区、行政村可以设置特定公益性岗位、聘用专职协管员，也可以由居委会、村委会工作人员兼职完成相关任务，按完成任务数量、质量给予经费和报酬。服务人口较多的城市社区，也可以建立与街道劳动就业社会保障服务平台类似的专门机构，工作人员可由街道服务机构派出。

三、注意规范化和标准化建设

（七）统一机构名称。街道、乡镇劳动就业社会保障公共服务平台可以统称为“××街道（乡、镇）劳动就业社会保障服务中心（所）”，社区、行政村劳动就业社会保障公共服务网络可以统称为“××社区（村）劳动就业社会保障服务站”。今后，国家将逐步建立全国统一的基层劳动就业社会保障公共服务标准和标识。

（八）明确服务场所建设标准。基层劳动就业社会保障公共服务平台和网络的建设要以满足工作需要、方便群众和经济实用为原则，综合考虑服务对象数量、地理交通、服务半径、服务内容等因素，结合当地经济发展水平，适当考虑未来发展需要合理确定。具体标准由省级人力资源社会保障部门制定。

（九）明确设备配置标准。街道、乡镇劳动就业社会保障公共服务中心（所）的基本配置包括：计算机及配套设备（服务器、网络）、办公设备、档案存放设备及其他设备。同一省份内基层劳动就业社会保障公共服务平台的设备配置标准应大体一致。

四、加强队伍建设，提高人员素质

（十）理顺管理体制。街道、乡镇劳动就业社会保障公共服务中心（所），接受同级党委、政府的领导，同时接受县级人力资源社会保障部门的业务指导。街道、乡镇劳动就业社会保障服务中心（所）属公共服务性质，应积极争取纳入全额预算事业单位管理。社区、行政村劳动就业社会保障服务站点，设置特定公益性岗位和聘用专职协管员的，由街道、乡镇中心（所）直接管理和监督，居委会、村委会应给予积极支持；由居委会、村委会人员兼职的，接受社区、行政村党组织和居委会、村委会的领导，同时接受街道、乡镇劳动就业社会保障服务中心（所）的业务指导。

（十一）合理配置工作人员。各地应根据辖区内的服务对象数量，综合考虑辖区内的就业人口、用人单位数量、辖区面积、工作任务量、经济社会发展水平等因素，合理配置基层劳动就业社会保障公共服务平台和网络的工作人员，定岗定责，并实行动态管理。街道、乡镇劳动就业社会保障公共服务平台一般每6000名左右服务对象应配置1名工作人员。

（十二）优化人员结构。制定基层劳动就业社会保障公共服务人员聘用资格标准，不断改进和完善聘用办法。采取公开招聘形式吸纳高校毕业生充实基层劳动就业社会保障公共服务队伍；鼓励“三支一扶”、大学生村官、西部志愿者等人员，专职或兼职从事基层劳动就业社会保障服务。

（十三）加强岗位培训。加大岗位培训力度，强化定岗、定向培训，努力实现基层劳动就业社会保障公共服务工作人员一岗多责、一专多能。要注重培训质量，增强培训的针对性和实效性，切实提高工作人员的业务素质、操作技能和服务水平，建设一支专业化、多功能的基层劳动就业社会保障公共服务工作人员队伍。

（十四）加强队伍作风建设。深入开展创建优质服务窗口活动，切实加强基础管理，规范工作人员的服务行为，增强服务意识。建立考核奖励机制，对基层劳动就业社会保障公共服务工作人员定期进行考核和奖励，发挥先进典型的示范带动作用，激发工作人员的积极性。

五、改善保障条件，推进信息化建设

（十五）支持基础设施建设。各地人力资源社会保障部门要积极协调政府相关部门，为街道、乡镇劳动就业社会保障公共服务平台建设提供必要的建设用地和建设资金。国家对中西部地区基层劳动就业社会保障公共服务平台基础设施建设、基本设备配置等给予必要的资金和政策支持。

（十六）保证街道、乡镇服务平台工作经费。要积极争取将街道、乡镇劳动就业社会保障公共服务平台的工作经费、人员经费和项目经费金额纳入同级财政预算，保证经费来源，确保工作人员享有合理的工资待遇。县级人力资源社会保障部门要积极争取同级政府对街道、乡镇劳动就业社会保障公共服务平台给予适当经费支持。同一街道、乡镇劳动就业社会保障公共服务平台的各类工作人员待遇水平要大体平衡。

（十七）优先推进信息化建设，尽快实现基层劳动就业社会保障工作信息联网。各地“金保工程”二期立项和实施要向基层劳动就业社会保障公共服务平台和网络倾斜，优先保证基层开展公共服务必需的设备、软件开发和网络建设投入。研究制定统一的编码体系和信息标准，加快信息网络建设，实现公共服务、信息网络的全覆盖。街道、乡镇平台和社区、行政村服务站点要实现与省、地市、县三级劳动就业社会保障管理服务机构的业务联网，首先与县级实现联网，业务协同处理，信息资源共享。

（十八）逐步统一各项公共服务应用软件。组织开发全国统一的标准版业务管理信息系统，在保证信息系统基本思路、基本框架、基本功能和指标体系全国统一的前提下，各地要积极采用系统参数配置的方式实现对本地政策和经办模式的支撑。对于确需本地化的地区，要按照" 最少、必须" 的原则，以省为单位开展，以保证应用软件的统一和业务流程的规范。全国统一的标准版业务管理信息系统应当具有很强的兼容性，能够兼顾劳动就业和社会保障之外开展各类业务的需要。

（十九）积极推进电子政务和政务公开。对可以通过互联网提供的公共服务，要借助有关政府网站，建设基于互联网的网上服务系统，提供网上办事、网上信息查询服务，提高公共服务效率。进一步推进政务公开，完善12333电话咨询服务中心功能，逐步将各项公共服务纳入群众咨询范围。

（二十）大力推行社会保障卡。按照全国统一的标准、规范和管理要求，整合基层劳动就业社会保障各项公共服务功能，加快发行和应用社会保障卡，早日实现全国“一卡通”，努力做到为各类服务对象记录一生、服务一生、保障一生。

六、加强组织领导

（二十一）明确工作责任。省、地市和县三级人力资源社会保障部门，都要高度重视本地区基层劳动就业社会保障公共服务体系建设工作。要成立专门的领导小组和工作机构，明确责任和分工，形成一级抓一级、层层抓落实的领导体制和工作机制。

（二十二）制定实施方案。各级人力资源社会保障部门要按照本指导意见的要求，因地制宜，统筹规划，抓紧制定推进方案和实施办法，周密部署，精心组织实施。特别是县级人力资源社会保障部门，要切实履行责任，积极争取同级党委、政府的重视和支持，把基层劳动就业社会保障公共服务平台和网络建设纳入当地党委、政府的重要议事日程，并积极协调有关部门加大对基层劳动就业社会保障公共服务体系建设的投入和支持力度，帮助解决建设中遇到的困难和问题。

（二十三）加强分类指导和检查评估。要加强对基层劳动就业社会保障公共服务体系建设的分类指导。经济条件较好的地区要优先发展，加快建设进度；其他地区要因地制宜，积极创造条件，保证基本的服务功能。要对基层劳动就业社会保障公共服务平台和网络建设情况进行检查和评估，及时发现新情况，研究解决新问题，确保基层劳动就业社会保障公共服务平台和网络建设取得突破性进展，为促进人力资源和社会保障事业可持续发展，解决好涉及人民群众切身利益的重大民生问题奠定坚实的基础。

人力资源和社会保障部关于进一步加强基层平台就业工作若干问题的意见

（2010年5月19日　人社部发〔2010〕37号）

各省、自治区、直辖市人力资源社会保障厅（局），新疆生产建设兵团人事局、劳动保障局：

为进一步贯彻落实《关于进一步加强公共就业服务体系建设的指导意见》（人社部发〔2009〕116号）、《关于进一步整合资源加强基层劳动就业和社会保障公共服务平台和网络建设的指导意见》（人社部发〔2010〕22号），充分发挥基层劳动就业和社会保障公共服务平台（以下简称基层平台）在就业工作中的基础作用。现就进一步加强基层平台就业工作提出如下意见：

一、进一步明确任务职责

街道、乡镇平台设立专门服务场所或服务窗口，向劳动者和用人单位提供公共就业服务，并组织、指导、协调、监督社区、行政村平台开展公共就业服务工作，承担就业工作的基本职责，主要包括：负责组织开展就业法规政策的宣传和咨询；负责组织开展人力资源调查统计、动态管理工作；负责审核、上报就业登记、失业登记相关资料，组织开展登记失业人员日常管理工作；负责收集、发布就业信息，提供职业指导、职业介绍、农村劳动力转移就业等就业服务；组织辖区相关人员参加职业培训、创业培训和职业技能鉴定；负责社区就业岗位开发，做好公益性岗位开发管理工作，开展创建充分就业社区活动；负责审核、上报就业困难人员认定资料，组织开展就业援助工作，协助落实就业政策；做好项目推荐、开业指导、小额担保贷款、跟踪服务等创业服务工作，指导开展信用社区创建工作；负责审核、上报灵活就业人员的就业情况，协助落实社会保险补贴政策；承担上级部门安排的其他就业服务工作。

社区、行政村平台设立专门服务窗口，并开展上门入户服务，承担就业工作的基本职责，主要包括：开展就业法规政策的宣传和咨询；开展城乡人力资源调查统计，建立基础台账，并及时更新信息变化情况，实行动态管理；负责受理就业登记、失业登记申请和初审，承担登记失业人员日常管理等工作；收集、发布就业信息，开展职业指导、职业介绍、农村劳动力转移就业等就业服务；了解、掌握培训需求，收集、发布培训信息，组织推荐城乡劳动者参加职业培训、创业培训；协助开发社区就业岗位，推荐就业困难人员到公益性岗位就业，开展创建充分就业社区活动；掌握有创业意愿人员的信息，受理小额担保贷款申请，协助贷款回收，提供相关创业服务，开展信用社区创建工作；开展就业援助对象的调查摸底和日常动态管理工作，受理就业援助申请，建立管理台账和及时更新信息库，协助落实就业政策，为就业援助对象提供上门入户援助服务；调查、核实灵活就业人员的就业情况，协助落实社会保险补贴政策；承担上级部门安排的其他就业服务工作。

二、进一步加强基层平台就业工作人员队伍建设

各地应根据统筹城乡就业工作的需要，综合考虑辖区内的就业人口、辖区面积、经济社会发展水平，特别是新成长劳动力、高校毕业生、登记失业人员、就业困难人员、农村富余劳动力等人员的就业服务需求，合理配置基层平台工作人员。鼓励“三支一扶”、大学生村官、西部志愿者等人员，专职或兼职从事基层公共就业服务。采取公开招聘形式吸纳高校毕业生充实基层平台公共就业服务队伍。社区、行政村特定公益性岗位聘用符合条件人员的，可按规定给予岗位补贴和社会保险补贴，并根据职业能力水平和工作绩效相应提高岗位补贴标准，以保证骨干队伍的稳定。

三、进一步加强基层平台就业工作人员培训工作

各地要根据就业政策和工作要求的变化情况，制定培训规划，加强对基层平台就业工作人员的政策、业务和服务技能等培训，原则上对新上岗的人员要集中开展培训，对现有人员每年要至少进行一次岗位培训，全面推行劳动保障协理员职业资格培训鉴定工作。各级人力资源社会保障部门要积极完善保障措施，为基层平台工作人员拓宽职业生涯发展通道，注重从基层平台队伍中培养选拔优秀工作人员。

四、着力解决基层平台就业工作经费保障问题

各地要以满足当地就业工作需要、保证公益性就业服务和就业援助的提供为原则，保证基层平台开展就业工作的工作经费、人员经费和项目经费。采取政府购买服务、费随事转、以奖代补等多种方式，按照社区、行政村完成就业任务的数量、质量给予经费支持。对国家级充分就业示范社区和省（区、市）充分就业星级社区给予重点扶持。要全面实施基层平台就业援助工作专项绩效考核，建立健全基层平台和基层工作人员就业援助工作成效与奖励挂钩的激励机制。

五、强化组织领导

各级人力资源社会保障部门要切实加强对基层平台就业工作的督查，要深入基层做好指导和服务工作，在党委、政府的领导和有关部门的大力配合下，将基层平台公共就业服务优先纳入政府公共服务体系建设整体规划，加强基层平台就业服务规范化、标准化建设，做好与社会保障、劳动关系、劳动监察等方面工作的衔接，切实推进基层平台就业工作的开展。定期对基层平台的基础设施建设、队伍建设、资金保障、工作进展等情况进行督查，对服务好、群众满意、工作成效显著的基层平台和业绩突出的工作人员给予表彰奖励，对工作不力的单位和个人给予督导和批评，不断完善和提升基层平台就业工作水平。

人力资源和社会保障部关于印发《“中华人民共和国社会保障卡”管理办法》的通知

（2011年4月20日　人社部发〔2011〕47号）

各省、自治区、直辖市人力资源社会保障厅（局），福建省公务员局，新疆生产建设兵团人事局、劳动保障局：

为推动“中华人民共和国社会保障卡”（以下简称社会保障卡）的发行和应用，规范社会保障卡管理，促进社会保障卡建设稳妥、有序、健康地开展，现将《“中华人民共和国社会保障卡”管理办法》印发你们，请遵照执行。

本办法主要对各级人力资源社会保障部门管理社会保障卡的各个环节进行规范。对于社会保障卡封装、运输、使用及持卡人权益等涉及人力资源社会保障系统外部环节的管理要求，我部将另行规定。

“中华人民共和国社会保障卡”管理办法

第一章　总　则

第一条　为规范“中华人民共和国社会保障卡”（以下简称社会保障卡）发行、应用和管理，维护持卡人的合法权益，提高人力资源社会保障管理服务水平，制定本办法。

第二条　本办法所称社会保障卡，是指面向社会公众发行，主要应用于人力资源社会保障领域政府社会管理和公共服务的集成电路卡。

社会保障卡是持卡人享有社会保障和公共就业服务权益的电子凭证，具有信息记录、信息查询、业务办理等基本功能。

第三条 人力资源社会保障部负责管理全国社会保障卡发行和应用工作。省、地市级人力资源社会保障部门负责管理本地区社会保障卡发行和应用工作，其所属的信息化综合管理机构具体承担社会保障卡发行和技术管理的有关事务。

第四条 社会保障卡按照“一卡多用，全国通用”的原则进行建设。各地发行社会保障卡必须遵循安全性、完整性和公益性的要求，采用全国统一的标准规范，保证在全国范围内使用。

第二章 发行管理

第五条 省级人力资源社会保障部门或地市级人力资源社会保障部门经人力资源社会保障部批准后，可发行社会保障卡。其他任何机构和组织均不得发行社会保障卡。

第六条 发行社会保障卡的地区（以下简称发卡地区）应建立规范的人力资源社会保障业务流程，各项业务间具有较强的综合协调性，能够保证社会保障卡的有效应用。同时，还应具备以下技术条件：

（一）建立为社会保障卡应用提供后台支持的业务管理系统、数据库和适于用卡方式的信息网络；

（二）具备支持社会保障卡管理和应用的技术力量，包括人员、设备等，能够快速完成社会保障卡应用的系统布局；

（三）制定规范可行的实施方案，包括应用设计方案、费用解决方案、信息采集方案和具体发行方案等；

（四）建立科学完善的社会保障卡发行、管理制度和明确的内部控制程序，并制定应对突发事件的预案；

（五）人力资源社会保障部规定的其他条件。

第七条 申请发行社会保障卡，需提交下列材料：

（一）填写完备的社会保障卡发行注册申请表；

（二）社会保障卡发行筹备情况说明；

（三）符合全国统一规范要求的应用领域和卡内应用文件结构（包括本地扩充的应用领域和指标）；

（四）按照统一要求设计的卡面样式；

（五）本地区社会保障卡管理办法和实施细则；

（六）人力资源社会保障部要求提供的其他材料。

第八条 社会保障卡的注册审批程序：

（一）省级人力资源社会保障部门发行社会保障卡，需将申请发行材料报人力资源社会保障部信息化领导小组办公室审核。

（二）地市级人力资源社会保障部门发行社会保障卡，需将申请发行材料报省级人力资源社会保障部门进行初审。初审通过后，报人力资源社会保障部信息化领导小组办公室审核。

（三）人力资源社会保障部信息化领导小组办公室审核批准后，统一为被批准发行社会保障卡的地区分配社会保障卡发行机构标识号，并按国家有关规定向国家 IC 卡注册中心备案。

（四）发卡地区若变更社会保障卡卡面、卡内文件结构等须报人力资源社会保障部信息化领导小组办公室重新审批。若变更供卡厂商和产品、扩大发卡人群、增加拟发卡数量等，须报人力资源社会保障部信息化领导小组办公室备案。

第三章 制作管理

第九条 社会保障卡采用全国统一的卡面样式，正面印有“中华人民共和国社会保障卡”字样，背面印有持卡人姓名、社会保障号码、持卡人照片、发卡单位等信息。

第十条 社会保障卡卡内文件结构划分、控制密钥加载、卡面印刷、个性化信息写入等制作工作，由省级社会保障卡发行管理机构统一组织；省级不具备集中制作条件的，可交由发卡地市或第三方机构承办。

第十一条 发卡地区选定的承办社会保障卡制作的第三方机

构，应具备符合人力资源社会保障部要求的安全生产环境，在数据存放、传输、使用以及卡片运输过程中具有严格的安全管理措施，能够保证社会保障卡数据和密钥的安全。

第十二条 初次制卡、更换供卡厂商和产品等情况下，均须通过正式制卡环境先行制作测试卡，通过人力资源社会保障部信息化领导小组办公室组织的标准符合性审核、安全性审核和跨地区通用性测试后，方可正式制作、发放。

第十三条 发卡地区要按照方便持卡人的原则，制定科学、合理的发放流程，便捷地将社会保障卡发放到持卡人手中。

第四章 应用管理

第十四条 各级人力资源社会保障部门应积极推动社会保障卡在各业务领域的应用。对于暂不具备用卡条件的业务，须做好预留。对于需要借助金融功能开展的业务，应通过在社会保障卡上搭载金融功能的方式实现。

第十五条 各级人力资源社会保障部门应保障持卡人查询、办理人力资源社会保障业务的权利，采取技术手段和管理措施，保护持卡人的个人隐私，依法使用与社会保障卡有关的信息，确保社会保障卡的安全使用。

第十六条 经批准发行社会保障卡的省级、地市级人力资源社会保障部门应制定明确的社会保障卡应用管理规程，并通过在服务场所明示、政府网站公示等方式向社会发布。社会保障卡应用管理规程应包括以下内容：

（一）社会保障卡的功能、用途；

（二）社会保障卡的发行对象、申领条件、申领手续；

（三）社会保障卡的使用范围（包括使用方面的限制）、使用期限及使用方法；

（四）社会保障卡损坏、遗失后的挂失、补发程序；

（五）发卡机构、持卡人及其他有关当事人的权利、义务等。

第十七条 人力资源社会保障部统一规划和部署社会保障卡的跨地区应用，实行跨地区应用接入制度。人力资源社会保障部信息化领导小组办公室具体负责对各地用卡环境的一致性和安全性检查，检查通过的予以接入。

第十八条 社会保障卡应主要用于人力资源社会保障业务领域。在保持主要功能不变、标准规范不变、密钥体系不变、管理主体不变的前提下，经省级人力资源社会保障部门同意、人力资源社会保障部批准，可以搭载其他公共服务功能。

第十九条 社会保障卡因损坏、遗失、到期等原因不再使用的，应列入失效名单。失效名单实行分级管理，人力资源社会保障部、省级、地市级人力资源社会保障部门分别管理全国、全省、全市范围内的社会保障卡失效名单，并提供查询服务。

第五章 安全管理

第二十条 社会保障卡采用密钥安全技术，实行全国统一的密钥管理体系。

第二十一条 人力资源社会保障部负责生成和管理全国通读通写文件的控制密钥及其他需要在全国范围内使用的密钥，并按照统一规则逐级分散给省、地市两级人力资源社会保障部门，形成子密钥。

省、地市两级人力资源社会保障部门负责生成和管理仅限本地区使用的密钥，以及本地区自行扩充文件的读写密钥；负责管理由人力资源社会保障部逐级分散给其的子密钥。

第二十二条 用于社会保障卡密钥管理和安全应用的加密机须具有国家密码管理部门颁发的商用密码产品型号证书，并符合人力资源社会保障部有关规范要求。

第二十三条 用于存储密钥的社会保障卡主控密钥卡、密钥母卡、传输密钥卡、安全访问控制模块（PSAM 卡）等由人力资源社会保障部统一发放。

第二十四条 发卡地区须建立严格的社会保障卡密钥管理制度，严格规范密钥及加密机、主控密钥卡、密钥母卡、传输密钥卡等密钥载体的保管、使用程序；在确需将密钥载体移交给第三方使用时，须做好交接记录，签署保密协议，审核其安全管理方案，并对第三方的使用情况进行监督。

第二十五条 发卡地区须建立 PSAM 卡管理制度，详细记录其具体信息和使用情况，建立收回、销毁机制，并对其实际使用时的物理形式、外界条件、使用方式等进行明确规定，保证用卡环境安全。

第二十六条 各级人力资源社会保障部门应建立社会保障卡安全管理应急预案，妥善处理社会保障卡发放、使用及密钥管理中出现的安全问题。凡出现密钥载体遗失等安全事故的地区，须立即报告上级人力资源社会保障部门和人力资源社会保障部，并查明原因，根据国家关于安全保密的有关规定做出处理。

第六章 产品管理

第二十七条 社会保障卡芯片实行备案制度。发卡地区拟选用的芯片，应报人力资源社会保障部信息化领导小组办公室备案后，才能在社会保障卡中采用。

第二十八条 发卡地区拟选用的芯片，应从具备以下条件的芯片厂商所提供的产品中选择：

（一）国家信息产业主管部门认定的集成电路设计企业；

（二）具有国家密码管理部门颁发的商用密码产品销售许可证和商用密码产品生产定点单位证书，至少有一款集成电路卡（IC 卡）芯片产品通过国家相关部门组织的通用准则评估保证级别 4+（EAL4+）的信息安全认证；

（三）企业管理规范，通过 ISO9001 质量体系认证并取得相应证书。

第二十九条 社会保障卡的芯片应符合以下条件：

（一）为硬掩膜工艺加工制造的智能卡（CPU卡）芯片，存储器应由随机存储器（RAM）、只读存储器（ROM）、电可擦可编程只读存储器（EEPROM）组成，不包含其他类型的存储器；

（二）支持国家密码管理部门认可的加密算法，具有国家密码管理部门颁发的商用密码产品型号证书；

（三）提供芯片的厂商对该芯片具有自主知识产权。

第三十条 发卡地区应选择具有自主开发能力的厂商提供的社会保障卡卡内操作系统（COS）和读写机具，其选定的上述产品均需符合人力资源社会保障部社会保障卡规范要求。

第三十一条 人力资源社会保障部组织省级人力资源社会保障部门对已投入使用的社会保障卡产品质量和标准符合性等进行检查、监督。

第七章 附 则

第三十二条 社会保障卡的发行费用依据国家有关规定报批并收取。

第三十三条 社会保障卡相关技术规范、办事流程、制度要求、卡面样式等，由人力资源社会保障部信息化领导小组办公室依据本办法另行规定。

第三十四条 本办法由人力资源社会保障部信息化领导小组办公室负责解释。

人力资源和社会保障部办公厅关于进一步贯彻落实国务院开展厂办大集体改革工作指导意见的通知

（2013 年 4 月 16 日　人社厅发〔2013〕35 号）

各省、自治区、直辖市及新疆生产建设兵团人力资源社会保障厅（局）：

《国务院办公厅关于在全国范围内开展厂办大集体改革工作的指导意见》（国办发〔2011〕18 号，以下简称国办发 18 号文件）实施以来，各地高度重视，认真抓好厂办大集体改革中职工安置、劳动关系处理和各项社会保险关系接续等相关政策的落实，取得了积极进展。但也有部分地区反映，在相关政策理解和把握上还存在一些实际问题。为进一步贯彻落实国办发 18 号文件精神，统一把握相关政策，做好厂办大集体改革工作，现就有关问题通知如下：

一、积极开展厂办大集体职工再就业工作

各地要深入企业宣传各项就业政策，着力为下岗失业人员提供有针对性的就业服务与培训，帮助他们尽快实现再就业。对符合条件的厂办大集体下岗失业人员，要及时纳入就业扶持范围，简化工作流程，畅通政策落实渠道。对自主创业的，及时提供创业服务，落实好小额担保贷款、场地安排等优惠政策。对招用符合规定条件人员就业的企业，及时落实税收优惠、社保补贴、小额担保贷款等政策。对就业困难人员，要加大就业援助力度，多种渠道帮助他们实现再就业，及时兑现社保补贴和岗位补贴等扶持政策。

二、妥善处理厂办大集体职工的劳动关系

各地要根据劳动合同法及国办发 18 号文件要求，加强对厂办大集体改革中劳动关系处理工作的指导，帮助厂办大集体企业制定完善职工安置方案，明确参加厂办大集体改革人员范围、民主程序、劳动关系处理和经济补偿支付办法等内容。

要指导改制、关闭或破产的厂办大集体依法妥善处理企业与在职集体职工的劳动关系。与集体职工协商解除劳动关系的，依法支付经济补偿；劳动合同继续履行的，改制前后的工作年限合并计算为改制后企业的工作年限。经济补偿金的测算和计发标准按照劳动合同法第四十七条和劳动合同法实施条例第二十七条规定执行。

要指导厂办大集体做好档案移交等工作，跟踪掌握本地区改制后企业劳动用工情况，加强对改制后的指导和服务，切实维护厂办大集体职工合法权益。

三、切实解决厂办大集体职工的养老保险等社会保险问题

厂办大集体与职工解除劳动关系后，要按规定接续各项社会保险关系，符合条件的，享受相应的社会保险待遇。

对于已按统一政策参加了企业职工基本养老保险的厂办大集体职工，要结合本地实际，采取补缴、核销等多种措施，妥善解决他们的养老保障问题。其中，依法实施关闭、破产的厂办大集体确实无法通过资产变现补缴的基本养老保险欠费，除企业缴费中应划入职工养老保险个人账户部分外，持依法关闭、破产手续报经社会保险经办机构同意后，经人力资源社会保障部门审核，财政部门复核，报省级人民政府批准后可以核销，或采取其他办法妥善解决。要严格掌握核销的范围、界定条件及核销程序，确保基金安全和应收尽收，并妥善解决弥补资金来源问题。对于未参加基本养老保险的厂办大集体职工和退休人员，要按照《人力资源社会保障部财政部关于解决未参保集体企业退休人员基本养老保障等遗留问题的意见》（人社部发〔2010〕107 号）精

神，结合当地实际，及时将他们纳入基本养老保障范围。

对于厂办大集体职工的医疗保障问题，要通过促进其实现再就业，参加职工基本医疗保险；以灵活就业等形式再就业的，可以个人身份参加职工基本医疗保险，确有困难的，可以参加城镇居民基本医疗保险。

各级社会保险经办机构要认真履行职责，为厂办大集体职工参保缴费、接续关系、享受相关待遇提供便捷的服务，将厂办大集体职工参加养老保险等社会保险政策真正落实到位。

厂办大集体改革涉及面广，情况复杂，政策性强，事关厂办大集体职工的切身利益。各级人力资源社会保障部门要在当地党委、政府的领导下，加强与有关部门及企业的沟通协调。要建立应急工作预案，完善重大情况报告制度，最大限度消除矛盾隐患，确保厂办大集体改革工作顺利进行。

人力资源和社会保障部关于机关事业单位工作人员养老保险信息系统建设指导意见

（2015年6月4日　人社部发〔2015〕52号）

各省、自治区、直辖市及新疆生产建设兵团人力资源社会保障厅（局）：

为提升机关事业单位工作人员养老保险管理服务水平，根据《国务院关于机关事业单位工作人员养老保险制度改革的决定》（国发〔2015〕2号）关于信息管理系统建设的工作要求，现就加快推进机关事业单位工作人员养老保险信息系统建设提出以下意见。

一、充分认识开展信息系统建设的重要意义

建设机关事业单位工作人员养老保险信息系统，是加快推进统筹城乡社会保障体系建设的重要手段；是提高机关事业单位工作人员养老保险工作效率、经办能力和服务能力的有效途径；是实现机关事业单位工作人员养老保险业务规范化和信息化的重要举措。各地人力资源社会保障部门要提高认识、统一思想，把推进机关事业单位工作人员养老保险信息系统建设作为保障机关事业单位工作人员养老保险制度改革顺利实施的一项重要基础工作，优先安排，抓紧抓好。

二、明确系统建设的总体要求

（一）指导思想。认真贯彻党的十八大和十八届三中、四中全会精神，按照党中央、国务院决策部署，全面落实机关事业单位工作人员养老保险制度各项改革任务，坚持数据集中、服务下延，建设科学规范、互联互通、标准统一、安全高效的机关事业单位工作人员养老保险信息系统，不断提升管理服务效能，推动机关事业单位工作人员养老保险事业全面协调可持续发展。

（二）建设目标。机关事业单位工作人员养老保险信息系统建设要按照人力资源社会保障信息化建设的总体规划，依托现有信息化建设基础，全面满足机关事业单位工作人员养老保险制度实施在业务经办、公共服务、基金监管、宏观决策等方面的要求，逐步实现面向机关事业单位工作人员的各项人力资源社会保障事务的整合联动，建立机关事业单位工作人员养老保险信息与其他政府部门信息的共享机制。2015 年实现对机关事业单位工作人员养老保险核心业务经办及公共服务的信息化应用，2016 年，全面落实基金监管、宏观决策等方面的信息化建设任务。

（三）基本原则。机关事业单位工作人员养老保险系统建设应遵循以下基本原则：

1. 统一规划，整体设计。机关事业单位工作人员养老保险信息系统建设是人力资源社会保障信息化建设的组成部分，要纳入全国统一规划，统筹推进。充分利用现有信息化建设成果，结合机关事业单位工作人员养老保险制度实施的工作需要，及与其他各项社会保险、人事管理等业务联动的发展要求，统一进行信息系统设计。

2. 统一软件，本地实施。各地应在全国统一的机关事业单位工作人员养老保险信息系统基础上开展建设实施工作，保证系统设计框架、基本功能和标准体系与全国统一软件的一致，按照“最少必需”的原则，以省为单位开展本地化工作，确保应用软件的统一和业务流程的规范。

3. 统一标准，共享协同。按照人力资源社会保障信息系统技术标准体系，建设规范统一的机关事业单位工作人员养老保险信息系统，确保与人力资源社会保障领域相关信息系统之间的信息共享和业务协同。严格执行《社会保险管理信息系统指标集与代码》（LD/T92-2013）行业标准，确保机关事业养老保险数据的上传、汇总及跨地域交换共享。

4. 统筹兼顾，分步推进。分阶段推进机关事业单位工作人员养老保险信息系统建设。起步阶段，以满足基本养老保险业务经办为重点，同步实现职业年金经办功能，并按照业务财务一体化建设要求，实现业务数据与基金财务数据的衔接。面向机关事业单位工作人员发放和应用社会保障卡，建立健全信息化公共服务体系，满足机关事业单位工作人员的便捷服务需求。有条件的地区，结合部里统一安排，统筹做好社保关系转移、基金监管、联网监测、宏观决策等系统的扩建工作。

三、积极落实系统建设各项工作任务

（一）建设省集中信息系统。各地要充分利用金保工程现有基础，在省级数据中心集中部署机关事业单位工作人员养老保险信息系统，通过业务专网支持所辖地区的业务经办。个别信息系统建设一体化程度较高、暂时难以集中的地区，可在遵循全国统一信息标准的基础上，基于现有地市级社会保险业务系统，扩展机关事业单位养老保险业务功能，并结合信息系统省级集中推进进程，尽快实现省级集中。任何省份不得另行分散建设机关事业单位工作人员养老保险信息系统。

（二）统筹推进业务融合。各地在建设机关事业单位工作人员养老保险信息系统时，要统筹考虑与其他业务领域的信息共享和业务协同，对内实现与社会保障卡持卡人员基础信息库、人事人才系统的衔接，实现人员基础信息和参保前置条件的校核。对于城镇职工基本医疗保险业务系统尚未实现省级集中的地区，要同步考虑与地市医疗保险业务系统的关联，先期实现人员基本信息、参保信息、缴费信息的共享比对，逐步实现包括待遇结算在内的各项业务经办环节的业务协同。对外要与编办、财政、公安、民政、银行、税务等部门系统对接，实现信息共享。

（三）积极发行和应用社会保障卡。各地要做好面向机关事业单位工作人员社会保障卡发行应用工作，严格执行全国统一的标准规范和管理要求，实现人手一卡。已结合城镇职工基本医疗保险工作向机关事业单位工作人员发行了社会保障卡的地区，要按照《人力资源社会保障部关于加快推进社会保障卡应用的意见》（人社部发〔2015〕52号）文件要求，进一步扩大应用范围，结合养老保险业务需要实现身份凭证和领取待遇应用。尚未发卡的地区，要尽快开展相关发行和应用工作，在办理参保业务时同步完成制卡信息采集，并及时发放，使社会保障卡成为机关事业单位工作人员享有人力资源和社会保障权益的重要载体，使其成为社会保险待遇社会化发放和个人权益查询的基本手段。

（四）提升公共服务能力。各地要充分利用互联网、移动终端、自助一体机等渠道和信息化手段，建设一体化的公共服务系统，实现信息入口、安全认证体系、标准规范、后台数据库、对外服务口径的统一，为机关事业单位和个人提供便捷、高效、安全的服务。进一步完善12333咨询服务功能，逐步将机关事业单位工作人员养老保险业务纳入咨询服务范围，使其成为政策咨询、信息查询、预约办理以及投诉举报的重要渠道。

（五）完善基础设施建设。机关事业单位工作人员养老保险信息系统建设内容涵盖业务专网和互联网，各地要坚持扩大网络覆盖范围与实现信息安全防护两手抓，推进应用人力资源社会保障电子认证体系，切实采取访问控制、病毒木马等恶意程序防范、入侵检测等基础安全防护措施，严格做好业务专网与互联网的安全隔离，做好省级集中系统的应用级容灾和数据备份。科学合理地测算系统软硬件、网络等技术指标，配置更新相关设备，提高系统支撑能力，保证系统的平稳运行。

四、保障措施和工作要求

（一）加强组织领导。省级人力资源社会保障部门要切实做好全省信息系统建设工作，在推进省级集中系统建设的同时，督促和指导各地市抓好网络延伸、终端配置等配套工作，为系统实施创造条件。各级人力资源社会保障部门信息化综合管理机构、社会保险经办机构要密切配合，共同做好机关事业单位工作人员养老保险信息系统建设工作。

（二）抓好贯彻落实。各省要按照部里的总体部署，结合本地工作实际情况，确定系统建设方案，明确具体建设内容、模式、任务和计划，并切实抓好落实，确保机关事业单位工作人员养老保险系统建设符合业务发展需要。要力争在经办工作启动前完成信息系统的部署实施，支持经办工作的有效开展。

（三）提供有效保障。各地要积极争取机关事业单位工作人员养老保险信息系统建设资金，并将系统运行和维护费用纳入年度预算，形成以财政投入为主的经费保障机制。建立与省级集中要求相匹配的信息化队伍，加强对信息技术人员和业务人员的培训，确保机关事业单位工作人员养老保险信息系统在业务工作中的应用效果。

附件：机关事业单位工作人员养老保险信息系统建设参考技术方案

（附件本书略）

人力资源和社会保障部办公厅关于印发《社会保险欺诈案件管理办法》的通知

（2016 年 4 月 28 日　人社厅发〔2016〕61 号）

各省、自治区、直辖市及新疆生产建设兵团人力资源社会保障厅（局）：

为加强社会保险欺诈案件管理，规范执法办案行为，提高案件查办质量和效率，强化执法监督制约和控制，促进公正廉洁执法，现将《社会保险欺诈案件管理办法》印发给你们，请认真贯彻执行。

社会保险欺诈案件管理办法

第一章　总　则

第一条　为加强社会保险欺诈案件管理，规范执法办案行为，提高案件查办质量和效率，促进公正廉洁执法，根据《社会保险法》、《行政处罚法》和《行政执法机关移送涉嫌犯罪案件的规定》等法律法规以及《人力资源社会保障部 公安部关于加强社会保险欺诈案件查处和移送工作的通知》，结合工作实际，制定本办法。

第二条　社会保险行政部门应当建立规范、有效的社会保险欺诈案件管理制度，加强案件科学化、规范化、全程化、信息化管理。

第三条　社会保险行政部门对社会保险欺诈案件的管理活动适用本办法。

第四条 社会保险行政部门的基金监督机构具体负责社会保险欺诈案件归口管理工作。

上级社会保险行政部门应当加强对下级社会保险行政部门社会保险欺诈案件查办和案件管理工作的指导和监督。

第五条 社会保险行政部门应当制定统一、规范的社会保险欺诈案件执法办案流程和法律文书格式，实现执法办案活动程序化、标准化管理。

第六条 社会保险行政部门应当建立健全社会保险欺诈案件管理信息系统，实现执法办案活动信息化管理。

第七条 社会保险行政部门根据社会保险欺诈案件查办和管理工作需要，可以聘请专业人员和机构参与案件查办或者案件管理工作，提供专业咨询和技术支持。

第二章　记录管理和流程监控

第八条 社会保险行政部门应当建立社会保险欺诈案件管理台账，对社会保险欺诈案件进行统一登记、集中管理，对案件立案、调查、决定、执行、移送、结案、归档等执法办案全过程进行跟踪记录、监控和管理。

第九条 社会保险行政部门应当及时、准确地登记和记录案件全要素信息。

案件登记和记录内容包括：案件名称、编号、来源、立案时间、涉案对象和险种等案件基本信息情况，案件调查和检查、决定、执行、移送、结案和立卷归档情况，案件办理各环节法律文书签发和送达情况，办案人员情况以及其他需要登记和记录的案件信息。

第十条 社会保险行政部门应当建立案件流程监控制度，对案件查办时限、程序和文书办理进行跟踪监控和督促。

第十一条 社会保险行政部门应当根据案件查办期限要求，合理设定执法办案各环节的控制时限，加强案件查办时限监控。

第十二条 社会保险行政部门应当根据案件查办程序规定，设定执法办案程序流转的顺序控制，上一环节未完成不得进行下一环节。

第十三条 社会保险行政部门应当根据案件查办文书使用管理规定，设定文书办理程序和格式控制，规范文书办理和使用行为。

第三章 立案和查处管理

第十四条 社会保险行政部门立案查处社会保险欺诈案件，应当遵循依法行政、严格执法的原则，坚持有案必查、违法必究，做到事实清楚、证据确凿、程序合法、法律法规规章适用准确适当、法律文书使用规范。

第十五条 社会保险欺诈案件由违法行为发生地社会保险行政部门管辖。

社会保险行政部门对社会保险欺诈案件管辖发生争议的，应当按照主要违法行为发生地或者社会保险基金主要受损地管辖原则协商解决。协商不成的，报请共同的上一级社会保险行政部门指定管辖。

第十六条 社会保险行政部门应当健全立案管理制度，对发现的社会保险欺诈违法违规行为，符合立案条件，属于本部门管辖的，应当按照规定及时立案查处。

第十七条 社会保险行政部门对于查处的重大社会保险欺诈案件，应当在立案后 10 个工作日内向上一级社会保险行政部门报告。

立案报告内容应当包括案件名称、编号、来源、立案时间、涉案对象、险种等案件基本信息情况以及基本案情等。

第十八条 社会保险行政部门立案查处社会保险欺诈案件，应当指定案件承办人。

指定的案件承办人应当具备执法办案资格条件，并符合回避规定。

第十九条 案件承办人应当严格按照规定的程序、方法、措施和时限，开展案件调查或者检查，收集、调取、封存和保存证据，制作和使用文书，提交案件调查或者检查报告。

第二十条 社会保险行政部门应当对案件调查或者检查结果进行审查，并根据违法行为的事实、性质、情节以及社会危害程度等不同情况，作出给予或者不予行政处理、处罚的决定。

社会保险行政部门在作出行政处罚决定前，应当按照规定履行事先告知程序，保障当事人依法行使陈述、申辩权以及要求听证的权利。

第二十一条 社会保险行政部门作出行政处理、处罚决定的，应当制作行政处理、处罚决定书，并按照规定期限和程序送达当事人。

社会保险行政部门应当定期查询行政处理、处罚决定执行情况，对于当事人逾期并经催告后仍不执行的，应当依法强制执行或者申请人民法院强制执行。

第二十二条 社会保险行政部门及其执法办案人员应当严格执行罚款决定和收缴分离制度，除依法可以当场收缴的罚款外，不得自行收缴罚款。

第二十三条 对于符合案件办结情形的社会保险欺诈案件，社会保险行政部门应当及时结案。

符合下列情形的，可以认定为案件办结：

（一）作出行政处理处罚决定并执行完毕的；

（二）作出不予行政处理、处罚决定的；

（三）涉嫌构成犯罪，依法移送司法机关并被立案的；

（四）法律法规规定的其他案件办结情形。

第二十四条 社会保险行政部门跨区域调查案件的，相关地区社会保险行政部门应当积极配合、协助调查。

第二十五条 社会保险行政部门应当健全部门行政执法协作

机制，加强与审计、财政、价格、卫生计生、工商、税务、药品监管和金融监管等行政部门的协调配合，形成监督合力。

第四章　案件移送管理

第二十六条　社会保险行政部门应当健全社会保险欺诈案件移送制度，按照规定及时向公安机关移送涉嫌社会保险欺诈犯罪案件，不得以行政处罚代替案件移送。

社会保险行政部门在查处社会保险欺诈案件过程中，发现国家工作人员涉嫌违纪、犯罪线索的，应当根据案件的性质，向纪检监察机关或者人民检察院移送。

第二十七条　社会保险行政部门移送涉嫌社会保险欺诈犯罪案件，应当组成专案组，核实案情提出移送书面报告，报本部门负责人审批，作出批准或者不批准移送的决定。

作出批准移送决定的，应当制作涉嫌犯罪案件移送书，并附涉嫌社会保险欺诈犯罪案件调查报告、涉案的有关书证、物证及其他有关涉嫌犯罪的材料，在规定时间内向公安机关移送，并抄送同级人民检察院。在移送案件时已经作出行政处罚决定的，应当将行政处罚决定书一并抄送。

作出不批准移送决定的，应当将不批准的理由记录在案。

第二十八条　社会保险行政部门对于案情重大、复杂疑难，性质难以确定的案件，可以就刑事案件立案追诉标准、证据固定和保全等问题，咨询公安机关、人民检察院。

第二十九条　对于公安机关决定立案的社会保险欺诈案件，社会保险行政部门应当在接到立案通知书后及时将涉案物品以及与案件有关的其他材料移交公安机关，并办理交接手续。

第三十条　对于已移送公安机关的社会保险欺诈案件，社会保险行政部门应当定期向公安机关查询案件办理进展情况。

第三十一条　公安机关在查处社会保险欺诈案件过程中，需要社会保险行政部门协助查证、提供有关社会保险信息数据和证据材料或者就政策性、专业性问题进行咨询的，社会保险行政部门应当予以协助配合。

第三十二条 对于公安机关决定不予立案或者立案后撤销的案件，社会保险行政部门应当按照规定接收公安机关退回或者移送的案卷材料，并依法作出处理。

社会保险行政部门对于公安机关作出的不予立案决定有异议的，可以向作出决定的公安机关申请复议，也可以建议人民检察院进行立案监督。

第三十三条 社会保险行政部门应当与公安机关建立联席会议、案情通报、案件会商等工作机制，确保基金监督行政执法与刑事司法工作衔接顺畅，坚决克服有案不移、有案难移、以罚代刑现象。

第三十四条 社会保险行政部门应当与公安机关定期或者不定期召开联席会议，互通社会保险欺诈案件查处以及行政执法与刑事司法衔接工作情况，分析社会保险欺诈形势和任务，协调解决工作中存在的问题，研究提出加强预防和查处的措施。

第三十五条 社会保险行政部门应当按照规定与公安、检察机关实现基金监督行政执法与刑事司法信息的共享，实现社会保险欺诈案件移送等执法、司法信息互联互通。

第五章 重大案件督办

第三十六条 社会保险行政部门应当建立重大社会保险欺诈案件督办制度，加强辖区内重大社会保险欺诈案件查处工作的协调、指导和监督。

重大案件督办是指上级社会保险行政部门对下级社会保险行政部门查办重大案件的调查、违法行为的认定、法律法规的适用、办案程序、处罚及移送等环节实施协调、指导和监督。

第三十七条 上级社会保险行政部门可以根据案件性质、涉案金额、复杂程度、查处难度以及社会影响等情况，对辖区内发生的重大社会保险欺诈案件进行督办。

对跨越多个地区，案情特别复杂，本级社会保险行政部门查处确有困难的，可以报请上级社会保险行政部门进行督办。

第三十八条 案件涉及其他行政部门的，社会保险行政部门可以协调相关行政部门实施联合督办。

第三十九条 社会保险行政部门（以下简称督办单位）确定需要督办的案件后，应当向承办案件的下级社会保险行政部门（以下简称承办单位）发出重大案件督办函，同时抄报上级社会保险行政部门。

第四十条 承办单位收到督办单位重大案件督办函后，应当及时立案查处，并在立案后 10 个工作日内将立案情况报告督办单位。

第四十一条 承办单位应当每 30 个工作日向督办单位报告一次案件查处进展情况；重大案件督办函有确定报告时限的，按照确定报告时限报告。案件查处有重大进展的，应当及时报告。

第四十二条 督办单位应当对承办单位督办案件查处工作进行指导、协调和督促。

对于承办单位未按要求立案查处督办案件和报告案件查处进展情况的，督办单位应当及时询问情况，进行催办。

第四十三条 督办单位催办可以采取电话催办、发函催办、约谈催办的方式，必要时也可以采取现场督导催办方式。

第四十四条 对因督办案件情况发生变化，不需要继续督办的，督办单位可以撤销督办，并向承办单位发出重大案件撤销督办函。

第四十五条 承办单位应当在督办案件办结后，及时向督办单位报告结果。

办结报告内容应当包括案件名称、编号、来源、涉案对象和险种等基本信息情况、主要违法事实情况、案件调查或检查情况、行政处理处罚决定和执行情况以及案件移送情况等。

第六章　案件立卷归档

第四十六条　社会保险行政部门应当健全社会保险欺诈案件立卷归档管理制度，规范案卷管理行为。

第四十七条　社会保险欺诈案件办结后，社会保险行政部门应当及时收集、整理案件相关材料，进行立卷归档。

第四十八条　社会保险欺诈案件应当分别立卷，统一编号，一案一卷，做到目录清晰、资料齐全、分类规范、装订整齐、归档及时。

案卷可以立为正卷和副卷。正卷主要列入各类证据材料、法律文书等可以对外公开的材料；副卷主要列入案件讨论记录、法定秘密材料等不宜对外公开的材料。

第四十九条　装订成册的案卷应当由案卷封面、卷内文件材料目录、卷内文件材料、卷内文件材料备考表和封底组成。

第五十条　卷内文件材料应当按照以下规则组合排列：

（一）行政决定文书及其送达回证排列在最前面，其他文书材料按照工作流程顺序排列；

（二）证据材料按照所反映的问题特征分类，每类证据主证材料排列在前，旁证材料排列在后；

（三）其他文件材料按照取得或者形成的时间顺序，并结合重要程度进行排列。

第五十一条　社会保险行政部门应当按照国家规定确定案卷保管期限和保管案卷。

第五十二条　社会保险行政部门建立案件电子档案的，电子档案应当与纸质档案内容一致。

第七章　案件质量评查

第五十三条　社会保险行政部门应当健全社会保险欺诈案件质量评查制度，组织、实施、指导和监督本区域内社会保险欺诈案件质量评查工作，加强案件质量管理。

第五十四条　案件质量评查应当从证据采信、事实认定、法律适用、程序规范、文书使用和制作等方面进行，通过审阅案卷、实地调研等方式，对执法办案形成的案卷进行检查、评议，发现、解决案件质量问题，提高执法办案质量。

评查内容主要包括：

（一）执法办案主体是否合法，执法办案人员是否具有资格；

（二）当事人认定是否准确；

（三）认定事实是否清楚，证据是否充分、确凿；

（四）适用法律、法规和规章是否准确、适当；

（五）程序是否合法、规范；

（六）文书使用是否符合法定要求，记录内容是否清楚，格式是否规范；

（七）文书送达是否符合法定形式与要求；

（八）行政处理、处罚决定和执行是否符合法定形式与要求；

（九）文书和材料的立卷归档是否规范。

第五十五条　社会保险行政部门应当定期或者不定期开展案件质量评查。

案件质量评查可以采取集中评查、交叉评查、网上评查方式，采用重点抽查或者随机抽查方法。

第五十六条　社会保险行政部门应当合理确定案件质量评查标准，划分评查档次。

第五十七条　社会保险行政部门开展案件质量评查，应当成立评查小组。

评查小组开展评查工作，应当实行一案一查一评，根据评查标准进行检查评议，形成评查结果。

第五十八条　评查工作结束后，社会保险行政部门应当将评查结果通报下级社会保险行政部门。

第八章 案件分析和报告

第五十九条 社会保险行政部门应当建立社会保险欺诈案件分析制度，定期对案件总体情况进行分析，对典型案例进行剖析，开展业务交流研讨，提高执法办案质量和能力。

第六十条 社会保险行政部门应当建立社会保险欺诈案件专项报告制度，定期对案件查处和移送情况进行汇总，报送上一级社会保险行政部门。

省级社会保险行政部门应当于半年和年度结束后 20 日内上报社会保险欺诈案件查处和移送情况报告，并附社会保险欺诈案件查处和移送情况表（见附表），与社会保险基金要情统计表同时报送（一式三份）。

专项报告内容主要包括：社会保险欺诈案件查处和移送情况及分析、重大案件和上级督办案件查处情况、案件查处和移送制度机制建设和执行情况以及案件管理工作情况。

第六十一条 社会保险行政部门应当建立社会保险欺诈案件情况通报制度，定期或者不定期通报本辖区内社会保险欺诈案件发生和查处情况。

通报社会保险欺诈案件情况，可以在本系统通报，也可以根据工作需要向社会公开通报。

对于重大社会保险欺诈案件可以进行专题通报。

第六十二条 社会保险行政部门应当健全社会保险欺诈案例指导制度，定期或者不定期收集、整理、印发社会保险欺诈典型案例，指导辖区内案件查处工作。

第六十三条 社会保险行政部门应当健全社会保险欺诈案件信息公开制度，依法公开已办结案件相关信息，接受社会监督。

第六十四条 社会保险行政部门查处社会保险欺诈案件，作出行政处罚决定的，应当在作出决定后 7 个工作日内，在社会保险行政部门门户网站进行公示。

第六十五条 社会保险行政部门应当完善单位和个人社会保险欺诈违法信息记录和使用机制，将欺诈违法信息纳入单位和个人诚信记录，加强失信惩戒，促进社会保险诚信建设。

第九章 监督检查

第六十六条 上级社会保险行政部门应当定期或者不定期对下级社会保险行政部门社会保险欺诈案件查处和移送情况以及案件管理情况进行监督检查，加强行政层级执法监督。

第六十七条 社会保险行政部门应当健全执法办案责任制，明确执法办案职责，加强对执法办案活动的监督和问责。

第十章 附 则

第六十八条 本办法自发布之日起施行。

第六十九条 本办法由人力资源社会保障部负责解释。

人力资源和社会保障部关于加强和改进人力资源社会保障领域公共服务的意见

（2016年5月6日　人社部发〔2016〕44号）

各省、自治区、直辖市及新疆生产建设兵团人力资源社会保障厅（局），部属各单位，外专局、公务员局：

人力资源社会保障工作全部涉及到人，大部分涉及民生，关系群众切身利益，是政府公共服务的重要内容。近年来，各级人力资源社会保障部门大力推进基层劳动就业和社会保障服务平台建设，在创新和改进公共服务方面积极探索，取得了明显成效。但是也要看到，与人民群众的期望相比，与简政放权、放管结合、优化服务的要求相比，人力资源社会保障领域公共服务仍有不小差距。按照国务院办公厅关于简化优化公共服务流程方便基层群众办事创业的有关部署和要求，为进一步加强和改进人力资源社会保障领域公共服务，现提出如下意见：

一、总体要求和基本原则

（一）总体要求。全面贯彻落实党的十八大和十八届二中、三中、四中、五中全会精神，按照国务院关于简政放权、放管结合、优化服务协同推进的部署，梳理规范人力资源社会保障领域面向群众的公共服务事项，坚决砍掉各类无谓的证明和繁琐的手续，简化优化公共服务流程，创新改进公共服务方式，加快推进公共服务信息化建设和服务平台建设，不断提升公共服务水平和群众满意度。

（二）基本原则。

1. 便民利民原则。简化办事环节和手续，优化公共服务流程，明确标准和时限，强化服务意识，丰富服务内容，拓展服务渠道，创新服务方式，提高服务质量，让群众办事更方便、创业更顺畅。

2. 依法依规原则。严格遵循法律法规，善于运用法治思维法治方式，规范公共服务事项办理程序，限制自由裁量权，维护群众合法权益，推进公共服务制度化、规范化。

3. 公开透明原则。全面公开公共服务事项，实现办事全过程公开透明、可追溯、可核查，切实保障群众的知情权、参与权和监督权。

4. 开放共享原则。加快推进“互联网+人社”行动计划，运用大数据等现代信息技术，强化部门协同联动，打破信息孤岛，推动信息互联互通、开放共享，提升公共服务整体效能。

二、全面梳理和公开公共服务事项目录

各级人力资源社会保障部门要根据法律法规规定，结合编制权力清单、责任清单以及规范行政审批行为等相关工作，对公共服务事项进行全面梳理，重点梳理劳动就业、社会保险等与群众日常生产生活密切相关的基本公共服务事项，列出具体服务事项目录并实行动态调整。所有面向群众的基本公共服务事项都要逐项编制办事指南，列明服务对象、办理依据、受理单位、办理地点、基本流程、申请材料、示范文本、收费依据及标准、办理时限、咨询方式、监督投诉方式等内容，细化到每个环节，并提供表格下载。其他公共服务事项参照基本公共服务事项进行梳理，逐步规范。公共服务事项目录和办事指南等须通过政府网站、12333 咨询服务热线、宣传手册等形式向社会公开。

三、大力简化证明材料和手续

各级人力资源社会保障部门要对办理公共服务事项所需证明材料和手续进行全面清理，凡没有法律法规或规章依据的证明和盖章环节原则上予以取消；确需申请人提供的证明材料，要严格论证，听取各方面意见，并作出明确规定，必要时履行公开听证程序；可通过部门内部、系统内部或与其他部门信息共享获取相关信息的，不要求申请人提供证明材料；可通过社会保障卡获取基础信息的，不要求申请人提供相关证明或填写有关表格；探索“告知+承诺”办理模式，由办事部门告知申请人应当符合的条件和虚假承诺应负的责任，申请人知晓条件要求并书面承诺符合相关条件要求、承诺承担违约责任后，办事部门先予以受理，提高办事效率。同时，加强事中事后核查与监管，制定严格明细的核查和监管规则。重点做好以下工作：

1. 实行流动人员人事档案接收告知承诺制。公共就业和人才服务机构接收流动人员人事档案时，对缺少关键材料的，一次性告知所缺材料及其可能造成的影响，经本人作出书面知情说明、承诺进一步补充材料后予以接收，或与原工作单位协商退回补充材料。

2. 公共就业和人才服务机构不再对初次就业流动人员办理转正定级手续。机关事业单位和国有企业招考、聘用、招用流动人员时，可参考档案中的劳动合同等材料及就业登记、社会保险缴费记录认定参加工作时间和工作年限。

3. 对非本地户籍人员按规定申请参加职工社会保险的，不要求申请人提供在原籍或其他地区参加社会保险情况证明。

4. 逐步取消异地就医时定点医疗机构盖章手续。

5. 取消失业人员失业前所在单位将失业人员名单自终止或者解除劳动关系之日起 7 日内报受理其失业保险业务的经办机构备案手续。

6. 对已办理“三证合一”工商营业执照的参保单位，在申请办理社会保险登记证申领、变更、注销、验证等业务时，不再需要提供税务登记证和组织机构代码证。

7. 在组织公务员考录、事业单位公开招聘、职称评定等工作过程中，对当事人已出具国家承认的学历证书原件的，不要求提供第三方学历认证证明。

8. 改进留学回国人员、回国（来华）定居专家安置服务，有国外学历学位认证人员不用再提交留学回国人员证明。

四、规范和简化公共服务流程

各级人力资源社会保障部门要严格落实国家对人力资源社会保障基本公共服务事项的统一要求，规范服务行为，精简办事程序。重点做好以下工作：

1. 严格落实就业失业登记管理办法，在省级行政区域内实施统一的就业失业登记经办流程和标准规范，对符合条件的失业人员及时办理失业登记，不得以人户分离、户籍不在本地或没有档案等为由不予受理。积极推动社会保障卡加载就业失业登记信息电子记录。

2. 严格落实取消收取人事关系及档案保管费的规定，不得将参加社会保险、职称评审等业务与档案保管相挂钩，杜绝以档案为载体的捆绑收费、隐形收费行为。

3. 加快推进基本医疗保险异地就医直接结算，2016 年基本实现跨省异地安置退休人员住院费用直接结算，2017 年基本实现符合转诊规定的参保人员异地就医住院费用直接结算。

4. 取消基本医疗保险定点医疗机构和定点药店的行政审批，完善对定点医疗机构和定点药店的服务协议管理，建立分级管理制度。

5. 取消社会保险登记证换证周期规定，依参保单位需求随时办理，完善和简化社会保险登记证年检方式。

6. 简化社会保障卡办理流程，缩短申领、补换周期。

7. 实行国家职业资格目录清单管理制度，完善职业资格考试和职业技能鉴定制度，着力解决“挂证”“助考”“考培挂钩”等问题。

8. 健全职业资格证书管理办法，缩短证书办理时间。

9. 加强基层劳动人事争议调解工作规范化建设，完善调解工作机制，优化仲裁办案程序，完善立案、庭审、送达等环节的制度规范，在有条件的劳动人事争议仲裁机构开设法律援助窗口，畅通劳动者和用人单位权益救济渠道。

10. 建立完善劳动保障监察举报投诉案件省级联动处理机制，省级行政区域内各级劳动保障监察机构接收的举报投诉和主动巡查发现的案件信息全部通过劳动保障监察管理信息系统进行统一登记、录入、流转和办理，实现“一点举报投诉，区域联动处理”。

五、探索创新公共服务方式

在综合服务机构推行“一站式”服务，逐步将分设的专业窗口整合为综合窗口，变“多头受理”为“一口受理”。加强公共服务信息化建设，积极推行网上预审、自助办理、同城通办、委托代办等服务。建立并畅通公共服务“绿色通道”，积极推行预约服务、上门服务、应急服务等便民措施。面向大型企业、学校、乡镇、社区等服务对象聚集区主动开展延伸服务，提升公共服务的可及性和便捷性。重点做好以下工作：

1. 推进社会保险服务“五险统一经办”，暂不具备条件的地方首先要在参保登记、缴费、稽核等业务环节实现统一经办。大力推进“综合柜员制”，方便参保对象。

2. 推进“电子社保”建设，全面推行社会保险个人权益记录网络查询和自助打印服务。

3. 推进人事档案信息化建设，启动全国流动人员人事档案基础信息库建设工作，逐步实现档案基础信息异地查询。

六、推进信息共享和业务协同

加快人力资源社会保障信息系统省级集中，实现系统的集中部署和有机融合、数据的向上归集和高效整合。积极推进公共服务事项的数据开放、信息共享、校验核对，促进公共服务业务协同，从源头上避免各类“奇葩证明”“循环证明”等现象。重点做好以下工作：

1. 加强异地业务系统建设。有效提升社会保险关系转移接续、异地就医结算、异地领取待遇资格认证等异地业务的经办效率，进一步方便参保人就近办事，避免“垫资”“跑腿”情况出现。

2. 加快基础信息库建设。2017年完成部、省两级社会保障卡持卡人员基础信息库建设，实现基础信息的统一管理和联动共享。

3. 推进社会保障卡应用。2017年实现社会保障卡跨地区、跨业务直接办理个人的各项人力资源和社会保障事务，开放向其他公共服务领域的集成应用，基本实现全国社会保障一卡通。2020年实现持卡人口覆盖率达到90%。

4. 强化业务协同。2020年实现同一省级辖区内人力资源和社会保障工作服务对象就业失业登记、社会保险登记、劳动用工备案三项业务“信息一点登记、业务协同办理、数据全域共享”。

七、加强公共服务平台建设

根据各类公共服务事项特点和群众办事需求，逐步构建实体大厅、网上平台、移动客户端、自助终端、12333咨询服务电话等多种形式相结合、相衔接的公共服务平台，为群众提供方便快捷的多样化服务。加大简政放权力度，将具备下放条件的公共服务事项全部下放到基层公共服务平台，方便群众就近就地办理。重点做好以下工作：

1. 大力推进人力资源和社会保障公共服务设施建设，确保“十三五”期末实现县级服务设施全覆盖，乡镇（街道）、社区（行政村）设施服务能力进一步提升，为公共服务事项向基层下沉提供有力支撑。

2. 加强网上办事平台建设，建立统一的公共服务信息平台，统一网上服务入口，强化信息安全管理，实现全业务、多渠道的标准化服务。凡具备网上办理条件的事项，都要推广实现网上受理、网上办理、网上反馈，实现办理进度和办理结果网上实时查询。

3. 全面加强 12333 电话咨询服务工作，加快实体化机构建设，拓展服务功能和服务范围，强化 12333 短信服务和掌上 12333 移动应用，形成覆盖全国的 12333 电话咨询服务体系。

八、加强公共服务制度建设和作风建设

各级人力资源社会保障部门和公共服务机构要践行“三严三实”要求，建立健全管理制度和服务规则，完善落实纪律要求和行为规范，不断提升公共服务的制度化、规范化、科学化水平。加强对公共服务机构工作人员的教育培训，把业务经办、作风养成、礼仪规范等作为培训重点，不断提高一线工作人员工作能力、工作作风和服务质量。加强对公共服务项目的经费、设备、技术、人才保障，为公共服务提供有力支撑。完善公共服务监督管理机制和社会评价机制，畅通群众投诉举报渠道，主动接受社会监督，及时解决群众反映的问题。

九、加强组织领导

各级人力资源社会保障部门要把加强和改进公共服务方便群众办事创业工作摆在更加突出的位置，主要负责同志要亲自研究部署，加强统筹协调和督促落实，及时解决工作中遇到的困难和问题。各地人力资源社会保障厅（局）要结合实际，依照本意见制定具体实施方案，细化任务措施，明确责任分工和完成时限，落实规定动作，鼓励多做“加法”。要坚持立行立改，改进措施成熟一个、推出一个、实施一个，同步向社会公开。要及时总结各地加强和改进公共服务的经验做法，加大宣传力度，营造为民服务的良好氛围。

各地人力资源社会保障厅（局）实施方案于 2016 年 6 月 20 日前报人力资源社会保障部。

附件：人力资源社会保障领域基本公共服务事项参考目录

附件

人力资源社会保障领域
基本公共服务事项参考目录

一、劳动就业基本公共服务项目

1. 基本公共就业服务

2. 创业服务

3. 就业援助

4. 就业见习服务

5. 大中城市联合招聘服务

6. 流动人员人事档案管理服务

7. 职业技能培训和技能鉴定

8. 农民工培训

9. 12333 电话咨询服务

10. 劳动关系协调

11. 劳动保障监察

12. 劳动人事争议调解仲裁

二、社会保险基本公共服务项目

13. 职工基本养老保险

14. 居民基本养老保险

15. 职工基本医保

16. 居民基本医保

17. 失业保险

18. 工伤保险

19. 生育保险

人力资源和社会保障部关于在人力资源和社会保障领域推广随机抽查规范事中事后监管的通知

（2016年8月1日　人社部规〔2016〕2号）

各省、自治区、直辖市及新疆生产建设兵团人力资源社会保障厅（局）：

为贯彻落实《国务院关于印发2016年推进简政放权放管结合优化服务改革工作要点的通知》（国发〔2016〕30号）和《国务院办公厅关于推广随机抽查规范事中事后监管的通知》（国办发〔2015〕58号）要求，创新监管方式，规范执法行为，现就在人力资源社会保障行政执法活动中推广随机抽查规范事中事后监管通知如下：

一、总体要求

认真贯彻落实党的十八大和十八届二中、三中、四中、五中全会精神，按照党中央、国务院关于深化行政体制改革的总体部署和要求，在人力资源社会保障行政执法活动中大力推广随机抽查，力争2017年底前全面实行随机抽查，坚持依法监管、公正高效、公开透明、部门联动，创新监管方式，实施公正监管，着力解决在执法活动中不同程度存在的执法不公、执法不严的问题，切实提高监管效能，为市场主体营造公平竞争的发展环境。

二、大力推广随机抽查监管

（一）制定随机抽查事项清单。2016年10月底前，各省级人力资源社会保障部门都要参照部里制定的随机抽查事项清单（见附件），结合当地有关地方性法规和政府规章，制定本地区随机抽查事项清单，明确抽查依据、抽查内容等，并向社会公布。市、县人力资源社会保障部门也要抓紧制定并公布本地区随机抽查事项清单，主动接受社会监督。要根据法律法规规章修订情况和工作实际，对随机抽查事项清单进行动态调整，及时向社会公布。

（二）建立健全执法人员名录库。各省级人力资源社会保障部门要按照《劳动保障监察条例》规定和本地区实际，进一步加强对本地区人力资源社会保障行政执法人员的管理，统筹组织实施执法人员的培训、考核、发证工作。2016 年 10 月底前，要建立本省级行政区域内的行政执法人员名录库，并做到底数清楚、动态更新，供开展随机抽查使用。

（三）建立健全监管对象名录库。各省级人力资源社会保障部门要依托金保工程，进一步健全省级行政区域内上下贯通的劳动保障监察管理信息系统，发挥劳动保障监察网格化、网络化管理优势，以用人单位基础信息库为基础，做好行政区域内监管对象信息采集、更新工作。2017 年 6 月底前，要建立人力资源社会保障监管对象名录库，在纵向上实现省、市、县三级实时互联，横向上实现与同级人力资源社会保障部门内部就业、社会保险、劳动关系以及人事人才等单项数据库的共享比对，为开展随机抽查提供较为完备的数据支撑。同时，要加快实现监管对象信息库与其他市场监管部门监管对象信息库的互联互通，增强监管对象信息的及时性和有效性。

（四）建立健全“双随机”抽查机制。各级人力资源社会保障部门要逐步建立随机抽取检查对象、随机选派执法人员的“双随机”抽查机制，严格限制执法自由裁量权。要通过摇号等方式，从监管对象名录库中随机抽取检查对象，从执法人员名录库中随机选派执法人员。要根据当地经济社会发展和监管实际情况，合理确定随机抽查比例和频次，既要保证必要的抽查覆盖面和工作力度，又要防止检查过多和执法扰民。对劳动保障守法诚信等级评价较高的监管对象，可优化随机抽查频次；对守法诚信等级评价较低的监管对象，要加大随机抽查力度，实施重点检查。

（五）加强抽查结果运用和公开。各级人力资源社会保障部门对随机抽查中发现的违法行为，要依法依规加大惩处力度，对有重大违法行为的监管对象要按规定向社会公布，形成有效震慑。对抽查情况及查处结果，要及时向社会公布。其中，适用一般程序作出行政处罚决定的，要在作出处罚决定之日起 20 个工作日内，公开执法案件主体信息、案由、处罚依据及处罚结果，提高执法透明度和公信力。

（六）做好抽查与社会信用体系的衔接。各级人力资源社会保障部门要建立健全监管对象劳动保障守法诚信档案和黑名单制度，并与全国信用信息共享交换平台对接，逐步与其他市场监管部门实现信用信息互联互通、互认共享。要推进建立跨部门的失信联合惩戒机制，让失信者一处违规、处处受限。

三、切实加强组织领导

推广随机抽查是国务院对推进政府监管体制改革的重大决策部署，是简政放权、放管结合、优化服务的重要举措。各省级人力资源社会保障部门要加强统筹协调和工作指导，适时组织监督检查，切实把随机抽查监管落到实处。各级人力资源社会保障部门要结合本地区实际，研究制定具体实施方案，明确工作任务、责任分工和时间进度要求，认真组织实施。要充实并合理调配一线行政执法力量，加强执法人员业务培训，转变执法理念，制定完善随机抽查办法，不断提升执法能力。

请各省级人力资源社会保障部门于 2016 年 10 月底前，将推广随机抽查的实施方案报送部劳动监察局。在实施随机抽查过程中如遇重要情况和问题，要随时报告。

附件：随机抽查事项清单

附件

随机抽查事项清单

一、执法依据

人力资源社会保障部门按职责分工组织实施随机抽查依据的主要法律、行政法规、部门规章有：

1. 劳动法
2. 劳动合同法
3. 就业促进法
4. 社会保险法
5. 工会法
6. 民办教育促进法
7. 《劳动保障监察条例》
8. 《社会保险费征缴暂行条例》
9. 《失业保险条例》
10. 《工伤保险条例》
11. 《劳动合同法实施条例》
12. 《关于职工工作时间的规定》
13. 《职工带薪年休假条例》
14. 《禁止使用童工规定》
15. 《女职工劳动保护特别规定》
16. 《娱乐场所管理条例》
17. 《民办教育促进法实施条例》
18. 《中外合作办学条例》
19. 《社会保险费征缴监督检查办法》
20. 《就业服务与就业管理规定》
21. 《人才市场管理规定》
22. 《外国人在中国就业管理规定》
23. 《台湾、香港、澳门人员在内地就业管理规定》

24.《未成年工特殊保护规定》

25.《防暑降温措施管理办法》

26.《劳务派遣行政许可实施办法》

27.《劳务派遣暂行规定》

二、事项清单

类型	序号	随机抽查事项	法律依据
规章制度	1	用人单位制定的劳动规章制度是否违反法律、法规	劳动法第89条
	2	用人单位直接涉及劳动者切身利益的规章制度是否违反法律、法规	劳动合同法第80条
劳动合同及招用工管理	3	用人单位提供的劳动合同文本是否载明劳动合同法规定的劳动合同必备条款	劳动合同法第81条
	4	用人单位是否将劳动合同文本交付劳动者	劳动合同法第81条
	5	用人单位是否违反劳动合同法规定约定试用期	劳动合同法第83条
	6	用人单位是否违反劳动合同法规定,扣押劳动者居民身份证等证件	劳动合同法第84条第1款
	7	用人单位是否违反劳动合同法规定,以担保或者其他名义向劳动者收取财物	劳动合同法第84条第2款
	8	劳动者依法解除或者终止劳动合同,用人单位是否扣押劳动者档案或者其他物品	劳动合同法第84条第3款
	9	用人单位解除或者终止劳动合同,是否依照劳动合同法规定向劳动者支付经济补偿	劳动合同法第85条;《劳动保障监察条例》第26条

续表

类型	序号	随机抽查事项	法律依据
劳动合同及招用工管理	10	用人单位是否按照劳动合同法规定向劳动者出具解除或者终止劳动合同的书面证明	劳动合同法第89条
	11	用人单位是否按照劳动法的规定的条件解除劳动合同或者故意拖延不订立劳动合同	劳动法第98条；《劳动保障监察条例》第24条
	12	用人单位是否违反劳动合同法有关建立职工名册规定	《劳动合同法实施条例》第33条
	13	企业是否按照国家规定提取职工教育经费或者挪用职工教育经费	就业促进法第67条
	14	用人单位在招用人员过程中是否提供虚假招聘信息、发布虚假招聘广告、招用无合法身份证件的人员或者以招用人员为名牟取不正当利益或进行其他违法活动	《就业服务与就业管理规定》第67条
	15	用人单位是否在国家法律、行政法规和国务院卫生行政部门规定禁止乙肝病原携带者从事的工作岗位以外招用人员时，将乙肝病毒血清指标作为体检标准	《就业服务与就业管理规定》第68条
	16	用人单位是否及时为劳动者办理就业登记手续	《就业服务与就业管理规定》第75条
	17	用人单位是否阻挠职工依法参加和组织工会或者阻挠上级工会帮助、指导职工筹建工会	工会法第50条、《劳动保障监察条例》第29条

续表

类型	序号	随机抽查事项	法律依据
劳动合同及招用工管理	18	用人单位是否对履行职责的工会工作人员无正当理由调动工作岗位，进行打击报复	工会法第 51 条、《劳动保障监察条例》第 29 条第 2 项
	19	职工是否因参加工会活动而被解除劳动合同或工会工作人员因履行工会法规定的职责而被解除劳动合同	工会法第 52 条、《劳动保障监察条例》第 29 条第 3 和第 4 项
	20	用人单位是否妥善保存录用人员的录用登记材料或者伪造录用登记材料	《禁止使用童工规定》第 8 条
工作时间和休息休假	21	用人单位是否违反劳动保障法律、法规或者规章延长劳动者工作时间	《劳动保障监察条例》第 25 条
	22	用人单位是否依法安排职工休年休假或对不休假职工支付年休假工资报酬、赔偿金	《职工带薪年休假条例》第 7 条
禁止使用童工	23	单位或个人是否为不满 16 周岁的未成年人介绍就业	《禁止使用童工规定》第 7 条
	24	职业中介机构是否为不满 16 周岁的未成年人介绍就业	《禁止使用童工规定》第 7 条
	25	无营业执照、被依法吊销营业执照的单位以及未依法登记、备案的单位是否为不满 16 周岁未成年人介绍就业	《禁止使用童工规定》第 9 条
	26	用人单位是否在使用有毒物品作业场所使用童工	《禁止使用童工规定》第 6 条

续表

类型	序号	随机抽查事项	法律依据
禁止使用童工	27	用人单位是否存在使用童工情形	《禁止使用童工规定》第6条
禁止使用童工	28	用人单位是否存在使用童工经劳动保障部门责令限期改正后逾期不将童工送交其父母或者其他监护人的情形	《禁止使用童工规定》第6条
禁止使用童工	29	无营业执照、被依法吊销营业执照的单位以及未依法登记、备案的单位是否使用童工	《禁止使用童工规定》第9条
女职工和未成年工特殊劳动保护	30	娱乐场所是否招用未满18周岁未成年人	《娱乐场所管理条例》第51条
女职工和未成年工特殊劳动保护	31	用人单位是否有下列行为之一：对怀孕7个月以上的女职工延长劳动时间或安排夜班劳动；女职工产假不满法定天数；安排哺乳未满1周岁婴儿的女职工延长劳动时间或者安排夜班劳动；安排未成年工从事矿山井下、有毒有害、国家规定的第四级体力劳动强度的劳动或者其他禁忌从事的劳动；未对未成年工定期进行健康体检	《劳动保障监察条例》第23条、《女职工劳动特殊保护规定》第6条第2款、第7条、第9条第1款、第13条、《未成年工特殊劳动保护规定》第6条
工资支付和最低工资社会保险	32	用人单位是否有下列行为之一：未按照劳动合同的约定或者国家规定及时足额支付劳动报酬；低于当地最低工资标准支付劳动者工资；安排加班不支付加班费	劳动合同法第85条、《劳动保障监察条例》第26条

续表

类型	序号	随机抽查事项	法律依据
工资支付和最低工资社会保险	33	用人单位是否依照劳动合同法的规定向劳动者每月支付两倍的工资或者赔偿金	劳动合同法第82、87条、《劳动合同法实施条例》第34条
	34	用人单位是否办理社会保险登记	社会保险法第84条
	35	缴费单位是否在社会保险登记事项发生变更或者缴费单位依法终止后按规定到社保经办机构办理社会保险变更登记或者社会保险注销登记	《社会保险费征缴暂行条例》第23条(社会保险费征缴监督检查办法第12条)
	36	缴费单位是否存在伪造变造社会保险登记证的情形	《社会保险费征缴监督检查办法》第14条
	37	用人单位是否存在向社会保险经办机构申报应缴纳的社会保险费数额时,瞒报工资总额或者职工人数	《劳动保障监察条例》第27条第1款
	38	缴费单位是否按规定公布本单位社会保险费缴纳情况	《社会保险费征缴暂行条例》第17条(《社会保险费征缴监督检查办法》第14条)

续表

类型	序号	随机抽查事项	法律依据
工资支付和最低工资社会保险	39	从事劳动能力鉴定的组织或者个人是否存在以下情形之一：提供虚假鉴定意见、提供虚假诊断证明、收受当事人财物	《工伤保险条例》第61条
	40	单位或个人是否存在以欺诈、伪造证明材料或者其他手段骗取社会保险待遇	社会保险法第88条、《劳动保障监察条例》第27条第2款
	41	社会保险经办机构以及医疗机构、药品经营单位等社会保险服务机构是否存在以欺诈、伪造证明材料或者其他手段骗取社会保险基金支出行为	社会保险法第87条
	42	用人单位、工伤保险职工或者其近亲属是否存在骗取工伤保险待遇行为	《工伤保险条例》第60条
	43	医疗机构、辅助器具配置机构是否存在骗取工伤保险基金支出的行为	《工伤保险条例》第60条
	44	单位或个人是否存在骗取社会保险基金支出的行为	《劳动保障监察条例》第27条第2款
职业介绍	45	单位或个人是否存在未经许可和登记擅自从事职业中介活动的情形	就业促进法第64条（《就业服务与就业管理规定》第70条）

续表

类型	序号	随机抽查事项	法律依据
职业介绍	46	职业中介机构是否存在提供虚假就业信息，为无合法证照的用人单位提供职业中介服务，伪造、涂改、转让职业中介许可证行为	就业促进法第65条（《就业服务与就业管理规定》第74条）
	47	职业中介机构是否存在扣押劳动者居民身份证等证件的行为	就业促进法第66条第1款（《就业服务与就业管理规定》第74条）
	48	职业中介机构是否存在向劳动者收取押金的行为	就业促进法第66条第2款（《就业服务与就业管理规定》第74条）
	49	职业中介机构是否存在未明示职业中介许可证、监督电话的情形	《就业服务与就业管理规定》第71条
	50	职业中介机构是否存在未建立服务台账，或虽建立服务台账但未记录服务对象、服务过程、服务结果和收费情况的情形	《就业服务与就业管理规定》第72条
	51	职业中介机构在职业中介服务不成功后是否存在未向劳动者退还所收取的中介服务费等行为	《就业服务与就业管理规定》第73条

续表

类型	序号	随机抽查事项	法律依据
职业介绍	52	职业中介机构是否有下列行为之一：发布的就业信息中包含歧视性内容；为无合法身份证件的劳动者提供职业中介服务；介绍劳动者从事法律法规禁止从事的职业；以暴力胁迫欺诈等方式进行职业中介活动；超出核准的业务范围经营；其他违反法律法规规定的行为	《就业服务与就业管理规定》第58、74条
	53	职业介绍机构是否违反国家有关职业介绍规定（国家法律、法规、规章强制性规定）	《劳动保障监察条例》第28条
人才市场管理	54	单位或个人是否存在擅自设立人才中介服务机构或者从事人才中介服务的行为	《人才市场管理规定》第33条
	55	人才中介服务机构是否存在擅自扩大许可业务范围、不依法接受检查或者提供虚假材料、不按规定办理许可证变更手续的行为	《人才市场管理规定》第34条
	56	单位或个人是否存在未经依法授权从事人事代理业务的行为	《人才市场管理规定》第35条
	57	人才中介服务机构是否存在超出许可业务范围接受代理业务的行为	《人才市场管理规定》第36条
	58	用人单位是否存在以民族、性别、宗教信仰为由拒绝聘用或者提高聘用标准的行为、招聘不得招聘人员、向应聘者收取费用或者采取欺诈等手段谋取非法利益的行为	《人才市场管理规定》第37条

续表

类型	序号	随机抽查事项	法律依据
职业技能培训教育鉴定	59	民办学校是否有民办教育促进法第62条的情形	民办教育促进法第62条
	60	社会组织或个人是否擅自举办实施职业技能培训的民办学校	民办教育促进法第64条
	61	职业技能培训机构或者职业技能考核鉴定机构违反国家有关职业技能培训或者职业技能考核鉴定规定的行为	《劳动保障监察条例》第28条
	62	实施职业技能培训的民办学校是否有《民办教育促进法实施条例》第47、49条的情形	《民办教育促进法实施条例》第47、49条
	63	实施职业技能培训的民办学校是否将出资人取得回报比例的决定和向社会公布的有关办学水平和教育质量等材料、财务状况报审批机关备案，或者备案材料不真实的情形	《民办教育促进法实施条例》第50条
	64	实施职业技能培训的民办学校是否存在管理混乱严重影响教育教学，存在《民办教育促进法实施条例》第51条的情形	《民办教育促进法实施条例》第51条
	65	单位或个人是否存在未经批准擅自设立实施职业技能培训的中外合作办学机构或者以不正当手段骗取中外合作办学许可证的情形	《中外合作办学条例》第51条
	66	实施职业技能培训的中外合作办学机构是否存在筹备设立期间招收学生的情形	《中外合作办学条例》第52条

续表

类型	序号	随机抽查事项	法律依据
职业技能培训教育鉴定	67	中外合作办学者是否存在虚假出资或者在中外合作办学机构成立后抽逃出资的情形	《中外合作办学条例》第53条
	68	实施职业技能培训的中外合作办学机构是否存在未经批准增加收费项目或者提高收费标准的情形	《中外合作办学条例》第55条
	69	实施职业技能培训的中外合作办学机构是否存在管理混乱、教育教学质量低下,造成恶劣影响的情形	《中外合作办学条例》第56条
	70	实施职业技能培训的中外合作办学机构是否存在发布虚假招生简章,骗取钱财的情形	《中外合作办学条例》第57条
劳务派遣	71	劳务派遣单位与被派遣劳动者订立的劳动合同是否载明劳动合同必备条款	劳动合同法第58、92条
	72	劳务派遣单位是否存在没有与劳动者签订二年以上固定期限劳动合同的情形	劳动合同法第58条第2款、第92条
	73	被派遣劳动者在无工作期间,劳务派遣单位是否存在未按照所在地人民政府最低工资标准向其按月支付工资报酬的情形	劳动合同法第58条第2款、第92条
	74	劳务派遣单位派遣劳动者,是否存在未与用工单位签订劳务派遣协议,或者协议内容未约定派遣岗位和人员数量、派遣期限、劳动报酬和社保费用的数额与支付方式以及违反协议责任的情形	劳动合同法第59条、第92条

续表

类型	序号	随机抽查事项	法律依据
劳务派遣	75	劳务派遣单位是否存在未将劳务派遣协议的内容告知被派遣劳动者的情形	劳动合同法第60条第1款、第92条
	76	劳务派遣单位是否存在克扣用工单位按照劳务派遣协议支付给被派遣劳动者的劳动报酬的情形	劳动合同法第60条第2款、92条
	77	劳务派遣单位是否存在向被派遣者收取费用的情形	劳动合同法第60条第3款、第92条
	78	劳务派遣单位是否存在向设立该单位的用人单位或者其所属单位派遣劳动者的情形	劳动合同法第67、92条
	79	用工单位是否存在未根据工作岗位的实际需要与劳务派遣单位确定派遣期限，或者将连续用工期限分割订立数个短期劳务派遣协议的情形	劳动合同法第59条第2款、92条
	80	用工单位是否存在向被派遣劳动者收取费用的情形	劳动合同法第60条第3款、92条
	81	用工单位是否存在未依法履行第62条第1款的情形	劳动合同法第62条第1款、92条
	82	用工单位是否有将被派遣劳动者再派遣到其他用人单位的情形	劳动合同法第62条第2款、92条
	83	用工单位是否存在设立劳务派遣单位向本单位或所属单位派遣劳动者的情形	劳动合同法第67、92条

续表

类型	序号	随机抽查事项	法律依据
劳务派遣	84	单位或个人是否存在未经许可，擅自经营劳务派遣业务的情形	劳动合同法第92条
	85	劳务派遣单位在申请《劳务派遣经营许可证》时是否存在《劳务派遣行政许可实施办法》第33条第1、2、3项的行为	《劳务派遣行政许可实施办法》第33条
	86	用工单位是否存在在临时性、辅助性或者替代性岗位以外的岗位上使用被派遣劳动者的情形	劳动合同法第66、92条
	87	用工单位决定使用被派遣劳动者是否履行了《劳务派遣暂行规定》第3条第3款的法定程序	《劳务派遣暂行规定》第3条第3款、22条
	88	用工单位是否存在违法退回被派遣劳动者的情形	劳动合同法第92条、《劳务派遣暂行规定》第24条
高温劳动保护	89	用人单位是否存在高温条件下违反规定安排劳动者作业的情形	《防暑降温措施管理办法》第8条、21条
	90	用人单位是否存在高温条件下不按规定支付高温津贴的情形	《防暑降温措施管理办法》第17条

续表

类型	序号	随机抽查事项	法律依据
外国人、台港澳人员就业	91	用人单位是否存在聘雇或者接受被派遣台港澳人员,未为其办理就业证或未办理备案手续的情形	《台湾香港澳门居民在内地就业管理规定》第16条
	92	用人单位与聘雇台、港、澳人员终止、解除劳动合同或者台、港、澳人员任职期满,是否存在未办理就业证注销手续的情形	《台湾香港澳门居民在内地就业管理规定》第17条
	94	用人单位是否存在伪造、涂改、冒用、转让台、港、澳人员就业证的行为	《台湾香港澳门居民在内地就业管理规定》第18条
	95	外国人是否存在拒绝检查就业证、擅自变更用人单位、擅自更换职业、擅自延长就业期限的情形	《外国人在中国就业管理规定》第29条
	96	外国人和用人单位是否存在伪造、涂改、冒用、转让、买卖就业证和许可证书的行为	《外国人在中国就业管理规定》第30条
妨碍阻挠行政执法检查	97	用人单位是否有《劳动保障监察条例》第30条规定的阻挠检查的情形	《劳动保障监察条例》第30条
	98	用人单位是否存在违反《工伤保险条例》第19条拒不协助对事故进行调查核实的情形	《工伤保险条例》第63条

人力资源和社会保障部等部门关于建立机关事业单位防治“吃空饷”问题长效机制的指导意见

（2016年12月23日　人社部规〔2016〕6号）

各省、自治区、直辖市人民政府，国务院各部委、各直属机构：

按照国务院部署，各地区、各部门深入扎实开展机关事业单位“吃空饷”问题集中治理工作，追缴资金，处理违纪人员，“吃空饷”现象得到有效遏制。同时，在治理过程中发现“吃空饷”问题具有隐蔽性、反复性，为巩固集中治理工作成果，进一步从源头上加强综合治理，经国务院同意，现就建立机关事业单位防治“吃空饷”问题长效机制提出以下指导意见。

一、严格界定“吃空饷”情形

机关事业单位“吃空饷”问题主要是指：

1. 在机关事业单位挂名并未实际到岗上班，但从机关事业单位领取工资、津贴补贴的。

2. 因请假、因公外出期满无正当理由逾期不归或旷工等原因，按规定单位应当与其终止人事关系，但仍在原单位领取工资、津贴补贴的。

3. 已与单位终止人事关系或已办理离退休手续，仍按在职人员领取工资、津贴补贴的。

4. 已死亡或被人民法院宣告死亡、失踪，仍由他人继续领取工资、津贴补贴的。

5. 受党纪政纪处分及行政、刑事处罚等，按规定应当停发或降低工资待遇，但仍未停发或按原标准领取工资、津贴补贴的。

6. 机关事业单位隐瞒事实、虚报人员编制或实有人数套取财政资金的。

7. 其他违纪违规领取工资、津贴补贴的。

二、严格人员日常管理

各地区、各部门要按照公务员考试录用、事业单位公开招聘、干部交流、人才引进等管理规定选拔、使用人员，严格按照政策规定和工作程序办理进人手续，严格执行公务员登记制度和事业单位工作人员实名统计制度。充分利用信息化手段，及时采集、更新在岗人员信息和工资发放信息，逐步建立机构编制、人员在岗、工资发放和人员交流等情况定期内部公示制度。加强考勤管理，机关事业单位工作人员因病、因事请假须严格履行请销假手续，并按照干部管理权限进行报批、备案，对违反规定的行为要及时依法依规处理。加强考核工作，将日常考核、年度考核与人员晋升、岗位和工资调整紧密挂钩。机关事业单位工作人员与单位解除、终止人事关系的，或者已死亡或被人民法院宣告死亡、失踪的，应按规定及时办理工资核销和社会保险关系转移或终止手续。

三、严格工资发放管理

机关事业单位工作人员病假期间，按国家有关政策执行相应的工资福利待遇，符合病退、退职条件的，应及时办理相关手续，执行相应的待遇。受党纪政纪处分的，须按规定取消、停发或降低工资待遇。机关事业单位工作人员被审判、检察、公安、国家安全机关采取强制措施和受行政刑事处罚，所在单位在收到告知书后，要按规定对其工资待遇进行处理，并按照干部管理权限报告有关单位和部门。工作人员按规定办理退休手续后，须在退休次月执行相应的退休待遇。

四、严格离岗人员管理

机关事业单位一般不得以日常工作为由借调人员，因完成专项工作或者重点任务确需借调工作人员，须经借出、借入单位领导集体研究，并按照干部管理权限履行审批程序，明确借调期限，借调期满后继续借用的，须重新履行审批手续。严格禁止各种形式的非组织借调行为。机关事业单位工作人员离岗进修培训、挂职锻炼，需按照干部管理权限审批，并按有关规定抓好日常管理。对按照中央加快实施创新驱动发展战略和大众创业、万众创新等有关文件要求离岗创业的高校、科研院所等事业单位科研人员，各地区、各部门要通过完善聘用合同管理、强化考核等办法，加强规范管理。

五、严格监督管理

各级组织、机构编制、财政和人力资源社会保障等部门要加快实现部门间信息共享和对接，建立机构编制、岗位管理、人员聘用、工资管理、社保缴费、财政预算等工作的互联管理平台。组织、人力资源社会保障部门要充分履行职责，健全统一指导、分级调控、分类管理的人事管理体制。完善人事管理制度，加强对各类人员管理及工资待遇执行等方面的政策指导。强化人事监管，健全各项管理程序，完善人员流动管理机制。机构编制部门要全面实行机构编制实名制管理，严格人员编制使用核准备案制度，强化部门间联动管理综合约束机制，依法依规推进机构人员编制信息公示公开。加强机构运行和编制使用情况的动态监测，切实加大“12310”举报受理和案件查处工作力度。财政部门要会同人力资源社会保障等部门进一步加强财政统发工资管理，严格按照财政预算核拨人员经费。根据相关规定对增人增资证明材料进行审核。

六、严格责任追究

各级组织、机构编制、财政和人力资源社会保障等部门要形成常态化联合治理工作机制，定期和不定期开展专项检查，督促有关地方和部门及时核实处理发现的问题。各地区、各部门要在政务公开网站公布举报电话、邮箱，对举报线索须及时核查处理，并向实名举报人反馈结果。对“吃空饷”问题，坚持发现一起查处一起，对查实的问题“零容忍”，坚决纠正违规行为，严肃处理负有责任的领导人员和相关责任人，对违纪违规的要按照有关规定给予处理，对涉嫌违法犯罪的要移交司法机关处理。对占编“吃空饷”的单位要严格按照规定核减相应编制和预算，并收回空余编制。

各地区、各部门要将预防、治理“吃空饷”问题纳入党风廉政建设工作范畴。机关事业单位主要负责同志作为第一责任人，要切实负起领导责任。组织、机构编制、财政和人力资源社会保障等部门要各司其职、密切配合、加强协调。要宣传防治“吃空饷”问题的重要意义和取得的成效，对于社会普遍关注、群众反映强烈、影响恶劣的典型案件，要定期进行内部通报或公开曝光，对违法违规行为形成有效震慑。

人力资源和社会保障部关于进一步做好人力资源和社会保障领域深化简政放权放管结合优化服务改革工作有关问题的通知

（2017 年 7 月 25 日　人社部发〔2017〕57 号）

各省、自治区、直辖市及新疆生产建设兵团人力资源社会保障厅（局），部属各单位，外专局、公务员局：

为贯彻落实《国务院办公厅关于印发全国深化简政放权放管结合优化服务改革电视电话会议重点任务分工方案的通知》（国办发〔2017〕57 号），进一步做好人力资源和社会保障领域深化简政放权放管结合优化服务改革工作（以下简称“放管服”改革），现就有关问题通知如下：

一、充分认识深化人力资源和社会保障领域“放管服”改革的重要意义

深化“放管服”改革，是国家推动经济社会持续健康发展的战略举措，是实现政府职能转变的深刻革命。2017 年是党的十九大召开之年，也是实施“十三五”规划的重要一年和推进供给侧结构性改革的深化之年，深化人力资源和社会保障领域“放管服”改革，对于降低制度性交易成本、激发市场活力和社会创造力、促进就业创业、增强群众获得感幸福感具有重要意义。各级人力资源社会保障部门要充分认识深化人力资源和社会保障领域“放管服”改革的重要意义，按照“为促进就业创业降门槛、为各类市场主体减负担、为激发有效投资拓空间、为公平营商创条件、为群众办事生活增便利”的要求，以更大的决心、更大的力度、更有效的措施，推动人力资源社会保障领域“放管服”改革向纵深发展，以深化“放管服”改革的优异成绩迎接党的十九大胜利召开。

二、持续简政放权，促进就业创业

（一）继续深化行政审批制度改革。持续加大行政审批事项取消下放力度，把该放的权力放出去，该取消的取消。对确需下放给基层的审批事项，要确保基层接得住、管得好。积极规范行政审批行为，推进行政许可标准化建设，不断优化审批流程，完善工作程序，压缩办理时限，提高审批效率。积极推行一个窗口受理，对适合网上审批的应实行网上审批。所有行政审批事项都严格按法定时限做到“零超时”。

（二）持续推进职业资格改革。通过取消、合并等再减少一批职业资格。公布国家职业资格目录，实行清单式管理，并实行动态调整。今后未经批准一律不得在清单之外自行设置国家职业资格，清单之内非准入类职业资格一律不得与就业创业挂钩，行业协会、学会等不得变相开展职业资格许可和认定。职业资格设置、取消及纳入、退出目录，须经评估论证，特别是新设职业资格要征求社会意见并报国务院批准。妥善处理职业资格取消后续工作，统筹做好职业资格发展、整合等相关工作，坚决防止已取消的职业资格“死灰复燃”，持续查处“挂证行为”。稳步推进行业组织有序承接水平评价类职业资格具体认定工作。

（三）推行“多证合一、一照一码”。积极配合有关部门推进“多证合一、一照一码”登记制度改革，不断完善社会保险登记流程，通过信息共享平台，直接获取工商部门推送的新注册企业信息，利用单位统一的社会信用代码进行参保登记后，将相关信息反馈给工商部门，实现数据双向共享，2017 年 10 月底前在全国范围内实现“多证合一、一照一码”。以“法人和其他组织统一社会信用代码”为单位标识开展用人单位基础信息库建设，推动用人单位基础信息的集中统一管理和共享共用。

（四）支持鼓励高校、科研院所等事业单位专业技术人员创新创业。落实《关于支持和鼓励事业单位专业技术人员创新创业的指导意见》（人社部规〔2017〕4号），支持和鼓励事业单位设置创新型岗位、选派专业技术人员到企业挂职或参与项目合作，支持和鼓励事业单位专业技术人员离岗创新创业、兼职创新或在职创办企业，并根据不同创新创业方式，采取相应的人事管理办法。

（五）全面推进政务公开。全面落实党中央、国务院关于政务公开工作的部署要求和政府信息公开条例，坚持以公开为常态、不公开为例外，大力推进人力资源社会保障部门决策、执行、管理、服务和结果公开，保障人民群众知情权、参与权、表达权和监督权。紧紧围绕人力资源社会保障事业发展和人民群众关注关切，加大就业、社保等重点领域信息公开，以公开促落实、促规范、促服务。2017年底前制定部本级和人力资源社会保障系统主动公开基本目录，并动态更新，不断提升主动公开的标准化规范化水平。

三、创新监管方式，提高监管效能

（一）加强人力资源市场监管。贯彻落实《关于“先照后证”改革后加强人力资源市场事中事后监管的意见》（人社部发〔2016〕49号），严格遵循法定条件和程序，规范实施人力资源市场行政审批，加强对下放审批事项的监督，指导各地开展年度报告公示、随机抽查等监管工作。加快《人力资源市场条例》立法进程，研究制定网络招聘管理规定、人力资源服务机构管理办法等配套规章。持续推进人力资源服务机构诚信体系建设，提升全行业诚信服务水平。继续开展清理整顿人力资源市场秩序专项行动，畅通投诉举报渠道，发挥好社会监督作用，维护公平竞争的市场环境。探索建立人力资源服务机构等级评价体系，进一步加强人力资源服务标准研究制订工作。

（二）加强社保基金智能监控。推进社会保险与财政、税务、公安、金融监管、民政、卫生计生等部门数据资源的融合应用，及时发现和处理冒领、骗保等违法违规行为。推进医保智能监控，利用医保大数据，对医药服务机构、参保人员的医疗服务行为及其费用进行数据采集、对比分析、审核监督，全面提升医保管理的质量和效率。

（三）推行劳动保障智慧监察。加强劳动用工动态监测，及时发现违法行为线索。贯彻落实《关于在人力资源和社会保障领域推广随机抽查规范事中事后监管的通知》（人社部发〔2016〕2号），2017年底前全面推开“双随机”抽查，进一步健全随机抽查系统，完善相关细则，确保监管公平公正、不留死角。建立健全劳动保障监察举报投诉案件省级联动处理机制，力争2017年底前基本在各省级行政区域内实现“一点举报投诉，全网联动处理”。落实《重大劳动保障违法行为社会公布办法》和《企业劳动保障守法诚信等级评价办法》，建立健全失信联合惩戒机制，建立拖欠工资企业“黑名单”管理制度，逐步使失信企业“一处违法，处处受限”。

（四）加强评比达标表彰监管。从严控制评比达标表彰奖项设置、表彰周期和名额，严格落实全国评比达标表彰项目目录清单管理并实行动态更新制度，及时在主流媒体和网站公布评比达标表彰工作情况，主动接受社会监督。开展评比达标表彰工作检查，重点查处未经批准擅自开展活动、违反政策规定和不按批准内容开展活动、借评比达标表彰活动收取费用以及滥发奖金等行为。

四、优化公共服务，提升服务质量

（一）大力推进“互联网+政务服务”。贯彻落实《国务院关于加快推进“互联网+政务服务”工作的指导意见》（国发〔2016〕55号）和《“互联网+人社”2020行动计划》（人社部发〔2016〕105号），充分运用“互联网+”和大数据思维，进一步简化优化人力资源和社会保障领域公共服务流程，提升为民服务能力和水平。编制部本级政务服务事项目录，向社会公开发布并实时更新、动态管理。结合金保工程二期，建设统一的人力资源社会保障公共服务信息平台，2017 年底前基本完成部本级平台建设，并主动做好与国家“互联网+政务服务”平台的对接。推进社会保障一卡通建设，强化社会保障卡的身份凭证作用和社会保障号码的用户唯一标识作用。推进异地就医直接结算，2017 年 9 月底前基本实现全国联网和跨省异地就医住院医疗费用直接结算。建好中国公共招聘网，持续推进公共就业服务规范化信息化专业化建设，尽早实现公共就业信息全国互联共享。加强部门间数据资源共享与信息协同互认，变“群众来回跑”为“部门协同办”。

（二）深入开展“减证便民”行动。进一步清理规范人社领域各类证件证明材料，今年再精简一批人社领域的证明材料。凡没有法律法规依据的一律取消，能通过个人现有证明来证明的一律取消，能采取申请人书面承诺方式解决的一律取消，能通过网络核验的一律取消。对必要的证明要加强互认共享，减少不必要的重复举证。

（三）持续加强窗口单位建设。继续会同有关部门推进基层服务平台建设，加大综合性基层服务平台建设力度。加快完善人力资源和社会保障领域的窗口服务标准，优化前台服务流程、后台管理流程和业务控制流程，实现前台窗口与后台支持的有机衔接。不断创新服务方式，积极推行预约服务、延时服务、上门服务和应急服务等便民措施，畅通优先服务“绿色通道”。完善门户网站、12333 咨询电话等平台的政策宣传、信息查询、在线受理和投诉举报等功能，推广移动应用、自助一体机、微博微信、短信息等多种服务方式。深入开展优质服务窗口创建活动，大力加强服务队伍建设，密切关注舆论，倾听群众呼声，回应群众关切，不断提高服务效率和质量，不断增强人民群众的获得感幸福感。

五、切实加强组织领导

各级人力资源社会保障部门要把深化“放管服”改革放在突出位置，主要负责同志要亲自抓，认真组织实施，细化分解任务，明确时间节点，层层压实责任，确保改革措施落地见效，以改革的实际成效取信于民。要以强有力的督查促进改革落实，对督查发现落实到位、积极作为的典型要通报表扬、给予激励，对发现的问题要坚决整改，对敷衍塞责、延误改革、整改不力的要严肃问责，对工作不落实的要公开曝光。要尊重并发挥基层首创精神，加强指导协调，支持地方因地制宜大胆探索。要按照重大改革于法有据的要求，做好深化“放管服”改革涉及的规章、规范性文件清理工作，对改革涉及的法律法规立改废问题，主动与法制部门加强衔接、同步推进。要主动与宣传部门衔接沟通，做好改革经验总结推广和宣传引导工作，及时回应社会关切，营造良好改革氛围。

人力资源和社会保障部等部门关于切实做好社会保险扶贫工作的意见

（2017年8月1日　人社部发〔2017〕59号）

各省、自治区、直辖市及新疆生产建设兵团人力资源社会保障厅（局）、财政（务）厅（局）、扶贫办：

为贯彻党中央、国务院关于打赢脱贫攻坚战的决策部署，落实“十三五”脱贫攻坚规划，进一步织密扎牢社会保障“安全网”，现就做好社会保险扶贫工作提出如下意见：

一、明确社会保险扶贫的目标任务

社会保险扶贫的目标任务是，充分发挥现行社会保险政策作用，完善并落实社会保险扶贫政策，提升社会保险经办服务水平，支持帮助建档立卡贫困人口、低保对象、特困人员等困难群体（以下简称贫困人员）及其他社会成员参加社会保险，基本实现法定人员全覆盖，逐步提高社会保险待遇水平，助力参保贫困人员精准脱贫，同时避免其他参保人员因年老、疾病、工伤、失业等原因陷入贫困，为打赢脱贫攻坚战贡献力量。

二、完善并落实社会保险扶贫政策

（一）减轻贫困人员参保缴费负担。对建档立卡未标注脱贫的贫困人口、低保对象、特困人员等困难群体，参加城乡居民基本养老保险的，地方人民政府为其代缴部分或全部最低标准养老保险费，并在提高最低缴费档次时，对其保留现行最低缴费档次。对贫困人员参加城乡居民基本医疗保险个人缴费部分由财政给予补贴。进一步做好建筑业农民工按项目参加工伤保险工作，对用工方式灵活、流动性大、建档立卡农村贫困劳动力（以下简称贫困劳动力）相对集中的行业，探索按项目等方式参加工伤保险。用人单位招用农民合同制工人应当依法缴纳失业保险费，农民合同制工人本人不缴纳失业保险费。依法将包括农民工在内的合同制工人纳入生育保险，由用人单位缴纳生育保险费，职工个人不缴费。

（二）减轻贫困人员医疗费用负担。结合城乡居民基本医疗保险制度整合，做好制度平稳并轨，确保贫困人员保障待遇不降低。巩固完善城乡居民大病保险，对贫困人员通过降低起付线、提高报销比例和封顶线等倾斜性政策，实行精准支付。对贫困人员中已核准的因病致贫返贫患者，通过加强基本医保、大病保险和医疗救助的有效衔接，实施综合保障，提高其医保受益水平。对其他罹患重特大疾病陷入贫困的患者，可采取综合保障措施。对工伤尘肺病患者，按规定将疗效可靠的尘肺病治疗药物列入工伤保险药品目录，将符合医疗诊疗规范的尘肺病治疗技术和手段纳入工伤保险基金支付范围。将参加城乡居民基本医疗保险的非就业妇女符合条件的住院分娩医疗费用纳入城乡居民基本医疗保险报销范围。

（三）适时提高社会保险待遇水平。研究建立城乡居民基本养老保险待遇确定与基础养老金最低标准正常调整机制，完善城乡居民基本养老保险筹资和保障机制。根据经济发展和居民收入水平增长情况，适时适度逐步提高城乡居民基本养老保险最低缴费标准和基础养老金标准。强化多缴多得、长缴多得的激励约束机制，完善缴费补贴政策，引导城乡居民主动参保缴费。完善基本养老保险基金投资运营政策，加强风险管理，提高投资回报率。农民合同制工人在用人单位依法为其缴纳失业保险费满 1 年，劳动合同期满不续订或提前与其解除劳动合同后，可申领一次性生活补助。

（四）体现对贫困人员的适度优先。加强城乡居民基本养老保险与农村最低生活保障、特困人员救助供养等社会救助制度的统筹衔接，“十三五”期间，在认定农村低保和扶贫对象时，中央确定的城乡居民基本养老保险基础养老金暂不计入家庭收入。充分运用浮动费率政策，促使企业加强工伤预防，有效降低工伤发生率。对符合工伤保险待遇先行支付情形的贫困劳动力，工伤保险经办机构应给予先行支付。有条件的地区可打破户籍限制，统一农民合同制工人和城镇职工失业保险政策。

三、强化社会保险扶贫的保障措施

（一）推进贫困人员应保尽保和法定人员全覆盖。全面实施全民参保计划，深入贫困地区、农民工集中的高风险行业、单位和岗位，重点摸清贫困人员和贫困劳动力参加社会保险情况，采取通俗易懂的方式开展政策宣传。根据贫困人员和贫困劳动力参保信息，认真落实社会保险扶贫政策，积极主动开展参保登记及缴费等经办服务工作。各地社会保险经办机构要按规定支付参保人员社会保险待遇。

（二）增强贫困地区社会保险经办服务能力。各地要科学整合贫困地区现有公共服务资源和社会保险经办管理资源，采取政府购买服务、增加公益性岗位、聘用合同工等方式充实基层经办力量。加强经办窗口作风建设，简化优化流程，推进标准应用，提升服务水平。加大贫困地区社会保险经办人员培训支持力度，开展“送培训到基层”活动，提高培训层次和质量。组织实施“互联网+人社”2020行动计划，将社会保险信息系统向基层延伸，打造方便快捷的基层经办平台。

（三）提高对贫困人员的医疗保险服务水平。加强定点医疗机构监管，完善协议管理，积极探索按人头、按病种等付费方式，促进医疗机构为贫困人员提供合理必要的医疗服务，主动控制医疗成本，进一步降低其医疗费用负担。充分依托基层医疗卫生机构，结合建立分级诊疗体系，完善医保差异化支付政策，适当提高基层医疗卫生机构政策范围内医疗费用报销比例，促进贫困人员就近合理有序就医。依托基本医保信息平台，实现基本医保、大病保险、医疗救助“一站式”即时结算，切实减轻贫困患者垫资压力。

（四）加强对社会保险扶贫工作的组织领导。各地要充分认识开展社会保险扶贫工作的重要性，围绕扶贫大局，创新思路对策，加强协调配合，全力抓好社会保险扶贫政策的落实。人力资源社会保障部和国务院扶贫办建立信息共享机制，定期开展建档立卡贫困人口与全国社会保险参保人员数据信息比对工作。各级人力资源社会保障部门要建立管理台账，做好人员标识，动态掌握建档立卡贫困人口参保和待遇保障情况，为实施社会保险精准扶贫提供数据支撑。各地财政部门要做好社会保险补助资金的预算安排和分配下达，确保按时足额拨付到位。

各地人力资源社会保障、财政、扶贫部门要按照各自职责，加强工作调度，防范廉政风险，定期开展督促检查。对推进社会保险扶贫工作成效突出的地区和个人，推广其经验做法，营造良好社会氛围；对思想认识不到位、扶贫政策不落实、廉政风险防范不力的，予以通报批评并责成及时纠正，确保完成社会保险扶贫目标任务。

关于工资总额组成的规定

（1989年9月30日国务院批准，1990年1月1日国家统计局令第1号发布）

第一章　总　则

第一条　为了统一工资总额的计算范围，保证国家对工资进行统一的统计核算和会计核算，有利于编制、检查计划和进行工资管理以及正确地反映职工的工资收入，制定本规定。

第二条　全民所有制和集体所有制企业、事业单位，各种合营单位，各级国家机关、政党机关和社会团体，在计划、统计、会计上有关工资总额范围的计算，均应遵守本规定。

第三条　工资总额是指各单位在一定时期内直接支付给本单位全部职工的劳动报酬总额。

工资总额的计算应以直接支付给职工的全部劳动报酬为根据。

第二章　工资总额的组成

第四条　工资总额由下列6个部分组成：

（一）计时工资；

（二）计件工资；

（三）奖金；

（四）津贴和补贴；

（五）加班加点工资；

（六）特殊情况下支付的工资。

第五条 计时工资是指按计时工资标准（包括地区生活费补贴）和工作时间支付给个人的劳动报酬。包括：

（一）对已做工作按计时工资标准支付的工资；

（二）实行结构工资制的单位支付给职工的基础工资和职务（岗位）工资；

（三）新参加工作职工的见习工资（学徒的生活费）；

（四）运动员体育津贴。

第六条 计件工资是指对已做工作按计件单价支付的劳动报酬。包括：

（一）实行超额累进计件、直接无限计件、限额计件、超定额计件等工资制，按劳动部门或主管部门批准的定额和计件单价支付给个人的工资；

（二）按工作任务包干方法支付给个人的工资；

（三）按营业额提成或利润提成办法支付给个人的工资。

第七条 奖金是指支付给职工的超额劳动报酬和增收节支的劳动报酬。包括：

（一）生产奖；

（二）节约奖；

（三）劳动竞赛奖；

（四）机关、事业单位的奖励工资；

（五）其他奖金。

第八条 津贴和补贴是指为了补偿职工特殊或额外的劳动消耗和因其他特殊原因支付给职工的津贴，以及为了保证职工工资水平不受物价影响支付给职工的物价补贴。

（一）津贴。包括：补偿职工特殊或额外劳动消耗的津贴，保健性津贴，技术性津贴，年功性津贴及其他津贴。

（二）物价补贴。包括：为保证职工工资水平不受物价上涨或变动影响而支付的各种补贴。

第九条 加班加点工资是指按规定支付的加班工资和加点

工资。

第十条 特殊情况下支付的工资。包括：

（一）根据国家法律、法规和政策规定，因病、工伤、产假、计划生育假、婚丧假、事假、探亲假、定期休假、停工学习、执行国家或社会义务等原因按计时工资标准或计时工资标准的一定比例支付的工资；

（二）附加工资、保留工资。

第三章 工资总额不包括的项目

第十一条 下列各项不列入工资总额的范围：

（一）根据国务院发布的有关规定颁发的发明创造奖、自然科学奖、科学技术进步奖和支付的合理化建议和技术改进奖以及支付给运动员、教练员的奖金；

（二）有关劳动保险和职工福利方面的各项费用；

（三）有关离休、退休、退职人员待遇的各项支出；

（四）劳动保护的各项支出；

（五）稿费、讲课费及其他专门工作报酬；

（六）出差伙食补助费、误餐补助、调动工作的旅费和安家费；

（七）对自带工具、牲畜来企业工作职工所支付的工具、牲畜等的补偿费用；

（八）实行租赁经营单位的承租人的风险性补偿收入；

（九）对购买本企业股票和债券的职工所支付的股息（包括股金分红）和利息；

（十）劳动合同制职工解除劳动合同时由企业支付的医疗补助费、生活补助费等；

（十一）因录用临时工而在工资以外向提供劳动力单位支付的手续费或管理费；

（十二）支付给家庭工人的加工费和按加工订货办法支付给

承包单位的发包费用；

（十三）支付给参加企业劳动的在校学生的补贴；

（十四）计划生育独生子女补贴。

第十二条 前条所列各项按照国家规定另行统计。

第四章 附 则

第十三条 中华人民共和国境内的私营单位、华侨及港、澳、台工商业者经营单位和外商经营单位有关工资总额范围的计算，参照本规定执行。

第十四条 本规定由国家统计局负责解释。

第十五条 各地区、各部门可依据本规定制定有关工资总额组成的具体范围的规定。

第十六条 本规定自发布之日起施行。国务院 1955 年 5 月 21 日批准颁发的《关于工资总额组成的暂行规定》同时废止。

财政部 国家税务总局关于基本养老保险费基本医疗保险费失业保险费住房公积金有关个人所得税政策的通知

（2006 年 6 月 27 日 财税〔2006〕10 号）

各省、自治区、直辖市、计划单列市财政厅（局）、国家税务局、地方税务局，财政部驻各省、自治区、直辖市、计划单列市财政监察专员办事处，新疆生产建设兵团财务局：

根据国务院 2005 年 12 月公布的《中华人民共和国个人所得税法实施条例》有关规定，现对基本养老保险费、基本医疗保险费、失业保险费、住房公积金有关个人所得税政策问题通知如下：

一、企事业单位按照国家或省（自治区、直辖市）人民政府规定的缴费比例或办法实际缴付的基本养老保险费、基本医疗保险费和失业保险费，免征个人所得税；个人按照国家或省（自治区、直辖市）人民政府规定的缴费比例或办法实际缴付的基本养老保险费、基本医疗保险费和失业保险费，允许在个人应纳税所得额中扣除。

企事业单位和个人超过规定的比例和标准缴付的基本养老保险费、基本医疗保险费和失业保险费，应将超过部分并入个人当期的工资、薪金收入，计征个人所得税。

二、根据《住房公积金管理条例》、《建设部财政部中国人民银行关于住房公积金管理若干具体问题的指导意见》（建金管〔2005〕5 号）等规定精神，单位和个人分别在不超过职工本人上一年度月平均工资 12%的幅度内，其实际缴存的住房公积金，允许在个人应纳税所得额中扣除。单位和职工个人缴存住房公积金的月平均工资不得超过职工工作地所在设区城市上一年度职工月平均工资的3倍，具体标准按照各地有关规定执行。

单位和个人超过上述规定比例和标准缴付的住房公积金，应将超过部分并入个人当期的工资、薪金收入，计征个人所得税。

三、个人实际领（支）取原提存的基本养老保险金、基本医疗保险金、失业保险金和住房公积金时，免征个人所得税。

四、上述职工工资口径按照国家统计局规定列入工资总额统计的项目计算。

五、各级财政、税务机关要按照依法治税的要求，严格执行本通知的各项规定。对于各地擅自提高上述保险费和住房公积金税前扣除标准的，财政、税务机关应予坚决纠正。

六、本通知发布后，《财政部国家税务总局关于住房公积金医疗保险金养老保险金征收个人所得税问题的通知》（财税字〔1997〕144号）第一条、第二条和《国家税务总局关于失业保险费（金）征免个人所得税问题的通知》（国税发〔2000〕83号）同时废止。

财政部 国家税务总局关于高级专家延长离休退休期间取得工资薪金所得有关个人所得税问题的通知

（2008年7月1日 财税〔2008〕7号）

各省、自治区、直辖市、计划单列市财政厅（局）、地方税务局，西藏、宁夏、青海省（自治区）国家税务局，新疆生产建设兵团财务局：

近来一些地区反映，对高级专家延长离休退休期间取得的工资、薪金所得，有关征免个人所得税政策口径问题需进一步明确。

经研究，现就有关政策问题明确如下：

一、《财政部国家税务总局关于个人所得税若干政策问题的通知》（财税字〔1994〕20号）第二条第（七）项中所称延长离休退休年龄的高级专家是指：

（一）享受国家发放的政府特殊津贴的专家、学者；

（二）中国科学院、中国工程院院士。

二、高级专家延长离休退休期间取得的工资薪金所得，其免征个人所得税政策口径按下列标准执行：

（一）对高级专家从其劳动人事关系所在单位取得的，单位按国家有关规定向职工统一发放的工资、薪金、奖金、津贴、补贴等收入，视同离休、退休工资，免征个人所得税；

（二）除上述第（一）项所述收入以外各种名目的津补贴收入等，以及高级专家从其劳动人事关系所在单位之外的其他地方取得的培训费、讲课费、顾问费、稿酬等各种收入，依法计征个人所得税。

三、高级专家从两处以上取得应税工资、薪金所得以及具有税法规定应当自行纳税申报的其他情形的，应在税法规定的期限内自行向主管税务机关办理纳税申报。

财政部等部门关于企业年金职业年金个人所得税有关问题的通知

（2013年12月26日　财税〔2013〕103号）

各省、自治区、直辖市、计划单列市财政厅（局）、人力资源社会保障厅（局）、地方税务局，新疆生产建设兵团财务局、人力资源社会保障局：

为促进我国多层次养老保险体系的发展，根据个人所得税法相关规定，现就企业年金和职业年金个人所得税有关问题通知如下：

一、企业年金和职业年金缴费的个人所得税处理

1. 企业和事业单位（以下统称“单位”）根据国家有关政策规定的办法和标准，为在本单位任职或者受雇的全体职工缴付的企业年金或职业年金（以下统称“年金”）单位缴费部分，在计入个人账户时，个人暂不缴纳个人所得税。

2. 个人根据国家有关政策规定缴付的年金个人缴费部分，在不超过本人缴费工资计税基数的4%标准内的部分，暂从个人当期的应纳税所得额中扣除。

3. 超过本通知第一条第1项和第2项规定的标准缴付的年金单位缴费和个人缴费部分，应并入个人当期的工资、薪金所得，依法计征个人所得税。税款由建立年金的单位代扣代缴，并向主管税务机关申报解缴。

4. 企业年金个人缴费工资计税基数为本人上一年度月平均工资。月平均工资按国家统计局规定列入工资总额统计的项目计算。月平均工资超过职工工作地所在设区城市上一年度职工月平

均工资300%以上的部分，不计入个人缴费工资计税基数。

职业年金个人缴费工资计税基数为职工岗位工资和薪级工资之和。职工岗位工资和薪级工资之和超过职工工作地所在设区城市上一年度职工月平均工资300%以上的部分，不计入个人缴费工资计税基数。

二、年金基金投资运营收益的个人所得税处理

年金基金投资运营收益分配计入个人账户时，个人暂不缴纳个人所得税。

三、领取年金的个人所得税处理

1. 个人达到国家规定的退休年龄，在本通知实施之后按月领取的年金，全额按照“工资、薪金所得”项目适用的税率，计征个人所得税；在本通知实施之后按年或按季领取的年金，平均分摊计入各月，每月领取额全额按照“工资、薪金所得”项目适用的税率，计征个人所得税。

2. 对单位和个人在本通知实施之前开始缴付年金缴费，个人在本通知实施之后领取年金的，允许其从领取的年金中减除在本通知实施之前缴付的年金单位缴费和个人缴费且已经缴纳个人所得税的部分，就其余额按照本通知第三条第1项的规定征税。在个人分期领取年金的情况下，可按本通知实施之前缴付的年金缴费金额占全部缴费金额的百分比减计当期的应纳税所得额，减计后的余额，按照本通知第三条第1项的规定，计算缴纳个人所得税。

3. 对个人因出境定居而一次性领取的年金个人账户资金，或个人死亡后，其指定的受益人或法定继承人一次性领取的年金个人账户余额，允许领取人将一次性领取的年金个人账户资金或余额按12个月分摊到各月，就其每月分摊额，按照本通知第三条第1项和第2项的规定计算缴纳个人所得税。对个人除上述特殊原因外一次性领取年金个人账户资金或余额的，则不允许采取分摊的方法，而是就其一次性领取的总额，单独作为一个月的工

资薪金所得，按照本通知第三条第1项和第2项的规定，计算缴纳个人所得税。

4. 个人领取年金时，其应纳税款由受托人代表委托人委托托管人代扣代缴。年金账户管理人应及时向托管人提供个人年金缴费及对应的个人所得税纳税明细。托管人根据受托人指令及账户管理人提供的资料，按照规定计算扣缴个人当期领取年金待遇的应纳税款，并向托管人所在地主管税务机关申报解缴。

5. 建立年金计划的单位、年金托管人，应按照个人所得税法和税收征收管理法的有关规定，实行全员全额扣缴明细申报。受托人有责任协调相关管理人依法向税务机关办理扣缴申报、提供相关资料。

四、建立年金计划的单位应于建立年金计划的次月15日内，向其所在地主管税务机关报送年金方案、人力资源社会保障部门出具的方案备案函、计划确认函以及主管税务机关要求报送的其他相关资料。年金方案、受托人、托管人发生变化的，应于发生变化的次月15日内重新向其主管税务机关报送上述资料。

五、财政、税务、人力资源社会保障等相关部门以及年金机构之间要加强协调，通力合作，共同做好政策实施各项工作。

六、本通知所称企业年金，是指根据《企业年金试行办法》（原劳动和社会保障部令第20号）的规定，企业及其职工在依法参加基本养老保险的基础上，自愿建立的补充养老保险制度。所称职业年金是指根据《事业单位职业年金试行办法》（国办发〔2011〕37号）的规定，事业单位及其工作人员在依法参加基本养老保险的基础上，建立的补充养老保险制度。

七、本通知自2014年1月1日起执行。《国家税务总局关于企业年金个人所得税征收管理有关问题的通知》（国税函〔2009〕694号）、《国家税务总局关于企业年金个人所得税有关问题补充规定的公告》（国家税务总局公告2011年第9号）同时废止。

六、山东省地方性法规

山东省人口与计划生育条例（摘录）

（2002年9月28日山东省第九届人民代表大会常务委员会第三十一次会议通过，根据2013年6月2日山东省第十二届人民代表大会常务委员会第二次会议《关于修改〈山东省人口与计划生育条例〉的决定》第一次修正，根据2014年5月30日山东省第十二届人民代表大会常务委员会第八次会议《关于修改〈山东省人口与计划生育条例〉的决定》第二次修正，根据2016年1月22日山东省第十二届人民代表大会常务委员会第十八次会议《关于修改〈山东省人口与计划生育条例〉的决定》第三次修正）

第四章　奖励与社会保障

第二十五条　符合法律和本条例规定生育子女的夫妻，除国家规定的产假外，增加产假六十日，并给予男方护理假七日。增加的产假、护理假，视为出勤，工资照发，福利待遇不变。

第二十六条　在国家提倡一对夫妻生育一个子女期间，自愿终身只生育一个子女的夫妻，发给《独生子女父母光荣证》。获得《独生子女父母光荣证》或者符合国家和省计划生育家庭奖励扶助制度的夫妻，享受以下奖励或者扶助：

（一）从申请当月起至子女年满十八周岁止，每月领取不少于十元的奖励费。奖励费由夫妻双方所在单位各发百分之五十。机关、事业组织工作人员的奖励费由所在单位从行政事业费中列支；企业职工的奖励费由所在单位从企业公益金中列支；其他人员的奖励费由所在街道办事处或者乡镇人民政府负责兑现，确有困难的，由县（市、区）人民政府财政予以适当补助。

（二）独生子女父母为机关、事业组织职工的，退休时按照省有关规定给予本人一次性退休补贴，其经费从原渠道列支。独生子女父母为企业职工的，退休时由所在单位按照设区的市上一年度职工年平均工资的百分之三十发给一次性养老补助。对农村年满六十周岁，符合计划生育家庭奖励扶助条件的夫妻，按照国家和省有关规定给予奖励扶助。独生子女父母为城镇其他居民的，由县（市、区）人民政府参照农村部分计划生育家庭奖励扶助制度给予奖励扶助。

七、山东省人民政府文件

（一）山东省人民政府规章

山东省残疾人优惠扶持规定

（2008年3月20日　山东省人民政府令第202号）

第一条　为了保障残疾人的合法权益，促进残疾人平等参与社会生活，根据《中华人民共和国残疾人保障法》《山东省实施〈中华人民共和国残疾人保障法〉办法》等法律法规，结合本省实际，制定本规定。

第二条　凡持有《中华人民共和国残疾人证》的残疾人，户籍在本省行政区域内的，享受本规定的优惠待遇；户籍不在本省行政区域内的，可以享受本规定第六条第二款、第七条、第八条、第十六条、第十七条和第十八条的优惠待遇。

第三条　各级人民政府应当加强对残疾人事业的领导，采取有效优惠扶持措施，改善残疾人的生存发展环境，促进残疾人事业与经济、社会的协调发展。

第四条　各级人民政府负责残疾人工作的机构，负责组织、协调、指导和督促有关部门做好残疾人优惠扶持工作。

县级以上人民政府有关行政主管部门，在各自的职责范围内，依法做好残疾人优惠扶持的相关工作。

各级残疾人联合会，负责残疾人优惠扶持规定的宣传和实施情况的监督检查工作。

第五条　各级人民政府应当把扶持农村有劳动能力的残疾人脱贫列入扶贫开发计划，在项目和资金安排上予以优先照顾。在小城镇建设、异地搬迁和异地扶贫等项目的实施中，优先安排贫困残疾人。

县级人民政府农业、财政部门在安排财政扶贫资金支持发展种植业、养殖业和扶贫示范基地建设等扶贫开发项目时，应当重点向有劳动能力的贫困残疾人倾斜。

第六条 对符合义务教育条件的残疾学生，应当免除杂费、寄宿费、教科书费，并对在校贫困残疾学生的生活费给予补助。

符合借读条件的残疾学生，免收借读费，与所在城市残疾学生享受同等待遇。

高等院校、成人教育机构应当按照国家和省有关规定招收残疾学生，并放宽残疾学生的奖学金评定标准和贷学金审核条件。

普通高级中学、高等院校及成人教育机构在录取条件上应当按照国家规定给予残疾学生适当照顾。残疾考生和在校残疾学生，可以免试体育。

县以上残疾人联合会应当对生活困难的在校残疾大、中专学生给予适当的学费补助，具体标准由省、设区的市残疾人联合会会同有关部门制定。

第七条 残疾人申请从事个体经营的，工商行政管理部门应当优先核发营业执照。对经营困难的残疾人免收个体工商户管理费、市场管理费、年检费，并在场地、摊点、摊位等方面提供方便。

第八条 残疾人组织和个人从事下列活动，税务部门应当按照国家有关规定给予相应的税收减免：

（一）残疾人组织直接进口供残疾人专用物品应当缴纳的增值税；

（二）残疾人个人提供应税劳务应当缴纳的营业税；

（三）残疾人取得工资薪金所得、生产经营所得、承包承租经营所得、劳务报酬所得、稿酬所得、特许权使用费所得应当缴纳的个人所得税；

（四）残疾人使用的符合国家有关标准的残疾人机动轮椅车应当缴纳的车船税；

（五）残疾人福利机构使用的房产、土地免征房产税、土地使用税；

（六）残疾人个人提供加工和修理修配劳务应当缴纳的增值税；

（七）国家规定的其他税收优惠。

第九条 县级以上人民政府及其有关部门应当根据实际情况，结合残疾人的特点，确定一定比例的公益性岗位，用于残疾人就业。有保健按摩业务的服务机构，应当优先安排盲人按摩人员。

第十条 县级以上人民政府行政主管部门所属的劳动力市场和人才市场应当设立残疾人就业专门窗口，积极向用人单位推荐残疾人，并减免未就业残疾人人事档案、人事关系委托保管费；各类用人单位在人员录（聘）用中不得拒绝接收符合条件的残疾人。

第十一条 县级以上人民政府教育、劳动和社会保障等部门以及残疾人联合会应当有计划地开展本地区的残疾人职业技能培训。

有劳动能力的残疾人应当参加适宜的职业技能培训，培训合格的，可以凭残疾人证、培训合格证书和收费票据向县以上残疾人联合会申请残疾人职业技能培训补贴，所需费用由县以上残疾人联合会报同级财政部门审核后，从残疾人就业保障金中列支。具体补贴标准由省、设区的市残疾人联合会会同有关部门制定。

每个残疾人可以享受两次以内的职业技能培训补贴。

第十二条 各级人民政府应当将符合条件的残疾人纳入城乡社会保障体系，保障其基本生活，并采取下列保障措施：

（一）农村残疾人不承担“一事一议”筹资筹劳费用，生活用电、水、煤气等费用应给予减收或免收优惠；

（二）对无劳动能力、无生活来源又无法定赡养、抚养、扶养义务人，或者其法定赡养、抚养、扶养义务人为无赡养、抚养、扶养能力的残疾人，属于城镇居民的，应当安排进入福利院或者给予社会救济；属于农村居民并符合农村五保规定的，应当安排进入敬老院等福利机构；

（三）对符合享受农村低保条件的农村残疾人，在享受农村低保补助的基础上，生活仍有困难的，由当地政府给予适当救助；

（四）对在城市生活无着的流浪乞讨残疾人，社会救助机构应当救助。

第十三条 残疾人申请个体行医，符合条件的，卫生行政部门应当优先核发医疗机构执业许可证。

第十四条 对参加新型农村合作医疗和城镇居民医疗保险的残疾人，缴费确有困难的，个人缴费部分由县级人民政府通过医疗救助给予资助。

第十五条 对就医的残疾人，二级以上综合医疗机构、社区卫生服务机构实行减免优惠。二级以上综合医院免收专家挂号费、急诊挂号费、普通门诊诊疗费、急诊观察床位费、病房空调费、暖气费；社区卫生服务机构免收门诊挂号费、普通门诊诊疗费、门诊出诊费。减收的检查治疗项目由医疗机构确定，减收比例不得低于20%。

第十六条 残疾人凭《中华人民共和国残疾人证》免费进入公园；进入博物馆、纪念馆、科技馆、美术馆、展览馆、文化馆（宫）和公益性体育健身场所，凡收取门票费的一律实行半价以上的优惠。对盲人、双下肢残疾人，允许1名陪护人员免费进入上述公共场所。

公园应当配备一定数量的轮椅供残疾人免费使用。

第十七条 残疾人凭《中华人民共和国残疾人证》享受下列优惠：

（一）盲人读物邮件免费寄递；

（二）免费使用公共厕所；

（三）聋人的手机短信费用减半缴纳；

（四）肢体残疾人购买自驾的残疾人专用车辆，减半收取登记手续费，在公共停车场停放时免收停车费。

第十八条 飞机场、火车站、汽车站、港口客运站的候机（车、船）室应当标明残疾人专用座椅，车（船）上应当标明一定数量的残疾人席。残疾人乘坐上述交通工具时，优先购票并优先检票进站、上下机（车、船），对其随身必备辅助器具准予免费携带。

盲人、下肢残疾人免费搭乘公共汽（电）车、轮渡等市内交通工具。

第十九条 拆迁残疾人房屋时，拆迁单位应当本着方便残疾人的原则，在安置的地段、楼层上给予适当照顾。拆迁单位在发放拆迁临时补助费和停业补助费时，对贫困、特困残疾人给予适当优惠。

第二十条 对家庭成员中有 2 人以上是残疾人且 1 人是盲人或者聋人的残疾人家庭，免收有线电视初装费，减半收取收视费。

第二十一条 符合法律援助条件的残疾人，优先获得法律援助。

基层法律服务机构应当优先为残疾人提供服务，并对贫困残疾人免收或者减半收取有关费用。

公证机构应当优先办理残疾人的公证事项，并对符合法律援助条件的残疾人，按照规定减免公证费。

第二十二条 对残疾人实行优惠的单位（场所），应当在单位（场所）的入口处、收费处、营业室等适当位置，设置残疾人优先、凭证优惠及免费的明显标志。

第二十三条 新建、改建、扩建城市道路、大型公共建筑和居民住宅区，应当按照国家和省有关规定，进行无障碍设计和建设。

配套建设无障碍设施，应当与新建、扩建、改建的建设项目同时设计、同时施工、同时验收。对于不按照国家强制性规范进行无障碍设计施工的建设项目，建设行政主管部门不予办理竣工备案手续。

对未按照规定进行验收或者验收不合格的建设工程不得投入使用。

第二十四条 县级以上人民政府应当从发行福利彩票筹集的本级留成公益金中，每年安排一定数额的公益助残资金，用于残疾人的康复、教育、扶贫等项目。

利用体育彩票公益金建设的全民体育健身场所应当考虑残疾人的特殊需求，并对残疾人参与体育健身活动提供方便和支持。

第二十五条 县级以上人民政府应当将残疾人的助行、助听、助视等康复项目纳入公益助残专项资金补助范围。

第二十六条 各级残疾人联合会应当加强对残疾人优惠扶持规定实施情况的监督检查，对违反本规定的应当向有关行政主管部门提出建议或者处理意见。有关行政主管部门应当及时组织调查，依法做出处理决定，并将处理结果及时通知同级残疾人联合会。

第二十七条 违反本规定，应当给予残疾人优惠而未给予的，由有关行政主管部门给予警告，责令限期改正；逾期不改正的，对直接负责的主管人员和其他直接责任人员依法给予处分。

第二十八条 违反本规定，弄虚作假，骗取享受残疾人优惠扶持待遇的，由残疾人联合会会同有关行政主管部门责令退还或者责令改正。

第二十九条 残疾人联合会及县级以上人民政府有关行政主管部门的工作人员在残疾人优惠扶持工作中，滥用职权、玩忽职守、徇私舞弊的，由其所在单位或者有关机关依法给予处分；构成犯罪的，依法追究刑事责任。

第三十条 本规定自2008年5月1日起施行。

山东省新型农村合作医疗违法违纪行为责任追究办法

（2011 年 4 月 1 日　山东省人民政府令第 235 号）

第一条　为了及时查处新型农村合作医疗违法违纪行为，保障新型农村合作医疗制度的顺利实施，维护参加新型农村合作医疗农民的合法权益，根据有关法律、法规，结合本省实际，制定本办法。

第二条　各级人民政府及有关部门、新型农村合作医疗（以下简称新农合）管理和经办机构、定点医疗机构及其工作人员和参加新型农村合作医疗农民（以下简称参合农民）违反新农合制度规定的，依照本办法追究责任。

第三条　新农合违法违纪行为责任追究应当坚持公正、公平、过错与责任相适应、教育与惩处相结合的原则。

对新农合违法违纪人员的处理，应当与其违法违纪行为的性质、情节、危害程度相适应，做到事实清楚、证据确凿、定性准确、处理恰当、手续完备、程序合法。

新农合违法违纪行为涉嫌犯罪的，应当移送司法机关依法追究刑事责任。

第四条　各级人民政府及有关部门、新农合管理和经办机构、定点医疗机构应当建立健全工作制度，保障新农合工作规范开展。

第五条　公民、法人和其他组织对违反新农合制度规定的行为有投诉、检举、控告的权利。

收到投诉、检举、控告的部门、机构，属于本部门、机构职责范围的，应当及时办理，并将办理结果于60日内告知投诉、检举、控告人；不属于本部门、机构职责范围的，应当于5个工作日内移交相关部门、机构，并告知投诉、检举、控告人。

违反前款规定的，由上级主管部门或者监察机关责令改正；情节严重的，对直接负责的主管人员和其他直接责任人员给予警告、记过或者记大过处分。

第六条 各级人民政府、有关部门及其工作人员有下列行为之一的，由上级主管部门或者监察机关责令改正，对直接负责的主管人员和其他直接责任人员给予警告、记过、记大过处分；情节严重的，给予降级或者撤职处分；情节特别严重的，给予开除处分：

（一）违背农民意愿，强迫农民参加新农合的；

（二）拒绝符合条件的农民参加新农合的；

（三）违反规定变更新农合补偿比例的；

（四）未按照规定拨付新农合补助资金，影响新农合工作正常运行的；

（五）编造、虚报、瞒报新农合统计数据及相关信息的；

（六）截留、挪用新农合基金的；

（七）未按照规定履行监管职责，造成不良后果的；

（八）其他违反新农合制度规定的行为。

第七条 新农合管理和经办机构及其工作人员有下列行为之一的，由上级主管部门或者监察机关责令改正，对直接负责的主管人员和其他直接责任人员给予警告、记过、记大过处分；情节严重的，给予降级或者撤职处分；情节特别严重的，给予开除处分；造成新农合基金损失的，由县级以上人民政府卫生行政部门会同财政部门予以追回：

（一）违反规定程序办理报销或者拨付资金的；

（二）拖延发放或者扣留参合农民新农合证件的；

（三）违反规定扩大或者缩小补偿范围的；

（四）违反规定提高或者降低补偿比例的；

（五）未按照规定时限拨付定点医疗机构垫付的补偿费用的；

（六）未按照规定时限报销参合农民医疗费用的；

（七）未按照规定履行监管、审核职责，造成新农合基金损失的；

（八）编造、虚报、瞒报新农合统计数据及相关信息的；

（九）出具虚假证明的；

（十）挪用、骗取或者指使、授意、串通他人挪用、骗取新农合基金的；

（十一）违反规定造成参合农民档案信息错误，影响参合农民报销的；

（十二）其他违反新农合制度规定的行为。

第八条　新农合定点医疗机构有下列行为之一的，由县级以上人民政府卫生行政部门给予警告；情节严重的，撤销新农合定点医疗机构资格：

（一）未核实参合农民身份，造成新农合基金损失的；

（二）未按照规定执行新农合报销药物目录和诊疗项目或者未履行告知义务的；

（三）未按照入院或者出院标准收治患者的；

（四）未按照规定及时转诊，造成一定后果的；

（五）违反规定扩大或者缩小补偿范围的；

（六）违反规定提高或者降低补偿比例的；

（七）未按照规定时限报销参合农民医疗费用的；

（八）违反《处方管理办法》和诊疗护理规范、常规，增加参合农民费用的；

（九）编造、虚报、瞒报新农合统计数据及相关信息的；

（十）出具虚假证明的；

（十一）伪造、更改、损坏、丢失参合农民住院病历等档案资料的；

（十二）骗取或者授意、指使、串通他人骗取新农合基金的；

（十三）超科目、超范围开展诊疗活动并参与新农合报销的；

（十四）违反规定提高药品价格和诊疗费用参与新农合报销的；

（十五）其他违反新农合制度规定的行为。新农合定点医疗机构的工作人员，有前款所列行为的，属于国家工作人员的，由主管部门或者监察机关根据情节轻重，对直接负责的主管人员和其他直接责任人员给予警告、记过、记大过、降级、撤职、开除处分；属于非国家工作人员，由县级以上人民政府卫生行政部门根据情节轻重，对直接负责的主管人员和其他直接责任人员给予警告或者 500 元以上 1000 元以下的罚款；造成新农合基金损失的，由县级以上人民政府卫生行政部门会同财政部门予以追回。

第九条 新农合定点医疗机构工作人员违反《中华人民共和国执业医师法》、《医疗事故处理条例》等法律法规，隐匿、伪造或者擅自销毁医学文书及有关资料的，由县级以上卫生行政部门依法给予警告或者暂停执业活动；情节严重的，吊销其执业证书。

第十条 参合农民有下列行为之一的，由县级以上人民政府卫生行政部门给予 500 元以下的罚款；造成新农合基金损失的，由县级以上人民政府卫生行政部门会同财政部门予以追回：

（一）为他人提供或者借用他人新农合证件，骗取新农合基金的；

（二）伪造医学文书、证明、票据等，骗取新农合基金的；

（三）隐匿、销毁证据，干扰调查新农合违法违纪行为的；

（四）其他违反新农合制度规定的行为。

第十一条 违反新农合制度规定，有下列情形之一的，应当从重处理：

（一）屡犯或者拒不纠正违法违纪行为的；

（二）强迫、授意、指使或者串通他人违反新农合制度规定的；

（三）伪造、隐匿、销毁证据的；

（四）其他依法从重处理情形的。

第十二条 违反新农合制度规定，有下列情形之一的，可以从轻或者减轻处理：

（一）主动消除或者减轻新农合违法违纪行为危害后果的；

（二）主动交代违反新农合制度规定事实的，或者检举、揭发他人违反新农合制度规定情况属实的；

（三）受他人胁迫实施新农合违法违纪行为的；

（四）其他依法从轻或者减轻处理情形的。

违法违纪行为轻微并及时纠正，没有造成危害后果的，可以免予处理。

第十三条 对发生严重新农合违法违纪行为的，由上级行政机关给予通报。

第十四条 本办法第二条规定之外的公民、法人以及其他组织，违反新农合制度相关规定的，参照本办法的有关规定处理。

第十五条 法律、法规对新农合违法违纪责任追究另有规定的，从其规定。

第十六条 本办法自2011年5月1日起施行，2005年12月20日颁布的《山东省人民政府办公厅转发省监察厅等四部门〈关于违反新型农村合作医疗制度行政处分规定（试行）〉的通知》（鲁政办发〔2005〕96号）同时废止。

（二）规范性文件

山东省人民政府办公厅关于清理规范行政事业性收费项目的通知（摘录）

（2013年8月30日　鲁政办字〔2013〕110号）

附件1

山东省2013年取消行政事业性收费项目

部门	序号	收费项目名称	设定依据
人力资源和社会保障	13	转业军官培训费	鲁财综〔2007〕6号，鲁价费发〔2007〕171号
	14	就业训练费	鲁价涉发〔1995〕124号
	15	社会保障IC卡工本费	鲁财综〔2006〕1号，鲁价费发〔2006〕74号，鲁财综〔2011〕74号；

附件 2

山东省 2013 年合并行政事业性收费项目

部门	序号	收费项目名称	设定依据	合并后项目
人力资源和社会保障	8	执业(职业)资格考试(除涉及人身健康、生命财产安全外)报名考务费	鲁价费发〔1999〕53 号,鲁价费发〔2004〕196 号	合并到中央同类项目中
	9	专业技术资格考试报名考务费	鲁价费发〔1999〕53 号,鲁价费发〔2004〕196 号	合并到中央同类项目中
	10	机关事业单位技术工人等级考核报名考务费	鲁价涉发〔1995〕300 号,鲁价费发〔1999〕53 号	与省级项目"国家公务员录用考试报名考务费"合并,更名为"机关事业单位人员录用考试报名考务费"
	11	事业单位招聘人员报名考试考务费	鲁财综〔2007〕111 号,鲁价费函〔2008〕13 号	
	12	机关事业单位工作人员劳动能力鉴定费	鲁财综〔2005〕44 号,鲁价费发〔2005〕163 号	与省级项目"企业伤病职工劳动能力鉴定费"合并,更名为"劳动能力鉴定费"

附件3

山东省2013年行政事业性收费转经营服务性收费项目

部门	序号	收费项目名称	设定依据	备注
人力资源和社会保障	2	职业技能培训、考核及鉴定费	鲁财综字〔1996〕44号,鲁价涉发〔1996〕208号,鲁价费发〔2001〕80号,鲁价费发〔2005〕174号	将职业技能考核、鉴定费合并到中央"职业技能鉴定费"中,职业技能鉴定培训费转为经营服务性收费

附件4

山东省2013年保留的省级行政事业性收费项目

部门	序号	收费项目名称	设定依据	备注
人力资源和社会保障	13	机关事业单位人员录用考试报名考务费	鲁价涉发〔1995〕269号,鲁价涉发〔1995〕300号,鲁价费发〔1999〕53号,鲁价费发〔2004〕56号,鲁价费发〔2004〕196号,鲁财综〔2007〕111号,鲁价费函〔2008〕13号	
	14	职称外语等级考试报名考务费	鲁价费发〔1999〕53号,鲁价费发〔2004〕196号	
	15	专业技术职务评审费	鲁价涉字〔1994〕第70号,鲁价费发〔2000〕235号	
	16	劳动能力鉴定费	鲁价涉发〔1994〕第181号,鲁财综〔2005〕44号,鲁价费发〔2005〕163号	

山东省人民政府关于做好国务院取消和下放行政审批项目等事项落实和衔接工作的通知（摘录）

（2013年12月21日　鲁政字〔2013〕246号）

附件2

承接国务院决定下放管理层级的行政审批项目目录

序号	项目名称	原实施机关	承接机关
23	设立技工学校审批	人力资源社会保障部、省级人民政府人力资源社会保障部门	设立普通技工学校、高级技工学校由省人力资源社会保障厅审批、设立技师学院由省政府审批
24	专科学校聘请外国专家资格认可	国家外专局	省外国专家局

附件3

取消的评比达标表彰项目目录

序号	项目名称	主办单位	备　注
2	劳动保障监察“两网化”管理标准执行情况评估	省人力资源社会保障厅	

山东省人民政府办公厅关于进一步改善劳动模范待遇的通知

（2014 年 7 月 31 日　鲁政办字〔2014〕103 号）

各市人民政府，各县（市、区）人民政府，省政府各部门、各直属机构，各大企业，各高等院校：

劳动模范（含先进工作者，以下简称“劳模”）是工人阶级和劳动群众的杰出代表。长期以来，全省广大劳模用辛勤劳动、诚实劳动、创造性劳动为经济文化强省建设作出了突出贡献。为牢固树立崇尚劳模、学习劳模、争当劳模、关爱劳模的良好风尚，进一步改善劳模待遇，经省政府同意，现就有关事项通知如下：

一、提高离退休劳模荣誉津贴标准并扩大享受范围

从 2014 年起，适当提高离退休劳模荣誉津贴标准，即：全国劳模每人每月 200 元，省部级劳模每人每月 180 元；1979 年以前（含 1979 年）获得上述荣誉称号的，在此基础上每月再增加 40 元，并向年满 60 周岁的省部级以上农民劳模（农民劳模是指与任何企事业单位没有劳动关系、从事农业生产、没有工资收入来源的人员）发放同等标准荣誉津贴。机关、企事业单位、人民团体的劳模荣誉津贴通过离退休前工资渠道解决并负责发放。所在单位确有困难的，由其主管部门解决。无主管部门或主管部门无法解决以及无单位落实待遇的，按隶属关系由同级人民政府解决并明确具体部门负责发放。农民劳模荣誉津贴所需资金，按隶属关系由县级人民政府解决，并明确具体部门负责发放。

二、加大对困难劳模的帮扶力度

建立困难劳模帮扶机制，保障在职在岗劳模工资收入不低于当地企业在岗职工上一年度人均工资的1.1倍，离退休劳模基本养老金不低于当地上一年度人均水平的1.1倍，失业劳模生活补助收入不低于当地上一年度平均基本养老金水平的1.1倍，农民劳模收入不低于当地农民上一年度人均纯收入的1.1倍，对特殊困难劳模给予及时帮扶救助。自2014年起，省财政每年继续安排省部级困难劳模帮扶专项资金，同时省总工会每年再安排部分工会经费，对收入水平低或家庭发生重大变故造成生活困难的省部级劳模实施生活困难补助和特殊困难帮扶，全国劳模按国家的帮扶救助政策和标准执行。具体帮扶救助办法由省总工会牵头另行制定。

三、落实劳模养老保险政策

各级人力资源社会保障部门、工会组织要加大监察、监督力度，督促劳模所在单位按照相关政策为劳模办理职工基本养老保险参保手续，由单位和个人足额缴纳保险费。劳模个人和所在单位缴费确有困难的，由所在地人民政府按照个案救助的办法解决。积极创造条件为城乡居民劳模办理居民基本养老保险，对确有困难的农民劳模，按隶属关系由县级人民政府解决参保问题，并明确具体负责部门，切实做到应保尽保。

四、进一步提高企业劳模养老保障水平

对目前在职在岗的省部级以上企业劳模和今后获得省部级以上劳模称号的企业劳模，所在单位按有关规定为其一次性缴纳企业年金或购买其他形式的商业养老保险。对已经退休的企业全国劳模、省部级劳模，其荣誉津贴每月再分别提高200元和160元，资金渠道按本通知有关规定执行。

五、改善劳模医疗保障待遇

确保省部级以上劳模按规定参加职工基本医疗保险和居民基本医疗保险，由单位和个人足额缴纳保险费。劳模个人和所在单位缴费确有困难的，由所在地人民政府按照个案救助的办法解决。年满60周岁确有困难的农民劳模，其个人缴费部分按隶属关系由县级人民政府解决。在职工基本医疗保险和居民基本医疗保险按规定报销医疗费用的基础上，对生活困难的劳模患者，由民政部门再按规定给予适当救助。

六、妥善解决劳模住房困难问题

符合当地住房保障条件的劳模在购买经济适用房、申请廉租住房、公共租赁住房等保障性住房时，各级政府住房保障行政主管部门应予以优先保障，同等条件下应重点保障省部级以上劳模。

七、合理解决劳模就业地落户问题

省部级以上外来务工劳模本人及其配偶和符合相关政策的子女，有在就业地（城镇）落户愿望的可以在就业地落户，并保障其在劳动报酬、子女就学、公共卫生、住房租购以及社会保障方面与就业地居民享有同等待遇。

八、积极做好劳模就业与失业保障工作

因企业停产而导致劳模失业且符合就业条件的，由劳模所在地政府帮助就业。省部级以上劳模失业，已参加失业保险且进行就业失业登记的，按规定领取失业保险金；已进行就业失业登记但未参加失业保险或领取失业保险金期满的，由所在地政府按当地失业保险金标准给予生活补助。对有劳动能力但因个人原因不愿再就业的，不予补助。

九、积极开展关心关爱劳模活动

各级工会组织、人力资源社会保障部门应当定期组织劳模进行休养和健康体检，所需经费由活动组织部门和劳模所在单位支付。劳模休养期间的工资、福利待遇正常发放。

十、着力提高劳模管理服务水平

各级工会组织和有关部门（单位）要加强协调，密切配合，形成工作合力，勇于开拓创新，不断提高为劳模服务的能力和水平。要夯实劳模管理工作基础，切实完善劳模信息数据库，及时准确掌握劳模动态，对劳模工作单位变更、职务变动、违法违纪、离退休、死亡等情况，各级工会、人力资源社会保障部门要逐级上报备案。由省级以上党委、政府或人力资源社会保障部与有关部委联合表彰的省部级以上劳模（或明确享受同等待遇的人员），有关单位要及时向省总工会、省人力资源社会保障厅报送相关登记备案材料。

上述政策自2014年8月1日起施行。有条件的单位，劳模优惠待遇可高于本通知规定的标准。

附件：享受省部级以上劳动模范待遇人员范围

附件

享受省部级以上劳动模范待遇人员范围

一、全国劳动模范

出席1950年全国工农兵劳动模范代表会、1956年全国先进生产者代表会、1959年全国“群英会”、1960年全国“文教群英会”、1977年全国工业学大庆会、1978年全国科学大会、1978年全国财贸学大庆、学大寨会、1979年工业、交通、基本建设战线全国先进企业和全国劳动模范大会、1979年农业、财贸、教育、卫生、科研战线全国先进企业和全国劳动模范大会及1989年以后历次全国劳动模范和先进工作者表彰大会并受表彰的人员（不含单位、集体、特邀代表）。经国务院批准，个别命名的劳动模范以及个别授予荣誉称号并明确规定享受全国劳动模范待遇的人员。

二、山东省劳动模范

出席1951年山东省工农兵劳动模范代表会、1956年山东省第一届先进生产者代表会、1958年山东省第二届先进生产者代表会、1959年山东省社会主义建设工业、基建、交通积极分子代表会、1960年山东省工业、交通运输、基本建设、财贸方面先进集体和先进生产者代表会、1960 年山东省教育和文化、卫生、体育、新闻方面社会主义建设先进单位和先进工作者代表会、1963 年山东省工业、交通运输、基本建设、财政贸易、文教卫生方面社会主义建设先进集体和先进生产者代表会、1966 年山东省工业、交通、财贸方面五好代表会、1975 年山东省财贸战线学大庆学大寨经验交流会、1977 年山东省工业学大庆先进代表会、1977 年山东第二次财贸学大庆学大寨先进代表会、1978 年山东省科学大会及 1982 年以后历次山东省劳动模范表彰大会并受表彰的人员（不含单位、集体、特邀代表）。经山东省人民政府批准，个别命名的劳动模范以及个别授予荣誉称号并在有关表彰文件中明确规定享受省劳动模范待遇的人员。

三、部级劳动模范

1988 年（含）以前，国务院各部委在综合性的系统奖励表彰活动中，授予“劳动英雄”“劳动模范”“先进生产（工作）者”荣誉称号的人员（指部委或系统名称+上述荣誉称号的人员）。1988 年以后，国务院各部委经人事部批准授予荣誉称号并在有关表彰文件中明确规定享受省部级劳动模范待遇的人员。

四、军队系统先模人员

曾在军队获得英模称号并已在地方工作的人员，属以下情况者，可以比照全国或省部级劳动模范享受相应待遇。

被中央军事委员会授予荣誉称号的，比照全国劳动模范享受相应待遇；被大军区级单位授予荣誉称号或者荣立一等功的（集团军以上批准或战时一等功），以及 2001 年以后被评为全国模范军队转业干部的，比照省部级劳动模范享受相应待遇。

军队授予的荣誉称号是指依据《中国人民解放军纪律条令》实施的奖励。

五、农业劳动模范

出席 1951 年山东省工农兵劳动模范代表会、1952 年山东省农业劳动模范代表会、1955 年山东省社会主义农业建设积极分子大会、1956 年山东省第二届社会主义农业建设积极分子代表会、1957 年山东省第三届社会主义农业建设积极分子代表会、1958 年山东省社会主义农业建设先进单位代表会、1959 年山东省社会主义农业建设先进单位代表会、1962 年山东省农业先进集体代表会的正式代表（不含单位、集体、特邀代表），享受省劳动模范待遇。

六、有关事项说明

1. 多次获得全国、省（部）级劳动模范荣誉称号的人员，离退休后的荣誉津贴不合并计发，按其获得最高档次荣誉称号的标准执行。

2. 在成批表彰的届次之间，被个别授予“山东省劳动模范”“先进工作者”及明确规定享受省劳动模范待遇的其他称号的人员，由省原主办部门办理确认手续。

3. 由外省调入我省工作的省及省级以上劳动模范，属国务院或省政府成批表彰的，由原调出省（区、市）总工会出具证明；个别授予劳动模范称号的，由省属主办部门出具证明方能享受荣誉津贴。

4. 按照有关规定被取消劳动模范荣誉称号的，从取消称号之日起停止享受劳动模范待遇。

山东省人民政府办公厅转发省人力资源社会保障厅等部门《关于深入推进机关事业单位“吃空饷”问题集中治理工作的实施意见》的通知

（2015 年 1 月 7 日　鲁政办发〔2015〕1 号）

各市人民政府，各县（市、区）人民政府，省政府各部门、各直属机构，各高等院校：

省人力资源社会保障厅、省委组织部、省编办、省财政厅、省审计厅《关于深入推进机关事业单位“吃空饷”问题集中治理工作的实施意见》已经省政府同意，现转发给你们，请结合实际，认真贯彻落实。

省人力资源社会保障厅等部门关于深入推进机关事业单位“吃空饷”问题集中治理工作的实施意见

为全面贯彻落实《国务院办公厅转发人力资源社会保障部等部门关于开展机关事业单位“吃空饷”问题集中治理工作意见的通知》（国办发〔2014〕65 号）要求，深入推进我省机关事业单位“吃空饷”问题治理工作，现提出以下实施意见。

一、准确把握政策，规范认定“吃空饷”情形

本次集中治理工作的范围为全省各级机关事业单位及其编制内工作人员和相关离退休人员。根据我省实际情况，这次开展

“吃空饷”问题集中治理工作，应在巩固前期清理工作成果的基础上，重点集中整治以下问题：

（一）单位“吃空饷”问题。机关事业单位隐瞒事实、虚报人员编制或实有人数套取财政资金的，属于单位“吃空饷”。

（二）个人“吃空饷”问题。有关人员不在岗而违纪违规领取工资、津贴补贴的，属于个人“吃空饷”，主要包括以下情形：

1. 在机关事业单位挂名并未实际到岗上班，领取工资、津贴补贴的；

2. 因旷工或因公外出、请假期满无正当理由逾期不归等原因，按照规定应与单位终止人事关系，但仍在原单位领取工资、津贴补贴的；

3. 已与单位终止人事关系或已办理离退休手续，仍按在职人员领取工资、津贴补贴的；

4. 已死亡或被人民法院宣告死亡、失踪，仍由他人继续领取工资、津贴补贴的；

5. 受党纪政纪处分及行政、刑事处罚等，按规定应停发或降低工资待遇，但仍未停发或按原标准领取工资、津贴补贴的；

6. 其他违纪违规领取工资、津贴补贴的。

二、强化责任，认真组织核查

（一）2015 年 1 月，各机关事业单位要按照界定的“吃空饷”情形，全面开展自查自纠。2015 年 1 月底前，各级要对机关事业单位自查自纠情况开展专项督查。各市、省直各部门（单位）要在 2015 年 2 月上旬，将《“吃空饷”集中治理情况统计表》（见附件 2）及逐级汇总核查后的“吃空饷”问题集中治理工作情况报送省人力资源社会保障厅，并抄送省委组织部、省编办、省财政厅、省审计厅，主要内容包括：集中治理工作开展情况、机关事业单位在编在岗人数、“吃空饷”人数及清理处理情况、查处责任人员及建立长效机制情况等。省人力资源社会保障厅将会同有关部门对各市及省直部门（单位）深入开展“吃空饷”集中治理工作情况进行抽查。

（二）各机关事业单位在自查自纠过程中，要在单位内部对编制内人员工资发放情况进行公示，接受干部职工监督。各级主管部门要切实发挥管理职能，严格监督所属单位的自查自纠工作，发现问题要及时纠正，防止弄虚作假。对未按要求开展自查自纠工作的所属单位，要督促其限期整改。

（三）县以上各级组织、机构编制、财政、人力资源社会保障、审计等部门要对“吃空饷”问题集中治理情况联合进行督查，并向社会公布举报信箱、电话、电子邮箱等，受理群众举报，对收到的举报线索，要认真查处，并向实名举报人进行反馈。要根据掌握的机构编制、人员基本信息、工资统发信息等，逐级对报送的情况进行核查，对机关事业单位“吃空饷”问题集中治理情况进行抽查，对群众反映强烈的单位要重点检查。通过层层核查，做到数据准、底数清和清理到位、责任追究到位。

（四）各机关事业单位主要领导是第一责任人，领导班子是集体责任人。要把这次集中治理工作作为党的群众路线教育实践活动深化整改和加强作风建设的一项重要内容，作为确保财政供养人员只减不增的重要措施。对在“吃空饷”问题治理工作中隐瞒不报、敷衍了事、弄虚作假、顶风违纪的单位和人员，要从严追究相应责任，并予以通报。

三、严肃纪律，严格清理查处

（一）对出现“吃空饷”问题的机关事业单位和人员，要追缴“吃空饷”资金，上缴同级财政；对占编“吃空饷”单位，机构编制部门要核减相应编制，财政部门要核减相应预算和经费，对造成“吃空饷”负有第一责任和集体责任的领导人员以及相关责任人员，要按照有关规定，追究党纪政纪责任，涉嫌违法犯罪的，要及时移交司法机关。

（二）对“吃空饷”人员，要依据不同情形进行处理。对在机关事业单位挂名未实际到岗工作的，要进行清退；对应当终止人事关系的，要按照规定作出人事处理决定，办理相关手续；对已与单位终止人事关系或已办理离退休手续的，要核销工资关系；对工资和津贴补贴处理未到位的，要按照政策及时处理到位。对利用职权让亲属或他人在机关事业单位“吃空饷”的领导干部，要依法依规予以严肃处理。

（三）对调出机关事业单位仍在原单位领取工资、津贴补贴的人员，要按照政策规定予以纠正；对虽未在原单位领取工资、津贴补贴但按照规定应当终止人事关系的人员，以及已达到退休年龄未按规定办理退休手续的人员，要尽快办理人事关系终止或退休手续。

四、综合治理，建立长效机制

（一）进一步强化机关事业单位人事管理。机关事业单位要全面了解和掌握国家有关规定，严格执行组织人事和财经政策。要严格人员考核管理，加大日常考核力度，防止因管理松懈造成新的人员在编不在岗；严格人事管理流程，规范机关事业单位工作人员流动、退休、亡故、处分、辞职辞退、解除聘用合同等环节的管理，及时修改或核销人员信息资料，并相应调整处理有关工资待遇。

（二）进一步完善政策，堵塞管理漏洞。要全面分析、查找机构编制、财经、人事等政策制度及其执行方面存在的薄弱环节，健全完善各项政策和管理制度。组织、人力资源社会保障部门要加大对机关事业单位人事管理“进、管、出”环节的综合管理力度，严格执行公务员登记制度，完善事业单位工作人员实名统计制度；机构编制部门要积极推进机构编制信息公开，全面推行机构编制实名制管理制度；财政部门要加强财政资金管理；审计部门在部门预算执行、地方财政收支和党政主要领导干部经济责任等审计项目中，要把查处机关事业单位“吃空饷”问题作为审计工作的重要内容。加快实现机构编制、组织、人力资源社会保障、财政部门相关数据与信息共享和对接。

（三）进一步加强对机关事业单位人员管理工作的监督。机关事业单位要及时采集、随时更新工作人员信息和工资信息，在内部定期公示，并对反映的情况及时核实处理。组织、机构编制、财政、人力资源社会保障等部门要开展定期和不定期专项监督检查，严格规范机关事业单位人事管理。要加强社会监督，进一步健全监督举报制度，公布监督举报电话、网站，随时受理举报并及时调查核实。要加强舆论监督，对新闻媒体反映的“吃空饷”问题，要及时核查，并反馈调查结果。对情节特别严重的典型案例，要通过媒体进行曝光，并向社会公开治理结果。

五、加强领导，确保扎实有效

按照中央要求，我省成立机关事业单位“吃空饷”问题集中治理领导小组，领导小组办公室设在省人力资源社会保障厅。各级、各部门要成立由政府、部门负责同志牵头的集中治理工作领导小组，明确职责分工，强化工作责任，形成工作合力，精心部署落实。要加强宣传引导，为集中治理工作营造良好氛围，同时要密切关注舆情，正确引导舆论。在治理过程中要准确把握和落实有关政策，注意做好政策解释和相关人员的思想政治工作。

附件：1. 山东省“吃空饷”问题集中治理工作领导小组成员名单

2. “吃空饷”问题集中治理情况统计表

（附件本书略）

山东省人民政府办公厅关于加快30万吨以下煤矿关闭退出工作的实施意见（摘录）

（2015年5月15日　鲁政办字〔2015〕90号）

四、关闭扶持政策

（二）妥善分流安置职工。按照我省加强淘汰落后产能职工安置工作有关部署，积极稳妥地做好职工分流安置工作。分流人员原则上由其主体企业在本系统内安置，通过扩能改造的煤矿应优先安置分流职工；重新进行社会再就业的人员按照国家和省的有关政策规定办理。关闭煤矿与职工解除劳动合同的，应按照国家有关规定给予经济补偿；拖欠职工的工资、医疗费等，应一次性偿清；拖欠的各项社会保险费应一次性向主管社会保险经办机构补足，并办理失业登记手续。养老保险省直管企业的职工，与原单位解除或终止劳动关系后，其养老保险关系应及时转到户口所在地设区的市或县（市、区）社会保险经办机构。

山东省人民政府办公厅关于清理规范行政事业性收费项目的通知（摘录）

（2015 年 11 月 19 日　鲁政办字〔2015〕224 号）

附件 1

山东省 2015 年取消、转经营省级批准行政事业性收费项目表

部门	序号	收费项目	清理意见	备　注
人力资源社会保障	6	职称外语等级考试报名考务费	取消	取消此项目，按国家规定，执行中央批准的专业技术人员职称外语等级考试项目
	7	劳动能力鉴定费		

附件 2

山东省 2015 年保留省级批准行政事业性收费项目表

部门	序号	收费项目
人力资源社会保障	6	机关事业单位人员录用考试报名考务费
	7	专业技术职称评审费

山东省人民政府关于减轻企业税费负担降低财务支出成本的意见（摘录）

（2016 年 4 月 13 日　鲁政发〔2016〕10 号）

二、降低企业社会保障性支出

8. 降低养老保险单位缴费费率。企业职工基本养老保险单位缴费比例高于 18%的市，应逐步降至 18%。因单位缴费比例调整形成的基金收支缺口，通过企业职工基本养老保险省级调剂金给予适当补助。

9. 降低职工基本医疗保险费率。统筹基金累计结存规模超过 12 个月的地区，2016 年适当降低职工基本医疗保险单位缴费比例，具体由各统筹地区自行确定。按照国家统一部署，推进生育保险和基本医疗保险合并实施，并根据合并后基金运行情况，适时调整费率。

11. 减轻建筑行业用工缴费负担。2016—2018 年，将建筑企业养老保障金提取比例由 2.6%下调为 1.3%。对大型或跨年度的工程，一次性缴纳建筑企业养老保障金确有困难的，可分期缴纳。对上一年从未拖欠工程款的建设单位、从未拖欠农民工工资的施工单位、建筑市场信用考核优秀的企业，可免予缴存建筑劳务工资保证金。

山东省人民政府关于2016年第一批削减省级行政许可等权力事项的通知（摘录）

（2016年5月17日　鲁政字〔2016〕108号）

序号	类别	实施机关	项目名称	处理决定	备注
（一）取消行政权力事项，55项（其中行政许可23项，行政确认1项，其他行政权力31项）					
14	行政许可	省人力资源社会保障厅	专科及中等以下教育机构聘请外国专家资格认可	取消	
（二）整合后减少行政许可事项，1项					
56	行政许可	省人力资源社会保障厅	外国人入境就业许可	此2项整合为“外国人来华工作许可”	
57	行政许可	省人力资源社会保障厅	外国专家来华工作许可		

山东省人民政府关于2016年第二批削减省级行政权力事项的通知（摘录）

（2016年12月26日　鲁政字〔2016〕297号）

序号	类别	实施机关	项目名称	处理决定	备注
1	其他行政权力	人力资源社会保障厅	博士后研究人员专业技术职称审定	整合为“高级专业技术职务资格审定”	
2	其他行政权力	人力资源社会保障厅	高级专业技术职务资格审批工作		

山东省人民政府办公厅关于印发《山东省人力资源和社会保障厅(山东省外国专家局)主要职责内设机构和人员编制规定》的通知

(2017年3月15日　鲁政办发〔2017〕8号)

各市人民政府，省政府各部门、各直属机构，各大企业，各高等院校：

按照省委、省政府推进简政放权、转变政府职能的部署要求，省编委对省人力资源社会保障厅“三定”规定进行了修改完善。修订后的《山东省人力资源和社会保障厅（山东省外国专家局）主要职责内设机构和人员编制规定》已经省政府批准，现予印发。

山东省人力资源和社会保障厅（山东省外国专家局）主要职责内设机构和人员编制规定

根据中共中央、国务院批准的《山东省人民政府职能转变和机构改革方案》(厅字〔2014〕16号)，设立山东省人力资源和社会保障厅，挂山东省外国专家局牌子，为省政府组成部门。

一、职能转变

（一）取消、下放的职责。

取消、下放已由国务院、省政府公布取消、下放的行政审批事项。

（二）增加的职责。

1. 参与监督省社会保障基金管理运营情况。

2. 会同有关部门拟订全省机关事业单位职业年金的具体办法，对落实职业年金制度执行情况进行监督检查。

3. 组织实施居民基本医疗保险制度，建立新的城乡居民基本医疗保险体系。

4. 与有关部门共同审核机关事业单位用编进人计划。

（三）加强的职责。

1. 推进就业创业，加强职业技能培训，健全公共就业创业服务体系。

2. 优化行政许可事项办理流程，加强事中事后监管。

二、主要职责

（一）贯彻执行人力资源社会保障法律、法规和方针、政策，负责起草人力资源和社会保障地方性法规、规章草案；拟订全省人力资源和社会保障事业发展规划和政策，并组织实施和监督检查。

（二）拟订人力资源市场发展规划和人力资源流动政策，建立统一规范的人力资源市场，促进人力资源合理流动和有效配置；拟订人力资源服务业发展规划和政策；健全人力资源市场监管体系。

（三）负责促进就业创业工作；拟订统筹城乡就业创业发展规划和政策，完善城乡劳动者平等就业制度、就业援助制度和职业培训制度，健全公共就业创业服务体系；牵头拟订高校毕业生就业创业政策；负责就业、失业预测预警和信息引导，拟订应对预案，实施预防、调节和控制，保持就业形势稳定。

（四）统筹建立覆盖城乡的社会保障体系；拟订城乡社会保险及其补充保险政策、标准并组织实施；组织拟订全省统一的社会保险关系转续办法和基本养老保险省级统筹办法；拟订机关企事业单位基本养老保险政策并逐步提高基金统筹层次；会同有关部门拟订社会保险及其补充保险基金管理和监督制度；编报全省社会保险基金预决算建议草案；参与制定全省社会保险基金投资政策，参与监督省社会保障基金管理运营情况；负责社会保险基金预测预警和信息引导，拟订应对预案，实施预防、调节和控制，保持社会保险基金总体收支平衡。

（五）负责政府人才综合管理工作；拟订人才开发地方性法规、规章草案；参与深化人才发展体制机制改革工作；组织拟订全省专业技术人才、高技能人才规划、政策以及留学回国人员来我省创新创业政策，并组织实施；健全落实博士后制度；协调推进全省人才服务体系建设；负责非教育系统公派留学管理工作；拟订专业技术人员管理和继续教育政策；牵头深化职称制度改革工作；推进职业资格制度改革；拟订全省技工院校及职业培训机构发展规划、政策并组织实施；负责配合有关部门指导本系统、本行业社会组织党建工作。

（六）负责行政机关公务员综合管理；会同有关部门组织落实国家荣誉制度，拟订政府奖励制度并组织实施；负责全省事业单位人事综合管理工作，指导全省事业单位人事制度改革，拟订事业单位人员和机关工勤人员人事管理政策；拟订有关人员调配政策和援建地区、重点建设项目人员安置政策。

（七）会同有关部门拟订全省机关、事业单位人员工资收入分配政策，拟订企业人员工资收入分配调控政策，建立健全机关企事业单位人员工资正常增长和支付保障机制；拟订机关企事业单位人员福利和离退休政策。

（八）综合管理全省引进国外智力、赴国（境）外培训；拟订全省引进国外智力规划和政策，编报引进国外智力专项经费预算，并监督实施；负责全省出国（境）培训项目及人员的审批、审核、备案；组织实施重点出国（境）培训项目和聘请外国专家规划；拟订国（境）外人员来我省工作政策；拟订国（境）外专家来我省定居政策；指导全省人力资源和社会保障方面的对外交流工作。

（九）会同有关部门拟订军队转业干部安置政策和安置计划；负责军队转业干部培训工作；指导自主择业军队转业干部管理服务工作。

（十）会同有关部门拟订农民工工作规划和政策，并组织实施；协调解决重点难点问题，维护农民工合法权益。

（十一）统筹拟订劳动人事争议调解仲裁制度和劳动关系政策，完善劳动关系协调机制；拟订消除非法使用童工政策和女工、未成年工的特殊劳动保护政策；组织实施劳动监察，协调劳动者维权工作，依法查处违法案件。

（十二）承办省委、省政府交办的其他事项。

三、内设机构

根据上述职责，省人力资源社会保障厅（省外国专家局）设 26 个职能处室。

（一）办公室。

负责文电、会务、应急值班、机要、档案、督查等机关日常运转工作，承担政府信息和政务公开、安全、保密、信访、建议提案办理等工作。

（二）人事处。

负责厅机关和直属单位、省公务员局的机构编制、人事管理、社会保障工作；组织指导本系统的教育培训工作。

（三）政策研究处。

牵头负责拟订全省人力资源和社会保障政策；负责综合调研和重要文稿起草工作；负责新闻宣传和信息工作。

（四）法规处（挂行政许可处牌子）。

负责起草相关地方性法规、规章草案；负责厅机关有关规范性文件的合法性审查工作；牵头推进行政审批制度改革和职能转变相关工作；负责行政许可事项的受理、办理和组织协调工作；承担行政复议、行政应诉、行政执法监督有关工作；负责人力资源和社会保障法律法规的普及工作。

（五）规划财务处。

拟订全省人力资源和社会保障事业发展规划和年度计划；与有关部门共同审核机关事业单位用编进人计划；负责编报全省社会保险基金预决算建议草案；参与拟订社会保障资金（基金）财务管理制度；负责有关信息规划和统计管理工作；负责国际援贷款等项目资金管理工作；编制部门预决算；负责厅机关并指导直属单位财务、国有资产管理和内部审计工作。

（六）就业促进与失业保险处（挂农民工工作处牌子）。

拟订全省就业创业、失业保险和农民工工作规划、政策并组织实施，促进劳动者平等就业、劳动力转移就业和跨地区有序流动；参与拟订专项就业资金使用管理办法；拟订预防、调节和控制较大规模失业的政策；拟订全省失业人员登记管理办法及相关待遇政策；组织拟订推动家庭服务业发展促进就业的相关规划、政策及标准；健全公共就业创业服务体系；建立失业预测预警制度；参与拟订国（境）外人员来我省工作政策；推动落实农民工相关政策，协调解决涉及农民工的重点难点问题和重大事件。

（七）高校毕业生就业处。

牵头拟订高校毕业生就业创业政策，指导全省大中专毕业生、毕业研究生就业创业工作。

（八）人力资源市场处。

拟订人力资源流动和市场发展政策；参与拟订人力资源服务业发展规划和政策；拟订完善人力资源市场监管制度；负责监督管理人力资源服务机构和人力资源市场活动；拟订工作人员调配政策，按规定承办有关工作人员调配工作；负责援建地区、重点建设项目人员选调派遣及内调人员安置工作；承办为驻外使领馆、商务机构选派工勤服务人员工作。

（九）省军官转业安置办公室。

拟订军队转业干部安置、培训政策和安置计划；完善安置和培训制度，负责省直机关企事业单位及中央驻济有关单位军转干部安置和培训工作；负责协调军队转业干部随调随迁家属的安置工作；指导自主择业军队转业干部管理服务工作。

（十）人才开发处。

负责政府人才综合管理工作；拟订人才开发地方性法规、规章草案；组织拟订全省专业技术人才和高技能人才规划、政策以及留学回国人员来我省创新创业政策，并组织实施；承担有突出贡献的中青年专家、享受政府特殊津贴人员及学术、技术（技能）带头人的选拔、管理有关工作；拟订院士工作的有关政策规定并组织实施，配合做好院士遴选工作；完善落实博士后制度；协调推进全省人才服务体系建设；负责非教育系统公派留学工作；承担省人才工作领导小组交办事项。

（十一）职业能力建设处。

拟订全省城乡劳动者职业培训规划、政策；拟订全省技工院校及职业培训机构发展规划、政策并组织实施；完善职业技能资格制度；拟订全省机关企事业单位工人技术等级、职业技能考核鉴定的政策、办法并监督实施；组织实施国家职业分类、职业技能国家标准和行业标准；指导监督全省职业技能鉴定工作；负责指导本系统、本行业社会组织党建相关工作。

（十二）专业技术人员管理处。

拟订专业技术人员管理和继续教育政策并组织实施；负责深化职称制度改革工作；拟订专业技术职务资格的评审、考核认定、考试政策规定并组织实施；负责高级专业技术职务评审委员会的综合管理工作；负责高级专业技术职务资格审批工作；组织实施专业技术人员职业资格制度。

（十三）事业单位人事管理处。

指导全省事业单位人事制度改革和人事管理工作；拟订事业单位人员和机关工勤人员人事管理政策并组织实施；按照管理权限，承办事业单位岗位设置方案的备案、核准和聘用人员的备案工作；拟订事业单位工作人员公开招聘、竞聘、考核、奖惩等政策并组织实施；拟订省属事业单位公开招聘工作人员政策并组织实施；拟订事业单位招聘国（境）外人员（不含专家）政策。

（十四）劳动关系处。

拟订劳动关系政策；拟订劳动合同、集体合同制度实施规范；健全协调劳动关系三方制度；拟订全省企业职工工资收入分配调控政策和实施办法，指导和监督国有企业工资总额；拟订完善省管企业薪酬管理政策，审核认定省管企业年度在岗职工平均工资；负责指导和监督省管企业负责人薪酬分配；拟订改革改制、关闭破产企业职工权益保障政策并组织实施；拟订最低工资标准和企业工资指导线并组织落实；指导劳动标准制定工作；拟订消除非法使用童工政策和女工、未成年工的特殊劳动保护政策并监督实施；参与有关企业劳动模范推荐评选工作。

（十五）工资福利处。

综合管理全省机关、事业单位工资福利工作；拟订全省机关、事业单位工作人员工资收入分配、福利和离退休政策并组织实施；管理省属事业单位工资总额；负责省直机关、事业单位工资统一发放的审核工作；会同有关部门拟订机关、事业单位工作人员参加工作时间的确定及工龄计算的规定；参与指导协调机关、事业单位离退休人员的管理服务工作。

（十六）职工养老保险处。

拟订全省机关企事业单位基本养老保险及其补充养老保险政策，逐步提高基金统筹层次；拟订基本养老保险费率和费基及养老保险费征缴政策；拟订基本养老金领取条件、基本养老保险待遇项目和给付标准；拟订基本养老保险费用社会统筹、个人账户管理政策；拟订养老保险社会化管理服务事业发展规划；拟订养老保险基金预测预警制度。

（十七）职工医疗保险处。

拟订全省职工医疗保险、生育保险规划、政策和标准；组织拟订基本医疗保险和生育保险的药品目录、诊疗项目、高值医用耗材、医疗服务设施的范围及支付标准；负责拟订定点医药机构申请条件细则并对实施情况进行监督管理；拟订职工疾病、生育期间的待遇政策及标准；拟订机关企事业单位补充医疗保险政策和管理办法；会同有关部门拟订职工长期护理保险政策和管理办法。

（十八）工伤保险处。

拟订全省工伤保险规划、政策和标准；完善工伤预防、认定和康复政策；拟订劳动能力鉴定办法并组织实施；组织拟订康复机构、残疾辅助器具安装机构的资格标准；拟订工伤待遇政策；审定机关、企事业单位工作人员伤残等级；组织实施省属驻济机关事业单位工作人员工伤认定工作。

（十九）居民养老保险处。

拟订全省居民基本养老保险规划、政策、标准并组织实施；拟订被征地农民社会保障政策并组织实施；拟订征地方案中有关被征地农民社会保障措施的审核办法并监督实施；指导监督居民基本养老保险经办机构业务工作。

（二十）居民医疗保险处。

拟订全省城乡居民基本医疗保险规划、政策和标准；参与拟订基本医疗保险的药品目录、诊疗项目、高值医用耗材目录、医疗服务设施的范围及支付标准；拟订全省居民大病保险政策和管理办法；参与拟订定点医药机构申请条件细则并对实施情况进行监督管理；指导监督居民医疗保险经办机构业务工作。

（二十一）社会保险基金监督处。

拟订全省社会保险及其补充保险基金监督制度并组织实施；依法监督社会保险及其补充保险基金征缴、支付、管理和运营；组织查处基金管理的重大案件；参与监督省社会保障基金管理运营情况。

（二十二）调解仲裁管理处。

拟订全省劳动人事争议调解仲裁政策并组织实施；指导全省

劳动人事争议调解仲裁工作；指导开展劳动人事争议预防工作；依法组织处理劳动人事争议。

（二十三）劳动监察处。

拟订全省劳动保障监察制度并组织实施；协调劳动者维权工作，组织处理有关突发事件；指导全省劳动监察工作。

（二十四）引智综合处。

拟订全省引进国外智力规划、政策并组织实施；负责引智成果的评估、推广和引智示范基地管理工作；承办相关国际交流与合作事项；负责引进国外智力信息管理及宣传工作；编报引进国外智力专项经费预算；协调处理引进国外智力重大事项。

（二十五）外国专家管理处。

拟订国（境）外人员来我省工作政策；拟订国（境）外专家来我省定居政策；负责国家和省专项经费资助的聘请外国专家计划审核报批；组织实施国家和省聘请外国专家项目；负责指导、监督全省外国人来华工作的相关工作；承办“齐鲁友谊奖”的评选、表彰工作。

（二十六）出国培训管理处。

拟订全省出国（境）培训管理办法、年度计划并组织实施；负责全省出国（境）培训项目审核工作；组织实施重点出国（境）培训项目；负责有关出国（境）培训监督检查工作。

离退休干部处。负责厅机关、省公务员局离退休人员的管理服务工作，指导厅直属单位离退休人员的管理服务工作。

机关党委。负责厅机关和直属单位、省公务员局党的建设和群团工作，日常工作由人事处承担。

四、人员编制

省人力资源社会保障厅（省外国专家局）机关行政编制 175 名（含专职党务工作人员），配备厅长 1 名、副厅长 6 名，省外国专家局局长 1 名（副厅级），正处级领导职数 28 名（含机关党委专职副书记 1 名）、副处级领导职数 43 名。

五、部门职责分工

（一）关于职业卫生监管。

省人力资源社会保障厅：

1. 负责劳动合同制度实施情况监管工作，督促用人单位依法签订和履行劳动合同。

2. 依据职业病诊断结果，做好职业病人的社会保障工作。

省卫生计生委：

1. 负责会同省安监局、省人力资源社会保障厅等有关部门起草职业病防治地方性法规、规章草案，拟订职业病防治规划，组织实施国家职业卫生标准。2. 负责监督管理职业病诊断与鉴定工作。3. 组织开展重点职业病监测和专项调查，开展职业健康风险评估，研究提出职业病防治对策。4. 负责化学品毒性鉴定、个人剂量监测、放射防护器材和含放射性产品检测等技术服务机构的资质认定和监督管理；审批承担职业健康检查、职业病诊断的医疗卫生机构并进行监督管理，规范职业病的检查和救治；会同相关部门加强职业病防治机构建设。5. 负责医疗机构放射性危害控制的监督管理。6. 负责职业病报告的管理和发布，组织开展职业病防治科学研究。7. 组织开展职业病防治法律法规和防治知识的宣传教育，开展职业人群健康促进工作。

省安监局：

1. 起草职业卫生监管地方性法规、规章草案。组织拟订全省职业卫生标准中的用人单位（不含煤矿，下同）职业危害因素工程控制、职业防护设施、个体职业防护等相关标准。2. 负责用人单位职业卫生监督检查工作，依法监督用人单位贯彻执行国家和省有关职业病防治法律法规和标准情况。组织查处职业危害事故和违法违规行为。3. 负责新建、改建、扩建工程项目（不含煤矿）和技术改造、技术引进项目（不含煤矿）的职业卫生“三同时”审查及监督检查。负责监督管理用人单位职业危害项目申报工作。4. 负责职业卫生检测、评价技术服务机构

（不含煤矿）的资质认定和监督管理工作。组织指导并监督检查有关职业卫生（不含煤矿）培训工作。5. 负责监督检查和督促用人单位依法建立职业危害因素检测、评价、劳动者职业健康监护、相关职业卫生检查等管理制度；监督检查和督促用人单位提供劳动者健康损害与职业史、职业危害接触关系等相关证明材料。6. 负责汇总、分析职业危害因素检测、评价、劳动者职业监护等信息，向相关部门和机构提供职业卫生监督检查情况。

省总工会：依法参与职业危害事故调查处理，反映劳动者职业健康方面的诉求，提出意见和建议，维护劳动者合法权益。

（二）关于烈属抚恤。

省人力资源社会保障厅负责指导属于《工伤保险条例》适用范围的烈士一次性工亡补助金、供养亲属抚恤金发放工作。

省民政厅负责革命烈士褒扬工作；指导烈士褒扬金、一次性抚恤金和烈属定期抚恤金等相关抚恤政策的落实。

（三）关于行政复议。

省法制办负责统一受理、审理省级行政复议案件。省人力资源社会保障厅负责依法提交作出原行政行为的相关证据及行政复议答复材料，履行行政复议决定。

六、其他事项

管理省公务员局。省公务员局的人事、党务、财务后勤、离退休干部工作，由省人力资源社会保障厅管理。

七、附则

本规定由省机构编制委员会办公室负责解释，其调整由省机构编制委员会办公室按规定程序办理。

山东省人民政府办公厅关于印发《山东省公务员局主要职责内设机构和人员编制规定》的通知

（2017年3月15日　鲁政办发〔2017〕15号）

各市人民政府，省政府各部门、各直属机构，各大企业，各高等院校：

按照省委、省政府推进简政放权、转变政府职能的部署要求，省编委对省公务员局“三定”规定进行了修改完善。修订后的《山东省公务员局主要职责内设机构和人员编制规定》已经省政府批准，现予印发。

山东省公务员局主要职责内设机构和人员编制规定

根据中共中央、国务院批准的《山东省人民政府职能转变和机构改革方案》(厅字〔2014〕16号)，设立山东省公务员局，由山东省人力资源和社会保障厅管理。

一、职能转变

1. 增加承办省政府任命的国家工作人员宪法宣誓有关事项职责。

2. 增加承担省评比达标表彰工作协调小组日常工作职责。

二、主要职责

（一）会同有关部门拟订全省公务员分类、录用、登记、考核、奖惩、任用、培训、调任、辞职、辞退等方面的实施办法；

拟订事业单位工作人员参照公务员法管理办法和聘任制公务员管理办法，并组织实施和监督检查。

（二）拟订公务员行为规范，推动职业道德建设和能力建设；贯彻执行公务员职位分类标准，并拟订有关政策和管理办法；依法对公务员实施监督；负责公务员信息统计管理工作。

（三）完善公务员考试录用制度，负责组织全省公务员、参照公务员法管理单位工作人员的考试录用工作。

（四）拟订公务员培训规划、计划和标准，组织实施公务员培训项目，完善公务员考核制度。

（五）组织实施公务员申诉控告制度，保障公务员合法权益。

（六）会同有关部门组织落实国家荣誉制度，拟订政府奖励制度，审核以省政府名义实施的奖励事项，指导和协调政府奖励工作。

（七）依法办理省政府提请省人大常委会决定任免工作人员和省政府任免工作人员的有关事项，承办省政府任命的国家工作人员宪法宣誓有关事项。

（八）承办省委、省政府及省人力资源社会保障厅交办的其他事项。

三、内设机构

根据上述职责，省公务员局设5个职能处室。

（一）综合处。

组织起草有关公务员管理综合性政策规定；拟订事业单位工作人员参照公务员法管理办法并组织实施；拟订公务员申诉控告实施办法；依法监督公务员法律法规实施情况；负责公务员信息统计管理工作；负责局机关文电、机要、档案和信访等工作。

（二）职位管理处。

拟订公务员职位分类实施办法和公务员非领导职务设置办法

并组织实施；拟订聘任制公务员管理办法、公务员职务任免与升降、交流与回避、辞职辞退办法并组织实施；负责公务员日常登记、备案管理工作；依法办理省政府提请省人大常委会决定任免工作人员和省政府任免工作人员的有关事项，承办省政府任命的国家工作人员宪法宣誓有关事项。

（三）考试录用处。

完善公务员考试录用制度；组织管理全省公务员、参照公务员法管理单位工作人员的考试录用工作；拟订新录用人员试用期管理办法；指导考试命题专家队伍建设，负责面试考官资格认定管理工作。

（四）考核奖惩处（挂山东省表彰奖励办公室牌子）。

拟订公务员考核、奖励、惩戒实施办法；会同有关部门组织落实国家荣誉制度，拟订政府奖励制度，审核以省政府名义实施的奖励事项，指导和协调政府奖励工作；承办公务员荣誉称号的授予、表彰事项；依法对公务员实施监督；承担省评比达标表彰工作协调小组办公室具体工作。

（五）培训教育处。

拟订全省公务员培训和在职教育规划、政策和标准并组织实施；组织公务员对口培训、省直机关公务员培训工作；拟订公务员行为规范，推动职业道德建设和能力建设。

四、人员编制

省公务员局机关行政编制 31 名，配备局长 1 名、副局长 2 名，正处级领导职数 5 名、副处级领导职数 9 名。

五、其他事项

（一）省公务员局职责中涉及的公务员和参照公务员法管理单位工作人员的范围分别是：行政机关公务员、行政机关所属的参照公务员法管理单位工作人员。

（二）省公务员局的人事党务、机关财务后勤、离退休干部事务，由省人力资源社会保障厅管理。

六、附则

本规定由省机构编制委员会办公室负责解释，其调整由省机构编制委员会办公室按规定程序办理。

山东省人民政府关于2017年第一批削减省级行政权力事项和清理规范行政审批中介服务收费项目的通知（摘录）

（2017年5月15日　鲁政字〔2017〕82号）

2017年第一批削减省级行政权力事项目录

序号	实施机关	事项类别	主项名称	子项名称	处理决定	备注
4	省人力资源社会保障厅	行政许可	辖区内外国人来华工作许可		下放至设区市人民政府人力资源社会保障部门	属于“外国人来华工作许可”部分内容，下放后，省级事项名称调整为“中央和省直驻济单位外国人来华工作许可”
5		其他行政权力	高等学校副教授评审权审批		取消	属于“高级专业技术职务资格审定”子项“高级专业技术职务资格备案”部分内容

山东省人民政府关于2017年第二批削减省级行政权力事项的通知（摘录）

（2017年12月19日　鲁政字〔2017〕220号）

2017年第二批下放省级行政权力事项表

序号	部门	事项类别	事项名称	子项名称	处理决定	备注
1	省人力资源社会保障厅	其他行政权力	企业裁减人员方案备案		下放至设区的市人民政府人力资源社会保障部门	

中共山东省委组织部 省人力资源和社会保障厅转发《中共中央组织部、人力资源和社会保障部关于机关事业单位县处级女干部和具有高级职称的女性专业技术人员退休年龄问题的通知》的通知

（2015年2月28日 鲁组发〔2015〕12号）

各市党委组织部和政府人力资源和社会保障局，省委各部委、省政府各部门干部（人事）处，各人民团体组织（人事）部，各高等院校党委组织部：

现将《中共中央组织部、人力资源和社会保障部关于机关事业单位县处级女干部和具有高级职称的女性专业技术人员退休年龄问题的通知》（组通字〔2015〕14号）转发给你们，请结合实际认真贯彻执行。本通知自2015年3月1日起执行，以前发布的相关通知，凡与本通知不一致的，以本通知为准。

中共中央组织部 人力资源和社会保障部关于机关事业单位县处级女干部和具有高级职称的女性专业技术人员退休年龄问题的通知

各省、自治区、直辖市党委组织部、政府人力资源社会保障厅（局），中央和国家机关各部委、各人民团体干部人事部门，新疆生产建设兵团党委组织部、人力资源社会保障局，部分高等学

校党委：

为充分发挥女领导干部和女性专业技术人员的作用，经研究并报中央领导同志同意，现就机关事业单位县处级女干部和具有高级职称（含正、副高级，下同）的女性专业技术人员退休年龄问题通知如下。

一、党政机关、人民团体中的正、副县处级及相应职务层次的女干部，事业单位中担任党务、行政管理工作的相当于正、副处级的女干部和具有高级职称的女性专业技术人员，年满六十周岁退休。

二、上述女干部和具有高级职称的女性专业技术人员如本人申请，可以在年满五十五周岁时自愿退休。

三、年满六十周岁的少数具有高级职称的女性专业技术人员，因工作需要延长退休年龄的，仍按照《国务院关于高级专家离休退休若干问题的暂行规定》（国发〔1983〕141号）、《人事部关于高级专家退（离）休有关问题的通知》（人退发〔1990〕5号）有关规定执行。

四、凡已办理退休手续的县处级女干部和具有高级职称的女性专业技术人员，不适用本通知，不予追溯。

五、县处级女干部和具有高级职称的女性专业技术人员退休年龄政策，社会关注度高，政策性强，涉及干部人才的切身利益，各地各部门要加强领导，认真研究和解决工作中出现的问题，做好思想政治工作，确保政策平稳落实。

六、本通知自2015年3月1日起执行，由中共中央组织部、人力资源社会保障部负责解释。

九、山东省人力资源社会保障厅文件

山东省人力资源和社会保障厅关于进一步加强淘汰落后产能职工安置工作的通知

（2011年1月7日　鲁人社发〔2011〕2号）

各市人力资源和社会保障局，省直有关部门：

为认真贯彻落实省政府《关于贯彻落实国发〔2010〕7号文件进一步加强淘汰落后产能工作的通知》精神，进一步做好“十二五”时期淘汰落后产能企业职工安置工作，现结合我省实际就有关工作通知如下。

一、统一思想认识，认真履行部门职责。节能减排、淘汰落后产能，是贯彻落实科学发展观、转变经济增长方式、调整经济结构、提高经济增长质量和效益的迫切需要，是建设资源节约型、环境友好型社会的必然选择，是构建社会主义和谐社会的重大举措，也是当前我省经济社会发展的重要任务之一。各级人力资源社会保障部门要进一步增强大局意识、责任意识和服务意识，按照省政府的总体要求和工作部署，找准工作的切入点和结合点，加强与有关部门的协调配合，妥善做好职工分流安置工作，确保淘汰落后产能工作顺利推进。

二、严格掌握政策，积极稳妥地做好职工安置工作。淘汰落后产能企业要在当地政府的领导下，本着因地制宜、因企制宜的原则，根据国家有关规定制定职工安置方案，经职工代表大会或职工大会讨论通过，并向人力资源社会保障部门报告后组织实施。要坚持分类指导，多渠道安置职工。安置分流人员，原则上关停企业应由其主管部门或主体企业在系统内安置；技术改造项目和新建、扩建项目应当优先安置分流职工，暂时不能安置上岗的，企业应当组织学习培训，搞好知识、技能和人员储备；当地政府应组织协调有关企业做好安置工作。

（一）劳动关系问题的处理。淘汰落后产能企业关闭破产与职工解除劳动合同的，应当按照国家有关规定给予经济补偿；拖欠职工的工资、医疗费等，应一次性偿清；拖欠的各项社会保险费应一次性向主管社会保险经办机构补足。

（二）养老保险问题的处理。淘汰落后产能企业要认真做好职工的养老保险关系转移接续。重新就业的人员要按规定继续参保缴费。要妥善做好企业离退休人员的安置，按照省委办公厅、省政府办公厅《关于转发省委组织部等 7 部门关于做好改制重组以及关停破产企业离休干部工作的意见的通知》（鲁厅〔2005〕8 号）规定，保障好离休干部的各项待遇，并切实做好退休人员的社会化管理服务工作。涉及养老保险相关费用的预留问题，按照国家和省的有关政策规定办理。

（三）医疗保险问题的处理。淘汰落后产能企业离休干部的管理和医疗费用的预留按照省委办公厅、省政府办公厅《关于转发省委组织部等七部门关于做好改制重组以及关停破产企业离休干部工作的意见的通知》（鲁厅〔2005〕8 号）规定执行；退休人员医疗费用的预留，按照《山东省人民政府关于印发〈山东省建立城镇职工基本医疗保险制度实施方案〉的通知》（鲁政发〔1999〕94 号）规定执行。

解除劳动合同的企业职工，可根据自身经济承受能力，自行选择参加城镇职工基本医疗保险或城镇居民基本医疗保险，享受医疗保险待遇。分流到其他企业的在职职工，在新单位接续医疗保险关系，享受相应医疗待遇。

（四）失业保险问题的处理。淘汰落后产能企业单位和个人足额缴纳失业保险费的，职工失业后，办理失业登记手续，按照规定享受失业保险有关待遇。

三、认真做好失业职工再就业服务工作。切实将淘汰落后产能企业的失业职工作为各级公共就业人才服务机构的重要工作对象，加大有针对性的就业服务力度。按规定为失业职工办理《就业失业登记证》，落实就业扶持政策，搞好职业指导和职业介绍。加大对就业困难人员的援助力度，及时认定并发放“就业援助卡”，通过公益性岗位等方式给予安置。鼓励自谋职业和自主创业，落实好创业培训、税费减免、小额担保贷款等扶持政策。进一步加大对因节能减排、淘汰落后产能造成的失业职工的培训力度，统一纳入各地就业培训规划。鼓励相关企业普遍开展在岗培训和转岗培训稳定职工队伍，所需资金按规定从企业职工教育培训经费中列支。

四、坚持分类指导，确保政策落实到位。各级人力资源社会保障部门要加强对职工安置政策的宣传，坚持对企业职工安置的分类指导，本着有利于推进淘汰落后产能工作的原则，积极协调有关方面，主动指导企业为职工分流安置广开门路，开辟渠道。在政策允许范围内，尽力帮助企业解决实际困难，搞好服务。针对工作中出现的新情况、新问题，抓紧完善相关政策，强化工作措施，确保政策落实到们，千方百计使分流职工得到妥善安置。

山东省人力资源和社会保障厅等部门转发人力资源和社会保障部等7部门《关于做好淘汰落后产能和兼并重组企业职工安置工作的意见》的通知

（2011年6月30日　鲁人社发〔2011〕60号）

各市人力资源社会保障局、发展改革委、财政局、经信委、国资委（局），总工会：

现将人力资源和社会保障部、国家发展和改革委员会、财政部、工业和信息化部、国务院国有资产监督管理委员会、国家能源局、中华全国总工会等7部门《关于做好淘汰落后产能和兼并重组企业职工安置工作的意见》（人社部发〔2011〕50号）转发给你们，并提出以下意见，请一并贯彻执行。

一、提高认识，增强责任感

淘汰落后产能和推进企业兼并重组是贯彻科学发展观、转变经济增长方式、提高经济增长质量和效益的迫切需要，是建设资源节约型、环境友好型社会的必然选择。积极妥善安置淘汰落后产能和兼并重组企业职工，是推进节能减排和促进产业结构调整的重要工作内容。各有关部门要进一步提高认识，增强责任感和使命感，按照中央和省政府的部署要求，加强协调配合，积极落实各项政策，妥善做好有关企业职工安置工作，确保淘汰落后产能和企业兼并重组工作的顺利开展。

二、摸清底数，制定工作预案

今年我省淘汰落后产能任务较重，各市及有关部门要贯彻国发〔2010〕7号、鲁政发〔2010〕46号和鲁人社发〔2011〕2号文件要求，根据国家淘汰落后目标任务安排，摸清列入国家淘汰落后产能目录企业职工数量和有关劳动关系状况。凡列入国家淘汰落后产能计划的企业要结合实际，研究制定职工分流安置方案，有组织、有计划、有目标、有落实，扎扎实实做好安置工作，保证安置工作合法合规、合情合理，不留空白，不留尾巴。

三、切实落实有关职工安置政策

各地各部门要切实完善和落实企业职工安置政策，将贯彻国家7部门《关于做好淘汰落后产能和兼并重组企业职工安置工作的意见》（人社部发〔2011〕50号）与落实省人力资源社会保障厅《关于进一步加强淘汰落后产能职工安置工作的通知》（鲁人社发〔2011〕2号）要求结合起来，依据法律法规和政策规定妥善安置淘汰落后产能和兼并重组企业职工，避免企业职工集中下岗失业，防止激化矛盾和发生群体事件，维护社会和谐稳定。

四、有关要求

各地相关部门要高度重视淘汰落后产能和兼并重组企业职工安置工作，切实加强组织领导，相互协调配合，切实做好职工安置工作。工作中遇到问题请及时报告上级有关部门。

省直有关部门拟于今年三季度进行调研督查，请各地做好相关准备工作。具体事项另行通知。

关于做好淘汰落后产能和兼并重组企业职工安置工作的意见

各省、自治区、直辖市人力资源社会保障厅（局）、发展改革委、财政厅（局）、工业和信息化主管部门、国资委（局）、能源局、工会，新疆生产建设兵团劳动保障局、发展改革委、财政局、工业和信息化局、国资委、能源局、工会：

为贯彻落实《国务院关于进一步加强淘汰落后产能工作的通知》（国发〔2010〕7号）和《国务院关于促进企业兼并重组的意见》（国发〔2010〕27号）精神，现就做好淘汰落后产能和兼并重组企业职工安置工作提出如下意见：

一、提高认识

加快淘汰落后产能和企业兼并重组是加快转变经济发展方式、推进经济结构调整的重大举措。妥善安置职工是实施淘汰落后产能和兼并重组战略的重要内容，不仅关系国家淘汰落后产能和兼并重组目标任务的顺利完成。也关系职工的切身利益和社会稳定。各地要进一步提高对职工安置工作重要性的认识，把妥善安置淘汰落后产能和兼并重组企业职工作为保障和改善民生的一项重要工作来抓，增强责任感和紧迫感。推进淘汰落后产能和企业兼并重组，要注意把握工作节奏，稳步实施，防止因集中实施淘汰落后产能和兼并重组造成规模性裁员和失业。

二、基本要求

做好淘汰落后产能和兼并重组企业职工安置工作，要深入贯彻落实科学发展观，坚持以人为本，统筹兼顾、协调发展。坚持企业退出与保障职工权益统筹考虑，切实把职工安置工作摆在重要位置。坚持政府和企业共同承担职工安置责任，建立运转有序、信息畅通、工作高效的工作机制。坚持内部转岗转移和社会再就业相结合，多途径、多渠道安置职工。坚持公开公平公正，确保安置措施有力，程序规范、方案可行。要落实好就业和社会保障政策，采取有效措施，积极稳妥地做好企业职工生活保障、劳动关系处理、就业技能培训、再就业扶持、社会保险关系接续和转移、遗留问题处理等工作，有效保障职工权益。

三、主要政策

（一）促进职工再就业

1. 各地要按照《中华人民共和国就业促进法》和《国务院关于做好促进就业工作的通知》（国发〔2008〕5号）、《国务院关于加强职业培训促进就业的意见》（国发〔2010〕36号）的规定和要求，将淘汰落后产能和兼并重组企业下岗失业人员纳入就业再就业扶持政策体系，落实促进自主创业、鼓励企业吸纳就业和帮扶就业困难人员就业等各项政策。淘汰落后产能和兼并重组企业下岗失业人员纳入就业扶持政策所需资金．从中央及地方就业专项资金中列支。

2．各级人力资源社会保障部门要进一步加强对淘汰落后产能和兼并重组企业下岗失业人员的就业服务。通过加强政策宣传，向企业派驻工作组，召开就业政策指导会，提供个性化职业指导、职业培训、免费职业介绍、政策咨询等措施，帮助职工树立信心，提高就业能力，尽快实现再就业。

3．对有创业愿望和能力的职工，积极开展创业指导、创业培训、创业项目咨询和跟踪服务．落实鼓励劳动者自主创业的税费减免、小额担保贷款、场地安排等政策，支持淘汰落后产能企业职工自主创业带动就业。

4．鼓励企业吸纳安置淘汰落后产能和兼并重组企业职工，优势企业兼并、收购、重组淘汰落后产能企业的，应尽可能留用淘汰落后产能企业职工。

（二）切实做好职工社会保险关系接续和转移

1．淘汰落后产能和兼并重组企业应按照国家有关规定参加各项社会保险，并缴纳各项社会保险费。已参加各项社会保险的企业，职工按规定享受相应的社会保险待遇。企业实施淘汰落后产能和兼并重组前欠缴的各项社会保险费用。应按照有关规定予以补缴。

2．淘汰落后产能和兼并重组企业的失业人员，在领取失业保险金期间，可以按有关规定享受由失业保险基金支付的职工基本医疗保险待遇。关闭、破产的淘汰落后产能企业，要积极与地方社会保险机构协调，妥善解决企业离退休人员医疗保障费用问题，确保离退休人员享受相应的医疗待遇。

3. 淘汰落后产能和兼并重组企业要妥善处理工伤人员待遇问题。对于变更劳动关系到新企业工作的职工，新企业应到当地工伤保险机构办理变更工伤保险关系手续。各地要按照《工伤保险条例》和人力资源社会保障部、财政部等4部委联合印发的《关于做好国有企业老工伤人员等纳入工伤保险统筹管理有关工作的通知》（人社部发〔2011〕10号）规定，妥善解决工伤人员的待遇问题。

（三）妥善处理职工劳动关系

淘汰落后产能和兼并重组企业，要按照《中华人民共和国劳动合同法》及国家有关政策规定，依法妥善处理企业和职工的劳动关系。原企业与职工解除或终止劳动合同，应依法支付经济补偿金，偿还拖欠职工的工资、医疗费及相关债务。职工被安排到新企业工作变更劳动合同的，职工在原企业的工作年限合并计算为新企业的工作年限。

（四）加大职业培训力度

有关部门要指导并帮助淘汰落后产能和兼并重组企业采取多种形式对职工开展就业技能培训、岗位技能提升培训和转岗、转业培训，落实职工培训经费，切实提高培训的针对性和有效性，努力实现“培训一人、就业一人”，力争使淘汰落后产能和兼并重组企业职工实现岗位到岗位的平稳转移。

四、保障措施

（一）加强组织领导

淘汰落后产能和兼并重组企业职工安置工作涉及人员多，范围广，情况复杂，政策性强，各地区、各有关部门要建立健全组织协调机制，切实加强组织领导。各省、自治区、直辖市淘汰落后产能和企业兼并重组工作协调小组要统筹协调本地区淘汰落后产能和兼并重组企业职工安置工作，人力资源社会保障部门为牵头单位，发展改革、财政、工业和信息化、国资监管、能源、工会等部门和单位共同负责，各司其职，形成各部门、各方面齐抓共管的工作格局。各地要建立健全淘汰落后产能和兼并重组企业职工失业预警机制．特别要对涉及职工人数多、安置任务重、稳定压力大的地区、行业，实施重点监控，及时采取措施化解矛盾，将失业风险降到最低。

（二）指导督促企业制定职工安置方案

各地负责淘汰落后产能和兼并重组企业职工安置工作的部门和单位．要指导督促企业按照国家有关法律法规和政策规定研究制定并落实职工安置方案，确保职工安置政策到位、资金到位、服务到位。淘汰落后产能和兼并重组企业职工安置方案，应按规定经民主程序通过后报企业所在地人力资源社会保障部门，人力资源社会保障部门会同有关部门进行审核。职工安置方案主要内容应包括企业实施淘汰落后产能和兼并重组涉及人员的基本情况，职工安置渠道及经费落实情况，社会保险费用缴纳情况及欠缴社会保险费的解决办法．离退休人员医疗保障和社会化管理经费落实情况，拖欠职工工资、医疗费、债务情况及解决办法等。

（三）完善资金投入机制

中央财政和地方财政要加大对淘汰落后产能和兼并重组企业职工安置工作支持力度。中央财政淘汰落后产能奖励资金，要首先用于淘汰落后产能企业职工安置。职工安置工作完成后，可用于企业转产、化解债务等相关支出。

（四）加强思想政治工作

有关部门和单位要加强与淘汰落后产能和兼并重组企业的沟通协调，及时了解企业和职工思想动态。要建立淘汰落后产能和兼并重组企业负责人与职工的沟通渠道。对涉及职工安置的有关重大问题，要发扬民主，及时听取职工意见，平等协商。要充分发挥基层党组织、工会组织和企业职工代表大会的作用，及时反映职工诉求，广泛深入细致地做好思想政治工作。

（五）加强舆论引导

淘汰落后产能和兼并重组企业职工安置工作事关加快经济发

展方式转变，事关社会稳定，要广泛深入宣传有关政策，推广职工安置先进典型，让企业和职工了解大局、了解政策，服从大局、执行政策，努力形成良好的舆论氛围。

山东省人力资源和社会保障厅关于印发《山东省人力资源社会保障行政复议档案管理办法》的通知

（2011 年 8 月 22 日　鲁人社字〔2011〕447 号）

各市人力资源社会保障局：

现将《山东省人力资源社会保障行政复议档案管理办法》印发给你们，请遵照执行。

山东省人力资源社会保障行政复议档案管理办法

第一章　总　则

第一条　为加强全省人力资源社会保障行政复议档案建设，提高档案管理的规范化、标准化，根据《中华人民共和国档案法》《中华人民共和国行政复议法》《人力资源社会保障行政复议办法》等规定，结合我省实际，制定本办法。

第二条　本办法所称人力资源社会保障行政复议（以下简称行政复议）档案，是指在行政复议活动中形成的、反映案件真实情况、有保存价值的各种文字、图表、照片、声像、电子、实物等不同形式的原始记录。

第三条　各级人力资源社会保障部门负责对行政复议档案管理工作进行监督和指导。各级人力资源社会保障部门法制机构（以下简称法制机构）具体负责行政复议案件的收集、整理、归档、利用等工作。

第四条 法制机构应当建立行政复议档案管理岗位责任制，确保应归档文件材料齐全、准确和完整。

第二章 文件材料整理归档

第五条 行政复议案件承办人员具体负责行政复议案件材料的收集、整理、归档。

行政复议案件材料归档范围参见附件一。

第六条 行政复议案件承办人员应当自案件受理后，开始收集本案的各种行政复议案件材料，并随案件审查进程随时进行材料收集工作。案件办结后，核查案件材料是否齐全、完整，发现缺漏和法律手续不完备的，应当及时补齐。如无法补齐，应当附说明材料。

第七条 行政复议案件材料归档应当符合以下要求：

（一）使用耐久材料书写，字迹清楚，签字手续完备；

（二）立卷的案件材料拆除金属物，破损、小于、大于卷面的材料，以 A4 纸张进行修补、裱贴、折叠、复制；

（三）外语材料译成中文附后；

（四）归档的信封展开平放，保留邮票和日期印章；

（五）归档的照片内容真实，影像清晰，点面完整；

（六）录音、录像带内容的完整性和载体的完好性要进行检验，确保完整有效。

第八条 行政复议案件文字材料按照下列原则排列：

（一）密不可分的材料按照顺序排列在一起；

（二）文件材料在前、证据材料在后；批复在前、请示在后；正件在前、附件在后；

（三）结论性材料在前，办案过程中形成的案件材料按照时间顺序排列在后。

第九条 行政复议案件材料原则上一案一卷，并符合下列要求：

（一）案卷有卷皮、卷内目录和备考表；

（二）卷内文字材料，除卷内目录、备考表外，逐页编号；

（三）卷皮、卷内目录所填内容与卷内材料相符；

（四）案卷采用软卷皮装订后装盒保管，软卷皮和卷盒均为无酸制品。

案卷封面式样见附件二。

第十条 行政复议案件照片材料与行政复议案卷统一分类编号，分别存放。具体保存保护参照《照片档案管理规范》（GB/T11821-2002）。

第十一条 行政复议案件录音、录像材料与行政复议案件统一分类编号，分别存放。具体存放参照《磁性载体档案管理与保护规范》（DA/T15-1995）。

第十二条 行政复议案件证物材料与行政复议案件统一分类编号，能立卷的随卷归档；不便立卷的作为实物档案另行存放，同时拍摄照片并编制说明，注明证物材料种类、数量、主要内容、档号等。

第十三条 行政复议档案的保管期限，分为永久、长期两种，自案件结案后的下一年起算。根据行政复议档案的性质、类型、特点，凡属行政复议机关需要长久利用的重要档案，为永久档案；凡属在较长的时期内需要查考利用的有价值的档案，为长期档案，保管时间为30年。

具体保管期限划分标准见附件三。

第十四条 行政复议案件承办人员在案件结案后三个月内对案件材料进行系统整理，经部门负责人审核后归档，并于第二年六月份前将档案移交档案工作人员。

第十五条 行政复议决定发生法律效力之后，当事人继续申诉或者提起行政诉讼形成的档案，可以与原审查档案合并保管，保管期限与原审查档案相同。

第三章 档案保管与利用

第十六条 各级人力资源社会保障部门应当设置专门的档案存放室，配置符合国家标准要求的档案装具，集中保管行政复议档案。档案应当区分门类，按档案号顺序排列上架。

档案存放室应当购置必需的除湿、空气调节、灭火设备，做好防火、防盗、防尘、防强光、防高温、防高湿、防虫鼠、防污染、防水淹等“九防”工作，保证档案的安全。

第十七条 档案工作人员应当爱护档案，发现破损、虫蛀、鼠咬、变质或字迹模糊等情况，要及时进行修补、粘贴、复制或者作其他技术处理。

第十八条 法制机构应当设置专门的行政复议档案查阅场所，方便当事人查阅。有条件的可以建立电子档案查阅场所。

第十九条 各级人力资源社会保障部门应当建立行政复议档案利用制度，为有关人员利用档案提供服务。

（一）行政复议案件承办人员因办案需要，可以按照规定调阅本单位的行政复议档案；

（二）案件代理律师经档案工作人员和案件承办人员同意，可以查阅行政复议案卷；

（三）其他单位查阅行政复议档案的，应当出具单位公函，并经法制机构主管领导批准。涉及国家机密、商业秘密和个人隐私的，按照《保密法》和国家有关规定执行；

（四）行政复议档案原则上不得借出。因上级行政机关调借案件档案等特殊情况必须借出的，应当出具正式调卷函件，明确调借期限，并经法制机构主管领导批准后办理借出手续；

（五）其他单位来函索要法律文书或其他证明材料的，根据外调要求，按规定查抄寄送，或者通知该单位派人查阅。

档案工作人员不得违反制度规定提供档案或者扩大档案利用范围。

第二十条 借阅人不得将调借的档案转借其他单位或者人员，不得涂改、圈划、抽换、批注或者折皱档案。

第二十一条 经批准抄录、复制、复印的档案材料，经档案工作人员核对无误，加盖档案证明专用章后，与原件具有同等效力。

第二十二条 档案工作人员依照相关规定对到期的档案进行鉴定，判断存毁。

经鉴定认为无需保存的，按规定登记造册、进行销毁。

第四章 附 则

第二十三条 本办法由省人力资源社会保障厅负责解释。

第二十四条 本办法自2011年9月1日起施行。

附件：一、人力资源社会保障行政复议案件材料归档范围参考表

二、人力资源社会保障行政复议档案案卷封面式样

三、人力资源社会保障行政复议档案保管期限划分标准

（附件二本书略）

附件一

人力资源社会保障行政复议案件材料归档范围参考表

1. 行政复议决定书；

2. 案件移送书；

3. 行政复议申请受理（不予受理）审批表；

4、申请书正本及有关证据材料；

5. 行政复议案件受理通知书；

6. 提出答复通知书及送达回证；

7. 行政复议答复意见书及有关证据材料；

8. 调查笔录或调查取证材料；

9. 法定代表人授权委托书和法定代表人身份证明等有关材料；

10. 行政复议听证通知书；

11. 第三人参加行政复议通知书；

12. 行政复议鉴定委托书；

13. 规范性文件审查材料；

14. 案件集体讨论笔录；

15. 行政复议有关事项报批表；

16. 行政复议案件结案意见汇报；

17. 决定延期通知书；

18. 行政复议决定书及送达回证；

19. 行政复议建议书；

20. 行政复议意见书；

21. 行政复议调解书；

22. 强制执行申请书；

23. 强制执行通知书；

24. 声像和证物说明书；

25. 案件办理过程中形成照片、录音、录像等材料；

26. 行政复议批复和请示。

上述规定中没有列举的行政复议案件归档材料，可以根据实际情况收集归档。

附件三

人力资源社会保障行政复议档案保管期限划分标准

一、具有下列情形之一的永久保管：

1. 行政复议决定撤销、变更或者确认原具体行政行为违法的案件；

2. 行政复议决定被申请人在一定期限内履行法定职责的案件；

3. 申请人超过 10 人的案件；

4. 反映一定的社会历史情况、有代表性的案件；

5. 其他需要永久保管的案件。

二、具有下列情形之一的长期保管：

1. 行政复议决定维持原具体行政行为的案件；

2. 行政复议终止的案件；

3. 不予受理的案件；

4. 依法告知的案件；

5. 其他需要长期保管的案件。

山东省人力资源和社会保障厅关于印发《山东省淘汰压缩落后钢铁产能企业职工分流安置办法》的通知

（2012 年 5 月 28 日　鲁人社办发〔2012〕50 号）

各市人力资源社会保障局，各有关单位：

按照省政府第 110 次常务会议确定的意见，为确保钢铁产业结构调整试点工作顺利开展，根据省钢铁产业结构调整试点工作领导小组的要求，我们制定了《山东省淘汰压缩落后钢铁产能企业职工分流安置办法》，现印发给你们，请认真贯彻落实，切实做好淘汰压缩落后钢铁产能企业职工分流安置工作。

山东省淘汰压缩落后钢铁产能企业职工分流安置办法

为贯彻落实省委、省政府对全省钢铁产业结构调整试点工作的部署，确保完成淘汰压缩钢铁落后产能目标任务，妥善分流安置淘汰落后钢铁产能钢铁企业职工，依据《劳动法》《劳动合同法》，结合我省实际，制定本办法。

一、统一认识，确保淘汰压缩落后钢铁产能工作顺利进行

淘汰压缩落后钢铁产能工作是我省节能减排、淘汰落后产能工作的重要部分，是转变经济发展方式的突破口，对全省工业转方式调结构具有重要的带动和示范作用。各级人力资源社会保障部门要进一步增强大局意识、责任意识和服务意识，切实把思想和行动统一到国务院和省委、省政府的部署要求上来，找准工作的切入点和结合点，加强与有关部门的协调配合，妥善做好职工分流安置工作，确保我省淘汰压缩落后钢铁产能工作顺利进行。

二、严格掌握政策，积极稳妥地做好职工安置工作

安置分流人员，原则上淘汰压缩落后钢铁产能企业应由其主管部门或主体企业在系统内安置；技术改造项目和新建、扩建项目应当优先安置分流职工，暂时不能安置上岗的，企业应当组织学习培训，搞好知识、技能和人员储备；当地政府应组织协调有关企业做好安置工作，各级人力资源社会保障部门要加强对淘汰压缩落后钢铁产能企业的分类指导。淘汰压缩落后钢铁产能企业要在当地政府的领导下，本着因地制宜、因企制宜的原则，根据国家有关规定制定职工安置方案，经职工代表大会或职工大会讨论通过，并向人力资源社会保障部门报告后组织实施。

（一）职工安置

淘汰压缩落后钢铁产能企业的在职职工解除劳动合同的，应当按照有关法律规定给予经济补偿，经济补偿金按职工在本单位工作年限，每满 1 年发给相当于 1 个月工资的经济补偿金，不满半年的按半年计算。经济补偿金的工资计算标准，按职工解除劳动合同前 12 个月的月平均工资计算。企业拖欠职工的工资、医疗费等，应一次性偿清；欠缴的各项社会保险费应一次性向主管社会保险经办机构足额补缴。

（二）社会保险关系转移接续

淘汰压缩落后钢铁产能企业要认真做好职工的各项保险关系的转移接续，重新就业的人员要按规定继续参保缴费。退休人员医疗费用的预留，按照《山东省人民政府关于印发〈山东省建立城镇职工基本医疗保险制度实施方案〉的通知》（鲁政发〔1999〕94 号）规定执行。解除劳动合同的企业职工，可根据自身经济承受能力，自行选择参加城镇职工基本医疗保险或城镇居民基本医疗保险，享受医疗保险待遇。淘汰压缩落后钢铁产能企业和个人足额缴纳失业保险费的，职工失业后，办理失业登记手续，按照规定享受失业保险有关待遇。

（三）离休人员管理服务

淘汰压缩落后钢铁产能企业离休干部的管理和养老、医疗费用的预留按照省委办公厅、省政府办公厅《关于转发省委组织部等七部门关于做好改制重组以及关停破产企业离休干部工作的意见的通知》（鲁厅〔2005〕8号）规定执行，要保障好离休干部的各项待遇。

（四）失业职工再就业工作

各级公共就业人才服务机构要将淘汰压缩落后钢铁产能企业的失业职工作为重要工作对象，加大有针对性的就业服务力度。对企业通过各种渠道分流仍然无法安置，确实需要解除劳动关系的人员，各级人力资源和社会保障部门要采取积极措施，做好再就业政策宣传，帮助他们尽快实现再就业。一是做好调查摸底，对失业职工比较多的单位可以上门服务办理有关手续。二是开展送岗位活动，搜集一批合适的就业岗位送到企业，符合就业困难人员条件的开发一批公益性岗位予以安置。三是集中开展职业培训活动和创业助推活动，为失业人员提供职业培训、推荐创业项目、协助落实经营场地和办理小额担保贷款。要鼓励相关企业普遍开展在岗培训和转岗培训稳定职工队伍，所需资金按规定从企业职工教育培训经费中列支。将淘汰压缩落后钢铁产能企业事业职工纳入就业扶持政策体系，落实促进自主创业、鼓励企业吸纳就业和就业服务、帮扶等各项政策，所需资金从中央及地方就业专项资金中列支。

三、坚持分类指导，确保政策落实到位

各级人力资源社会保障部门要加强与有关部门的协调配合，提前介入，加强对职工安置政策的宣传，本着有利于推进淘汰压缩落后钢铁产能工作的原则，指导淘汰压缩落后钢铁产能企业做好职工安置方案，为职工分流安置广开门路，开辟渠道，在政策允许范围内，尽力帮助企业解决实际困难，搞好服务。针对工作中出现的新情况、新问题，抓紧完善相关政策，强化工作措施，确保政策落实到位，千方百计使分流职工得到妥善安置。

山东省人力资源和社会保障厅关于深化政务公开的实施意见

（2014年3月27日　鲁人社办发〔2014〕61号）

各市人力资源社会保障局，省厅各处室、直属单位，省公务员局：

为贯彻落实国务院办公厅《关于进一步加强政府信息公开回应社会关切提升政府公信力的意见》（国办发〔2013〕100号）精神，进一步提高全省人力资源社会保障系统的政务公开水平，根据人力资源社会保障部《关于深化政务公开的意见》（人社部发〔2013〕92号）和省政府办公厅《关于印发进一步加强政府信息公开工作实施方案的通知》（鲁政办发〔2014〕8号）等有关规定，结合实际，提出如下实施意见：

一、深入推进行政权力公开透明运行

（一）推进行政决策公开。坚持依法科学民主决策，扩大人力资源社会保障行政决策公开的领域和范围，推进决策过程和结果公开；完善重大行政决策程序规则，把公众参与、专家论证、风险评估、合法性审查和集体讨论决定作为必经程序加以规范；涉及群众切身利益的重要改革方案、重大政策措施、重点工程项目，在决策前要广泛征求群众意见，并以适当方式反馈或者公布意见采纳情况。

（二）推进行政职权公开。推行权力清单制度，依法梳理人力资源社会保障部门的行政职权，编制行政职权目录，对其中不涉及国家秘密、商业秘密和个人隐私的行政职权，要绘制“权力运行外部流程图”，明确行使权力的主体、依据、程序和监督措施等，并向社会公布；严格规范自由裁量权行使，公开人力资源社会保障部门在行政执法活动中履行职责情况，积极推动不涉密的执法投诉和执法结果公开。

（三）推进职能转变和行政审批公开。切实转变职能，正确处理政府与市场、政府与社会的关系，深化行政审批制度改革，减少微观事务管理。全面清理行政审批事项，该取消的取消、该下放的下放，该整合的整合，对确需审批、核准、备案的项目，要优化流程、简化程序、限时办结。加大行政审批公开力度，向社会公布行政审批目录并建立动态更新机制，公开办理程序，强化过程监控。推进行政审批集中公开办理，积极推行网上审批和电子监察。

（四）推进办事公开。各类人力资源和社会保障公共服务机构要全面推行办事公开，方便群众办事，便于群众监督。所有公共服务事项都要公开岗位职责、服务承诺、收费项目、工作规范、办事纪律、监督渠道等。深入开展创建优质服务窗口活动，建立健全责任追究、公开承诺、首问负责、限时办结、AB 角、一次性告知等各项规章制度，规范服务行为，提高服务效率，确保服务质量。

（五）推进机关内部事务公开。按照有关规定和部署，对部门预决算、政府采购、人事管理、基建工程、出国（境）考察培训等内部管理事项，应在机关内部进行公开，形成对关键岗位和重点环节权力运行的有效制约和监督。

二、扎实做好政府信息公开工作

（一）进一步推进政府信息主动公开工作。围绕人力资源社会保障中心工作，针对公众关切，主动、及时、全面发布政府权威信息。在出台重要政策法规，筹办重要活动、会议时，统筹考虑相关信息发布、新闻宣传的方案与口径，力争做好业务工作与信息发布同步进行。统筹运用新闻发言人、政府网站、政府公报、政务微博、政务微信等发布信息，充分发挥广播电视、报刊、新闻网站、商业网站等媒体的作用，扩大信息发布的受众面，进一步增强影响力。组建政策专家解读队伍，在制定政策法规措施时同步准备解读事宜，进一步加大政府信息的公开宣传力度。

（二）进一步规范政府信息公开发布流程和制度。按照“公开为原则、不公开为例外”的要求，规范完善政府信息公开发布的流程和制度，按照“谁发布谁审查、谁审查谁负责”的原则，认真做好对拟发布政府信息的审定工作，以符合包括保密规定在内的各项要求。涉及其他行政机关的，要主动与有关行政机关沟通确认，确保政府信息发布准确无误。

（三）进一步推进涉及群众切身利益的信息公开。及时公开促进就业方面的规划、政策、资金、措施及其实施情况，主动发布岗位供求、创业、职业培训等信息；建立健全社会保险信息披露制度，主动公开现行有效的社会保险法规、制度、政策、标准、经办流程，定期公开参保人数、待遇支付、基金收支情况，及时发布医保定点医院、药店及药品、器具目录等；坚持面向社会公开发布公务员考录、事业单位公开招聘、军转干部安置等方面的信息，及时发布专业技术人员资格考试、职称评审、职业技能鉴定考试信息和各类人才选拔、评比、表彰工作情况和结果；主动公开劳动关系、劳动人事争议调解仲裁、劳动保障监察政策措施和办事机构联系方式，及时公开劳动标准、最低工资标准、工资指导线和指导价位、人工成本变动情况等信息。

（四）进一步规范依申请公开工作。积极稳妥开展依申请公开工作，把保密审查、合法性审查、舆情研判作为必经程序，不断健全和完善相关制度，妥善处理依申请公开工作中的复杂疑难问题。认真做好涉及信息公开的举报投诉、行政复议、行政诉讼等工作。

（五）健全舆情收集和回应引导机制。建立重大政务舆情会商联席会议制度，建立政务信息发布和舆情处置联动机制，定期沟通协调，互相通报情况，妥善制定重大政务信息公开发布和传播方案，共同做好政府信息发布和舆论引导工作。建立健全舆情收集、研判、报告、回应和引导机制，密切关注人力资源社会保障相关舆情，第一时间收集外界对人力资源社会保障工作的疑虑、误解，甚至歪曲和谣言，加强分析研判，重大舆情要及时上报。建立舆情研判标准，根据舆情内容、公众反应、媒体介入程度，准确判断回应价值。建立快速有效的舆情监测引导机制，可充分发挥专业舆情服务机构优势，研判事态走向，提供可行性建议，并通过网上发布消息、组织专家解读、召开新闻发布会、接受媒体专访等形式，及时予以回应，解疑释惑、澄清事实、消除谣言。

三、进一步加强政务公开平台建设

（一）进一步加强公共服务平台建设。按照统筹规划、因地制宜、整合资源、适度集中的原则，大力推进人力资源和社会保障公共服务设施建设，积极创造条件，逐步实现政务服务事项的适度集中公开办理。要积极参与同级政府的政务服务中心建设，凡与企业和人民群众密切相关的行政管理事项，除受场地限制的外，均应在政务服务中心设立公开办事窗口。要依托县、乡两级人力资源和社会保障综合服务中心以及社区、行政村人力资源和社会保障服务站，打造集中提供人力资源社会保障政务服务的一站式公共服务平台。

（二）进一步加强例行新闻发布和新闻发言人制度建设。要以主动做好重要政策解读、妥善回应公众质疑、及时澄清不实传言、权威发布重大突发事件信息为重点，建立人力资源社会保障重要信息及热点问题例行新闻发布制度，利用新闻发布会、媒体通报会、组织媒体采访等多种形式发布信息，增加新闻发布频次，原则上每季度举办 1 次新闻发布会，厅主要负责同志每年至少出席 1 次、新闻发言人或相关负责人每季度出席 1 次省政府新闻办公室组织的新闻发布会。加强新闻发言人制度建设，提升新闻发言人的履职能力，完善新闻发言人工作各项流程。

（三）进一步加强门户网站建设和管理。要充分发挥政府网站的政务公开主渠道作用，凡是不涉密的可公开文件要及时通过部门门户网站公开发布。拓展政府网站互动功能，围绕人力资源社会保障部门重点工作和公众关注热点问题，通过公开征求意见、公众问答、网上调查等方式，主动接受公众建言献策和情况反映，部门负责同志应主动到政府网站接受在线访谈。完善政府网站服务功能，逐步实现网上办理审批、缴费、咨询、办证、监督以及联网核查等事项，力争人力资源社会保障部门大多数面向企业和群众的办事项目在网站上提供在线办理通道，实现办事过程和结果公开。建立人力资源社会保障数据资源开放机制，为群众提供多种渠道的便民查询服务。要以部门门户网站为基础，逐步整合归并本部门主办的其他业务类网站，形成统一平台、统一入口。

（四）加强12333咨询服务电话建设和管理。清理整合有关公共服务电话资源，统一使用12333对外提供服务。使用统一的人力资源社会保障电话咨询服务标识（LOGO），逐步统一服务流程和服务规范。加强电话咨询服务队伍建设和信息系统建设，提高电话接通率；拓展服务内容，实现人力资源社会保障业务的全覆盖；丰富服务方式，提供人工接听、自助语音、手机短信、电子邮件、传真、专家解读等多种服务形式；建立和完善内部联动工作机制，确保公众反映的问题得到及时回复和解决；建立全省统一的电话咨询服务信息资源库和电话接转平台，尽快实现“一地呼入，全省咨询”的服务模式。

（五）建设基于新媒体的政务信息发布、互动交流和便民服务新渠道。积极探索利用政务微博、微信等新媒体，适时发布各类人力资源社会保障权威信息，尤其是涉及公众重大关切的公共事件和政策法规方面的信息。探索利用新媒体的互动功能，以及时、便捷的方式与公众进行互动交流。开通政务微博、微信要进行审核登记，制定完善新媒体信息发布和宣传管理办法，规范信息发布程序及公众提问处理答复程序，确保政务微博、微信安全可靠。积极拓展移动客户端、自助服务终端等便民服务新渠道，不断提高政务服务的便捷度。

四、加强组织领导

（一）提高认识，明确责任。各级人力资源社会保障部门要进一步提高对政务公开重要性的认识，把政务公开作为密切联系群众、改进工作作风、防治腐败和各种不正之风、提升政府公信力的一项重要工作，切实摆上重要工作日程。要建立健全明确一个部门牵头，相关部门各负其责，密切配合的政务公开领导体制和工作机制，与业务工作同研究、同部署、同落实、同检查。主要负责人要亲自过问，分管负责人要直接负责，逐级落实责任，确保各项工作措施落实到位。要加强对工作的规划和指导，保障必要的经费、人员、场地和设备。要大力支持政务公开工作人员开展工作，积极为他们参加重要会议、掌握相关信息提供便利条件。

（二）畅通渠道，形成合力。要加强与同级政府新闻宣传部门、互联网信息内容主管部门以及有关新闻媒体的沟通联系，建立政务信息发布和舆情处置联动机制，妥善做好重大政务信息公开发布、舆论引导和舆情应对工作。要充分发挥专家咨询委员会的作用，重要政策法规出台后，及时组织专家通过多种方式做好科学解读，让公众更全面准确地知晓、理解人力资源社会保障部门的政策和改革举措，提高政策解读的针对性、科学性、权威性和有效性，让群众“听得懂”“信得过”。

（三）加强培训，提高能力。要建立政务公开培训常态化机制，每年至少组织 1 次面向新闻发言人和政府信息公开、政府网站、政务微博、政务微信等相关人员的专业培训，定期组织现场观摩、座谈、研讨等多种形式的经验交流活动，不断提高相关人员的政策把握能力、舆情研判能力、解疑释惑能力和回应引导能力。要把政府信息公开工作列为公务员培训的重要内容，不断提高公务员的信息公开意识和能力。

（四）强化监督，注重考核。加强政务公开工作考核、监督、责任追究和社会评议等配套制度建设，强化对政务公开工作的监督。要把政务公开工作纳入党风廉政建设责任制考核和民主评议范围，细化考核评估标准。建立电子监察系统，逐步实现对行政权力运行的全过程监察。重视社会监督，认真解决新闻媒体和群众投诉反映的问题。建立健全激励和问责机制，对因工作不力损害群众合法权益或对人力资源社会保障部门形象造成严重损害的，要严格追究责任，确保政务公开各项工作落到实处。

山东省人力资源和社会保障厅关于印发《山东省人力资源社会保障重大行政执法决定法制审核办法》等4项制度的通知

（2015年12月17日　鲁人社发〔2015〕65号）

各市人力资源社会保障局，省厅各处室、直属单位，省公务员局：

《山东省人力资源社会保障重大行政执法决定法制审核办法》《山东省人力资源社会保障行政执法全过程记录规定》《山东省人力资源社会保障行政执法案卷评查办法》《山东省人力资源社会保障重大改革事项综合评估办法》等4项制度已经第20次厅长办公会审议通过，现印发给你们，请认真贯彻执行。

山东省人力资源社会保障重大行政执法决定法制审核办法

第一条　为规范全省人力资源社会保障重大行政执法行为，促进公平、公正执法，维护相对人的合法权益，根据《中华人民共和国行政处罚法》、《中华人民共和国行政许可法》、《山东省行政执法监督条例》等法律、法规规定，制定本办法。

第二条　本办法所称重大行政执法决定，是指各级人力资源社会保障部门针对特定的行政管理相对人，以本部门名义作出的重大、复杂、疑难或者在本辖区范围内有重大社会影响的行政执法行为，主要包括重大行政处罚决定、重大行政许可决定和其他重大行政执法决定。

第三条 下列情形属于本办法规定的重大行政处罚决定：

（一）拟作出给予吊销许可证、对公民处以500元以上罚款、对法人或者其他组织处以20000元以上罚款、没收违法所得数额20000元以上的决定；

（二）拟作出不予行政处罚、减轻行政处罚、从轻行政处罚和从重行政处罚的情节相互冲突，或者有关科（处）室、单位和法制机构意见不一致的决定；

（三）拟作出的其他重大、复杂、疑难的行政处罚决定。

第四条 下列情形属于本办法规定的重大行政许可决定：

（一）拟作出的不予行政许可决定或者撤销行政许可决定；

（二）拟作出的直接涉及申请人与他人之间有重大利益关系，或者涉及重大公共利益的行政许可决定；

（三）拟作出的其他重大、复杂、疑难的行政许可决定。

第五条 本办法所称人力资源社会保障重大行政执法决定法制审核，是指人力资源社会保障部门法制机构（以下简称法制机构），对本部门拟作出的重大行政执法决定进行合法性、适当性审查，并提出书面审核意见或者建议的内部行政执法监督制度。

第六条 人力资源社会保障部门有关科（处）室、单位应当在重大行政执法调查终结、拟定处理决定后，及时将案卷移送法制机构进行审核。

对是否属于重大行政执法决定有异议的，由拟作出重大行政执法决定的科（处）室、单位会同法制机构协商确定。

第七条 法制机构收到案卷后，应当向有关科（处）室、单位出具《重大行政执法决定案卷移交清单》（见附件），并予以登记。

第八条 法制机构应当自收到案卷之日起3个工作日内出具审核意见；因特殊情况需要延长期限的，可以适当延长，但最长不超过3个工作日。

第九条 重大行政执法决定法制审核以书面审核为主。必要时，法制机构可以向案件调查人员了解情况，听取意见建议。

第十条 法制机构对下列事项进行审核：

（一）执法主体是否适格；

（二）事实是否清楚，证据是否确凿；

（三）程序是否合法、规范；

（四）所依据的法律、法规、规章是否正确、充分；

（五）定性是否准确；

（六）内容是否适当；

（七）其他需要审核的内容。

对拟作出重大行政处罚决定的，法制机构还应当审核拟处罚幅度是否符合《全省人力资源社会保障系统行政处罚裁量基准》（鲁人社发〔2013〕43号）规定。

第十一条 法制机构对案卷进行审核后，根据不同情况提出以下相应的书面审核意见，同时将案卷退还并予以登记：

（一）对事实清楚、证据确凿、依据正确、结果适当、程序合法的，出具同意意见；

（二）对事实不清、证据不足的，建议继续调查取证；

（三）对材料或者手续不齐全的，建议补充补齐；

（四）对适用法律不当的，提出纠正意见；

（五）对程序违法的，提出纠正意见；

（六）对超出管辖范围的，提出移送意见；

（七）其他意见建议。

第十二条 有关科（处）室、单位对法制审核意见有异议的，可以要求法制机构重新审核。对法制机构重新审核的意见仍有异议的，可以提请本部门集体研究。

第十三条 重大行政执法决定依法需要进行听证的，按照法律、法规、规章有关规定执行。

第十四条 有关科（处）室、单位应当自作出重大行政执法决定之日起10日内将法律文书送法制机构备案。

对撤销立案或者受理决定的，有关科（处）室、单位应当自作出撤销决定之日起10日内将法律文书送法制机构备案。

第十五条 法制机构审核重大行政执法决定应当留存下列资料：

（一）《重大行政执法决定案卷移交清单》；

（二）有关科（处）室、单位拟作出的重大执法决定法律文书；

（三）法制机构审核意见；

（四）重大行政执法决定法律文书。

第十六条 市、县（市、区）人力资源社会保障部门应当建立重大行政执法决定法制审核制度，定期对内部和下级人力资源社会保障部门重大行政执法决定法制审核情况进行监督检查。

未经法制审核作出重大行政执法决定，经行政复议、行政诉讼被撤销、变更或者确认违法的，按照规定追究有关人员责任。

第十七条 本办法自公布之日起施行。

附件：《重大行政执法决定案卷移交清单》

（附件本书略）

山东省人力资源社会保障行政执法全过程记录规定

第一条 为规范行政执法行为，维护相对人合法权益，根据《中华人民共和国行政处罚法》《中华人民共和国行政强制法》《山东省行政执法监督条例》和《山东省行政程序规定》等规定，结合工作实际，制定本规定。

第二条 本规定所称人力资源社会保障行政执法全过程记录（以下简称执法全过程记录），是指人力资源社会保障部门在行政执法过程中，通过制作执法案卷或者利用执法记录设备、视频监控设施等手段，对日常巡查、调查取证、案卷制作、行政强制等行政执法活动全过程进行记录。

第三条 各级人力资源社会保障部门应当加强对行政执法人员执法全过程记录的培训和监督检查，严格案卷、声像资料、记录设备管理，充分发挥执法全过程记录制度的监督作用。

第四条 各级人力资源社会保障部门依法享有行政执法权，且持有政府法制部门发放的行政执法证的正式在编人员，可以进行执法全过程记录。

第五条 执法全过程记录，包括文字记录和动态记录两种形式。

文字记录即通过制作案卷，记录行政执法的全过程。

动态记录即利用执法记录设备、视频监控设施等设备，通过录像、录音、拍照等方式，记录行政执法的过程。

第六条 县（市、区）人力资源社会保障行政执法人员，可以协助市级人力资源社会保障行政执法人员进行执法全过程记录。

第七条 执法工作结束后，各级人力资源社会保障部门应当严格按照相关标准制作和装订执法案卷档案，指定专人及时存储执法记录设备记录的声像资料。

人力资源社会保障部门应当按照要求统一存储行政执法案卷和声像资料。

第八条 执法全过程记录案卷按照规定的期限保存。

日常巡查的声像资料保存期限不得少于6个月。

行政处罚一般程序案件和行政强制案件中作为证据使用的声像资料保存期限应当与案卷保存期限相同。

第九条 有下列情形的，应当采取刻录光盘、使用移动储存介质等方式，长期保存执法全过程记录设备记录的声像资料：

（一）当事人对行政执法人员现场执法、办案有异议或者投诉、上访的；

（二）当事人逃避、拒绝、阻碍行政执法人员依法执行公务，或者谩骂、侮辱、殴打行政执法人员的；

（三）行政执法人员参与处置群体性事件、突发事件的；

（四）其他需要长期保存的重要情形。

第十条 行政执法案卷及声像资料是保障人力资源社会保障部门在行政复议、行政诉讼活动中履行举证责任的依据。

第十一条 需要向行政复议机关或人民法院提供执法案卷、声像资料的，由执法全过程记录的单位按照规定提供，并复制留存。

第十二条 对执法案卷、声像资料等执法全过程记录材料，实行严格管理，非因工作需要不得查阅、复制或者拷贝；确因工作需要查阅、复制或者拷贝的，经本单位负责人批准后方可进行。

第十三条 建立执法全过程记录设备声像资料管理制度，按照执法单位名称、执法记录设备编号、执法人员信息、使用时间、案件当事人和案由名称等项目分类存储，严格管理。

第十四条 行政执法人员查处违法行为、处理违法案件，在条件允许的情况下，应当佩戴、使用执法记录设备进行全程录音录像，客观、真实地记录执法工作情况及相关证据；受客观条件限制，无法全程录音录像的，应当对重要环节使用执法记录仪、照相机、摄像机等执法记录设备进行录音录像，并做好执法文书记录。

第十五条 行政执法人员在实施处罚或者采取强制措施、询问当事人时使用执法记录设备记录的，应当事先告知当事人。

第十六条 各级人力资源社会保障部门要定期做好执法记录设备的维护和保养工作，保持设备整洁、性能良好。在进行执法记录时，应当及时检查执法记录设备的电池容量、内存空间，保证执法记录设备正常使用。

第十七条 执法记录设备应当严格按照规程操作，遇到故障应立即停止使用并及时报告，联系专业部门进行维修，不得私自拆装和更换。

第十八条 各级人力资源社会保障部门应当定期对执法记录设备反映的行政执法人员队容风纪、文明执法情况进行抽检，定期对记录的案卷、声像资料进行回放检查，并建立检查台账。

第十九条 各级人力资源社会保障部门应当定期通报执法全过程记录情况，并纳入单位和个人考核，考评结果与评优奖励、年度考核挂钩。

第二十条 行政执法人员在进行执法全过程记录时，不得有下列行为：

（一）利用执法记录设备记录与行政执法无关的活动；

（二）删减、修改执法记录设备记录的原始声像资料；

（三）私自复制、保存或者传播、泄露执法记录的案卷和声像资料；

（四）故意毁坏执法文书、案卷材料、执法记录设备或者声像资料存储设备；

（五）其他违反执法记录管理规定的行为。

第二十一条 本规定自公布之日起施行。

山东省人力资源社会保障行政执法案卷评查办法

第一章 总 则

第一条 为规范行政执法行为，维护公民、法人和其他组织的合法权益，根据《山东省行政执法监督条例》规定，结合工作实际，制定本办法。

第二条 本办法所称人力资源社会保障行政执法案卷（以下简称执法案卷），是指人力资源社会保障行政执法主体在行政处罚、行政许可、行政确认等行政执法活动中形成的法律文书和材料，经整理归档形成的卷宗材料。

第三条 全省人力资源社会保障系统实施行政执法案卷评查，适用本办法。

第四条 案卷评查应当坚持本级自查与上级评查相结合、发现问题与完善制度相结合、评查评议与落实责任相结合的原则。

第五条 案卷评查以本级自查为主，可以自行对其下属机构或者对受其委托实施行政执法组织的执法案卷进行评查。

上级人力资源社会保障部门可以对下级人力资源社会保障部门的执法案卷进行评查。

第六条 执法案卷应当全面客观真实地反映行政执法活动，体现行政执法行为的合法性、合理性和规范性要求。

第七条 人力资源社会保障部门应当建立执法案卷档案管理制度，及时将实施具体行政行为形成的文书材料立卷归档。

第八条 人力资源社会保障部门根据工作需要配备执法案卷管理人员，负责本部门的执法案卷管理工作。

执法案卷管理人员应当履行下列职责：

（一）指导立卷责任人的立卷和归档工作；

（二）负责案卷的接收、审核、保管、利用、编研和统计工作；

（三）按照规定定期将案卷移送档案管理机构；

（四）与案卷管理有关的其他工作。

第二章　案卷评查标准

第九条 案卷评查标准是判定行政执法行为是否合法、合理、规范以及案卷档案制作质量的标准。案卷评查标准详见附件1、2、3。

案卷评查标准采用百分制的评分方法，按照具体行政行为的规范性要求和案卷归档规范设立若干项目，每个项目下设若干要素，并设定相应分值。对不符合要素要求或者案卷归档规范的，扣除相应分值，余分即为案卷得分。

第十条 行政处罚案卷评查下列内容：

（一）行政处罚主体是否合法；

（二）事实认定是否清楚，证据是否确凿，证据与事实是否有直接因果关系；

（三）是否正确适用法律、法规、规章；

（四）是否符合法定程序；

（五）是否超越职权或者滥用职权；

（六）是否存在违反人力资源社会保障行政处罚自由裁量基准的情形；

（七）案卷内容、装订质量是否符合规定。

第十一条 行政许可案卷评查下列内容：

（一）行政许可主体是否合法；

（二）行政许可的法律依据是否准确；

（三）行政许可的材料是否真实、合法、齐全；

（四）办理程序、时限是否合法；

（五）是否对被许可人进行监督检查；

（六）案卷内容、装订质量是否符合规定。

第十二条 行政确认案卷评查下列内容：

（一）行政相对人是否提出确认申请；

（二）确认申请是否属于受理范围；

（三）作出行政确认是否符合法律程序和法律事实；

（四）是否出具文书并告知申请人；

（五）案卷内容、装订质量是否符合规定。

第三章 案卷评查程序

第十三条 案卷评查一般每年组织一次，可以检查全部案卷，也可以按时间段、案卷序号或者其他方式随机抽查部分案卷。以随机抽查方式评查案卷，一般抽查数量不少于10件或者不少于年度案卷数量的10%。实际案卷少于10件的按实际数量检查。

第十四条 开展案卷评查工作应当成立案卷评查小组。评查小组根据工作需要，由评查单位法制、劳动监察、行政许可、行政确认等机构的人员组成。

第十五条 案卷评查按照下列程序进行：

（一）制订评查工作方案，确定案卷评查的有关事项；

（二）确定评查人员，成立评查小组；

（三）在开展案卷评查7日前书面向被评查单位告知评查的时间和要求；

（四）评查小组对照案卷评查标准审查案卷；

（五）评查小组在评查结束后确定评查结果，并将案卷评查情况反馈被评查单位。

第十六条 被评查单位如对评查结果有异议的，应当在收到评查结果之日起3日内向评查小组提出。

评查小组对有异议的案卷进行复核，确认评判有误的予以修正，并最终确定案卷成绩。

第十七条 评查人员评查案卷应当公平、公正，不得隐瞒案卷问题。

评查人员对所评案卷涉及的国家秘密、商业秘密、个人隐私依法负有保密责任。

第十八条 对可能影响公正评查的，评查小组应当要求有关评查人员回避。

第十九条 被评查的单位和相关人员应当如实反映情况，提供有关资料，不得弄虚作假。

第四章 案卷评查结果

第二十条 评查活动结束后，评查单位应当出具评查结果。

评查结果分为优秀（90 分以上）、良好（80 分以上 90 分以下）、合格（60 分以上 80 分以下）、不合格（60 分以下）。

第二十一条 评查单位可以对在行政执法案卷评查中案卷优秀率较高的被评查单位给予通报表扬，对案卷不合格率较高的单位给予通报批评。

评查结果应当作为年终考核等相关考核和内部奖惩的重要依据。

第二十二条 上级人力资源社会保障部门在执法案卷评查中发现执法行为违法或者不当的，应当按照《山东省行政执法监督条例》规定，出具《行政执法监督意见书》或者《行政执法监督决定书》，被评查单位应当自行纠正违法或者不当的行政执法行为。

评查单位在案卷评查中发现不符合案卷评查标准的，应当及时提出处理意见并反馈给被评查单位，被评查单位应当自收到处理意见之日起 20 日内书面报告整改情况。

第二十三条 有下列情形之一的，由人力资源社会保障部门责令限期改正，逾期未改正的，予以通报批评：

（一）未按规定及时报送评查案卷的；

（二）拒绝接受案卷评查的；

（三）不按时报送评查情况报告的；

（四）弄虚作假、制作虚假案卷的；

（五）对评查发现的问题不及时整改的；

（六）违反本办法的其他行为。

第二十四条 案卷评查人员违反本办法第十七条第二款规定，给当事人、利害关系人造成损害的，依法承担责任。

第五章 附 则

第二十五条 各市人力资源社会保障局可以根据本市工作实际，依照本办法制定实施细则。

第二十六条 本办法自公布之日起施行。

附件：1. 山东省人力资源社会保障劳动监察执法案卷评查标准

2. 山东省人力资源社会保障行政许可案卷评查标准

3. 山东省人力资源社会保障工伤认定案卷评查标准

（附件本书略）

山东省人力资源社会保障重大改革事项综合评估办法

第一条 为规范全省人力资源社会保障重大改革事项制定工作，保证重大改革政策统一、协调、平衡，根据《关于深入贯彻落实中央和省委有关指示要求切实加强部门重大决策社会稳定风险评估机制建设的通知》（鲁稳办发电〔2013〕41号）规定，结合实际，制定本办法。

第二条 本办法所称人力资源社会保障重大改革事项，是指各市人力资源社会保障局（指设区的市人力资源社会保障局，下同）制发，或者以本级党委、政府及其办公室（厅）名义印发，与人民群众切身利益密切相关、牵涉面广、可能影响社会稳定的社会保险待遇、工资收入分配、人事制度改革等政策文件。

第三条 各市人力资源社会保障局制定出台重大改革事项，应当符合下列要求：

（一）属于上级机关职责范围内的事项，不得超越权限制定政策；

（二）上级机关授权的事项，严格按照授权范围、条件、标准、程序等作出规定；

（三）属于职责范围内的事项，应当经过充分论证，统筹考虑现实需要和长远发展，确保重大改革与上位法一致，与其他市相关政策保持平衡。

第四条 各市人力资源社会保障局制定出台重大改革事项，应当遵守公众参与、专家论证、风险评估、合法性审查、集体讨论决定等程序，确保重大改革制度科学、程序正当、过程公开、内容适当、责任明确。

第五条 各市人力资源社会保障局代本级党委、政府及其办公室（厅）制定的重大改革决策在提交党委、政府审定之前，或者以本局名义制定的重大改革事项在研究决定之前，应当将重大改革事项文本、起草说明及相关材料报送省人力资源社会保障厅进行综合评估。

第六条 省人力资源社会保障厅收到有关市人力资源社会保障局报送的材料后，应当按照公文程序运转，业务处室、单位研究后分别提出同意、修改后再次提报或者不同意的意见，法规处汇总并进行合法性审核，报厅领导审定。

第七条 省人力资源社会保障厅应当自收到材料之日起 10 个工作日内出具综合评估意见，并及时反馈。

第八条 有关市人力资源社会保障局按照省人力资源社会保障厅综合评估意见进行修改后，按照公文运转程序研究决定、发布实施。

第九条 省人力资源社会保障厅定期对各市重大改革事项综合评估情况进行通报。重大改革事项未经综合评估引起行政争议或信访事件，影响社会和谐稳定的，依照有关规定追究责任。

第十条 本办法自公布之日起施行。

山东省人力资源和社会保障厅关于印发《山东省人力资源和社会保障系统行政处罚裁量基准》的通知

（2015 年 12 月 29 日　鲁人社发〔2015〕68 号）

各市人力资源社会保障局：

现将《山东省人力资源和社会保障系统行政处罚裁量基准》印发给你们，请遵照执行。

本通知自 2016 年 1 月 1 日起施行，有效期至 2020 年 12 月 31 日。

附件：山东省人力资源和社会保障系统行政处罚裁量标准

附件

山东省人力资源和社会保障系统行政处罚裁量基准

一、劳动关系类

序号	违法行为	法定依据	法定处罚标准	适用条件	处罚裁量标准
1	未经许可，擅自经营劳务派遣业务的	《劳动合同法》第92条第1款	由劳动行政部门责令停止违法行为，没收违法所得，并处违法所得一倍以上5倍以下的罚款；没有违法所得的，可以处5万元以下的罚款	违法所得1万元以下的	责令停止违法行为，没收违法所得，并处违法所得1倍以上2倍以下的罚款
				违法所得1万元以上3万元以下的	责令停止违法行为，没收违法所得，并处违法所得2倍以上3倍以下的罚款
				违法所得3万元以上5万元以下的	责令停止违法行为，没收违法所得，并处违法所得3倍以上4倍以下的罚款
				违法所得5万元以上的	责令停止违法行为，没收违法所得，并处违法所得4倍以上5倍以下的罚款
				没有违法所得的，经责令停止违法行为，按时改正的	处以2万元以下的罚款
				没有违法所得的，经责令停止违法行为，逾期7日以下未改正的	处以2万元以上4万元以下的罚款
				没有违法所得的，经责令停止违法行为，逾期7日以上未改正的	处以4万元以上5万元以下的罚款

续表

序号	违法行为	法定依据	法定处罚标准	适用条件	处罚裁量标准
2	用人单位以担保或者其他名义向劳动者收取财物的；劳动者依法解除或者终止劳动合同，用人单位扣押劳动者档案或者其他物品的	《劳动合同法》第84条第2款、第3款	由劳动行政部门责令限期退还劳动者本人，并以每人500元以上2000元以下的标准处以罚款	收取5名以下劳动者财物的，或者扣押5名以下劳动者档案或其他物品的	以每人500元以上1000元以下的标准处以罚款
				收取5名以上10名以下劳动者财物的，或者扣押5名以上10名以下劳动者档案或其他物品的	以每人1000元以上1500元以下的标准处以罚款
				收取10名以上劳动者财物的，或者扣押10名以上劳动者档案或其他物品的	以每人1500元以上2000元以下的标准处以罚款

续表

序号	违法行为	法定依据	法定处罚标准	适用条件	处罚裁量标准
3	劳务派遣单位、用工单位违反有关劳务派遣规定，逾期不改正的	《劳动合同法》第92条第2款，《劳务派遣暂行规定》第24条	以每人5000千元以上1万元以下的标准处以罚款，对劳务派遣单位，吊销其劳务派遣业务经营许可证	逾期7日以下不改正的，或涉及人数10人以下的	以每人5000元以上7000元以下的标准处以罚款，吊销劳务派遣单位的劳务派遣业务经营许可证
				逾期7日以上10日以下不改正的，或涉及人数10人以上20人以下的	以每人7000元以上9000元以下的标准处以罚款，吊销劳务派遣单位的劳务派遣业务经营许可证
				逾期10日以上不改正的，或涉及人数20人以上的	以每人9000元以上1万元以下的标准处以罚款，吊销劳务派遣单位的劳务派遣业务经营许可证
4	用人单位违反劳动合同法有关建立职工名册规定，逾期不改正的	《中华人民共和国劳动合同法实施条例》（国务院令第535号）第33条	由劳动行政部门处2000元以上2万元以下的罚款	职工名册漏报人数在5人以下的，或职工名册缺失法定必要内容的	处以2000元以上6000元以下的罚款
				职工名册漏报在5人以上10人以下的，或名册存在虚假职工信息的	处以6000元以上10000元以下的罚款
				职工名册漏报在10人以上15人以下的	处以10000元以上16000元以下的罚款
				职工名册漏报在15人以上的或者没有职工名册的	处以16000元以上20000元以下的罚款

续表

序号	违法行为	法定依据	法定处罚标准	适用条件	处罚裁量标准
5	用人单位违反劳动保障法律、法规或者规章延长劳动者工作时间的	《劳动法》第90条、《劳动保障监察条例》（国务院令第423号）第25条	由劳动保障行政部门给予警告，责令限期改正，并可以按照受侵害的劳动者每人100元以上500元以下的标准计算，处以罚款	未与工会和劳动者协商延长工作时间的，或每日延长工作时间超过法律规定时间的，或月累计延长工作时间36小时以上48小时以下的	给予警告，并以每人100元以上200元以下标准处以罚款
				月累计延长工作时间48小时以上60小时以下的	给予警告，并以每人200元以上300元以下标准处以罚款
				月累计延长工作时间60小时以上的或者强迫加班的	给予警告，并以每人300元以上500元以下标准处以罚款

续表

序号	违法行为	法定依据	法定处罚标准	适用条件	处罚裁量标准
6	用人单位违法对怀孕7个月以上的女职工延长劳动时间或者安排夜班劳动，并未在劳动时间内安排一定的休息时间的；违法侵犯女职工生育产假权利的；违法对哺乳未满1周岁婴儿的女职工，延长劳动时间或者安排夜班劳动的	《女职工劳动保护特别规定》（国务院令第619号）第13条	由县级以上人民政府人力资源社会保障行政部门责令限期改正，按照受侵害女职工每人1000元以上5000元以下的标准计算，处以罚款	受侵害女职工人数在5人以下的	按照受侵害女职工每人1000元以上2500元以下的标准计算，处以罚款
				受侵害女职工人数在5以上10人以下的	按照受侵害女职工每人2500元以上4000元以下的标准计算，处以罚款
				受侵害女职工人数在10人以上的	按照受侵害女职工每人4000元以上5000元以下的标准计算，处以罚款

续表

序号	违法行为	法定依据	法定处罚标准	适用条件	处罚裁量标准
7	用人单位安排未成年工从事矿山井下、有毒有害、国家规定的第四级体力劳动强度的劳动或者其他禁忌从事的劳动的；未对未成年工定期进行健康检查的	《劳动保障监察条例》（国务院令第423号）第23条	由劳动保障行政部门责令改正，按照受侵害的劳动者每人1000元以上5000元以下的标准计算，处以罚款	受侵害未成年工人数在5人以下的	按照受侵害未成年工每人1000元以上2500元以下的标准计算，处以罚款
				受侵害未成年工人数在5人以上10人以下的	按照受侵害未成年工每人2500元以上4000元以下的标准计算，处以罚款
				受侵害未成年工人数在10人以上的	按照受侵害未成年工每人4000元以上5000元以下的标准计算，处以罚款
8	用人单位违反国家有关规定裁减人员的	《山东省劳动和社会保障监察条例》第26条	由劳动和社会保障行政部门责令改正，处以1万元以上5万元以下的罚款	裁减人员20人以下的	处以1万元以上2万元以下的罚款
				裁减人员20人以上50人以下或者裁减不足20人但占用人单位职工总数10%以上的	处以2万元以上3万元以下的罚款
				裁减国家规定不得裁减的人员的或者裁减人员50人以上的	处以3万元以上5万元以下的罚款

续表

序号	违法行为	法定依据	法定处罚标准	适用条件	处罚裁量标准
9	企业未按规定将执行最低工资标准的情况、落实工资指导线实施方案、工资分配制度和工资支付制度向劳动保障行政部门备案或弄虚作假、隐匿、销毁企业工资支付表和其他应当保存的工资支付资料的，逾期不改正的	《山东省企业工资支付规定》（省政府令第188号）第45条	处以2000元以上10000元以下的罚款	逾期7日以下不改正的	处以2000元以上5000元以下的罚款
				逾期7日以上10日以下不改正的	处以5000元以上8000元以下的罚款
				逾期10日以上不改正的	处以8000元以上1万元以下的罚款

续表

序号	违法行为	法定依据	法定处罚标准	适用条件	处罚裁量标准
10	用人单位强迫劳动者在高温天气期间工作的，或者未按规定标准发放防暑降温费，逾期未改正的	《山东省高温天气劳动保护办法》（省政府令第239号）第22条	处以2000元以上2万元以下的罚款	逾期7日以下不改正的，或涉及人数5人以下的	处2000元以上8000元以下的罚款
				逾期7日以上10日以下不改正的，或涉及人数5人以上10人以下的	处8000元以上1.3万元以下的罚款
				逾期10日以上不改正的，或涉及人数10人以上的	处1.3万元以上2万元以下的罚款

续表

序号	违法行为	法定依据	法定处罚标准	适用条件	处罚裁量标准
11	劳务派遣单位有下列情形之一的：（一）涂改、倒卖、出租、出借《劳务派遣经营许可证》，或者以其他形式非法转让《劳务派遣经营许可证》的；（二）隐瞒真实情况或者提交虚假材料取得劳务派遣行政许可的；（三）以欺骗、贿赂等不正当手段取得劳务派遣行政许可的	《劳务派遣行政许可实施办法》（人社部令第19号）第33条	由人力资源社会保障行政部门处1万元以下的罚款；情节严重的，处1万元以上3万元以下的罚款	劳务派遣单位有所列情形之一，但没有开展劳务派遣活动的	处以1万元以下的罚款
				劳务派遣单位有所列情形之一，且开展劳务派遣活动，违法所得在1万以下的	处以1万元以上2万元以下的罚款
				劳务派遣单位有所列情形之一，且开展劳务派遣活动，违法所得在1万以上的	处以2万元以上3万元以下的罚款

二、社会保险类

序号	违法行为	法定依据	法定处罚标准	适用条件	处罚裁量标准
12	用人单位不办理社会保险登记，逾期不改正的	《社会保险法》第84条	逾期不改正的，对用人单位处应缴社会保险费数额1倍以上3倍以下的罚款，对直接负责的主管人员和其他直接责任人员处500以上3000以下的罚款	逾期20日以下不改正的，或应缴社会保险费在1万元以下的	对用人单位处以应缴社会保险费数额1倍的罚款，对直接负责的主管人员和其他直接责任人员处以500元以上1000元以下的罚款
				逾期20日以上30日以下不改正的，或应缴社会保险费在1万元以上2万以下的	对用人单位处以应缴社会保险费数额1倍以上2倍以下的罚款，对直接负责的主管人员和其他直接责任人员处以1000元以上2000元以下的罚款
				逾期30日以上不改正的，或应缴社会保险费在2万元以上的	对用人单位处以应缴社会保险费数额2倍以上3倍以下的罚款，对直接负责的主管人员和其他直接责任人员处以2000元以上3000元以下的罚款

续表

序号	违法行为	法定依据	法定处罚标准	适用条件	处罚裁量标准
13	用人单位未按时足额缴纳社会保险费，经责令限期缴纳或者补足，逾期仍不缴纳的	《社会保险法》第86条、《社会保险费申报缴纳管理规定》（人社部令第20号）第30条	由社会保险行政部门处欠缴数额1倍以上3倍以下的罚款	逾期20日以下不改正的或者未足额缴纳部分占应缴数额10%以下的	处以欠缴社会保险费数额1倍的罚款
				逾期20日以上30日以下不改正的或者未足额缴纳部分占应缴数额10%以上50%以下的	处以欠缴社会保险费数额1倍以上2倍以下的罚款
				逾期30日以上不改正的或者未足额缴纳部分占应缴数额50%以上的	处以欠缴社会保险费数额2倍以上3倍以下的罚款

续表

序号	违法行为	法定依据	法定处罚标准	适用条件	处罚裁量标准
14	社会保险经办机构以及医疗机构、药品经营单位等社会保险服务机构以欺诈、伪造证明材料或者其他手段骗取社会保险基金支出的	《社会保险法》第87条、《实施〈中华人民共和国社会保险法〉若干规定》（人社部令第13号）第25条	由社会保险行政部门处骗取金额2倍以上5倍以下的罚款	骗取社会保险基金支出,涉案金额在5000元以下的	处骗取金额2倍的罚款
				骗取社会保险基金支出,涉案金额在5000元以上1万元以下的	处骗取金额2倍以上3倍以下的罚款
				骗取社会保险基金支出,涉案金额在1万元以上2万元以下的	处骗取金额3倍以上4倍以下的罚款
				骗取社会保险基金支出,涉案金额在2万元以上的	处骗取金额4倍以上5倍以下的罚款

续表

序号	违法行为	法定依据	法定处罚标准	适用条件	处罚裁量标准
15	以欺诈、伪造证明材料或者其他手段骗取社会保险待遇的	《社会保险法》第88条,《工伤职工劳动能力鉴定管理办法》第30条	由社会保险行政部门处骗取金额2倍以上5倍以下的罚款	骗取社会保险基金支出,涉案金额在5000元以下的	处骗取金额2倍的罚款
				骗取社会保险基金支出,涉案金额在5000元以上1万元以下的	处骗取金额2倍以上3倍以下的罚款
				骗取社会保险基金支出,涉案金额在1万元以上2万元以下的	处骗取金额3倍以上4倍以下的罚款
				骗取社会保险基金支出,涉案金额在2万元以上的	处骗取金额4倍以上5倍以下的罚款

续表

序号	违法行为	法定依据	法定处罚标准	适用条件	处罚裁量标准
16	缴费单位违反有关财务、会计、统计的法律、行政法规和国家有关规定，伪造、变造、故意毁灭有关账册、材料，或者不设账册，致使社会保险费缴费基数无法确定的，延迟缴纳的	《社会保险费征缴暂行条例》（国务院令第259号）第24条、《社会保险费征缴监督检查办法》（劳动社会保障部令第3号）第13条	由劳动保障行政部门或者税务机关对直接负责的主管人员和其他直接责任人员处5000元以上2万元以下的罚款	迟延1个月以下的，或者缴费单位用工人数在20人以下的	对直接负责的主管人员和其他直接责任人员处以5000元罚款
				迟延1个月以上2个月以下的，或者缴费单位用工人数在20人以上40人以下的	对直接负责的主管人员和其他直接责任人员处以5000元以上1万元以下的罚款
				迟延2个月以上3个月以下的，或者缴费单位用工人数在40人以上60人以下的	对直接负责的主管人员和其他直接责任人员处以1万元以上1.5万元以下的罚款
				迟延3个月以上的或者缴费单位用工人数在60人以上的	对直接负责的主管人员和其他直接责任人员处以1.5万元以上2万元以下的罚款

续表

序号	违法行为	法定依据	法定处罚标准	适用条件	处罚裁量标准
17	缴费单位未按照规定办理社会保险变更登记或注销登记，或者未按照规定申报应缴纳的社会保险费数额的	《社会保险费征缴暂行条例》（国务院令第259号）第23条、《社会保险费征缴监督检查办法》（劳动社会保障部令第3号）第12条	情节严重的，对直接负责的主管人员和其他直接责任人员可以处1000元以上5000元以下的罚款；情节特别严重的，对直接负责的主管人员和其他直接责任人员可以处5000元以上1万元以下的罚款	缴费单位用工人数在20人以下的	对直接负责的主管人员和其他直接责任人员处以1000元以上2000元以下的罚款
				缴费单位用工人数在20人以上50人以下的	对直接负责的主管人员和其他直接责任人员处以2000元以上5000元以下的罚款
				缴费单位用工人数在50人以上的，或经责令改正拒不改正的，或连续违法行为超过1年的	对直接负责的主管人员和其他直接责任人员处以5000元以上1万元以下的罚款

续表

序号	违法行为	法定依据	法定处罚标准	适用条件	处罚裁量标准
18	用人单位向社会保险经办机构申报应缴纳的社会保险费数额时，瞒报工资总额或者职工人数的	《劳动保障监察条例》（国务院令第423号）第27条	由劳动保障行政部门责令改正，并处瞒报工资数额1倍以上3倍以下的罚款	用人单位瞒报工资总额或者职工人数占实际总数10%以下的	处瞒报工资数额1倍罚款
				用人单位瞒报工资总额或者职工人数占实际总数10%以上20%以下的	处瞒报工资数额1倍以上2倍以下的罚款
				用人单位瞒报工资总额或者职工人数占实际总数20%以上的	处瞒报工资数额2倍以上3倍以下的罚款

续表

序号	违法行为	法定依据	法定处罚标准	适用条件	处罚裁量标准
19	从事劳动能力鉴定的组织或者个人有下列情形之一的：（一）提供虚假鉴定意见的；（二）提供虚假诊断证明的；（三）收受当事人财物的	《工伤保险条例》（国务院令第375号）第61条	由社会保险行政部门责令改正，处2000元以上1万元以下的罚款	从事劳动能力鉴定的组织或个人提供3份以下虚假鉴定或虚假诊断证明的；或收受当事人财物折合人民币1000元以下的	处2000元以上5000元以下的罚款
				从事劳动能力鉴定的组织或个人提供3份以上5份以下虚假鉴定或虚假诊断证明的；或收受当事人财物折合人民币1000元以上3000元以下的	处5000元以上8000元以下的罚款
				从事劳动能力鉴定的组织或个人提供5份以上虚假鉴定或虚假诊断证明的；或收受当事人财物折合人民币3000元以上的	处8000元以上1万元以下的罚款

续表

序号	违法行为	法定依据	法定处罚标准	适用条件	处罚裁量标准
20	用人单位违反《工伤保险条例》第十九条的规定，拒不协助社会保险行政部门对事故进行调查核实的	《工伤保险条例》（国务院令第375号）第63条、《工伤认定办法》（人社部令第8号）第25条	由社会保险行政部门责令改正，处2000元以上2万元以下的罚款	用人单位采取推诿、躲避等方式回避调查核实的	处2000元以上8000元以下的罚款
				用人单位拒收、拒签工伤认定相关文书材料的	处8000元以上1.2万元以下的罚款
				用人单位拒绝协助调查的	处1.2万元以上1.6万元以下的罚款
				用人单位故意设置障碍或者制造伪证，阻碍社会保险行政部门调查核实；或以暴力、威胁及其他手段阻挠调查核实的	处1.6万元以上2万元以下的罚款

续表

序号	违法行为	法定依据	法定处罚标准	适用条件	处罚裁量标准
21	缴费单位未按规定从缴费个人工资中代扣代缴社会保险费的	《社会保险费征缴监督检查办法》(劳动社会保障部令第3号)第14条	应当给予警告,并可以处以5000元以下的罚款	缴费单位主动改正	给予警告,不予罚款
				缴费单位招用劳动者后3个月以下,未按规定从缴费个人工资中代扣代缴社会保险费的	给予警告,并处以2000元以下的罚款
				缴费单位招用劳动者后3个月以上,未按规定从缴费个人工资中代扣代缴社会保险费的	给予警告,并处以2000元以上5000元以下的罚款
22	缴费单位打击报复举报人员的	《社会保险费征缴监督检查办法》(劳动社会保障部令第3号)第15条	应当给予警告,并可以处以1万元以下的罚款	经教育后停止实施打击报复行为的	给予警告,不予罚款
				经教育继续实施打击报复行为的	给予警告,并处以4000元以下的罚款
				缴费单位因举报,加重报复举报人的	给予警告,并处以4000元以上7000元以下的罚款
				1年内两次实施违法行为的	给予警告,并处以7000元以上1万元以下的罚款

续表

序号	违法行为	法定依据	法定处罚标准	适用条件	处罚裁量标准
23	被稽查单位或者个人伪造、变造社会保险登记证的；不按规定向职工公布本单位社会保险费缴纳情况的	《山东省社会保险稽查办法》（省政府令第158号）第17条	由劳动和社会保障行政部门予以警告，并可处以1000元以上1万元以下的罚款	及时改正，且未造成危害后果的	给予警告，不予罚款
				已改正，但造成危害后果的	给予警告，并处以1000元以上5000元以下的罚款
				不改正，且造成危害后果的	给予警告，并处以5000元以上1万元以下的罚款

续表

序号	违法行为	法定依据	法定处罚标准	适用条件	处罚裁量标准
24	参保单位违反规定，具有下列情形之一的：(一)未在与职工解除、终止劳动关系时告知其有依法享受失业保险待遇的权利的；(二)未按规定向失业人员出具解除、终止劳动关系证明的；(三)未按规定公布本单位失业保险费缴纳情况或者未及时向查询职工和失业人员提供失业保险费缴纳情况的，逾期不改的	《山东省失业保险规定》（省政府令第161号）第33条	处以2000元以上1万元以下的罚款	逾期7日以下不改正的	处以2000元以上4000元以下的罚款
				逾期7日以上10日以下不改正的	处以4000元以上6000元以下的罚款
				逾期10日以上15日以下不改正的	处以6000元以上8000元以下的罚款
				逾期15日以上不改正的	处以8000元以上1万元以下的罚款

续表

序号	违法行为	法定依据	法定处罚标准	适用条件	处罚裁量标准
25	用人单位未按月将缴纳社会保险费的明细情况告知职工本人，逾期不改的	《实施〈中华人民共和国社会保险法〉若干规定》（人社部令第13号）第24条	处2000元以上2万元以下的罚款	逾期7日以下不改正的	处以2000元以上8000元以下的罚款
				逾期7日以上10日以下不改正的	处以8000元以上1.2万元以下的罚款
				逾期10日以上15日以下不改正的	处以1.2万元以上1.6万元以下的罚款
				逾期15日以上不改正的	处以1.6万元以上2万元以下的罚款

三、就业培训类

序号	违法行为	法定依据	法定处罚标准	适用条件	处罚裁量标准
26	未经许可和登记，擅自从事职业中介活动的，有违法所得的	《就业促进法》第64条	没收违法所得，并处1万元以上5万元以下的罚款	违法所得1万元以下的	没收违法所得，并处1万元以上2万元以下的罚款
				违法所得1万元以上3万元以下的	没收违法所得，并处2万元以上3万元以下的罚款
				违法所得3万元以上4万元以下的	没收违法所得，并处3万元以上4万元以下的罚款
				违法所得4万元以上的	没收违法所得，并处4万元以上5万元以下的罚款

续表

序号	违法行为	法定依据	法定处罚标准	适用条件	处罚裁量标准
27	职业中介机构违法提供虚假就业信息，为无合法证照的用人单位提供职业中介服务，伪造、涂改、转让职业中介许可证的，有违法所得的	《就业促进法》第65条	没收违法所得，并处1万元以上5万元以下的罚款；情节严重的，吊销职业中介许可证	违法所得1万元以下的	没收违法所得，并处1万元以上2万元以下的罚款
				违法所得1万元以上3万元以下的	没收违法所得，并处2万元以上3万元以下的罚款
				违法所得3万元以上4万元以下的	没收违法所得，并处3万元以上4万元以下罚款
				违法所得4万元以上5万元以下的	没收违法所得，并处4万元以上5万元以下罚款
				拒不改正，情节恶劣的，或违法所得5万元以上的	没收违法所得，并处5万元罚款，吊销职业中介许可证

续表

序号	违法行为	法定依据	法定处罚标准	适用条件	处罚裁量标准
28	职业中介机构向劳动者收取押金的	《就业促进法》第66条第2款	由劳动行政部门责令限期退还劳动者,并以每人500元以上2000元以下的标准处以罚款	收取劳动者押金1000元以下的	以每人500元以上1000元以下的标准处以罚款
				收取劳动者押金1000元以上2000元以下的	以每人1000元以上1500元以下的标准处以罚款
				收取劳动者押金2000元以上的	以每人1500元以上2000元以下的标准处以罚款
29	未取得人力资源服务许可从事人才中介活动,擅自扩大许可范围的	《山东省人力资源市场条例》第44条	由县级以上人民政府人力资源社会保障部门责令停止违法行为,没收违法所得,并处1万元以上5万元以下的罚款	违法所得1万元以下的	没收违法所得,并处1万元以上2万元以下的罚款
				违法所得1万元以上3万元以下的	没收违法所得,并处2万元以上3万元以下的罚款
				违法所得3万元以上4万元以下的	没收违法所得,并处3万元以上4万元以下的罚款
				违法所得4万元以上的	没收违法所得,并处4万元以上5万元以下的罚款

续表

序号	违法行为	法定依据	法定处罚标准	适用条件	处罚裁量标准
30	人才中介机构提供虚假求职和招聘信息，为无合法证照的用人单位提供人力资源服务，伪造、涂改、转让人力资源服务许可证的	《山东省人力资源市场条例》第46条	由县级以上人民政府人力资源社会保障部门责令改正，没收违法所得，并处1万元以上5万元以下的罚款；情节严重的，吊销人力资源服务许可证	违法所得1万元以下的	没收违法所得，并处1万元以上2万元以下的罚款
				违法所得1万元以上3万元以下的	没收违法所得，并处2万元以上3万元以下的罚款
				违法所得3万元以上4万元以下的	没收违法所得，并处3万元以上4万元以下罚款
				违法所得4万元以上5万元以下的	没收违法所得，并处4万元以上5万元以下罚款
				拒不改正，情节恶劣的，或违法所得5万元以上的，情节严重的	没收违法所得，并处5万元罚款，吊销人力资源服务许可证

续表

序号	违法行为	法定依据	法定处罚标准	适用条件	处罚裁量标准
31	人力资源服务机构介绍求职者从事法律、法规禁止的职业	《山东省人力资源市场条例》第46条	由县级以上人民政府人力资源社会保障部门责令改正,没收违法所得,并处1万元以上5万元以下的罚款;情节严重的,吊销人力资源服务许可证	违法所得1万元以下的	没收违法所得,并处1万元以上2万元以下的罚款
				违法所得1万元以上3万元以下的	没收违法所得,并处2万元以上3万元以下的罚款
				违法所得3万元以上4万元以下的	没收违法所得,并处3万元以上4万元以下罚款
				违法所得4万元以上5万元以下的	没收违法所得,并处4万元以上5万元以下罚款
				拒不改正,情节恶劣的,或违法所得5万元以上的,情节严重的	没收违法所得,并处5万元罚款,吊销人力资源服务许可证

续表

序号	违法行为	法定依据	法定处罚标准	适用条件	处罚裁量标准
32	用人单位提供虚假招聘信息的	《山东省人力资源市场条例》第47条	由县级以上人民政府人力资源社会保障部门责令改正，处3000元以上3万元以下的罚款	没有违法所得的	责令停止违法行为，并处3000元以上1万元以下的罚款
				违法所得2万元以下的	没收违法所得，并处1万元以上2万元以下的罚款
				违法所得2万元以上的	没收违法所得，并处2万元以上3万元以下的罚款
33	人才中介服务机构不依法接受检查或提供虚假材料，不按规定办理许可证变更等手续的	《人才市场管理规定》（人事部、国家工商行政管理总局第1号令）第34条	由县级以上政府人事行政部门予以警告，可并处1万元以下罚款；情节严重的，责令停业整顿，有违法所得的，没收违法所得，并可以处不超过违法所得3倍的罚款，但最高不得超过3万元	没有违法所得，经督促按时改正违法行为的	给予警告，并处5000元以下的罚款
				没有违法所得，但经督促不按时改正违法行为的	给予警告，并处5000元以上1万元以下的罚款
				情节严重，经警告后仍不改正的或者违法所得1万元以下的	责令停业整顿，没收违法所得，并处违法所得2倍以下的罚款
				情节恶劣，造成严重影响的或者违法所得1万元以上的	责令停业整顿，没收违法所得，并处违法所得2倍以上3倍以下的罚款，但最高不得超过3万元

续表

序号	违法行为	法定依据	法定处罚标准	适用条件	处罚裁量标准
34	未经政府人事部门授权从事人事代理业务的	《人才市场管理规定》（人事部、国家工商行政管理总局第1号令）第35条	由县级以上政府人事行政部门责令停办，并处1万元以下罚款；有违法所得的，可以处不超过违法所得3倍的罚款，但最高不得超过3万元；情节严重的，并责令停业整顿	没有违法所得，经责令或督促按时改正违法行为的	处5000元以下的罚款
				没有违法所得，经责令或督促不按时改正违法行为的	处5000元以上1万元以下的罚款
				违法所得5000元以上1万元以下的	处违法所得2倍以下的罚款
				情节恶劣，造成严重影响的或者违法所得1万元以上的	处违法所得2倍以上3倍以下的罚款，但最高不得超过3万元，并责令停业整顿
35	人才中介服务机构超出许可业务范围接受代理业务的	《人才市场管理规定》（人事部、国家工商行政管理总局第1号令）第36条	由县级以上政府人事行政部门予以警告，限期改正，并处1万元以下罚款	限期改正的	予以警告，并处5000元以下罚款
				限期未改正的	予以警告，并处5000元以上1万元以下罚款

续表

序号	违法行为	法定依据	法定处罚标准	适用条件	处罚裁量标准
36	用人单位以民族、性别、宗教信仰为由拒绝聘用或者提高聘用标准的，招聘不得招聘人员的，以及项应聘者收取费用或采取欺诈等手段谋取非法利益的	《人才市场管理规定》（人事部、国家工商行政管理总局第1号令）第37条	由县级以上政府人事行政部门责令改正；情节严重的，并处1万元以下罚款	涉及应聘者5人以下，或者谋取非法利益2000元以下的	处3000元以下罚款
				涉及应聘者5人以上10人以下，或者谋取非法利益2000元以上5000元以下的	处3000元以上6000元以下罚款
				涉及应聘者10人以上，或者谋取非法利益5000元以上的	处6000元以上1万元以下罚款

续表

序号	违法行为	法定依据	法定处罚标准	适用条件	处罚裁量标准
37	中外合资人才中介机构不按照规定接受许可证年检的，提供虚假信息或者采取其他手段欺骗用人单位和应聘人员的	《中外合资人才中介机构管理暂行规定》（人事部、商务部、国家工商行政管理总局第2号令）第16条	省、自治区、直辖市人民政府人事行政部门会同工商行政管理部门，视其情节轻重，给予警告，并可处以1万元人民币以下罚款；情节严重，有违法所得的，处以不超过违法所得3倍的罚款，但最高不得超过3万元人民币	没有违法所得的，及时改正的	给予警告，并处5000元人民币以下的罚款
				没有违法所得的，但拒不改正的	给予警告，并处5000元人民币以上1万元人民币以下的罚款
				违法所得5000元人民币以上1万元人民币以下的	处违法所得2倍以下的罚款
				情节恶劣，造成严重后果的或者违法所得1万元人民币以上的	处违法所得2倍以上3倍以下的罚款，但最高不得超过3万元人民币

续表

序号	违法行为	法定依据	法定处罚标准	适用条件	处罚裁量标准
38	用人单位违法招用未取得相应职业资格证书的人员从事国际规定实行职业资格证书制度的工作的	《山东省就业促进条例》第67条	由人力资源社会保障部门给予警告;情节严重的,按照每人每日二十元的标准处以罚款	限期改正的	给予警告
				限期未改正的	按照每人每日20元的标准处以罚款
39	用人单位聘雇或者接受被派遣台、港、澳人员,未为其办理就业证或未办理备案手续的	《台湾香港澳门居民在内地就业管理规定》(劳动社会保障部令第26号)第16条	由劳动保障行政部门责令其限期改正,并可以处1000元罚款	限期改正的	不予罚款
				逾期未改正的	处以1000元罚款

续表

序号	违法行为	法定依据	法定处罚标准	适用条件	处罚裁量标准
40	用人单位与聘雇台、港、澳人员终止、解除劳动合同或者台、港、澳人员任职期满，用人单位未办理就业证注销手续的	《台湾香港澳门居民在内地就业管理规定》（劳动社会保障部令第26号）第17条	由劳动保障行政部门责令改正，并可以处1000元罚款	责令改正后及时改正的	不予罚款
				责令改正后仍不改正的	处以1000元罚款

续表

序号	违法行为	法定依据	法定处罚标准	适用条件	处罚裁量标准
41	用人单位发布虚假招聘广告、招用无合法身份证件的人员、以招用人员为名牟取不正当利益或进行其他违法活动的	《就业服务与就业管理规定》（劳动社会保障部令第28号）第67条	由劳动保障行政部门责令改正，并可处以1000元以下的罚款	及时改正的	不予罚款
				经责令改正后仍不改正，且涉及人数5人以下的，或谋取500元以下不正当利益的	处以500元以下的罚款
				经责令改正后仍不改正，且涉及人数5人以上的，或谋取500元以上不正当利益的	处以500元以上1000元以下的罚款

续表

序号	违法行为	法定依据	法定处罚标准	适用条件	处罚裁量标准
42	用人单位违法在国家法律、行政法规和国务院卫生行政部门规定禁止乙肝病原携带者从事的工作岗位以外招用人员时，将乙肝病毒血清学指标作为体检标准	《就业服务与就业管理规定》（劳动社会保障部令第28号）第68条	由劳动保障行政部门责令改正，并可处以1000元以下的罚款	及时改正的	不予罚款
				经责令改正后仍不改正的，且涉及人数3人以下的	处以500元以下的罚款
				经责令改正后仍不改正的，且涉及人数3人以上的	处以500元以上1000元以下的罚款

续表

序号	违法行为	法定依据	法定处罚标准	适用条件	处罚裁量标准
43	职业中介机构未明示职业中介许可证、监督电话的	《就业服务与就业管理规定》（劳动社会保障部令第28号）第71条	由劳动保障行政部门责令改正，并可处以1000元以下的罚款	及时改正的	不予罚款
				职业中介许可证、监督电话有一项未明示的	处以500元以下的罚款
				职业中介许可证、监督电话均未明示的	处以500元以上1000元以下的罚款
44	职业中介机构未建立服务台账，或虽建立服务台账但未记录服务对象、服务过程、服务结果和收费情况的	《就业服务与就业管理规定》（劳动社会保障部令第28号）第72条	由劳动保障行政部门责令改正，并可处以1000元以下的罚款	及时改正的	不予罚款
				经责令改正后仍不改正的，且建立服务台账但未记录服务对象、服务过程、服务结果和收费情况的	处以500元以下的罚款
				经责令改正后仍不改正的，且未建立服务台账的	处以500元以上1000元以下的罚款

续表

序号	违法行为	法定依据	法定处罚标准	适用条件	处罚裁量标准
45	职业中介机构在职业中介服务不成功后未向劳动者退还所收取的中介服务费的	《就业服务与就业管理规定》（劳动社会保障部令第28号）第73条	由劳动保障行政部门责令改正，并可处以1000元以下的罚款	及时改正的	不予罚款
				经责令改正后仍不改正的，且收取的中介服务费在300元以下的	处以500元以下的罚款
				经责令改正后仍不改正的，且收取的中介服务费在300元以上的	处以500元以上1000元以下的罚款

续表

序号	违法行为	法定依据	法定处罚标准	适用条件	处罚裁量标准
46	职业中介机构发布的就业信息中包含歧视性内容、为无合法身份证件的劳动者提供中介服务、以暴力、胁迫、欺诈等方式进行职业中介活动、超出核准的业务范围经营的	《就业服务与就业管理规定》(劳动社会保障部令第28号)第74条、《山东省就业促进条例》第69条	由劳动保障行政部门责令改正,没有违法所得的,可处以1万元以下的罚款;有违法所得的,可处以不超过违法所得3倍的罚款,但最高不得超过3万元	没有违法所得的,情节轻微的	不予罚款
				没有违法所得的,经责令改正按时改正的	处以5000元以下的罚款
				没有违法所得的,经责令改正未按时改正的	处以5000元以上1万元以下的罚款
				违法所得3000元以下的	处以违法所得1倍以下的罚款
				违法所得3000元以上6000元以下的	处以违法所得1倍以上2倍以下的罚款
				违法所得6000元以上的	处以违法所得2倍以上3倍以下的罚款,但最高不得超过3万元

续表

序号	违法行为	法定依据	法定处罚标准	适用条件	处罚裁量标准
47	用人单位未及时为劳动者办理就业登记手续的	《就业服务与就业管理规定》（劳动社会保障部令第28号）第75条	由劳动保障行政部门责令改正，并可处以1000元以下的罚款	及时改正的	不予罚款
				经责令改正后仍不改正的，且用工60日内未办理的	处以500元以下的罚款
				经责令改正后仍不改正的，且用工超过60日未办理的	处以500元以上1000元以下的罚款

续表

序号	违法行为	法定依据	法定处罚标准	适用条件	处罚裁量标准
48	外国人和用人单位伪造、涂改、冒用、转让、买卖就业证和许可证书的	劳动部、公安部、外交部、对外贸易经济合作部关于颁发《外国人在中国就业管理规定》的通知（劳部发〔1996〕29号）第30条	由劳动行政部门收缴就业证和许可证书，没收其非法所得，并处以1万元以上10万元以下的罚款	非法所得涉及金额1万元以下，或涉及就业证或许可证书3本以下的	收缴就业证和许可证书，没收其非法所得，并处以1万元以上3万元以下的罚款
				非法所得涉及金额1万元以上3万元以下，或涉及就业证或许可证书3本以上6本以下的	收缴就业证和许可证书，没收其非法所得，并处以3万元以上5万元以下的罚款
				非法所得涉及金额3万元以上5万元以下，或涉及就业证或许可证书6本以上10本以下的	收缴就业证和许可证书，没收其非法所得，并处以5万元以上8万元以下的罚款
				非法所得涉及金额5万元以上，或涉及就业证或许可证书10本以上的	收缴就业证和许可证书，没收其非法所得，并处以8万元以上10万元以下的罚款

续表

序号	违法行为	法定依据	法定处罚标准	适用条件	处罚裁量标准
49	职业技能培训机构或者职业技能考核鉴定机构违反国家有关职业技能培训或者职业技能考核鉴定的规定的	《劳动保障监察条例》(国务院令第423号)第28条	由劳动保障行政部门责令改正,没收违法所得,并处1万元以上5万元以下的罚款;情节严重的,吊销许可证	违法所得1万元以下,或涉及劳动者5人以下的	没收违法所得,并处1万元以上2万元以下的罚款
				违法所得1万元以上2万元以下,或涉及劳动者5人以上10人以下的	没收违法所得,并处2万元以上3万元以下的罚款
				违法所得2万元以上3万元以下,或涉及劳动者10人以上15人以下的	没收违法所得,并处3万元以上4万元以下罚款
				违法所得3万元以上,或涉及劳动者15人以上的	没收违法所得,并处4万元以上5万元以下罚款,吊销许可证

续表

序号	违法行为	法定依据	法定处罚标准	适用条件	处罚裁量标准
50	未经批准擅自举办中外合作职业技能培训办学项目，或者以不正当手段骗取中外合作办学项目批准书的	《中外合作职业技能培训办学管理办法》（劳动社会保障部令第27号）第53条	由劳动保障行政部门责令举办该项目的中国教育机构限期改正、退还向学生收取的费用，并处以1万元以下罚款	涉及学生5人以下，或者违法办学时间1个月以下的	处以3000元以下的罚款
				涉及学生5人以上10人以下，或者违法办学时间1个月以上2个月以下的	处以3000元以上6000元以下的罚款
				涉及学生10人以上，或者违法办学时间2个月以上的	处以6000元以上1万元以下的罚款

续表

序号	违法行为	法定依据	法定处罚标准	适用条件	处罚裁量标准
51	中外合作职业技能培训办学项目发布虚假招生简章或者招生广告，骗取钱财的	《中外合作职业技能培训办学管理办法》（劳动社会保障部令第27号）第55条	由劳动保障行政部门责令举办该项目的中国教育机构退还收取的费用后，没收剩余违法所得，并处以违法所得3倍以下且总额3万元以下的罚款	违法所得5000元以下的	没收剩余违法所得，并处以违法所得1倍以下的罚款
				违法所得5000元以上1万元以下的	没收剩余违法所得，并处以违法所得1倍以上2倍以下的罚款
				违法所得1万元以上的	没收剩余违法所得，并处以违法所得2倍以上3倍以下且总额3万元以下的罚款

续表

序号	违法行为	法定依据	法定处罚标准	适用条件	处罚裁量标准
52	以职业技能为主的职业资格培训、职业技能培训的民办学校未依照规定将出资人取得回报比例的决定和向社会公布的与其办学水平和教育质量有关的材料、财务状况报审批机关备案，或者向审批机关备案的材料不真实的	《中华人民共和国民办教育促进法实施条例》（国务院令第399号）第50条	由审批机关责令改正，并予以警告；有违法所得的，没收违法所得；情节严重的，责令停止招生、吊销办学许可证	按时改正，没有违法所得的	予以警告
				违法所得3万元以下的	没收违法所得
				违法所得3万元以上5万元以下的	没收违法所得，责令停止招生
				违法所得5万元以上的	没收违法所得，责令停止招生，吊销办学许可证

续表

序号	违法行为	法定依据	法定处罚标准	适用条件	处罚裁量标准
53	以职业技能为主的职业资格培训、职业技能培训的民办学校有下列情形之一的：（一）擅自分立、合并民办学校的；（二）擅自改变民办学校名称、层次、类别和举办者的；（三）发布虚假招生简章或者广告，骗取钱财的；（四）非法颁发或者伪造学历证书、结业证书、培训证书、职业资格证书的	《中华人民共和国民办教育促进法》第62条	由审批机关或者其他有关部门责令限期改正，并予以警告；有违法所得的，退还所收费用后没收违法所得；情节严重的，责令停止招生、吊销办学许可证	没有违法所得，限期改正的	予以警告
				有违法所得，逾期7日以下未改正的，或违法所得3万元以下的，或非法颁发、伪造学历证书、结业证书、培训证书、职业资格证书100份以下的	予以警告，没收剩余违法所得
				有违法所得，逾期7日以上10日以下未改正的，或违法所得3万元以上5万元以下的，或非法颁发、伪造学历证书、结业证书、培训证书、职业资格证书100份以上500份以下的	予以警告，没收剩余违法所得，责令停止招生

续表

序号	违法行为	法定依据	法定处罚标准	适用条件	处罚裁量标准
53	（五）管理混乱严重影响教育教学，产生恶劣社会影响的；（六）提交虚假证明文件或者采取其他欺诈手段隐瞒重要事实骗取办学许可证的；（七）伪造、变造、买卖、出租、出借办学许可证的；（八）恶意终止办学、抽逃资金或者挪用办学经费的	《中华人民共和国民办教育促进法》第62条	由审批机关或者其他有关部门责令限期改正，并予以警告；有违法所得的，退还所收费用后没收违法所得；情节严重的，责令停止招生、吊销办学许可证	有违法所得，逾期10日以上未改正的，或违法所得5万元以上的，或非法颁发、伪造学历证书、结业证书、培训证书、职业资格证书500份以上的	予以警告，没收剩余违法所得，责令停止招生，吊销许可证

续表

序号	违法行为	法定依据	法定处罚标准	适用条件	处罚裁量标准
54	有下列情形之一的：（一）以职业技能为主的职业资格培训、职业技能培训的民办学校的章程未规定出资人要求取得合理回报，出资人擅自取得回报的；（二）违反本条例第四十七条规定，不得取得回报而取得回报的	《中华人民共和国民办教育促进法实施条例》（国务院令第399号）第49条	由审批机关没收出资人取得的回报，责令停止招生；情节严重的，吊销办学许可证	出资人擅自取得回报、不得取得回报而取得回报、不从办学结余而从其他经费中提取回报5000元以下的，或计算结余、确定取得回报比例超过法律规定1倍以下的，或取得回报比例高于同级同类其他民办学校1倍以下的	没收出资人取得的回报，责令停止招生

续表

序号	违法行为	法定依据	法定处罚标准	适用条件	处罚裁量标准
54	（三）出资人不从办学结余而从民办学校的其他经费中提取回报的；（四）不依照本条例的规定计算办学结余或者确定取得回报的比例的；（五）出资人从办学结余中取得回报的比例过高，产生恶劣社会影响的	《中华人民共和国民办教育促进法实施条例》（国务院令第399号）第49条	由审批机关没收出资人取得的回报，责令停止招生；情节严重的，吊销办学许可证	出资人擅自取得回报、不得取得回报而取得回报、不从办学结余而从其他经费中提取回报5000元以上的，或计算结余、确定取得回报比例超过法律规定1倍以上的，或取得回报比例高于同级同类其他民办学校1倍以上的	没收出资人取得的回报，责令停止招生，吊销办学许可证

续表

序号	违法行为	法定依据	法定处罚标准	适用条件	处罚裁量标准
55	民办学校管理混乱严重影响教育教学，有下列情形之一的，(一)理事会、董事会或者其他形式决策机构未依法履行职责的；(二)教学条件明显不能满足教学要求、教育教学质量低下，未及时采取措施的；(三)校舍或者其他教育教学设施、设备	《中华人民共和国民办教育促进法实施条例》(国务院令第399号)第51条	由审批机关或者其他有关部门责令限期改正，并予以警告；有违法所得的，退还所收费用后没收违法所得；情节严重的，责令停止招生、吊销办学许可证	逾期10日以下未改正，或违法所得在1万元以下的	予以警告，没收剩余违法所得，责令停止招生

续表

序号	违法行为	法定依据	法定处罚标准	适用条件	处罚裁量标准
55	存在重大安全隐患，未及时采取措施的；（四）未依照《中华人民共和国会计法》和国家统一的会计制度进行会计核算、编制财务会计报告，财务、资产管理混乱的；（五）侵犯受教育者的合法权益，产生恶劣社会影响的；（六）违反国家规定聘任、解聘教师的	《中华人民共和国民办教育促进法实施条例》（国务院令第399号）第51条	由审批机关或者其他有关部门责令限期改正，并予以警告；有违法所得的，退还所收费用后没收违法所得；情节严重的，责令停止招生、吊销办学许可证	逾期10日以上未改正，或违法所得在1万元以上，或造成恶劣社会影响的	予以警告，没收剩余违法所得，责令停止招生，吊销许可证

续表

序号	违法行为	法定依据	法定处罚标准	适用条件	处罚裁量标准
56	伪造、仿制或滥发《技术等级证书》、《技师合格证书》、《高级技师合格证书》获取非法收入的	劳动部关于颁发《职业技能鉴定规定》的通知（劳部发〔1993〕134号）第27条	没收其非法所得，并处以非法所得5倍以下罚款	非法所得1万元以下的	没收非法所得，并处非法所得1倍以下的罚款
				非法所得1万元以上2万元以下的	没收非法所得，并处非法所得1倍以上2倍以下的罚款
				非法所得2万元以上3万元以下的	没收非法所得，并处非法所得2倍以上3倍以下的罚款
				非法所得3万元以上4万元以下的	没收非法所得，并处非法所得3倍以上4倍以下的罚款
				非法所得4万元以上的	没收非法所得，并处非法所得4倍以上5倍以下的罚款

四、劳动监察及其他类

序号	违法行为	法定依据	法定处罚标准	适用条件	处罚裁量标准
57	有下列行为之一的:(一)无理抗拒、阻挠劳动保障行政部门依照《劳动保障监察条例》实施劳动保障监察;(二)不按照要求报送书面材料,隐瞒事实真相,出具伪证或者隐匿、毁灭证据的;(三)经劳动保障行政部门责令改正拒不改正,或者拒不履行劳动保障行政部门的行政处理决定的	《劳动保障监察条例》(国务院令第423号)第30条	处2000元以上2万元以下的罚款	经责令改正后,能够接受监察的或首次违法的	处以2000元以上8000元以下的罚款
				因日常巡视检查、专项检查等,经责令改正后,仍不改正的,或设置障碍造成无法正常进行监察的,或经再次督促后履行行政处理决定的	处以8000元以上1.2万元以下的罚款
				因投诉举报被检查,经责令改正后,仍拒不改正的,或属于工资、社保、劳动合同等严重违法行为的	处以1.2万元以上1.6万元以下的罚款
				一年内,出现上述违法行为2次以上(包括2次)的,或采取暴力、威胁等方式抗拒阻挠监察,或违法行为给劳动者造成重大损失的	处以1.6万元以上2万元以下的罚款

续表

序号	违法行为	法定依据	法定处罚标准	适用条件	处罚裁量标准
58	用人单位有下列行为之一的:(一)拒绝参加劳动和社会保障年度检查的;(二)打击报复证人和监察人员的	《山东省劳动和社会保障监察条例》第28条	由劳动和社会保障行政部门责令改正,对单位可以处以5000元以上3万元以下的罚款,对直接负责的主管人员和其他直接责任人员可以处以500元以上5000元以下的罚款	经责令改正后,能够接受检查的	不予罚款
				经责令改正后,仍拒绝接受监督检查的,或打击报复2人次以下的	对单位处以5000元以上1万元以下的罚款,对直接负责的主管人员和其他直接责任人员处以500元以上1000元以下的罚款
				未参加上一次劳动和社会保障年度检查,本次拒绝参加劳动和社会保障年度检查,或打击报复2人次以上4人次以下的	对单位处以1万元以上2万元以下的罚款,对直接负责的主管人员和其他直接责任人员处以1000元以上3000元以下的罚款
				使用暴力手段,或打击报复4人次以上的	对单位处以2万元以上3万元以下的罚款,对直接负责的主管人员和其他直接责任人员处以3000元以上5000元以下的罚款

续表

序号	违法行为	法定依据	法定处罚标准	适用条件	处罚裁量标准
59	用人单位阻挠劳动和社会保障监察人员依法行使监察职权或者打击报复举报人员的	《山东省劳动和社会保障监察条例》第29条	由劳动和社会保障行政部门处以5000元以上3万元以下的罚款	阻挠监察人员依法行使监察职权1次，或打击报复2人次以下的	处以5000元以上1万元以下的罚款
				阻挠监察人员依法行使监察职权2次，或打击报复2人次以上4人次以下的	处以1万元以上1.5万元以下的罚款
				阻挠监察人员依法行使监察职权3次，或打击报复4人次以上6人次以下的	处以1.5万元以上2万元以下的罚款
				阻挠监察人员依法行使监察职权4次以上，或打击报复6人次以上的	处以2万元以上3万元以下的罚款

续表

序号	违法行为	法定依据	法定处罚标准	适用条件	处罚裁量标准
60	国有企业工资内外收入违法违章行为	劳动部、财政部、审计署关于颁发《国有企业工资内外收入监督检查实施办法》的通知（劳部发〔1995〕218号）第25条	由劳动、财政、审计予以通报批评，并按违纪金额的20%—50%处以罚款	违纪金额5万元以下的	按违纪金额的20%以上30%以下处以罚款
				违纪金额5万元以上10万元以下的	按违纪金额的30%以上40%以下处以罚款
				违纪金额10万元以上	按违纪金额的40%以上50%以下处以罚款

注：裁量基准中法定处罚标准中的“以上”“以下”均包括本数；适用条件和处罚裁量标准中细化部分的“以上”包括本数，“以下”不包括本数。

山东省人力资源和社会保障厅等部门关于贯彻落实省委、省政府扶贫开发工作部署坚决做好就业与社会保障精准扶贫工作的通知

（2016 年 5 月 16 日　鲁人社发〔2016〕17 号）

各市人力资源社会保障局、扶贫开发领导小组办公室、财政局：

为全面贯彻《中共山东省委、山东省人民政府关于贯彻落实中央扶贫开发工作部署坚决打赢脱贫攻坚战的意见》（鲁发〔2015〕22 号），坚决做好就业与社会保障精准扶贫工作，现就有关事项通知如下：

一、统一思想认识，明确目标任务

就业与社会保障精准扶贫是打赢脱贫攻坚战的重要内容，是通过落实积极的就业政策，健全公平可持续的社会保障体系，解决农村贫困人口持续增收、稳定脱贫问题的根本途径，意义重大，责任重大。

实施就业与社会保障精准扶贫，要全面贯彻落实省委、省政府脱贫攻坚总体部署，坚持精准扶贫、精准脱贫基本方略，在精准识别基础上，对全省建档立卡的农村贫困人口（以下简称农村贫困人口），因人因地、因贫困原因、因贫困类型分类施策，集中开展就业与社会保障精准扶贫工作，从 2016 年起用 2 年左右时间，帮助有条件有意愿的建档立卡农村贫困户（以下简称农村贫困户）每户转移就业 1 人，通过转移就业实现 60 万人左右脱贫，实现“能转尽转”；对劳动年龄内、具有劳动能力并有

培训意愿的农村贫困人口开展免费培训，实现“愿培尽培”；确保居民基本养老保险基础养老金按时足额发放，逐步提高基础养老金标准，适当提高农村贫困人口大病保险报销比例，实现“应保尽保”，努力使农村贫困人口有工作、有收入、有保障。

二、实施系列行动，精准扶贫脱贫

（一）开展转移就业扶贫行动

1. 打造农村“扶贫车间”就地就近就业模式。鼓励利用乡镇、村集体闲置土地、房屋创办厂房式“扶贫车间”，或设置分散加工的居家式“扶贫车间”，组织农村贫困人口从事适合放在农村的农产品加工、手工工艺等生产活动或来料加工业务，发展“一村一品”特色产业，为农村贫困人口在家门口就业创造条件。对设立“扶贫车间”的企业，可按规定享受创业扶贫担保贷款政策，对吸纳就业困难人员就业并签订劳动合同的，可按规定享受社会保险补贴和岗位补贴。鼓励扶贫任务重的县（市、区）设立“扶贫车间”，与农村贫困人口签订承揽合同，并在12个月内给付达到当年省定贫困线标准以上报酬的，按每人1000元的标准给予“扶贫车间”一次性奖补，所需资金从各地创业带动就业扶持资金中安排。省级创业带动就业扶持资金对具有首创示范效应的县给予一次性奖补。奖补资金主要用于“扶贫车间”的设立和管理运行经费。

2. 强化农村公益岗位托底安置。对持有残疾证或距享受社会养老保险待遇不足5年的劳动年龄农村贫困人口，通过市场渠道确实难以实现就业的，可由政府开发公用设施维护、保洁保绿等农村公益性岗位，进行托底安置。各地对公益性岗位安置的农村贫困人口给予公益性岗位补贴，补贴标准根据实际工作时间，参照最低工资标准执行，补贴期限除对距享受社会养老保险待遇不足5年的贫困人员可延长至领取社会养老保险待遇外，其余人员最长不超过3年。农村公益性岗位管理按照山东省人力资源和社会保障厅、山东省财政厅《关于印发山东省公益性岗位开发管理办法的通知》（鲁人社〔2013〕23号）执行。

3. 开展就业伙伴结对帮扶活动。组织开展多形式的“送岗进村”“送岗入户”结对帮扶活动，“一对一”“一对多”定向开展就业扶贫，强化贫困村、劳务中介机构、用工企业、公共就业服务机构四方协作，打造定户动员、定向输出、定岗接收、定期跟踪“四定”有组织输出模式。有条件的市可对到户籍所在县（市、区）以外转移就业的劳动年龄农村贫困人口给予交通补助。省、市、县三级人力资源社会保障部门的公共招聘网站要开设专区，筛选适合扶贫对象就业的工作岗位，加大岗位信息定向推送力度，实现村企“点对点”人岗对接。对易地搬迁的农村贫困人口，要优先保障其在当地平等享受就业创业政策和服务，促进有能力在城镇稳定就业和生活的常住人口有序实现市民化。

（二）开展助推创业扶贫行动

4. 开展创业扶贫担保贷款贴息。筹集5亿元左右的创业扶贫担保资金，专项用于农村贫困人口创业扶贫担保贷款，对符合条件的自主创业农村贫困人口，提供“免反担保、免抵押”的创业扶贫担保贷款，按规定给予贴息。对积极吸纳农村贫困人口就业的生产经营主体，按招用符合申请创业担保贷款条件的人数，给予最高额度不超过300万元的创业扶贫担保贷款，按规定给予贴息。对类似扶贫贷款，原则上省级财政不重复贴息。具体办法由省人力资源社会保障厅、省财政厅等有关部门另行制定。

5. 加大创业扶持力度。鼓励有能力有意愿的劳动年龄内的农村贫困人口自主创业，有条件的市对新注册个体工商户并正常经营12个月以上的，给予不低于2000元一次性创业补贴。各地创业孵化基地、创业园区应优先为农村贫困人口创业提供创业场所，给予一定期限的场地租赁费用减免。对积极吸纳农村贫困人口创业的各类创业孵化基地和创业园区，符合条件的优先纳入省级、市级创业孵化示范基地和创业示范园区评估认定范围。鼓励农村贫困人口集中的乡镇积极创建创业型乡镇，符合条件的按规定给予一次性奖补。大力发展“淘宝村”，鼓励农村贫困人口通过电商创业。发挥创业大学作用，在贫困地区设立教学点、教学站，打造“创业导师+扶贫对象”的创业扶贫培训模式，提高农村贫困人口的创业意识、创业能力和创业成功率。

（三）开展精准培训扶贫行动

6. 推行“短平快”式职业技能培训。对劳动年龄内、具有劳动能力并有培训意愿的农村贫困人口实行免费培训项目清单制度，统筹组织各类培训资源，开展“订单式”培训，指导培训机构与农村贫困人口通过双选见面会等形式，根据其意愿和特点签订培训计划书，组织开展“技能培训田间课堂”“培训大篷车下乡”等“短平快”式的职业技能培训。大力开展电子商务培训，提升电商创业技能。鼓励围绕乡村特色产业和家庭服务业发展，开展“农家乐”“渔家乐”“藤编”“柳编”等特色产业培训和“大嫂”“大姐”等家政品牌培训，提升农村贫困人口特别是农村妇女致富技能。有条件的市对培训期5天以内的农村贫困人口实用技能型培训，可执行灵活的职业培训补贴标准，个人、培训机构或企业凭培训合格证书申请培训补贴，具体补贴标准由各市自行确定。

（四）开展人才支撑扶贫行动

7. 吸引高校毕业生投身扶贫工作。扩大高校毕业生“三支一扶”招募规模，在现有岗位基础上，增设农技推广、基层文化站建设、贫困村整体脱贫岗位，选派优秀高校毕业生从事相关工作。到岗毕业生服务期内连续2年考核均为优秀的，服务期满后原服务单位继续需要且本人有意愿继续服务的，经县级“三支一扶”办公室推荐、市级“三支一扶”办公室批准后，可免笔试，通过考核直接聘用，考核办法由县（市、区）自行制定。加大从服务基层项目人员中考录基层公务员工作力度。

8. 加大贫困地区人才支撑力度。组织技工院校定向招收贫困家庭适龄学生，注册技工院校学籍，按国家规定享受免学费和国家助学金政策，免除其住宿费和教材费并提供勤工俭学岗位。组织专家服务基层活动，根据实际需求，遴选相关专家，每年组织2—3次服务基层活动，深入扶贫一线开展技术指导、信息咨询、医疗义诊等服务。大力支持贫困地区乡村教师人才队伍建设，按照事业单位公开招聘相关规定，可以县（市、区）为单位，不分城区、农村学校岗位，统一招聘、统一分配，并向乡村学校倾斜，也可按学校组织招聘。按照教师专业标准和任教学科设置考试科目，重点考察教师专业素养和职业能力。

（五）开展全民参保扶贫行动

9. 提高农村贫困人口养老、医疗保障水平。针对农村贫困人口，实施好全民参保登记计划。落实政府为缴费困难群众代缴养老保险费的政策，对重度残疾农村贫困人口，由政府全额代缴最低标准的养老保险费。确保居民基本养老保险基础养老金按时足额发放，逐步提高基础养老金标准。完善居民基本医疗保险和大病保险制度，对符合条件的农村贫困人口参加居民基本医疗保险个人缴费部分，各级财政给予补贴。对符合农村贫困人口条件的参保居民，大病保险起付标准减半，医疗费用每段补偿比例提高5%，年度大病保险最高支付限额提高到50万元。

10. 做好易地搬迁农村贫困人口的社会保障工作。认真做好易地搬迁农村贫困人口的居民养老、医疗保险关系转移接续工作，确保易地农村贫困人口在原参保地的参保年限累计计算，实现保障权益随参保居民流动转移，保障个人权益不受损害。

三、健全保障机制，形成工作合力

（一）健全组织领导机制。把脱贫攻坚作为重大政治任务，加强组织领导，建立起“省负总责、市抓推进、县抓落实、乡镇抓实施”的工作机制。省里成立部门间的就业与社会保障精准扶贫工作协调小组和省人力资源社会保障厅精准扶贫工作领导小组，各市、县（市、区）要相应成立协调小组和领导小组，乡镇人力资源社会保障所（中心）要明确专职人员负责，脱贫任务重的村要设置专职协理员，层层签订责任书，压实脱贫责任。加强与“第一书记”的沟通联系，协同配合做好重点村扶贫工作。

（二）健全资金保障机制。加大各级就业补助资金对扶贫工作的倾斜力度，集中用于脱贫攻坚。推广政府与社会资本合作、政府购买服务等模式，积极引入社会资本、社会公益基金、天使投资引导基金等，加大扶贫资金投入。对就业扶贫工作成效显著的县（市、区）在分配省级基层公共就业服务补助资金中给予重点倾斜。

（三）健全信息统计机制。建立精准扶贫基础台账，利用省扶贫开发综合平台，依托人力资源和社会保障基层公共（就业）服务平台，对劳动年龄内农村贫困人口逐一核查，精准识别，统一建立“山东省建档立卡农村贫困人口就业与社会保障情况精准识别卡”（见附件1），做到农村贫困人口的基本情况清、就业创业需求清、培训意愿清、社会保障状况清、帮扶措施清“五清”，动态管理，脱贫销号，返贫挂号。绘制“山东省就业与社会保障精准扶贫分类施策流程图”（见附件2），将扶贫措施细化上图、倒排工期、挂图指挥。建立农村贫困人口就业与社会保障统计制度，定期填报“山东省建档立卡农村贫困人口就业与社会保障统计表”（见附件3）。在“人力资源社会保障业务信息系统”中增加“扶贫”模块，在重点就业统计指标中增加“农村贫困人口”识别项，实现与省扶贫开发综合平台的对接，搭建以大数据为基础，集全过程信息化管理、服务、监督于一体的扶贫信息平台。

（四）健全督导问责机制。科学制定就业与社会保障精准扶贫督导考核办法，实行一月一调度，一季一通报，半年一督导，一年一考核。建立定期联合督导制度，对就业与社会保障精准扶贫的重点地区、重点任务进行定期联合督导，对落实不力的地区，向当地党委、政府写出报告并提出责任追究建议；建立主要负责人约谈制度，对未完成年度扶贫任务的市、县（市、区）人力资源社会保障部门主要负责同志进行约谈；建立重大事件处置反馈制度，及时发现和处置就业与社会保障扶贫工作中的群体事件和突发事件，不断提高扶贫工作应急水平；建立第三方评估制度，委托第三方机构对各市就业与社会保障精准扶贫绩效进行评估，对弄虚作假搞"数字脱贫"的，严肃追究责任，杜绝不切实际的形象工程。

（五）健全宣传引导机制。把握正确的舆论导向，创新宣传手段和方式，坚持成果宣传、政策宣传、形势宣传、典型宣传"四位一体"，做好日常宣传和集中宣传"两结合"，在用好传统媒体的同时，加强新媒体的开发运用，善于借助专业力量，形成宣传合力。每年 7 月份，在全省范围内开展"就业与社会保障精准扶贫工作宣传周"，形成宣传声势。组织开展"讲我的脱贫故事"就业与社会保障精准扶贫演讲征文活动，传播好脱贫声音，阐述好脱贫理念，营造浓厚舆论氛围。

本通知自 2016 年 5 月 16 日起施行，有效期至 2020 年 5 月 15 日。

附件：1. 山东省建档立卡农村贫困人口就业与社会保障情况精准识别卡

2. 山东省就业与社会保障精准扶贫分类施策流程图

3. 山东省建档立卡农村贫困人口就业与社会保障统计表

（附件本书略）

山东省化解钢铁煤炭行业过剩产能企业职工分流安置实施意见

（2016年6月24日　鲁人社发〔2016〕25号）

有关市人力资源社会保障局、发展改革委、经济和信息化委、财政局、民政局、国资监管机构、总工会，有关省直企业：

为妥善分流安置钢铁、煤炭行业化解过剩产能企业职工，根据国家和省委、省政府推进供给侧结构性改革及化解过剩产能实现脱困发展的总体部署，结合当前实际，现制定如下实施意见：

一、总体要求与工作原则

全面落实中央和省委、省政府要求，把握好改革发展稳定的关系，发挥政府和市场两个作用，更多运用市场办法，因地制宜、分类有序、积极稳妥做好职工安置工作，维护好职工和企业双方的合法权益，促进失业人员平稳就业，确保不发生区域性劳动关系风险，确保不发生影响社会稳定的群体性事件，兜牢民生底线，为推进供给侧结构性改革营造和谐稳定的社会环境。分流安置职工要把握好几个原则：

一是企业主体责任原则。分流安置职工，企业是第一责任主体，要对职工安置负总责。

二是依法依规的原则。要严格按照有关法律、法规、政策规定安置职工。

三是维护职工权益与支持企业发展并重原则。既要维护职工的合法权益，又要用好各种政策，全力支持企业实现脱困发展。

二、职工分流安置渠道

（一）企业内部分流

企业安置分流人员，应尽量由主体企业在集团公司内安置，支持企业利用现有场地、设施和技术，通过转型转产、多种经营、主辅分离、辅业改制、培训转岗等方式，多渠道分流安置富余人员。技术改造项目和新建、扩建项目应当优先安置分流职工。企业成建制吸纳其他企业分流职工或吸纳其他企业分流职工较多的，当地政府应给予一定的专项奖补资金支持。

（二）开展职业培训

1. 鼓励企业普遍开展在岗培训和转岗培训，稳定工作岗位，所需资金按规定从企业职工教育培训经费中列支。企业为促进职工转岗安置开展职业培训，可按规定给予职业培训补贴。鼓励企业将职工派往职业院校、技工院校进行 1 年以上的培训。

2. 对符合稳岗补贴条件的企业，可按不高于上年度实际缴纳失业保险费总额的 70% 给予稳岗补贴。企业可按规定将稳岗补贴用于职工生活补助、缴纳社会保险费、转岗培训和技能提升培训等相关支出。

3. 对失业人员和长期停产职工，要普遍开展转岗培训或技能提升培训，提高培训的针对性和有效性，按规定给予职业培训补贴。对其中的零就业家庭人员和就业困难人员，在培训期间可按规定给予一定的生活费补助。

4. 对有创业意愿的企业失业人员，按规定提供创业培训，有针对性地提供创业指导、项目咨询和跟踪服务。

（三）实行内部退养

对距法定退休年龄 5 年之内、再就业有困难的职工，在自愿选择、企业同意并签订协议后，可实行内部退养，达到法定退休年龄时办理退休手续。

（四）协商解除劳动合同

职工和企业协商一致，可以依据劳动合同法的有关规定解除劳动合同，支付经济补偿。协商解除劳动合同时，有条件的企业可在经济补偿金之外给予职工一定奖励。

（五）依法解除或终止劳动合同

确无转岗安置能力的企业或者企业主体消亡的，依据劳动合同法的有关规定与职工解除或终止劳动合同，支付经济补偿。

三、职工分流安置的政策措施

（一）资金保障

对企业拖欠的职工工资、社会保险费、内部退养费用、经济补偿金等，应由化解过剩产能企业或上级企业筹集资金解决。对钢铁煤炭行业化解过剩产能，省财政将统筹中央专项奖补资金，按照“早退多奖、多退多补”的原则，根据化解过剩产能任务量、职工安置人数、困难程度等因素进行奖补。奖补资金由有关市和省属企业统筹用于职工分流安置工作。

（二）劳动关系处理

1．企业暂时经营困难但工艺技术较为先进、市场前景较好，可通过与工会或职工代表依法协商，采取协商薪酬、灵活工时等方式变更劳动合同，稳定现有岗位，尽量少裁员、不裁员。

2．企业实施改革、兼并重组吸纳原企业职工的，原劳动合同继续履行。发生合并或分立等情形的，由承继其权利和义务的企业继续履行原劳动合同，职工在企业合并分立前的工作年限合并计算为在现企业的工作年限。职工转岗安置或内部退养的，双方协商一致后依法变更劳动合同，不支付经济补偿金。

3．企业被依法宣布破产、责令关闭或决定提前解散等情形主体消亡的，应与职工依法终止劳动合同。拖欠的职工工资、医疗费、生活费等，应依法清偿，欠缴的社会保险费应予以补缴。

4．企业使用被劳务派遣劳动者的，要妥善处理好与劳务派遣单位、劳务派遣工之间的权利义务关系。

（三）内部退养问题处理

1．内部退养人员应在企业职工安置方案通过时一次性确定。

2．内部退养人员由企业发放基本生活费，并缴纳基本养老保险费和基本医疗保险费，个人缴纳部分由职工继续缴纳。

3. 内部退养人员因破产等原因无企业主体并无出资控股企业的，与原企业之间的劳动合同终止，可自愿选择领取经济补偿金或预留社会保险费和基本生活费。选择预留社会保险费和基本生活费的人员，在主体消亡时企业应一次性预留缴纳至法定退休年龄的基本养老保险费、基本医疗保险费和基本生活费，由设区的市以上人民政府指定机构代缴基本养老保险费和基本医疗保险费，代发基本生活费，个人缴纳部分由职工继续缴纳；达到法定退休年龄时正式办理退休手续。

4. 选择预留社会保险费和基本生活费的人员，免除企业和个人应缴纳的失业、工伤和生育保险费。

5. 选择预留社会保险费和基本生活费的人员，基本生活费的标准应在充分考虑当地经济社会发展水平、物价变动、工资增长等因素的基础上确定，但不得低于当地最低工资标准的70%。因破产等原因企业主体消亡的，基本生活费的标准按照企业消亡当年当地最低工资标准的70%、每年递增10%的标准预留。

（四）社会保险接续

1. 分流职工重新就业的，原企业要配合新就业单位及时办理参保缴费、社会保险关系及档案转移接续手续。未被其他单位招用的人员自愿参加养老保险、医疗保险的，可按灵活就业人员办理。

2. 化解过剩产能企业和职工应按时足额缴纳医疗保险费，按规定享受相应医疗保险待遇。企业退休人员医疗费用的预留，按照有关规定执行。

3. 化解过剩产能企业和职工依法足额缴纳失业保险费的，职工失业后，办理失业登记手续，符合条件的，享受失业保险金待遇。领取失业保险金期间，可按规定享受职工基本医疗保险、其他失业保险等待遇，社保经办机构应做好相应的权益记录。符合最低生活保障条件的家庭，应按规定纳入最低生活保障范围。

4. 化解过剩产能企业工伤职工由承继企业按照国家和省有

关规定负责管理或安置，按规定享受相关待遇，依据政策规定，预留、支付相关费用。

5. 化解过剩产能企业离休干部的管理和养老、医疗费用的预留按照有关规定执行。

企业主体消亡的，以上各项预留的社会保险费用由设区的市以上人民政府指定的机构管理和发放。

（五）失业人员再就业

公共就业人才服务机构应将化解过剩产能企业失业人员作为重要工作对象，加大有针对性的就业服务力度，帮助尽快实现再就业。

1. 提前摸清化解过剩产能企业拟解除劳动关系人员的底数，了解就业创业需求，制订就业创业帮扶计划。对拟解除劳动关系人员在100人以上的企业，要举办专场招聘活动。

2. 依法与企业解除或终止劳动合同的失业人员，及时办理失业登记，免费提供就业指导、职业介绍、政策咨询等服务，纳入当地就业创业政策扶持体系。对有培训意愿的失业人员，公共就业人才服务机构要提供一次职业培训，提高失业人员就业能力。人力资源服务机构为就业困难人员提供就业信息服务，按规定落实就业创业服务补贴。

3. 引导依法与企业解除或终止劳动合同、有创业意愿的失业人员到当地创业大学参加创业培训；培训合格的，优先推荐进入创业孵化基地和创业园区。对从事个体经营或注册企业的，按规定落实税费减免、创业担保贷款、一次性创业补贴和创业岗位开发补贴等政策。

4. 引导和鼓励钢铁、煤炭过剩产能企业集中、就业门路窄的地区及资源枯竭地区、独立工矿区，开展跨地区就业信息对接和有组织的劳务输出，对其中的就业困难人员可按规定给予一次性交通补贴。

5. 对符合就业困难条件的失业人员，要建档立卡，提供

"一对一"就业援助，对吸纳就业困难人员的用人单位，以及从事灵活就业的就业困难人员，按规定给予社会保险补贴。对通过市场渠道确实难以就业的大龄困难人员和零就业家庭等符合条件人员，要加大公益性岗位开发力度提供托底帮扶。

四、适用范围

本实施意见适用于山东省钢铁、煤炭企业化解过剩产能实现脱困发展职工分流安置。

五、加强组织领导

钢铁、煤炭行业化解过剩产能职工安置工作涉及面广、政策性强，工作难度大。各市要高度重视，把职工安置工作作为化解过剩产能的重中之重，纳入整体改革方案。要建立政府主要领导牵头，人力资源社会保障、发展改革、经济和信息化、财政、民政、国资、工会等部门参与的工作协调机制，统筹协调本地区职工安置工作。要制定工作方案，明确部门职责，加强信息通报和工作调度，督促落实职工安置政策，及时处置突发问题，制定应对规模性失业风险的预案。

钢铁、煤炭行业化解过剩产能，应本着因地制宜、因企制宜的原则，在国家法律法规和我省政策的基础上制定职工安置方案。职工安置方案应明确分流安置原则、涉及职工情况、分流安置方式、劳动关系处理、经济补偿支付、偿还拖欠工资及社会保险费、职工安置资金来源渠道、促进再就业措施等内容。职工安置方案制定过程中，企业应依法履行民主程序，建立各层级职工协商沟通机制，充分听取职工意见，保障职工的知情权、参与权、表达权和监督权。职工安置方案应按规定报同级人力资源社会保障部门进行政策审核，经职工代表大会或全体职工审议通过后公布实施。对职工安置方案不完善、资金保障不到位以及职工安置方案未经职工代表大会或全体职工讨论通过的，不得实施。

各级各部门要加强协调配合，在政策允许范围内，尽力帮助企业解决实际困难，搞好服务。针对工作中出现的新情况、新问题，要抓紧完善相关政策，强化工作措施，确保政策落实到位，千方百计使分流职工得到妥善安置。

本意见自 2016 年 6 月 24 日施行，有效期至 2020 年 6 月 23 日。

山东省人力资源和社会保障厅关于印发《在全省人力资源和社会保障领域推广“双随机一公开”工作机制的实施方案》的通知

（2016 年 10 月 28 日　鲁人社规〔2016〕1 号）

各市人力资源社会保障局：

现将《在全省人力资源和社会保障领域推广“双随机、一公开”工作机制的实施方案》印发给你们，请认真贯彻执行。

本通知自 2016 年 10 月 28 日起施行，有效期至 2020 年 10 月 27 日。

在全省人力资源和社会保障领域推广“双随机一公开”工作机制的实施方案

为贯彻落实《山东省人民政府办公厅关于印发 2016 年推进简政放权放管结合优化服务转变政府职能工作方案的通知》（鲁政办字〔2016〕73 号）和《人力资源社会保障部关于在人力资源和社会保障领域推广随机抽查规范事中事后监管的通知》（人社部规〔2016〕2 号）要求，创新监管方式，规范执法行为，在全省人力资源和社会保障领域推广“双随机、一公开”工作机制，特制定本实施方案。

一、目标要求

认真贯彻落实党中央、国务院和省委、省政府关于深化行政体制改革的总体部署和要求，创新监管方式，实施公正监管，在人力资源社会保障行政执法活动中大力推广“双随机、一公开”

工作机制，力争2017年底前全面实行随机抽查，着力解决在执法活动中不同程度存在的执法不公、执法不严的问题，切实提高监管效能，为市场主体营造公平竞争的发展环境。

二、主要任务

（一）建立“双随机、一公开”工作机制。各级人力资源社会保障部门开展行政执法检查要推广“双随机、一公开”工作机制，并结合实际，建立健全相关制度。要逐步建立随机抽取检查对象、随机选派执法人员的“双随机”抽查机制，严格限制执法自由裁量权。要通过摇号等方式，从监管对象名录库中随机抽取检查对象，从执法人员名录库中随机选派执法人员。对抽查情况及查处结果，要及时向社会公布。

（二）制定随机抽查事项清单。2016年11月底前，各市人力资源社会保障部门要参照省人力资源社会保障厅制定的随机抽查事项清单（见附件），结合当地实际，制定本市随机抽查事项清单，明确抽查主体、抽查依据、抽查内容等，并向社会公布。县级人力资源社会保障部门也要抓紧制定并公布本地区随机抽查事项清单，主动接受社会监督。要根据法律法规规章修订情况和工作实际，对随机抽查事项清单进行动态调整，及时向社会公布，接受监督。

（三）建立健全执法人员名录库。省人力资源社会保障厅按照《劳动保障监察条例》和《山东省行政执法监督条例》的规定，进一步加强对本省人力资源社会保障行政执法人员的管理，统筹组织好执法人员的培训、考核、发证工作。各级要严格执行行政执法人员持证上岗制度，优先安排新入职人员参加任职资格培训并取得证件。2016年10月底前，各市人力资源社会保障部门要建立本行政区域内的行政执法人员名录库，将执法人员信息录入省级集中的劳动保障监察管理信息系统，切实做到底数清楚、动态更新，供开展随机抽查使用。

（四）建立健全监管对象名录库。各级人力资源社会保障部门要依托金保工程，发挥劳动保障监察网格化、网络化管理优势，以用人单位基础信息库为基础，切实做好行政区域内监管对象信息采集、更新工作。2017 年 6 月底前，要建立人力资源社会保障监管对象名录库，在纵向实现省、市、县三级实时互联，横向实现与同级人力资源社会保障部门内部就业、社会保险、劳动关系以及人事人才等单项数据库的共享比对，为开展随机抽查提供较为完备的数据支撑。同时，要加快实现监管对象信息库与其他市场监管部门监管对象信息库的互联互通，增强监管对象信息的及时性和有效性。

（五）合理确定随机抽查比例和频次。要根据当地经济社会发展和监管实际情况，合理确定随机抽查比例和频次，确保必要的随机抽查覆盖面和监督检查工作力度，避免检查过多和执法扰民。对劳动保障守法诚信等级评价较高的监管对象，可优化随机抽查频次；对守法诚信等级评价较低的监管对象，要加大随机抽查力度，实施重点检查。

（六）切实加强抽查结果运用和公开。各级人力资源社会保障部门对随机抽查发现违法行为要依法依规加大惩处力度，对有重大违法行为的监管对象要按规定向社会公布，形成有效震慑。其中，适用一般程序作出行政处罚决定的，省、市、县人力资源社会保障部门要在行政处罚作出决定之日起 7 个工作日内，在本部门的门户网站及本级政府门户网站进行公示，并将公示内容同步分别推送至“信用中国”“信用山东”网站、省政府门户网站。

（七）推进抽查与社会信用体系的衔接。各级人力资源社会保障部门要建立健全监管对象劳动保障守法诚信等级评价和重大劳动保障违法行为社会公布制度，并及时向工商、公安、税务、金融等部门及行业协会通报，实现信息互联互通、互认共享。要推进建立跨部门的失信联合惩戒机制，让失信者一处失信、处处受限，切实增强监管对象守法的自觉性。

三、工作要求

（一）加强组织领导。全面推行人力资源和社会保障领域“双随机、一公开”工作，是深化行政体制改革，加快转变政府职能，推进简政放权、放管结合、优化服务的重要举措。各市人力资源社会保障部门要高度重视，强化组织领导，建立健全工作机制，加强协调配合，充分发挥“双随机、一公开”工作机制的作用，切实维护劳动关系和谐稳定。

（二）抓好组织实施。各市要结合本地实际，研究制定具体实施方案，将各项工作列出清单，明确具体工作任务、责任分工和时间进度要求，确保本行政区域人力资源和社会保障领域“双随机、一公开”工作各项任务按期完成。各级劳动保障监察机构和人力资源社会保障信息中心要加强协调配合，充分运用“互联网+”等手段，全面推进劳动保障监察“两网化”、劳动保障监察指挥中心和举报投诉案件联动处理平台建设，实现劳动保障监察信息化管理工作与“双随机、一公开”工作机制的有机结合，提高工作效能。

（三）强化责任落实。各市要加强对行政区域内“双随机、一公开”工作开展的统筹协调和监督指导，及时发现问题和解决问题。省人力资源社会保障厅将对各市“双随机、一公开”工作开展情况进行监督检查，并纳入全省打击非法用工等违法犯罪活动综合治理考评。

（四）加强宣传培训。各级人力资源社会保障部门要加大推行“双随机、一公开”工作宣传力度，通过新闻媒体，对“双随机、一公开”工作机制进行宣传。要充实一线劳动保障监察执法力量，加强执法人员业务培训，转变执法理念，不断提升执法能力。

请各市人力资源社会保障部门于2016年11月底前，将本级推行随机抽查的实施方案报省人力资源社会保障厅劳动监察处。

附件：随机抽查事项清单

附件

随机抽查事项清单

一、执法依据

人力资源社会保障部门按职责分工组织实施随机抽查依据的主要法律、行政法规、地方性法规、部门规章、地方政府规章有：

1. 劳动法
2. 劳动合同法
3. 就业促进法
4. 社会保险法
5. 工会法
6. 民办教育促进法
7. 《劳动保障监察条例》
8. 《社会保险费征缴暂行条例》
9. 《失业保险条例》
10. 《工伤保险条例》
11. 《劳动合同法实施条例》
12. 《关于职工工作时间的规定》
13. 《职工带薪年休假条例》
14. 《禁止使用童工规定》
15. 《女职工劳动保护特别规定》
16. 《娱乐场所管理条例》
17. 《民办教育促进法实施条例》
18. 《中外合作办学条例》
19. 《社会保险费征缴监督检查办法》
20. 《就业服务与就业管理规定》
21. 《人才市场管理规定》
22. 《外国人在中国就业管理规定》

23.《台湾、香港、澳门人员在内地就业管理规定》
24.《未成年工特殊保护规定》
25.《防暑降温措施管理办法》
26.《劳务派遣行政许可实施办法》
27.《劳务派遣暂行规定》
28.《山东省劳动合同条例》
29.《山东省就业促进条例》
30.《山东省劳动和社会保障监察条例》
31.《山东省人力资源市场条例》
32.《山东省失业保险规定》
33.《山东省企业工资支付规定》
34.《山东省高温天气劳动保护办法》

二、事项清单

类型	序号	随机抽查事项	法律依据
规章制度	1	用人单位制定的劳动规章制度是否违反法律、法规	劳动法第89条
	2	用人单位直接涉及劳动者切身利益的规章制度是否违反法律、法规	劳动合同法第80条
劳动合同及招用工管理	3	用人单位提供的劳动合同文本是否载明劳动合同法规定的劳动合同必备条款	劳动合同法第81条
	4	用人单位是否将劳动合同文本交付劳动者	劳动合同法第81条
	5	用人单位是否违反劳动合同法规定约定试用期	劳动合同法第83条
	6	用人单位是否违反劳动合同法规定,扣押劳动者居民身份证等证件	劳动合同法第84条第1款
	7	用人单位是否违反劳动合同法规定,以担保或者其他名义向劳动者收取财物	劳动合同法第84条第2款

续表

类型	序号	随机抽查事项	法律依据
劳动合同及招用工管理	8	劳动者依法解除或者终止劳动合同,用人单位是否扣押劳动者档案或者其他物品	劳动合同法第84条第3款
	9	用人单位解除或者终止劳动合同,是否依照劳动合同法规定向劳动者支付经济补偿	劳动合同法第85条;《劳动保障监察条例》第26条
	10	用人单位是否按照劳动合同法规定向劳动者出具解除或者终止劳动合同的书面证明	劳动合同法第89条
	11	用人单位是否按照劳动法的规定的条件解除劳动合同或者故意拖延不订立劳动合同	劳动法第98条;《劳动保障监察条例》第24条
	12	用人单位是否违反劳动合同法有关建立职工名册规定	《劳动合同法实施条例》第33条
	13	企业是否按照国家规定提取职工教育经费或者挪用职工教育经费	就业促进法第67条、《山东省就业促进条例》第68条
	14	用人单位在招用人员过程中是否提供虚假招聘信息、发布虚假招聘广告、招用无合法身份证件的人员或者以招用人员为名牟取不正当利益或进行其他违法活动	《就业服务与就业管理规定》第67条
	15	用人单位是否提供虚假招聘信息	《山东省人力资源市场条例》第47条

续表

类型	序号	随机抽查事项	法律依据
劳动合同及招用工管理	16	用人单位是否在国家法律、行政法规和国务院卫生行政部门规定禁止乙肝病原携带者从事的工作岗位以外招用人员时，将乙肝病毒血清指标作为体检标准	《就业服务与就业管理规定》第68条
	17	用人单位是否及时为劳动者办理就业登记手续	《就业服务与就业管理规定》第75条
	18	用人单位是否阻挠职工依法参加和组织工会或者阻挠上级工会帮助、指导职工筹建工会	工会法第50条、《劳动保障监察条例》第29条
	19	用人单位是否对履行职责的工会工作人员无正当理由调动工作岗位，进行打击报复	工会法第51条、《劳动保障监察条例》第29条第2项
	20	职工是否因参加工会活动而被解除劳动合同或工会工作人员因履行工会法规定的职责而被解除劳动合同	工会法第52条、《劳动保障监察条例》第29条第3和第4项
	21	用人单位是否妥善保存录用人员的录用登记材料或者伪造录用登记材料	《禁止使用童工规定》第8条
	22	用人单位是否违反国家有关规定裁减人员	《山东省劳动和社会保障监察条例》第26条

续表

类型	序号	随机抽查事项	法律依据
劳动合同及招用工管理	23	用人单位是否未经劳动者同意公开或者利用其个人信息	《山东省劳动合同条例》第55条
	24	用人单位是否具有下列情形之一：未建立集体协商制度实行民主管理；拒绝就订立集体合同与职工一方进行集体协商或者故意拖延订立集体合同；不提供或者不如实向职工一方集体协商代表提供订立集体合同有关情况和资料；打击报复职工一方集体协商代表，违法解除职工一方集体协商代表劳动合同；劳动规章制度规定的劳动条件、劳动报酬等低于集体合同规定；与劳动者订立的劳动合同约定的劳动条件和劳动报酬等低于集体合同规定；未将集体合同文本、劳动用工信息、工资调整实施方案报劳动行政部门审查或者备案	《山东省劳动合同条例》第58条
	25	职业院校、技工院校、职业技能培训机构组织学生实习期限和用人单位使用实习生数量是否超过限制	《山东省就业促进条例》第66条
工作时间和休息休假	26	用人单位是否违反劳动保障法律、法规或者规章延长劳动者工作时间	《劳动保障监察条例》第25条、《山东省劳动和社会保障监察条例》第24条
	27	用人单位是否依法安排职工休年休假或对不休假职工支付年休假工资报酬、赔偿金	《职工带薪年休假条例》第7条

续表

类型	序号	随机抽查事项	法律依据
禁止使用童工	28	单位或个人是否为不满16周岁的未成年人介绍就业	《禁止使用童工规定》第7条
	29	职业中介机构是否为不满16周岁的未成年人介绍就业	《禁止使用童工规定》第7条
	30	无营业执照、被依法吊销营业执照的单位以及未依法登记、备案的单位是否为不满16周岁未成年人介绍就业	《禁止使用童工规定》第9条
	31	用人单位是否在使用有毒物品作业场所使用童工	《禁止使用童工规定》第6条
	32	用人单位是否存在使用童工情形	《禁止使用童工规定》第6条、《山东省劳动和社会保障监察条例》第25条
	33	用人单位是否存在使用童工经劳动保障部门责令限期改正后逾期不将童工送交其父母或者其他监护人的情形	《禁止使用童工规定》第6条
	34	无营业执照、被依法吊销营业执照的单位以及未依法登记、备案的单位是否使用童工	《禁止使用童工规定》第9条
女职工和未成年工特殊劳动保护	35	娱乐场所是否招用未满18周岁未成年人	《娱乐场所管理条例》第51条

续表

类型	序号	随机抽查事项	法律依据
女职工和未成年工特殊劳动保护	36	用人单位是否有下列行为之一:对怀孕7个月以上的女职工延长劳动时间或安排夜班劳动;女职工产假不满法定天数;安排哺乳未满1周岁婴儿的女职工延长劳动时间或者安排夜班劳动;安排未成年工从事矿山井下、有毒有害、国家规定的第四级体力劳动强度的劳动或者其他禁忌从事的劳动;未对未成年工定期进行健康体检	《劳动保障监察条例》第23条、《女职工劳动特殊保护规定》第6条第2款、第7条、第9条第1款、第13条、《未成年工特殊劳动保护规定》第6条
	37	用人单位是否违反国家女职工保护规定侵害其合法权益	《山东省劳动和社会保障监察条例》第25条
工资支付和最低工资	38	用人单位是否有下列行为之一:未按照劳动合同的约定或者国家规定及时足额支付劳动报酬;低于当地最低工资标准支付劳动者工资;安排加班不支付加班费	劳动合同法第85条、《劳动保障监察条例》第26条
	39	用人单位是否依照劳动合同法的规定向劳动者每月支付两倍的工资或者赔偿金	劳动合同法第82、87条、《劳动合同法实施条例》第34条

续表

类型	序号	随机抽查事项	法律依据
工资支付和最低工资	40	企业是否有下列行为之一:未按规定将执行最低工资标准的情况向劳动保障行政部门备案;未按规定将落实工资指导线实施方案向劳动保障行政部门备案;未按规定将工资分配制度和工资支付制度向劳动保障行政部门备案;弄虚作假或者隐匿、销毁企业工资支付表和其他应当保存的工资支付资料	《山东省企业工资支付规定》第45条
	41	企业制定的工资分配制度、工资支付制度以及落实工资指导线实施方案是否违反规定	《山东省企业工资支付规定》第46条
社会保险	42	用人单位是否办理社会保险登记	社会保险法第84条
	43	缴费单位是否在社会保险登记事项发生变更或者缴费单位依法终止后按规定到社保经办机构办理社会保险变更登记或者社会保险注销登记	《社会保险费征缴暂行条例》第23条、《社会保险费征缴监督检查办法》第12条
	44	缴费单位是否存在伪造变造社会保险登记证的情形	《社会保险费征缴监督检查办法》第14条
	45	用人单位是否存在向社会保险经办机构申报应缴纳的社会保险费数额时,瞒报工资总额或者职工人数	《劳动保障监察条例》第27条第1款

续表

类型	序号	随机抽查事项	法律依据
社会保险	46	缴费单位是否按规定公布本单位社会保险费缴纳情况	《社会保险费征缴暂行条例》第17条、《社会保险费征缴监督检查办法》第14条
	47	从事劳动能力鉴定的组织或者个人是否存在以下情形之一:提供虚假鉴定意见、提供虚假诊断证明、收受当事人财物	《工伤保险条例》第61条
	48	单位或个人是否存在以欺诈、伪造证明材料或者其他手段骗取社会保险待遇	社会保险法第88条、《劳动保障监察条例》第27条第2款
	49	社会保险经办机构以及医疗机构、药品经营单位等社会保险服务机构是否存在以欺诈、伪造证明材料或者其他手段骗取社会保险基金支出行为	社会保险法第87条
	50	用人单位、工伤保险职工或者其近亲属是否存在骗取工伤保险待遇行为	《工伤保险条例》第60条
	51	医疗机构、辅助器具配置机构是否存在骗取工伤保险基金支出的行为	《工伤保险条例》第60条
	52	单位或个人是否存在骗取社会保险基金支出的行为	《劳动保障监察条例》第27条第2款

续表

类型	序号	随机抽查事项	法律依据
社会保险	53	参保单位是否具有下列情形之一:未在与职工解除、终止劳动关系时告知其有依法享受失业保险待遇的权利;未按规定向失业人员出具解除、终止劳动关系证明;未按规定公布本单位失业保险费缴纳情况或者未及时向查询职工和失业人员提供失业保险费缴纳情况	《山东省失业保险规定》第33条
职业介绍	54	单位或个人是否存在未经许可和登记擅自从事职业中介活动的情形	就业促进法第64条(《就业服务与就业管理规定》第70条、《山东省人力资源市场条例》第44条
	55	职业中介机构是否存在提供虚假就业信息,为无合法证照的用人单位提供职业中介服务,伪造、涂改、转让职业中介许可证行为	就业促进法第65条、《就业服务与就业管理规定》第74条、《山东省人力资源市场条例》第46条
	56	职业中介机构是否存在扣押劳动者居民身份证等证件的行为	就业促进法第66条第1款、《就业服务与就业管理规定》第74条

续表

类型	序号	随机抽查事项	法律依据
职业介绍	57	职业中介机构是否存在向劳动者收取押金的行为	就业促进法第66条第2款、《就业服务与就业管理规定》第74条
	58	职业中介机构是否存在未明示职业中介许可证、监督电话的情形	《就业服务与就业管理规定》第71条
	59	人力资源服务机构是否未在服务场所履行明示义务,未建立服务信息档案或者未履行记录义务,未按照规定报送年度报告	《山东省人力资源市场条例》第45条
	60	职业中介机构是否存在未建立服务台账,或虽建立服务台账但未记录服务对象、服务过程、服务结果和收费情况的情形	《就业服务与就业管理规定》第72条
	61	职业中介机构在职业中介服务不成功后是否存在未向劳动者退还所收取的中介服务费等行为	《就业服务与就业管理规定》第73条
	62	职业中介机构是否有下列行为之一:发布的就业信息中包含歧视性内容;为无合法身份证件的劳动者提供职业中介服务;介绍劳动者从事法律法规禁止从事的职业;以暴力胁迫欺诈等方式进行职业中介活动;超出核准的业务范围经营;其他违反法律法规规定的行为	《就业服务与就业管理规定》第58、74条

续表

类型	序号	随机抽查事项	法律依据
职业介绍	63	职业中介机构是否具有下列行为：提供虚假就业信息；为无合法证照的用人单位提供职业中介服务；伪造、涂改、转让职业中介许可证；扣押劳动者的居民身份证和其他证件，或者向劳动者收取押金；发布包含歧视性内容的就业信息；介绍未满十六周岁的未成年人就业；为无合法身份证件的劳动者提供职业中介服务；介绍劳动者从事法律、法规禁止的职业；以暴力、胁迫、欺诈等方式进行职业中介活动；超出核准的业务范围经营；其他违反法律、法规规定的行为	《山东省就业促进条例》第37条、第69条
	64	职业介绍机构是否违反国家有关职业介绍规定（国家法律、法规、规章强制性规定）	《劳动保障监察条例》第28条
人才市场管理	65	单位或个人是否存在擅自设立人才中介服务机构或者从事人才中介服务的行为	《人才市场管理规定》第33条
	66	人才中介服务机构是否存在擅自扩大许可业务范围、不依法接受检查或者提供虚假材料、不按规定办理许可证变更手续的行为	《人才市场管理规定》第34条
	67	单位或个人是否存在未经依法授权从事人事代理业务的行为	《人才市场管理规定》第35条
	68	人才中介服务机构是否存在超出许可业务范围接受代理业务的行为	《人才市场管理规定》第36条

续表

类型	序号	随机抽查事项	法律依据
人才市场管理	69	用人单位是否存在以民族、性别、宗教信仰为由拒绝聘用或者提高聘用标准的行为、招聘不得招聘人员、向应聘者收取费用或者采取欺诈等手段谋取非法利益的行为	《人才市场管理规定》第37条
职业技能培训教育鉴定	70	民办学校是否有民办教育促进法第62条的情形	民办教育促进法第62条
	71	社会组织或个人是否擅自举办实施职业技能培训的民办学校	民办教育促进法第64条
	72	职业技能培训机构或者职业技能考核鉴定机构违反国家有关职业技能培训或者职业技能考核鉴定规定的行为	《劳动保障监察条例》第28条
	73	违反国家职业培训规定,未经批准擅自开办职业培训机构或者滥发培训证书、职业资格证书的行为	《山东省劳动和社会保障监察条例》第27条
	74	实施职业技能培训的民办学校是否有《民办教育促进法实施条例》第47、49条的情形	《民办教育促进法实施条例》第47、49条
	75	实施职业技能培训的民办学校是否将出资人取得回报比例的决定和向社会公布的有关办学水平和教育质量等材料、财务状况报审批机关备案,或者备案材料不真实的情形	《民办教育促进法实施条例》第50条
	76	实施职业技能培训的民办学校是否存在管理混乱严重影响教育教学,存在《民办教育促进法实施条例》第51条的情形	《民办教育促进法实施条例》第51条

续表

类型	序号	随机抽查事项	法律依据
职业技能培训教育鉴定	77	单位或个人是否存在未经批准擅自设立实施职业技能培训的中外合作办学机构或者以不正当手段骗取中外合作办学许可证的情形	《中外合作办学条例》第51条
	78	实施职业技能培训的中外合作办学机构是否存在筹备设立期间招收学生的情形	《中外合作办学条例》第52条
	79	中外合作办学者是否存在虚假出资或者在中外合作办学机构成立后抽逃出资的情形	《中外合作办学条例》第53条
	80	实施职业技能培训的中外合作办学机构是否存在未经批准增加收费项目或者提高收费标准的情形	《中外合作办学条例》第55条
	81	实施职业技能培训的中外合作办学机构是否存在管理混乱、教育教学质量低下,造成恶劣影响的情形	《中外合作办学条例》第56条
	82	实施职业技能培训的中外合作办学机构是否存在发布虚假招生简章,骗取钱财的情形	《中外合作办学条例》第57条
劳务派遣	83	劳务派遣单位与被派遣劳动者订立的劳动合同是否载明劳动合同必备条款	劳动合同法第58、92条
	84	劳务派遣单位是否存在没有与劳动者签订2年以上固定期限劳动合同的情形	劳动合同法第58条第2款、第92条
	85	被派遣劳动者在无工作期间,劳务派遣单位是否存在未按照所在地人民政府最低工资标准向其按月支付工资报酬的情形	劳动合同法第58条第2款、第92条

续表

类型	序号	随机抽查事项	法律依据
劳务派遣	86	劳务派遣单位派遣劳动者,是否存在未与用工单位签订劳务派遣协议,或者协议内容未约定派遣岗位和人员数量、派遣期限、劳动报酬和社保费用的数额与支付方式以及违反协议责任的情形	劳动合同法第59条、第92条
	87	劳务派遣单位是否存在未将劳务派遣协议的内容告知被派遣劳动者的情形	劳动合同法第60条第1款、第92条
	88	劳务派遣单位是否存在克扣用工单位按照劳务派遣协议支付给被派遣劳动者的劳动报酬的情形	劳动合同法第60条第2款、92条
	89	劳务派遣单位是否存在向被派遣者收取费用的情形	劳动合同法第60条第3款、第92条
	90	劳务派遣单位是否存在向设立该单位的用人单位或者其所属单位派遣劳动者的情形	劳动合同法第67、92条
	91	用工单位是否存在未根据工作岗位的实际需要与劳务派遣单位确定派遣期限,或者将连续用工期限分割订立数个短期劳务派遣协议的情形	劳动合同法第59条第2款、92条
	92	用工单位是否存在向被派遣劳动者收取费用的情形	劳动合同法第60条第3款、92条

续表

类型	序号	随机抽查事项	法律依据
劳务派遣	93	用工单位是否存在未依法履行第 62 条第 1 款的情形	劳动合同法第 62 条第 1 款、92 条
	94	用工单位是否有将被派遣劳动者再派遣到其他用人单位的情形	劳动合同法第 62 条第 2 款、92 条
	95	用工单位是否存在设立劳务派遣单位向本单位或所属单位派遣劳动者的情形	劳动合同法第 67、92 条
	96	单位或个人是否存在未经许可,擅自经营劳务派遣业务的情形	劳动合同法第 92 条
	97	劳务派遣单位在申请《劳务派遣经营许可证》时是否存在《劳务派遣行政许可实施办法》第 33 条第 1、2、3 项的行为	《劳务派遣行政许可实施办法》第 33 条
	98	用工单位是否存在在临时性、辅助性或者替代性岗位以外的岗位上使用被派遣劳动者的情形	劳动合同法第 66、92 条
	99	用工单位决定使用被派遣劳动者是否履行了《劳务派遣暂行规定》第 3 条第 3 款的法定程序	《劳务派遣暂行规定》第 3 条第 3 款、22 条
	100	用工单位是否存在违法退回被派遣劳动者的情形	劳动合同法第 92 条、《劳务派遣暂行规定》第 24 条

续表

类型	序号	随机抽查事项	法律依据
高温劳动保护	101	用人单位是否存在高温条件下违反规定安排劳动者作业的情形	《防暑降温措施管理办法》第8条、21条,《山东省高温天气劳动保护办法》第22条
	102	用人单位是否存在高温条件下不按规定支付高温津贴的情形	《防暑降温措施管理办法》第17条、《山东省高温天气劳动保护办法》第22条
外国人、台港澳人员就业	103	用人单位是否存在聘雇或者接受被派遣台港澳人员,未为其办理就业证或未办理备案手续的情形	《台湾香港澳门居民在内地就业管理规定》第16条
	104	用人单位与聘雇台、港、澳人员终止、解除劳动合同或者台、港、澳人员任职期满,是否存在未办理就业证注销手续的情形	《台湾香港澳门居民在内地就业管理规定》第17条
	105	用人单位是否存在伪造、涂改、冒用、转让台、港、澳人员就业证的行为	《台湾香港澳门居民在内地就业管理规定》第18条
	106	外国人是否存在拒绝检查就业证、擅自变更用人单位、擅自更换职业、擅自延长就业期限的情形	《外国人在中国就业管理规定》第29条

续表

类型	序号	随机抽查事项	法律依据
外国人、台港澳人员就业	107	外国人和用人单位是否存在伪造、涂改、冒用、转让、买卖就业证和许可证书的行为	《外国人在中国就业管理规定》第30条
妨碍阻挠行政执法检查	108	用人单位是否有《劳动保障监察条例》第30条规定的阻挠检查的情形	《劳动保障监察条例》第30条
	109	用人单位是否存在违反《工伤保险条例》第19条拒不协助对事故进行调查核实的情形	《工伤保险条例》第63条

山东省人力资源和社会保障厅关于印发《山东省企业劳动保障守法诚信等级评价实施办法》的通知

（2017年4月17日　鲁人社规〔2017〕9号）

各市人力资源社会保障局：

现将《山东省企业劳动保障守法诚信等级评价实施办法》印发给你们，请遵照执行。

山东省企业劳动保障守法诚信等级评价实施办法

第一条　为增强劳动保障监察的针对性和效率，实行企业分类监管，督促企业遵守劳动保障法律规定，履行守法诚信义务，根据国务院《劳动保障监察条例》（国务院令第423号）、人力资源社会保障部《关于印发〈企业劳动保障守法诚信等级评价办法〉的通知》（人社部规〔2016〕1号）等有关规定，结合我省实际，制定本办法。

第二条　县级以上人力资源社会保障部门按照劳动保障监察管辖范围负责企业劳动保障守法诚信等级评价（以下称守法诚信等级评价）工作。其所属的劳动保障监察机构负责守法诚信等级评价组织实施工作。

上级人力资源社会保障部门可以委托下级人力资源社会保障部门对企业进行劳动保障守法诚信等级评价。

上级人力资源社会保障部门委托下级人力资源社会保障部门

实施守法诚信等级评价，应当出具委托文书。下级人力资源社会保障部门应当将企业守法诚信等级评价情况及意见建议报上级人力资源社会保障部门，由委托的人力资源社会保障部门确定等级。

第三条 守法诚信等级评价的对象为依法取得营业执照或者登记证书满1年的企业。

企业设立的分支机构，依法取得营业执照或者登记证书的，应当作为独立的守法诚信等级评价对象。分支机构所在地的人力资源社会保障部门应当将分支机构的诚信等级评价情况及时通报企业所在地的人力资源社会保障部门。

第四条 人力资源社会保障部门开展守法诚信等级评价，应当根据事实，遵循依法、公正原则。

第五条 人力资源社会保障部门开展守法诚信等级评价以每年的1月1日至12月31日为一个评价年度，于次年上半年完成。

第六条 人力资源社会保障部门开展守法诚信等级评价，主要依据日常巡视检查、书面材料审查、随机抽查、举报投诉查处以及专项检查等劳动保障监察和其他有关工作中取得的企业上一年度信用记录进行。

人力资源社会保障部门开展守法诚信等级评价，应当听取当地政府有关部门、工会组织的意见和建议。

第七条 人力资源社会保障部门应当围绕以下内容开展守法诚信等级评价：

（一）制定内部劳动保障规章制度的情况；

（二）与劳动者订立劳动合同的情况；

（三）遵守劳务派遣规定的情况；

（四）遵守禁止使用童工规定的情况；

（五）遵守女职工和未成年工特殊劳动保护规定的情况；

（六）遵守工作时间和休息休假规定的情况；

（七）支付劳动者工资和执行最低工资标准的情况；

（八）参加各项社会保险和缴纳社会保险费的情况；

（九）其他遵守劳动保障法律、法规和规章的情况。

第八条 人力资源社会保障部门开展守法诚信等级评价确定以下标准、等级：

（一）企业遵守劳动保障法律、法规和规章，未因劳动保障违法行为被查处的，评为A级。

（二）企业因劳动保障违法行为被查处，但不属于C级所列情形的，评为B级。

（三）企业存在下列情形之一的，评为C级。

1. 因劳动保障违法行为被查处3次以上（含3次）的；

2. 因劳动保障违法行为引发群体性事件、极端事件或造成严重不良社会影响的；

3. 因使用童工、强迫劳动等严重劳动保障违法行为被查处的；

4. 拒不履行劳动保障监察限期整改指令、行政处理决定或者行政处罚决定的；

5. 无理抗拒、阻挠人力资源社会保障部门实施劳动保障监察的；

6. 因劳动保障违法行为被追究刑事责任的。

第九条 人力资源社会保障部门开展守法诚信等级评价按照下列程序进行：

（一）初步评价。劳动保障监察机构按照诚信等级评价的内容和标准，对企业守法诚信等级进行初步评价。

（二）征求意见。劳动保障监察机构征求劳动关系、社会保险经办、劳动争议调解仲裁等相关机构对初步评价结果的意见，相关机构对初步评价结果有不同意见的，应当书面反馈并提供依据。

（三）确定等级。劳动保障监察机构对相关机构提出的意见进行汇总，参考有关部门和工会组织反映的意见和建议，提出评价意见，报人力资源社会保障部门审定。

第十条 人力资源社会保障部门可以通过适当方式将守法诚信等级评价结果告知企业。

第十一条 企业对守法诚信等级评价结果有异议的，可以向作出评价的人力资源社会保障部门提出复核申请。人力资源社会保障部门应当及时复核；经查实等级评价有误的，应当予以重新评价。

第十二条 人力资源社会保障部门应当将守法诚信等级评价结果录入劳动保障监察管理信息系统，归入企业劳动保障守法诚信档案，至少保留3年。

第十三条 人力资源社会保障部门根据企业劳动保障守法诚信等级评价情况，对劳动保障监察管辖范围内的企业实行分类监管：

（一）对于上年度被评为A级的企业，免予当年劳动保障监察日常巡视检查和专项检查；

（二）对于上年度被评为B级的企业，当年不超过1次劳动保障监察日常巡视检查；

（三）对于上年度被评为C级的企业，列为劳动保障监察重点对象，增加当年度劳动保障监察日常巡视检查频次。

第十四条 对于被评为C级的企业，人力资源社会保障部门应当对其主要负责人、直接责任人进行约谈，敦促其遵守劳动保障法律、法规和规章。

第十五条 人力资源社会保障部门应当将守法诚信等级评价结果作为企业评优评先、评选劳模、招标、公司上市、和谐劳动关系企业评选等劳动保障守法情况审查的重要依据，据实出具相关证明。

第十六条 守法诚信等级评价结果确定后，企业发生劳动保障违法行为需要降级的，作出评价的人力资源社会保障部门应当重新评价，及时调整其守法诚信等级。

第十七条 人力资源社会保障部门应当与工商、金融、住房城乡建设、税务等部门和工会组织建立信用信息交换共享机制，对企业实行守信联合激励和失信联合惩戒。

劳动保障监察机构应当及时将书面审查、日常巡视检查、举报投诉专查和专项检查情况等录入劳动保障监察信息管理系统，利用劳动保障监察管理信息系统开展评价工作。

第十八条 人力资源社会保障部门工作人员在守法诚信等级评价工作中滥用职权、玩忽职守、徇私舞弊的，按照有关规定给予处分。

第十九条 对其他劳动保障监察对象开展守法诚信等级评价工作，依照本办法执行。

第二十条 设区的市人力资源社会保障部门可以根据本办法，制定实施细则。

第二十一条 本办法自 2017 年 7 月 1 日起施行，有效期至 2022 年 6 月 30 日。

山东省人力资源和社会保障厅等部门关于进一步做好社会保险精准扶贫工作的意见

（2017年9月5日　鲁人社发〔2017〕37号）

各市人力资源社会保障局、财政局、扶贫开发领导小组办公室：

为贯彻党中央、国务院和省委、省政府关于打赢脱贫攻坚战的决策部署，全面落实“十三五”脱贫攻坚规划，按照《人力资源社会保障部财政部国务院扶贫开发领导小组办公室关于切实做好社会保险扶贫工作的意见》（人社部发〔2017〕59号）和全省脱贫攻坚推进会精神，织密扎牢社会保障“安全网”，现就进一步做好社会保险精准扶贫工作提出如下意见：

一、明确社会保险精准扶贫的目标任务

社会保险精准扶贫的目标任务是，紧紧扭住精准用心用力，聚力做到底数精准、政策精准、措施精准，充分发挥现行社会保险政策作用，完善并落实社会保险扶贫政策，提升社会保险经办服务水平，支持帮助建档立卡贫困人口、低保对象、特困人员等困难群体（以下简称贫困人员）及其他社会成员参加社会保险，基本实现法定人员全覆盖，逐步提高社会保险待遇水平，助力参保贫困人员精准脱贫，同时避免其他参保人员因年老、疾病、工伤、失业等原因陷入贫困，巩固脱贫攻坚成果，为打赢脱贫攻坚战贡献力量。

二、完善并落实社会保险精准扶贫政策

（一）养老保险精准扶贫。对建档立卡未标注脱贫的贫困人口、低保对象、特困人员等困难群体，符合参加居民基本养老保险条件的，地方人民政府为其代缴部分或全部最低标准养老保险费，并在提高最低缴费档次时，对其保留现行最低缴费档次。参加居民基本养老保险的重度残疾人提出申请，经审核后可以提前5年发放养老金。研究建立居民基本养老保险待遇确定与基础养老金最低标准正常调整机制，完善居民基本养老保险筹资和保障机制。根据经济发展和居民收入水平增长情况，适时适度逐步提高居民基本养老保险最低缴费标准和基础养老金最低标准。强化多缴多得、长缴多得的激励约束机制，完善缴费补贴政策，引导城乡居民主动参保缴费。加强居民基本养老保险与农村最低生活保障、特困人员救助供养等社会救助制度的统筹衔接，“十三五”期间，在认定农村低保和扶贫对象时，中央确定的居民基本养老保险基础养老金暂不计入家庭收入。

（二）医疗保险精准扶贫。全面落实资助贫困人员参保政策，对贫困人员参加居民基本医疗保险个人缴费部分由财政给予补贴；依法将包括农民工在内的合同制工人纳入生育保险，由用人单位缴纳生育保险费，职工个人不缴费。完善居民大病保险制度，对建档立卡贫困人口，大病保险起付线减半，分段报销比例提高5个百分点，封顶线提高到50万元。对建档立卡贫困人口使用经省统一谈判的大病保险特殊用药不设起付线；2017年度，各地要按照《山东省人力资源和社会保障厅关于执行〈国家基本医疗保险、工伤保险和生育保险药品目录（2017年版）〉有关问题的通知》（鲁人社发〔2017〕34号）要求，做好我省大病保险18种特殊药品与2017年版《国家药品目录》和纳入国家药品乙类目录范围内谈判药品的衔接，对经大病保险支付后的个人自付部分，再按乙类药品政策规定由基本医疗保险基金予以补助，确保参保人员实际待遇水平不降低。各市要合理确定门诊大病、慢病支付病种，逐步提高贫困人员门诊保障水平；要将符合条件的孕妇住院分娩医疗费用纳入居民基本医疗保险报销范围。加强基本医保、大病保险与医疗商业补充保险、医疗救助等的有效衔接，实现部门间信息互联共享，对已核准的因病致贫返贫患者，通过政策衔接，实施综合保障，提高其医疗保障受益水平。加快推进分级诊疗体系建设，实行医保差异化支付政策，适当提高基层医疗机构基本医保报销比例，促进贫困人员就近合理有序就医；进一步扩大异地就医结算范围，优化贫困人员异地就医程序，提供“一站式”即时结算服务，切实减轻贫困人员医疗费用垫支负担。

（三）工伤保险精准扶贫。进一步做好建筑业农民工按项目参加工伤保险工作，着力构建建筑业按项目参加工伤保险工作长效机制。围绕按项目参加工伤保险模式积极推进政策创新，对用工方式灵活、流动性大、贫困劳动力相对集中的行业，探索按项目等方式参加工伤保险。积极推进工伤预防工作，建立健全工伤保险费率浮动机制，指导各地充分运用费率浮动政策，定期进行费率浮动，发挥费率浮动的杠杆作用，促使企业加强工伤预防。对符合工伤保险待遇先行支付情形的贫困劳动力，工伤保险经办机构应给予先行支付。按规定将疗效可靠的尘肺病治疗药物列入工伤保险药品目录，将符合医疗诊疗规范的尘肺病治疗技术和手段纳入工伤保险金支付范围。

三、强化社会保险精准扶贫的保障措施

（一）加强组织领导。各地要充分认识开展社会保险精准扶贫工作的重要性，把精准扶贫、精准脱贫作为一件极其严肃的政治任务来抓，围绕扶贫大局，创新思路对策，加强协调配合，全力抓好社会保险精准扶贫政策的落实。省人力资源社会保障厅具体指导推进社会保险精准扶贫工作。各级扶贫开发领导小组办公室要建立完善扶贫对象销号制度，共享建档立卡贫困人员动态管理信息，为实施社会保险精准扶贫定期提供数据支撑。各级人力资源社会保障部门要建立管理台账，做好人员标识，动态掌握建档立卡贫困人口参保和待遇保障情况。各地财政部门要做好社会保险补助资金的预算安排和分配下达，确保按时足额拨付到位。

（二）提高经办服务能力。各地要科学整合现有公共服务资源和社会保险经办管理资源，加大社会保险经办人员培训力度，开展“送培训到基层”活动，提高培训层次和质量。全面实施全民参保计划，深入贫困地区、农民工集中的高风险行业、单位和岗位，精准掌握贫困人员和贫困劳动力参加社会保险情况，精准落实社会保险扶贫政策，精准开展参保登记及缴费等经办服务工作，做到“应保尽保”。探索创新经办管理服务模式、服务方法、服务手段，加强经办窗口作风建设，简化优化流程，提供安全、方便、快捷的服务。

（三）加强社会保险精准扶贫信息支撑。加快推进“标准化、信息化、一体化”建设，组织实施“互联网+人社”2020行动计划，将社会保险信息系统向基层延伸。积极推进扶贫数据资源共享，加强全民参保登记信息系统推广应用，推动公共就业、社会保险等人力资源社会保障领域数据与建档立卡贫困人口、低保对象、特困人员等外部共享数据的比对，实现对贫困人员的精准识别。研究制定相关大数据分析主题，探索建立与精准扶贫相关的大数据分析模型。

（四）加强宣传引导。把政策宣传作为推动工作的重要措施，坚持政策触角延伸到哪里、宣传就跟进到哪里，既要注重政策宣传、经办宣传让社会保险精准扶贫政策“家喻户晓”，也要注重成果宣传、典型宣传，推动社会保险精准扶贫精准实施。要精准宣传，在精准识别贫困人员的基础上，针对不同类型贫困人员精准制定不同险种的宣传重点。要广泛宣传，利用乡镇（街道）人力资源社会保障所、合作金融机构、定点医疗卫生机构等场所，设置宣传栏、张贴宣传画。要紧紧依靠报纸杂志、电视广播等传统媒体，利用党报党刊、电视广播的优势，壮大主流舆论，形成社会保险精准扶贫的舆论声势。

（五）加大督导调度力度。各地人力资源社会保障、财政、扶贫部门要按照各自职责，加强工作调度，防范廉政风险，定期开展督促检查。要夯实数据基础，定期统计调度养老保险、医疗保险、工伤保险等精准扶贫情况。对推进社会保险扶贫工作成效突出的地区和个人，推广其经验做法；对思想认识不到位、扶贫政策不落实、廉政风险防范不力的，予以通报批评并责成及时纠正，确保完成社会保险精准扶贫目标任务。

山东省人力资源和社会保障厅关于延长部分规范性文件有效期的通知

（2017 年 12 月 29 日）

各市人力资源社会保障局，省厅各处室、直属单位，省公务员局：

根据《山东省行政程序规定》要求，现对截至 2018 年 6 月 30 日有效期届满的 21 件规范性文件延长有效期，请遵照执行。

附件：延长有效期的规范性文件目录

附件

延长有效期的规范性文件目录

一、《印发〈关于处理专业技术职务评聘工作中违反政策纪律问题的暂行规定〉的通知》，鲁人职〔1994〕9 号，重新编制登记号 SDPR-2017-0140024，有效期至 2019 年 12 月 31 日。

二、《关于印发〈山东省职业技能鉴定实施办法（试行）〉的通知》，鲁劳发〔1994〕63 号，重新编制登记号 SDPR-2017-0140025，有效期至 2019 年 12 月 31 日。

三、《关于印发〈山东省人事代理暂行办法〉的通知》，鲁人〔1997〕3 号，重新编制登记号 SDPR-2017-0140026，有效期至 2019 年 12 月 31 日。

四、《关于印发〈山东省博士后管理工作暂行办法〉的通知》，鲁人〔1999〕38 号，重新编制登记号 SDPR-2017-0140027，有效期至 2019 年 12 月 31 日。

五、《转发劳动和社会保障部等7部门〈关于印发城镇职工基本医疗保险用药范围管理暂行办法的通知〉的通知》，鲁劳社发〔1999〕107号，重新编制登记号SDPR-2017-0140028，有效期至2022年12月31日。

六、《关于印发〈山东省专业技术职务评审委员会组织办法（试行）〉和〈山东省专业技术职务任职资格评审办法（试行）〉的通知》，鲁人发〔2002〕26号，重新编制登记号SDPR-2017-0140029，有效期至2019年12月31日。

七、《关于印发〈山东省职业技能鉴定质量督导办法（试行）〉的通知》，鲁劳社〔2002〕52号，重新编制登记号SDPR-2017-0140030，有效期至2019年12月31日。

八、《关于印发山东省高级专业技术资格考评制度暂行规定的通知》，鲁人发〔2003〕18号，重新编制登记号SDPR-2017-0140031，有效期至2019年12月31日。

九、《关于印发山东省质量专业高级工程师资格评价暂行办法的通知》，鲁人发〔2003〕20号，重新编制登记号SDPR-2017-0140032，有效期至2019年12月31日。

十、《关于印发〈山东省自主择业军队转业干部安置管理暂行办法〉的通知》，鲁人发〔2003〕38号，重新编制登记号SDPR-2017-0140033，有效期至2020年12月31日。

十一、《关于印发〈山东省高级专业技术职务任职资格破格申报指导条件（试行）〉的通知》，鲁人发〔2005〕15号，重新编制登记号SDPR-2017-0140034，有效期至2019年12月31日。

十二、《关于印发〈山东省职业技能鉴定考评人员管理办法（试行）〉的通知》，鲁劳社函〔2005〕268号，重新编制登记号SDPR-2017-0140035，有效期至2019年12月31日。

十三、《关于印发〈中央、省属驻济企业、自收自支和企业化管理事业单位基本医疗保险制度实施意见〉和〈中央、省属驻济企业、自收自支和企业化管理事业单位基本医疗保险暂行办法〉的通知》，鲁劳社〔2007〕26号，重新编制登记号SDPR-2017-0140036，有效期至2019年12月31日。

十四、《关于印发〈山东省职业技能竞赛技术规程（试行）〉的通知》，鲁劳社函〔2008〕320号，重新编制登记号SDPR-2017-0140037，有效期至2019年12月31日。

十五、《转发〈关于印发流动就业人员基本医疗保障关系转移接续暂行办法的通知〉的通知》，鲁人社发〔2010〕36号，重新编制登记号SDPR-2017-0140038，有效期至2022年12月31日。

十六、《关于印发〈山东省高校毕业生就业见习管理办法（试行）〉的通知》，鲁人社发〔2011〕8号，重新编制登记号SDPR-2017-0140039，有效期至2019年12月31日。

十七、《关于印发〈山东省优秀乡镇农业技术人员评选奖励办法〉的通知》，鲁人社办发〔2012〕114号，重新编制登记号SDPR-2017-0140040，有效期至2020年2月1日。

十八、《山东省人力资源和社会保障厅、山东省财政厅、山东省审计厅、山东省人民政府国有资产监督管理委员会关于将企业自行管理的社会保险纳入地方统筹管理的意见》，鲁人社发〔2014〕9号，重新编制登记号SDPR-2017-0140041，有效期至2023年3月19日。

十九、《关于维护机关事业单位未纳入正式职工管理人员劳动保障权益的通知》，鲁人社发〔2015〕5号，重新编制登记号SDPR-2017-0140042，有效期至2021年3月31日。

二十、《关于印发〈山东省事业单位工作人员竞聘上岗试行办法的〉通知》，鲁人社发〔2015〕67号，重新编制登记号SDPR-2017-0140043，有效期至2019年12月31日。

二十一、《关于大病保险合规医疗费用补偿有关问题的通知（试行）》，鲁人社规〔2017〕8号，重新编制登记号SDPR-2017-0140044，有效期至2018年12月31日。

十、山东省人民政府部门文件

山东省物价局 省财政厅转发国家发展改革委 财政部《关于降低部分行政事业性收费标准的通知》的通知

（2012 年 12 月 31 日　鲁价费发〔2012〕158 号）

省人力资源社会保障厅、省质监局、省食品药品监管局，各市物价局、财政局：

现将《国家发展改革委、财政部关于降低部分行政事业性收费标准的通知》（发改价格〔2012〕3882 号）转发给你们，并提出以下意见，请认真贯彻执行。

一、我省保存人事关系及档案（含企业职工档案）收费标准调整为：单位或个人委托保管人事关系及档案每份每月 10 元；单位或个人委托单纯存档每份每月 3 元。该收费项目 3 年后自动取消。

二、上述规定自 2013 年 1 月 1 日起执行。收费单位应按规定及时到原发证部门办理《收费许可证》变更登记手续。省物价局《关于企业职工档案委托管理服务收费问题的批复》（鲁价涉发〔1996〕28 号）同时废止。此前与本通知规定不一致的，以本通知为准。

附件：国家发展改革委、财政部关于降低部分行政事业性收费标准的通知

（附件本书略）

山东省卫生和计划生育委员会等部门关于印发《省属困难企业退休职工中独生子女父母养老补助落实工作实施办法》的通知

（2017年2月28日　鲁卫发〔2017〕13号）

各市卫生计生委、经济和信息化委、财政局、人力资源社会保障局、审计局，各市国资监管机构：

为进一步落实省政府办公厅《关于认真落实企业退休职工中独生子女父母养老补助有关规定的通知》（鲁政办发〔2010〕55号）精神，省卫生计生委、省经济和信息化委、省财政厅、省人力资源社会保障厅、省审计厅、省国资委等六部门联合制定了《关于印发〈省属困难企业退休人员和原省属企业破产改制后以个人身份参保并办理退休手续人员中独生子女父母养老补助落实工作实施办法〉的通知》（鲁卫家庭发〔2015〕2号）。为与2016年1月22日山东省人大常委会新修改的《山东省人口与计划生育条例》有关规定相衔接，我们对上述实施办法作了部分修改，现将《省属困难企业退休职工中独生子女父母养老补助落实工作实施办法》印发给你们，请认真贯彻执行。

省属困难企业退休职工中独生子女父母养老补助落实工作实施办法

为进一步贯彻落实计划生育基本国策，完善省属困难企业退休职工中独生子女父母养老补助发放机制，根据《山东省人口与计划生育条例》和省政府办公厅《关于认真落实企业退休职工中独生子女父母养老补助有关规定的通知》（鲁政办发〔2010〕55号）精神，结合省属企业实际，制定本实施办法。

一、落实对象

落实对象需同时具备以下三个条件：

（一）2002年9月28日后正式办理退休手续未按规定享受一次性养老补助；

（二）省属困难企业退休；

（三）独生子女父母。

原省属企业职工因企业破产、改制等原因离开原企业以个人身份参保并于2002年9月28日至2016年1月21日期间办理退休手续的人员（以下简称原省属企业职工社会退休人员）中独生子女父母可参照执行。

符合条件，已经亡故人员参照执行。

二、省属困难企业认定

（一）成立困难企业认定工作组

为切实解决困难、破产关闭企业退休职工中独生子女父母加发一次性养老补助问题，根据鲁政办发〔2010〕55号文件和《山东省财政厅山东省人口计生委关于落实企业退休职工独生子女父母养老补助有关问题的通知》（鲁财教〔2010〕72号）精神，各级要成立由财政、经济信息化、国资、人力资源社会保障、卫生计生、审计等部门组成的困难企业认定工作组，具体负责本地困难企业的认定工作。省属困难企业具体认定由省属困难企业所在县（市、区）困难企业认定工作组负责。

（二）省属困难企业认定条件

符合下列条件之一的可认定为困难企业：

1. 企业因无力支付拖欠职工最低工资连续达1年以上的；

2. 停产半停产不能正常生产经营1年以上、濒临破产，仅发职工生活费的；

3. 进入破产关闭程序的企业。

（三）省属困难企业认定程序

1. 符合省属困难企业认定条件的企业需提交《省属困难企业申请认定表》（见附件 1）、近两年度会计决算报表，已经破产和进入破产程序的企业需提交法院裁定文书，向企业主管部门（无主管部门的企业向企业集团）和企业所在县（市、区）困难企业认定工作组提出书面申请。

2. 企业主管部门（企业集团）和县（市、区）困难企业认定工作组对困难企业提出的申请和企业有关情况进行审核研究后，作出认定结论。已经破产和进入破产程序的企业依据法院裁定文书可直接认定为困难企业。

3. 县（市、区）将认定的困难企业情况报市，各市困难企业认定工作组将本市辖区内的省属困难企业认定情况和认定结果审核汇总后，连同《省属困难企业申请认定表》、相关企业近两年度会计决算报表、法院裁定文书报省困难企业认定工作组审核备案。

此阶段工作须于每年 3 月 20 前完成。

三、落实对象申报和资格认定程序

（一）个人申报

省属困难企业的一次性养老补助落实对象，由所在企业或破产清算组组织申请登记。原省属企业职工社会退休人员中落实对象，由户籍所在地的乡（镇、街办）负责申请登记。符合条件的人员由其本人或其委托人持身份证等，在规定的时间内到所在企业或户籍所在地的乡（镇、街办）领取并填写申请登记表格，进行申请登记。登记时需提交材料一般包括“三证一簿”：（1）本人《户口簿》《居民身份证》原件及复印件各 1 份；（2）《退休证》原件及复印件各 1 份；（3）《独生子女父母光荣证》（或《独生子女光荣证》《独生子女优待证》）原件及复印件各 1 份。原省属企业职工社会退休人员中落实对象还需提交解除劳动合同协议书。

符合条件已亡故人员，由其配偶或子女（或法定继承人）代为申请登记。代办人另需提供：（1）代办人身份证原件及复印件各1份。（2）死亡人员户口注销证明原件及复印件各1份。（3）如代办人为配偶，《结婚证》原件及复印件各1份。登记时，本人或代办人须公开承诺所提交的证明材料和信息真实无误，由本人或代办人签名并按手印。

（二）企业或乡镇（街办）初审

省属困难企业的一次性养老补助落实对象，由所在企业或破产清算组组织初审。企业或破产清算组须对申请登记人的身份、提供的证件等进行审核调查，形成初审结果，并在企业信息公开栏、职工宿舍区等位置予以公示，公示期不少于5天，发现问题及时进行调查处理。公示结束后，填报以下表格：《省属困难企业退休职工中独生子女父母未落实一次性养老补助登记表》（见附件2）、《省属困难企业退休职工中独生子女父母一次性养老补助未落实情况登记汇总表》（见附件3）、《省属困难企业退休职工中独生子女父母一次性养老补助未落实情况分年度汇总表》（见附件4）。

原省属企业职工社会退休人员中落实对象，由户籍所在地的乡（镇、街办）组织初审。乡（镇、街办）须对申请登记人的身份、提供的证件等进行审核调查，形成初审结果，并在乡（镇、街办）政务公开栏予以公示，公示期不少于5天，发现问题及时进行调查处理。公示结束后，填报以下表格：《原省属企业职工社会退休人员中独生子女父母未落实一次性养老补助登记表》（见附件5）、《原省属企业职工社会退休人员中独生子女父母一次性养老补助未落实情况登记汇总表》（见附件6）、《原省属企业职工社会退休人员中独生子女父母一次性养老补助未落实情况分年度汇总表》（见附件7）、《原省属企业职工社会退休人员中独生子女父母一次性养老补助未落实情况分企业汇总表》（见附件8）。

此阶段工作须于每年4月10日前完成。

（三）县（市、区）审核

企业或乡（镇、街办）将初审后的申报登记材料和信息报所在县（市、区），各县（市、区）困难企业认定工作组按有关要求审核，将审核结果在县（市、区）相关部门政务公开栏予以公示，公示期不少于5天。公示结束后，填报《省属困难企业退休职工和原省属企业职工社会退休人员中独生子女父母一次性养老补助未落实情况分年度汇总表》（见附件9）、《省属困难企业退休职工和原省属企业职工社会退休人员中独生子女父母一次性养老补助未落实情况分企业汇总表》（见附件10）、《省属困难企业退休职工和原省属企业职工社会退休人员中独生子女父母一次性养老补助未落实人员花名册》（见附件11），加盖公章报市困难企业认定工作组审核汇总。

此阶段工作须于每年4月20日前完成。

（四）市级审核

各市困难企业认定工作组将各县（市、区）报送的上一年度本市省属困难企业退休人员和原省属企业职工社会退休人员中独生子女父母养老补助资格情况认真审核，填报《省属困难企业退休职工和原省属企业职工社会退休人员中独生子女父母一次性养老补助未落实情况分年度汇总表》《省属困难企业退休职工和原省属企业职工社会退休人员中独生子女父母一次性养老补助未落实情况分企业汇总表》《省属困难企业退休职工和原省属企业职工社会退休人员中独生子女父母一次性养老补助未落实人员花名册》《省属困难企业退休职工和原省属企业职工社会退休人员中独生子女父母一次性养老补助未落实经费测算汇总表》（见附件12），加盖公章报省困难企业认定工作组统一审核。

此阶段工作须于每年4月30日前完成。

（五）省级审核

省困难企业认定工作组统一审核各市报送的上一年度省属困

难企业退休职工和原省属企业职工社会退休人员中独生子女父母养老补助资格情况，将审核结果在省卫生计生委政务网站予以公示，公示期不少于5天。

此阶段工作须于每年5月20日前完成。

四、落实标准

企业职工一次性养老补助的发放标准，按照企业退休职工中独生子女父母根据国家规定办理退休手续时，企业所在的设区市上一年度职工年平均工资的30%发给一次性养老补助。

五、资金申请

省属困难企业退休职工和原省属企业职工社会退休人员中独生子女父母养老补助所需资金由省级财政统筹解决，省卫生计生委按规定程序申请预算。

六、资金发放

省属困难企业退休职工和原省属企业职工社会退休人员中独生子女父母养老补助由企业或职工所在县（市、区）卫生计生部门负责发放。一次性养老补助金采取由县（市、区）卫生计生部门委托代理发放机构发放的办法。委托发放机构的确定要本着降低成本、提高效率、优质服务的原则择优选定。要及时足额将一次性养老补助金拨付到代理发放机构，代理发放机构及时为已确认的一次性养老补助对象建立个人账户，将补助金及时足额划转到个人账户。严禁任何单位、任何人以现金支付的方式进行发放。

七、保障措施

（一）加强组织领导

落实省属困难企业退休职工和原省属企业职工社会退休人员中独生子女父母养老补助是一项十分敏感、政策性很强的工作，事关群众的切身利益，事关社会稳定的大局。要落实属地管理责任，以县（市、区）为责任主体，以目标企业为工作重心，相关部门搞好配合。各市县、各部门和有关企业要高度重视，要明确分管领导和责任科室，配备原则性强、认真负责的工作人员负责这项工作，确保补助资金及时足额发放到个人手中，并及时协调解决好工作中出现的问题。

（二）明确部门职责

落实省属困难、破产改制企业一次性养老补助，相关部门应各负其责，相互配合。卫生计生部门牵头负责一次性补助工作的整体协调、联络工作，负责独生子女父母资格的审查、数据汇总工作和资金发放工作，配合做好省属困难、破产改制企业的认定工作。财政部门负责一次性养老补助资金筹措和拨付工作，配合做好省属困难、破产改制企业的认定工作。经济信息化部门、国资部门负责省属困难、破产改制企业的认定工作。人力资源社会保障部门负责退休人员身份认定工作，配合做好省属困难、破产改制企业的认定工作。审计部门负责一次性养老补助资金审计监督工作，配合做好省属困难、破产改制企业的认定工作。企业主管部门配合做好所属困难、破产改制企业的认定工作。

（三）严肃工作纪律

各地要加强省属困难企业退休职工和原省属企业职工社会退休人员中独生子女父母养老补助发放管理工作，建立完善资格确认、资金管理、资金发放与监督评估运行机制，严格对省属困难、破产企业认定、一次性养老补助对象资格确认以及一次性养老补助资金发放的监督检查。认真落实资格审查责任制，“谁经办，谁负责；谁审核，谁负责；谁签字，谁负责”，确保该项工作公正严肃。省相关部门每年组织抽查一定比例的企业和落实对象，如发现问题，将实行责任倒查机制。国家公职人员利用职务之便虚报、冒领、贪污、挪用一次性养老补助经费的，要依法追究相关人员责任。不符合一次性补助发放条件的个人利用不正当手段骗取一次性养老补助的，取消其享受补助的资格，追回补助，并严肃追究相关责任人的责任。

本办法自 2017 年 3 月 11 日起执行，有效期至 2022 年 3 月

10日。

附件：1.《省属困难企业申请认定表》

2.《省属困难企业退休职工中独生子女父母未落实一次性养老补助登记表》

3.《省属困难企业退休职工中独生子女父母一次性养老补助未落实情况登记汇总表》

4.《省属困难企业退休职工中独生子女父母一次性养老补助未落实情况分年度汇总表》

5.《原省属企业职工社会退休人员中独生子女父母未落实一次性养老补助登记表》

6.《原省属企业职工社会退休人员中独生子女父母一次性养老补助未落实情况登记汇总表》

7.《原省属企业职工社会退休人员中独生子女父母一次性养老补助未落实情况分年度汇总表》

8.《原省属企业职工社会退休人员中独生子女父母一次性养老补助未落实情况分企业汇总表》

9.《省属困难企业退休职工和原省属企业职工社会退休人员中独生子女父母一次性养老补助未落实情况分年度汇总表》

10.《省属困难企业退休职工和原省属企业职工社会退休人员中独生子女父母一次性养老补助未落实情况分企业汇总表》

11.《省属困难企业退休职工和原省属企业职工社会退休人员中独生子女父母一次性养老补助未落实人员花名册》

12.《省属困难企业退休职工和原省属企业职工社会退休人员中独生子女父母一次性养老补助未落实经费测算汇总表》

（附件本书略）

第二部分

公共就业

一、综合

中华人民共和国就业促进法

（2007年8月30日第十届全国人民代表大会常务委员会第二十九次会议通过，根据2015年4月24日第十二届全国人民代表大会常务委员会第十四次会议《关于修改〈中华人民共和国电力法〉等六部法律的决定》修正）

目　录

第一章　总　则

第一条　为了促进就业，促进经济发展与扩大就业相协调，促进社会和谐稳定，制定本法。

第二条　国家把扩大就业放在经济社会发展的突出位置，实施积极的就业政策，坚持劳动者自主择业、市场调节就业、政府促进就业的方针，多渠道扩大就业。

第三条　劳动者依法享有平等就业和自主择业的权利。

劳动者就业，不因民族、种族、性别、宗教信仰等不同而受歧视。

第四条 县级以上人民政府把扩大就业作为经济和社会发展的重要目标，纳入国民经济和社会发展规划，并制定促进就业的中长期规划和年度工作计划。

第五条 县级以上人民政府通过发展经济和调整产业结构、规范人力资源市场、完善就业服务、加强职业教育和培训、提供就业援助等措施，创造就业条件，扩大就业。

第六条 国务院建立全国促进就业工作协调机制，研究就业工作中的重大问题，协调推动全国的促进就业工作。国务院劳动行政部门具体负责全国的促进就业工作。

省、自治区、直辖市人民政府根据促进就业工作的需要，建立促进就业工作协调机制，协调解决本行政区域就业工作中的重大问题。

县级以上人民政府有关部门按照各自的职责分工，共同做好促进就业工作。

第七条 国家倡导劳动者树立正确的择业观念，提高就业能力和创业能力；鼓励劳动者自主创业、自谋职业。

各级人民政府和有关部门应当简化程序，提高效率，为劳动者自主创业、自谋职业提供便利。

第八条 用人单位依法享有自主用人的权利。

用人单位应当依照本法以及其他法律、法规的规定，保障劳动者的合法权益。

第九条 工会、共产主义青年团、妇女联合会、残疾人联合会以及其他社会组织，协助人民政府开展促进就业工作，依法维护劳动者的劳动权利。

第十条 各级人民政府和有关部门对在促进就业工作中作出显著成绩的单位和个人，给予表彰和奖励。

第二章　政策支持

第十一条　县级以上人民政府应当把扩大就业作为重要职责，统筹协调产业政策与就业政策。

第十二条　国家鼓励各类企业在法律、法规规定的范围内，通过兴办产业或者拓展经营，增加就业岗位。

国家鼓励发展劳动密集型产业、服务业，扶持中小企业，多渠道、多方式增加就业岗位。

国家鼓励、支持、引导非公有制经济发展，扩大就业，增加就业岗位。

第十三条　国家发展国内外贸易和国际经济合作，拓宽就业渠道。

第十四条　县级以上人民政府在安排政府投资和确定重大建设项目时，应当发挥投资和重大建设项目带动就业的作用，增加就业岗位。

第十五条　国家实行有利于促进就业的财政政策，加大资金投入，改善就业环境，扩大就业。

县级以上人民政府应当根据就业状况和就业工作目标，在财政预算中安排就业专项资金用于促进就业工作。

就业专项资金用于职业介绍、职业培训、公益性岗位、职业技能鉴定、特定就业政策和社会保险等的补贴，小额贷款担保基金和微利项目的小额担保贷款贴息，以及扶持公共就业服务等。就业专项资金的使用管理办法由国务院财政部门和劳动行政部门规定。

第十六条　国家建立健全失业保险制度，依法确保失业人员的基本生活，并促进其实现就业。

第十七条　国家鼓励企业增加就业岗位，扶持失业人员和残疾人就业，对下列企业、人员依法给予税收优惠：

（一）吸纳符合国家规定条件的失业人员达到规定要求的

企业；

（二）失业人员创办的中小企业；

（三）安置残疾人员达到规定比例或者集中使用残疾人的企业；

（四）从事个体经营的符合国家规定条件的失业人员；

（五）从事个体经营的残疾人；

（六）国务院规定给予税收优惠的其他企业、人员。

第十八条 对本法第十七条第四项、第五项规定的人员，有关部门应当在经营场地等方面给予照顾，免除行政事业性收费。

第十九条 国家实行有利于促进就业的金融政策，增加中小企业的融资渠道；鼓励金融机构改进金融服务，加大对中小企业的信贷支持，并对自主创业人员在一定期限内给予小额信贷等扶持。

第二十条 国家实行城乡统筹的就业政策，建立健全城乡劳动者平等就业的制度，引导农业富余劳动力有序转移就业。

县级以上地方人民政府推进小城镇建设和加快县域经济发展，引导农业富余劳动力就地就近转移就业；在制定小城镇规划时，将本地区农业富余劳动力转移就业作为重要内容。

县级以上地方人民政府引导农业富余劳动力有序向城市异地转移就业；劳动力输出地和输入地人民政府应当互相配合，改善农村劳动者进城就业的环境和条件。

第二十一条 国家支持区域经济发展，鼓励区域协作，统筹协调不同地区就业的均衡增长。

国家支持民族地区发展经济，扩大就业。

第二十二条 各级人民政府统筹做好城镇新增劳动力就业、农业富余劳动力转移就业和失业人员就业工作。

第二十三条 各级人民政府采取措施，逐步完善和实施与非全日制用工等灵活就业相适应的劳动和社会保险政策，为灵活就业人员提供帮助和服务。

第二十四条 地方各级人民政府和有关部门应当加强对失业人员从事个体经营的指导，提供政策咨询、就业培训和开业指导等服务。

第三章 公平就业

第二十五条 各级人民政府创造公平就业的环境，消除就业歧视，制定政策并采取措施对就业困难人员给予扶持和援助。

第二十六条 用人单位招用人员、职业中介机构从事职业中介活动，应当向劳动者提供平等的就业机会和公平的就业条件，不得实施就业歧视。

第二十七条 国家保障妇女享有与男子平等的劳动权利。

用人单位招用人员，除国家规定的不适合妇女的工种或者岗位外，不得以性别为由拒绝录用妇女或者提高对妇女的录用标准。

用人单位录用女职工，不得在劳动合同中规定限制女职工结婚、生育的内容。

第二十八条 各民族劳动者享有平等的劳动权利。

用人单位招用人员，应当依法对少数民族劳动者给予适当照顾。

第二十九条 国家保障残疾人的劳动权利。

各级人民政府应当对残疾人就业统筹规划，为残疾人创造就业条件。

用人单位招用人员，不得歧视残疾人。

第三十条 用人单位招用人员，不得以是传染病病原携带者为由拒绝录用。但是，经医学鉴定传染病病原携带者在治愈前或者排除传染嫌疑前，不得从事法律、行政法规和国务院卫生行政部门规定禁止从事的易使传染病扩散的工作。

第三十一条 农村劳动者进城就业享有与城镇劳动者平等的劳动权利，不得对农村劳动者进城就业设置歧视性限制。

第四章 就业服务和管理

第三十二条 县级以上人民政府培育和完善统一开放、竞争有序的人力资源市场，为劳动者就业提供服务。

第三十三条 县级以上人民政府鼓励社会各方面依法开展就业服务活动，加强对公共就业服务和职业中介服务的指导和监督，逐步完善覆盖城乡的就业服务体系。

第三十四条 县级以上人民政府加强人力资源市场信息网络及相关设施建设，建立健全人力资源市场信息服务体系，完善市场信息发布制度。

第三十五条 县级以上人民政府建立健全公共就业服务体系，设立公共就业服务机构，为劳动者免费提供下列服务：

（一）就业政策法规咨询；

（二）职业供求信息、市场工资指导价位信息和职业培训信息发布；

（三）职业指导和职业介绍；

（四）对就业困难人员实施就业援助；

（五）办理就业登记、失业登记等事务；

（六）其他公共就业服务。

公共就业服务机构应当不断提高服务的质量和效率，不得从事经营性活动。

公共就业服务经费纳入同级财政预算。

第三十六条 县级以上地方人民政府对职业中介机构提供公益性就业服务的，按照规定给予补贴。

国家鼓励社会各界为公益性就业服务提供捐赠、资助。

第三十七条 地方各级人民政府和有关部门不得举办或者与他人联合举办经营性的职业中介机构。

地方各级人民政府和有关部门、公共就业服务机构举办的招聘会，不得向劳动者收取费用。

第三十八条 县级以上人民政府和有关部门加强对职业中介机构的管理，鼓励其提高服务质量，发挥其在促进就业中的作用。

第三十九条 从事职业中介活动，应当遵循合法、诚实信用、公平、公开的原则。

用人单位通过职业中介机构招用人员，应当如实向职业中介机构提供岗位需求信息。禁止任何组织或者个人利用职业中介活动侵害劳动者的合法权益。

第四十条 设立职业中介机构应当具备下列条件：

（一）有明确的章程和管理制度；

（二）有开展业务必备的固定场所、办公设施和一定数额的开办资金；

（三）有一定数量具备相应职业资格的专职工作人员；

（四）法律、法规规定的其他条件。

设立职业中介机构应当在工商行政管理部门办理登记后，向劳动行政部门申请行政许可。

未经依法许可和登记的机构，不得从事职业中介活动。

国家对外商投资职业中介机构和向劳动者提供境外就业服务的职业中介机构另有规定的，依照其规定。

第四十一条 职业中介机构不得有下列行为：

（一）提供虚假就业信息；

（二）为无合法证照的用人单位提供职业中介服务；

（三）伪造、涂改、转让职业中介许可证；

（四）扣押劳动者的居民身份证和其他证件，或者向劳动者收取押金；

（五）其他违反法律、法规规定的行为。

第四十二条 县级以上人民政府建立失业预警制度，对可能出现的较大规模的失业，实施预防、调节和控制。

第四十三条 国家建立劳动力调查统计制度和就业登记、失业登记制度，开展劳动力资源和就业、失业状况调查统计，并公布调查统计结果。

统计部门和劳动行政部门进行劳动力调查统计和就业、失业登记时，用人单位和个人应当如实提供调查统计和登记所需要的情况。

第五章　职业教育和培训

第四十四条　国家依法发展职业教育，鼓励开展职业培训，促进劳动者提高职业技能，增强就业能力和创业能力。

第四十五条　县级以上人民政府根据经济社会发展和市场需求，制定并实施职业能力开发计划。

第四十六条　县级以上人民政府加强统筹协调，鼓励和支持各类职业院校、职业技能培训机构和用人单位依法开展就业前培训、在职培训、再就业培训和创业培训；鼓励劳动者参加各种形式的培训。

第四十七条　县级以上地方人民政府和有关部门根据市场需求和产业发展方向，鼓励、指导企业加强职业教育和培训。

职业院校、职业技能培训机构与企业应当密切联系，实行产教结合，为经济建设服务，培养实用人才和熟练劳动者。

企业应当按照国家有关规定提取职工教育经费，对劳动者进行职业技能培训和继续教育培训。

第四十八条　国家采取措施建立健全劳动预备制度，县级以上地方人民政府对有就业要求的初高中毕业生实行一定期限的职业教育和培训，使其取得相应的职业资格或者掌握一定的职业技能。

第四十九条　地方各级人民政府鼓励和支持开展就业培训，帮助失业人员提高职业技能，增强其就业能力和创业能力。失业人员参加就业培训的，按照有关规定享受政府培训补贴。

第五十条　地方各级人民政府采取有效措施，组织和引导进城就业的农村劳动者参加技能培训，鼓励各类培训机构为进城就业的农村劳动者提供技能培训，增强其就业能力和创业能力。

第五十一条 国家对从事涉及公共安全、人身健康、生命财产安全等特殊工种的劳动者，实行职业资格证书制度，具体办法由国务院规定。

第六章 就业援助

第五十二条 各级人民政府建立健全就业援助制度，采取税费减免、贷款贴息、社会保险补贴、岗位补贴等办法，通过公益性岗位安置等途径，对就业困难人员实行优先扶持和重点帮助。

就业困难人员是指因身体状况、技能水平、家庭因素、失去土地等原因难以实现就业，以及连续失业一定时间仍未能实现就业的人员。就业困难人员的具体范围，由省、自治区、直辖市人民政府根据本行政区域的实际情况规定。

第五十三条 政府投资开发的公益性岗位，应当优先安排符合岗位要求的就业困难人员。被安排在公益性岗位工作的，按照国家规定给予岗位补贴。

第五十四条 地方各级人民政府加强基层就业援助服务工作，对就业困难人员实施重点帮助，提供有针对性的就业服务和公益性岗位援助。

地方各级人民政府鼓励和支持社会各方面为就业困难人员提供技能培训、岗位信息等服务。

第五十五条 各级人民政府采取特别扶助措施，促进残疾人就业。

用人单位应当按照国家规定安排残疾人就业，具体办法由国务院规定。

第五十六条 县级以上地方人民政府采取多种就业形式，拓宽公益性岗位范围，开发就业岗位，确保城市有就业需求的家庭至少有一人实现就业。

法定劳动年龄内的家庭人员均处于失业状况的城市居民家庭，可以向住所地街道、社区公共就业服务机构申请就业援助。街道、社区公共就业服务机构经确认属实的，应当为该家庭中至少一人提供适当的就业岗位。

第五十七条 国家鼓励资源开采型城市和独立工矿区发展与市场需求相适应的产业，引导劳动者转移就业。

对因资源枯竭或者经济结构调整等原因造成就业困难人员集中的地区，上级人民政府应当给予必要的扶持和帮助。

第七章 监督检查

第五十八条 各级人民政府和有关部门应当建立促进就业的目标责任制度。县级以上人民政府按照促进就业目标责任制的要求，对所属的有关部门和下一级人民政府进行考核和监督。

第五十九条 审计机关、财政部门应当依法对就业专项资金的管理和使用情况进行监督检查。

第六十条 劳动行政部门应当对本法实施情况进行监督检查，建立举报制度，受理对违反本法行为的举报，并及时予以核实处理。

第八章 法律责任

第六十一条 违反本法规定，劳动行政等有关部门及其工作人员滥用职权、玩忽职守、徇私舞弊的，对直接负责的主管人员和其他直接责任人员依法给予处分。

第六十二条 违反本法规定，实施就业歧视的，劳动者可以向人民法院提起诉讼。

第六十三条 违反本法规定，地方各级人民政府和有关部门、公共就业服务机构举办经营性的职业中介机构，从事经营性职业中介活动，向劳动者收取费用的，由上级主管机关责令限期改正，将违法收取的费用退还劳动者，并对直接负责的主管人员和其他直接责任人员依法给予处分。

第六十四条 违反本法规定，未经许可和登记，擅自从事职业中介活动的，由劳动行政部门或者其他主管部门依法予以关闭；有违法所得的，没收违法所得，并处一万元以上五万元以下的罚款。

第六十五条 违反本法规定，职业中介机构提供虚假就业信息，为无合法证照的用人单位提供职业中介服务，伪造、涂改、转让职业中介许可证的，由劳动行政部门或者其他主管部门责令改正；有违法所得的，没收违法所得，并处一万元以上五万元以下的罚款；情节严重的，吊销职业中介许可证。

第六十六条 违反本法规定，职业中介机构扣押劳动者居民身份证等证件的，由劳动行政部门责令限期退还劳动者，并依照有关法律规定给予处罚。

违反本法规定，职业中介机构向劳动者收取押金的，由劳动行政部门责令限期退还劳动者，并以每人五百元以上二千元以下的标准处以罚款。

第六十七条 违反本法规定，企业未按照国家规定提取职工教育经费，或者挪用职工教育经费的，由劳动行政部门责令改正，并依法给予处罚。

第六十八条 违反本法规定，侵害劳动者合法权益，造成财产损失或者其他损害的，依法承担民事责任；构成犯罪的，依法追究刑事责任。

第九章　附　则

第六十九条 本法自 2008 年 1 月 1 日起施行。

人力资源和社会保障部等部门关于进一步规范入学和就业体检项目维护乙肝表面抗原携带者入学和就业权利的通知

（2010年2月10日　人社部发〔2010〕12号）

各省、自治区、直辖市人力资源社会保障（人事、劳动保障）厅（局）、教育厅（教委）、卫生厅（局），新疆生产建设兵团人事局、劳动保障局、教育局、卫生局：

近年来，国家对保障乙肝表面抗原携带者入学（含入幼儿园、托儿所，下同）、就业权利问题高度重视，就业促进法、教育法、传染病防治法等法律明确规定，用人单位招用人员，不得以是传染病病原携带者为由拒绝录用；受教育者在入学、升学、就业等方面依法享有平等权利；任何单位和个人不得歧视传染病病原携带者。2007年原劳动和社会保障部、卫生部下发《关于维护乙肝表面抗原携带者就业权利的意见》，要求用人单位在招、用工过程中，除国家法律、行政法规和卫生部规定禁止从事的工作外，不得强行将乙肝病毒血清学指标作为体检标准。但目前仍有不少教育机构、用人单位在入学、就业体检时违规进行乙肝病毒血清学项目检查，并把检查结果作为入学、录用的条件；一些地方行政机关监督检查不到位，违法追究不落实，乙肝表面抗原携带者入学、就业受限制现象仍时有发生。为进一步维护乙肝表面抗原携带者公平入学、就业权利，现就有关问题通知如下：

一、进一步明确取消入学、就业体检中的乙肝检测项目

医学研究证明，乙肝病毒经血液、母婴及性接触三种途径传播，日常工作、学习或生活接触不会导致乙肝病毒传播。各级各类教育机构、用人单位在公民入学、就业体检中，不得要求开展乙肝项目检测（即乙肝病毒感染标志物检测，包括乙肝病毒表面抗原、乙肝病毒表面抗体、乙肝病毒e抗原、乙肝病毒e抗体、乙肝病毒核心抗体和乙肝病毒脱氧核糖核苷酸检测等，俗称“乙肝五项”和HBV-DNA检测等，下同），不得要求提供乙肝项目检测报告，也不得询问是否为乙肝表面抗原携带者。各级医疗卫生机构不得在入学、就业体检中提供乙肝项目检测服务。因职业特殊确需在入学、就业体检时检测乙肝项目的，应由行业主管部门向卫生部提出研究报告和书面申请，经卫生部核准后方可开展相关检测。经核准的乙肝表面抗原携带者不得从事的职业，由卫生部向社会公布。军队、武警、公安特警的体检工作按照有关规定执行。

入学、就业体检需要评价肝脏功能的，应当检查丙氨酸氨基转移酶（ALT，简称转氨酶）项目。对转氨酶正常的受检者，任何体检组织者不得强制要求进行乙肝项目检测。

二、进一步维护乙肝表面抗原携带者入学、就业权利，保护乙肝表面抗原携带者隐私权

县级以上地方人民政府人力资源社会保障、教育、卫生部门要认真贯彻落实就业促进法、教育法、传染病防治法等法律及相关法规和规章，切实维护乙肝表面抗原携带者公平入学、就业权利。各级各类教育机构不得以学生携带乙肝表面抗原为理由拒绝招收或要求退学。除卫生部核准并予以公布的特殊职业外，健康体检非因受检者要求不得检测乙肝项目，用人单位不得以劳动者携带乙肝表面抗原为由予以拒绝招（聘）用或辞退、解聘。有关检测乙肝项目的检测体检报告应密封，由受检者自行拆阅；任何单位和个人不得擅自拆阅他人的体检报告。

三、进一步加强监督管理，加大执法检查力度

入学、就业体检有关工作要依照修订后的《公共场所卫生管理条例实施细则》《公务员录用体检通用标准（试用）》、招生体检工作相关规定的要求执行。县级以上地方人民政府人力资源社会保障、教育、卫生部门要抓紧对现行有关政策进行清理，凡属本部门发布的与本通知规定不一致的文件，自接到本通知之日起不再执行；属于地方人民政府发布的，其人力资源社会保障、教育、卫生部门要依据职责，向所属人民政府提出废止或修改的建议，自接到本通知之日起30日内完成废止或修改工作。

教育部门要按照修改后的招生体检工作相关规定，进一步规范入学体检表格内容。县级以上地方人民政府教育部门要加强对教育机构的监督检查，督促教育机构在招生体检中严格执行本通知相关规定，及时制止、纠正违规进行乙肝项目检测的行为；对教育机构违反本通知规定，要求学生进行乙肝项目检测的，要及时制止、纠正，给予通报批评，并对其直接负责的主管人员和其他直接责任人员进行处分。

县级以上地方人民政府人力资源社会保障行政部门要加强对用人单位招工、招聘体检和技工院校招生体检的监督检查，督促用人单位、技工院校严格执行本通知的规定；对用人单位违反本通知规定，要求受检者进行乙肝项目检测的，要及时制止、纠正，并依照《就业服务与就业管理规定》给予罚款等处罚；对技工院校违反本通知规定，要求学生进行乙肝项目检测的，要及时制止、纠正，给予通报批评，并对其直接负责的主管人员和其他直接责任人员进行处分。

县级以上地方卫生行政部门要加强对本行政区域内医疗卫生机构及其医务人员开展体检的监督管理，确保医疗卫生机构及其医务人员按照本通知规定，停止在入学、就业体检中进行乙肝项目检测，并保护受检者的隐私。对违反本通知规定进行乙肝项目检测，或泄露乙肝表面抗原携带者个人隐私的医疗卫生机构，卫生行政部门要及时纠正，给予通报批评；违规情节、后果严重的，禁止其开展体检服务。对泄露乙肝表面抗原携带者隐私的医护人员，县级以上卫生行政部门要依照执业医师法第三十七条、《护士条例》第三十一条的规定给予警告、责令暂停执业活动或者吊销执业证书的处罚。

县级以上地方人民政府人力资源社会保障、教育、卫生部门要设立并公布投诉、举报电话，认真受理投诉、举报；要督促党政机关在录用人员体检中带头执行不检测乙肝项目的规定。

人力资源社会保障、教育、卫生行政部门要对本通知的贯彻落实作出专门部署，并按照职责分工，明确监督检查对象，落实责任人，对其工作人员和下级部门履行本通知规定职责的情况加强监督。上级人力资源社会保障、教育、卫生部门发现下级部门，各人力资源社会保障、教育、卫生部门发现本行政机关工作人员未按照本通知要求履行职责，有失职、渎职行为的，要在职权范围内及时予以纠正，并依照《行政机关公务员处分条例》第二十条的规定给予记过、记大过、降级、撤职或者开除的处分。各级人力资源社会保障、教育、卫生部门要自觉接受监察机关对本行政机关履行本通知规定职责情况的检查，配合监察机关依法查处失职、渎职行为。

四、加强乙肝防治知识和维护乙肝表面抗原携带者合法权益的法律、法规、规章的宣传教育

县级以上地方人民政府人力资源社会保障、教育、卫生部门要高度重视乙肝防治知识和相关法律、法规、规章的宣传教育工作，制定宣传方案，做出工作安排。人力资源社会保障部门要积极帮助用人单位了解相关规定，引导劳动者依法维护自身权益。教育部门要面向教育机构开展系列宣传教育，将乙肝病毒传播途径与防治基本知识纳入中小学相关课程。卫生部门要把加强乙肝防治宣传教育工作纳入当地健康教育规划，广泛宣传乙肝科学知识以及维护乙肝表面抗原携带者权利的法律、法规、规章。县级以上地方人民政府人力资源社会保障、教育、卫生部门要密切配合同级广电、新闻出版部门，充分发挥广播、电视、报刊、网络等媒体的作用，采取多种形式宣传乙肝防治的科学知识，让老百姓看得懂、易接受、印象深。县级以上地方人民政府卫生部门要密切配合工商行政管理部门加强对乙肝治疗和药品虚假广告的查处和打击，防止其误导公众。有关宣传活动要充分发挥专家的作用。要通过宣传引导，帮助社会公众全面正确了解乙肝防治知识，消除公众在与乙肝表面抗原携带者一起工作、学习问题上的疑虑，形成有利于乙肝表面抗原携带者入学、就业的良好社会氛围。

县级以上地方人民政府人力资源社会保障、教育、卫生部门要密切关注本通知的执行情况，广泛收集社会反映，及时了解和处理维护乙肝表面抗原携带者入学和就业权利中遇到的新情况、新问题；对可能出现的情况制定应对预案。各省、自治区、直辖市人民政府人力资源社会保障、教育、卫生部门要在本通知执行一段时间后，就本地区执行通知的情况联合开展专项检查，并于2010年10月底前将检查情况向人力资源社会保障部、教育部、卫生部报告；各县级以上地方人民政府人力资源社会保障、教育、卫生部门要将本地区、本部门落实本通知中发生的重大问题，及时向上级人力资源社会保障、教育、卫生部门报告。

人力资源和社会保障部关于切实做好维护乙肝表面抗原携带者入学和就业权利工作有关问题的通知

（2010年3月8日　人社厅发〔2010〕22号）

各省、自治区、直辖市人力资源社会保障（人事、劳动保障）厅（局），新疆生产建设兵团人事局、劳动保障局：

为贯彻落实人力资源社会保障部、教育部、卫生部《关于进一步规范入学和就业体检项目维护乙肝表面抗原携带者入学和就业权利的通知》（人社部发〔2010〕12号，以下简称《通知》）的要求，切实做好维护乙肝表面抗原携带者入学和就业权利工作，现就有关事项通知如下：

一、认真学习领会《通知》精神，统一思想，提高认识

医学研究证明，乙肝病毒经血液、母婴及性接触三种途径传播，日常工作、学习或生活接触不会导致乙肝病毒传播。解决好乙肝病毒携带者入学、就业受限制问题，是坚持以人为本、促进社会和谐稳定的客观要求，有利于维护劳动者合法权益、推动社会公平就业。各级人力资源社会保障部门要组织干部职工认真学习《通知》和三部门政策解读稿（附后），深刻领会《通知》精神，全面掌握《通知》要求，充分认识维护乙肝表面抗原携带者入学、就业权利的重要意义。要结合本地实际，制定工作方案，建立工作责任制，确保把《通知》要求落到实处。各服务窗口单位要组织开展专门培训，准确了解《通知》内容、要求和意义，以便全面做好相关服务工作。

二、把握重点，采取切实措施，确保各项工作落实到位

（一）抓紧做好政策清理工作。各地要按照《通知》要求，抓紧开展有关政策清理工作，在规定时限内完成相关文件的废止或修订，并依据职责，积极配合做好地方行政性法规清理工作。

（二）加强对人力资源市场、用人单位的监督管理。各地要加强对人力资源市场中用人单位招工（聘）活动的日常监管，指导用人单位全面落实《通知》各项要求。要在正在开展的清理人力资源市场秩序专项行动中，把禁止用人单位进行乙肝项目检测作为重要内容。要严格按照修订后的《公务员录用体检通用标准（试行）》及操作手册开展相关体检工作。要指导和督促事业单位在公开招聘体检中按要求取消相关乙肝项目检测。要进一步规范“三支一扶”等基层就业项目选拔体检项目，按要求取消乙肝项目检测。

（三）加强对技工院校的指导和监管。各地要面向技工学校、技师学院开展政策宣传，将《通知》要求传达到每一所学校。督促技工院校在入学体检中取消乙肝项目检测，维护乙肝表面抗原携带者就学权利。指导学校根据需要在入学体检中开展转氨酶检测，如果受检者转氨酶正常，不得进行乙肝项目检测；如果转氨酶异常，可进一步明确诊断。对违规进行乙肝项目检测的，要及时制止、纠正，给予通报批评，并对相关责任人进行处分。

（四）加强劳动保障监察和争议调解工作。各地要加强对用人单位的监督检查，督促其严格执行国家相关规定；要认真受理相关投诉和举报；对违反规定的，要严格依法查处。调解仲裁部门要对因涉及乙肝歧视发生的劳动人事争议依法进行调处。

（五）设立投诉、举报电话。县级以上人力资源社会保障部门要结合实际，设立并公布专门投诉、举报电话，或利用现有12333劳动保障咨询热线，增设相关接收投诉、举报的功能。要开展有针对性的培训，确保电话接线员掌握相关政策规定。

三、加强组织领导，明确责任，积极做好宣传引导

各级人力资源社会保障部门要高度重视这项工作，切实加强组织领导，指定相关负责人牵头，相关处室负专责，系统内各单位相互配合，明确工作任务，落实工作责任。要加强与教育、卫生部门的联系和协调，相互配合，密切协作，共同推进《通知》的落实。要依托人才交流服务机构、公共就业服务机构等服务窗口和社区基层平台等组织开展宣传，采取送政策上门等方式，让用人单位和劳动者全面、准确了解政策规定。要密切跟踪舆情，收集社会上的各种反映，必要时采取措施加以引导，重大情况及时向我部汇报。各地要按要求组织开展《通知》落实情况专项检查，并将检查结果在10月底前报我部就业促进司。

附件：人力资源社会保障部、教育部、卫生部《政策解读及热点答疑》

附件

人力资源社会保障部、教育部、卫生部
政策解读及热点答疑

一、政策解读类

1. 三部门联合下发《关于进一步规范入学和就业体检项目维护乙肝表面抗原携带者入学和就业权利的通知》的主要背景。

答：近年来，国家对保障乙肝表面抗原携带者入学、就业权利问题高度重视，《中华人民共和国就业促进法》、《中华人民共和国教育法》、《中华人民共和国传染病防治法》等法律及有关法规、规章都作出了相关规定。2007年原劳动保障部、卫生部联合下发《关于维护乙肝表面抗原携带者就业权利的意见》，要求用人单位在招、用工过程中，除国家法律、行政法规和卫生部规定禁止从事的工作外，不得强行将乙肝病毒血清学指标作为体检标准。通过各级政府和全社会的共同努力，乙肝病毒携带者入

学、就业环境得到了一定程度的改善。

但是，目前仍有不少教育机构、用人单位在入学、就业体检时违规进行乙肝病毒血清学项目检查，并把检查结果作为入学、录用的条件；部分地区对相关政策规定贯彻落实不到位，对违规用人单位的监督检查力度不够，造成乙肝表面抗原携带者入学和就业受限制的现象还时有发生，社会反映强烈。

对此，国务院领导高度重视，多次作出重要批示，要求有关部门进一步分析原因、明确政策、抓好落实。按照国务院领导要求，从去年 11 月起，国务院法制办牵头，人力资源社会保障部、教育部、卫生部联合开展相关政策措施研究。整个研究过程遵循“公开、民主、科学”的原则，一方面充分听取专家意见，了解国际上通行的做法，参考世界卫生组织（WHO）有关意见，从传染病防治角度对取消乙肝项目检测的可行性进行反复深入论证；另一方面通过公开征求意见，广泛听取并积极吸纳社会各界意见，从而保证政策措施的科学、严谨和有效。

2. 这次文件与 2007 年原劳动保障部和卫生部下发的文件相比有哪些新的要求和规定?

答：这次文件是对 2007 年文件的完善和强化，重点是进一步规范入学和就业体检项目，明确用人单位、教育机构、医疗卫生机构的责任，强化政府监管职能，加强执法检查，提高政策的可行性和可操作性。与 2007 年文件相比，主要有以下几个方面特点：

（1）权益维护范围更广。2007 年文件着重维护乙肝表面抗原携带者的就业权利；这次文件强调维护入学和就业两方面的权利。

（2）禁查项目更加全面。2007 年文件要求在就业体检中不得强行检查乙肝病毒血清学指标；这次文件明确要求在入学、就业体检中不得进行任何涉及乙肝病毒感染标志物的检查，包括乙肝五项和 HBV-DNA 检测等。

（3）特殊职业更加明确。目前，国家法律、行政法规和国务院卫生行政部门规定中没有禁止乙肝病毒携带者从事的工作，这次文件规定确需检查的职业，一是强调特殊，可能只有极个别职业；二是强调严格申请审核程序，应由行业主管部门向卫生部提出研究报告和书面申请，经卫生部核准后方可开展相关检测；三是强调公开监督，经核准的乙肝表面抗原携带者不得从事的职业，由卫生部向社会公布。只要工作到位，不会出现变相检查，影响政策效果。

（4）监督检查力度更大。一是对机构的监督检查方面，这次文件要求相关主管部门要加强对医疗卫生机构、教育机构、用人单位的监督和管理，对违反规定的，要依法查处；二是对工作人员的管理方面，这次文件也明确规定对违反规定的相关负责人或责任人也要予以相应处罚；三是发挥社会监督职能，这次文件要求各相关部门设立并公布投诉、举报电话，受理社会上的投诉和举报。

3．取消入学、就业体检中乙肝五项检查的目的和意义是什么？取消乙肝五项检查后，学校和用人单位如何筛查乙肝病人？

答：乙肝病毒不会通过共同学习和工作接触造成传播。以往有些单位在入学和就业体检项目中检测乙肝病毒感染标志物，对阳性者限制其入学、就业，这侵害了他们的合法权益。近些年来随着国家法律法规的不断完善和人们对乙肝病毒传播特点的认识逐步深入，关于一般接触不会造成乙肝传播的知识已经被大家所接受。因此，从进一步维护乙肝表面抗原携带者入学和就业权利出发，取消入学和就业体检中乙肝病毒感染标志物的检测，有利于维护公平的入学、就业权利，维持社会的稳定发展，有利于构建和谐的人际关系和良好的社会风尚，促进精神文明建设。

由于乙肝病人与其他肝炎病人一样，其血清转氨酶异常，在入学、就业体检项目中有血清转氨酶检测，因此不会漏检乙肝病人。对于临床上确诊的乙肝病人，应积极配合治疗。

4. 下一步将采取哪些措施推动《通知》的贯彻落实？

答：下一步将主要采取以下几项措施推动《通知》的贯彻落实。一是开展宣传，利用各种媒体和地方各级工作平台，开展乙肝防治知识和相关政策法规的宣传，引导全社会正确认识和对待乙肝。二是抓紧清理、修订现行有关规定，国务院有关部门将对《公共场所卫生管理条例实施细则》、《公务员录用体检通用标准（试用）》以及招生体检工作相关规定等进行修订，各级地方政府也要对现将有关政策进行清理，尽快废止或修订与《通知》规定不一致的文件。三是实施日常监管，各级人力资源社会保障、教育、卫生部门将对用人单位、教育机构和医疗卫生机构进行日常监管，督促其严格执行国家相关规定。对违反规定的，依法查处。同时设立投诉、举报电话，受理投诉和举报。四是结合有关政策专项督查和市场清理整顿等专项行动，推动政策贯彻落实。日前，人力资源社会保障部已经将禁止用人单位开展相关检测作为2010年清理整顿人力资源市场秩序专项检查的一项重要内容进行了部署。五是开展专项检查，按照《通知》要求，省级人力资源社会保障、教育、卫生部门将适时联合开展专项检查。

二、网民关注热点问题

5. 乙肝病毒传播途径是什么？医学上筛查乙肝病毒携带者的主要方法是什么？

答：乙肝病毒传播途径包括：

（1）经血传播：经血传播主要包括经血液和血制品、使用未经严格消毒的医疗器械、注射器、介入性诊疗操作和手术，以及静脉注射滥用毒品等；其他如修足、纹身、扎耳环孔、医务人员工作中的意外暴露、共用剃须刀和牙刷传播，以及破损的皮肤和黏膜传播均归类为血液传播途径。WHO资料显示，通过血液传播乙肝病毒的证据是确凿的。

（2）母婴传播：母婴传播是乙肝病毒重要的传播途径，慢性乙肝病毒感染者中约有30%—50%是通过母婴传播获得的。母婴传播可分为宫内传播（较为罕见，多数研究表明〈2%）、产程传播和产后感染。母婴传播率主要取决于母亲血液中是否存在HBeAg。我国1979年、1992年血清流行病学调查均显示我国大部分的感染者是由于母婴感染所致，这和世界卫生组织、联合国儿童基金会发布的乙肝高流行地区感染模式一致。

（3）性传播：乙肝感染者的精液或阴道分泌物中均可检出乙肝病毒，在密切的性接触时，这些体液可透过破损的黏膜而引起感染。美国纽约的男同性恋者乙肝病毒感染率比对照组高13倍，感染率与性接触对象数目成正比。对乙肝病毒慢性感染者的配偶进行追踪分析，在婚后的第1、3、5年检测，受访的100名配偶乙肝表面抗原检出率分别为20%、31%和42%。对200名多个性伙伴的女性进行流行病学调查和乙肝病毒感染标志血清学检测，结果显示乙肝病毒感染率达55.15%，证明乙肝病毒可通过性接触传播。

日常工作或生活接触，如同一办公室工作（包括共用计算机等办公用品）、握手、拥抱、同住一宿舍、同一餐厅用餐和共用厕所等无血液暴露的接触，不会传染乙肝病毒。

医学上筛查乙肝病毒携带者的主要方法是通过采集受检者的静脉血，使用酶联免疫吸附试验（ELSIA）或其他酶免疫分析法检测乙肝病毒表面抗原，也可开展HBV-DNA检测筛查。

6. 乙肝病人和乙肝表面抗原携带者有什么区别？乙肝病人能否上学和就业？

答：乙肝病人和乙肝表面抗原携带者检测乙肝表面抗原都为阳性，但两者的区别就是前者有临床症状和体征，丙氨酸氨基转移酶（转氨酶，ALT）异常，而后者转氨酶正常，没有临床症状和体征。乙肝表面抗原携带者不是乙肝病人，肝功能正常，身体无临床症状、不会因共同的生活接触、共同学习、工作等对周围人群造成传播。因此，取消入学和就业体检中乙肝感染标志物检测不会造成乙肝的传播和流行。从疾病早发现、早诊断、早治疗的原则出发，乙肝病人应积极配合治疗，等临床症状消失、转氨酶恢复正常后可继续学习、工作。

根据劳动合同法的相关规定，劳动者被检查出患有乙肝的，用人单位在规定的医疗期内不得解除劳动合同，且医疗期满后，如不能从事原工作，用人单位有责任为其另行安排工作。

7. 公开征求意见有关情况

答：1月21—27日，人力资源社会保障部、教育部、卫生部通过三部门网站将《通知》征求意见稿向社会公开征求意见，并设立专门电子邮箱收集网民意见。征求意见稿上网公布后，社会各界高度关注，包括乙肝表面抗原携带者本人及其亲属、非携带者纷纷发表各自意见和看法。征求意见期间，人力资源社会保障部、教育部和卫生部共收到社会各界发来的电子邮件约1.7万封（其中人力资源社会保障部收到近7000封，教育部收到约5000封，卫生部收到5000多封），排除同一网民重发的内容相同的邮件外，实收有效邮件约1.3万封。从网民的反映来看，99%以上明确表示支持相关政策的出台，部分网民还积极献计献策，就限制HVB-DNA检测、特殊职业界定、保护医学和健康体检中受检者隐私、加强宣传教育、加大对乙肝虚假广告打击等问题提出了具体的意见和建议。对此，人力资源社会保障部会同卫生部、教育部认真地进行了分析研究，并将反映集中、切实可行的意见和建议吸纳到《通知》稿中。

这次《通知》的出台，得到了广大网民的积极参与和支持，凝聚了社会各界的聪明智慧。在此，人力资源社会保障部、卫生部、教育部向参与《通知》公开征求意见活动的社会各界朋友表示衷心的感谢。

人力资源和社会保障部 财政部 关于进一步落实就业政策加强就业专项资金管理工作的通知

（2011年9月25日 人社部发〔2011〕103号）

各省、自治区、直辖市人力资源社会保障厅（局）、财政厅（局），新疆生产建设兵团人事局、劳动保障局、财务局，计划单列市人力资源社会保障（人事、劳动保障）局、财政局：

近年来，各级人力资源社会保障、财政部门认真落实积极的就业政策，不断加大就业资金投入力度，就业工作取得显著成效。但是，目前部分地区仍存在政策落实不到位、资金使用管理不规范，甚至挤占挪用、骗取套取资金等突出问题，严重影响了就业资金的安全和使用效益。为进一步推动就业政策落实，加强就业专项资金管理，现就有关问题通知如下：

一、加大政策落实力度。各地人力资源社会保障、财政部门要按照《财政部、人力资源社会保障部关于进一步加强就业专项资金管理有关问题的通知》（财社〔2011〕64号）要求，从本地实际出发，细化实施办法，规范操作流程，健全管理制度。要严格按照规定范围、标准和程序使用就业专项资金，确保专款专用。严禁将就业专项资金用于平衡预算；严禁用于基本建设、租赁、交通工具购置和部门或单位人员经费、公用经费、差旅费、会议费等支出。对于地方确需新增促进就业的支出项目，必须在符合上述要求的前提下报省级人民政府批准。要加强政策宣传，借助广播电视、互联网络、平面媒体等多种形式，向社会公开各项就业政策的具体内容、申请办法、受理部门、办理时限等情况，让劳动者和单位了解政策，熟悉办理程序。要加强业务培训，进一步提高就业工作人员的业务能力，确保政策理解到位，执行有力。对开展就业工作所需的工作经费，由同级财政按规定安排。

二、加大审核公示力度。各地人力资源社会保障、财政部门要明确责任，完善各项补贴资金的审核、公示、拨付、监督等制度，杜绝骗取套取补贴资金的行为。各地人力资源社会保障部门要认真执行按月或按季受理补贴申请的规定，及时受理各类单位和个人的申请；受理申请后，要在7个工作日内完成申请材料的审核工作，审核中要充分利用社会保障、就业等信息管理系统，并采取实地核查、电话抽查、专业机构审查等手段，确保申请资料的真实、完整；审核完成后，要在当地人民政府或人力资源社会保障网站上公示申请单位或人员名单、补助项目、拟补助金额等，公示期最短为1周；公示后无异议的，要在5个工作日内出具审核意见报财政部门。各地财政部门在收到人力资源社会保障部门的审核材料、审核意见和拨款申请后，要在10个工作日内进行抽查，并将抽查情况反馈人力资源社会保障部门。各地财政部门要根据抽查情况及时办理拨款手续，并将拨款情况抄送人力资源社会保障部门。

三、加大培训机构管理力度。要建立专家评审、纪检监察部门监督、就业联席会议相关成员单位共同参与的培训机构认定机制。人力资源社会保障部门要将共同认定的承担培训任务的培训机构名称、培训专业（工种）及等级、培训期限、收费标准等向社会公示。要加强对培训机构的动态管理，人力资源社会保障部门要会同就业联席会议相关成员单位，定期对培训机构的培训质量和资金使用情况进行检查评估，对有分解转包培训任务、套取补贴资金行为的，要坚决取消其承担培训任务的资质。2011年年底前，各地人力资源社会保障部门要会同有关部门组织对承担培训任务的培训机构进行专项清理，2012年1月底前，各省级人力资源社会保障部门要将清理情况上报人力资源社会保障部，人力资源社会保障部将会同有关部门进行抽查。

四、加大基础管理工作力度。各地人力资源社会保障、财政部门要依托公共就业服务信息网络平台，加快建立统一规范的就业政策落实和资金使用管理信息系统，将受理、审核、补贴、监督等工作纳入信息化管理。要加强部门之间、部门内部各项业务之间的信息交换和信息共享。要定期进行信息核查，保证信息的即时性、准确性、有效性。要加快规范《就业失业登记证》的印制发放和管理工作，采取有效措施，确保劳动者能及时、免费地领到《就业失业登记证》；要认真核实领证人员的身份信息，及时登记劳动者享受就业政策情况，防止弄虚作假，欺骗冒领。要结合当地实际，对职业培训、公益性岗位、公共就业服务等目前在资金使用管理中容易出现问题的项目，积极主动地开展调查研究，提出前瞻性政策建议，并及时报送人力资源社会保障部、财政部。

五、加大预算执行力度。各地财政、人力资源社会保障部门要根据就业状况和就业工作任务，合理编制就业专项资金预算。中央财政一般在上年 9 月底、当年 6 月底前分两次下达就业专项资金，资金分配坚持与绩效挂钩的办法，重点考核各地就业专项资金安排情况、支出进度、支出结构、支出效益等，对在中央有关部门检查中发现有违规问题的地区，将相应扣减补助资金。各省级财政部门也要加快就业专项资金下达和拨付进度，在接到上级预算通知后的 30 个工作日内，连同本级财政安排的预算指标一并下达到各地市县。各地要按照“及时、均衡、有效、安全”的要求，加快预算执行，提高资金使用效益。

六、加大违纪整改力度。2010 年，审计署对北京、天津、山西、辽宁、黑龙江、上海、重庆、成都、深圳等 9 省市就业专项资金进行了专项审计。9 省市要高度重视审计中发现的问题，有针对性地制订整改方案。对违规使用的资金，要在年底前整改归还；对贯彻决策部署不力、弄虚作假、玩忽职守、违规操作等问题，要坚决制止和纠正；对涉嫌违法违纪的行为，要依法追究有关人员责任。同时，要举一反三，进一步完善制度，提高就业专项资金管理水平。整改情况要及时报送审计署，并抄送人力资源社会保障部、财政部。

七、加大日常监督检查力度。各地人力资源社会保障、财政部门要自觉接受人大、审计、纪检、监察等部门的监督检查。从2011年开始，各省级人力资源社会保障、财政部门每年都要组织就业专项资金管理使用情况专项检查。检查可采取自查与互查相结合的方式，有条件的地区可聘请专业机构进行专项审查，并将检查情况向社会公布，接受社会监督。各省级人力资源社会保障、财政部门要在每年年底前向人力资源社会保障部、财政部上报本省就业专项资金检查情况。检查期间，要确保各项就业政策的正常落实。人力资源社会保障部、财政部将不定期组织就业专项资金专项检查。

八、加大部门配合力度。各地人力资源社会保障、财政部门要明确部门分工，加强协调配合，确保工作衔接顺畅、运转高效。人力资源社会保障部门要重点负责就业政策的组织实施、宣传推广、受理审核、监督检查等工作，要采取有力措施，强化内控机制，确保规范管理。财政部门要及时下达拨付就业专项资金，健全相关财务和会计制度，规范资金专户管理，合理安排工作经费，建立绩效考核制度，提高就业专项资金使用效益。

财政部等部门关于印发《小额担保贷款财政贴息资金管理办法》的通知

（2008年8月28日　财金〔2008〕100号）

各省、自治区、直辖市、计划单列市财政厅（局）、人事厅（局）、劳动保障厅（局），财政部驻各省、自治区、直辖市、计划单列市财政监察专员办事处，中国人民银行上海总部、各分行（营业管理部）、各省会（首府）城市中心支行、各副省级城市中心支行，各国有商业银行、股份制商业银行、中国邮政储蓄银行：

为做好促进就业工作，加强对小额担保贷款财政贴息资金的管理，现将《小额担保贷款财政贴息资金管理办法》印发给你们，请遵照执行。自本文印发之日起，《财政部中国人民银行劳动保障部关于印发〈下岗失业人员从事微利项目小额担保贷款财政贴息资金管理办法〉的通知》（财金〔2003〕70号）废止。

附件：1. 小额担保贷款财政贴息资金管理办法

2. 小额担保贷款财政贴息情况季度统计表

3. 小额担保贷款财政贴息情况季度统计表填报说明

（附件2、3本书略）

小额担保贷款财政贴息资金管理办法

第一章　总　则

第一条　为做好促进就业工作，加强下岗失业人员小额担保贷款（以下简称小额担保贷款）财政贴息资金的管理，提高财政贴息资金的使用效益，根据《中华人民共和国就业促进法》

《国务院关于做好促进就业工作的通知》（国发〔2008〕5 号）及有关小额担保贷款政策的文件规定精神，制定本办法。

第二条 本办法所称小额担保贷款财政贴息资金（以下简称贴息资金），是指国家对符合规定条件的小额担保贷款借款人（以下简称借款人）用于从事微利项目的小额担保贷款、经办银行对符合规定条件的劳动密集型小企业（以下简称小企业）发放的小额担保贷款给予的财政贴息资金。

根据国家规定，贴息资金可用于支持完善地方担保基金的风险补偿机制和小额担保贷款奖励机制。

第三条 本办法所称微利项目，由各省、自治区、直辖市人民政府结合当地实际情况确定，并报财政部、中国人民银行、人力资源和社会保障部备案。

本办法所称贷款，是指按照《下岗失业人员小额担保贷款管理办法》（银发〔2002〕394 号，以下简称《小额贷款办法》）等文件规定，由经办银行发放的小额担保贷款。

本办法所称担保机构，是指按照《小额贷款办法》的规定，受托运作小额贷款担保基金的担保机构。

本办法所称经办银行，是指与担保机构签订合作协议的国有独资商业银行、股份制商业银行、城市商业银行、城乡信用社等金融机构。

第二章 贴息资金的预算管理

第四条 除东部沿海七省市（北京、上海、山东、江苏、浙江、福建、广东，以下简称七省市）外，其他省（区、市）所需贴息资金中由中央财政负担部分，由财政部根据贷款预计发放额度和国家规定的贴息标准，安排专项资金，列入中央财政预算；贴息资金中由地方负担部分，由地方财政预算安排。

七省市所需贷款贴息资金，由地方财政预算安排。

第五条 财政部根据各省级财政部门（含计划单列市，不含七省市，以下简称省级财政部门）申请，经审核后向申请地方预拨贴息资金，年终进行清算。省级财政部门按季向地市财政部门预拨贴息资金。

第六条 全国各级财政部门要根据国家关于就业专项资金管理的规定，做好贴息资金的决算。

省级财政部门应于年度终了后2个月内编制贴息资金年度决算，并附财政部驻当地财政监察专员办事处（以下简称专员办）审核意见，报财政部审核清算。

七省市财政部门应于年度终了后2个月内编制贴息资金年度决算，并附专员办审核意见，报财政部备案。

第七条 根据各省（区、市）小额担保贷款年度决算情况，经审核确认后，中央及省级财政从贴息资金中安排担保基金的风险补偿资金和贷款奖励性补助资金。

第三章 贴息贷款的申请和审核

第八条 小额担保贷款展期和逾期不贴息。

小额担保贷款贴息，在规定的借款额度和贴息期限内，按实际借款额度和计息期限计算。

第九条 借款人和小企业须凭劳动保障部门审核确认意见，向经办银行办理贴息贷款申请。

第十条 经办银行对借款人和小企业的贷款申请进行审核，符合有关规定的，发放贴息贷款，在贷款合同中加盖贴息贷款专用章，并在与担保机构签订的担保合同中注明。

第四章 贴息资金的审核和拨付

第十一条 经办银行按照国家财务会计制度和小额担保贷款政策有关规定，计算微利项目和小企业小额担保贷款应贴息金额。计算贴息的时间按照经办银行贷款的结息时间确定。

第十二条 经办银行按季向财政部门申请贴息资金。

第十三条 贴息资金的申请、审核与拨付按如下程序办理：

（一）每季度结息日后5个工作日内，地市级经办银行将贴息资金申请和明细表报送地市财政部门，并附微利项目和小企业贷款计收利息清单。

贴息资金申请应包括贷款发生额、季初余额、季末余额、贷款发生笔数、申请贴息资金额等内容。明细表包括每笔贷款的项目名称、贷款金额、发放时间、期限、借款人名称和户籍所在地等内容。

（二）地市财政部门收到经办银行申请后的5个工作日内审核拨付贴息资金，同时将贴息资金的拨付使用情况上报省级财政部门和专员办备案。

（三）年度终了后20日内，地市经办银行将上一年度贴息资金申领汇总情况及明细表报送地市财政部门；担保机构将按经办银行分类汇总的小额贷款担保发放情况表报至地市财政部门审核清算。

小额贷款担保发放情况表包括每笔贷款担保的项目名称、贷款金额、担保金额、发放时间、期限、借款人名称和户籍所在地等内容。

（四）地市财政部门收到经办银行和担保机构的材料后，在10个工作日内对有关情况进行审核出具意见，并附经办银行和担保机构材料，报省级财政部门和专员办。

（五）省级财政部门和专员办对地市财政部门报送的材料进行审核出具意见，在年度终了后2个月内编制贴息资金年度决算报财政部审核清算。

第五章　奖补资金的审核和拨付

第十四条 根据各省（区、市）小额担保贷款年度决算情况，经审核确认后，对于担保基金规模年度增长达到一定比例的地方，中央财政将按年度新增担保基金总额的一定比例，从中央贴息资金预算中安排拨付一部分作为风险补偿资金。风险补偿资金由地方财政管理，全部补充地方担保基金，用于鼓励担保机构降低反担保门槛或取消反担保。

第十五条 根据各省（区、市）小额担保贷款年度决算情况，经审核确认后，按照年度新发放小额担保贷款的一定比例给予奖励性补助资金，由中央和省级财政各承担一半，其中中央财政承担部分从中央贴息资金预算中安排拨付。奖补资金由地方财政管理，用于小额担保贷款工作突出的经办银行、担保机构和信用社区等单位的工作经费补助。

第六章 报告制度

第十六条 省级财政部门和七省市财政部门应按季向财政部报送贴息贷款发放情况统计表，反映本地区贴息贷款的季度发生额、余额、发放笔数、本年累计发放笔数、应贴息金额、实际贴息金额和按照经办银行类型分类的明细情况，以及中央财政拨付或七省市预算安排的贴息资金使用和结余情况。报送时间为下一季度 15 日之前。

地市财政部门应比照前款规定，按季向省级财政部门报送贴息贷款发放情况统计表。报送时间为下一季度 10 日以前。

第十七条 省级财政部门和七省市财政部门每半年对本地区贴息贷款发放和贴息资金的审核拨付情况、以及存在的问题进行认真分析，以书面形式报财政部。

第七章 监督管理和责任

第十八条 经办银行应认真履行以下职责：

（一）对贷款项目是否属于贴息项目进行审核；

（二）对贴息贷款的使用方向进行监督，确保贴息贷款用于微利项目和符合要求的小企业；

（三）单独设置贴息贷款业务台账，妥善保管贷款合同及相关业务凭证，配合有关部门检查；

（四）认真做好贷款贴息的审核、申报工作；

（五）根据有关规定需要履行的其他职责。

第十九条 担保机构应积极做好对借款人的担保服务工作，对担保的贷款项目、贷款金额、发放时间、期限、利率等进行认真核对和确认。

第二十条 财政部门应认真履行以下职责：

（一）指导辖区内贷款贴息的申请、审核工作；

（二）做好与有关部门及经办银行的协调、配合工作；

（三）按有关规定认真审核贴息申请，及时拨付贴息资金，提高贴息资金使用效率；

（四）加强对贴息资金的监督与管理，保证贴息资金专款专用。定期或不定期检查贴息资金使用情况，及时处理和反映工作中存在的问题，确保贴息政策落到实处；

（五）加强对担保基金风险补偿资金和贷款奖励性补助资金的管理；

（六）根据规定需要履行的其他职责。

第二十一条 专员办负责对当地贴息资金拨付和使用情况的监督管理，不定期地开展检查。

第二十二条 借款人和小企业提供虚假证明材料，劳动保障部门和经办银行等有关机构未能认真履行审核职责，导致骗取财政贴息资金的，由劳动保障部门和经办银行等机构按各自的职责承担责任，并共同负责追回贴息资金，登记借款人和小企业的不良信用记录。

第二十三条 对经办银行虚报材料，骗取财政贴息资金的，财政部门应追回贴息资金，同时按国家有关规定进行处罚，并通过媒体予以曝光。

第二十四条 各级财政部门和担保机构未认真履行职责，或虚报材料、骗取挪用财政贴息资金的，财政部将采取责令纠正、追回已贴息资金等措施，并按国家有关规定进行处罚。

第八章　附　则

第二十五条　各省、自治区、直辖市、计划单列市财政部门可会同专员办及有关部门，根据本办法和其他有关文件精神，结合当地实际情况制定贴息资金、担保基金风险补偿资金和贷款奖励资金管理的具体操作办法，并报财政部备案。

第二十六条　中国人民银行、财政部、原劳动和社会保障部等部门已经发布的有关小额担保贷款的相关规定，如与本办法规定不一致的，以本办法为准。

第二十七条　本办法自印发之日起施行。

财政部 人力资源和社会保障部关于印发《就业补助资金管理办法》的通知

（2017年10月13日 财社〔2017〕164号）

各省、自治区、直辖市、计划单列市财政厅（局）、人力资源社会保障厅（局），新疆生产建设兵团财务局、人力资源社会保障局：

为充分发挥就业补助资金作用，切实落实各项就业创业扶持政策，提高资金使用的安全性、规范性和有效性，根据《中华人民共和国预算法》《中华人民共和国就业促进法》等相关法律法规，我们制定了《就业补助资金管理办法》。现予印发，请遵照执行。

附件：就业补助资金管理办法

就业补助资金管理办法

第一章 总 则

第一条 为落实好各项就业政策，规范就业补助资金管理，提高资金使用效益，根据《中华人民共和国预算法》《中华人民共和国就业促进法》等相关法律法规，制定本办法。

第二条 本办法所称就业补助资金是由县级以上人民政府设立，由本级财政部门会同人力资源社会保障部门（以下简称人社部门）管理，通过一般公共预算安排用于促进就业创业的专项资金。

第三条 就业补助资金管理应遵循以下原则：

（一）注重普惠，重点倾斜。落实国家普惠性的就业创业政策，重点支持就业困难群体就业创业，适度向中西部地区、就业工作任务重地区倾斜，促进各类劳动者公平就业，推动地区间就业协同发展。

（二）奖补结合，激励相容。优化机制设计，奖补结合，充分发挥各级政策执行部门、政策对象等积极性。

（三）易于操作，精准效能。提高政策可操作性和精准性，加强监督与控制，以绩效导向、结果导向强化就业补助资金管理。

第二章　资金支出范围

第四条　就业补助资金分为对个人和单位的补贴、公共就业服务能力建设补助两类。

对个人和单位的补贴资金用于职业培训补贴、职业技能鉴定补贴、社会保险补贴、公益性岗位补贴、创业补贴、就业见习补贴、求职创业补贴等支出；公共就业服务能力建设补助资金用于就业创业服务补助和高技能人才培养补助等支出。

同一项目就业补助资金补贴与失业保险待遇有重复的，个人和单位不可重复享受。

第五条　享受职业培训补贴的人员范围包括：贫困家庭子女、毕业年度高校毕业生（含技师学院高级工班、预备技师班和特殊教育院校职业教育类毕业生，下同）、城乡未继续升学的应届初高中毕业生、农村转移就业劳动者、城镇登记失业人员（以下简称五类人员），以及符合条件的企业职工。

职业培训补贴用于以下方面：

（一）五类人员就业技能培训和创业培训。对参加就业技能培训和创业培训的五类人员，培训后取得职业资格证书的（或职业技能等级证书、专项职业能力证书、培训合格证书，下同），给予一定标准的职业培训补贴。各地应当精准对接产业发展需求和受教育者需求，定期发布重点产业职业培训需求指导目录，对指导目录内的职业培训，可适当提高补贴标准。对为城乡未继续升学的应届初高中毕业生垫付劳动预备制培训费的培训机构，给予一定标准的职业培训补贴。其中农村学员和城市低保家庭学员参加劳动预备制培训的，同时给予一定标准的生活费补贴。

（二）符合条件的企业职工岗位技能培训。对企业新录用的五类人员，与企业签订 1 年以上期限劳动合同、并于签订劳动合同之日起 1 年内参加由企业依托所属培训机构或政府认定的培训机构开展岗位技能培训的，在取得职业资格证书后给予职工个人或企业一定标准的职业培训补贴。对按国家有关规定参加企业新型学徒制培训、技师培训的企业在职职工，培训后取得职业资格证书的，给予职工个人或企业一定标准的职业培训补贴。

（三）符合条件人员项目制培训。各地人社、财政部门可通过项目制方式，向政府认定的培训机构整建制购买就业技能培训或创业培训项目，为化解钢铁煤炭煤电行业过剩产能企业失业人员（以下简称去产能失业人员）、建档立卡贫困劳动力免费提供就业技能培训或创业培训。对承担项目制培训任务的培训机构，给予一定标准的职业培训补贴。

第六条　对通过初次职业技能鉴定并取得职业资格证书（不含培训合格证）的五类人员，给予职业技能鉴定补贴。对纳入重点产业职业资格和职业技能等级评定指导目录的，可适当提高补贴标准。

第七条　享受社会保险补贴的人员范围包括：符合《就业促进法》规定的就业困难人员和高校毕业生。

社会保险补贴用于以下方面：

（一）就业困难人员社会保险补贴。对招用就业困难人员并缴纳社会保险费的单位，以及通过公益性岗位安置就业困难人员并缴纳社会保险费的单位，按其为就业困难人员实际缴纳的基本养老保险费、基本医疗保险费和失业保险费给予补贴，不包括就业困难人员个人应缴纳的部分。对就业困难人员灵活就业后缴纳的社会保险费，给予一定数额的社会保险补贴，补贴标准原则上不超过其实际缴费的2/3。就业困难人员社会保险补贴期限，除对距法定退休年龄不足5年的就业困难人员可延长至退休外，其余人员最长不超过3年（以初次核定其享受社会保险补贴时年龄为准）。

（二）高校毕业生社会保险补贴。对招用毕业年度高校毕业生，与之签订1年以上劳动合同并为其缴纳社会保险费的小微企业，给予最长不超过1年的社会保险补贴，不包括高校毕业生个人应缴纳的部分。对离校1年内未就业的高校毕业生灵活就业后缴纳的社会保险费，给予一定数额的社会保险补贴，补贴标准原则上不超过其实际缴费的2/3，补贴期限最长不超过2年。

第八条 享受公益性岗位补贴的人员范围为就业困难人员，重点是大龄失业人员和零就业家庭人员。

对公益性岗位安置的就业困难人员给予岗位补贴，补贴标准参照当地最低工资标准执行。

公益性岗位补贴期限，除对距法定退休年龄不足5年的就业困难人员可延长至退休外，其余人员最长不超过3年（以初次核定其享受公益性岗位补贴时年龄为准）。

第九条 对首次创办小微企业或从事个体经营，且所创办企业或个体工商户自工商登记注册之日起正常运营1年以上的离校2年内高校毕业生、就业困难人员，试点给予一次性创业补贴。具体试点办法由省级财政、人社部门另行制定。

第十条 享受就业见习补贴的人员范围为离校2年内未就业高校毕业生，艰苦边远地区、老工业基地、国家级贫困县可扩大至离校2年内未就业中职毕业生。对吸纳上述人员参加就业见习的单位，给予一定标准的就业见习补贴，用于见习单位支付见习人员见习期间基本生活费、为见习人员办理人身意外伤害保险，以及对见习人员的指导管理费用。对见习人员见习期满留用率达到50%以上的单位，可适当提高见习补贴标准。

第十一条 对在毕业年度有就业创业意愿并积极求职创业的低保家庭、贫困残疾人家庭、建档立卡贫困家庭和特困人员中的高校毕业生，残疾及获得国家助学贷款的高校毕业生，给予一次性求职创业补贴。

第十二条 就业创业服务补助用于加强公共就业创业服务机构服务能力建设，重点支持信息网络系统建设及维护，公共就业创业服务机构及其与高校开展的招聘活动和创业服务，对创业孵化基地给予奖补，以及向社会购买基本就业创业服务成果。

第十三条 高技能人才培养补助重点用于高技能人才培训基地建设和技能大师工作室建设等支出。

第十四条 其他支出是指各地经省级人民政府批准，符合中央专项转移支付相关管理规定，确需新增的项目支出。

第十五条 就业补助资金中对个人和单位的补贴资金的具体标准，在符合以上原则规定的基础上，由省级财政、人社部门结合当地实际确定。各地要严格控制就业创业服务补助的支出比例。

第十六条 就业补助资金不得用于以下支出：

（一）办公用房建设支出；

（二）职工宿舍建设支出；

（三）购置交通工具支出；

（四）发放工作人员津贴补贴等支出；

（五）“三公”经费支出；

（六）普惠金融项下创业担保贷款（原小额担保贷款，下同）贴息及补充创业担保贷款基金相关支出；

（七）部门预算已安排支出；

（八）法律法规禁止的其他支出。

个人、单位按照本办法申领获得的补贴资金，具体用途可由申请人或申请单位确定，不受本条规定限制。

第三章 资金分配与下达

第十七条 中央财政就业补助资金实行因素法分配。

分配因素包括基础因素、投入因素和绩效因素三类。其中：

（一）基础因素主要根据劳动力人口等指标，重点考核就业工作任务量。

（二）投入因素主要根据地方政府就业补助资金的安排使用等指标，重点考核地方投入力度。

（三）绩效因素主要根据各地失业率和新增就业人数等指标，重点考核各地落实各项就业政策的成效。

每年分配资金选择的因素、权重、方式及增减幅上下限，可根据年度就业整体形势和工作任务重点适当调整。

第十八条 地方可对公共就业服务能力建设补助资金中的高技能人才培养补助资金，实行项目管理，各地人社部门应当编制高技能人才培养中长期规划，确定本地区支持的高技能人才重点领域。

各省级人社部门每年需会同财政部门组织专家对拟实施高技能人才培养项目进行评审，省级财政部门会同人社部门根据评审结果给予定额补助，评审结果需报人力资源社会保障部和财政部备案。

第十九条 财政部会同人力资源社会保障部于每年10月31日前将下一年度就业补助资金预计数下达至各省级财政和人社部门；每年在全国人民代表大会审查批准中央预算后90日内，正式下达中央财政就业补助资金预算。

第二十条 各省级财政、人社部门应在收到中央财政就业补助资金后30日内，正式下达到市、县级财政和人社部门；省、市级财政、人社部门应当将本级政府预算安排给下级政府的就业补助资金在本级人民代表大会批准预算后60日内正式下达到下级财政、人社部门。

地方各级财政、人社部门应对其使用的就业补助资金提出明确的资金管理要求，及时组织实施各项就业创业政策。

第二十一条 就业补助资金应按照财政部关于专项转移支付绩效目标管理的规定，做好绩效目标的设定、审核、下达工作。

第四章 资金申请与使用

第二十二条 职业培训补贴实行“先垫后补”和“信用支付”等办法。有条件的地区应探索为劳动者建立职业培训个人信用账户，鼓励劳动者自主选择培训机构和课程，并通过信用账户支付培训费用。

申请职业培训补贴资金根据资金的具体用途分别遵循以下要求：

（一）五类人员申请就业技能培训和创业培训补贴应向当地人社部门提供以下材料：《就业创业证》（或《就业失业登记证》《社会保障卡》，下同）复印件、职业资格证书复印件、培训机构开具的行政事业性收费票据（或税务发票，下同）等。

（二）职业培训机构为城乡未继续升学的初高中毕业生、贫困家庭子女、城镇登记失业人员代为申请职业培训补贴的，还应提供以下材料：身份证复印件（城镇登记失业人员凭《就业创业证》复印件）、初高中毕业证书复印件、代为申请协议；城市低保家庭学员的生活费补贴申请材料还应附城市居民最低生活保障证明材料。

（三）符合条件的企业在职职工申请技能培训补贴应向当地人社部门提供以下材料：职业资格证书复印件、培训机构出具的行政事业性收费票据等。企业为在职职工申请新型学徒制培训补贴应提供以下材料：职业资格证书复印件、培训机构出具的行政事业性收费票据等。企业在开展技师培训或新型学徒制培训前，还应将培训计划、培训人员花名册、劳动合同复印件等有关材料报当地人社部门备案。

（四）职业培训机构为去产能失业人员、建档立卡贫困劳动力开展项目制培训的，申请补贴资金应向委托培训的人社部门提供以下材料：身份证复印件、职业资格证书复印件、培训机构开具的行政事业性收费票据、培训计划和大纲、培训内容和教材、授课教师信息、全程授课视频资料等。培训机构在开展项目制培训前，还应将培训计划和大纲、培训人员花名册等有关材料报当地人社部门备案。

上述申请材料经人社部门审核后，对五类人员和企业在职职工个人申请的培训补贴或生活费补贴资金，按规定支付到申请者本人个人银行账户或个人信用账户；对企业和培训机构代为申请或直补培训机构的培训补贴资金，按规定支付到企业和培训机构在银行开立的基本账户。

第二十三条 五类人员申请职业技能鉴定补贴应向当地人社部门提供以下材料：《就业创业证》复印件、职业资格证书复印件、职业技能鉴定机构开具的行政事业性收费票据（或税务发票）等。经人社部门审核后，按规定将补贴资金支付到申请者本人个人银行账户。

第二十四条 社会保险补贴实行“先缴后补”，并根据资金具体用途分别遵循以下要求：

（一）招用就业困难人员的单位和招用毕业年度高校毕业生的小微企业，申请社会保险补贴应向当地人社部门提供以下材料：符合条件人员名单、《就业创业证》复印件或毕业证书复印件、劳动合同复印件、社会保险费征缴机构出具的社会保险缴费明细账（单）等。

（二）灵活就业的就业困难人员和灵活就业的离校1年内高校毕业生，申请社会保险补贴应向当地人社部门提供以下材料：《就业创业证》复印件或毕业证书复印件、灵活就业证明材料、社会保险费征缴机构出具的社会保险缴费明细账（单）等。

（三）通过公益性岗位安置就业困难人员的单位，申请社会保险补贴应向当地人社部门提供以下材料：《就业创业证》复印件、享受社会保险补贴年限证明材料、社会保险费征缴机构出具的社会保险缴费明细账（单）等。

上述资金经人社部门审核后，按规定将补贴资金支付到单位在银行开立的基本账户或申请者本人个人银行账户。

第二十五条 通过公益性岗位安置就业困难人员的单位，申请公益性岗位补贴应向当地人社部门提供以下材料：《就业创业证》复印件、享受公益性岗位补贴年限证明材料、单位发放工资明细账（单）等。经人社部门审核后，按规定将补贴资金支付到单位在银行开立的基本账户或公益性岗位安置人员本人个人银行账户。

第二十六条 吸纳离校2年内未就业高校毕业生参加就业见习的单位，申请就业见习补贴应向当地人社部门提供以下材料：参加就业见习的人员名单、就业见习协议书、《就业创业证》复印件、毕业证书复印件、单位发放基本生活补助明细账（单）、为见习人员办理人身意外伤害保险发票复印件等。经人社部门审核后，按规定将补贴资金支付到单位在银行开立的基本账户。

第二十七条 符合条件的高校毕业生所在高校申请求职创业补贴应向当地人社部门提供以下材料：毕业生获得国家助学贷款（或享受低保、身有残疾、建档立卡贫困家庭、贫困残疾人家庭、特困救助供养）证明材料、毕业证书（或学籍证明）复印件等。申请材料经毕业生所在高校初审报当地人社部门审核后，按规定将补贴资金支付到毕业生本人个人银行账户。

第二十八条 县级以上财政、人社部门可通过就业创业服务补助资金，支持下级公共就业服务机构加强其人力资源市场信息网络系统建设。对于基层公共就业服务机构承担的免费公共就业服务和创业孵化基地开展的创业孵化服务，应根据工作量、专业性和成效等，给予一定的补助。对公共就业创业服务机构及其与高校开展的招聘活动和创业服务，应根据服务人数、成效和成本等，给予一定的补助。

县级以上财政、人社部门可按政府购买服务相关规定，向社会购买基本就业创业服务成果，具体范围和办法由省级财政、人社部门确定。

第二十九条 各地应当结合区域经济发展、产业振兴发展规划和新兴战略性产业发展的需要，依托具备高技能人才培训能力的职业培训机构和城市公共实训基地，建设高技能人才培训基地，重点开展高技能人才研修提升培训、高技能人才评价、职业技能竞赛、高技能人才课程研发、高技能人才成果交流等活动。

各地应当发挥高技能领军人才在带徒传技、技能攻关、技艺传承、技能推广等方面的重要作用，选拔行业、企业生产、服务一线的优秀高技能人才，依托其所在单位建设技能大师工作室，开展培训、研修、攻关、交流等技能传承提升活动。

高技能人才培养补助资金使用具体范围由省级财政、人社部门结合实际情况，按照现行规定确定。

第三十条 地方各级人社、财政部门应当进一步优化业务流程，积极推进网上申报、网上审核、联网核查。对能依托管理信息系统或与相关单位信息共享、业务协同获得的个人及单位信息、资料的，可直接审核拨付补贴资金，不再要求单位及个人报送纸质材料。

第三十一条 就业补助资金的支付，按财政国库管理制度相关规定执行。

第五章 资金管理与监督

第三十二条 地方各级财政、人社部门应当建立健全财务管理规章制度，强化内部财务管理，优化业务流程，加强内部风险防控。

地方各级人社部门应当建立和完善就业补助资金发放台账，做好就业补助资金使用管理的基础工作，有效甄别享受补贴政策人员和单位的真实性，防止出现造假行为。落实好政府采购等法律法规的有关规定，规范采购行为。加强信息化建设，将享受补贴人员、项目补助单位、资金标准、预算安排和执行等情况及时纳入管理信息系统，并实现与财政部门的信息共享。

第三十三条 各地财政、人社部门应当建立完善科学规范的绩效评价指标体系，积极推进就业补助资金的绩效管理。财政部和人力资源社会保障部应当根据各地就业工作情况，定期委托第三方进行就业补助资金绩效评价。地方各级财政、人社部门应当对本地区就业补助资金使用情况进行绩效评价，并将评价结果作为就业补助资金分配的重要依据。

第三十四条 各级财政部门应当加快资金拨付进度，减少结转结余。人社部门要按照本办法规定积极推动落实就业创业扶持政策，确保资金用出成效。

第三十五条 各级财政、人社部门应当将就业补助资金管理使用情况列入重点监督检查范围，有条件的地方，可聘请具备资质的社会中介机构开展第三方监督检查，自觉接受审计等部门的检查和社会监督。

第三十六条 地方各级财政、人社部门应当按照财政预决算管理的总体要求，做好年度预决算工作。

第三十七条 各级人社、财政部门应当做好信息公开工作，通过当地媒体、部门网站等向社会公开年度就业工作总体目标、工作任务完成、各项补贴资金的使用等情况。

各项补贴资金的使用情况公开内容包括：享受各项补贴的单位名称或人员名单（含身份证号码）、补贴标准及具体金额等。其中，职业培训补贴还应公开培训的内容、取得的培训成果等；公益性岗位补贴还应公开公益性岗位名称、设立单位、安置人员名单、享受补贴时间等；求职创业补贴应在各高校初审时先行在校内公示。

第三十八条 各级财政、人社部门应当建立就业补助资金

“谁使用、谁负责”的责任追究机制。

各级财政、人社部门及其工作人员在就业补助资金的分配审核、使用管理等工作中，存在违反本办法规定的行为，以及其他滥用职权、玩忽职守、徇私舞弊等违法违纪行为的，依照《中华人民共和国预算法》《中华人民共和国公务员法》《中华人民共和国行政监察法》等国家有关法律法规追究相应责任。涉嫌犯罪的，依法移送司法机关处理。

对疏于管理、违规使用资金的地区，中央财政将相应扣减其下一年度就业补助资金；情节严重的，取消下一年度其获得就业补助资金的资格，并在全国范围内予以通报。

第六章　附　则

第三十九条　省级财政、人社部门可根据各地实际情况，依照本办法制定就业补助资金管理和使用的具体实施办法。

第四十条　本办法自发布之日起施行。《财政部、人力资源社会保障部关于印发〈就业补助资金管理暂行办法〉的通知》（财社〔2015〕290号）同时废止。

山东省就业促进条例

（2004年4月2日山东省第十届人民代表大会常务委员会第七次会议通过，根据2009年11月28日山东省第十一届人民代表大会常务委员会第十四次会议修订，根据2016年3月30日山东省第十二届人民代表大会常务委员会第二十次会议关于修改《山东省海洋环境保护条例》等九件地方性法规的决定修正）

第一章　总　则

第一条　为了促进就业，推进经济发展与扩大就业相协调，促进社会和谐稳定，根据《中华人民共和国就业促进法》等法律、法规，结合本省实际，制定本条例。

第二条　本省行政区域内就业以及与促进就业有关的活动，适用本条例。

第三条　本省把扩大就业放在经济社会发展的突出位置，统筹城乡就业，实施积极的就业政策，坚持劳动者自主择业、市场调节就业和政府促进就业相结合的方针，多渠道扩大就业。

第四条　各级人民政府应当将扩大就业纳入国民经济和社会发展规划，制定促进就业的中长期规划和年度工作计划；建立促进就业目标责任制度，将促进就业作为绩效考核的重要内容。

第五条　各级人民政府应当鼓励劳动者自主创业、自谋职业，教育、帮助劳动者树立积极、正确的就业观念，加强劳动技能学习，提高就业、创业能力。

第六条　劳动者依法享有平等就业、自主择业和获得就业帮助的权利。

劳动者就业，不因民族、种族、性别、宗教信仰和户籍等不同而受歧视。

第七条 用人单位依法享有自主用人的权利。

用人单位应当依法保障劳动者的合法权益，向劳动者提供公平的就业机会和就业条件，依法招用和裁减人员。

第八条 省人民政府应当健全促进就业工作协调机制，研究全省就业工作重大问题，组织对全省促进就业工作进行考核和监督检查。

设区的市、县（市、区）人民政府应当健全促进就业工作协调机制，负责就业工作重大问题的研究、统筹和协调。

第九条 县级以上人民政府人力资源社会保障部门负责本行政区域内的促进就业工作。县级以上人民政府设立的公共就业服务机构在本级人民政府人力资源社会保障部门指导下，具体实施公共就业服务。街道、乡镇公共就业服务机构在县（市、区）人民政府人力资源社会保障部门指导下开展就业服务工作。

县级以上人民政府各有关部门按照职责分工，共同做好促进就业工作。

工会、共产主义青年团、妇女联合会、残疾人联合会、工商业联合会等社会组织协助人民政府开展促进就业工作。

第十条 各级人民政府对在促进就业工作中作出显著成绩的单位和个人，给予表彰和奖励。

第二章 就业支持

第十一条 县级以上人民政府应当将就业状况作为制定经济社会政策的重要指标，统筹协调产业政策与就业政策，建立经济发展与扩大就业的联动机制，鼓励发展劳动密集型产业、服务业，扶持中小企业，制定扶持政策，增加就业岗位。

第十二条 县级以上人民政府应当在本级财政预算中安排就业专项资金用于促进就业，并对就业专项资金的使用管理进行绩效考评，确保专款专用。

第十三条 县级以上人民政府应当建立促进就业专项小额贷款担保基金，完善小额担保贷款激励和担保基金风险补偿机制，鼓励引导金融机构加大对小企业和个体工商户的融资扶持力度，鼓励利用小额贷款担保基金为劳动密集型小企业提供贷款担保服务。

第十四条 政府投资兴办的各类经营性市场的摊位和商铺在同等条件下应当优先向就业困难人员出租、出售。

政府优惠扶持的各类经营性市场、商铺的经营者或者管理者，应当将一定数量的摊位、商铺优先向就业困难人员出租。

第十五条 县级以上人民政府应当健全失业保险制度，依法确保失业人员的基本生活，按照国家规定逐步扩大失业保险促进就业、稳定就业、预防失业的功能。

第十六条 县级以上人民政府应当建立就业重点群体的就业调控制度，将高等学校毕业生、就业困难群体就业放在就业工作的重要位置，制定、落实各项就业扶持政策。

第十七条 县级以上人民政府应当建立被征地农民就业保障制度，将被征地农民纳入失业登记范围和就业服务体系，从当地的土地出让收益中一次性安排适当数额的资金，扶持被征地农民就业。因土地征用直接受益的企业，应当按照一定比例优先安排符合岗位要求的被征地农民就业。具体办法和标准由设区的市人民政府制定。

第十八条 县级以上人民政府应当制定统筹城乡就业的政策和措施，实现劳动者就业的统筹服务和管理。

县级以上人民政府制定的小城镇建设和县域经济发展规划，应当将本地区农业富余劳动力转移就业措施作为重要内容。

劳动力输入地和劳动力输出地人民政府应当建立劳务对接机制，引导农业富余劳动力有序转移就业，促进城乡劳动者平等就业。

第十九条 省人民政府及其有关部门制定、实施有利于促进就业的高等教育政策，开展高等学校就业状况评估，指导高等学校根据市场就业需求确定专业设置和招生规模。

县级以上人民政府设立的公共就业服务机构应当为高等学校学生提供职业供求信息，开展就业指导和服务。

第二十条 县级以上人民政府应当制定政策，鼓励高等学校毕业生自主创业或者到城乡基层、非公有制企业和中小企业就业，鼓励企业吸纳和稳定高等学校毕业生就业，鼓励承担国家和地方重大科研项目的单位聘用高等学校优秀毕业生参与研究，促进高等学校毕业生就业。

第二十一条 县级以上人民政府应当建立就业状况动态监测和发布制度，完善社会就业状况评价指标体系，对重点行业、企业进行动态监测，定期向社会公布。

县级以上人民政府应当建立失业预警机制，制定应急预案，对较大规模的失业及时调节和控制。

第二十二条 县级以上人民政府应当建立和完善劳动力就业、失业指标体系和调查统计制度。

县级以上人民政府统计机构应当将人力资源和就业失业状况纳入经济社会统计指标体系，定期开展普查或者抽样调查，依法向社会公布。发展改革、人力资源社会保障、教育、残疾人联合会等有关部门和组织、用人单位和个人都应当如实提供有关数据和情况。

第三章 创业扶持

第二十三条 县级以上人民政府应当建立创业政策扶持、创业培训、创业服务相结合的工作机制，优化创业环境，提高劳动者素质，鼓励帮助劳动者自主创业。

第二十四条 县级以上人民政府应当确定促进创业的产业指导目录，优先扶持科技、综合资源利用、农副产品加工、贸易促进、社区服务、建筑劳务、信息服务等领域的创业活动。

第二十五条 公共就业服务机构应当为创业人员提供创业培训、项目开发、方案设计、风险评估、开业指导、融资服务、跟踪扶持等服务。

省和设区的市人民政府设立的公共就业服务机构应当建立创业指导专家组织，为创业者提供创业咨询服务。

第二十六条 县级以上人民政府应当鼓励创业人员创办中小企业。创业人员创办的企业招用登记失业人员并与其订立一年以上劳动合同的，根据实际创造就业岗位数量，按照规定享受一次性岗位补贴。创业成功人员首次领取营业执照并正常经营一年以上的，按照规定享受一次性创业补贴。

第二十七条 创业人员自筹资金不足的，可以向金融机构申请小额担保贷款，由小额贷款担保基金按照规定提供贷款担保，财政部门按照规定给予贴息扶持。

个人或者合伙创办的劳动密集型小企业招用登记失业人员达到规定比例和就业期限的，可以向金融机构申请小额担保贷款，经办金融机构根据实际招用人数合理确定贷款额度，由小额贷款担保基金提供担保，财政部门按照规定给予贴息扶持。

第二十八条 县级以上人民政府应当多渠道筹集资金，重点扶持登记失业人员、高等学校、职业院校和技工院校毕业生、军队退役人员、残疾人等自主创业和农业富余劳动力就地创业、外出务工人员返乡创业。

第二十九条 县级以上人民政府应当建立创业孵化基地，对入驻基地的小企业和自主创业人员提供创业孵化服务、融资等扶持，并在场地使用、用水、用电等方面给予优惠。

第三十条 登记失业人员、高等学校毕业生、军队退役人员、残疾人从事个体经营的，按照规定免缴管理类、登记类和证照类等有关行政事业性费用以及前置审批的各项费用。

第四章　就业服务

第三十一条　公共就业服务机构依法免费向劳动者提供下列服务：

（一）就业政策、法律、法规咨询；

（二）职业供求信息、市场工资指导价位信息和职业培训信息发布；

（三）职业指导和职业介绍；

（四）对就业困难人员实施就业援助；

（五）办理就业登记、失业登记等事务；

（六）其他公共就业服务。

公共就业服务机构应当不断提高服务质量和效率，积极拓展服务功能，不得从事经营性活动。

公共就业服务经费纳入同级财政预算。

第三十二条　各级残疾人联合会设立的残疾人公共就业服务机构负责为残疾人提供就业登记、失业登记等免费公共就业服务，接受本级公共就业服务机构的业务指导。

第三十三条　县级以上人民政府应当建立统一开放、竞争有序的人力资源市场，加强就业信息网络和设施建设，构建全省统一的就业服务管理信息系统，为劳动者提供就业服务。

第三十四条　县级以上人民政府鼓励设立职业中介机构，开展职业介绍等就业服务活动。

职业中介机构提供公益性就业服务的，可以按照规定享受补贴。

第三十五条　设立职业中介机构应当具备下列条件：

（一）有明确的章程和管理制度；

（二）有不少于十万元的开办资金；

（三）有不少于四十平方米建筑面积的经营服务场所；

（四）有三名以上具备相应职业资格的专职工作人员；

（五）法律、法规规定的其他条件。

设立职业中介机构应当在工商行政管理部门办理登记后，向县级以上人民政府人力资源社会保障部门申请行政许可。

通过互联网等方式从事职业中介活动的职业中介机构，应当依照前款规定办理许可和登记。具体办法由省人民政府制定。

未经依法许可和登记的机构，不得从事职业中介活动。

国家对外商投资职业中介机构和向劳动者提供境外就业服务的职业中介机构另有规定的，依照其规定。

第三十六条 职业中介机构可以从事下列业务：

（一）为劳动者介绍用人单位；

（二）为用人单位和居民家庭推荐劳动者；

（三）开展职业指导、人力资源管理咨询服务；

（四）收集和发布职业供求信息；

（五）依照有关规定从事互联网职业信息服务；

（六）组织职业招聘洽谈会；

（七）经县级以上人民政府人力资源社会保障部门核准的其他服务项目。

第三十七条 职业中介机构不得有下列行为：

（一）提供虚假就业信息；

（二）为无合法证照的用人单位提供职业中介服务；

（三）伪造、涂改、转让职业中介许可证；

（四）扣押劳动者的居民身份证和其他证件，或者向劳动者收取押金；

（五）发布包含歧视性内容的就业信息；

（六）介绍未满十六周岁的未成年人就业；

（七）为无合法身份证件的劳动者提供职业中介服务；

（八）介绍劳动者从事法律、法规禁止的职业；

（九）以暴力、胁迫、欺诈等方式进行职业中介活动；

（十）超出核准的业务范围经营；

（十一）其他违反法律、法规规定的行为。

第三十八条　各级人民政府和有关部门不得举办或者与他人联合举办经营性的职业中介机构。

第三十九条　县级以上人民政府应当建立就业和失业登记制度，由公共就业服务机构为劳动者免费办理就业和失业登记，发放就业、失业登记证。

就业、失业登记证记载劳动者就业和失业状况。劳动者凭就业、失业登记证，享受公共就业服务和就业扶持政策。登记证样式和管理办法，由省人民政府人力资源社会保障部门统一制定。

用人单位招用劳动者的，应当自用工之日起三十日内到当地公共就业服务机构为劳动者办理就业登记手续。自谋职业、灵活就业人员可以到公共就业服务机构办理就业登记手续。

法定劳动年龄内、有劳动能力和就业需求的失业人员可以到公共就业服务机构办理失业登记。

第四十条　鼓励劳动者通过灵活形式实现就业，依法维护灵活就业人员的合法权益。

设区的市人民政府应当确定并适时调整灵活就业职业目录，制定灵活就业人员的认定、管理以及公共就业服务等配套措施，并向社会公布。

第四十一条　县级以上人民政府人力资源社会保障部门进行劳动保障年检、办理新增参保人员手续、核发失业保险金时，应当查验就业、失业登记证情况。

第五章　就业援助

第四十二条　各级人民政府应当建立就业援助制度，对下列登记失业的就业困难人员实行优先扶持和重点帮助：

（一）女性四十周岁、男性五十周岁以上的人员；

（二）城镇零就业家庭成员；

（三）农村零转移就业贫困家庭成员；

（四）抚养未成年子女的单亲家庭成员；

（五）享受最低生活保障人员；

（六）持有《中华人民共和国残疾人证》人员；

（七）连续失业一年以上的人员；

（八）因失去土地等原因难以实现就业的人员；

（九）设区的市人民政府规定的其他人员。

就业困难人员的认定办法由设区的市人民政府制定。

第四十三条 鼓励用人单位招用就业困难人员。用人单位与就业困难人员订立劳动合同并缴纳社会保险费的，在劳动合同存续期间按照规定享受基本养老保险、基本医疗保险、失业保险补贴。

第四十四条 县级以上人民政府应当建立公益性岗位开发管理制度，促进就业困难人员就业。

下列岗位按照不低于百分之五十的比例优先录用符合岗位要求的就业困难人员：

（一）机关和参照公务员法管理的单位使用的临时性、辅助性岗位；

（二）政府投资建设项目的管理、维护岗位；

（三）政府及其部门组织社会公益活动提供的岗位；

（四）政府及其部门开发的公共事务协管岗位；

（五）政府及其部门开发的其他公益性岗位。

就业困难人员在公益性岗位就业并订立劳动合同、缴纳社会保险费的，在劳动合同存续期间享受基本养老保险、基本医疗保险、失业保险补贴以及适当的岗位补贴。

第四十五条 就业困难人员灵活就业后，申报就业并缴纳社会保险费的，按照规定享受社会保险补贴。

第四十六条 就业困难人员享受社会保险补贴和岗位补贴的期限最长不超过三年。距法定退休年龄不足五年的就业困难人员享受社会保险补贴和岗位补贴的期限，可以延长至退休。

第四十七条 公共就业服务机构应当完善和实施城镇零就业家庭和农村零转移就业贫困家庭岗位援助制度，确保至少有一人实现就业。

第六章 职业教育和培训

第四十八条 县级以上人民政府应当加强职业教育、培训，建立健全覆盖城乡劳动者的公共职业教育、培训体系。

鼓励社会力量兴办职业院校、技工院校和职业技能培训机构，多渠道开展各类职业教育、培训。

第四十九条 县级以上人民政府应当加大职业教育、培训投入，引导职业院校、技工院校和职业技能培训机构根据社会需求确定办学规模，突出教育、培训特色，优化资源配置，提高办学质量。

第五十条 县级以上人民政府根据经济社会发展需求，规划建设公益性、示范性公共实训基地，为劳动者提供职业实训服务。

第五十一条 县级以上人民政府应当建立健全劳动预备制度，对有就业要求的初高中毕业生实行三至十二个月的职业教育和培训，使其取得相应的职业资格或者掌握一定的职业技能。参加劳动预备制度培训的人员按照规定享受补贴。

第五十二条 县级以上人民政府应当制定职业技能培训发展规划和年度工作计划，鼓励劳动者参加职业技能培训、职业技能鉴定，提高职业技能水平。经过培训取得职业资格证书的人员，按照规定享受职业培训补贴和职业技能鉴定补贴。

第五十三条 县级以上人民政府人力资源社会保障部门应当采取措施，提高全民创业能力，对有创业愿望和培训需求的劳动者进行创业培训。

高等学校、职业院校、技工院校、就业训练中心应当开设创业教育课程，组织创业实训，提升创业能力。

第五十四条 残疾人公共就业服务机构应当根据就业需求，组织失业残疾人进行职业技能培训，并从残疾人就业保障金中给予参加培训者一定的职业技能培训补贴。

第五十五条 设区的市人民政府人力资源社会保障部门应当按照公开、择优的原则确定定点培训机构，鼓励定点培训机构开展职业培训，对培训成果进行绩效考评。

第五十六条 用人单位招用从事涉及公共安全、人身健康、生命财产安全等特殊工种的劳动者，应当依法招用取得相应工种职业资格证书的人员。招用未取得相应工种职业资格证书人员的，应当组织其在上岗前参加专门培训，取得职业资格证书后方可上岗。

第五十七条 建立就业实习制度，鼓励尚未毕（结）业的在校学生参加就业实习，提高其就业能力。

职业院校、技工院校、职业技能培训机构组织尚未毕（结）业的在校学生到用人单位实习的，实习时间不得超过在校学习时间的百分之三十。

用人单位使用实习生的，应当与实习生所在的职业院校、技工院校、职业技能培训机构签订实习协议。实习协议应当载明三方的权利和义务。用人单位应当自实习协议签订之日起十五日内向实习所在地的县（市、区）人民政府人力资源社会保障部门备案。用人单位使用实习生的数量不得超过本单位在职职工总数的百分之三十。实习期间，用人单位应当发给实习生一定数额的生活费。

第五十八条 企业应当按照国家规定安排职工教育培训经费，用于职工技能和继续教育培训。

企业用于一线职工教育培训的经费不得低于本单位职工教育培训经费总额的百分之七十。

企业职工教育培训经费的提取、使用管理办法应当由职工（代表）大会制定。企业职工教育培训经费的提取、使用情况应当向职工（代表）大会报告，接受职工监督。

第七章　监督检查

第五十九条　各级人民政府和有关部门应当建立促进就业的目标责任考核监督制度。县级以上人民政府和有关部门应当按照就业目标责任制的要求，对所属的有关部门和下一级人民政府进行考核和监督。

第六十条　审计机关和财政、人力资源社会保障部门依法对就业专项资金的管理和使用情况进行监督检查。

价格主管部门依法对涉及就业的收费政策执行情况进行监督检查。

第六十一条　人力资源社会保障部门应当对就业情况进行监督检查，建立健全日常巡视检查、专项检查和举报制度，对违反本条例的行为依法予以处理。

第六十二条　省人民政府设立的公共就业服务机构应当加强对设区的市、县（市、区）设立的公共就业服务机构促进就业工作情况的指导、检查，定期对其完成各项工作情况进行绩效考核。

第八章　法律责任

第六十三条　对违反本条例的行为，有关法律、法规、规章规定了法律责任的，依照其规定执行。

第六十四条　各级人民政府和有关部门未在年度预算中安排就业专项资金或者未建立公共就业服务体系的，由上级人民政府责令限期改正，并予以通报。

第六十五条　人力资源社会保障部门等负有监督管理职责的部门及其工作人员玩忽职守、滥用职权、徇私舞弊的，对直接负责的主管人员和其他直接责任人员依法给予处分；构成犯罪的，依法追究刑事责任。

第六十六条 违反本条例规定，职业院校、技工院校、职业技能培训机构组织学生实习期限和用人单位使用实习生数量超过限制的，由人力资源社会保障部门给予警告，责令限期改正；情节严重或者拒不改正的，按照每超过一人五百元的标准处以罚款。

第六十七条 违反本条例规定，用人单位招用未取得相应职业资格证书的人员从事国家规定实行职业资格证书制度的工作的，由人力资源社会保障部门给予警告；情节严重的，按照每人每日二十元的标准处以罚款。

第六十八条 违反本条例规定，企业未按照国家规定安排职工教育经费，或者挪用职工教育经费的，由人力资源社会保障部门责令限期改正，并依法给予处罚。

第六十九条 职业中介机构违反本条例第三十七条第一至四项的，依照《中华人民共和国就业促进法》予以处罚；违反本条例第三十七条第六项的，依照《禁止使用童工规定》予以处罚；违反本条例第三十七条其他各项的，由人力资源社会保障部门责令限期改正，没有违法所得的，可以处一万元以下的罚款，有违法所得的，可以处不超过违法所得三倍的罚款，但是，最高不得超过三万元，情节严重的，提请工商行政管理部门依法吊销营业执照。

第七十条 违反本条例规定，侵害劳动者合法权益，造成财产损失或者其他损害的，依法承担民事责任；构成犯罪的，依法追究刑事责任。

第九章　附　则

第七十一条 本条例自2010年1月1日起施行。

山东省人力资源和社会保障厅关于建立建设项目和重要政策就业联动机制的意见

（2015 年 4 月 15 日　鲁人社发〔2015〕22 号）

各市人民政府，各县（市、区）人民政府，省政府各部门、各直属机构，各大企业：

根据《中华人民共和国就业促进法》、《山东省就业促进条例》有关规定，以及《山东省人民政府办公厅关于促进创业带动就业的意见》（鲁政办发〔2013〕25 号）要求，经与省发展改革委、省经济和信息化委、省教育厅、省科技厅、省公安厅、省民政厅、省司法厅、省财政厅、省国土资源厅、省住房城乡建设厅、省农业厅、省商务厅、省国资委、省工商局、省法制办、省残疾人联合会、省工商联、中国人民银行济南分行共同研究，并报省政府同意，现就全省建立建设项目和重要政策就业联动机制，提出以下意见：

一、总体要求

建立建设项目与就业工作联动机制，实现招商引资、项目立项、土地征收、项目实施与就业联动，形成建设项目底子清、用工需求情况明、资源配置效果好的良好格局。建立重要政策与就业工作联动机制，实现政策制定与就业风险评估同步进行、政策实施与失业风险防控同步进行，形成改革发展、宏观调控、产业调整、社会管理等方面政策与促进就业政策配套联动的良好局面。

二、建立建设项目与就业联动机制

（一）项目招商与就业联动。各级、各有关部门在引进各类项目时，要把吸纳城乡劳动者就业作为项目引进评估的重要内容，予以统筹考虑。招商引资达成初步意向后，招商协议应明确有关就业事项。

（二）项目审批、核准和备案与就业联动。各级人力资源社会保障部门要积极与项目主管机关、项目实施单位沟通联系，及时掌握各类政府投资建设项目、企业投资建设项目、外商投资项目和其他项目对就业的影响。项目实施单位要按照有关规定，在项目可行性研究报告“社会效益评价”部分，对项目实施可能对就业、社会保障、劳动力培训等产生的影响进行分析。对于项目实施或建成后可能造成现有就业岗位流失、所涉及领域就业吸纳能力下降或被征地农民增加等负面影响的，项目主管部门要加强与人力资源社会保障部门的沟通，在项目立项、日常管理、后续保障中予以统筹考虑。

（三）土地征收与就业联动。建设项目实施过程中，涉及土地征收造成被征地农民增加的，在土地征收公告发布后，国土资源部门要将被征地农民基本情况报同级人力资源社会保障部门。县（市、区）人力资源社会保障部门要会同国土资源部门、乡镇政府（街道办事处）及时摸清被征地农民就业创业和职业培训需求等，结合征地补偿安置情况，制定被征地农民安置分流方案，报县（市、区）政府审定。人力资源社会保障部门要及时将被征地农民基本信息、需求信息录入就业联动信息管理系统。

（四）项目实施与就业联动。各级人力资源社会保障部门要按照属地化原则，建立建设项目跟踪服务制度，及时为辖区内建设项目提供服务。及时掌握项目进展及劳动用工、职业培训等需求，录入就业联动信息管理系统，实现动态管理。要在充分发挥市场决定作用的同时，根据项目实施单位需求，通过举办招聘会、人才引进、劳务合作等多种方式，为建设项目提供人力资源服务。要落实好职业培训补贴、社会保险补贴、岗位补贴、稳岗补贴、小额担保贷款、税费减免等就业扶持政策，鼓励项目单位吸纳高校毕业生、农民工、就业困难人员、未就业残疾人、被征地后失业人员等群体就业。

三、建立重要政策与就业联动机制

（一）政策制定与就业联动。各级政府及其有关部门研究制定改革发展、宏观调控、产业调整、社会管理等方面政策时，要统筹考虑政策实施可能对就业吸纳能力、就业岗位、公平就业、就业创业环境、就业质量等方面产生的影响，按照规定进行社会稳定风险评估，并将政策实施可能对就业产生的重要影响作为风险评估报告的重要组成部分。各级发展改革、经济和信息化部门在拟定淘汰落后产能、化解产能过剩计划等重要经济政策时，要征求人力资源社会保障部门的意见。

（二）政策实施与就业联动。牵头部门要对出台的重要政策实施情况进行评估。政策实施过程中对就业产生重大影响的，要向人力资源社会保障部门反馈。对政策实施过程中出现的失业风险、劳动权益纠纷等问题，人力资源社会保障部门要会同相关部门，根据就业形势需要，适时启动应急预案，指导企业及时做好职工分流安置和社会保障工作，加大对失业人员的就业创业政策扶持力度。

四、保障措施

（一）建立就业联动定期沟通机制。各级就业工作议事协调机构要加强组织协调，及时研究解决就业联动机制实施过程中遇到的困难和问题。建立就业联动定期沟通机制，由就业工作议事协调机构办公室和发展改革、经济和信息化、财政、国土资源、住房城乡建设、商务、农业等相关部门负责人参加，定期研究项目招商、项目建设、重要政策等情况。经就业工作议事协调机构成员单位提议，可临时召开相关单位参加的会议，对重要问题进行研究。

（二）建立定向职业技能培训制度。实施建设项目技能人才储备计划，各级人力资源社会保障部门要根据建设项目劳动用工需求和产业发展规划，结合技能人才供给状况，通过政府购买成果等方式，组织职业培训机构开展技能人才储备培训。对建设项目开展新录用人员职业技能培训的，按规定落实定额职业培训补贴政策。对自身没有能力开展职工培训的，依法对其职工教育经费实行统筹，由人力资源社会保障部门会同有关部门统一组织在岗职工技能提升培训或转岗培训。辖区内建设项目造成的失业人员、被征地农民中有培训愿望的人员，各级人力资源社会保障部门要全部将其纳入就业培训计划，按规定给予职业培训补贴和职业技能鉴定补贴。对列入省、市节能减排重点企业名单和淘汰落后产能计划范围，依法参加失业保险并履行缴费义务的企业，开展职工转岗培训或岗位技能提升培训的，按规定落实职业培训补贴政策。

（三）建立就业联动工作管理制度。人力资源社会保障部门要建立就业联动信息管理系统，及时汇总建设项目和重要政策对就业影响评估情况，作为预测就业形势、研究就业政策的重要依据。各级、各有关部门要将实施就业联动机制情况作为落实政府促进就业责任的重要内容，对于无故拖延或瞒报、迟报、漏报相关信息，造成严重影响的，要追究相关部门和人员的责任。

二、公共就业服务

国务院关于解决农民工问题的若干意见（摘录）

（2006 年 1 月 31 日　国发〔2006〕5 号）

三、抓紧解决农民工工资偏低和拖欠问题

（六）建立农民工工资支付保障制度。严格规范用人单位工资支付行为，确保农民工工资按时足额发放给本人，做到工资发放月清月结或按劳动合同约定执行。建立工资支付监控制度和工资保证金制度，从根本上解决拖欠、克扣农民工工资问题。劳动保障部门要重点监控农民工集中的用人单位工资发放情况。对发生过拖欠工资的用人单位，强制在开户银行按期预存工资保证金，实行专户管理。切实解决政府投资项目拖欠工程款问题。所有建设单位都要按照合同约定及时拨付工程款项，建设资金不落实的，有关部门不得发放施工许可证，不得批准开工报告。对重点监控的建筑施工企业实行工资保证金制度。加大对拖欠农民工工资用人单位的处罚力度，对恶意拖欠、情节严重的，可依法责令停业整顿、降低或取消资质，直至吊销营业执照，并对有关人员依法予以制裁。各地方、各单位都要继续加大工资清欠力度，并确保不发生新的拖欠。

（七）合理确定和提高农民工工资水平。规范农民工工资管理，切实改变农民工工资偏低、同工不同酬的状况。各地要严格执行最低工资制度，合理确定并适时调整最低工资标准，制定和推行小时最低工资标准。制定相关岗位劳动定额的行业参考标

准。用人单位不得以实行计件工资为由拒绝执行最低工资制度，不得利用提高劳动定额变相降低工资水平。严格执行国家关于职工休息休假的规定，延长工时和休息日、法定假日工作的，要依法支付加班工资。农民工和其他职工要实行同工同酬。国务院有关部门要加强对地方制定、调整和执行最低工资标准的指导监督。各地要科学确定工资指导线，建立企业工资集体协商制度，促进农民工工资合理增长。

四、依法规范农民工劳动管理

（八）严格执行劳动合同制度。所有用人单位招用农民工都必须依法订立并履行劳动合同，建立权责明确的劳动关系。严格执行国家关于劳动合同试用期的规定，不得滥用试用期侵犯农民工权益。劳动保障部门要制定和推行规范的劳动合同文本，加强对用人单位订立和履行劳动合同的指导和监督。任何单位都不得违反劳动合同约定损害农民工权益。

（九）依法保障农民工职业安全卫生权益。各地要严格执行国家职业安全和劳动保护规程及标准。企业必须按规定配备安全生产和职业病防护设施。强化用人单位职业安全卫生的主体责任，要向新招用的农民工告知劳动安全、职业危害事项，发放符合要求的劳动防护用品，对从事可能产生职业危害作业的人员定期进行健康检查。加强农民工职业安全、劳动保护教育，增强农民工自我保护能力。从事高危行业和特种作业的农民工要经专门培训、持证上岗。有关部门要切实履行职业安全和劳动保护监管职责。发生重大职业安全事故，除惩处直接责任人和企业负责人外，还要追究政府和有关部门领导的责任。

（十）切实保护女工和未成年工权益，严格禁止使用童工。用人单位要依法保护女工的特殊权益，不得以性别为由拒绝录用女工或提高女工录用标准，不得安排女工从事禁忌劳动范围工作，不得在女工孕期、产期、哺乳期降低其基本工资或单方面解除劳动合同。招用未成年工的用人单位，应当在工种、劳动时间、劳动强度和保护措施等方面严格执行国家有关规定。对介绍和使用童工的违法行为要从严惩处。

五、搞好农民工就业服务和培训

（十一）逐步实行城乡平等的就业制度。统筹城乡就业，改革城乡分割的就业管理体制，建立城乡统一、平等竞争的劳动力市场，逐步形成市场经济条件下促进农村富余劳动力转移就业的机制，为城乡劳动者提供平等的就业机会和服务。各地区、各部门要进一步清理和取消各种针对农民工进城就业的歧视性规定和不合理限制，清理对企业使用农民工的行政审批和行政收费，不得以解决城镇劳动力就业为由清退和排斥农民工。

（十二）进一步做好农民转移就业服务工作。各级人民政府要把促进农村富余劳动力转移就业作为重要任务。要建立健全县乡公共就业服务网络，为农民转移就业提供服务。城市公共职业介绍机构要向农民工开放，免费提供政策咨询、就业信息、就业指导和职业介绍。输出地和输入地要加强协作，开展有组织的就业、创业培训和劳务输出。鼓励发展各类就业服务组织，加强就业服务市场监管。依法规范职业中介、劳务派遣和企业招用工行为。严厉打击以职业介绍或以招工为名坑害农民工的违法犯罪活动。

（十三）加强农民工职业技能培训。各地要适应工业化、城镇化和农村劳动力转移就业的需要，大力开展农民工职业技能培训和引导性培训，提高农民转移就业能力和外出适应能力。扩大农村劳动力转移培训规模，提高培训质量。继续实施好农村劳动力转移培训阳光工程。完善农民工培训补贴办法，对参加培训的农民工给予适当培训费补贴。推广“培训券”等直接补贴的做法。充分利用广播电视和远程教育等现代手段，向农民传授外出就业基本知识。重视抓好贫困地区农村劳动力转移培训工作。支持用人单位建立稳定的劳务培训基地，发展订单式培训。输入地要把提高农民工岗位技能纳入当地职业培训计划。要研究制定鼓励农民工参加职业技能鉴定、获取国家职业资格证书的政策。

（十四）落实农民工培训责任。完善并认真落实全国农民工培训规划。劳动保障、农业、教育、科技、建设、财政、扶贫等部门要按照各自职能，切实做好农民工培训工作。强化用人单位对农民工的岗位培训责任，对不履行培训义务的用人单位，应按国家规定强制提取职工教育培训费，用于政府组织的培训。充分发挥各类教育、培训机构和工青妇组织的作用，多渠道、多层次、多形式开展农民工职业培训。建立由政府、用人单位和个人共同负担的农民工培训投入机制，中央和地方各级财政要加大支持力度。

（十五）大力发展面向农村的职业教育。农村初、高中毕业生是我国产业工人的后备军，要把提高他们的职业技能作为职业教育的重要任务。支持各类职业技术院校扩大农村招生规模，鼓励农村初、高中毕业生接受正规职业技术教育。通过设立助学金、发放助学贷款等方式，帮助家庭困难学生完成学业。加强县级职业教育中心建设。有条件的普通中学可开设职业教育课程。加强农村职业教育师资、教材和实训基地建设。

六、积极稳妥地解决农民工社会保障问题

（十六）高度重视农民工社会保障工作。根据农民工最紧迫的社会保障需求，坚持分类指导、稳步推进，优先解决工伤保险和大病医疗保障问题，逐步解决养老保障问题。农民工的社会保障，要适应流动性大的特点，保险关系和待遇能够转移接续，使农民工在流动就业中的社会保障权益不受损害；要兼顾农民工工资收入偏低的实际情况，实行低标准进入、渐进式过渡，调动用人单位和农民工参保的积极性。

（十七）依法将农民工纳入工伤保险范围。各地要认真贯彻落实《工伤保险条例》。所有用人单位必须及时为农民工办理参加工伤保险手续，并按时足额缴纳工伤保险费。在农民工发生工伤后，要做好工伤认定、劳动能力鉴定和工伤待遇支付工作。未参加工伤保险的农民工发生工伤，由用人单位按照工伤保险规定的标准支付费用。当前，要加快推进农民工较为集中、工伤风险程度较高的建筑行业、煤炭等采掘行业参加工伤保险。建筑施工企业同时应为从事特定高风险作业的职工办理意外伤害保险。

（十八）抓紧解决农民工大病医疗保障问题。各统筹地区要采取建立大病医疗保险统筹基金的办法，重点解决农民工进城务工期间的住院医疗保障问题。根据当地实际合理确定缴费率，主要由用人单位缴费。完善医疗保险结算办法，为患大病后自愿回原籍治疗的参保农民工提供医疗结算服务。有条件的地方，可直接将稳定就业的农民工纳入城镇职工基本医疗保险。农民工也可自愿参加原籍的新型农村合作医疗。

（十九）探索适合农民工特点的养老保险办法。抓紧研究低费率、广覆盖、可转移，并能够与现行的养老保险制度衔接的农民工养老保险办法。有条件的地方，可直接将稳定就业的农民工纳入城镇职工基本养老保险。已经参加城镇职工基本养老保险的农民工，用人单位要继续为其缴费。劳动保障部门要抓紧制定农民工养老保险关系异地转移与接续的办法。

（二十八）加大维护农民工权益的执法力度。强化劳动保障监察执法，加强劳动保障监察队伍建设，完善日常巡视检查制度和责任制度，依法严厉查处用人单位侵犯农民工权益的违法行为。健全农民工维权举报投诉制度，有关部门要认真受理农民工举报投诉并及时调查处理。加强和改进劳动争议调解、仲裁工作。对农民工申诉的劳动争议案件，要简化程序、加快审理，涉及劳动报酬、工伤待遇的要优先审理。起草、制定和完善维护农民工权益的法律法规。

国务院办公厅关于全面治理拖欠农民工工资问题的意见

（2016年1月17日　国办发〔2016〕1号）

各省、自治区、直辖市人民政府，国务院各部委、各直属机构：

解决拖欠农民工工资问题，事关广大农民工切身利益，事关社会公平正义和社会和谐稳定。党中央、国务院历来高度重视，先后出台了一系列政策措施，各地区、各有关部门加大工作力度，经过多年治理取得了明显成效。但也要看到，这一问题尚未得到根本解决，部分行业特别是工程建设领域拖欠工资问题仍较突出，一些政府投资工程项目不同程度存在拖欠农民工工资问题，严重侵害了农民工合法权益，由此引发的群体性事件时有发生，影响社会稳定。为全面治理拖欠农民工工资问题，经国务院同意，现提出如下意见：

一、总体要求

（一）指导思想。全面贯彻党的十八大和十八届二中、三中、四中、五中全会精神，按照“四个全面”战略布局和党中央、国务院决策部署，牢固树立并切实贯彻创新、协调、绿色、开放、共享的发展理念，紧紧围绕保护农民工劳动所得，坚持标本兼治、综合治理，着力规范工资支付行为、优化市场环境、强化监管责任，健全预防和解决拖欠农民工工资问题的长效机制，切实保障农民工劳动报酬权益，维护社会公平正义，促进社会和谐稳定。

（二）目标任务。以建筑市政、交通、水利等工程建设领域和劳动密集型加工制造、餐饮服务等易发生拖欠工资问题的行业为重点，健全源头预防、动态监管、失信惩戒相结合的制度保障体系，完善市场主体自律、政府依法监管、社会协同监督、司法联动惩处的工作体系。到 2020 年，形成制度完备、责任落实、监管有力的治理格局，使拖欠农民工工资问题得到根本遏制，努力实现基本无拖欠。

二、全面规范企业工资支付行为

（三）明确工资支付各方主体责任。全面落实企业对招用农民工的工资支付责任，督促各类企业严格依法将工资按月足额支付给农民工本人，严禁将工资发放给不具备用工主体资格的组织和个人。在工程建设领域，施工总承包企业（包括直接承包建设单位发包工程的专业承包企业，下同）对所承包工程项目的农民工工资支付负总责，分包企业（包括承包施工总承包企业发包工程的专业企业，下同）对所招用农民工的工资支付负直接责任，不得以工程款未到位等为由克扣或拖欠农民工工资，不得将合同应收工程款等经营风险转嫁给农民工。

（四）严格规范劳动用工管理。督促各类企业依法与招用的农民工签订劳动合同并严格履行，建立职工名册并办理劳动用工备案。在工程建设领域，坚持施工企业与农民工先签订劳动合同后进场施工，全面实行农民工实名制管理制度，建立劳动计酬手册，记录施工现场作业农民工的身份信息、劳动考勤、工资结算等信息，逐步实现信息化实名制管理。施工总承包企业要加强对分包企业劳动用工和工资发放的监督管理，在工程项目部配备劳资专管员，建立施工人员进出场登记制度和考勤计量、工资支付等管理台账，实时掌握施工现场用工及其工资支付情况，不得以包代管。施工总承包企业和分包企业应将经农民工本人签字确认的工资支付书面记录保存两年以上备查。

（五）推行银行代发工资制度。推动各类企业委托银行代发农民工工资。在工程建设领域，鼓励实行分包企业农民工工资委托施工总承包企业直接代发的办法。分包企业负责为招用的农民工申办银行个人工资账户并办理实名制工资支付银行卡，按月考核农民工工作量并编制工资支付表，经农民工本人签字确认后，交施工总承包企业委托银行通过其设立的农民工工资（劳务费）专用账户直接将工资划入农民工个人工资账户。

三、健全工资支付监控和保障制度

（六）完善企业工资支付监控机制。构建企业工资支付监控网络，依托基层劳动保障监察网格化、网络化管理平台的工作人员和基层工会组织设立的劳动法律监督员，对辖区内企业工资支付情况实行日常监管，对发生过拖欠工资的企业实行重点监控并要求其定期申报。企业确因生产经营困难等原因需要延期支付农民工工资的，应及时向当地人力资源社会保障部门、工会组织报告。建立和完善欠薪预警系统，根据工商、税务、银行、水电供应等单位反映的企业生产经营状况相关指标变化情况，定期对重点行业企业进行综合分析研判，发现欠薪隐患要及时预警并做好防范工作。

（七）完善工资保证金制度。在建筑市政、交通、水利等工程建设领域全面实行工资保证金制度，逐步将实施范围扩大到其他易发生拖欠工资的行业。建立工资保证金差异化缴存办法，对一定时期内未发生工资拖欠的企业实行减免措施、发生工资拖欠的企业适当提高缴存比例。严格规范工资保证金动用和退还办法。探索推行业主担保、银行保函等第三方担保制度，积极引入商业保险机制，保障农民工工资支付。

（八）建立健全农民工工资（劳务费）专用账户管理制度。在工程建设领域，实行人工费用与其他工程款分账管理制度，推动农民工工资与工程材料款等相分离。施工总承包企业应分解工程价款中的人工费用，在工程项目所在地银行开设农民工工资（劳务费）专用账户，专项用于支付农民工工资。建设单位应按照工程承包合同约定的比例或施工总承包企业提供的人工费用数额，将应付工程款中的人工费单独拨付到施工总承包企业开设的农民工工资（劳务费）专用账户。农民工工资（劳务费）专用账户应向人力资源社会保障部门和交通、水利等工程建设项目主管部门备案，并委托开户银行负责日常监管，确保专款专用。开户银行发现账户资金不足、被挪用等情况，应及时向人力资源社会保障部门和交通、水利等工程建设项目主管部门报告。

（九）落实清偿欠薪责任。招用农民工的企业承担直接清偿拖欠农民工工资的主体责任。在工程建设领域，建设单位或施工总承包企业未按合同约定及时划拨工程款，致使分包企业拖欠农民工工资的，由建设单位或施工总承包企业以未结清的工程款为限先行垫付农民工工资。建设单位或施工总承包企业将工程违法发包、转包或违法分包致使拖欠农民工工资的，由建设单位或施工总承包企业依法承担清偿责任。

四、推进企业工资支付诚信体系建设

（十）完善企业守法诚信管理制度。将劳动用工、工资支付情况作为企业诚信评价的重要依据，实行分类分级动态监管。建立拖欠工资企业“黑名单”制度，定期向社会公开有关信息。人力资源社会保障部门要建立企业拖欠工资等违法信息的归集、交换和更新机制，将查处的企业拖欠工资情况纳入人民银行企业征信系统、工商部门企业信用信息公示系统、住房城乡建设等行业主管部门诚信信息平台或政府公共信用信息服务平台。推进相关信用信息系统互联互通，实现对企业信用信息互认共享。

（十一）建立健全企业失信联合惩戒机制。加强对企业失信行为的部门协同监管和联合惩戒，对拖欠工资的失信企业，由有关部门在政府资金支持、政府采购、招投标、生产许可、履约担保、资质审核、融资贷款、市场准入、评优评先等方面依法依规予以限制，使失信企业在全国范围内“一处违法、处处受限”，提高企业失信违法成本。

五、依法处置拖欠工资案件

（十二）严厉查处拖欠工资行为。加强工资支付监察执法，扩大日常巡视检查和书面材料审查覆盖范围，推进劳动保障监察举报投诉案件省级联动处理机制建设，加大拖欠农民工工资举报投诉受理和案件查处力度。完善多部门联合治理机制，深入开展农民工工资支付情况专项检查。健全地区执法协作制度，加强跨区域案件执法协作。完善劳动保障监察行政执法与刑事司法衔接机制，健全劳动保障监察机构、公安机关、检察机关、审判机关间信息共享、案情通报、案件移送等制度，推动完善人民检察院立案监督和人民法院及时财产保全等制度。对恶意欠薪涉嫌犯罪的，依法移送司法机关追究刑事责任，切实发挥刑法对打击拒不支付劳动报酬犯罪行为的威慑作用。

（十三）及时处理欠薪争议案件。充分发挥基层劳动争议调解等组织的作用，引导农民工就地就近解决工资争议。劳动人事争议仲裁机构对农民工因拖欠工资申请仲裁的争议案件优先受理、优先开庭、及时裁决、快速结案。对集体欠薪争议或涉及金额较大的欠薪争议案件要挂牌督办。加强裁审衔接与工作协调，提高欠薪争议案件裁决效率。畅通申请渠道，依法及时为农民工讨薪提供法律服务和法律援助。

（十四）完善欠薪突发事件应急处置机制。健全应急预案，及时妥善处置因拖欠农民工工资引发的突发性、群体性事件。完善欠薪应急周转金制度，探索建立欠薪保障金制度，对企业一时难以解决拖欠工资或企业主欠薪逃匿的，及时动用应急周转金、欠薪保障金或通过其他渠道筹措资金，先行垫付部分工资或基本生活费，帮助解决被拖欠工资农民工的临时生活困难。对采取非法手段讨薪或以拖欠工资为名讨要工程款，构成违反治安管理行为的，要依法予以治安处罚；涉嫌犯罪的，依法移送司法机关追究刑事责任。

六、改进建设领域工程款支付管理和用工方式

（十五）加强建设资金监管。在工程建设领域推行工程款支付担保制度，采用经济手段约束建设单位履约行为，预防工程款拖欠。加强对政府投资工程项目的管理，对建设资金来源不落实的政府投资工程项目不予批准。政府投资项目一律不得以施工企业带资承包的方式进行建设，并严禁将带资承包有关内容写入工程承包合同及补充条款。

（十六）规范工程款支付和结算行为。全面推行施工过程结算，建设单位应按合同约定的计量周期或工程进度结算并支付工程款。工程竣工验收后，对建设单位未完成竣工结算或未按合同支付工程款且未明确剩余工程款支付计划的，探索建立建设项目抵押偿付制度，有效解决拖欠工程款问题。对长期拖欠工程款结算或拖欠工程款的建设单位，有关部门不得批准其新项目开工建设。

（十七）改革工程建设领域用工方式。加快培育建筑产业工人队伍，推进农民工组织化进程。鼓励施工企业将一部分技能水平高的农民工招用为自有工人，不断扩大自有工人队伍。引导具备条件的劳务作业班组向专业企业发展。

（十八）实行施工现场维权信息公示制度。施工总承包企业负责在施工现场醒目位置设立维权信息告示牌，明示业主单位、施工总承包企业及所在项目部、分包企业、行业监管部门等基本信息；明示劳动用工相关法律法规、当地最低工资标准、工资支付日期等信息；明示属地行业监管部门投诉举报电话和劳动争议调解仲裁、劳动保障监察投诉举报电话等信息，实现所有施工场地全覆盖。

七、加强组织领导

（十九）落实属地监管责任。按照属地管理、分级负责、谁主管谁负责的原则，完善并落实解决拖欠农民工工资问题省级人民政府负总责，市（地）、县级人民政府具体负责的工作体制。完善目标责任制度，制定实施办法，将保障农民工工资支付纳入政府考核评价指标体系。建立定期督查制度，对拖欠农民工工资问题高发频发、举报投诉量大的地区及重大违法案件进行重点督查。健全问责制度，对监管责任不落实、组织工作不到位的，要严格责任追究。对政府投资工程项目拖欠工程款并引发拖欠农民工工资问题的，要追究项目负责人责任。

（二十）完善部门协调机制。健全解决企业工资拖欠问题部际联席会议制度，联席会议成员单位调整为人力资源社会保障部、发展改革委、公安部、司法部、财政部、住房城乡建设部、交通运输部、水利部、人民银行、国资委、工商总局、全国总工会，形成治理欠薪工作合力。地方各级人民政府要建立健全由政府负责人牵头、相关部门参与的工作协调机制。人力资源社会保障部门要加强组织协调和督促检查，加大劳动保障监察执法力度。住房城乡建设、交通运输、水利等部门要切实履行行业监管责任，规范工程建设市场秩序，督促企业落实劳务用工实名制管理等制度规定，负责督办因挂靠承包、违法分包、转包、拖欠工程款等造成的欠薪案件。发展改革等部门要加强对政府投资项目的审批管理，严格审查资金来源和筹措方式。财政部门要加强对政府投资项目建设全过程的资金监管，按规定及时拨付财政资金。其他相关部门要根据职责分工，积极做好保障农民工工资支付工作。

（二十一）加大普法宣传力度。发挥新闻媒体宣传引导和舆论监督作用，大力宣传劳动保障法律法规，依法公布典型违法案件，引导企业经营者增强依法用工、按时足额支付工资的法律意识，引导农民工依法理性维权。对重点行业企业，定期开展送法上门宣讲、组织法律培训等活动。充分利用互联网、微博、微信等现代传媒手段，不断创新宣传方式，增强宣传效果，营造保障农民工工资支付的良好舆论氛围。

（二十二）加强法治建设。健全保障农民工工资支付的法律制度，在总结相关行业有效做法和各地经验基础上，加快工资支付保障相关立法，为维护农民工劳动报酬权益提供法治保障。

就业服务与就业管理规定

（2007 年 11 月 5 日劳动保障部令第 28 号公布，根据 2014 年 12 月 23 日《人力资源社会保障部关于修改〈就业服务与就业管理规定〉的决定》第一次修正，根据 2015 年 4 月 30 日《人力资源社会保障部关于修改部分规章的决定》第二次修正）

第一章　总　则

第一条　为了加强就业服务和就业管理，培育和完善统一开放、竞争有序的人力资源市场，为劳动者就业和用人单位招用人员提供服务，根据就业促进法等法律、行政法规，制定本规定。

第二条　劳动者求职与就业，用人单位招用人员，劳动保障行政部门举办的公共就业服务机构和经劳动保障行政部门审批的职业中介机构从事就业服务活动，适用本规定。

本规定所称用人单位，是指在中华人民共和国境内的企业、个体经济组织、民办非企业单位等组织，以及招用与之建立劳动关系的劳动者的国家机关、事业单位、社会团体。

第三条　县级以上劳动保障行政部门依法开展本行政区域内的就业服务和就业管理工作。

第二章　求职与就业

第四条　劳动者依法享有平等就业的权利。劳动者就业，不因民族、种族、性别、宗教信仰等不同而受歧视。

第五条　农村劳动者进城就业享有与城镇劳动者平等的就业权利，不得对农村劳动者进城就业设置歧视性限制。

第六条　劳动者依法享有自主择业的权利。劳动者年满 16

周岁，有劳动能力且有就业愿望的，可凭本人身份证件，通过公共就业服务机构、职业中介机构介绍或直接联系用人单位等渠道求职。

第七条 劳动者求职时，应当如实向公共就业服务机构或职业中介机构、用人单位提供个人基本情况以及与应聘岗位直接相关的知识技能、工作经历、就业现状等情况，并出示相关证明。

第八条 劳动者应当树立正确的择业观念，提高就业能力和创业能力。

国家鼓励劳动者在就业前接受必要的职业教育或职业培训，鼓励城镇初高中毕业生在就业前参加劳动预备制培训。

国家鼓励劳动者自主创业、自谋职业。各级劳动保障行政部门应当会同有关部门，简化程序，提高效率，为劳动者自主创业、自谋职业提供便利和相应服务。

第三章　招用人员

第九条 用人单位依法享有自主用人的权利。用人单位招用人员，应当向劳动者提供平等的就业机会和公平的就业条件。

第十条 用人单位可以通过下列途径自主招用人员：

（一）委托公共就业服务机构或职业中介机构；

（二）参加职业招聘洽谈会；

（三）委托报纸、广播、电视、互联网站等大众传播媒介发布招聘信息；

（四）利用本企业场所、企业网站等自有途径发布招聘信息；

（五）其他合法途径。

第十一条 用人单位委托公共就业服务机构或职业中介机构招用人员，或者参加招聘洽谈会时，应当提供招用人员简章，并出示营业执照（副本）或者有关部门批准其设立的文件、经办人的身份证件和受用人单位委托的证明。

招用人员简章应当包括用人单位基本情况、招用人数、工作内容、招录条件、劳动报酬、福利待遇、社会保险等内容，以及法律、法规规定的其他内容。

第十二条 用人单位招用人员时，应当依法如实告知劳动者有关工作内容、工作条件、工作地点、职业危害、安全生产状况、劳动报酬以及劳动者要求了解的其他情况。

用人单位应当根据劳动者的要求，及时向其反馈是否录用的情况。

第十三条 用人单位应当对劳动者的个人资料予以保密。公开劳动者的个人资料信息和使用劳动者的技术、智力成果，须经劳动者本人书面同意。

第十四条 用人单位招用人员不得有下列行为：

（一）提供虚假招聘信息，发布虚假招聘广告；

（二）扣押被录用人员的居民身份证和其他证件；

（三）以担保或者其他名义向劳动者收取财物；

（四）招用未满16周岁的未成年人以及国家法律、行政法规规定不得招用的其他人员；

（五）招用无合法身份证件的人员；

（六）以招用人员为名牟取不正当利益或进行其他违法活动。

第十五条 用人单位不得以诋毁其他用人单位信誉、商业贿赂等不正当手段招聘人员。

第十六条 用人单位在招用人员时，除国家规定的不适合妇女从事的工种或者岗位外，不得以性别为由拒绝录用妇女或者提高对妇女的录用标准。

用人单位录用女职工，不得在劳动合同中规定限制女职工结婚、生育的内容。

第十七条 用人单位招用人员，应当依法对少数民族劳动者给予适当照顾。

第十八条 用人单位招用人员，不得歧视残疾人。

第十九条 用人单位招用人员，不得以是传染病病原携带者为由拒绝录用。但是，经医学鉴定传染病病原携带者在治愈前或者排除传染嫌疑前，不得从事法律、行政法规和国务院卫生行政部门规定禁止从事的易使传染病扩散的工作。

用人单位招用人员，除国家法律、行政法规和国务院卫生行政部门规定禁止乙肝病原携带者从事的工作外，不得强行将乙肝病毒血清学指标作为体检标准。

第二十条 用人单位发布的招用人员简章或招聘广告，不得包含歧视性内容。

第二十一条 用人单位招用从事涉及公共安全、人身健康、生命财产安全等特殊工种的劳动者，应当依法招用持相应工种职业资格证书的人员；招用未持相应工种职业资格证书人员的，须组织其在上岗前参加专门培训，使其取得职业资格证书后方可上岗。

第二十二条 用人单位招用台港澳人员后，应当按有关规定到当地劳动保障行政部门备案，并为其办理《台港澳人员就业证》。

第二十三条 用人单位招用外国人，应当在外国人入境前，按有关规定到当地劳动保障行政部门为其申请就业许可，经批准并获得《中华人民共和国外国人就业许可证书》后方可招用。

用人单位招用外国人的岗位必须是有特殊技能要求、国内暂无适当人选的岗位，并且不违反国家有关规定。

第四章　公共就业服务

第二十四条 县级以上劳动保障行政部门统筹管理本行政区域内的公共就业服务工作，根据政府制定的发展计划，建立健全覆盖城乡的公共就业服务体系。

公共就业服务机构根据政府确定的就业工作目标任务，制定就业服务计划，推动落实就业扶持政策，组织实施就业服务项目，为劳动者和用人单位提供就业服务，开展人力资源市场调查分析，并受劳动保障行政部门委托经办促进就业的相关事务。

第二十五条 公共就业服务机构应当免费为劳动者提供以下服务：

（一）就业政策法规咨询；

（二）职业供求信息、市场工资指导价位信息和职业培训信息发布；

（三）职业指导和职业介绍；

（四）对就业困难人员实施就业援助；

（五）办理就业登记、失业登记等事务；

（六）其他公共就业服务。

第二十六条 公共就业服务机构应当积极拓展服务功能，根据用人单位需求提供以下服务：

（一）招聘用人指导服务；

（二）代理招聘服务；

（三）跨地区人员招聘服务；

（四）企业人力资源管理咨询等专业性服务；

（五）劳动保障事务代理服务；

（六）为满足用人单位需求开发的其他就业服务项目。

第二十七条 公共就业服务机构应当加强职业指导工作，配备专（兼）职职业指导工作人员，向劳动者和用人单位提供职业指导服务。

公共就业服务机构应当为职业指导工作提供相应的设施和条件，推动职业指导工作的开展，加强对职业指导工作的宣传。

第二十八条 职业指导工作包括以下内容：

（一）向劳动者和用人单位提供国家有关劳动保障的法律法规和政策、人力资源市场状况咨询；

（二）帮助劳动者了解职业状况，掌握求职方法，确定择业方向，增强择业能力；

（三）向劳动者提出培训建议，为其提供职业培训相关信息；

（四）开展对劳动者个人职业素质和特点的测试，并对其职业能力进行评价；

（五）对妇女、残疾人、少数民族人员及退出现役的军人等就业群体提供专门的职业指导服务；

（六）对大中专学校、职业院校、技工学校学生的职业指导工作提供咨询和服务；

（七）对准备从事个体劳动或开办私营企业的劳动者提供创业咨询服务；

（八）为用人单位提供选择招聘方法、确定用人条件和标准等方面的招聘用人指导；

（九）为职业培训机构确立培训方向和专业设置等提供咨询参考。

第二十九条 公共就业服务机构在劳动保障行政部门的指导下，组织实施劳动力资源调查和就业、失业状况统计工作。

第三十条 公共就业服务机构应当针对特定就业群体的不同需求，制定并组织实施专项计划。

公共就业服务机构应当根据服务对象的特点，在一定时期内为不同类型的劳动者、就业困难对象或用人单位集中组织活动，开展专项服务。

公共就业服务机构受劳动保障行政部门委托，可以组织开展促进就业的专项工作。

第三十一条 县级以上公共就业服务机构建立综合性服务场所，集中为劳动者和用人单位提供一站式就业服务，并承担劳动保障行政部门安排的其他工作。

街道、乡镇、社区公共就业服务机构建立基层服务窗口，开展以就业援助为重点的公共就业服务，实施劳动力资源调查统计，并承担上级劳动保障行政部门安排的其他就业服务工作。

公共就业服务机构使用全国统一标识。

第三十二条 公共就业服务机构应当不断提高服务的质量和效率。

公共就业服务机构应当加强内部管理，完善服务功能，统一服务流程，按照国家制定的服务规范和标准，为劳动者和用人单位提供优质高效的就业服务。

公共就业服务机构应当加强工作人员的政策、业务和服务技能培训，组织职业指导人员、职业信息分析人员、劳动保障协理员等专业人员参加相应职业资格培训。

公共就业服务机构应当公开服务制度，主动接受社会监督。

第三十三条 县级以上劳动保障行政部门和公共就业服务机构应当按照劳动保障信息化建设的统一规划、标准和规范，建立完善人力资源市场信息网络及相关设施。

公共就业服务机构应当逐步实行信息化管理与服务，在城市内实现就业服务、失业保险、就业培训信息共享和公共就业服务全程信息化管理，并逐步实现与劳动工资信息、社会保险信息的互联互通和信息共享。

第三十四条 公共就业服务机构应当建立健全人力资源市场信息服务体系，完善职业供求信息、市场工资指导价位信息、职业培训信息、人力资源市场分析信息的发布制度，为劳动者求职择业、用人单位招用人员以及培训机构开展培训提供支持。

第三十五条 县级以上劳动保障行政部门应当按照信息化建设统一要求，逐步实现全国人力资源市场信息联网。其中，城市应当按照劳动保障数据中心建设的要求，实现网络和数据资源的集中和共享；省、自治区应当建立人力资源市场信息网省级监测中心，对辖区内人力资源市场信息进行监测；劳动保障部设立人力资源市场信息网全国监测中心，对全国人力资源市场信息进行监测和分析。

第三十六条 县级以上劳动保障行政部门应当对公共就业服务机构加强管理，定期对其完成各项任务情况进行绩效考核。

第三十七条 公共就业服务经费纳入同级财政预算。各级劳动保障行政部门和公共就业服务机构应当根据财政预算编制的规定，依法编制公共就业服务年度预算，报经同级财政部门审批后执行。

公共就业服务机构可以按照就业专项资金管理相关规定，依法申请公共就业服务专项扶持经费。

公共就业服务机构接受社会各界提供的捐赠和资助，按照国家有关法律法规管理和使用。

公共就业服务机构为用人单位提供的服务，应当规范管理，严格控制服务收费。确需收费的，具体项目由省级劳动保障行政部门会同相关部门规定。

第三十八条 公共就业服务机构不得从事经营性活动。

公共就业服务机构举办的招聘会，不得向劳动者收取费用。

第三十九条 各级残疾人联合会所属的残疾人就业服务机构是公共就业服务机构的组成部分，负责为残疾劳动者提供相关就业服务，并经劳动保障行政部门委托，承担残疾劳动者的就业登记、失业登记工作。

第五章 就业援助

第四十条 公共就业服务机构应当制定专门的就业援助计划，对就业援助对象实施优先扶持和重点帮助。

本规定所称就业援助对象包括就业困难人员和零就业家庭。就业困难对象是指因身体状况、技能水平、家庭因素、失去土地等原因难以实现就业，以及连续失业一定时间仍未能实现就业的人员。零就业家庭是指法定劳动年龄内的家庭人员均处于失业状况的城市居民家庭。

对援助对象的认定办法，由省级劳动保障行政部门依据当地人民政府规定的就业援助对象范围制定。

第四十一条 就业困难人员和零就业家庭可以向所在地街道、社区公共就业服务机构申请就业援助。经街道、社区公共就业服务机构确认属实的，纳入就业援助范围。

第四十二条 公共就业服务机构应当建立就业困难人员帮扶制度，通过落实各项就业扶持政策、提供就业岗位信息、组织技能培训等有针对性的就业服务和公益性岗位援助，对就业困难人员实施优先扶持和重点帮助。

在公益性岗位上安置的就业困难人员，按照国家规定给予岗位补贴。

第四十三条 公共就业服务机构应当建立零就业家庭即时岗位援助制度，通过拓宽公益性岗位范围，开发各类就业岗位等措施，及时向零就业家庭中的失业人员提供适当的就业岗位，确保零就业家庭至少有一人实现就业。

第四十四条 街道、社区公共就业服务机构应当对辖区内就业援助对象进行登记，建立专门台账，实行就业援助对象动态管理和援助责任制度，提供及时、有效的就业援助。

第六章 职业中介服务

第四十五条 县级以上劳动保障行政部门应当加强对职业中介机构的管理，鼓励其提高服务质量，发挥其在促进就业中的作用。

本规定所称职业中介机构，是指由法人、其他组织和公民个人举办，为用人单位招用人员和劳动者求职提供中介服务以及其他相关服务的经营性组织。

政府部门不得举办或者与他人联合举办经营性的职业中介机构。

第四十六条 从事职业中介活动，应当遵循合法、诚实信用、公平、公开的原则。

禁止任何组织或者个人利用职业中介活动侵害劳动者和用人单位的合法权益。

第四十七条 职业中介实行行政许可制度。设立职业中介机构或其他机构开展职业中介活动，须经劳动保障行政部门批准，并获得职业中介许可证。

未经依法许可和登记的机构，不得从事职业中介活动。

职业中介许可证由劳动保障部统一印制并免费发放。

第四十八条 设立职业中介机构应当具备下列条件：

（一）有明确的机构章程和管理制度；

（二）有开展业务必备的固定场所、办公设施和一定数额的开办资金；

（三）有一定数量具备相应职业资格的专职工作人员；

（四）法律、法规规定的其他条件。

第四十九条 设立职业中介机构，应当向当地县级以上劳动保障行政部门提出申请，提交下列文件：

（一）设立申请书；

（二）机构章程和管理制度草案；

（三）场所使用权证明；

（四）拟任负责人的基本情况、身份证明；

（五）具备相应职业资格的专职工作人员的相关证明；

（六）工商营业执照（副本）；

（七）法律、法规规定的其他文件。

第五十条 劳动保障行政部门接到设立职业中介机构的申请后，应当自受理申请之日起20日内审理完毕。对符合条件的，应当予以批准；不予批准的，应当说明理由。

劳动保障行政部门对经批准设立的职业中介机构实行年度审验。

职业中介机构的具体设立条件、审批和年度审验程序，由省级劳动保障行政部门统一规定。

第五十一条 职业中介机构变更名称、住所、法定代表人等或者终止的，应当按照设立许可程序办理变更或者注销登记手续。

设立分支机构的，应当在征得原审批机关的书面同意后，由拟设立分支机构所在地县级以上劳动保障行政部门审批。

第五十二条 职业中介机构可以从事下列业务：

（一）为劳动者介绍用人单位；

（二）为用人单位和居民家庭推荐劳动者；

（三）开展职业指导、人力资源管理咨询服务；

（四）收集和发布职业供求信息；

（五）根据国家有关规定从事互联网职业信息服务；

（六）组织职业招聘洽谈会；

（七）经劳动保障行政部门核准的其他服务项目。

第五十三条 职业中介机构应当在服务场所明示营业执照、职业中介许可证、服务项目、收费标准、监督机关名称和监督电话等，并接受劳动保障行政部门及其他有关部门的监督检查。

第五十四条 职业中介机构应当建立服务台账，记录服务对象、服务过程、服务结果和收费情况等，并接受劳动保障行政部门的监督检查。

第五十五条 职业中介机构提供职业中介服务不成功的，应当退还向劳动者收取的中介服务费。

第五十六条 职业中介机构租用场地举办大规模职业招聘洽谈会，应当制定相应的组织实施办法和安全保卫工作方案，并向批准其设立的机关报告。

职业中介机构应当对入场招聘用人单位的主体资格真实性和招用人员简章真实性进行核实。

第五十七条 职业中介机构为特定对象提供公益性就业服务的，可以按照规定给予补贴。可以给予补贴的公益性就业服务的范围、对象、服务效果和补贴办法，由省级劳动保障行政部门会同有关部门制定。

第五十八条 禁止职业中介机构有下列行为：

（一）提供虚假就业信息；

（二）发布的就业信息中包含歧视性内容；

（三）伪造、涂改、转让职业中介许可证；

（四）为无合法证照的用人单位提供职业中介服务；

（五）介绍未满16周岁的未成年人就业；

（六）为无合法身份证件的劳动者提供职业中介服务；

（七）介绍劳动者从事法律、法规禁止从事的职业；

（八）扣押劳动者的居民身份证和其他证件，或者向劳动者收取押金；

（九）以暴力、胁迫、欺诈等方式进行职业中介活动；

（十）超出核准的业务范围经营；

（十一）其他违反法律、法规规定的行为。

第五十九条 县级以上劳动保障行政部门应当依法对经审批设立的职业中介机构开展职业中介活动进行监督指导，定期组织对其服务信用和服务质量进行评估，并将评估结果向社会公布。

县级以上劳动保障行政部门应当指导职业中介机构开展工作人员培训，提高服务质量。

县级以上劳动保障行政部门对在诚信服务、优质服务和公益性服务等方面表现突出的职业中介机构和个人，报经同级人民政府批准后，给予表彰和奖励。

第六十条 设立外商投资职业中介机构以及职业中介机构从事境外就业中介服务的，按照有关规定执行。

第七章 就业与失业管理

第六十一条 劳动保障行政部门应当建立健全就业登记制度和失业登记制度，完善就业管理和失业管理。

公共就业服务机构负责就业登记与失业登记工作，建立专门台账，及时、准确地记录劳动者就业与失业变动情况，并做好相应统计工作。

就业登记和失业登记在各省、自治区、直辖市范围内实行统一的就业失业登记证（以下简称登记证），向劳动者免费发放，并注明可享受的相应扶持政策。

就业登记、失业登记的具体程序和登记证的样式，由省级劳动保障行政部门规定。

第六十二条 劳动者被用人单位招用的，由用人单位为劳动者办理就业登记。用人单位招用劳动者和与劳动者终止或者解除劳动关系，应当到当地公共就业服务机构备案，为劳动者办理就业登记手续。用人单位招用人员后，应当于录用之日起 30 日内办理登记手续；用人单位与职工终止或者解除劳动关系后，应当于 15 日内办理登记手续。

劳动者从事个体经营或灵活就业的，由本人在街道、乡镇公共就业服务机构办理就业登记。

就业登记的内容主要包括劳动者个人信息、就业类型、就业时间、就业单位以及订立、终止或者解除劳动合同情况等。就业登记的具体内容和所需材料由省级劳动保障行政部门规定。

公共就业服务机构应当对用人单位办理就业登记及相关手续设立专门服务窗口，简化程序，方便用人单位办理。

第六十三条 在法定劳动年龄内，有劳动能力，有就业要求，处于无业状态的城镇常住人员，可以到常住地的公共就业服务机构进行失业登记。

第六十四条 劳动者进行失业登记时，须持本人身份证件和证明原身份的有关证明；有单位就业经历的，还须持与原单位终止、解除劳动关系或者解聘的证明。

登记失业人员凭登记证享受公共就业服务和就业扶持政策；其中符合条件的，按规定申领失业保险金。

登记失业人员应当定期向公共就业服务机构报告就业失业状

况，积极求职，参加公共就业服务机构安排的就业培训。

第六十五条 失业登记的范围包括下列失业人员：

（一）年满16周岁，从各类学校毕业、肄业的；

（二）从企业、机关、事业单位等各类用人单位失业的；

（三）个体工商户业主或私营企业业主停业、破产停止经营的；

（四）承包土地被征用，符合当地规定条件的；

（五）军人退出现役且未纳入国家统一安置的；

（六）刑满释放、假释、监外执行的；

（七）各地确定的其他失业人员。

第六十六条 登记失业人员出现下列情形之一的，由公共就业服务机构注销其失业登记：

（一）被用人单位录用的；

（二）从事个体经营或创办企业，并领取工商营业执照的；

（三）已从事有稳定收入的劳动，并且月收入不低于当地最低工资标准的；

（四）已享受基本养老保险待遇的；

（五）完全丧失劳动能力的；

（六）入学、服兵役、移居境外的；

（七）被判刑收监执行的；

（八）终止就业要求或拒绝接受公共就业服务的；

（九）连续6个月未与公共就业服务机构联系的；

（十）已进行就业登记的其他人员或各地规定的其他情形。

第八章　罚　则

第六十七条 用人单位违反本规定第十四条第（二）（三）项规定的，按照劳动合同法第八十四条的规定予以处罚；用人单位违反第十四条第（四）项规定的，按照国家禁止使用童工和其他有关法律、法规的规定予以处罚。用人单位违反第十四条第

（一）（五）（六）项规定的，由劳动保障行政部门责令改正，并可处以一千元以下的罚款；对当事人造成损害的，应当承担赔偿责任。

第六十八条 用人单位违反本规定第十九条第二款规定，在国家法律、行政法规和国务院卫生行政部门规定禁止乙肝病原携带者从事的工作岗位以外招用人员时，将乙肝病毒血清学指标作为体检标准的，由劳动保障行政部门责令改正，并可处以一千元以下的罚款；对当事人造成损害的，应当承担赔偿责任。

第六十九条 违反本规定第三十八条规定，公共就业服务机构从事经营性职业中介活动向劳动者收取费用的，由劳动保障行政部门责令限期改正，将违法收取的费用退还劳动者，并对直接负责的主管人员和其他直接责任人员依法给予处分。

第七十条 违反本规定第四十七条规定，未经许可和登记，擅自从事职业中介活动的，由劳动保障行政部门或者其他主管部门按照就业促进法第六十四条规定予以处罚。

第七十一条 职业中介机构违反本规定第五十三条规定，未明示职业中介许可证、监督电话的，由劳动保障行政部门责令改正，并可处以一千元以下的罚款；未明示收费标准的，提请价格主管部门依据国家有关规定处罚；未明示营业执照的，提请工商行政管理部门依据国家有关规定处罚。

第七十二条 职业中介机构违反本规定第五十四条规定，未建立服务台账，或虽建立服务台账但未记录服务对象、服务过程、服务结果和收费情况的，由劳动保障行政部门责令改正，并可处以一千元以下的罚款。

第七十三条 职业中介机构违反本规定第五十五条规定，在职业中介服务不成功后未向劳动者退还所收取的中介服务费的，由劳动保障行政部门责令改正，并可处以一千元以下的罚款。

第七十四条 职业中介机构违反本规定第五十八条第（一）（三）（四）（八）项规定的，按照就业促进法第六十五条、第六十六条规定予以处罚。违反本规定第五十八条第（五）项规定的，按照国家禁止使用童工的规定予以处罚。违反本规定第五十八条其他各项规定的，由劳动保障行政部门责令改正，没有违法所得的，可处以一万元以下的罚款；有违法所得的，可处以不超过违法所得三倍的罚款，但最高不得超过三万元；情节严重的，提请工商部门依法吊销营业执照；对当事人造成损害的，应当承担赔偿责任。

第七十五条 用人单位违反本规定第六十二条规定，未及时为劳动者办理就业登记手续的，由劳动保障行政部门责令改正，并可处以一千元以下的罚款。

第九章 附 则

第七十六条 本规定自 2008 年 1 月 1 日起施行。劳动部 1994 年 10 月 27 日颁布的《职业指导办法》、劳动保障部 2000 年 12 月 8 日颁布的《劳动力市场管理规定》同时废止。

劳动部等部门关于颁布《劳动就业服务企业产权界定规定》的通知

（1997年5月27日　劳部发〔1997〕181号）

各省、自治区、直辖市劳动（劳动人事）厅（局）、国有资产管理局、地方税务局，国务院有关部委、直属机构：

劳动部、国家国有资产管理局、国家税务总局制定了《劳动就业服务企业产权界定规定》，现予颁布，请遵照执行。

劳动就业服务企业产权界定规定

第一条　为了明晰劳动就业服务企业（以下简称劳服企业）产权关系，保障国家、集体和其他资产所有者的合法权益，促进劳服企业健康发展，进一步发挥其为就业服务的作用，根据国家有关法律、法规和《城镇集体所有制企业、单位清产核资产权界定暂行办法》，制定本规定。

第二条　本规定所称劳服企业是依法持有《劳动就业服务企业证书》，并经工商行政管理机关核准登记的企业。

第三条　劳服企业产权界定系指按照国家有关法律、法规规定，明确劳服企业财产所有权归属的一种法律行为。

第四条　劳服企业使用主办或扶持单位提供的资金、厂房、实物及无形资产等资产，凡事先约定为投资关系、债权债务关系或无偿资助关系的，按约定界定产权；没有约定的，按下列规定处理：

（一）劳服企业开办初期和发展过程中，使用主办或扶持单位为解决职工子女和富余人员就业提供的厂房、设备和其他实物资产、无形资产及所形成的收益，应归劳服企业集体所有；

（二）主办或扶持单位及其所属人员将其发明、专利技术（非职务发明、专利除外）以及其他无形资产带给劳服企业所形成的资产，应归劳服企业集体所有；

（三）劳服企业使用主办或扶持单位的设备、房屋等实物资产，凡主办或扶持单位收取的折旧费、资产占用费、管理费及其他费用或实物计价之和达到或超过其资产净值的，该实物资产及其形成的资产，归劳服企业集体所有；没有超过其资产净值的剩余资产，按本规定第十三条处理。

第五条 劳服企业按照国家法律、法规规定所享受的免税、减税、税前还贷和以税还贷等优惠政策，其所得及形成的资产，1993 年 6 月 30 日前形成的，其产权归劳服企业集体所有；1993 年 7 月 1 日后形成的，国家对其规定专门用途的，从其规定；没有规定的，按集体企业各投资者所拥有财产（含劳动积累）的比例确定产权归属。

第六条 劳服企业使用银行贷款、国家借款、主办单位借款等借贷资金形成的资产，其产权归劳服企业集体所有。主办或扶持单位为劳服企业使用的贷款和借款提供了担保，并履行了连带责任的，须确定主办或扶持单位和劳服企业之间的债权债务关系。

第七条 凡劳服企业按照国家有关规定使用属于主办或扶持单位提供的生产经营场地，应缴纳土地使用占用费或租赁费，其生产经营场地，该劳服企业有权继续使用。

第八条 劳服企业联合经济组织投资及其形成的资产，归劳服企业联合经济组织集体所有。

第九条 劳服企业使用公益金所形成的资产，归劳服企业劳动者集体所有。

第十条 劳服企业资产中个人投资及其投资收益所形成的资

产，应归投资者所有。

第十一条 劳服企业资产中接受无偿资助的资产，归劳服企业集体所有，难以明确投资主体的，其产权暂归劳服企业劳动者集体所有。

第十二条 劳服企业资产中界定为国有资产的，原主办或扶持单位不得无故抽回，该劳服企业继续有偿使用。

第十三条 劳服企业使用国有资产，可按下列方式之一处理：

（一）作为安置主办或扶持单位富余人员及失业人员的扶持条件；

（二）由劳服企业一次付清或分期付款；

（三）按国家有关规定作为投资；

（四）按国家规定交纳不高于同期银行贷款利率的资产占用费，或按约定交付租金。

第十四条 劳服企业资产已被平调、侵吞或无偿占用的，应依据国务院第66号令《劳动就业服务企业管理规定》和本规定进行产权界定，凡界定为劳服企业集体资产的，应按有关规定办理有关手续。

劳服企业集体所有制性质发生变化时，应依法进行产权界定。凡界定为劳服企业集体资产的，应由行业部门劳服企业管理机构或当地劳动行政部门将该资产用于兴办劳服企业，安置就业。

第十五条 劳服企业日常的产权界定由各级劳动行政部门会同同级国有资产管理部门、地方税务部门进行。行业部门劳服企业管理机构应组织好本行业劳服企业的清产核资工作，并参与有关部门组织的产权界定。

劳服企业清产核资中产权界定具体工作程序，按照财政部、国家经贸委、国家税务总局下发的《城镇集体所有制企业、单位清产核资产权界定工作的具体规定》执行。

第十六条 劳服企业资产中凡界定为集体、个人或其他投资者所有的，由地方税务部门进行资产核实，由当地劳动行政部门核准登记，并报地方有关部门备案；界定为国有资产的，须经当地劳动行政部门审核，并由地方税务部门进行资产核实，由国有资产管理部门核准登记。

第十七条 劳服企业产权界定过程中与主管单位发生产权纠纷时，由当地劳动行政部门会同同级国有资产管理部门、地方税务部门进行调解和裁决。当事人对裁决不服的，可以提请行政复议和行政诉讼。

第十八条 实行股份合作制的劳服企业和新开办的劳服企业，应按本规定进行产权界定。

第十九条 凡违反本规定，阻挠、抵制或破坏劳服企业产权界定工作的，由劳动行政部门、国有资产管理部门和地方税务部门给予警告，责令其改正，并可建议企业主管部门对有关负责人员给予行政处分；构成犯罪的，提请司法机关依法追究其刑事责任。

第二十条 本规定颁布前出台的有关规定中，凡与本规定条款有抵触的，一律以本规定为准。

第二十一条 本规定自颁布之日起施行。

人力资源和社会保障部关于印发《进一步整合资源加强基层劳动就业社会保障公共服务平台和网络建设指导意见》的通知

（2010 年 3 月 30 日　人社部发〔2010〕22 号）

各省、自治区、直辖市人力资源社会保障（人事、劳动保障）厅（局），新疆生产建设兵团人事局、劳动保障局：

《关于进一步整合资源加强基层劳动就业社会保障公共服务平台和网络建设的指导意见》已经第 42 次部务会通过，现印发给你们，请及时转发，并结合实际提出贯彻落实要求。

关于进一步整合资源加强基层劳动就业社会保障公共服务平台和网络建设的指导意见

基层劳动就业社会保障公共服务平台和网络是政府社会管理与公共服务体系的重要组成部分，是人力资源和社会保障政策落实和工作落实的重要载体。随着我国人力资源和社会保障事业不断发展和服务领域不断拓宽，基层劳动就业社会保障公共服务平台和网络不健全、职能不完善、队伍力量弱、服务能力不足等问题日益突出，成为制约人力资源和社会保障事业可持续发展的瓶颈。为提高基层劳动就业社会保障公共服务能力，加快政府职能转变，满足人民群众日益增长的公共服务需求，现就加强基层劳动就业社会保障公共服务平台和网络建设提出如下意见：

一、指导思想、基本原则和总体目标

（一）指导思想：以邓小平理论和“三个代表”重要思想为

指导，深入贯彻落实科学发展观，紧紧围绕统筹城乡就业和加快建立覆盖城乡社会保障体系的目标，按照转变政府职能、强化社会管理和公共服务的要求，通过有效整合资源，健全完善县以下基层劳动就业社会保障公共服务平台和网络，全面提高服务能力和水平，为广大人民群众提供规范、便捷、高效的公共服务。

（二）基本原则：坚持公益性质，注重服务的公平性、可及性和均等化；坚持政府主办与购买服务相结合，充分利用社会资源参与公共服务；坚持统筹规划，整合现有公共服务资源，健全基层劳动就业社会保障公共服务平台和网络；坚持属地管理，结合实际，因地制宜，循序渐进。

（三）总体目标：第一阶段，从 2010 年开始到 2012 年的 3 年时间内，以公共就业、社会保障、劳动关系协调、劳动争议调解和劳动保障监察为重点，有效整合各项服务资源，明确职能职责，完善服务设施，保障工作经费，在全国街道、乡镇和社区、行政村基本建立健全劳动就业社会保障公共服务平台和网络；第二阶段，从 2013 年开始到“十二五”末，社会保障“一卡通”经过试点全面实施，基本实现基层劳动就业社会保障公共服务的规范化、专业化、信息化、网络化的目标，城乡居民能够就近享受到劳动就业和社会保障公共服务。

二、整合资源，明确职责

（四）将建立健全基层劳动就业社会保障公共服务平台和网络纳入工作规划。要将基层劳动就业社会保障公共服务体系建设纳入当地“十二五”规划，有计划、有步骤地建立健全街道、乡镇劳动就业社会保障公共服务平台和社区、行政村劳动就业社会保障公共服务网络。争取所有街道、乡镇都建立劳动就业社会保障服务中心（所），所有社区、行政村都设立劳动就业社会保障服务站（协管员）。各地也可根据区域分布和服务人数等实际情况，在邻近的乡镇或行政村建立共用的服务平台和网络。街道、乡镇已经建立多功能公共服务平台的地区，劳动就业社会保障公共服务中心（所）要主动设立办事窗口。

（五）完善街道、乡镇劳动就业社会保障公共服务功能。已经建立街道、乡镇劳动就业社会保障公共服务平台的地区，要强化服务功能，逐步增加和健全劳动关系协调、劳动争议调解、劳动保障监察、人事人才、失业登记、职业培训、劳务输出、农民工监测、农民工权益维护等服务功能，并进一步规范服务流程，提高服务水平。有条件的地区可主动承担其他公共服务功能。尚未建立街道、乡镇劳动就业社会保障公共服务平台的地区，在建设过程中要整体设计、统一推进。

（六）创新社区、行政村劳动就业社会保障公共服务网络运行模式。社区、行政村劳动就业社会保障公共服务站点一般应与其他公共服务项目整合资源，统筹推进建设，主要通过政府购买服务方式来实现。社区、行政村可以设置特定公益性岗位、聘用专职协管员，也可以由居委会、村委会工作人员兼职完成相关任务，按完成任务数量、质量给予经费和报酬。服务人口较多的城市社区，也可以建立与街道劳动就业社会保障服务平台类似的专门机构，工作人员可由街道服务机构派出。

三、注意规范化和标准化建设

（七）统一机构名称。街道、乡镇劳动就业社会保障公共服务平台可以统称为“××街道（乡、镇）劳动就业社会保障服务中心（所）”，社区、行政村劳动就业社会保障公共服务网络可以统称为“××社区（村）劳动就业社会保障服务站”。今后，国家将逐步建立全国统一的基层劳动就业社会保障公共服务标准和标识。

（八）明确服务场所建设标准。基层劳动就业社会保障公共服务平台和网络的建设要以满足工作需要、方便群众和经济实用为原则，综合考虑服务对象数量、地理交通、服务半径、服务内容等因素，结合当地经济发展水平，适当考虑未来发展需要合理确定。具体标准由省级人力资源社会保障部门制定。

（九）明确设备配置标准。街道、乡镇劳动就业社会保障公共服务中心（所）的基本配置包括：计算机及配套设备（服务器、网络）、办公设备、档案存放设备及其他设备。同一省份内基层劳动就业社会保障公共服务平台的设备配置标准应大体一致。

四、加强队伍建设，提高人员素质

（十）理顺管理体制。街道、乡镇劳动就业社会保障公共服务中心（所），接受同级党委、政府的领导，同时接受县级人力资源社会保障部门的业务指导。街道、乡镇劳动就业社会保障服务中心（所）属公共服务性质，应积极争取纳入全额预算事业单位管理。社区、行政村劳动就业社会保障服务站点，设置特定公益性岗位和聘用专职协管员的，由街道、乡镇中心（所）直接管理和监督，居委会、村委会应给予积极支持；由居委会、村委会人员兼职的，接受社区、行政村党组织和居委会、村委会的领导，同时接受街道、乡镇劳动就业社会保障服务中心（所）的业务指导。

（十一）合理配置工作人员。各地应根据辖区内的服务对象数量，综合考虑辖区内的就业人口、用人单位数量、辖区面积、工作任务量、经济社会发展水平等因素，合理配置基层劳动就业社会保障公共服务平台和网络的工作人员，定岗定责，并实行动态管理。街道、乡镇劳动就业社会保障公共服务平台一般每6000名左右服务对象应配置1名工作人员。

（十二）优化人员结构。制定基层劳动就业社会保障公共服务人员聘用资格标准，不断改进和完善聘用办法。采取公开招聘形式吸纳高校毕业生充实基层劳动就业社会保障公共服务队伍；鼓励“三支一扶”、大学生村官、西部志愿者等人员，专职或兼职从事基层劳动就业社会保障服务。

（十三）加强岗位培训。加大岗位培训力度，强化定岗、定向培训，努力实现基层劳动就业社会保障公共服务工作人员一岗多责、一专多能。要注重培训质量，增强培训的针对性和实效性，切实提高工作人员的业务素质、操作技能和服务水平，建设一支专业化、多功能的基层劳动就业社会保障公共服务工作人员队伍。

（十四）加强队伍作风建设。深入开展创建优质服务窗口活动，切实加强基础管理，规范工作人员的服务行为，增强服务意识。建立考核奖励机制，对基层劳动就业社会保障公共服务工作人员定期进行考核和奖励，发挥先进典型的示范带动作用，激发工作人员的积极性。

五、改善保障条件，推进信息化建设

（十五）支持基础设施建设。各地人力资源社会保障部门要积极协调政府相关部门，为街道、乡镇劳动就业社会保障公共服务平台建设提供必要的建设用地和建设资金。国家对中西部地区基层劳动就业社会保障公共服务平台基础设施建设、基本设备配置等给予必要的资金和政策支持。

（十六）保证街道、乡镇服务平台工作经费。要积极争取将街道、乡镇劳动就业社会保障公共服务平台的工作经费、人员经费和项目经费金额纳入同级财政预算，保证经费来源，确保工作人员享有合理的工资待遇。县级人力资源社会保障部门要积极争取同级政府对街道、乡镇劳动就业社会保障公共服务平台给予适当经费支持。同一街道、乡镇劳动就业社会保障公共服务平台的各类工作人员待遇水平要大体平衡。

（十七）优先推进信息化建设，尽快实现基层劳动就业社会保障工作信息联网。各地“金保工程”二期立项和实施要向基层劳动就业社会保障公共服务平台和网络倾斜，优先保证基层开展公共服务必需的设备、软件开发和网络建设投入。研究制定统一的编码体系和信息标准，加快信息网络建设，实现公共服务、信息网络的全覆盖。街道、乡镇平台和社区、行政村服务站点要实现与省、地市、县三级劳动就业社会保障管理服务机构的业务联网，首先与县级实现联网，业务协同处理，信息资源共享。

（十八）逐步统一各项公共服务应用软件。组织开发全国统一的标准版业务管理信息系统，在保证信息系统基本思路、基本框架、基本功能和指标体系全国统一的前提下，各地要积极采用系统参数配置的方式实现对本地政策和经办模式的支撑。对于确需本地化的地区，要按照“最少、必须”的原则，以省为单位开展，以保证应用软件的统一和业务流程的规范。全国统一的标准版业务管理信息系统应当具有很强的兼容性，能够兼顾劳动就业和社会保障之外开展各类业务的需要。

（十九）积极推进电子政务和政务公开。对可以通过互联网提供的公共服务，要借助有关政府网站，建设基于互联网的网上服务系统，提供网上办事、网上信息查询服务，提高公共服务效率。进一步推进政务公开，完善12333电话咨询服务中心功能，逐步将各项公共服务纳入群众咨询范围。

（二十）大力推行社会保障卡。按照全国统一的标准、规范和管理要求，整合基层劳动就业社会保障各项公共服务功能，加快发行和应用社会保障卡，早日实现全国"一卡通"，努力做到为各类服务对象记录一生、服务一生、保障一生。

六、加强组织领导

（二十一）明确工作责任。省、地市和县三级人力资源社会保障部门，都要高度重视本地区基层劳动就业社会保障公共服务体系建设工作。要成立专门的领导小组和工作机构，明确责任和分工，形成一级抓一级、层层抓落实的领导体制和工作机制。

（二十二）制定实施方案。各级人力资源社会保障部门要按照本指导意见的要求，因地制宜，统筹规划，抓紧制定推进方案和实施办法，周密部署，精心组织实施。特别是县级人力资源社会保障部门，要切实履行责任，积极争取同级党委、政府的重视和支持，把基层劳动就业社会保障公共服务平台和网络建设纳入当地党委、政府的重要议事日程，并积极协调有关部门加大对基层劳动就业社会保障公共服务体系建设的投入和支持力度，帮助解决建设中遇到的困难和问题。

（二十三）加强分类指导和检查评估。要加强对基层劳动就业社会保障公共服务体系建设的分类指导。经济条件较好的地区要优先发展，加快建设进度；其他地区要因地制宜，积极创造条件，保证基本的服务功能。要对基层劳动就业社会保障公共服务平台和网络建设情况进行检查和评估，及时发现新情况，研究解决新问题，确保基层劳动就业社会保障公共服务平台和网络建设取得突破性进展，为促进人力资源和社会保障事业可持续发展，解决好涉及人民群众切身利益的重大民生问题奠定坚实的基础。

人力资源和社会保障部关于进一步加强基层平台就业工作若干问题的意见

（2010年5月19日　人社部发〔2010〕37号）

各省、自治区、直辖市人力资源社会保障厅（局），新疆生产建设兵团人事局、劳动保障局：

为进一步贯彻落实《关于进一步加强公共就业服务体系建设的指导意见》（人社部发〔2009〕116号）、《关于进一步整合资源加强基层劳动就业和社会保障公共服务平台和网络建设的指导意见》（人社部发〔2010〕22号），充分发挥基层劳动就业和社会保障公共服务平台（以下简称基层平台）在就业工作中的基础作用。现就进一步加强基层平台就业工作提出如下意见：

一、进一步明确任务职责

街道、乡镇平台设立专门服务场所或服务窗口，向劳动者和用人单位提供公共就业服务，并组织、指导、协调、监督社区、行政村平台开展公共就业服务工作，承担就业工作的基本职责，主要包括：负责组织开展就业法规政策的宣传和咨询；负责组织开展人力资源调查统计、动态管理工作；负责审核、上报就业登记、失业登记相关资料，组织开展登记失业人员日常管理工作；负责收集、发布就业信息，提供职业指导、职业介绍、农村劳动力转移就业等就业服务；组织辖区相关人员参加职业培训、创业培训和职业技能鉴定；负责社区就业岗位开发，做好公益性岗位开发管理工作，开展创建充分就业社区活动；负责审核、上报就业困难人员认定资料，组织开展就业援助工作，协助落实就业政策；做好项目推荐、开业指导、小额担保贷款、跟踪服务等创业服务工作，指导开展信用社区创建工作；负责审核、上报灵活就业人员的就业情况，协助落实社会保险补贴政策；承担上级部门安排的其他就业服务工作。

社区、行政村平台设立专门服务窗口，并开展上门入户服务，承担就业工作的基本职责，主要包括：开展就业法规政策的宣传和咨询；开展城乡人力资源调查统计，建立基础台账，并及时更新信息变化情况，实行动态管理；负责受理就业登记、失业登记申请和初审，承担登记失业人员日常管理等工作；收集、发布就业信息，开展职业指导、职业介绍、农村劳动力转移就业等就业服务；了解、掌握培训需求，收集、发布培训信息，组织推荐城乡劳动者参加职业培训、创业培训；协助开发社区就业岗位，推荐就业困难人员到公益性岗位就业，开展创建充分就业社区活动；掌握有创业意愿人员的信息，受理小额担保贷款申请，协助贷款回收，提供相关创业服务，开展信用社区创建工作；开展就业援助对象的调查摸底和日常动态管理工作，受理就业援助申请，建立管理台账和及时更新信息库，协助落实就业政策，为就业援助对象提供上门入户援助服务；调查、核实灵活就业人员的就业情况，协助落实社会保险补贴政策；承担上级部门安排的其他就业服务工作。

二、进一步加强基层平台就业工作人员队伍建设

各地应根据统筹城乡就业工作的需要，综合考虑辖区内的就业人口、辖区面积、经济社会发展水平，特别是新成长劳动力、高校毕业生、登记失业人员、就业困难人员、农村富余劳动力等人员的就业服务需求，合理配置基层平台工作人员。鼓励“三支一扶”、大学生村官、西部志愿者等人员，专职或兼职从事基层公共就业服务。采取公开招聘形式吸纳高校毕业生充实基层平台公共就业服务队伍。社区、行政村特定公益性岗位聘用符合条件人员的，可按规定给予岗位补贴和社会保险补贴，并根据职业能力水平和工作绩效相应提高岗位补贴标准，以保证骨干队伍的稳定。

三、进一步加强基层平台就业工作人员培训工作

各地要根据就业政策和工作要求的变化情况，制定培训规划，加强对基层平台就业工作人员的政策、业务和服务技能等培训，原则上对新上岗的人员要集中开展培训，对现有人员每年要至少进行一次岗位培训，全面推行劳动保障协理员职业资格培训鉴定工作。各级人力资源社会保障部门要积极完善保障措施，为基层平台工作人员拓宽职业生涯发展通道，注重从基层平台队伍中培养选拔优秀工作人员。

四、着力解决基层平台就业工作经费保障问题

各地要以满足当地就业工作需要、保证公益性就业服务和就业援助的提供为原则，保证基层平台开展就业工作的工作经费、人员经费和项目经费。采取政府购买服务、费随事转、以奖代补等多种方式，按照社区、行政村完成就业任务的数量、质量给予经费支持。对国家级充分就业示范社区和省（区、市）充分就业星级社区给予重点扶持。要全面实施基层平台就业援助工作专项绩效考核，建立健全基层平台和基层工作人员就业援助工作成效与奖励挂钩的激励机制。

五、强化组织领导

各级人力资源社会保障部门要切实加强对基层平台就业工作的督查，要深入基层做好指导和服务工作，在党委、政府的领导和有关部门的大力配合下，将基层平台公共就业服务优先纳入政府公共服务体系建设整体规划，加强基层平台就业服务规范化、标准化建设，做好与社会保障、劳动关系、劳动监察等方面工作的衔接，切实推进基层平台就业工作的开展。定期对基层平台的基础设施建设、队伍建设、资金保障、工作进展等情况进行督查，对服务好、群众满意、工作成效显著的基层平台和业绩突出的工作人员给予表彰奖励，对工作不力的单位和个人给予督导和批评，不断完善和提升基层平台就业工作水平。

人力资源和社会保障部关于印发《〈就业失业登记证〉管理暂行办法》的通知

（2010年10月20日　人社部发〔2010〕75号）

各省、自治区、直辖市人力资源社会保障厅（局），新疆生产建设兵团劳动保障局：

为全面落实就业政策，满足劳动者跨地区享受相关就业扶持政策的需要，我部决定从2011年1月1日起，实行全国统一样式的《就业失业登记证》。现将《〈就业失业登记证〉管理暂行办法》（以下简称《暂行办法》）印发给你们，请遵照执行，并做好以下工作：

一、高度重视全国统一样式《就业失业登记证》发放管理工作

（一）《就业失业登记证》是记载劳动者就业与失业状况、享受相关就业扶持政策、接受公共就业人才服务等情况的基本载体，是劳动者按规定享受相关就业扶持政策的重要凭证。《就业失业登记证》中的记载信息在全国范围内有效，劳动者可凭《就业失业登记证》跨地区享受国家统一规定的相关就业扶持政策。

（二）做好《就业失业登记证》发放管理工作，是贯彻落实就业扶持政策的重要举措，关系到广大劳动者的切身利益。各地要高度重视，按照本通知的要求，结合本地实际，及时出台实施细则，全面落实《暂行办法》各项要求，为2011年1月1日实行全国统一样式的《就业失业登记证》奠定扎实基础。

二、稳步推进《就业失业登记证》发放工作

（三）各地要按照《暂行办法》的有关要求，制定本地区《就业失业登记证》具体发放办法，对新发放和换发的对象范围、具体程序和责任单位作出明确规定，稳步推进《就业失业登记证》发放工作。从2011年1月1日起，停止发放《再就业优惠证》和各地原有各类就业失业登记证明。

（四）从2011年1月1日起，公共就业人才服务机构在为劳动者办理就业登记、失业登记、就业援助对象认定以及享受相关就业扶持政策手续时，应按《暂行办法》的要求及时发放《就业失业登记证》。其中，对持有《再就业优惠证》和各地原有各类就业失业登记证明的人员，应将原有证件上的个人基本信息、就业与失业状况信息和享受政策情况信息转记在《就业失业登记证》上。对持《再就业优惠证》人员，还要将其所持《再就业优惠证》的证件编号标注在《就业失业登记证》“其他记载事项”中。

（五）《就业失业登记证》实行定期审验制度，重点对登记失业人员、正在享受相关就业扶持政策人员的《就业失业登记证》进行审验。定期审验的具体对象范围、内容、程序和要求等，由各省、自治区、直辖市人力资源社会保障部门规定。

三、做好相关工作的衔接

（六）对原持《再就业优惠证》或各地原有就业失业登记证明、目前正在享受就业扶持政策的劳动者，换发《就业失业登记证》不改变正在享受就业扶持政策的审批期限。

（七）在发放《就业失业登记证》过程中，劳动者可正常进行就业登记、失业登记、申请享受相关就业扶持政策和接受公共就业人才服务。发放《就业失业登记证》的公共就业人才服务机构负责为劳动者经办相关手续并提供证明材料。

四、做好信息系统完善和信息上报工作

（八）各地要根据本《暂行办法》的有关规定，完善本地公共就业人才服务管理信息系统，准确记录劳动者就业登记、失业登记和享受就业扶持政策等相关信息，并支持在《就业失业登记证》上直接打印相关记录。

（九）我部将建立全国就业信息监测平台，支持各级就业政策相关主管部门对劳动者享受相关就业扶持政策信息进行异地查验，同时，开发全国统一的就业信息监测系统软件，供各地与全国就业信息监测平台进行数据上传和交换。

各地要按照我部颁布的统一标准，通过全国就业信息监测系统进行数据交换上报。尚未实现信息化的地方，要按照统一标准和格式，组织做好数据上报和更新工作。具体上报办法另行通知。

五、加强对经办机构工作人员的业务培训

（十）本《暂行办法》下发后，我部将组织开展相关业务培训，明确具体经办程序和操作规范，解读《就业失业登记证》各项栏目含义和填写办法等。

（十一）各省、自治区、直辖市要结合本地实际情况，制定专门的培训计划，组织各级公共就业人才服务机构特别是基层平台工作人员开展业务培训，将有关内容培训到每一位经办人员，在辖区范围内实现《就业失业登记证》统一的申领发放流程、统一的审验管理机制、统一的服务标准规范。

六、做好《就业失业登记证》宣传和咨询解答工作

（十二）各地要充分利用各类媒体，通过多种途径，大力宣传建立和完善就业失业登记制度、使用统一样式《就业失业登记证》的重要意义和作用。要重点依托服务窗口和基层平台，通过设立宣传栏、发放宣传材料、编制问答手册等形式，广泛宣传《就业失业登记证》的发放程序和凭证享受就业政策等内容，营造《就业失业登记证》发放使用的良好氛围。

附件：1.《就业失业登记证》管理暂行办法

2.《就业失业登记证》全国统一样式

3.《就业失业登记证》栏目解释及填写说明
4.《就业失业登记证》印制技术说明
(附件2、3、4本书略)

《就业失业登记证》管理暂行办法

第一章 总则

第一条 为加强就业与失业管理，实行全国统一样式《就业失业登记证》，支持劳动者按规定跨地区享受就业扶持政策，根据《中华人民共和国就业促进法》、《就业服务与就业管理规定》等法律法规的有关规定，制定本暂行办法。

第二条 《就业失业登记证》是记载劳动者就业和失业状况、享受相关就业扶持政策、接受公共就业人才服务等情况的基本载体，是劳动者按规定享受相关就业扶持政策和接受公共就业人才服务的有效凭证。

《就业失业登记证》实行全国统一样式、统一编号管理。

《就业失业登记证》中的记载信息在全国范围内有效，劳动者可凭《就业失业登记证》跨地区享受国家统一规定的相关就业扶持政策。

第三条 各级人力资源社会保障部门负责《就业失业登记证》管理工作，建立专门台账，利用公共就业人才服务管理信息系统，及时、准确记录《就业失业登记证》发放管理信息，并做好相关统计工作。

第二章 证件印制

第四条 人力资源和社会保障部负责《就业失业登记证》全国统一样式的制定。

《就业失业登记证》由封面、封二、16个内页、封三（留白）、封底组成。其中，封面、封二、内页第1—9页、内页第

16 页为全国统一内容页；内页第 10—13 页为“自选页”；内页第 14—15 页为“自定义页”。

第五条 《就业失业登记证》由人力资源和社会保障部监制，各省、自治区、直辖市人力资源社会保障部门按全国统一样式印制本地区的《就业失业登记证》。

各省、自治区、直辖市人力资源社会保障部门可根据实际需要，确定是否选用《就业失业登记证》的“自选页”，并可在“自定义页”部分增加记载内容。在“自定义页”增加记载内容的具体项目、填写办法由各省、自治区、直辖市人力资源社会保障部门规定。

各省、自治区、直辖市人力资源社会保障部门对《就业失业登记证》内页第 10—15 页进行调整的，应将所调整的具体项目记载页按照“自选页”在前、“自定义页”在后的顺序从第 10 页起排，其余页作为“其他记载事项”页接排，并将本地区《就业失业登记证》的设计方案和样本报人力资源社会保障部备案。

第六条 《就业失业登记证》实行全国统一编号制度。《就业失业登记证》的证书编号实行一人一号，补发或换发证书的，证书编号保持不变。

第三章 证件发放

第七条 《就业失业登记证》的发放范围包括：

（一）进行就业登记、失业登记的劳动者；

（二）被认定为就业援助对象的劳动者；

（三）享受相关就业扶持政策的劳动者；

（四）各省、自治区、直辖市人力资源社会保障部门规定范围内的其他劳动者。

外国人来华就业，台湾、香港和澳门居民在内地就业，其他法律法规有相关规定的从其规定。

第八条 地方各级人力资源社会保障部门所属的公共就业人才服务机构负责《就业失业登记证》的发放管理和相关统计。具体发放机构由地方县级以上人力资源社会保障部门规定并向社会公布。

第九条 公共就业人才服务机构应在10个工作日内办结核发《就业失业登记证》手续。

第十条 公共就业人才服务机构在发放《就业失业登记证》时，应根据情况向发放对象告知相关就业扶持政策和公共就业人才服务项目的内容和申请程序。

劳动者在办理领取《就业失业登记证》手续时，应如实向公共就业人才服务机构提供本人相关信息和证明材料。

第十一条 《就业失业登记证》具体发放程序和相关证明材料由各省、自治区、直辖市人力资源社会保障部门规定。

第四章 证件使用

第十二条 持有《就业失业登记证》的劳动者在公共就业人才服务机构接受服务、办理就业登记与失业登记手续和申请享受相关就业扶持政策时，应出示《就业失业登记证》。

第十三条 登记失业人员凭《就业失业登记证》申请享受登记失业人员相关就业扶持政策；就业援助对象凭《就业失业登记证》及其“就业援助卡”中标注的内容申请享受相关就业援助政策；符合税收优惠政策条件的个体经营人员凭《就业失业登记证》（标注“个体经营税收政策”）申请享受个体经营税收优惠政策；符合条件的用人单位凭所招用人员的《就业失业登记证》（标注“企业吸纳税收政策”）申请享受企业吸纳税收优惠政策。

第十四条 公共就业人才服务机构在首次向劳动者发放《就业失业登记证》时，应在《就业失业登记证》上注明证件发放信息、劳动者个人基本信息、就业失业状况信息、享受相关就业扶持政策信息等内容。

公共就业人才服务机构在为劳动者办理就业登记、失业登记、就业援助对象认定、享受相关就业扶持政策等各类手续时，应在《就业失业登记证》上注明本次办理情况。

第十五条 公共就业人才服务机构对认定为就业援助对象的劳动者，应当在《就业失业登记证》中“就业援助卡”部分注明认定日期、认定的援助对象类别。对认定为已不属于就业援助对象范围的，应在“就业援助卡”中注明退出就业援助对象范围的日期和原因。

就业援助对象具体认定程序和相关证明材料内容由各省、自治区、直辖市人力资源社会保障部门规定。

第十六条 持有《就业失业登记证》的劳动者在个人基本情况（包括户籍和常住地址情况、学历情况、职业资格和专业技术职务情况）、就业与失业状态等发生变化时，应按有关规定持《就业失业登记证》和相关证明材料到公共就业人才服务机构办理相应的信息变更。

第十七条 公共就业人才服务机构应当将《就业失业登记证》发放信息和劳动者的个人基本信息、就业登记和失业登记信息、就业援助对象认定等信息，以及核发、注销《就业失业登记证》等有关情况，录入公共就业人才服务管理信息系统，并上报人力资源社会保障部。

第五章 证件管理

第十八条 《就业失业登记证》实行实名制，限持证者本人使用，不得转借、转让、涂改、伪造。

第十九条 劳动者被用人单位招用的，其《就业失业登记证》由用人单位代为保管。劳动者与用人单位终止或解除劳动关系的，《就业失业登记证》由劳动者本人保管。

劳动者自主创业、灵活就业或失业的，其《就业失业登记证》由劳动者本人保管。

第二十条 《就业失业登记证》中相关记录页面记载内容已满的，由公共就业人才服务机构予以换发。

《就业失业登记证》遗失或损毁的，由劳动者本人向原发证机构报损，并以适当方式公示，经原发放机构核实后予以补发。

第二十一条 《就业失业登记证》的发放、换发和补发均不得向劳动者收费。

第二十二条 劳动者发生下列情形之一的，其持有的《就业失业登记证》自动失效并由公共就业人才服务机构进行注销：

（一）达到法定退休年龄的；

（二）享受基本养老保险待遇的；

（三）移居境外的；

（四）完全丧失劳动能力的；

（五）死亡的；

（六）依据法律法规应当失效的其他情形。

第六章 附 则

第二十三条 本办法自下发之日起实施。原劳动和社会保障部已经发布的有关就业失业登记证明的相关规定内容，如与本办法规定不一致的，以本办法为准。

第二十四条 各省、自治区、直辖市人力资源社会保障部门应根据本办法制定实施细则。

第二十五条 本办法由人力资源和社会保障部负责解释。

人力资源和社会保障部 财政部关于进一步完善公共就业服务体系有关问题的通知

（2012年12月26日 人社部发〔2012〕103号）

各省、自治区、直辖市及新疆生产建设兵团人力资源社会保障厅（局）、财政厅（局、财务局），各计划单列市人力资源社会保障局、财政局：

为深入贯彻落实就业促进法和国家基本公共服务体系“十二五”规划、“十二五”促进就业规划，进一步加强公共就业服务体系建设，完善公共就业服务机构管理体制，健全公共就业服务经费保障机制，面向社会更好地提供公共就业服务，现就有关问题通知如下：

一、公共就业服务基本原则

（一）保基本。把握基本公共就业服务的公益性质，明确政府的主体责任。以促进社会就业更加充分和优化社会人力资源配置为主要目的，承担基本公共就业服务。

（二）可持续。完善财政保障、管理运行和监督问责机制，形成保障基本公共就业服务体系有效运行的长效机制。创新服务供给模式，引入竞争机制，不断提高服务质量和效率，实现公共就业服务可持续发展。

（三）均等化。按照覆盖城乡、普遍享有的要求，面向全社会提供统一、规范、高效的公共就业服务，方便各类劳动者求职就业和用人单位招聘用工，逐步实现地区间、城乡间基本公共就业服务均等化。

二、公共就业服务范围及主要内容

（四）公共就业服务范围：根据分类推进事业单位改革的相关规定，按照政事分开、事企分开和管办分开的要求，政府公共就业服务的范围主要是指面向所有劳动者免费提供的基本公共就业服务。服务内容包括：就业政策法规咨询；职业供求信息发布，市场工资指导价位信息和职业培训信息发布；职业指导和职业介绍；组织就业见习，推荐开展职业培训和职业技能鉴定；开展创业服务；对就业困难人员实施就业援助，对高校毕业生、农村转移劳动者等重点群体提供专门就业服务；劳动人事档案管理服务；失业人员管理，办理就业登记、失业登记等事务。劳动人事档案管理服务可按经当地物价主管部门审批的成本价收取费用，并逐步实行免费服务。

对目前由公共就业服务机构以营利为目的向劳动者提供的收费服务项目，要从公共就业服务机构中逐步剥离，主要转由企业等社会力量提供。

三、加强公共就业服务体系建设

（五）公共就业服务机构设置及职责。省、市、县三级设立公共就业服务机构，县以下街道（乡镇）和社区（行政村）设立基层公共就业服务平台。省、市、县三级公共就业服务机构负责制定落实各项公共就业服务政策，统筹协调辖区内就业管理，建设公共就业服务信息系统，并承担向辖区内劳动者和用人单位提供基本公共就业服务的职责。县级以下基层公共就业服务平台负责开展以就业援助为重点的公共就业服务，落实各项就业政策，实施劳动力资源调查统计，并承担上级人力资源社会保障行政部门安排的其他就业服务工作。

各地要按照《中共中央国务院关于分类推进事业单位改革的指导意见》（中发〔2011〕5号）精神，在事业单位分类改革中明确公共就业服务机构的公益属性。对基层公共就业服务平台提供的基本公共就业服务，可采取政府购买服务的方式给予补偿。

（六）加强机构职能整合和基层平台服务功能。各地要按照统一领导、统一制度、统一管理、统一服务标准、统一信息系统的要求，统筹规划公共就业和人才交流服务机构建设，形成覆盖城乡的公共就业服务体系。要按照《人力资源和社会保障部、中央机构编制委员会办公室关于进一步加强公共就业服务体系建设的指导意见》（人社部发〔2009〕116号）提出的原则，整合原劳动就业服务机构和人才交流服务机构的就业服务职能，统筹管理辖区内城乡各类劳动者的就业服务工作。要充分利用现有资源，强化服务网点的统筹规划，从服务对象的实际需要和便利出发，确保服务功能不减少，服务能力不下降。区、县级原劳动就业服务机构和人才交流服务机构原则上要整合建立统一的综合性服务机构。各地在加强街道（乡镇）和社区（行政村）劳动就业和社会保障综合服务平台建设中，要进一步强化基层特别是农村公共就业服务功能，提高人员素质，改进服务手段，承担基本公共就业服务职能。

四、提升公共就业服务水平

（七）健全公共就业服务制度。全面实施统一的基本服务免费制度、就业信息服务制度、大型专项就业服务活动制度、就业与失业登记管理制度、就业援助制度、劳动人事档案管理服务、就业信息监测制度等各项就业公共服务制度。探索建立政府购买基本公共就业服务的制度。

（八）提高公共就业服务专业化、标准化水平。根据经济社会发展的需求，逐步拓展基本就业公共服务范围，充实服务项目，细化服务内容，规范服务流程，完善服务标准，全面提高服务质量和效率，实现公共就业服务专业化。逐步建立公共就业服务标准体系，明确公共服务机构设施建设、设备配置、人员配备等具体标准，为服务对象提供规范、便捷、优质的公共就业服务。

（九）提高公共就业服务信息化水平。建立全国统一的公共就业服务信息系统，健全全国统一的公共就业服务信息指标体系。以“数据向上集中、服务向下延伸、网络到边到底、信息全国共享”为目标，整合各类就业管理服务信息资源；以部省两级为核心建立就业信息数据库，形成覆盖城乡的公共就业服务信息网络和就业信息监测体系，实现就业管理服务工作全程标准化和信息化。

（十）健全公共就业服务绩效考核机制。各地要以提高公共就业服务绩效为目标，根据公共就业服务机构承担的免费服务工作量、服务效果和服务成本，研究建立公共就业服务绩效考核管理制度，切实提高公共就业服务效率和水平。

五、健全公共就业服务经费保障机制

（十一）完善公共就业服务机构经费管理。各地要认真落实就业促进法，将县级（含）以上公共就业服务机构和县级以下基层公共就业服务平台经费纳入同级财政预算。要按照事业单位财务规则，根据其享有财政补助编制内实有人数，并综合考虑其承担的免费公共就业服务工作量，安排公共就业服务机构开展公共就业服务所需的基本支出和项目支出预算。基本支出是指公共就业服务机构为了保障其正常运转、完成日常工作任务而发生的人员经费和公用经费支出。基本支出具体内容由省级财政部门、人力资源社会保障部门结合本地实际确定。项目支出是指公共就业服务机构为了完成特定工作任务和事业发展目标，在基本支出之外所发生的经费支出。项目支出包括：大型专项就业服务活动、失业人员和就业困难人员管理服务、就业信息服务与统计监测、跨地区劳务协作、创业服务、档案管理服务、就业服务场所租赁维护修缮、设备购置、信息系统建设运行维护等。

对目前尚未纳入同级财政补助范围仍通过申领职业介绍补贴维持运转的公共就业服务机构，其申领职业介绍补贴的期限截止到2012年底。

（十二）加大对基层公共就业服务的扶持力度。对县级公共就业服务机构和县级以下基层公共就业服务平台开展公共就业服务所需经费确有困难的，上级财政部门要给予适当补助，所需经费从就业专项资金中列支。补助方式可根据公共就业服务工作量和服务成效等确定。中央财政对中西部地区和老工业基地县级公共就业服务机构和基层公共就业服务平台能力建设给予适当奖励性补助。

六、加强监督管理

（十三）完善财务管理制度。公共就业服务机构要建立健全财务管理规章制度，严格执行国家有关财务规章制度规定的开支范围及标准，对各级财政安排的有指定项目和用途的专项资金，要专款专用、单独核算，并按规定向财政部门、人力资源社会保障部门报送专项资金使用情况。项目完成后，应报送专项资金支出决算和使用效果书面报告，接受财政部门、人力资源社会保障部门的检查、验收。

公共就业服务机构要严格执行国库集中支付制度和政府采购制度等有关规定。要依法加强各类票据管理，确保票据来源合法、内容真实、使用正确，不得使用虚假票据。

（十四）加强监督检查。各地财政部门、人力资源社会保障部门要定期对公共就业服务机构开展各项服务工作及资金使用管理等情况进行监督检查，发现问题及时纠正。公共就业服务机构要进一步完善内部监督制度和信息公开制度，定期向社会公告有关工作和资金使用管理情况，自觉接受监察、审计等部门的检查和社会监督。

（十五）各省、自治区、直辖市、计划单列市人力资源社会保障、财政厅（局）可根据本通知规定，结合本地实际制定具体实施办法，并报人力资源社会保障部、财政部备案。

（十六）本通知由人力资源社会保障部、财政部负责解释。

（十七）本通知自 2013 年 1 月 1 日起执行。

山东省人民政府办公厅关于促进创业带动就业的意见

（2013年9月18日　鲁政办发〔2013〕25号）

各市人民政府，各县（市、区）人民政府，省政府各部门、各直属机构，各大企业，各高等院校：

为促进创业带动就业，经省政府同意，现提出以下意见：

一、鼓励支持城乡劳动者自主创业

1. 设立创业带动就业扶持资金。2014年至2018年，省政府每年从失业保险滚存结余基金中安排不少于10亿元，作为省级创业带动就业扶持资金；各市在按规定留足支付失业保险待遇资金和应对失业风险资金基础上，每年从失业保险滚存结余基金中安排市级创业带动就业扶持资金。创业带动就业扶持资金主要用于扶持小微企业发展，加强职业技能培训、支持产业转型升级，给予小额担保贷款贴息和促进创业孵化基地、创业园区建设等。

2. 提高创业补贴标准。支持各类初创期自主创业小微企业，提高创业成功率和存活率，创造更多就业岗位。从2014年起，对首次领取营业执照并正常经营1年以上的小微企业，给予不低于1万元的一次性创业补贴；对吸纳就业人员并与其签订1年以上期限劳动合同的，按照申请补贴时创造就业岗位数量给予每个岗位2000元的一次性创业岗位开发补贴。有条件的地方可在此基础上适当提高。一次性创业补贴和一次性创业岗位开发补贴所需资金，由各地从就业专项资金和创业带动就业扶持资金中统筹安排，省级创业带动就业扶持资金对各地一次性创业补贴给予

40%的补助。

3. 加大小额担保贷款支持力度。2013年年底前，省级担保基金增加到5亿元，市级担保基金增加到不低于1亿元，有条件的县（市、区）担保基金增加到不低于1000万元。扩大小额贷款担保基金不足部分，可从扩大失业保险基金支出范围试点资金中安排。从2014年起，全省各类创业人员小额担保贷款最高额度统一提高到10万元，符合条件的小企业小额担保贷款最高额度提高到300万元。提高小额担保贷款额度后，中央财政贴息不足部分和省财政贴息资金，从省级创业带动就业扶持资金中列支。对还款及时、无不良信贷记录的，允许再申请一次小额担保贷款，期限不超过2年，原则不再贴息。要简化程序，降低门槛，即时受理，快速办结。

4. 加强创业载体建设。各地要通过政府投资、鼓励高校和企业建设、社会共建等多种形式建设一批孵化条件好、承载力强、融创业指导服务为一体的创业孵化基地和创业园区。给予孵化效果好、企业存活率高的创业孵化基地和创业园区一次性奖补，所需资金从省、市创业带动就业扶持资金中列支。每年评估认定20处省级创业孵化示范基地、创业示范园区，根据入驻企业个数和吸纳就业人数，给予每处不超过500万元的一次性奖补资金。提升创业型城市创建水平，启动创业型街道（乡、镇）、社区创建工作。对国家级创业型城市给予一次性奖补100万元，对省级创业型城市给予一次性奖补50万元，对创业型街道（乡、镇）给予一次性奖补20万元，对创业型社区给予一次性奖补5万元，所需资金从省级创业带动就业扶持资金中安排。

二、推动实现更高质量就业

5. 深入落实就业优先战略。制定出台财税、外贸、中小企业发展等政策，要征求就业主管部门意见，要有利于促进就业并与就业优惠扶持政策相衔接。完善政府公共投资和重大建设项目对就业影响评估机制，将落实情况作为对各级政府目标责任考核的重要内容。建立国有大中型企业公开招聘制度，切实做到招聘信息公开、过程公开、结果公开，招聘计划、程序和结果须向同级就业主管部门备案。

6. 提高劳动者就业创业能力。以推动素质就业，服务产业转型升级为主线，整合各类培训资源，建立覆盖城乡劳动者的职业培训体系。完善政府购买培训成果机制，全面推行“企业订单、劳动者选单、培训机构列单、政府买单”的培训模式。制定实施山东省职业技能培训规划，采取多种措施加强对高校毕业生、退役军人、农民工、失业人员、就业困难人员的培训，使素质与岗位需求相一致。从2014年起，城乡各类劳动者均可在户籍所在地或求职、就业地享受职业培训补贴和技能鉴定补贴。提高省级培训补助标准，初级工、中级工和高级工分别提高到350元/人、400元/人、450元/人，创业培训补助提高到800元/人，增加部分所需资金从省级创业带动就业扶持资金中列支。建立职业培训补贴标准与社会需求程度、培训成本相挂钩的动态调整机制，逐步实现初、中级技能免费培训。提高企业定额职业培训补贴，新录用符合条件人员并签订1年以上期限劳动合同，经培训后取得初级以上职业资格证书的，将企业定额职业培训补贴提高到80%。

7. 积极促进就业公平。推进就业机会平等，采取切实措施，消除性别、民族、年龄、户籍、毕业院校类型等就业限制和歧视。依法使用被派遣劳动者，确保符合临时性、辅助性、替代性岗位要求，用工人数不得超过国家规定的比例。以农民工等群体为重点，依法保障同工同酬权利。以小微企业、民营企业为重点，提高劳动合同签订率。保持职工工资收入水平合理增长，一线职工工资增长不低于企业平均工资增长水平。加大专项执法检查力度，依法及时调处各类劳动争议，坚决打击拖欠工资、不签劳动合同、违法超时加班、非法用工等违法行为。

8. 努力确保就业稳定。对列入省市节能减排、淘汰落后产能计划范围，依法参加失业保险并履行缴费义务的企业，在实施“转、调、创”过程中，组织职工依托定点职业培训机构开展转岗培训或岗位技能提升培训，不向社会输出失业人员的，根据培训合格人数，参照当地职业培训补贴标准的50%给予职业培训补贴，补贴数额不超过该单位上年度缴纳失业保险费总额的50%，所需资金从失业保险基金中列支。加强失业动态监测，科学分析研判，及时预警预报，对可能出现的区域性、行业性集中失业风险，制定应急预案，切实将失业率控制在社会可承受范围。因不可抗力等客观原因造成企业生产经营严重困难时，对不裁员或少裁员的困难企业，在一定期限内给予政策扶持，确保岗位不流失，具体办法由省人力资源社会保障厅会同省财政厅等有关部门另行制定。

三、全面提升创业就业服务能力

9. 强化创业指导服务。依托创业孵化基地和创业园区，为创业者从项目推介到成功创业提供全过程跟踪服务，并落实房租和水电费减免等扶持政策。建立创业导师队伍，注重创业培训师、创业咨询师等师资培养深造，所需资金从省、市创业带动就业扶持资金中列支。加强创业培训、实训，2014年至2018年每年组织20万人参加创业培训。继续开展创业助推“1+3”行动，为每一个有创业意愿且创业培训合格的城乡各类劳动者推荐一个创业项目、协助落实一处经营场地、帮助办理一笔小额担保贷款，帮助创业者成功创业。

10. 完善公共就业服务体系。依托街道（乡、镇）和社区（行政村）公共就业服务平台，以两公里为半径、半小时为时限，着力打造“山东半小时公共就业服务圈”。推进公共就业服务信息化，建设数字化就业社区，尽快实现劳动者求职、岗位招聘等信息“一点登录、全省查询”。加快推进公共就业服务标准化建设，加强公共就业服务人员培训，全面实现劳动保障协理员持证上岗，为城乡劳动者提供更加便捷、及时、高效的公共就业服务。

11. 加强就业困难群体就业帮扶。开展“充分就业县（市、区）”和“充分就业社区”创建工作。落实就业援助措施，对就业困难人员做到全员登记认定、全员免费服务、全员岗位提供、全员特困安置。统筹公益性岗位开发管理，拓展岗位设置，发挥好托底安置作用。确保灵活就业的困难人员社会保险补贴等政策落实到位，城镇“零就业”家庭和农村“零转移就业”贫困家庭实现动态消零，就业困难群体基本实现就业。

各级政府要切实加强对就业创业工作的领导，加大工作力度，强化工作措施，狠抓政策落实，积极推进“创业齐鲁·乐业山东”建设，实现更多劳动者创业、更高素质就业、更充分就业、更公平就业、更和谐就业。2014 年至 2018 年，确保创业成功率年均增长 5%以上；年培训城乡劳动者 120 万人以上，培训后就业创业率达到 85%以上；年度城镇新增就业和农村劳动力转移就业均稳定在 100 万人以上，城镇登记失业率控制在 4%以内。到 2018 年，各类企业劳动合同签订率达到 95%以上。

山东省人民政府关于进一步做好新形势下就业创业工作的意见

（2015年9月7日　鲁政发〔2015〕21号）

各市人民政府，各县（市、区）人民政府，省政府各部门、各直属机构，各大企业，各高等院校：

为贯彻落实《国务院关于进一步做好新形势下就业创业工作的意见》（国发〔2015〕23号）和《国务院办公厅关于支持农民工等人员返乡创业的意见》（国办发〔2015〕47号）等文件精神，进一步做好我省新形势下就业创业工作，现提出以下意见：

一、深入实施就业优先战略

1. 实施就业优先战略行动。把市场就业导向、经济转型升级需求和劳动者就业创业意愿紧密结合起来，在全省部署实施就业优先战略行动，促进就业与产业转型升级、新型城镇化、信息化等发展战略的良性互动、深度融合。把稳定和扩大就业作为经济运行合理区间的下限，将城镇新增就业、调查失业率纳入国民经济和社会发展规划及年度计划，对稳定和扩大就业的转型升级项目、创业创新项目、教育培训项目等，特别是新上项目，各级财政专项资金优先给予支持。将就业创业工作纳入政绩考核，细化目标任务、政策落实、就业创业服务、资金投入、群众满意度等指标。（省发展改革委、省人力资源社会保障厅牵头，省委组织部、省经济和信息化委、省教育厅、省科技厅、省财政厅、省住房城乡建设厅、省农业厅、省商务厅、省统计局、国家统计局山东调查总队参加）

2. 发挥小微企业就业主渠道作用。扶持发展小微企业。落实国家规定的小微企业增值税、营业税和企业所得税等税收优惠政策，以及金融机构与小型微型企业签订借款合同免征印花税等税收政策，完善公共产品小微企业优先采购政策。发挥小微企业发展聚集优势，争创国家级小微企业创业创新基地示范城市。建立小微企业目录，对小微企业发展状况开展抽样统计。鼓励小微企业吸纳就业。对小微企业新招用劳动者的，按照规定给予创业岗位开发补贴、社会保险补贴和岗位补贴等。农民专业合作社、家庭农场以及社会化服务组织等可与小微企业同等享受就业创业扶持政策。（省财政厅、省人力资源社会保障厅、省地税局牵头，省经济和信息化委、省科技厅、省农业厅、省商务厅、省工商局、省中小企业局、省国税局参加）

3. 积极预防和有效调控失业风险。落实降低失业保险费率政策，全省统一执行1.5%的失业保险缴费费率，进一步减轻企业负担。从2015年起，将失业保险支持企业稳定岗位的政策适用范围由化解产能严重过剩、淘汰落后产能、节能减排、主辅分离、兼并重组5类困难企业，扩大到所有采取有效措施不裁员、少裁员，稳定就业岗位、依法足额缴纳失业保险费的企业。符合条件的上述5类困难企业，按照企业及其职工上年度实际缴纳失业保险费总额的50%给予稳岗补贴；其他企业一般按照企业及其职工上年度实际缴纳失业保险费总额的30%给予稳岗补贴，各市可根据企业困难情况适当提高补贴标准，最高不超过50%。稳岗补贴所需资金由失业保险基金列支，补贴资金主要用于职工生活补助、缴纳社会保险费、转岗培训和技能提升培训等支出。建立失业动态监测、预测预警和预防调控“三位一体”工作机制和经费保障机制。研究制定应对失业风险的就业应急预案。（省人力资源社会保障厅牵头，省发展改革委、省经济和信息化委、省财政厅、省国资委、省统计局、国家统计局山东调查总队参加）

二、积极推进大众创业

4. 加强新型创业创新平台建设。总结推广创客空间、创业咖啡、创新工场等新型孵化模式，加快发展市场化、专业化、集成化、网络化的众创空间，形成市场主导、风投参与、企业孵化的创业生态系统。各地可认定一批众创空间，有条件的地方可对众创空间的房租、宽带网络、公共软件等给予适当补贴。鼓励各地盘活商业用房和破产、困难企业闲置厂房等资源作为众创空间，为创业者提供成本较低的场所。允许众创空间等新型孵化机构，从省、市奖补资金中拿出部分资金，通过入股、借款等形式，扶持入驻初创小微企业发展。对符合国家规定条件的众创空间等新型孵化机构适用科技企业孵化器税收优惠政策。学习推广海尔“人人创客”做法，鼓励企业由传统的管控型组织向新型创业平台转型，让员工成为平台上的创业者。调整完善创业示范平台奖补政策，对直接购买或租赁已开发闲置房地产楼盘作为创业孵化示范基地和创业示范园区的，最高给予1000万元的一次性奖补。有条件的市对原创业孵化基地补助资金，可按政府购买服务原则调整支出方向，对认定的孵化基地按规定为创业者提供创业孵化服务的（不含场租减免），按实际孵化成功（注册登记并搬离基地）户数给予创业孵化补贴。（省人力资源社会保障厅、省科技厅牵头，省财政厅、省住房城乡建设厅、省商务厅、省国资委、省地税局、省中小企业局、省国税局参加）

5. 拓宽创业投融资渠道。充分发挥省级创业投资引导基金作用，不断扩大基金规模。发挥省级天使投资引导基金的作用，鼓励创投机构、大型骨干企业参股创立天使投资基金，重点投向种子期或初创期科技型、创新型小微企业。设立省级新兴产业创业投资引导基金，支持新兴产业领域早中期、初创期企业发展。有条件的地方可整合设立高校毕业生创业基金，完善管理体制和市场化运行机制，实现基金滚动使用，为高校毕业生创业就业提供支持。鼓励有条件的市设立创业投资引导基金、天使投资引导基金等，建立政府引导资金和社会资本共同支持初创中小企业发展的风险投资机制。完善小微企业融资担保风险补偿机制，推行小微企业融资担保代偿补偿制度，到2017年省级小微企业融资担保代偿补偿资金不少于5亿元。鼓励支持创业企业在创业板、中小板上市融资或在新三板、区域股权交易市场挂牌融资。鼓励支持大中型企业参股创业企业或创业企业之间相互参股，共担风险，共同发展。推动多渠道股权融资，依法开展股权众筹融资试点，积极探索和规范发展互联网金融等融资新模式。（省发展改革委、省财政厅牵头，省科技厅、省人力资源社会保障厅、省国资委、省金融办、省中小企业局、中国人民银行济南分行参加）

6. 调整完善创业担保贷款。将小额担保贷款调整为创业担保贷款，符合条件的各类创业人员创业担保贷款最高额度为10万元，按照中国人民银行公布的贷款基准利率可上浮3个百分点，给予全额贴息；符合条件的小微企业创业担保贷款最高额度为300万元，贷款期限不超过2年，并按照中国人民银行公布的同期限贷款基准利率的50%给予贷款贴息。对还款及时、无不良信贷记录的，允许再申请一次创业担保贷款，期限不超过2年。积极探索创新反担保方式，对创业园区、创业孵化基地以及大型商场、加盟连锁企业给予一定的创业贷款反担保信用额度，允许其在信用额度内为其所辖企业、商铺提供反担保。建立创业担保贷款奖励机制，对担保基金规模当年增长5%以上的，由中央财政按当年新增担保基金总额的5%给予风险补偿；对当年新发放的创业担保贷款，按照贷款总额的1%给予奖励性补助，由中央和省各承担0.5%，其中省级补助从创业带动就业扶持资金中列支。对从事网络创业的，按规定落实创业担保贷款及贴息政策。（省人力资源社会保障厅牵头，省财政厅、团省委、省妇联、省工商联、中国人民银行济南分行参加）

7. 加大降免费力度。建立涉企收费目录清单管理制度，不在目录内的涉企行政事业性收费项目一律取消，凡未纳入行政审批前置服务收费目录清单内的行政审批前置服务一律不得向企业收费。对不执行清单管理的乱收费行为，由物价部门会同有关部门予以查处。全面清理规范强制垄断性经营服务收费，规范行业协会商会、中介组织涉企收费行为，落实完善创业负担举报反馈机制。对个体工商户、小微企业，自首次注册登记之日起3年内免收各类行政事业性收费。（省财政厅、省物价局牵头，省人力资源社会保障厅、省工商局参加）

8. 完善创业补贴政策。对首次领取小微企业营业执照、正常经营满12个月的创业者，给予不低于1.2万元的一次性创业补贴。有条件的市可将一次性创业补贴政策放宽到符合条件的新注册个体工商户，给予不低于2000元的补贴。各地创业孵化基地、创业园区应优先为有创业能力的毕业年度高校毕业生、就业困难人员等提供创业场所，按规定给予场地租赁费用减免。有条件的市对毕业年度的高等院校、技师学院毕业生和就业困难人员租用经营场地创业，并且未享受场地租赁费用减免的，可给予一次性创业场所租赁补贴。（省人力资源社会保障厅牵头，省财政厅、省工商局参加）

9. 调动专业人员创业积极性。认真贯彻落实《中共山东省委山东省人民政府关于深入实施创新驱动发展战略的意见》（鲁发〔2015〕13号），调动高等院校、科研院所等事业单位专业技术人员创业积极性。经与单位协商一致，专业技术人员可带着科研项目和成果离岗到企业开展创新工作或创办企业，或在完成本单位布置的各项工作任务前提下，兼职从事科技成果转化活动，兼职收入归个人所有。鼓励在鲁高等院校允许全日制在校学生休学创业。凡创办企业的学生，所创办的企业与所学专业相关的，可视为其参加实习、实训或实践教育的时间，并按相关规定计入学分。完善科技人员创业股权激励政策，放宽股权奖励、股权出售的企业设立年限和盈利水平限制。在鲁高等院校、科研院所科技人员创办的企业，其知识产权等无形资产可按至少50%、最

多70%的比例折算为技术股份。（省人力资源社会保障厅、省科技厅牵头，省委组织部、省教育厅参加）

10. 鼓励农民工等人员返乡创业。鼓励引导有意愿的农民工、高校毕业生、退役士兵因地制宜围绕休闲农业、农产品深加工、乡村旅游、农村服务业等到农村创业。支持农村网上创业，推广“淘宝村”发展经验，建设一批“电商示范村”。对创办农民专业合作社、家庭农场、农业社会化服务组织等新型农业经营主体的，落实定向减税和普遍性降费政策，符合农业补贴政策支持条件的，可按规定同等享受相应的政策支持。整合创建一批农业创业创新示范基地和见习基地、农民工返乡创业园，各地高科技园区、科技园区可拿出部分空闲的土地、楼宇、设施专门为大学生、返乡农民工创业创新提供平台，符合条件的纳入省级创业孵化示范基地和创业示范园区奖补范围。对政府主导、财政支持的农村公益性工程和项目，可采取购买服务、政府与社会资本合作等方式，引导农民工等返乡人员创设的企业和社会组织参与建设、管护和运营。在返乡创业较为集中地区探索通过发行中小微企业集合债券、公司债券等方式融资，进一步提高返乡创业的金融可获得性。（省人力资源社会保障厅牵头，省发展改革委、省经济和信息化委、省科技厅、省财政厅、省国土资源厅、省住房城乡建设厅、省农业厅、省商务厅、省地税局、省金融办、省物价局、中国人民银行济南分行、省国税局参加）

11. 发挥创业示范引领作用。鼓励创建创业型城市、创业型街道（乡、镇），加强创业服务体系建设。省里每年在各市推荐的符合当地产业发展规划和区域特色的优秀创业项目中，遴选不少于100个省级优秀项目。重点扶持100家左右具备领军潜力和持续发展能力的大学生新创企业，在经营场所、创业担保贷款等方面进行重点扶持，同时向投资引导基金参股子基金给予重点推介。选树创业典型人物，对新选树的“山东省十大大学生创业之星”“山东省十大返乡创业农民工”“山东省创业大赛”前十名，给予适当奖励，所需资金从省级创业带动就业扶持资金中列支。（省人力资源社会保障厅牵头，省发展改革委、省教育厅、省科技厅、省财政厅、省中小企业局、省总工会、团省委、省妇联、省工商联参加）

三、促进高校毕业生等重点群体就业

12. 鼓励高校毕业生到基层就业。把高校毕业生就业摆在就业工作首位。完善工资待遇进一步向基层倾斜的办法，健全高校毕业生到基层工作的服务保障机制，鼓励毕业生到乡镇特别是困难乡镇工作。“三支一扶”等服务基层项目毕业生到乡镇事业单位服务满 1 年后，如有岗位空缺，经考核合格，可与所在单位签订不少于 3 年的聘用合同。加大从服务基层项目人员中考录基层公务员力度，经过三年至五年，定向考录比例一般应达到当年乡镇公务员录用计划的 30% 以上。县及县以下事业单位招聘要结合当地服务期满基层项目毕业生数量，按不少于当年服务期满毕业生总数 30% 的比例，拟定定向招聘计划。将政府购买基层公共管理和社会服务岗位，纳入“社区就业计划”，每年开发 2000 个岗位，用于吸纳择业期内未就业高校毕业生。对小微企业新招用毕业年度高校毕业生，签订 1 年以上劳动合同并缴纳社会保险费的，给予 1 年社会保险补贴，从就业专项资金中列支。（省人力资源社会保障厅牵头，省委组织部、省经济和信息化委、省教育厅、省民政厅、省财政厅、省水利厅、省农业厅、省卫生计生委、团省委参加）

13. 鼓励高校毕业生参加就业见习。落实完善见习补贴政策，各市、县（市、区）对见习期满留用率达到 70% 以上的见习单位，政府见习补助比例提高 10 个百分点。省级对见习期满留用率达到 70% 以上的财政困难县（市、区），补助比例提高 10 个百分点。将求职补贴调整为求职创业补贴，对象范围扩展到已获得国家助学贷款的毕业年度高校毕业生，城乡低保家庭、城市零就业家庭、农村贫困家庭和有残疾人证的毕业生补助标准为

1000 元/人，其他人员补助标准为 600 元/人。技师学院高级工班、预备技师班和特殊教育院校职业教育类毕业生可参照高校毕业生属地享受相关就业补贴政策。（省人力资源社会保障厅牵头，省教育厅、省财政厅参加）

14. 加强对困难人员就业援助。合理确定就业困难人员范围，规范认定程序，加强实名制动态管理和分类帮扶。坚持市场导向，鼓励其到企业就业、自主创业或灵活就业。对用人单位招用就业困难人员，签订且实际履行劳动合同并缴纳社会保险费的，在一定期限内给予社会保险补贴和岗位补贴。社会保险补贴和岗位补贴期限最长不超过 3 年，对初次核定享受补贴政策时距退休年龄不足 5 年的人员，可延长至退休。对通过市场渠道确实难以实现就业的，可通过公益性岗位予以托底安置，对家庭生活特别困难、在公益性岗位工作期满后仍难以就业，且工作期间考核优秀的女性 45 周岁、男性 55 周岁以上的人员，经设区的市人力资源社会保障局审核、公示，省人力资源社会保障厅备案后，可适当延长工作期限，续签劳动合同，续签合同最长期限不得超过 3 年。续签合同期满后仍不能实现就业的，按规定享受失业保险待遇。各市、县（市、区）要规范公益性岗位开发和管理，科学设定公益性岗位总量，适度控制岗位规模，制定岗位申报评估办法，建立定期核查机制，严格按照法律规定安排就业困难人员，不得用于安排非就业困难人员。加强对就业困难人员在岗情况的管理和工作考核，完善就业困难人员享受扶持政策期满退出办法，做好退出后的政策衔接和就业服务。加大对困难人员就业援助力度，确保零就业家庭、最低生活保障家庭等困难家庭至少有一人就业。建立健全社会救助与就业的联动机制，对实现就业或自主创业的最低生活保障对象，在核算家庭收入时，可以扣减必要的就业成本，在一定期限内的劳动所得不计入家庭收入。（省人力资源社会保障厅牵头，省民政厅、省财政厅参加）

四、加强职业技能培训

15. 搭建资源整合的培训平台。完善政府购买职业技能培训服务机制，统筹编制全省职业技能培训规划和年度计划，统筹现有各类教育培训资源，整合职业培训项目和资金，建立统一的实名制信息管理平台和培训机构准入与退出机制，对培训的全过程实行动态管理，逐步实现同一地区、同一专业培训质量标准和补贴标准统一，防止低水平、重复培训。2016 年，在全省先期实现农民工职业技能培训资源整合。（省人力资源社会保障厅牵头，省教育厅、省财政厅、省住房城乡建设厅、省农业厅、省商务厅、省总工会、团省委、省妇联、省残疾人联合会参加）

16. 加强高层次职业技能培训。对符合职业技能培训补贴范围人员参加中、高级职业技能培训并取得职业资格证书、专项职业能力证书或创业培训合格证书的，按国家规定逐步完善全额补贴机制，调动培训机构和劳动者积极性。做大做强“金蓝领”培训项目，强化紧缺急需高技能人才培养，适当提高培训补助标准。实施“创业齐鲁训练营”项目，每年选拔 500 名有持续发展和领军潜力的初创企业经营者，参加高层次进修学习或交流考察。（省人力资源社会保障厅牵头，省财政厅参加）

17. 创新职业技能培训模式。大力开展“订单式”培训，对企业与培训学员签订劳动合同并开展培训的，可先行拨付部分职业培训补贴。推行现代学徒制培训模式，支持企业以新招用和转岗人员为重点开展培训。搭建互联网移动培训平台，建立线上与线下相结合、集中与分散相结合的新型培训模式，方便劳动者接受职业技能培训。对通过互联网移动在线培训学习的，记入学习课时。推广创业大学培训模式，推动创业大学在高等院校、中等职业学校、技工院校、各地创业孵化基地（创业园区）和创业培训机构等设立分校（创业学院）或教学点、教学站。到 2018 年，在全省范围内建设 20 家左右省级示范创业大学。推广“创业教育+模拟实训+苗圃实践+跟踪扶持”培训模式，建立培训、实训、孵化、服务相结合的一体化创业培训机制，提高创业者创业意识、创业能力和创业成功率。（省人力资源社会保障厅牵头，省财政厅参加）

五、创新公共就业创业服务

18. 健全公共就业创业服务体系。完善公共就业服务体系创业服务功能，加强公共就业创业服务能力建设，充分发挥公共就业人才服务、高校毕业生就业指导服务、中小企业服务等机构的作用，为创业者提供从项目推介到成功创业的全过程、“一条龙”创业指导。健全公共就业创业服务经费保障机制，切实将县级以上公共就业创业服务机构和县级以下（不含县级）基层公共就业创业服务平台经费纳入同级财政预算。将职业介绍补贴和扶持公共就业服务补助合并调整为就业创业服务补贴，支持各地按照精准发力、绩效管理的原则，创新就业创业服务供给模式，向社会力量购买基本就业创业服务。（省人力资源社会保障厅牵头，省财政厅参加）

19. 加快公共就业服务信息化建设。实施“智慧就业”工程，运用“大数据”技术，建设省级集中一体化的人力资源基本信息库和企业用工岗位信息库，推动经济和信息化、人力资源社会保障、教育、民政、公安、财政、工商、税务、统计等部门数据的互联互通、协同共享，实现就业管理服务的全程信息化。结合“互联网+”行动，开发就业创业服务微信平台、移动终端、电子地图等，开展个性化、订制化服务，实行精准服务。加强社区就业创业服务智能化建设，用2年时间实现全省社区就业创业无人值守自助服务。支持社会机构利用政府数据开展专业化就业服务，推进就业信息的共享开放。各级财政要将就业创业服务补助资金重点向“智慧就业”工程倾斜。（省人力资源社会保障厅牵头，省发展改革委、省经济和信息化委、省教育厅、省科技厅、省公安厅、省民政厅、省财政厅、省地税局、省统计局、省工商局、省国税局、国家统计局山东调查总队参加）

20. 提升就业创业服务水平。加快建设“山东半小时公共就业服务圈”建设，继续推进充分就业社区、创业型社区、数字就业社区建设。在此基础上，整合资源，打造集充分就业型、创业创新型、智慧就业型、标准服务型为一体的四型就业社区。省里每年评选一定数量的示范单位，给予一次性奖补，所需资金从创业带动就业扶持资金中安排。规范公共就业创业服务，明确标准，缩短流程，简化手续，对系统中已有记录且保持有效的信息资料无需登记对象再提交，取消重复和不必要的表格、单据等填写内容和证明材料，做到“一窗式”受理、“一站式”办结、“一条龙”服务。搭建创业服务云平台，打造网上创业大集、众创空间、投融资中心、人才超市、创业社交等于一体的网络互动载体，为创业者提供一体化、个性化、智能化服务。（省人力资源社会保障厅牵头，省科技厅、省民政厅、省财政厅、省金融办参加）

21. 完善就业失业登记办法。以常住地为登记点，对法定劳动年龄内、有劳动能力、有就业事实或就业要求、符合我省就业失业登记条件的城乡劳动者，在常住地的公共就业创业服务机构进行就业失业登记。建立就业创业政策均享制度，对就业失业登记的城镇常住人员，在常住地连续居住 6 个月以上且在当地参加社会保险 6 个月以上的，保障其与本地户籍人员享受同等的就业创业扶持政策。（省人力资源社会保障厅负责）

22. 建立健全就业创业统计监测体系。健全就业统计指标，完善统计口径和统计调查方法，逐步将性别、非农就业等指标纳入统计监测范围，开展“大数据”就业监测，探索建立创业工作统计指标。进一步加强和完善劳动力调查制度，扩大调查范围，增加调查内容。依托行业组织，建立健全行业人力资源需求预测和就业状况定期发布制度。加大就业统计调查监测人员、经费和软硬件等保障力度，推进就业统计监测信息化建设。（省人力资源社会保障厅、省统计局牵头，省公安厅、省财政厅、国家

统计局山东调查总队参加）

各地、各部门要加强组织领导，把促进就业创业摆上重要议程，认真落实本意见提出的各项任务，结合本地、本部门实际，创造性地开展工作，研究配套政策和具体措施。要根据就业状况和工作目标，在财政预算中合理安排就业创业相关资金。要注重舆论引导，加强政策解读，大力宣传就业创业工作经验做法和典型事迹。对在就业创业工作中取得显著成绩的单位和个人，按有关规定予以表彰奖励。有关地区不履行促进就业职责，造成恶劣社会影响的，对当地政府有关负责人及具体责任人实行问责。

山东省人民政府办公厅关于扶持新注册小微企业发展的意见

（2015年9月30日　鲁政办发〔2015〕43号）

各市人民政府，各县（市、区）人民政府，省政府各部门、各直属机构，各大企业，各高等院校：

为贯彻落实党中央、国务院和省委、省政府关于扶持小型微型企业发展的决策部署，巩固商事制度改革成果，激励保障大众创业、万众创新，经省政府同意，现就扶持新注册小微企业发展提出以下意见：

一、推进行政审批规范化建设。推进行政审批流程再造，全面实行企业设立“一个窗口”受理，推进行政审批权相对集中，对涉及多个部门的审批事项推进并联审批。全面实施“三证合一”登记制度，实行“一照一码”登记模式，通过“一窗受理、互联互通、信息共享”，自2015年10月1日起由各级工商行政管理部门向新设立企业、变更企业发放加载法人和其他组织统一社会信用代码的营业执照，进一步优化企业审批流程，简化准入程序，降低社会成本和行政成本。（省工商局、省编办、省地税局、省国税局、省质监局按职责分工负责）

二、放宽住所（经营场所）登记条件。对从事无店铺零售业经营的个体工商户允许“一址多照”。允许物理分割地址或集中办公区登记为个体工商户经营场所。允许商务秘书企业为个体工商户提供经营场所托管服务及其他配套服务。支持个体工商户进入众创空间经营，允许其经营场所“席位注册”。允许创意、设计、软件等领域的小微企业和自由职业者，将住宅、公寓登记

注册为营业场所。（省工商局负责）

三、下放企业登记管辖权限。进一步提高办事效率，加快推进简政放权，除依照法律法规及政策规定须由上级登记机关登记管辖的，其他企业均下放至下级登记机关登记管辖。（省工商局负责）

四、加大创业政策支持力度。对首次领取小微企业营业执照、正常经营并在创办企业缴纳社会保险费满12个月的创业者，给予不低于1.2万元的一次性创业补贴；对吸纳就业人员并与其签订1年以上期限劳动合同的，按照申请补贴时创造就业岗位数量给予每个岗位2000元的一次性创业岗位开发补贴；对小微企业新招用毕业年度高校毕业生，签订1年以上期限劳动合同并缴纳社会保险费的，给予1年社会保险补贴。（省人力资源社会保障厅、省财政厅、省科技厅、省中小企业局按职责分工负责）

五、加快省级股权投资引导基金运作。设立省级天使投资、科技成果转化、新兴产业创业投资等引导基金，逐步扩大基金规模，支持民间资本参股设立投资基金，重点支持种子期或初创期科技型、创新型小微企业发展。对于小微企业的扶持政策和引导基金的投向，由相关主管部门定期形成信息目录，待省级公共信用信息平台建成后，推送到省级公共信用信息交换和共享平台，通过“信用山东”网站、“小微企业名录信息平台”予以公示。（省财政厅、省发展改革委、省金融办、省科技厅按职责分工负责）

六、进一步落实税收扶持政策。按照国务院常务会议决定，进一步加大对小微企业的税收优惠，在落实好已出台税收优惠政策的同时，从2015年10月1日起到2017年年底，依法将减半征收企业所得税的小微企业范围，由年应纳税所得额20万元以内（含20万元）扩大到30万元以内（含30万元）；将月销售额2万元至3万元的小微企业、个体工商户和其他个人免征增值税、营业税的优惠政策执行期限，由2015年年底延长至2017年年底。按照《财政部国家税务总局关于科技企业孵化器税收政策的通知》（财税〔2013〕117号）要求，至2015年12月31日，对符合条件的孵化器自用以及无偿或通过出租等方式提供给孵化企业使用的房产、土地，免征房产税和城镇土地使用税；对其向孵化企业出租场地、房屋以及提供孵化服务的收入，免征营业税。强化新注册小微企业的税收风险辅导，帮助建立税务风险内部控制机制。（省地税局、省国税局按职责分工负责）

七、完善融资担保扶持政策体系。设立省级融资性担保机构股权投资基金，加快建立和完善小微企业贷款风险分担和损失补偿机制，大力发展政府参控股的融资担保和再担保机构，着力缓解小微企业融资难、融资贵问题。（省财政厅、省金融办、省科技厅、省中小企业局、人民银行济南分行、省地税局、省国税局按职责分工负责）

八、加大融资信贷支持力度。依托人民银行牵头搭建的金融业统一征信平台，建立健全省中小企业信用融资综合服务平台，整合银行金融、信用评价、融资担保、投资保险、纳税信用等信息资源，畅通新注册小微企业融资信息渠道。商业银行等金融机构要针对新注册小微企业特点，进一步创新信贷产品，降低信贷条件和融资成本，尤其是纳税信用好的小微企业，进一步简化审核程序，不断增加对新注册小微企业的信贷投放。鼓励金融企业利用互联网云技术、移动通信、大数据等手段，发挥线上线下资源优势，加大小微企业融资支持力度。（人民银行济南分行、省金融办、省科技厅、省中小企业局按职责分工负责）

九、降低新注册企业用地成本。加快推广标准厂房等节地技术和模式，加强标准厂房建设的土地供应，落实优惠政策，降低用地成本，保障民营经济创业基地、创新平台、新注册小微企业等项目用地。（省国土资源厅负责）

十、盘活存量建设用地。在符合规划的前提下，对可以盘活利用的批而未供土地和闲置低效用地，在“全省政务服务平台”

和“小微企业名录信息平台”等公共资源平台予以公示，优先用于新注册企业项目建设。新注册企业使用的原出让或划拨的存量工业用地，在符合城乡规划、产业发展布局规划和不改变用途的前提下，经批准在原用地范围内进行技术改造、通过建多层厂房或实施厂房改造加层增资扩产而增加建筑容积率的，不再收取土地出让价款。新注册企业项目建设需同时利用地下空间的，地下空间与地上土地使用权可一并出让，工矿仓储项目使用地下空间的，可不增收土地出让价款。（省国土资源厅负责）

十一、加快小微企业创业基地、科技企业孵化器建设。2015年至2016年，每年评估认定30家省级创业孵化示范基地、创业示范园区（含省级大学生创业孵化示范基地、创业示范园区），根据入驻企业个数和吸纳就业人数，给予每处不超过500万元的一次性奖补资金，其中直接购买或租赁已开发闲置房地产楼盘作为创业孵化示范基地和创业示范园区的，奖补标准提高到每处不超过1000万元。依托创业孵化示范基地（园区），积极吸纳新注册企业入驻，提供一条龙服务，落实房租和水电费减免等扶持政策。完善山东省中小企业公共服务平台网络，推进线上线下协同服务，为新注册小微企业提供管理指导、技能培训、市场开拓、标准咨询、法律咨询、检验检测、电子商务等服务。（省人力资源社会保障厅、省科技厅、省中小企业局、省财政厅按职责分工负责）

十二、建立全省小微企业名录信息平台。依托工商行政管理部门的企业信用信息公示系统，启动小微企业名录信息平台建设工作，集中公开各类扶持政策及企业享受扶持政策的信息。通过统一的信用信息平台，汇集工商注册登记、行政许可、税收缴纳、社保缴费等信息，推进小微企业信用信息共享，促进小微企业信用体系建设。各有关部门应将本部门、本系统出台的扶持小微企业的政策，于政策出台之日起20日内推送至省工商局。（省工商局、省财政厅、省发展改革委、省科技厅、省人力资源

社会保障厅、省地税局、省国税局、省中小企业局按职责分工负责）

十三、加强新注册小微企业人员培训。重点加强对新注册小微企业签订1年以上期限劳动合同从业人员的政策、管理、技能、市场开拓等方面的业务知识培训，提高小微企业员工素质。提高科技企业孵化器等科技服务机构从业人员水平，加强对新注册在孵科技型小微企业人员的培训。加强对小微企业出资人、党务工作者的培训。积极引导新注册小微企业建立健全现代企业制度，规范内部治理结构。（省人力资源社会保障厅、省科技厅、省中小企业局、省工商局、省工商联按职责分工负责）

十四、打造创业创新的浓厚氛围。加大政策宣传力度，激励大众创业、万众创新。发挥国家级创业先进城市和省级创业先进城市（县、区）引导作用，继续开展省级创业先进城市（县、区）和创业型街道（乡镇）、社区创建活动。举办好中国创新创业大赛（山东赛区）系列活动。（省委宣传部、省人力资源社会保障厅、省科技厅按职责分工负责）

十五、加强事中事后监管。各部门依照责任清单，落实事中事后监管制度。依托企业信用信息公示系统，实现登记注册与审批部门之间的信息共享，推动部门管理重心由事前审批向事中事后监管转变，实现部门联动、信用分类监管。（省编办、省发展改革委、人民银行济南分行、省商务厅、省工商局、省质监局等有关行业监管部门按职责分工负责）

十六、加大工作督导力度，建立支持新注册企业发展保障落实机制。加强对各地、各有关部门落实支持新注册企业发展政策的督导检查，确保已经出台的政策措施落实到位；建立问责机制，对政策不落实、服务不到位的，追究相关部门及领导责任。（省政府有关部门负责）

山东省人力资源和社会保障厅关于进一步加强就业失业登记管理服务工作的通知

（2012 年 6 月 29 日　鲁人社办发〔2012〕59 号）

各市人力资源和社会保障局：

就业失业登记管理服务是就业工作的基础性工作之一。近年来，全省各级人力资源社会保障部门和公共就业服务机构认真贯彻执行国家和我省关于就业失业登记的相关规定，普遍应用“就业失业登记身份证识别系统”，广泛推行就业失业登记全员实名制，取得了积极进展和初步成效。但是，各地工作进展极不平衡，还存在着部分地区重视程度不够、部分群体登记存在制度性障碍、硬件设施设备配备不到位等亟待解决的问题。为切实解决好这些问题，现就进一步加强就业失业登记管理服务工作的有关事项通知如下：

一、高度重视加强就业失业登记管理服务工作

中央和省委、省政府高度重视就业失业登记管理服务工作。胡锦涛总书记在中共中央政治局就实施更加积极的就业政策进行第三十二次集体学习时，明确提出要“完善就业失业登记管理办法”。省政府颁布的《山东省促进就业规划（2011—2015）》，明确要求“要健全完善就业失业登记制度”。因此，进一步加强就业失业登记管理服务工作，是贯彻落实科学发展观，更好地服务就业失业人员、提升公共就业管理服务水平的必然要求；是开展好行政程序年、作风建设年、基层基础年“三项活动”，提升基层就业服务能力、夯实就业工作基础的重要方面；是创新社会管理，打造“半小时公共就业服务圈”现实需要。各级人力资源社会保障部门和公共就业服务机构必须充分认识其重要性、必要性和紧迫性，本着统一、科学、合理、规范的基本原则，按照“优化管理、强化服务”的总体要求，进一步统一思想认识，完善政策制度，加大工作力度，提升工作水平，建立完善就业失业管理服务组织网络、制度体系、工作机制和保障机制，在全省形成就业失业登记服务管理工作的新局面。

二、建立城乡统一的就业失业登记管理服务制度

适应全省城镇化和城乡统筹就业的进程，建立城乡统一的就业失业登记管理服务制度，统筹做好各类群体的就业失业登记管理服务工作。

1. 就业失业登记范围。就业登记范围是法定劳动年龄内的城乡单位就业人员、私营个体就业人员和灵活就业人员，不包括国家机关、政党机关、社会团体、事业单位的编制人员。失业登记范围是法定劳动年龄内、有劳动能力和就业要求、处于无业状态的城镇常住人员，包括城镇户籍人员、在常住地稳定就业满6个月的农村进城务工人员和其他非本地户籍人员。

将进城务工农村劳动力、择业期高校毕业生和其他非本地户籍人员统一纳入到就业失业登记管理服务范围。其中，对进城务工农村劳动力，初次进城务工的凭其与用人单位的长期劳动合同或劳务派遣合同进行就业登记，转移就业6个月以上的进城务工农村劳动力凭其与用人单位的解除合同证明进行失业登记，初次进城务工人员不予进行失业登记；择业期处于无业状态的高校毕业生，可凭《毕业生就业报到证》进行失业登记，并注明择业期高校毕业生；其他非本地户籍人员凭在本地稳定就业或居住满6个月以上，可凭相关就业或居住证明在就业地或居住地进行就业失业登记。

2. 就业失业登记地点。单位就业人员，由用人单位按单位注册或社会保险缴纳的隶属关系到同级公共就业服务机构进行就业登记。私营个体和灵活就业人员，由本人到户籍所在地（户籍与就业地点在同一地的）或常住地（户籍与就业地点不在同一地的）街道（乡镇）公共就业服务平台（机构）进行登记。

单位就业转失业人员，按失业前单位注册或社会保险缴纳的隶属关系由单位或本人到同级公共就业服务机构办理失业登记；私营个体和灵活就业人员失业或停业后，由本人到户籍所在地街道（乡镇）公共就业服务平台（机构）办理失业登记；没有就业经历的城镇户籍人员（即城镇新成长的失业人员），到户籍所在地街道（乡镇）公共就业服务平台（机构）办理失业登记。

3. 就业失业登记职责。单位就业失业人员的基础信息采集，由用人单位负责；其他就业失业人员的基础信息采集，由社区公共就业服务平台（机构）承担。

就业失业登记基础信息核验和《就业失业登记证》发放管理，由各级公共就业服务机构和街道（乡镇）公共就业服务平台（机构）按登记职责承担，并做到谁登记、谁发放、谁管理、谁年检。

持《就业失业登记证》享受相关优惠政策的申报认定，由公共就业服务机构和街道（乡镇）、社区公共就业服务平台（机构）按相关政策规定承担。

三、健全完善就业失业登记管理服务工作流程

在各级公共就业服务机构和街道（乡镇）、社区公共就业服务平台（机构）要设立专门的就业失业登记服务窗口，全面启动运行“就业失业登记身份证识别系统”，把二代居民身份证验证识别作为就业失业登记的唯一入口，确保就业失业登记信息的实名制、唯一性和准确性。就业失业登记业务流程为：1. 申请人（或用人单位）向公共就业服务机构或街道（乡镇）、社区公共就业服务平台（机构）提出就业失业登记申请；2. 受理工作人员通过二代身份证读卡机具（器）读就业失业人员身份证信息；3. 就业失业人员身份证信息通过二代身份证机具识别验证自动填充到“劳动99三版”；4. 工作人员按照省厅《关于统一完善就业服务指标体系的通知》（鲁人社办发〔2011〕109号）

文件的相关指标，录入就业失业人员就业失业信息，并通过扫描仪将纸制证明材料和证件转换为电子文档，作为就业失业登记信息的电子附件存留；5. 工作人员根据就业失业人员的享受服务和政策需求，按规定提报登记信息和电子附件进行审核审批；6. 在办理就业失业登记时，生成《就业失业登记证》管理信息，对需要《就业失业登记证》的，由证件打印机输出发放相关证件，并加盖发放机构的业务专用章（样式见附件）。同时，就业失业登记业务经办工作人员可通过手持式二代身份证读卡机具（器）和手持式扫描仪外出登记办理。

四、突出抓好就业失业登记基础数据信息质量

各市要在省厅的统一指导下，进一步加大“就业失业登记身份证识别系统”软件程序的应用与推广，重点是落实好人社部《关于进一步加强就业信息监测工作的通知》（人社厅发〔2012〕43号)、《关于全省就业失业登记管理服务工作全面启用居民身份证识别系统的通知》（鲁人社字〔2011〕335号）等文件要求，抓好“就业失业登记身份证识别系统”与“就业信息采集与决策系统和就业政策与资金管理系统”的衔接，把“就业失业登记身份证识别系统”作为基本入口，做到就业失业登记基础数据与就业管理服务业务全面关联，确保“办理登记必有业务经办体现、业务经办必有登记录入环节”，坚决杜绝单纯为了登记就业人数而登记的现象，进一步提升就业失业登记基础数据的准确性和全面性，真正实现时时更新、动态管理。

五、强化就业失业登记管理服务工作保障

省厅积极推动就业失业登记全程信息化工作，重点对省财政直管县、困难县和农村劳动力转移就业监测县给予硬件设备支持。各市要通过就业专项资金、基层平台建设资金、失业保险基金扩大支出范围等资金渠道，按照《关于印发山东省人力资源和社会保障基层公共（就业）服务平台建设规划的通知》（鲁人社发〔2011〕38号）和《关于全省就业失业登记管理服务工作全面启用居民身份证识别系统的通知》（鲁人社字〔2011〕335号）要求，将硬件设施设备统一配齐到各级公共就业服务机构和街道（乡镇）、社区公共就业服务平台（机构）。《就业失业登记证》可由各市根据工作需要，按照《关于转发人力资源和社会保障部就业失业登记证管理暂行办法的通知》（鲁人社发〔2011〕10号）规定，参照省厅印制的样本进行统一印制，所需工本费根据《关于印发山东省就业专项资金管理暂行办法的通知》（鲁财社〔2011〕55号）规定由就业专项资金列支。

六、加强就业失业登记管理服务工作组织领导

各市要加强领导，周密部署，强化措施，加快推进，切实把省里各项政策措施和工作部署落实到位。各级人力资源社会保障部门的规划财务、就业促进、就业服务、信息中心等业务处室和单位要加强协调配合，各负其责，搞好业务衔接，共同做好相关工作。各级公共就业服务机构和街道（乡镇）、社区公共就业服务平台（机构）要落实好相关工作人员，明确分工，责任到人，切实承担起就业失业登记基础数据录入和管理工作。强化监督考核，要将就业失业登记实名制开展情况列入年度目标责任考核，与省级就业资金拨付、硬件设备支持等挂钩。各级要进一步加强业务培训，将就业失业登记业务列入基层公共就业服务平台（机构）工作人员培训的重要内容，省里将组织编写《山东省就业失业登记操作手册》作为业务读本和培训教材。要切实加大宣传力度，面向就业失业人员宣传好相关政策规定和办事流程，并做好解释说明工作，进一步营造良好的舆论氛围。

本文件自出台之日起正式执行，《关于转发人力资源和社会保障部就业失业登记证管理暂行办法的通知》（鲁人社发〔2011〕10号）继续执行，其中与本文件不一致的相关规定，以本文件为准。

附件：山东省就业失业登记业务专用章（样式）

（附件本书略）

山东省人力资源和社会保障厅等部门关于进一步推进小额担保贷款工作的通知

（2012年8月16日　鲁人社办发〔2012〕82号）

各市人力资源社会保障局，财政局，人民银行（山东省）各市中心支行、分行营业管理部，各银监分局：

为全面贯彻落实国家和我省小额担保贷款政策，充分发挥小额担保贷款在促进以创业带动就业方面的积极作用，进一步推进全省小额担保贷款工作开展，现就有关问题通知如下：

一、进一步提高思想认识

小额担保贷款是实施就业优先战略和积极就业政策的一项重要举措，是破解创业者和劳动密集型小企业融资难的有效措施，对促进创业、扩大就业具有重要意义。今年，小额担保贷款新增发放30亿元、扶持带动就业15万人的工作目标，已经纳入到政府就业工作目标责任考核，并逐级分解下达。各级各部门要进一步统一思想，提高认识，加强领导，密切配合，用足用好财政贴息资金，把小额担保贷款政策落到实处，顺利完成小额担保贷款目标任务。

二、切实加大基金投入

按照《山东省就业促进条例》的有关规定和我省延长扩大失业保险基金支出范围试点的具体要求，各市、县（市、区）要进一步加大财政预算安排和就业专项资金支出，充分利用失业保险基金扩大支出范围政策，不断扩大担保基金规模和贴息资金支出。设区市本级担保基金规模不足2000万元的，年内要力争达到2000万元以上；已经达到2000万元的，要在现有担保基金规模基础上，进一步加大补充力度。县（市、区）均要设立担保基金，年内要力争达到300万元以上，有条件的要达到500万元以上。要建立小额贷款担保基金持续增长和补充补偿机制，不断提高担保能力，满足工作需要。

三、加强机构建设

要建立健全人力资源社会保障部门管理的小额贷款担保机构，逐步形成省、市、县三级小额贷款担保服务网络。要增加人员配备，明确职责分工，根据工作需要选调或聘任责任心强、熟悉政策、具备一定专业知识的人员充实小额担保贷款工作队伍，加强政策学习和业务培训，不断提高经办能力和服务水平。要有专门工作场所，配备必需的交通工具和办公设备，逐步提高信息化管理水平。要建立科学有效的工作机制，健全完善调查评审、风险管理、代偿追偿等各项规章制度，规范操作流程，提高风险防范能力。

四、强化金融扶持

各有关金融机构要扩大小额担保贷款发放规模，不断创新金融产品和服务方式，推出符合小额担保贷款业务特点的信贷品种，进一步优化审贷流程，提高小额担保贷款的审批、发放效率。小额担保贷款责任余额可扩大到担保基金银行存款余额的5倍，并根据风险管控、基金规模、信用程度等实际情况确定合作的深度和广度。要逐步提高小额担保贷款占新增贷款的比例，按照风险与收益匹配原则，适当提高小额担保贷款不良贷款容忍度，加大对劳动密集型小企业的贷款扶持。各有关金融机构在发放小额担保贷款过程中，不得以贷转存、存贷挂钩、利率过高、违规收费等。

五、创新工作模式

要大力实施创业助推“1+3”和小额担保贷款“快易贷”助推创业行动，加强与工会、共青团、妇联等群团组织的联系，把小额担保贷款工作与开展工友创业、青年创业、巾帼创业等活动有机结合起来。要与发展地方特色优势产业相结合，积极深入到创业园区、创业孵化基地及街道（乡镇）、社区（村）、校园等，采取“集中受理、批量审批”的方式，集中办理小额担保贷款业务。要创新合作形式，采取灵活多样的担保和反担保方式，为创业者和劳动密集型小企业提供方便。各经办机构要设立服务窗口，公布咨询电话，明确办理时限，降低门槛，简化流程，提高效率，建立并畅通小额担保贷款绿色通道。

六、严格统计制度

小额担保贷款统计数据是季度通报和目标考核的重要参考依据，各市人力资源社会保障部门要牵头协调有关部门不断完善统计报告制度，统一采集渠道，确保部门间主要指标数据一致。要提高报送质量，确保数据准确、内容全面、报送及时。各经办机构特别是担保机构和合作银行，要建立小额担保贷款工作台账，完善档案资料，按照各部门现有统计体系要求及时上报相关数据。各级要坚持日常调度和定期通报相结合，及时掌握工作进度，确保目标任务顺利完成，推动我省小额担保贷款工作的快速健康发展。

山东省人力资源和社会保障厅转发人社厅发〔2014〕13号文件做好我省劳务派遣暂行规定贯彻实施工作的通知

（2014年2月28日　鲁人社办发〔2014〕42号）

各市人力资源社会保障局：

现将《人力资源社会保障部办公厅关于做好劳务派遣暂行规定贯彻实施工作的通知》（人社厅发〔2014〕13号，以下简称《暂行规定》）转发给你们，并提出以下意见，请一并贯彻执行。

一、充分认识人力资源社会保障部制定《劳务派遣暂行规定》的重要意义，做好学习培训和宣传引导工作。各地要按照人力资源社会保障部的要求，积极组织劳动关系协调、劳动监察、劳动争议调解仲裁工作人员深入学习《暂行规定》的精神实质和主要内容，不断提高对劳务派遣监管能力和水平。要根据要求组织好宣传培训，进一步提高用工单位、劳务派遣单位遵守国家法律法规的自觉性，切实保障被派遣职工的合法权益。

二、加大对劳务派遣的指导监督，确保平稳过渡。各市人社部门要加强对超比例使用被派遣劳动者用工单位的监督，指导用工单位根据《暂行规定》要求制定调整用工方案，并督促落实到位，确保过渡期劳动关系和谐稳定。用工单位将被派遣劳动者转为直接用工的，要妥善处理劳动者与派遣单位的劳动关系。要加大用工单位通过劳务外包、承揽方式减少劳务派遣用工的监督力度，防止“假外包，真派遣”损害劳动者合法权益。

三、通过劳务派遣单位监督检查进一步摸清劳务派遣用工状况。各地要结合2014年劳务派遣单位监督检查，对辖区内的劳务派遣用工单位和已经获得劳务派遣经营业务行政许可的派遣机构进行检查，进一步摸清使用劳务派遣职工的单位户数、劳务派遣机构户数、被派遣劳动者数量及比例等情况，建立健全劳务派遣管理台账。对检查中发现的苗头性、倾向性的问题，要及时上报省厅，省厅将汇总有关问题，并结合前期调研掌握的情况，适时出台我省贯彻《暂行规定》的实施细则。

在劳务派遣单位监督检查的基础上，按照人力资源社会保障部办公厅通知的要求，及时填写《劳务派遣情况汇总表》（见人力资源社会保障部办公厅通知附件），并于2014年4月10日前报省厅劳动关系处。

人力资源社会保障部办公厅关于做好劳务派遣暂行规定贯彻实施工作的通知

各省、自治区、直辖市及新疆生产建设兵团人力资源社会保障厅（局）：

为贯彻落实新修订的劳动合同法，增强法律规定的操作性，进一步规范劳务派遣，维护被派遣劳动者合法权益，促进劳动关系和谐稳定，我部制定公布了《劳务派遣暂行规定》（以下简称“暂行规定”）。各地人力资源社会保障部门要充分认识制定暂行规定的重要意义，采取切实有效措施做好贯彻实施工作。现就有关事项通知如下：

一、大力抓好学习培训和宣传引导工作

各地要在开展新修订劳动合同法和劳务派遣行政许可实施办法培训的基础上，继续通过举办培训班等多种方式，组织系统干部职工对暂行规定开展有针对性的学习培训，帮助干部职工正确理解和准确把握精神实质和主要内容，进一步提高劳务派遣监管能力和水平。要主动联合当地国资委、工会、企业联合会、工商联等部门和组织，加强对本地区劳务派遣单位和用工单位有关负责人、工会工作者培训，进一步增强各方遵守法律法规和规章的自觉性。要积极加强正面宣传引导，充分利用各种主流媒体和新兴媒体广泛宣传暂行规定的内容，重点宣传解读拟使用被派遣劳动者的辅助性岗位确定程序、用工比例及其过渡期、劳务派遣单位和用工单位的义务、跨地区劳务派遣的社会保险以及法律责任等规定，为贯彻实施暂行规定创造良好舆论氛围。要加强舆情监测研判，对社会关注的热点问题及时作出正面回应，必要时可采取专家权威解读等方式进行释疑解惑。

二、积极稳妥实施劳务派遣用工比例规定

各地要认真落实暂行规定关于劳务派遣用工比例的要求，督促本地区各类用工单位严格在规定比例内使用被派遣劳动者。要抓紧对辖区内的用工单位基本情况进一步开展摸底调查，全面掌握各用工单位在暂行规定施行前使用被派遣劳动者的数量及其比例情况，建立健全管理台账。对劳务派遣用工数量超过用工总量10%以上、短期内达到规定比例要求存在困难的用工单位，要指导督促其尽快根据生产经营实际制定实施调整用工方案，在2年内逐步降至规定比例。对用工单位将劳务派遣用工转为直接用工的，要指导其与劳务派遣单位协商处理好被派遣劳动者的原有劳动关系问题，依法与劳动者订立劳动合同；对用工单位通过业务外包、承揽等方式减少劳务派遣用工的，要指导其依照有关法律和政策规范发包等活动，依法做好已使用被派遣劳动者的劳动关系转移接续工作，防止出现“假外包，真派遣”等问题损害被派遣劳动者的合法权益。要按照暂行规定统筹规范用工单位退工行为和劳务派遣单位解除劳动合同行为，避免出现大规模退工或裁减人员，确保过渡期内用工调整平稳有序进行。

三、加大对劳务派遣和用工行为的规范指导力度

各地要将贯彻实施暂行规定与贯彻实施新修订的劳动合同法和劳务派遣行政许可实施办法结合起来，全面规范劳务派遣单位的经营行为和用工单位的用工行为，进一步促进劳务派遣规范有序发展。要指导和督促劳务派遣单位建立健全劳动合同管理台账，依法规范劳动合同的订立、变更、解除和终止行为，按照规定和劳务派遣协议约定履行合同义务，严格执行试用期规定，做好相关经济补偿的支付工作，落实被派遣劳动者工伤认定和职业病诊断、鉴定中的相关责任。对退出经营的劳务派遣单位，要指导其依法处理与被派遣劳动者的劳动关系，并与用工单位协商妥善安置被派遣劳动者。对用工单位被依法宣告破产等法定情形下将被派遣劳动者退回劳务派遣单位的，要督促劳务派遣单位依法做好劳动合同继续履行或解除工作。要指导用工单位建立健全符合新修订劳动合同法和暂行规定要求的岗位管理、劳动报酬、保险福利等规章制度，督促其严格在“三性”岗位使用被派遣劳动者，对被派遣劳动者与本单位同类岗位的劳动者实行相同的劳动报酬分配办法，落实被派遣劳动者平等享受社会保险和相关福利待遇的权利。要充分发挥劳务派遣行业组织的作用，加强行业指导服务和监督自律。

四、做好跨地区劳务派遣的社会保险工作

各地要指导开展跨地区派遣业务但未在用工单位所在地设立分支机构的劳务派遣单位按照暂行规定要求，与用工单位通过劳务派遣协议明确约定社会保险参保缴费相关事宜。社会保险经办机构要研究制定相应办法，为用工单位代劳务派遣单位为被派遣劳动者办理参保缴费手续畅通渠道，提供有针对性的服务。对已在劳务派遣单位所在地参保或委托用工单位所在地其他单位办理参保的，劳务派遣单位应当与用工单位协商处理好代为办理参保手续的交接工作，社会保险经办机构要认真做好被派遣劳动者的社会保险转移接续和权益记录。要按规定支付相应的社会保险待遇，确保劳动者的社会保险权益落到实处。

五、加强对劳务派遣的执法检查和劳动争议处理

各地劳动保障监察机构要将劳务派遣情况作为监察执法的重

点，适时组织开展专项检查，严肃查处劳务派遣单位和用工单位违反新修订劳动合同法和暂行规定的行为，切实维护被派遣劳动者的合法权益。对用工单位以承揽、外包等名义，按劳务派遣用工形式使用劳动者的，要按规定坚决予以纠正。各地劳动争议调解仲裁机构要对劳务派遣领域可能出现的劳动争议加强预判，对发生涉及劳务派遣的争议，要及时受理，依据新修订的劳动合同法和暂行规定公正及时处理，切实维护当事人的合法权益。

各地人力资源社会保障部门要切实加强对贯彻实施暂行规定的组织领导，增强工作预见性，及时掌握并研究解决暂行规定施行中出现的新情况、新问题。各省级人力资源社会保障部门要将本地区贯彻实施中出现的重大情况及时向部里报告。

附件：劳务派遣情况汇总表

（附件本书略）

山东省人力资源和社会保障厅 省财政厅关于印发《山东省实施创业孵化基地和创业园区项目管理办法》的通知

（2014年3月3日 鲁人社发〔2014〕15号）

各市人力资源社会保障局、财政局：

为进一步推进我省创业孵化基地和创业园区项目的建设发展，鼓励扶持城乡劳动者自主创业，我们制定了《山东省实施创业孵化基地和创业园区项目管理办法》，现印发给你们，请遵照执行。

各地要结合实际情况，尽快研究制定本地区创业孵化基地和创业园区的认定管理办法及具体实施细则，并报省人力资源社会保障厅、省财政厅备案。

山东省实施创业孵化基地和创业园区项目管理办法

第一章 总 则

第一条 为进一步促进劳动者自主创业，加强创业孵化基地和创业园区（以下简称“孵化基地和创业园区”）项目建设管理工作，加快建立政府激励创业、社会支持创业、劳动者勇于创业的新机制，根据《山东省人民政府办公厅关于促进创业带动就业的意见》（鲁政办发〔2013〕25号），制定本办法。

第二条 孵化基地和创业园区建设，坚持政府推动、社会支持、市场导向、统筹规划、整合资源、合理布局的原则，以科学发展观为指导，以培育创业主体为目标，以促进创业带动就业为主线，以完善创业服务为重点，在全省培育扶持一批特色突出、功能完善、承载能力强，具有一定示范和辐射带动作用的孵化基地和创业园区，为创业者提供良好的创业环境和创业服务。

第三条 本办法适用于省内孵化基地和创业园区的认定和管理。创业孵化基地主要培育初始或初创企业，并为之提供相关创业服务；创业园区主要面向初创企业、成长成熟期创业实体，落实创业扶持政策，开展创业服务。

第四条 省人力资源社会保障厅负责组织实施省级创业孵化示范基地和省级创业示范园区评估认定工作。各级人力资源社会保障部门要把孵化基地和创业园区建设，作为促进创业带动就业工作的重要措施，负责对孵化基地和创业园区建设、创业扶持政策落实、开展创业服务等提供有效指导和跟踪服务。各孵化基地和创业园区要结合实际，进一步丰富创业服务内容，健全各项管理制度和运行机制，提高创业孵化和创业服务能力，促进入驻创业实体健康发展。

第二章　设立条件

第五条 各地要坚持实事求是、因地制宜的原则，组织专家对设立孵化基地和创业园区的必要性、可行性以及设立运行后的社会经济效益进行严格论证，从源头上确保孵化基地和创业园区建设的科学性。

第六条 孵化基地和创业园区设立的基本条件

（一）具有独立的企业或事业法人资格、固定的办公场所、健全的财务制度和具备相应专业知识技能的管理服务人员；

（二）有一定规模的生产经营场地、办公场地和共享的服务空间，有相应的道路、停车、供电、供水、消防、通讯、网络和职工生活等基础配套设施；

（三）有为创业者提供服务的管理服务机构和相关中介服务

机构，有条件的引入风险投资公司或设立小额贷款担保分支机构；

（四）有配套的创业服务，能够提供政策咨询、信息服务、项目推介、风险评估、开业指导、融资服务、跟踪扶持等“一条龙”创业服务，并建立网络信息服务平台，开展网上咨询、专题讲座、互动交流，为创业者创业提供各项服务；

（五）有健全的管理制度，建有完善的创业实体评估准入、财务管理、日常管理服务等规章制度，能为入驻创业实体降低门槛，简化手续，提供优质服务，提高创业成功率；

（六）有相应创业就业政策扶持，设有为入驻孵化实体的创业资助、经营场地费用和水电暖费用补贴或减免等项目以及扶持期限；

（七）每年新入驻一定数量创业实体，入驻创业实体数量达到一定规模，每个创业实体能够带动一定数量的人员实现就业，符合当地产业发展方向，产业特色鲜明。

第七条 孵化基地和创业园区的主要功能

（一）提供生产经营场地、基本办公条件和后勤保障服务，指导协助办理开业相关手续；

（二）实施创业项目开发、对接和融资服务，指导协助退出孵化基地的企业做好迁址、工商税务登记变更等服务工作；

（三）免费提供创业能力测试、创业指导、政策咨询和信息服务，协助开展创业培训；

（四）开展法律、会计、审计、评估、专利、金融、企业管理、人才培养、战略设计和市场营销等服务；

（五）指导协助落实税费减免、一次性创业补贴、一次性创业岗位开发补贴、小额担保贷款及贴息、创业培训补贴等扶持政策，加强宣传引导，营造创业文化与氛围；

（六）孵化基地要注重发挥孵化功能，建立创业实体退出机制，商贸、物流、家庭服务企业孵化期不超过 2 年，工业、高新技术、文化创意等其他类企业孵化期不超过3年。孵化期满后创业实体未退出孵化基地的，不再继续享受孵化基地扶持政策。

第三章 省级创业孵化示范基地和省级创业示范园区的认定

第八条 省级创业孵化示范基地认定标准

除符合孵化基地和创业园区基本条件外，还需具备下列条件：

（一）生产经营厂房面积10000平方米以上（楼宇型基地面积5000平方米以上），以文化创意、新兴产业技术研发应用等为主体的科技含量较高、特色鲜明的孵化基地可适当放宽；

（二）入驻创业实体100个以上，创业和稳定吸纳就业（签订1年以上劳动合同，下同）500人以上；

（三）创业实体有较强的成长性，科技含量高，孵化成功率不低于70%，孵化基地入驻率不低于80%，每年新入驻初创企业20户以上（孵化成功企业是指已办理工商营业执照和税务登记证、现仍在从事经营活动的创业实体；孵化成功率是指孵化成功企业数量占入驻创业实体总数的比率；孵化基地入驻率是指已入驻企业使用厂房楼宇面积占创业孵化基地厂房楼宇总面积的比率；新入驻初创企业是指入驻孵化基地时申领营业执照1年以内的创业实体）。

第九条 省级创业示范园区认定标准

除符合孵化基地和创业园区基本条件外，还需具备下列条件：

（一）入驻创业实体100个以上，创业和稳定吸纳就业1000人以上，对网络创业园、现代农业创业园，在入驻创业实体个数、稳定吸纳就业人数方面可适当降低10—30个百分点；

（二）企业成长性好，企业存活率不低于80%，每年至少新增20户以上创业3年以内的企业（存活企业是指已办理工商营业执照和税务登记证、现仍在从事经营活动的创业实体；企业存活率是指存活企业数量占入驻园区创业实体总数的比率）。

第十条 评估认定时间

2014—2018年，全省每年评估认定不超过20家省级创业孵化示范基地和省级创业示范园区。省级创业孵化示范基地和省级创业示范园区评估认定工作于每年一季度开展，每年评估认定一次。各市、各部门申报材料应于每年3月底前报省人力资源社会保障厅。

第十一条 评估认定程序

省级创业孵化示范基地和创业示范园区的评估认定按照下列程序进行。

（一）申报。申请省级创业孵化示范基地、省级创业示范园区的单位，应向所在地县级人力资源社会保障部门提出申请。中央驻鲁单位和省直部门（单位）设立的创业孵化基地和创业园区直接向省人力资源社会保障厅提出申请。申请单位需提交以下材料：

1.《山东省省级创业孵化示范基地/创业示范园区认定审批表》；

2. 创业孵化基地或创业园区建设和发展报告。主要包括孵化基地或创业园区建设运行情况，创业培训、创业服务开展情况，入驻企业发展情况以及社会经济效益等情况；

3. 孵化基地或创业园区制定的扶持创业优惠政策情况，入驻实体享受孵化基地或创业园区房租补贴、经营场地补贴、水电费补贴等创业扶持证明材料；孵化基地或园区协助落实税费减免、一次性创业补贴、创业岗位开发补贴、创业培训补贴等政策证明材料；

4. 服务管理机构和人员情况；

5. 入驻孵化基地或创业园区创业实体名册、创业实体基本信息以及营业执照副本原件及复印件、法定代表人身份证原件及复印件；

6. 创业和稳定吸纳就业人员花名册及相关证明材料。

（二）初审和复核。当地县级人力资源社会保障部门对申请材料进行初审，符合条件的，报设区的市人力资源社会保障部门复核。设区的市人力资源社会保障部门根据初审意见和申报材料进行复核，提出复核意见，并于每年3月底前将符合条件的单位申报材料及审核意见报省人力资源社会保障厅。

（三）评估。省人力资源社会保障厅组织专家，采取孵化基地或创业园区负责人集中现场答辩、基地园区实地评审相结合的方式进行评估。孵化基地或创业园区负责人集中答辩时，应结合认定标准全面介绍基地园区促进创业的理念、规模、措施和成效，制作幻灯片；集中答辩实行现场评分，其中专家评分占70%，参加答辩人员互评占30%，发挥以评审促交流、以交流促建设的作用。省人力资源社会保障厅根据集中答辩评分情况，组织开展实地评审。

（四）公示和认定。对拟认定为省级创业孵化示范基地或省级创业示范园区的，在省级媒体进行为期7天的公示。公示无异议的，省人力资源社会保障厅正式行文批复，认定为“山东省创业孵化示范基地”“山东省创业示范园区”并授牌。

第四章　扶持奖励

第十二条　省里对被认定并授牌的省级创业孵化示范基地和省级创业示范园区，根据入驻企业个数、创业孵化成功率、存续期、促进就业人数、实现经济价值等，给予一次性奖补。奖补资金主要用于为入驻企业提供就业创业服务、房租减免以及孵化基地和创业园区管理运行经费。奖补资金不得用于人员经费和基本建设支出。

第十三条　奖补资金实行一次性核定发放额度，授牌后首期拨付50%，第二年上半年复查合格的再拨付50%。对运行情况达不到省级标准的第二年的50%不再拨付，并收回省级创业孵化示范基地、省级创业示范园区授牌。

第十四条 省级创业孵化示范基地、省级创业示范园区奖补标准

（一）省级创业孵化示范基地奖补标准。生产经营厂房面积10000平方米以上（楼宇型基地面积5000平方米以上），入驻孵化实体100个，创业和稳定吸纳就业500人以上，给予孵化基地300万的奖补资金，在此基础上，每增加1户创业实体且创业和稳定吸纳就业5人以上（含5人），给予孵化基地增加3万元奖补资金，每有1户孵化成功迁出孵化基地继续创业，给予孵化基地增加2万元奖补资金，省级创业孵化示范基地奖补资金最高不超过500万元。

（二）省级创业示范园区奖补标准。入园创业实体100个，创业和稳定吸纳就业1000人以上，给予享受200万元的奖补资金，在此基础上，每增加1户创业实体且创业和稳定吸纳就业5人以上（含5人），给予创业园区增加2万元奖补资金，省级创业示范园区奖补资金最高不超过500万元。

第五章 监督管理

第十五条 省人力资源社会保障厅建立信息统计制度，定期对各地孵化基地和创业园区建设推进情况进行统计调度，通报工作情况。各设区的市人力资源社会保障局要建立信息统计、日常管理、资金扶持、监督考核等制度，加强对孵化基地和创业园区的管理，按照各孵化基地和创业园区的隶属关系，由各市、省直企事业单位按季度向省人力资源社会保障厅报告孵化基地或创业园区建设情况及专项资金使用管理情况。各孵化基地、创业园区要健全规章制度和基础资料台账，孵化基地或创业园区内企业数、就业人数、劳动合同签订、参保缴费、政策兑现、跟踪服务等记录要真实、准确、规范。

第十六条 各市要结合实际，研究制定市级创业孵化示范基

地和创业示范园区认定管理办法，报省人力资源社会保障厅备案，并不断加强创业带动就业扶持资金的使用管理，坚持专款专用。对违反资金管理规定，随意变更使用范围或挪用专项资金的单位，按有关规定作出严肃处理。

第十七条 省人力资源社会保障厅、省财政厅负责每年对省级创业孵化示范基地、创业示范园区进行绩效考评。重点考评孵化基地和创业园区的持续发展能力、奖补资金的管理使用情况和创业扶持政策落实情况。对发展后劲不足、孵化能力下降、创业扶持政策落实不到位的，取消其省级示范资格。

第六章　附　则

第十八条 各设区的市人力资源社会保障部门、财政部门可根据本办法，结合本地实际情况，制定具体的实施细则对市级孵化基地和创业园区进行奖补，所需资金从各市创业扶持资金中列支。中央驻鲁单位和省直部门应参照本办法对其被认定为省级创业孵化示范基地或省级创业示范园区的，根据实际情况进行适当奖补。

第十九条 本通知自 2014 年 3 月 5 日起施行。

附件：山东省省级创业孵化示范基地/创业示范园区认定审批表

（附件本书略）

山东省人力资源和社会保障厅关于完善城乡统一就业失业登记制度的通知

（2014年5月24日　鲁人社办发〔2014〕76号）

各市人力资源社会保障局：

为适应城镇化发展需要，健全就业创业工作机制，配合国家和我省新一轮就业政策实施，现就完善城乡统一就业失业登记制度有关事项通知如下：

一、建立城乡人力资源基本信息库

就业失业登记作为人力资源社会保障业务的基础入口之一，是建立城乡人力资源基本信息库，推进就业与社会保险经办业务一体化的重要抓手。城乡人力资源基本信息库由主体库和补充库组成：以就业失业登记的城乡人力资源（年满16周岁至法定退休年龄的具有本市户籍的城乡劳动者和非本市户籍但在本市连续居住6个月以上的外来劳动者）信息为主体，主要包括人员基本信息、就业失业状态、参加社会保险状态、就业创业需求状况等；考虑人力资源信息动态性和社会保险业务城乡居民全覆盖的现实情况，以城乡人力资源以外的辖区居民信息为补充，主要包括人员基本信息、参加社会保险状态等。城乡人力资源基本信息库为适应工作需要，按户籍地类别分为本市户籍人员库和非本市户籍人员库。城乡人力资源基本信息库依托“数字化就业社区”，通过山东人力资源信息库、劳动99三版、山东高校毕业生离校未就业实名登记服务系统等信息系统，按照信息采集、分类管理、服务对接、定制帮扶、汇总更新、评估跟进“六步工作法”要求，进行实名制采集、网络化管理，做到全员登记、动态管理、即时更新。城乡人力资源基本信息库信息系统建设方案和指标体系另行制定。

二、把乡村就业人员纳入就业失业登记范围

适应城镇化步伐和城乡统筹就业需要，参照统计部门统计口径，把乡村就业人员中年满16周岁至法定退休年龄（或居民基本养老保险待遇领取年龄）人员纳入到就业失业登记范围，对在乡村从事一定社会劳动并取得劳动报酬或经营收入的人员作为乡村就业人员进行登记（包括乡内农业就业人员、乡内非农就业人员、出乡转移就业人员），对在乡村未从事一定社会劳动并取得劳动报酬或经营收入且有就业或转移就业能力和愿望人员作为乡村失业人员进行登记，对乡村“零转移”贫困家庭的适龄劳动力作为乡村就业困难人员进行登记。乡村失业人员与城镇失业人员同等对待，纳入就业援助范围，按规定享受相应就业创业扶持政策。在此基础上进一步健全完善城乡就业统计制度和指标体系，试行调查失业率，实施办法另行制定。

三、加强灵活就业人员认定管理

灵活就业人员，是指在第一产业以外的以非全日制、临时性、季节性、弹性工作等形式就业人员，不含领取营业执照的个体工商户。主要有为社区管理服务提供的协助服务（不含政府开发公益性岗位）、为城乡居民提供的家庭服务、为用人单位或居民家庭提供的劳务服务、为私营企业及个体工商户提供的帮工服务等无法建立或暂无条件建立稳定劳动关系的形式。灵活就业人员，应按规定向户籍所在地或常住地街道（乡镇）人力资源社会保障所（中心）申请就业登记，经认定后，按规定享受就业创业扶持政策。

四、启用实行新版《就业失业登记证》

配合城乡统一就业失业登记制度完善和就业创业工作需求，《就业失业登记证》在2010版的基础上对样式和内容进行改版：1. 第2页，增加“人员类别”内容，用于填写“毕业年度内高校毕业生、离校未就业高校毕业生、低保人员、残疾人、退役士兵、随军家属、刑释人员等”内容；2. 第3页，原“户籍性质”修改为“户籍类型”，用于填写“城镇居民、乡村居民”；3. 第4页，原“毕业于何校何专业”修改为“就读于或毕业于何校何专业”，用于毕业年度内、离校未就业高校毕业生有关内容记录；4. 第8页，原“就业援助政策措施”页修改为“接受职业培训情况”页，用于就业创业培训有关内容记录；5. 第9页，原“享受就业扶持政策情况”修改为“享受就业创业扶持政策情况”，用于就业创业扶持政策享受情况记录；6. 第10页，原“接受公共就业服务情况”修改为“接受公共就业创业服务情况”，用于就业创业服务接受情况记录；7. 第12页，原“失业保险待遇核定及享受情况”页修改为“失业保险待遇明白页”，用于失业保险政策的宣传；8. 第13页，原“失业保险待遇核定及享受情况”页修改为“其他记载事项”页，用于各地记载其他有关事项；9. 第14页，原“查验页”修改为“审验页”，用于证件的审验记录；10. 第15页“其他记载事项”页、第16页原“就业政策明白页”修改为“就业创业政策明白页”，并对原政策内容进行充实完善，用于就业创业政策的宣传；11. 在封底增加山东省人力资源社会保障厅网站、山东就业网“二维码”信息，用于数字化就业服务的应用。2014版《就业失业登记证》自2014年7月1日正式启用，2010版《就业失业登记证》继续有效。2014版《就业失业登记证》样式由省厅统一制定。（见附件）

五、统一规范城乡就业失业登记管理服务流程

统一登记地点。原则上，个人申报就业失业登记，主要是新进入就业市场人员（包括新成长劳动力、原无就业愿望重新进入就业市场人员）、自主创业人员、灵活就业人员在户籍所在地（户籍与就业地一致）或常住地（户籍与就业地不一致）街道（乡镇）人力资源社会保障所（中心）进行登记；单位申报就业失业登记，就业登记按工商行政管理注册的隶属关系到同级人力资源社会保障部门的公共就业服务机构进行登记，失业登记按参加社会保险的隶属关系到同级人力资源社会保障部门的公共就业服务机构进行登记。

简化证件审核材料。凭身份证明、人员类别证明、就业失业证明三项有效证件，即可申办《就业失业登记证》。身份证明：本市户籍人员凭《居民身份证》，非本市户籍人员凭《居民身份证》《居住证》。人员类别证明：毕业年度内高校毕业生凭《高校毕业生自主创业证》向创业地公共就业服务机构申请《就业失业登记证》，离校后高校毕业生凭毕业证，零就业家庭凭社区出具相关证明，低保家庭凭低保证明，残疾人凭《残疾人证》，退役士兵、随军家属、刑释人员等其他需注明人员类别的群体凭相应有效身份证明，在公共就业服务机构登记申领《就业失业登记证》。就业失业证明：单位就业或失业人员凭《劳动合同》或《解除劳动合同证明》，创业人员凭《营业执照》或注销证明，灵活就业人员和新进入就业市场人员凭社区出具相关证明。具体认定细则由设区市制定。

规范证件发放要求。登记就业人员依需发证，可在业务系统记录，不发放纸质证；登记失业人员依人发证，做到登记即发纸质证，人手一证，确保登记失业人员可及时准确了解并享受到就业扶持政策。领证或未领证情况均须在业务系统进行录入标识。

六、全面提升就业失业登记管理服务水平

各级人力资源社会保障部门要坚持将就业失业登记作为推进城乡统筹就业的重要基础性工作来抓，充分发挥《就业失业登记证》的基础信息台账、政策认定凭证、工作宣传载体等方面的功能和作用，更好地服务于城乡劳动者就业创业。

全面推进就业失业登记业务经办服务向基层下沉，夯实街道和社区工作基础，建立“初次办理、问责到底”的工作模式，做到服务下延、责任到人。强化监督考核，将城乡人力资源基本信息库建设和《就业失业登记证》发放管理作为街道（乡镇）

人力资源社会保障所（中心）绩效考核的重要内容，健全经办人员监督问效机制，科学设计问效方式和办法，进一步增强证件的公信力和实用性。

加快提升数字化管理服务水平，结合“数字化就业社区”建设，全面建立以就业失业登记为入口的人力资源基本信息库，实现对就业失业登记人员的全员实名动态管理，并探索与户籍人口信息、流动人口信息等交互共享；配合山东省公共就业服务信息平台统一升级改造，实现业务经办的业务专网与互联网并行模式，实现网上申报、网上审核、网上告知和网上查询；创新就业失业登记方式，积极推广移动式登记管理、户外自助登记查询、互联网登记查询、手机查询等数字化管理服务手段。

着力加大基层业务支持力度。积极充实基层就业失业登记业务经办服务力量，持续搞好工作人员业务轮训，全面实现持证上岗，促进办事效率和服务水平提高。落实好就业失业登记相关经费支持，通过政府购买服务等方式，发挥政府促进就业资金在信息采集、信息化建设、数字化设施设备配置等方面的更大成效。进一步加大舆论宣传，通过群众喜闻乐见的方式，有针对性地开展就业失业登记工作和凭证的宣传，提高广大企业和群众对政策和业务的知晓度。

附件：《就业失业登记证》山东省 2014 版统一样式

（附件本书略）

山东省人力资源和社会保障厅 省财政厅关于在全省创建创业大学的指导意见

（2014 年 10 月 23 日　鲁人社发〔2014〕45 号）

各市人民政府，各县（市、区）人民政府：

为解决我省创业培训资源不集中、创业培训层次偏低、效果不明显等问题，进一步提高创业培训质量和创业成功率，经省政府同意，现就在全省开展创业大学创建工作提出以下指导意见：

一、总体要求和主要目标

（一）总体要求。创业大学是集创业教育、创业培训、创业实训、创业服务等多种功能于一体的非学历创业创新人才培养载体。创建创业大学要以深入实施创业带动就业发展战略，有效整合各类创业培训资源，创新创业培训模式，促进各类创业实体的生成和发展，服务产业转型升级，加快形成政府激励创业、社会支持创业、劳动者勇于创业新机制，推动全省创业工作迈上新台阶。

（二）主要目标。到 2014 年年底，有条件的市力争建立 1 所创业大学。到 2015 年年底，每市至少要建立 1 所创业大学，有条件的县（市、区）也可独立创办；已建成创业大学的市，依托创业大学完成当地创业培训任务的 60%以上，培训后创业活动参与率不低于 80%，创业成功率不低于 10%。自 2016 年起，各级年度创业培训任务全部由创业大学承担，培训后创业活动参与率不低于 90%，创业成功率不低于 20%。

二、创建原则

（一）政府主导、市场运作。充分发挥政府主导作用，各级人力资源社会保障部门、财政部门牵头规划。坚持市场化运作原则，充分发挥市场在资源配置中的决定性作用，吸收社会资本共同参与、合作办学。

（二）因地制宜、突出特色。充分考虑当地经济社会发展水平、区域发展特色、资源禀赋、劳动力供给状况等因素，合理确定创业大学创建格局、创建数量、建设规模和建设特色。

（三）整合资源、提高质量。充分整合当地政府、社会等各方面创业培训优势资源，打造布局合理、优势突出、特色鲜明的创业大学，提高创业培训的系统性、针对性和有效性。

（四）分类指导、配套服务。针对各类不同群体、创业者所处的不同创业阶段或不同创业方向，合理确定专业设置和培训期限。将创业培训与创业实训、创业服务相结合，为创业者提供创业项目、扶持资金、创业场地等配套服务。

三、基本条件和主要功能

（一）创业大学创建应具备的基本条件

1. 有配套基础设施。创业大学建设面积要与当地创业培训任务相适应，并适当留有余地。创业大学创建要具备满足创业培训、创业实训、创业服务所需要的场地和必要的设施、设备。有条件的创业大学，可建设学员宿舍、食堂等生活设施。

2. 有优良师资队伍。创业大学创建要突出师资建设，打造一批热心创业、德才兼备、理论水平高实践能力强、业绩突出的专兼职创业培训师、创业咨询师和创业导师队伍，满足开展创业教育、创业培训、创业实训和创业服务等活动的需要。各创业大学要优先聘用具备研发新课程能力、帮助创业者提升创业能力、可以完成课程授课的创业培训师，优先聘用具有国家职业资格证书、有意愿为创业者提供帮助和扶持、参与企业跟踪辅导和咨询的创业咨询师，优先聘用社会责任感强、具有较强的策划、市场研判和资本运作能力、具有辅导创业者成功创业经历的创业导师，构建多层次、高水平、专业化的教育、培训、实训工作力量。

3. 有丰富创业项目。创业大学可依托公共就业服务机构或独立建立创业项目资源库。入库项目要与当地产业发展布局、产业升级相匹配并及时更新，满足各类创业者的创业需求。

4. 有高效管理服务机制。创业大学要具有独立法人资格；要有一支具有较高政治素质和管理能力、熟悉创业培训工作的管理队伍，配备一定数量专兼职工作人员，形成独立运营的管理体系；要制定章程和管理制度，建立规范运营、科学评价的评估机制，营造促进创业大学发展的良好体制机制。

（二）创业大学应具备的服务功能

创业大学要注重用先进理念、科学技术、专业知识为创业者提供精细化的教育培训服务，并将创业服务贯穿于创业实践活动全过程。

1. 开展创业咨询。应用科学、有效的评价体系，对有创业意愿的城乡劳动者开展创业潜质、创业能力评估，提出相关创业建议，基本明确创业方向，为创业者量身定制创业培训计划。同时，开展"一对一"创业辅导，推荐1名创业咨询师或创业导师，为创业者提供全过程创业咨询服务。

2. 开展创业培训。创业培训主要分为创业通用知识培训、创业能力提升培训。学习借鉴国内外先进创业培训教学经验，合理确定专业设置和培训期限，探索充分满足创业者需求的教学模式。自主研发或引进国内外先进培训课程，聘请各方面优秀师资授课，或委托社会力量外包授课。

3. 开展创业实训。建设与创业大学规模相配套的创业实训场地、设施和师资力量，引进一流的创业实训体系，科学设立创业实训课程，开展网络实战、沙盘模拟、创业团队协作等实训项目，提高创业能力。

4. 开展创业服务。创业项目推荐服务，从项目资源库中筛选和推荐适合创业者需求的创业项目，指导创业者编制创业计划书。开展创业政策咨询服务，提供工商登记、税费减免、创业扶持、社保缴费、劳动维权等方面政策咨询。开展融资服务，协调小额担保贷款、商业贷款、风险投资等，满足创业者资金需求。开展创业项目孵化服务，优先推荐毕业学员创办的创业实体入驻创业孵化基地或创业园区。开展创业跟踪咨询服务，提供市场信息、企业诊断、企业升级等后续跟踪咨询服务。

四、创建方式

省、市人力资源社会保障部门对符合创业大学基本条件、功能作用发挥好的培训实体，认定为创业大学。创业大学可在县(市、区)、高校、创业孵化基地、创业园区设创业学院、教学点、实训基地，建立“创业大学+学院”“创业大学+教学点”“创业大学+实训基地”等灵活多样的创业大学架构体系。在全省范围内评选20家左右省级示范创业大学，评选办法另行制定。

五、保障措施

（一）加强组织领导。各地要高度重视创业大学创建工作，作为扩大创业培训规模，提高创业培训质量，提升和巩固创业成功率的重要载体。各级人力资源社会保障部门、财政部门要发挥牵头作用，协调相关部门，统筹现有各类教育培训资源，健全工作机制，完善政策措施，形成工作合力，积极推动全省创业大学创建工作。

（二）加大政策扶持。各级、各有关部门要根据创建工作需要，通过吸纳社会资本投入、加大财政补助力度等方式多渠道筹措资金，满足创业大学建设资金需求。要建立工作绩效与奖惩相结合的激励约束机制，通过购买服务对创业大学给予积极支持，对创业大学提供的创业培训服务，经考核后按规定给予创业培训补贴。各地可根据创业大学建设运营、培训实训、创业成效等因素，使用创业带动就业扶持资金给予一次性奖补。对省级示范创业大学，给予每处300万元的一次性奖补，所需资金从省级创业带动就业扶持资金中列支。

（三）加强师资建设。各级要建立创业师资管理制度和创业师资库，形成良性竞争、优胜劣汰机制。对参加人力资源社会保障部门组织的创业培训师、创业咨询师等师资培训并取得相应职业资格证书（培训合格证书）的，按照《山东省人民政府办公厅关于促进创业带动就业的意见》有关规定给予补助。

山东省人力资源和社会保障厅关于规范劳务派遣用工若干问题的通知

（2015 年 2 月 3 日　鲁人社办发〔2015〕28 号）

各市人力资源社会保障局，省直各部门（单位），各省属企业：

为贯彻落实《全国人大常委会关于修改〈中华人民共和国劳动合同法〉的决定》（以下简称《修改决定》）、《劳务派遣暂行规定》（以下简称《暂行规定》）和《山东省劳动合同条例》，保护被派遣劳动者合法权益，现将规范劳务派遣用工的若干具体问题明确如下：

一、关于过渡期内规范用工比例问题

《暂行规定》施行时用工单位使用被派遣劳动者数量超过用工总量 10%的，应当在规定施行之日起 2 年内调整至 10%以下。在 2 年过渡期内，用工单位应当根据《暂行规定》要求制定调整用工方案，明确降低派遣用工比例的计划、措施和期限，并将调整用工方案于 2015 年 3 月 1 日前报所在地人力资源社会保障行政部门备案。

用工单位未将《暂行规定》施行前使用的被派遣劳动者数量降至符合规定比例之前，不得新用被派遣劳动者。

二、关于合理确定辅助性岗位问题

用工单位要按照《暂行规定》，经职工代表大会或者全体职工讨论，提出方案和意见，与工会或者职工代表平等协商确定适用劳务派遣用工的辅助性岗位范围，在单位内公示，并可以适当的方式征求本单位被派遣劳动者的意见。

三、关于被派遣劳动者劳动合同期限问题

劳务派遣单位不得与被派遣劳动者订立以完成一定工作任务为期限的劳动合同。

四、关于被派遣劳动者试用期不符合录用条件问题

劳务派遣单位与被派遣劳动者第一次签订劳动合同时，在约定的试用期内，劳务派遣单位可以委托用工单位对被派遣劳动者进行考察。被派遣劳动者在试用期内不符合录用条件被用工单位退回的，劳务派遣单位可以依据新修订的《劳动合同法》第三十九条规定解除劳动合同。

五、关于被派遣劳动者经济补偿支付问题

劳务派遣协议应当明确约定劳动合同解除或者终止时经济补偿金的支付责任。劳务派遣协议未就被派遣劳动者的经济补偿作出约定或约定不明确，如果出现新修订的《劳动合同法》中应当支付经济补偿的情形，劳务派遣单位应当依照新修订的《劳动合同法》先行向被派遣劳动者支付经济补偿，劳务派遣单位支付经济补偿后，可以与用工单位就补偿问题进行协商或者通过法律途径解决。

六、关于用工单位不规范使用劳务派遣工责任问题

有下列情形之一的，用工单位应当按照新修订的《劳动合同法》相关规定承担用人单位相应责任：

（1）用工单位使用未取得经营劳务派遣业务行政许可单位派遣劳动者的；

（2）用工单位使用未依法与劳务派遣单位订立书面劳动合同或者劳动合同期满后超过一个月未续订劳动合同的被派遣劳动者的；

（3）用工单位未与劳务派遣单位订立、续订劳务派遣协议使用被派遣劳动者的。

七、关于异地派遣参加社会保险问题

劳务派遣单位跨地区派遣劳动者的，应当在用工单位所在地

为被派遣劳动者参加社会保险，按照用工单位所在地的规定缴纳社会保险费，被派遣劳动者按照国家规定享受社会保险待遇。

用工单位未按照上述规定缴纳社会保险费，被派遣劳动者在发生纠纷时要求用工单位承担医疗、工伤等保险待遇的，用工单位应当依法先行承担连带责任。

八、关于派遣用工与外包用工问题

用工单位以承揽、外包等名义按照劳务派遣用工形式使用劳动者的，按照《暂行规定》处理；用工单位以承揽、外包等名义直接使用劳动者的，按照原劳动和社会保障部《关于确立劳动关系有关事项的通知》（劳社部发〔2005〕12号）处理。

九、关于连锁、加盟单位经营劳务派遣业务问题

以连锁、加盟等方式经营劳务派遣业务的单位，按照《公司法》的相关规定承担相应的权利义务责任。

十、关于劳务派遣单位设立分公司异地备案问题

劳务派遣单位跨县（县级市）设立分公司经营劳务派遣业务的，应当书面报告其行政许可机关，按照管理权限报分支机构所在县（县级市）人力资源社会保障部门备案。

本意见自2015年3月1日起施行，有效期至2020年2月29日。

山东省人力资源和社会保障厅关于进一步做好城乡统一就业失业登记制度实施工作的通知

（2015 年 4 月 20 日　鲁人社字〔2015〕191 号）

各市人力资源社会保障局：

2014 年 5 月 24 日，省人力资源社会保障厅印发《关于完善城乡统一就业失业登记制度的通知》（鲁人社办发〔2014〕76 号），在我省确立城乡统一的就业失业登记制度。根据《人力资源社会保障部关于修改〈就业服务与就业管理规定〉的决定》（人力资源社会保障部令第 23 号）和《人力资源社会保障部关于进一步完善就业失业登记管理办法的通知》（人社部发〔2014〕97 号）精神，结合我省实际，现就有关事项补充通知如下：

一、规范就业失业全员登记管理服务

各市要按照人力资源社会保障部、省人力资源社会保障厅的部署，对照《关于完善城乡统一就业失业登记制度的通知》（鲁人社办发〔2014〕76 号）要求，对法定劳动年龄内、有劳动能力、有就业要求符合我省就业失业登记条件的城乡劳动者，在常住地的公共就业和人才服务机构进行就业失业登记。对符合登记条件的人员，不得以人户分离、户籍不在本地或没有档案等为由不予受理。

二、落实就业失业登记人员公平待遇

（一）制定公共就业服务和人才服务项目清单。各级人力资源社会保障部门所属的公共就业和人才服务机构均要制定本单位公共就业服务项目清单，公开发布，保障就业失业登记的城镇常住人员享有与本地户籍人员同等的劳动就业权利，并有针对性地为其免费提供政策法规咨询、职业指导、职业介绍等基本公共就业和人才服务。

（二）建立就业创业政策均享办法。对登记就业创业人员，要确保按规定及时落实就业创业扶持政策。同时，结合户籍制度和社会保障制度改革进度，对就业失业登记的城镇常住人员在常住地连续居住6个月以上且在当地参加社会保险6个月以上的，保障其与本地户籍人员同等的就业创业扶持政策。

三、优化就业失业登记程序

（一）统一规范登记流程。各地要按照《关于完善城乡统一就业失业登记制度的通知》（鲁人社办发〔2014〕76号）要求，做好城乡就业失业登记人员识别，统一规范登记流程，确保“操作程序便捷高效、登记信息完整准确、数据标准统一规范”。

（二）简化登记所需材料。以方便群众为原则，简化登记手续，对系统中已有记录且保持有效的信息资料无需登记对象再提交，取消重复和不必要的表格、单据等填写内容和证明材料，为用人单位和劳动者办理就业失业登记提供便利。

（三）推行数字化登记模式。充分利用各级公共就业服务的网络、微信等平台，实行网上或掌上就业失业登记，有条件的地方可采取“前台自主提报、后台审核通过、网络自主打印”等形式进行登记打印相关证明材料。

四、启用《就业创业证》

（一）做好《就业创业证》印制更名工作。根据人力资源社会保障部统一要求，将《就业失业登记证》更名为《就业创业证》。《就业创业证》由省厅统一式样，市、县（市、区）人力资源社会保障部门负责印制，免费发放，所需经费从就业专项资金中列支。《就业创业证》的式样继续按照鲁人社办发〔2014〕76号文件执行（封面和内页第1页（暗码）的“就业失业登记证”字样变更为“就业创业证”）。各地已发放的《就业失业登记证》继续有效，不再统一更换。

（二）改革高校毕业生证件发放办法。按照属地管理的原则，毕业年度内高校毕业生在校期间，凭学生证向学校所在地公共就业和人才服务机构申领《就业创业证》，或委托所在高校就业指导中心向学校所在地公共就业和人才服务机构代为申领；毕业年度内高校毕业生离校后直接向就业创业地公共就业和人才服务机构申领《就业创业证》。各级要规范发放程序，做好数据统计，确保发放到位。

五、建立业务协同和信息共享机制

（一）建立就业失业登记与其它人力资源社会保障业务协同和信息共享机制。各地要结合本地实际，进一步改进和优化业务流程，建立就业失业登记与社会保险登记、劳动用工备案之间的业务协同和信息共享机制，做好相关信息的比对核验，不断创新和拓宽就业登记信息采集渠道。对用人单位为劳动者实名办理社会保险登记或劳动用工备案的，以及劳动者以个体工商户或灵活就业人员身份办理社会保险登记的，相关信息经确认后纳入公共就业服务管理信息系统进行管理。

（二）试点推行《就业创业证》与“社会保障卡”合一。选择有条件的地区进行试点，推进“社会保障卡”在就业领域的推广应用工作，以其加载的就业失业登记信息电子记录，逐步替代纸质的就业失业登记证明。试点完成后，积极在全省推广实行。

六、积极推进“数字就业”建设

（一）加强就业失业登记的动态管理。各级要把就业失业登记作为就业信息化管理服务的入口，以“数字就业社区”创建为载体，做好对劳动者就业失业登记信息的动态管理，对进行就业失业登记并视为发放《就业创业证》的，要在公共就业服务管理信息系统中进行《就业创业证》发放操作。及时掌握辖区内劳动者的就业失业状态，运用信息化手段，加快“数字就业”建设。

（二）加强就业信息监测。按照《关于建立全国就业信息监测制度的通知》（人社部发〔2010〕86号）要求，建立健全就业失业登记信息采集录入质量管理制度，做好就业失业登记信息的比对整理，对就业失业登记中的重复、失效和不完整信息进行清理，逐步实现同一劳动者相关信息的唯一性。

（三）加强数据比对。要以实名制就业监测数据为基础，做好与就业失业统计报表数据的比对分析工作，及时查找相同指标数据不一致的原因，并有针对性地予以解决，为加强人力资源管理、支持宏观决策奠定基础。

本通知自2015年6月1日起施行，有效期至2020年5月31日，原有规定中与本通知不一致的，以本通知规定为准。各地工作中出现的新情况、新问题，要及时向省厅报告。

山东省人力资源和社会保障厅关于印发《山东省省级示范创业大学评估认定暂行办法》的通知

（2016年10月10日　鲁人社办发〔2016〕63号）

各市人力资源社会保障局：

为进一步加强创业大学建设，推动大众创业、万众创新，我们研究制定了《山东省省级示范创业大学评估认定暂行办法》，现印发给你们，请遵照执行。

山东省省级示范创业大学评估认定暂行办法

第一章　总　则

第一条　为激励、扶持创业大学建设，加快形成政府激励创业、社会支持创业、劳动者勇于创业新机制，根据《山东省人民政府办公厅关于促进创业带动就业的意见》（鲁政办发〔2013〕25号）、《山东省人力资源和社会保障厅 山东省财政厅关于在全省创建创业大学的指导意见》（鲁人社发〔2014〕45号），制定本办法。

第二条　本办法适用于省级示范创业大学的评估认定。

第三条　创建省级示范创业大学要坚持“政府主导、市场运作，因地制宜、突出特色，整合资源、提高质量，分类指导、配套服务”的原则，其布局、规模和特色应与当地经济社会发展水平、区域发展特色、资源禀赋、劳动力供给状况等因素相适应，能够为本地区创业者提供全过程、全方位的创业扶持。

第四条 省人力资源社会保障厅负责省级示范创业大学的评估认定工作。各市人力资源社会保障部门负责省级示范创业大学的推荐工作，对创建单位提供有效指导、跟踪服务。各创建单位要结合实际，全面开展创业大学建设和运营工作，健全各项管理制度，针对创业者不同群体、不同阶段和不同特点提供创业培训和实训，开展创业服务，促进创业者实现成功创业。

第二章 省级示范创业大学的评估认定

第五条 评估认定数量。全省评估认定20家左右省级示范创业大学。

第六条 评估认定标准。省级示范创业大学除符合鲁人社发〔2014〕45号文件规定的基本条件和主要功能外，还需具备下列条件：

（一）具有良好的承载力。具有独立法人资格，建立并运行2年以上。创业大学本部培训实训场地面积2000平方米以上，具有专门的创业培训、创业实训场地和设施、设备，能满足同时容纳不少于400人的培训、50人的实训需求。在80%以上的县（市、区）设立教学点或创业学院，能够全面承担本地区年度创业培训任务。

（二）具有优良的师资和管理队伍。创业大学配备的专职管理人员不少于10人，其中具备相关专业副高级职称或研究生学历人员不少于2人。配备专兼职创业培训师、创业咨询师不少于50人，配备创业导师不少于20人。建立创业培训师、创业咨询师和创业导师评价机制，实行入库管理、动态评价，确保师资力量优良，满足需求。

（三）具有先进培训课程和一流创业实训体系。自主研发或引进国内外契合本地特色的培训课程，课程设置系统、规范，能够满足创业培训学员学习需求。建立较为科学的创业实训体系，开设符合区域性、行业性市场环境的创业实训课程，开展网络实战、沙盘模拟、创业团队协作等实训项目。建立培训课程、实训内容定期评估更新制度，提升培训实效。

（四）具有完备的服务功能。有较为科学的创业能力评估系统，能够对创业者进行能力和潜质评估。定期开展创业辅导、学习交流、竞赛和联谊活动，有效促进创业者之间的交流合作和能力提高。或设立创业孵化服务功能区域，或与创业孵化基地和创业园区建立联动机制，为有需求的创业者提供孵化场地服务。开展创业融资支持服务，有风险投资公司或创业贷款担保分支机构入驻创业大学并开展业务活动。对参训后进行创业的人员至少进行半年以上的政策咨询、项目指导、跟踪扶持等服务。

（五）具有良好的培训和服务成效。培训学员能够顺利通过人力资源社会保障部门组织的考核和测评，按规定落实创业培训补贴。依托创业大学完成当地创业培训任务不低于 60%，培训合格率不低于 85%。

第七条 评估认定程序。省级示范创业大学的评估认定工作于每年三季度开展，每年评估认定一次。省级示范创业大学的评估认定按照下列程序进行：

（一）申报。申请省级示范创业大学的单位，应向所在地设区的市人力资源社会保障部门提出申请。中央驻鲁单位和省直部门（单位）设立的创业大学直接向省人力资源社会保障厅提出申请。各市和中央驻鲁单位、省直部门（单位）申报材料应于每年 7 月底前报省人力资源社会保障厅。需提交以下材料：

1.《山东省省级示范创业大学评估认定审批表》；

2. 创业大学自评报告。主要包括创业大学建设运行，师资力量配备，课程体系设计，创业培训、创业实训开展，各项创业服务工作开展情况，创业大学取得的成绩以及社会效益、经济效益情况；

3. 机构注册证明材料。包括机构法人资格和基本账户资料，与管理人员签订的劳动合同或聘用合同以及社保缴费证明等，专兼职创业培训师、创业咨询师基本材料（包括相关任职文件或会议纪要以及开展工作情况）；

4. 创业大学获得创业补贴人员花名册、参训人员参加创业活动相关证明材料和创业培训合格人员花名册；

5. 创业培训课程体系资料和实训系统资料；

6. 开展创业指导、推荐入驻孵化基地或创业园区、金融服务、政策服务、跟踪咨询服务等相关证明材料。

（二）审核。设区的市人力资源社会保障部门对申请材料进行初审，对符合条件的，将申报材料及审核意见报省人力资源社会保障厅。

（三）评估。省人力资源社会保障厅委托第三方机构组织专家，采取材料评审、现场答辩和实地评审相结合的方式进行评估。

（四）公示和公布。对拟认定为省级示范创业大学的，在省级媒体进行为期5天的公示。公示无异议的，省人力资源社会保障厅正式行文批复，认定为“山东省示范创业大学”并授牌。

第三章 扶持奖励

第八条 对授牌的省级示范创业大学，给予300万元的一次性奖补，所需资金从省级创业带动就业扶持资金中列支。奖补资金主要用于创业大学开展培训实训、创业服务和创业大学管理运行经费。

第九条 奖补资金实行一次性核定发放额度，授牌后首期拨付50%，第二年复查合格的再拨付50%。对运行情况达不到评估标准的后续50%奖补资金不再拨付，并收回授牌和已拨付的奖补资金。

第十条 被确定为“山东省示范创业大学”的单位若与“山东省创业孵化示范基地”“山东省创业示范园区”“山东省大

学生创业孵化示范基地”“山东省大学生创业示范园区”为一体的单位或组织，不再拨付一次性奖补资金，创业大学独立运营、独立核算的除外。

第四章　监督管理

第十一条　省人力资源社会保障厅会同有关部门定期对各市省级示范创业大学建设运营情况进行检查调度，每年对省级示范创业大学进行绩效考评。重点考评创业大学运营发展情况、创业培训实训工作情况、奖补资金的管理使用情况和创业指导、跟踪服务情况。

第十二条　各设区的市人力资源社会保障部门可根据本办法，结合本地实际情况，研究制定市级示范创业学院、教学点评估认定办法。要建立信息统计、日常管理、资金扶持、监督考核等制度，加强对创业大学（学院、教学点）的管理。

第十三条　各省级示范创业大学要健全规章制度和基础资料台账，培训实训、创业指导、跟踪服务等记录要真实、准确、规范。要加强对奖补资金的使用管理，确保专款专用。对培训实训工作开展不力、创业指导和跟踪服务不到位、违规使用奖补资金的，取消其省级示范资格。

第五章　附　则

第十四条　本办法自 2016 年 10 月 10 日起施行，有效期至 2019 年 10 月 9 日。

附件：山东省省级示范创业大学评估认定审批表

（附件本书略）

人事部等部门关于建立高校毕业生就业见习制度的通知

（2006 年 2 月 27 日　国人部发〔2006〕17 号）

各省、自治区、直辖市人事厅（局）、教育厅（局）、财政厅（局）、劳动和社会保障厅（局）、国有资产监督管理部门、国防科学技术工业管理部门：

为贯彻落实《中共中央办公厅、国务院办公厅关于引导和鼓励高校毕业生面向基层就业的意见》（中办发〔2005〕18 号，以下简称《意见》），帮助回到原籍、尚未就业的高校毕业生提升就业能力，促进供需见面，尽快实现就业，现就建立高校毕业生就业见习制度有关问题通知如下：

一、积极做好见习单位和见习基地建设工作

建立高校毕业生就业见习制度是疏通高校毕业生面向基层就业渠道、改善基层人才匮乏现状的重要措施。各级人事、劳动保障、教育、财政、国有资产监管、国防科学技术工业管理等部门，要根据《意见》和中组部、人事部、教育部印发的《贯彻落实〈关于引导和鼓励高校毕业生面向基层就业的意见〉的分工方案》，通力合作，从实际出发，积极创造条件，在试点的基础上，逐步建立和完善高校毕业生就业见习制度。各地要在认真考察用人单位的工作岗位、工作环境的基础上，将条件合格并有积极性的企事业单位，确定为见习单位。要广泛收集见习单位的见习岗位信息，并定期予以发布。对于有一定规模、各方面条件较好且能持续提供较多见习岗位的见习单位，可以将其确定为高校毕业生就业见习基地，并予以挂牌。见习基地挂牌期限一般确定为三年。三年期满，经考核合格的可继续挂牌。要加强对见习基地的检查与指导，以保证其能发挥应有的示范效应。

二、有计划地组织未就业高校毕业生参加就业见习

要加大宣传力度，通过报刊、广播、电视、网络等媒体，广泛宣传高校毕业生就业见习制度。要在政府网站上开辟就业见习专栏，为高校毕业生了解见习制度、选择见习岗位提供便利。要鼓励并有计划地组织当地未就业高校毕业生参加就业见习，帮助未就业高校毕业生通过就业见习扩展就业机会。

三、认真做好见习期间的各项管理工作

各级人事、劳动保障、教育、财政、国有资产监管、国防科学技术工业管理等部门要加强对见习单位和高校毕业生的指导，加强宏观管理和检查，保证见习活动的顺利进行。见习期限一般为六个月，最长不超过一年。在见习期间被见习单位正式录（聘）用的，在该单位的见习期可以作为工龄计算。要指导见习单位制定见习活动的有关规定，规范见习单位和高校毕业生见习期间的有关事项，为见习生办理人身意外伤害保险，保障双方的合法权益。要定期了解见习单位的有关情况，加强与见习高校毕业生的沟通，协调解决见习工作中遇到的困难和问题。见习活动结束后，要指导见习单位对高校毕业生进行考核鉴定，出具见习证明，作为用人单位招聘和选用见习高校毕业生的依据之一。要逐步建立起见习单位落实见习工作情况的督查表彰通报制度。

四、切实解决未就业高校毕业生见习的基本生活补助

高校毕业生见习期间由见习单位和地方财政部门根据当地实际情况，对见习高校毕业生提供基本生活补助。

五、不断改进和完善毕业生见习期间的各项服务工作

政府人事部门所属人才中介服务机构要为见习高校毕业生免费提供人事代理等服务。各级公共就业服务机构要加强对参加见习高校毕业生的失业登记管理和就业服务工作。各级人事、劳动保障、教育部门要会同有关部门及时了解见习高校毕业生的求职需求和用人单位的用人需求，适时组织公益性的规模适度的供需见面会、双向选择活动，帮助见习高校毕业生顺利实现就业。见习期满仍没有落实就业单位的高校毕业生，由政府所属人才中介服务机构、公共职业介绍机构和高校毕业生就业服务机构继续进行就业指导和推荐就业。

六、充分发挥就业见习的作用，积极引进所需的毕业生

各地在做好回到原籍的未就业高校毕业生就业见习工作的前提下，可以根据本地区人才引进工作的需要，吸纳非本地生源毕业生参加就业见习，改善本地人才队伍结构，满足本地区经济社会发展对人才的需求。非本地生源毕业生参加见习享受的优惠政策，由各地根据实际情况自行制定。

七、加强对高校毕业生就业见习工作的领导

建立并实施高校毕业生就业见习制度是一项系统工程，要站在构建和谐社会和实施人才强国战略的高度，提高认识，统一思想，形成合力。各级人事、劳动保障、教育、财政、国有资产监管、国防科学技术工业管理等部门要发挥职能作用，切实负起责任，认真做好本部门承担的工作，共同研究解决工作中出现的新情况、新问题，定期对贯彻落实情况进行督促检查，切实把高校毕业生就业见习制度建设作为促进毕业生就业的一项重要工作抓紧抓好。

中共中央组织部等部门
关于继续做好高校毕业生三支一扶计划实施工作的通知

（2011 年 4 月 11 日　人社部发〔2011〕27 号）

各省、自治区、直辖市党委组织部、人力资源社会保障厅（局）、教育厅（教委）、财政厅（局）、农业（农牧）厅（委、局）、卫生厅（局）、扶贫开发办公室、团委，福建省公务员局，新疆生产建设兵团党委组织部、人事局、劳动保障局、教育局、财务局、农业局、卫生局、扶贫开发办公室、团委：

为贯彻落实《国家中长期人才发展规划纲要（2010—2020 年）》等文件精神，人力资源社会保障部、中央组织部、教育部、财政部、农业部、卫生部、国务院扶贫办、共青团中央等有关部门，决定继续组织开展高校毕业生“三支一扶”计划，从 2011 年起，每年选拔 2 万名，5 年内选拔 10 万名高校毕业生到基层从事“三支一扶”服务。现就有关事项通知如下：

一、充分认识继续实施“三支一扶”计划的重要意义

实施“三支一扶”计划是贯彻落实党中央、国务院关于引导和鼓励高校毕业生面向基层就业战略部署的重要举措。2006 年以来，人力资源社会保障部联合中央组织部、教育部、财政部、农业部、卫生部、国务院扶贫办、共青团中央等有关部门，每年选拔部分高校毕业生到农村基层从事支教、支农、支医和扶贫服务。到 2010 年，全国 31 个省（区、市）和新疆生产建设兵团共选拔 14.3 万名大学生参加“三支一扶”服务，取得显著成效。实践证明，组织实施好“三支一扶”计划，有利于发挥鼓励高校毕业生到基层一线、到中西部地区就业的政策导向，有利于加强基层公共服务体系建设，有利于培养一支心向基层、服务基层、扎根基层的青年人才队伍。今后一个时期，围绕“十二五”规划纲要的贯彻落实，进一步做好“三支一扶”计划实施工作，具有十分重要的现实意义和深远的历史意义。各地要充分认识在新形势下继续做好“三支一扶”工作的重要意义，在总结经验的基础上，适应这项工作的新任务、新特点、新要求，进一步加大工作力度，推动“三支一扶”工作深入开展。

二、精心组织，认真做好选拔招募和日常管理服务工作

（一）建立健全工作机制。各地要按照高校毕业生基层培养计划整体工作部署，在现有“三支一扶”工作协调管理机制基础上，进一步加强组织领导，完善扶持政策，推进科学管理，提高选拔招募、日常管理、经费保障、期满就业创业服务的制度化、规范化、信息化水平。加强政策落实的督办、督查力度，切实保障现有政策落实到位。

（二）扎实做好基层岗位需求统计。各地要立足“十二五”期间基层公共服务体系建设和新形势下基层民生事业发展的需要，在“三支一扶”框架下，适当扩大项目的覆盖范围，增加支教、支农、支医和扶贫等岗位细目。要扎实开展基层岗位需求统计，合理确定招募计划，每年3月10日前上报全国“三支一扶”工作协调管理办公室，并提出中央财政补助名额。全国“三支一扶”工作协调管理办公室在每年4月份前下达各地。

（三）统筹开展选拔招募工作。各地要在统筹推进各引导高校毕业生到农村基层服务项目的整体安排下，做好“三支一扶”计划的选拔招募工作。每年招募工作结束后，各省级“三支一扶”工作协调管理办公室要将实际招募人员的个人信息及时上传至全国高校毕业生“三支一扶”工作管理信息系统。

各省级“三支一扶”工作协调管理办公室要充分发挥各业务主管部门的作用，组织好“三支一扶”大学生上岗前的集中培训，不断改进培训的方式、方法，增强培训的针对性和有效性。

（四）切实加强日常管理服务。各地要坚持管理与服务相结合、使用与培养相结合的原则，完善日常管理服务办法，积极提供在职培训机会，为“三支一扶”大学生成长成才搭建平台。团县委要继续做好从接收的“三支一扶”大学生中择优选拔条件适合人员兼任乡镇团委副书记工作，并负责协调落实相关任职程序。要抓紧建立健全各级“三支一扶”工作管理信息系统，做好“三支一扶”大学生的选拔招募、派遣到岗、日常服务、考核考评等信息采集、管理、更新等工作。要做好与其他选派高校毕业生到农村基层服务项目信息库的贯通、共享工作。要认真组织服务期满考核，对服务期满考核合格的“三支一扶”大学生，颁发《高校毕业生“三支一扶”服务证书》。

（五）加大宣传力度。各地要采取多种形式，充分利用广播、电视、报刊、互联网等多种途径，大力宣传“三支一扶”大学生在基层锻炼成长中的突出事迹，引导和鼓励广大高校毕业生面向基层、面向农村就业，进一步发挥“三支一扶”计划的引领示范作用。

三、加强经费保障，切实落实“三支一扶”大学生相关待遇

（一）认真落实“三支一扶”大学生工作生活补贴标准政策。各地要加大财政保障力度，在现有“三支一扶”大学生工作生活补贴标准基础上，建立工作生活补贴长效保障机制。落实《关于统筹实施引导高校毕业生到农村基层服务项目工作的通知》（人社部发〔2009〕42号）和《关于印发〈高校毕业生“三支一扶”计划中央补助专项经费管理办法〉的通知》（财行〔2009〕494号）的相关规定，根据当地经济发展和物价水平变化以及同岗位人员待遇水平等情况，适当调整“三支一扶”大学生工作生活补贴标准。“三支一扶”大学生在服务期间，应按照当地规定，参加相应社会保险。

（二）做好经费申请和拨付工作。“三支一扶”计划所需经费由中央财政和地方各级财政共同负担。中央财政按照东中西部区域划分，给予各省“三支一扶”大学生的工作生活补贴以及参加社会保险等费用补助，地方财政负担组织、实施“三支一扶”计划必要的工作经费、服务人员体检、培训费用及工作生活补贴和社会保险补贴的不足部分等。各省（区、市）“三支一扶”计划中央补助专项经费预算申请，由各省级财政部门和人力资源社会保障部门按照中央下达的招募计划完成情况及补助标准予以确定，并于每年 8 月 15 日前联合报送财政部和人力资源社会保障部。经与全国高校毕业生“三支一扶”工作管理信息系统数据对比审核后，中央财政补助资金于 9 月底通过专项转移支付方式下达到各省级财政部门。

（三）严格做好经费管理。各地要严格按照专项经费管理的有关规定，依托“三支一扶”工作管理信息系统，切实抓好经费拨付、使用、监督等各个环节，严格资金渠道，不断完善使用管理方式，确保专款专用。

四、加大政策落实力度，全力做好服务期满人员就业服务工作

（一）落实“三支一扶”大学生报考公务员相关政策。各地要按照《关于开展从大学生“村官”等服务基层项目人员中考试录用公务员工作的通知》（人社部发〔2010〕52 号）规定，加强协调，切实落实定向考录等政策，组织好服务期满考核合格的“三支一扶”大学生报考公务员工作。

（二）加大事业单位吸纳“三支一扶”大学生就业力度。各地要按照人社部发〔2009〕42 号等文件要求，落实好各类事业单位吸纳“三支一扶”大学生就业的相关政策。鼓励服务期满“三支一扶”大学生留在基层就业，采用拿出一定比例定向招录的办法，切实将事业单位公开招聘与服务期满考核合格“三支一扶”大学生就业结合起来。

（三）支持“三支一扶”大学生自主创业。各地要积极鼓励支持服务期满“三支一扶”大学生自主创业，按照《关于实施2010高校毕业生就业推进行动大力促进高校毕业生就业的通知》（人社部发〔2010〕25号）等文件要求，将其纳入“大学生创业引领计划”，提供相关政策帮扶和创业就业服务。

（四）扶助“三支一扶”大学生自主择业。各级“三支一扶”工作协调管理办公室要认真摸清底数，建立服务期满未就业人员信息库，切实帮助落实就业岗位。各级公共就业、人才服务机构要安排专门人员，设立专门窗口，为服务期满人员提供就业创业服务。在各类就业专项服务活动中，要将帮助促进各项目参加人员就业作为重要内容，切实开展有针对性的就业服务，做好“三支一扶”大学生参加就业服务活动的组织工作。各地尤其是县级人力资源社会保障部门对服务期满后仍长期失业的就业困难“三支一扶”大学生要确立“一对一”的帮扶工作机制，按规定提供及时的就业援助。

（五）做好相关政策衔接。各地要注重政策配套衔接，做好“三支一扶”计划与执业医师资格考试和培训管理、升学考研、学费补偿和助学贷款代偿、工龄计算等相关政策的衔接。其户籍、档案转移接续手续按《关于做好2008年高校毕业生“三支一扶”计划实施工作的通知》（人社厅发〔2008〕6号）的规定执行。服务期满考核合格回生源地就业的“三支一扶”大学生，凭《高校毕业生“三支一扶”服务证书》同等享受生源地相关优惠政策。

五、切实做好2011年“三支一扶”计划实施工作

2011年“三支一扶”计划实施工作即将启动，时间紧，任务重。各地要高度重视，加强组织领导，认真落实各项工作要求，统筹推进各引导高校毕业生到农村基层服务项目工作，加强沟通协调，切实做好各项政策落实，为新一轮“三支一扶”计划的启动开好头、起好步。

各地要抓紧开展选拔招募工作，按期完成选派任务。按照适当扩大“三支一扶”计划覆盖范围的要求，扎实做好基层岗位需求统计。根据中央下达招募计划（见附件），在4月份启动选拔招募工作，6月30日前完成。7月31日前，各省级“三支一扶”工作协调管理办公室要将实际招募人员的个人信息及时上传至全国高校毕业生“三支一扶”工作管理信息系统。各地要重视做好日常管理服务工作，结合实际，制定管理办法，创新管理方式，提高日常管理服务的规范化、制度化水平。已建立高校毕业生“三支一扶”计划工作管理信息系统的，要做好系统的更新、维护工作；尚未建立的，要在2011年6月底前完成。要全力做好服务期满未就业人员和2011年服务期满人员的就业服务工作，加大政策落实力度，充分挖掘基层就业岗位，积极吸纳服务期满“三支一扶”大学生，切实开展有针对性的服务，帮助服务期满“三支一扶”大学生实现就业。要持续开展主题突出、内容丰富、形式多样的宣传报道活动，为“三支一扶”工作的健康发展营造良好舆论氛围。

人力资源和社会保障部关于国有企业招聘应届高校毕业生信息公开的意见

（2014 年 11 月 14 日　人社部发〔2014〕79 号）

各省、自治区、直辖市及新疆生产建设兵团人力资源社会保障厅（局）：

党的十八届三中全会明确提出要规范招人用人制度。《国务院批转发展改革委等部门关于深化收入分配制度改革若干意见的通知》（国发〔2013〕6 号）、《国务院办公厅关于做好 2014 年全国普通高等学校毕业生就业创业工作的通知》（国办发〔2014〕22 号）等文件进一步强调，要在国有企业全面推行分级分类的公开招聘制度，切实做到信息公开、过程公开、结果公开，国有企业招聘应届高校毕业生，要实行公开招聘。国有企业认真落实党中央、国务院的决策部署，积极推进公开招聘工作，取得了较好进展。但是也要看到，仍有部分国有企业在招聘应届高校毕业生过程中存在招聘信息不公开等用人不公问题，影响到应届高校毕业生的平等就业权益。为切实贯彻落实党中央、国务院有关促进公平就业的要求，加快推进国有企业招聘应届高校毕业生信息公开工作规范化，现提出以下意见：

一、国有企业招聘应届高校毕业生要实行公开招聘

（一）国有企业（包括国家出资的国有独资企业、国有独资公司，以及国有资本控股公司，下同）招聘应届高校毕业生（即毕业学年的普通高等学校在校生，下同），除涉密等不适宜公开招聘的特殊岗位外，应当实行公开招聘。国有企业在招聘应届高校毕业生过程中，要坚持公开、平等、竞争、择优的原则，扩大选人用人范围，积极促进公平就业。

二、国有企业要建立健全公开招聘应届高校毕业生制度

（二）国有企业要制定本单位公开招聘应届高校毕业生制度。招聘制度中要明确招聘计划、招聘程序、信息发布、招聘纪律、监督渠道等内容。招聘计划不得缺少招聘岗位及条件、招聘人员数量、招聘时间安排、采用的招聘方式等内容。

（三）国有企业要按照国家有关法律法规和政策规定发布招聘信息，保证真实有效。不得设置民族、种族、性别、宗教信仰等歧视性条件，不得设置与岗位要求无关的条件，不得将院校作为限制性条件。工作地点位于省会及以下城市的国有企业招聘应届高校毕业生，不得将户籍作为限制性条件。

（四）国有企业公开招聘应届高校毕业生可以采取考试的方式，也可以采取考核的方式，择优聘用。在同一批次招聘中，不得降低或提高已公开发布的招聘条件。当次公开招聘发布的岗位未招满或需增加招聘数量的，要在招聘工作结束后另行组织公开招聘。

（五）国有企业公开招聘应届高校毕业生过程中，与应聘者有夫妻关系、直系血亲关系、三代以内旁系血亲或近姻亲关系的国有企业负责人不得参与招聘工作。国有企业具体负责组织招聘工作的人员，在招聘过程中涉及与应聘者有上述亲属关系或存在其他可能影响招聘公正情形的，也应当回避。

三、国有企业招聘应届高校毕业生信息要向社会公开

（六）国有企业招聘应届高校毕业生要公开发布招聘信息。招聘信息不得缺少招聘数量和岗位条件，报名方法，考试或考核的方式和时间（时限），资格审查、笔试、面试结果的告知范围和方式，拟聘人员公示渠道，咨询方式，以及其他应当注明的事项。

（七）国有企业公开招聘应届高校毕业生信息要按照企业所属层级在相应的政府网站公开发布。国有企业在本单位网站或其他社会网站发布招聘信息的，须同时在政府网站设置链接。

（八）国有企业公开招聘应届高校毕业生信息的发布时间以在政府网站公开发布为准，报名起始时间不得早于招聘信息在政府网站公开发布的时间，报名时间不得少于7天。国有企业公开招聘应届高校毕业生信息除在政府网站公开发布外，还可以通过本单位网站或其他网站、广播电视、报纸杂志等多种方式发布，并与政府网站所发布招聘信息保持一致。

（九）国有企业要尽可能提供网络、现场等多渠道报名方式，降低应届高校毕业生应聘成本。参与应聘的应届高校毕业生要做到诚实守信，提交个人信息要真实客观，遵守国有企业的招聘纪律。

（十）国有企业要在本单位网站或其他公共媒体对招聘结果进行公示。公示信息不得缺少拟聘人员姓名、性别、毕业院校等内容，并同时公布本单位纪检部门监督电话与通信地址，公示期不得少于7天。公示期间，应聘者或其他人员认为公示人员存在问题的，可以实名向国有企业纪检部门反映，由国有企业纪检部门作出处理。

四、加大对国有企业招聘应届高校毕业生监督检查力度

（十一）国有企业招聘应届高校毕业生应当严格遵守相关规定，履行社会责任，接受人力资源社会保障部门及有关部门、人民团体、社会组织的监督。应聘者认为国有企业招聘过程中存在就业歧视行为的，可以向人民法院提起诉讼。

（十二）国有企业公开招聘应届高校毕业生应当公开发布招聘信息但没有公开发布，或招聘信息内容不符合有关规定的，应聘者或其他人员可以实名向相应的人力资源社会保障部门投诉，人力资源社会保障部门要及时核查有关情况并作出相应处理，问题严重的，可以约谈国有企业负责人，或在有关媒体上予以曝光。

（十三）国有企业存在未按公布的招聘流程实施招聘工作、

招聘过程中违反回避规定等违规行为，或国有企业招聘工作人员在招聘工作过程中存在贪污、受贿等重大违法违纪行为的，应聘者或其他人员可以实名向国有企业纪检部门投诉，由国有企业纪检部门作出处理。对构成犯罪的，依法追究刑事责任。

各地要高度重视，加强沟通协调，完善工作机制，做好宣传引导，确保各项任务措施落实到位。

山东省人民政府办公厅转发省人力资源社会保障厅等部门《关于进一步做好离校未就业高校毕业生就业工作的意见》的通知

（2012年11月2日　鲁政办发〔2012〕71号）

各市人民政府，各县（市、区）人民政府，省政府各部门、各直属机构，各大企业，各高等院校：

省人力资源社会保障厅、省教育厅、省科技厅、省财政厅、省地税局、省工商局、人民银行济南分行《关于进一步做好离校未就业高校毕业生就业工作的意见》已经省政府同意，现转发给你们，请认真贯彻执行。

关于进一步做好离校未就业高校毕业生就业工作的意见

为进一步做好我省离校未就业高校毕业生就业工作，推动离校未就业毕业生顺利实现就业，根据《国务院关于进一步做好普通高等学校毕业生就业工作的通知》（国发〔2011〕16号）、《人力资源和社会保障部关于做好2012年高校毕业生就业服务工作的通知》（人社部发〔2012〕19号）和《山东省人民政府关于贯彻国发〔2011〕16号文件进一步做好普通高等学校毕业生就业工作的通知》（鲁政发〔2011〕41号），提出以下意见：

一、进一步强化做好离校未就业高校毕业生就业工作的责任意识

做好离校未就业高校毕业生就业工作，对于充分开发高校毕业生人才资源，促进经济社会发展，保持社会和谐稳定具有重要意义。各级政府要充分认识做好离校未就业高校毕业生工作的重要性和艰巨性，将其纳入本地区重大民生项目，认真研究，统一部署，充分调动各种资源积极推动离校未就业毕业生实现就业。要建立工作目标责任制，结合实际制定具体实施方案，明确目标任务。要依靠就业工作联席会议制度，发挥高校毕业生就业工作领导小组各成员单位的作用，形成促进高校毕业生就业创业的合力。要定期总结分析本地区毕业生就业形势，加强工作调度，及时化解不利因素，确保毕业生就业形势稳定。要继续强化各级政府促进离校未就业毕业生就业的责任意识，坚持将离校未就业毕业生就业情况作为约束性指标，列入对市、县（市、区）政府的年度工作综合考核体系，围绕实名制就业制度进一步完善考核内容和指标，重点强化促进离校未就业高校毕业生就业创业成效、政策落实、专项资金到位及使用效益等指标的考核。

二、做好离校未就业高校毕业生实名制登记和实名制就业服务工作

离校未就业高校毕业生实名制台账是开展好各项就业服务工作的基础，也是检验离校未就业毕业生就业工作成效的直接依据。自2012年起，在全省范围内逐步建立统一的离校未就业高校毕业生实名制数据台账，依托全省高校毕业生就业信息服务平台，统一信息内容和格式，逐级报送，由省级毕业生就业主管部门汇总，形成人员齐全、信息翔实的离校未就业毕业生动态数据台账，为实现实名制就业服务奠定良好基础。

一是要做好省内高校毕业生离校前后信息对接。各级毕业生就业主管部门在当年省内高校集中办理毕业生报到手续结束后，通过省高校毕业生就业信息平台，及时接收派遣到本市、县

（市、区）的省内高校毕业生数据资料，依据离校未就业高校毕业生数据信息建立起基础数据台账。

二是要加强省外高校本地生源毕业生的信息采集。通过办理应届高校毕业生报到接收、人事代理、档案托管、求职登记、就业失业登记等服务手续，及时采集、补录从省外高校返回生源地的离校未就业毕业生信息。通过加强与毕业生家庭及所在高校的联系、依托基层公共就业服务平台人员入户走访等多种形式，及时全面摸清未就业毕业生底数。

三是要丰富完善离校未就业毕业生的个性化信息。全面征集离校未就业高校毕业生在就业、见习、培训和创业等方面的需求意向，根据个性化信息资料提供针对性帮扶措施。

四是要强化离校未就业毕业生信息动态登记。设区市高校毕业生就业工作主管部门牵头负责离校未就业毕业生的动态登记工作，按月对离校未就业毕业生实名制数据台账进行信息更新、报送。择业期内毕业生办理二次派遣和改派等手续要通过省高校毕业生信息平台按规定办理，保持全省范围内数据的动态一致。各高校要积极开展毕业生离校后就业状态的跟踪调查，重点做好毕业生毕业年度内就业情况的调查摸底，建立起与毕业生所在生源地毕业生就业主管部门的定期沟通机制，共同做好实名制就业服务工作。

三、为离校未就业毕业生搭建多层次就业服务平台

各级公共就业（人才）服务机构要在服务场所设立专门窗口，为高校毕业生提供就业失业登记、政策咨询、职业指导、岗位信息、就业见习、职业介绍、职业培训、创业培训、人事代理、档案托管等“一站式”服务，能当场办理的要当场办理，需要后续服务的逐一登记进行跟踪服务。要依托各级公共就业（人才）服务网站，设立毕业生报到、登记、咨询的网上办理窗口，提供便捷高效的服务。要按照统一部署，认真组织实施高校毕业生就业服务月、高校毕业生就业服务周、民营企业招聘周等综合性就业服务活动。要结合当地实际，积极举办分行业、地域的专业性招聘活动，对用人信誉好、需求量大的用人单位可举办专门招聘活动。充分发挥各级公共就业（人才）网络招聘平台作用，实现人力资源市场供求信息全部上网。充分应用手机短信、新型互联网交流平台等手段，努力让公共就业服务信息覆盖到所有离校未就业的毕业生。积极组织有见习意愿的未就业高校毕业生参加见习，要拓展一批社会责任感强、管理规范的用人单位作为高校毕业生见习基地，认真落实见习补贴政策，建立就业见习长效机制。

四、积极引导离校未就业毕业生参加职业培训和技能鉴定

各级高校毕业生就业工作主管部门负责牵头落实高校毕业生参加职业培训和技能鉴定的服务工作，切实抓好相关补贴政策的落实。要结合离校未就业毕业生实名制登记，集中征集培训需求，推荐和引导有需求的毕业生到政府认定的培训机构参加培训。要通过各级公共就业（人才）服务网站、办事窗口、基层就业服务平台向社会公布本地区政府补贴培训职业（工种）目录、政府认定培训机构名单、培训补贴报销的经办主体和办理流程等信息，引导毕业生通过培训参加职业技能鉴定，按规定取得相应职业资格证书或专项职业能力证书。各地要按照《人力资源和社会保障部财政部关于加强高校毕业生职业培训促进就业的通知》（人社部发〔2012〕20号）规定，将高校毕业生参加职业培训和技能鉴定的范围延伸到毕业年度内（指毕业所在自然年，即1月1日至12月31日）的高校毕业生。不断加大针对高校毕业生的职业培训和技能鉴定工作力度，按照全省统一规划、属地组织实施的原则，抓好工作落实。培训和鉴定名单要以市为单位集中汇总，统一报省级高校毕业生就业工作主管部门进行实名制核实，按有关规定和程序落实职业培训和职业技能鉴定补贴政策。

五、扎实推进高校毕业生自主创业工作

各地要将促进高校毕业生自主创业作为本地以创业带动就业

的重要工作内容，将高校毕业生纳入当地创业服务体系重点扶持范围。要深入推动实施“大学生创业引领计划”，为有创业意愿的高校毕业生提供创业培训和创业实训，要进一步简化创业手续，落实好小额担保贷款、税费减免和落户等创业扶持政策。要重点解决好创业启动资金制约因素，不断扩大小额担保贷款总量，降低反担保门槛。要加强创业载体建设，采取政府出资、合作投资、利用现有资源改造等多种方式，积极推进大学生创业孵化基地和创业园区建设，对经过评估认定符合省级大学生孵化基地和创业园区标准的，采取以奖代补的方式给予补贴。力争 3 年内，全省建成 50 家大学生创业孵化基地、创业园区，其中 30 家达到省级大学生创业孵化示范基地、创业示范园区的认定标准，全省大学生创业载体总面积力争达到 50 万平方米。要组建专业化高校毕业生创业服务团队，能够提供政策咨询、信息服务、项目开发、风险评估、开业指导、融资服务、跟踪扶持等服务，不断优化毕业生创业软环境。

六、做好困难家庭毕业生和就业困难毕业生的就业帮扶工作

要依据离校未就业高校毕业生实名制数据台账登记的困难家庭毕业生和历年累计的就业困难毕业生情况，通过实施“一对一”定向服务等措施进一步加大帮扶力度，要优先安排参加就业见习、优先安排参加就业技能培训、优先提供就业信息，确保有就业意愿的毕业生尽早实现就业。要加大就业帮扶资金投入，开发一批适合高校毕业生的公益性就业岗位，对困难家庭毕业生和就业困难毕业生进行过渡性安置。要进一步挖掘促进高校毕业生就业和加强社会公共管理的结合点，通过开辟高校毕业生社区就业等方式，丰富促进离校未就业高校毕业生就业的调控渠道。要加强人力资源市场监管，规范职业中介机构行为，加强劳动保障监察，依法维护高校毕业生合法权益。要根据女性、残疾人、少数民族高校毕业生的特点，开展专项就业创业服务活动。

七、积极营造促进离校未就业高校毕业生就业创业的良好社会氛围

要加强高校毕业生就业创业政策的宣传，大力开展就业创业政策宣传进校园活动，利用毕业生离校前人员集中的有利时机，通过就业咨询、座谈、发放毕业生就业服务手册等多种形式，使广大高校毕业生在离校前就了解政策、掌握政策，离校后能够及时享受到各项扶持政策。要动员未就业高校毕业生离校后积极主动到当地公共就业（人才）服务机构进行登记，办理就业失业登记手续，提供就业需求意向，进行就业服务供求对接。充分利用新闻媒体，广泛宣传高校毕业生到基层和中小企业就业、自主创业的典型事迹，引导毕业生积极利用各项扶持政策实现就业或自主创业。要进一步提高政策落实的时效性和便捷性，在各级人力资源市场开设窗口，集中为毕业生办理就业、见习、培训等手续，在各级行政审批大厅等地点开设专门窗口，集中为自主创业毕业生办理工商税务登记、税费减免、小额担保贷款等手续，明确办事主体、办事流程和办理时限，确保促进高校毕业生就业创业的各项政策落到实处。

山东省人民政府办公厅关于贯彻落实国办发〔2014〕22号文件做好2014年全省普通高等学校毕业生就业创业工作的通知

（2014年7月16日　鲁政办发〔2014〕27号）

各市人民政府，各县（市、区）人民政府，省政府各部门、各直属机构，各大企业，各高等院校：

为贯彻落实《国务院办公厅关于做好2014年全国普通高等学校毕业生就业创业工作的通知》（国办发〔2014〕22号）精神，做好我省2014年普通高等学校毕业生（以下简称“毕业生”）就业创业工作，经省政府同意，现就有关事项通知如下：

一、积极鼓励支持小型微型企业吸纳毕业生就业

进一步优化营商环境，推动小型微型企业在转型升级过程中创造更多岗位吸纳毕业生就业。对小型微型企业新招用毕业年度和择业期内未就业毕业生，签订1年以上劳动合同并按时足额缴纳社会保险费的，给予1年的社会保险补贴，政策执行期限截至2015年年底。科技型小型微型企业招收毕业年度和择业期内未就业毕业生占职工总人数30%以上的，可申请最高不超过300万元的小额担保贷款，并享受财政贴息。小型微型企业新招用毕业年度和择业期内未就业毕业生，签订1年以上期限劳动合同，在劳动合同签订之日起6个月内，由企业依托当地人力资源社会保障部门认定的职业培训机构开展岗前技能培训，经培训后取得初级以上职业资格证书的，根据培训后继续履行劳动合同情况，按照当地确定的职业培训补贴标准的80%给予企业定额职业培训补贴。自2014年起，对省内首次领取营业执照并正常经营1年以上的小型微型企业吸纳毕业生就业并与其签订1年以上期限劳动合同的，按照申请补贴时创造就业岗位数量给予每个岗位2000元的一次性创业岗位开发补贴。

二、采取措施引导毕业生到城乡基层就业

围绕健全城乡一体化发展体制机制，加快推进新型城镇化和公共服务均等化，充分发掘教育、劳动就业、社会保障、住房保障、文化体育、社区矫正、农技推广、残疾人服务和老年医疗卫生服务等基层公共管理和社会服务领域的就业潜力，进一步丰富基层服务内容，扩展服务项目细目，通过政府购买服务、签订服务协议等方式，吸纳毕业生到基层服务或就业。要结合推进农业科技创新、健全农业社会化服务体系等，引导更多毕业生投身现代农业。

继续统筹实施好选调优秀毕业生到村任职、“三支一扶”计划、“社区就业”计划等各类基层服务项目，按规定落实服务期间各项待遇，确保工作生活补贴按时足额发放，并根据经济社会发展水平适时提高补贴标准。加强对基层服务毕业生的就业创业指导服务，大力开展就业创业培训，提高就业创业能力。将基层在岗服务毕业生和服务期满未就业的毕业生纳入职业培训计划，可自愿参加职业技能培训、创业培训和职业技能鉴定，符合条件的按规定享受职业培训补贴。进一步完善考核评价机制，做好服务基层毕业生的期满就业工作。通过延长服务期限、提高公务员定向招录和事业单位招聘比例、考核聘用等方式，鼓励优秀毕业生留在基层就业。加大从服务基层项目毕业生中定向考录县级及以下公务员的力度，乡镇机关定向考录职位要降低学历门槛，取消专业要求，放宽报考条件。各县（市、区）在事业单位公开招聘工作中，要根据工作需要和岗位空缺情况，按照不低于当年服务基层期满人数30%的比例确定定向招聘岗位，专项用于招聘基层服务期满毕业生。有条件的地方，要积极探索基层服务期满毕业生与乡镇（街道）等基层事业单位岗位聘用有效衔接机制。自2014年起，各市要于每年的第四季度面向基层服务期满未就业毕业生，举办专场人才招聘活动，形成基层服务期满毕业生有序流动、多渠道发展的长效机制。要将服务期满未就业毕业生纳入我省离校未就业毕业生实名制就业管理服务信息系统，进行统一登记和管理服务。继续落实好工龄计算、转正定级、学费补偿和助学贷款代偿等相关政策。

充分挖掘社会组织吸纳毕业生就业潜力。到各地社会团体、基金会、民办非企业单位就业的毕业生，在专业技术职称评定方面享受与国有企事业单位同类人员同等待遇，所在地的公共就业人才服务机构、毕业生就业服务部门要协助办理落户手续。要加大工作力度，健全体制机制，支持更多毕业生参军入伍。

三、组织实施好新一轮大学生创业引领计划

2014年至2017年，在全省范围内实施新一轮大学生（包括在校大学生和毕业5年期内的毕业生，下同）创业引领计划，每年引领不少于1万名大学生实现自主创业，毕业生毕业2年内自主创业参与率不低于5%。对毕业生创办小型微型企业，进一步完善工商登记“绿色通道”，落实好减半征收企业所得税、月销售额不超过2万元的暂免征收增值税和营业税等税收优惠政策。对2013年10月1日以后登记注册并正常经营1年以上的小型微型创业企业，按《山东省人民政府办公厅关于促进创业带动就业的意见》（鲁政办发〔2013〕25号）给予不低于1万元的一次性创业补贴。毕业生和毕业年度内的毕业生从事个体经营的，按规定享受相关税收优惠政策。留学回国的毕业生自主创业，符合条件的，可享受毕业生创业扶持政策。

多渠道提供资金扶持。切实落实好为自主创业的大学生提供最高额度10万元、创办符合条件的小型微型企业提供最高额度300万元的小额担保贷款政策。对还款及时、无不良信贷记录的，允许再申请一次小额担保贷款，期限不超过 2 年，政府财政不予贴息。在电子商务网络平台开办“网店”的毕业生，可享受小额担保贷款和贴息政策。要通过进一步完善抵押、质押、联保、保证和信用贷款等多种方式，多途径为毕业生解决反担保难问题。整合省级各类用于支持毕业生就业创业的基金，充分发挥支持中小企业发展资金的积极作用，结合省级创业带动就业扶持资金，进一步加大对大学生创业的支持力度，提升使用效益。积极探索运用市场化手段引领大学生创业，优先扶持在推动转型升级和促进就业方面作用突出的创业平台及科技型、领军型创业者。继续对大学生创业工作成效显著的市、省直管县按规定给予以奖代补。鼓励企业、行业协会、社会组织等以设立天使投资和创投基金等多种形式为自主创业大学生提供资金支持。

加强创新创业教育。各高校要积极建立创业学院，实现创业教育专业化、科学化、制度化、规范化，落实创业课程学时和学分规定，将创业教育融入人才培养体系，推动在校大学生普及创业教育；积极开发创新创业类课程，多形式加强创业师资队伍建设，不断丰富创业教育形式，培养大学生自主创业意识。

推进创业培训实训。各地要优化整合创业培训实训资源，积极组建创业大学，系统实施创业培训实训计划，开展各类创业培训实训。要通过购买社会化服务等方式加强与专业培训机构合作，创新培训实训方式，推行创业模块培训、创业案例教学和创业实践模拟。建立小型微型企业创业导师团，对有创业意愿的大学生创业项目、创业规划、创业技巧和创业信心等实行“一对一”指导，鼓励各级、各部门、社会各界举办大学生创新创业大赛，弘扬创业精神，分享创业经验，凝聚创业力量，提升大学生创业能力。

强化创业实践孵化。各市、各高校应围绕产业和学科优势，合理布局，加大创业平台建设力度。统筹利用大学科技园、科技企业孵化器、高新技术开发区、经济技术开发区、工业园区、农业产业园区以及城市配套商业设施、闲置厂房等现有资源，为大学生创业提供创业孵化服务或经营场所。2017 年前，每市要建设 1 处以上省级大学生创业孵化示范基地和 1 处以上省级大学生创业示范园，各县（市、区）和高校均要建立大学生创业孵化基地或大学生创业园。每年开展评估认定省级大学生创业孵化示范基地和大学生创业示范园区工作，并对已经通过评估认定的实施绩效评价、动态管理，对促进创业带动就业成效突出的，按鲁政办发〔2013〕25 号文件有关规定给予资金奖补，对不合格的单位予以取消资格。各市、县（市、区）也要相应建立推动大学生创业平台建设的扶持机制。依托各级、各类创业孵化基地（园区）设立大学生创业服务中心，提供项目推介评估、工商税务登记注册、小额担保贷款及其他融资支持、就业保障、法律维权、政策咨询等一站式服务，落实场地租赁、税费减免、创业补贴等各项创业扶持政策，结合创业者需求做好相关保障服务。

四、深入实施离校未就业毕业生就业促进计划

将离校未就业毕业生全部纳入公共就业人才服务范围，力争使每一名有就业意愿的未就业毕业生在毕业年内实现就业或参加到就业准备活动中。各有关部门、各高校要密切协作，做好未就业毕业生离校前后信息衔接和服务接续。各高校要在每年毕业生离校前及时填报当年毕业生就业推荐信息，确保相关数据完整、准确。进一步完善离校未就业毕业生实名制就业管理服务信息系统功能，把回生源地毕业生实名登记落到实处，全面实现对离校未就业毕业生动态跟踪管理服务。充分发挥公共就业人才服务机构、毕业生就业服务机构和基层公共就业服务平台的作用，及时摸清离校未就业毕业生的就业需求，有针对性地提供就业创业指导、职业培训、创业培训、就业见习等就业服务，积极为离校未就业毕业生办理就业失业登记、求职、落户、档案代理、社会保险等。离校未就业毕业生实现灵活就业，在各地公共就业人才服务机构办理实名登记并按规定缴纳社会保险费的，给予一定数额的社会保险补贴，补贴数额原则上不超过其实际缴费的2/3，最长不超过3年，所需资金从就业专项资金中列支。

深入实施离校未就业毕业生技能就业专项活动，省、市要将离校未就业毕业生的职业技能培训、创业培训纳入到就业创业培训五年规划中，单列“离校未就业毕业生就业创业培训专项计划”；国家级重点技工院校和培训实力雄厚的职业培训机构，要选择适合毕业生的培训项目，开展职业培训。要确保每一名有就业创业和培训意愿的离校未就业毕业生，都能参加职业技能培训、企业上岗前培训和创业培训，促进其实现技能就业、素质就业和稳定就业。对参加培训的毕业生，要主动提供职业技能鉴定服务，经鉴定考核合格的按规定发放相应的证书。按照有关规定，认真落实职业培训补贴、职业技能鉴定补贴和创业培训补贴有关政策。

进一步加强就业见习管理，结合本地产业发展需要和毕业生就业见习意愿，继续建设一批社会责任感强、就业环境条件好、管理规范的就业见习基地，不断扩大就业见习规模，提升就业见习质量。对在生源地和求职地登记未就业或失业的有见习意愿的毕业生，都要纳入就业见习招募范围，通过举办就业见习专场招聘会等多种形式，确保有见习需求的毕业生都能得到见习机会。各地要对现有的就业见习基地进行全面评估，及时发现问题进行整改。在评估认定一批就业见习市级示范基地的基础上，继续开展省级示范基地评选工作。各地可根据当地经济发展和物价水平，适当提高就业见习基本生活补助标准。毕业生见习期间参加职业培训的，按现行政策享受职业培训补贴。全省每年组织不少于1万名毕业生参加就业见习，见习企业期满留用率达到70%以上。

五、加强毕业生就业指导和就业服务

各地、各有关部门、各高校要根据毕业生特点和求职需求，不断推进毕业生就业指导和就业服务体系建设，为毕业生提供系统、全面的就业指导和服务。加快制定高校就业指导中心规范化、标准化建设方案，每年建成10所左右的毕业生就业指导示范中心。进一步改进大学生就业创业指导课程体系设置，积极聘请专家学者、企业人力资源经理、优秀校友担任就业导师，为毕业生提供个性化咨询指导。建立贯穿于整个大学教育期间的职业生涯规划指导体系，帮助大学生树立正确的成才和就业观念。积极开展公共就业人才服务进校园活动，为毕业生送政策、送指导、送信息，畅通毕业生获取就业政策和岗位信息的渠道。结合民营企业招聘周、毕业生就业服务月、就业服务周、部分大中城市联合招聘毕业生专场活动和每季度的网络招聘月等专项服务活动，紧紧围绕我省重点区域发展战略，每年组织不少于60场的省级毕业生就业集中招聘活动。大力推进校际和城市间小型化、专业化的招聘联动，促进更多的毕业生实现就业。

要将零就业家庭、优抚对象家庭、农村贫困户、城乡低保家庭以及残疾等就业困难的毕业生列为重点对象，有针对性地开展一对一就业帮扶。要加强特困家庭毕业生求职补贴的管理，确保在毕业生离校前将求职补贴发放到位。各级机关、事业单位、国有企业要按照有关规定带头招录残疾毕业生。将持有残疾人证的毕业生纳入特困毕业生范围，按规定给予一次性求职补贴。县级以上公共就业人才服务部门及有关部门应结合当地基层社会管理和公共服务实际需要，适时开发适合毕业生的公益性岗位，让确有就业困难的毕业生实现过渡性就业；按《山东省公益性岗位开发管理办法》规定，完善大学生公益性岗位招聘和退出机制。继续做好对口支援少数民族地区部分毕业生来鲁就业工作，将到本地求职的受援地毕业生纳入就业政策扶持范围。

各地、各高校要加强对接，建立就业信息共享机制。加快招聘信息全省联网，积极开展网络招聘，为用人单位招聘和毕业生求职提供高效便捷的服务。在充分利用传统媒体的基础上，积极探索使用微博、微信、手机客户端等新媒体，搭建提供就业创业政策、岗位信息和就业创业服务的新型通道，进一步提升毕业生就业服务信息化水平。积极搭建全省统一的毕业生就业服务微信平台，建立就业工作主动服务模式，打通毕业生就业服务“最后一公里”。

六、大力促进毕业生公平就业

采取积极措施，切实防范、消除就业市场上的民族歧视、性别歧视、宗教信仰歧视、学历歧视、院校歧视、残疾人歧视及各种隐形歧视，有效保障毕业生就业权益，促进就业公平。严禁设置各种阻碍毕业生公平就业的限制性条件，用人单位招聘应届毕业生不得将户籍作为限制性条件。进一步加大人力资源市场监管力度，严厉打击非法中介、虚假招聘和招聘过程中的欺诈行为。加大对用人单位用工行为的劳动保障监察执法力度，对招用毕业生不签订劳动合同、不按时足额缴纳社会保险费、不按时支付工资、不落实残疾人就业规定等违法行为，及时予以查处，切实维护毕业生的合法权益。

全面落实国有企业公开招聘毕业生制度，规范招聘方案统一发布和招聘结果备案工作，切实做到信息公开、过程公开、结果公开。省属国有企业（含驻鲁央企及分支机构）招聘应届毕业生信息，除涉密等特殊岗位外，要在山东省高校毕业生就业信息网、山东省教育厅高校毕业生就业网的国有企业公开招聘专区公开发布，报名时间不少于7天，确保公开、公平、择优聘用；对拟聘人员要在山东省高校毕业生就业信息网上进行公示，公示期不少于7天，并同时公布监督举报电话；招聘结束7日内，省属国有企业（含驻鲁央企及分支机构）应将招聘结果报省人力资源社会保障部门备案。

各地、各有关部门要消除毕业生在不同地域、不同类型单位之间流动就业的制度性障碍，要放开对吸收毕业生落户的限制，简化有关手续。应届毕业生凭《普通高等学校毕业证书》《全国普通高等学校毕业生就业报到证》、与用人单位签订的《就业协议书》或劳动（聘用）合同办理落户手续；非应届毕业生凭与用人单位签订的劳动（聘用）合同和《普通高等学校毕业证书》办理落户手续。毕业生到小型微型企业就业、自主创业的，其档案可由当地市、县一级的公共就业人才服务机构免费保管。办理毕业生档案转递手续，转正定级表、调整改派手续不再作为接收审核档案的必备材料。

七、创新高校人才培养机制

要进一步深化高等教育改革，积极调整教育结构，加快发展现代职业教育，深化校企合作、工学合作，培养生产、建设、服务、管理一线的应用型和技能型人才。高校要明确办学定位，突出办学特色，提高人才培养质量。省内各普通本科院校自2014年起、高职（专科）院校自2015年起建立毕业生就业质量年度报告发布制度，据此完善就业与招生计划、人才培养、经费拨款、院校设置的联动机制，促进人才培养更好地适应社会发展需要。各级公共就业人才服务机构会同有关部门开展产业升级人才需求预测研究，健全岗位需求统计调查制度，适时向社会发布人才需求信息，引导高校优化学科专业结构，探索制定行业岗位标准，促进高校依据市场需求完善专业培养课程。

八、切实形成促进毕业生就业创业的工作合力

各地、各有关部门、各高校要健全领导机制，明确责任分工，进一步加大就业创业专项资金投入力度。要建立完善高校毕业生就业工作联席会议制度，在政策制定、措施落实、督促检查等方面形成联动协调机制。要引导用人单位履行社会责任，挖掘就业岗位吸纳更多毕业生就业；引导毕业生转变就业观念，以积极向上的心态走向社会，先就业、再择业，在平凡的岗位上创造不平凡的业绩。要大力宣传促进毕业生就业创业的政策措施，大力宣传毕业生基层就业及自主创业的先进事迹和典型经验，以正确的舆论引导社会各方面全面客观地看待当前就业形势，营造全社会共同关心支持毕业生就业创业的良好氛围。

山东省人力资源和社会保障厅关于印发《山东省实施大学生创业孵化基地和大学生创业园项目管理办法》的通知

（2011 年 12 月 20 日　鲁人社发〔2011〕97 号）

各市人力资源社会保障局、财政局，各高等院校：

为进一步推进我省大学生创业孵化基地和大学生创业园项目的建设和发展，鼓励和扶持更多的大学生自主创业，我们制定了《山东省实施大学生创业孵化基地和大学生创业园项目管理办法》，现印发给你们，请遵照执行。

各地、各高校要结合实际情况，尽快研究制定本地区、本学校大学生创业孵化基地和创业园的认定管理办法及具体实施细则，并报省人力资源社会保障厅、省财政厅备案。

附件：山东省实施大学生创业孵化基地和大学生创业园项目管理办法

山东省实施大学生创业孵化基地和大学生创业园项目管理办法

第一章　总　则

第一条　为进一步推动大学生创业引领计划深入实施，促进大学生创业孵化基地、大学生创业园（以下简称“孵化基地和创业园区”）项目建设和可持续发展，提高大学生创业成功率，根据《人力资源和社会保障部关于实施大学生创业引领计划的通知》（人社部发〔2010〕31号）、《山东省人民政府办公厅关于促进以创业带动就业工作的意见》（鲁政办发〔2009〕1号）和《山东省人民政府关于贯彻国发〔2011〕16号文件进一步做好普通高等学毕业生就业工作的通知》（鲁政发〔2011〕41号）等文件精神，制定本办法。

第二条 孵化基地和创业园区建设要以科学发展观为指导，坚持政府推动，社会支持，市场导向，统筹规划，整合资源，合理布局的原则，重点扶持一批特色突出、功能完善、承载能力强、具有一定示范和带动效应的孵化基地和创业园区，为创业大学生提供良好的创业环境和孵化服务，努力形成以创业带动就业的高校毕业生就业工作新格局。“十二五”时期，通过重点扶持孵化基地和创业园区引领不少于7万名大学生实现创业，力争实现自主创业1人带动就业5人以上，创办1个企业平均带动就业10人以上的倍增效应。

第三条 各地要按照统筹规划的原则，积极开展大学生创业孵化基地和创业园区建设。各孵化基地和创业园区要切实兑现为创业实体提供的各项优惠扶持政策，协助入驻实体落实税费减免、一次性创业补贴、创业岗位开发补贴、小额担保贷款及贴息、创业培训补贴等国家和省出台的创业优惠扶持政策。对已建成并符合规定条件的大学生创业孵化基地和创业园区，可申报省级大学生创业孵化示范基地和大学生创业示范园，经评估认定符合条件的，按规定给予一次性奖励。

第四条 省人力资源社会保障厅和省财政厅负责全省创业孵化基地和创业园区项目的组织协调、政策制定、工作指导、考核激励等。各市、县（市、区）人力资源社会保障局、财政局、各高校要把该项目作为促进大学生就业创业工作的重要内容，统筹规划建设，加大扶持力度，搞好项目实施和管理监督工作。各创业孵化基地和创业园区要进一步完善创业场地、创业设施，落实好扶持大学生入驻创业的优惠政策，进一步丰富创业服务内容，健全各项管理制度和运行机制，提高创业孵化和创业服务能力，促进入驻创业实体健康发展。

第二章　大学生创业孵化基地和创业园区设立条件

第五条　各地要坚持实事求是、因地制宜的原则，组织专家对设立大学生创业孵化基地或创业园的必要性、可行性以及设立运行后的社会经济效益进行严格论证，切实保障创业孵化基地或创业园区建设的科学性和效益性。

第六条　设立基本条件

（一）有固定的创业场地。有一定规模的生产经营场地、办公场地和共享的服务空间，基础设施完善，达到通水、通电、通讯、通路、通燃气、通热力“六通”，具备“即入即开”的条件；

（二）有专门的服务机构。孵化基地和创业园区设立创业服务中心，有一定数量具有相应专业知识、技能的管理服务人员；

（三）有配套的创业服务。能够提供政策咨询、信息服务、项目开发、风险评估、开业指导、融资服务、跟踪扶持等“一条龙”创业服务。建立网络信息服务平台，开展网上咨询、专题讲座，为创业者提供政策、法律、技术、项目、管理咨询服务；

（四）有健全的管理制度。建立完善的创业实体评估准入、财务管理、日常管理服务等规章制度。为入驻创业实体降低门槛，简化手续，提供优质服务，提高创业实体的成功率。孵化基地还应建立创业实体退出机制，孵化期最长不超过 3 年；

（五）有相应创业就业政策扶持。设有为入驻创业实体的房租补贴、经营场地补贴、水电费补贴等创业资助和补贴项目，积极帮助创业实体落实税费减免、一次性创业补贴、创业岗位开发补贴、小额担保贷款及贴息、创业培训补贴等优惠政策；

（六）有一定数量的创业实体。入驻创业实体数量达到一定规模，符合当地产业发展方向，产业特色鲜明。

第七条 主要功能

（一）提供生产经营场地、基本办公条件和后勤保障服务，指导、协助办理开业相关手续；

（二）实施创业项目开发、对接和融资服务，指导协助退出孵化基地的企业，做好迁址、工商税务登记变更等服务工作；

（三）免费提供创业培训、创业能力测试、创业指导、政策咨询和信息服务；

（四）开展法律、会计、审计、评估、专利、金融和企业管理、人才培养、战略设计、市场营销等方面服务；

（五）指导、协助落实各项创业就业扶持政策，加强宣传引导，营造创业文化与氛围。

第三章 省级大学生创业孵化示范基地和创业示范园认定管理

第八条 省人力资源社会保障厅和省财政厅每年一季度开展省级大学生创业孵化示范基地和大学生创业示范园评估认定工作，每年评估认定一次。

第九条 省级大学生创业孵化示范基地认定标准。符合设立基本条件，并达到以下标准：

（一）生产经营厂房面积10000平方米以上（楼宇型基地面积5000—10000平方米），以文化创意、新兴产业技术研发应用等为主体的科技含量较高、特色鲜明的孵化基地可适当放宽；

（二）入驻大学生创业实体50个以上，吸纳一定数量人员就业；

（三）有为大学生创业孵化基地专门服务的管理机构和相关中介服务机构；

（四）规范使用的大学生创业资金不少于500万元；

（五）创业实体有较强的成长性，科技含量高，孵化成功率不低于70%，每年新入驻企业20户以上。

第十条 省级大学生创业示范园认定标准。符合设立基本条件，并达到以下标准：

（一）入驻大学生创业实体50个以上，吸纳就业1000人以上，大学生创业实体不少于入园企业总数的三分之二；

（二）有综合管理服务机构，能为入驻创业实体提供全方位服务；

（三）规范使用的大学生创业资金不少于800万元，并设立或引进至少一家信用担保机构；

（四）拥有一定数量的高新技术企业，企业成长性好，企业存活率不低于80%；每年至少新增10户以上一定规模企业。

第十一条 评估认定程序。省级大学生创业孵化示范基地和大学生创业示范园采取申报、初审、复核、评估、公示、认定的程序进行。

（一）申报。申请省级大学生创业孵化示范基地、大学生创业示范园的单位，应向当地人力资源社会保障部门提出申请；高校设立的孵化基地和创业园区由各高校直接向省人力资源社会保障厅和省财政厅提出申请。申请提交以下材料：

1. 大学生创业孵化基地、创业园区运行情况报告。主要内容包括本校、本辖区上年度促进大学生创业的各项优惠政策及政策落实情况，创业培训、创业服务开展情况，大学生创业孵化基地和创业园建设、运行及管理情况，大学生创业人数及创业成功率以及创业资金安排使用情况，入驻企业发展情况、经济和社会效益等；

2. 服务管理机构和工作人员情况；

3. 本校、本辖区大学生创业优惠政策文件、资金安排文件及支出证明等相关材料复印件；

4. 入驻基地或园区创业实体名册、创业实体基本信息以及执照副本原件及复印件、法定代表人身份证原件及复印件，基地或园区创业大学生典型材料汇编等；

5.《山东省省级大学生创业孵化示范基地/创业示范园认定审批表》。

（二）初审。当地人力资源社会保障部门、财政部门对申请材料进行初审，符合条件的，报设区的市级人力资源社会保障部门、财政部门复核。

（三）复核。设区的市级人力资源社会保障部门、财政部门根据初审意见和报送材料，进行复核，提出复核意见，每年 3 月 10 日前各市，各高校符将合条件的报省人力资源社会保障厅和省财政厅。

（四）评估。省人力资源社会保障厅、省财政厅根据申报材料，采取组织专家现场评审等方式进行评估。

（五）公示。对拟认定为省级大学生创业孵化示范基地、大学生创业示范园的，在省级媒体进行为期 7 天的公示。

（六）认定。对公示无异议的，省人力资源社会保障厅、省财政厅正式行文批复、认定为省级大学生创业孵化示范基地、大学生创业示范园并授牌。

第十二条 根据省财政厅、省人力资源社会保障厅联合出台的《山东省省级大学生创业引领专项扶持资金管理使用暂行办法》，采取以奖代补形式，对被认定并授牌的省级大学生创业孵化示范基地和省级大学生创业示范园，根据孵化基地和创业园区的建设状况、创业孵化成功率，入驻创业实体数量、存续期、促进就业人数、实现经济价值等，给予一次性奖励。各市，县（市、区）人民政府也要加大投入，支持大学生自主创业。各高校每年也要安排一定经费用于扶持大学生自主创业，鼓励和扶持大学生开展自主创业实践活动。

第四章　监督管理

第十三条　省里建立信息统计制度，定期对各地，各高校孵化基地、创业园区项目实施情况进行统计调度，通报工作情况。各设区的市人力资源社会保障局、财政局要建立信息统计、日常管理，资金扶持、监督考核等制度，加强对孵化基地和创业园区的管理，定期向省人力资源社会保障厅，省财政厅报告当地大学生创业孵化基地和创业园建设情况及专项资金使用管理情况。孵化基地和创业园区要建立健全规章制度和基础资料台账，基地内企业数、就业人数。参保缴费、政策兑现、跟踪服务等记录真实、准确、规范。

第十四条　各级要结合当地实际，研究制定本地区大学生创业孵化基地和创业园的认定管理办法，并报省人力资源社会保障厅、省财政厅备案。加强大学生创业专项资金的使用管理，坚持专款专用。对违反资金管理规定，随意变更使用范围或挪用专项资金的单位，按有关规定作出严肃处理。

第十五条　省里定期组织开展省级大学生创业孵化示范基地、创业示范园绩效考评，考评结果作为省级一次性奖补资金的主要依据。对考评不达标的，进行限期整改，经整改仍不能达标的，取消其省级示范资格。

第五章　附　则

第十六条　各市人力资源社会保障部门、财政部门可根据本办法，结合本地实际情况，制定具体的实施细则。

第十七条　本办法由省人力资源社会保障厅、财政厅负责解释。

第十八条　本办法自下发之日起执行

附件：《山东省省级大学生创业孵化示范基地/创业示范园认定审批表》

（附件本书略）

山东省人力资源和社会保障厅等部门关于进一步简化全省普通大中专学校毕业生就业手续有关事项的通知

（2014年12月22日　鲁人社发〔2014〕49号）

各市人力资源社会保障局、教育局、公安局，省直有关部门（单位），各高等学校、研究生培养单位，中等专业学校，各大企业：

根据国务院办公厅《关于做好2014年全国普通高等学校毕业生就业创业工作的通知》（国办发〔2014〕22号）精神，为进一步促进毕业生就业，做好全省普通大中专学校毕业生（以下简称“毕业生”）就业服务工作，按照下放权限、简化手续、优化服务的原则，现就调整毕业生就业手续办理，简化办理程序等有关事项通知如下：

一、改进就业手续管理办法

（一）毕业生确认就业方案

各高校编制的毕业生离校就业方案，应当由毕业生本人确认。省毕业生就业主管部门（省人社、教育部门，下同）不再对毕业生就业证明材料进行审核。非师范类毕业生，登录“山东高校毕业生就业信息网”完成确认；师范类毕业生，登录“山东省教育厅高校毕业生就业网”完成确认。

中等专业学校毕业生的就业方案编报方式仍按原规定办理。

（二）离校时未就业毕业生实行实名登记

省内院校离校时未就业毕业生，有就业意愿的应当在离校前进行实名登记，确定求职地，详细填写求职意愿、服务需求。

（三）调整毕业生就业手续办理权限

毕业生到设区的市、县（市、区）行政机关、企事业单位就业的，其就业手续由单位所在地毕业生就业主管部门办理。

毕业生到省内驻济以外的中央驻鲁机关、企事业单位和省直机关、企事业单位就业的，其就业手续由单位所在设区的市级毕业生就业主管部门办理。

毕业生到驻济的中央驻鲁机关、企事业单位和省直机关、企事业单位以及省外单位就业的，其就业手续仍由省级毕业生就业主管部门办理。

（四）取消省外院校非山东生源毕业生来鲁就业审批

省外院校非山东生源高校毕业生来鲁就业的，实行网上登记，不再办理来鲁就业审批手续。具体按照建立毕业生就业情况网上登记制度的有关要求办理。

（五）建立毕业生就业情况网上登记制度

毕业生与用人单位签订就业协议、劳动合同、聘用合同或者被国家机关事业单位录（聘）用后，非师范类毕业生应当登陆“山东高校毕业生就业信息网”，师范类毕业生应当登陆“山东省教育厅高校毕业生就业网”登记有关就业信息并办理确认手续。具体按照就业报到或者实名登记的有关要求办理。

二、简化毕业生就业手续

就业报到证是毕业生就业报到、求职登记和办理户口迁移等手续的重要凭证。就业报到证包括教育部印制的《全国普通高等学校本专科毕业生就业报到证》《全国毕业研究生就业报到证》和省人力资源社会保障厅、省教育厅印制的《山东省普通中等专业学校毕业生就业报到证》《山东省中等师范学校毕业生就业报到证》（见附件1—4）。

（一）就业报到或者实名登记

普通大中专学校毕业生离校后，应当持就业报到证等有关材料，在报到期限内，到用人单位或指定的毕业生就业主管部门办理报到或者实名登记等手续。

毕业生报到或者实名登记，按照以下程序办理：

1. 就业报到证签发到用人单位的，毕业生到用人单位报到。其中，省外院校毕业生报到前，应当完成就业情况网上登记，并持与用人单位签订的就业协议书（考录到机关事业单位的，应当提供有关录取或者聘用通知书）、就业报到证到用人单位所在地（参见本文“调整毕业生就业手续办理权限”，下同）毕业生就业主管部门进行就业情况确认；省内院校毕业生完成就业情况网上登记后，自动确认。

2. 就业报到证签发回户籍地的，毕业生应当到当地毕业生就业主管部门进行实名登记。其中师范类高校毕业生应先到当地教育主管部门进行就业情况确认后，再进行实名登记。离校时以签订劳动合同、灵活就业证明、非派遣签约等方式落实用人单位的，离校时未落实用人单位和离校后准备自谋职业或自主创业的，以及省外院校山东生源毕业生回省报到的，非师范类毕业生应当登陆“山东省高校毕业生就业信息网”，师范类毕业生应当登陆“山东省教育厅高校毕业生就业网”，使用“山东高校毕业生离校未就业实名管理服务系统”（以下简称“实名管理服务系统”）向户籍所在地毕业生就业主管部门办理实名登记。也可以由本人或者委托亲友持双方身份证、毕业证、就业报到证原件，到现场办理实名登记。

（1）省内院校毕业生离校时以签订劳动合同、灵活就业证明、非派遣签约等方式就业的，使用“实名管理服务系统”，按系统提示在网上进行报到登记，填写就业状况、查询档案迁转情况，办理档案托管等手续。

（2）省内院校毕业生离校时未落实用人单位（含离校后准备自谋职业或自主创业的），且在离校前未进行实名登记的，使用“实名管理服务系统”，按系统提示在网上进行实名登记，填写求职意愿、服务需求，了解当地就业政策、就业信息、查询档案迁转情况，接受当地就业主管部门提供的就业服务。

（3）省外院校山东生源毕业生回省报到的（含就业报到证签发到省级毕业生就业主管部门的），须由本人携带身份证、毕业证、就业报到证、户口迁移证到户籍所在地设区的市或者县（市、区）毕业生就业主管部门办理报到手续后进行实名登记。其中因特殊情况，本人不能到现场办理报到手续的，可委托直系亲属持户口簿、双方身份证原件、毕业证、就业报到证，户口迁移证办理。

省级毕业生就业主管部门不再办理签转手续。

（二）调整与改派

1. 调整手续

调整手续（又称“二次派遣”）是指离校时就业报到证签发回户籍地的毕业生，在择业期内（自毕业之日起三年内）落实用人单位，签订就业协议书并进行网上登记后，由毕业生就业主管部门办理相关就业手续。其中，考录到机关事业单位的，应当提供有关录取或者聘用通知书。

（1）省内院校毕业生调整手续办理

①省内院校毕业生在省内落实用人单位的，完成就业情况网上登记后，本人持身份证、毕业证、就业报到证和用人单位盖章的就业协议书，到用人单位所在地毕业生就业主管部门办理调整手续。

②省内院校毕业生在外省落实用人单位的，完成就业情况网上登记后，本人持身份证、毕业证、就业报到证和用人单位盖章的省外就业协议书或接收函，到省级毕业生就业主管部门办理调整手续。

（2）省外院校毕业生调整手续办理

①省外院校山东生源毕业生在省内落实用人单位的，完成就业情况网上登记后，本人持身份证、毕业证、就业报到证和用人单位盖章的就业协议书，到用人单位所在地毕业生就业主管部门

办理调整和就业情况确认手续。

②省外院校非山东生源毕业生在省内落实用人单位的，本人持身份证、毕业证、就业报到证和就业协议书到原就业报到证签发部门办理调整手续，完成就业情况网上登记后按照相应程序到用人单位所在地毕业生就业主管部门办理就业改派手续。

2. 改派手续是指毕业生离校时已落实用人单位，且就业报到证也已签发到用人单位的，在改派期内（自毕业之日起两年内），因特殊情况与原用人单位解除就业协议，申请回户籍地，或与新用人单位签订就业协议并完成就业信息网上登记后，由毕业生就业主管部门办理的就业手续。其中，考录到机关事业单位的，应当提供有关录取或者聘用通知书。

（1）省内院校毕业生改派手续办理

①省内院校毕业生与原用人单位解除就业协议后回户籍地的，本人持身份证、毕业证、就业报到证、原用人单位出具的解除就业协议证明，山东生源的到户籍地市级毕业生就业主管部门办理改派手续，非山东生源的到省级毕业生就业主管部门办理改派手续。

②省内院校毕业生与原用人单位解除就业协议后在省内落实用人单位的，完成就业情况网上登记后，本人持身份证、毕业证、就业报到证、原用人单位出具的解除就业协议证明、与新用人单位签订的就业协议书，到新用人单位所在地毕业生就业主管部门办理改派手续。

③省内院校毕业生与原用人单位解除就业协议后在外省落实用人单位的，完成就业情况网上登记后，本人持身份证、毕业证、就业报到证、原用人单位出具的解除就业协议证明、与省外新用人单位签订的就业协议书（或用人单位当地就业主管部门出具的接收证明、机关事业单位的录取或者聘用通知书），到省级毕业生就业主管部门办理改派手续。

（2）省外院校毕业生改派手续办理

①省外院校山东生源毕业生与原省内用人单位解除就业协议后回户籍地的，本人持身份证、毕业证、就业报到证、原用人单位出具的解除就业协议证明，到户籍地市级毕业生就业主管部门办理改派手续。

②省外院校毕业生在省内调整用人单位的，与原用人单位解除就业协议，与新用人单位签订就业协议书并完成就业情况网上登记后，本人持身份证、毕业证、就业报到证、原用人单位出具的解除就业协议证明、与新用人单位签订的就业协议书，到新用人单位所在地毕业生就业主管部门办理改派和信息确认手续。

（三）户口迁移与落户

毕业生毕业后，应当及时办理户口迁移和落户手续。

1. 应届已就业毕业生的落户。

（1）落实用人单位的省内院校毕业生，持毕业证书、就业报到证、与用人单位签订的就业协议书或劳动（聘用）合同、户口迁移证、居民身份证到单位所在地或实际居住地派出所办理户口迁移、落户手续。

（2）落实用人单位的省外院校毕业生，持毕业证书、用人单位所在地毕业生就业主管部门确认的就业报到证、与用人单位签订的就业协议书或劳动（聘用）合同、户口迁移证、居民身份证到单位所在地或实际居住地派出所办理落户。

2. 非应届已就业毕业生的落户。非应届已就业毕业生持毕业证书、与用人单位签订的劳动（聘用）合同（机关事业单位的录取或者聘用通知书）、户口迁移证、居民身份证到单位所在地或实际居住地公安派出所办理户口迁移、落户手续。

3. 未就业毕业生的落户。未落实工作单位的毕业生，持就业报到证、县级（含）以上毕业生就业主管部门出具的落户介绍信、户口迁移证、居民身份证到家庭所在地办理落户手续。

三、其他手续办理

（一）就业报到证的遗失补办手续

省内院校毕业生就业报到证自毕业之日起三年内遗失的，由本人提出申请，学校核实情况并出具遗失证明说明，在单位所在地（或户籍所在地）市级以上报刊刊登“遗失声明”后，向毕业学校就业主管部门申请补发新证。其中：就业报到证正本原件遗失的，由毕业生持学校出具的遗失证明、刊登遗失声明的报纸和就业报到证副本（即就业通知书，下同）原件，到原就业报到证签发的就业主管部门补办；就业报到证正、副本原件一并遗失的，由学校就业主管部门持遗失情况说明、刊登遗失声明的报纸，到原就业报到证签发的就业主管部门补办。补发的就业报到证备注栏内须注明“遗失补发”。

省内院校毕业生就业报到证自毕业之日起3年后遗失的，不再补发新证，但可以向学校申请办理就业报到证遗失证明（见附件5）。学校核实情况后填写就业报到证遗失证明，加盖学校就业主管部门印章，到原就业报到证签发的就业主管部门办理。其中：2003年（含）以后毕业的，由毕业生持加盖学校印章的就业报到证遗失证明，到原就业报到证签发的就业主管部门办理；2003年以前毕业的，由学校持加盖印章的《就业报到证遗失证明》、普通高等学校录取新生名册（原件）和毕业生就业工作调配表（原件），到原就业报到证签发的就业主管部门办理。

（二）毕业生放弃升学申请补发就业报到证手续

省内院校毕业生在就业方案中列为升学的，不签发就业报到证。毕业生因特殊情况放弃升学的，应当向毕业学校提出补发就业报到证申请，由学校按以下程序办理：

1. 毕业生在升学当年9月1日前提出申请的，经学校批准后，将录取通知书原件，送就业报到证签发的就业主管部门办理；

2. 毕业生在升学当年底前提出申请的，经学校批准后，将录取通知书原件、录取学校教务部门出具的取消该生学籍的证明，送就业报到证签发的就业主管部门办理；

3. 毕业生在升学半年以上一年以内提出申请的，由学校核实情况后形成正式文件，连同录取通知书原件、录取学校教务部门出具的取消该生学籍的证明，送就业报到证签发的就业主管部门办理。

毕业生在毕业升学一年以上的，不再受理补发就业报到证。

(三) 结业生的就业报到证发放手续

高校结业生如用人单位同意接收的，经学校教学主管部门确认，可以按照结业生签发就业报到证，并在就业报到证正、副本的备注栏内注明“结业”字样。如结业生经学校考试考核合格同意毕业并颁发毕业证书，可以视情况换发就业报到证，其中，当年年底前取得毕业证书的，按照应届毕业生签发就业报到证；未在当年底取得毕业证书，但在下届学生毕业前取得毕业证书的，编入下届毕业生就业方案，核发就业报到证。

(四) 毕业生的就业报到证信息修改手续

毕业生就业方案确定后，就业报到证的有关信息原则上不得修改，因特殊情况需要修改的，由学校按照以下程序办理：

1. 毕业生在校期间更改姓名的信息修改

毕业生在校期间经批准更名的，由学校汇总后提出申请，在编制毕业生就业方案时报请省就业主管部门更改。更改时，需持招生部门更改姓名后的普通高等学校录取新生名册（原件）或省级教育行政部门同意更名的文件（原件）。其中毕业生离校时已签发就业报到证的，须返还就业报到证的正、副本原件。

2. 用人单位名称或单位所在地的信息修改

毕业生用人单位或单位所在地与就业报到证不一致的，由学校核实后，本人持身份证、毕业证、毕业生就业协议书或者用人单位出具的信息修改情况说明，及就业报到证正、副本原件，到原就业报到证签发的就业主管部门办理。

3. 就业报到证上档案托管单位的信息修改

对部分毕业生与省外用人单位签约后，用人单位或者人事档案托管部门提出在其就业报到证上同时注明两单位信息的，由学校核实情况后，持毕业生就业协议书、用人单位或者人事档案托管单位出具的信息修改情况说明，及就业报到证正、副本原件，到原就业报到证签发的就业主管部门办理，统一在报到栏内加注信息，例如：××人才服务中心（××公司）或××公司（××人才服务中心）。

本通知自 2015 年 1 月 1 日起施行，有效期至 2019 年 12 月 31 日。其中普通中专学校就业报到证制度的有效期，按照《山东省人民政府关于调整省属中等职业学校管理体制及省级中职教育管理权限的通知》（鲁政字〔2014〕190 号）规定执行。原山东省人事厅、山东省教育厅和山东省公安厅《关于做好大中专毕业生就业报到和户口、粮食关系迁移工作的通知》（鲁人〔2000〕27 号）、《关于办理大中专学校毕业生就业落户手续有关问题的通知》（鲁人发〔2002〕21 号）、《关于办理全省大中专学校毕业生落户手续有关事宜的通知》（鲁人办发〔2006〕125 号）和原山东省人事厅《关于做好非师范类大中专毕业生报到、二次派遣和调整改派工作的通知》（鲁人办发〔2006〕119 号）文件同时废止。

附件：1. 全国普通高等学校本专科毕业生就业报到证（样本）

2. 全国毕业研究生就业报到证（样本）

3. 山东省普通中等专业学校毕业生就业报到证（样本）

4. 山东省中等师范学校毕业生就业报到证（样本）

5. 就业报到证遗失证明（样本）

（附件本书略）

山东省人力资源和社会保障厅等部门关于促进大学生到农村创业的意见

（2016年5月20日　鲁人社发〔2016〕21号）

各市人民政府，各县（市、区）人民政府，省政府各部门、各直属机构，各大企业，各高等院校：

促进大学生（重点指我省普通高校在校大学生和毕业5年期内的高校毕业生，下同）到农村（泛指农、林、牧、渔等大农业领域，下同）创业，对发展现代农业、建设新型农村、培育新型职业农民、帮助农村贫困人口脱贫等具有重要作用，对推动农村经济转型升级和城乡一体化建设具有重要意义。根据《人力资源社会保障部等9部门关于实施大学生创业引领计划的通知》（人社部发〔2014〕38号）和《山东省人民政府关于进一步做好新形势下就业创业工作的意见》（鲁政发〔2015〕21号）精神，经省政府同意，现就促进大学生到农村创业提出以下意见：

一、总体要求

贯彻落实省委、省政府关于促进大学生就业创业和推动“三农”工作的一系列部署要求，结合大众创业、万众创新的新形势，坚持政府引导和市场主导相结合，整合各类有利资源，完善相关扶持政策，优化农村创业环境，进一步畅通大学生到农村创业的渠道，拓展更多适合大学生到农村创业的领域，加快建立多层次多样化的农村创业格局，全面激发大学生到农村创业热情，将大学生的专业、能力优势和推进我省城乡一体化的潜力优势相结合，着力在农林牧渔等相关领域培育一批领军型大学生创业者，实现创业带动就业和农村经济转型升级的双赢。力争在2016—2018年期间，引领1万名左右大学生到农村创业，培育500名左右到农村创业的领军型大学生创业者。

二、主要任务

（一）提升大学生到农村创业能力

1. 开展大学生到农村创业专项教育。对在校大学生全面普及创新创业教育，把深化高校创新创业教育改革作为推进高等教育综合改革的突破口，树立先进的创新创业教育理念，面向全体、分类施教、结合专业、强化实践，努力造就大众创业、万众创新的生力军。依托省内不同层次、类型、区域的涉农类高等院校，结合到农村创业的具体实际，开发服务农村创业的学科理论、专业技能、创业基础、就业创业指导等方面的创新创业课程，建设一批兼具时效性、示范性的大学生农村创业案例库和创业项目库。对有创业意愿的大学生开展多种形式的农村创业专项教育，鼓励大学生结合“互联网+”“有机农业”“乡村旅游”等创业热点挖掘适合农村的创业项目，激发大学生到农村创业热情。2016年起，结合全国推进高等院校创新创业工作开展，全省每年总结宣传20所左右大学生创新创业工作典型院校，并向引领大学生转化利用创新科技成果到农村创新创业、推动农村经济转型升级取得突出成效的院校予以重点倾斜。

2. 实施农村创业大学生专项培训计划。在我省实施“加强就业培训提升就业与创业能力5年规划（2014—2018年）”项目中，实施“农村创业大学生专项培训计划”，毕业学年及毕业后有到农村创业意向的大学生均可申请参加。各级高校毕业生就业创业管理服务部门要根据创业培训工作周期安排，同步在省高校毕业生就业信息网和当地就业服务场所开展征集、报名工作，会同创业培训机构开展有针对性的创业培训。2016—2018年间，培训有到农村创业意愿的大学生2万人以上。鼓励涉农高等院校按程序取得政府就业创业补贴定点培训机构资格，作为到农村创业大学生的集中培训平台。组织到农村创业的大学生参加创业培训，对培训合格取得证书的，各级按规定给予创业培训补贴。

3．鼓励涉农高等院校建设专业化创业学院。省内农科类专业为主的高等院校建设创业学院，在软硬件设施和开展业务等方面符合《山东省人力资源和社会保障厅关于在全省创建创业大学的指导意见》（鲁人社发〔2014〕45号）规定标准的，推荐参加省级示范创业大学评选，对获得省级创业示范大学资格的，按规定标准给予一次性奖补，所需资金从省级创业带动就业扶持资金中列支。

（二）推动建设一批大学生农村创业平台

1．鼓励现有大学生创业平台向涉农方向转型发展。引导现有具备条件的大学生创业平台，积极打造与农村创业的结合点，利用自身在区位、产业、流通、人才等方面的优势，调整设立大学生农村创业专区，逐步实现向大学生农村创业平台的整体转型。鼓励因地制宜，创新具有鲜明地方特色的平台运作模式。2018年之前，每个设区的市要建设1处以上达到省级示范平台标准的大学生农村创业平台，每个县（市、区）要在本地创业孵化基地、创业园区等平台内开辟3处以上大学生农村创业专区。大学生农村创业平台被评估认定为省级创业示范平台（含省级大学生创业孵化示范基地和大学生创业示范园区，下同）的，按鲁政发〔2015〕21号文件规定标准给予一次性奖补。

2．扶持打造大学生农村创业特色产业群。鼓励各地特别是基层乡镇规模化发展涉农特色产业，成立创业服务实体，提供一站式集中服务，积极创造条件吸引大学生到相应领域创业，并落实各项创业扶持政策。2016—2018年，各市要面向基层乡镇推动建设一批大学生农村创业特色产业示范平台，其中包括为大学生到农村创业服务的创业孵化基地、创业园区、创业车间、农业社会化组织等各类平台，由各市根据当地实际制定建设规划和认定标准并给予奖补，所需资金从省级分配各市的大学生创业引领专项资金中列支，具体实施办法由各市结合实际制定。

3. 推动形成覆盖全省的农村电商平台和物流网络。支持大学生面向农村创办电商平台，带动建设一批电商示范村，带领当地农民网上创业，整合当地优势资源、特色产业等，创建知名品牌，开展网上推介、销售，提供专业化客服，搭建完善的线上线下衔接通道。鼓励大学生到农村物流领域创业，以中心城镇、重点乡村等为节点建立物流中转站，推进物流链向农村递延，畅通农村物流渠道。县（市、区）、乡（镇）两级可依托创业园区、科技园区等，或利用闲置的土地、楼宇、厂房、校舍等建设农村电商创业园区，符合省级（大学生）创业孵化示范基地和创业示范园区条件并通过可评估认定的，按规定给予奖补。

（三）提供金融扶持

1. 为大学生到农村创业提供专项资金扶持。2016—2018 年期间，将促进大学生到农村创业纳入全省大学生创业引领计划，省级大学生创业引领资金予以重点支持。对大学生到农村以非营利为目的创办创新创业项目，有利于提升农民专业技能水平、拓宽农民致富途径、改善农村管理服务状况的，可按程序列入政府购买公共服务范围。大学生毕业 5 年内到农村创业，带动辐射周边村民致富，所创项目符合当地产业前景规划，所创办实体可列入全省重点扶持的 100 家左右具备领军潜力和持续发展能力的大学生新创企业，根据鲁政发〔2015〕21 号文件规定，在经营场所、创业担保贷款等方面进行重点扶持，同时向投资引导基金参股子基金给予重点推介。

2. 发挥好各类创业引导基金的作用。充分发挥省级创业投资引导基金的作用，引导省创投基金参股创投企业对符合条件的大学生农村创业项目给予支持。有条件的地方可整合设立高校毕业生（大学生）创业基金，在完善管理体制和市场化运行基础上，适度放宽大学生农村创业项目的申请标准。鼓励各地结合实际，加大力度引导天使投资基金、风险投资基金支持大学生到农村创建的初创期、早中期项目的发展。

3. 更好发挥创业担保贷款扶持作用。毕业5年内的大学生到农村创业，以个人名义申请创业担保贷款，最高额度为10万元，允许在中国人民银行公布的贷款基准利率上加点不超过3个百分点，由财政给予全额贴息；大学生到农村创业，以所创小微企业名义申请创业担保贷款，符合规定条件的，银行可给予最高300万元基准利率贷款，由财政按50%给予贴息。贴息期限最长2年。对信誉良好还款及时的，可申请再次贷款，只担保不贴息。

4. 完善大学生到农村创业补贴政策。大学生到农村创业领办农民专业合作社、创办小微企业等实体，首次领取营业执照且正常经营、在创办实体按照企业职工标准缴纳社会保险费满12个月的，给予不低于1.2万元的一次性创业补贴。对大学生领办农民专业合作社或创办小微企业，根据其申请补贴时吸纳签订1年以上劳动合同、按规定参加社会保险4个月以上的就业人员数量，给予每个岗位2000元的一次性创业岗位开发补贴。各地创业孵化基地、创业园区应优先为毕业年度高校毕业生涉农创业项目提供创业场所，按规定给予场地租赁费用减免。对毕业年度高校毕业生涉农创业项目租用经营场地，并且未享受场地租赁费用减免的，可给予一次性创业场所租赁补贴，具体由各市结合实际自行确定。

（四）拓展大学生到农村创业领域

1. 引领发展现代农业。以培育现代新型职业农民为目标，鼓励农业类高等院校、中高等农业职业院校等毕业生回乡务农创业，发挥自身在技术、经营、管理等方面的优势，充分利用农村土地流转政策，领办创办农民专业合作社、家庭农场、专业大户，发展专业化、规模化、集约化、标准化现代农业。落实好规模化生产经营户粮食补贴、农业机械补贴等政策。鼓励大学生发展有机绿色农产品，开发肉菜追溯系统，建立有机绿色农产品进入批发零售市场和生产加工企业后的追溯体系。帮助开展无公害农产品认证、绿色食品认证、有机食品认证、原产地认证及食品质量安全认证、商标注册等，支持打造特色品牌。将有意愿到农村创业并符合相关规定的大学生纳入新型职业农民培育工程。根据创业大学生需求，整合农业科技人员，组建专家团队，实行“一对一”对口帮扶和支持。

2. 升级发展乡村旅游业。鼓励大学生运用现代营销理念，利用互联网新技术，采取线上线下结合等新方式，进一步开发乡村旅游市场。以观光农业、乡风民俗活动为基础，结合开发拓展训练中心、网游真人体验俱乐部、民俗美食DIY、农事体验园、采摘园、艺术写生基地、自驾游、户外运动等项目，大力发展热点休闲旅游。鼓励大学生创办乡村旅游网络平台、移动手机客户端平台，将乡村旅游资源集中连片，整合推广。鼓励将本地旅游线路通过“好客山东特色主题馆”等知名旅游平台进行展示，并与各地游客集散中心互联互通，与著名景点线路相配套，扩展乡村旅游市场容量。支持大学生采用新媒体、自媒体等渠道开展旅游产品自营销。通过评选“乡村旅游品牌示范户”“省级畜牧旅游示范点”“省级精品采摘园”等活动，选树一批大学生创办的乡村旅游精品路线和精品项目。

3. 整合发展农村服务业。鼓励大学生创办涉农科技服务企业，为种养殖场、有机农产品基地等提供繁殖育种、生物授粉、防疫、病虫害防治、技术咨询方面的集约化、标准化服务，当地可将政府购买服务和扶持“三农”发展的政策相结合，出台相应扶持措施。鼓励大学生利用众创空间和网络众创平台，提供开放共享服务，促进农村生产与需求对接，涉农产业与新兴产业对接，挖掘农村需求新蓝海，拓展当地特色产品外销大市场。鼓励大学生结合专业特长，多途径涉足农村养老、医疗、健康产业，提升农村健康水平。

4. 引领发展农村电子商务产业。鼓励大学生积极参与电子商务进农村工程，推动建设完善的农村电子商务服务体系，利用现有或新建电子商务企业开发农村市场，建立县级电子商务服务中心、乡镇体验店和村级服务站，引领建设一批示范性电商村、电商镇和国家级、省级电子商务示范县。鼓励大学生参与推进农村电子商务与物流（快递）协同发展，推动电子商务在农村实现第三方配送、共同配送，填补农村物流配送空白区域，打通农村电子商务物流“最后一公里”，加快实现乡乡有网点，村村通快递。

5. 鼓励大学生利用众创、众包、众扶、众筹等新模式，结合农村发展进程，集聚各类创新资源，不断挖掘、拓展创业新领域，创造农村经济新业态。鼓励“大学生村官”“三支一扶”等服务基层项目毕业生在当地扎根创业，推进建设新型农村。

（五）加强大学生到农村创业服务

1. 加快推进简政放权，进一步提高办事效率。对从事无店铺零售业经营的个体工商户允许“一址多照”。允许物理分割地址或集中办公区登记为个体工商户经营场所。允许电商平台从业者将众创空间席位、住宅、公寓等登记注册为营业场所。全面实施“三证合一”登记制度，实行“一证一码”登记模式，优化审批流程，降低登记成本。建设和完善全省小微企业名录信息平台，依托小微企业名录工作平台和小微企业数据库，集中公示支持大学生创业扶持政策，对申请就业创业补贴的大学生创业主体进行初审、公示。

2. 落实各项税收扶持政策。大学生到农村创业享受国家农业产品增值税13%的法定税率。大学生创业直接从事农业生产，销售的自产农产品免征增值税。对合作社销售本社成员生产的农业产品，视同农业生产者销售自产农业产品免征增值税。对合作社向本社成员销售的农膜、种子、种苗、化肥、农药、农机等，免征增值税。创业企业从事符合条件的农、林、牧、渔业项目的所得可以免征、减征企业所得税。按国家规定，从2015年10月

1日起到2017年年底，依法将减半征收企业所得税的小型微利企业范围，由年应纳税所得额20万元以内（含20万元）扩大到30万元以内（含30万元）；将月销售额2万元至3万元的小微企业、个体工商户和其他个人免征增值税、营业税的优惠政策执行期限，由2015年年底延长至2017年年底。

3. 支持农村创业项目用地。在符合规划的前提下，优先支持农村创业项目所必需的厂房、仓库、养殖场、晾晒场等设施用地。

4. 保障到农村创业大学生及就业人员劳动权益。按规定将到农村创业大学生及所吸纳就业人员纳入各项社会保险。大学生到农村创业项目尚未进行工商注册登记的，其就业人员可按灵活就业人员参保缴费办法参加社会保险。吸纳符合条件的就业困难人员和高校毕业生就业，可按规定享受岗位补贴、社会保险补贴政策。各级公共就业（人才）服务部门要为大学生农村创业实体提供用工指导、员工招聘、技能培训、档案代理等基本服务，有条件的地方结合建设“山东半小时公共就业服务圈”，提供就近就地服务。

三、保障措施

（一）加强组织领导，建立长效机制。省高校毕业生就业工作联席会议定期对推动大学生到农村创业工作进行调度、督查。各市、各有关部门要结合工作实际和业务职能，研究制定相应的工作方案，采取对应的推进措施。各市要于2016年6月底前将贯彻意见报省高校毕业生就业工作联席会议办公室（省人力资源社会保障厅）。

（二）部门协同联动，形成工作合力。推进大学生到农村创业是一项系统性工作，各有关职能部门要认真筹划、各司其职、齐抓共管。要将履行部门职能和解决大学生到农村创业制约因素相结合，完善扶持政策，健全服务体系，提升服务水平，解决好大学生到农村创业“中梗阻”和“最后一公里”的问题。

（三）强化宣传引导，浓厚到农村创业氛围。利用平面媒体、电视广播、互联网、自媒体等多种渠道向大学生宣传到农村创业政策，宣传报道到农村创业的大学生典型代表，展示农村创业的巨大潜力和良好发展前景。同时，要向各类创客空间、创客联盟等大学生创客集中的群落做好定向宣传，通过组织现场观摩、专业论坛等活动加强经验交流，引领大学生积极投身农村创业实践，形成大学生到农村创业的热潮。

山东省人力资源和社会保障厅等部门关于转发人社部发〔2016〕41号文件做好我省第三轮高校毕业生“三支一扶”计划实施工作的通知

（2016年6月20日　鲁人社发〔2016〕23号）

各市党委组织部、人力资源社会保障局、教育局、民政局、财政局、水利局、农业局、卫生和计划生育委员会，共青团各市委，各高等院校：

现将中共中央组织部、人力资源社会保障部等9部门联合下发的《关于实施第三轮高校毕业生“三支一扶”计划的通知》（人社部发〔2016〕41号）转发给你们，并结合我省实际，就做好新一轮高校毕业生“三支一扶”计划实施工作提出如下意见，请一并贯彻落实。

一、进一步增强做好“三支一扶”工作的责任感

实施好新一轮“三支一扶”计划，对于打赢脱贫攻坚战，促进我省经济社会发展，实现全面建成小康社会的目标具有重要意义。各市要在深入学习贯彻习近平总书记系列重要讲话精神的基础上，充分认识“十三五”时期继续实施“三支一扶”计划的重要性，以强烈的责任感和使命感，周密安排，精心部署，认真组织实施。要坚持立足教育、农业、卫生、水利和扶贫等事业发展对人才的需求，坚持为基层输送和培养青年人才、引导高校毕业生到基层就业创业的工作定位，总结经验，拓宽思路，推动“三支一扶”计划创新发展、转型发展。要进一步健全服务保障机制，大力弘扬“三支一扶”精神，引导“三支一扶”计划大学生扎根基层、服务基层，在基层奉献青春、建功立业。

二、统筹做好选拔招募工作

（一）合理确定服务岗位。各市要合理制定年度招募计划，着重加强对当前或未来2—3年有空编的基层服务单位岗位征集，适当向革命老区、贫困地区等特殊困难地区倾斜。要在重点开发支教、支农、支医和扶贫岗位的基础上，落实中央和我省新的部署要求，进一步加大扶贫岗位开发力度，积极拓展供销合作、农村合作经济、农村电子商务、农村饮水安全、农田水利、生态保护、文化建设等领域服务岗位。统筹落实好鲁政发〔2015〕21号文件中，将政府购买基层公共管理和社会服务岗位纳入“社区就业”计划，用于吸纳择业期内未就业高校毕业生的有关要求，推动我省服务基层各项目在岗位覆盖上实现优势互补，进一步丰富服务内容，形成服务基层工作合力。各市2016年计划选拔招募岗位情况，请于6月15日前报送省“三支一扶”工作协调管理办公室（以下简称省“三支一扶”办）。

（二）统筹组织选拔招募。我省“三支一扶”计划选拔招募工作仍由省“三支一扶”办统一部署，采取网上报名、全省统一笔试、各设区的市自行组织面试的方式进行。凡符合招募条件的省内生源及省内普通高校毕业生均可报考全省的“三支一扶”计划招募岗位；对报考的应届毕业生，各市不得限制在本地生源范围内。2016年招募的“三支一扶”计划高校毕业生原则上应为本科及以上学历，其中社区管理服务的部分岗位可适当放宽到专科学历。今年全省的选拔招募公告拟于6月下旬在“山东高校毕业生就业信息网”上发布，各市可在全省招募公告的基础上，就有关具体程序及事项制定补充通知，经省“三支一扶”办核准后，统一在“山东高校毕业生就业信息网”上发布。

（三）注意把握时间节点。“三支一扶”工作计划性强，各市在制定工作方案时要注重提前谋划，周密组织，严格按照时间节点要求完成各环节工作。各市要在每年1月中旬前申报当年岗位需求计划，7月中旬前完成招募，将拟招募人员基本信息上传至管理信息系统，8月中旬前完成实际招募到岗人员基本信息核校，8月底至9月初组织新招募人员上岗，11月底前将当年服务期满人员的基本信息和就业信息上传至管理信息系统。同时，要在11月底前将年度工作情况总结上报省“三支一扶”办。

三、做好“三支一扶”人员培养使用及日常管理服务工作

（一）实施能力提升专项培训和岗位成长培养计划。按照人社部发〔2016〕41号文件要求，自2016年起在全省实施“三支一扶”人员能力提升专项培训计划，每年为“三支一扶”人员提供不少于5天的岗前或在岗脱产培训，由省“三支一扶”办负责组织。2016年计划培训2000人，由省财政给予每人每年3000元的培训补助，以后年度根据培训实施情况调整培训人数。具体培训项目管理办法由省人力资源社会保障厅、省财政厅另行制定，培训经费管理按照《山东省省直机关培训费管理办法》（鲁财行〔2014〕5号）等有关规定执行。各市要继续坚持培养和使用相结合的原则，按照服务岗位特点制定“三支一扶”人员成长培养计划，落实岗位导师帮带制度，为基层服务大学生尽快适应岗位要求提供基本保证，不断提升服务基层的能力和水平。县级“三支一扶”办要加强沟通协调，推动基层乡镇从“三支一扶”人员中择优选拔1—2人兼任乡镇团委副书记、基层供销社主任助理。对服务期间积极要求入党的，由乡镇一级党组织按规定程序办理。

（二）做好“三支一扶”人员的精细化管理。各市要切实加强对“三支一扶”人员的精细化管理，认真贯彻落实人社部发〔2016〕41号文件和我省有关人员管理、日常服务、期满证书发放等工作的要求，落实专人负责“三支一扶”工作管理信息系统的维护，按时做好信息采集、上报和更新工作。要积极协调基层服务单位做好“三支一扶”人员的食宿以及安全、健康、卫生等保障工作，通过定期组织谈心、召开座谈会、工作交流会、新春走访慰问等形式，听取服务基层大学生的意见建议，及时做好思想教育和心理疏导，切实解决他们反映的问题。各级“三支一扶”人员新春慰问活动，要按照本地、本单位经费预算使用规定予以保障。

（三）进一步健全服务保障机制。各市要严格按照人社部发〔2016〕41号文件和我省有关文件要求落实“三支一扶”人员工作生活补贴，并结合当地经济发展和物价水平变化以及同岗位人员待遇水平情况适时进行调整，按月、足额予以发放。从2017年起，省级统筹中央补助对财政困难县（包括沂蒙革命老区、菏泽市的非财政困难县）补助标准由每人每年1万元提高到1.3万元，对其他非财政困难县补助标准由每人每年0.5万元提高到0.8万元。市县财政也要加大投入，确保“三支一扶”计划各项政策落实到位。全面落实“三支一扶”人员参加各项社会保险，用人单位必须将“三支一扶”人员社会保险单位缴费足额纳入部门预算，由同级财政予以保障；个人缴纳部分从工作生活补贴中代扣代缴。鼓励有条件的市为“三支一扶”人员办理补充医疗保险，重大疾病、人身意外伤害等商业保险以及住房公积金；鼓励有条件的市建立年度考核奖励机制，按考核结果等次给予“三支一扶”人员一定奖励。从2016年起，统筹中央及省财政专项补贴，按照每人2000元标准，给予每名新招募且在岗服务满6个月以上的“三支一扶”人员一次性安家费补贴。

四、认真落实“三支一扶”人员服务期满就业创业政策

各市要认真贯彻落实《关于实施第三轮高校毕业生“三支一扶”计划的通知》（人社部发〔2016〕41号）、《山东省人民政府关于进一步做好新形势下就业创业工作的意见》（鲁政发〔2015〕21号）和《关于做好2014年山东省高校毕业生“三支一扶”计划实施工作的通知》（鲁人社发〔2014〕35号）等文件中关于服务期满“三支一扶”人员基层留用、定向招录（招聘）、就业创业等相关优惠政策，最大限度地促进“三支一扶”人员服务期满后顺利实现就业创业。今后，各级机关考录公务员、事业单位招聘工作人员时，免收困难家庭“三支一扶”人员的报名费和体检费。对服务期满未能及时就业的人员，各市要将其纳入我省离校未就业毕业生实名制就业管理服务信息系统，有针对性地搞好跟踪服务。对服务期满后就业困难的大学生，建立“一对一”帮扶工作机制，确保每个就业困难的期满大学生都有专人指导、专人服务、专人负责，帮助其尽快实现就业。“三支一扶”人员在基层服务年限计算为工龄，其参加工作时间按其到基层报到之日起算。其中被机关事业单位录（聘）用的，按照鲁人社发〔2010〕55号文件规定计算工龄。

服务期满考核合格的“三支一扶”人员，3年内报考硕士研究生的，初试总分加10分，同等条件下优先录取。对于已被录取为研究生的应届高校毕业生参加“三支一扶”计划的，学校应为其保留入学资格。高职（高专）毕业生参加“三支一扶”计划服务期满考核合格的，可免试入读成人高等学历教育专科起点本科。服务期满考核合格且符合《山东省高等学校毕业生学费和国家助学贷款补偿暂行办法》（鲁财教〔2009〕43号）有关规定要求的，可享受相应的学费补偿和助学贷款代偿等政策。凡符合《中华人民共和国执业医师法》及卫生计生委医师资格考试报名有关规定的支医人员，由服务地相应医疗机构出具试用期考核合格证明，当地县级卫生行政部门要帮助办理参加执业医师资格考试的有关手续，确保他们能顺利参加考试。

五、加强对“三支一扶”工作的组织领导

各市要不断健全完善本地“三支一扶”工作领导小组运行机制，加强各部门、单位间的沟通协调，充分发挥职能优势，重点研究解决工作推进中的难点问题，优化相关政策措施，切实加强对“三支一扶”工作的组织领导。各市人力资源社会保障部门和同级财政部门要积极协调安排所需工作经费，用于开展

“三支一扶”计划日常管理服务和落实人员待遇保障等。要按照“三支一扶”计划补助资金管理办法，加强绩效评价，加快执行进度，消化结余资金，提高财政资金使用效益。要按照省里下达招募计划的完成情况及补助标准，做好省级补助专项经费的测算工作，于每年9月底前报送省人力资源社会保障厅，省人力资源社会保障厅审核汇总后送省财政厅办理省级补助资金拨付手续。

各市要在认真总结前两轮“三支一扶”计划实施情况的基础上，深入挖掘服务基层大学生的优秀事迹和突出业绩，积极树立和宣传先进典型，引导广大“三支一扶”人员扎根基层、服务基层，在基层事业发展中实现青春梦。要充分利用网络、报刊、广播、电视、微博、微信等多种媒体，广泛宣传“三支一扶”计划的重要意义，大力弘扬“三支一扶”精神，为引导和鼓励高校毕业生到基层就业营造良好的社会氛围。

附件：山东省“三支一扶”工作领导小组及办公室成员名单

（附件本书略）

人力资源和社会保障部等部门关于实施第三轮高校毕业生“三支一扶”计划的通知

各省、自治区、直辖市及新疆生产建设兵团党委组织部、人力资源社会保障厅（局）、教育厅（教委、教育局）、财政厅（财政局、财务局）、水利（水务）厅（局）、农业（农牧、农村经济）厅（委、局、办）、卫生计生委（卫生局）、扶贫办（局）、团委：

自2006年高校毕业生“三支一扶”（支教、支农、支医和扶贫）计划实施以来，各地区、各有关部门紧贴基层需求，不断拓展服务领域，规范日常管理，强化培养使用，完善政策措施，取得良好效果，在促进高校毕业生就业、推动基层经济社会发展方面发挥了重要作用。为深入实施人才强国战略和就业优先战略，健全鼓励高校毕业生到基层工作的服务保障机制，人力资源社会保障部、中央组织部、教育部、财政部、水利部、农业部、国家卫生计生委、国务院扶贫办、共青团中央等部门决定，2016—2020年实施第三轮高校毕业生“三支一扶”计划。现就有关事项通知如下：

一、实施第三轮“三支一扶”计划的基本思路和目标任务

“十三五”时期是全面建成小康社会决胜阶段，打赢脱贫攻坚战是实现全面建成小康社会目标的重大任务。实施第三轮“三支一扶”计划，要深入学习贯彻习近平总书记系列重要讲话精神，紧紧围绕全面建成小康社会奋斗目标，围绕打赢脱贫攻坚战的战略部署，坚持立足教育、农业、卫生、水利和扶贫等事业发展对人才的需求，坚持为基层输送和培养青年人才、引导高校毕业生到基层就业创业的工作定位，坚持“稳定规模、优化领域、改进管理、提升质量、强化保障”的基本思路，全国每年选拔招募2.5万名、5年共12.5万名高校毕业生到基层从事“三支一扶”服务。各地要充分认识“十三五”时期继续实施“三支一扶”计划的重要意义，切实增强做好工作的责任感和使命感，总结经验，拓宽思路，按照新的目标定位和任务要求，进一步加大工作力度，完善相关政策措施，健全管理服务制度，确保“三支一扶”工作取得更大成效。

二、完善选拔招募机制

（一）合理确定招募规模。各地要立足本地“十三五”时期基层经济社会发展实际，逐级开展基层岗位需求统计，合理编制年度招募计划。要着重加强对当前或未来2—3年有空编的基层服务单位岗位征集，招募计划适当向辖区内的贫困地区、艰苦边远地区和少数民族地区倾斜。

（二）统筹开发服务岗位。各地要在重点开发支教、支农、支医和扶贫岗位的基础上，落实中央新的部署要求，进一步加大扶贫岗位开发力度，积极拓展供销合作、农村合作经济、农村电子商务、农村饮水安全、农田水利、生态保护、文化建设等领域服务岗位，努力满足基层公共服务体系建设和民生事业发展的需要。要统筹考虑其他基层服务项目实施情况，推动各项目在服务岗位覆盖上优势互补、各有侧重，形成服务基层工作合力。

（三）规范选拔招募工作。各地要科学设置选拔招募条件，提高人员岗位匹配度，努力提升招募人员素质。要通过校园宣讲、媒体宣传等方式，广泛发布招募公告，引导优秀高校毕业生积极报名参加。要进一步完善选拔招募制度，坚持平等竞争、择优录取，做到招募信息公开、过程公开、结果公开，坚决杜绝选拔招募过程中的不正之风。

三、加强人员培养和使用

（一）实施能力提升专项培训计划。各地要建立“三支一扶”人员教育培训制度，自2016年起在全国实施“三支一扶”人员能力提升专项培训计划，每年为“三支一扶”人员提供不少于5天的岗前或在岗脱产培训，由省级“三支一扶”办负责组织。人力资源社会保障部会同有关部门，每年举办“三支一扶”计划示范培训班，补助标准为每人每年3000元，2016年培训5000人，以后年度可根据培训实施情况调整培训人数。具体培训和资金管理办法由人力资源社会保障部、财政部另行制定。

（二）实施岗位成长培养计划。各地要指导基层单位加强“三支一扶”人员的培养和使用。要结合岗位制定专门的成长培养计划，明确帮扶导师、岗位职责和工作要求，经常开展谈心活动，定期进行工作总结，组织交流工作经验，充分发挥“三支一扶”人员作用，促进其在实践中成长成才。要积极创造条件，扶持有相应能力和意愿的“三支一扶”人员在基层创新创业，带动基层群众兴业致富。县级“三支一扶”办要加强沟通协调，推动每个接收“三支一扶”人员的乡镇从“三支一扶”人员中择优选拔

1—2人兼任乡镇团委副书记、基层供销社主任助理。对服务期间积极要求入党的，由乡镇一级党组织按规定程序办理。

四、进一步健全服务保障机制

（一）建立工作生活补贴标准动态调整机制。各级财政要加大投入力度，严格按照当地乡镇机关或事业单位从高校毕业生中新聘用工作人员试用期满后工资收入水平，确定“三支一扶”人员工作生活补贴标准，建立工作生活补贴标准动态调整机制。从2015年9月1日起，中央财政补助标准提高到西部地区每人每年2.5万元（其中新疆南疆四地州、西藏自治区每人每年3.5万元），中部地区每人每年1.8万元，东部地区每人每年0.8万元。2016年中央财政对中西部地区调标进行补发，补发范围为本通知印发时仍在岗的国家计划内“三支一扶”人员。地方各级财政应结合实际给予相应配套资金。在艰苦边远地区服务的“三支一扶”人员可享受艰苦边远地区津补贴。各地要按月足额发放“三支一扶”人员工作生活补贴。

（二）全面落实社会保险政策。各地要加强指导协调和督促检查，确保为每名“三支一扶”人员落实各项社会保险。社会保险的单位缴纳部分由地方财政负担，个人缴纳部分从“三支一扶”人员工作生活补贴中代扣代缴。鼓励有条件的地方为“三支一扶”人员办理补充医疗保险，重大疾病、人身意外伤害等商业保险以及住房公积金。

（三）加大其他保障力度。从2016年起，中央财政按照每人2000元标准，给予每名新招募且在岗服务满6个月以上的“三支一扶”人员一次性安家费补贴。鼓励有条件的地方建立年度考核奖励机制，按考核结果等次给予“三支一扶”人员一定奖励。鼓励基层服务单位积极为“三支一扶”人员提供交通、住宿和伙食等方面的便利，提高保障水平。

五、切实做好日常管理和服务工作

（一）强化人员管理。各地要结合实际，进一步完善各项管理制度。定期开展“三支一扶”人员在岗履职情况检查，严格按招募岗位安排使用“三支一扶”人员，原则上不允许外单位借用。“三支一扶”人员中的党员、团员在服务期间按照当地农村党员、团员的标准按时缴纳党费、团费。县级“三支一扶”办负责“三支一扶”人员的年度考核和服务期满考核工作，考核情况存入本人人事档案，并报省级“三支一扶”办备案。完善考核制度，强化日常表现考核和工作实绩考核，考核结果与奖惩、培养、使用挂钩。加强全国高校毕业生“三支一扶”工作管理信息系统应用，实现与财政等相关部门信息共享，落实专人负责，及时做好信息采集、上报和更新工作。

（二）完善日常服务。各地“三支一扶”办要会同有关部门，妥善做好“三支一扶”人员服务期间的户口、人事档案保管工作，户口可由指定机构统一管理，也可根据本人意愿转回原籍。人事档案原则上统一转至服务单位所在地的县级人力资源社会保障部门的公共就业和人才服务机构，党团组织关系转至服务单位。对服务期满并已落实接收单位的“三支一扶”人员，要及时将其户口、人事档案和党团组织关系转入接收单位；暂未就业的，原则上转回原籍。对服务期间通过正常手续离岗的人员，要及时为其办理上述相关手续。

（三）做好证书发放管理。各地要及时为服务期满考核合格的“三支一扶”人员颁发《高校毕业生“三支一扶”服务证书》。“三支一扶”服务证书是服务期满人员享受相关政策扶持的重要凭证，由全国“三支一扶”工作领导小组办公室（以下简称全国“三支一扶”办）制定统一格式和编码，由省级“三支一扶”办统一制作、加盖印章并发放。省级“三支一扶”办要按规定做好证书发放管理工作。

六、畅通服务期满就业创业渠道

（一）落实和完善机关事业单位定向考录（招聘）政策。各地要认真落实《关于做好艰苦边远地区基层公务员考试录用工作的意见》（人社部发〔2014〕61号）和《关于统筹实施引导高校毕业生到农村基层服务项目工作的通知》（人社部发〔2009〕42号）等文件要求，切实做好从服务期满“三支一扶”人员中定向考录公务员和优先招聘事业单位工作人员的工作。各级机关考录公务员、事业单位招聘工作人员时，免收困难家庭“三支一扶”人员的报名费和体检费。凡符合《中华人民共和国执业医师法》及卫生计生委医师资格考试报名有关规定的支医人员，由服务地相应医疗机构出具试用期考核合格证明，当地县级卫生行政部门要帮助办理参加执业医师资格考试的有关手续，确保他们能顺利参加考试。

（二）鼓励创业。各地要将有创业意愿的服务期满“三支一扶”人员及时纳入本地“大学生创业引领计划”“现代青年农场主培育计划”农村青年创业富民行动等，提供创业培训、创业指导、创业孵化等创业公共服务，按规定给予培训补贴、税费减免、创业担保贷款等扶持。发挥服务期满“三支一扶”人员熟悉基层的优势，鼓励他们立足农村，在农产品加工业、休闲农业和乡村旅游、农村服务业等领域因地制宜地开展创业。支持服务期满“三支一扶”人员创办农民合作社、家庭农场等新型农业经营主体，符合农业补贴政策支持条件的，可按规定同等享受相应的政策支持。鼓励服务期满“三支一扶”人员在“互联网+”、电子商务领域网上创业，经工商注册登记的网络商户从业人员，同等享受各项就业创业扶持政策；未经工商注册登记的网络商户从业人员，可认定为灵活就业人员，享受灵活就业人员扶持政策。

（三）促进自主择业。各级“三支一扶”办要充分发挥各有关成员单位作用，大力挖掘就业岗位，拓宽服务期满“三支一扶”人员转岗就业渠道。服务期满人员较多的省、市级人力资源社会保障部门每年应至少组织一场专门的岗位对接活动，向国有企业、大型民营企业、社会组织等推荐服务期满人员。各级公共就业和人才服务机构要为服务期满人员免费提供政策咨询、职业指导和职业介绍。对实现灵活就业的服务期满人员，按规定落实社会保险补贴政策。对服务期满未能及时就业的人员，要作为重点服务对象提供岗位信息、职业培训等有针对性的就业服务，帮助其尽快实现就业。“三支一扶”人员在基层服务年限计算为工龄，其参加工作时间按其到基层报到之日起算。

（四）支持继续学习深造。服务期满考核合格的“三支一扶”人员，3 年内报考硕士研究生的，初试总分加 10 分，同等条件下优先录取。对于已被录取为研究生的应届高校毕业生参加“三支一扶”计划的，学校应为其保留入学资格。高职（高专）毕业生参加“三支一扶”计划服务期满考核合格的，可免试入读成人高等学历教育专科起点本科。服务期满考核合格且符合相应条件的，可按规定享受相应的学费补偿和助学贷款代偿政策。

七、加强组织领导

（一）完善工作机制。各地要进一步完善“三支一扶”工作领导小组运行机制，明确议事规则，加强对重大事项、重要政策、重点工作和难点问题的研究，切实加强组织领导。各有关部门要充分发挥职能优势，共同推进“三支一扶”工作。全国“三支一扶”办将根据各地招募到岗率、服务期间流失率、期满就业率、政策落实到位等情况，研究制定工作绩效考核指标体系，对各地“三支一扶”工作进行考核，考核结果将作为中央财政补助名额分配的重要参考依据。各地要将“三支一扶”工作所需经费纳入同级财政预算，确保相关活动和日常项目管理的正常开展。

（二）把握时间节点。“三支一扶”工作计划性强，各地要把握工作规律，提前谋划，制定年度工作方案，周密组织，严格按照时间节点要求完成各环节工作。今后，各地要在 1 月底前申报当年岗位需求计划，国家在 3 月底前下达招募计划，各地要在 7 月底前完成招募，将拟招募人员基本信息上传至管理信息系统，8 月底前完成实际招募到岗人员基本信息核校，8 月底至 9 月初组织新招募人员上岗。各地要在 11 月底前将当年服务期满人员的基本信息和就业信息上传至管理信息系统。同时，要在 12 月 15 日前将年度工作情况总结上报全国“三支一扶”办。目前实际工作进度与上述时间节点要求有较大出入的部分省份，要积极协调，调整安排，确保全国工作进度保持一致。

（三）严格资金管理。各省级财政部门、人力资源社会保障部门要按照国家下达的招募计划完成情况和补助标准，做好中央补助经费的测算工作，于 8 月 15 日前联合上报财政部和人力资源社会保障部。中央财政根据人力资源社会保障部的审核结果和各地资金管理使用情况，于 9 月底前将当年中央补助经费下达到省级（含计划单列市，下同）财政部门。同时，中央财政每年按一定比例提前下达下一年度部分中央补助经费，以提高预算完整性，保障工作需要。省级财政部门要按照“三支一扶”计划中央补助资金管理办法，做好经费保障和管理工作，加强绩效评价，加快执行进度，消化结余资金，提高财政资金使用效益。财政部将会同有关部门或委托各地财政监察专员办事处，适时开展资金管理使用情况专项检查。

（四）深入开展宣传。大力弘扬以勇于担当的责任意识、甘于奉献的精神追求、全心全意的服务态度、锐意进取的创新激情为主要内容的“三支一扶”精神，引导“三支一扶”人员扎根基层、服务基层。充分利用各类媒体，多渠道宣传“三支一扶”工作，全面解读相关政策，扩大“三支一扶”计划社会影响力，营造良好舆论氛围。深入挖掘“三支一扶”人员优秀典型，通过组织表彰、宣讲、风采展示等活动，广泛宣传大学生服务基层的感人事迹和在基层成长成才的突出业绩，引导高校毕业生树立面向基层就业的观念。

2016 年“三支一扶”计划实施工作启动在即，各地要高度重视，按照时间节点和工作要求，认真做好各项组织实施工作。

附件：1. 全国“三支一扶”工作领导小组及办公室成员名单

2. 2016 年“三支一扶”计划名额分配方案

（附件本书略）

山东省人力资源和社会保障厅 省教育厅关于贯彻落实人社部发〔2016〕100号文件实施高校毕业生就业创业促进计划的通知

（2016年12月12日　鲁人社发〔2016〕51号）

各市人力资源社会保障局、教育局，各高等院校：

高校毕业生是宝贵的人才资源，高校毕业生就业关系我省经济转型升级、民生改善和社会稳定大局。为进一步做好我省高校毕业生就业创业工作，根据人力资源社会保障部、教育部《关于实施高校毕业生就业创业促进计划的通知》（人社部发〔2016〕100号）精神，省人力资源社会保障厅、教育厅决定从2016年起在全省实施“高校毕业生就业创业促进计划”，现就有关事项通知如下：

一、指导思想

深入贯彻落实党中央、国务院和省委、省政府关于促进高校毕业生就业创业的决策部署，坚持使市场在资源配置中起决定性作用和更好发挥政府作用相结合，坚持促进就业和鼓励创业相结合，坚持政策引导和服务创新相结合，针对高校毕业生就业创业特点，充分发挥政府、高校、社会等各方面作用，加强政策统筹，有效整合利用资源，畅通就业贯彻落实渠道，优化就业环境，建立健全促进高校毕业生就业创业的长效机制。

二、目标任务

把有就业创业意愿的高校毕业生全部纳入就业创业促进计划，更加注重运用各项政策措施和服务手段综合施策，精准发力，使高校毕业生就业创业能力全面提升，创新创业活力进一步增强，有就业创业需求的都能得到有针对性的指导服务和政策支持，市场供需匹配效率进一步提高，高校毕业生就业权益得到有效保障，确保全省高校毕业生就业局势保持基本稳定。

三、主要措施

实施能力提升、创业引领、校园精准服务、就业帮扶、权益保护五大行动，加强部门协同、信息共享、工作对接，促进高校毕业生就业创业。

（一）开展能力提升行动。各地各高校要帮助大学生树立正确的成才观和就业观，全面提升高校毕业生就业创业能力。建立科学的就业创业指导课程体系，完善就业创业指导课程内容，把职业生涯教育与就业创业课程贯穿于人才培养全过程。各高校要进一步普及创业教育，严格落实创业教育课程不低于32学时和2个学分规定；要开展多种形式的模拟实训、职业体验等实践教学活动，深入开展个性化辅导与咨询。加强就业创业指导师资培养，积极开展中、高级就业创业指导人员专职培训，在专业技术职务评审、岗位聘用中要充分考虑就业创业指导教师的工作性质、工作业绩，并在同等条件下予以适当倾斜。积极聘请专家学者、企业人力资源经理、优秀校友担任就业创业导师。各级人力资源社会保障部门要大力开展高校毕业生技能就业专项活动，选择一批优质职业培训机构、职业院校（含技工院校），加强职业培训，进一步加强就业创业指导，提升毕业生技能水平和就业能力。各级公共就业人才服务机构要联合驻地高校开展有针对性的就业创业指导活动，确保每名毕业生都能得到专业化的职业指导，每名就业困难毕业生都能得到个性化咨询辅导。

（二）开展创业引领行动。各地要把鼓励创业作为扩大就业的重要方向，完善支持高校毕业生创业的政策制度和服务体系，进一步扩大高校毕业生创业规模。把创新创业教育作为高等教育综合改革的有效突破口，将创新创业教育融入人才培养全过程，开发开好创新创业教育课程，制定学分转换、弹性学制、保留学籍休学创业等措施，开展各类创业实践活动，鼓励大学生参加各类创新创业大赛，增强大学生创新精神、创业意识和创新创业能力。要结合高校毕业生创业不同阶段的需要，加强高校创业创新学院与地方创业大学、创业学院联系，加强创业培训实训，开展网络实战、沙盘模拟、创业团队协作等实训项目，推行创业模块培训、创业案例教学和创业实践模拟，使有创业意愿和培训需求的毕业生都能接受培训。强化创业实践孵化，提供创业经营场所支持，统筹利用资源建设大学生创业园、留学人员创业园和创业孵化基地，支持发展一批众创空间等新型平台，为高校毕业生提供低成本场所支持和孵化服务。加大大学生创业示范平台建设力度，2017 年以前，力争每个设区的市要建设 1 处以上省级大学生创业孵化示范基地或 1 处以上省级大学生创业示范园，各县（市、区）和高校要实现大学生创业孵化基地或大学生创业园全覆盖，为高校毕业生提供低成本场所支持和工商税务等一站式服务，并对符合条件的给予一定的场地租赁补贴。每年评估认定 10 家左右省级大学生创业孵化示范基地和创业示范园区，并按照规定给予资金奖补。拓宽多元化资金支持渠道，各地各高校要按照多方筹资、形成合力、提高效益的原则，探索设立高校毕业生（大学生）创业基金，加大向大学生创业的资金投入力度。各地要规范使用好省级创业带动就业扶持资金、就业补助资金和大学生创业引领计划专项扶持资金，落实好一次性创业补贴、一次性创业岗位开发补贴、一次性创业场所租赁补贴及创业担保贷款等政策。鼓励天使基金、风险投资和创业投资基金等社会资本支持高校毕业生创业。各地要认真落实《关于促进大学生到农村创业的意见》（鲁人社发〔2016〕21 号）文件精神，面向基层乡镇推动建设一批大学生农村创业特色产业示范平台，2018 年之前，每个设区的市要建设 1 处以上达到省级示范平台标准的大学生农村创业平台，每个县（市、区）要在本地创业孵化基地、创业园区等平台内开辟 3 处以上大学生农村创业专区，鼓励和引导高校毕业生到农村基层创业。探索建立公共服务机构与市场主体合作机制，协调构建覆盖院校、园区、社会的创业公共服务体系，建立高水平的创业服务专家队伍和创业培训导师队伍，组织开展“山东大学生十大创业之星”评选活动，举办“山东省大学生创业大赛”，全省每年总结宣传20所左右大学生创新创业工作典型院校，营造良好的创新创业氛围。

（三）开展校园精准服务行动。校园是高校毕业生求职就业创业的主阵地。各地各高校要强化毕业生在校期间就业服务，多渠道搭建校内外资源信息对接的服务平台，建立精准推送就业服务机制，进一步提升人岗匹配效率。要进一步加大投入，对山东高校毕业生就业信息网（以下简称“就业信息网”）进行改造升级，完善功能，促进供需精准匹配。各高校要充分发挥就业信息网的服务平台作用，积极组织毕业生登陆就业信息网注册，完善个人简历、求职地域、就业意愿等信息，逐步建立省级集中的毕业生求职意愿信息数据库；积极动员各类有意愿接收毕业生的省内外企事业单位在就业信息网上注册开户、发布招聘信息，逐步建立省级集中的用人单位岗位需求信息数据库。各高校要通过就业信息网和本校门户网站及时向社会发布本校专业学科设置、毕业生规模结构等信息，方便各类用人单位了解毕业生情况、确定招聘需求。要充分发挥校园市场的主体作用，根据毕业生和用人单位特点，分层次、分类别、分行业举办各类区域化、小型化、专业化招聘活动，提高招聘服务效率。要积极承办省级高校毕业生就业集中招聘活动，并面向举办地及周边区域内的各类高校毕业生开放，提升集中招聘活动的辐射带动效果。加大困难群体的就业帮扶力度，准确掌握家庭困难特别是建档立卡贫困家庭、零就业家庭毕业生，以及少数民族、农村生源、残疾等毕业生的具体情况，认真落实“一生一策”动态管理制度，及时做好个性化指导和岗位推荐，确保在离校前将求职创业补贴发放到位，力争帮助更多毕业生在离校前落实就业岗位。各高校要按照

《山东省人民政府办公厅关于做好特困家庭高校毕业生就业工作的通知》（鲁政办发〔2008〕21号）文件，严格对困难家庭认定条件进行审核把关。统筹实施好大学生“村官”“三支一扶”计划和“志愿服务西部”计划等基层服务项目和大学生征兵等组织工作，切实将基层就业学费补偿、助学贷款代偿等政策落实到位。各级人力资源社会保障部门要积极开展就业服务进校园活动，结合高校毕业生就业服务月、就业服务周、就业集中招聘和大中城市联合招聘等专项活动，为高校毕业生送政策、送指导、送服务、送岗位；要推进当地公共就业人才服务网与就业信息网、省公共招聘网、高校校园网、新职业网、中国公共招聘网互联互通和岗位跨区域共享，为毕业生求职就业提供更加便捷高效的就业服务。

（四）开展就业帮扶行动。促进离校未就业高校毕业生就业是高校毕业生就业创业工作的重点和难点。各地要将有就业意愿的离校未就业高校毕业生全部纳入公共就业人才服务范围，综合运用一揽子措施，力争使每一名有就业意愿的离校未就业高校毕业生在毕业半年内实现就业或参加到就业准备活动中。各地各高校要密切协作，做好未就业毕业生离校前后服务接续和信息衔接，切实保证跟踪服务不断线。各高校要积极引导毕业生登陆“实名管理服务系统”填报各项信息，从源头上保证全省离校未就业毕业生的数据完整准确。各级人力资源社会保障部门要开展离校未就业高校毕业生实名制登记，做到应登尽登。完善实名制精准服务制度，逐个联系、逐一了解未就业毕业生需求，提供一次职业指导，帮助制定个性化求职就业方案，同时深入企业挖掘岗位信息、了解用人需求，指导企业合理设置招聘条件，向企业推送未就业毕业生信息，积极促进人岗匹配。丰富拓展职业培训、就业见习等服务内容，健全规范管理制度，提升服务保障能力，确保有需求的毕业生都能纳入其中。依托知名职业院校、重点骨干企业继续加强高校毕业生就业见习基地建设，到2019年底建成300家“高校毕业生就业见习省级示范基地”。各级人力资源社会保障部门要加强与有关部门协商合作，努力形成数据共享、合力推进的机制。加强对各类就业困难毕业生和长期失业毕业生的就业援助，各级公共就业人才服务机构和基层服务平台要指定专人负责，建立专门台账，根据他们的基本情况和就业需求，提供“一对一”指导和服务，优先推荐岗位信息，优先参加培训见习，优先提供创业扶持，帮助他们尽快实现就业创业。

（五）开展权益保护行动。各地要进一步加强高校毕业生就业管理服务工作，完善竞争有序的人力资源市场环境，切实保护高校毕业生就业创业权益。保证毕业生就业创业扶持政策有效落地。要简化政策操作流程，指导帮助申请政策的毕业生做好材料准备、手续申报等事项，加快审批办理进度，确保政策及时兑现。切实防范、消除就业市场上的民族歧视、性别歧视、宗教信仰歧视、学历歧视、院校歧视、残疾人歧视及各种隐性歧视，净化毕业生就业创业环境。全面落实国有企业公开招聘毕业生信息公开制度，规范招聘行为。健全毕业生到基层工作的服务保障机制，帮助他们解决好薪酬待遇、职称评审、继续教育、落户、档案管理、社会保险转移接续等实际问题，促进人才合理流动。加强人力资源市场监管，开展人力资源市场秩序清理整顿专项行动，严厉打击非法中介、虚假招聘和招聘过程中的欺诈行为。加大劳动保障监察执法力度，维护高校毕业生就业创业合法权益。

四、工作要求

（一）加强组织领导。各级人力资源社会保障部门、教育部门、各高校要高度重视就业创业促进计划，将其作为高校毕业生就业创业工作的重要抓手，列入工作考核内容，加大对校园招聘、就业创业服务等经费保障，大力推动实施。要结合实际制定具体实施方案，充实细化计划内容，明确工作任务、职责分工、时间进度和工作要求。探索创新推进计划实施的有效方式，及时总结经验做法，调整完善工作措施。加强高校毕业生就业数据信息统计监督管理工作，确保就业数据信息真实、准确。

（二）加强部门协同。各级人力资源社会保障部门、教育部门、各高校要加强协同配合，建立健全涵盖学校内外各阶段、求职就业各环节、就业创业全过程的服务体系，分工负责、齐抓共管，共同推进计划实施。建立部门间信息通报机制，定期调度工作进展，加强毕业生就业情况交流，同时加大督促检查力度，积极协调解决工作推进中遇到的困难和问题，确保完成计划目标任务。健全完善高校毕业生就业联席会议制度，密切跟踪高校毕业生就业形势，根据形势变化有针对性地采取措施。

（三）加大宣传力度。各级人力资源社会保障部门、教育部门、各高校要制定宣传方案，以高校毕业生喜闻乐见的方式，大力宣传解读国家促进毕业生就业创业的政策措施，宣传就业创业促进计划的目标任务和行动举措，力争使每一名高校毕业生都知晓计划并积极参与。以实施计划为主题，开展一系列专题宣传活动。

四、港澳台人员在内地就业

人力资源和社会保障部办公厅关于台湾香港澳门居民办理失业登记的通知

（2013年11月22日　人社厅发〔2013〕117号）

各省、自治区、直辖市人力资源社会保障厅（局）：

为完善台湾、香港、澳门居民在内地就业的管理制度，现就台湾、香港、澳门居民办理失业登记有关问题通知如下：

《就业服务与就业管理规定》第六十三条规定“在法定劳动年龄内，有劳动能力，有就业要求，处于无业状态的城镇常住人员，可以到公共就业服务机构进行失业登记。其中，没有就业经历的城镇户籍人员，在户籍所在地登记；农村进城务工人员和其他非本地户籍人员在常住地稳定就业满6个月的，失业后可以在常住地登记”。参照上述规定，台湾、香港、澳门居民在常住地稳定就业满6个月，并依法参加社会保险的，失业后如本人自愿，可到公共就业服务机构办理失业登记。具体程序：

一、办理台港澳人员就业证注销手续

台湾、香港、澳门居民终止就业后，应到台港澳人员就业证发证机关办理证件注销手续，发证机关为其出具失业证明文件。

二、办理失业登记手续

台湾、香港、澳门居民凭失业证明文件及与原单位终止、解除劳动关系或解聘的证明，在常住地公共就业服务机构办理失业登记。台湾、香港、澳门居民凭公共就业服务机构出具的失业登记证明文件，享受就业服务和相应的失业保险待遇。享受就业扶持政策另行规定。

各地应将已办理失业登记的台湾、香港、澳门居民人数统计在城镇登记失业人员情况中（表号：人社统 EP2），列入表下栏“报告期内符合规定农村进城务工人员和其他非本地户籍人员登记失业人数”中并单独注明，作为表后补充数据，不计入表内统计数值。

山东省人力资源和社会保障厅等部门关于鼓励和支持台湾青年来鲁创业就业的意见

（2016年3月16日　鲁人社发〔2016〕13号）

各市人力资源社会保障局、财政局、台湾事务办公室：

为加强鲁台青年交流，鼓励和支持台湾青年（20—45周岁）来鲁创业就业，结合我省实际，现提出如下意见：

一、支持多种形式创业

支持台湾青年以独资、合资或合伙等形式来鲁创办企业，鼓励和支持在文化创意、电子商务、研发设计、高新技术、生物科技、节能环保、农业开发等行业领域创业。各市可在资金扶持、创业场所、创业辅导、住房和证照办理、社会保障等方面给予支持。

二、扶持创办小微企业

台湾青年在鲁创办的小微企业纳入小微企业目录。落实国家规定的小微企业增值税、营业税和企业所得税等税收优惠政策，以及金融机构与小型微型企业签订借款合同免征印花税等税收政策，完善落实公共产品小微企业优先采购政策。对台湾青年创办小微企业新招用劳动者（含台湾青年）的，按照规定给予创业岗位开发补贴、社会保险补贴和岗位补贴等。

三、加快创业平台建设

重点支持济南、青岛等地以及其他有条件的设区的市，创建各具特色的海峡两岸青年创业平台，形成集聚示范效应。对累计引进20家以上台湾青年创业企业、吸引台湾青年60人以上的，且持续经营满 1 年以上的创业孵化基地和园区，可纳入省级创业孵化示范基地、省级创业示范园区评选奖补范围，优先予以认定，符合条件的给予每处不超过 500 万元的一次性奖补资金。

四、给予创业融资支持

各市对创业资金不足的台湾青年，可提供额度最高 10 万元的创业担保贷款，按照中国人民银行公布的贷款基准利率可上浮 3 个百分点，给予全额贴息；台湾青年创办的小微企业符合条件的，可申请最高额度为 300 万元的创业担保贷款，贷款期限不超过 2 年，并按照中国人民银行公布的同期限贷款基准利率的 50% 给予贷款贴息。对还款及时、无不良信贷记录的，允许再申请一次创业担保贷款，期限不超过 2 年，只担保不贴息。积极探索创新反担保方式，对创业园区、创业孵化基地以及大型商场、加盟连锁企业给予一定的创业贷款反担保信用额度，允许其在信用额度内为台湾青年创办企业提供反担保。

五、加大创业补贴力度

对来鲁首次领取小微企业营业执照、正常经营满 12 个月的台湾青年创业者，给予不低于 1.2 万元的一次性创业补贴。对吸纳就业人员并与其签订 1 年以上期限劳动合同的，按照申请补贴时创造就业岗位数量给予每个岗位 2000 元的一次性创业岗位开发补贴。有条件的市可将一次性创业补贴政策放宽到台湾青年申请设立的个体工商户，给予不低于 2000 元的补贴。各市创业孵化基地、创业园区应优先为有创业能力的台湾青年提供创业场所，按规定给予场地租赁费用减免。有条件的市对首次来鲁租用经营场地创业，并且未享受场地租赁费用减免的台湾青年，可给予一次性创业场所租赁补贴。

六、创新职业技能培训模式

大力开展“订单式”培训，对企业与台湾青年签订劳动合同并开展职业技能培训的，可先行拨付部分职业培训补贴。搭建互联网移动培训平台，建立线上与线下相结合、集中与分散相结合的新型培训模式，方便台湾青年接受职业技能培训。对通过互联网移动在线培训学习的，记入学习课时。鼓励台湾青年参加创业大学的培训，提高创业者创业意识、创业能力和创业成功率。台湾青年参加创业大学创业培训，培训合格的按规定给予每人最高1800元的创业培训补贴。

七、保障同等享受就业创业扶持政策

以常住地为登记点，对有劳动能力、有就业事实或就业要求的台湾青年，在常住地的公共创业就业服务机构进行就业失业登记。建立创业就业政策均享制度，对就业失业登记的台湾青年，保障其与本地户籍人员享受同等的创业就业扶持政策和公共就业创业服务。

八、提升创业就业服务水平

规范公共创业就业服务，明确标准，缩短流程，简化手续，取消不必要的表格、单据等填写内容和证明材料。搭建创业服务云平台，打造网上创业大集、众创空间、投融资中心、人才超市、创业社交等一体的网络互动载体，为台湾创业者提供一体化、个性化、智能化服务。

九、鼓励、支持台湾青年来鲁就业、实习

建立企业用人和台湾大学生就业实习需求的常态化对接机制，开展引才引智政策推介和招聘活动，鼓励、支持有条件的国有企业、民营企业、台资企业吸纳台湾青年就业、实习。台湾大学生毕业后5年内来鲁创业的，享受山东实施大学生创业引领计划的扶持政策，可申报参加“山东大学生十大创业之星”“山东大学生优秀创业者”评选。积极举办多种形式的两岸大学生创业代表交流活动。简化台湾专业从业人员在鲁申请从业人员资格和取得执业资格的相关程序。支持符合条件的台湾青年人才申报国家千人计划、中国青年科技奖国家自然科学奖、国家技术发明奖和国家科学技术进步奖等，激发台湾青年创新活力。

十、建立台湾青年创业服务窗口

各有关市、县（市、区）要在海峡两岸青年创业基地，为台湾青年来鲁创业设立专门服务窗口和平台，在项目对接、办公场所、资金扶持、税收减免、贷款融资及工商、税务注册登记等方面提供全方位服务，并帮助协调解决子女就学、住房补贴、社保医疗等问题。

五、特殊群体人员就业

山东省残疾人就业办法

（2013 年 12 月 16 日　山东省人民政府令第 270 号）

第一章　总　则

第一条　为了促进残疾人就业，保障残疾人的劳动权利，根据《中华人民共和国残疾人保障法》、国务院《残疾人就业条例》和《山东省实施〈中华人民共和国残疾人保障法〉办法》等法律、法规，结合本省实际，制定本办法。

第二条　本省行政区域内的机关、团体、企业、事业单位、民办非企业单位（以下统称“用人单位”），应当依照有关法律、法规和本办法的规定，履行扶持残疾人就业的责任和义务。

第三条　禁止用人单位在就业中歧视残疾人。

残疾人依法享有平等就业、自主择业和平等获取劳动报酬的权利。

残疾人应当积极参加职业培训，提高自身素质，增强就业创业能力，遵守用人单位的劳动纪律，恪守职业道德。

第四条　各级人民政府应当加强对残疾人就业工作的领导，将残疾人就业纳入国民经济和社会发展规划，并制定优惠政策和扶持保护措施，多渠道筹措资金，为残疾人就业创造条件。

第五条　县级以上人民政府负责残疾人工作的机构，负责组织、协调、指导和督促有关部门做好残疾人就业工作。县级以上人民政府人力资源社会保障、财政、民政、税务、工商行政管理等部门按照职责，做好残疾人就业工作。

第六条 各级残疾人联合会依照有关法律、法规和规章，负责残疾人就业工作的具体组织实施和监督工作。

工会、共产主义青年团、妇女联合会，应当在各自的职责范围内，做好残疾人就业工作。

第七条 对在残疾人就业工作中做出显著成绩的单位和个人，按照有关规定给予表彰和奖励。

第二章 用人单位的责任

第八条 用人单位应当按照不低于本单位在职职工总数1.5%的比例安排残疾人就业，逐步建立按照比例安排残疾人就业岗位预留制度，并提供适当的工种、岗位。

按照规定比例计算应当安排就业的残疾人不足1人的，安排1人。安排1名一级或者二级的盲人，按照安排2名残疾人计算。用人单位跨省、市、县（市、区）招用的残疾人，应当计入所安排的残疾人职工人数之内。

第九条 用人单位安排残疾人就业达不到规定比例的，应当按照实际差额比例计算缴纳残疾人就业保障金。缴纳的残疾人就业保障金，应当按照年度差额人数与统计部门公布的同年度所在地区在职职工年平均工资额之积计算。

第十条 用人单位应当在每年第一季度内向当地残疾人就业服务机构报告本单位上年度安排残疾人就业情况、在职职工人数和本年度安排残疾人就业的计划。

第十一条 政府和社会依法兴办的残疾人福利企业、盲人按摩机构、工疗机构和其他福利性单位（以下统称“集中使用残疾人的用人单位”应当集中安排残疾人就业。

集中使用残疾人的用人单位中从事全日制工作的残疾人职工人数，应当占本单位在职职工总数的25%以上，并且实际安置的残疾人人数在10人以上。

集中使用残疾人的用人单位的资格认定，按照国家有关规定执行。

第十二条 用人单位在招用工作人员时，不得以残疾为由拒绝接收、录用符合岗位要求的残疾人。

机关、人民团体、事业单位、国有企业应当带头执行按照比例安排残疾人就业规定和逐步建立按照比例安排残疾人就业岗位预留制度，新招考公务员、招聘事业单位工作人员或者企业职工时，不得拒绝录用符合条件的残疾人。

第十三条 用人单位招用残疾人职工，应当依法与其签订劳动合同或者服务协议，并为其办理社会保险；依法裁减人员，应当优先留用残疾人职工或者其家庭成员；与残疾人职工解除、终止劳动合同或者服务协议的，应当报告当地残疾人联合会备案。

第十四条 用人单位应当向残疾人职工按时足额支付劳动报酬，并且不得低于当地最低工资标准。

第十五条 用人单位应当为残疾人职工提供适合其身体状况的劳动条件和劳动保护，不得以暴力、威胁或者限制人身自由等手段强迫残疾人劳动。

第十六条 用人单位不得在晋职、晋级、职称评定、劳动报酬、生活福利、休息休假、社会保险等方面歧视残疾人职工。

第十七条 用人单位应当根据本单位残疾人职工的实际情况，对残疾人职工免费进行上岗、在岗、转岗等培训。

第十八条 用人单位应当采取措施，逐步建设和完善规范的无障碍设施，推进残疾人信息交流无障碍工作，改善残疾人的就业环境。

第三章 保障措施

第十九条 各级人民政府应当采取措施，拓宽残疾人就业渠道，多形式开发适合残疾人就业的岗位，保障残疾人就业。

鼓励社会组织和个人为促进残疾人就业提供捐助和服务。

鼓励用人单位每年为在职残疾人职工购买一份意外伤害

保险。

第二十条 各级人民政府投资或者扶持开发的适合残疾人就业的公益性岗位，应当按照不低于用工总数10%的比例安排残疾人就业。

各级人民政府发展社会性服务、建立完善社区服务点，应当优先安排残疾人就业。乡镇、县（市、区）人民政府应当将残疾人专职干事纳入社会工作者队伍，保障其工资、福利、社会保险待遇；对基层群众性自治组织和社区的残疾人专职委员按照规定给予补贴，所需经费由财政负担。

第二十一条 设区的市和县（市、区）人民政府及其有关部门应当在城镇区域内划出适当经营场所或者摊位，安排残疾人从事经营活动，并按照规定免收管理类、登记类和证照类的行政事业性收费；税务机关应当按照国家有关规定依法给予税收优惠。

第二十二条 建立按比例安排残疾人就业年度报告制度。各级残疾人联合会设立的残疾人就业服务机构，对用人单位按比例安排残疾人就业状况进行年度审核；向未达到规定比例的用人单位推荐适合的残疾人就业，用人单位无法定事由不得拒绝。

第二十三条 征收残疾人就业保障金原则上按照属地原则管理。

驻济南的省级财政全额拨款的预算单位应当缴纳的残疾人就业保障金，由省级财政部门足额代扣，属省级收入；其他驻济南的省级以上机关、团体、事业单位应当缴纳的残疾人就业保障金，向省残疾人就业服务机构缴纳。

第二十四条 财政全额拨款的用人单位应当缴纳的残疾人就业保障金，由残疾人联合会报本级财政部门足额代扣，代扣办法由省和设区的市分别另行制定；在地方税务机关办理税务登记的用人单位，由地方税务机关依法代收；其他用人单位应当缴纳的残疾人就业保障金，向同级残疾人联合会的就业服务机构缴纳。

设区的市和县（市、区）人民政府征收的残疾人就业保障金，其征收总额的5%为省级收入，于当年征收期内通过规定的征收渠道上缴省级财政，作为省级调剂金统筹使用。

第二十五条 依法征收的残疾人就业保障金应当纳入财政预算，实行收支两条线管理，按照有关规定使用，不得用于平衡财政预算，任何组织和个人不得挪用、截留或者私分。

有关单位应当定期向社会公布残疾人就业保障金的使用情况。财政、审计部门应当依法定期对残疾人就业保障金的使用情况进行监督检查和审计监督，并将结果向社会公开。

第二十六条 县级以上人民政府应当执行税收优惠规定，符合条件的用人单位依法享受税收优惠政策。

享受税收优惠的集中使用残疾人的用人单位对减免和退还的税金，应当将不低于其总额10%的比例用于补贴残疾人职工个人应当缴纳的社会保险费。

第二十七条 县级以上人民政府有关部门、残疾人联合会应当确定适合残疾人生产、经营的产品、项目，优先安排残疾人集中就业和残疾人创办的企业以及其他残疾人福利性单位生产、经营，根据用人单位的生产特点确定某些产品由其生产，并将其生产、经营的产品和服务纳入政府采购目录。

机关、事业单位在产品和服务采购工作中，应当将参与竞标单位安置残疾人就业情况纳入评标体系，予以量化加分；采取其他采购方式的，在同等条件下，优先选择残疾人创办的企业、残疾人福利性企业、残疾人辅助性就业企业、超比例安排残疾人就业单位的产品和服务。

第二十八条 县级以上人民政府在一定期限内对自主择业、自主创业的残疾人给予小额信贷贴息等扶持。

鼓励残疾人自主择业、自主创业。

第二十九条 县级以上人民政府及有关部门应当组织和扶持农村残疾人从事种植业、养殖业、手工业和其他形式的生产劳动，安排一定比例的残疾人就业保障金扶持农村残疾人发展生产，并在生产服务、技术指导、农用物资供应、农副产品收购和信贷等方面给予扶助。

第三十条 残疾人职工参加国内外重大比赛和参加集训期间，鼓励用人单位保留其工资和福利待遇；对残疾人选手，组织单位应当给予补贴。对在国内外重大体育、职业技能等比赛中成绩突出的优秀残疾人运动员或者选手，机关、团体、企业事业单位应当创造条件，积极促进其就业。

第四章 就业服务

第三十一条 县级以上人民政府及其有关部门应当将残疾人就业服务纳入公共就业服务体系，为就业困难的残疾人提供有针对性的就业援助服务，鼓励和扶持职业培训机构和职业鉴定机构为残疾人提供职业培训和职业资格鉴定，按照规定给予培训和鉴定补贴，并组织残疾人定期开展职业技能竞赛。

第三十二条 各级人力资源市场应当设立残疾人就业窗口，向用人单位推荐残疾人就业，按照有关规定为其保管档案，并免收就业残疾人人事档案、人事关系委托保管费。

第三十三条 县级以上残疾人联合会应当设立残疾人就业服务机构，并免费提供下列服务：

（一）发布残疾人就业信息；

（二）组织开展残疾人职业技能和实用技术培训；

（三）为残疾人提供职业心理咨询、职业适应评估、职业康复训练、求职定向指导、职业介绍等服务；

（四）为残疾人个体就业和自主择业、跨地区就业和农村残疾人进城务工、组织劳务输出等提供必要的帮助；

（五）为用人单位安排残疾人就业提供必要的支持。

鼓励其他就业服务机构为残疾人就业提供免费服务。

第三十四条 对超比例安排残疾人就业的用人单位，按照规定通过残疾人就业保障金给予一定奖励，用于该单位为残疾人职工缴纳社会保险费、岗位培训和购买意外伤害保险等。

第三十五条 残疾人职工与用人单位发生争议，人力资源社会保障部门应当积极协调，依法维护残疾人职工合法权益，各级残疾人联合会应当给予帮助和支持，并根据需求协调有关部门提供法律援助、免费提供盲文、手语翻译等服务。

第五章 法律责任

第三十六条 违反本办法规定，有关行政主管部门、单位及其相关工作人员滥用职权、玩忽职守、徇私舞弊，视情节轻重给予相应处分；构成犯罪的，依法追究刑事责任。

第三十七条 违反本办法规定，挪用、截留、私分残疾人就业保障金，以及将残疾人就业保障金用于平衡财政预算尚不构成犯罪的，对有关责任单位、直接责任人员依法给予处分或者处罚；构成犯罪的，依法追究刑事责任。

第三十八条 违反本办法，用人单位未按照规定缴纳残疾人就业保障金的，由财政部门给予警告，责令限期缴纳；逾期仍不缴纳的，除补缴欠缴数额外，还应当自欠缴之日起按照每日千分之五的比例加处滞纳金。

前款规定的加处滞纳金的数额不得超出残疾人就业保障金的数额。

第三十九条 违反本办法规定，用人单位弄虚作假，采取虚报安排残疾人就业人数等手段，骗取集中使用残疾人的用人单位享受的税收优惠待遇的，由税务机关依法处理。

第六章 附 则

第四十条 本办法所称残疾人就业，是指符合法定就业年龄、有就业要求的残疾人从事有报酬的劳动。

第四十一条 本办法自 2014 年 2 月 1 日起施行。2000 年 12

月 27 日山东省人民政府发布的《山东省按比例安排残疾人就业办法》（省政府令第 115 号）同时废止。

六、外国人在中国就业

劳动部等部门关于颁发《外国人在中国就业管理规定》的通知

（1996年1月22日劳动部等4部门劳部发〔1992〕29号颁布，根据2010年11月12日《关于废止和修改部分人力资源和社会保障规章的决定》修订，根据2017年3月13日《人力资源社会保障部关于修改〈外国人在中国就业管理规定〉的决定》修订）

各省、自治区、直辖市劳动（劳动人事）厅（局）、公安厅（局）、外事办公室、外经贸厅（局），国务院各部、委、局及有关部门，各驻外使、领馆、处：

为了加强外国人在中国就业的管理，规范与此相关的就业和聘用行为，依法保护在中国就业的外国人及聘用外国人的单位的合法权益，经商有关部门同意，劳动部、公安部、外交部、对外贸易经济合作部联合制定了《外国人在中国就业管理规定》，现予颁布实施。

在执行本规定过程中，劳动、公安、外事、外经贸各部门应相互配合，密切合作，发现问题及时报告劳动部、公安部、外交部、对外贸易经济合作部。

各省、自治区、直辖市劳动部门及中国海洋石油总公司须在每年年终将执行情况报劳动部。

目前已在中国就业的外国人，凡不属于本规定第九条所列人员，又未领取就业证的，应在本规定实施之日起二个月内，由用人单位为其办理就业证申领手续。劳动部门应为符合条件者办理就业证，对不符合条件者终止其就业。逾期不办的，按非法就业处理。

《中华人民共和国外国人就业许可证书》、《外国人就业证》由劳动部统一制作，具体事宜另行通知。

附件：1.《中华人民共和国外国人就业许可证书》式样

2.《聘用外国人就业申请表》式样

3.《外国人就业登记表》式样

（附件本书略）

外国人在中国就业管理规定

第一章　总　则

第一条　为加强外国人在中国就业的管理，根据有关法律、法规的规定，制定本规定。

第二条　本规定所称外国人，指依照《中华人民共和国国籍法》规定不具有中国国籍的人员。本规定所称外国人在中国就业，指没有取得定居权的外国人在中国境内依法从事社会劳动并获取劳动报酬的行为。

第三条　本规定适用于在中国境内就业的外国人和聘用外国人的用人单位。本规定不适用于外国驻华使、领馆和联合国驻华代表机构、其他国际组织中享有外交特权与豁免的人员。

第四条　各省、自治区、直辖市人民政府劳动行政部门及其授权的地市级劳动行政部门负责外国人在中国就业的管理。

第二章　就业许可

第五条　用人单位聘用外国人须为该外国人申请就业许可，经获准并取得《中华人民共和国外国人就业许可证书》（以下简称许可证书）后方可聘用。

第六条　用人单位聘用外国人从事的岗位应是有特殊需要，

国内暂缺适当人选，且不违反国家有关规定的岗位。用人单位不得聘用外国人从事营业性文艺演出，但符合本规定第九条第三项规定的人员除外。

第七条 外国人在中国就业须具备下列条件：

（一）年满18周岁，身体健康；

（二）具有从事其工作所必需的专业技能和相应的工作经历；

（三）无犯罪记录；

（四）有确定的聘用单位；

（五）持有有效护照或能代替护照的其他国际旅行证件（以下简称代替护照的证件）。

第八条 在中国就业的外国人应持Z字签证入境（有互免签证协议的，按协议办理），入境后取得《外国人就业证》（以下简称就业证）和外国人居留证件，方可在中国境内就业。

未取得居留证件的外国人（即持F、L、C、G字签证者）、在中国留学、实习的外国人及持Z字签证外国人的随行家属不得在中国就业。特殊情况，应由用人单位按本规定规定的审批程序申领许可证书，被聘用的外国人凭许可证书到公安机关改变身份，办理就业证、居留证后方可就业。

外国驻中国使、领馆和联合国系统、其他国际组织驻中国代表机构人员的配偶在中国就业，应按《中华人民共和国外交部关于外国驻中国使领馆和联合国系统组织驻中国代表机构人员的配偶在中国任职的规定》执行，并按本条第二款规定的审批程序办理有关手续。

许可证书和就业证由劳动部统一制作。

第九条 凡符合下列条件之一的外国人可免办就业许可和就业证：

（一）由我国政府直接出资聘请的外籍专业技术和管理人员，或由国家机关和事业单位出资聘请，具有本国或国际权威技术管理部门或行业协会确认的高级技术职称或特殊技能资格证书的外籍专业技术和管理人员，并持有外国专家局签发的《外国专家证》的外国人；

（二）持有《外国人在中华人民共和国从事海上石油作业工作准证》从事海上石油作业、不需登陆、有特殊技能的外籍劳务人员；（三）经文化部批准持《临时营业演出许可证》进行营业性文艺演出的外国人。

第十条 凡符合下列条件之一的外国人可免办许可证书，入境后凭Z字签证及有关证明直接办理就业证：

（一）按照我国与外国政府间、国际组织间协议、协定，执行中外合作交流项目受聘来中国工作的外国人；

（二）外国企业常驻中国代表机构中的首席代表、代表。

第三章 申请与审批

第十一条 用人单位聘用外国人，须填写《聘用外国人就业申请表》（以下简称申请表），向其与劳动行政主管部门同级的行业主管部门（以下简称行业主管部门）提出申请，并提供下列有效文件：

（一）拟聘用外国人履历证明；

（二）聘用意向书；

（三）拟聘用外国人原因的报告；

（四）拟聘用的外国人从事该项工作的资格证明；

（五）拟聘用的外国人健康状况证明；

（六）法律、法规规定的其他文件。

行业主管部门应按照本规定第六条、第七条及有关法律、法规的规定进行审批。

第十二条 经行业主管部门批准后，用人单位应持申请表到本单位所在地区的省、自治区、直辖市劳动行政部门或其授权的地市级劳动行政部门办理核准手续。省、自治区、直辖市劳动行政部门或授权的地市级劳动行政部门应指定专门机构（以下简称发证机关）具体负责签发许可证书工作。发证机关应根据行业主管部门的意见和劳动力市场的需求状况进行核准，并在核准后向用人单位签发许可证书。

第十三条 中央级用人单位、无行业主管部门的用人单位聘用外国人，可直接到劳动行政部门发证机关提出申请和办理就业许可手续。

外商投资企业聘雇外国人，无须行业主管部门审批，可凭合同、章程、批准证书、营业执照和本规定第十一条所规定的文件直接到劳动行政部门发证机关申领许可证书。

第十四条 获准来中国工作的外国人，应凭许可证书及本国有效护照或能代替护照的证件，到中国驻外使、领馆、处申请Z字签证。

凡符合本规定第九条第二项规定的人员，应凭中国海洋石油总公司签发的通知函电申请Z字签证；凡符合第九条第三项规定的人员，应凭文化部的批件申请Z字签证；

凡符合本规定第十条第一款规定的人员，应凭合作交流项目书申请Z字签证；凡符合第十条第二项规定的人员，应凭工商行政管理部门的登记证明申请Z字签证。

第十五条 用人单位应在被聘用的外国人入境后15日内，持许可证书、与被聘用的外国人签订的劳动合同及其有效护照或能代替护照的证件到原发证机关为外国人办理就业证，并填写《外国人就业登记表》。

就业证只在发证机关规定的区域内有效。

第十六条 已办理就业证的外国人，应在入境后30日内，持就业证到公安机关申请办理居留证。居留证件的有效期限可根据就业证的有效期确定。

第四章 劳动管理

第十七条 用人单位与被聘用的外国人应依法订立劳动合同。劳动合同的期限最长不得超过5年。劳动合同期限届满即行终止，但按本规定第十九条的规定履行审批手续后可以续订。

第十八条 被聘用的外国人与用人单位签订的劳动合同期满时，其就业证即行失效。如需续订，该用人单位应在原合同期满前30日内，向劳动行政部门提出延长聘用时间的申请，经批准并办理就业证延期手续。

第十九条 外国人被批准延长在中国就业期限或变更就业区域、单位后，应在10日内到当地公安机关办理居留证件延期或变更手续。

第二十条 被聘用的外国人与用人单位的劳动合同被解除后，该用人单位应及时报告劳动、公安部门，交还该外国人的就业证和居留证件，并到公安机关办理出境手续。

第二十一条 用人单位支付所聘用外国人的工资不得低于当地最低工资标准。

第二十二条 在中国就业的外国人的工作时间、休息、休假劳动安全卫生以及社会保险按国家有关规定执行。

第二十三条 外国人在中国就业的用人单位必须与其就业证所注明的单位相一致。

外国人在发证机关规定的区域内变更用人单位但仍从事原职业的，须经原发证机关批准，并办理就业证变更手续。

外国人离开发证机关规定的区域就业或在原规定的区域内变更用人单位且从事不同职业的，须重新办理就业许可手续。

第二十四条 因违反中国法律被中国公安机关取消居留资格的外国人，用人单位应解除劳动合同，劳动部门应吊销就业证。

第二十五条 用人单位与被聘用的外国人发生劳动争议，应按照《中华人民共和国劳动法》和《中华人民共和国劳动争议调解仲裁法》处理。

第二十六条 劳动行政部门对就业证实行年检。用人单位聘用外国人就业每满1年，应在期满前30日内到劳动行政部门发证机关为被聘用的外国人办理就业证年检手续。逾期未办的，就业证自行失效。

外国人在中国就业期间遗失或损坏其就业证的，应立即到原发证机关办理挂失、补办或换证手续。

第五章　罚　则

第二十七条 对违反本规定未申领就业证擅自就业的外国人和未办理许可证书擅自聘用外国人的用人单位，由公安机关按《中华人民共和国外国人入境出境管理法实施细则》第四十四条处理。

第二十八条 对拒绝劳动行政部门检查就业证、擅自变更用人单位、擅自更换职业、擅自延长就业期限的外国人，由劳动行政部门收回其就业证，并提请公安机关取消其居留资格。对需该机关遣送出境的，遣送费用由聘用单位或该外国人承担。

第二十九条 对伪造、涂改、冒用、转让、买卖就业证和许可证书的外国人和用人单位，由劳动行政部门收缴就业证和许可证书，没收其非法所得，并处以1万元以上10万元以下的罚款；情节严重构成犯罪的，移送司法机关依法追究刑事责任。

第三十条 发证机关或者有关部门的工作人员滥用职权、非法收费、徇私舞弊，构成犯罪的，依法追究刑事责任；不构成犯罪的，给予行政处分。

第六章　附　则

第三十一条 中国的台湾和香港、澳门地区居民在内地就业按《台湾和香港、澳门居民在内地就业管理规定》执行。

第三十二条 外国人在中国的台湾和香港、澳门地区就业不适用本规定。

第三十三条 禁止个体经济组织和公民个人聘用外国人。

第三十四条 省、自治区、直辖市劳动行政部门可会同公安等部门依据本规定制定本地区的实施细则，并报劳动部、公安部、外交部、对外贸易经济合作部备案。

第三十五条 本规定由劳动部解释。

第三十六条 本规定自 1996 年 5 月 1 日起施行。原劳动人事部和公安部 1987 年 10 月 5 日发布的《关于未取得居留证件的外国人和来中国留学的外国人在中国就业的若干规定》同时废止。

劳动部办公厅关于贯彻实施《外国人在中国就业管理规定》有关问题的通知

（1996年4月19日 劳办发〔1996〕65号）

各省、自治区、直辖市劳动（劳动人事）厅（局）：

为贯彻实施《外国人在中国就业管理规定》（劳部发〔1996〕29号，以下简称《规定》），经商公安部、外交部、外经贸部同意，现就有关问题通知如下：

一、在中国工作的外国人，若其劳动合同是和中国境内的用人单位（驻地法人）直接签订的，无论其在中国就业的时间长短，一律视为在中国就业；若其劳动合同是和境外法人签订，劳动报酬来源于境外，在中国境内工作3个月以上的（不包括执行技术转让协议的外籍工程技术人员和专业人员），视为在中国就业，应按《规定》到劳动行政部门的发证机关办理就业许可手续，并办理职业签证、就业证和居留证。

二、为方便聘用外国人的用人单位，就业许可证书和就业证的办理采取两种方式：对外国人就业较多的地级及以上城市，省级劳动部门可授权当地劳动部门直接办理手续，并向用人单位签发就业许可证书和就业证；对其他地级及以上城市，可由当地劳动部门受理聘用外国人的申请，报省级劳动部门批准，由省级劳动部门签发就业许可证书和就业证，再由该地劳动部门向用人单位颁发就业许可证书和就业证。省级劳动部门要加强对各地劳动部门经办人员的培训和业务指导，真正做到既严格把关，又方便用人单位。

三、劳动部门从受理用人单位聘用外国人的申请，到做出批准与否的决定，所需时间最长不得超过 15 个工作日；为外国人办理就业证的时间，最长不得超过 5 个工作日。各省、自治区、直辖市劳动部门应按上述要求，结合实际情况规定具体期限。

四、按照《规定》要求，对目前已在我国就业的外国人，未领取就业证的，要在 1996 年 5、6 两个月内办理就业证申领手续。劳动行政部门要摸清情况，通知聘用外国人的用人单位如何办理就业手续，以及各类人员持何种证件办理手续。对符合条件的外国人办理就业证，对不符合条件的外国人终止其就业。

五、为加强外国人在中国就业的管理工作，各省、自治区、直辖市应认真填报外国人在中国就业统计表，每半年向劳动部报送一次。上半年报送时间为 7 月 15 日前，下半年报送时间为次年 1 月 15 日前。为提高管理水平，劳动部将统一制作计算机管理软件，实施计算机管理的有关问题另行通知。

外国人在中国就业管理工作涉及许多方面，各地劳动部门应主动向公安、外事、外经贸等部门通报情况，取得共识，协调行动，确保工作顺利开展。特别是在审批就业许可证，应和当地公安部门联系，了解拟聘用的外国人是否符合在中国居住的条件，然后作出批准与否的决定。

人力资源和社会保障部等部门关于允许优秀外籍高校毕业生在华就业有关事项的通知

（2017 年 1 月 6 日　人社部发〔2017〕3 号）

各省、自治区、直辖市人力资源社会保障厅（局）、外事办公室、教育厅（教委）：

为贯彻落实《关于深化人才发展体制机制改革的意见》（中发〔2016〕9 号），拟允许部分无工作经历的优秀外籍高校毕业生在华就业。按照《外国人在中国就业管理规定》，现就有关事项通知如下：

一、人员范围

外籍高校毕业生包括在中国境内高校取得硕士及以上学位且毕业 1 年以内的外国留学生，以及在境外知名高校取得硕士及以上学位且毕业 1 年以内的外籍毕业生。

二、审批条件

外籍高校毕业生在中国就业，应具备以下条件：

（一）年满 18 周岁，身体健康；

（二）无犯罪记录；

（三）学习成绩优秀，平均成绩不低于 80 分（百分制，其他分制换算成百分制处理）或 B+/B（等级制）以上，在校期间无不良行为记录；

（四）取得相应的学历与学位；

（五）有确定的聘用单位，从事工作岗位与所学专业对口。薪酬原则上不低于当地城镇单位在岗职工平均工资，具体标准由各省级人力资源社会保障部门根据就业市场实际和引进人才工作的需要合理确定；

（六）持有有效护照或能代替护照的其他国际旅行证件。

三、办理程序

用人单位聘用符合条件的外籍高校毕业生，应向当地人力资源社会保障部门或外国专家归口管理部门提出申请，并提供以下材料：

（一）拟聘用者履历证明；

（二）聘用意向书（包括意向薪酬）；

（三）聘用原因报告（包括当地公共就业和人才服务机构面向国内劳动者公开发布招聘信息满30天的证明）；

（四）拟聘用者健康状况证明；

（五）拟聘用者无犯罪记录证明；

（六）拟聘用者所取得的学历学位证明材料；

（七）拟聘用者所就读学校出具的在校期间无不良行为记录（境外高校外籍毕业生可免除）和成绩证明材料；

（八）拟聘用者6个月内正面免冠照片。

人力资源社会保障部门或外国专家归口管理部门按规定进行审批。对符合条件的外国留学生发放外国人就业许可证书（或工作许可，下同）和外国人就业证（或工作证，下同）。

对符合条件的境外高校外籍毕业生发放外国人就业许可证书。取得外国人就业许可证书的海外高校外籍毕业生，应按规定办理Z字签证，入境后办理外国人就业证。

四、其他事项

（一）外国人就业证有效期首次为1年。聘用外籍高校毕业生就业期满，用人单位拟继续聘用的，按规定履行审批手续后可以继续聘用，期限不超过5年。外籍高校毕业生所缴纳个人所得税低于意向薪酬应付税额、或用人单位拟给予其的薪酬低于规定标准的，就业证不予延期。

（二）外籍高校毕业生在华就业实行配额管理。各省级人力资源社会保障部门要根据本省企业对外籍高校毕业生的需求数量、本地区高校毕业生就业形势等因素，提出本省配额需求数量，于每年 12 月 1 日前报送人力资源社会保障部。人力资源社会保障部将综合研究确定下一年度全国及各省（区、市）的配额数量，以适当方式公开公示，并抄送外交、教育、公安配合实施。2017 年配额需求由各省级人力资源社会保障部门于 2017 年 1 月 31 日前提出申请。

（三）本通知自印发之日起执行。

山东省人力资源和社会保障厅等部门转发人社部发〔2014〕78号文件规范外国人入境完成短期工作任务相关办理程序的通知

（2014年12月8日　鲁人社发〔2014〕47号）

各市人力资源社会保障局、外办、公安局、文广新局：

现将《人力资源社会保障部 外交部 公安部 文化部关于印发〈外国人入境完成短期工作任务的相关办理程序（试行）〉的通知》（人社部发〔2014〕78号）转发给你们，请遵照执行。工作中发现的新情况、新问题，请及时向省有关部门反映。

人力资源社会保障部等部门关于印发《外国人入境完成短期工作任务的相关办理程序（试行）》的通知

各省、自治区、直辖市人力资源社会保障厅（局）、外事办公室、公安厅（局）、文化厅（局），各驻外使馆、领馆、处、驻香港、澳门公署：

为做好《中华人民共和国出境入境管理法》和《外国人入境出境管理条例》等法律法规的贯彻实施工作，进一步规范外国人在中国就业行为，人力资源社会保障部、外交部、公安部、文化部联合制定了《外国人入境完成短期工作任务的相关办理程序（试行）》（以下简称《办理程序》）。现印发给你们，请认真执行。

各级人力资源社会保障、外事、公安、文化等部门应按照《办理程序》为入境完成短期工作任务的外国人办理相关手续。对于未按《办理程序》办理相关手续入境及不按工作证明所列事项从事短期工作的外国人，公安机关将按非法就业查处。各部门要逐步完善各项管理制度，加强协调配合，强化信息沟通，为入境完成短期工作任务的外国人提供便利。

《办理程序》自2015年1月1日起执行。请各部门抓紧做好执行前的各项准备工作。外国人在中国短期工作证明（中英文）和外国人短期工作信息表、外国人演出信息表电子模板另行发放。

附件：外国人入境完成短期工作任务的相关办理程序（试行）

外国人入境完成短期工作任务的相关办理程序（试行）

一、外国人入境完成短期工作任务，指因下列事由入境，且在境内停留不超过90日的：

（一）到境内合作方完成某项技术、科研、管理、指导等工作；

（二）到境内体育机构进行试训（包括教练员、运动员）；

（三）拍摄影片（包括广告片、纪录片）；

（四）时装表演（包括车模、拍摄平面广告等）；

（五）从事涉外营业性演出；

（六）人力资源社会保障部门认定的其他情形。

二、以下情形不视为完成短期工作任务：

（一）购买机器设备配套维修、安装、调试、拆卸、指导和培训的；

（二）对在境内中标项目进行指导、监督、检查的；

（三）派往境内分公司、子公司、代表处完成短期工作的；

（四）参加体育赛事的（包括运动员、教练员、队医、助理等相关人员。但根据国际体育组织要求，经我国主管部门批准，持注册卡入境参赛等情况除外）；

（五）入境从事无报酬工作或由境外机构提供报酬的义工和志愿者等；

（六）文化主管部门在批准文书上未注明“涉外营业性演出”的。

具有（一）（二）（三）（四）情形，且停留时间不超过90日的，应当申请办理M字签证；具有（五）（六）情形，且停留时间不超过90日的，应当申请办理F字签证。

三、前述第一条、第二条第（一）、（二）、（三）、（五）项所列人员每次入境停留时间超过90日的，均应按照《外国人在中国就业管理规定》申请办理相关手续。入境从事季节性劳务、短期劳务按有关规定执行。

四、入境进行短期营业性演出的外国文艺表演团体、个人应持有文化主管部门出具的批准文书及在中国短期工作证明（以下简称工作证明）；入境完成其他短期工作任务的，应持有人力资源社会保障部门颁发的外国人就业许可证书（以下简称许可证书）及工作证明。

工作证明登记项目包括：持有人国籍和姓名、工作内容、工作地点、工作期限、签发日期等。

五、短期工作人员申请入境工作应按下列程序办理：

（一）申请工作许可

1. 申请人力资源社会保障部门许可证书及工作证明

境内合作方拟邀请外国人入境从事短期工作的，应向省级人力资源社会保障部门或者其授权的地市级人力资源社会保障部门提出申请，并提交以下证明材料：

（1）境内合作方登记证明、组织机构代码（均为复印件）；

（2）中外双方合作协议、项目合同等；

(3) 拟入境人员简历；

(4) 有效护照或其他国际旅行证件（复印件）；

(5) 申请完成专业技术工作任务的外国人，应按国家规定提供相关学历或技术（职业）资格证明文件；

(6) 审批机关规定的其他证明材料。

人力资源社会保障部门对入境短期工作事由明确、完整、合理，且没有违反国家法律法规者，发放许可证书及工作证明。

外国人入境完成工作任务的地点涉及两个或以上省级地区的，应在境内合作方所在地的人力资源社会保障部门申请办理相关手续。

各省级人力资源社会保障部门应在外国人入境前，将《外国人短期工作信息表》，以电子文档形式报送人力资源社会保障部。

2. 申请文化主管部门批准文书及工作证明

外国文艺表演团体、个人拟入境进行营业性演出的，应当由演出举办单位向首次演出所在地文化主管部门提出申请，文化主管部门应当根据《营业性演出管理条例》及其实施细则的规定，自受理申请之日起 20 日内作出决定。批准的，发给批准文书，并注明“涉外营业性演出”；不予批准的，应当书面通知申请人并说明理由。其中，拟入境进行营业性演出的外国文艺表演团体、个人，在境内停留时间不超过 90 日的，文化主管部门为其出具工作证明。演出增加地已列入工作证明的，演出增加地文化主管部门不再另行出具工作证明。

演出所在地文化主管部门应在外国文艺表演团体、个人入境前，将《外国人演出信息表》通过涉外营业性演出审批信息公示系统报送文化部，文化部以电子文档形式抄送人力资源社会保障部。

入境进行营业性演出的外国文艺表演团体、个人，完成短期工作任务后，拟继续在境内进行短期营业性演出的，演出举办单位应重新向文化主管部门申请工作证明，但工作时间不超过停留或居留许可有效期。审批手续依照本程序中“申请文化主管部门批准文书及工作证明”的有关要求办理。

（二）办理邀请函或邀请确认函

用人单位持许可证书及工作证明到注册地或所属被授权单位申请办理邀请函或邀请确认函。

演出举办单位持批准文书及工作证明到注册地或首次演出所在地省、自治区、直辖市政府外事部门，办理被授权单位邀请确认函。

（三）申请 Z 字签证

获准入境完成短期工作任务的外国人，应到中国驻外使馆、领馆或者外交部委托的其他驻外机关（以下简称驻外签证机关）申请 Z 字签证。申请人应提供以下证明材料：

（1）许可证书（批准文书）和工作证明的原件及复印件；

（2）被授权单位邀请函或邀请确认函；

（3）本人护照或者其他国际旅行证件的原件和复印件；

（4）驻外签证机关要求的其他材料。

驻外签证机关对许可证书（批准文书）原件和工作证明原件进行核验，留存复印件。对于工作证明中工作期限不超过 30 日的，驻外签证机关均签发停留期为 30 日的签证，同时在备注栏做双语备注“工作时间不得超出工作证明所注期限 Allowed to work only within the period of time indicated in the approval”；对于工作证明中工作期限超过 30 日的，签证备注栏中应注明入境后 30 日内办理居留手续。

与中国有互免签证协议国家人员，入境完成短期工作任务的，需在入境前获得工作证明，并持上述材料到我国驻外签证机关申请 Z 字签证。

（四）办理工作类居留证件

工作期限不超过 30 日的短期工作人员，按工作证明上注明的工作期限工作，并在Z字签证中注明的停留期停留。工作期限超过30日的短期工作人员，按工作证明上注明的工作期限工作，并持工作证明、Z字签证等证明材料到公安机关办理停留期为90日的工作类居留证件。其中，外国文艺表演团体、个人可持工作证明和Z字签证等证明材料到演出举办单位注册地或首次演出所在地公安机关办理居留手续。已取得居留证件的外国演员在国内其他演出地演出，不再重复办理居留手续。

六、其他事项

（一）获得批准文书和工作证明的外国人取消工作任务未入境的，演出举办单位应及时函告文化主管部门；获得许可证书和工作证明的外国人取消工作任务未入境的，境内合作方应及时函告人力资源社会保障部门审批机关。

（二）外国人入境完成短期工作任务，其工作期限不得超出工作证明所注期限，工作证明到期后不延期。

持工作证明的外国人完成短期工作任务后，若其居留许可在有效期内，拟被境内用人单位聘用的，可按《外国人在中国就业管理规定》的有关程序在境内办理相关手续。

附件：外国人在中国短期工作证明（中英文样式）

（附件本书略）

七、人力资源市场管理服务

中外合资人才中介机构管理暂行规定

（2003年9月4日人事部、商务部、国家工商行政管理总局令第2号公布，根据2005年5月24日《人事部、商务部、国家工商管理总局关于修改〈中外合资人才中介机构管理暂行规定〉的决定》第一次修订，根据2015年4月30日《人力资源社会保障部关于修改部分规章的决定》第二次修订）

第一章 总 则

第一条 为了加强对中外合资人才中介机构的管理，维护人才市场秩序，促进人才市场发展，根据《中华人民共和国中外合资经营企业法》及其他有关法律、法规，制定本规定。

第二条 本规定所称中外合资人才中介机构，是指外国开展人才中介服务的公司、企业和其他经济组织与中国开展人才中介服务的公司、企业和其他经济组织，在中国境内依法合资成立的人才中介机构。

第三条 开展人才中介服务的外国公司、企业和其他经济组织在中国境内从事人才中介服务活动，必须与中国开展人才中介服务的公司、企业和其他经济组织合资经营，设立专门的人才中介机构。

不得设立外商独资人才中介机构。

外国企业常驻中国代表机构和在中国成立的商会等组织不得在中国境内从事人才中介服务。

第四条 中外合资人才中介机构必须遵守中华人民共和国法律、法规，不得损害中华人民共和国的社会公共利益和国家安全。

中外合资人才中介机构的正当经营活动和合法权益，受中华人民共和国法律保护。

第五条 省、自治区、直辖市人民政府人事行政部门、商务部门和工商行政管理部门依法按照职责分工负责本行政区域内中外合资人才中介机构的审批、登记、管理和监督工作。

第二章 设立与登记

第六条 申请设立中外合资人才中介机构，必须符合下列条件：

（一）申请设立中外合资人才中介机构的中方投资者应当是成立3年以上的人才中介机构，外方出资者也应当是从事3年以上人才中介服务的外国公司、企业和其他经济组织，合资各方具有良好的信誉；

（二）有健全的组织机构；有熟悉人力资源管理业务的人员，其中必须有5名以上具有大专以上学历并取得人才中介服务资格证书的专职人员；

（三）有与其申请的业务相适应的固定场所、资金和办公设施，其中外方合资者的出资比例不得低于25%，中方合资者的出资比例不得低于51%；

（四）有健全可行的机构章程、管理制度、工作规则，有明确的业务范围；

（五）能够独立享有民事权利，承担民事责任；

（六）法律、法规规定的其他条件。

第七条 申请设立中外合资人才中介机构，应当由拟设立机构所在地的省、自治区、直辖市人民政府人事行政部门审批，并报国务院人事行政部门备案。

其中，由国务院人事行政部门许可设立的人才中介机构与外方合资设立中外合资人才中介机构的，应征得国务院人事行政部门的书面同意。

第八条 申请设立中外合资人才中介机构，可以通过信函、电报、电传、传真、电子数据交换和电子邮件等方式向省、自治区、直辖市人民政府人事行政部门提出申请。申请材料应包括以下内容：

（一）书面申请及可行性报告；

（二）合资各方签订的协议与章程；

（三）合资各方开展人才中介服务3年以上的资质证明；

（四）工商营业执照（副本）；

（五）法律、法规和省、自治区、直辖市人民政府人事行政部门要求提供的其他材料。

上述所列的申请材料凡是用外文书写的，应当附有中文译本。

第九条 省、自治区、直辖市人民政府人事行政部门在接到设立中外合资人才中介机构的申请报告之日起20日内审核完毕，20日内不能作出决定的，经本行政机关负责人批准，可以延长10日，并应当将延长期限的理由告知申请人。

批准同意的，发给《人才中介服务许可证》（以下简称许可证），并应当在作出决定之日起10日内向申请人颁发、送达许可证，报国务院人事行政部门备案；不同意的应当书面通知申请人，并说明理由。

审批机关应在行政机关网站上公布审批程序、期限和需要提交的全部材料的目录，以及批准设立的中外合资人才中介机构的名录等信息。

第三章 经营范围与管理

第十条 省、自治区、直辖市人民政府人事行政部门根据中外合资人才中介机构的资金、人员和管理水平情况，在下列业务范围内，核准其开展一项或多项业务：

（一）人才供求信息的收集、整理、储存、发布和咨询服务；

（二）人才推荐；

（三）人才招聘；

（四）人才测评；

（五）中国境内的人才培训；

（六）法规、规章规定的其他有关业务。

第十一条 中外合资人才中介机构必须遵循自愿、公平、诚信的原则，遵守行业道德，在核准的业务范围内开展活动，不得采用不正当竞争手段。

第十二条 中外合资人才中介机构招聘人才出境，应当按照中国政府有关规定办理手续。其中，不得招聘下列人才出境：

（一）正在承担国家、省级重点工程、科研项目的技术和管理人员，未经单位或主管部门同意的；

（二）在职国家公务员；

（三）由国家统一派出而又未满轮换年限的支援西部开发的人员；

（四）在岗的涉密人员和离岗脱密期未满的涉密人员；

（五）有违法嫌疑正在依法接受审查尚未结案的人员；

（六）法律、法规规定暂时不能流动的其他特殊岗位的人员或者需经批准方可出境的人员。

第十三条 中外合资人才中介机构设立分支机构，增加或者减少注册资本、股份转让、股东变更，必须经原审批机关批准，并依法到工商行政管理部门办理变更登记。

中外合资人才中介机构变更机构名称、法定代表人和经营场所，经工商登记机关变更登记后，应在30日内，向原审批机关办理相关事项变更备案，换领有关批准文件。

第十四条 国务院人事行政部门和省、自治区、直辖市人民政府人事行政部门依法指导、检查和监督中外合资人才中介机构的日常管理和业务开展情况。

省、自治区、直辖市人民政府人事行政部门对其批准成立的中外合资人才中介机构依法进行检查或抽查，并可以查阅或者要求其报送有关材料。中外合资人才中介机构应接受检查，并如实提供有关情况和材料。省、自治区、直辖市人民政府人事行政部门应将检查结果报国务院人事行政部门，并进行公布。

第四章　罚　则

第十五条　中外合资人才中介机构不依法接受检查，不按规定办理许可证变更等手续，提供虚假信息或者采取其他手段欺骗用人单位和应聘人员的，省、自治区、直辖市人民政府人事行政部门予以警告，并可处以10000元人民币以下罚款；情节严重的，有违法所得的，处以不超过违法所得3倍的罚款，但最高不得超过30000元人民币。

第十六条　违反本规定，未经批准擅自设立中外合资人才中介机构的，超出核准登记的经营范围从事经营活动的，按照《公司登记管理条例》《无照经营查处取缔办法》和有关规定进行处罚。采用不正当竞争行为的，按照《反不正当竞争法》有关规定进行处罚。

第十七条　政府部门工作人员在审批和管理中外合资人才中介机构工作中，玩忽职守、徇私舞弊，侵犯单位、个人和合资各方合法权益的，按照管理权限，由有关部门给予行政处分；构成犯罪的，依法追究刑事责任。

第五章　附　则

第十八条　香港特别行政区、澳门特别行政区、台湾地区投资者投资设立合资人才中介机构，参照本规定执行。

香港服务提供者和澳门服务提供者在内地设立合资人才中介机构的，其中内地合资方应是成立1年以上的人才中介机构。

本规定中香港服务提供者和澳门服务提供者应分别符合《内地与香港关于建立更紧密经贸关系的安排》和《内地与澳门关于建立更紧密经贸关系的安排》中关于"服务提供者"定义及相关规定的要求。

第十九条 中外合资人才中介机构在中国境内从事涉及外籍人员业务活动的，按照有关规定执行。

第二十条 本规定由人事部、商务部、国家工商行政管理总局负责解释。

第二十一条 本规定自2003年11月1日起施行。

人才市场管理规定

（2001年9月11日人事部、国家工商行政管理总局令第1号公布，根据2005年3月22日《人事部、国家工商管理总局关于修改〈人才市场管理规定〉的决定》第一次修订，根据2015年4月30日《人力资源社会保障部关于修改部分规章的决定》第二次修订）

第一章　总　则

第一条　为了建立和完善机制健全、运行规范、服务周到、指导监督有力的人才市场体系，优化人才资源配置，规范人才市场活动，维护人才、用人单位和人才中介服务机构的合法权益，根据有关法律、法规，制定本规定。

第二条　本规定所称的人才市场管理，是指对人才中介服务机构从事人才中介服务、用人单位招聘和个人应聘以及与之相关活动的管理。

人才市场服务的对象是指各类用人单位和具有中专以上学历或取得专业技术资格的人员，以及其他从事专业技术或管理工作的人员。

第三条　人才市场活动应当遵守国家的法律、法规及政策规定，坚持公开、平等、竞争、择优的原则，实行单位自主用人，个人自主择业。

第四条　县级以上政府人事行政部门是人才市场的综合管理部门，县级以上工商行政管理部门在职责范围内依法监督管理人才市场。

第二章　人才中介服务机构

第五条　本规定所称人才中介服务机构是指为用人单位和人才提供中介服务及其他相关服务的专营或兼营的组织。

人才中介服务机构的设置应当符合经济和社会发展的需要，根据人才市场发展的要求，统筹规划，合理布局。

第六条　设立人才中介服务机构应具备下列条件：

（一）有与开展人才中介业务相适应的场所、设施；

（二）有5名以上大专以上学历、取得人才中介服务资格证书的专职工作人员；

（三）有健全可行的工作章程和制度；

（四）有独立承担民事责任的能力；

（五）具备相关法律、法规规定的其他条件。

第七条　设立人才中介服务机构，可以通过信函、电报、电传、传真、电子数据交换和电子邮件等方式向政府人事行政部门提出申请，并按本规定第六条的要求提交有关证明材料。其中设立固定人才交流场所的，须做专门的说明。

未经政府人事行政部门批准，不得设立人才中介服务机构。

第八条　设立人才中介服务机构应当依据管理权限由县级以上政府人事行政部门（以下简称审批机关）审批。

国务院各部委、直属机构及其直属在京事业单位和在京中央直管企业、全国性社团申请设立人才中介服务机构，由人事部审批。中央在地方所属单位申请设立人才中介服务机构，由所在地的省级政府人事行政部门审批。

人才中介服务机构设立分支机构的，应当在征得原审批机关的书面同意后，由分支机构所在地政府人事行政部门审批。

政府人事行政部门应当建立完善人才中介服务机构许可制度，并在行政机关网站公布审批程序、期限和需要提交的全部材料的目录，以及批准设立的人才中介服务机构的名录等信息。

第九条 审批机关应当在接到设立人才中介服务机构申请报告之日起20日内审核完毕，20日内不能作出决定的，经本行政机关负责人批准，可以延长10日，并应当将延长期限的理由告知申请人。

批准同意的，发给《人才中介服务许可证》（以下简称许可证），并应当在作出决定之日起10日内向申请人颁发、送达许可证，不同意的应当书面通知申请人，并说明理由。

第十条 互联网信息服务提供者专营或兼营人才信息网络中介服务的，必须申领许可证。

第十一条 开展人才中介或者相关业务的外国公司、企业和其他经济组织在中国境内从事人才中介服务活动的，必须与中国的人才中介服务机构合资经营。设立中外合资人才中介机构应当符合国家中外合资企业法律法规的规定，由拟设机构所在地省级政府人事行政部门审批，颁发许可证，并报人事部备案，同时按有关规定办理其他手续。

香港特别行政区、澳门特别行政区、台湾地区的投资者在内地设立合资人才中介机构，参照前款执行。法律法规另有规定的，依照其规定执行。

第十二条 人才中介服务机构可以从事下列业务：

（一）人才供求信息的收集、整理、储存、发布和咨询服务；

（二）人才信息网络服务；

（三）人才推荐；

（四）人才招聘；

（五）人才培训；

（六）人才测评；

（七）法规、规章规定的其他有关业务。

审批机关可以根据人才中介服务机构所在地区或行业的经济、社会发展需要以及人才中介服务机构自身的设备条件、人员和管理情况等，批准其开展一项或多项业务。

第十三条 人才中介服务机构应当依法开展经营业务活动，不得超越许可证核准的业务范围经营；不得采取不正当竞争手段从事中介活动；不得提供虚假信息或作虚假承诺。

第十四条 人才中介服务机构应当公开服务内容和工作程序，公布收费项目和标准。收费项目和标准，应当符合国家和省、自治区、直辖市的有关规定。

第十五条 审批机关负责对其批准成立的人才中介服务机构依法进行检查或抽查，并可以查阅或者要求其报送有关材料。人才中介服务机构应接受检查，并如实提供有关情况和材料。审批机关应公布检查结果。

第十六条 人才中介服务机构有改变名称、住所、经营范围、法定代表人以及停业、终止等情形的，应当按原审批程序办理变更或者注销登记手续。

第十七条 人才中介服务机构可以建立行业组织，协调行业内部活动，促进公平竞争，提高服务质量，规范职业道德，维护行业成员的合法权益。

第三章　人事代理

第十八条 人才中介服务机构可在规定业务范围内接受用人单位和个人委托，从事各类人事代理服务。

第十九条 开展以下人事代理业务必须经过政府人事行政部门的授权。

（一）流动人员人事档案管理；

（二）因私出国政审；

（三）在规定的范围内申报或组织评审专业技术职务任职资格；

（四）转正定级和工龄核定；

（五）大中专毕业生接收手续；

（六）其他需经授权的人事代理事项。

第二十条 人事代理方式可由单位集体委托代理，也可由个人委托代理；可多项委托代理，也可单项委托代理；可单位全员委托代理，也可部分人员委托代理。

第二十一条 单位办理委托人事代理，须向代理机构提交有效证件以及委托书，确定委托代理项目。经代理机构审定后，由代理机构与委托单位签定人事代理合同书，明确双方的权利和义务，确立人事代理关系。

个人委托办理人事代理，根据委托者的不同情况，须向代理机构提交有关证件复印件以及与代理有关的证明材料。经代理机构审定后，由代理机构与个人签订人事代理合同书，确立人事代理关系。

第四章 招聘与应聘

第二十二条 人才中介服务机构举办人才交流会的，应当制定相应的组织实施办法、应急预案和安全保卫工作方案，并对参加人才交流会的招聘单位的主体资格真实性和招用人员简章真实性进行核实，对招聘中的各项活动进行管理。

第二十三条 用人单位可以通过委托人才中介服务机构、参加人才交流会、在公共媒体和互联网发布信息以及其他合法方式招聘人才。

第二十四条 用人单位公开招聘人才，应当出具有关部门批准其设立的文件或营业执照（副本），并如实公布拟聘用人员的数量、岗位和条件。

用人单位在招聘人才时，不得以民族、宗教信仰为由拒绝聘用或者提高聘用标准；除国家规定的不适合妇女工作的岗位外，不得以性别为由拒绝招聘妇女或提高对妇女的招聘条件。

第二十五条 用人单位招聘人才，不得以任何名义向应聘者收取费用，不得有欺诈行为或采取其他方式谋取非法利益。

第二十六条　人才中介服务机构通过各种形式、在各种媒体（含互联网）为用人单位发布人才招聘广告，不得超出许可业务范围。广告发布者不得为超出许可业务范围或无许可证的中介服务机构发布人才招聘广告。

第二十七条　用人单位不得招聘下列人员：

（一）正在承担国家、省重点工程、科研项目的技术和管理的主要人员，未经单位或主管部门同意的；

（二）由国家统一派出而又未满轮换年限的赴新疆、西藏工作的人员；

（三）正在从事涉及国家安全或重要机密工作的人员；

（四）有违法违纪嫌疑正在依法接受审查尚未结案的人员；

（五）法律、法规规定暂时不能流动的其他特殊岗位的人员。

第二十八条　人才应聘可以通过人才中介服务机构、人才信息网络、人才交流会或直接与用人单位联系等形式进行。应聘时出具的证件以及履历等相关材料，必须真实、有效。

第二十九条　应聘人才离开原单位，应当按照国家的有关政策规定，遵守与原单位签订的合同或协议，不得擅自离职。

通过辞职或调动方式离开原单位的，应当按照国家的有关辞职、调动的规定办理手续。

第三十条　对于符合国家人才流动政策规定的应聘人才，所在单位应当及时办理有关手续，按照国家有关规定为应聘人才提供证明文件以及相关材料，不得在国家规定之外另行设置限制条件。

应聘人才凡经单位出资培训的，如个人与单位订有合同，培训费问题按合同规定办理；没有合同的，单位可以适当收取培训费，收取标准按培训后回单位服务的年限，按每年递减20%的比例计算。

第三十一条　应聘人才在应聘时和离开原单位后，不得带走原单位的技术资料和设备器材等，不得侵犯原单位的知识产权、商业秘密及其他合法权益。

第三十二条 用人单位与应聘人才确定聘用关系后，应当在平等自愿、协商一致的基础上，依法签订聘用合同或劳动合同。

第五章 罚 则

第三十三条 违反本规定，未经政府人事行政部门批准擅自设立人才中介服务机构或从事人才中介服务活动的，由县级以上政府人事行政部门责令停办，并处1万元以下罚款；有违法所得的，可处以不超过违法所得3倍的罚款，但最高不得超过3万元。

违反本规定，未经政府人事行政部门批准擅自设立中外合资人才中介机构的，由省级以上政府人事行政部门按照前款规定予以处罚。

第三十四条 人才中介服务机构违反本规定，擅自扩大许可业务范围、不依法接受检查或提供虚假材料，不按规定办理许可证变更等手续的，由县级以上政府人事行政部门予以警告，可并处1万元以下罚款；情节严重的，责令停业整顿，有违法所得的，没收违法所得，并可处以不超过违法所得3倍的罚款，但最高不得超过3万元。

第三十五条 违反本规定，未经政府人事行政部门授权从事人事代理业务的，由县级以上政府人事行政部门责令立即停办，并处1万元以下罚款；有违法所得的，可处以不超过违法所得3倍的罚款，但最高不得超过3万元；情节严重的，并责令停业整顿。

第三十六条 人才中介服务机构违反本规定，超出许可业务范围接受代理业务的，由县级以上政府人事行政部门予以警告，限期改正，并处1万元以下罚款。

第三十七条 用人单位违反本规定，以民族、性别、宗教信仰为由拒绝聘用或者提高聘用标准的，招聘不得招聘人员的，以及向应聘者收取费用或采取欺诈等手段谋取非法利益的，由县级以上政府人事行政部门责令改正；情节严重的，并处1万元以下罚款。

第三十八条 个人违反本规定给原单位造成损失的，应当承担赔偿责任。

第三十九条 用人单位、人才中介服务机构、广告发布者发布虚假人才招聘广告的，由工商行政管理部门依照《广告法》第三十七条处罚。

人才中介服务机构超出许可业务范围发布广告、广告发布者为超出许可业务范围或无许可证的中介服务机构发布广告的，由工商行政管理部门处以1万元以下罚款；有违法所得的，可处以不超过违法所得3倍的罚款，但最高不得超过3万元。

第四十条 人才中介活动违反工商行政管理规定的，由工商行政管理部门依照有关规定予以查处。

第六章 附 则

第四十一条 本规定由人事部、国家工商行政管理总局负责解释。

第四十二条 本规定自2001年10月1日起施行。1996年1月29日人事部发布的《人才市场管理暂行规定》（人发〔1996〕11号）同时废止。

劳动和社会保障部等部门关于允许香港澳门服务提供者在内地设立独资职业介绍机构的通知

（2005年10月28日　劳社部发〔2005〕26号）

各省、自治区、直辖市劳动和社会保障厅（局）、商务主管部门、工商行政管理局：

2004年10月27日和10月29日，内地与香港、澳门分别签署了《〈内地与香港关于建立更紧密经贸关系的安排〉补充协议》和《〈内地与澳门关于建立更紧密经贸关系的安排〉补充协议》（以下简称CEPA），并于2005年1月1日实施。为贯彻实施CEPA，现就有关问题通知如下：

一、香港服务提供者和澳门服务提供者可以在内地设立独资职业介绍机构，最低注册资本金为12.5万美元。

本决定中香港服务提供者和澳门服务提供者应符合CEPA中关于“服务提供者”定义及相关规定的要求。

二、香港服务提供者和澳门服务提供者在内地设立独资职业介绍机构的其他程序参照《中外合资中外合作职业介绍机构设立管理暂行规定》执行。

人力资源和社会保障部等部门关于进一步加强流动人员人事档案管理服务工作的通知

（2014年12月10日　人社部发〔2014〕90号）

各省、自治区、直辖市及新疆生产建设兵团党委组织部，政府人力资源社会保障厅（局）、发展改革委、物价局、财政（财务）厅（局）、档案局：

为进一步做好流动人员人事档案管理服务工作，建立健全流动人员人事档案公共服务体系，更好地服务于人才强国战略和就业优先战略的实施，根据《中华人民共和国档案法》以及《中共中央组织部关于进一步从严管理干部档案的通知》（中组发〔2014〕9号）等文件要求，现就有关问题通知如下：

一、健全流动人员人事档案管理体制

流动人员人事档案管理实行集中统一、归口管理的管理体制，主管部门政府人力资源社会保障部门，接受同级党委组织部门的监督和指导。流动人员人事档案具体由县级以上（含县级）公共就业和人才服务机构以及经人力资源社会保障部门授权的单位管理，其他单位未经授权不得管理流动人员人事档案。严禁个人保管本人或他人档案。跨地区流动人员的人事档案，可由其户籍所在地或现工作单位所在地的公共就业和人才服务机构管理。

二、明确流动人员人事档案范围

流动人员人事档案是人事档案的重要组成部分。具体包括：非公有制企业和社会组织聘用人员的档案；辞职辞退、取消录（聘）用或被开除的机关事业单位工作人员档案；与企事业单位解除或终止劳动（聘用）关系人员的档案；未就业的高校毕业生及中专毕业生的档案；自费出国留学及其他因私出国（境）人员的档案；外国企业常驻代表机构的中方雇员的档案；自由职业或灵活就业人员的档案；其他实行社会管理人员的档案。

三、加强流动人员人事档案基本公共服务

流动人员人事档案管理服务是基本公共就业和人才服务的重要内容。流动人员人事档案基本公共服务应当包括：档案的接收和转递；档案材料的收集、鉴别和归档；档案的整理和保管；为符合相关规定的单位提供档案查（借）阅服务；依据档案记载出具存档、经历、亲属关系等相关证明；为相关单位提供入党、参军、录用、出国（境）等政审（考察）服务；党员组织关系的接转（见附件1）。各级公共就业和人才服务机构可结合本地实际，进一步拓展公共服务内容。要完善服务标准和服务流程，推进服务的规范化和精细化，不断满足服务对象的基本需求。

四、规范流动人员人事档案接收和转递

各级公共就业和人才服务机构不得拒收符合存放政策以及按照有关政策规定转来的流动人员人事档案。接收的档案应真实、准确、完整、规范，如实反映存档人员的出生日期、教育培训、工作经历、职务任免、职称评审、奖励处罚、政治面貌等基本情况。要加强与存档人员本人、工作单位及相关部门的联系，及时收集有关材料，建立规范的收集、鉴别、整理、归档机制。存档期间不再调整档案工资。档案转递时，行政（工资）介绍信、转正定级表、调整改派手续等材料不再作为接收审核流动人员人事档案必备材料。转递档案时应严密包封并填写档案转递通知单（见附件2），通过机要交通或派专人送取，严禁个人自带档案转递。

五、提高流动人员人事档案管理服务信息化水平

信息化是流动人员人事档案管理服务的重要手段和发展方向。各地要大力推进流动人员人事档案信息化建设，全面掌握流动人员的数量、结构、分布、流向等情况，更好地服务于高校毕业生及中专毕业生就业、流动人才党员管理等工作。研究制定流动人员人事档案信息化建设标准，推进档案数字化，实现数据向上集中，完善资源共享、异地查阅、统计分析等功能，为全国跨地区档案信息的共享和管理服务水平的提升奠定基础。建立流动人员人事档案基本情况定期统计分析和信息报送制度，探索建设诚信档案、业绩档案等，充分发挥流动人员人事档案的凭证、依据和参考作用。

六、加强流动人员人事档案安全管理

各级公共就业和人才服务机构要牢固树立流动人员人事档案安全防护意识，切实做好档案安全管理工作。要不断研究和改进档案的保管方法和保管技术，提高流动人员人事档案库房的安全防灾标准，建立健全人防、物防、技防“三位一体”的安全防范体系。对已建立的流动人员电子人事档案，要采取措施，确保信息安全和长期可用。要健全并严格执行各项规章制度，完善监测和防护措施，开展经常性的档案安全检查，及时发现和排除隐患，严防失密、失窃、损毁等档案安全事故发生。

七、完善流动人员人事档案基本公共服务经费保障制度

自 2015 年 1 月 1 日起，取消收取人事关系及档案保管费、查阅费、证明费、档案转递费等名目的费用。各级公共就业和人才服务机构应提供免费的流动人员人事档案基本公共服务。各地要将相关经费纳入同级财政预算，可参考保管的流动人员人事档案数量等因素确定经费数额。要加大对流动人员人事档案库房、服务场所和信息系统等基础设施的投入，保障相关工作正常开展。

八、严肃流动人员人事档案纪律

各级公共就业和人才服务机构要严格按照《档案管理违法违纪行为处分规定》（监察部、人力资源社会保障部、国家档案局令第 30 号）和《中共中央组织部关于进一步从严管理干部档案的通知》的有关要求，承担起业务把关责任，在档案和材料接收、查（借）阅、转递、保管等环节，严格制度、全程把关、不留死角。严禁任何单位和个人涂改流动人员人事档案，严禁在年龄、工龄、党龄、学历、经历和身份等方面弄虚作假，严禁为不符合政策规定的人员新建、重建档案，不得无故推诿拒收档案，不得出具虚假证明，不得擅自向外公布或泄露流动人员人事档案内容。对违反上述规定的，由党委组织部门和政府人力资源社会保障部门严肃查处，视情节轻重给予当事人和相关责任人批评教育或党纪、政纪处分；触犯法律的，要依法追究责任。

九、加强对流动人员人事档案管理服务工作的组织领导

各级人力资源社会保障部门要将流动人员人事档案管理服务作为一项重要工作，切实加强组织领导和指导监管。各级公共就业和人才服务机构要严明纪律，完善制度，从严管理流动人员人事档案。要加强流动人员人事档案管理服务人员队伍建设，选配政治可靠、作风正派、责任心强、业务素质好的中共党员从事档案管理工作。要开展党性教育、理论学习、业务培训、工作交流和纪律约束等多种形式的教育培训活动，提高流动人员人事档案工作人员政治素质、政策水平和业务能力。要开展流动人员人事档案服务窗口作风建设活动，建立作风建设长效机制，不断提升服务水平和质量。

附件：1. 流动人员人事档案基本公共服务内容

2. 流动人员人事档案转递通知单及存根

（附件本书略）

人力资源和社会保障部关于“先照后证”改革后加强人力资源市场事中事后监管的意见

（2016年5月25日　人社部发〔2016〕49号）

各省、自治区、直辖市及新疆生产建设兵团人力资源社会保障厅（局）：

近年来，各级人力资源社会保障部门按照国务院推进简政放权、放管结合、优化服务改革的统一部署，推出一系列改革措施，有效规范了市场秩序，激发了市场活力，统一规范灵活的人力资源市场体系逐步完善。为深入落实《国务院关于“先照后证”改革后加强事中事后监管的意见》（国发〔2015〕62号）等有关文件精神，进一步转变市场监管理念，创新监管方式，构建权责明确、透明高效的事中事后监管机制，促进市场在人力资源配置中起决定性作用和更好发挥政府作用，现就“先照后证”改革后加强人力资源市场事中事后监管提出以下意见：

一、依法规范实施人力资源市场行政许可

（一）依法依规开展行政审批制度改革相关工作。各地要严格依照法定权限和规定程序，按照“先照后证”改革要求，规范实施人力资源市场行政许可。对人力资源市场管理方面的地方性法规、规章，凡是与法律规定和国务院决定不一致的，应当按照管理权限及时报请有关部门予以调整。对权限不在地方政府而本地区确需调整的行政许可事项，应当按照管理权限及时报请有关部门批准或者取得授权。

（二）简化优化审批流程。各地要按照新修订的《就业促进法》以及《人力资源社会保障部关于修改部分规章的决定》（人力资源和社会保障部令第 24 号）的精神，全面梳理人力资源市场行政许可事项，认真落实设立人力资源服务机构行政许可由工商登记前置审批改为后置审批、取消最低注册资本金限额、注册资本实缴改认缴等改革举措。建立行政许可事项目录，通过政府网站公开审批依据、受理机构、申请条件、申报材料、办理流程、办理时限、审批结果等信息。推行受理单制度，精简有关审批材料和审批环节，提高效率，依法限时办结。编制服务指南，通过窗口发放或政府网站公布等形式向社会公开。建立与工商行政管理等部门的工作衔接机制，及时掌握经工商登记的人力资源服务机构情况，防止出现监管真空。

（三）做好行政许可下放和承接工作。各地要严格按照审批权限，积极稳妥下放审批事项，提高服务便捷性和可及性。对已下放的行政审批事项，要严肃纪律、严格执行，彻底放、放到位，及时纠正明放暗留、变相审批、弄虚作假等行为。加强承接行政许可事项管理，配备专门工作人员，加强业务指导，确保事有人管、责有人负，实现无缝衔接。建立健全首问负责、一次性告知、并联办理、限时办结等制度，严格规范行政裁量权，坚决杜绝服务过程中不作为、慢作为、乱作为现象。

二、创新事中事后监管方式

（四）实施随机抽查监管制度。对法律法规规章规定的检查事项，大力推广随机抽查，不断提高随机抽查在市场监管工作中的比重。按照“双随机、一公开”的原则，建立随机抽取检查对象、随机选派执法检查人员的“双随机”抽查机制，严格限制自由裁量权。制定人力资源市场随机抽查事项清单，明确抽查的依据、主体、内容、方式等，并根据法律法规规章修订情况和工作实际进行动态调整，及时向社会公开。对投诉举报多、列入经营异常名录或有严重违法违规记录等情况的人力资源服务机构，加大随机抽查力度。对抽查发现的违法违规行为，依法依规加大惩处力度，形成有效震慑。抽查情况及查处结果要及时向社会公开，接受社会监督。

（五）构建守信激励和失信惩戒机制。深入推进人力资源服务机构诚信创建活动，建立覆盖全行业的诚信档案，推进诚信信息在采集、共享、使用、公开等环节的依法分类管理，强化信用对人力资源服务机构的约束作用。引导人力资源服务机构切实履行法定义务，主动接受社会监督，提高诚信自治水平。建立健全人力资源服务机构等级评价标准和制度，推进诚信体系建设制度化、规范化、长效化。探索诚信激励和失信惩戒措施，积极协调工商、财政、税务、金融、新闻等部门，对守法诚信的人力资源服务机构，在市场准入、投融资、企业注册、招投标、政府采购、表彰奖励等方面实施激励措施；对失信的人力资源服务机构，在安全许可、服务许可、从业任职资格、资质审核等方面依法予以限制或禁止；对严重违法失信的人力资源服务机构，通过吊销许可证等方式实行市场禁入，形成“一处失信，处处受限”的联合惩戒机制。

（六）建立年度报告公示制度。鼓励各地探索建立人力资源服务机构年度报告公示制度，研究制定具体办法，明确人力资源服务机构向市场管理部门报送年度报告及向社会公示业务开展情况的内容、时限和要求等，逐步将人力资源服务机构年审制度改为年度报告公示制度。人力资源社会保障行政部门可在政府门户网站上统一公示人力资源服务机构年度报告有关内容，有条件的地方也可依托人力资源市场管理信息平台，引导人力资源服务机构按要求自行公示业务开展情况，并对其报送和公示信息的真实性、合法性负责。人力资源社会保障行政部门要依法开展抽查或者根据举报核查人力资源服务机构年度报告及公示信息，对未按规定报送和公示年度报告、未依法履行信息公示义务以及存在隐瞒真实情况、弄虚作假等行为的人力资源服务机构，依法作出处理。

（七）探索运用新兴信息技术提升监管效能。鼓励在人力资源市场监管中探索运用大数据、云计算等现代信息技术，创新统计调查方法，改进市场供求信息的归类和分析，推动人力资源市场供求信息发布，加强市场监测预测和风险预警，合理引导市场预期，准确掌握市场动态，为促进就业和人力资源优化配置提供依据。

三、强化日常监督检查

（八）开展人力资源市场秩序清理整顿专项行动。加强协同配合，健全与公安、工商行政管理等相关部门的联合执法协作机制，及时互通执法信息，实施联合惩戒，定期开展专项执法检查活动，严厉打击侵害市场主体合法权益、恶性竞争等活动，及时纠正就业歧视、限制等行为，营造公平竞争的市场环境。

（九）强化招聘活动管理。要按照管理权限，落实安全责任，严格现场招聘会审批监管。已经取消招聘会审批的地方，可结合实际探索实施事前报告制度。切实做好现场招聘会场地安全检查和整治工作，制定完善周密的招聘会突发事件应急预案。积极推广网络监测、视频监控等非现场监管方式，加强招聘会现场监控。加强人力资源服务网站动态监测，依法规范网络招聘活动。

（十）提升公共服务规范化水平。认真落实加强流动人员人事档案管理服务工作的相关规定，严格执行取消收取人事关系及档案保管费、查阅费、证明费、档案转递费以及人才集体户口管理服务费等费用的规定，不得以任何理由拖延或拒绝执行，不得变换名目继续收费。全面实行服务公示制度，在服务场所和窗口明示服务项目、服务内容、办事流程、收费标准及依据等事项，主动接受社会监督。大力推进办事流程简化优化和服务方式创新，最大限度精简办事程序，减少办事环节，缩短办理时限，改进服务质量，发挥好人力资源市场服务大众创业、万众创新的作用。着力加强服务窗口作风建设，塑造良好形象，提升服务水平。

四、加强市场监管基础建设

（十一）加强人力资源服务标准化建设。做好已发布的人力资源服务标准的推广应用，探索开展标准实施评价工作，发挥好人力资源服务标准的基础性作用。要结合实际，有序开展地方标准制定和实施工作。鼓励人力资源行业协会、服务机构制定行业标准、团体标准、企业标准，逐步建立健全人力资源服务标准体系。

（十二）加强人力资源市场管理信息平台建设。加快建设全国统一的人力资源市场管理信息平台，鼓励有条件的地方先行先试，加快推进人力资源市场管理全程信息化，构建以信息归集共享为基础、以信息公示为手段、以信用监管为核心的管理信息化体系。逐步实现与工商、劳动保障监察等信息系统的信息共享，提升监管效能。

（十三）加强人力资源市场监管队伍建设。建立重心下移、力量下沉的市场监管工作机制，加强人力资源市场监管队伍特别是基层监管队伍建设，充实监管力量。以市、县两级市场管理部门工作人员为重点，扎实开展行政审批制度改革、简化优化公共服务、促进就业创业、窗口作风建设等方面的业务培训，提高市场监管队伍素质。加强宣传引导和作风建设，推动市场监管队伍创新工作理念和管理服务方式，积极适应新形势下市场监管的新要求，树立政治过硬、业务精湛、服务高效、作风优良的监管队伍形象。

五、积极推进社会协同共治

（十四）强化人力资源服务机构主体责任。强化人力资源服务机构作为人力资源市场服务主体的地位和责任，引导人力资源服务机构积极维护市场秩序，自觉抵制商业欺诈、恶性竞争等扰乱市场公平竞争的行为。引导人力资源服务机构充分认识信用状况对自身发展的关键作用，自觉提高诚信自治水平，在守法经营、服务质量、营销宣传、售后服务、信息公示等各方面切实履行法定义务。

（十五）充分发挥行业协会作用。支持人力资源服务行业协会发展，充分发挥行业协会在行业自律、行业发展等方面的作用，努力提高市场监管的社会化水平。鼓励行业协会开展行业信用评价工作，建立健全企业信用档案，完善行业信用体系。通过政府购买服务等方式，委托行业协会开展信用评价、市场调查、咨询培训、监管效果评估，在事中事后监管的各个环节建立行业协会参与机制，推进监管执法和行业自律良性互动。

（十六）鼓励社会监督。引导劳动者、用人单位、社会组织等社会力量参与人力资源市场监督，畅通投诉举报渠道，充分利用来信来访、互联网、举报电话、新媒体等多种途径，及时发现和查处人力资源市场违法违规行为。建立跟踪投诉处理机制，加强对投诉的数据分析，对有多次投诉或不良评价的监管对象实施预警。

人力资源社会保障部办公厅关于简化优化流动人员人事档案管理服务的通知

（2016年5月25日　人社厅发〔2016〕75号）

各省、自治区、直辖市及新疆生产建设兵团人力资源社会保障厅（局）：

《中共中央组织部、人力资源社会保障部等5部门关于进一步加强流动人员人事档案管理服务工作的通知》（人社部发〔2014〕90号）印发以来，各地认真贯彻落实文件要求，将流动人员人事档案管理服务纳入基本公共服务范围，及时取消收取人事关系及档案保管费，积极做好档案接收、整理、保管、利用和转递工作，取得明显进展。但是，目前流动人员人事档案管理服务中仍然存在手续繁琐、标准不统一、个别机构拒收档案等问题，与流动人员的期待还有一定差距。按照《国务院办公厅关于简化优化服务流程方便基层群众办事创业的通知》（国办发〔2015〕86号）和《人力资源社会保障部关于加强和改进人力资源社会保障领域公共服务的意见》（人社部发〔2016〕44号）有关精神，为进一步简化优化服务流程，创新和改进流动人员人事档案管理服务，切实解决流动人员存档过程中的问题，现就有关事项通知如下：

一、推进流动人员人事档案管理服务信息公开

（一）公布机构目录和办事指南。各地要汇总整理辖区内公共就业和人才服务机构以及授权管理流动人员人事档案的机构（以下简称档案管理服务机构）信息，包括机构名称、地址和联系方式等，并实行动态更新。要全面落实人社部发〔2014〕90

号文件明确的基本公共服务内容，并结合本地实际，梳理服务项目，细化办事流程，编制服务指南，明晰办事时限和注意事项。要通过各级政府网站、相关专业网站、服务场所显示屏以及印制手册等形式，向社会公开档案管理服务机构信息和办事指南。有条件的地方可开通官方微博、微信公众号等，及时发布相关信息。

（二）加强对重点群体的指导。各地要积极做好面向高校毕业生等重点群体的政策解读，每年在高校毕业生离校前后，将档案管理服务政策作为就业创业政策咨询、就业指导等活动的重要内容，加大宣传力度，引导做好档案转递工作。

（三）宣传普及档案政策知识。各地要通过多种渠道组织形式多样的流动人员人事档案管理服务知识宣传，介绍档案材料内容、形成过程及主要功能，提高用人单位和存档人对档案重要性的认识，强化档案材料收集意识，营造良好工作氛围。

二、促进流动人员人事档案管理服务便民利民

（四）实行档案接收告知承诺制。档案管理服务机构在接收档案时，要本着实事求是、便民利民的原则，对缺少材料的实行告知承诺制。要认真审核和甄别档案材料，对缺少关键材料的，一次性告知所缺材料及其可能造成的影响，经本人作出书面知情说明、承诺补充材料后予以接收，或与原工作单位协商退回并补充材料。对缺少非关键材料的，采取先存后补方式予以接收。关键材料一般是指用于核定存档人的出生日期、参加工作时间、入党时间、学历学位、工作经历等重要信息的材料。

（五）取消办理转正定级等手续。为简化办事环节和手续，今后档案管理服务机构对初次就业的流动人员不再办理转正定级手续。机关事业单位和国有企业在招考、聘用、招用流动人员时，可参考档案中的劳动合同、企业录用手续等材料及就业登记、劳动用工备案、社会保险缴费记录，认定参加工作时间和工作年限。档案管理服务机构要通过多种渠道，指导、督促用人单位和个人及时将上述材料收集归档。流动人员人事档案存档期间，档案管理服务机构不再办理档案工资记载、调整相关手续。

（六）畅通档案转递渠道。档案管理服务机构转递档案时不再开具行政（工资）介绍信。应届高校毕业生档案被档案管理服务机构接收、成为流动人员人事档案后，即可按照有关规定进行转递。个人跨地区就业且按照有关规定办理入职手续后，其档案在有人事档案管理权限的机关事业单位、国有企业和流动人员人事档案管理服务机构之间可直接办理转递手续。档案转递时，转出机构要在档案内附上档案材料目录清单，通过机要通信或专人送取方式进行转递，不得个人自带档案。

（七）推进前台业务受理、后台政策协调。办理社会保险代缴、退休初审、专业技术资格评定等其他基于档案延伸服务的档案管理服务机构，要加强前台服务和后台政策的协调，及时反映有关共性问题，并配合行政管理部门研究制定合理可行的解决办法，积极为存档人解决难题。

（八）强化人力资源社会保障系统信息共享。各地要建立人力资源社会保障部门内部信息共享机制。档案管理服务机构要加强与其他经办机构的信息互通和数据衔接，依据档案材料可出具相关证明的，不再转递档案。

（九）推进档案信息化工作。各级人力资源社会保障部门要加快流动人员人事档案电子化、数字化工作，建立全国流动人员人事档案基础信息数据库，推动数据向上集中，方便档案信息异地查询，加强信息安全管理。有条件的地方可开发流动人员人事档案管理服务网上办事平台，推广网上预审、网上受理、网上办理，提高管理水平和服务效率。

三、规范收费行为

（十）严格落实取消收费规定。档案管理服务机构要不折不扣地贯彻落实取消档案收费和人才集体户口管理服务费（包括经营服务性质的收费）的决定。各级人力资源社会保障部门要积极协调同级财政部门落实人社部发〔2014〕90号文件要求，将流动人员人事档案基本公共服务相关经费纳入同级财政预算，参考保管的档案数量等因素确定经费数额。

（十一）规范基于档案的延伸服务的收费行为。不得将参加社会保险、职称评审等业务与档案保管相挂钩，杜绝以档案为载体的捆绑收费、隐形收费行为。对基于档案延伸的其他服务，严格按物价部门核准的收费依据和标准进行收费，并且做到公开透明；没有收费项目和收费标准的，一律不得收费。

（十二）加大对基础设施建设的投入。各地要结合制定“十三五”规划、实施金保工程二期、加强基层就业和社会保障服务设施建设等，加大对流动人员人事档案库房、服务场所和信息系统等基础设施建设的投入，保障档案管理服务工作正常开展。

四、健全流动人员人事档案管理服务工作体系

（十三）建立科学合理的服务体系。各省级人力资源社会保障部门要根据当前辖区内档案管理服务机构现状，建立科学合理的流动人员人事档案管理服务体系，形成以县级及以上公共就业和人才服务机构为主体，授权管理服务机构为补充的流动人员人事档案管理服务工作格局。省级、地市级档案管理服务机构要充分考虑县级档案管理服务机构的实际服务能力和条件，不得强行推行档案属地化管理服务，对现已保管的流动人员人事档案，除因用人单位或本人申请档案转递外，一律不得以任何理由进行清退。

（十四）落实人事档案管理的主体责任。对用人单位集体委托存档的，原则上由用人单位工商营业执照或组织机构代码登记的同级档案管理服务机构负责；对个人委托存档的，按照本人自愿选择，由其现工作单位所在地或户籍所在地的档案管理服务机构负责。鼓励用人单位办理集体委托存档业务，加强档案材料收集，提高管理服务效率。有人事档案管理权限的国有企业、国有控股企业和事业单位，要依据有关规定做好本单位干部职工档案管理工作。

（十五）强化行政部门指导监督职能。各级人力资源社会保障行政部门要将流动人员人事档案管理服务作为公共服务的重要内容，切实加强组织领导，做好统筹规划，明确职责分工，完善政策制度，强化监督检查。对存在虚假宣传、推诿拒收、无故清理档案、违反档案保密纪律等行为的档案管理服务机构，要加强问责，督促整改。流动人员人事档案比较集中的超大城市人力资源社会保障部门，要尽快制定并实施在本地就业的非户籍流动人员的人事档案管理服务相关规定。

各级人力资源社会保障部门要统一思想，提高认识，切实贯彻落实好简化优化流动人员人事档案管理服务的各项措施，加强服务窗口作风建设，创造性地开展工作，为人才流动就业服务，为大众创业、万众创新服务。各地在工作中遇到的新情况新问题，请及时向人力资源社会保障部人力资源市场司反馈。

山东省人力资源市场条例

（2015年7月24日山东省第十二届人民代表大会常务委员会第十五次会议通过）

第一章　总　则

第一条　为了规范人力资源市场活动，维护劳动者、用人单位和人力资源服务机构的合法权益，培育和发展人力资源市场，根据有关法律、行政法规，结合本省实际，制定本条例。

第二条　本省行政区域内通过人力资源市场进行的求职招聘、人力资源服务以及对人力资源市场的促进保障和监督检查，适用本条例。

第三条　人力资源市场活动应当遵循合法、诚信、公开、平等的原则。

第四条　劳动者依法享有平等就业和自主择业的权利。用人单位依法享有自主用人的权利。

任何单位和个人不得侵害劳动者、用人单位和人力资源服务机构的合法权益。

第五条　县级以上人民政府人力资源社会保障部门负责本行政区域内人力资源市场的服务和管理工作。

机构编制、发展改革、公安、民政、财政、教育、商务、工商行政管理、价格等部门，按照职责分工，共同做好人力资源市场的服务和管理工作。

第二章　促进与保障

第六条　县级以上人民政府应当将人力资源市场建设纳入国民经济和社会发展规划，逐步加大人力资源市场投人，健全统一开放、竞争有序的人力资源市场体系。

第七条 县级以上人民政府应当将人力资源服务业作为发展服务业的重点领域，通过政策引导、资金扶持、环境营造，促进人力资源服务业发展。

第八条 县级以上人民政府应当促进公共人力资源服务机构和基层公共人力资源服务平台建设，将服务经费纳入财政预算，建立经费保障机制，完善公共人力资源服务体系。

县级以上人民政府应当制定扶持激励政策，积极培养引进急需紧缺高层次人才，服务经济社会发展。

第九条 鼓励社会力量参与人力资源市场建设。

社会力量举办的人力资源服务机构提供公益性人力资源服务的，县级以上人民政府应当按照有关规定给予补贴。

第十条 县级以上人民政府可以采取政府购买服务的方式，委托人力资源服务机构开展人力资源服务活动。

第十一条 县级以上人民政府支持人力资源服务机构创建自主品牌，对获得中国驰名商标、省著名商标和省服务名牌的，应当按照有关规定给予奖励。

第十二条 省人民政府人力资源社会保障部门应当建立统一的人力资源市场监测体系，推进公共服务信息平台建设，实现政府有关部门、用人单位、人力资源服务机构和人力资源服务行业协会的人力资源信息共享。

县级以上人民政府人力资源社会保障部门应当完善人力资源信息网上采集、归类、分析和发布制度，促进人力资源开发利用和合理配置。

第三章　人力资源服务

第十三条 人力资源服务是为劳动者求职、用人单位招聘、人力资源开发配置提供的各类服务，主要包括下列活动：

（一）职业介绍和职业指导；

（二）人力资源供求信息的收集、整理、储存和发布；

（三）绩效薪酬管理咨询、创业指导、职业生涯规划；

（四）人力资源素质测评；

（五）人力资源培训；

（六）高级人才寻访；

（七）举办人力资源交流会；

（八）人力资源管理服务外包；

（九）人力资源互联网信息服务；

（十）受用人单位或者劳动者委托，代办社会保险事务；

（十一）法律、法规未禁止的其他人力资源服务活动。

第十四条 县级以上人民政府设立的公共人力资源服务机构应当提高服务质量和效率，按照国家制定的服务规范和标准，依法免费提供公共人力资源服务。

第十五条 设立人力资源服务机构（职业中介机构、人才中介服务机构），应当取得人力资源服务许可，并在许可范围内开展活动。

取得人力资源服务许可应当具备下列条件：

（一）有明确的章程和管理制度；

（二）有与其业务范围和规模相适应的场所、设施和 3 名以上专职工作人员；

（三）法律、法规规定的其他条件。

第十六条 申请人力资源服务许可，应当向设区的市或者县（市、区）人民政府人力资源社会保障部门提交下列材料：

（一）人力资源服务申请表；

（二）章程和管理制度；

（三）场所、设施的使用权或者所有权证明；

（四）负责人身份证明和专职工作人员的相关材料；

（五）开展人力资源互联网信息服务的，需要提供互联网信息服务业务经营许可证；

（六）法律、法规规定的其他材料。

拟开展劳务派遣业务的，可以依法一并提交劳务派遣许可申请和相关材料。

第十七条 设区的市或者县（市、区）人民政府人力资源社会保障部门，应当自受理行政许可申请之日起十五个工作日内作出决定；对符合条件的，依法作出准予行政许可的书面决定，同时向申请人颁发人力资源服务许可证，注明许可范围；对不符合条件的，依法作出不予行政许可的书面决定，说明理由，并告知申请人享有依法申请行政复议或者提起行政诉讼的权利。

第十八条 人力资源服务机构变更名称、住所、负责人等事项的，应当自变更之日起三十日内向作出行政许可决定的人力资源社会保障部门备案；人力资源社会保障部门应当及时向社会公布变更事项。

第十九条 人力资源服务机构开展岗前或者能力提高等人力资源培训的，应当注重提高劳动者的职业素质和职业技能，培训内容不得违反法律、法规规定。

第二十条 人力资源互联网信息服务提供者应当建立信息录入、发布审查和投诉核查处理机制，保证发布的人力资源信息合法、真实、有效。

人力资源互联网信息服务提供者在业务活动中收集劳动者和用人单位个人电子信息，应当遵循合法、正当、必要的原则。

第二十一条 人力资源服务机构从事高级人才寻访服务，应当保护其所知悉的委托单位的商业秘密，并为高级人才的求职意愿保密。

第二十二条 人力资源服务机构可以与用人单位订立人力资源管理服务外包合同，向用人单位提供人力资源业务流程、招聘流程、薪酬福利等外包服务。

第二十三条 人力资源服务机构从事流动人员人事档案管理服务的，按照国家有关规定办理。

第二十四条 人力资源服务机构举办人力资源交流会，应当按照有关规定提前制定活动方案，核实招聘单位的资质证明和招聘资料，并向社会公布交流会信息。

人力资源服务机构应当自交流会结束之日起十五个工作日内，向举办地的县（市、区）人民政府人力资源社会保障部门报告交流会举办情况。

第二十五条 人力资源服务机构应当在服务场所明示人力资源服务许可证、服务内容和程序、收费项目和标准、监督机关和电话等。

人力资源服务机构应当建立服务信息档案，如实记录服务对象、服务过程、服务结果和收费情况等。

第二十六条 人力资源服务机构应当于每年3月1日前向设区的市或者县（市、区）人民政府人力资源社会保障部门报送上一年度报告，并对年度报告的真实性、合法性负责。年度报告的主要内容应当包括业务开展、经营业绩、设立分支机构等情况。

第二十七条 人力资源服务机构可以依法成立行业协会，促进公平竞争，规范服务行为，维护行业成员的合法权益，推进诚信文化建设，加强行业自律，促进行业发展。

第二十八条 人力资源服务机构不得有下列行为：

（一）提供虚假求职和招聘信息；

（二）发布包含歧视性内容的招聘信息；

（三）为无合法身份证件的求职者或者无合法证照的用人单位提供人力资源服务；

（四）介绍未满十六周岁的未成年人就业；

（五）介绍求职者从事法律、法规禁止的职业；

（六）扣押求职者的居民身份证和其他证件，或者向求职者收取押金；

（七）未经求职者、用人单位同意公开其信息，或者出售、非法向他人提供求职者、用人单位信息；

（八）伪造、涂改、转让人力资源服务许可证；

（九）以欺骗、贿赂等不正当手段取得人力资源服务许可；

（十）以胁迫、欺诈等方式提供人力资源服务；

（十一）其他违反法律、法规规定的行为。

第四章　求职与招聘

第二十九条　劳动者年满十六周岁，可以通过人力资源服务机构、人力资源招聘活动、人力资源信息网络等求职。

第三十条　求职者应当如实向人力资源服务机构或者用人单位提供个人基本情况以及与应聘岗位直接相关的专业知识、技能水平、工作经历等情况，并出示有关证明。

第三十一条　用人单位招聘人员时，应当向求职者提供平等的就业机会和公平的就业条件，不得实施就业歧视。

第三十二条　用人单位委托人力资源服务机构，或者通过人力资源招聘活动招聘人员的，应当提供招聘简章，并出示营业执照（副本）或者有关部门批准其设立的文件、经办人的身份证件和用人单位的委托招聘证明。

招聘简章应当载明用人单位基本情况、岗位名称、招用人数、工作内容、工作地点、录用条件、用工类型、劳动报酬、社会保险和福利、劳动保护和职业危害等。

第三十三条　用人单位应当对求职者的个人信息予以保密，除依法应当公开的内容外，未经求职者同意，不得公开或者利用其个人信息。

第三十四条　用人单位不得向求职者收取报名费、登记费和培训费等费用，不得以提供担保等名义向求职者收取财物。

第三十五条　用人单位招聘从事涉及公共安全、人身健康、生命财产安全等特殊工种的劳动者，应当录用依法取得相应职业资格证书的人员。

第五章　监督检查

第三十六条　县级以上人民政府人力资源社会保障部门应当健全人力资源市场监管体系，完善监管制度，加强对人力资源服务机构和人力资源市场活动的监督检查。

第三十七条　县级以上人民政府人力资源社会保障部门应当加强人力资源市场诚信体系建设，建立守信激励和失信惩戒机制，依法开展行业信用评价，实施信用分类监管。

第三十八条　县级以上人民政府人力资源社会保障部门应当加强公共人力资源服务机构管理，定期对其完成各项任务情况进行绩效考核。

第三十九条　县级以上人民政府人力资源社会保障部门应当完善人力资源服务许可制度，在本机关网站公开行政许可程序、期限和需要提交的材料目录，以及准予行政许可的人力资源服务机构名录等信息。

第四十条　县级以上人民政府人力资源社会保障部门依法对人力资源市场进行检查时，可以采取下列措施：

（一）进入被检查单位进行检查；

（二）询问有关人员，查阅服务信息档案；

（三）要求被检查单位提供与检查事项相关的文件资料，并作出解释和说明；

（四）采取记录、录音、录像、照相或者复制等方式收集有关情况和资料；

（五）法律、法规规定的其他检查措施。

被检查单位应当如实提供相关统计数据和信息。

第四十一条　县级以上人民政府人力资源社会保障部门应当建立举报投诉制度，公布举报投诉电话，依法及时处理有关举报投诉。

第六章 法律责任

第四十二条 违反本条例规定的行为，法律、行政法规已规定行政法律责任的，从其规定；法律、行政法规未规定行政法律责任的，依照本条例的规定执行。

第四十三条 违反本条例规定，公共人力资源服务机构向劳动者收取费用的，由其主管机关责令限期改正，将违法收取的费用退还劳动者，并对直接负责的主管人员和其他直接责任人员依法给予处分。

第四十四条 违反本条例规定，未取得人力资源服务许可从事职业中介或者人才中介活动，擅自扩大许可范围的，由县级以上人民政府人力资源社会保障部门责令停止违法行为，没收违法所得，并处一万元以上五万元以下的罚款。

第四十五条 违反本条例规定，人力资源服务机构未在服务场所履行明示义务，未建立服务信息档案或者未履行记录义务，未按照规定报送年度报告的，由县级以上人民政府人力资源社会保障部门责令限期改正；逾期不改正的，记入机构信用档案，并向社会公布。

第四十六条 违反本条例规定，人力资源服务机构提供虚假求职和招聘信息，为无合法证照的用人单位提供人力资源服务，介绍求职者从事法律、法规禁止的职业，伪造、涂改、转让人力资源服务许可证的，由县级以上人民政府人力资源社会保障部门责令改正，没收违法所得，并处一万元以上五万元以下的罚款；情节严重的，吊销人力资源服务许可证。

第四十七条 违反本条例规定，用人单位提供虚假招聘信息的，由县级以上人民政府人力资源社会保障部门责令改正，处三千元以上三万元以下的罚款。

第四十八条 县级以上人民政府人力资源社会保障部门和其他有关部门有下列行为之一的，对直接负责的主管人员和其他直接责任人员依法给予处分；构成犯罪的，依法追究刑事责任：

（一）不依法作出行政许可决定的；

（二）在办理行政许可、实施监督检查工作中，索取或者收受他人财物或者谋取其他利益的；

（三）不依法履行监督职责或者监督不力，造成严重后果的；

（四）其他滥用职权、玩忽职守、徇私舞弊的行为。

第四十九条 违反本条例规定，侵害求职者或者用人单位合法权益，造成财产损失或者其他损害的，依法承担民事责任；构成犯罪的，依法追究刑事责任。

第七章 附 则

第五十条 设立中外合资、合作人力资源服务机构或者从事对外劳务合作活动的，依照有关法律、行政法规和国家有关规定执行。

第五十一条 本条例自2015年10月1日起施行。1997年6月6日山东省第八届人民代表大会常务委员会第二十八次会议通过、2004年11月25日山东省第十届人民代表大会常务委员会第十一次会议修正的《山东省人才市场管理条例》和1998年11月21日山东省第九届人民代表大会常务委员会第五次会议通过、2004年11月25日山东省第十届人民代表大会常务委员会第十一次会议修正的《山东省劳动力市场管理条例》同时废止。

山东省人事厅关于印发《山东省人事代理暂行办法》的通知

（1997 年 1 月 8 日　鲁人〔1997〕3 号）

各市地人事局，省直各部门、各高等院校、各大企业、中央驻鲁单位：

现将《山东省人事代理暂行办法》印发给你们，请结合本地区、本部门实际贯彻执行。

山东省人事代理暂行办法

第一条　根据上级有关规定，为了推进人事代理工作的开展，规范人事代理行为，完善人才社会化服务体系，促进社会经济和各项事业的发展，制定本办法。

第二条　县级以上政府人事行政部门按照管理权限主管人事代理工作，其所属人才服务机构具体承办人事代理业务。

第三条　人事代理的范围为本省境内无主管部门、不具备人事管理条件的单位；其它自愿委托的各类企事业单位；自愿委托的专业技术人员和管理人员。

第四条　人事代理方式，可实行单位委托，也可实行个人委托。委托单位和个人应明确代理项目，可全权委托代理，也可单项或多项委托代理。

第五条　负责人事代理工作的人才服务机构与人事代理对象不具有行政隶属关系，仅为其代理有关人事事宜。

第六条　单位或个人办理委托人事代理，须向人才服务机构出具委托人事代理申请书。属单位委托的，还须出具单位营业执照（副本）或批准成立文件、委托代理人员名单、聘用合同等材料；属个人委托的，还须出具身份证，毕业证或专业技术职务资格证书，聘用、解聘、辞职、辞退证明及其它相关证明材料。

第七条 人事代理实行合同制。经审查同意承办人事代理的，人才服务机构要与委托单位或个人签订人事代理合同书，确立委托关系，明确双方的责任、权利和义务。合同期限由双方协商确定。合同期满可以续签。

人事代理合同的签订、变更、终止或合同纠纷，按照有关法律、法规的规定办理。

第八条 人事代理的内容是：

（一）提供人事政策咨询和人才基本素质测评；协助委托单位制定人员发展规划和机构、人事改革方案；

（二）协助委托单位进行岗位技能培训；

（三）协助委托单位招聘录用专业技术人员和管理人员，办理大中专毕业生、转业军官、引进人才及其他聘用人员的接收流动手续及聘用合同鉴证，协助办理人才流动争议调解和仲裁；

（四）按照有关规定，管理委托对象的人事档案、人事关系，办理专业技术职务资格确定和资格考评、晋升的申报，办理大中专毕业生转正定级，出具有关证明材料；

（五）负责代管人事档案人员的身份确认、工龄计算及档案工资调整；

（六）办理与单位解除聘用关系人员的就业推荐工作；

（七）代管党团组织关系；

（八）代办社会保险；

（九）政府人事行政部门交办和用人单位委托的其它人事代理业务。

第九条 委托对象的人事档案，由委托单位或委托个人的人事档案管理机构按照人事档案管理的规定进行整理，经人才服务机构审查合格，方可办理移交手续。人事档案的转递一律由组织移交和领取，对个人自带的人事档案，人才服务机构不予办理。

第十条 在人事代理期间，委托单位确定的聘（录）用、引进的人员，均应通过人才服务机构办理流动手续。其中属不迁移户口流动的，由人才服务机构直接办理；属迁户口调动的，由人才服务机构转报人事行政部门批准后办理或由政府人事行政部门授权的人才服务机构办理。

第十一条 委托单位与聘用人员解除聘用合同后，委托单位须在 15 日内书面向人才服务机构备案。如需办理人事档案和人事关系转移手续，人才服务机构要及时予以办理。

第十二条 委托单位要定期向人才服务机构通报人事政策法规贯彻执行情况，报送有关统计资料；定期对聘用人员进行政治思想、工作表现等方面的考核，每年底形成书面考核材料送人才服务机构归档备查。

见习期满的毕业生，委托单位要及时进行考核。经考核符合转正定级条件的，委托单位应按要求提供有关材料，由人才服务机构办理转正定级手续。

第十三条 在人事代理工作中，人才服务机构要正确执行人事法规、政策，维护委托单位和人才的合法权益，并对委托单位执行人事法规、政策的情况进行监督。

第十四条 人事代理实行有偿服务，具体收费标准另行制定。

第十五条 本办法自发布之日起施行。

中共山东省委组织部、省人事厅转发中共中央组织部、人事部《关于印发〈流动人员人事档案管理暂行规定〉的通知》的通知

（1997年2月18日　鲁人〔1997〕21号）

各市、地、县（市区）委组织部，各市、地、县（市区）人事局，省直各部门、各高等院校、各大企业人事（干部）处：

近几年来，我省各级党委组织部门和政府人事部门，按照国家有关规定，认真做好流动人员人事档案管理工作，为促进人才的合理流动提供了保证。为了进一步做好这项工作，现将中共中央组织部、人事部《关于印发〈流动人员人事档案管理暂行规定〉的通知》转发给你们，并结合我省情况提出以下意见，望一并贯彻执行。

一、流动人员的人事档案，一律由县以上（含县）党委组织部门和政府人事部门所属人才服务机构管理。其它任何单位和个人不得擅自管理流动人员人事档案。已经承接流动人员人事档案的，要按照本通知规定，将其管理的流动人员人事档案移交党委组织部门或政府人事部门所属的人才服务机构。

二、各级人才服务机构，要严格按照干部档案管理的有关规定，认真做好流动人员人事档案的收集、整理、保管、利用、转递工作。人才服务机构凭流动人员辞职、辞退证明书或其它符合国家规定的证明材料，向流动人员原单位开具调档函，其原单位要按规定整理好档案，及时转交人才服务机构。流动人员人事档

案的转递，必须由各级组织通过机要交通或专人送取，对流动人员本人自带的人事档案，人才服务机构不予办理；查阅流动人员人事档案者，必须是中共党员干部，任何个人不得查阅本人或亲属的档案。各级人才服务机构要建立健全档案管理制度，并认真抓好落实。

三、各级党委组织部门和政府人事部门，要切实加强对流动人员人事档案管理工作的领导。要配备党性强、作风正并具有一定专业知识的党员干部专门从事流动人员人事档案管理工作；要抓好对档案管理人员的培训，不断提高其政治、业务素质；要抓好对流动人员人事档案管理的监督、指导，发现问题及时解决。对各地流动人员人事档案管理工作情况，省委组织部、省人事厅将在年内进行一次检查。

四、省内以往制定的流动人员人事档案管理规定与本规定不一致的，按本规定执行。

中共中央组织部、人事部关于印发《流动人员人事档案管理暂行规定》的通知

各省、自治区、直辖市党委组织部和人民政府人事（人事劳动）厅（局），及新疆生产建设兵团党委组织部、人事局，中央、国家机关各部委和各人民团体干部（人事）部门：

现将《流动人员人事档案管理暂行规定》印发给你们。请你们依据本规定，对本地区、本部门流动人员人事档案管理工作做一次检查，纠正存在的问题。中共中央组织部、人事部将在明年适当的时候，对《流动人员人事档案管理暂行规定》的贯彻落实情况，进行一次检查。请及时将执行中的有关情况和问题告诉我们。

流动人员人事档案管理暂行规定

第一章　总　则

第一条　为进一步加强流动人员人事档案的管理，维护人事档案的真实性、严肃性，完善人才流动社会化服务体系，促进人才合理流动，根据《中华人民共和国档案法》、《干部档案工作条例》及有关法律、法规，制定本规定。

第二条　本规定所称流动人员人事档案是指：

（一）辞职或被辞退的机关工作人员、企事业单位专业技术人员和管理人员的人事档案；

（二）与用人单位解除劳动合同或聘用合同的专业技术人员和管理人员的人事档案；

（三）待业的大中专毕业生的人事档案；

（四）自费出国留学人员的人事档案；

（五）外商投资企业、乡镇企业、区街企业、民营科技企业、私营企业等非国有企业聘用的专业技术人员和管理人员的人事档案；

（六）外国企业常驻代表机构的中方雇员的人事档案；

（七）其他流动人员的人事档案。

第三条　流动人员人事档案管理遵循“集中统一，归口管理”的原则，接受同级党委组织部门、政府人事行政部门的监督和指导。

第二章　流动人员人事档案管理机构

第四条　流动人员人事档案管理机构为县以上（含县）党委组织部门和政府人事行政部门所属的人才流动服务机构（以下简称人才流动服务机构），其他任何单位不得擅自管理流动人员人事档案；严禁个人保管他人人事档案。

第五条 跨地区流动的流动人员人事档案，可由其户籍所在地的人才流动服务机构管理，也可由其现工作单位所在地的人才流动服务机构管理。

第六条 尚未建立人才流动服务机构的地区，流动人员人事档案仍由原人事档案管理单位管理。

第七条 人才流动服务机构应认真做好流动人员人事档案的收集、整理、保管、利用、转递等管理工作，认真做好与流动人员人事档案管理有关的流动人员身份认定、档案工资记载、出国（出境）政审工作，经授权做好相关的职称资格考评、合同鉴证、社会保险等社会化服务工作。

第三章 流动人员人事档案的转递

第八条 人才流动服务机构凭符合国家有关政策规定的人员流动的有效文书，向流动人员原单位开具调档函，原单位接到调档函15天内，将流动人员人事档案随档案转递通知单转交人才流动服务机构。转递的流动人员人事档案必须完整齐全，不得扣留材料或分批转出。人才流动服务机构经审核无误后，及时将档案转递通知单回执退回原单位。人才流动服务机构发现转来的档案材料不齐全或不清楚的，应要求原单位补齐或查清楚。

第九条 流动人员人事档案转递，应通过机要交通或派专人送取，不得邮寄或交流动人员本人自带。对流动人员本人自带的人事档案，人才流动服务机构不得接收。

第十条 人才流动服务机构接管流动人员人事档案，须由流动人员或其现所在单位办理委托存档手续。人才流动服务机构应与流动人员或其现所在单位签订档案管理合同书，合同书须明确双方的权利、义务等内容。

第十一条 人才流动服务机构开具的转档手续，与机关、国有企事业单位开具的转档手续具有相同效力。机关、国有企事业单位必须凭人才流动服务机构开具的转档手续，方可接收流动人员人事档案。

第四章 流动人员人事档案的收集整理与利用

第十二条 人才流动服务机构应加强与流动人员及其现所在工作单位的联系，做好流动人员档案材料的收集工作，不断充实流动人员人事档案的内容。收集的材料，必须经过认真的鉴别。需经单位盖章或本人签字的，签字盖章后方能归入档案。

第十三条 人才流动服务机构应按照干部档案整理工作的有关规定，认真做好流动人员档案材料的整理工作。在整理档案过程中，要防止丢失档案材料和擅自泄露档案内容，不得擅自涂改、抽取、销毁或伪造流动人员人事档案材料。

第十四条 人才流动服务机构应按照《干部档案工作条例》中的有关规定，建立健全流动人员人事档案查阅、借阅工作制度和注意事项。

（一）查阅流动人员人事档案应办理审批手续。查阅单位应申明查阅理由，管档单位根据规定和需要确定需提供的档案材料。

（二）查阅单位应派中共党员到人才流动服务机构查阅流动人员人事档案。对不符合规定条件的，人才流动服务机构可根据实际情况向查阅单位介绍被查阅人的有关情况。

（三）人才流动服务机构对高级专业技术人员和涉及国家秘密的流动人员人事档案要严格保管，严格查阅手续。

（四）任何个人不得查阅或借用本人及其直系亲属的档案。

（五）查阅档案必须严格遵守保密规定和阅档规定，严禁涂改、圈划、抽取、撤换档案材料，查阅者不得泄露或擅自向外公布档案内容。

第五章　流动人员人事档案的保管

第十五条　人才流动服务机构应具备管理流动人员人事档案的物质条件，建立坚固的防火、防潮的专用档案库房，配备铁质的档案柜；经常检查库房的防火、防潮、防蛀、防盗、防光、防高温等设施和安全措施；档案库房、阅档室和档案人员办公室应三室分开。要不断研究和改进档案的保管法和保护技术，逐步实现档案管理的现代化。

第十六条　建立健全流动人员人事档案管理的内部规章制度，加强流动人员人事档案工作的政策研究和理论研究，实行目标管理，不断提高流动人员人事档案管理的效率和质量。

第十七条　流动人员人事档案管理应由专人负责。档案管理人员必须是党性强、作风正、忠于职守、具有一定的档案管理专业知识的共产党员。

第六章　监督与处罚

第十八条　对违反本规定有下列情形的，由党委组织部门和政府人事行政部门会同有关部门进行处理：

（一）擅自管理流动人员人事档案的单位或个人；

（二）擅自涂改档案内容或伪造档案材料的；

（三）擅自向外公布、泄露档案内容的；

（四）在流动人员人事档案的收集、整理、保管、利用、转递等管理工作中，出现违反本规定行为造成严重后果的。

对前款所列情形负有责任的单位或直接责任者，要视情节轻重，给予批评教育或党纪、政纪处分；触犯法律的，要依法追究责任。

第七章　附　则

第十九条　人才流动服务机构管理流动人员人事档案，应本着“服务为主，适当收费”的原则，按照有关规定收取服务费，但不得以赢利为目的。

第二十条 各省、自治区、直辖市可根据本规定制定实施办法或工作细则，并报人事部备案。

第二十一条 本规定由人事部负责解释。

第二十二条 本规定自颁布之日起施行。中共中央组织部、人事部《关于加强流动人员人事档案管理工作的通知》（人调发〔1988〕5号）和《关于进一步加强流动人员人事档案管理的补充通知》（人调发〔1989〕11号）同时废止。

山东省人事厅等部门关于做好派遣期满后未就业普通大中专学校毕业生就业和人事代理工作的通知

（2000 年 1 月 10 日　鲁人〔2000〕3 号）

各市地人事局、教委、公安局、粮食局，省直各部门、各高等院校、各大企业，中央驻鲁有关单位：

近年来，由于种种原因，我省普通大中专学校毕业生在规定的派遣期内不能就业的人数逐步增多。为了做好对这部分毕业生的管理和服务工作，根据山东省人民政府《关于认真做好 1999 年大中专学校毕业生就业工作的通知》（鲁政发〔1999〕48 号）和人事代理有关规定，特作如下通知：

一、在毕业生派遣期内，各级毕业生就业主管部门和就业指导机构，要采取多种措施，努力实现毕业生最大限度就业。派遣期满后仍未就业的毕业生，县级以上毕业生就业主管部门在派遣期满后 2 个月内将其转介到生源所在地的同级政府人事部门所属人才服务机构。毕业生应在规定时间内凭《报到证》到毕业生就业主管部门办理转介手续，然后到人才服务机构办理档案托管，《报到证》存入毕业生个人档案。转介到人才服务机构的毕业生，应与人才服务机构签订档案托管协议，并通过人才市场自主择业。

二、在人才服务机构办理档案托管手续的毕业生，人才服务机构为其提供出国政审、出具升学证明、代管党团组织关系和户粮关系等服务。代管户口关系的，按省人事厅、省公安厅鲁人〔1997〕89 号文办理。代管粮食关系办法另行通知。

三、办理档案托管手续的毕业生与用人单位签订就业协议后，由人才服务机构出具《山东省普通大中专学校毕业生就业介绍信》（以下简称《就业介绍信》，式样附后）。毕业生凭《就业介绍信》到用人单位报到，办理档案交接、党团关系转移和户粮迁移等手续。《就业介绍信》归入个人档案，作为其计算工龄、纳入专业技术人员和管理人员队伍管理以及享受当年同等学历毕业生待遇的凭证。持《就业介绍信》报到的毕业生，从报到之日起计算工龄，不再实行见习期。

四、在人才服务机构办理档案托管手续的毕业生就业后，需继续委托人才服务机构管理人事关系和档案的，由用人单位或个人与人才服务机构签订新的人事代理协议，人才服务机构为其提供档案保管、工龄计算、转正定级、职称考评、出国政审、代办社会保险、代管党团组织关系、户粮关系等服务。

五、毕业生在派遣期内从事个体私营经济、创办经济实体等自谋职业或自费出国留学的，可在生源地县级以上人才服务机构办理人事代理，毕业生就业主管部门凭毕业生与人才服务机构签订的人事代理协议将其派遣到人才服务机构，人才服务机构按有关规定为其提供各项人事代理服务。派遣期内自谋职业的毕业生因特殊情况需调整改派的，仍由毕业生就业主管部门按有关规定办理改派手续。

附件：山东省普通大中专学校毕业生就业介绍信

（附件本书略）

山东省人力资源和社会保障厅等部门关于印发《关于促进人力资源服务业发展的指导意见》的通知

（2014 年 1 月 8 日　鲁人社发〔2014〕4 号）

各市人民政府，省直各有关部门（单位），各有关企业，各高等院校：

《关于促进人力资源服务业发展的指导意见》已经省政府同意，现印发给你们，请结合实际抓好贯彻落实。

关于促进人力资源服务业发展的指导意见

人力资源服务业是围绕人力资源配置、管理、开发提供相关服务的生产性服务行业，是现代服务业的重要组成部分。人力资源服务业既能够为广大人才提供就业和人才配置的专业化服务，又能够满足国民经济各个行业对人力资源的需求。为贯彻党的十八大和十八届三中全会精神，落实国家《服务业发展“十二五”规划》《山东省“十二五”服务业发展规划纲要》和《山东省人民政府关于加快服务业发展的若干意见》等文件要求，推动我省人力资源服务业健康快速发展，现提出如下意见：

一、加快发展人力资源服务业的指导思想、基本原则和发展目标

（一）指导思想

坚持以邓小平理论、“三个代表”重要思想、科学发展观为指导，紧紧围绕民生为本、人才优先的工作主线，认真贯彻落实省委、省政府“创造国内领先的营商环境”的战略部署，以促进人力资源服务业规范发展，提高人力资源服务供给能力为主要任务，充分发挥市场机制在人力资源配置中的决定性作用，不断完善服务体系，激发市场活力，营造良好发展环境，通过人力资源的充分开发利用为经济社会发展创造条件、提供支撑。

（二）基本原则

1. 政府引导，推动发展。坚持促进发展与规范管理相结合，建立政府部门推动引导、市场公平竞争、机构良性发展的运行格局。

2. 科学布局，优化发展。坚持高端发展和全面推进相结合，优化人力资源服务行业结构，构建多层次、多元化的人力资源服务机构集群。

3. 统筹推进，协调发展。坚持完善公共服务和壮大经营性服务相结合，实行分类指导，实现优势互补。

4. 效益兼顾，科学发展。坚持社会效益和经济效益相结合，以人力资源服务业的科学发展促进人才优先发展，经济社会充分发展。

（三）发展目标

到2015年，初步建立专业化、信息化、产业化、国际化的人力资源服务体系，实现公共服务充分保障、市场经营性服务逐步壮大、高端服务业务快速发展，人力资源开发配置和服务就业的能力明显提升，人力资源服务业在整个服务业中的比重明显增加，总体发展水平显著提高。

——综合实力大幅提升。力争到2015年，人力资源服务机构总数达到2500家，净增人力资源服务企业800家；全省引进6家世界知名、12家国内知名的人力资源服务企业；培育骨干企业100家，其中，年营业收入超过1亿元的10家，超过1千万元的50家。

——产业规模倍增发展。力争到2015年，人力资源服务业营业总收入超500亿元。全省建成省级人力资源服务产业园区2家，市、县级人力资源服务产业园区10家，中国海洋人才市场

(山东）及其分市场健全完善。

——专业队伍不断壮大。力争到2015年，人力资源服务业从业人员总量达20000人，年均增长10%；取得从业资格的人数比例超过80%，高层次人才比例达10%；引进培养100名高层次人力资源服务领军人才、500名骨干人才。

——配置效能显著增强。力争到2015年，人力资源服务业在人力资源配置中的贡献率超过80%，在人才贡献率所占比重超过35%，成为人才开发配置和社会充分就业的主渠道。

——市场体系规范有序。力争到2015年，建立完善的人力资源服务业法律法规体系和诚信服务体系，营造公平、竞争、有序的市场环境。

到2020年，建立一支素质优良、结构合理的人力资源服务业高端人才队伍，打造一批有核心产品、技术含量高的人力资源服务业骨干企业，建成一批在国内外具有较强竞争力、在同行业有较大影响力的人力资源服务产业集群，人力资源服务业发展达到全国先进水平，基本实现人力资源服务业现代化，实现由人力资源大省向人力资源强省的转变。

二、加快推进人力资源服务业又好又快发展

（一）提高人力资源行业服务能力

以推进公共人力资源服务制度化、专业化、标准化和信息化建设为重点，构建覆盖城乡的公共人力资源服务网络，健全街道（乡镇）、社区（行政村）人力资源社会保障基层公共服务平台。建立公共服务保障激励机制，切实加强公共服务投入，提高公共服务质量和效率。创新公共服务供给方式，鼓励各地在人才引进、就业项目实施中引入专业性人力资源服务机构，出台相关补贴政策，完善公共人力资源服务购买制度，推行政府购买服务产品和成果。支持民办非企业单位开展人力资源服务业务，培育一批多层次、多元化民办非营利性人力资源服务机构。积极借鉴国际知名人力资源服务机构的成功经营经验，引导人力资源服务企业建立现代企业制度。促进各类要素向优势人力资源服务企业集中，集聚人才、市场、管理和服务优势资源，重点打造一批有核心产品、技术含量高的人力资源服务业骨干企业。

（二）创新人力资源服务产品

推进人力资源服务创新，鼓励差异化发展，大力开发能够满足不同层次、不同群体需求的各类人力资源服务产品。提高人力资源服务机构的专业化水平，引导其调整服务项目结构，提供“专、精、深”的服务产品。鼓励新技术、新知识在人力资源服务中的运用，促进人力资源服务业与其他产业深度融合，拓展人力资源服务领域。完善政策咨询、就业和创业指导、就业援助、就业失业登记、职业介绍、职业培训、人力资源社会保障事务代理、毕业生就业、流动人员人事档案管理、流动党员管理、人才公招公选、区域人才开发合作等基本公共人才服务和就业服务。规范发展人才推荐、人员培训、劳务派遣等人力资源服务。大力发展高级人才寻访、素质测评、人力资源服务外包、人力资源管理咨询、网络招聘、信用调查、心理援助、薪酬管理、人事诊断等新兴业态和产品。鼓励开拓国际人力资源服务市场，积极承接离岸人力资源服务业务。

（三）推进人力资源服务品牌建设

大力支持人力资源服务机构开展自主品牌建设，引导人力资源服务机构申请商标注册，建设自主品牌，支持申报驰名商标、省著名商标和省服务品牌，建立品牌创建工作奖励制度，对新获得驰名商标的，由省创业带动就业扶持资金给予一次性奖励。对母公司注册资本达到 1000 万元人民币、子公司数量达到 3 个、母子公司注册资本总额达到 2000 万元人民币，可申请设立冠以“山东”行政区划的人力资源服务业企业集团。凡注册资本 300 万元以上的人力资源服务业企业，均可冠以“山东”行政区划名称。组织开展人力资源服务机构服务水平等级认证工作，每两年考核命名一批“全省人力资源服务业十强机构”，“全省人力资源服务业十大品牌”，由创业带动就业扶持资金给予适当奖励。对新引进的和省内新入围的世界500强、国内综合100强和服务业100强企业总部、区域和功能性总部，给予一次性奖励。加大品牌宣传推介力度，举办或组织参加人力资源服务业推介说明会、博览会、交易会，着力打造一批国际化、全国化、区域化、专业化的服务品牌。

（四）加快人力资源服务信息化进程

将人力资源服务信息化建设作为一项重要内容纳入全省人力资源和社会保障信息化建设整体规划，加大资金支持力度。推进政府及其所属人力资源服务机构人力资源服务网站的联网贯通，逐步形成全省统一的人力资源服务信息网络体系，同时鼓励建设经营性人力资源服务网站。建立人力资源信息服务制度和人力资源市场预测监测机制，加强人力资源信息的收集、汇总和发布，加强市场动态监控系统建设，监控人力资源流向。加快人力资源服务载体信息化建设，鼓励支持云计算和SAAS服务等高新技术在人力资源服务中的应用。培育发展网上人力资源市场，网络配置人力资源比例达80%以上。大力开发人力资源供求信息查询系统、人才测评系统、职业指导系统、远程面试系统等，提高社会化服务能力，促进人力资源服务创新发展。

（五）发展专业化、行业化人才市场

以服务我省“蓝黄两区”和“一圈一带”等重点发展区域建设为主要目标，围绕我省重点发展产业，推进行业性、专业性人才市场发展。加快建设中国海洋人才市场（山东）及其分市场，通过搭建海洋人才公共服务综合平台、信息化建设平台、产学研对接平台、公共培训平台和人才集聚平台，打造海洋高端人才公共服务载体，力争将中国海洋人才市场（山东）建设成为立足山东、服务全国、辐射东北亚的国际海洋人才集聚与交流中心。同时，充分发挥山东农业科技人才市场、山东化工专业人才市场、山东加工制造业人才市场、山东纺织专业人才市场、鲁南人才市场的作用，使专业性、行业性人才市场成为引导区域和行业发展的重要力量。进一步推进大学生创业孵化基地和大学生创业园项目的建设和发展。

（六）建立健全人力资源服务行业标准体系

推动山东省人力资源服务业标准化技术委员会建设，认真落实和推行国家已经出台的人力资源服务标准，在人力资源服务领域创建国家、省级服务业标准化试点，引导行业规范化、标准化经营。开展人力资源服务标准化建设，加速人力资源服务机构等级、人才和职业中介服务产品、服务行为、服务程序等标准的制定、实施与推广进程，研究制定素质测评、高级人才寻访、人力资源服务外包、人力资源管理咨询、网络招聘等人力资源服务产品地方标准。对暂不具备标准化条件的服务产品，推行服务承诺、服务公约和服务规范等制度。

（七）加强高层次人力资源服务行业人才队伍建设

加大对高层次人力资源服务人才及其团队的培养引进力度，对具有高端人力资源服务业从业经验的海外高层次人才，来鲁工作或创办企业的，可按规定申报，经评审符合条件的纳入泰山学者建设工程予以支持，并积极向国家推荐申报“千人计划”等工程项目。对被认定的省级创新团队，由省级服务业发展引导资金给予一次性奖励；对国家和省创新团队实施的项目给予资助。加强人力资源服务机构高级管理人员研修培训，将其纳入我省“服务业人才赴美攻读 MBA 项目”和服务业系统千人培训工程工作。在各级政府公派出国留学项目中，优先安排服务业企业留学项目。开展人力资源服务业专业技术人员继续教育，优先纳入全省专业技术人才知识更新工程。依托国内外著名高校、跨国公司，建立人力资源服务培训基地和实训基地，开展人力资源服务从业人员岗位培训。鼓励高等院校设置人力资源服务等相关专业，培养行业发展所需专业人才。积极培育海外人才市场，继续定期举办“中国山东海内外高端人才交流暨技术项目洽谈会”。

各级政府和有关部门要统筹抓好高层次人才服务工作，按规定为人力资源服务业高端人才在山东工作生活提供落户、子女教育、医疗、出入境等便利服务，纳入当地社会保障体系。对引进的紧缺高端人才，经认定，由所在地政府或企业给予一次性安家费补助，企业补助安家费可按规定在税前列支；对在省内居住超过1年的，在子女教育、医疗方面享受当地居民待遇。

三、优化人力资源服务业发展环境

（一）加快人力资源市场立法进程

积极推进《山东省人力资源市场条例》立法进程，以立法形式建立人力资源市场的基本管理框架。健全完善网络人力资源市场、流动人员人事档案管理、人力资源招聘会、素质测评、人力资源服务外包、管理咨询等方面的管理办法及配套政策，推进人力资源市场建设和管理的法制化。同时，按照建立统一规范灵活的人力资源市场要求，对已经出台的市场管理相关政策规定进行整合修改。

（二）加大政策扶持力度

各级政府要加大对人力资源服务业的资金支持力度，2014年至2018年，每年从省创业带动就业扶持资金中安排2000万元，用于扶持人力资源服务业发展，各市、县（市、区）也要予以积极支持。积极落实国家和省职业介绍补贴、职业培训补贴等各项政策及关于促进中小微企业发展的政策措施。支持有条件的城市建立省级人力资源服务业产业园，对省政府认定的省级现代服务业集聚示范区，由省级服务业发展引导资金给予一次性奖励。在确定省服务业重点项目时，向人力资源服务业项目倾斜，对入选项目，由当地政府根据财力情况，予以适当奖励。引导各类创业风险投资机构和信用担保机构积极扶持，支持符合条件的人力资源服务业企业通过发行企业债券、短期融资券和中期票据等进行融资。

对符合条件的公共人力资源服务机构可按规定申请非营利组

织免税资格的认定，经认定后，享受相关税收优惠政策。对在我省开展连锁经营统一核算的人力资源服务企业，经省财税部门批准，可由总部机构统一缴纳增值税或营业税。支持和鼓励人力资源服务机构，通过兼并、收购、重组等方式，建立一批实力雄厚、影响力大、核心竞争力强的人力资源服务企业集团。鼓励社会资本以独资、合资、参股、联营等多种形式，进入人力资源服务领域，提高人力资源服务领域的社会资本参与程度。对个体工商户转为小微企业税负增加的，所在地政府给予相应的补助；鼓励高层次人力资源服务人才来我省创业发展，可由当地政府以企业成长性和经济贡献为依据，对其高层次管理人才和科技人才予以适当奖励。鼓励境外人力资源服务企业在我省与中国开展人力资源服务的公司、企业和其他经济组织设立合资合作企业，合资企业的外资持股比例可放宽至70%。已在国内投资设立人力资源服务企业的境外投资者可在我省设立独资人力资源服务企业。香港、澳门服务提供者可按有关规定在省内设立独资人力资源服务企业。

（三）积极推动人力资源服务行业诚信建设

推进人力资源服务机构信用体系建设，建立人力资源服务机构诚信档案制度，记录人力资源服务机构遵守政策法规、履行承诺、执行标准和规范以及社会投诉和监管部门奖惩等情况。组织实施我省诚信人力资源服务机构创建工作，每年对人力资源服务机构的服务信用水平、服务能力和服务绩效进行综合考评。对评选确定的诚信人力资源服务机构由创业带动就业扶持资金给予适当奖励。同时，通过报刊、广播、电视、互联网等媒介对评定出的诚信服务典型进行广泛宣传，营造良好的诚信服务氛围。

（四）加强人力资源服务行业监管

统一人力资源市场行政许可、市场监管等职能，逐步建立政府监管、机构公开、社会监督的人力资源服务业监管体系。完善人力资源市场日常监管制度，充分利用信息跟踪、市场巡查、受理投诉举报等监管手段，加大对人力资源市场的监管，对已认证的品牌服务机构定期进行复查。人力资源社会保障部门，联合公安、工商等部门，继续组织开展清理整顿人力资源市场秩序专项行动，打击非法中介，综合采取信用记录、警示告诫、公开曝光、行政处罚、行业禁入等措施，严肃处理各类违法违规行为，为人力资源服务业发展提供良好的市场运行环境。

（五）培育和规范发展行业协会

指导组建山东省人力资源服务行业协会。引导行业协会积极发挥“服务、自律、协调”的作用，建立行业交流、合作平台。推动行业协会制定行规行约，逐步形成行业自我约束机制。充分发挥行业协会连接政府和人力资源服务机构的桥梁和纽带作用，加强行业内的交流，加强与政府职能部门的配合，反映行业发展诉求，引导人力资源服务行业公平竞争、诚信服务、自我约束、健康发展。目前尚未建立人力资源行业协会的城市，争取在今明两年内建成并开展工作。

（六）加强组织协调

在省人才工作领导小组和省服务业发展领导小组的领导下，由省人力资源社会保障厅会同省发改委、经信委、教育厅、科技厅、公安厅、民政厅、财政厅、商务厅、国税局、地税局、统计局、工商行政管理局等单位，具体负责全省人力资源服务业发展具体协调和重点目标任务推进工作。建立科学、统一、全面的人力资源服务业部门统计制度，加强对人力资源服务业工作前瞻性研究，着力解决影响人力资源服务业发展的重点难点问题，不断探索人力资源服务业发展规律，切实推进人力资源服务业的发展。加强人力资源服务业宣传，努力营造全社会重视、关心、支持人力资源服务业发展的浓厚氛围。各地要高度重视，加大资金支持力度，制订具体实施方案，切实抓好落实。要不断强化人力资源服务业考核工作，对考核成绩突出的市、县（市、区）政府，涉及人力资源服务业的部门和服务业载体单位，省服务业发展领导小组按照相关规定给予通报表扬。

山东省人力资源和社会保障厅关于印发《全省政府人力资源社会保障部门所属人才服务机构基本公共服务指导目录》的通知

（2014年2月24日　鲁人社办发〔2014〕27号）

各市人力资源社会保障局，省直有关部门（单位）：

为加快推进我省人才公共服务体系建设，明确政府人力资源社会保障部门所属人才服务机构（以下简称“人才公共服务机构”）基本公共服务范围和主要内容，现将《全省政府人力资源社会保障部门所属人才服务机构基本公共服务指导目录》（以下简称“指导目录”）印发给你们，并提出如下意见，请一并贯彻执行。

一、按照《国家基本公共服务体系“十二五”规划》的总体要求，人才公共服务机构要进一步强化公益服务属性，在坚持广泛服务的同时，明确在服务非公有制经济组织、新社会组织和社会人才中的主体地位，自觉树立做好人才公共服务的责任感和使命感。

二、围绕指导目录，加快推进服务标准化建设，提高人才公共服务的专业化和科学化水平，并以社会和公众需求为导向，积极拓宽服务范围和内容，为人才发展提供全面的公共服务。

三、人才公共服务机构有关服务项目收费按国家有关规定执行。

四、省直有关部门（单位）及各市所属的行业性人才服务机构以服务本行业系统为主，其基本公共服务指导目录可参照本目录执行。

全省政府人力资源社会保障部门所属人才服务机构基本公共服务指导目录

根据《国家中长期人才发展规划纲要（2010—2020年）》、《人力资源社会保障部门财政部关于进一步完善公共就业服务体系有关问题的通知》（人社部发〔2012〕103号）、《人力资源社会保障部关于加快推进人力资源市场整合的意见》（人社部发〔2013〕18号）和《中共山东省委办公厅山东省人民政府办公厅〈关于加强党管人才工作的实施意见〉》（鲁办发〔2013〕12号）的精神和要求，制定本指导目录。

一、基础性服务

1. 政策咨询。包括人力资源社会保障有关法律法规及政策的咨询等。

2. 信息服务。包括发布人才政策法规，提供政策信息查询，人才供求信息收集和发布，求职招聘信息登记与发布等。

3. 人才交流服务。包括组织公益性人才交流会或招聘会，搭建求职招聘交流服务平台，开展招聘和求职信息登记，办理人才流动手续等。

4. 人才培训。包括开展从业人员资格培训、继续教育培训和人才素质提升培训等。

5. 职业指导。为有需求的求职者提供职业生涯规划指导、职业心理调适、应聘指导、职业适应性指导等服务。

6. 其他基础性服务。反映社会和行业诉求，协助政府制定和完善人才服务政策；维护市场秩序，保护群众合法权益。

二、管理性服务

1. 流动人员人事档案管理。包括社会人才和大中专毕业生人事档案接收、整理、转递、材料补充等环节的服务，以及围绕人事档案管理开展的转正定级、职称确认、工龄核定等服务。

2. 人事代理。包括经授权在规定范围内组织或者代理申报评审专业技术职务任职资格，社会保障事务代理服务（可受单位或个人委托，代缴五险一金、代办转移手续和退休等服务），集体户代办（为非本地户籍的流动人员办理集体户口或暂住证），毕业生接收手续办理，社会人才因公出国（境）政审或出具有关证明材料。

3. 人才引进。包括组织承担同级党委、政府各类人才工程项目实施及延伸服务项目为主的人才引进等公共服务，开展国际人才交流，为用人单位引进的各类人才办理相关手续等。

4. 流动党员管理。包括建立流动人员党组织，开展组织关系接转、党员发展、预备党员转正、党费收缴等服务，组织流动党员学习教育、召开民生生活会等。

5. 经授权的其他服务。包括毕业生就业手续办理，组织就业见习，承担公共就业和人才服务专项活动、区域人才开发合作服务、学历查验服务等。

三、社会化服务

1. 人才评价服务。包括人才素质测评和为党政机关、企事业单位选拔人才提供评价服务等。

2. 高级人才寻访。为服务对象提供咨询、搜寻、甄选、评估、推荐并协助录用高级人才的系列服务活动。

3. 人才资源管理咨询。为有需求的单位提供人才规划、人才招聘、人才培训、员工管理、薪酬设计、绩效考核等一系列咨询服务，对其人力资源管理状况进行诊断、评估，并提供解决方案。

4. 人力资源服务外包。包括人事服务外包、人力（劳务）外包和人力资源管理服务外包，为有需求的单位整体或部分提供人才选拔和招聘、人力资源规划、企业文化设计、流程再造、人才培训、员工管理、薪酬设计、绩效考核等服务。

5. 有条件开展的其他社会化服务。包括人才诚信评价、诚信档案建设、自费出国留学服务等。

山东省人力资源和社会保障厅关于进一步规范国有企业招聘行为的意见

（2014 年 2 月 19 日　鲁人社发〔2014〕10 号）

各市人力资源社会保障局、国有资产监督管理机构，各国有企业：

为规范国有企业招聘行为，根据《中共中央关于全面深化改革若干重大问题的决定》《中华人民共和国就业促进法》《山东省就业促进条例》和《山东省人民政府办公厅关于促进创业带动就业的意见》（鲁政办发〔2013〕25 号）等有关法律法规和政策，提出以下意见：

一、充分发挥国有企业促进公平就业的重要作用

国有企业是促进经济社会发展的重要力量，是保障和改善民生的重要载体。党的十八届三中全会指出，要规范招人用人制度，消除城乡、行业、身份、性别等一切影响平等就业的制度障碍和就业歧视。国有企业作为国家投资的企业实体，有责任有义务建立规范公平、公正、公开的招聘制度。国有企业建立公开招聘制度，有利于扩大选人用人范围，提升人力资源选拔素质和质量，促进国有企业健康发展；有利于维护社会公平正义和和谐稳定；有利于发挥国有企业履行社会责任的示范作用，促进平等就业。

二、进一步规范国有企业招聘行为

（一）公开招聘适用范围和招聘原则。本意见所称的国有企业是指：驻鲁的中央属国有企业及其分支机构（含国有控股企业，下同）；省及市、县（市、区）所属国有企业；省及市、县

（市、区）政府开办的企业性质的各类社会公共服务机构。国有企业招聘员工，坚持面向市场、企业自主用工原则，坚持公开、平等、竞争、择优原则，除个别特殊岗位外，都要实行公开招聘。招聘活动可自行组织，也可由公共就业人才服务机构或委托有资质的社会中介机构组织实施，切实做到招聘信息公开、过程公开、结果公开。

（二）建立招聘方案统一发布和招聘结果备案制度。国有企业招聘员工，实行招聘方案网上统一发布。国有企业招聘方案，应包括企业基本情况和招聘岗位数量（岗位描述、条件要求及薪酬待遇）、招聘方式、报名办法、资格审查、考试方式、招聘信息发布和考试时间等内容。招聘方案要符合国家和省有关法律法规和政策规定，保证真实有效，严禁违反国家规定对性别、户籍、学历、毕业院校等进行限制。国有企业公开招聘方案于公开招聘实施5个工作日前，通过山东高校毕业生就业信息网、山东就业网向社会免费公开发布。招聘企业可同时通过企业官方网站或报纸、电台、电视台等媒体，向社会公开发布招聘信息。国有企业招聘活动结束后，应将招聘结果报省人力资源社会保障厅备案。省人力资源社会保障厅将定期通报国有企业公开招聘情况。国有企业需定向引进和聘任的高层次人才和短缺专业人才，因工作需要有关组织委派、任命和交流的人员，涉密、涉外岗位人员，按国家有关规定政策性安置的人员以及涉及其它政策规定安置的人员等，按照有关规定办理。

（三）实行国有企业公开招聘回避制度。凡与招聘国有企业负责人员有夫妻关系、直系血亲关系、三代以内旁系血亲或者近姻亲关系的应聘人员，不得应聘该国有企业负责人员的秘书或者人事、财务、监督检查等岗位，以及有直接上下级领导关系的岗位。国有企业具体负责组织招聘工作的人员，涉及与本人有上述亲属关系或者其他可能影响招聘公正的，也应当回避。

（四）认真落实就业和社会保障政策。国有企业确定录用人员后，要于30日内到当地公共就业服务机构办理就业失业登记手续，依法与录用人员签订劳动合同，按规定办理社会保险手续，缴纳社会保险费。要落实好录用人员的劳动报酬，确保工资按时足额发放。招聘派遣制员工的，要依法规范管理使用，与本单位同岗位员工实行相同的劳动报酬分配制度和方法，做到同工同酬。

三、加强对国有企业招聘的服务

（一）规范招聘方案统一发布和招聘结果备案工作。省大中专学校毕业生就业指导中心负责省属及中央驻鲁国有企业及分支机构的招聘方案统一发布和招聘结果备案工作，省劳动就业办公室负责其他国有企业招聘方案统一发布和招聘结果备案工作。要依托山东高校毕业生就业信息网和山东就业网，建立国有企业公开招聘网上统一发布平台。对企业申请招聘方案统一发布的，应随申报随核定办结。对提供材料不符合规定或材料不全的应一次告知，材料备齐并符合条件的及时办结。

（二）强化就业和人才服务。各级各有关部门要积极帮助国有企业做好人员招聘工作。全面了解企业用人需求情况，建立完善国有企业人力资源服务信息台账。对有需求的，要积极帮助拟定招聘计划，制定科学规范的招聘方案，提高国有企业选人质量。各级公共就业人才服务机构要根据企业用人计划，通过举办上门对接、专场洽谈会、集中招聘会、多渠道发布招聘信息等方式及时开展就业和人才服务活动。要根据用人企业实际，帮助指导企业对新录用职工开展岗前培训，对符合条件的落实职业培训补贴。要鼓励国有企业招聘就业困难人员，符合条件的落实相关优惠扶持政策。

（三）做好信息统计工作。省人力资源社会保障部门要建立国有企业招聘情况统计制度，及时掌握国有企业招聘的岗位数量、招聘人员情况、录用情况、劳动合同签订和社会保险缴纳等情况，及时发现解决工作中存在的问题。

四、加强对国有企业招聘行为的监督检查

国有企业要建立健全人员公开招聘管理制度，完善招聘信息公开发布制度，自觉接受社会监督。人力资源社会保障部门要与国有资产监督管理机构建立国有企业公开招聘管理协调机制，加强对国有企业招聘员工的指导和全过程监督，促进就业机会公平。人力资源社会保障部门、国有资产监督管理机构对国有企业招聘方案统一发布和招聘结果备案制度执行情况进行检查，将制度执行情况，作为人力资源社会保障监察执法的内容。对不执行制度的，人力资源社会保障部门将在公共媒体予以曝光；问题突出的，人力资源社会保障部门会同国有资产监督管理机构对国有企业负责人进行约谈；涉及违法违纪的，移交监察机关依法依纪进行查处。

本意见自 2014 年 4 月 1 日起施行，有效期至 2019 年 3 月 31 日。

山东省人力资源和社会保障厅等部门关于贯彻落实人社部发〔2014〕90号文件进一步加强流动人员人事档案管理服务工作的意见

（2015年8月11日　鲁人社发〔2015〕48号）

各市党委组织部，政府人力资源社会保障局、发展改革委、财政局、档案局、物价局：

为贯彻落实《中共中央组织部、人力资源社会保障部等五部门关于进一步加强流动人员人事档案管理服务工作的通知》（人社部发〔2014〕90号）精神，进一步做好流动人员人事档案管理服务工作，结合《山东省档案条例》规定和我省实际，现提出以下意见：

一、坚持集中统一、归口管理

流动人员人事档案管理的主管部门为政府人力资源社会保障部门，接受同级党委组织部门的监督和指导。流动人员人事档案具体由县级以上（含县级）公共就业和人才服务机构以及经人力资源社会保障部门授权的单位（以下简称“流动人员人事档案管理机构”）管理，其他单位未经授权不得管理流动人员人事档案。严禁个人保管本人或他人档案。为进一步推动管理服务工作下沉，方便服务对象，流动人员人事档案原则上实行属地化管理，具体划分如下：

（一）非公有制企业和社会组织聘用人员、外国企业常驻代表机构的中方雇员，以及其他实行社会管理人员的人事档案，由用人单位工商注册（登记管理）机构的同级公共就业和人才服务机构或经人力资源社会保障部门授权的单位免费接收管理；

（二）自由职业或灵活就业人员，自费出国留学及其他因私出国（境）人员，辞职辞退、取消录（聘）用或被开除的机关事业单位工作人员及与企事业单位解除或终止劳动（聘用）关系人员的人事档案，由当事人户籍所在地县（市、区）或原用人单位同级的公共就业和人才服务机构或经人力资源社会保障部门授权的单位免费接收管理；

（三）未就业的高校毕业生及中专毕业生的人事档案，由户籍所在地或其入学前户籍所在地县（市、区）公共就业和人才服务机构免费接收管理；

（四）除按属地化管理以外的其他情形的人事档案，由流动人员或存档单位自主选择托管机构，相应的流动人员人事档案管理机构应免费接收管理。

二、规范流动人员人事档案接转和利用

流动人员人事档案管理机构不得拒收符合存档政策以及按照有关政策规定转来的流动人员人事档案。对于材料不齐全或不清楚、手续不完备的流动人员人事档案，档案接收单位应要求原管理单位补齐或核查清楚。流动人员人事档案管理机构现存人事档案，除存档单位或流动人员本人主动要求转出的外，不得强制要求按照属地化管理的原则进行转出。

（一）流动人员离开原单位，原单位应及时将个人人事档案转至相应机构，并通知其本人，个人应予配合。转递档案时，应写明转递原因，提供有关流动（辞职、辞退、退职、解除或终止劳动关系等）证明；

（二）流动人员重新就业的，流动人员人事档案管理机构按照规定程序转递档案；

（三）非公有制企业和社会组织聘用人员、自由职业或灵活就业人员以及其他实行社会管理人员退休后，其人事档案应转至户籍所在地乡镇（街道）人力资源社会保障服务中心保管；

（四）死亡的流动人员人事档案参照《干部档案工作条例》等有关规定执行；

（五）因办理社保审核、公证服务等需要，需向流动人员人事档案管理机构借阅人事档案的，应由社会保险管理服务机构、公证机构等出具统一、规范的借档函（详见附件），档案使用完毕按规定密封完好后归还。

三、完善流动人员人事档案基本公共服务经费保障机制和基础建设

严格落实人社部发〔2014〕90号文件关于“自2015年1月1日起取消收取人事关系及档案管理费、查阅费、证明费、档案转递费等名目的费用”的规定，各级公共就业和人才服务机构应提供免费的流动人员人事档案基本公共服务。要进一步加强基础设施建设，制定完善具体标准，确保流动人员人事档案管理服务水平不降低。

各级要将相关经费纳入同级财政预算，参考保管的流动人员人事档案数量等因素确定经费数额。要加大对流动人员人事档案库房、服务场所和信息系统等基础设施的投入，保障相关工作正常开展。政府所属公共就业和人才服务机构的相关经费由同级财政予以保障，经人力资源社会保障部门授权管理流动人员人事档案的单位的相关经费可采取政府购买服务等方式予以保障。对2014年12月31日以前的欠缴费用，由流动人员人事档案管理机构进行追缴，存档单位和流动人员应予配合。清欠收入应当按照财政部门规定的渠道全额上缴国库。

四、加强流动人员人事档案管理服务工作的监管

流动人员人事档案管理服务是基本公共就业和人才服务的重要内容，是把各类人才集聚到党和国家的各项事业中来的重要手段，是落实党管人才原则和人才强省战略的具体体现。各级政府人力资源社会保障部门要高度重视流动人员人事档案管理服务工作，切实加强组织领导和指导监管，进一步加强政策研究和制度建设，确保人事档案保管安全；要定期组织开展业务培训，提高流动人员人事档案管理工作人员的政策水平和业务能力；加强流动人员人事档案服务窗口建设和作风建设，不断提升服务质量和水平。

本意见自 2015 年 9 月 20 日起施行，有效期至 2020 年 9 月 19 日。

附件：流动人员人事档案借阅申请函

（附件本书略）

山东省人力资源和社会保障厅等部门关于转发人社厅发〔2015〕183号文件进一步做好我省人才集体户口管理服务工作的通知

（2016年2月22日　鲁人社办发〔2016〕20号）

各市人力资源社会保障局、公安局、财政局、物价局：

现将人力资源社会保障部办公厅、国家发展改革委办公厅、公安部办公厅、财政部办公厅《关于做好人才集体户口管理服务工作的通知》（人社厅发〔2015〕183号，以下简称《通知》）转发给你们，并结合我省实际，就进一步做好我省人才集体户口管理服务工作通知如下：

一、严格执行《通知》规定，自2016年1月1日起，取消人力资源社会保障等部门所属公共就业和人才服务机构的人才集体户口管理服务费（包括经营服务性质的收费）。

二、各级人力资源社会保障部门不得因取消收费等原因而停止相关服务，要将人才集体户口管理服务作为重要的公共服务内容，加强工作人员队伍和服务场所建设，做好人才集体户口管理服务工作。

三、各级公安机关要进一步严密人才集体户口登记管理工作，全面核实人才集体户成员信息，对具备迁出条件的流动人员，按照经常居住地登记户口的基本原则，动员其将户口迁入经常居住地或单位集体户。

四、取消收取人才集体户口管理服务费后，各级财政部门要将公共就业和人才服务机构开展的人才集体户口管理所需经费纳入同级财政预算，予以统筹安排。

五、省里将适时开展人才集体户口管理服务工作大检查，对擅自收费等行为，将依法进行严肃处理。

人力资源和社会保障部等部门办公厅关于做好人才集体户口管理服务工作的通知

各省、自治区、直辖市及新疆生产建设兵团人力资源社会保障厅（局）、发展改革委、物价局、公安厅（局）、财政厅（财政局、财务局）：

根据《财政部国家发展改革委关于取消和暂停征收一批行政事业性收费有关问题的通知》（财税〔2015〕102号）规定，自2016年1月1日期，取消人力资源社会保障等部门所属公共就业和人才服务机构的人才集体户口管理服务费（包括经营服务性质的收费）。为妥善做好人才集体户口管理服务工作，现就有关事项通知如下：

一、人才集体户口是指户籍随同本人人事档案存放在县级以上公共就业和人才服务机构集体户口上的流动人员户口。对工作单位无集体户口，且本人不具备独立立户或亲属投靠等落户条件的存档人员，公共就业和人才服务机构可提供过渡性质的集体户口管理服务。当工作单位设立集体户口，或本人具备独立立户、亲属投靠等落户条件后，流动人员应及时将户口从公共就业和人才服务机构集体户中迁出。目前已经实施或今后实施社区集体户（公共户）管理的地区，应当结合本地实际，按照经常居住地登记户口的基本原则，稳妥办理流动人员户口由人才集体户口迁入社区集体户（公共户）手续。

二、公共就业和人才服务机构开展人才集体户口管理服务的主要内容包括：按照辖区公安机关相关规定，协助其办理流动人员落户、户口迁移手续以及人口统计等工作；负责户口页保管、借用等日常管理。

三、取消收取人才集体户口管理服务费后，各级财政部门要将公共就业和人才服务机构开展人才集体户口管理所需经费纳入同级财政预算，予以统筹安排。

四、取消收取人才集体户口管理服务费后，各级价格主管部门应加强对相关单位的收费检查，对存在违反规定乱收费行为的，要依法严肃查处。

五、各地公安机关要为符合条件的流动人员及时办理落户手续，定期组织相关政府部门联合开展人才集体户清理工作。要加强对公共就业和人才服务机构的工作支持和监督，为公共就业和人才服务机构相关工作人员提供必要的政策解读、业务知识培训等。对具备户口迁出条件的流动人员，公安机关与公共就业和人才服务机构要积极引导其将户口从人才集体户迁出，并及时办理相关手续。

六、各级人力资源社会保障部门要将人才集体户口管理服务作为重要的公共服务内容，切实加强统筹规划和工作监督。承担人才集体户口管理服务工作的公共就业和人才服务机构要建立健全相关工作制度，安排适当的人员、场地，认真做好人才集体户口管理服务工作，不得因取消收费等原因而停止相关服务。

七、各地公共就业和人才服务机构与辖区公安机关要加强沟通协作，建立日常工作联系协调机制，加强沟通交流，不断简化流程，优化服务，共同及时妥善解决在人才集体户口管理服务中出现的有关问题。

八、各地要在 2015 年 12 月底前制定出台本地贯彻实施意见，明确部门职责分工，加强协调配合，确保相关工作有序平稳开展。

第三部分

劳动关系

一、劳动合同

中华人民共和国劳动合同法

（1994年7月5日第八届全国人民代表大会常务委员会第八次会议通过，根据2012年12月28日第十一届全国人民代表大会常务委员会第三十次会议《关于修改〈中华人民共和国劳动合同法〉的决定》修订）

目　录

第一章　总　则

第一条　为了完善劳动合同制度，明确劳动合同双方当事人的权利和义务，保护劳动者的合法权益，构建和发展和谐稳定的劳动关系，制定本法。

第二条　中华人民共和国境内的企业、个体经济组织、民办非企业单位等组织（以下称用人单位）与劳动者建立劳动关系，订立、履行、变更、解除或者终止劳动合同，适用本法。

国家机关、事业单位、社会团体和与其建立劳动关系的劳动者，订立、履行、变更、解除或者终止劳动合同，依照本法执行。

第三条 订立劳动合同，应当遵循合法、公平、平等自愿、协商一致、诚实信用的原则。

依法订立的劳动合同具有约束力，用人单位与劳动者应当履行劳动合同约定的义务。

第四条 用人单位应当依法建立和完善劳动规章制度，保障劳动者享有劳动权利、履行劳动义务。

用人单位在制定、修改或者决定有关劳动报酬、工作时间、休息休假、劳动安全卫生、保险福利、职工培训、劳动纪律以及劳动定额管理等直接涉及劳动者切身利益的规章制度或者重大事项时，应当经职工代表大会或者全体职工讨论，提出方案和意见，与工会或者职工代表平等协商确定。

在规章制度和重大事项决定实施过程中，工会或者职工认为不适当的，有权向用人单位提出，通过协商予以修改完善。

用人单位应当将直接涉及劳动者切身利益的规章制度和重大事项决定公示，或者告知劳动者。

第五条 县级以上人民政府劳动行政部门会同工会和企业方面代表，建立健全协调劳动关系三方机制，共同研究解决有关劳动关系的重大问题。

第六条 工会应当帮助、指导劳动者与用人单位依法订立和履行劳动合同，并与用人单位建立集体协商机制，维护劳动者的合法权益。

第二章 劳动合同的订立

第七条 用人单位自用工之日起即与劳动者建立劳动关系。

用人单位应当建立职工名册备查。

第八条 用人单位招用劳动者时，应当如实告知劳动者工作内容、工作条件、工作地点、职业危害、安全生产状况、劳动报酬，以及劳动者要求了解的其他情况；用人单位有权了解劳动者与劳动合同直接相关的基本情况，劳动者应当如实说明。

第九条 用人单位招用劳动者，不得扣押劳动者的居民身份证和其他证件，不得要求劳动者提供担保或者以其他名义向劳动者收取财物。

第十条 建立劳动关系，应当订立书面劳动合同。

已建立劳动关系，未同时订立书面劳动合同的，应当自用工之日起一个月内订立书面劳动合同。

用人单位与劳动者在用工前订立劳动合同的，劳动关系自用工之日起建立。

第十一条 用人单位未在用工的同时订立书面劳动合同，与劳动者约定的劳动报酬不明确的，新招用的劳动者的劳动报酬按照集体合同规定的标准执行；没有集体合同或者集体合同未规定的，实行同工同酬。

第十二条 劳动合同分为固定期限劳动合同、无固定期限劳动合同和以完成一定工作任务为期限的劳动合同。

第十三条 固定期限劳动合同，是指用人单位与劳动者约定合同终止时间的劳动合同。

用人单位与劳动者协商一致，可以订立固定期限劳动合同。

第十四条 无固定期限劳动合同，是指用人单位与劳动者约定无确定终止时间的劳动合同。

用人单位与劳动者协商一致，可以订立无固定期限劳动合同。有下列情形之一，劳动者提出或者同意续订、订立劳动合同的，除劳动者提出订立固定期限劳动合同外，应当订立无固定期限劳动合同：

（一）劳动者在该用人单位连续工作满十年的；

（二）用人单位初次实行劳动合同制度或者国有企业改制重新订立劳动合同时，劳动者在该用人单位连续工作满十年且距法定退休年龄不足十年的；

（三）连续订立二次固定期限劳动合同，且劳动者没有本法第三十九条和第四十条第一项、第二项规定的情形，续订劳动合同的。

用人单位自用工之日起满一年不与劳动者订立书面劳动合同的，视为用人单位与劳动者已订立无固定期限劳动合同。

第十五条 以完成一定工作任务为期限的劳动合同，是指用人单位与劳动者约定以某项工作的完成为合同期限的劳动合同。

用人单位与劳动者协商一致，可以订立以完成一定工作任务为期限的劳动合同。

第十六条 劳动合同由用人单位与劳动者协商一致，并经用人单位与劳动者在劳动合同文本上签字或者盖章生效。

劳动合同文本由用人单位和劳动者各执一份。

第十七条 劳动合同应当具备以下条款：

（一）用人单位的名称、住所和法定代表人或者主要负责人；

（二）劳动者的姓名、住址和居民身份证或者其他有效身份证件号码；

（三）劳动合同期限；

（四）工作内容和工作地点；

（五）工作时间和休息休假；

（六）劳动报酬；

（七）社会保险；

（八）劳动保护、劳动条件和职业危害防护；

（九）法律、法规规定应当纳入劳动合同的其他事项。

劳动合同除前款规定的必备条款外，用人单位与劳动者可以约定试用期、培训、保守秘密、补充保险和福利待遇等其他事项。

第十八条 劳动合同对劳动报酬和劳动条件等标准约定不明确，引发争议的，用人单位与劳动者可以重新协商；协商不成的，适用集体合同规定；没有集体合同或者集体合同未规定劳动报酬的，实行同工同酬；没有集体合同或者集体合同未规定劳动条件等标准的，适用国家有关规定。

第十九条 劳动合同期限三个月以上不满一年的，试用期不得超过一个月；劳动合同期限一年以上不满三年的，试用期不得超过二个月；三年以上固定期限和无固定期限的劳动合同，试用期不得超过六个月。

同一用人单位与同一劳动者只能约定一次试用期。

以完成一定工作任务为期限的劳动合同或者劳动合同期限不满三个月的，不得约定试用期。

试用期包含在劳动合同期限内。劳动合同仅约定试用期的，试用期不成立，该期限为劳动合同期限。

第二十条 劳动者在试用期的工资不得低于本单位相同岗位最低档工资或者劳动合同约定工资的百分之八十，并不得低于用人单位所在地的最低工资标准。

第二十一条 在试用期中，除劳动者有本法第三十九条和第四十条第一项、第二项规定的情形外，用人单位不得解除劳动合同。用人单位在试用期解除劳动合同的，应当向劳动者说明理由。

第二十二条 用人单位为劳动者提供专项培训费用，对其进行专业技术培训的，可以与该劳动者订立协议，约定服务期。

劳动者违反服务期约定的，应当按照约定向用人单位支付违约金。违约金的数额不得超过用人单位提供的培训费用。用人单位要求劳动者支付的违约金不得超过服务期尚未履行部分所应分摊的培训费用。

用人单位与劳动者约定服务期的，不影响按照正常的工资调整机制提高劳动者在服务期期间的劳动报酬。

第二十三条 用人单位与劳动者可以在劳动合同中约定保守用人单位的商业秘密和与知识产权相关的保密事项。

对负有保密义务的劳动者，用人单位可以在劳动合同或者保密协议中与劳动者约定竞业限制条款，并约定在解除或者终止劳动合同后，在竞业限制期限内按月给予劳动者经济补偿。劳动者违反竞业限制约定的，应当按照约定向用人单位支付违约金。

第二十四条 竞业限制的人员限于用人单位的高级管理人员、高级技术人员和其他负有保密义务的人员。竞业限制的范围、地域、期限由用人单位与劳动者约定，竞业限制的约定不得违反法律、法规的规定。

在解除或者终止劳动合同后，前款规定的人员到与本单位生产或者经营同类产品、从事同类业务的有竞争关系的其他用人单位，或者自己开业生产或者经营同类产品、从事同类业务的竞业限制期限，不得超过二年。

第二十五条 除本法第二十二条和第二十三条规定的情形外，用人单位不得与劳动者约定由劳动者承担违约金。

第二十六条 下列劳动合同无效或者部分无效：

（一）以欺诈、胁迫的手段或者乘人之危，使对方在违背真实意思的情况下订立或者变更劳动合同的；

（二）用人单位免除自己的法定责任、排除劳动者权利的；

（三）违反法律、行政法规强制性规定的。

对劳动合同的无效或者部分无效有争议的，由劳动争议仲裁机构或者人民法院确认。

第二十七条 劳动合同部分无效，不影响其他部分效力的，其他部分仍然有效。

第二十八条 劳动合同被确认无效，劳动者已付出劳动的，用人单位应当向劳动者支付劳动报酬。劳动报酬的数额，参照本单位相同或者相近岗位劳动者的劳动报酬确定。

第三章　劳动合同的履行和变更

第二十九条　用人单位与劳动者应当按照劳动合同的约定，全面履行各自的义务。

第三十条　用人单位应当按照劳动合同约定和国家规定，向劳动者及时足额支付劳动报酬。

用人单位拖欠或者未足额支付劳动报酬的，劳动者可以依法向当地人民法院申请支付令，人民法院应当依法发出支付令。

第三十一条　用人单位应当严格执行劳动定额标准，不得强迫或者变相强迫劳动者加班。用人单位安排加班的，应当按照国家有关规定向劳动者支付加班费。

第三十二条　劳动者拒绝用人单位管理人员违章指挥、强令冒险作业的，不视为违反劳动合同。

劳动者对危害生命安全和身体健康的劳动条件，有权对用人单位提出批评、检举和控告。

第三十三条　用人单位变更名称、法定代表人、主要负责人或者投资人等事项，不影响劳动合同的履行。

第三十四条　用人单位发生合并或者分立等情况，原劳动合同继续有效，劳动合同由承继其权利和义务的用人单位继续履行。

第三十五条　用人单位与劳动者协商一致，可以变更劳动合同约定的内容。变更劳动合同，应当采用书面形式。

变更后的劳动合同文本由用人单位和劳动者各执一份。

第四章　劳动合同的解除和终止

第三十六条　用人单位与劳动者协商一致，可以解除劳动合同。

第三十七条　劳动者提前三十日以书面形式通知用人单位，可以解除劳动合同。劳动者在试用期内提前三日通知用人单位，可以解除劳动合同。

第三十八条 用人单位有下列情形之一的，劳动者可以解除劳动合同：

（一）未按照劳动合同约定提供劳动保护或者劳动条件的；

（二）未及时足额支付劳动报酬的；

（三）未依法为劳动者缴纳社会保险费的；

（四）用人单位的规章制度违反法律、法规的规定，损害劳动者权益的；

（五）因本法第二十六条第一款规定的情形致使劳动合同无效的；

（六）法律、行政法规规定劳动者可以解除劳动合同的其他情形。

用人单位以暴力、威胁或者非法限制人身自由的手段强迫劳动者劳动的，或者用人单位违章指挥、强令冒险作业危及劳动者人身安全的，劳动者可以立即解除劳动合同，不需事先告知用人单位。

第三十九条 劳动者有下列情形之一的，用人单位可以解除劳动合同：

（一）在试用期间被证明不符合录用条件的；

（二）严重违反用人单位的规章制度的；

（三）严重失职，营私舞弊，给用人单位造成重大损害的；

（四）劳动者同时与其他用人单位建立劳动关系，对完成本单位的工作任务造成严重影响，或者经用人单位提出，拒不改正的；

（五）因本法第二十六条第一款第一项规定的情形致使劳动合同无效的；

（六）被依法追究刑事责任的。

第四十条 有下列情形之一的，用人单位提前三十日以书面形式通知劳动者本人或者额外支付劳动者一个月工资后，可以解除劳动合同：

（一）劳动者患病或者非因工负伤，在规定的医疗期满后不能从事原工作，也不能从事由用人单位另行安排的工作的；

（二）劳动者不能胜任工作，经过培训或者调整工作岗位，仍不能胜任工作的；

（三）劳动合同订立时所依据的客观情况发生重大变化，致使劳动合同无法履行，经用人单位与劳动者协商，未能就变更劳动合同内容达成协议的。

第四十一条　有下列情形之一，需要裁减人员二十人以上或者裁减不足二十人但占企业职工总数百分之十以上的，用人单位提前三十日向工会或者全体职工说明情况，听取工会或者职工的意见后，裁减人员方案经向劳动行政部门报告，可以裁减人员：

（一）依照企业破产法规定进行重整的；

（二）生产经营发生严重困难的；

（三）企业转产、重大技术革新或者经营方式调整，经变更劳动合同后，仍需裁减人员的；

（四）其他因劳动合同订立时所依据的客观经济情况发生重大变化，致使劳动合同无法履行的。

裁减人员时，应当优先留用下列人员：

（一）与本单位订立较长期限的固定期限劳动合同的；

（二）与本单位订立无固定期限劳动合同的；

（三）家庭无其他就业人员，有需要扶养的老人或者未成年人的。

用人单位依照本条第一款规定裁减人员，在六个月内重新招用人员的，应当通知被裁减的人员，并在同等条件下优先招用被裁减的人员。

第四十二条　劳动者有下列情形之一的，用人单位不得依照本法第四十条、第四十一条的规定解除劳动合同：

（一）从事接触职业病危害作业的劳动者未进行离岗前职业

健康检查，或者疑似职业病病人在诊断或者医学观察期间的；

（二）在本单位患职业病或者因工负伤并被确认丧失或者部分丧失劳动能力的；

（三）患病或者非因工负伤，在规定的医疗期内的；

（四）女职工在孕期、产期、哺乳期的；

（五）在本单位连续工作满十五年，且距法定退休年龄不足五年的；

（六）法律、行政法规规定的其他情形。

第四十三条 用人单位单方解除劳动合同，应当事先将理由通知工会。用人单位违反法律、行政法规规定或者劳动合同约定的，工会有权要求用人单位纠正。用人单位应当研究工会的意见，并将处理结果书面通知工会。

第四十四条 有下列情形之一的，劳动合同终止：

（一）劳动合同期满的；

（二）劳动者开始依法享受基本养老保险待遇的；

（三）劳动者死亡，或者被人民法院宣告死亡或者宣告失踪的；

（四）用人单位被依法宣告破产的；

（五）用人单位被吊销营业执照、责令关闭、撤销或者用人单位决定提前解散的；

（六）法律、行政法规规定的其他情形。

第四十五条 劳动合同期满，有本法第四十二条规定情形之一的，劳动合同应当续延至相应的情形消失时终止。但是，本法第四十二条第二项规定丧失或者部分丧失劳动能力劳动者的劳动合同的终止，按照国家有关工伤保险的规定执行。

第四十六条 有下列情形之一的，用人单位应当向劳动者支付经济补偿：

（一）劳动者依照本法第三十八条规定解除劳动合同的；

（二）用人单位依照本法第三十六条规定向劳动者提出解除

劳动合同并与劳动者协商一致解除劳动合同的；

（三）用人单位依照本法第四十条规定解除劳动合同的；

（四）用人单位依照本法第四十一条第一款规定解除劳动合同的；

（五）除用人单位维持或者提高劳动合同约定条件续订劳动合同，劳动者不同意续订的情形外，依照本法第四十四条第一项规定终止固定期限劳动合同的；

（六）依照本法第四十四条第四项、第五项规定终止劳动合同的；

（七）法律、行政法规规定的其他情形。

第四十七条 经济补偿按劳动者在本单位工作的年限，每满一年支付一个月工资的标准向劳动者支付。六个月以上不满一年的，按一年计算；不满六个月的，向劳动者支付半个月工资的经济补偿。

劳动者月工资高于用人单位所在直辖市、设区的市级人民政府公布的本地区上年度职工月平均工资三倍的，向其支付经济补偿的标准按职工月平均工资三倍的数额支付，向其支付经济补偿的年限最高不超过十二年。

本条所称月工资是指劳动者在劳动合同解除或者终止前十二个月的平均工资。

第四十八条 用人单位违反本法规定解除或者终止劳动合同，劳动者要求继续履行劳动合同的，用人单位应当继续履行；劳动者不要求继续履行劳动合同或者劳动合同已经不能继续履行的，用人单位应当依照本法第八十七条规定支付赔偿金。

第四十九条 国家采取措施，建立健全劳动者社会保险关系跨地区转移接续制度。

第五十条 用人单位应当在解除或者终止劳动合同时出具解除或者终止劳动合同的证明，并在十五日内为劳动者办理档案和社会保险关系转移手续。

劳动者应当按照双方约定，办理工作交接。用人单位依照本法有关规定应当向劳动者支付经济补偿的，在办结工作交接时支付。

用人单位对已经解除或者终止的劳动合同的文本，至少保存二年备查。

第五章　特别规定

第一节　集体合同

第五十一条　企业职工一方与用人单位通过平等协商，可以就劳动报酬、工作时间、休息休假、劳动安全卫生、保险福利等事项订立集体合同。集体合同草案应当提交职工代表大会或者全体职工讨论通过。

集体合同由工会代表企业职工一方与用人单位订立；尚未建立工会的用人单位，由上级工会指导劳动者推举的代表与用人单位订立。

第五十二条　企业职工一方与用人单位可以订立劳动安全卫生、女职工权益保护、工资调整机制等专项集体合同。

第五十三条　在县级以下区域内，建筑业、采矿业、餐饮服务业等行业可以由工会与企业方面代表订立行业性集体合同，或者订立区域性集体合同。

第五十四条　集体合同订立后，应当报送劳动行政部门；劳动行政部门自收到集体合同文本之日起十五日内未提出异议的，集体合同即行生效。

依法订立的集体合同对用人单位和劳动者具有约束力。行业性、区域性集体合同对当地本行业、本区域的用人单位和劳动者具有约束力。

第五十五条　集体合同中劳动报酬和劳动条件等标准不得低于当地人民政府规定的最低标准；用人单位与劳动者订立的劳动

合同中劳动报酬和劳动条件等标准不得低于集体合同规定的标准。

第五十六条 用人单位违反集体合同，侵犯职工劳动权益的，工会可以依法要求用人单位承担责任；因履行集体合同发生争议，经协商解决不成的，工会可以依法申请仲裁、提起诉讼。

第二节 劳务派遣

第五十七条 经营劳务派遣业务应当具备下列条件：

（一）注册资本不得少于人民币二百万元；

（二）有与开展业务相适应的固定的经营场所和设施；

（三）有符合法律、行政法规规定的劳务派遣管理制度；

（四）法律、行政法规规定的其他条件。

经营劳务派遣业务，应当向劳动行政部门依法申请行政许可；经许可的，依法办理相应的公司登记。未经许可，任何单位和个人不得经营劳务派遣业务。

第五十八条 劳务派遣单位是本法所称用人单位，应当履行用人单位对劳动者的义务。劳务派遣单位与被派遣劳动者订立的劳动合同，除应当载明本法第十七条规定的事项外，还应当载明被派遣劳动者的用工单位以及派遣期限、工作岗位等情况。

劳务派遣单位应当与被派遣劳动者订立二年以上的固定期限劳动合同，按月支付劳动报酬；被派遣劳动者在无工作期间，劳务派遣单位应当按照所在地人民政府规定的最低工资标准，向其按月支付报酬。

第五十九条 劳务派遣单位派遣劳动者应当与接受以劳务派遣形式用工的单位（以下称用工单位）订立劳务派遣协议。劳务派遣协议应当约定派遣岗位和人员数量、派遣期限、劳动报酬和社会保险费的数额与支付方式以及违反协议的责任。

用工单位应当根据工作岗位的实际需要与劳务派遣单位确定派遣期限，不得将连续用工期限分割订立数个短期劳务派遣协议。

第六十条 劳务派遣单位应当将劳务派遣协议的内容告知被派遣劳动者。

劳务派遣单位不得克扣用工单位按照劳务派遣协议支付给被派遣劳动者的劳动报酬。

劳务派遣单位和用工单位不得向被派遣劳动者收取费用。

第六十一条 劳务派遣单位跨地区派遣劳动者的，被派遣劳动者享有的劳动报酬和劳动条件，按照用工单位所在地的标准执行。

第六十二条 用工单位应当履行下列义务：

（一）执行国家劳动标准，提供相应的劳动条件和劳动保护；

（二）告知被派遣劳动者的工作要求和劳动报酬；

（三）支付加班费、绩效奖金，提供与工作岗位相关的福利待遇；

（四）对在岗被派遣劳动者进行工作岗位所必需的培训；

（五）连续用工的，实行正常的工资调整机制。

用工单位不得将被派遣劳动者再派遣到其他用人单位。

第六十三条 被派遣劳动者享有与用工单位的劳动者同工同酬的权利。用工单位应当按照同工同酬原则，对被派遣劳动者与本单位同类岗位的劳动者实行相同的劳动报酬分配办法。用工单位无同类岗位劳动者的，参照用工单位所在地相同或者相近岗位劳动者的劳动报酬确定。

劳务派遣单位与被派遣劳动者订立的劳动合同和与用工单位订立的劳务派遣协议，载明或者约定的向被派遣劳动者支付的劳动报酬应当符合前款规定。

第六十四条 被派遣劳动者有权在劳务派遣单位或者用工单位依法参加或者组织工会，维护自身的合法权益。

第六十五条 被派遣劳动者可以依照本法第三十六条、第三十八条的规定与劳务派遣单位解除劳动合同。

被派遣劳动者有本法第三十九条和第四十条第一项、第二项规定情形的，用工单位可以将劳动者退回劳务派遣单位，劳务派遣单位依照本法有关规定，可以与劳动者解除劳动合同。

第六十六条 劳动合同用工是我国的企业基本用工形式。劳务派遣用工是补充形式，只能在临时性、辅助性或者替代性的工作岗位上实施。

前款规定的临时性工作岗位是指存续时间不超过六个月的岗位；辅助性工作岗位是指为主营业务岗位提供服务的非主营业务岗位；替代性工作岗位是指用工单位的劳动者因脱产学习、休假等原因无法工作的一定期间内，可以由其他劳动者替代工作的岗位。

用工单位应当严格控制劳务派遣用工数量，不得超过其用工总量的一定比例，具体比例由国务院劳动行政部门规定。

第六十七条 用人单位不得设立劳务派遣单位向本单位或者所属单位派遣劳动者。

第三节 非全日制用工

第六十八条 非全日制用工，是指以小时计酬为主，劳动者在同一用人单位一般平均每日工作时间不超过四小时，每周工作时间累计不超过二十四小时的用工形式。

第六十九条 非全日制用工双方当事人可以订立口头协议。

从事非全日制用工的劳动者可以与一个或者一个以上用人单位订立劳动合同；但是，后订立的劳动合同不得影响先订立的劳动合同的履行。

第七十条 非全日制用工双方当事人不得约定试用期。

第七十一条 非全日制用工双方当事人任何一方都可以随时通知对方终止用工。终止用工，用人单位不向劳动者支付经济补偿。

第七十二条 非全日制用工小时计酬标准不得低于用人单位所在地人民政府规定的最低小时工资标准。

非全日制用工劳动报酬结算支付周期最长不得超过十五日。

第六章 监督检查

第七十三条 国务院劳动行政部门负责全国劳动合同制度实施的监督管理。

县级以上地方人民政府劳动行政部门负责本行政区域内劳动合同制度实施的监督管理。

县级以上各级人民政府劳动行政部门在劳动合同制度实施的监督管理工作中，应当听取工会、企业方面代表以及有关行业主管部门的意见。

第七十四条 县级以上地方人民政府劳动行政部门依法对下列实施劳动合同制度的情况进行监督检查：

（一）用人单位制定直接涉及劳动者切身利益的规章制度及其执行的情况；

（二）用人单位与劳动者订立和解除劳动合同的情况；

（三）劳务派遣单位和用工单位遵守劳务派遣有关规定的情况；

（四）用人单位遵守国家关于劳动者工作时间和休息休假规定的情况；

（五）用人单位支付劳动合同约定的劳动报酬和执行最低工资标准的情况；

（六）用人单位参加各项社会保险和缴纳社会保险费的情况；

（七）法律、法规规定的其他劳动监察事项。

第七十五条 县级以上地方人民政府劳动行政部门实施监督检查时，有权查阅与劳动合同、集体合同有关的材料，有权对劳动场所进行实地检查，用人单位和劳动者都应当如实提供有关情况和材料。

劳动行政部门的工作人员进行监督检查，应当出示证件，依法行使职权，文明执法。

第七十六条 县级以上人民政府建设、卫生、安全生产监督管理等有关主管部门在各自职责范围内，对用人单位执行劳动合同制度的情况进行监督管理。

第七十七条 劳动者合法权益受到侵害的，有权要求有关部门依法处理，或者依法申请仲裁、提起诉讼。

第七十八条 工会依法维护劳动者的合法权益，对用人单位履行劳动合同、集体合同的情况进行监督。用人单位违反劳动法律、法规和劳动合同、集体合同的，工会有权提出意见或者要求纠正；劳动者申请仲裁、提起诉讼的，工会依法给予支持和帮助。

第七十九条 任何组织或者个人对违反本法的行为都有权举报，县级以上人民政府劳动行政部门应当及时核实、处理，并对举报有功人员给予奖励。

第七章　法律责任

第八十条 用人单位直接涉及劳动者切身利益的规章制度违反法律、法规规定的，由劳动行政部门责令改正，给予警告；给劳动者造成损害的，应当承担赔偿责任。

第八十一条 用人单位提供的劳动合同文本未载明本法规定的劳动合同必备条款或者用人单位未将劳动合同文本交付劳动者的，由劳动行政部门责令改正；给劳动者造成损害的，应当承担赔偿责任。

第八十二条 用人单位自用工之日起超过一个月不满一年未与劳动者订立书面劳动合同的，应当向劳动者每月支付二倍的工资。

用人单位违反本法规定不与劳动者订立无固定期限劳动合同

的，自应当订立无固定期限劳动合同之日起向劳动者每月支付二倍的工资。

第八十三条 用人单位违反本法规定与劳动者约定试用期的，由劳动行政部门责令改正；违法约定的试用期已经履行的，由用人单位以劳动者试用期满月工资为标准，按已经履行的超过法定试用期的期间向劳动者支付赔偿金。

第八十四条 用人单位违反本法规定，扣押劳动者居民身份证等证件的，由劳动行政部门责令限期退还劳动者本人，并依照有关法律规定给予处罚。

用人单位违反本法规定，以担保或者其他名义向劳动者收取财物的，由劳动行政部门责令限期退还劳动者本人，并以每人五百元以上二千元以下的标准处以罚款；给劳动者造成损害的，应当承担赔偿责任。

劳动者依法解除或者终止劳动合同，用人单位扣押劳动者档案或者其他物品的，依照前款规定处罚。

第八十五条 用人单位有下列情形之一的，由劳动行政部门责令限期支付劳动报酬、加班费或者经济补偿；劳动报酬低于当地最低工资标准的，应当支付其差额部分；逾期不支付的，责令用人单位按应付金额百分之五十以上百分之一百以下的标准向劳动者加付赔偿金：

（一）未按照劳动合同的约定或者国家规定及时足额支付劳动者劳动报酬的；

（二）低于当地最低工资标准支付劳动者工资的；

（三）安排加班不支付加班费的；

（四）解除或者终止劳动合同，未依照本法规定向劳动者支付经济补偿的。

第八十六条 劳动合同依照本法第二十六条规定被确认无效，给对方造成损害的，有过错的一方应当承担赔偿责任。

第八十七条 用人单位违反本法规定解除或者终止劳动合同

的，应当依照本法第四十七条规定的经济补偿标准的二倍向劳动者支付赔偿金。

第八十八条 用人单位有下列情形之一的，依法给予行政处罚；构成犯罪的，依法追究刑事责任；给劳动者造成损害的，应当承担赔偿责任：

（一）以暴力、威胁或者非法限制人身自由的手段强迫劳动的；

（二）违章指挥或者强令冒险作业危及劳动者人身安全的；

（三）侮辱、体罚、殴打、非法搜查或者拘禁劳动者的；

（四）劳动条件恶劣、环境污染严重，给劳动者身心健康造成严重损害的。

第八十九条 用人单位违反本法规定未向劳动者出具解除或者终止劳动合同的书面证明，由劳动行政部门责令改正；给劳动者造成损害的，应当承担赔偿责任。

第九十条 劳动者违反本法规定解除劳动合同，或者违反劳动合同中约定的保密义务或者竞业限制，给用人单位造成损失的，应当承担赔偿责任。

第九十一条 用人单位招用与其他用人单位尚未解除或者终止劳动合同的劳动者，给其他用人单位造成损失的，应当承担连带赔偿责任。

第九十二条 违反本法规定，未经许可，擅自经营劳务派遣业务的，由劳动行政部门责令停止违法行为，没收违法所得，并处违法所得一倍以上五倍以下的罚款；没有违法所得的，可以处五万元以下的罚款。

劳务派遣单位、用工单位违反本法有关劳务派遣规定的，由劳动行政部门责令限期改正；逾期不改正的，以每人五千元以上一万元以下的标准处以罚款，对劳务派遣单位，吊销其劳务派遣业务经营许可证。用工单位给被派遣劳动者造成损害的，劳务派遣单位与用工单位承担连带赔偿责任。

第九十三条 对不具备合法经营资格的用人单位的违法犯罪行为，依法追究法律责任；劳动者已经付出劳动的，该单位或者其出资人应当依照本法有关规定向劳动者支付劳动报酬、经济补偿、赔偿金；给劳动者造成损害的，应当承担赔偿责任。

第九十四条 个人承包经营违反本法规定招用劳动者，给劳动者造成损害的，发包的组织与个人承包经营者承担连带赔偿责任。

第九十五条 劳动行政部门和其他有关主管部门及其工作人员玩忽职守、不履行法定职责，或者违法行使职权，给劳动者或者用人单位造成损害的，应当承担赔偿责任；对直接负责的主管人员和其他直接责任人员，依法给予行政处分；构成犯罪的，依法追究刑事责任。

第八章　附　则

第九十六条 事业单位与实行聘用制的工作人员订立、履行、变更、解除或者终止劳动合同，法律、行政法规或者国务院另有规定的，依照其规定；未作规定的，依照本法有关规定执行。

第九十七条 本法施行前已依法订立且在本法施行之日存续的劳动合同，继续履行；本法第十四条、第二款第三项规定连续订立固定期限劳动合同的次数，自本法施行后续订固定期限劳动合同时开始计算。

本法施行前已建立劳动关系，尚未订立书面劳动合同的，应当自本法施行之日起一个月内订立。

本法施行之日存续的劳动合同在本法施行后解除或者终止，依照本法第四十六条规定应当支付经济补偿的，经济补偿年限自本法施行之日起计算；本法施行前按照当时有关规定，用人单位应当向劳动者支付经济补偿的，按照当时有关规定执行。

第九十八条 本法自2008年1月1日起施行。

中华人民共和国劳动合同法实施条例

（2008年9月18日　国务院令第535号）

第一章　总　则

第一条　为了贯彻实施《中华人民共和国劳动合同法》（以下简称劳动合同法），制定本条例。

第二条　各级人民政府和县级以上人民政府劳动行政等有关部门以及工会等组织，应当采取措施，推动劳动合同法的贯彻实施，促进劳动关系的和谐。

第三条　依法成立的会计师事务所、律师事务所等合伙组织和基金会，属于劳动合同法规定的用人单位。

第二章　劳动合同的订立

第四条　劳动合同法规定的用人单位设立的分支机构，依法取得营业执照或者登记证书的，可以作为用人单位与劳动者订立劳动合同；未依法取得营业执照或者登记证书的，受用人单位委托可以与劳动者订立劳动合同。

第五条　自用工之日起一个月内，经用人单位书面通知后，劳动者不与用人单位订立书面劳动合同的，用人单位应当书面通知劳动者终止劳动关系，无需向劳动者支付经济补偿，但是应当依法向劳动者支付其实际工作时间的劳动报酬。

第六条　用人单位自用工之日起超过一个月不满一年未与劳动者订立书面劳动合同的，应当依照劳动合同法第八十二条的规定向劳动者每月支付两倍的工资，并与劳动者补订书面劳动合同；劳动者不与用人单位订立书面劳动合同的，用人单位应当书面通知劳动者终止劳动关系，并依照劳动合同法第四十七条的规定支付经济补偿。

前款规定的用人单位向劳动者每月支付两倍工资的起算时间为用工之日起满一个月的次日，截止时间为补订书面劳动合同的前一日。

第七条 用人单位自用工之日起满一年未与劳动者订立书面劳动合同的，自用工之日起满一个月的次日至满一年的前一日应当依照劳动合同法第八十二条的规定向劳动者每月支付二倍的工资，并视为自用工之日起满一年的当日已经与劳动者订立无固定期限劳动合同，应当立即与劳动者补订书面劳动合同。

第八条 劳动合同法第七条规定的职工名册，应当包括劳动者姓名、性别、公民身份证号码、户籍地址及现住址、联系方式、用工形式、用工起始时间、劳动合同期限等内容。

第九条 劳动合同法第十四条第二款规定的连续工作满10年的起始时间，应当自用人单位用工之日起计算，包括劳动合同法施行前的工作年限。

第十条 劳动者非因本人原因从原用人单位被安排到新用人单位工作的，劳动者在原用人单位的工作年限合并计算为新用人单位的工作年限。原用人单位已经向劳动者支付经济补偿的，新用人单位在依法解除、终止劳动合同计算支付经济补偿的工作年限时，不再计算劳动者在原用人单位的工作年限。

第十一条 除劳动者与用人单位协商一致的情形外，劳动者依照劳动合同法第十四条第二款的规定，提出订立无固定期限劳动合同的，用人单位应当与其订立无固定期限劳动合同。对劳动合同的内容，双方应当按照合法、公平、平等自愿、协商一致、诚实信用的原则协商确定；对协商不一致的内容，依照劳动合同法第十八条的规定执行。

第十二条 地方各级人民政府及县级以上地方人民政府有关部门为安置就业困难人员提供的给予岗位补贴和社会保险补贴的

公益性岗位，其劳动合同不适用劳动合同法有关无固定期限劳动合同的规定以及支付经济补偿的规定。

第十三条 用人单位与劳动者不得在劳动合同法第四十四条规定的劳动合同终止情形之外约定其他的劳动合同终止条件。

第十四条 劳动合同履行地与用人单位注册地不一致的，有关劳动者的最低工资标准、劳动保护、劳动条件、职业危害防护和本地区上年度职工月平均工资标准等事项，按照劳动合同履行地的有关规定执行；用人单位注册地的有关标准高于劳动合同履行地的有关标准，且用人单位与劳动者约定按照用人单位注册地的有关规定执行的，从其约定。

第十五条 劳动者在试用期的工资不得低于本单位相同岗位最低档工资的80%或者不得低于劳动合同约定工资的80%，并不得低于用人单位所在地的最低工资标准。

第十六条 劳动合同法第二十二条第二款规定的培训费用，包括用人单位为了对劳动者进行专业技术培训而支付的有凭证的培训费用、培训期间的差旅费用以及因培训产生的用于该劳动者的其他直接费用。

第十七条 劳动合同期满，但是用人单位与劳动者依照劳动合同法第二十二条的规定约定的服务期尚未到期的，劳动合同应当续延至服务期满；双方另有约定的，从其约定。

第三章 劳动合同的解除和终止

第十八条 有下列情形之一的，依照劳动合同法规定的条件、程序，劳动者可以与用人单位解除固定期限劳动合同、无固定期限劳动合同或者以完成一定工作任务为期限的劳动合同：

（一）劳动者与用人单位协商一致的；

（二）劳动者提前30日以书面形式通知用人单位的；

（三）劳动者在试用期内提前3日通知用人单位的；

（四）用人单位未按照劳动合同约定提供劳动保护或者劳动

条件的；

（五）用人单位未及时足额支付劳动报酬的；

（六）用人单位未依法为劳动者缴纳社会保险费的；

（七）用人单位的规章制度违反法律、法规的规定，损害劳动者权益的；

（八）用人单位以欺诈、胁迫的手段或者乘人之危，使劳动者在违背真实意思的情况下订立或者变更劳动合同的；

（九）用人单位在劳动合同中免除自己的法定责任、排除劳动者权利的；

（十）用人单位违反法律、行政法规强制性规定的；

（十一）用人单位以暴力、威胁或者非法限制人身自由的手段强迫劳动者劳动的；

（十二）用人单位违章指挥、强令冒险作业危及劳动者人身安全的；

（十三）法律、行政法规规定劳动者可以解除劳动合同的其他情形。

第十九条 有下列情形之一的，依照劳动合同法规定的条件、程序，用人单位可以与劳动者解除固定期限劳动合同、无固定期限劳动合同或者以完成一定工作任务为期限的劳动合同：

（一）用人单位与劳动者协商一致的；

（二）劳动者在试用期间被证明不符合录用条件的；

（三）劳动者严重违反用人单位的规章制度的；

（四）劳动者严重失职，营私舞弊，给用人单位造成重大损害的；

（五）劳动者同时与其他用人单位建立劳动关系，对完成本单位的工作任务造成严重影响，或者经用人单位提出，拒不改正的；

（六）劳动者以欺诈、胁迫的手段或者乘人之危，使用人单位在违背真实意思的情况下订立或者变更劳动合同的；

（七）劳动者被依法追究刑事责任的；

（八）劳动者患病或者非因工负伤，在规定的医疗期满后不能从事原工作，也不能从事由用人单位另行安排的工作的；

（九）劳动者不能胜任工作，经过培训或者调整工作岗位，仍不能胜任工作的；

（十）劳动合同订立时所依据的客观情况发生重大变化，致使劳动合同无法履行，经用人单位与劳动者协商，未能就变更劳动合同内容达成协议的；

（十一）用人单位依照企业破产法规定进行重整的；

（十二）用人单位生产经营发生严重困难的；

（十三）企业转产、重大技术革新或者经营方式调整，经变更劳动合同后，仍需裁减人员的；

（十四）其他因劳动合同订立时所依据的客观经济情况发生重大变化，致使劳动合同无法履行的。

第二十条 用人单位依照劳动合同法第四十条的规定，选择额外支付劳动者一个月工资解除劳动合同的，其额外支付的工资应当按照该劳动者上一个月的工资标准确定。

第二十一条 劳动者达到法定退休年龄的，劳动合同终止。

第二十二条 以完成一定工作任务为期限的劳动合同因任务完成而终止的，用人单位应当依照劳动合同法第四十七条的规定向劳动者支付经济补偿。

第二十三条 用人单位依法终止工伤职工的劳动合同的，除依照劳动合同法第四十七条的规定支付经济补偿外，还应当依照国家有关工伤保险的规定支付一次性工伤医疗补助金和伤残就业补助金。

第二十四条 用人单位出具的解除、终止劳动合同的证明，应当写明劳动合同期限、解除或者终止劳动合同的日期、工作岗位、在本单位的工作年限。

第二十五条 用人单位违反劳动合同法的规定解除或者终止

劳动合同，依照劳动合同法第八十七条的规定支付了赔偿金的，不再支付经济补偿。赔偿金的计算年限自用工之日起计算。

第二十六条 用人单位与劳动者约定了服务期，劳动者依照劳动合同法第三十八条的规定解除劳动合同的，不属于违反服务期的约定，用人单位不得要求劳动者支付违约金。

有下列情形之一，用人单位与劳动者解除约定服务期的劳动合同的，劳动者应当按照劳动合同的约定向用人单位支付违约金：

（一）劳动者严重违反用人单位的规章制度的；

（二）劳动者严重失职，营私舞弊，给用人单位造成重大损害的；

（三）劳动者同时与其他用人单位建立劳动关系，对完成本单位的工作任务造成严重影响，或者经用人单位提出，拒不改正的；

（四）劳动者以欺诈、胁迫的手段或者乘人之危，使用人单位在违背真实意思的情况下订立或者变更劳动合同的；

（五）劳动者被依法追究刑事责任的。

第二十七条 劳动合同法第四十七条规定的经济补偿的月工资按照劳动者应得工资计算，包括计时工资或者计件工资以及奖金、津贴和补贴等货币性收入。劳动者在劳动合同解除或者终止前12个月的平均工资低于当地最低工资标准的，按照当地最低工资标准计算。劳动者工作不满12个月的，按照实际工作的月数计算平均工资。

第四章　劳务派遣特别规定

第二十八条 用人单位或者其所属单位出资或者合伙设立的劳务派遣单位，向本单位或者所属单位派遣劳动者的，属于劳动合同法第六十七条规定的不得设立的劳务派遣单位。

第二十九条 用工单位应当履行劳动合同法第六十二条规定的义务，维护被派遣劳动者的合法权益。

第三十条 劳务派遣单位不得以非全日制用工形式招用被派遣劳动者。

第三十一条 劳务派遣单位或者被派遣劳动者依法解除、终止劳动合同的经济补偿，依照劳动合同法第四十六条、第四十七条的规定执行。

第三十二条 劳务派遣单位违法解除或者终止被派遣劳动者的劳动合同的，依照劳动合同法第四十八条的规定执行。

第五章 法律责任

第三十三条 用人单位违反劳动合同法有关建立职工名册规定的，由劳动行政部门责令限期改正；逾期不改正的，由劳动行政部门处 2000 元以上 2 万元以下的罚款。

第三十四条 用人单位依照劳动合同法的规定应当向劳动者每月支付两倍的工资或者应当向劳动者支付赔偿金而未支付的，劳动行政部门应当责令用人单位支付。

第三十五条 用工单位违反劳动合同法和本条例有关劳务派遣规定的，由劳动行政部门和其他有关主管部门责令改正；情节严重的，以每位被派遣劳动者 1000 元以上 5000 元以下的标准处以罚款；给被派遣劳动者造成损害的，劳务派遣单位和用工单位承担连带赔偿责任。

第六章 附 则

第三十六条 对违反劳动合同法和本条例的行为的投诉、举报，县级以上地方人民政府劳动行政部门依照《劳动保障监察条例》的规定处理。

第三十七条 劳动者与用人单位因订立、履行、变更、解除或者终止劳动合同发生争议的，依照《中华人民共和国劳动争议调解仲裁法》的规定处理。

第三十八条 本条例自公布之日起施行。

最高人民法院等部门关于对聘任合同解除或期满后的人民法院聘任制书记员社会保险关系适用有关政策的通知

（2006年12月25日　法〔2006〕332号）

各省、自治区、直辖市高级人民法院、劳动和社会保障厅（局）、人事厅（局）、财政厅（局），新疆维吾尔自治区高级人民法院生产建设兵团分院，新疆生产建设兵团劳动和社会保障局、人事局、财务局：

为提高人民法院队伍的整体素质和专业化水平，进一步推进人民法院人事管理制度改革，做好书记员聘任制改革和试点工作，妥善解决聘任制书记员合同解除或期满后的社会保险关系衔接问题，现就有关事项明确如下：

对聘任合同解除或期满后的人民法院聘任制书记员，进入企业工作时，其社会保险关系的处理，适用《关于职工在机关事业单位与企业之间流动时社会保险关系处理意见的通知》（劳社部发〔2001〕13号）的有关规定。

特此通知。

集体合同规定

（2004年1月20日　劳动和社会保障部令第22号）

第一章　总　则

第一条　为规范集体协商和签订集体合同行为，依法维护劳动者和用人单位的合法权益，根据《中华人民共和国劳动法》和《中华人民共和国工会法》，制定本规定。

第二条　中华人民共和国境内的企业和实行企业化管理的事业单位（以下统称用人单位）与本单位职工之间进行集体协商，签订集体合同，适用本规定。

第三条　本规定所称集体合同，是指用人单位与本单位职工根据法律、法规、规章的规定，就劳动报酬、工作时间、休息休假、劳动安全卫生、职业培训、保险福利等事项，通过集体协商签订的书面协议；所称专项集体合同，是指用人单位与本单位职工根据法律、法规、规章的规定，就集体协商的某项内容签订的专项书面协议。

第四条　用人单位与本单位职工签订集体合同或专项集体合同，以及确定相关事宜，应当采取集体协商的方式。集体协商主要采取协商会议的形式。

第五条　进行集体协商，签订集体合同或专项集体合同，应当遵循下列原则：

（一）遵守法律、法规、规章及国家有关规定；

（二）相互尊重，平等协商；

（三）诚实守信，公平合作；

（四）兼顾双方合法权益；

（五）不得采取过激行为。

第六条 符合本规定的集体合同或专项集体合同，对用人单位和本单位的全体职工具有法律约束力。

用人单位与职工个人签订的劳动合同约定的劳动条件和劳动报酬等标准，不得低于集体合同或专项集体合同的规定。

第七条 县级以上劳动保障行政部门对本行政区域内用人单位与本单位职工开展集体协商、签订、履行集体合同的情况进行监督，并负责审查集体合同或专项集体合同。

第二章 集体协商内容

第八条 集体协商双方可以就下列多项或某项内容进行集体协商，签订集体合同或专项集体合同：

（一）劳动报酬；

（二）工作时间；

（三）休息休假；

（四）劳动安全与卫生；

（五）补充保险和福利；

（六）女职工和未成年工特殊保护；

（七）职业技能培训；

（八）劳动合同管理；

（九）奖惩；

（十）裁员；

（十一）集体合同期限；

（十二）变更、解除集体合同的程序；

（十三）履行集体合同发生争议时的协商处理办法；

（十四）违反集体合同的责任；

（十五）双方认为应当协商的其他内容。

第九条 劳动报酬主要包括：

（一）用人单位工资水平、工资分配制度、工资标准和工资分配形式；

（二）工资支付办法；

（三）加班、加点工资及津贴、补贴标准和奖金分配办法；

（四）工资调整办法；

（五）试用期及病、事假等期间的工资待遇；

（六）特殊情况下职工工资（生活费）支付办法；

（七）其他劳动报酬分配办法。

第十条 工作时间主要包括：

（一）工时制度；

（二）加班加点办法；

（三）特殊工种的工作时间；

（四）劳动定额标准。

第十一条 休息休假主要包括：

（一）日休息时间、周休息日安排、年休假办法；

（二）不能实行标准工时职工的休息休假；

（三）其他假期。

第十二条 劳动安全卫生主要包括：

（一）劳动安全卫生责任制；

（二）劳动条件和安全技术措施；

（三）安全操作规程；

（四）劳保用品发放标准；

（五）定期健康检查和职业健康体检。

第十三条 补充保险和福利主要包括：

（一）补充保险的种类、范围；

（二）基本福利制度和福利设施；

（三）医疗期延长及其待遇；

（四）职工亲属福利制度。

第十四条 女职工和未成年工的特殊保护主要包括：

（一）女职工和未成年工禁忌从事的劳动；

（二）女职工的经期、孕期、产期和哺乳期的劳动保护；

（三）女职工、未成年工定期健康检查；

（四）未成年工的使用和登记制度。

第十五条 职业技能培训主要包括：

（一）职业技能培训项目规划及年度计划；

（二）职业技能培训费用的提取和使用；

（三）保障和改善职业技能培训的措施。

第十六条 劳动合同管理主要包括：

（一）劳动合同签订时间；

（二）确定劳动合同期限的条件；

（三）劳动合同变更、解除、续订的一般原则及无固定期限劳动合同的终止条件；

（四）试用期的条件和期限。

第十七条 奖惩主要包括：

（一）劳动纪律；

（二）考核奖惩制度；

（三）奖惩程序。

第十八条 裁员主要包括：

（一）裁员的方案；

（二）裁员的程序；

（三）裁员的实施办法和补偿标准。

第三章 集体协商代表

第十九条 本规定所称集体协商代表（以下统称协商代表），是指按照法定程序产生并有权代表本方利益进行集体协商的人员。

集体协商双方的代表人数应当对等，每方至少3人，并各确定1名首席代表。

第二十条 职工一方的协商代表由本单位工会选派。未建立工会的，由本单位职工民主推荐，并经本单位半数以上职工同意。

职工一方的首席代表由本单位工会主席担任。工会主席可以书面委托其他协商代表代理首席代表。工会主席空缺的，首席代表由工会主要负责人担任。未建立工会的，职工一方的首席代表从协商代表中民主推举产生。

第二十一条 用人单位一方的协商代表，由用人单位法定代表人指派，首席代表由单位法定代表人担任或由其书面委托的其他管理人员担任。

第二十二条 协商代表履行职责的期限由被代表方确定。

第二十三条 集体协商双方首席代表可以书面委托本单位以外的专业人员作为本方协商代表。委托人数不得超过本方代表的三分之一。

首席代表不得由非本单位人员代理。

第二十四条 用人单位协商代表与职工协商代表不得相互兼任。

第二十五条 协商代表应履行下列职责：

（一）参加集体协商；

（二）接受本方人员质询，及时向本方人员公布协商情况并征求意见；

（三）提供与集体协商有关的情况和资料；

（四）代表本方参加集体协商争议的处理；

（五）监督集体合同或专项集体合同的履行；

（六）法律、法规和规章规定的其他职责。

第二十六条 协商代表应当维护本单位正常的生产、工作秩序，不得采取威胁、收买、欺骗等行为。

协商代表应当保守在集体协商过程中知悉的用人单位的商业秘密。

第二十七条 企业内部的协商代表参加集体协商视为提供了

正常劳动。

第二十八条 职工一方协商代表在其履行协商代表职责期间劳动合同期满的，劳动合同期限自动延长至完成履行协商代表职责之时，除出现下列情形之一的，用人单位不得与其解除劳动合同：

（一）严重违反劳动纪律或用人单位依法制定的规章制度的；

（二）严重失职、营私舞弊，对用人单位利益造成重大损害的；

（三）被依法追究刑事责任的。

职工一方协商代表履行协商代表职责期间，用人单位无正当理由不得调整其工作岗位。

第二十九条 职工一方协商代表就本规定第二十七条、第二十八条的规定与用人单位发生争议的，可以向当地劳动争议仲裁委员会申请仲裁。

第三十条 工会可以更换职工一方协商代表；未建立工会的，经本单位半数以上职工同意可以更换职工一方协商代表。

用人单位法定代表人可以更换用人单位一方协商代表。

第三十一条 协商代表因更换、辞任或遇有不可抗力等情形造成空缺的，应在空缺之日起15日内按照本规定产生新的代表。

第四章 集体协商程序

第三十二条 集体协商任何一方均可就签订集体合同或专项集体合同以及相关事宜，以书面形式向对方提出进行集体协商的要求。

一方提出进行集体协商要求的，另一方应当在收到集体协商要求之日起20日内以书面形式给以回应，无正当理由不得拒绝进行集体协商。

第三十三条 协商代表在协商前应进行下列准备工作：

（一）熟悉与集体协商内容有关的法律、法规、规章和制度；

（二）了解与集体协商内容有关的情况和资料，收集用人单位和职工对协商意向所持的意见；

（三）拟定集体协商议题，集体协商议题可由提出协商一方起草，也可由双方指派代表共同起草；

（四）确定集体协商的时间、地点等事项；

（五）共同确定一名非协商代表担任集体协商记录员。记录员应保持中立、公正，并为集体协商双方保密。

第三十四条 集体协商会议由双方首席代表轮流主持，并按下列程序进行：

（一）宣布议程和会议纪律；

（二）一方首席代表提出协商的具体内容和要求，另一方首席代表就对方的要求作出回应；

（三）协商双方就商谈事项发表各自意见，开展充分讨论；

（四）双方首席代表归纳意见。达成一致的，应当形成集体合同草案或专项集体合同草案，由双方首席代表签字。

第三十五条 集体协商未达成一致意见或出现事先未预料的问题时，经双方协商，可以中止协商。中止期限及下次协商时间、地点、内容由双方商定。

第五章 集体合同的订立、变更、解除和终止

第三十六条 经双方协商代表协商一致的集体合同草案或专项集体合同草案应当提交职工代表大会或者全体职工讨论。

职工代表大会或者全体职工讨论集体合同草案或专项集体合同草案，应当有三分之二以上职工代表或者职工出席，且须经全体职工代表半数以上或者全体职工半数以上同意，集体合同草案或专项集体合同草案方获通过。

第三十七条 集体合同草案或专项集体合同草案经职工代表

大会或者职工大会通过后，由集体协商双方首席代表签字。

第三十八条 集体合同或专项集体合同期限一般为一至三年，期满或双方约定的终止条件出现，即行终止。

集体合同或专项集体合同期满前3个月内，任何一方均可向对方提出重新签订或续订的要求。

第三十九条 双方协商代表协商一致，可以变更或解除集体合同或专项集体合同。

第四十条 有下列情形之一的，可以变更或解除集体合同或专项集体合同：

（一）用人单位因被兼并、解散、破产等原因，致使集体合同或专项集体合同无法履行的；

（二）因不可抗力等原因致使集体合同或专项集体合同无法履行或部分无法履行的；

（三）集体合同或专项集体合同约定的变更或解除条件出现的；

（四）法律、法规、规章规定的其他情形。

第四十一条 变更或解除集体合同或专项集体合同适用本规定的集体协商程序。

第六章 集体合同审查

第四十二条 集体合同或专项集体合同签订或变更后，应当自双方首席代表签字之日起10日内，由用人单位一方将文本一式三份报送劳动保障行政部门审查。

劳动保障行政部门对报送的集体合同或专项集体合同应当办理登记手续。

第四十三条 集体合同或专项集体合同审查实行属地管辖，具体管辖范围由省级劳动保障行政部门规定。

中央管辖的企业以及跨省、自治区、直辖市的用人单位的集体合同应当报送劳动保障部或劳动保障部指定的省级劳动保障行政部门。

第四十四条 劳动保障行政部门应当对报送的集体合同或专项集体合同的下列事项进行合法性审查：

（一）集体协商双方的主体资格是否符合法律、法规和规章规定；

（二）集体协商程序是否违反法律、法规、规章规定；

（三）集体合同或专项集体合同内容是否与国家规定相抵触。

第四十五条 劳动保障行政部门对集体合同或专项集体合同有异议的，应当自收到文本之日起15日内将《审查意见书》送达双方协商代表。《审查意见书》应当载明以下内容：

（一）集体合同或专项集体合同当事人双方的名称、地址；

（二）劳动保障行政部门收到集体合同或专项集体合同的时间；

（三）审查意见；

（四）作出审查意见的时间。

《审查意见书》应当加盖劳动保障行政部门印章。

第四十六条 用人单位与本单位职工就劳动保障行政部门提出异议的事项经集体协商重新签订集体合同或专项集体合同的，用人单位一方应当根据本规定第四十二条的规定将文本报送劳动保障行政部门审查。

第四十七条 劳动保障行政部门自收到文本之日起15日内未提出异议的，集体合同或专项集体合同即行生效。

第四十八条 生效的集体合同或专项集体合同，应当自其生效之日起由协商代表及时以适当的形式向本方全体人员公布。

第七章　集体协商争议的协调处理

第四十九条 集体协商过程中发生争议，双方当事人不能协商解决的，当事人一方或双方可以书面向劳动保障行政部门提出协调处理申请；未提出申请的，劳动保障行政部门认为必要时也可以进行协调处理。

第五十条 劳动保障行政部门应当组织同级工会和企业组织等三方面的人员，共同协调处理集体协商争议。

第五十一条 集体协商争议处理实行属地管辖，具体管辖范围由省级劳动保障行政部门规定。

中央管辖的企业以及跨省、自治区、直辖市用人单位因集体协商发生的争议，由劳动保障部指定的省级劳动保障行政部门组织同级工会和企业组织等三方面的人员协调处理，必要时，劳动保障部也可以组织有关方面协调处理。

第五十二条 协调处理集体协商争议，应当自受理协调处理申请之日起30日内结束协调处理工作。期满未结束的，可以适当延长协调期限，但延长期限不得超过15日。

第五十三条 协调处理集体协商争议应当按照以下程序进行：

（一）受理协调处理申请；

（二）调查了解争议的情况；

（三）研究制定协调处理争议的方案；

（四）对争议进行协调处理；

（五）制作《协调处理协议书》。

第五十四条 《协调处理协议书》应当载明协调处理申请、争议的事实和协调结果，双方当事人就某些协商事项不能达成一致的，应将继续协商的有关事项予以载明。《协调处理协议书》由集体协商争议协调处理人员和争议双方首席代表签字盖章后生效。争议双方均应遵守生效后的《协调处理协议书》。

第八章 附 则

第五十五条 因履行集体合同发生的争议，当事人协商解决不成的，可以依法向劳动争议仲裁委员会申请仲裁。

第五十六条 用人单位无正当理由拒绝工会或职工代表提出的集体协商要求的，按照《工会法》及有关法律、法规的规定处理。

第五十七条 本规定于2004年5月1日起实施。原劳动部1994年12月5日颁布的《集体合同规定》同时废止。

劳务派遣行政许可实施办法

（2013年6月20日　人力资源和社会保障部令第19号）

第一章　总　则

第一条　为了规范劳务派遣，根据《中华人民共和国劳动合同法》《中华人民共和国行政许可法》等法律，制定本办法。

第二条　劳务派遣行政许可的申请受理、审查批准以及相关的监督检查等，适用本办法。

第三条　人力资源社会保障部负责对全国的劳务派遣行政许可工作进行监督指导。

县级以上地方人力资源社会保障行政部门按照省、自治区、直辖市人力资源社会保障行政部门确定的许可管辖分工，负责实施本行政区域内劳务派遣行政许可工作以及相关的监督检查。

第四条　人力资源社会保障行政部门实施劳务派遣行政许可，应当遵循权责统一、公开公正、优质高效的原则。

第五条　人力资源社会保障行政部门应当在本行政机关办公场所、网站上公布劳务派遣行政许可的依据、程序、期限、条件和需要提交的全部材料目录以及监督电话，并在本行政机关网站和至少一种全地区性报纸上向社会公布获得许可的劳务派遣单位名单及其许可变更、延续、撤销、吊销、注销等情况。

第二章　劳务派遣行政许可

第六条　经营劳务派遣业务，应当向所在地有许可管辖权的人力资源社会保障行政部门（以下称许可机关）依法申请行政许可。

未经许可，任何单位和个人不得经营劳务派遣业务。

第七条 申请经营劳务派遣业务应当具备下列条件：

（一）注册资本不得少于人民币200万元；

（二）有与开展业务相适应的固定的经营场所和设施；

（三）有符合法律、行政法规规定的劳务派遣管理制度；

（四）法律、行政法规规定的其他条件。

第八条 申请经营劳务派遣业务的，申请人应当向许可机关提交下列材料：

（一）劳务派遣经营许可申请书；

（二）营业执照或者《企业名称预先核准通知书》；

（三）公司章程以及验资机构出具的验资报告或者财务审计报告；

（四）经营场所的使用证明以及与开展业务相适应的办公设施设备、信息管理系统等清单；

（五）法定代表人的身份证明；

（六）劳务派遣管理制度，包括劳动合同、劳动报酬、社会保险、工作时间、休息休假、劳动纪律等与劳动者切身利益相关的规章制度文本；拟与用工单位签订的劳务派遣协议样本。

第九条 许可机关收到申请材料后，应当根据下列情况分别作出处理：

（一）申请材料存在可以当场更正的错误的，应当允许申请人当场更正；

（二）申请材料不齐全或者不符合法定形式的，应当当场或者在5个工作日内一次告知申请人需要补正的全部内容，逾期不告知的，自收到申请材料之日起即为受理；

（三）申请材料齐全、符合法定形式，或者申请人按照要求提交了全部补正申请材料的，应当受理行政许可申请。

第十条 许可机关对申请人提出的申请决定受理的，应当出具《受理决定书》；决定不予受理的，应当出具《不予受理决定书》，说明不予受理的理由，并告知申请人享有依法申请行政复议或者提起行政诉讼的权利。

第十一条 许可机关决定受理申请的，应当对申请人提交的申请材料进行审查。根据法定条件和程序，需要对申请材料的实质内容进行核实的，许可机关应当指派2名以上工作人员进行核查。

第十二条 许可机关应当自受理之日起20个工作日内作出是否准予行政许可的决定。20个工作日内不能作出决定的，经本行政机关负责人批准，可以延长10个工作日，并应当将延长期限的理由告知申请人。

第十三条 申请人的申请符合法定条件的，许可机关应当依法作出准予行政许可的书面决定，并自作出决定之日起5个工作日内通知申请人领取《劳务派遣经营许可证》。

申请人的申请不符合法定条件的，许可机关应当依法作出不予行政许可的书面决定，说明不予行政许可的理由，并告知申请人享有依法申请行政复议或者提起行政诉讼的权利。

第十四条 《劳务派遣经营许可证》应当载明单位名称、住所、法定代表人、注册资本、许可经营事项、有效期限、编号、发证机关以及发证日期等事项。《劳务派遣经营许可证》分为正本、副本。正本、副本具有同等法律效力。

《劳务派遣经营许可证》有效期为3年。

《劳务派遣经营许可证》由人力资源社会保障部统一制定样式，由各省、自治区、直辖市人力资源社会保障行政部门负责印制、免费发放和管理。

第十五条 劳务派遣单位取得《劳务派遣经营许可证》后，应当妥善保管，不得涂改、倒卖、出租、出借或者以其他形式非法转让。

第十六条 劳务派遣单位名称、住所、法定代表人或者注册资本等改变的，应当向许可机关提出变更申请。符合法定条件的，许可机关应当自收到变更申请之日起10个工作日内依法办理变更手续，并换发新的《劳务派遣经营许可证》或者在原《劳务派遣经营许可证》上予以注明；不符合法定条件的，许可机关应当自收到变更申请之日起10个工作日内作出不予变更的书面决定，并说明理由。

第十七条 劳务派遣单位分立、合并后继续存续，其名称、住所、法定代表人或者注册资本等改变的，应当按照本办法第十六条规定执行。

劳务派遣单位分立、合并后设立新公司的，应当按照本办法重新申请劳务派遣行政许可。

第十八条 劳务派遣单位需要延续行政许可有效期的，应当在有效期届满60日前向许可机关提出延续行政许可的书面申请，并提交3年以来的基本经营情况；劳务派遣单位逾期提出延续行政许可的书面申请的，按照新申请经营劳务派遣行政许可办理。

第十九条 许可机关应当根据劳务派遣单位的延续申请，在该行政许可有效期届满前作出是否准予延续的决定；逾期未作决定的，视为准予延续。

准予延续行政许可的，应当换发新的《劳务派遣经营许可证》。

第二十条 劳务派遣单位有下列情形之一的，许可机关应当自收到延续申请之日起10个工作日内作出不予延续书面决定，并说明理由：

（一）逾期不提交劳务派遣经营情况报告或者提交虚假劳务派遣经营情况报告，经责令改正，拒不改正的；

（二）违反劳动保障法律法规，在一个行政许可期限内受到2次以上行政处罚的。

第二十一条 劳务派遣单位设立子公司经营劳务派遣业务的，应当由子公司向所在地许可机关申请行政许可；劳务派遣单位设立分公司经营劳务派遣业务的，应当书面报告许可机关，并由分公司向所在地人力资源社会保障行政部门备案。

第三章　监督检查

第二十二条　劳务派遣单位应当于每年3月31日前向许可机关提交上一年度劳务派遣经营情况报告，如实报告下列事项：

（一）经营情况以及上年度财务审计报告；

（二）被派遣劳动者人数以及订立劳动合同、参加工会的情况；

（三）向被派遣劳动者支付劳动报酬的情况；

（四）被派遣劳动者参加社会保险、缴纳社会保险费的情况；

（五）被派遣劳动者派往的用工单位、派遣数量、派遣期限、用工岗位的情况；

（六）与用工单位订立的劳务派遣协议情况以及用工单位履行法定义务的情况；

（七）设立子公司、分公司等情况。

劳务派遣单位设立的子公司或者分公司，应当向办理许可或者备案手续的人力资源社会保障行政部门提交上一年度劳务派遣经营情况报告。

第二十三条　许可机关应当对劳务派遣单位提交的年度经营情况报告进行核验，依法对劳务派遣单位进行监督，并将核验结果和监督情况载入企业信用记录。

第二十四条　有下列情形之一的，许可机关或者其上级行政机关，可以撤销劳务派遣行政许可：

（一）许可机关工作人员滥用职权、玩忽职守，给不符合条件的申请人发放《劳务派遣经营许可证》的；

（二）超越法定职权发放《劳务派遣经营许可证》的；

（三）违反法定程序发放《劳务派遣经营许可证》的；

（四）依法可以撤销行政许可的其他情形。

第二十五条　申请人隐瞒真实情况或者提交虚假材料申请行

政许可的，许可机关不予受理、不予行政许可。

劳务派遣单位以欺骗、贿赂等不正当手段和隐瞒真实情况或者提交虚假材料取得行政许可的，许可机关应当予以撤销。被撤销行政许可的劳务派遣单位在1年内不得再次申请劳务派遣行政许可。

第二十六条 有下列情形之一的，许可机关应当依法办理劳务派遣行政许可注销手续：

（一）《劳务派遣经营许可证》有效期届满，劳务派遣单位未申请延续的，或者延续申请未被批准的；

（二）劳务派遣单位依法终止的；

（三）劳务派遣行政许可依法被撤销，或者《劳务派遣经营许可证》依法被吊销的；

（四）法律、法规规定的应当注销行政许可的其他情形。

第二十七条 劳务派遣单位向许可机关申请注销劳务派遣行政许可的，应当提交已经依法处理与被派遣劳动者的劳动关系及其社会保险权益等材料，许可机关应当在核实有关情况后办理注销手续。

第二十八条 当事人对许可机关作出的有关劳务派遣行政许可的行政决定不服的，可以依法申请行政复议或者提起行政诉讼。

第二十九条 任何组织和个人有权对实施劳务派遣行政许可中的违法违规行为进行举报，人力资源社会保障行政部门应当及时核实、处理。

第四章　法律责任

第三十条 人力资源社会保障行政部门有下列情形之一的，由其上级行政机关或者监察机关责令改正，对直接负责的主管人员和其他直接责任人员依法给予处分；构成犯罪的，依法追究刑事责任：

（一）向不符合法定条件的申请人发放《劳务派遣经营许可证》，或者超越法定职权发放《劳务派遣经营许可证》的；

（二）对符合法定条件的申请人不予行政许可或者不在法定期限内作出准予行政许可决定的；

（三）在办理行政许可、实施监督检查工作中，玩忽职守、徇私舞弊，索取或者收受他人财物或者谋取其他利益的；

（四）不依法履行监督职责或者监督不力，造成严重后果的。

许可机关违法实施行政许可，给当事人的合法权益造成损害的，应当依照国家赔偿法的规定给予赔偿。

第三十一条 任何单位和个人违反《中华人民共和国劳动合同法》的规定，未经许可，擅自经营劳务派遣业务的，由人力资源社会保障行政部门责令停止违法行为，没收违法所得，并处违法所得1倍以上5倍以下的罚款；没有违法所得的，可以处5万元以下的罚款。

第三十二条 劳务派遣单位违反《中华人民共和国劳动合同法》有关劳务派遣规定的，由人力资源社会保障行政部门责令限期改正；逾期不改正的，以每人5000元以上1万元以下的标准处以罚款，并吊销其《劳务派遣经营许可证》。

第三十三条 劳务派遣单位有下列情形之一的，由人力资源社会保障行政部门处1万元以下的罚款；情节严重的，处1万元以上3万元以下的罚款：

（一）涂改、倒卖、出租、出借《劳务派遣经营许可证》，或者以其他形式非法转让《劳务派遣经营许可证》的；

（二）隐瞒真实情况或者提交虚假材料取得劳务派遣行政许可的；

（三）以欺骗、贿赂等不正当手段取得劳务派遣行政许可的。

第五章　附　则

第三十四条　劳务派遣单位在2012年12月28日至2013年6月30日之间订立的劳动合同和劳务派遣协议，2013年7月1日后应当按照《全国人大常委会关于修改〈中华人民共和国劳动合同法〉的决定》执行。

本办法施行前经营劳务派遣业务的单位，应当按照本办法取得劳务派遣行政许可后，方可经营新的劳务派遣业务；本办法施行后未取得劳务派遣行政许可的，不得经营新的劳务派遣业务。

第三十五条　本办法自2013年7月1日起施行。

劳务派遣暂行规定

（2014年1月24日　人力资源和社会保障部令第22号）

第一章　总　则

第一条　为规范劳务派遣，维护劳动者的合法权益，促进劳动关系和谐稳定，依据《中华人民共和国劳动合同法》（以下简称劳动合同法）和《中华人民共和国劳动合同法实施条例》（以下简称劳动合同法实施条例）等法律、行政法规，制定本规定。

第二条　劳务派遣单位经营劳务派遣业务，企业（以下称用工单位）使用被派遣劳动者，适用本规定。

依法成立的会计师事务所、律师事务所等合伙组织和基金会以及民办非企业单位等组织使用被派遣劳动者，依照本规定执行。

第二章　用工范围和用工比例

第三条　用工单位只能在临时性、辅助性或者替代性的工作岗位上使用被派遣劳动者。

前款规定的临时性工作岗位是指存续时间不超过6个月的岗位；辅助性工作岗位是指为主营业务岗位提供服务的非主营业务岗位；替代性工作岗位是指用工单位的劳动者因脱产学习、休假等原因无法工作的一定期间内，可以由其他劳动者替代工作的岗位。

用工单位决定使用被派遣劳动者的辅助性岗位，应当经职工代表大会或者全体职工讨论，提出方案和意见，与工会或者职工代表平等协商确定，并在用工单位内公示。

第四条 用工单位应当严格控制劳务派遣用工数量，使用的被派遣劳动者数量不得超过其用工总量的10%。

前款所称用工总量是指用工单位订立劳动合同人数与使用的被派遣劳动者人数之和。

计算劳务派遣用工比例的用工单位是指依照劳动合同法和劳动合同法实施条例可以与劳动者订立劳动合同的用人单位。

第三章 劳动合同劳务派遣协议的订立和履行

第五条 劳务派遣单位应当依法与被派遣劳动者订立2年以上的固定期限书面劳动合同。

第六条 劳务派遣单位可以依法与被派遣劳动者约定试用期。劳务派遣单位与同一被派遣劳动者只能约定一次试用期。

第七条 劳务派遣协议应当载明下列内容：

（一）派遣的工作岗位名称和岗位性质；

（二）工作地点；

（三）派遣人员数量和派遣期限；

（四）按照同工同酬原则确定的劳动报酬数额和支付方式；

（五）社会保险费的数额和支付方式；

（六）工作时间和休息休假事项；

（七）被派遣劳动者工伤、生育或者患病期间的相关待遇；

（八）劳动安全卫生以及培训事项；

（九）经济补偿等费用；

（十）劳务派遣协议期限；

（十一）劳务派遣服务费的支付方式和标准；

（十二）违反劳务派遣协议的责任；

（十三）法律、法规、规章规定应当纳入劳务派遣协议的其他事项。

第八条 劳务派遣单位应当对被派遣劳动者履行下列义务：

（一）如实告知被派遣劳动者劳动合同法第八条规定的事

项、应遵守的规章制度以及劳务派遣协议的内容；

（二）建立培训制度，对被派遣劳动者进行上岗知识、安全教育培训；

（三）按照国家规定和劳务派遣协议约定，依法支付被派遣劳动者的劳动报酬和相关待遇；

（四）按照国家规定和劳务派遣协议约定，依法为被派遣劳动者缴纳社会保险费，并办理社会保险相关手续；

（五）督促用工单位依法为被派遣劳动者提供劳动保护和劳动安全卫生条件；

（六）依法出具解除或者终止劳动合同的证明；

（七）协助处理被派遣劳动者与用工单位的纠纷；

（八）法律、法规和规章规定的其他事项。

第九条 用工单位应当按照劳动合同法第六十二条规定，向被派遣劳动者提供与工作岗位相关的福利待遇，不得歧视被派遣劳动者。

第十条 被派遣劳动者在用工单位因工作遭受事故伤害的，劳务派遣单位应当依法申请工伤认定，用工单位应当协助工伤认定的调查核实工作。劳务派遣单位承担工伤保险责任，但可以与用工单位约定补偿办法。

被派遣劳动者在申请进行职业病诊断、鉴定时，用工单位应当负责处理职业病诊断、鉴定事宜，并如实提供职业病诊断、鉴定所需的劳动者职业史和职业危害接触史、工作场所职业病危害因素检测结果等资料，劳务派遣单位应当提供被派遣劳动者职业病诊断、鉴定所需的其他材料。

第十一条 劳务派遣单位行政许可有效期未延续或者《劳务派遣经营许可证》被撤销、吊销的，已经与被派遣劳动者依法订立的劳动合同应当履行至期限届满。双方经协商一致，可以解除劳动合同。

第十二条 有下列情形之一的，用工单位可以将被派遣劳动者退回劳务派遣单位：

（一）用工单位有劳动合同法第四十条第三项、第四十一条规定情形的；

（二）用工单位被依法宣告破产、吊销营业执照、责令关闭、撤销、决定提前解散或者经营期限届满不再继续经营的；

（三）劳务派遣协议期满终止的。

被派遣劳动者退回后在无工作期间，劳务派遣单位应当按照不低于所在地人民政府规定的最低工资标准，向其按月支付报酬。

第十三条 被派遣劳动者有劳动合同法第四十二条规定情形的，在派遣期限届满前，用工单位不得依据本规定第十二条第一款第一项规定将被派遣劳动者退回劳务派遣单位；派遣期限届满的，应当延续至相应情形消失时方可退回。

第四章 劳动合同的解除和终止

第十四条 被派遣劳动者提前30日以书面形式通知劳务派遣单位，可以解除劳动合同。被派遣劳动者在试用期内提前3日通知劳务派遣单位，可以解除劳动合同。劳务派遣单位应当将被派遣劳动者通知解除劳动合同的情况及时告知用工单位。

第十五条 被派遣劳动者因本规定第十二条规定被用工单位退回，劳务派遣单位重新派遣时维持或者提高劳动合同约定条件，被派遣劳动者不同意的，劳务派遣单位可以解除劳动合同。

被派遣劳动者因本规定第十二条规定被用工单位退回，劳务派遣单位重新派遣时降低劳动合同约定条件，被派遣劳动者不同意的，劳务派遣单位不得解除劳动合同。但被派遣劳动者提出解除劳动合同的除外。

第十六条 劳务派遣单位被依法宣告破产、吊销营业执照、责令关闭、撤销、决定提前解散或者经营期限届满不再继续经营的，劳动合同终止。用工单位应当与劳务派遣单位协商妥善安置被派遣劳动者。

第十七条 劳务派遣单位因劳动合同法第四十六条或者本规定第十五条、第十六条规定的情形，与被派遣劳动者解除或者终止劳动合同的，应当依法向被派遣劳动者支付经济补偿。

第五章 跨地区劳务派遣的社会保险

第十八条 劳务派遣单位跨地区派遣劳动者的，应当在用工单位所在地为被派遣劳动者参加社会保险，按照用工单位所在地的规定缴纳社会保险费，被派遣劳动者按照国家规定享受社会保险待遇。

第十九条 劳务派遣单位在用工单位所在地设立分支机构的，由分支机构为被派遣劳动者办理参保手续，缴纳社会保险费。

劳务派遣单位未在用工单位所在地设立分支机构的，由用工单位代劳务派遣单位为被派遣劳动者办理参保手续，缴纳社会保险费。

第六章 法律责任

第二十条 劳务派遣单位、用工单位违反劳动合同法和劳动合同法实施条例有关劳务派遣规定的，按照劳动合同法第九十二条规定执行。

第二十一条 劳务派遣单位违反本规定解除或者终止被派遣劳动者劳动合同的，按照劳动合同法第四十八条、第八十七条规定执行。

第二十二条 用工单位违反本规定第三条第三款规定的，由人力资源社会保障行政部门责令改正，给予警告；给被派遣劳动者造成损害的，依法承担赔偿责任。

第二十三条 劳务派遣单位违反本规定第六条规定的，按照劳动合同法第八十三条规定执行。

第二十四条 用工单位违反本规定退回被派遣劳动者的，按照劳动合同法第九十二条第二款规定执行。

第七章 附 则

第二十五条 外国企业常驻代表机构和外国金融机构驻华代表机构等使用被派遣劳动者的，以及船员用人单位以劳务派遣形式使用国际远洋海员的，不受临时性、辅助性、替代性岗位和劳务派遣用工比例的限制。

第二十六条 用人单位将本单位劳动者派往境外工作或者派往家庭、自然人处提供劳动的，不属于本规定所称劳务派遣。

第二十七条 用人单位以承揽、外包等名义，按劳务派遣用工形式使用劳动者的，按照本规定处理。

第二十八条 用工单位在本规定施行前使用被派遣劳动者数量超过其用工总量10%的，应当制定调整用工方案，于本规定施行之日起2年内降至规定比例。但是，《全国人民代表大会常务委员会关于修改〈中华人民共和国劳动合同法〉的决定》公布前已依法订立的劳动合同和劳务派遣协议期限届满日期在本规定施行之日起2年后的，可以依法继续履行至期限届满。

用工单位应当将制定的调整用工方案报当地人力资源社会保障行政部门备案。

用工单位未将本规定施行前使用的被派遣劳动者数量降至符合规定比例之前，不得新用被派遣劳动者。

第二十九条 本规定自2014年3月1日起施行。

劳动部关于印发《违反和解除劳动合同的经济补偿办法》的通知

（1994年12月3日　劳部发〔1994〕481号）

各省、自治区、直辖市劳动（劳动人事）厅（局），国务院各部委、直属机构劳动人事部门，解放军总后勤部生产管理部：

为贯彻《劳动法》，使有关经济补偿的规定便于操作，我们制定了《违反和解除劳动合同的经济补偿办法》，现印发给你们，请按照执行。有关违反劳动合同的赔偿办法，按国家有关规定执行。

违反和解除劳动合同的经济补偿办法

第一条　为了规范违反和解除劳动合同对劳动者的经济补偿标准，根据《中华人民共和国劳动法》的规定，制定本办法。

第二条　对劳动者的经济补偿金，由用人单位一次性发给。

第三条　用人单位克扣或者无故拖欠劳动者工资的，以及拒不支付劳动者延长工作时间工资报酬的，除在规定的时间内全额支付劳动者工资报酬外，还需加发相当于工资报酬百分之二十五的经济补偿金。

第四条　用人单位支付劳动者的工资报酬低于当地最低工资标准的，要在补足低于标准部分的同时，另外支付相当于低于部分百分之二十五的经济补偿金。

第五条　经劳动合同当事人协商一致，由用人单位解除劳动合同的，用人单位应根据劳动者在本单位工作年限，每满一年发给相当于一个月工资的经济补偿金，最多不超过十二个月。工作时间不满一年的按一年的标准发给经济补偿金。

第六条 劳动者患病或者非因工负伤，经劳动鉴定委员会确认不能从事原工作、也不能从事用人单位另行安排的工作而解除劳动合同的，用人单位应按其在本单位的工作年限，每满一年发给相当于一个月工资的经济补偿金，同时还应发给不低于六个月工资的医疗补助费。患重病和绝症的还应增加医疗补助费，患重病的增加部分不低于医疗补助费的百分之五十，患绝症的增加部分不低于医疗补助费的百分之百。

第七条 劳动者不能胜任工作，经过培训或者调整工作岗位仍不能胜任工作，由用人单位解除劳动合同的，用人单位应按其在本单位工作的年限，工作时间每满一年，发给相当于一个月工资的经济补偿金，最多不超过十二个月。

第八条 劳动合同订立时所依据的客观情况发生重大变化，致使原劳动合同无法履行，经当事人协商不能就变更劳动合同达成协议，由用人单位解除劳动合同的，用人单位按劳动者在本单位工作的年限，工作时间每满一年发给相当于一个月工资的经济补偿金。

第九条 用人单位濒临破产进行法定整顿期间或者生产经营状况发生严重困难，必须裁减人员的，用人单位按被裁减人员在本单位工作的年限支付经济补偿金。在本单位工作的时间每满一年，发给相当于一个月工资的经济补偿金。

第十条 用人单位解除劳动合同后，未按规定给予劳动者经济补偿的，除全额发给经济补偿金外，还须按该经济补偿金数额的百分之五十支付额外经济补偿金。

第十一条 本办法中经济补偿金的工资计算标准是指企业正常生产情况下劳动者解除合同前十二个月的月平均工资。

用人单位依据本办法第六条、第八条、第九条解除劳动合同时，劳动者的月平均工资低于企业月平均工资的，按企业月平均工资的标准支付。

第十二条 经济补偿金在企业成本中列支，不得占用企业按规定比例应提取的福利费用。

第十三条 本办法自 1995 年 1 月 1 日起执行。

劳动部关于印发《企业经济性裁减人员规定》的通知

（1994年11月14日　劳部发〔1994〕447号）

各省、自治区、直辖市劳动（劳动人事）厅（局）、国务院有关部门：

为配合《劳动法》的贯彻实施，指导用人单位按照国家有关规定依法行使裁减人员权利，我们在征求各地和国务院有关部门意见的基础上制定了《企业经济性裁减人员规定》。现将该《规定》印发给你们，请认真执行，并结合本地区、本部门的实际情况制定实施办法。

企业经济性裁减人员规定

第一条　为指导用人单位依法正确行使裁减人员权利，根据《中华人民共和国劳动法》的有关规定，制定本规定。

第二条　用人单位濒临破产，被人民法院宣告进入法定整顿期间或生产经营发生严重困难，达到当地政府规定的严重困难企业标准，确需裁减人员的，可以裁员。

第三条　用人单位有条件的，应为被裁减的人员提供培训或就业帮助。

第四条　用人单位确需裁减人员，应按下列程序进行：

（一）提前30日向工会或者全体职工说明情况，并提供有关生产经营状况的资料；

（二）提出裁减人员方案，内容包括：被裁减人员名单，裁减时间及实施步骤，符合法律、法规规定和集体合同约定的被裁减人员经济补偿办法；

（三）将裁减人员方案征求工会或者全体职工的意见，并对方案进行修改和完善；

（四）向当地劳动行政部门报告裁减人员方案以及工会或者全体职工的意见，并听取劳动行政部门的意见；

（五）由用人单位正式公布裁减人员方案，与被裁减人员办理解除劳动合同手续，按照有关规定向被裁减人员本人支付经济补偿金，出具裁减人员证明书。

第五条 用人单位不得裁减下列人员：

（一）患职业病或者因工负伤并被确认丧失或者部分丧失劳动能力的；

（二）患病或者负伤，在规定的医疗期内的；

（三）女职工在孕期、产期、哺乳期内的；

（四）法律、行政法规规定的其他情形。

第六条 对于被裁减而失业的人员，参加失业保险的，可到当地劳动就业服务机构登记，申领失业救济金。

第七条 用人单位从裁减人员之日起，6个月内需要新招人员的，必须优先从本单位裁减的人员中录用，并向当地劳动行政部门报告录用人员的数量、时间、条件以及优先录用人员的情况。

第八条 劳动行政部门对用人单位违反法律、法规和有关规定裁减人员的，应依法制止和纠正。

第九条 工会或职工对裁员提出的合理意见，用人单位应认真听取。

用人单位违反法律、法规规定和集体合同约定裁减人员的，工会有权要求重新处理。

第十条 因裁减人员发生的劳动争议，当事人双方应按照劳动争议处理的有关规定执行。

第十一条 各省、自治区、直辖市劳动行政部门可根据本规定和本地区实际情况制定实施办法。

第十二条 本规定自1995年1月1日起施行。

劳动部办公厅对《关于如何确定试用期内不符合录用条件可以解除劳动合同的请示》的复函

（1995年1月19日　劳办发〔1995〕16号）

四川省劳动厅：

你厅《关于如何确定试用期内不符合录用条件可以解除劳动合同的请示》（川劳仲〔1994〕45号）收悉。现答复如下：

同意你厅第一种意见，即：对试用期内不符合录用条件的劳动者，企业可以解除劳动合同；若超过试用期，则企业不能以试用期内不符合录用条件为由解除劳动合同。

劳动部关于发布《违反〈劳动法〉有关劳动合同规定的赔偿办法》的通知

（1995 年 5 月 10 日　劳部发〔1995〕223 号）

各省、自治区、直辖市及计划单列市劳动（劳动人事）厅（局）、国务院有关部门和直属机构，解放军总后勤部生产管理部：

为了明确劳动合同当事人违反劳动法有关劳动合同规定的赔偿责任，我们制定了《违反〈劳动法〉有关劳动合同规定的赔偿办法》，现予发布，请按照执行。

违反《劳动法》有关劳动合同规定的赔偿办法

第一条　为明确违反劳动法有关劳动合同规定的赔偿责任，维护劳动合同双方当事人的合法权益，根据《中华人民共和国劳动法》的有关规定，制定本办法。

第二条　用人单位有下列情形之一，对劳动者造成损害的，应赔偿劳动者损失：

（一）用人单位故意拖延不订立劳动合同，即招用后故意不按规定订立劳动合同以及劳动合同到期后故意不及时续订劳动合同的；

（二）由于用人单位的原因订立无效劳动合同，或订立部分无效劳动合同的；

（三）用人单位违反规定或劳动合同的约定侵害女职工或未成年工合法权益的；

（四）用人单位违反规定或劳动合同的约定解除劳动合同的。

第三条 本办法第二条规定的赔偿，按下列规定执行：

（一）造成劳动者工资收入损失的，按劳动者本人应得工资收入支付给劳动者，并加付应得工资收入25%的赔偿费用；

（二）造成劳动者劳动保护待遇损失的，应按国家规定补足劳动者的劳动保护津贴和用品；

（三）造成劳动者工伤、医疗待遇损失的，除按国家规定为劳动者提供工伤、医疗待遇外，还应支付劳动者相当于医疗费用25%的赔偿费用；

（四）造成女职工和未成年工身体健康损害的，除按国家规定提供治疗期间的医疗待遇外，还应支付相当于其医疗费用25%的赔偿费用；

（五）劳动合同约定的其他赔偿费用。

第四条 劳动者违反规定或劳动合同的约定解除劳动合同，对用人单位造成损失的，劳动者应赔偿用人单位下列损失：

（一）用人单位招收录用其所支付的费用；

（二）用人单位为其支付的培训费用，双方另有约定的按约定办理；

（三）对生产、经营和工作造成的直接经济损失；

（四）劳动合同约定的其他赔偿费用。

第五条 劳动者违反劳动合同中约定的保密事项，对用人单位造成经济损失的，按《反不正当竞争法》第二十条的规定支付用人单位赔偿费用。

第六条 用人单位招用尚未解除劳动合同的劳动者，对原用人单位造成经济损失的，除该劳动者承担直接赔偿责任外，该用人单位应当承担连带赔偿责任。其连带赔偿的份额应不低于对原用人单位造成经济损失总额的百分之七十。向原用人单位赔偿下列损失：

（一）对生产、经营和工作造成的直接经济损失；

（二）因获取商业秘密给原用人单位造成的经济损失。

赔偿本条第（二）项规定的损失，按《反不正当竞争法》第二十条的规定执行。

第七条 因赔偿引起争议的，按照国家有关劳动争议处理的规定办理。

第八条 本办法自发布之日起施行。

劳动部办公厅对《关于如何理解无效劳动合同有关问题的请示》的复函

（1995年10月18日　劳办发〔1995〕268号）

北京市劳动局：

你局《关于如何理解无效劳动合同有关问题的请示》（京劳仲文〔1995〕115号）收悉。经研究，现函复如下：

最高人民法院《关于贯彻执行〈中华人民共和国民法通则〉若干问题的意见》（试行）第68条规定："以给公民及其亲人的生命健康、名誉、荣誉、财产等造成损害为要挟，迫使对方作出违背真实的意思表示的，可以认定为胁迫行为。"第69条规定："一方当事人乘对方处于危难之机，为谋取不正当利益，迫使对方作出不真实的意思表示，严重损害对方利益的，可以认定为乘人之危。"据此精神，劳动部关于印发《关于贯彻执行〈中华人民共和国劳动法〉若干问题的意见》的通知（劳部发〔1995〕309号）第16条规定中所说的"职工被迫签订的劳动合同"，是指由证据表明职工在受到胁迫或被对方乘己之危的情况下，违背自己的真实意思而签订的劳动合同。"未经协商一致签订的劳动合同"，是指有证据表明用人单位和劳动者不是在双方充分表达自己意思的基础上、经平等协商、取得一致的情况下签订的劳动合同。

劳动部关于劳动者解除劳动合同有关问题的复函

（1995年12月19日　劳办发〔1995〕324号）

浙江省劳动厅：

你厅《关于劳动者解除劳动合同有关问题的请示》（浙劳政〔1995〕192号）收悉。经研究，答复如下：

《关于贯彻执行〈中华人民共和国劳动法〉若干问题的意见》（劳部发）1995〕309号）第32条的规定，是对《劳动法》第三十一条的具体解释。

按照《劳动法》第三十一条的规定："劳动者解除劳动合同，应当提前30日以书面形式通知用人单位"。劳动者提前30日以书面形式通知用人单位，既是解除劳动合同的程序，也是解除劳动合同的条件。劳动者提前30日以书面形式通知用人单位，解除劳动合同，无需征得用人单位的同意。超过30日，劳动者向用人单位提出办理解除劳动合同的手续，用人单位应予以办理。

但由于劳动者违反劳动合同有关约定而给用人单位造成经济损失的，应依据有关法律、法规、规章的规定和劳动合同的约定，由劳动者承担赔偿责任。

劳动者违反提前30日以书面形式通知用人单位的规定，而要求解除劳动合同，用人单位可以不予办理。劳动者违法解除劳动合同而给原用人单位造成经济损失，应当依据有关法律、法规、规章的规定和劳动合同的约定承担赔偿责任。

《违反〈劳动法〉有关劳动合同规定的赔偿办法》（劳部发

〔1995〕223号）第六条规定的“用人单位招用尚未解除劳动合同的劳动者，对原用人单位造成经济损失的，该用人单位应当承担连带赔偿责任”，是对用人单位承担连带赔偿责任的规定，与劳动者提前30日提出解除劳动合同没有关系。

劳动部办公厅对《关于终止或解除劳动合同计发经济补偿金有关问题的请示》的复函

（1996年2月15日　劳办发〔1996〕33号）

河北省劳动厅：

你厅《关于终止或解除劳动合同计发经济补偿金有关问题的请示》（冀劳办〔1996〕31号）收悉。经研究，现答复如下：

一、关于终止劳动合同的经济补偿金计发问题

《关于贯彻执行〈中华人民共和国劳动法〉若干问题的意见》（劳部发〔1995〕309号）规定："劳动合同期满或者当事人约定的劳动合同终止条件出现，劳动合同即行终止，用人单位可以不支付劳动者经济补偿金"。同时规定："国家另有规定的，可以从其规定"，时至现在仍然有效的《国营企业实行劳动合同制暂行规定》（国发〔1986〕77号）及《全民所有制企业招用农民合同制工人的规定》（1993年国务院令第87号）中的有关规定，即：凡属国有企业职工和国家机关、事业单位、社会团体建立劳动关系的职工以及全民所有制企业招用的农民合同制工人，在劳动合同终止以后，仍应执行其中有关支付经济补偿金的规定。

二、关于合同制职工调动、转移工作单位经济补偿金计发问题

在全面实行劳动合同制以后，职工调动、转移工作单位，均应通过与原用人单位终止劳动关系，再与新用人单位建立劳动关系来实现。职工提出调动、转移工作单位的，应当在与原用人单

位解除劳动合同后，与新用人单位签订劳动合同。用人单位依据《劳动法》第二十四条向职工提出并经双方协商一致解除劳动合同的，应当向劳动者支付经济补偿金。由劳动者本人提出解除劳动合同的，用人单位可以不支付经济补偿金。

三、劳动合同制度实行以来原固定工在本单位的工作年限，应当作为计发经济补偿金的年限

四、因用人单位的合并、兼并、合资、单位改变性质、法人改变名称等原因而改变工作单位的，其改变前的工作时间可以计算为“在本单位的工作时间”。

由于成建制调动、组织调动等原因而改变工作单位的，是否计算为“在本单位的工作时间”，在行业直属企业间成建制调动或组织调动等，由行业主管部门作出规定；其他调动，由各省、自治区、直辖市作出规定。

劳动部关于企业工会主席签订劳动合同问题的通知

（1996年4月12日　劳部发〔1996〕122号）

各省、自治区、直辖市劳动（劳动人事）厅（局），国务院有关部委、直属机构，解放军总后勤部生产管理部，新疆生产建设兵团：

1995年全国已有85%以上的企业职工签订了劳动合同，企业新型的劳动用人制度已基本确立。为了保证这项工作的顺利进行，现就一些地方和单位在企业工会主席签订劳动合同方式上反映的问题，经商全国总工会同意，提出如下意见。

《劳动法》规定："劳动合同是劳动者与用人单位确立劳动关系、明确双方权利和义务的协议。建立劳动关系应当订立劳动合同。"订立劳动合同的目的是为了更好地保证劳动者的合法权益，使劳动关系纳入法制管理的轨道。企业工会主席作为劳动者，也应当与用人单位签订劳动合同。但考虑到劳动制度转轨时期的实际情况，在订立劳动合同的方式上，对尚未签订劳动合同的工会主席，可以和党委书记、厂长、经理一样，与企业的上级主管部门签订劳动合同。已经与企业签订了劳动合同的工会主席，双方应继续履行劳动合同，不经本单位工会委员会和上级工会同意，企业不得解除劳动合同。

劳动部办公厅对《关于对劳部发〔1995〕309号文件第42条如何执行的请示》的复函

（1996年7月8日　劳办发〔1996〕131号）

内蒙古自治区劳动厅：

你区扎兰屯市劳动局《关于对劳部发〔1995〕309号文件第42条如何执行的请示》（扎劳字〔1996〕23号）收悉，经研究，现答复如下：

一、劳动者与用人单位签订的劳动合同期满后，如果劳动者已接近退休年龄，双方仍可以在平等自愿、协商一致的基础上续签劳动合同，但合同期限不应超过法定退休年龄。

二、劳动者如果在合同期满时，已接近《国务院关于工人退休、退职的暂行办法》（国发〔1978〕104号）第一条第（二）款规定的退休年龄（男年满50周岁、女年满40周岁），双方可以在协商一致的基础上续签劳动合同；但如果双方达不成一致，不再续签劳动合同的，则按照劳部发〔1995〕309号文件第42条的规定，在终止劳动合同后按规定领取失业救济金，享受失业救济金的期限届满后仍未就业，符合社会救济条件的，可以按规定领取社会救济金，达到退休年龄时再办理退休手续。

符合《国务院关于工人退休、退职的暂行办法》（国发〔1978〕104号）第一条第（三）款规定的，办理退休手续；如果不具备退休条件，由医院证明，并经劳动鉴定委员会确认，完全丧失劳动能力的，则按照《国务院关于工人退休、退职的暂行办法》第五条的规定，办理退职手续。

以上意见请转告扎兰屯市劳动局。

劳动部办公厅关于用人单位不签订劳动合同员工要求经济补偿问题的复函

（1996年9月5日　劳办发〔1996〕181号）

海南省人事劳动厅：

你厅《关于用人单位不签订劳动合同，员工要求经济补偿问题的请示》（琼人劳关〔1996〕9号）收悉。经研究，现函复如下：

根据《关于贯彻执行〈中华人民共和国劳动法〉若干问题的意见》（劳部发〔1995〕309号）第十七条和《关于劳动争议受理问题的复函》（劳办发〔1994〕96号）第四条规定精神，用人单位与劳动者之间形成事实劳动关系后，用人单位故意拖延不订立劳动合同并解除与劳动者的劳动关系，劳动者因要求经济补偿与用人单位发生劳动争议后，如果劳动者向劳动争议仲裁委员会申请仲裁，劳动争议仲裁委员应予受理，并依据《劳动法》第九十八条、《违反和解除劳动合同的经济补偿办法》（劳部发〔1994〕481号）和《违反〈劳动法〉有关劳动合同规定的赔偿办法》（劳部发〔1995〕223号）的有关规定处理。如果劳动者向劳动监察机构举报，劳动监察机构应依据《劳动法》、《违反〈中华人民共和国劳动法〉行政处罚办法》（劳部发〔1994〕532号）等规定查处。

劳动部办公厅对《关于执行劳部发〔1994〕481号和劳部发〔1995〕223号文件有关规定的请示》的复函

（1996年9月11日　劳办发〔1996〕186号）

河南省劳动厅：

你厅《关于执行劳部发〔1994〕481号和劳部发〔1995〕223号文件有关规定的请示》（豫劳监察〔1996〕13号）收悉，现函复如下：

在劳动合同的履行过程中，用人单位先克扣劳动者工资，又擅自解除劳动合同，应分别情况，按照相应的规定向劳动者作出补偿或赔偿。用人单位克扣劳动者工资的，应当按照《关于违反和解除劳动合同的经济补偿办法》（劳部发〔1994〕481号）第三条的规定，除在规定的时间内全额支付劳动者工资报酬外，还需加发相当于工资报酬25%的经济补偿金；并且按照《违反〈中华人民共和国劳动法〉行政处罚办法》（劳部发〔1994〕532号）第六条的规定，可由劳动行政部门责令用人单位支付劳动者工资报酬、经济补偿总和的一至五倍的赔偿金。用人单位违反规定或劳动合同的约定，擅自解除劳动合同，给劳动者造成工资收入损失的，按照《违反〈劳动法〉有关劳动合同规定的赔偿办法》（劳部发〔1995〕223号）第二、三条的规定，除按劳动者本人应得工资收入全额支付外，并应加付给劳动者应得工资收入25%的赔偿费用。

劳动部办公厅对《关于职工被公安机关“收容教育”企业能否与之解除劳动合同的请示》的复函

（1996年9月27日　劳办发〔1996〕209号）

江苏省劳动厅：

你厅《关于职工被公安机关“收容教育”企业能否与之解除劳动合同的请示》（苏劳关系〔1996〕22号）收悉，经研究，现函复如下：

企业职工因卖淫、嫖娼等违法犯罪活动被公安机关执行收容教育的，企业可以根据《劳动法》第二十五条第二款的规定，解除与该职工的劳动合同。

劳动部办公厅对《关于临时工的用工形式是否存在等问题的请示》的复函

（1996年10月9日 劳办发〔1996〕215号）

辽宁省劳动厅：

一、《劳动法》实施后，所有用人单位与职工全面实行劳动合同制度，在用人单位各类职工享有权利是一样的，因此，过去意义上相对于正式工而言的临时工已经不复存在，用人单位在临时性岗位上用工，可以在劳动合同期限上有所区别。

二、用人单位因职工违纪而与之解除劳动合同，不是对职工的一种处分，因此而发生的劳动争议，仲裁委员会应按照《劳动法》的规定和劳动合同的约定进行处理。如果劳动合同约定有关劳动纪律管理要依据《企业职工奖惩条例》和厂规厂纪执行的，还应依据有关文件来处理。

三、依据《企业劳动争议处理条例》第二十三条第二款的规定："当事人因不可抗力或者有其他正当理由超过前款规定申请仲裁时效的，仲裁委员会应当受理"。职工对开除或除名决定不服，向用人单位（或上级领导机关）提出申诉，应属"有正当理由"，所以，职工对于用人单位（或上级领导机关）重新答复不服而申请仲裁的，重新答复的时间应视为"劳动争议发生之日"。

劳动部关于实行劳动合同制度若干问题的通知

（1996年10月31日　劳部发〔1996〕354号）

各省、自治区、直辖市劳动（劳动人事）厅（局），国务院有关部委、直属机构，解放军总后勤部生产管理部，新疆生产建设兵团：

《劳动法》实施以来，全国推行劳动合同制度的工作进展顺利，但部分地区、企业在实行劳动合同制度过程中提出一些问题，需要予以明确。为此，经研究，现就有关问题通知如下：

1. 在签订劳动合同时，按照《劳动法》的规定，只要当事人双方协商一致，即可签订有固定期限、无固定期限或以完成一定工作为期限的劳动合同。

2. 在固定工制度向劳动合同制度转变过程中，用人单位对符合下列条件之一的劳动者，如果其提出订立无固定期限的劳动合同，应当与其订立无固定期限的劳动合同：

（1）按照《劳动法》的规定，在同一用人单位连续工作满十年以上，当事人双方同意续延劳动合同的；

（2）工作年限较长，且距法定退休年龄十年以内的；

（3）复员、转业军人初次就业的；

（4）法律、法规规定的其他情形。

3. 按照《劳动法》的规定，劳动合同中可以约定不超过六个月的试用期。劳动合同期限在六个月以下的，试用期不得超过十五日；劳动合同期限在六个月以上一年以下的，试用期不得超过六十日；劳动合同期限在一年以上二年以下的，试用期不得超过六十日。

试用期包括在劳动合同期限中。

4. 用人单位对工作岗位没有发生变化的同一劳动者只能试用一次。

5. 劳动合同可以规定合同的生效时间。没有规定劳动合同生效时间的，当事人签字之日即视为该劳动合同生效时间。

劳动合同的终止时间，应当以劳动合同期限最后一日的二十四时为准。

6. 生产经营发生严重困难的企业应当与劳动者签订劳动合同，但劳动合同中有关工作岗位、劳动报酬等内容可在协商一致的基础上通过签订专项协议来规定。专项协议作为劳动合同的附件，具有与劳动合同同等的约束力。

7. “停薪留职”的职工愿意回原单位工作的，用人单位应当与其签订劳动合同，明确权利义务关系。如果用人单位不能安排工作岗位，而职工又愿意到其他单位工作并继续与原单位保留劳动关系的，应当按照劳动部《关于贯彻实施若干问题的意见》第7条规定办理，即职工与原单位保持劳动关系但不在岗的，可以变更劳动合同相关内容。

8. 用人单位应与本单位富余人员签订劳动合同，对待岗或放长假的应当变更劳动合同相关内容，并就有关内容协商签订专项协议。

9. 企业法定代表人的变更，不影响劳动合同的履行，用人单位和劳动者不需因此重新签订劳动合同。

10. 在固定工制度向劳动合同制度转变过程中，对已经患有精神病但病情得到控制的职工，用人单位应当安排适当工作，签订劳动合同；对病情严重不能控制的，应当送医院治疗。医疗终结后，按照国家有关规定办理退休或退职手续。

11. 用人单位对新招用的职工，在试用期内发现并经有关机构确认患有精神病的，可以解除劳动合同。

12. 已办理厂内离岗休养或退养手续的原固定工，用人单位应当与其签订劳动合同，明确权利义务关系，其离岗休养或退养的有关文件作为劳动合同的附件。

13. 已享受养老保险待遇的离退休人员被再次聘用时，用人单位应与其签订书面协议，明确聘用期内的工作内容、报酬、医疗、劳保待遇等权利和义务。

14. 有固定期限的劳动合同期满后，因用人单位方面的原因未办理终止或续订手续而形成事实劳动关系的，视为续订劳动合同。用人单位应及时与劳动者协商合同期限，办理续订手续。由此给劳动者造成损失的，该用人单位应当依法承担赔偿责任。

15. 在劳动者履行了有关义务终止、解除劳动合同时，用人单位应当出具终止、解除劳动合同证明书，作为该劳动者按规定享受失业保险待遇和失业登记、求职登记的凭证。

证明书应写明劳动合同期限、终止或解除的日期、所担任的工作。如果劳动者要求，用人单位可在证明中客观地说明解除劳动合同的原因。

16. 职工劳动合同期限届满，终止劳动合同后符合退休条件的，可以办理退休手续，领取养老保险金，不符合退休条件的，应当到就业服务机构进行失业登记，按规定领取失业救济金。

17. 用人单位招用职工时应查验终止、解除劳动合同证明，以及其他能证明该职工与任何用人单位不存在劳动关系的凭证，方可与其签订劳动合同。

18. 职工解除劳动合同，应当严格按照《劳动法》的规定，提前三十日以书面形式向用人单位提出。职工自动离职属于违法解除劳动合同，应当按照《违反有关劳动合同规定的赔偿办法》承担赔偿责任。

19. 按照《劳动法》第二十七条的规定，进行经济性裁员的企业在六个月内录用人员的，应当优先从被裁减的人员中录用。因经济性裁员而被用人单位裁减的职工，在六个月内又被原单位重新录用的，对职工裁减前和重新录用后的工作年限应当连续计算为本单位工作时间。

20. 劳动者按照《劳动法》第二十四条的规定，主动提出解除劳动合同的，用人单位可以不支付经济补偿金。

21. 劳动者在劳动合同期限内，由于主管部门调动或转移工作单位而被解除劳动合同，未造成失业的，用人单位可以不支付经济补偿金。

22. 劳动者患病或者非因工负伤，合同期满终止劳动合同的，用人单位应当支付不低于六个月工资的医疗补助费；对患重病或绝症的，还应适当增加医疗补助费。

劳动部办公厅关于终止劳动合同支付经济补偿金有关问题的复函

（1996年11月14日　劳办发〔1996〕243号）

辽宁省劳动厅：

你厅《关于国有企业职工终止劳动合同用人单位支付经济补偿金有关问题的请示》（辽劳字〔1996〕152号）收悉，现函复如下：

一、国有企业职工在终止劳动合同时，企业发给的生活补助费是依据目前仍然有效的《国营企业实行劳动合同制暂行规定》（国发〔1986〕77号）中的有关规定作出的；而“经济补偿金”是指在劳动合同解除时，企业按照《劳动法》及其配套规章《违反和解除劳动合同的经济补偿办法》（劳部发〔1994〕481号）的规定支付职工一定数额的补偿金。二者不是同一概念。

二、“标准工资”是指企业与劳动者在劳动合同中约定的劳动者所在岗位（职务）相对应的工资标准。

三、下岗人员终止劳动合同，其生活补助费的支付标准也应按照《国营企业实行劳动合同制暂行规定》中第二十三条的规定执行，即“企业应当按照其在本企业工作年限，每满一年发给相当于本标准工资一个月的生活补助费；但是，最多不超过十二个月的本人标准工资。

劳动部办公厅关于对劳部发〔1996〕354号文件有关问题解释的通知

（1997年2月5日　劳办发〔1997〕18号）

各省、自治区、直辖市劳动（劳动人事）厅（局），国务院有关部委、直属机构，解放军总后勤部生产管理部，新疆生产建设兵团：

最近，部分地区对劳动部下发的《关于实行劳动合同制度若干问题的通知》（劳部发〔1996〕354号以下简称《通知》）提出了一些问题，现答复如下：

一、《通知》第12条“已办理厂内离岗休养或退养手续的原固定工”是指“已办理厂内离岗休养手续或厂内离岗退养手续的原固定工”。

二、《通知》第22条“劳动者患病或者非因工负伤，合同期满终止劳动合同的，用人单位应当支付不低于六个月工资的医疗补助费”是指合同期满的劳动者终止劳动合同时，医疗期满或者医疗终结被劳动鉴定委员会鉴定为五至十级的，用人单位应当支付不低于六个月工资的医疗补助费。鉴定为一至四级的，应当办理退休、退职手续，享受退休、退职待遇。

劳动部办公厅对《关于取保候审的原固定工不签订劳动合同的请示》的复函

（1997年3月3日　劳办发〔1997〕23号）

中国海洋石油总公司：

你公司人事劳资部《关于取保候审的原固定工不签订劳动合同的请示》（〔96〕人劳便函1号）收悉。经研究，现答复如下：

关于用人单位对取保候审的原固定工是否与其签订劳动合同以及可否予以辞退处理的问题，可参照《关于贯彻执行〈中华人民共和国劳动法〉若干问题的意见》（劳部发〔1995〕309号）第28条有关规定办理。即："劳动者涉嫌违法犯罪被有关机关收容审查、拘留或逮捕的，用人单位在劳动者被限制人身自由期间，可与其暂时停止劳动合同的履行。"对原固定工在取保候审期间，用人单位可以暂缓与其签订劳动合同，但不能以此为由予以辞退。在审理结束后，可视具体情况，依据有关法律法规进行处理。

劳动部办公厅关于企业职工被错判宣告无罪释放后是否应恢复与企业的劳动关系等有关问题的复函

（1997年4月29日　劳办发〔1997〕40号）

新疆维吾尔自治区劳动厅：

你厅《关于职工在停薪留职期间承包经济实体因经济问题被错判平反后其工资待遇问题的请示》（新劳字〔1997〕19号）收悉。经研究，现答复如下：

关于企业职工被错判，宣告无罪释放后，企业是否应与其恢复劳动关系，补发工资问题。我们认为，职工于《国家赔偿法》实施以前被判犯罪，后经司法机关改判无罪的，如企业仅因其被判刑而解除劳动关系的，企业应恢复与该职工的劳动关系，并按照原劳动人事部《关于受处分人员的工资待遇问题给天津市劳动局的复文》（劳人薪局〔1985〕第12号）的规定，恢复其原工资待遇，并补发在押期间的工资。

劳动部办公厅关于职工因私出境定居而解除劳动合同经济补偿问题的复函

（1997年5月7日　劳办发〔1997〕42号）

广东省劳动厅：

你厅《关于职工因私出境定居而解除劳动合同经济补偿问题的请示》（粤劳关〔1997〕70号）收悉。经研究，现函复如下：

一、对于获批准出境定居的职工，享受的一次性离职费不属于《劳动法》及其配套规章规定的经济补偿金。在全面实行劳动合同制度以后，职工获批准出境定居而终止劳动合同的，用人单位不支付经济补偿金。

二、侨属、侨眷获批准出境定居的，其一次性离职费的支付，仍按国务院侨务办公室《关于归侨、侨眷职工获批准出境定居退休、退职费发放问题的解答意见》（侨内字〔1978〕第512号）和国务院侨务办公室、劳动人事部、财政部《关于归侨、侨眷职工因私事出境的假期、工资等问题的规定》（侨政会字〔1983〕第007号）的有关规定执行。

三、按照上述文件的规定，国内其他职工，包括国有、集体、私营企业职工和外商投资企业的中方职工等获批准出境定居的，均可比照执行。

四、到香港、澳门地区定居的职工，可以参照上述规定执行。到台湾地区定居的职工，可以参照《关于台胞、台属赴台湾地区定居有关待遇等问题的规定》（劳险字〔1989〕27号）的有关规定执行。

劳动部办公厅关于固定工在转制过程中因劳动合同期限协商不一致未签劳动合同问题的复函

（1997年7月11日　劳办发〔1997〕65号）

北京市劳动局：

你局《关于固定工在转制过程中因劳动合同期限协商不一致未签劳动合同问题的请示》（京劳关文〔1997〕76号）收悉。经研究，现答复如下：

在原固定工制度向劳动合同制度转制的过程中，企业应按照劳动法律、法规和本地区制定的劳动合同制度实施办法与职工协商签订劳动合同。用人单位与职工应在平等自愿的基础上协商确定劳动合同期限，当职工个人与企业在合同期限上协商不一致时，双方应按照劳动法律、法规和本地区的有关规定执行；如职工既不按有关规定执行，又拒绝签订劳动合同的，可参照《关于固定工签订劳动合同有关问题的复函》（劳办发〔1996〕71号）第二条执行，即“对拒绝签订劳动合同但仍要求保持劳动关系的职工，用人单位可以在规定的期限满后，与职工解除劳动关系，并办理有关手续。”

劳动部办公厅对《关于实行劳动合同制度若干问题的请示》的复函

（1997 年 9 月 15 日　劳办发〔1997〕88 号）

江西省劳动厅：

你厅《关于实行劳动合同制度若干问题的请示》（赣劳关〔1997〕26 号）收悉。经研究，现答复如下：

一、关于临时工订立无固定期限劳动合同问题。全面实行劳动合同制度以后，用人单位在临时性岗位上用工，应当与劳动者签订劳动合同并依法为其建立各种社会保险。对于在本企业工作已满 10 年的临时工，续订劳动合同时，也应当按照《劳动法》的规定，如果本人要求，应当订立无固定期限的劳动合同，并在劳动合同中明确其工资、保险福利待遇。用人单位及其本人应当按照国家规定缴纳社会保险费用，并享受有关保险福利待遇。

二、关于离退休人员的再次聘用问题，各地应采取适当的调控题措施，优先解决适龄劳动者的就业和再就业问题。对被再次聘用的已享受养老保险待遇的离退休人员，根据劳动部《关于实行劳动合同制度若干问题的通知》（劳部发〔1996〕354 号）第 13 条的规定，其聘用协议可以明确工作内容、报酬、医疗、劳动保护待遇等权利、义务。离退休人员与用人单位应当按照聘用协议的约定履行义务，聘用协议约定提前解除书面协议的，应当按照双方约定办理，未约定的，应当协商解决。离退休人员聘用协议的解除不能依据《劳动法》第二十八条执行。离退休人员与用人单位发生争议，如果属于劳动争议仲裁委员会受案范围的，劳动争议仲裁委员会应予受理。

三、关于内部退养的职工可否流动的问题。根据国务院《国有企业富余职工安置规定》（国务院令第111号）的有关规定，对距退休年龄不到5年的职工办理内部退养是安置富余职工的一项措施。职工办理离岗退养手续后，与新的用人单位建立劳动关系的，应当与原用人单位解除劳动合同，到新用人单位签订劳动合同。

劳动部办公厅关于对解除劳动合同经济补偿问题的复函

（1997年10月10日　劳办发〔1997〕98号）

广州市劳动局：

你局《关于解除劳动合同经济补偿问题的请示》（穗劳函字〔1997〕193号）收悉。经研究，现答复如下：

一、关于对《违反和解除劳动合同的经济补偿办法》（劳部发〔1994〕481号）第五条中的“工作时间不满一年的按一年的标准发给经济补偿金”的理解问题。这里的“工作时间不满一年”是指两种情形，第一种是指职工在本单位的工作时间不满一年的；第二种是指职工在本单位的工作时间超过一年但余下的工作时间不满一年的。计发经济补偿金时对上述不满一年的工作时间都按工作一年的标准计算。

二、《违反和解除劳动合同的经济补偿办法》第五条“关于工作时间不满一年的按一年的标准发给经济补偿金”的规定，适用于该办法中的第六条、第七条和第八条。

劳动部关于对新开办用人单位实行劳动规章制度备案制度的通知

（1997年11月25日　劳部发〔1997〕338号）

各省、自治区、直辖市及计划单列市劳动（劳动人事）厅（局），新疆生产建设兵团：

《劳动法》实施以来，多数用人单位依法制定和完善劳动规章制度，加强内部劳动管理，保障劳动者依法享有劳动权利和履行劳动义务。但也有少数新开办用人单位制定的规章制度内容违反劳动法律法规，片面强化劳动者义务规定，造成许多劳动纠纷，严重影响劳动关系和谐稳定。为规范新开办用人单位劳动管理行为，切实维护劳动者合法权益，经研究，决定从1998年1月1日起，对新开办用人单位实行劳动规章制度备案制度（以下简称备案制度）。现将有关事项通知如下：

一、对新开办用人单位实行备案制度是劳动行政部门进一步加强劳动监察工作，促进用人单位提高劳动管理水平的一项重要措施。通过对新开办用人单位实行备案制度，能够及时发现和解决新开办用人单位在制定劳动规章制度过程中存在的问题，预防劳动违法行为的发生，更好地维护劳动者的合法权益。

二、新开办用人单位应依照《劳动法》的有关规定制定劳动规章制度（主要包括：劳动合同管理、工资管理、社会保险福利待遇、工时休假、职工奖惩，以及其他劳动管理规定），并在正式开业后半年内将制定的劳动规章制度报送当地劳动行政部门备案。劳动行政部门在组织巡视监察活动时，要检查新开办用人单位制定劳动规章制度的情况，并督促其按时报送备案；对制定的规章制度违反劳动法律法规、不按规定期限报送备案的，应依法给予行政处罚。

三、各级劳动行政部门对新开办用人单位规章制度备案审查的内容主要是：劳动规章制度内容是否符合法律法规规定；制定劳动规章制度的程序是否符合有关规定。经审查，发现用人单位的劳动规章制度内容违反法律法规规定的，应责令其限期改正。

四、各级劳动行政部门的劳动监察机构具体负责新开办用人单位劳动规章制度备案工作。劳动监察机构要认真制定实行备案制度的工作规划和措施，明确实施步骤，配备人员，开展备案审查工作，建立工作档案；要加强用人单位经营管理者劳动法制教育工作，指导、帮助用人单位制定和完善内部劳动规章制度，提高劳动管理水平。

五、各级劳动行政部门要把开展对新开办用人单位劳动规章制度备案工作，作为贯彻实施《劳动法》的一项重要工作任务抓好。坚持劳动监察执法监管与提供优质服务结合的原则，通过采取法制宣传教育、业务指导、全过程监督等方式，有效地规范用人单位劳动管理行为，切实保障《劳动法》的实施。

劳动部关于企业实施股份制和股份合作制改造中履行劳动合同问题的通知

（1998年1月26日　劳部发〔1998〕34号）

各省、自治区、直辖市及计划单列市、新疆生产建设兵团和副省级省会城市劳动（劳动人事）厅（局），国务院有关部委、直属机构，解放军总后勤部生产管理部：

当前，在企业实施股份制和股份合作制改造过程中，一些企业出现了未经与劳动者协商，违反劳动法律法规擅自单方变更劳动合同或把解除劳动关系作为强制职工入股的手段等问题，对劳动关系和谐稳定带来了一定影响。为维护劳动者的合法权益，保障企业改革的顺利进行，现就企业实施股份制和股份合作制改造过程中履行劳动合同问题通知如下：

一、在企业实施股份制或股份合作制改造后，用人单位主体发生变化，应当由变化后的用工主体继续与职工履行原劳动合同。由于企业改制导致原劳动合同不能履行的，企业与职工应当依法变更劳动合同。

二、在企业实施股份制或股份合作制改造过程中，与职工经协商确实不能就变更合同达成一致意见的，可以按照《劳动法》第二十六条（三）项的规定办理。

三、按照国家体改委《关于发展城市股份合作制企业的指导意见》（体改字〔1997〕96号）以及国家有关企业改革的精神，实施股份合作制的企业，在职工投资入股方面，鼓励职工在自愿的基础上人人投资入股，允许少数职工不入股。因此，在股份合作制改造中，企业不得强迫职工入股，不得因职工不入股而降低劳动报酬、停发工资或硬性安排下岗，更不得以此为由解除与职工的劳动关系。

四、在企业实施股份制和股份合作制改造过程中，凡涉及职工切身利益的劳动关系重大问题，如集体变更或解除劳动关系等，要发挥职工代表大会的民主管理、民主监督作用，保持劳动关系的和谐稳定。

五、各级劳动行政部门要加强对企业实施股份制和股份合作制改造过程中履行劳动合同情况的监督检查，对一些企业存在的因职工未入股影响劳动合同履行的行为，劳动部门应及时予以纠正。

六、对因职工入股问题影响劳动合同履行引起的劳动争议，应当按照国家有关劳动争议的规定办理。

劳动和社会保障部办公厅关于对事实劳动关系解除是否应该支付经济补偿金问题的复函

（2001 年 11 月 26 日　劳社厅函〔2001〕249 号）

浙江省劳动和社会保障厅：

你厅《关于事实劳动关系解除是否应该支付经济补偿金问题的请示》（浙劳社仲〔2001〕259 号）收悉。经商最高人民法院，现答复如下：

最高人民法院《关于审理劳动争议案件适用法律若干问题的解释》（法释〔2001〕14 号）第十六条规定："劳动合同期满后，劳动者仍在原用人单位工作，原用人单位未表示异议的，视为双方同意以原条件继续履行劳动合同。一方提出终止劳动关系的，人民法院应当支持"。该规定中的"终止"，是指劳动合同期满后，劳动者仍在原用人单位工作，用人单位未表示异议的，劳动者和原用人单位之间存在的是一种事实上的劳动关系，而不等于双方按照原劳动合同约定的期限续签了一个新的劳动合同。一方提出终止劳动关系的，应认定为终止事实上的劳动关系。

劳动和社会保障部办公厅关于《国营企业实行劳动合同制度暂行规定》废止后有关终止劳动合同支付生活补助费问题的复函

（2001年12月26日　劳社厅函〔2001〕280号）

江苏省劳动和社会保障厅：

你厅《关于〈国营企业实行劳动合同制度暂行规定〉废止后有关终止合同支付生活费问题的请示》（苏劳社法〔2001〕8号）收悉，经研究，现答复如下：

一、《国营企业实行劳动合同制度暂行规定》（国发〔1986〕77号）（以下简称《规定》）废止后，国有企业职工劳动合同期满与企业终止劳动关系后有关生活补助费的支付问题，地方有规定的，可以按地方规定执行。地方没有规定的，以《规定》废止时间为准，对在《规定》废止前企业录用的职工，劳动合同期满后与企业终止劳动关系时，应计发劳动者至《规定》废止前工作年限的生活补助费，最多不超过十二个月；对在《规定》废止后企业录用的职工，劳动合同期满终止劳动关系时，可以不支付生活补助费。

二、对于国有企业改制的，企业中的原国有企业职工终止劳动合同后是否支付生活补助费，由各省、自治区、直辖市根据实际情况确定。

劳动和社会保障部等部门关于建立健全劳动关系三方协调机制的指导意见

（2002年8月13日　劳社部函〔2002〕144号）

各省、自治区、直辖市劳动保障厅（局）、总工会、企业联合会/企业家协会：

为进一步加强政府劳动保障行政部门、工会组织和企业代表组织三方对涉及劳动关系方面的重大问题进行沟通和协商，建立和谐稳定的劳动关系，保护、调动和发挥广大职工和经营者的积极性，为改革、发展、稳定的大局服务，现就建立健全劳动关系三方协调机制提出以下意见。

一、充分认识建立劳动关系三方协调机制的重要意义

随着经济体制改革不断深化，经济结构调整力度进一步加大，特别是我国加入WTO和经济全球化，企业所有制形式、劳动组织形式、劳动者就业形式日益多样化，劳动关系利益主体日趋复杂化、多元化，迫切需要我们加快建立健全适应社会主义市场经济发展要求的劳动关系调整机制。劳动关系三方协调机制，是我国劳动关系调整机制的重要组成部分，是社会主义市场经济条件下协调劳动关系的有效途径，对于维护劳动关系双方的利益，最大限度地保护、调动和发挥广大职工的积极性，促进我国劳动关系的和谐稳定，为改革开放创造一个稳定的社会环境，推动国民经济持续快速健康发展，都具有重要的意义。

二、从实际出发，建立和健全劳动关系三方协调机制

目前，全国已有20多个省、自治区、直辖市建立了劳动关系三方协调机制。到今年年底，尚未建立三方协调机制的省份都要从本地实际出发，切实采取措施，建立由劳动保障行政部门、工会组织和企业代表组织参加的省一级劳动关系三方协调机制。已经建立三方协调机制的地区，要紧紧围绕劳动关系方面的重大问题进行协商，进一步完善制度和规程，在总结实践经验的基础上，逐步向市、县（区）一级延伸，形成本地区多层次的三方协调机制。

三、明确劳动关系三方协调机制的职责

各地要从实际出发，制定本省劳动关系三方协调机制的工作制度和规程，明确职责，规范运作。省级三方协调机制一般应在以下几个方面开展工作：

（一）研究分析经济体制改革政策和社会经济发展计划对劳动关系的影响，提出政策性意见和建议。

（二）通报交流各自协调劳动关系工作中的情况和问题，研究分析劳动关系状况及发展趋势，对劳动关系方面带有全局性、倾向性的重大问题进行协商。

（三）对制定涉及调整劳动关系的法律、法规、规章和政策提出意见和建议，并监督实施。

（四）对地方建立三方协调机制和企业开展平等协商、签订集体合同等劳动关系调整工作进行咨询、指导。

研究现行劳动争议处理体制，指导地方的劳动争议处理工作。总结推广典型经验。

（五）对具有重大影响的集体劳动争议和群体性事件进行调查研究，提出解决和预防的意见建议。

（六）开展劳动法律、法规和规章的宣传工作。

三方协调机制要制度化、规范化，定期召开会议。会议纪要和有关材料上报国家协调劳动关系三方会议办公室。重大问题应及时向国家协调劳动关系三方会议反映。

四、积极探索劳动关系三方协调机制的运作方式，加强对劳动关系三方协调机制工作的指导

三方要本着相互理解、相互信任、相互支持和兼顾国家、企业、职工利益的原则，充分发挥三方协调机制的优势，在最广泛的范围内达成一致意见。要紧紧围绕本地区劳动关系方面的突出问题开展工作。根据不同时期的实际情况，突出工作重点，抓住职工普遍关心的影响劳动关系和谐稳定的全局性问题，开展工作，充分发挥三方协调机制的作用。

建立健全劳动关系三方协调机制是一项全新的工作，各省、自治区、直辖市要认真总结三方协调机制的做法和经验，指导地市一级建立三方协调机制。要不断研究新情况，解决新问题，积极探索三方协调机制的运作方式。要注意借鉴外国的成功做法和有益经验，逐步形成具有中国特色的劳动关系三方协调机制。

劳动和社会保障部等部门关于印发《国有大中型企业主辅分离辅业改制分流安置富余人员的劳动关系处理办法》的通知

（2003年7月31日　劳社部发〔2003〕21号）

各省、自治区、直辖市劳动和社会保障厅（局）、财政厅（局）、经贸委：

现将《关于国有大中型企业主辅分离辅业改制分流安置富余人员的劳动关系处理办法》印发给你们，请遵照执行。

关于国有大中型企业主辅分离辅业改制分流安置富余人员的劳动关系处理办法

为贯彻落实《中共中央国务院关于进一步做好下岗失业人员再就业工作的通知》（中发〔2002〕12号），切实做好国有大中型企业主辅分离、辅业改制中分流安置富余人员的劳动关系处理等工作，维护职工的合法权益，促进劳动关系的和谐稳定，根据《关于国有大中型企业主辅分离辅业改制分流安置富余人员的实施办法》（国经贸企改〔2002〕859号），制定本办法。

一、关于国有企业改制分流中劳动关系处理工作

（一）国有大中型企业实行主辅分离、辅业改制的企业（以下简称“改制企业”）应当在工商登记后30日内，与原主体企业分流到本单位的职工签订劳动合同。

（二）对分流到国有法人绝对控股改制企业的职工，应当采取原主体企业解除劳动合同，改制企业签订新劳动合同的方式变更劳动合同，由改制企业继续与职工履行原劳动合同约定的权利与义务。

改制企业与职工重新签订劳动合同就劳动合同期限不能协商一致的，应当继续履行原劳动合同中尚未履行的期限；原劳动合同未履行期限短于3年的，应延长至3年。

符合签订无固定期限劳动合同条件的，职工提出签订无固定期限的劳动合同，用人单位应当签订无固定期限劳动合同。

（三）对分流到非国有法人控股改制企业的职工，原主体企业应当与其办理解除劳动合同手续，并依法支付经济补偿金；改制企业应当与职工重新签订劳动合同。劳动合同的期限由改制企业与职工协商确定，重新签订劳动合同的期限应不短于3年。

（四）对分流到国有法人绝对控股改制企业的职工，改制企业解除劳动合同时，对符合支付经济补偿金条件的，计发经济补偿金的年限应当将职工在原主体企业的工作年限与到改制企业后的工作年限合并计算。劳动合同期满，终止劳动合同时，支付生活补助费的办法按照《劳动保障部办公厅关于〈国有企业实行劳动合同制暂行规定〉废止后有关终止劳动合同支付生活补助费问题的复函》（劳社厅函〔2001〕280号）执行。

（五）企业解除劳动合同计发经济补偿金，按照《违反和解除劳动合同的经济补偿办法》（劳部发〔1994〕481号）的规定，根据劳动者在本单位工作年限，每满1年发给相当于1个月工资的经济补偿金，工作时间不满1年的按1年的标准发给经济补偿金。对从其他国有单位（包括国家机关、事业单位和国有企业）调入本单位的职工，其在国有单位的工龄可计入本单位工作年限。

经济补偿金的工资计算标准是指企业正常生产情况下劳动者解除劳动合同前12个月的月平均工资。其中，职工月平均工资低于企业月平均工资的，按企业月平均工资计发；职工月平均工资超过企业月平均工资3倍以上的，按不高于企业月平均工资的

3倍标准计发。企业经营管理人员也应按照上述办法执行。

（六）企业改制分流时，对距法定退休年龄5年以内、符合内部退养条件的职工，原主体企业或国有法人控股的改制企业经与职工协商一致，可以实行内部退养。

职工在改制前已经办理内部退养手续的，一般由原主体企业继续履行与职工的内部退养协议。由改制企业履行原内部退养协议的，应当在改制分流总体方案中明确。

（七）企业改制分流时，已经与原主体企业解除劳动合同的职工，不能再回原主体企业参加改制。

（八）企业改制分流时，原主体企业要妥善处理好拖欠职工的工资和欠缴的社会保险费等债务。具体办法按照《财政部关于印发〈企业公司制改建有关国有资本管理与财务处理的暂行规定〉的通知》（财企〔2002〕313号）执行。

（九）国有法人控股的改制企业再改制为非国有法人控股时，符合《关于国有大中型企业主辅分离辅业改制分流富余人员的实施办法》（国经贸企改〔2002〕859号）适用范围的，有关职工劳动关系的处理，按照本办法执行。

二、关于劳动保障部门审核国有企业改制分流方案工作

（一）劳动保障部门要按照《关于国有大中型企业主辅分离辅业改制分流富余人员的实施办法》（国经贸企改〔2002〕859号）和《关于中央企业报送主辅分离改制分流总体方案基本内容和有关要求的通知》（国经贸厅企改〔2003〕27号）的有关要求，对国有大中型企业实施改制分流的方案进行审核备案。

（二）审核备案范围包括：国有大中型企业利用非主业资产、闲置资产和关闭破产企业的有效资产改制为独立核算、自负盈亏的法人经济实体。

（三）国有大中型企业向劳动保障部门报送审核的内容：

1. 国有大中型企业确定的实施主辅分离辅业改制分流安置富余人员的工作原则，主要措施；改制企业的人员状况及分流安置意见。

2. 吸纳原主体企业富余人员情况。包括：改制后企业职工总数，分流的富余人员数及占职工总人数的比例。

3. 劳动关系处理情况。包括：改制为国有法人控股的企业与职工变更劳动合同情况（人数及劳动合同期限）；改制为非国有法人控股的企业与职工重新签订劳动合同情况（人数及劳动合同期限），原主体企业解除劳动合同情况（人数、支付经济补偿金标准、总额及资金来源）。

（四）国有大中型企业报送劳动保障部门备案的内容：

1. 债务偿还情况。包括：原主体企业拖欠分流安置富余职工工资、医药费等债务情况及偿还办法。

2. 原主体企业偿还欠缴分流安置富余职工的社会保险费情况。

3. 社会保险关系接续情况。包括：原主体企业为分流的职工缴纳社会保险费情况；改制企业为职工办理社会保险情况。

4. 其他需要提供的材料。包括：有关部门同意改制的批复，职工代表大会通过分流安置人员方案的决议。

（五）劳动保障部门审核备案办法：

1. 中央企业所属企业改制分流总体方案经国资委、财政部和劳动保障部联合批复后，由集团公司组织实施。中央企业在组织实施中涉及向劳动保障部门审核备案的内容，由企业所在地省级劳动保障部门审核并备案。其他国有大中型企业改制分流方案中涉及向劳动保障部门审核备案的内容，由省级劳动保障部门制定相应办法。

2. 省级劳动保障部门收到中央企业实施改制分流的具体方案后，应当在规定的工作日内完成审核工作，并出具审核意见书。

3. 省级劳动保障部门向中央企业出具的审核意见书一式两份，一份交被审核企业，一份报劳动保障部备案。

三、有关要求

（一）劳动保障部门要加强对国有大中型企业主辅分离辅业改制分流富余人员过程中劳动关系处理工作的指导，对企业制定职工分流安置方案中存在的问题，应及时与当地政府有关部门和企业进行协调，指导和帮助企业完善安置方案。

（二）各级劳动保障部门要指导改制企业按照劳动法律法规和建立现代企业制度的要求，规范用工行为，依法订立和履行劳动合同，加强劳动合同管理，完善劳动合同内容。

（三）劳动保障部门要与有关部门积极协调，制定和完善本地区的政策规定，充分发挥工会和企业组织的积极性，为企业和职工提供咨询和建议，维护职工合法权益，促进劳动关系和谐稳定，保持社会稳定。

劳动和社会保障部关于建立劳动用工备案制度的通知

（2006年12月10日　劳社部发〔2006〕46号）

各省、自治区、直辖市劳动和社会保障厅（局）：

为进一步贯彻落实《劳动力市场管理规定》，加强劳动用工管理，规范劳动用工秩序，全面推进劳动合同制度实施，维护劳动者和用人单位的合法权益，促进劳动关系和谐稳定，现就建立劳动用工备案制度有关问题通知如下：

一、充分认识建立劳动用工备案制度的重要意义

建立劳动用工备案制度，是社会主义市场经济条件下政府劳动保障行政部门履行社会管理和市场监管职能，加强对用人单位劳动用工宏观管理的重要措施，是规范劳动用工秩序，全面实施劳动合同制度，维护劳动者和用人单位双方合法权益的重要手段。做好这项工作，对促进劳动关系和谐，保持社会稳定具有十分重要的意义。各级劳动保障行政部门要从规范社会主义市场经济秩序、全面贯彻落实科学发展观和构建社会主义和谐社会的高度，充分认识建立劳动用工备案制度的重要性和紧迫性，采取有力措施，切实推动这项制度全面建立和实施。

二、明确建立劳动用工备案制度的目标任务

建立劳动用工备案制度的目标任务是，从2007年起，我国境内所有用人单位招用依法形成劳动关系的职工，都应到登记注册地的县级以上劳动保障行政部门办理劳动用工备案手续；到2008年底，全国省、市、县三级都要建立以签订劳动合同为基础的劳动用工备案制度，并依托金保工程劳动保障业务专网，实现国家、省、市三级劳动用工信息数据的交换与共享，基本建立全国劳动用工信息基础数据库。

三、规范劳动用工备案的内容和要求

（一）用人单位进行劳动用工备案的信息应当包括：用人单位名称、法定代表人、经济类型、组织机构代码，招用职工的人数、姓名、性别、公民身份号码，与职工签订劳动合同的起止时间，终止或解除劳动合同的人数、职工姓名、时间等。各省、自治区、直辖市劳动保障行政部门可根据实际需要适当增加备案信息。

（二）用人单位新招用职工或与职工续订劳动合同的，应自招用或续订劳动合同之日起 30 日内进行劳动用工备案。用人单位与职工终止或解除劳动合同的，应在终止或解除劳动合同后 7 日内进行劳动用工备案。

用人单位名称、法定代表人、经济类型、组织机构代码发生变更后，应在 30 日内办理劳动用工备案变更手续。用人单位注销后，应在 7 日内办理劳动用工备案注销手续。

（三）用人单位登记注册地与实际经营地不一致的，在实际经营地的劳动保障行政部门进行劳动用工备案。

四、大力推进劳动用工备案制度的实施

（一）各级劳动保障行政部门要高度重视建立劳动用工备案制度，加强统一领导，指定机构、配备专门人员负责劳动用工备案工作。劳动工资、就业、失业、统计和劳动保障监察等相关机构要加强协调配合，搞好劳动保障部门内部各项涉及劳动用工备案、登记工作的相互衔接，实现资源共享，避免相同内容重复备案。要在组织力量搞好调查摸底，掌握本地区用人单位户数及现有劳动用工情况的基础上，按照相关数据信息全面、准确、规范、统一的要求，为每个用人单位建立劳动用工台账，逐步建立和完善劳动用工信息数据库，实现对用人单位劳动用工及劳动合同制度实施情况的动态管理。

（二）搞好劳动用工备案服务。健全劳动用工备案工作制度，完善工作流程和操作程序，采取直接备案、邮寄备案和网络备案等方式，方便用人单位办理劳动用工备案手续。具备条件的地区要尽可能实行网络备案方式，充分利用互联网等现代化手段，提供有关劳动用工备案制式表格的下载服务，公布劳动用工备案工作流程。

（三）加强对劳动用工备案情况的监督检查。采取提前通告、跟踪催办和监督检查等办法，督促用人单位及时进行劳动用工备案。要建立职工查询举报渠道，方便职工及时查询用人单位是否进行了劳动用工备案、备案的内容是否真实。对不履行备案义务、备案内容不真实、不依法签订劳动合同的用人单位，责令其限期改正，对拒不改正的，依法给予相应处罚。要充分发挥媒体的宣传和监督作用，大力宣传劳动用工备案制度的重要性和必要性，不断增强用人单位进行劳动用工备案的主动性，对不按规定进行劳动用工备案、侵害职工合法权益的典型事例要予以曝光。

（四）充分发挥劳动用工备案信息在政府宏观管理和市场监管中的作用。定期对辖区内劳动用工备案信息进行综合分析，全面掌握用人单位劳动用工的存量、变量以及劳动合同签订等情况，为制定劳动保障政策提供决策依据。特别是要通过劳动用工备案动态掌握用人单位劳动合同签订的情况，及时督促用人单位与职工签订劳动合同，维护职工与用人单位双方的合法权益。

（五）各省、自治区、直辖市劳动保障行政部门要按照通知要求，制定本地区开展劳动用工备案的具体操作办法。

劳动和社会保障部办公厅 文化部办公厅关于外国在中国设立的文化中心聘用人员有关事项的通知

（2007 年 12 月 7 日　劳社厅发〔2007〕24 号）

各省、自治区、直辖市劳动和社会保障厅（局）、文化厅（局）：

近年来，我国与一些国家政府签署了互设文化中心的协议。根据协议，外国在中国设立的文化中心（以下简称文化中心）可自行聘用工作人员。为规范文化中心聘用工作人员劳动关系和社会保障事项，现通知如下：

一、文化中心与其聘用的工作人员应签订劳动合同，参加社会保障，并按国家有关规定缴纳社会保险费。

二、文化中心所在地劳动保障部门可凭文化部对外文化联络局出具的外国文化中心聘用工作人员确认函和文化中心所属国政府与我国政府签订的协议（复印件）为其办理就业登记、社会保险登记缴费等事项。其中：聘用港澳台居民，应按《台湾香港澳门居民在内地就业管理规定》，到劳动保障部门备案，办理港澳台人员就业证。聘用外国籍人员，应按《外国人在中国就业管理规定》到劳动保障部门为其申请就业许可，获得《外国人就业许可证书》后，按规定程序办理相关就业等手续。

人力资源和社会保障部办公厅关于做好《劳务派遣暂行规定》贯彻实施工作的通知

（2014 年 1 月 26 日　人社厅发〔2014〕13 号）

各省、自治区、直辖市及新疆生产建设兵团人力资源社会保障厅（局）：

为贯彻落实新修订的劳动合同法，增强法律规定的操作性，进一步规范劳务派遣，维护被派遣劳动者合法权益，促进劳动关系和谐稳定，我部制定公布了《劳务派遣暂行规定》（以下简称“暂行规定”）。各地人力资源社会保障部门要充分认识制定暂行规定的重要意义，采取切实有效措施做好贯彻实施工作。现就有关事项通知如下：

一、大力抓好学习培训和宣传引导工作

各地要在开展新修订劳动合同法和劳务派遣行政许可实施办法培训的基础上，继续通过举办培训班等多种方式，组织系统干部职工对暂行规定开展有针对性的学习培训，帮助干部职工正确理解和准确把握精神实质和主要内容，进一步提高劳务派遣监管能力和水平。要主动联合当地国资委、工会、企业联合会、工商联等部门和组织，加强对本地区劳务派遣单位和用工单位有关负责人、工会工作者培训，进一步增强各方遵守法律法规和规章的自觉性。要积极加强正面宣传引导，充分利用各种主流媒体和新兴媒体广泛宣传暂行规定的内容，重点宣传解读拟使用被派遣劳动者的辅助性岗位确定程序、用工比例及其过渡期、劳务派遣单位和用工单位的义务、跨地区劳务派遣的社会保险以及法律责任等规定，为贯彻实施暂行规定创造良好舆论氛围。要加强舆情监测研判，对社会关注的热点问题及时作出正面回应，必要时可采取专家权威解读等方式进行释疑解惑。

二、积极稳妥实施劳务派遣用工比例规定

各地要认真落实暂行规定关于劳务派遣用工比例的要求，督促本地区各类用工单位严格在规定比例内使用被派遣劳动者。要抓紧对辖区内的用工单位基本情况进一步开展摸底调查，全面掌握各用工单位在暂行规定施行前使用被派遣劳动者的数量及其比例情况，建立健全管理台账。对劳务派遣用工数量超过用工总量10%以上、短期内达到规定比例要求存在困难的用工单位，要指导督促其尽快根据生产经营实际制定实施调整用工方案，在两年内逐步降至规定比例。对用工单位将劳务派遣用工转为直接用工的，要指导其与劳务派遣单位协商处理好被派遣劳动者的原有劳动关系问题，依法与劳动者订立劳动合同；对用工单位通过业务外包、承揽等方式减少劳务派遣用工的，要指导其依照有关法律和政策规范发包等活动，依法做好已使用被派遣劳动者的劳动关系转移接续工作，防止出现“假外包，真派遣”等问题损害被派遣劳动者的合法权益。要按照暂行规定统筹规范用工单位退工行为和劳务派遣单位解除劳动合同行为，避免出现大规模退工或裁减人员，确保过渡期内用工调整平稳有序进行。

三、加大对劳务派遣和用工行为的规范指导力度

各地要将贯彻实施暂行规定与贯彻实施新修订的劳动合同法和劳务派遣行政许可实施办法结合起来，全面规范劳务派遣单位的经营行为和用工单位的用工行为，进一步促进劳务派遣规范有序发展。要指导和督促劳务派遣单位建立健全劳动合同管理台账，依法规范劳动合同的订立、变更、解除和终止行为，按照规定和劳务派遣协议约定履行合同义务，严格执行试用期规定，做好相关经济补偿的支付工作，落实被派遣劳动者工伤认定和职业病诊断、鉴定中的相关责任。对退出经营的劳务派遣单位，要指导其依法处理与被派遣劳动者的劳动关系，并与用工单位协商妥善安置被派遣劳动者。对用工单位被依法宣告破产等法定情形下将被派遣劳动者退回劳务派遣单位的，要督促劳务派遣单位依法做好劳动合同继续履行或解除工作。要指导用工单位建立健全符合新修订劳动合同法和暂行规定要求的岗位管理、劳动报酬、保险福利等规章制度，督促其严格在“三性”岗位使用被派遣劳动者，对被派遣劳动者与本单位同类岗位的劳动者实行相同的劳动报酬分配办法，落实被派遣劳动者平等享受社会保险和相关福利待遇的权利。要充分发挥劳务派遣行业组织的作用，加强行业指导服务和监督自律。

四、做好跨地区劳务派遣的社会保险工作

各地要指导开展跨地区派遣业务但未在用工单位所在地设立分支机构的劳务派遣单位按照暂行规定要求，与用工单位通过劳务派遣协议明确约定社会保险参保缴费相关事宜。社会保险经办机构要研究制定相应办法，为用工单位代劳务派遣单位为被派遣劳动者办理参保缴费手续畅通渠道，提供有针对性的服务。对已在劳务派遣单位所在地参保或委托用工单位所在地其他单位办理参保的，劳务派遣单位应当与用工单位协商处理好代为办理参保手续的交接工作，社会保险经办机构要认真做好被派遣劳动者的社会保险转移接续和权益记录。要按规定支付相应的社会保险待遇，确保劳动者的社会保险权益落到实处。

五、加强对劳务派遣的执法检查和劳动争议处理

各地劳动保障监察机构要将劳务派遣情况作为监察执法的重点，适时组织开展专项检查，严肃查处劳务派遣单位和用工单位违反新修订劳动合同法和暂行规定的行为，切实维护被派遣劳动者的合法权益。对用工单位以承揽、外包等名义，按劳务派遣用工形式使用劳动者的，要按规定坚决予以纠正。各地劳动争议调解仲裁机构要对劳务派遣领域可能出现的劳动争议加强预判，对发生涉及劳务派遣的争议，要及时受理，依据新修订的劳动合同法和暂行规定公正及时处理，切实维护当事人的合法权益。

各地人力资源社会保障部门要切实加强对贯彻实施暂行规定的组织领导，增强工作预见性，及时掌握并研究解决暂行规定施行中出现的新情况、新问题。各省级人力资源社会保障部门要将本地区贯彻实施中出现的重大情况及时向部里报告。

附件：劳务派遣情况汇总表

（附件本书略）

山东省劳动合同条例

（2001 年 10 月 28 日山东省第九届人民代表大会常务委员会第二十三次会议通过，根据 2013 年 8 月 1 日山东省第十二届人民代表大会常务委员会第三次会议修订）

第一章　总　则

第一条　为了完善劳动合同制度，明确劳动合同当事人的权利和义务，保护劳动者的合法权益，构建和发展和谐稳定的劳动关系，根据《中华人民共和国劳动合同法》《中华人民共和国劳动合同法实施条例》等法律、行政法规，结合本省实际，制定本条例。

第二条　本省行政区域内的企业、个体经济组织、民办非企业单位等组织（以下统称用人单位）与劳动者建立劳动关系，订立、履行、变更、解除或者终止劳动合同，适用本条例。

依法成立的会计师事务所、律师事务所等组织和基金会，属于前款所称的用人单位。

国家机关、事业单位、社会团体和与其建立劳动关系的劳动者，订立、履行、变更、解除或者终止劳动合同，依照本条例执行。

第三条　订立劳动合同，应当遵循合法、公平、平等自愿、协商一致、诚实信用的原则。

第四条　县级以上人民政府应当加强对和谐劳动关系建设和劳动合同法律、法规宣传教育工作的领导，研究制定规范劳动关系的政策措施，按照各自权限及时调整、发布最低工资标准和企业工资指导线。

第五条 县级以上人民政府劳动行政部门负责本行政区域劳动合同制度的实施与监督。

县级以上人民政府住房城乡建设、卫生、安全生产等有关部门在各自的职责范围内，做好劳动合同制度实施工作。

乡镇人民政府、街道办事处应当建立和完善人力资源社会保障基层公共服务平台，做好本辖区劳动合同制度实施的有关工作。

第六条 用人单位应当依法建立和完善劳动规章制度，规范劳动用工，保障劳动者享有劳动权利、履行劳动义务。

第七条 工会应当帮助、指导劳动者与用人单位依法订立和履行劳动合同，并与用人单位建立集体协商机制，对用人单位制定、实施劳动规章制度和履行劳动合同的情况进行监督，维护劳动者的合法权益。

第二章 劳动合同的订立

第八条 用人单位招用劳动者时，应当如实告知劳动者工作内容、工作条件、工作地点、安全生产状况、职业危害、劳动报酬、社会保险以及直接涉及劳动者切身利益的其他事项。

第九条 用人单位招用劳动者，不得扣押劳动者的居民身份证、居住证和其他证件，不得要求劳动者提供担保或者向劳动者收取押金和其他财物。

第十条 用人单位有权了解劳动者与劳动合同直接相关的健康状况、工作经历、知识技能等基本情况，核对劳动者的居民身份证、居住证等相关证件，劳动者应当如实说明或者提供。

劳动者与原用人单位有竞业限制约定的，应当向用人单位如实说明。

第十一条 用人单位应当对劳动者的个人信息予以保密，除依法应当公开的内容外，未经劳动者同意，不得公开或者利用其个人信息。

第十二条 用人单位自用工之日起即与劳动者建立劳动关系。用人单位安排劳动者接受上岗前培训、学习的，劳动关系自劳动者参加之日起建立。

建立劳动关系应当订立书面劳动合同；已建立劳动关系，未同时订立书面劳动合同的，应当自用工之日起一个月内订立书面劳动合同。

第十三条 用人单位与劳动者协商一致，可以订立固定期限劳动合同、无固定期限劳动合同或者以完成一定工作任务为期限的劳动合同。

第十四条 劳动合同应当具备法律、法规规定的必备条款。

订立劳动合同时，用人单位与劳动者可以约定试用期、培训、保守秘密、补充保险、竞业限制、福利待遇等事项。

第十五条 用人单位与劳动者在解除或者终止固定期限劳动合同之日起三个月内，再次与劳动者订立固定期限劳动合同的，视为连续订立二次固定期限劳动合同。

第十六条 用人单位与劳动者协商一致，可以续订劳动合同；劳动合同期满，用人单位与劳动者协商一致延长劳动合同期限的，视为用人单位与劳动者续订劳动合同。

第十七条 劳动合同期满，用人单位未与劳动者续订劳动合同，但是劳动者在用人单位安排下继续提供劳动的，用人单位应当自劳动合同期满之日起一个月内与劳动者续订劳动合同；超过一年不与劳动者续订劳动合同的，视为与劳动者已经订立无固定期限劳动合同。

第十八条 劳动合同经用人单位与劳动者签字或者盖章生效。劳动合同文本由用人单位和劳动者各执一份，用人单位不得替劳动者保管。

第十九条 用人单位应当按照国家有关规定将劳动用工信息报县级以上人民政府劳动行政部门备案。

第三章 劳动合同的履行与变更

第二十条 用人单位与劳动者应当按照劳动合同的约定，全面履行各自的义务；劳动合同部分无效，不影响其他部分效力的，其他部分应当继续履行。

第二十一条 劳动合同履行期间，用人单位变更名称、法定代表人或者主要负责人、投资人等事项，以及劳动者变更姓名的，可以变更劳动合同相应条款，但是不影响劳动合同的履行。

第二十二条 用人单位应当按照有关规定，组织新上岗劳动者参加安全生产、职业病危害防治、职业技能和劳动保障法律、法规等培训。

第二十三条 用人单位应当按照劳动合同的约定，按时足额以货币形式向劳动者支付工资。用人单位向提供正常劳动的劳动者支付的工资，不得低于劳动合同履行地最低工资标准。

第二十四条 企业应当根据本单位经济效益情况，参照当地政府发布的工资指导线、人力资源市场工资指导价位和本地区、行业的职工平均工资水平等因素，制定工资调整实施方案，并按照有关规定报县级以上人民政府劳动行政部门备案。

第二十五条 用人单位与劳动者协商一致，可以变更劳动合同。

变更劳动合同，应当以书面形式载明变更的内容、日期，由用人单位和劳动者双方签字或者盖章。

变更后的劳动合同文本由用人单位和劳动者各执1份。

第二十六条 有下列情形之一的，劳动合同可以中止：

（一）用人单位与劳动者以书面形式协商一致的；

（二）劳动者因涉嫌违法犯罪被限制人身自由的；

（三）因不可抗力致使劳动合同暂时不能履行的；

（四）法律、法规规定的其他情形。

劳动合同中止期间，劳动关系保留，劳动合同暂停履行，用人单位可以不支付劳动报酬并停止缴纳社会保险费。劳动合同中止期间不计算为劳动者在用人单位的工作年限。

劳动合同中止履行的情形消失，除已经无法履行的外，应当恢复履行。

第四章　劳动合同的解除和终止

第二十七条　解除和终止劳动合同应当符合法定的条件和程序。

第二十八条　解除或者终止劳动合同，符合法定情形的，用人单位应当向劳动者支付经济补偿。

劳动者有下列情形之一，用人单位解除或者终止劳动合同的，可以不支付经济补偿：

（一）在试用期间被证明不符合录用条件的；

（二）严重违反用人单位规章制度的；

（三）严重失职，营私舞弊，给用人单位造成重大损害的；

（四）被依法追究刑事责任的；

（五）同时与其他用人单位建立劳动关系，对完成本单位的工作任务造成严重影响，或者经用人单位提出，拒不改正的；

（六）以欺诈、胁迫的手段或者乘人之危，使用人单位在违背真实意思的情况下订立或者变更劳动合同致使劳动合同无效的；

（七）自用工之日起三十日内经用人单位书面通知后，仍然不与用人单位订立劳动合同而终止劳动关系的；

（八）提出解除劳动合同并与用人单位协商一致解除劳动合同的；

（九）提前三十日以书面形式通知用人单位解除劳动合同，或者在试用期内提前三日通知用人单位解除劳动合同的；

（十）固定期限劳动合同期满终止，用人单位维持或者提高劳动合同约定条件续订劳动合同，劳动者不同意续订的；

（十一）法律、法规规定的其他情形。

第二十九条 劳动者患病或者非因工负伤，在规定的医疗期满后，用人单位应当根据劳动者的身体状况安排适当的工作；因劳动者不能从事原工作、也不能从事由用人单位另行安排的工作的，用人单位可以依法解除劳动合同，并向劳动者支付经济补偿和医疗补助费。

第三十条 用人单位应当自出具解除或者终止劳动合同证明之日起15日内为劳动者办理档案和社会保险转移手续，并结清劳动者的劳动报酬和其他费用。

劳动合同解除或者终止后，劳动者应当按照双方约定的时间、地点办理工作交接，归还用人单位的生产工具、技术资料等财物；用人单位依法向劳动者支付经济补偿的，应当在办理工作交接时支付。

第五章　特别规定

第一节　集体合同

第三十一条 企业应当与职工一方建立集体协商制度，实行民主管理。集体协商主要采用协商会议的形式。

企业与职工一方通过平等协商，可以就劳动报酬、工作时间、休息休假、劳动安全卫生、保险福利、职工培训、劳动纪律、劳动定额管理以及女职工、残疾职工和未成年工特殊保护等事项订立集体合同，也可以订立专项集体合同。订立工资专项集体合同的，应当明确工资分配制度、工资分配形式、工资收入水平等事项。

在县级以下区域内，建筑业、采矿业、餐饮服务业等行业可以由工会与企业方面代表订立区域性集体合同，或者订立行业性集体合同。

第三十二条 集体合同由工会代表职工一方与企业订立；尚未建立工会的企业，由上级工会指导劳动者推举的代表与企业订立。

第三十三条 集体合同对企业及其劳动者具有约束力。

企业与劳动者订立的劳动合同约定的劳动条件、劳动报酬等标准不得低于集体合同的规定。

企业制定的劳动规章制度不得与集体合同相抵触。

第三十四条 集体协商代表应当依照法定程序产生，代表本方利益进行集体协商。

集体协商双方的代表人数应当对等，各方至少三人，并各确定一名首席代表。

第三十五条 集体协商代表应当真实反映本方意愿，维护本方合法权益，接受本方人员咨询和监督。

集体协商双方均有义务向对方提供与集体合同内容有关的情况和资料；涉及国家秘密或者企业商业秘密的，双方代表均负有保密义务。

第三十六条 企业应当保障集体协商代表履行职责所必需的工作时间和工作条件。集体协商代表参加集体协商视为提供正常劳动。

第三十七条 企业不得因职工一方集体协商代表履行其职责而调整其工作岗位、免除其职务、降低其职级或者工资福利待遇、解除其劳动合同。

集体协商代表履行职责期间劳动合同期满的，劳动合同期限自动延长至完成履行协商代表职责之时；集体协商代表不同意自动延长劳动合同期限的，劳动合同终止。

第三十八条 集体协商一方有权向对方提出进行集体协商的要求，另一方应当在十日内以书面形式回应，无正当理由不得拒绝进行集体协商。

第三十九条 集体协商会议由双方首席代表轮流主持，并按照规定程序进行。经协商达成一致的，形成集体合同草案，由双方首席代表签字。

经协商未达成一致意见或者出现意外情形时，可以中止协商。再次协商的时间、地点、内容由双方商定。

第四十条 职工代表大会或者职工大会讨论集体合同草案，应当有三分之二以上职工代表或者职工出席，且须经全体职工代表半数以上或者全体职工半数以上同意，集体合同草案方获通过。

集体合同草案经职工代表大会或者职工大会通过后，由集体协商双方首席代表签字，订立集体合同；未获通过的，双方代表应当重新协商修改。

区域性、行业性集体合同草案，应当以适当的方式征求有关企业和职工的意见。

第四十一条 企业应当自集体合同订立之日起十日内将集体合同文本报县级以上人民政府劳动行政部门审查。

县级以上人民政府劳动行政部门自收到集体合同文本之日起十五日内，对集体合同双方主体及其代表资格、协商程序和合同内容等进行审查，并将审查意见送达双方协商代表。经审查认为集体合同违法提出异议的，双方协商代表应当对提出异议的有关事项进行集体协商，重新订立集体合同，并按照前款规定的程序重新报送审查。

县级以上人民政府劳动行政部门自收到集体合同文本之日起十五日内未提出异议的，集体合同即行生效。

第四十二条 集体合同期限一般为一至三年。

集体合同期满前三个月内，任何一方均可向对方提出重新订立的要求。

第四十三条 集体协商双方代表经协商一致，可以变更或者解除集体合同。集体合同的变更或者解除，按照规定的程序，由职工代表大会或者职工大会讨论通过。

变更后的集体合同应当报县级以上人民政府劳动行政部门审查。

第四十四条 集体协商代表应当自集体合同生效之日起七日内，将生效的集体合同以适当的形式向本方全体成员公布。

工会或者职工一方应当将生效的集体合同报上一级工会备案。

第四十五条 集体合同双方应当全面履行集体合同，有权对对方履行情况进行监督。

双方首席代表应当定期向职工代表大会或者职工大会报告集体合同的履行情况，接受监督。

第四十六条 县级以上人民政府劳动行政部门应当会同工会和企业方面代表，建立健全协调劳动关系三方机制，共同协调处理集体合同争议。

因订立集体合同发生争议，双方应当协商解决。协商解决不成的，可以通过协调劳动关系三方机制协调处理。

第四十七条 因履行集体合同发生争议，当事人协商解决不成的，可以依法申请仲裁、提起诉讼。

第二节 劳务派遣

第四十八条 劳务派遣用工是劳动合同用工的补充形式，只能在临时性、辅助性或者替代性的工作岗位上实施。

前款规定的临时性工作岗位是指存续时间不超过六个月的岗位；辅助性工作岗位是指为主营业务岗位提供服务的非主营业务岗位；替代性工作岗位是指用工单位的劳动者因脱产学习、休假等原因无法工作，一年之内可以由其他劳动者替代工作的岗位。

用工单位应当严格控制劳务派遣用工数量，不得超过国家规定的比例。

第四十九条 经营劳务派遣业务应当具备法律、行政法规规定的条件，经县级以上人民政府劳动行政部门许可，依法办理相应的公司登记。

第五十条 用工单位应当保障被派遣劳动者与本单位职工享

有同工同酬的权利，实行相同的劳动报酬分配办法。

第五十一条 劳务派遣单位应当与用工单位订立劳务派遣协议。

劳务派遣协议应当具备下列内容：

（一）劳务派遣单位和用工单位的名称、住所、法定代表人或者主要负责人；

（二）派遣期限、岗位和人员数量；

（三）劳动报酬、社会保险费、劳务派遣服务费以及支付方式；

（四）劳动安全卫生、职业病危害防治；

（五）劳务派遣单位和用工单位应当履行的义务；

（六）违约责任。

第五十二条 用工单位应当自劳务派遣协议订立之日起三十日内，将劳务派遣协议文本以及使用被派遣劳动者岗位情况报县级以上人民政府劳动行政部门备案。

第五十三条 因劳务派遣单位关闭、破产或者其他原因致使被派遣劳动者劳动合同终止或者解除，用工单位继续使用该被派遣劳动者的，应当与该劳动者订立劳动合同。

第六章 法律责任

第五十四条 对违反本条例的行为，有关法律、法规规定了法律责任的，依照其规定执行。

第五十五条 用人单位未经劳动者同意公开或者利用其个人信息的，由县级以上人民政府劳动行政部门责令改正；给劳动者造成损害的，依法承担赔偿责任。

第五十六条 用人单位违反本条例规定不将生效后的劳动合同文本交付劳动者本人的，由县级以上人民政府劳动行政部门责令改正；给劳动者造成损害的，依法承担赔偿责任。

第五十七条 劳动合同期满，劳动者在用人单位安排下继续提供劳动，用人单位自劳动合同期满之日起超过一个月未满一年未与劳动者续订劳动合同的，应当向劳动者每月支付二倍的工资。

第五十八条 违反本条例规定，用人单位有下列情形之一的，由县级以上人民政府劳动行政部门责令改正；逾期未改正的，将其违法行为记入信用档案，向社会公布，并由县级以上人民政府有关部门和单位取消其单位、法定代表人或者主要负责人评优评先资格；给劳动者造成损害的，依法承担赔偿责任：

（一）未建立集体协商制度实行民主管理的；

（二）拒绝就订立集体合同与职工一方进行集体协商或者故意拖延订立集体合同的；

（三）不提供或者不如实向职工一方集体协商代表提供订立集体合同有关情况和资料的；

（四）打击报复职工一方集体协商代表，违法解除职工一方集体协商代表劳动合同的；

（五）劳动规章制度规定的劳动条件、劳动报酬等低于集体合同规定的；

（六）与劳动者订立的劳动合同约定的劳动条件和劳动报酬等低于集体合同规定的；

（七）未将集体合同文本、劳动用工信息、工资调整实施方案报劳动行政部门审查或者备案的。

第五十九条 县级以上人民政府劳动行政部门和其他有关部门及其工作人员玩忽职守、不履行法定职责，或者违法行使职权，给劳动者或者用人单位造成损害的，应当承担赔偿责任；对直接负责的主管人员和其他直接责任人员，依法给予处分；构成犯罪的，依法追究刑事责任。

第七章 附 则

第六十条 事业单位与实行聘用制的工作人员订立、履行、变更、解除或者终止劳动合同，法律、行政法规或者国务院另有规定的，依照其规定；未作规定的，依照本条例有关规定执行。

第六十一条 用人单位招用已享受基本养老保险待遇人员或者达到法定退休年龄人员，以及年满十六周岁的在校学生的，应当与被招用人员订立书面劳务协议，明确双方的权利义务。

第六十二条 本条例自 2013 年 10 月 1 日起施行。1999 年 12 月 16 日山东省第九届人民代表大会常务委员会第十二次会议通过的《山东省企业集体合同条例》同时废止。

山东省劳动和社会保障厅转发劳动和社会保障部《关于非全日制用工若干问题的意见》的通知

（2003年9月29日　鲁劳社〔2003〕49号）

各市劳动和社会保障局：

现将劳动和社会保障部《关于非全日制用工若干问题的意见》（劳社部发〔2003〕12号）转发给你们，并结合我省实际，提出如下意见，请一并贯彻执行。

一、本省行政区域内依法设立的各类用人单位可以使用非全日制用工。

二、签订全日制用工劳动合同的劳动者和用人单位聘用的离退休人员不适用非全日制用工的有关规定。

三、用人单位与从事非全日制工作的劳动者建立劳动关系，应当遵循平等自愿、协商一致的原则，在劳动者第一次提供劳动之前依法与劳动者订立劳动合同，明确双方的权利和义务。

四、非全日制用工的小时最低工资标准暂由各市按照劳动保障部的规定确定，经省劳动保障行政部门审核后发布。

五、从事非全日制工作的劳动者参加基本养老保险，参照我省关于城镇个体工商户养老保险的有关规定执行，缴费基数为全省或设区的市上年度职工平均工资的60%—300%，由参保人自愿选择，按年申报，按规定享受养老保险待遇。

六、从事非全日制工作的劳动者参加医疗保险，按照省厅《关于城镇个体经济组织从业人员和自由职业者参加城镇职工基本医疗保险的意见》（鲁劳社〔2003〕13号）执行。

七、劳动者从事非全日制工作，是实现灵活就业的主要方式。各级劳动保障部门要切实加强对非全日制用工的管理和服务；结合本地实际，制定切实可行的政策措施，为非全日制用工劳动关系的建立、劳动合同的订立、工资支付、社会保障事务代理、档案保管、劳动争议处理等方面提供政策指导和服务，促进非全日制用工的健康发展。

劳动和社会保障部关于非全日制用工若干问题的意见

各省、自治区、直辖市劳动和社会保障厅（局）：

近年来，以小时工为主要形式的非全日制用工发展较快。这一用工形式突破了传统的全日制用工模式，适应了用人单位灵活用工和劳动者自主择业的需要，已成为促进就业的重要途径。为规范用人单位非全日制用工行为，保障劳动者的合法权益，促进非全日制就业健康发展，根据《中共中央国务院关于进一步做好下岗失业人员再就业工作的通知》（中发〔2002〕12号）精神，对非全日制用工劳动关系等问题，提出以下意见：

一、关于非全日制用工的劳动关系

（一）非全日制用工是指以小时计酬、劳动者在同一用人单位平均每日工作时间不超过5小时累计每周工作时间不超过30小时的用工形式。

从事非全日制工作的劳动者，可以与一个或一个以上用人单位建立劳动关系。用人单位与非全日制劳动者建立劳动关系，应当订立劳动合同。劳动合同一般以书面形式订立。劳动合同期限在一个月以下的，经双方协商同意，可以订立口头劳动合同。但劳动者提出订立书面劳动合同的，应当以书面形式订立。

（二）劳动者通过依法成立的劳务派遣组织为其他单位、家庭或个人提供非全日制劳动的，由劳务派遣组织与非全日制劳动者签订劳动合同。

（三）非全日制劳动合同的内容由双方协商确定，应当包括工作时间和期限、工作内容、劳动报酬、劳动保护和劳动条件五项必备条款，但不得约定试用期。

（四）非全日制劳动合同的终止条件，按照双方的约定办理。劳动合同中，当事人未约定终止劳动合同提前通知期的，任何一方均可以随时通知对方终止劳动合同；双方约定了违约责任的，按照约定承担赔偿责任。

（五）用人单位招用劳动者从事非全日制工作，应当在录用后到当地劳动保障行政部门办理录用备案手续。

（六）从事非全日制工作的劳动者档案可由本人户口所在地劳动保障部门的公共职业介绍机构代管。

二、关于非全日制用工的工资支付

（七）用人单位应当按时足额支付非全日制劳动者的工资。用人单位支付非全日制劳动者的小时工资不得低于当地政府颁布的小时最低工资标准。

（八）非全日制用工的小时最低工资标准由省、自治区、直辖市规定，并报劳动保障部备案。确定和调整小时最低工资标准应当综合参考以下因素：当地政府颁布的月最低工资标准；单位应缴纳的基本养老保险费和基本医疗保险费（当地政府颁布的月最低工资标准未包含个人缴纳社会保险费因素的，还应考虑个人应缴纳的社会保险费）；非全日制劳动者在工作稳定性、劳动条件和劳动强度、福利等方面与全日制就业人员之间的差异。小时最低工资标准的测算方法为：

小时最低工资标准=〔（月最低工资标准÷20.92÷8）×（1+单位应当缴纳的基本养老保险费、基本医疗保险费比例之和）〕×（1+浮动系数）

（九）非全日制用工的工资支付可以按小时、日、周或月为单位结算。

三、关于非全日制用工的社会保险

（十）从事非全日制工作的劳动者应当参加基本养老保险，原则上参照个体工商户的参保办法执行。对于已参加过基本养老保险和建立个人账户的人员，前后缴费年限合并计算，跨统筹地区转移的，应办理基本养老保险关系和个人账户的转移、接续手续。符合退休条件时，按国家规定计发基本养老金。

（十一）从事非全日制工作的劳动者可以以个人身份参加基本医疗保险，并按照待遇水平与缴费水平相挂钩的原则，享受相应的基本医疗保险待遇。参加基本医疗保险的具体办法由各地劳动保障部门研究制定。

（十二）用人单位应当按照国家有关规定为建立劳动关系的非全日制劳动者缴纳工伤保险费。从事非全日制工作的劳动者发生工伤，依法享受工伤保险待遇；被鉴定为伤残五至十级的，经劳动者与用人单位协商一致，可以一次性结算伤残待遇及有关费用。

四、关于非全日制用工的劳动争议处理

（十三）从事非全日制工作的劳动者与用人单位因履行劳动合同引发的劳动争议，按照国家劳动争议处理规定执行。

（十四）劳动者直接向其他家庭或个人提供非全日制劳动的，当事人双方发生的争议不适用劳动争议处理规定。

五、关于非全日制用工的管理与服务

（十五）非全日制用工是劳动用工制度的一种重要形式，是灵活就业的主要方式。各级劳动保障部门要高度重视，从有利于维护非全日制劳动者的权益、有利于促进灵活就业、有利于规范非全日制用工的劳动关系出发，结合本地实际，制定相应的政策措施。要在劳动关系建立、工资支付、劳动争议处理等方面为非全日制用工提供政策指导和服务。

（十六）各级劳动保障部门要切实加强劳动保障监察执法工作，对用人单位不按照本意见要求订立劳动合同、低于最低小时工资标准支付工资以及拖欠克扣工资的行为，应当严肃查处，维护从事非全日制工作劳动者的合法权益。

（十七）各级社会保险经办机构要为非全日制劳动者参保缴费提供便利条件，开设专门窗口，可以采取按月、季或半年缴费的办法，及时为非全日制劳动者办理社会保险关系及个人账户的接续和转移手续；按规定发放社会保险缴费对账单，及时支付各项社会保险待遇，维护他们的社会保障权益。

（十八）各级公共职业介绍机构要积极为从事非全日制工作的劳动者提供档案保管、社会保险代理等服务，推动这项工作顺利开展。

山东省劳动和社会保障厅关于印发《山东省劳动用工备案办法》的通知

（2008年9月25日　鲁劳社〔2008〕51号）

各市劳动保障局：

根据《中华人民共和国劳动合同法》第七条“用人单位自用工之日起即与劳动者建立劳动关系。用人单位应当建立职工名册备查”的规定和劳动保障部《关于建立劳动用工备案制度的通知》的要求，我厅制定了《山东省劳动用工备案办法》，现印发给你们，请遵照执行。执行过程中发现的问题，请及时报我厅。

山东省劳动用工备案办法

第一条　为全面实施劳动合同制度，规范劳动用工秩序，维护劳动者和用人单位的合法权益，促进劳动关系和谐稳定，根据《中华人民共和国劳动法》、《中华人民共和国劳动合同法》、《山东省劳动和社会保障监察条例》、劳动和社会保障部《关于建立劳动用工备案制度的通知》（劳社部发〔2006〕46号）等法律、法规和政策规定，制定本办法。

第二条　本省行政区域内的各类企业、个体经济组织、民办非企业单位等组织（以下简称用人单位）招用建立劳动关系的劳动者，适用本办法。

国家机关、事业单位、社会团体招用与之建立劳动关系的劳动者和部队所属单位招用非军籍人员，依照本办法执行。

第三条　劳动用工备案是指用人单位按规定向劳动保障行政部门申报劳动用工情况，劳动保障行政部门对用人单位主体资格、劳动用工情况进行核实，并将有关信息录入管理系统，定期进行数据分析，提供咨询服务，实行动态管理的行为。

第四条　用人单位劳动用工备案数据是劳动保障部门征缴社会保险费用、特殊工种职工提前退休审批、劳动保障监察和有关部门核算工资总额的重要依据。

第五条　用人单位劳动用工情况发生下列变化的，应对变化情况进行备案：

（一）新招用劳动者的；

（二）劳动合同续订、变更、解除、终止的；

（三）成建制划入或划出的；

（四）劳动者退休的；

（五）劳动者死亡的；

（六）其他应当进行备案的情形。

第六条　中央属、省属及其与之合资、合作的用人单位，外省、驻鲁部队用人单位在设区的市劳动保障部门办理用工备案；设区的市、县（市、区）属用人单位及无隶属关系的民营、私营等用人单位备案由各设区的市劳动保障部门确定。

第七条　用人单位办理用工备案材料齐全的，劳动保障部门应当日办结。各级劳动保障部门办理用工备案不得收取任何费用。

第八条　用工备案包括以下内容：

（一）用人单位基本信息：用人单位名称、法定代表人、组织机构代码、单位类型、经济类型、所属行业、隶属关系、注册登记地址、经营地址、联系方式等；

（二）劳动者基本信息：劳动者姓名、性别、居民身份证号码、出生年月、户口性质、户籍所在地、住址、民族、文化程度、首次参加工作时间、社保编号、岗位（工种）职业资格等级等；

（三）劳动用工基本信息：劳动合同类型，劳动合同起止时间、试用期起止时间、变更、续订、中止、终止、解除情况等；

（四）集体合同基本信息：集体合同的类别、名称、报劳动部门批准情况、起止日期、覆盖职工人数等。

第九条 用人单位应当按照规定的时限要求及时到用工备案管理部门办理备案手续，提供的用工备案信息应当全面、真实、有效。

第十条 劳动保障行政部门应加强对用人单位用工备案的指导，督促用人单位及时办理用工备案，规范劳动用工。

第十一条 劳动保障行政部门应当依法对用人单位用工备案情况进行监督检查，用人单位应当接受检查并予以积极配合。

第十二条 任何用人单位和个人对违反本办法的行为，均有权向劳动保障行政部门举报投诉。劳动保障行政部门对投诉举报情况，应当及时登记、调查，依法予以处理。

第十三条 各市可根据本办法制定本地的实施办法。

第十四条 本办法自十月二十五日起施行。

山东省劳动和社会保障厅关于全省企业建立职工名册制度的通知

（2009年5月20日　鲁劳社〔2009〕32号）

各市劳动和社会保障局，省属及中央驻鲁企业：

为全面贯彻落实《劳动合同法》《劳动合同法实施条例》，加强和规范企业劳动用工管理，现就在全省企业建立职工名册制度有关事项通知如下：

一、充分认识建立职工名册制度的重要性

建立职工名册备查，是《劳动合同法》《劳动合同法实施条例》规定的用人单位法定义务。督促用人单位建立职工名册，是劳动保障行政部门依法履行监督检查职能、规范企业劳动用工秩序、维护劳动者和用人单位双方合法权益的重要措施。各类企业应严格执行法律规定，认真履行法定义务。各级劳动保障行政部门要从促进劳动关系和谐稳定的高度，切实推动这项制度全面建立和实施。

二、建立职工名册制度的主要内容

全省各级各类企业都应当依照法律规定建立职工名册。企业用工，不论用工形式、合同期限和职工身份类别，都必须纳入职工名册，逐一登记。

职工名册包括用人单位基本信息和职工基本信息。

用人单位基本信息应当包含以下内容：用人单位名称、法定代表人姓名、单位类型、组织机构代码、工商登记执照号码、经济类型、所属行业、登记注册地、注册地址、经营地址、是否劳务派遣企业、邮政编码、联系人、联系电话等（见附件1）。

职工基本信息应当包含以下内容：姓名、性别、社会保障号（身份证件号码）、户口性质、文化程度、户籍地址及现住址、联系方式、职工类别、用工形式、工种岗位、用工起始时间、合同期限、合同类型等（见附件2）。企业可以根据本单位自身管理需要增加其他信息。

各级劳动保障行政部门要采取主动收集或单位报送（直接报送、邮寄报送和网络报送）等方式，全面收集汇总辖区内各用人单位用工信息，建立本地区企业用工台账，并在此基础上，逐步建立本地区劳动用工数据库。

三、认真组织实施职工名册制度

各级劳动保障行政部门要高度重视建立企业职工名册制度工作，切实加强领导，明确责任，落实措施。要充分发挥职工名册制度的作用，使职工名册制度与其他相关工作相互衔接，实现资源共享。要定期将辖区内劳动用工信息与就业登记、失业登记和社会保险参保数据库进行对比分析，有针对性地改进和加强相关管理工作。各级劳动保障行政部门对企业实施劳动保障年检和日常巡查时，应将企业职工名册作为必检内容。用人单位接受劳动保障年检和检查时，必须按要求提供职工名册。用人单位未按要求建立职工名册或者用工情况登记不全的，应当根据《劳动合同法实施条例》第三十三条的规定，责令其限期改正。逾期不改正的，依法予以处罚。

附件：1. 用人单位基本信息表

2. 职工基本信息表

（附件本书略）

山东省人力资源和社会保障厅关于规范集体合同备案审查工作有关问题的通知

（2010年3月17日　鲁人社字〔2010〕120号）

各市人力资源和社会保障（劳动保障）局，中央驻鲁、省属企业：

集体协商签订集体合同制度是建立现代企业制度的一项重要内容，是市场经济条件下调整劳动关系的有效机制，是协调劳动关系、维护职工合法权益的重要法律形式和手段。根据《中华人民共和国劳动合同法》、《山东省集体合同条例》、《集体合同规定》（劳动保障部令第22号）等法律法规规定，现就进一步规范集体合同备案审查工作通知如下：

一、集体合同备案审查范围

企业职工一方与企业按照国家和省有关规定，通过平等协商，可以就劳动报酬、工作时间、休息休假、劳动安全卫生、保险福利等事项订立集体合同。集体合同的范围（下同）包括：综合性集体合同、区域性集体合同、行业性集体合同、工资集体协商专项集体合同、女职工权益保护专项集体合同。综合性集体合同或专项集体合同的期限一般为一至三年。

二、集体合同备案审查时间

企业应当自集体合同签订或者变更签字之日起七日内，将集体合同文本及有关材料报送人力资源和社会保障部门备案审查。

三、集体合同审查内容

（一）资格审查。主要审查企业法人资格、工会社团资格、职工协商代表资格是否合法。

（二）程序审查。集体合同应当提交职工代表大会或全体职工讨论通过。主要审查签订集体合同是否经过集体协商、职工大会或职工代表大会审议、代表签字、公示、公告等法定程序。

（三）内容审查。主要审查合同条款是否符合国家法律、法规规定，合同条款是否公平合法，对集体合同中不符合法律、法规规定的条款，应当向双方提出修改意见。

四、集体合同备案审查权限

集体合同备案审查是集体合同生效的必经程序。集体合同的备案审查实行分级备案审查和指定备案审查。

（一）县级以上人力资源和社会保障部门负责对本行政区域内企业与职工通过开展集体协商签订的集体合同进行备案审查，并对集体合同履行情况进行监督。

（二）省人力资源和社会保障厅负责中央驻鲁企业、省属企业集体合同的备案审查；市、县（市、区）人力资源和社会保障部门按现行管理体制负责所属各类企业集体合同的备案审查。

（三）上级人力资源和社会保障部门也可将其管辖范围内的企业集体合同指定下级人力资源和社会保障部门备案审查（见附件1）。

五、集体合同审查需报送的材料

企业进行集体合同备案审查，应当报送以下材料：

（一）集体合同文本四份；

（二）职工个人劳动合同样本两份；

（三）《集体合同基本情况送审登记表》两份（见附件2）；

（四）企业方集体合同谈判首席代表身份证复印件、职工集体合同谈判首席代表身份证复印件各两份；

（五）企业营业执照复印件、组织机构代码证书复印件。

六、集体合同备案审查程序

（一）人力资源和社会保障部门收到企业报送的集体合同，要及时进行编号、登记，材料齐全的应当场出具《集体合同备案审查受理通知书》（见附件3）；材料不齐全或者不符合法定形式的，应当场或者在五个工作日内一次告知企业需要补正的全部内容。

（二）集体合同备案审查机构对签订集体合同双方代表资格、签订程序进行初审。

（三）将初审合格后的集体合同分送部门内部有关机构，对相关条款进行专审。

（四）经审查，对集体合同有异议的应当自收到文本之日起十五个工作日内，将《集体合同备案审查意见书》（见附件4）加盖审核专用章送达双方协商代表；自收到文本之日起十五个工作日内未提出异议的，集体合同即行生效。

以邮递方式将集体合同文本及有关材料送人力资源和社会保障部门备案审查的，以收到邮寄的材料时间为准；直接送到人力资源和社会保障部门备案审查的，以出具《集体合同备案审查受理通知书》的时间为准。

（五）企业双方就人力资源和社会保障部门提出异议的事项经集体协商重新签订集体合同的，企业应当按照本通知规定的程序重新报送人力资源和社会保障部门。

（六）集体合同备案审查机构应将审查后的集体合同书、企业报送的材料、《集体合同备案审查意见书》（复印件）一并存档备查。

七、集体合同审查要求

（一）各级人力资源和社会保障部门要进一步健全集体合同备案审查制度，积极完善平等协商和集体合同工作的有关政策规定，加强协调和服务，指导用人单位做好集体合同的订立、备案审查。

（二）在审查集体合同时，如发现其主体资格、程序、内容不符合法律、法规规定的，应加以说明后及时退回报送单位；对集体合同中不符合法律、法规规定的条款，人力资源和社会保障部门要向双方提出修改意见，不应直接在集体合同书上进行修改。

（三）人力资源和社会保障部门在集体合同审查中出现较大分歧或遇其他重大问题时，应当由人力资源和社会保障部门召集协调劳动关系三方组织召开联席会议，对集体合同有关条款进行研究，提出审查意见。

（四）各级人力资源和社会保障部门应当建立集体合同签订、履行和审查情况定期统计报告制度，建立集体合同管理台账。自文件下发之日起，各地审查的集体合同应当按照《集体合同备案审查情况登记表》（见附件5）的内容进行登记造册，并及时做好《集体合同签订情况》（人社统IR2号）报表的上报备案工作。

附件：1. 中央驻鲁、省属企业集体合同指定备案审查通知书

2. 集体合同基本情况送审登记表

3. 集体合同备案审查受理通知书

4. 集体合同备案审查意见书

5. 集体合同备案审查情况登记表

（附件本书略）

山东省人力资源和社会保障厅关于贯彻新修订劳动合同法律规范劳务派遣用工的通知

（2013年8月5日　鲁人社字〔2013〕392号）

各市人力资源社会保障局，省直各有关单位：

全国人大常委会《关于修改〈中华人民共和国劳动合同法〉的决定》（以下简称《决定》）已于2013年7月1日正式实施，《山东省劳动合同条例》（修订）已经省十二届人大常委会第三次会议表决通过，将于2013年10月1日开始正式施行，为进一步做好新修订劳动合同法律的贯彻落实工作，规范劳务派遣用工行为，根据省政府主要领导批示精神，现就有关问题通知如下：

一、提高贯彻落实新修订劳动合同法律重要性的认识

劳务派遣作为劳动合同法规范的一种用工方式，有利于解决劳动者短期就业问题，有利于满足用工单位灵活用工需求，在促进劳动者就业和促进企业发展中发挥了积极作用．但在实施中也存在一些突出问题：一些用工单位超出“三性”规定在主营岗位长期大量使用劳务派遣工，同工不同酬问题较为突出，派遣员工的权利得不到充分保障，对社会稳定造成不良影响，各有关单位要从构建和谐劳动关系，促进社会稳定发展、巩固党的执政基础和执政地位的高度，充分认识贯彻落实新修改劳动合同法、我省新修订劳动合同条例的重要意义，依法规范劳务派遣发展，规范劳务派遣用工行为，保护被派遣职工的合法权益。

二、做好新修订劳动合同法律宣传培训工作

各级人力资源社会保障部门和有关单位要高度重视《决定》

和我省新修订的劳动合同条例的宣传工作，把有关法律条文的宣传普及工作作为贯彻落实劳动合同法律、构建和谐劳动关系、建设社会主义和谐社会的一项重要工作抓紧抓好，要全面介绍《决定》对《劳动合同法》确立的劳务派遣制度修改完善的内容，详细阐释修改完善的原因，宣传修改完善的重要意义，要广泛宣传认真贯彻执行法律的正面典型，对于社会上的一些模糊认识，要有针对性地做好回应和解释工作，宣传活动要坚持面向基层，面向用人单位，面向广大劳动者，把劳务派遣单位、用工单位和被派遣劳动者作为宣传的重点对象，要广泛运用各种宣传方式，通过组织培训、举行法律咨询活动、在主要媒体开辟专栏、答记者问、撰文进行法律解读、印发宣传资料等方式，通俗易懂地做好法律阐释工作，及时解答用人单位和劳动者提出的各种问题，使《决定》的各项内容深入人心。

三、切实抓好新修订劳动合同法的贯彻落实

（一）严格落实劳务派遣行政许可制度。各级人力资源社会保障部门要严格按照《劳务派遣行政许可实施办法》（人力资源社会保障部令第 19 号）要求，对 2013 年 7 月 1 日后新设立的劳务派遣单位经营劳务派遣业务实行行政许可；对 2013 年 7 月 1 日前经营劳务派遣业务的劳务派遣单位，要求其在 1 年内取得经营劳务派遣业务的行政许可；自 2014 年 7 月 1 日起，未取得行政许可的，任何单位和个人不得经营劳务派遣业务。

（二）严格控制用工单位使用派遣制员工的比例。各用工单位使用派遣制员工，要严格控制岗位范围，只能在临时性、辅助性或替代性岗位上使用。要坚决制止用工单位以“劳务外包”“人事代理”等方式使用劳务派遣工的行为，严格依照国家规定控制用工单位使用派遣制员工的范围、比例（具体比例由人力资源社会保障部制订），以独立法人单位所有职工为基数进行核算，对超过规定比例使用劳务派遣工的用工单位，按照法律规定施行行政处理或行政处罚。对个别国有企业的特殊情况，采取企业申请、报人力资源社会保障行政部门备案的办法，在规定时间内实现过渡。

（三）督促用工单位遵循同工同酬原则。各级国家机关、事业单位、社会团体和企业使用劳务派遣工，应严格遵守法律关于临时性、辅助性或者替代性工作岗位的规定。用工单位使用派遣制员工，应当按照同工同酬原则，对被派遣劳动者与本单位同类岗位劳动者实行相同的劳动报酬分配制度和分配办法。用工单位无同类岗位劳动者的，应当参照用工单位所在地人力资源市场工资指导价位公布的相同或者相近岗位劳动者的劳动报酬水平确定。各级劳动保障监察机构应针对因用工形式而造成的同工不同酬问题开展检查，处理一批典型案件，对其他用人单位起到警示作用。各级劳动争议调解仲裁机构要加大同工同酬争议案件的受理力度，快速处理劳务派遣工提起的同工不同酬争议，及时维护劳动者的同酬权利。

山东省人力资源和社会保障厅关于下放劳务派遣行政许可管辖权限和开展劳务派遣单位监督检查的通知

（2015年3月4日　鲁人社字〔2015〕104号）

各市人力资源社会保障局：

为深入贯彻落实《中华人民共和国劳动合同法》和《劳务派遣行政许可实施办法》（人力资源社会保障部令第19号），引导劳务派遣规范发展，方便劳务派遣单位组织开展经营活动，现就我省劳务派遣行政许可管辖分工及组织开展2015年劳务派遣单位核验工作通知如下：

一、下放劳务派遣行政许可权限

按照山东省人民政府《关于2014年第三批取消下放行政审批项目和承接国务院下放行政审批项目等事项的通知》（鲁政字〔2014〕223号）要求，省厅劳务派遣经营行政许可下放至设区的市人力资源社会保障行政主管部门。自本通知发布之日起，省厅不再受理劳务派遣行政许可申请，在省工商局注册的劳务派遣经营单位按照属地管理的原则，到单位住所所在地申请许可。

省厅管辖权限下放后，劳务派遣经营行政许可由市、县两级人力资源社会保障行政主管部门按照劳务派遣经营单位在工商行政管理部门登记注册管辖范围分别组织实施。县级实施的行政许可是否需报设区的市审核，以及市辖区内的行政许可是否由设区的市统一实施，由各设区的市人力资源社会保障局根据本市情况自行确定。已由省厅许可的劳务派遣单位，同时移交属地管理。

各级人力资源社会保障部门要高度重视劳务派遣管理工作，

采取切实有效的措施，严把许可入口，推动劳务派遣规范发展。各设区的市人力资源社会保障部门要加强对县级劳务派遣许可工作的指导和监督，对已经取得劳务派遣行政许可的单位，要加强日常监管。

二、做好2015年劳务派遣单位监督检查工作

（一）核验时间

3月1日至3月15日，各劳务派遣单位自查、总结。

3月16日至3月31日，各劳务派遣单位向许可和监督管理机关提交核验资料。

4月1日至4月30日，市、县两级人力资源社会保障部门汇总本地核验资料并将汇总结果报送省厅。

5月1日至5月31日，省厅汇总全省劳务派遣核验资料。

（二）核验应提交的材料

按照《劳务派遣行政许可实施办法》的规定，劳务派遣单位应当向许可机关提交如下资料：

1. 劳务派遣单位基本情况表（见附件1）；

2. 本单位上年度经营情况的报告；

3. 劳务派遣单位设立子公司、分公司基本情况表（见附件2）；

4. 用工单位情况统计表（见附件3）；

5. 劳务派遣职工基本情况登记表（见附件4）；

6. 本单位上年度财务审计报告；

7. 与用工单位订立的劳务派遣协议；

8. 本单位工资发放财务凭证；

9. 本单位劳务派遣职工参保缴费证明等相关材料。

以上资料1至5需提供原件和电子件，资料6至9需同时提供原件和复印件（其中原件经许可机关核对与复印件一致后返还劳务派遣单位）。

劳务派遣单位向许可和监督管理机关提交的材料中应当包含

设立的子公司或者分公司的经营情况及相关资料。劳务派遣单位设立的子公司或者分公司，应当同时向许可或者备案的人力资源社会保障行政部门提交核验资料。

各级人力资源社会保障部门要认真做好2015年劳务派遣监督检查各项工作，对监督检查中发现的问题，要及时督促劳务派遣单位进行整改，拒不整改的单位，要移送劳动监察部门处理。

附件：1. 劳务派遣单位基本情况表

2. 劳务派遣单位设立子公司、分公司基本情况表

3. 用工单位情况统计表

4. 劳务派遣职工基本情况登记表

5. 劳务派遣单位核验通过通知书（样本）

（附件本书略）

二、工资福利与劳动保护

（一）工资

最高人民法院关于审理拒不支付劳动报酬刑事案件适用法律若干问题的解释

（2013年1月16日　法释〔2013〕3号）

为依法惩治拒不支付劳动报酬犯罪，维护劳动者的合法权益，根据《中华人民共和国刑法》有关规定，现就办理此类刑事案件适用法律的若干问题解释如下：

第一条　劳动者依照《中华人民共和国劳动法》和《中华人民共和国劳动合同法》等法律的规定应得的劳动报酬，包括工资、奖金、津贴、补贴、延长工作时间的工资报酬及特殊情况下支付的工资等，应当认定为刑法第二百七十六条之一第一款规定的“劳动者的劳动报酬”。

第二条　以逃避支付劳动者的劳动报酬为目的，具有下列情形之一的，应当认定为刑法第二百七十六条之一第一款规定的“以转移财产、逃匿等方法逃避支付劳动者的劳动报酬”：

（一）隐匿财产、恶意清偿、虚构债务、虚假破产、虚假倒闭或者以其他方法转移、处分财产的；

（二）逃跑、藏匿的；

（三）隐匿、销毁或者篡改账目、职工名册、工资支付记录、考勤记录等与劳动报酬相关的材料的；

（四）以其他方法逃避支付劳动报酬的。

第三条　具有下列情形之一的，应当认定为刑法第二百七十六条之一第一款规定的“数额较大”：

（一）拒不支付一名劳动者三个月以上的劳动报酬且数额在五千元至二万元以上的；

（二）拒不支付十名以上劳动者的劳动报酬且数额累计在三万元至十万元以上的。

各省、自治区、直辖市高级人民法院可以根据本地区经济社会发展状况，在前款规定的数额幅度内，研究确定本地区执行的具体数额标准，报最高人民法院备案。

第四条 经人力资源社会保障部门或者政府其他有关部门依法以限期整改指令书、行政处理决定书等文书责令支付劳动者的劳动报酬后，在指定的期限内仍不支付的，应当认定为刑法第二百七十六条之一第一款规定的“经政府有关部门责令支付仍不支付”，但有证据证明行为人有正当理由未知悉责令支付或者未及时支付劳动报酬的除外。

行为人逃匿，无法将责令支付文书送交其本人、同住成年家属或者所在单位负责收件的人的，如果有关部门已通过在行为人的住所地、生产经营场所等地张贴责令支付文书等方式责令支付，并采用拍照、录像等方式记录的，应当视为“经政府有关部门责令支付”。

第五条 拒不支付劳动者的劳动报酬，符合本解释第三条的规定，并具有下列情形之一的，应当认定为刑法第二百七十六条之一第一款规定的“造成严重后果”：

（一）造成劳动者或者其被赡养人、被扶养人、被抚养人的基本生活受到严重影响、重大疾病无法及时医治或者失学的；

（二）对要求支付劳动报酬的劳动者使用暴力或者进行暴力威胁的；

（三）造成其他严重后果的。

第六条 拒不支付劳动者的劳动报酬，尚未造成严重后果，在刑事立案前支付劳动者的劳动报酬，并依法承担相应赔偿责任的，可以认定为情节显著轻微危害不大，不认为是犯罪；在提起公诉前支付劳动者的劳动报酬，并依法承担相应赔偿责任的，可以减轻或者免除刑事处罚；在一审宣判前支付劳动者的劳动报酬，并依法承担相应赔偿责任的，可以从轻处罚。

对于免除刑事处罚的，可以根据案件的不同情况，予以训诫、责令具结悔过或者赔礼道歉。

拒不支付劳动者的劳动报酬，造成严重后果，但在宣判前支付劳动者的劳动报酬，并依法承担相应赔偿责任的，可以酌情从宽处罚。

第七条 不具备用工主体资格的单位或者个人，违法用工且拒不支付劳动者的劳动报酬，数额较大，经政府有关部门责令支付仍不支付的，应当依照刑法第二百七十六条之一的规定，以拒不支付劳动报酬罪追究刑事责任。

第八条 用人单位的实际控制人实施拒不支付劳动报酬行为，构成犯罪的，应当依照刑法第二百七十六条之一的规定追究刑事责任。

第九条 单位拒不支付劳动报酬，构成犯罪的，依照本解释规定的相应个人犯罪的定罪量刑标准，对直接负责的主管人员和其他直接责任人员定罪处罚，并对单位判处罚金。

工资集体协商试行办法

（2000年11月8日　劳动和社会保障部令第9号）

第一章　总　则

第一条　为规范工资集体协商和签订工资集体协议（以下简称工资协议）的行为，保障劳动关系双方的合法权益，促进劳动关系的和谐稳定，依据《中华人民共和国劳动法》和国家有关规定，制定本办法。

第二条　中华人民共和国境内的企业依法开展工资集体协商，签订工资协议，适用本办法。

第三条　本办法所称工资集体协商，是指职工代表与企业代表依法就企业内部工资分配制度、工资分配形式、工资收入水平等事项进行平等协商，在协商一致的基础上签订工资协议的行为。

本办法所称工资协议，是指专门就工资事项签订的专项集体合同。已订立集体合同的，工资协议作为集体合同的附件，并与集体合同具有同等效力。

第四条　依法订立的工资协议对企业和职工双方具有同等约束力。双方必须全面履行工资协议规定的义务，任何一方不得擅自变更或解除工资协议。

第五条　职工个人与企业订立的劳动合同中关于工资报酬的标准，不得低于工资协议规定的最低标准。

第六条　县级以上劳动保障行政部门依法对工资协议进行审查，对协议的履行情况进行监督检查。

第二章　工资集体协商内容

第七条　工资集体协商一般包括以下内容：

（一）工资协议的期限；

（二）工资分配制度、工资标准和工资分配形式；

（三）职工年度平均工资水平及其调整幅度；

（四）奖金、津贴、补贴等分配办法；

（五）工资支付办法；

（六）变更、解除工资协议的程序；

（七）工资协议的终止条件；

（八）工资协议的违约责任；

（九）双方认为应当协商约定的其他事项。

第八条　协商确定职工年度工资水平应符合国家有关工资分配的宏观调控政策，并综合参考下列因素：

（一）地区、行业、企业的人工成本水平；

（二）地区、行业的职工平均工资水平；

（三）当地政府发布的工资指导线、劳动力市场工资指导价位；

（四）本地区城镇居民消费价格指数；

（五）企业劳动生产率和经济效益；

（六）国有资产保值增值；

（七）上年度企业职工工资总额和职工平均工资水平；

（八）其他与工资集体协商有关的情况。

第三章　工资集体协商代表

第九条　工资集体协商代表应依照法定程序产生。职工一方由工会代表。未建工会的企业由职工民主推举代表，并得到半数以上职工的同意。企业代表由法定代表人和法定代表人指定的其他人员担任。

第十条 协商双方各确定一名首席代表。职工首席代表应当由工会主席担任，工会主席可以书面委托其他人员作为自己的代理人；未成立工会的，由职工集体协商代表推举。企业首席代表应当由法定代表人担任，法定代表人可以书面委托其他管理人员作为自己的代理人。

第十一条 协商双方的首席代表在工资集体协商期间轮流担任协商会议执行主席。协商会议执行主席的主要职责是负责工资集体协商有关组织协调工作，并对协商过程中发生的问题提出处理建议。

第十二条 协商双方可书面委托本企业以外的专业人士作为本方协商代表。委托人数不得超过本方代表的三分之一。

第十三条 协商双方享有平等的建议权、否决权和陈述权。

第十四条 由企业内部产生的协商代表参加工资集体协商的活动应视为提供正常劳动，享受的工资、奖金、津贴、补贴、保险福利待遇不变。其中，职工协商代表的合法权益受法律保护。企业不得对职工协商代表采取歧视性行为，不得违法解除或变更其劳动合同。

第十五条 协商代表应遵守双方确定的协商规则，履行代表职责，并负有保守企业商业秘密的责任。协商代表任何一方不得采取过激、威胁、收买、欺骗等行为。

第十六条 协商代表应了解和掌握工资分配的有关情况，广泛征求各方面的意见，接受本方人员对工资集体协商有关问题的质询。

第四章 工资集体协商程序

第十七条 职工和企业任何一方均可提出进行工资集体协商的要求。工资集体协商的提出方应向另一方提出书面的协商意向书，明确协商的时间、地点、内容等。另一方接到协商意向书后，应于20日内予以书面答复，并与提出方共同进行工资集体协商。

第十八条 在不违反有关法律、法规的前提下，协商双方有义务按照对方要求，在协商开始前5日内，提供与工资集体协商有关的真实情况和资料。

第十九条 工资协议草案应提交职工代表大会或职工大会讨论审议。

第二十条 工资集体协商双方达成一致意见后，由企业行政方制作工资协议文本。工资协议经双方首席代表签字盖章后成立。

第五章 工资协议审查

第二十一条 工资协议签订后，应于7日内由企业将工资协议一式三份及说明，报送劳动保障行政部门审查。

第二十二条 劳动保障行政部门应在收到工资协议15日内，对工资集体协商双方代表资格、工资协议的条款内容和签订程序等进行审查。

劳动保障行政部门经审查对工资协议无异议，应及时向协商双方送达《工资协议审查意见书》，工资协议即行生效。

劳动保障行政部门对工资协议有修改意见，应将修改意见在《工资协议审查意见书》中通知协商双方。双方应就修改意见及时协商，修改工资协议，并重新报送劳动保障行政部门。

工资协议向劳动保障行政部门报送经过15日后，协议双方未收到劳动保障行政部门的《工资协议审查意见书》，视为已经劳动保障行政部门同意，该工资协议即行生效。

第二十三条 协商双方应于5日内将已经生效的工资协议以适当形式向本方全体人员公布。

第二十四条 工资集体协商一般情况下一年进行一次。职工和企业双方均可在原工资协议期满前60日内，向对方书面提出协商意向书，进行下一轮的工资集体协商，做好新旧工资协议的相互衔接。

第六章　附　则

第二十五条　本办法对工资集体协商和工资协议的有关内容未作规定的，按《集体合同规定》的有关规定执行。

第二十六条　本办法自发布之日起施行。

最低工资规定

（2004年1月20日　劳动和社会保障部令第21号）

第一条　为了维护劳动者取得劳动报酬的合法权益，保障劳动者个人及其家庭成员的基本生活，根据劳动法和国务院有关规定，制定本规定。

第二条　本规定适用于在中华人民共和国境内的企业、民办非企业单位、有雇工的个体工商户（以下统称用人单位）和与之形成劳动关系的劳动者。

国家机关、事业单位、社会团体和与之建立劳动合同关系的劳动者，依照本规定执行。

第三条　本规定所称最低工资标准，是指劳动者在法定工作时间或依法签订的劳动合同约定的工作时间内提供了正常劳动的前提下，用人单位依法应支付的最低劳动报酬。

本规定所称正常劳动，是指劳动者按依法签订的劳动合同约定，在法定工作时间或劳动合同约定的工作时间内从事的劳动。劳动者依法享受带薪年休假、探亲假、婚丧假、生育（产）假、节育手术假等国家规定的假期间，以及法定工作时间内依法参加社会活动期间，视为提供了正常劳动。

第四条　县级以上地方人民政府劳动保障行政部门负责对本行政区域内用人单位执行本规定情况进行监督检查。

各级工会组织依法对本规定执行情况进行监督，发现用人单位支付劳动者工资违反本规定的，有权要求当地劳动保障行政部门处理。

第五条　最低工资标准一般采取月最低工资标准和小时最低工资标准的形式。月最低工资标准适用于全日制就业劳动者，小时最低工资标准适用于非全日制就业劳动者。

第六条 确定和调整月最低工资标准，应参考当地就业者及其赡养人口的最低生活费用、城镇居民消费价格指数、职工个人缴纳的社会保险费和住房公积金、职工平均工资、经济发展水平、就业状况等因素。

确定和调整小时最低工资标准，应在颁布的月最低工资标准的基础上，考虑单位应缴纳的基本养老保险费和基本医疗保险费因素，同时还应适当考虑非全日制劳动者在工作稳定性、劳动条件和劳动强度、福利等方面与全日制就业人员之间的差异。

月最低工资标准和小时最低工资标准具体测算方法见附件。

第七条 省、自治区、直辖市范围内的不同行政区域可以有不同的最低工资标准。

第八条 最低工资标准的确定和调整方案，由省、自治区、直辖市人民政府劳动保障行政部门会同同级工会、企业联合会/企业家协会研究拟订，并将拟订的方案报送劳动保障部。方案内容包括最低工资确定和调整的依据、适用范围、拟订标准和说明。劳动保障部在收到拟订方案后，应征求全国总工会、中国企业联合会/企业家协会的意见。

劳动保障部对方案可以提出修订意见，若在方案收到后 14 日内未提出修订意见的，视为同意。

第九条 省、自治区、直辖市劳动保障行政部门应将本地区最低工资标准方案报省、自治区、直辖市人民政府批准，并在批准后 7 日内在当地政府公报上和至少一种全地区性报纸上发布。省、自治区、直辖市劳动保障行政部门应在发布后 10 日内将最低工资标准报劳动保障部。

第十条 最低工资标准发布实施后，如本规定第六条所规定的相关因素发生变化，应当适时调整。最低工资标准每两年至少调整一次。

第十一条 用人单位应在最低工资标准发布后 10 日内将该

标准向本单位全体劳动者公示。

第十二条 在劳动者提供正常劳动的情况下，用人单位应支付给劳动者的工资在剔除下列各项以后，不得低于当地最低工资标准：

（一）延长工作时间工资；

（二）中班、夜班、高温、低温、井下、有毒有害等特殊工作环境、条件下的津贴；

（三）法律、法规和国家规定的劳动者福利待遇等。

实行计件工资或提成工资等工资形式的用人单位，在科学合理的劳动定额基础上，其支付劳动者的工资不得低于相应的最低工资标准。

劳动者由于本人原因造成在法定工作时间内或依法签订的劳动合同约定的工作时间内未提供正常劳动的，不适用于本条规定。

第十三条 用人单位违反本规定第十一条规定的，由劳动保障行政部门责令其限期改正；违反本规定第十二条规定的，由劳动保障行政部门责令其限期补发所欠劳动者工资，并可责令其按所欠工资的一至五倍支付劳动者赔偿金。

第十四条 劳动者与用人单位之间就执行最低工资标准发生争议，按劳动争议处理有关规定处理。

第十五条 本规定自2004年3月1日起实施。1993年11月24日原劳动部发布的《企业最低工资规定》同时废止。

附件：最低工资标准测算方法

附件

最低工资标准测算方法

一、确定最低工资标准应考虑的因素

确定最低工资标准一般考虑城镇居民生活费用支出、职工个人缴纳社会保险费、住房公积金、职工平均工资、失业率、经济发展水平等因素。可用公式表示为：

M=f（C、S、A、U、E、a）

M　最低工资标准；

C　城镇居民人均生活费用；

S　职工个人缴纳社会保险费、住房公积金；

A　职工平均工资；

U　失业率；

E　经济发展水平；

a　调整因素。

二、确定最低工资标准的通用方法

1. 比重法　即根据城镇居民家计调查资料，确定一定比例的最低人均收入户为贫困户，统计出贫困户的人均生活费用支出水平，乘以每一就业者的赡养系数，再加上一个调整数。

2. 恩格尔系数法　即根据国家营养学会提供的年度标准食物谱及标准食物摄取量，结合标准食物的市场价格，计算出最低食物支出标准，除以恩格尔系数，得出最低生活费用标准，再乘以每一就业者的赡养系数，再加上一个调整数。

以上方法计算出月最低工资标准后，再考虑职工个人缴纳社会保险费、住房公积金、职工平均工资水平、社会救济金和失业保险金标准、就业状况、经济发展水平等进行必要的修正。

举例：某地区最低收入组人均每月生活费支出为210元，每一就业者赡养系数为1.87，最低食物费用为127元，恩格尔系数为0.604，平均工资为900元。

1. 按比重法计算得出该地区月最低工资标准为：

月最低工资标准=210×1.87+a=393+a（元）（1）

2. 按恩格尔系数法计算得出该地区月最低工资标准为：

月最低工资标准=127÷0.604×1.87+a=393+a（元）（2）

公式（1）与（2）中a的调整因素主要考虑当地个人缴纳

养老、失业、医疗保险费和住房公积金等费用。

另，按照国际上一般月最低工资标准相当于月平均工资的40%—60%，则该地区月最低工资标准范围应在 360 元至 540 元之间。

小时最低工资标准=〔（月最低工资标准÷20.92÷8）×（1+单位应当缴纳的基本养老保险费、基本医疗保险费比例之和）〕×（1+浮动系数）

浮动系数的确定主要考虑非全日制就业劳动者工作稳定性、劳动条件和劳动强度、福利等方面与全日制就业人员之间的差异。

各地可参照以上测算办法，根据当地实际情况合理确定月、小时最低工资标准。

劳动人事部工资局关于受处分人员的工资待遇问题给天津市劳动局的复文

（1985年9月13日　劳人薪局〔1985〕第12号）

天津市劳动局：

9月2日来文收悉。关于1976年11月以来，国家职工被判刑后又改判的，其工资待遇如何处理问题，现答复如下：

一、国家职工被错判犯罪，经司法部门复查，纯属错案，宣告无罪释放者，应恢复其原工资待遇，在原判期间被减发的工资，应予补发。

二、国家职工因触犯刑律判刑，经司法部门复查，认为原判过重，改为免予刑事处分。回原单位后其工资待遇应视其罪行轻重和是否给予行政纪律处分而定。即：情节较轻，态度较好，免予行政纪律处分者，可以恢复原工资；给予行政纪律处分者应降低工资。以上两种情况，在原判期间被减发的工资，均不补发。

劳动部关于下发《关于搞好岗位技能工资制试点工作有关问题的意见》的通知

（1992年5月20日　劳薪字〔1992〕8号）

各省、自治区、直辖市及计划单列市劳动（劳动人事）厅（局），国务院有关部委、直属机构：

劳动部《关于进行岗位技能工资制试点工作的通知》（劳薪字〔1992〕8号）下发后，特别是第一批共100户试行岗位技能工资制重点联系企业名单下达后，各地区、各部门结合自己的实际情况，正在积极稳妥地开展试点工作。为了加强对试点企业的指导，我们在调查研究和总结试点经验的基础上，提出了《关于搞好岗位技能工资制试点工作有关问题的意见》，供各地区、各部门在指导企业进行岗位技能工资制试点时参考。

附：关于搞好岗位技能工资制试点工作有关问题的意见

关于搞好岗位技能工资制试点工作有关问题的意见

一、关于岗位（职位）劳动评价

岗位（职位）劳动评价要以企业为主，充分发挥行业的指导作用。具备条件的部门，应尽快研究制定分行业的岗位（职位）劳动测评标准及办法供各地和企业参考。暂时没有行业或地区评价标准及办法的，企业也不要等，可以根据实际情况确定。

要把加强企业基础管理规章制度建设与岗位（职位）劳动

评价结合起来。企业进行岗位（职位）劳动评价，一定要加强基础工作，建立健全各项规章制度，其重点是加强定员定额管理，建立健全原始记录、统计、经济核算等项制度。当前，特别要积极探索和着重抓好对管理人员、专业技术人员岗位（职位）的评价工作，使之与生产岗位劳动评价相衔接。

二、关于职工考核

各地区、各部门应根据国家颁发的《工人考核条例》抓紧制订技能考核标准和办法，认真搞好培训与考核工作。同时提出管理人员、专业技术人员的考核意见，以指导企业搞好管理人员、专业技术人员的培训、考核工作。

企业应从实际出发，将部门或地区拟订的技能考核标准、办法进一步具体化，或自行制订符合实际的对各类职工特别是包括管理人员、专业技术人员的《岗位规范》及考核办法。在严格区分各类职工技术业务水平基础上，相应确定其技能工资。

三、关于加强工资总量调控和合理安排各类人员基本工资关系

（一）通过改进完善企业工资总额同经济效益挂钩浮动等办法，真正使企业工资总额同经济效益密切联系起来，并随之上下浮动（办法另定）。

（二）结合调整工资收入结构，合理确定试点企业的基本工资总量（包括基本工资基数和新增量）。各地区、各部门要按照国家的有关规定，认真核定试点企业的现有标准工资，然后加上国家规定的1979、1988年的物价补贴和1991年的粮油调价补偿、1992年的粮食调价补贴，以及经国家批准建立的某些特殊行业津贴，合理确定试点企业的基本工资基数。特殊行业津贴一次纳入有困难或纳入后不利于搞活搞好内部分配的，可作适当调整或仍按现行有关规定执行。具备条件的地区、部门可以加快把一些明补暗贴逐步纳入基本工资的步伐。要合理核定试点企业的基本工资新增量，核定时要根据试点企业的经济效益情况、资金负担能力、现行工资水平和岗位劳动测评情况区别确定，不搞一刀切，一般掌握人均每月10—15元的范围内，通过改革，使工资收入结构逐步趋于合理。

（三）合理安排各类人员基本工资关系。为加强宏观调控，各地区、各部门要以岗位劳动测评为基础，提出区别安排各类人员基本工资关系的指导意见。目前，六类工资区机械行业基本工资参考标准起点工资可暂安排为85元，工人基本工资的最高工资可掌握在起点工资的3.5倍之内，技师、高级技师的基本工资还可以再高一些；管理人员和专业技术人员基本工资要根据企业实际情况及其所负责任大小等因素区别确定，其中工作责任重、经济效益好的企业厂长（经理）基本工资参考标准最高工资可掌握在起点工资的5—6倍之内。有些劳动生产率和资金税利率居同行业领先地位，经济效益很好的艰苦企业的基本工资参考标准起点工资可适当高于这一水平安排；目前工资水平较低，效益工资较少的企业应低于这一水平安排。

其他行业可参照机械行业的基本工资参考标准，结合行业特点和实际情况拟定本行业的基本工资参考标准，由劳动部综合平衡后供各地区和企业参考。

六类以外各类工资区，原则上可先按现行地区类别关系安排基本工资水平。鉴于现行地区类别已不能完全反映地区生活的实际差异，有些地区特别是经济发展水平高、生活水平高的地区，也还可以从实际出发，制定较高的参考标准。

（四）合理设置岗位工资和技能工资档次。岗位（职务）工资应根据行业、企业岗位劳动评价情况，在岗位归类的基础上区别确定，生产岗位可以一岗一薪，也可一岗数薪；管理人员和专业技术人员岗位（职务）工资可与工人的岗位工资分开设计，一职数薪或一职一薪。

技能工资的等级和档次设置可采取纵横结合的形式，即工人等级纵向可按初级、中级、高级和技师、高级技师设级；管理人员、专业技术人员可按初、中、高级技能要求区别设级。各级横向可设若干档次。如何再细划等级、档次由行业、企业根据需要确定。技术等级考试考核合格者择优纵向升级，常规考核合格者可横向晋档。

（五）有条件的部门、地区可制定行业和地区岗位技能工资参考标准，报劳动部平衡审核后供试点企业参考。暂不具备条件的部门、地区也可采取先由试点企业制定工资标准试行，待条件成熟后，再制定部门、地区岗位技能工资参考标准。

国家、地区、部门所提供的参考标准只是供企业参考，实际执行的工资标准由各个企业自己制定。

四、关于岗位技能工资制的过渡

过渡中应坚持三条原则：一是要着力解决现行工资等级与技术等级脱节、劳动贡献与劳动报酬脱节的问题，要特别注意避免照搬现行等级工资作为技能工资倾向；二是正确处理各类人员增加工资数量的关系，在使多数职工现有工资水平不降低的基础上，根据按劳分配原则，在分配中应向艰苦岗位和技术高、责任重岗位职工适当倾斜，使他们通过改革能较多地增加工资；三是要量力而行，改革的力度和企业资金负担能力要相一致，增资可以一步到位也可以分步到位。

试点企业由现行工资制度过渡到岗位技能工资制的办法由各地区、各部门和企业结合自己的实际情况进一步具体化。可分别采取先定技能工资，后定岗位工资；或先定岗位工资再定技能工资的办法，过渡到岗位技能工资标准。具备条件的企业，也可以直接按职工技能考试和上岗考核结果，重新确定职工的技能工资和岗位工资。

五、关于岗位技能工资制运行

（一）国家和各地区、各部门可以根据国民经济发展、劳动生产率提高、物价变动和劳动就业等要素，适时调整岗位技能工资制基本工资参考标准。企业在此基础上可相应调整自己实际执行的工资标准。

（二）实行岗位技能工资制的企业的职工增加基本工资，可以采取晋级、晋档增资与提高工资标准相结合的办法。经济效益好、新增效益工资较多的企业，经劳动部门批准，根据当年经济效益的提高幅度和考核结果，可以在留出适当工资储备金的前提下，核定适当比例的新增效益工资用于对职工进行考核增资；企业也可以根据实际情况，把这部分指标用于提高工资标准，确有条件的还可以两者兼有。职工晋级、晋档增资，要建立严格的考试考核制度，技能水平确有提高且做出相应劳动贡献者方能择优晋升。本人技能工资已达到所任职务（工种）最高等级的，原则上不再晋升技能等级，而只能是晋档。

（三）建立岗位（职务）工资的动态管理制度。试点企业要结合劳动人事制度的改革，建立岗位（职务）工资试岗、上岗、下岗的动态管理制度。对考核合格正式上岗、任职人员实行“上岗工资”；对新上岗（任职）尚处于试用期的人员，可实行“试岗工资”；对暂不符合上岗条件的职工，可采取下岗培训等办法，待培训考核合格后，再正式上岗或转岗；上岗人员经常规考核不合格，也要下岗，逐步形成岗位靠竞争的机制。无岗和编外人员不实行岗位工资，在岗人员易岗易薪，真正做到岗位工资随岗位（职务）的变化而合理调整。此外，随着生产劳动条件的变化、生产工艺的改善，岗位工资也应随之调整，使岗位工资的动态管理制度不断改进完善。

（四）企业实际执行的岗位技能工资标准是企业职工根据劳动定额标准，在正常的生产条件下和制度工作时间内进行规范劳动所完成的劳动量的报酬的货币数量表现。它只是一种“预付的工资标准”，在实际发放时，应严格考核职工是否完成岗位（职位）规定的各项要求，全面完成的，百分之百地发；没有完成的，要相应扣减；超额完成的，还可以再给予相应奖励。

企业可以根据自己的生产经营特点和实际需要，采取灵活多样的分配方式，把职工的实际工资收入同企业经济效益和本人劳动贡献紧密结合起来。企业经济效益下浮时，除减发或停发奖金外，工资标准也可以适当下浮。

六、关于岗位技能工资制试点工作的组织实施

（一）试点工作由劳动部统一领导，由各地区、各部门按照工资管理体制组织所属企业实施。其中，计划单列市的试点方案应报所在地区综合平衡，计划单列企业集团的试点方案按工资计划管理体制由地区、部门或劳动部审核。各地区、各部门所属企业岗位技能工资制的实施方案，由本地区、本部门审批。

（二）为了使试点工作达到预期目的，各地区、各部门应将确保试点的工作质量作为兑现岗位技能工资的重要条件。衡量试点的工作质量的主要内容包括：

1. 是否制定了岗位劳动测评方案，并对全厂全部岗位进行了测评和归类；

2. 是否制定了各类人员的技能考试考核办法，并严格组织实施；

3. 岗位技能工资标准是否符合企业实际，体现了应有的工资差别；

4. 增资水平是否控制在经劳动部门批准的工资总额内；

5. 是否坚持了民主程序，发挥了职代会作用，调动了职工生产积极性；

6. 是否坚持了综合配套改革，是否促进了企业管理水平和经济效益的提高。

七、关于试点企业日常工资支付和新招收人员待遇等问题

（一）试点企业有关涉及职工日常工资支付问题，原则上应改按岗位技能工资制基本工资为基数计发，试点企业可以根据实际情况制定具体办法。

（二）安排到试点企业的复转军人，其入厂工资可按不低于面上企业同等条件的复转军人的水平安排。一时难以明确岗位

（职务）和技能等级的，企业要积极为其创造条件，并根据本单位实际，通过制定试岗工资或临时工资等办法，妥善处理好复转军人的工资问题。

（三）调动工作的职工工资，原则上由调入单位重新确定，其原所在单位介绍的工资只作参考。具体办法可由各地区、各部门以及企业根据实际情况制定。

（四）新参加工作的职工（包括新招收工人、职业学校毕业生和大中专、技校毕业生），其学徒期、熟练期、见习期、试用期待遇，可按现行政策规定的待遇执行，也可由企业根据实际情况采取新人新办法，把现行的各种补贴纳入工资，其水平可略高于面上企业。各类人员正式上岗后的工资待遇，技能工资经考核确定；岗位（职务）工资按所任岗位（职务）确定；一次增资过多的，可分步到位。

总之，必须建立起企业是企业内部分配主体的概念，无论是统分统配人员还是调进职工，进到企业后就成为企业职工，应该按照企业的分配方式和管理办法办。

八、继续加强对岗位技能工资制试点工作的指导

（一）积极开展有针对性的业务培训，提高劳资干部的素质。

（二）及时掌握试点动态。除劳动部重点联系的试点企业外，各地区、各部门也应定点联系一部分试点企业，并通过一定形式定期反映试点情况，适时进行试点工作总结，及时发现问题，制定相应政策，以便改进完善改革试点方案，逐步扩大试点范围。

（三）加强调查研究和舆论宣传工作，并及时总结交流先进经验，为企业提供咨询服务，推动改革试点工作。

（四）充分发挥职代会和工会的作用，坚持民主程序。要全心全意依靠工人阶级，注意职工的思想动态，适时适当进行引导，做好职工的思想工作。

（五）在进行岗位技能工资制的改革试点工作中，要注意对企业不应强求，要允许看；不要简单划一，应允许探索符合企业特点的分配方式和办法；不必求全责备，允许在改革实践中不断完善，出现一些问题及时总结经验教训，不要单兵突进，必须坚持综合配套改革；不搞形式主义，让企业扎扎实实在转换机制上下功夫，在提高经济效益的基础上逐步提高职工工资水平，以保证改革试点工作的顺利进行。

劳动部、中国人民银行关于修改《工资基金管理手册》的通知

（1992年9月29日　劳计字〔1992〕66号）

各省、自治区、直辖市及计划单列的省辖市劳动（劳动人事）厅（局）、人民银行分行，国务院各部委及计划单列的企业集团（公司）劳动工资司（处）：

根据《国务院关于进一步加强工资基金管理的通知》中关于"《工资基金管理手册》由劳动部会同中国人民银行统一制发"的规定，1989年已统一制发了《工资基金管理手册》。为了适应企业转换经营机制和切实加强对工资总额宏观管理的需要，对《工资基金管理手册》作了相应的修改，现就有关问题通知如下：

一、所有企业单位都应使用《工资基金管理手册》，工资基金使用计划情况要事先报送劳动部门备案或审批。

二、此次修改的《工资基金管理手册》作为全国统一的样本，各地区、部门在保证样本中所列项目的同时，可根据各自的实际情况增加所需的栏目制定适合本地区、部门的《工资基金管理手册》。

三、各地区、部门根据劳动部、中国人民银行统一制发的样本自行组织印制后，其收费标准按劳动部《转发国家物价局、财政部〈关于发布中央管理的劳动部门行政事业性收费项目和标准的通知〉的通知》劳办字〔1992〕22号）的规定执行。确有特殊困难的，由省、自治区、直辖市和有关部门结合实际开支情况，商同级物价、财政部门对收费标准做相应调整。

四、地方劳动、银行部门，要加强对《工资基金管理手册》的印制、核发工作的组织，主动为基层单位提供服务，注意总结工资基金管理工作的经验和问题，并将有关情况及时报送劳动部综合计划司、中国人民银行计划资金司。

附件：工资基金管理手册

（附件本书略）

《工资基金管理手册》使用规定

一、根据国务院 1989 年 3 月发布的《关于进一步加强工资基金管理的通知》的规定，为加强对工资总额的宏观调控，特制定《工资基金管理手册》。

二、列入《工资基金管理手册》的工资总额范围，按照国家统计局颁布的关于工资总额组成的规定执行。

三、所有企业均应严格执行国家的有关工资管理政策，单位提取工资，凭《工资基金管理手册》，必须从工资基金专户或工资基金专户管理登记簿（卡）中支取。

四、各企业单位可根据国家对其采取的工资总额调控办法，认真编制年度、季度工资基金使用计划。凡由劳动部门认定已实行工效挂钩、股份制和少数改革试点企业的工资基金使用计划，根据国家核定的挂钩工资基数、效益工资提取和结存情况自主编制，报主管部门和劳动部门备案签章；未实行工效挂钩的企业，仍按国家下达的工资总额计划，并结合其资金来源情况，由企业主管部门和劳动部门审批其年度和季度工资基金使用计划（企业主管部门不在当地的，可由当地劳动部门代理审核，下同）。

五、企业可在季度工资基金使用计划内，统筹安排和自行编制分月工资基金使用计划。对未经劳动部门批准超计划或审批手续不全支取工资的，银行一律拒付。

六、每年年初，企业的挂钩工资基数或工资总额计划尚未下达前，主管部门对其所属企业，可参照上年同期实际情况审核工资基金使用计划，待工资基数或工资总额计划确定后，再统一核算。

七、《工资基金管理手册》是基层单位支取工资的重要凭证，由所在地劳动部门和银行核发。各单位必须妥善保管，不得丢失或自行涂改。

劳动部印发《关于加强企业工资总额宏观调控的实施意见》的通知

（1993年11月5日　劳部发〔1993〕299号）

各省、自治区、直辖市及计划单列市劳动（劳动人事）厅（局），国务院各部委、直属机构，全国性公司、计划单列企业集团劳动工资司（处）：

为落实贯彻《国务院办公厅转发劳动部关于加强企业工资总额宏观调控意见的通知》（国办发〔1993〕69号）精神，我部拟定了《关于加强企业工资总额宏观调控的实施意见》，现印发给你们。请结合本地区、本部门实际情况贯彻执行，并在执行过程中注意总结经验，不断加以完善。

关于加强企业工资总额宏观调控的实施意见

第一条　为贯彻落实《国务院办公厅转发劳动部关于加强企业工资总额宏观调控意见的通知》（国办发〔1993〕69号）精神，切实加强对企业工资总额的宏观调控，制定本实施意见。

第二条　本实施意见适用于各省、自治区、直辖市、计划单列市，国务院各部委、直属机构，全国性公司、计划单列企业集团所属全部企业。

第三条　企业工资总额按国家统计局规定，是指企业在一定时期内，直接支付给本单位职工的全部劳动报酬。按照《全民所有制工业企业转换经营机制条例》和财政部发布的《企业财务通则》《企业会计准则》的规定，工资支出应全部在成本费用中列支。各类企业应自“两则”颁布实施之日起，认真按照新财务制度规定渠道列支工资；各级经济管理部门，要为企业创造条件，促进并监督企业做好这项工作。

第四条 国家对地区、部门全面实行动态调控的弹性劳动工资计划（以下简称弹性计划）。对1993年底以前，仍未向国家上报弹性计划实施方案的地区，劳动部将按照《动态调控的全民所有制企业弹性劳动工资计划实施办法》（劳计字〔1992〕34号）等文件的规定和要求，下达非农国民收入工资含量系数，并据此进行考核；国务院各有关部门要按照劳动部文件规定和要求认真测算，并于1994年3月底前将弹性计划方案报送劳动部。经批准后组织实施。

第五条 全国性的公司和计划单列的企业集团原则上实行工资总额同经济效益挂钩办法，其工效挂钩方案报经劳动部、财政部批准后执行；暂不具备挂钩条件的，可实行弹性计划办法或工资总额包干办法，其弹性计划方案或工资总额包干方案报经劳动部审批后执行。

全国性公司、计划单列企业集团，无论实行何种工资调控方式，其工资总额的增长都要严格遵循“两个低于”的原则，对实行工效挂钩、工资总额包干办法的，也要按照弹性计划的效率、效益原则，测算和编制本公司（集团）工资总额增长的中长期规划和年度计划，将其工资总额纳入弹性计划管理。

第六条 要逐步扩大弹性计划的调控范围，改进弹性计划的相关经济指标。从1994年起，各地区要积极创造条件将弹性计划的调控范围逐步扩大到调控城镇各种所有制企业的工资总量。并开始用非农国内生产总值、非农国内生产总值工资含量、资金利税率、工资利税率、劳动生产率（城镇社会劳动者人均非农国内生产总值）、工业净产值率作为相关经济指标进行试算和试运行。

各地区要统一弹性计划相关经济指标的计算和考核口径。目前已实行弹性计划的地区，在计算地区非农国民收入增量时要剔除乡镇工业企业的净产值，有计划单列市的省，要剔除计划单列市新增的非农国民收入。

第七条 各地区、部门要进一步完善工效挂钩办法，扩大工效挂钩范围，逐步统一地区、部门弹性计划和工效挂钩经济效益评价考核指标，切实做好弹性计划与工效挂钩等调控形式的相互衔接。

现已实行工效挂钩的企业，要用反映企业投入产出综合经济效益的资金利税率、工资利税率、劳动生产率等指标来调节挂钩浮动比例，使挂钩比例的确定规范化、科学化。具体方法是：企业挂钩浮动比例根据企业资金利税率、工资利税率、劳动生产率与本地区同行业的平均水平相比较核定，以1∶0.7为中线，最高不超过1∶1，计算公式如下：

$$企业工资浮动比例=0.7\times\sqrt[3]{\frac{\text{企业资金利税率}}{\text{本地区同行业资金利税率}}\times\frac{\begin{array}{c}\text{企业增加值（净产值）}\\\text{劳动生产率}\end{array}}{\text{本地区同行业工资}}\times\frac{\text{企业工资利税率}}{\text{本地区同行业劳动生产率}}}$$

对尚未实行工效挂钩的企业，可实行工资总额同企业增加值（或净产值，下同）挂钩的办法，按照“弹性计划”的投入产出原则，用增加值工资含量、资金利税率、工资利税率、劳动生产率等经济指标确定企业增加值工资含量。其计算公式如下：

$$企业增加值工资含量=企业基期增加值工资含量\times\sqrt[4]{\frac{\begin{array}{c}\text{企业基期增加}\\\text{值工资含量}\end{array}}{\begin{array}{c}\text{本地区基期}\\\text{同行业增加值}\\\text{工资含量}\end{array}}\times\frac{\begin{array}{c}\text{企业基期}\\\text{资金利税率}\end{array}}{\begin{array}{c}\text{本地区基期}\\\text{同行业资金利税率}\end{array}}\times\frac{\begin{array}{c}\text{企业基期}\\\text{工资利税率}\end{array}}{\begin{array}{c}\text{本地区基期}\\\text{同行业工资利税率}\end{array}}\times\frac{\begin{array}{c}\text{企业基期}\\\text{劳动生产率}\end{array}}{\begin{array}{c}\text{本地区基期}\\\text{同行业劳动生产率}\end{array}}}$$

以上各项基期经济指标的数据一般以前三年的平均数为准。

企业增加值工资含量要按工资管理体制报经劳动部门核准后执行，工资含量确定后一般三至五年不变；如因国家调整物价、汇率等原因导致全行业增加值增（减）变化超常的，各级劳动部门应会同企业主管部门，按同行业新的平均值重新核定。

第八条 各地区、部门在实施弹性计划的同时，对企业工资总额进行分级分类调控。

各类国有企业原则上都要实行工效挂钩办法，并逐步加强对资金利税率、工资利税率、劳动生产率等复合挂钩指标的考核和调控力度。暂不具备工效挂钩条件的国有企业均应实行工资总额包干办法，各级劳动部门要严格审核企业的包干基数。经政府批准试行自主确定工资总额的国有企业，各级劳动部门要与财政部门密切配合，对其工资总额基数和经济效益基数进行认真核定。

第九条 各地区、部门、全国性公司、企业集团所属企业实发工资总额必须严格控制在弹性计划的工资总额之内。企业编制的当年工资总额使用计划应在国家按政策允许提取或核定的总额之内，如有突破，劳动部门应会同企业主管部门综合运用经济的、法律的和必要的行政手段，指导企业对当年预计发放的工资总额进行相应的调整，鼓励企业多留一些工资储备金，以利以丰补歉。

第十条 有条件的城镇集体企业，应按照劳动部和国家税务局制定的《城镇集体所有制企业工资同经济效益挂钩办法》（劳薪字〔1991〕46号文）的规定，实行工效挂钩办法。暂不具备工效挂钩条件的企业，原则上都应实行工资总额包干办法。

第十一条 股份制企业必须在股票公开上市以后，才能实行自主确定工资总额的管理办法。对股票未上市的，应分别情况区别对待；对国有股份占50%以上的企业，应实行国有企业的管理办法，即原则上实行工效挂钩办法，暂不具备挂钩条件的，应一律实行工资总额包干办法；对集体股份占50%以上的企业，应实行集体企业的管理办法。

第十二条 对外商投资企业，港、澳、台商投资企业的工资总额管理应主要运用国家政策、法规进行调控，并依据国家有关规定，对企业工资总额发放情况进行监督、检查。

第十三条 实行《工资总额使用手册》管理制度和工资总额联合审核制度。各级劳动部门要会同统计、财政、银行等部门，于每年年初对本地区企业上年度工资总额提取和发放情况进行联合审核。在联审合格的基础上，由劳动部门和银行核发《工资总额使用手册》。企业主管部门或劳动部门根据企业编报的工资总额计划对其《工资总额使用手册》进行一次性备案或签章。

在联审中，发现多提或超额发放工资的要如数扣回。对企业《工资总额使用手册》未经审核或备案签章以及超额支取工资的，银行一律拒付。

第十四条 地区、部门要对弹性计划的管理运行情况随时进行跟踪监察，对所属企业的工资总额使用情况及时汇总并与弹性计划的工资总量相对照。发现问题要及时预警并分析原因，迅速调整。

第十五条 地区、部门每年六月底以前，要按照劳动部统一制定的“地区、部门弹性工资计划检查、考核及预测表”，参照统计年报和财务决算资料，对本地区、部门上一年度的弹性计划执行情况进行自查，并将检查结果及分析报国家审核。

第十六条 劳动部会同有关部门于每年七月份左右，对地区、部门上一年弹性计划执行情况做出考核评价，发布信息通报。同时将考核评价结果抄送地区、部门主要领导。

各地区、部门要根据实际情况，建立相应的考评和信息发布制度，由劳动行政部门定期公布本地区、部门不同行业及国内、国际的人工成本、经济效益横向比较指标，以加强对企业工资总额管理的宏观指导。

第十七条 地区、部门应指导企业建立综合经济效益和职工工资总额发放情况台账，企业应主动接受地区、部门的检查考核。

第十八条 各地区、部门可根据国办发〔1993〕69号文件精神和本实施意见，结合自己的实际情况，制定具体实施办法。

劳动部办公厅对中国石油天然气管道局《关于对刑满释放后又宣告无罪且有错误的职工工资处理的请示》的复函

（1994年5月5日　劳办发〔1994〕147号）

中国石油天然气管道局：

你局《关于对刑满释放后又宣告无罪且有错误的职工工资处理的请示》（管道劳便字〔1994〕第1号）收悉。经研究，现函复如下：

根据原劳动人事部工资局《关于受处分人员的工资待遇问题给天津市劳动局的复文》（劳人薪局〔1985〕第12号），我们认为，你局李宪文、杨国新的情况符合文中第二条精神，即："……经司法部门复查，认为原判过重，改为免予刑事处分。回原单位后其工资待遇应视其罪行轻重和是否给予行政处分而定。……在原判期间被减发的工资，均不补发。"因此，你局对李、杨2人的处理决定是正确的。

劳动部、国家经贸委关于加强国有企业经营者工资收入和企业工资总额管理的通知

（1994年5月13日　劳办发〔1994〕222号）

各省、自治区、直辖市及计划单列市人民政府，国务院有关部门：

根据党的十四届三中全会《关于建立社会主义市场经济体制若干问题的决定》精神。1994年国家各项改革措施陆续出台，企业工资改革的步伐正在加快。但最近在企业工资改革过程中也出现了一些问题，如：少数国有企业经营者不顾本企业经济效益和经营状况，不履行正常的审批手续，为自己增加工资；一些国有企业突破政府核定的工资总额，为职工发工资；一些亏损企业挪用其它资金或采用乱挤乱摊成本等手段，为经营者和职工乱长工资等。这些问题的出现，不利于企业内部干群之间的团结，不利于社会的安定和各项改革的深入，也不利于国家各项宏观调控措施的落实。为了保证企业工资改革的顺利进行，经请示国务院领导同志同意，现就有关问题通知如下，请贯彻执行。

一、国有企业经营者不得自己给自己涨工资，凡未经有关部门审批，自行确定和提高经营者工资的，应予以坚决纠正。为了使国有企业经营者的工资收入管理制度化、规范化，目前劳动部正在会同有关部门研究拟定有关办法。在新办法颁布之前，国有企业经营者工资收入的管理，仍按劳动部、原国务院经贸办《关于改进完善全民所有制企业经营者收入分配办法的意见》（劳薪字〔1992〕36号）精神执行。各级劳动部门和企业主管

部门要加强对国有企业经营者工资收入的管理，严格履行审批程序，在企业经营者工资收入的确定和管理上，仍坚持主管部门负责考核经营者的工作实绩并提出经营者工资收入水平的明确建议，报同级劳动部门审核后，按干部管理权限审批。

二、加强对企业工资总额的管理和企业内部分配的指导。各地区和有关部门应继续贯彻落实《国务院办公厅转发劳动部关于加强企业工资总额宏观调控意见的通知》（国办发〔1993〕69号）和《劳动部关于加强企业工资总额宏观调控的实施意见》（劳部发〔1993〕29号）。实行弹性工资计划的地区和部门所属的企业，实发工资总额必须严格控制在本地区、部门弹性工资总额计划之内；实行工效挂钩办法的企业，实发工资总额不准突破按核定的工资总额基数、效益指标基数、浮动比例计算应提取的工资总额；实行工资总额包干的企业，不准突破核定的包干工资基数；实行计划管理的企业，不准突破国家下达的工资计划数。对企业多提工资总额或违反规定超发工资的，除按规定如数扣回外，还应视情节轻重对企业进行一定的经济处罚和给予责任人及企业经营者一定的行政处分。各级劳动部门要加强对企业内部分配的指导，帮助企业建立健全内部分配的民主管理程序和制度，加强企业内部的自我约束和自我监督能力，防止侵犯职工合法权益和不顾企业经营状况、发展后劲，滥发、超发工资等问题的发生。

三、要采取有效措施，制止少数企业特别是亏损企业采取挪用其它资金或乱挤乱摊成本等手段，为职工乱长工资的现象。各地区和有关部门要进一步抓好扭亏增盈工作。企业在确实完成减亏、扭亏任务并具备条件时，可在主管部门和劳动部门批准增加的工资总额内，适当增加职工工资。

工资支付暂行规定

（1994年12月6日　劳部发〔1994〕489号）

第一条　为维护劳动者通过劳动获得劳动报酬的权利，规范用人单位的工资支付行为，根据《中华人民共和国劳动法》有关规定，制定本规定。

第二条　本规定适用于在中华人民共和国境内的企业、个体经济组织（以下统称用人单位）和与之形成劳动关系的劳动者。

国家机关、事业组织、社会团体和与之建立劳动合同关系的劳动者，依照本规定执行。

第三条　本规定所称工资是指用人单位依据劳动合同的规定，以各种形式支付给劳动者的工资报酬。

第四条　工资支付主要包括：工资支付项目、工资支付水平、工资支付形式、工资支付对象、工资支付时间以及特殊情况下的工资支付。

第五条　工资应当以法定货币支付。不得以实物及有价证券替代货币支付。

第六条　用人单位应将工资支付给劳动者本人。劳动者本人因故不能领取工资时，可由其亲属或委托他人代领。

用人单位可委托银行代发工资。

用人单位必须书面记录支付劳动者工资的数额、时间、领取者的姓名以及签字，并保存两年以上备查。用人单位在支付工资时应向劳动者提供一份其个人的工资清单。

第七条　工资必须在用人单位与劳动者约定的日期支付。如遇节假日或休息日，则应提前在最近的工作日支付。工资至少每月支付一次，实行周、日、小时工资制的可按周、日、小时支付工资。

第八条 对完成一次性临时劳动或某项具体工作的劳动者，用人单位应按有关协议或合同规定在其完成劳动任务后即支付工资。

第九条 劳动关系双方依法解除或终止劳动合同时，用人单位应在解除或终止劳动合同时一次付清劳动者工资。

第十条 劳动者在法定工作时间内依法参加社会活动期间，用人单位应视同其提供了正常劳动而支付工资。社会活动包括：依法行使选举权或被选举权；当选代表出席乡（镇）、区以上政府、党派、工会、青年团、妇女联合会等组织召开的会议；出任人民法庭证明人；出席劳动模范、先进工作者大会；《工会法》规定的不脱产工会基层委员会委员因工作活动占用的生产或工作时间；其它依法参加的社会活动。

第十一条 劳动者依法享受年休假、探亲假、婚假、丧假期间，用人单位应按劳动合同规定的标准支付劳动者工资。

第十二条 非因劳动者原因造成单位停工、停产在一个工资支付周期内的，用人单位应按劳动合同规定的标准支付劳动者工资。超过一个工资支付周期的，若劳动者提供了正常劳动，则支付给劳动者的劳动报酬不得低于当地的最低工资标准；若劳动者没有提供正常劳动，应按国家有关规定办理。

第十三条 用人单位在劳动者完成劳动定额或规定的工作任务后，根据实际需要安排劳动者在法定标准工作时间以外工作的，应按以下标准支付工资：

（一）用人单位依法安排劳动者在日法定标准工作时间以外延长工作时间的，按照不低于劳动合同规定的劳动者本人小时工资标准的150%支付劳动者工资；

（二）用人单位依法安排劳动者在休息日工作，而又不能安排补休的，按照不低于劳动合同规定的劳动者本人日或小时工资标准的200%支付劳动者工资；

（三）用人单位依法安排劳动者在法定休假节日工作的，按照不低于劳动合同规定的劳动者本人日或小时工资标准的 300% 支付劳动者工资。

实行计件工资的劳动者，在完成计件定额任务后，由用人单位安排延长工作时间的，应根据上述规定的原则，分别按照不低于其本人法定工作时间计件单价的 150%、200%、300% 支付其工资。

经劳动行政部门批准实行综合计算工时工作制的，其综合计算工作时间超过法定标准工作时间的部分，应视为延长工作时间，并应按本规定支付劳动者延长工作时间的工资。

实行不定时工时制度的劳动者，不执行上述规定。

第十四条 用人单位依法破产时，劳动者有权获得其工资。在破产清偿中用人单位应按《中华人民共和国企业破产法》规定的清偿顺序，首先支付欠付本单位劳动者的工资。

第十五条 用人单位不得克扣劳动者工资。有下列情况之一的，用人单位可以代扣劳动者工资：

（一）用人单位代扣代缴的个人所得税；

（二）用人单位代扣代缴的应由劳动者个人负担的各项社会保险费用；

（三）法院判决、裁定中要求代扣的抚养费、赡养费；

（四）法律、法规规定可以从劳动者工资中扣除的其他费用。

第十六条 因劳动者本人原因给用人单位造成经济损失的，用人单位可按照劳动合同的约定要求其赔偿经济损失。经济损失的赔偿，可从劳动者本人的工资中扣除。但每月扣除的部分不得超过劳动者当月工资的 20%。若扣除后的剩余工资部分低于当地月最低工资标准，则按最低工资标准支付。

第十七条 用人单位应根据本规定，通过与职工大会、职工代表大会或者其他形式协商制定内部的工资支付制度，并告知本单位全体劳动者，同时抄报当地劳动行政部门备案。

第十八条 各级劳动行政部门有权监察用人单位工资支付的情况。用人单位有下列侵害劳动者合法权益行为的，由劳动行政部门责令其支付劳动者工资和经济补偿，并可责令其支付赔偿金：

（一）克扣或者无故拖欠劳动者工资的；

（二）拒不支付劳动者延长工作时间工资的；

（三）低于当地最低工资标准支付劳动者工资的。

经济补偿和赔偿金的标准，按国家有关规定执行。

第十九条 劳动者与用人单位因工资支付发生劳动争议的，当事人可依法向劳动争议仲裁机关申请仲裁。对仲裁裁决不服的，可以向人民法院提起诉讼。

第二十条 本规定自 1995 年 1 月 1 日起执行。

劳动部关于印发《关于企业实行不定时工作制和综合计算工时工作制的审批办法》的通知

（1994年12月14日　劳部发〔1994〕503号）

各省、自治区、直辖市劳动（劳动人事）厅（局），计划单列市劳动局，国务院有关部委、直属机构：

根据《中华人民共和国劳动法》，我们制定了《关于企业实行不定时工作制和综合计算工时工作制的审批办法》，现发给你们，请遵照执行，并请将执行中的情况及时报送给我们。

关于企业实行不定时工作制和综合计算工时工作制的审批办法

第一条　根据《中华人民共和国劳动法》第三十九条的规定，制定本办法。

第二条　本办法适用于中华人民共和国境内的企业。

第三条　企业因生产特点不能实行《中华人民共和国劳动法》第三十六条、第三十八条规定的，可以实行不定时工作制或综合计算工时工作制等其他工作和休息办法。

第四条　企业对符合下列条件之一的职工，可以实行不定时工作制。

（一）企业中的高级管理人员、外勤人员、推销人员、部分值班人员和其他因工作无法按标准工作时间衡量的职工；

（二）企业中的长途运输人员、出租汽车司机和铁路、港口、仓库的部分装卸人员以及因工作性质特殊，需机动作业的职工；

（三）其他因生产特点、工作特殊需要或职责范围的关系，适合实行不定时工作制的职工。

第五条 企业对符合下列条件之一的职工，可实行综合计算工时工作制，即分别以周、月、季、年等为周期，综合计算工作时间，但其平均日工作时间和平均周工作时间应与法定标准工作时间基本相同。

（一）交通、铁路、邮电、水运、航空、渔业等行业中因工作性质特殊，需连续作业的职工；

（二）地质及资源勘探、建筑、制盐、制糖、旅游等受季节和自然条件限制的行业的部分职工；

（三）其他适合实行综合计算工时工作制的职工。

第六条 对于实行不定时工作制和综合计算工时工作制等其他工作和休息办法的职工，企业应根据《中华人民共和国劳动法》第一章、第四章有关规定，在保障职工身体健康并充分听取职工意见的基础上，采用集中工作、集中休息、轮休调休、弹性工作时间等适当方式，确保职工的休息休假权利和生产、工作任务的完成。

第七条 中央直属企业实行不定时工作制和综合计算工时工作制等其他工作和休息办法的，经国务院行业主管部门审核，报国务院劳动行政部门批准。

地方企业实行不定时工作制和综合计算工时工作制等其他工作和休息办法的审批办法，由各省、自治区、直辖市人民政府劳动行政部门制定，报国务院劳动行政部门备案。

第八条 本办法自 1995 年 1 月 1 日起实行。

劳动部等部门关于颁发《国有企业工资内外收入监督检查实施办法》的通知

（1995年4月21日　劳部发〔1995〕218号）

各省、自治区、直辖市及计划单列市劳动（劳动人事）厅（局）、财政厅（局），审计厅（局），国务院各部委、各直属机构：

根据《全民所有制工业企业转换经营机制条例》规定，为了适应社会主义市场经济发展需要，加强对国有企业（公司）工资内、外收入的宏观控制与管理，建立企业工资分配的自我约束机制，既保护劳动者的合法权益，又维护国有资产所有者的权益，我们制定了《国有企业工资内外收入监督检查实施办法》，现印发你们，请认真贯彻执行。

国有企业工资内外收入监督检查实施办法

第一章　总　则

第一条　根据《全民所有制工业企业转换经营机制条例》规定，为了适应社会主义市场经济发展需要，加强对国有企业（以下简称企业）工资内、外收入的宏观调控与管理，建立企业工资分配的自我约束机制，既保护劳动者的合法权益，又维护国有资产所有者的权益，特制定本实施办法。

第二条　国家有关企业工资的法律、法规和政策，是对企业工资内、外收入实施监督检查的依据。

第三条　按照企业隶属关系，实行国家统一指导，分级监督检查负责制。

第二章　实施范围

第四条　本办法适用于中华人民共和国境内各类工业、交通、内贸、金融、外贸、农林、文教、外经等全部国有企业。

第五条　本办法中的“工资内、外收入”，包括企业发给职工的全部工资性收入。

第三章　监　督

第六条　企业劳资、会计人员对本企业工资内外收入等情况实行内部监督。

第七条　企业劳资、会计机构或劳资、会计人员对不真实、不合法的领取工资内、外收入的凭证，不予受理；对记载不准确、不完整的凭证，予以退回，并要求更正、补充。

第八条　劳资、会计机构或劳资、会计人员对违反国家劳动工资、津贴补贴、其他收入等规定的收支不予办理。制止和纠正无效的，劳资、会计机构或劳资、会计人员必须向上级主管单位提出书面报告，请求处理。上级主管单位在接到劳资、会计机构或劳资、会计人员的报告之日起一个月内，必须作出处理决定，并对决定承担责任。劳资、会计机构或劳资、会计人员对处理结果有异议，必须报财政、劳动、审计机关，接到报告的机关应当负责处理。劳资、会计机构或劳资、会计机构或劳资、会计人员不向上级主管单位或财政、劳动、审计机关提出报告的，也负有责任。

第九条　企业必须接受劳动、财政、审计部门依照法律和国家有关规定进行的监督，如实提供企业工资内、外收入等有关情况，不得拒绝、隐匿、谎报。

第四章　检查内容

第十条　企业年度工资总额（国家统计局规定的工资总额构成口径）来源、发放、结余情况。

（一）工效挂钩企业：

1. 按照国家工效挂钩政策规定，年度工资总额的提取、使用、结余情况。

2. 临时工、计划外用工年度应提工资总额及实发数情况。

（二）工资计划管理或工资总额包干企业：

1. 企业执行国家下达的年度工资计划或工资总额包干方案的情况。

2. 临时工、计划外用工年度应提工资总额及实发数情况。

第十一条　企业发放给职工的年度工资总额外的各种收入、经济补偿金、赔偿金等情况。

第十二条　企业执行本地区人民政府规定的最低工资保障制度的情况。

第十三条　企业执行国家关于《工资支付暂行规定》的情况。

第十四条　企业经营者从企业、上级主管部门等渠道获取的年度工资内、外收入情况。

第十五条　按照经劳动部门审核签章的《工资总额使用手册》从银行支取工资的记录情况。

第十六条　企业年度劳动工资统计报表数据填报情况。

第十七条　企业职工申报缴纳个人所得税和企业代扣代缴个人所得税的情况。

第五章　监督检查方法

第十八条　企业按照监督检查内容每年年末对本企业工资内、外收入等情况实施一次自查，并将自查情况报上级主管部门。

第十九条 企业主管部门按照监督检查内容每年年末对其所属企业进行复查；由企业的主管部门将企业自查情况和主管部门复查情况，汇总上报劳动、财政部门。

第二十条 劳动、财政、审计部门每年选择部分企业对其工资内、外收入和经济效益情况进行检查。

第二十一条 对重点检查企业，可责成其在规定的时间内出具经劳动部、财政部、审计署三家共同专门认可的会计师事务所、审计事务所对企业工资内、外收入和经济效益情况进行专项审计的报告。

第二十二条 劳动、财政、审计部门对会计师事务所、审计事务所进行企业工资内、外收入和经济效益审计的情况实施监督，对不按规定进行审计的，予以通报批评或取消其进行企业工资内、外收入和经济效益审计的资格。

第六章　罚　则

第二十三条 劳动、财政、审计部门处理违法违章都应当立案，查清事实，依法处理，并将处理决定书面通知企业或当事人。

第二十四条 有下列违法违章行为之一的，除责令限期纠正外，可酌情对当事人处以相当于其本人二个月工资以内的罚款；情节严重的，责任企业主管部门给予行政处分或调离原岗位：

（一）拒不自查和拒绝接受劳动、财政、审计部门的监督检查的；

（二）上报劳动工资统计数据弄虚作假的；

（三）在国家有关规定之外，超提、超发工资内、外收入的；

（四）侵害劳动者合法权益的。

第二十五条 对违法违章企业，由劳动、财政、审计部门予以通报批评，并按违纪金额的20%—50%处以罚款。

第二十六条 对违法违章的企业或当事人进行罚款，要使用财政部门统一印制的罚款单，罚没收入一律上缴财政部门。

第二十七条 企业超提的工资内、外收入要依法补交有关税收，并冲减下一年工资内、外收入列支额度。

第七章 附 则

第二十八条 劳动部会同财政部、审计署组成企业工资内、外收入监督检查小组，负责组织对企业工资内、外收入监督检查工作。

第二十九条 本办法由劳动部、财政部、审计署负责解释。

第三十条 本实施办法自颁布之日起执行。

劳动部关于印发《对〈工资支付暂行规定〉有关问题的补充规定》的通知

（1995 年 5 月 12 日　劳部发〔1995〕226 号）

各省、自治区、直辖市及计划单列市劳动（劳动人事）厅(局)，国务院有关部委、直属机构劳动人事司，解放军总后勤部劳动工资局，国家计划单列企业集团：

劳动部“关于印发《工资支付暂行规定》的通知”（劳部发）〔1994〕489 号）发布后，各地区、各部门在贯彻执行中遇到一些具体问题。为此，经研究，我们制定了《对〈工资支付暂行规定〉有关问题的补充规定》，现印发你们，请结合实际情况贯彻执行。

对《工资支付暂行规定》有关问题的补充规定

根据《工资支付暂行规定》（劳部发〔1994〕489 号，以下简称《规定》）确定的原则，现就有关问题作出如下补充规定：

一、《规定》第十一条、第十二条、第十三条所称“按劳动合同规定的标准”，系指劳动合同规定的劳动者本人所在的岗位(职位）相对应的工资标准。

因劳动合同制度尚处于推进的过程中，按上述条款规定执行确有困难的，地方或行业劳动行政部门可在不违反《规定》所确定的总的原则基础上，制定过渡措施。

二、关于加班加点的工资支付问题

1.《规定》第十三条第（一）、（二）、（三）款规定的在符合法定标准工作时间的制度工时以外延长工作时间及安排休息日和法定休假节日工作应支付的工资，是根据加班加点的多少，以劳动合同确定的正常工作时间工资标准的一定倍数所支付的劳动报酬，即凡是安排劳动者在法定工作日延长工作时间或安排在休息日工作而又不能补休的，均应支付给劳动者不低于劳动合同规定的劳动者本人小时或日工资标准150%、200%的工资；安排在法定休假日工作的，应另外支付给劳动者不低于劳动合同规定的劳动者本人小时或日工资标准300%的工资。

2. 关于劳动者日工资折算。由于劳动定额等劳动标准都与制度工时相联系，因此，劳动者日工资可统一按劳动者本人的月工资标准除以每月制度工作天数进行折算。

根据国家关于职工每日工作8小时，每周工作时间为40小时的规定，每月制度工时天数为21.5天，考虑到国家允许施行每周40小时工作制度有困难的企业最迟可以延期到1997年5月1日施行，因此，在过渡期内，实行每周44小时工时制度的企业，其日工资折算可仍按每月制度工作天数23.5天执行。

三、《规定》第十五条中所称“克扣”系指用人单位无正当理由扣减劳动者应得工资（即在劳动者已提供正常劳动的前提下用人单位按劳动合同规定的标准应当支付给劳动者的全部劳动报酬）。不包括以下减发工资的情况：（1）国家的法律、法规中有明确规定的；（2）依法签订的劳动合同中有明确规定的；（3）用人单位依法制定并经职代会批准的厂规、厂纪中有明确规定的；（4）企业工资总额与经济效益相联系，经济效益下浮时，工资必须下浮的（但支付给劳动者工资不得低于当地的最低工资标准）；（5）因劳动者请事假等相应减发工资等。

四、《规定》第十八条所称“无故拖欠”系指用人单位无正当理由超过规定付薪时间未支付劳动者工资。不包括：（1）用人单位遇到非人力所能抗拒的自然灾害、战争等原因，无法按时支付工资；（2）用人单位确因生产经营困难、资金周转受到影响，在征得本单位工会同意后，可暂时延期支付劳动者工资，延期时间的最长限制可由各省、自治区、直辖市劳动行政部门根据各地情况确定。其他情况下拖欠工资均属无故拖欠。

五、关于特殊人员的工资支付问题

1. 劳动者受处分后的工资支付：（1）劳动者受行政处分后仍在原单位工作（如留用察看、降级等）或受刑事处分后重新就业的，应主要由用人单位根据具体情况自主确定其工资报酬；（2）劳动者受刑事处分期间，如收容审查、拘留（羁押）、缓刑、监外执行或劳动教养期间，其待遇按国家有关规定执行。

2. 学徒工、熟练工、大中专毕业生在学徒期、熟练期、见习期、试用期及转正定级后的工资待遇由用人单位自主确定。

3. 新就业复员军人的工资待遇由用人单位自主确定；分配到企业军队转业干部的工资待遇，按国家有关规定执行。

劳动部、国家计委关于对部分行业企业实行工资控制线办法的通知

（1996年6月7日　劳部发〔1996〕198号）

各省、自治区、直辖市及计划单列市劳动（劳动人事）厅（局）、计（计经）委，国务院有关部委、直属机构，国家计划单列企业集团：

为更好地调节工资分配关系，针对当前工资分配工作存在的突出问题，经研究决定，自1996年起国家对部分行业、企业实行工资控制线办法。现就有关问题通知如下：

一、工资控制线办法的内容

工资控制线办法，是对职工工资水平偏高、增长过快的行业、企业采取的一种阶段性从紧调控工资总额增长的具体措施。它的主要内容是：控制职工工资水平偏高、增长过快的行业的工资发放；对部分行业（部门）、企业工资总额发放增长速度实行上限控制；调节行业、企业职工工资水平，逐步协调工资分配关系，缓解分配不公。

二、工资控制线办法的实施对象

1996年，国家暂以上年职工平均工资水平达到全国职工平均工资水平180%以上的国务院各部门（含国务院直属总公司，下同）、国家计划单列企业集团为实施对象。

各地区对地方部门和企业工资控制线的实施对象，由省、自治区、直辖市及计划单列市根据本地区重点行业、企业的具体情况确定。

三、工资控制线的水平

工资控制线的水平，要根据实施对象的职工平均工资与全国职工平均工资的差距、经济效益完成情况等相关因素区别确定，其年度货币工资总额增长速度要低于全国企业货币工资总额计划增长速度。

四、工资控制线的制定

劳动部、国家计委于每年4月底以前，针对国务院所属部门、企业的具体情况，提出并确定年度工资控制线的实施对象及控制线水平。

各省、自治区、直辖市及计划单列市劳动行政部门和计划部门，要依照国家宏观调控的要求，结合本地区重点行业、企业的情况，提出并确定本地区工资控制线的实施对象及控制线水平。

工资控制线的制定过程中，相关部门、企业须据实提供企业职工工资水平、人工成本、经济效益完成情况等有关的资料、数据。

五、工资控制线办法的实施与管理

劳动部、国家计委全面负责工资控制线办法的实施与管理，对地区实施工资控制线办法进行指导和监督。

各省、自治区、直辖市及计划单列市劳动行政部门和计划部门负责本地区各部门和地方企业工资控制线办法的实施与管理，并对本地区范围内实行工资控制线办法的中央企业工资发放情况进行监督。

实施工资控制线办法的国务院有关部门，必须切实加强对所属企业工资分配的宏观调控，在国家确定的工资控制线内，将年度工资总额计划逐级分解落实到所属企业，同时抄送劳动部及企业所在地区的劳动行政部门。其中，实行工效挂钩办法的部门、企业，其工资总额的发放要控制在上级下达的工资总额使用计划内，挂钩提取的工资额大于工资计划额时，大于部分留作工资储备金，用于以丰补歉。

从1996年6月起，实行工资控制线办法的国务院有关部门所属企业的《工资总额使用手册》，由所在地区劳动行政部门按照企业主管部门下达的工资总额计划进行审核签章（在京的全国性公司、国家计划单列企业集团、专业银行总行的《手册》，仍按劳综司函〔1995〕6号的规定，由劳动部审核签章)。

国家通过采用企业自查、劳动行政部门重点检查和由社会中介机构进行审计等方法，对工资控制线的落实情况进行严格的监督检查，对超过工资控制线发放工资的部门、总公司、企业，要按照《国有企业工资内外收入监督检查实施办法》（劳部发〔1995〕218号）的有关规定，视超工资计划情况给予经济处罚或通报批评，并追究当事人的责任。

劳动部办公厅关于印发《外商投资企业工资集体协商的几点意见》的通知

（1997年2月14日　劳办发〔1997〕19号）

各省、自治区、直辖市及计划单列市劳动（劳动人事）厅(局)，国务院有关部委、直属机构，解放军总后勤部生产管理部，新疆生产建设兵团：

为逐步建立与社会主义市场经济体制相适应的劳动关系双方主体的自我调节机制，指导外商投资企业开展工资集体协商工作，保障劳动关系双方的合法权益，促进劳动关系的和谐稳定，我们制定了《外商投资企业工资集体协商的几点意见》，现印发给你们，请结合本地区、本部门的实际情况开展这项工作，执行中的有关情况请及时与我部综合计划与工资司联系。

外商投资企业工资集体协商的几点意见

为了规范外商投资企业的工资集体协商工作，保障外商投资企业及其职工的合法权益，根据《劳动法》及国家有关规定，现对外商投资企业开展工资集体协商提出如下意见：

一、外商投资企业工资集体协商是指外商投资企业工会或职工代表与相应的企业代表，依照国家法律、法规，就企业内部工资分配制度、工资分配形式、工资收入水平及其增长幅度和职工保险福利等问题进行协商并签订集体合同的行为，是企业集体合同制度的重要组成部分。

二、本意见适用于在中国境内已开展工资集体协商的外商投资企业及其职工。

三、外商投资企业开展工资集体协商应具备以下前提条件：

1. 企业工会或半数以上职工提出开展工资集体协商的要求。

2. 企业已正式投产（开业）。

3. 企业具备开展工资集体协商所需的基本数据和资料。

四、外商投资企业开展工资集体协商应按照国家关于企业集体协商、签订集体合同的有关规定进行，并遵循以下原则：

1. 企业内部工资收入分配应遵循“按劳分配”和“同工同酬”的原则；

2. 职工实际工资水平应在本地区和本企业经济发展的基础上适度增长；

3. 在工资集体协商过程中兼顾企业和职工双方的利益；

4. 在双方协商期间，任何一方不得采取过激行为。

五、工资集体协商双方主体资格、协商程序、合同的签订以及报送等按《劳动法》《集体合同规定》等国家有关规定执行。

六、外商投资企业开展工资集体协商时，应着重协商企业职工工资水平的确定和调整；企业内部工资分配制度和工资分配形式；职工奖励办法；加班、加点工资；职工年休假工资；职工保险福利待遇，以及其他由企业职工提出要求协商的与工资有关的问题。

七、外商投资企业开展工资集体协商应参照下列各项指标：

1. 地区、行业、企业的人工成本；

2. 地区、行业职工平均工资水平；

3. 政府发布的工资指导线；

4. 地区城镇居民消费价格指数；

5. 企业职工工资总额和职工平均工资；

6. 企业实现利税；

7. 企业净产值劳动生产率；

8. 国有资产保值增值率；

9. 企业工资利税率；

10. 企业资本收益率。

在协商时，企业协商双方应在不泄露国家机密和商业秘密的前提下，向对方提供有关的情况或资料。

八、集体合同按国家有关法律、法规的规定审核生效后具有法律效力，双方必须依法履行在合同有效期内，任何一方违反合同，必须按照国家有关法律、法规的规定承担违约责任。

九、各地劳动行政部门应适时发布本地区及不同行业工资方面的参考资料和情况，并在外商投资企业集体合同实施后定期进行监督检查，发现问题，及时协调处理。

十、本意见亦适用于中外股份有限公司及其职工。

十一、各地劳动行政部门可根据本意见，结合本地实际情况制定实施办法，并报劳动部备案。

劳动部关于推动企业全面实施新工时制度的通知

（1997年4月24日　劳部发〔1997〕134号）

各省、自治区、直辖市及计划单列市劳动（劳动人事）厅（局）：

1995年3月25日，国务院发布了《国务院关于修改〈国务院关于职工工作时间的规定〉的决定》（国务院令第174号）。该决定规定自1995年5月1日起，在全国职工中实行每日工作8小时、每周工作四十小时的新工时制度。1995年5月1日施行有困难的企业，可以适当延期；但是，最迟应当自1997年5月1日起施行。

两年来，新工时制度实施顺利，增加了就业岗位，推动了企业深化改革，提高了人民生活质量，促进了第三产业的发展，对经济和社会发展产生了积极影响。为了更好地贯彻国务院关于职工工作时间的规定，推动新工时制度的全面贯彻实施，现通知如下：

一、加强新工时制度的宣传力度，使各级领导、企业经营者和广大职工都能正确认识到施行新工时制度的意义，明确实施新工时制度的方法和步骤，自觉地贯彻执行新工时制度。

二、加强分类指导，促使还未实施新工时制度的企业尽快实施。

对缺乏认识，还未实施新工时制度的企业，要限期实施新工时制度；

对受外部环境制约、生产任务无法均衡安排，或受生产特点决定、某段时期需要长时间工作的企业和职工，积极推行综合计算工时工作制和不定时工作制，安排职工集中工作、集中休息或轮休、补休，无法休息的要按《劳动法》的规定支付加班加点报酬；

对极个别确实有困难，1997 年 5 月 1 日还不能实施新工时制度的企业，应按每周工作四十小时的标准支付职工工资及加班加点报酬，同时要制定实施计划和方案，积极创造条件，尽快实施新工时制度。

三、加强监督检查。对强迫职工加班加点，又不支付加班加点报酬的企业，要依据《劳动法》认真查处，以保护职工的合法权益。

请各地劳动部门根据上述安排，结合本地区的实际情况，采取多种措施，推动本地区新工时制度的全面实施。

劳动部办公厅关于卖淫嫖娼人员被收容教育期间工资福利待遇等有关问题的复函

（1997年5月30日　劳办发〔1997〕49号）

江苏省人民政府法制局：

国务院法制局将你局《关于卖淫嫖娼人员被收容教育期间其工作单位对其工资福利等问题应如何处理的请示》（苏府法函字〔1997〕16号）转我部研究处理。经研究，现提出如下处理意见：

关于卖淫嫖娼人员被收容教育期间其工作单位对其工资福利等应如何处理问题。我们认为，如此类人员仍与企业保持劳动关系的，在被收容教育期间，其原享受的工资、奖金、福利费和各类补贴等待遇应停止执行，由企业酌情发给生活费。如收容教育期满回企业后，继续从事原工作的，企业应恢复其原享受的工资、奖金、福利费和各类补贴等待遇；调整工作岗位的，工资、奖金、福利费和各类补贴等待遇由企业重新确定。若此类人员属享受工伤保险待遇的人员，应比照《企业职工工伤保险试行办法》第三十二条规定的“在执行劳动教养期间或者犯罪服刑期间，其工伤保险待遇可以发给”的规定执行。

劳动部、财政部关于调整交通部船员潜水员、航标人员伙食津贴标准的复函

（1997年11月21日　劳部发〔1997〕343号）

交通部：

你部《关于再次请求调整船员、潜水员、航标人员伙食津贴标准的函》（交函人劳〔1997〕259号）收悉。经研究，现函复如下：

一、同意你部远洋船员伙食津贴标准在现行标准总体水平上平均提高22.5%，海江船员、潜水员伙食津贴标准平均提高53%，航标人员的标准水平比照海江船员提高的幅度确定。

二、调整伙食津贴标准所需资金仍在企业成本中列支。已实行工资总额同经济效益挂钩办法的企业，从调整年度起伙食津贴列支额度全部在工资总额基数外单列。

三、调整后的伙食津贴标准从1998年1月1日起执行。企业可根据本单位的经济效益状况分步到位，不能保证上缴财政收入以及没有承受能力的企业暂缓执行。

附件：1. 交通部海江船舶船员伙食津贴标准表

2. 交通部远洋船舶船员伙食津贴标准表

3. 交通部海上救助打捞潜水员营养伙食津贴标准表

4. 交通部海上干线公用航标人员伙食津贴标准表

附件 1

交通部海江船舶船员伙食津贴标准表

单位：美元/人·天

船舶类别	地区（船籍港所在地区）	标　准
（一类）海江运输船舶	南海	16.00
	东海	14.00
	黄海、渤海	14.00
	长江	12.00
	黑龙江	9.00—12.00
（二类）工程船舶（包括：航务航道工程和救助打捞船舶）	南海	11.50
	东海	10.00
	黄海、渤海	10.00
	长江	9.00
	黑龙江	8.00—10.00
（三类）在船上集体起伙和昼夜吃住船上的海江港作船舶（其中包括：海江运输和航务航道工程单位的港内工作船舶）	南海	9.60
	东海、黄海、渤海	8.60
	长江	7.50
	黑龙江	7.00—9.00
（四类）一般海江港作船舶（适用单位同上）	广州	6.70
	上海	6.30
	天津	6.30
	秦皇岛、青岛、大连、镇江	6.30
	哈尔滨、佳木斯、黑河等地	5.70—6.30
	南京	5.20

续表

船舶类别	地区（船籍港所在地区）	标　准
（四类）一般海江港作船舶（适用单位同上）	宜昌、汉口、黄石、沙市	5.20
	重庆、芜湖、安庆、九江	5.20
	万县、泸州	5.20

注：1. 本标准已含夜餐费部分，船员不再执行陆地人员中夜班津贴标准；2. 部属各航务工程单位的潜水员、均按同海区或同航区的运输船员伙食津贴标准执行：属各航道、港口、工厂等单位的潜水员，均按同海区或同航区的工程船舶船员伙食津贴标准执行。

附件 2

交通部远洋船舶船员伙食津贴标准表

单位：美元/人·天

航　　线	标　　准
近洋	4.00
远洋	5.00

附件 3

交通部海上救助打捞潜水员营养伙食津贴标准表

单位：美元/人·天

地区	标　　准
广州地区	26.00
上海地区	23.00
烟台地区	21.00

附件 4

交通部海上干线公用航标人员伙食津贴标准表

单位：美元/人·天

类别	标准		
	北方海区	东海海区	南海海区
一类岛屿	13.00	14.00	15.50
二类岛屿	10.00	11.00	13.00
三类岛屿	8.00	9.00	11.00
四类岛屿	7.00	8.00	10.00

劳动部、财政部关于调整交通部远洋船员航行津贴标准的复函

（1997年11月21日　劳部发〔1997〕344号）

交通部：

你部《关于再次请求提高远洋船员航行津贴标准的涵》（交函人劳〔1997〕260号）收悉。经研究，现函复如下：

一、同意你部远洋船员航行津贴标准在现行标准总体水平上平均提高30%。

二、调整航行津贴标准所需资金在企业成本中列支。已实行工资总额同经济效益挂钩方法的企业，从调整年度起航行津贴列支额度全部在工资总额基数外单列。

三、调整后的航行津贴标准从1998年1月1日起执行。企业可根据本单位经济效益状况分步到位，不能保证上缴财政收入以及没有承受能力的企业暂缓执行。

附件：交通部远洋船员航行津贴标准

附件

交通部远洋船员航行津贴标准表

单位：美元/人·天

等级	职　务	标　准	
		远航线	近航线
一	船长、轮机长	3.90	3.20
二	政委、大副、大管轮、一级电机员、一级报务员、一级船医、客轮事务主任	3.50	2.80
三	副政委、二副、二管轮、二级电机员、二级报务员、二级船医、一级事务员	3.10	2.40
四	政干、三副、三管轮、三级电机员、三级报务员、三级船医、二级事务员、大厨、水手长、冷藏员	2.70	2.10
五	木匠、一水、一级机工、一级电工、大台服务员、驾助、报助、二厨	2.30	1.80
六	二水、二级机工、二级电工、三厨、服务员	2.10	1.40
七	实习、见习、学徒工	1.10	0.80

劳动和社会保障部关于建立劳动力市场工资指导价位制度的通知

（1999年10月25日　劳社部发〔1999〕34号）

各省、自治区、直辖市劳动（劳动和社会保障）厅（局），国务院有关部门劳动保障工作机构：

为了贯彻落实党的十五届四中全会精神，加快建立符合社会主义市场经济要求的企业工资宏观调控体系，现就建立劳动力市场工资指导价位制度通知如下：

一、高度重视建立劳动力市场工资指导价位制度的工作

根据党的十五届四中全会精神，要建立与现代企业制度相适应的企业工资收入分配制度，充分发挥劳动力市场对企业工资分配的基础性调节作用，由企业根据社会平均工资水平和本企业经济效益自主决定工资水平，国家对企业工资水平进行宏观指导和调节。劳动力市场工资指导价位制度就是企业工资宏观调控体系的重要组成部分。

劳动力市场工资指导价位制度主要内容是，劳动保障行政部门按照国家统一规范和制度要求，定期对各类企业中的不同职业（工种）的工资水平进行调查、分析、汇总、加工，形成各类职业（工种）的工资价位，向社会发布，用以指导企业合理确定职工工资水平和工资关系，调节劳动力市场价格。

建立劳动力市场工资指导价位制度有利于政府劳动工资管理部门转变职能由直接的行政管理，转为充分利用劳动力市场价格信号指导企业合理进行工资分配，将市场机制引人企业内部分配，为企业合理确定工资水平和各类人员工资关系，开展工资集体协商提供重要依据；有利于促进劳动力市场形成合理的价格水平，为劳动力供求双方协商确定工资水平提供客观的市场参考标准，减少供求双方的盲目性，提高劳动者求职的成功率和劳动力市场运作的整体效率；有利于引导劳动力的合理、有序流动，调节地区、行业之间的就业结构、使劳动力价格机制与劳动力供求机制紧密结合，构建完整的劳动力市场体系。各级劳动保障部门要充分认识建立劳动力市场工资指导价位制度的重要意义，下大力气把这项工作抓紧抓好。

二、工作目标

总的目标是，建立以中心城市为依托，广泛覆盖各类职业（工种），国家、省（自治区）、市多层次汇总发布的劳动力市场工资指导价位制度，使之成为科学化、规范化、现代化的劳动力市场的有机组成部分。具体目标是：（1）建立规范化的信息采集制度，保证统计调查资料的及时性、准确性；（2）建立科学化的工资指导价位制订方法，保证工资指导价位能真实反映劳动力价格，并体现政府宏观指导意图；（3）建立现代化的信息发布手段，使工资指导价位直接、及时、便捷地服务于企业和劳动者。

各地劳动保障部门要根据劳动力市场“三化”建设和企业工资制度改革的要求，积极推进劳动力市场工资指导价位制度的建立。总的安排是，1999 年在全国 35 个大中城市（不含拉萨）进行，省、自治区还可选择一至二个具备条件的中心城市参加，2000 年扩大到 100 个劳动力市场“三化”建设试点城市，2001 年在全国所有地级以上中心城市全面建立。

三、工作规则

（一）制定工作规划

各省、自治区、直辖市劳动保障部门要根据我部的总体部署，制定本地区建立劳动力市场工资指导价位制度的工作规划，确定本地区工资指导价位制度建设的实施步骤和方案，明确工作职责和工作要求，使劳动力市场工资指导价位制度建设工作规范、有序地进行。工作规划报劳动保障部备案。

（二）按部颁规定进行基础数据的统计调查

数据资料的采集是制度建设的重要基础工作。为了保证统计调查的规范和统一，各地要严格按照《劳动力市场工资指导价位调查和制订方法》（附后，以下简称《工资价位调查方法》）以及我部和国家统计局制定的《企业在岗职工工资调查表》（劳社部函〔1999〕178号）的要求进行统计调查，职业（工种）要按国家的职业分类大典和劳动力市场职业分类与代码确定，使收集的数据资料准确、真实、具有可比性。

（三）统一工资指导价位的制订和发布工作

劳动力市场工资指导价位要在对有关数据资料进行科学的整理和分析的基础上制订，高位数、中位数和低位数必须按照《工资价位调查方法》规定的办法确定，以保证工资指导价位在不同地区之间具有可比性。

工资指导价位应在每年6月底以前发布，每年发布一次。发布采用文件、资料等形式。工资指导价位要在公共职业介绍机构专项公布，有条件的城市，要输入计算机，通过劳动力市场信息网络发布，供企业、劳动者和其他需要者查询。

（四）建立信息反馈渠道

工资指导价位发布后，要利用多种渠道收集市场、企业和劳动者等方面的反映，以对工资指导价位的作用、科学性和代表性等方面进行正确评价，不断修改、完善工资指导价位的调查和分析方法。

四、组织实施和工作要求

劳动保障部统一领导工资指导位制度建设；省、自治区和直辖市劳动（劳动保障）厅（局）负责本地区制度建设，组织和指导所属中心城市开展工作；中心城市负责具体实施。工作要求是：

（一）要将建立劳动力市场工资指导价位制度，作为企业工资分配制度改革的重要内容来抓。各地区要根据企业工资制度改革的进展情况，把工资指导价位与工资指导线、企业内部分配改革等紧密结合，不断完善企业工资宏观调控体系，使工资指导价位真正服务于企业。

（二）要将劳动力市场工资指导价位制度建设工作，作为企业工资制度改革和劳动力市场建设的结合点，作为劳动力市场“三化”建设工作的一个重要内容，统筹安排，使劳动者就业、企业用工和工资分配形成有机的整体。

（三）要充分利用新闻媒介等手段，大力宣传工资指导价位，让企业、职工、求职人员、职业介绍机构等广为了解，切实发挥工资指导价位对企业工资分配和劳动者就业的指导作用。

（四）各中心城市要在发布工资指导价位后10日内，将发布的工资指导价位一式5份报我部劳动工资司备案。35个大中城市还要将发布的工资指导价位和工资价位调查基础数据、资料通过信息网络报我部。

附件：1. 劳动力市场工资指导价位调查和制订方法

2. 企业在岗职工工资调查表

(附件本书略)

劳动和社会保障部办公厅关于最低工资问题的复函

（2001 年 11 月 5 日　劳社厅函〔2001〕241 号）

河南省劳动和社会保障厅：

你厅《关于最低工资问题的请示》（豫劳社函〔2001〕56 号）收悉，经研究现答复如下：

由于我部制定《企业最低工资规定》以及其他有关最低工资方面的规范性文件时，社会保险制度处于改革的初始阶段，因此，在确定最低工资标准的部颁规章未能考虑到职工个人缴纳社会保险费因素。目前，国家法律法规和我部制定的其他规范性文件中，对这方面的内容尚未作出明确规定。

按照建立企业最低工资保障制度的原则，为保障职工基本生活和保证社会保险费征缴工作顺利进行，各地在制定和调整最低工资标准时，应考虑职工个人缴纳社会保险费因素。

劳动和社会保障部关于进一步推进工资集体协商工作的通知

（2005年2月22日　劳社部发〔2005〕5号）

各省、自治区、直辖市劳动和社会保障厅（局）、总工会、企业联合会/企业家协会：

《工资集体协商试行办法》发布后，各地区积极推进工资集体协商工作，目前，全国已有近30万户企业经过工资集体协商，签订了工资专项集体合同，取得了积极成效。为进一步建立适应社会主义市场经济要求的企业工资决定机制，保障劳动关系双方的合法权益，促进企业改革发展稳定，现就进一步推进工资集体协商工作通知如下：

一、提高思想认识，把进一步推进工资集体协商作为当前一项重要任务

推行工资集体协商制度，建立适应社会主义市场经济要求的企业工资决定机制，是贯彻落实党的十六大和十六届三中、四中全会精神，实践“三个代表”重要思想，树立和落实科学发展观的具体体现；是建立稳定和谐的新型劳动关系，构建社会主义和谐社会的重要内容；是建立“市场机制调节、企业自主分配、职工民主参与、国家监控指导”的企业工资分配新机制的关键环节；是建立现代企业制度、理顺企业分配关系的内在要求；是完善平等协商集体合同制度，增强其针对性和实效性的重要途径。加强这项工作，对于维护企业和职工双方的合法权益，促进劳动关系和谐稳定，调动广大职工和企业经营管理者的积极性、创造性，促进企业生产发展和经济效益的提高，实现经济和社会协调发展，都具有十分重要的意义。随着社会主义市场经济的发展，企业分配制度改革步伐加快，企业分配自主权逐步落实，进一步推进工资集体协商工作更为重要和紧迫。各级劳动保障部门、工会和企业联合会/企业家协会，要充分认识新形势下进一步推进工资集体协商工作的重要性和必要性，增强工作的紧迫感和责任感，高度重视并采取切实有效措施，推动工资集体协商工作深入开展。

二、加强组织领导，制定切实可行的工作规划

各省、自治区、直辖市劳动保障部门、工会和企业联合会/企业家协会，要把推进工资集体协商工作摆上重要日程，加强组织领导，从各地实际出发，对本地区推进工资集体协商工作作出具体部署和安排，制定切实可行的工作规划和目标措施，有计划、有步骤地加以推进。

当前，推进工资集体协商工作的重点是在非公有制企业、改制的国有控股企业和集体企业。各地区要积极稳妥推进工作的开展，市场经济比较完善的地区推进的速度可以快一些。尚未开展这项工作的地区，要本着先行试点、以点带面、先易后难的原则，尽快选择生产经营比较正常、管理基础比较扎实、工会工作开展比较好的企业先行试点，在总结试点经验的基础上逐步推开。已经开展这项工作的地区要在总结经验、扩大范围的基础上，不断健全机制，充实内容，完善制度，规范运作，提高工资集体协商的水平，在增强实效性上下功夫，推进这项工作向纵深发展。要重视培育工资集体协商机制，逐步建立企业正常的工资调整制度，并使之制度化、规范化。各地区要在小型企业比较集中或同行业企业相对集中的区域，积极推行区域性行业性工资集体协商，签订区域性或行业性工资集体协议，并由所涵盖企业法定代表人或其委托代理人签字认可。依法签订的区域性行业性工资集体协议，对所辖企业和全体职工具有约束力。企业一级集体合同中工资报酬等标准不得低于区域性行业性工资集体协议的规定。

三、突出重点，妥善处理各方利益分配关系

开展工资集体协商，要突出重点。各地区要根据地区和企业的不同情况，把职工最关心、最现实、最直接的利益问题作为重点，切实解决企业工资分配中的突出问题。工资集体协商的内容可以是全面的，也可以有所侧重。生产经营正常和效益较好的企业，应重点就工资水平、奖金分配、补贴和福利等进行协商，建立正常的工资增长和调整机制，使广大职工共享企业改革发展的成果。生产经营比较困难的企业，可重点就工资支付办法、离岗职工生活费等进行协商，重在建立工资支付保障机制。在企业改制过程中，要重视从理顺内部分配关系入手，协商确定企业工资分配制度和办法。当前，要通过工资集体协商，着力解决部分企业存在的拖欠、克扣职工工资问题，确保职工工资按时足额发放。推行工资集体协商，必须妥善处理好各方利益分配关系；依法保障职工的劳动报酬权益，努力实现互利共赢。要正确处理出资人、经营者与职工之间的关系，企业科技管理人员与一般职工之间的关系，不同层次、不同岗位工种职工之间的关系，持股职工与未持股职工之间的关系，按劳分配与按其他生产要素分配之间的关系，工资分配与企业经济性裁员、再就业安置、保险福利之间的关系等等，努力做到统筹兼顾、科学合理、公平公正。实行岗位工资制度的企业，要把确定和调整岗位工资标准作为协商重点；实行计件工资制的企业，要通过协商合理确定工人的劳动定额和计件单价；实行股份制的企业，要正确处理工资分配、股息红利与劳动分红之间的比例关系，防止利润侵蚀工资或工资分配侵蚀利润；实行经营者年薪制的企业，要根据企业实际情况合理确定企业经营者与职工的工资分配关系，既要充分体现对经营管理者劳动的肯定和激励作用，又要切实保证职工工资收入随经济效益的提高逐步增加。

四、三方密切配合，加强指导和服务

推行工资集体协商工作涉及面广、政策性强。各级劳动保障

部门、工会和企业联合会/企业家协会要密切配合，通力协作，积极稳妥地推进这项工作。要深入进行调查研究，总结典型经验，及时发现和解决存在的问题，制定和采取有效措施，推动工资集体协商工作深入健康发展。

当前，政府劳动保障部门要完善有关法律法规，加强对职工平均工资、企业人工成本、消费价格指数等指标的研究分析，定期发布劳动力市场工资指导价位、工资指导线等相关信息数据，适时调整最低工资标准，为企业开展工资集体协商提供依据。

各级工会要进一步加强基层工会组织建设，尤其要加强非国有企业工会的组建工作，提高工会组建率。充分发挥基层工会的作用，及时了解和掌握职工对工资分配方面的意见和建议，加强有关工资分配理论和政策研究，增强工会干部参与工资集体协商的能力，提高职工群众的参与程度，加强对工资集体协议履行情况的监督，依法维护职工参与工资分配和获得劳动报酬的权益。各级工会要积极倡导职工诚实守信，增强职工的信用意识，提高职工的职业道德。

各级企业联合会/企业家协会要进一步推动基层企业联合会组织建设，提高基层组织组建率。要指导企业经营管理者加强对国家有关法律法规和政策的学习，依法履行企业的社会责任。要加强对企业履行工资集体协议情况的监督，促进企业诚信制度建设，促使企业依法经营，诚实守信。

各地区要充分发挥协调劳动关系三方机制的作用，加强对工资集体协商代表及相关人员的培训，使他们掌握相关的法规政策、经济管理、企业财务知识和工资协商技能等，提高他们自身的道德素质和业务水平。要积极探索建立工资集体协商专业指导队伍，可聘任掌握法律知识和政策，熟悉企业劳动工资和财务管理，有一定协商谈判能力和技巧的专业人士担任指导员，具体指导或参与企业工资集体协商。

要把推行工资集体协商作为依法治企的一项重要内容，加强指导、服务和监督。对无正当理由拒绝工资集体协商或违反工资集体协议的企业，要按照有关法律、法规的规定处理。要加强对职工协商代表的保护，在他们受到不公正待遇或打击报复时，要坚决依法予以纠正和处理。对因工资集体协商发生的争议，要及时引导双方通过法律途径协调处理。要加强对推行工资集体协商工作的宣传，提高企业经营管理者、广大职工和社会各界的认知度和认同感，为这项工作的开展创造良好的社会环境。

劳动和社会保障部办公厅关于进一步贯彻实施最低工资规定的通知

（2005年4月5日　劳社厅函〔2005〕104号）

各省、自治区、直辖市劳动和社会保障厅（局）：

《最低工资规定》发布以来，各地区认真贯彻实施，全国有25个省、自治区、直辖市按照新规定调整了当地最低工资标准，进一步完善了最低工资保障制度。今年各地区要继续认真贯彻实施《最低工资规定》，将其作为维护劳动者合法权益的一项重要工作来抓。现将有关事项通知如下：

一、2004年年底尚未调整当地最低工资标准的地区，要根据本地区经济发展情况，及时调整最低工资标准。特别是自2002年以来未调整最低工资标准的地区，要抓紧研究制定调整方案，原则上都要在今年内调整公布。各地要严格按照《最低工资规定》测算和确定新的最低工资标准，并及时将拟订的方案报送我部。

二、目前尚未发布小时最低工资标准的地区，要抓紧研究制定小时最低工资标准。确定的小时最低工资标准要考虑单位应缴纳的基本养老保险费和基本医疗保险费等因素。

三、各地应在新的最低工资标准发布后10日内，及时将新的最低工资标准报我部备案。

四、各地要加强对《最低工资规定》及当地最低工资标准的宣传，及时在当地主要媒体上公布最低工资标准，让企业、劳动者和公众广为了解。要加强对企业执行最低工资标准的监督检查，对违反《最低工资规定》的行为要依法进行查处，切实维护劳动者合法权益。

人力资源和社会保障部 商务部关于服务外包企业实行特殊工时制度有关问题的通知

（2009年3月29日 人社部发〔2009〕36号）

北京市、天津市、辽宁省、黑龙江省、上海市、江苏省、浙江省、安徽省、金江西省、山东省、湖北省、湖南省、广东省、重庆市、四川省、陕西省人力资源社会保障（劳动保障）厅（局），商务厅（局）：

为积极承接国际服务外包业务，促进我国服务外包产业发展，按照《国务院办公厅有关官促进服务外包产业发展问题的复函》《国办函〔2009〕9号》的要求，现就服务外包企业实行特殊工时制度的有关问题通知如下：

一、在国务院批转的北京、天津、重庆、大连、深圳、广州、武汉、哈尔滨、成都、南京、西安、济南、杭州、合肥、南昌、长沙、大庆、苏州、无锡等20个服务外包示范城市，对符合条件且劳动用工管理规范的技术先进性服务外包企业，确因生产特点无法实行标准工时工作制的部分岗位，经所在地省级人力资源社会保障（劳动保障）部门批准，可以实施特殊工时工作制。其中，对软件设计人员、科技研发人员、中高级管理人员和其他工作无法按照标准工作时间衡量或需机动作业的职工，经批准可以实行不定时工作制；对因工作性质特殊需连续工作的职工和其他适合实行综合计算工时工作制的职工，经批准可以实行综合计算工时工作制。

二、实行特殊工时制度的服务外包企业，应当依法制定具体实施方案，科学安排职工的工作和休息时间，采取集中工作、集中休息、轮休调休、弹性工作时间等适当方式，确保职工的休息休假权利。

三、服务外包企业所在地省级人力资源社会保障（劳动保障）部门要改进对企业实行特殊工时制度的审批办法和程序，提高审批效率。要会同示范城市人力资源社会保障（劳动保障）部门、省市上午主管部门加强对服务外包企业的指导和服务，主动帮助解决实行特殊工时制度中遇到的问题。有关商务主管部门要积极配合人力资源社会保障（劳动保障）部门做好对服务外包企业实施特殊工时制度的管理和服务工作。

四、服务外包企业所在地省级人力资源社会保障（劳动保障）部门要注意了解掌握有关服务外包企业实行特殊工时制度的情况，搞好对实行特殊工时制度的企业、实行不定时工作制和综合计算工时工作时的岗位和职工人数的统计，于每年 1 月和 7 月报人力资源社会保障部备案，同时抄送商务部合同及商务主管部门。工作中遇到问题，及时向人力资源社会保障部报告。

人力资源和社会保障部关于企业工资总额管理有关口径问题的函

（2010年1月23日　人社厅函〔2010〕51号）

上海市人力资源和社会保障局：

你局《关于企业工资总额有关口径的请示》（沪人社综字〔2009〕109号）收悉。经研究，现答复如下：

将企业发放给职工的住房补贴、交通补贴等收入纳入工资管理，有利于加强对企业工资分配的宏观调控，推进职工收入工资化、货币化、透明化。在国有企业工资总额管理工作中，应按照《关于企业加强职工福利费财务管理的通知》（财企〔2009〕242号）的规定，将按月按标准发放或支付给职工的住房补贴、交通补贴或者车改补贴、通讯补贴以及节日补助、按月发放的午餐费补贴等统一纳入职工工资总额管理。实行工效挂钩办法的企业，在与企业经济效益直接挂钩工资总额基数外单列，不作为计提新增效益工资的基数。

山东省企业工资集体协商条例

（2016年11月26日山东省第十二届人民代表大会常务委员会第二十四次会议通过）

第一章 总 则

第一条 为了规范企业工资集体协商，保护职工和企业合法权益，促进劳动关系和谐稳定，根据《中华人民共和国劳动法》《中华人民共和国劳动合同法》《中华人民共和国工会法》等有关法律、行政法规，结合本省实际，制定本条例。

第二条 本省行政区域内的企业工资集体协商及其服务和管理，适用本条例。

第三条 本条例所称企业工资集体协商，是指职工方与企业方依法就企业工资分配制度、工资分配形式、工资收入水平和工资支付办法等事项进行平等协商的行为。

本条例所称工资专项集体合同，是指职工方与企业方依法就前款所列事项，在协商一致的基础上订立的专项书面协议。

第四条 企业应当依法开展工资集体协商。

企业工资集体协商应当遵循合法、平等、公开、诚信原则，兼顾职工和企业双方利益，保障职工实际工资水平与企业劳动生产率、经济效益以及当地经济社会发展水平相适应。

第五条 县级以上人民政府应当制定和完善相关政策，推动企业工资集体协商依法有序进行。

县级以上人民政府人力资源社会保障部门依法对企业工资集体协商进行监督管理。

地方各级总工会、乡镇（街道）工会、产业工会依法对职工方开展工资集体协商进行指导，对工资专项集体合同的履行进行监督。

工商业联合会和企业联合会、行业协会等企业代表组织，应当引导、支持、帮助或者参与企业工资集体协商。

第六条 县级以上人民政府人力资源社会保障部门会同工会和企业代表组织通过协调劳动关系三方机制，研究处理企业工资集体协商的重大问题。

第二章 协商代表

第七条 企业工资集体协商双方的代表人数应当对等，每方至少三名，具体人数由双方协商，并从中确定一名首席协商代表。

职工方协商代表中一线岗位职工的代表比例不低于三分之一。

第八条 职工方首席协商代表由企业工会主席担任；工会主席因故不能履行首席协商代表职责的，由主持工会工作的副主席或者委员担任。职工方其他协商代表由企业工会提名，并提交职工代表大会或者全体职工讨论，经全体职工代表或者全体职工过半数通过。

尚未建立工会的企业，职工方协商代表由上级工会指导职工民主推荐，并经全体职工过半数同意，其首席协商代表从职工方协商代表中民主推举产生。

第九条 企业方首席协商代表由企业法定代表人或者其书面委托的其他管理人员担任，其他协商代表由首席协商代表书面指定。

第十条 双方协商代表不得相互兼任。

工会工作人员不得担任企业方协商代表；企业负责人、出资人及其近亲属不得担任职工方协商代表。

第十一条 协商代表确定后，应当于五日内在本企业公布。

协商代表的任期自确定之日起至工资专项集体合同履行期满

之日止。

第十二条 双方首席协商代表可以书面委托本企业以外的律师、基层法律服务工作者等专业人员作为本方协商顾问。

经双方协商同意，可以引进第三方专业咨询机构参与企业工资集体协商。

第十三条 协商代表应当履行下列职责：

（一）收集、研究与协商有关的情况和资料；

（二）拟定协商议题，如实向对方提供与协商有关的情况和资料；

（三）参加协商，真实反映本方意愿，提出协商意见；

（四）及时向本方通报协商情况并征求意见，接受询问；

（五）代表本方参加工资集体协商争议的解决；

（六）监督工资专项集体合同的履行；

（七）法律、法规规定的其他职责。

首席协商代表除履行前款规定的职责外，还负责工资集体协商的组织协调工作。

第十四条 企业工资集体协商一方需要更换协商代表或者协商代表缺额的，应当依照本条例规定的程序及时产生新的协商代表，并书面通知对方。

第十五条 企业应当为协商代表提供参加工资集体协商所必需的工作条件。协商代表参加工资集体协商以及有关的会议、培训等视为提供正常劳动，其工资、福利待遇不变。企业不得因协商代表依照本条例履行职责与其解除劳动合同。

协商代表履行职责期间劳动合同期满的，劳动合同期限自动延长至任期期满；协商代表不同意自动延长劳动合同期限的，劳动合同终止，其协商代表资格相应终止。

第十六条 协商代表应当共同维护企业的正常生产、工作秩序，保守在工资集体协商过程中知悉的商业秘密，不得采取不正当手段干扰工资集体协商，不得有威胁、收买、欺骗、打击报复行为。

第三章　协商内容

第十七条　企业工资集体协商主要包括下列内容：

（一）工资分配制度、工资标准、工资分配形式和工资支付办法；

（二）职工年度平均工资水平及其调整幅度和调整办法；

（三）本企业最低工资标准；

（四）奖金、津贴、补贴等分配办法；

（五）计时工资、计件单价和劳动定额标准；

（六）试用期，病事假，女职工孕期、产期、哺乳期，以及各种带薪假期间的工资福利待遇；

（七）工资专项集体合同期限和变更、解除、终止条件；

（八）违约责任；

（九）双方认为应当协商的其他事项。

职工方和企业方可以就前款规定的全部或者部分内容进行协商，法律、法规另有规定的除外。

工资专项集体合同期限一般为一年，最长不超过三年。

第十八条　企业工资集体协商应当以下列因素作为协商依据：

（一）地区、行业、企业的人工成本水平；

（二）地区、行业的职工平均工资水平；

（三）政府发布的人力资源市场工资指导价位、工资指导线、最低工资标准；

（四）本地区城镇居民消费价格指数；

（五）企业劳动生产率和经济效益；

（六）企业资产保值增值状况；

（七）上一年度企业职工工资总额和职工平均工资水平；

（八）当地人力资源供求状况；

（九）与工资集体协商有关的其他因素。

第十九条 工资专项集体合同规定的工资、福利待遇，应当符合政府工资分配宏观调控政策，综合考虑本条例第十八条所列因素，根据企业和职工实际情况确定。

工资专项集体合同规定的工资、福利待遇适用于所有与本企业建立劳动关系的职工。

企业和职工个人订立的劳动合同约定的工资、福利待遇，不得低于工资专项集体合同规定的标准。

第二十条 职工方和企业方协商确定的劳动定额标准，应当是本企业百分之九十以上的职工在正常劳动条件下和法定工作时间内能够完成的工作量。

第四章 协商程序

第二十一条 职工方和企业方均可以提出工资集体协商要约。

一方提出工资集体协商要约的，另一方应当自收到要约之日起十日内予以答复，无正当理由不得拒绝进行协商。

要约和答复应当采用书面形式，明确协商的时间、地点、内容等，并对本方主张作出说明。

第二十二条 企业工会提出工资集体协商要约，应当听取本企业职工意见；尚未建立工会的，由上级工会指导职工民主推荐的协商代表提出工资集体协商要约。

企业法定代表人或者其书面委托的其他管理人员，可以向职工方提出工资集体协商要约。

第二十三条 职工方和企业方应当在协商开始十日前向对方提供与协商有关的情况和资料。

企业方应当提供上一年度营业收入、上缴税收、净利润、职工工资总额和职工平均工资、社会保险费用缴纳等情况和资料。

第二十四条 企业工会或者职工方协商代表应当在协商开始

五日前向上一级工会报告。

第二十五条 企业工资集体协商一般采取协商会议的形式。

协商会议由双方首席协商代表轮流主持。首次协商会议由提出要约一方的首席协商代表主持。

第二十六条 双方协商代表应当共同确定一名非协商代表人员担任协商会议记录员。记录员应当如实、客观记录协商过程和结果，保守知悉的商业秘密。

会议记录由参加协商会议的全体协商代表签字确认。

第二十七条 双方协商代表达成一致意见的，应当形成工资专项集体合同草案，并提交职工代表大会或者全体职工讨论，经全体职工代表或者全体职工过半数通过。

工资专项集体合同草案通过后，由企业方制作工资专项集体合同文本，双方首席协商代表签字盖章。工资专项集体合同草案未通过的，双方协商代表应当重新协商修改。

第二十八条 企业工资集体协商的期限为六十日，自接受要约的一方答复同意协商之日起，至双方首席协商代表在工资专项集体合同上签字盖章之日止。

出现不可抗力的情形，可以中止协商。再次协商的时间、地点、内容由双方商定。中止期间不计入协商期限。

第二十九条 企业方应当自工资专项集体合同订立之日起十日内，按照管理权限，将下列资料报送人力资源社会保障部门：

（一）工资集体协商情况说明；

（二）工资专项集体合同文本；

（三）职工代表大会或者全体职工讨论通过工资专项集体合同草案的决议；

（四）双方协商代表名单以及首席协商代表有效身份证件复印件；

（五）企业营业执照复印件。

第三十条 人力资源社会保障部门应当自收到相关资料之日

起十五日内，对工资专项集体合同双方主体及其协商代表资格、协商程序和合同内容进行合法性审查，出具审查意见书，并将其送达协商双方。

人力资源社会保障部门自收到工资专项集体合同文本之日起十五日内，未提出异议的，工资专项集体合同即行生效；提出异议的，双方协商代表对异议部分再行协商并重新报送。

第三十一条 双方协商代表应当自工资专项集体合同生效之日起七日内，向本方全体成员公布合同文本；职工方协商代表还应当将合同文本等相关资料报送上一级工会备案。

企业方应当每年至少向职工代表大会或者全体职工报告一次工资专项集体合同的履行情况。

第五章 行业性区域性工资集体协商

第三十二条 行业集聚或者小企业比较集中的区域，可以就本行业或者本区域的职工工资水平、劳动定额、工资支付办法、工资支付时间等相关事项，开展行业性或者区域性工资集体协商，订立工资专项集体合同。

第三十三条 行业性、区域性工资集体协商的职工方协商代表，由本行业或者本区域内的工会选派，并向本行业或者本区域内参加协商的所有企业职工公示。首席协商代表由工会主席担任。

第三十四条 行业性、区域性工资集体协商的企业方协商代表，由本行业或者本区域内的企业代表组织直接选派，也可以由本行业或者本区域内参加协商的所有企业民主推选产生。首席协商代表由企业方协商代表民主推举产生。

第三十五条 经集体协商形成的行业性、区域性工资专项集体合同草案，应当提交本行业或者本区域内参加协商的各企业职工代表大会或者全体职工讨论，经本企业全体职工代表或者全体职工过半数通过；建立行业或者区域职工代表大会的，也可以提交该职工代表大会讨论，经全体职工代表过半数通过。

本行业或者本区域内参加协商的工会和所有企业，应当对讨论通过的行业性、区域性工资专项集体合同盖章确认。

第三十六条 对依法订立的行业性、区域性工资专项集体合同，协商双方应当分别向本行业或者本区域内所有盖章确认该合同的企业及其职工公布。

生效的行业性、区域性工资专项集体合同对本行业或者本区域内所有盖章确认该合同的企业及其职工具有约束力。

第三十七条 企业工资专项集体合同规定的工资标准，不得低于本企业确认的行业性、区域性工资专项集体合同规定的标准。

第三十八条 行业性、区域性工资专项集体合同的审查和备案程序，适用本条例第四章的有关规定；行业性、区域性工资集体协商的其他程序，本章没有规定的，参照本条例第四章的相关规定执行。

第六章 工资专项集体合同的履行变更解除和终止

第三十九条 职工方和企业方应当按照工资专项集体合同的规定，全面履行各自的义务。

第四十条 在工资专项集体合同期限内，因法律、法规制定或者修改，致使合同内容与之相抵触的，协商双方应当予以变更或者解除；有下列情形之一的，可以变更或者解除：

（一）双方协商一致的；

（二）因不可抗力致使合同部分或者全部不能履行的；

（三）企业因兼并、重组等原因，致使合同无法履行的；

（四）合同规定的变更或者解除条件出现的；

（五）法律、法规规定可以变更或者解除的其他情形。

协商一方提出变更或者解除工资专项集体合同要求的，应当以书面形式说明理由，并提供相关证明材料。

第四十一条 变更工资专项集体合同，应当依照本条例规定的工资集体协商程序办理。

解除工资专项集体合同，应当提交职工代表大会或者全体职工讨论，经全体职工代表或者全体职工过半数通过。企业方协商代表应当自合同解除之日起七日内报送原负责审查的人力资源社会保障部门备案。

职工方协商代表应当将变更或者解除工资专项集体合同的情况，书面报告上一级工会。

第四十二条 有下列情形之一的，工资专项集体合同终止：

（一）合同期满的；

（二）企业被依法宣告破产、吊销营业执照、责令关闭、撤销，或者企业决定解散的；

（三）合同规定的终止条件出现的；

（四）法律、法规规定的其他情形。

第四十三条 除出现本条例第四十条、第四十二条规定的情形外，任何单位和个人不得擅自变更、解除或者终止工资专项集体合同。

第七章　争议处理

第四十四条 企业工资集体协商过程中发生争议，双方应当协商解决；协商不成的，一方或者双方可以向县级以上人民政府人力资源社会保障部门提出协调处理申请。未提出申请的，县级以上人民政府人力资源社会保障部门认为必要，也可以主动协调处理。

受理申请的人力资源社会保障部门应当会同同级工会、企业代表组织等共同协调处理，必要时可以邀请其他相关部门和人员参与。

第四十五条 协调处理工资集体协商争议，应当自受理申请之日或者作出主动协调处理决定之日起三十日内处理完毕。争议复杂需要延期的，经县级以上人民政府人力资源社会保障部门负责人批准，可以延长十五日，并向争议双方书面说明延期理由。

第四十六条 因履行工资专项集体合同发生争议，依照《中华人民共和国劳动争议调解仲裁法》的有关规定予以解决。

第八章 法律责任

第四十七条 企业违反本条例规定，有下列行为之一的，由县级以上人民政府人力资源社会保障部门责令限期改正；逾期未改正的，记入企业诚信档案，并由县级以上人民政府有关部门和单位取消企业、法定代表人或者主要负责人劳动关系领域评优评先资格；情节严重的，本年度不得享受各级人民政府在社会保障领域的奖励和扶持政策：

（一）拒绝或者故意拖延工资集体协商的；

（二）不提供或者不如实向职工方协商代表提供与协商有关情况和资料的；

（三）拒绝为职工方协商代表开展协商提供必要工作条件的；

（四）不履行工资专项集体合同的；

（五）阻碍开展工资集体协商的其他行为。

第四十八条 违反本条例规定，企业因职工方协商代表履行职责而与其解除劳动合同的，由县级以上人民政府人力资源社会保障部门责令企业继续履行劳动合同，并补发劳动合同解除期间应得的劳动报酬；职工方协商代表不要求继续履行劳动合同或者劳动合同已经无法继续履行的，由县级以上人民政府人力资源社会保障部门责令企业依法支付赔偿金。

企业因职工方协商代表履行职责而扣发、降低其工资的，由县级以上人民政府人力资源社会保障部门责令限期支付扣发、降低的工资；逾期未支付的，责令企业依法支付并加付赔偿金。

第四十九条 企业违反本条例规定的，地方各级总工会可以向企业发出劳动法律监督意见书，要求企业改正；拒不改正的，地方各级总工会可以向同级人力资源社会保障部门提出劳动法律监督建议书，人力资源社会保障部门应当依法处理，及时将处理结果书面告知该总工会。

第五十条 职工方协商代表违反本条例规定的，企业工会或者上级工会应当责令改正；拒不改正的，提交职工代表大会或者全体职工讨论，经全体职工代表或者全体职工过半数通过，撤销其协商代表资格。

第五十一条 违反本条例规定，协商代表和记录员披露企业商业秘密，给企业造成损失的，依法承担相应法律责任。

第五十二条 违反本条例规定，企业或者职工采取暴力、威胁等手段干扰工资集体协商，伤害协商代表，或者迫使对方接受其要求，构成违反治安管理行为的，由公安机关依法予以处理；构成犯罪的，依法追究刑事责任。

第五十三条 人力资源社会保障部门或者其他有关部门及其工作人员在工资集体协商指导、协调或者工资专项集体合同审查、监督工作中，滥用职权、玩忽职守、徇私舞弊的，对直接负责的主管人员和其他直接责任人员，由有关主管机关依法给予处分。

第五十四条 违反本条例规定，工会及其工作人员不依法履行职责或者损害职工权益的，对直接负责的主管人员和其他直接责任人员，由有关主管机关或者同级工会责令改正；情节严重的，按照有关规定给予处分。

第九章 附 则

第五十五条 本条例自 2017 年 1 月 1 日起施行。

山东省企业工资支付规定

（2006年7月31日 山东省人民政府令第188号）

第一章 总 则

第一条 为规范企业工资支付行为，维护劳动者依法取得劳动报酬的权利，根据《中华人民共和国劳动法》及有关法律、法规，结合本省实际，制定本规定。

第二条 本省行政区域内的企业工资支付及监督管理，适用本规定。

第三条 企业工资分配应当遵循按劳分配原则，实行同工同酬；企业工资支付应当遵循诚实信用原则，以货币形式按时足额支付。

第四条 县级以上人民政府应当加强对企业工资支付工作的领导，建立工资支付动态监测预警机制，及时解决企业工资支付中的突出问题。

第五条 县级以上人民政府劳动保障行政部门负责本行政区域内企业工资支付的监督管理工作。

财政、国资、建设、经贸、税务、工商行政管理、审计、统计等有关部门按照各自职责，做好企业工资支付相关的监督管理工作。

第六条 工会组织依法对企业的工资支付行为实施监督，有权对企业的违法行为提出改正意见或者向劳动保障行政部门提出处理建议，支持和帮助劳动者维护其合法权益。

第七条 劳动保障行政部门应当建立企业工资支付违法行为的举报处理制度，公开举报电话、信箱或者电子邮件地址等。

第二章　工资确定

第八条　省人民政府根据国家有关规定，结合本省经济社会发展水平和劳动力供求状况，制定本省企业工资宏观调控政策，发布最低工资标准和工资指导线。

设区的市人民政府根据国家和省有关规定，制定和发布本市小时最低工资标准。

县级以上人民政府劳动保障行政部门根据当地的工资水平，定期发布劳动力市场工资指导价位和人工成本监测预警信息。

第九条　企业应当按照国家规定建立工资集体协商制度，与企业工会或者职工代表就企业工资分配制度、工资分配形式、工资收入水平等事项进行平等协商。在协商一致的基础上，经企业职工代表大会或者职工大会审议通过后，签订工资集体协议。

第十条　企业应当根据工资集体协议或者本企业的经济效益和政府发布的企业工资宏观调控政策，通过与劳动者平等协商，签订劳动合同，确定工资支付标准。

劳动合同中约定的工资标准可以根据劳动者所在岗位的变化进行调整和变更，但不得低于工资集体协议中确定的工资标准。

第十一条　企业应当建立正常的工资增长机制，根据本单位的经济效益增长情况，参照当地政府发布的工资指导线、劳动力市场工资指导价位和本地区、行业的职工平均工资水平等因素，逐步增加劳动者工资。

企业应当在政府发布工资指导线30日内，制定落实工资指导线实施方案，并向劳动保障行政部门备案。

第十二条　企业应当按照国家有关规定建立工资分配制度。工资分配制度应当包括下列内容：

（一）工资确定办法；

（二）各岗位的工资分配办法；

（三）工资正常增长办法；

（四）奖金分配办法；

（五）津贴、补贴分配办法；

（六）患病、休假等特殊情况下的工资分配办法。

第十三条 企业因生产经营困难、经济效益下降，确无正常工资支付能力，需要降低工资标准或者按照当地最低工资标准支付劳动者工资的，应当事先征求企业工会或者职工代表的意见，向全体职工说明理由。需要按照当地最低工资标准支付劳动者工资的，应当报劳动保障行政部门备案。

企业生产经营恢复正常后，应当及时提高工资标准。

第三章 工资支付

第十四条 企业应当按照国家和省有关规定，制定工资支付制度。工资支付制度应当包括下列内容：

（一）工资支付项目、标准和形式；

（二）工资支付周期和日期；

（三）加班加点工资的计算标准和支付方式；

（四）患病、假期等特殊情况下的工资计算标准和支付方式；

（五）工资扣除事项；

（六）工资支付的其他事项。

第十五条 企业制定工资分配和工资支付制度，应当征求企业工会和职工代表大会的意见，并向全体劳动者公布。企业工资分配制度和工资支付制度可以按照法定程序进行调整变更。

企业工资分配制度和工资支付制度应当自制定或者变更之日起 30 日内，向劳动保障行政部门备案。

第十六条 企业应当按照劳动合同或者工资集体协议约定的日期足额支付劳动者工资，不得克扣或者拖欠工资。工资支付日期遇到法定节假日或者休息日的，企业应当在节假日或者休息日前最近的工作日支付。

企业应当每月至少支付给劳动者一次工资，但实行年薪制的，可以按照规定的比例和期限定期支付劳动者工资。

对于从事临时性工作的劳动者，工作期间少于1个月的，企业应当在临时工作任务完成时立即支付劳动者工资；工作期间超过1个月的，企业应当按月支付劳动者工资。

第十七条 企业应当以货币形式支付劳动者工资，不得以实物或者有价证券等代替货币支付。

第十八条 企业应当将工资支付给劳动者本人。劳动者委托他人代领的，受委托人应当在代领时提供有委托人签名盖章的委托书。

企业委托银行代发工资的，应当按照劳动合同或者工资集体协议约定的工资支付日期，及时将工资存入劳动者账户。

第十九条 企业应当编制工资支付表，记载工资支付对象姓名、支付时间、支付项目、加班工资、应发金额、扣除项目、实发金额和劳动者签名等事项。

工资支付表应当按照国家会计档案管理的规定至少保存15年的时间备查。

企业应当在支付工资时向劳动者提供工资支付单，工资支付单应当载明工资支付表中的事项。劳动者有权查询本人的工资支付记录，企业应当及时为查询人提供相关资料。

第二十条 企业安排劳动者在法定标准工作时间以外工作的，应当按照下列规定支付加班工资：

（一）在日法定标准工作时间以外延长工作时间的，按照不低于小时工资基数的150%支付加班工资；

（二）在休息日安排工作的，应当安排同等时间的补休；不能安排补休的，按照不低于日或者小时工资基数的200%支付加班工资；

（三）在法定节假日安排工作的，应当按照不低于日或者小时工资基数的300%支付加班工资。

企业应当将加班工资在下一个工资发放日或者之前支付给劳动者。

第二十一条 实行计件工资制的企业，应当依照国家或者行业制定的劳动定额标准，结合本企业实际，经征求企业工会或者职工代表的意见，合理确定劳动定额和计件单价。

劳动者完成计件定额后，企业安排其在法定标准工作时间以外工作的，应当按照本规定第二十条规定，分别按照不低于计件单价的150%、200%、300%支付加班工资。

第二十二条 实行综合计算工时工作制的企业，劳动者综合计算工作时间超过法定标准工作时间的部分，视为延长工作时间，应当根据不同情形，按照本规定第二十条第一项、第三项的规定支付加班工资。

第二十三条 实行不定时工作制的企业，不适用本规定有关加班工资的规定。

第二十四条 劳动者在享受法定年休假、探亲假、婚假、丧假等休假和产假、哺乳假等假期期间，其工资支付按照国家和省有关规定执行。

劳动者请事假的，企业可以不支付其事假期间的工资。

第二十五条 根据本规定第二十条计算加班工资的工资基数和第二十四条第一款计算劳动者休假工资基数，应当按照劳动者上一月份提供正常劳动所得实际工资扣除该月加班工资后的数额确定。劳动者上一月份没有提供正常劳动的，按照向前顺推至其提供正常劳动月份所得实际工资扣除该月加班工资后的数额确定。

第二十六条 劳动者因工负伤或者患职业病的，企业应当按照《工伤保险条例》的规定，支付劳动者停工留薪期间的工资。

劳动者患病或者非因工负伤，在国家规定的医疗期内的，企业应当按照国家和省有关规定支付病假工资或者疾病救济费，病假工资或者疾病救济费不得低于当地最低工资标准的80%。

《中华人民共和国传染病防治法》列为甲类的传染病，以及虽未列为甲类传染病，但按照甲类传染病进行防治的传染病的疑似病人及密切接触者，经隔离观察或者留验排除是病人的，企业应当按照劳动者提供正常劳动时的标准支付其被隔离观察或者留验期间的工资。

第二十七条 劳动者在法定工作时间内参加下列社会活动的，企业应当按照劳动者提供正常劳动支付其工资：

（一）依法行使选举权和被选举权；

（二）出席乡（镇）、县（区）以上政府、党派、工会、共青团、妇联等组织召开的会议；

（三）依法出庭作证；

（四）出席劳动模范、先进工作者大会；

（五）《中华人民共和国工会法》规定的非专职工会主席、副主席、委员参加工会活动；

（六）依法参加的其他社会活动。

第二十八条 劳动者被判处管制、拘役适用缓刑、有期徒刑适用缓刑，或者被假释、监外执行、取保候审期间，企业未与其解除劳动合同，劳动者提供了正常劳动的，企业应当按照国家规定或者劳动合同约定的工资标准支付其工资。

第二十九条 企业依法从劳动者工资中代扣、代缴下列税费：

（一）劳动者应当缴纳的个人所得税；

（二）劳动者应当缴纳的社会保险费；

（三）劳动者应当缴纳的住房公积金；

（四）法院判决、裁定中要求企业代扣的抚养费、赡养费等费用；

（五）法律、法规、规章规定的其他税费。

第三十条 因劳动者原因造成企业经济损失需要赔偿的，企业可以从劳动者工资中扣除，但扣除后的剩余部分不得低于当地月最低工资标准。

第三十一条 非因劳动者原因造成企业停工、停产、歇业，企业未与劳动者解除劳动合同，停工、停产、歇业在一个工资支付周期内的，企业应当视同劳动者提供正常劳动并支付该工资支付周期的工资；超过一个工资支付周期的，企业安排劳动者工作的，按照双方新约定的标准支付工资，但不得低于当地最低工资标准；企业没有安排劳动者工作，劳动者没有到其他单位工作的，应当按照不低于当地最低工资标准的70%支付劳动者基本生活费。国家和省另有规定的，依照其规定执行。

第三十二条 企业因生产经营困难、经济效益下降，无法按时支付工资的，应当向劳动者说明情况，经与企业工会或者职工代表协商一致后，可以延期支付工资，但延期时间最长不得超过30日。

第三十三条 企业与劳动者依法解除、终止劳动合同的，企业应当在解除或者终止劳动合同时一次性支付劳动者应得的工资。

第三十四条 企业破产、终止或者解散的，经依法清算后的财产应当优先用于清偿所欠劳动者工资和社会保险费，法律、法规另有规定的除外。

第三十五条 企业合并或者分立前拖欠劳动者工资的，应当在合并或者分立的同时，一次性支付劳动者应得的工资。

第三十六条 劳动者从事非全日制工作的，工资标准由其与用人方协商约定，但不得低于当地最低小时工资标准。

第四章 监督管理

第三十七条 劳动保障行政部门应当建立健全企业工资支付信息网络，全面收集、分析、处理企业工资支付信息，依法对企业工资支付行为进行监督检查，及时发现和查处企业侵犯劳动者依法取得劳动报酬权利的行为。

第三十八条 劳动保障行政部门应当建立企业工资支付信用制度，将依法查处的发生严重克扣、拖欠劳动者工资和其他严重违反工资支付制度行为的企业记入企业信用档案，并可以在新闻媒体上公布。

第三十九条 劳动者发现企业有下列情形之一的，有权向劳动保障行政部门举报：

（一）克扣或者拖欠工资的；

（二）不支付或者违反规定支付加班工资的；

（三）低于当地最低工资标准支付工资的；

（四）拖欠工资并且转移、隐匿企业资产的；

（五）其他侵犯劳动者权益的情形。

劳动保障行政部门接到有关举报后，应当依法调查处理，将处理结果告知署名举报人，并为举报人保密。

第四十条 建立企业工资支付应急保障制度。

对多次发生工资拖欠的企业设立工资预留账户，由企业预留部分资金存入银行专用账户，用于该企业拖欠工资时支付劳动者工资。国家和省另有规定的，依照其规定执行。

设立工资预留账户的具体办法，由省劳动保障行政部门会同有关部门制定，报省人民政府批准后公布执行。

第四十一条 建设单位、承包企业未按照合同约定支付工程款，造成施工企业拖欠劳动者工资的，劳动保障行政部门可以责令建设单位、承包企业先行垫付劳动者工资。先行垫付的工资数额以未结清的工程款为限。

第四十二条 劳动争议仲裁委员会审理劳动争议案件时，对事实清楚且不及时支付工资会造成劳动者生活困难的，可以部分裁决由企业先予支付劳动者工资。

第四十三条 企业与劳动者因工资支付发生纠纷或者争议的，企业应当负举证责任。

第五章　法律责任

第四十四条　企业违反本规定，克扣、拖欠劳动者工资或者低于当地最低工资标准支付劳动者工资的，依照《劳动保障监察条例》的规定予以处罚。

第四十五条　企业有下列行为之一的，由劳动保障行政部门给予警告，责令限期改正；逾期不改正的，处以 2000 元以上 10000 元以下的罚款：

（一）未按规定将执行最低工资标准的情况向劳动保障行政部门备案的；

（二）未按规定将落实工资指导线实施方案向劳动保障行政部门备案的；

（三）未按规定将工资分配制度和工资支付制度向劳动保障行政部门备案的；

（四）弄虚作假或者隐匿、销毁企业工资支付表和其他应当保存的工资支付资料的。

第四十六条　企业制定的工资分配制度、工资支付制度以及落实工资指导线实施方案违反本规定的，由劳动保障行政部门给予警告，责令限期改正。

第四十七条　对违反本规定的其他行为的处罚，依照有关法律、法规、规章的规定执行。

第四十八条　劳动保障行政部门以及其他有关部门的工作人员不依法履行法定职责，发现违法行为不予查处，或者滥用职权、徇私舞弊的，由其所在单位或者有关机关依法给予行政处分；构成犯罪的，依法追究刑事责任。

第六章　附　则

第四十九条　本规定下列用语的含义是：

工资，是指企业依据国家有关规定和劳动合同、工资集体协议的约定，以货币形式支付给劳动者的劳动报酬。包括计时工资、计件工资、奖金、津贴、补贴和加班等特殊情况下支付的工资。

克扣工资，是指除本规定第二十九条、第三十条规定外，企业扣减劳动者应得工资的行为。

拖欠工资，是指除自然灾害、战争等不可抗力以及本规定第三十二条规定的情形外，企业未按时足额支付劳动者工资的行为。

正常劳动，是指劳动者按照劳动合同的约定，在法定工作时间内从事的劳动。

第五十条 民办非企业单位、个体工商户以及其他经济组织的工资支付与监督管理，参照本规定执行。

第五十一条 本规定自 2006 年 9 月 1 日起施行。

山东省人民政府关于加强企业工资宏观调控健全职工工资正常增长机制的意见

（2007 年 8 月 17 日　鲁政发〔2007〕52 号）

各市人民政府，各县（市、区）人民政府，省政府各部门、各直属机构，各大企业，各高等院校：

近几年来，我省经济社会事业健康发展，职工工资逐年增长，人民生活水平不断提高。但是当前企业工资分配制度不健全、秩序不规范的问题比较突出：少数国有垄断企业工资收入过高、增长过快，企业普通职工与企业经营者工资差距过大；部分企业职工工资没有随经济效益同步增长，工资水平偏低且增长缓慢，有的企业还存在拖欠、克扣职工工资等侵害职工权益问题。全省职工工资总额占 GDP 的份额偏低，与我省经济发展水平不相适应。这种状况影响了部分职工的生活，制约了经济社会又好又快发展，也不利于构建社会主义和谐社会。根据党的十六届六中全会关于完善工资正常增长机制、加强企业工资分配调控和指导的要求，以及《劳动法》、《公司法》、《山东省企业工资支付规定》（省政府令第 188 号令）等法律法规的规定，现就进一步加强企业工资宏观调控、健全企业工资正常增长机制提出以下意见。

一、充分认识加强企业工资宏观调控、健全工资正常增长机制的重要性和必要性

收入分配是民生之源。加强企业工资分配宏观调控，建立健全工资分配基本制度，引导企业在发展生产、提高经济效益的基础上正常、合理、稳定地增加职工工资，是落实中央关于构建和谐社会的总要求和省九次党代会“富民强省”战略思想的重大举措，是坚持以人为本、维护劳动者合法权益、构建和谐社会的根本要求。各级政府要以十六届六中全会和省九次党代会精神为统领，从实践“三个代表”重要思想、落实科学发展观和执政为民的高度，从实现党和国家长治久安和维护人民群众根本利益出发，深刻认识加强企业工资宏观调控、健全工资正常增长机制的重要性和紧迫性，统筹兼顾发展经济和公平分配的关系，加快建立完善兼顾效率和公平的工资确定与正常增长机制。要在发展经济的同时，积极创造条件，促进企业工资适度增长。以公平促发展，以发展促安定，以安定促和谐。企业要充分认识所担负的社会责任，努力促进职工工资与企业效益同步增长，使广大职工能够及时分享企业发展成果。

二、进一步加强企业工资分配的宏观调控，规范企业分配秩序，促进职工工资合理增长

按照“市场机制调节、职工平等参与、企业民主分配、政府监控指导”的原则，建立健全以按劳分配为主体、以工资指导线为依据、以工资集体协商为决定方式，兼顾效率和公平、市场调节与政府调控相结合的企业工资宏观调控体系。逐步健全劳资共决、兼顾并重、调高保低、同工同酬、公平公正的企业工资分配的机制，依法规范企业分配行为，理顺分配关系，引导企业在发展生产和提高经济效益的基础上合理增加职工工资。

（一）改革企业工资形成机制

1. 全面实行工资集体协商制度。各级各类企业都应依据政府发布的工资指导线、劳动力市场工资指导价位等宏观调控政策，结合本企业经济效益，参照本地区经济发展、职工工资水平、行业平均利润率等因素，通过职工代表与企业代表平等协商的方式，依法确定本企业内部工资分配制度、工资分配形式、工资收入水平。逐步改革“工效挂钩”、工资总额包干等行政管理办法，从2008年起劳动保障、财政和国资监管部门不再审核、审批企业“工效挂钩”方案。

开展工资集体协商，要坚持“政府主导、多方协同、企业落实”的原则，广泛发动，积极推动，立足企业，务求实效，达到促进企业劳动关系和谐稳定，实现企业和职工利益互利共赢的目的。劳动保障、工会、企业联合会（企业家协会）等部门和单位要建立工资集体协商专家指导团，培育企业工资集体协商工作人员队伍，加强工作指导和推动。“十一五”期间全省生产经营比较正常的企业都应建立工资集体协商制度。

2. 认真落实企业工资指导线实施方案备案、审核制度。企业应根据《山东省企业工资支付规定》，在当地政府发布工资指导线30日内，通过集体协商的方式制定落实工资指导线实施方案，并向同级劳动保障行政部门备案。劳动保障会同财政、国资部门对企业工资指导线实施方案进行审核，企业按照经备案、审核后的实施方案实际发放的工资（薪金）可据实在成本（费用）中列支，税务部门在征收企业所得税时按规定在税前扣除。

企业相关效益、工资等指标的计算，均以与企业依法签订劳动合同并在劳动保障行政部门登记备案的职工人数为准。

（二）建立健全企业工资正常增长机制

1. 各类企业均应依据政府发布的年度工资指导线，合理安排工资增长幅度。生产经营正常、经济效益有增长的企业，应围绕基准线安排工资增长；经济效益增长较快、工资支付能力较强的企业可在基准线和上线区间内安排工资增长（垄断企业工资增长幅度原则上不得突破基准线）；经济效益和支付能力一般的企业可按下线安排工资增长。企业除因效益下降并履行必要的民主程序后可适当降低工资外，都要保证职工工资适度增长。

2. 建立健全企业工资支付监控制度。从2008年起，政府在发布企业工资指导线实施意见时，按照企业效益每增长1%，职工工资最低增长0.2%—0.5%的比例，同时发布本地区企业工资随经济效益增长的最低增长比例或系数。对当年经济效益增长但职工工资未达到最低增长比例的企业，劳动保障行政部门要向其发出警示信息，对其工资支付进行重点监控。对连续两年被警示的企业，劳动保障行政部门可按《山东省企业工资支付规定》的要求，责令其向指定账户缴纳工资预留金，保证职工工资按时足额发放。对工资水平明显偏低、分配关系严重失衡、企业职工反映强烈的，取消企业及其经营者一切评先评优资格，工商行政管理等部门和金融机构对其信用要进行严格监控，必要时由新闻媒体向社会曝光。

（三）全面落实最低工资保障制度

根据国民经济和社会发展以及职工工资水平增长状况，逐年调整提高最低工资标准，确保低收入职工工资水平随经济发展而提高。要严格规范用人单位执行最低工资的标准、条件和程序，进一步落实执行最低工资申报备案制度，切实加强监督检查。既要严厉查处低于最低工资标准支付劳动者工资的违法行为，又要切实纠正有支付能力的用人单位利用最低工资标准变相压低职工工资的行为。

（四）健全企业劳动标准管理体系

为适应经济成分多元化要求，维护企业劳动关系和谐稳定，加快健全完善“政府主导、行业自律、企业落实、职工监督”的劳动标准管理新格局。

1. 根据国家宏观调控政策，结合我省经济发展、职工工资水平和企业生产经营实际，尽快建立完善统一规范的中夜班津贴、防暑降温补贴和覆盖主要行业、主要岗位（工种）的艰苦岗位津贴等津补贴制度。严格规范企业工时管理制度，认真落实企业加班加点、休息休假等特殊情况下的工资支付政策。

2. 健全完善劳动定额管理制度。国家和省对行业（企业）劳动定额有明确标准的，企业要严格按标准执行。国家和省尚未制定劳动定额标准的，企业应通过集体协商方式合理核定并定期调整本企业劳动定额（计件单价）水平。企业制定的劳动定额

（计件单价）水平不得明显低于本地区同类型企业的平均水平。企业劳动定额（计件单价）制定或调整后，要及时向全体职工公示，并按规定向劳动保障行政部门备案。劳动保障部门应定期发布本地区有关行业、企业的劳动定额（计件单价）信息。

（五）健全完善预防企业拖欠工资的长效机制

认真贯彻《山东省人民政府办公厅关于进一步推进企业解决工资拖欠问题的意见》（鲁政办发〔2007〕2号），确保2007年年底前基本解决国有企业工资历史拖欠问题，并杜绝发生新的拖欠。有困难但基本能够保持正常生产经营的企业，要尽快补发拖欠的工资；企业无力解决的，企业主管（监管）部门要负责依法解决其工资拖欠问题。对解决拖欠工资不力、影响全省工作任务完成甚至引发影响稳定的群体事件的，要严肃追究有关领导和责任人的责任。要认真落实《山东省企业工资支付规定》，建立完善工资支付监控制度、信用评价制度和失信惩戒制度等长效机制。对长期停产、半停产困难企业中符合条件的职工要及时纳入城市低保或失业保险，切实保障他们的基本生活。

三、合理规范国有企业及其负责人收入分配，建立健全激励、约束相结合的分配制度

（一）高度重视国有企业工资分配问题。国有企业工资分配关系到国有企业健康发展，关系到广大职工群众切身利益和改革发展稳定大局，对全社会起着重要的示范、带动作用。深化国有企业工资改革，合理确定国有企业及其负责人收入水平，既要立足企业生产发展实际，有利于调动企业和职工积极性，又要与基本国情、省情相适应。各级政府要从经济社会发展的全局出发，通盘考虑，统筹安排，科学合理地制定国有企业分配机制，进一步建立健全政府监控指导、出资人监管落实的工资管理体制，积极稳妥地推进国有企业工资改革。

（二）进一步健全完善国有企业（含国有控股和相对控股企业以及中央驻鲁企业，下同）分配制度。

1. 根据企业经济效益、同行业平均利润率、本地区经济发展、职工平均工资水平和企业工资指导线、劳动力市场工资指导价位等因素，合理确定国有企业的工资水平。采取有效措施，努力促进国有企业在经济效益提高的基础上逐步提高职工工资水平和福利待遇，发挥国有企业规范分配秩序、尊重劳动、维护职工合法权益的示范带动作用。

2. 适当控制少数国有垄断企业工资水平过高、增长过快。国有企业在岗职工平均工资水平原则上不超过本地区企业在岗职工平均工资的 3 倍（职工平均工资按与本企业签订劳动合同并到劳动保障行政部门登记备案的人数计算，下同）；对当年亏损的国有企业的工资水平和增长要进行严格控制。

3. 合理调节国有企业负责人（指企业经营者及领导班子成员，下同）与职工的分配关系。国有企业负责人收入要与企业效益、规模和职工工资增长幅度挂钩。企业安排年度工资增长时，职工平均工资不增长的，企业负责人工资亦不能增长；企业工资增长达不到工资指导线要求的，要同比例扣减企业负责人收入；企业在岗职工平均工资低于本地区在岗职工平均工资的，企业负责人收入增幅不得高于本企业职工工资增幅；一线职工（除企业中层及中层以上职工）年度工资增长幅度不得低于本企业平均工资增长幅度。

采取切实有力的措施，纠正部分国有企业负责人未经考核自定工资的行为，切实解决部分企业负责人与职工收入差距过大的问题。除经批准实行规范年薪制管理的负责人外，企业负责人年度税前实得工资收入，按不高于本企业在岗职工平均工资 3—6 倍确定。不论实行何种考核管理办法，企业负责人年度收入必须在国资监管机构或按现行规定经核定后兑现。国资监管机构要将企业负责人年度收入核定意见抄送同级政府劳动保障、监察、审计部门备案，并监督企业将其作为厂务公开内容向全体职工公示。除国家另有规定的外，企业负责人不得再在企业领取除年度薪酬方案核定收入以外的其他收入。

企业负责人年度收入要在企业工资总额中单批、单列，不得因此挤占、影响职工工资。按本意见对国有企业负责人与职工工资进行挂钩考核时，职工平均工资计算应剔除企业负责人的收入。

四、强化工作措施，为企业工资正常增长营造良好环境

（一）加强领导，明确职责。各级政府要把促进职工工资增长、提高人民生活水平作为实践执政为民宗旨、关心群众生活的切入点和突破口，列入政府议事日程，加强领导，精心组织实施。从2008年起，要研究制定职工劳动报酬增长与经济发展相联系的考核指标，纳入国民经济和社会发展计划，列入对各级政府及主要负责人的考核内容，层层分解任务，明确责任，确保目标落实。各级劳动保障、发展改革、经贸、财政、税务、国资、审计、监察等部门和工会组织要各司其职，紧密配合，形成合力，为促进企业工资正常增长创造更加宽松的政策环境。要引导企业树立现代薪酬理念，进一步健全企业基本工资制度，进一步提高企业经营者的法律意识、诚信意识和社会责任意识，努力实现企业发展与职工利益的互利共赢。

（二）加强管理，严格执法。认真贯彻执行国家和省关于劳动与工资的若干规定，建立健全工资指导线、最低工资和工资分配（支付）等制度。企业要全面落实按劳分配和同工同酬原则，不得以所谓“全民工”“正式工”“固定工”“临时工”等名义划分职工身份等级，不得因职工性别和就业渠道、用工方式不同而在内部实行“双重管理”“双重待遇”等歧视性的用工分配政策，不得随意或变相降低普通职工的工资收入水平。企业重大工资分配（工资支付）政策和实施方案，均需通过集体协商的方式确定，经企业工会或职工代表大会通过，向全体职工公示，并报同级劳动保障行政部门备案。各级劳动保障部门要认真履行管理职责，会同有关部门切实加强对企业工资分配的调控指导和监督检查，工会组织要依法做好维护职工合法权益工作。加强国有企业工资内外收入监督检查。依法规范企业工资分配行为，维护公平和谐的分配秩序。对恶意拖欠、克扣劳动者工资的企业及其经营者要实行重点监察，必要时要按司法程序办理，情节严重的典型案件要及时通过新闻媒体向社会曝光。

（三）积极探索，改革创新。在国家宏观调控和指导下，引导企业进一步深化企业内部分配制度改革，建立健全与现代企业制度相适应的内部分配制度。鼓励企业建立完善以岗位工资为主的基本工资制度，岗位工资与企业经济效益相联系，职工实际收入与其所在岗位和劳动贡献相联系，内部各类人员的工资待遇和工资关系逐步与劳动力市场工资指导价位接轨。当前，要以建设和谐社区、和谐工业园区、和谐企业等为契机，积极推动工资集体协商，推进企业健全工资分配机制，促进职工工资合理增长。各级劳动保障、工会、企业联合会（企业家协会）组成的劳动关系三方协调机构要深入基层、深入企业和职工家庭，认真听取企业和职工群众的意见和呼声，及时研究解决企业工资分配中的突出问题。省劳动保障厅要会同省国资委等部门，在全省选择10户国有企业和10户非国有企业作为省政府建立健全工资分配和工资支付制度的重点联系单位，定期总结、交流和推广典型经验，以此引导广大企业与时俱进，改革创新，不断探索新经验，完善新机制，深化企业工资分配制度改革。

（四）加大宣传力度，营造良好氛围。要大力宣传《劳动法》、《劳动合同法》、《最低工资规定》、《工资集体协商试行办法》、《山东省企业工资支付规定》等法律、法规和规章，增强企业知法守法的自觉性，提高劳动者依法维权的意识。各级政府、有关部门、工会组织和新闻单位要共同努力，在全社会营造公平公正、诚实信用、和谐发展的良好氛围，引导企业通过深化改革，充分发挥工资分配的激励作用，调动广大职工的生产积极性，为促进我省在新起点上实现富民强省的新跨越做出贡献。

山东省劳动和社会保障厅、省总工会关于实行企业欠薪报告制度的通知

（2003年3月4日　鲁劳社〔2003〕9号）

为了维护劳动者的合法权益，及时掌握企业工资支付情况，杜绝拖欠职工工资等违法行为的发生，推动企业完善信用制度，根据《中华人民共和国劳动法》的有关规定，确定在我省企业实行欠薪报告制度。现将有关事项通知如下：

一、欠薪报告制度

欠薪是指企业超过一个工资支付周期，应当支付而未支付或者未足额支付劳动者劳动报酬的行为。

欠薪报告制度是指企业不能按照国家支付工资的有关规定履行工资支付义务，在欠薪行为发生前，必须向企业工会（尚未成立工会组织的向职工推选的代表或职工大会）、企业主管部门、同级劳动和社会保障行政部门、工会组织报告的制度。欠薪未还清前，应当每月报告一次。

二、实施范围

本省行政区域内各种类型企业均实行欠薪报告制度。

三、欠薪报告内容

1. 企业拖欠职工工资的原因、时间、金额、涉及的职工人数；

2. 企业目前的生产经营和财务状况以及企业工会（职工代表、职工大会）对欠薪的意见；

3. 企业偿还拖欠工资的计划，签订的偿还协议和履行协议的保证措施。

四、欠薪报告的报告程序

1. 企业不能按时足额发放工资的，应当于下一个工资支付日 10 天前，向本企业工会（职工代表、职工大会）报告。

2. 企业与本企业工会（职工代表、职工大会）在 5 日内进行平等协商，确定偿还职工工资的时间、进度计划，签订书面协议，并立即报告企业主管部门。

3. 企业主管部门接到报告后 5 日内，应当对该欠薪企业生产经营、财务状况的真实性和偿还计划、措施的可行性进行调查核实，提出处理意见，向同级劳动和社会保障行政部门、工会组织报告。无主管部门的企业，5 日内直接报同级劳动和社会保障行政部门、工会组织。

五、企业欠薪拒不报告，或不执行国家工资支付规定的，由同级劳动和社会保障行政部门按照国家和省有关规定依法查处。

六、本通知自发布之日起施行。

附件：企业欠薪报告单

（附件本书略）

山东省劳动和社会保障厅等部门关于全面落实企业工资指导线制度的通知

（2005年10月31日　鲁劳社〔2005〕49号）

各市劳动保障局、财政局、国家税务局、地方税务局，省直有关部门，中央驻鲁单位，有关企业：

根据《劳动法》“工资水平在经济发展的基础上逐步提高，国家对工资总量实行宏观调控”的规定和《山东省人民政府关于发布2005年企业工资指导线的通知》（鲁政字〔2005〕192号）要求，为进一步加强企业工资分配宏观调控，建立健全企业职工收入随经济效益提高正常增长机制，促进经济社会健康发展，现就全面落实企业工资指导线制度提出以下意见，请遵照执行。

一、工资指导线制度的实施范围。根据国家有关规定，我省行政区域内的所有企业，均应纳入工资指导线的调控范围。经国家劳动保障部同意，中央驻鲁企业从今年起，执行我省工资指导线的规定。

与企业建立劳动关系的各类人员，均应列入执行工资指导线的范围。

二、科学合理地制定实施方案。企业要根据政府发布的年度工资指导线要求，结合企业实际，制定贯彻工资指导线的具体实施方案。主要内容是：（一）企业基本情况。包括生产经营状况、在岗职工人数和近两年工资发放等情况；（二）经济效益状况。包括实现利润（利税）、劳动生产率、资本保值增值等效益指标完成情况；（三）落实工资指导线的初步意见。包括拟增资幅度、人均增资水平、各类人员的工资关系以及履行民主程序等情况。

企业在制定实施方案时，须同时填报《企业执行工资指导线情况审核表》（附件1），并附以下材料：（一）上年度企业工效挂钩（工资总额）批复方案；（二）经社会中介机构审计的前两年度资产审计报告；（三）前两年度劳动工资年报、财务会计报告（资产负债表、损益表）；（四）上年度企业所得税纳税申报表主表、副表；（五）上年度企业社会保险费缴费证明；（六）企业主管（监管）部门对工资指导线的审核意见。

企业制定的实施方案和内部分配办法，应当遵循国家法律法规和宏观调控政策，体现按劳分配和同工同酬原则，不得规定歧视性的条款和内容。要充分发挥职工民主参与分配的积极性，提高透明度。具备条件的企业，都要通过集体协商的方式确定年度工资分配意见。所有企业的工资指导线实施方案，均需经职工大会或职工代表大会讨论通过。

三、认真履行报批程序。国有（国有控股）企业和集体企业的实施方案，有主管（监管）部门的，经主管（监管）部门审核同意后，报同级劳动保障、财政部门核准；无主管（监管）部门的径报同级劳动保障、财政部门核准；中央驻鲁企业径报省劳动保障厅核准。其他各类企业报同级劳动保障行政部门备案。

四、建立健全相关工作制度。各级劳动保障、财政和税务部门要进一步建立健全工作制度，搞好政策衔接，紧密配合，各司其职，共同做好工资指导线制度的落实工作。劳动保障部门要认真审核企业工资指导线实施方案，将审核意见及时函复企业（附件2），并抄送同级财政、税务部门。按照劳动保障行政部门工效挂钩政策和工资指导线规定，实行工资指导线的企业进行年度企业所得税纳税申报时，应附报行使出资者职责的有关部门制定或批准的工效挂钩方案和劳动保障部门批准的工资指导线方案，并按“两个低于”和实际发放原则，对工资申报税前扣除。

所有实行工资指导线的企业经核准发放的工资，作为征缴社会保险费的重要依据。

企业要按规定制定、报送工资指导线方案，并于接到劳动保障行政部门函复意见书后 7 日内，将函复同意的企业工资指导线实施方案向企业全体职工公示。职工对工资指导线方案有重大异议的，要暂停执行并及时报告劳动保障行政部门。

五、切实加强监督检查。各级劳动保障行政部门要从维护劳动者合法权益、维护劳动关系和谐稳定的大局出发，将企业贯彻执行工资指导线情况作为劳动保障监督检查的重要内容。要将各类非公有制企业作为重点，认真检查企业工资指导线方案的制定、核准（备案）、落实等各个环节的执行情况。各级政府国有企业工资内外收入监督检查机构要将垄断企业和不按规定执行工资指导线政策的国有（国有控股）企业，列入重点检查范围。依据《劳动保障监察条例》《企业工资支付暂行规定》《国有企业工资内外收入监督检查实施办法》《山东省企业工资管理暂行规定》等规定，对企业违法违规违纪行为认真予以纠正，对损害劳动者合法劳动报酬权益、显失公平特别是恶意拖欠、克扣劳动者工资的行为，依法严肃处罚。

六、其他。今年需核准的省属（省管）、中央属企业，于 11 月底前将方案报送省劳动保障厅，由省劳动保障厅会同省财政厅核准；需备案的企业，于 12 月底前将方案报送省劳动保障厅。以后年度报送时间另行通知。各市企业具体报送时间由各市确定。各市应根据本通知制定具体实施意见，于年底前报省劳动保障厅、财政厅、国家税务局、地方税务局。

附件：1. 企业执行工资指导线情况审核表

2. 关于企业工资指导线方案核准（备案）的复函

（附件本书略）

山东省劳动和社会保障厅
关于进一步健全企业工资分配三项基本管理制度的通知

（2006年9月28日　鲁劳社〔2006〕52号）

各市劳动保障局，省直有关部门，有关企业：

根据《山东省企业工资支付规定》（省政府188号令）、《山东省人民政府关于发布2006年企业工资指导线的通知》（鲁政字〔2006〕215号）、《关于全面落实企业工资指导线制度的通知》（鲁劳社〔2005〕49号）精神，为进一步加强企业工资宏观调控，促进企业健全完善工资分配基本制度，规范企业分配秩序，现就进一步健全企业工资指导线、最低工资标准和工资分配（工资支付）制度等三项基本管理制度（以下简称“三项制度”）通知如下，请认真遵照执行。

一、“三项制度”是涉及企业工资确定、工资支付、工资调整各个环节的基本制度。进一步建立健全企业工资分配“三项制度”，是新时期完善企业基本工资制度的重要基础，是维护劳动者合法劳动报酬权益的基本要求，也是劳动保障行政部门依法行政、做好企业工资支付监督管理工作的主要内容。本省行政区域内的各级各类企业，均应按照国家和省劳动工资法规政策规定，从健全完善企业内部分配规章制度入手，认真落实“三项制度”，不断提升管理水平，使之不断正常化、制度化、规范化。

二、企业应按照《山东省企业工资支付规定》建立“三项制度”备案制度。省属、中央属企业以及与之合资、合作企业和外省、驻鲁部队企业“三项制度”统一向省劳动保障厅备案。市、县属企业以及无隶属关系的民营、私营等企业“三项制度”的备案程序由各市劳动保障局确定。

有主管（监管）部门的企业在向劳动保障行政部门备案以前，应先征得主管（监管）部门同意。

三、企业“三项制度”报送备案的要求：

（一）企业贯彻工资指导线实施方案，在当地政府发布工资指导线30日内报送。实施方案制定、报送的基本要求、内容和程序等按鲁劳社〔2005〕49号文件规定执行。

（二）企业工资分配（工资支付）制度，在企业制定或变更后30日内报送。

（三）企业执行最低工资标准情况。企业确需按最低工资标准支付劳动者工资的，应事先报送备案。报送备案的内容包括：企业基本情况（生产经营、工资发放等状况）、执行最低工资标准的原因（效益、资金等状况）、拟执行最低工资标准的起止时间、履行民主程序情况等。

企业“三项制度”均须以正式公文报送备案。

四、各级劳动保障行政部门要依据《山东省企业工资支付规定》等有关规定，认真审核企业报送的“三项制度”方案，发现问题及时予以纠正。要切实加强监督检查，对不按规定进行“三项制度”备案的企业，依照《劳动保障监察条例》《山东省企业工资支付规定》进行处理。

五、各级劳动保障部门要切实转变职能，认真做好企业工资分配的指导、服务和监督检查。要一手抓管理，一手抓服务，并切实寓管理于服务当中。要正确处理政府必要的调控和企业自主分配的关系，运用科学得当的方式方法，合理把握调控的分寸和力度，把工作重心放到指导、监督企业完善工资分配基本制度、健全民主管理程序、维护劳动者合法权益上来。

各级劳动保障部门、有关部门和企业要进一步提高认识，把健全企业工资“三项制度”作为加强工资宏观调控、完善企业基本工资制度、促进劳动关系和谐稳定和企业长远发展的总抓手，加强协调、配合，共同努力，把“三项制度”管理工作落到实处。

六、本通知自发布之日起执行。省属、中央属企业及其他应向我厅备案的企业，请于今年10月底前将“三项制度”报送我厅备案，其中企业工资分配（工资支付）制度应同时附报电子版。

山东省劳动和社会保障厅等部门转发劳动保障部等部门《关于调整煤矿井下艰苦岗位津贴有关工作的通知》的通知

（2006年12月15日　鲁劳社〔2006〕70号）

各市劳动保障局、发展改革委、财政局，省直有关部门，省属各煤炭企业：

现将劳动保障部、国家发展改革委、财政部《关于调整煤矿井下艰苦岗位津贴有关工作的通知》（劳社部发〔2006〕24号）转发给你们，并结合我省实际提出如下意见，请遵照执行。

一、我省煤矿井下艰苦岗位津贴的执行范围、资金来源和使用方法按劳社部发〔2006〕24号文件规定执行。

二、我省煤矿井下艰苦岗位津贴包括：井下津贴、班中餐补贴和夜班津贴。标准如下：

（一）井下津贴

1. 井下采掘工：25元—30元/工；

2. 井下辅助工：15元—20元/工；

3. 安检人员、基层干部、技术人员及管理人员的井下津贴标准参照井下辅助工标准执行。

（二）班中餐补贴：6元—10元/工。

企业要将班中餐补贴直接用于井下作业职工的伙食，不得挪作他用，也不得以现金支付给职工个人。

（三）夜班津贴

1. 前夜班：8 元—10 元/工；

2. 后夜班：10 元—12 元/工。

三、各煤炭企业在上述区间内确定井下艰苦岗位津贴的具体执行标准，并报同级劳动保障、发展改革、财政部门备案。企业要认真执行国家关于井下艰苦岗位津贴的政策规定，切实落实井下人员的相关待遇。实行吨煤工资含量计件制的企业，应结合职工出勤情况，在吨煤工资以外将井下艰苦岗位津贴直接发放到职工个人。

四、企业要结合提高井下艰苦岗位津贴，适当提高井下职工的收入水平，使工资分配向井下一线职工倾斜，形成合理的井下人员与地面人员的工资收入分配关系。各类煤炭企业要在提高井下艰苦岗位津贴的同时，积极改善劳动条件和劳动环境，切实保证职工的身体健康。

五、各市、省直有关部门应将本通知及时转发各煤矿企业，并抄报省劳动保障厅、省发展改革委、省财政厅。

六、我省调整煤矿井下艰苦岗位津贴从 2007 年 1 月 1 日起正式实施。

附件：劳动和社会保障部等 3 部门关于调整煤矿井下艰苦岗位津贴有关工作的通知（劳社部发〔2006〕24 号）

劳动和社会保障部等部门关于调整煤矿井下艰苦岗位津贴有关工作的通知

各省、自治区、直辖市劳动和社会保障厅（局）、发展改革委、财政厅（局）：

为贯彻落实《国务院关于促进煤炭工业健康发展的若干意见》（国发〔2005〕18 号）的精神，提高煤矿工人的工资收入，稳定煤矿职工队伍，促进煤炭行业持续稳定健康发展，现就调整煤矿井下工人岗位津贴有关工作通知如下：

一、煤矿井下艰苦岗位津贴的执行范围

井下艰苦岗位津贴适用于各类煤炭企业的井下作业职工，不包括露天煤矿职工。具体发放范围为：井下采掘工人、辅助工人、安检人员及下井工作且编制在井下采掘、辅助队的基层干部、技术人员和管理人员。

二、煤矿井下艰苦岗位津贴的种类及标准

井下艰苦岗位津贴包括：井下津贴、班中餐补贴和夜班津贴。

（一）井下津贴

1. 井下采掘工：15元—30元/工；

2. 井下辅助工：10元—20元/工。

3. 安检人员、基层干部、技术人员及管理人员的井下津贴标准按井下辅助工标准执行。

（二）班中餐补贴：6元—10元/工。

班中餐补贴由企业集中用于井下作业职工的伙食，不得挪作他用，也不得直接支付给职工个人。

（三）夜班津贴

1. 前夜班：6元—10元/工；

2. 后夜班：8元—12元/工。

三、调整煤矿井下艰苦岗位津贴的资金来源

调整井下艰苦岗位津贴所需资金可在企业成本中列支。实行工资总额同经济效益挂钩的企业，调整津贴标准增加的工资在挂钩工资基数外单列。

四、煤矿井下艰苦岗位津贴的实施

各类煤炭企业要认真执行国家关于井下艰苦岗位津贴的有关规定，切实落实井下人员的相关待遇。企业发放的井下艰苦岗位津贴不得低于各地确定的标准。实行吨煤工资含量计件制的企业，应结合职工出勤情况，在吨煤工资以外发放井下艰苦岗位津贴。企业要结合提高井下艰苦岗位津贴，采取多种措施，提高井下职工的收入水平，使工资分配向井下一线职工倾斜，形成合理的井下人员与地面人员的工资收入分配关系。

各类煤炭企业要在提高井下艰苦岗位津贴的同时，积极改善劳动条件和劳动环境，切实保证职工的身体健康。

五、有关工作要求

各省、自治区、直辖市应在上述标准区间内，综合考虑井下劳动强度、工作时间、煤层的赋存条件以及水、火、瓦斯等自然灾害和粉尘、温度、湿度、噪声等作业环境，合理确定本地区煤矿井下艰苦岗位津贴的具体标准，在2个月内提出本地区调整煤矿井下艰苦岗位津贴标准的具体意见，并分别报送劳动保障部、发展改革委、财政部备案。

山东省劳动和社会保障厅关于转发劳动保障部《关于职工全年月平均工作时间和工资折算问题的通知》的通知

（2008 年 1 月 23 日　鲁劳社〔2008〕7 号）

各市劳动保障局，省直有关部门：

现将劳动保障部《关于职工全年月平均工作时间和工资折算问题的通知》（劳社部发〔2008〕3 号）转发给你们，请按照执行。

关于职工全年月平均工作时间和工资折算问题的通知

各省、自治区、直辖市劳动和社会保障厅（局）：

根据《全国年节及纪念日放假办法》（国务院令第 513 号）的规定，全体公民的节日假期由原来的 10 天增设为 11 天。据此，职工全年月平均制度工作天数和工资折算办法分别调整如下：

一、制度工作时间的计算

年工作日：365 天-104 天（休息日）-11 天（法定节假日）= 250 天

季工作日：250 天÷4 季 = 62.5 天/季

月工作日：250 天÷12 月 = 20.83 天/月

工作小时数的计算：以月、季、年的工作日乘以每日的 8 小时。

二、日工资、小时工资的折算

按照《劳动法》第五十一条的规定，法定节假日用人单位应当依法支付工资，即折算日工资、小时工资时不剔除国家规定的11天法定节假日。据此，日工资、小时工资的折算为：

日工资：月工资收入÷月计薪天数

小时工资：月工资收入÷（月计薪天数×8小时）。

月计薪天数=（365天-104天）÷12月=21.75天

三、2000年3月17日劳动保障部发布的《关于职工全年月平均工作时间和工资折算问题的通知》（劳社部发〔2000〕8号）同时废止。

山东省人力资源和社会保障厅等部门关于印发《山东省省管企业负责人薪酬管理监督检查办法（试行）》的通知

（2016年5月20日　鲁人社发〔2016〕18号）

省直有关部门、单位，各大企业：

《山东省省管企业负责人薪酬管理监督检查办法（试行）》已经省深化国有企业负责人薪酬制度改革工作领导小组审核同意，现印发给你们，请结合实际认真贯彻执行。

山东省省管企业负责人薪酬管理监督检查办法（试行）

第一条　为规范省管企业负责人薪酬管理，根据中央有关文件精神和《山东省省管企业负责人薪酬制度改革实施方案》等规定，制定本办法。

第二条　本办法所称省管企业负责人是指由省委管理和省委委托管理的企业领导班子成员。

第三条　省人力资源社会保障厅会同省委组织部、省委宣传部、省发展改革委、省经济和信息化委、省财政厅、省审计厅、省国资委等部门（以下简称“监督检查部门”）对省管企业负责人薪酬管理进行监督检查。

第四条　省委宣传部、省财政厅、省国资委和其他有关业务主管部门（以下简称“薪酬审核部门”）按照职责分工负责省管企业负责人的业绩考核和薪酬水平审核。

第五条 省管企业负责人所在企业（以下简称“省管企业”）具体负责省管企业负责人薪酬管理。省管企业应当依法健全完善企业负责人薪酬管理办法，建立健全内部财务、审计等制度，按照薪酬审核部门核定的薪酬方案支付省管企业负责人薪酬。

省管企业财务或人力资源等部门负责按年度汇总省管企业负责人薪酬支付、福利待遇情况明细表，报省管企业负责人本人签字确认。

第六条 省管企业应当建立健全企业内部监督制度和薪酬信息公开制度，接受企业职工监督和社会公众监督。

第七条 省管企业应每年对上年度省管企业负责人薪酬管理情况进行自查，并于 3 月 1 日前将自查情况书面报送薪酬审核部门。

第八条 薪酬审核部门应对省管企业的年度自查情况进行抽查或者复查，并将抽查、复查结果连同省管企业的自查情况，于 4 月底前报送省人力资源社会保障厅备案。

第九条 监督检查部门可以通过监事会和财务总监的日常监督检查以及经济责任审计、财务决算审计等形式，对省管企业负责人薪酬支付、福利性待遇等情况进行监督检查。

监督检查部门可以委托具备条件的会计师事务所等社会中介机构，对省管企业负责人薪酬管理进行专项审计。监督检查部门根据工作需要，对省管企业负责人薪酬管理进行专项检查。

第十条 省管企业负责人薪酬管理监督检查包括以下内容：

（一）省管企业负责人薪酬管理制度的制定和落实情况；

（二）省管企业负责人薪酬支付情况；

（三）省管企业负责人福利待遇情况；

（四）省管企业负责人薪酬制度、薪酬水平、补充保险等纳入厂务（司务）公开、接受职工监督情况；

（五）省管企业负责人薪酬信息向社会披露情况；

（六）公司制省管企业股东会、董事会、监事会对省管企业负责人薪酬分配的监督情况等。

第十一条 监督检查部门实施监督检查，可以采取下列调查、检查措施：

（一）进入省管企业工作场所进行检查；

（二）就调查、检查事项询问有关人员；

（三）要求省管企业和省管企业负责人提供薪酬管理、财务会计等相关文件资料，并作出解释和说明；

（四）采取记录、录音、录像、照相或者复印等方式收集有关情况和资料；

（五）法律、法规规定的其他调查、检查措施。

第十二条 监督检查部门对于监督检查中发现的问题，应当提出处理建议，省管企业和省管企业负责人应当及时改正。

第十三条 省管企业负责人存在违反规定自定薪酬、兼职取酬、享受福利性待遇等行为的，移送纪检监察、组织人事等部门依照有关规定给予纪律处分、组织处理，并追回违规所得。

第十四条 省人力资源社会保障厅每年定期汇总监督检查情况，并报送省深化国有企业负责人薪酬制度改革工作领导小组。

第十五条 省直有关部门（单位）管理企业负责人薪酬管理的监督检查，参照本办法执行。

第十六条 本办法自发布之日起执行。

（二）福利

国务院关于职工工作时间的规定

（根据1995年3月25日国务院令第174号《国务院关于修改〈国务院关于职工工作时间的规定〉的决定》修订）

第一条 为了合理安排职工的工作和休息时间，维护职工的休息权利，调动职工的积极性，促进社会主义现代化建设事业的发展，根据宪法有关规定，制定本规定。

第二条 本规定适用于在中华人民共和国境内的国家机关、社会团体、企业事业单位以及其他组织的职工。

第三条 职工每日工作8小时、每周工作40小时。

第四条 在特殊条件下从事劳动和有特殊情况，需要适当缩短工作时间的，按照国家有关规定执行。

第五条 因工作性质或者生产特点的限制，不能实行每日工作8小时、每周工作40小时标准工时制度的，按照国家有关规定，可以实行其他工作和休息办法。

第六条 任何单位和个人不得擅自延长职工工作时间。因特殊情况和紧急任务确需延长工作时间的，按照国家有关规定执行。

第七条 国家机关、事业单位实行统一的工作时间，星期六和星期日为周休息日。

企业和不能实行前款规定的统一工作时间的事业单位，可以根据实际情况灵活安排周休息日。

第八条 本规定由劳动部、人事部负责解释；实施办法由劳动部、人事部制定。

第九条 本规定自1995年5月1日起施行。1995年5月1

日施行有困难的企业、事业单位，可以适当延期；但是，事业单位最迟应当自1996年1月1日起施行，企业最迟应当自1997年5月1日起施行。

职工带薪年休假条例

（2007 年 12 月 14 日　国务院令第 514 号）

第一条　为了维护职工休息休假权利，调动职工工作积极性，根据劳动法和公务员法，制定本条例。

第二条　机关、团体、企业、事业单位、民办非企业单位、有雇工的个体工商户等单位的职工连续工作 1 年以上的，享受带薪年休假（以下简称年休假）。单位应当保证职工享受年休假。职工在年休假期间享受与正常工作期间相同的工资收入。

第三条　职工累计工作已满 1 年不满 10 年的，年休假 5 天；已满 10 年不满 20 年的，年休假 10 天；已满 20 年的，年休假 15 天。

国家法定休假日、休息日不计入年休假的假期。

第四条　职工有下列情形之一的，不享受当年的年休假：

（一）职工依法享受寒暑假，其休假天数多于年休假天数的；

（二）职工请事假累计 20 天以上且单位按照规定不扣工资的；

（三）累计工作满 1 年不满 10 年的职工，请病假累计 2 个月以上的；

（四）累计工作满 10 年不满 20 年的职工，请病假累计 3 个月以上的；

（五）累计工作满 20 年以上的职工，请病假累计 4 个月以上的。

第五条　单位根据生产、工作的具体情况，并考虑职工本人意愿，统筹安排职工年休假。

年休假在1个年度内可以集中安排，也可以分段安排，一般不跨年度安排。单位因生产、工作特点确有必要跨年度安排职工年休假的，可以跨1个年度安排。

单位确因工作需要不能安排职工休年休假的，经职工本人同意，可以不安排职工休年休假。对职工应休未休的年休假天数，单位应当按照该职工日工资收入的300%支付年休假工资报酬。

第六条 县级以上地方人民政府人事部门、劳动保障部门应当依据职权对单位执行本条例的情况主动进行监督检查。

工会组织依法维护职工的年休假权利。

第七条 单位不安排职工休年休假又不依照本条例规定给予年休假工资报酬的，由县级以上地方人民政府人事部门或者劳动保障部门依据职权责令限期改正；对逾期不改正的，除责令该单位支付年休假工资报酬外，单位还应当按照年休假工资报酬的数额向职工加付赔偿金；对拒不支付年休假工资报酬、赔偿金的，属于公务员和参照公务员法管理的人员所在单位的，对直接负责的主管人员以及其他直接责任人员依法给予处分；属于其他单位的，由劳动保障部门、人事部门或者职工申请人民法院强制执行。

第八条 职工与单位因年休假发生的争议，依照国家有关法律、行政法规的规定处理。

第九条 国务院人事部门、国务院劳动保障部门依据职权，分别制定本条例的实施办法。

第十条 本条例自2008年1月1日起施行。

全国年节及纪念日放假办法

（1949年12月23日政务院发布，根据1999年9月18日《国务院关于修改〈全国年节及纪念日放假办法〉的决定》第一次修订，根据2007年12月14日《国务院关于修改〈全国年节及纪念日放假办法〉的决定》第二次修订，根据2013年12月11日《国务院关于修改〈全国年节及纪念日放假办法〉的决定》第三次修订）

第一条 为统一全国年节及纪念日的假期，制定本办法。

第二条 全体公民放假的节日：

（一）新年，放假1天（1月1日）；

（二）春节，放假3天（农历正月初一、初二、初三）；

（三）清明节，放假1天（农历清明当日）；

（四）劳动节，放假1天（5月1日）；

（五）端午节，放假1天（农历端午当日）；

（六）中秋节，放假1天（农历中秋当日）；

（七）国庆节，放假3天（10月1日、2日、3日）。

第三条 部分公民放假的节日及纪念日：

（一）妇女节（3月8日），妇女放假半天；

（二）青年节（5月4日），14周岁以上的青年放假半天；

（三）儿童节（6月1日），不满14周岁的少年儿童放假1天；

（四）中国人民解放军建军纪念日（8月1日），现役军人放假半天。

第四条 少数民族习惯的节日，由各少数民族聚居地区的地方人民政府，按照各该民族习惯，规定放假日期。

第五条　二七纪念日、五卅纪念日、七七抗战纪念日、九三抗战胜利纪念日、九一八纪念日、教师节、护士节、记者节、植树节等其他节日、纪念日，均不放假。

第六条　全体公民放假的假日，如果适逢星期六、星期日，应当在工作日补假。部分公民放假的假日，如果适逢星期六、星期日，则不补假。

第七条　本办法自公布之日起施行。

企业职工带薪年休假实施办法

（2008年9月18日　人力资源和社会保障部令第1号）

第一条　为了实施《职工带薪年休假条例》（以下简称条例），制定本实施办法。

第二条　中华人民共和国境内的企业、民办非企业单位、有雇工的个体工商户等单位（以下称用人单位）和与其建立劳动关系的职工，适用本办法。

第三条　职工连续工作满12个月以上的，享受带薪年休假（以下简称年休假）。

第四条　年休假天数根据职工累计工作时间确定。职工在同一或者不同用人单位工作期间，以及依照法律、行政法规或者国务院规定视同工作期间，应当计为累计工作时间。

第五条　职工新进用人单位且符合本办法第三条规定的，当年度年休假天数，按照在本单位剩余日历天数折算确定，折算后不足1整天的部分不享受年休假。

前款规定的折算方法为：（当年度在本单位剩余日历天数÷365天）×职工本人全年应当享受的年休假天数。

第六条　职工依法享受的探亲假、婚丧假、产假等国家规定的假期以及因工伤停工留薪期间不计入年休假假期。

第七条　职工享受寒暑假天数多于其年休假天数的，不享受当年的年休假。确因工作需要，职工享受的寒暑假天数少于其年休假天数的，用人单位应当安排补足年休假天数。

第八条　职工已享受当年的年休假，年度内又出现条例第四条第（二）、（三）、（四）、（五）项规定情形之一的，不享受下一年度的年休假。

第九条 用人单位根据生产、工作的具体情况，并考虑职工本人意愿，统筹安排年休假。用人单位确因工作需要不能安排职工年休假或者跨一个年度安排年休假的，应征得职工本人同意。

第十条 用人单位经职工同意不安排年休假或者安排职工年休假天数少于应休年休假天数，应当在本年度内对职工应休未休年休假天数，按照其日工资收入的300%支付未休年休假工资报酬，其中包含用人单位支付职工正常工作期间的工资收入。

用人单位安排职工休年休假，但是职工因本人原因且书面提出不休年休假的，用人单位可以只支付其正常工作期间的工资收入。

第十一条 计算未休年休假工资报酬的日工资收入按照职工本人的月工资除以月计薪天数（21.75天）进行折算。

前款所称月工资是指职工在用人单位支付其未休年休假工资报酬前12个月剔除加班工资后的月平均工资。在本用人单位工作时间不满12个月的，按实际月份计算月平均工资。

职工在年休假期间享受与正常工作期间相同的工资收入。实行计件工资、提成工资或者其他绩效工资制的职工，日工资收入的计发办法按照本条第一款、第二款的规定执行。

第十二条 用人单位与职工解除或者终止劳动合同时，当年度未安排职工休满应休年休假的，应当按照职工当年已工作时间折算应休未休年休假天数并支付未休年休假工资报酬，但折算后不足1整天的部分不支付未休年休假工资报酬。

前款规定的折算方法为：（当年度在本单位已过日历天数÷365天）×职工本人全年应当享受的年休假天数—当年度已安排年休假天数。

用人单位当年已安排职工年休假的，多于折算应休年休假的天数不再扣回。

第十三条 劳动合同、集体合同约定的或者用人单位规章制度规定的年休假天数、未休年休假工资报酬高于法定标准的，用人单位应当按照有关约定或者规定执行。

第十四条 劳务派遣单位的职工符合本办法第三条规定条件的，享受年休假。

被派遣职工在劳动合同期限内无工作期间由劳务派遣单位依法支付劳动报酬的天数多于其全年应当享受的年休假天数的，不享受当年的年休假；少于其全年应当享受的年休假天数的，劳务派遣单位、用工单位应当协商安排补足被派遣职工年休假天数。

第十五条 县级以上地方人民政府劳动行政部门应当依法监督检查用人单位执行条例及本办法的情况。

用人单位不安排职工休年休假又不依照条例及本办法规定支付未休年休假工资报酬的，由县级以上地方人民政府劳动行政部门依据职权责令限期改正；对逾期不改正的，除责令该用人单位支付未休年休假工资报酬外，用人单位还应当按照未休年休假工资报酬的数额向职工加付赔偿金；对拒不执行支付未休年休假工资报酬、赔偿金行政处理决定的，由劳动行政部门申请人民法院强制执行。

第十六条 职工与用人单位因年休假发生劳动争议的，依照劳动争议处理的规定处理。

第十七条 除法律、行政法规或者国务院另有规定外，机关、事业单位、社会团体和与其建立劳动关系的职工，依照本办法执行。

船员的年休假按《中华人民共和国船员条例》执行。

第十八条 本办法中的“年度”是指公历年度。

第十九条 本办法自发布之日起施行。

国家劳动总局、财政部关于国营企业职工请婚丧假和路程假问题的规定

（1980年2月20日　劳总薪字〔1980〕29号）

一、职工本人结婚或职工的直系亲属（父母、配偶和子女）死亡时，可以根据具体情况，由本单位行政领导批准，酌情给予一至三天的婚丧假。

二、职工结婚时双方不在一地工作的；职工在外地的直系亲属死亡时需要职工本人去外地料理丧事的，都可以根据路程远近，另给予路程假。

三、在批准的婚丧假和路程假期间，职工的工资照发，途中的车船费等，全部由职工自理。

四、以上规定从本通知下达之月起执行。

劳动人事部等部门关于台胞职工探亲待遇的通知

（1983年4月6日　劳人险〔1983〕16号）

五届人大五次会议代表提案（1495号）建议解决台胞职工出境探亲待遇问题。经研究，台胞职工出境探亲，可按以下规定办理：

一、台胞职工出境探望配偶，四年以上（含四年）一次的，给假半年；不足四年的，按每年给假一个月计算。

未婚台胞职工出境探望父母，四年以上（含四年）一次的，给假四个月；三年一次的，给假七十天；一年或两年一次的，按《国务院关于职工探亲待遇的规定》给假。

已婚台胞职工出境探望父母，每四年给假一次，假期为四十天。

台胞职工回大陆参加工作十年以上，以往没有出境探亲或因私事出境，也没有在大陆会见从国外或港澳、台湾回来的配偶和父母的，第一次出境探亲，可给假半年；以后再出境探亲，按上述规定办理。

出境探亲假期是指与配偶、父母团聚的时间，包括公休假日和法定节日。另外，按实际需要给予路程假。

台胞职工出境探亲一般不得续假，如确有特殊情况，不能按期返回原单位，本人应向所在单位申请事假。经批准的事假待遇，按国内职工事假的规定办理。

二、凡符合国家规定探亲条件的台胞职工出境探亲，其境内段（从工作单位至出境口岸）往返路费，按《国务院关于职工探亲待遇的规定》和财政部财事字〔1981〕第113号文《关于职工探亲路费的规定》报销。境外路费自理。

三、台胞职工按国家规定享受的探亲待遇，可用于在大陆会见国外回来的配偶或父母。会亲的假期和路费，比照《国务院关于职工探亲待遇的规定》办理。

会亲地点批准在外地的，其路费按职工所在地至第一次见面地点的路程计算。陪同会亲对象旅游、访亲等的路费自理。

四、台胞职工在规定的出境探亲假期内，其工资和副食品价格补贴，与职工在国内探亲待遇相同。在境外的医疗费自理。

五、经批准出境探亲所需外汇，由当地中国银行按《审批个人外汇申请施行细则》的有关规定审核批给。

六、申请出境探亲，只要前往国家和地区不拒绝或不限制我公民入境，各地公安部门应尽快批准。

七、在集体所有制单位工作的台胞职工，其出境探亲待遇由各省、市、自治区根据具体情况确定。

八、本通知自公布之日起执行。

劳动人事部关于台属职工和台胞职工探亲问题的补充通知

（1984 年 8 月 14 日　劳人险〔1984〕13 号）

最近，有些省、市要求扩大台属（去台人员在大陆的亲属，下同）和台胞（居住在大陆的台湾同胞，下同）职工的探亲范围，经与财政部、公安部、中国银行研究，现作以下通知：

一、台属职工出境探望在台配偶、父母的，可以参照劳动人事部、财政部、公安部、中国银行《关于台胞职工出境探亲待遇的通知》（劳人险〔1983〕16 号）的规定执行。

二、父母已经去世的台胞、台属职工，可以探望其在台的亲兄弟姐妹。出境探望的，每四年给假一次，假期四十天；在境内探望的，每四年给假一次，假期二十天。其他待遇参照劳人险〔1983〕16 号文的有关规定执行。

劳动部转发财政部《关于提高国营企业职工福利基金提取比例调整职工福利基金和职工教育经费计提基数的通知》的通知

（1992年6月16日　劳险字〔1992〕17号）

各省、自治区、直辖市及计划单列市劳动（劳动人事）厅(局)：

现将财政部《关于提高国营企业职工福利基金提取比例调整职工福利基金和职工教育经费计提基数的通知》（财工字〔1992〕第120号）转发给你们，请按照执行。

为了配合企业职工医疗制度改革，推动县（市）职工大病医疗费用社会统筹试点工作的开展，凡试行医疗费用社会统筹的地区，可将福利基金的一部分（按财工字〔1992〕第120号文件规定提高的3%）作为职工大病医疗统筹基金的一个来源。

附件：财政部《关于提高国营企业职工福利基金提取比例调整职工福利基金和职工教育经费计提基数的通知》

关于提高国营企业职工福利基金提取比例调整职工福利基金和职工教育经费计提基数的通知

国务院各部、委、局，各省、自治区、直辖市、计划单列市财政厅（局)：

为了解决国营企业职工福利基金不足、医药费超支的矛盾，配合我国社会保险制度的改革，现决定提高国营企业职工福利基金的提取比例，并调整职工福利基金和职工教育经费的计提基数。具体通知如下：

一、1985年以来国务院统一规定发给国营企业职工的各种副食品价格补贴，其中由企业福利基金负担的部分全部改为从企业成本中列支。

二、按规定列入成本的职工福利费，由原来的按企业职工工资总额扣除副食品价格补贴和各种奖金（包括超过标准工资的计件工资、浮动工资、提成工资等）后的11%提取，改按职工工资总额扣除各种奖金（包括超过标准工资的计件工资、浮动工资、提成工资等）后的14%从成本中提取，计提福利基金的工资总额不再扣除副食品价格补贴。

三、列入成本的职工教育经费比照职工福利基金的工资总额口径提取，即按企业职工工资总额扣除各种奖金（包括超过标准工资的计件工资、浮动工资、提成工资等）后的1.5%提取。

四、福利基金和职工教育经费增加以后，企业上交承包基数一律不作调整，各级财政部门应加强这两项资金的监督管理。关于职工福利基金、职工教育经费的使用范围及其他有关财务问题，仍按现行规定执行。

五、本通知从1992年5月1日起执行。

劳动部办公厅关于职工工作时间有关问题的复函

（1997年9月10日　劳部发〔1997〕271号）

广州市劳动局：

你局《关于职工工作时间有关问题的请示》（穗劳函字〔1997〕127号）收悉，经研究，函复如下：

一、企业和部分不能实行统一工作时间的事业单位，可否不实行“双休日”而安排每周工作6天，每天工作不超过6小时40分钟？

根据《劳动法》和《国务院关于职工工作时间的规定》（国务院令第174号）的规定，我国目前实行劳动者每日工作8小时，每周工作40小时这一标准工时制度，有条件的企业应实行标准工时制度，有些企业因工作性质和生产特点不能实行标准工时制度，应保证劳动者每天工作不超过8小时、每周工作不超过40小时、每周至少休息1天。此外，根据一些企业的生产实际情况还可实行不定时工作制和综合计算工时工作制。实行不定时工作制和综合计算工时工作制的企业应按劳动部《关于企业实行不定时工作制和综合计算工时工作制的审批办法》（劳部发〔1994〕503号）的规定办理审批手续。

二、用人单位要求劳动者每周工作超过40小时但不超过44小时，且不作延长工作时间处理，劳动行政机关可否认定其违法并依据《劳动法》第九十、九十一条和劳部发〔1994〕489、532号文件的规定予以处罚？

《国务院关于职工工作时间的规定》（国务院令第174号）

是依据《劳动法》第三十六条的规定，按照我国经济和社会发展的需要，在标准工时制度方面进一步作出的规定。如果用人单位要求劳动者每周工作超过40小时但不超过44小时，且不作延长工作时间处理，劳动行政机关有权要求其改正。

三、《劳动法》第四十一、四十四条中的“延长工作时间”是否仅指加点，而不包括休息日或节日等法定休假日的加班（即是否加班不受《劳动法》的第四十一条限制）？

《劳动法》第四十一条有关延长工作时间的限制包括正常工作日的加点、休息日和法定休假日的加班。即每月工作日的加点、休息日和法定休假日的加班的总时数不得超过36小时。在国家立法部门没有作出立法解释前，应按此精神执行。

四、休息日或法定休假日加班，用人单位可否不支付加班费而给予补休？补休的标准如何确定？

依据《劳动法》第四十四条规定，休息日安排劳动者加班工作的，应首先安排补休，不能补休时，则应支付不低于工资的200%的工资报酬。补休时间应等同于加班时间。法定休假日安排劳动者加班工作的，应另外支付不低于工资的300%的工资报酬，一般不安排补休。

五、经批准实行综合计算工时工作制的用人单位，在计算周期内若日（或周）的平均工作时间没超过法定标准工作时间，但某一具体日（或周）的实际工作时间工作超过8小时（或40小时），“超过”部分是否视为加点（或加班）且受《劳动法》第四十一条的限制？

依据劳动部《关于企业实行不定时工作制和综合计算工时工作制的审批办法》第五条的规定，综合计算工时工作制采用的是以周、月、季、年等为周期综合计算工作时间，但其平均日工作时间和平均周工作时间应与法定标准工作时间基本相同。也就是说，在综合计算周期内，某一具体日（或周）的实际工作时间可以超过8小时（或40小时），但综合计算周期内的总实际工作时间不应超过总法定标准工作时间，超过部分应视为延长工作时间并按《劳动法》第四十四条第一款的规定支付工资报酬，其中法定休假日安排劳动者工作的，按《劳动法》第四十四条第三款的规定支付工资报酬。而且，延长工作时间的小时数平均每月不得超过36小时。

六、若甲企业经批准以季为周期综合计算工时（总工时应为40时/周×12周/季=480时/季）。若乙职工在该季的第一、二月份刚好完成了480小时的工作，第三个月整月休息。甲企业这样做是否合法且不存在着延长工作时间问题，该季各月的工资及加班费（若认定为延长工作时间的话）应如何计发？

某企业经劳动行政部门批准以季为周期综合计算工时（总工时应为508小时/季）。该企业因生产任务需要，经商工会和劳动者同意，安排劳动者在该季的第一、二月份刚好完成了508小时的工作，第三个月整月休息。该企业这样做应视为合法且没有延长工作时间。对于这种打破常规的工作时间安排，一定要取得工会和劳动者的同意，并且注意劳逸结合，切实保障劳动者身体健康。

工时计算方法应为：

1. 工作日的计算

年工作日：365天/年-104天/年（休息日）-7天/年（法定休假日）=254天/年

季工作日：254天/年÷4季=63.5天

月工作日：254天/年÷12月=21.16天

2. 工作小时数的计算

以每周、月、季、年的工作日乘以每日的8小时。

七、劳部发〔1994〕489号文第十三条中“其综合工作时间超过法定标准工作时间部分”是指日（或周）平均工作时间超过，还是指某一具体日（或周）实际工作时间超过？

实行综合计算工时工作制的企业，在综合计算周期内，如果劳动者的实际工作时间总数超过该周的法定标准工作时间总数，超过部分应视为延长工作时间。如果在整个综合计算周期内的实际工作时间总数不超过该周期的法定标准工作时间总数，只是该综合计算周期内的某一具体日（或周、或月、或季）超过法定标准工作时间，其超过部分不应视为延长工作时间。

八、实行不定时工作制的工资如何计发？其休息休假如何确定？

对于实行不定时工作制的劳动者，企业应当根据标准工时制度合理确定劳动者的劳动定额或其他考核标准，以便安排劳动者休息。其工资由企业按照本单位的工资制度和工资分配办法，根据劳动者的实际工作时间和完成劳动定额情况计发。对于符合带薪年休假条件的劳动者，企业可安排其享受带薪年休假。

九、本文拟在审批综合计算工时过程中强制性地附加“保证劳动者每周至少休息一天”和“每日实际工作时间不得超过11小时”两个条件，是否妥当？

实行综合计算工时工作制是从部分企业生产实际出发，允许实行相对集中工作、集中休息的工作制度，以保证生产的正常进行和劳动者的合法权益。因此，在审批综合计算工时工作制过程中不宜再要求企业实行符合标准工时工作制的规定。但是，在审批综合计算工时工作制过程中应要求企业做到以下两点：

1. 企业实行综合计算工时工作制以及在实行综合计算工时工作中采取何种工作方式，一定要与工会和劳动者协商。

2. 对于第三级以上（含第三级）体力劳动强度的工作岗位，劳动者每日连续工作时间不得超过11小时，而且每周至少休息一天。

（三）劳动保护

使用有毒物品作业场所劳动保护条例

（2002年5月12日　国务院令第352号）

第一章　总　则

第一条　为了保证作业场所安全使用有毒物品，预防、控制和消除职业中毒危害，保护劳动者的生命安全、身体健康及其相关权益，根据职业病防治法和其他有关法律、行政法规的规定，制定本条例。

第二条　作业场所使用有毒物品可能产生职业中毒危害的劳动保护，适用本条例。

第三条　按照有毒物品产生的职业中毒危害程度，有毒物品分为一般有毒物品和高毒物品。国家对作业场所使用高毒物品实行特殊管理。

一般有毒物品目录、高毒物品目录由国务院卫生行政部门会同有关部门依据国家标准制定、调整并公布。

第四条　从事使用有毒物品作业的用人单位（以下简称用人单位）应当使用符合国家标准的有毒物品，不得在作业场所使用国家明令禁止使用的有毒物品或者使用不符合国家标准的有毒物品。

用人单位应当尽可能使用无毒物品；需要使用有毒物品的，应当优先选择使用低毒物品。

第五条　用人单位应当依照本条例和其他有关法律、行政法规的规定，采取有效的防护措施，预防职业中毒事故的发生，依法参加工伤保险，保障劳动者的生命安全和身体健康。

第六条 国家鼓励研制、开发、推广、应用有利于预防、控制、消除职业中毒危害和保护劳动者健康的新技术、新工艺、新材料；限制使用或者淘汰有关职业中毒危害严重的技术、工艺、材料；加强对有关职业病的机理和发生规律的基础研究，提高有关职业病防治科学技术水平。

第七条 禁止使用童工。

用人单位不得安排未成年人和孕期、哺乳期的女职工从事使用有毒物品的作业。

第八条 工会组织应当督促并协助用人单位开展职业卫生宣传教育和培训，对用人单位的职业卫生工作提出意见和建议，与用人单位就劳动者反映的职业病防治问题进行协调并督促解决。

工会组织对用人单位违反法律、法规，侵犯劳动者合法权益的行为，有权要求纠正；产生严重职业中毒危害时，有权要求用人单位采取防护措施，或者向政府有关部门建议采取强制性措施；发生职业中毒事故时，有权参与事故调查处理；发现危及劳动者生命、健康的情形时，有权建议用人单位组织劳动者撤离危险现场，用人单位应当立即作出处理。

第九条 县级以上人民政府卫生行政部门及其他有关行政部门应当依据各自的职责，监督用人单位严格遵守本条例和其他有关法律、法规的规定，加强作业场所使用有毒物品的劳动保护，防止职业中毒事故发生，确保劳动者依法享有的权利。

第十条 各级人民政府应当加强对使用有毒物品作业场所职业卫生安全及相关劳动保护工作的领导，督促、支持卫生行政部门及其他有关行政部门依法履行监督检查职责，及时协调、解决有关重大问题；在发生职业中毒事故时，应当采取有效措施，控制事故危害的蔓延并消除事故危害，并妥善处理有关善后工作。

第二章 作业场所的预防措施

第十一条 用人单位的设立，应当符合有关法律、行政法规规定的设立条件，并依法办理有关手续，取得营业执照。

用人单位的使用有毒物品作业场所，除应当符合职业病防治法规定的职业卫生要求外，还必须符合下列要求：

（一）作业场所与生活场所分开，作业场所不得住人；

（二）有害作业与无害作业分开，高毒作业场所与其他作业场所隔离；

（三）设置有效的通风装置；可能突然泄漏大量有毒物品或者易造成急性中毒的作业场所，设置自动报警装置和事故通风设施；

（四）高毒作业场所设置应急撤离通道和必要的泄险区。

用人单位及其作业场所符合前两款规定的，由卫生行政部门发给职业卫生安全许可证，方可从事使用有毒物品的作业。

第十二条 使用有毒物品作业场所应当设置黄色区域警示线、警示标识和中文警示说明。警示说明应当载明产生职业中毒危害的种类、后果、预防以及应急救治措施等内容。

高毒作业场所应当设置红色区域警示线、警示标识和中文警示说明，并设置通讯报警设备。

第十三条 新建、扩建、改建的建设项目和技术改造、技术引进项目（以下统称建设项目），可能产生职业中毒危害的，应当依照职业病防治法的规定进行职业中毒危害预评价，并经卫生行政部门审核同意；可能产生职业中毒危害的建设项目的职业中毒危害防护设施应当与主体工程同时设计，同时施工，同时投入生产和使用；建设项目竣工，应当进行职业中毒危害控制效果评价，并经卫生行政部门验收合格。

存在高毒作业的建设项目的职业中毒危害防护设施设计，应当经卫生行政部门进行卫生审查；经审查，符合国家职业卫生标准和卫生要求的，方可施工。

第十四条 用人单位应当按照国务院卫生行政部门的规定，向卫生行政部门及时、如实申报存在职业中毒危害项目。

从事使用高毒物品作业的用人单位，在申报使用高毒物品作业项目时，应当向卫生行政部门提交下列有关资料：

（一）职业中毒危害控制效果评价报告；

（二）职业卫生管理制度和操作规程等材料；

（三）职业中毒事故应急救援预案。

从事使用高毒物品作业的用人单位变更所使用的高毒物品品种的，应当依照前款规定向原受理申报的卫生行政部门重新申报。

第十五条 用人单位变更名称、法定代表人或者负责人的，应当向原受理申报的卫生行政部门备案。

第十六条 从事使用高毒物品作业的用人单位，应当配备应急救援人员和必要的应急救援器材、设备，制定事故应急救援预案，并根据实际情况变化对应急救援预案适时进行修订，定期组织演练。事故应急救援预案和演练记录应当报当地卫生行政部门、安全生产监督管理部门和公安部门备案。

第三章 劳动过程的防护

第十七条 用人单位应当依照职业病防治法的有关规定，采取有效的职业卫生防护管理措施，加强劳动过程中的防护与管理。

从事使用高毒物品作业的用人单位，应当配备专职的或者兼职的职业卫生医师和护士；不具备配备专职的或者兼职的职业卫生医师和护士条件的，应当与依法取得资质认证的职业卫生技术服务机构签订合同，由其提供职业卫生服务。

第十八条 用人单位应当与劳动者订立劳动合同，将工作过程中可能产生的职业中毒危害及其后果、职业中毒危害防护措施和待遇等如实告知劳动者，并在劳动合同中写明，不得隐瞒或者欺骗。

劳动者在已订立劳动合同期间因工作岗位或者工作内容变

更，从事劳动合同中未告知的存在职业中毒危害的作业时，用人单位应当依照前款规定，如实告知劳动者，并协商变更原劳动合同有关条款。

用人单位违反前两款规定的，劳动者有权拒绝从事存在职业中毒危害的作业，用人单位不得因此单方面解除或者终止与劳动者所订立的劳动合同。

第十九条 用人单位有关管理人员应当熟悉有关职业病防治的法律、法规以及确保劳动者安全使用有毒物品作业的知识。

用人单位应当对劳动者进行上岗前的职业卫生培训和在岗期间的定期职业卫生培训，普及有关职业卫生知识，督促劳动者遵守有关法律、法规和操作规程，指导劳动者正确使用职业中毒危害防护设备和个人使用的职业中毒危害防护用品。

劳动者经培训考核合格，方可上岗作业。

第二十条 用人单位应当确保职业中毒危害防护设备、应急救援设施、通讯报警装置处于正常适用状态，不得擅自拆除或者停止运行。

用人单位应当对前款所列设施进行经常性的维护、检修，定期检测其性能和效果，确保其处于良好运行状态。

职业中毒危害防护设备、应急救援设施和通讯报警装置处于不正常状态时，用人单位应当立即停止使用有毒物品作业；恢复正常状态后，方可重新作业。

第二十一条 用人单位应当为从事使用有毒物品作业的劳动者提供符合国家职业卫生标准的防护用品，并确保劳动者正确使用。

第二十二条 有毒物品必须附具说明书，如实载明产品特性、主要成分、存在的职业中毒危害因素、可能产生的危害后果、安全使用注意事项、职业中毒危害防护以及应急救治措施等内容；没有说明书或者说明书不符合要求的，不得向用人单位销售。

用人单位有权向生产、经营有毒物品的单位索取说明书。

第二十三条 有毒物品的包装应当符合国家标准，并以易于劳动者理解的方式加贴或者拴挂有毒物品安全标签。有毒物品的包装必须有醒目的警示标识和中文警示说明。

经营、使用有毒物品的单位，不得经营、使用没有安全标签、警示标识和中文警示说明的有毒物品。

第二十四条 用人单位维护、检修存在高毒物品的生产装置，必须事先制订维护、检修方案，明确职业中毒危害防护措施，确保维护、检修人员的生命安全和身体健康。

维护、检修存在高毒物品的生产装置，必须严格按照维护、检修方案和操作规程进行。维护、检修现场应当有专人监护，并设置警示标志。

第二十五条 需要进入存在高毒物品的设备、容器或者狭窄封闭场所作业时，用人单位应当事先采取下列措施：

（一）保持作业场所良好的通风状态，确保作业场所职业中毒危害因素浓度符合国家职业卫生标准；

（二）为劳动者配备符合国家职业卫生标准的防护用品；

（三）设置现场监护人员和现场救援设备。

未采取前款规定措施或者采取的措施不符合要求的，用人单位不得安排劳动者进入存在高毒物品的设备、容器或者狭窄封闭场所作业。

第二十六条 用人单位应当按照国务院卫生行政部门的规定，定期对使用有毒物品作业场所职业中毒危害因素进行检测、评价。检测、评价结果存入用人单位职业卫生档案，定期向所在地卫生行政部门报告并向劳动者公布。

从事使用高毒物品作业的用人单位应当至少每 1 个月对高毒作业场所进行一次职业中毒危害因素检测；至少每半年进行一次职业中毒危害控制效果评价。

高毒作业场所职业中毒危害因素不符合国家职业卫生标准和

卫生要求时，用人单位必须立即停止高毒作业，并采取相应的治理措施；经治理，职业中毒危害因素符合国家职业卫生标准和卫生要求的，方可重新作业。

第二十七条 从事使用高毒物品作业的用人单位应当设置淋浴间和更衣室，并设置清洗、存放或者处理从事使用高毒物品作业劳动者的工作服、工作鞋帽等物品的专用间。

劳动者结束作业时，其使用的工作服、工作鞋帽等物品必须存放在高毒作业区域内，不得穿戴到非高毒作业区域。

第二十八条 用人单位应当按照规定对从事使用高毒物品作业的劳动者进行岗位轮换。

用人单位应当为从事使用高毒物品作业的劳动者提供岗位津贴。

第二十九条 用人单位转产、停产、停业或者解散、破产的，应当采取有效措施，妥善处理留存或者残留有毒物品的设备、包装物和容器。

第三十条 用人单位应当对本单位执行本条例规定的情况进行经常性的监督检查；发现问题，应当及时依照本条例规定的要求进行处理。

第四章 职业健康监护

第三十一条 用人单位应当组织从事使用有毒物品作业的劳动者进行上岗前职业健康检查。

用人单位不得安排未经上岗前职业健康检查的劳动者从事使用有毒物品的作业，不得安排有职业禁忌的劳动者从事其所禁忌的作业。

第三十二条 用人单位应当对从事使用有毒物品作业的劳动者进行定期职业健康检查。

用人单位发现有职业禁忌或者有与所从事职业相关的健康损害的劳动者，应当将其及时调离原工作岗位，并妥善安置。

用人单位对需要复查和医学观察的劳动者，应当按照体检机构的要求安排其复查和医学观察。

第三十三条 用人单位应当对从事使用有毒物品作业的劳动者进行离岗时的职业健康检查；对离岗时未进行职业健康检查的劳动者，不得解除或者终止与其订立的劳动合同。

用人单位发生分立、合并、解散、破产等情形的，应当对从事使用有毒物品作业的劳动者进行健康检查，并按照国家有关规定妥善安置职业病病人。

第三十四条 用人单位对受到或者可能受到急性职业中毒危害的劳动者，应当及时组织进行健康检查和医学观察。

第三十五条 劳动者职业健康检查和医学观察的费用，由用人单位承担。

第三十六条 用人单位应当建立职业健康监护档案。

职业健康监护档案应当包括下列内容：

（一）劳动者的职业史和职业中毒危害接触史；

（二）相应作业场所职业中毒危害因素监测结果；

（三）职业健康检查结果及处理情况；

（四）职业病诊疗等劳动者健康资料。

第五章 劳动者的权利与义务

第三十七条 从事使用有毒物品作业的劳动者在存在威胁生命安全或者身体健康危险的情况下，有权通知用人单位并从使用有毒物品造成的危险现场撤离。

用人单位不得因劳动者依据前款规定行使权利，而取消或者减少劳动者在正常工作时享有的工资、福利待遇。

第三十八条 劳动者享有下列职业卫生保护权利：

（一）获得职业卫生教育、培训；

（二）获得职业健康检查、职业病诊疗、康复等职业病防治服务；

（三）了解工作场所产生或者可能产生的职业中毒危害因素、危害后果和应当采取的职业中毒危害防护措施；

（四）要求用人单位提供符合防治职业病要求的职业中毒危害防护设施和个人使用的职业中毒危害防护用品，改善工作条件；

（五）对违反职业病防治法律、法规，危及生命、健康的行为提出批评、检举和控告；

（六）拒绝违章指挥和强令进行没有职业中毒危害防护措施的作业；

（七）参与用人单位职业卫生工作的民主管理，对职业病防治工作提出意见和建议。

用人单位应当保障劳动者行使前款所列权利。禁止因劳动者依法行使正当权利而降低其工资、福利等待遇或者解除、终止与其订立的劳动合同。

第三十九条 劳动者有权在正式上岗前从用人单位获得下列资料：

（一）作业场所使用的有毒物品的特性、有害成分、预防措施、教育和培训资料；

（二）有毒物品的标签、标识及有关资料；

（三）有毒物品安全使用说明书；

（四）可能影响安全使用有毒物品的其他有关资料。

第四十条 劳动者有权查阅、复印其本人职业健康监护档案。

劳动者离开用人单位时，有权索取本人健康监护档案复印件；用人单位应当如实、无偿提供，并在所提供的复印件上签章。

第四十一条 用人单位按照国家规定参加工伤保险的，患职业病的劳动者有权按照国家有关工伤保险的规定，享受下列工伤保险待遇：

（一）医疗费：因患职业病进行诊疗所需费用，由工伤保险基金按照规定标准支付；

（二）住院伙食补助费：由用人单位按照当地因公出差伙食标准的一定比例支付；

（三）康复费：由工伤保险基金按照规定标准支付；

（四）残疾用具费：因残疾需要配置辅助器具的，所需费用由工伤保险基金按照普及型辅助器具标准支付；

（五）停工留薪期待遇：原工资、福利待遇不变，由用人单位支付；

（六）生活护理补助费：经评残并确认需要生活护理的，生活护理补助费由工伤保险基金按照规定标准支付；

（七）一次性伤残补助金：经鉴定为十级至一级伤残的，按照伤残等级享受相当于 6 个月至 24 个月的本人工资的一次性伤残补助金，由工伤保险基金支付；

（八）伤残津贴：经鉴定为四级至一级伤残的，按照规定享受相当于本人工资 75% 至 90% 的伤残津贴，由工伤保险基金支付；

（九）死亡补助金：因职业中毒死亡的，由工伤保险基金按照不低于 48 个月的统筹地区上年度职工月平均工资的标准一次支付；

（十）丧葬补助金：因职业中毒死亡的，由工伤保险基金按照 6 个月的统筹地区上年度职工月平均工资的标准一次支付；

（十一）供养亲属抚恤金：因职业中毒死亡的，对由死者生前提供主要生活来源的亲属由工伤保险基金支付抚恤金：对其配偶每月按照统筹地区上年度职工月平均工资的 40% 发给，对其生前供养的直系亲属每人每月按照统筹地区上年度职工月平均工资的 30% 发给；

（十二）国家规定的其他工伤保险待遇。

本条例施行后，国家对工伤保险待遇的项目和标准作出调整时，从其规定。

第四十二条 用人单位未参加工伤保险的，其劳动者从事有毒物品作业患职业病的，用人单位应当按照国家有关工伤保险规定的项目和标准，保证劳动者享受工伤待遇。

第四十三条 用人单位无营业执照以及被依法吊销营业执照，其劳动者从事使用有毒物品作业患职业病的，应当按照国家有关工伤保险规定的项目和标准，给予劳动者一次性赔偿。

第四十四条 用人单位分立、合并的，承继单位应当承担由原用人单位对患职业病的劳动者承担的补偿责任。

用人单位解散、破产的，应当依法从其清算财产中优先支付患职业病的劳动者的补偿费用。

第四十五条 劳动者除依法享有工伤保险外，依照有关民事法律的规定，尚有获得赔偿的权利的，有权向用人单位提出赔偿要求。

第四十六条 劳动者应当学习和掌握相关职业卫生知识，遵守有关劳动保护的法律、法规和操作规程，正确使用和维护职业中毒危害防护设施及其用品；发现职业中毒事故隐患时，应当及时报告。

作业场所出现使用有毒物品产生的危险时，劳动者应当采取必要措施，按照规定正确使用防护设施，将危险加以消除或者减少到最低限度。

第六章 监督管理

第四十七条 县级以上人民政府卫生行政部门应当依照本条例的规定和国家有关职业卫生要求，依据职责划分，对作业场所使用有毒物品作业及职业中毒危害检测、评价活动进行监督检查。

卫生行政部门实施监督检查，不得收取费用，不得接受用人单位的财物或者其他利益。

第四十八条 卫生行政部门应当建立、健全监督制度，核查反映用人单位有关劳动保护的材料，履行监督责任。

用人单位应当向卫生行政部门如实、具体提供反映有关劳动保护的材料；必要时，卫生行政部门可以查阅或者要求用人单位报送有关材料。

第四十九条 卫生行政部门应当监督用人单位严格执行有关职业卫生规范。

卫生行政部门应当依照本条例的规定对使用有毒物品作业场所的职业卫生防护设备、设施的防护性能进行定期检验和不定期的抽查；发现职业卫生防护设备、设施存在隐患时，应当责令用人单位立即消除隐患；消除隐患期间，应当责令其停止作业。

第五十条 卫生行政部门应当采取措施，鼓励对用人单位的违法行为进行举报、投诉、检举和控告。

卫生行政部门对举报、投诉、检举和控告应当及时核实，依法作出处理，并将处理结果予以公布。

卫生行政部门对举报人、投诉人、检举人和控告人负有保密的义务。

第五十一条 卫生行政部门执法人员依法执行职务时，应当出示执法证件。

卫生行政部门执法人员应当忠于职守，秉公执法；涉及用人单位秘密的，应当为其保密。

第五十二条 卫生行政部门依法实施罚款的行政处罚，应当依照有关法律、行政法规的规定，实施罚款决定与罚款收缴分离；收缴的罚款以及依法没收的经营所得，必须全部上缴国库。

第五十三条 卫生行政部门履行监督检查职责时，有权采取下列措施：

（一）进入用人单位和使用有毒物品作业场所现场，了解情况，调查取证，进行抽样检查、检测、检验，进行实地检查；

（二）查阅或者复制与违反本条例行为有关的资料，采集样品；

（三）责令违反本条例规定的单位和个人停止违法行为。

第五十四条 发生职业中毒事故或者有证据证明职业中毒危害状态可能导致事故发生时，卫生行政部门有权采取下列临时控制措施：

（一）责令暂停导致职业中毒事故的作业；

（二）封存造成职业中毒事故或者可能导致事故发生的物品；

（三）组织控制职业中毒事故现场。

在职业中毒事故或者危害状态得到有效控制后，卫生行政部门应当及时解除控制措施。

第五十五条 卫生行政部门执法人员依法执行职务时，被检查单位应当接受检查并予以支持、配合，不得拒绝和阻碍。

第五十六条 卫生行政部门应当加强队伍建设，提高执法人员的政治、业务素质，依照本条例的规定，建立、健全内部监督制度，对执法人员执行法律、法规和遵守纪律的情况进行监督检查。

第七章 罚 则

第五十七条 卫生行政部门的工作人员有下列行为之一，导致职业中毒事故发生的，依照刑法关于滥用职权罪、玩忽职守罪或者其他罪的规定，依法追究刑事责任；造成职业中毒危害但尚未导致职业中毒事故发生，不够刑事处罚的，根据不同情节，依法给予降级、撤职或者开除的行政处分：

（一）对不符合本条例规定条件的涉及使用有毒物品作业事项，予以批准的；

（二）发现用人单位擅自从事使用有毒物品作业，不予取缔的；

（三）对依法取得批准的用人单位不履行监督检查职责，发现其不再具备本条例规定的条件而不撤销原批准或者发现违反本条例的其他行为不予查处的；

（四）发现用人单位存在职业中毒危害，可能造成职业中毒事故，不及时依法采取控制措施的。

第五十八条 用人单位违反本条例的规定，有下列情形之一的，由卫生行政部门给予警告，责令限期改正，处10万元以上50万元以下的罚款；逾期不改正的，提请有关人民政府按照国务院规定的权限责令停建、予以关闭；造成严重职业中毒危害或者导致职业中毒事故发生的，对负有责任的主管人员和其他直接责任人员依照刑法关于重大劳动安全事故罪或者其他罪的规定，依法追究刑事责任：

（一）可能产生职业中毒危害的建设项目，未依照职业病防治法的规定进行职业中毒危害预评价，或者预评价未经卫生行政部门审核同意，擅自开工的；

（二）职业卫生防护设施未与主体工程同时设计，同时施工，同时投入生产和使用的；

（三）建设项目竣工，未进行职业中毒危害控制效果评价，或者未经卫生行政部门验收或者验收不合格，擅自投入使用的；

（四）存在高毒作业的建设项目的防护设施设计未经卫生行政部门审查同意，擅自施工的。

第五十九条 用人单位违反本条例的规定，有下列情形之一的，由卫生行政部门给予警告，责令限期改正，处5万元以上20万元以下的罚款；逾期不改正的，提请有关人民政府按照国务院规定的权限予以关闭；造成严重职业中毒危害或者导致职业中毒事故发生的，对负有责任的主管人员和其他直接责任人员依照刑法关于重大劳动安全事故罪或者其他罪的规定，依法追究刑事责任：

（一）使用有毒物品作业场所未按照规定设置警示标识和中文警示说明的；

（二）未对职业卫生防护设备、应急救援设施、通讯报警装置进行维护、检修和定期检测，导致上述设施处于不正常状态的；

（三）未依照本条例的规定进行职业中毒危害因素检测和职业中毒危害控制效果评价的；

（四）高毒作业场所未按照规定设置撤离通道和泄险区的；

（五）高毒作业场所未按照规定设置警示线的；

（六）未向从事使用有毒物品作业的劳动者提供符合国家职业卫生标准的防护用品，或者未保证劳动者正确使用的。

第六十条 用人单位违反本条例的规定，有下列情形之一的，由卫生行政部门给予警告，责令限期改正，处 5 万元以上 30 万元以下的罚款；逾期不改正的，提请有关人民政府按照国务院规定的权限予以关闭；造成严重职业中毒危害或者导致职业中毒事故发生的，对负有责任的主管人员和其他直接责任人员依照刑法关于重大责任事故罪、重大劳动安全事故罪或者其他罪的规定，依法追究刑事责任：

（一）使用有毒物品作业场所未设置有效通风装置的，或者可能突然泄漏大量有毒物品或者易造成急性中毒的作业场所未设置自动报警装置或者事故通风设施的；

（二）职业卫生防护设备、应急救援设施、通讯报警装置处于不正常状态而不停止作业，或者擅自拆除或者停止运行职业卫生防护设备、应急救援设施、通讯报警装置的。

第六十一条 从事使用高毒物品作业的用人单位违反本条例的规定，有下列行为之一的，由卫生行政部门给予警告，责令限期改正，处 5 万元以上 20 万元以下的罚款；逾期不改正的，提请有关人民政府按照国务院规定的权限予以关闭；造成严重职业中毒危害或者导致职业中毒事故发生的，对负有责任的主管人员和其他直接责任人员依照刑法关于重大责任事故罪或者其他罪的规定，依法追究刑事责任：

（一）作业场所职业中毒危害因素不符合国家职业卫生标准和卫生要求而不立即停止高毒作业并采取相应的治理措施的，或者职业中毒危害因素治理不符合国家职业卫生标准和卫生要求重新作业的；

（二）未依照本条例的规定维护、检修存在高毒物品的生产装置的；

（三）未采取本条例规定的措施，安排劳动者进入存在高毒物品的设备、容器或者狭窄封闭场所作业的。

第六十二条 在作业场所使用国家明令禁止使用的有毒物品或者使用不符合国家标准的有毒物品的，由卫生行政部门责令立即停止使用，处5万元以上30万元以下的罚款；情节严重的，责令停止使用有毒物品作业，或者提请有关人民政府按照国务院规定的权限予以关闭；造成严重职业中毒危害或者导致职业中毒事故发生的，对负有责任的主管人员和其他直接责任人员依照刑法关于危险物品肇事罪、重大责任事故罪或者其他罪的规定，依法追究刑事责任。

第六十三条 用人单位违反本条例的规定，有下列行为之一的，由卫生行政部门给予警告，责令限期改正；逾期不改正的，处5万元以上30万元以下的罚款；造成严重职业中毒危害或者导致职业中毒事故发生的，对负有责任的主管人员和其他直接责任人员依照刑法关于重大责任事故罪或者其他罪的规定，依法追究刑事责任：

（一）使用未经培训考核合格的劳动者从事高毒作业的；

（二）安排有职业禁忌的劳动者从事所禁忌的作业的；

（三）发现有职业禁忌或者有与所从事职业相关的健康损害的劳动者，未及时调离原工作岗位，并妥善安置的；

（四）安排未成年人或者孕期、哺乳期的女职工从事使用有毒物品作业的；

（五）使用童工的。

第六十四条 违反本条例的规定，未经许可，擅自从事使用有毒物品作业的，由工商行政管理部门、卫生行政部门依据各自职权予以取缔；造成职业中毒事故的，依照刑法关于危险物品肇事罪或者其他罪的规定，依法追究刑事责任；尚不够刑事处罚的，由卫生行政部门没收经营所得，并处经营所得3倍以上5倍以下的罚款；对劳动者造成人身伤害的，依法承担赔偿责任。

第六十五条 从事使用有毒物品作业的用人单位违反本条例的规定，在转产、停产、停业或者解散、破产时未采取有效措施，妥善处理留存或者残留高毒物品的设备、包装物和容器的，由卫生行政部门责令改正，处2万元以上10万元以下的罚款；触犯刑律的，对负有责任的主管人员和其他直接责任人员依照刑法关于重大环境污染事故罪、危险物品肇事罪或者其他罪的规定，依法追究刑事责任。

第六十六条 用人单位违反本条例的规定，有下列情形之一的，由卫生行政部门给予警告，责令限期改正，处5000元以上2万元以下的罚款；逾期不改正的，责令停止使用有毒物品作业，或者提请有关人民政府按照国务院规定的权限予以关闭；造成严重职业中毒危害或者导致职业中毒事故发生的，对负有责任的主管人员和其他直接责任人员依照刑法关于重大劳动安全事故罪、危险物品肇事罪或者其他罪的规定，依法追究刑事责任：

（一）使用有毒物品作业场所未与生活场所分开或者在作业场所住人的；

（二）未将有害作业与无害作业分开的；

（三）高毒作业场所未与其他作业场所有效隔离的；

（四）从事高毒作业未按照规定配备应急救援设施或者制定事故应急救援预案的。

第六十七条 用人单位违反本条例的规定，有下列情形之一的，由卫生行政部门给予警告，责令限期改正，处2万元以上5万元以下的罚款；逾期不改正的，提请有关人民政府按照国务院规定的权限予以关闭：

（一）未按照规定向卫生行政部门申报高毒作业项目的；

（二）变更使用高毒物品品种，未按照规定向原受理申报的卫生行政部门重新申报，或者申报不及时、有虚假的。

第六十八条 用人单位违反本条例的规定，有下列行为之一的，由卫生行政部门给予警告，责令限期改正，处2万元以上5万元以下的罚款；逾期不改正的，责令停止使用有毒物品作业，或者提请有关人民政府按照国务院规定的权限予以关闭：

（一）未组织从事使用有毒物品作业的劳动者进行上岗前职业健康检查，安排未经上岗前职业健康检查的劳动者从事使用有毒物品作业的；

（二）未组织从事使用有毒物品作业的劳动者进行定期职业健康检查的；

（三）未组织从事使用有毒物品作业的劳动者进行离岗职业健康检查的；

（四）对未进行离岗职业健康检查的劳动者，解除或者终止与其订立的劳动合同的；

（五）发生分立、合并、解散、破产情形，未对从事使用有毒物品作业的劳动者进行健康检查，并按照国家有关规定妥善安置职业病病人的；

（六）对受到或者可能受到急性职业中毒危害的劳动者，未及时组织进行健康检查和医学观察的；

（七）未建立职业健康监护档案的；

（八）劳动者离开用人单位时，用人单位未如实、无偿提供职业健康监护档案的；

（九）未依照职业病防治法和本条例的规定将工作过程中可能产生的职业中毒危害及其后果、有关职业卫生防护措施和待遇等如实告知劳动者并在劳动合同中写明的；

（十）劳动者在存在威胁生命、健康危险的情况下，从危险现场中撤离，而被取消或者减少应当享有的待遇的。

第六十九条 用人单位违反本条例的规定，有下列行为之一的，由卫生行政部门给予警告，责令限期改正，处 5000 元以上 2 万元以下的罚款；逾期不改正的，责令停止使用有毒物品作业，或者提请有关人民政府按照国务院规定的权限予以关闭：

（一）未按照规定配备或者聘请职业卫生医师和护士的；

（二）未为从事使用高毒物品作业的劳动者设置淋浴间、更衣室或者未设置清洗、存放和处理工作服、工作鞋帽等物品的专用间，或者不能正常使用的；

（三）未安排从事使用高毒物品作业一定年限的劳动者进行岗位轮换的。

第八章　附　则

第七十条 涉及作业场所使用有毒物品可能产生职业中毒危害的劳动保护的有关事项，本条例未作规定的，依照职业病防治法和其他有关法律、行政法规的规定执行。

有毒物品的生产、经营、储存、运输、使用和废弃处置的安全管理，依照危险化学品安全管理条例执行。

第七十一条 本条例自公布之日起施行。

禁止使用童工规定

（2002年10月1日　国务院令第364号）

第一条　为保护未成年人的身心健康，促进义务教育制度的实施，维护未成年人的合法权益，根据宪法和劳动法、未成年人保护法，制定本规定。

第二条　国家机关、社会团体、企业事业单位、民办非企业单位或者个体工商户（以下统称用人单位）均不得招用不满16周岁的未成年人（招用不满16周岁的未成年人，以下统称使用童工）。

禁止任何单位或者个人为不满16周岁的未成年人介绍就业。

禁止不满16周岁的未成年人开业从事个体经营活动。

第三条　不满16周岁的未成年人的父母或者其他监护人应当保护其身心健康，保障其接受义务教育的权利，不得允许其被用人单位非法招用。

不满16周岁的未成年人的父母或者其他监护人允许其被用人单位非法招用的，所在地的乡（镇）人民政府、城市街道办事处以及村民委员会、居民委员会应当给予批评教育。

第四条　用人单位招用人员时，必须核查被招用人员的身份证；对不满16周岁的未成年人，一律不得录用。用人单位录用人员的录用登记、核查材料应当妥善保管。

第五条　县级以上各级人民政府劳动保障行政部门负责本规定执行情况的监督检查。

县级以上各级人民政府公安、工商行政管理、教育、卫生等行政部门在各自职责范围内对本规定的执行情况进行监督检查，并对劳动保障行政部门的监督检查给予配合。

工会、共青团、妇联等群众组织应当依法维护未成年人的合法权益。

任何单位或者个人发现使用童工的，均有权向县级以上人民政府劳动保障行政部门举报。

第六条 用人单位使用童工的，由劳动保障行政部门按照每使用一名童工每月处5000元罚款的标准给予处罚；在使用有毒物品的作业场所使用童工的，按照《使用有毒物品作业场所劳动保护条例》规定的罚款幅度，或者按照每使用一名童工每月处5000元罚款的标准，从重处罚。劳动保障行政部门并应当责令用人单位限期将童工送回原居住地交其父母或者其他监护人，所需交通和食宿费用全部由用人单位承担。

用人单位经劳动保障行政部门依照前款规定责令限期改正，逾期仍不将童工送交其父母或者其他监护人的，从责令限期改正之日起，由劳动保障行政部门按照每使用1名童工每月处1万元罚款的标准处罚，并由工商行政管理部门吊销其营业执照或者由民政部门撤销民办非企业单位登记；用人单位是国家机关、事业单位的，由有关单位依法对直接负责的主管人员和其他直接责任人员给予降级或者撤职的行政处分或者纪律处分。

第七条 单位或者个人为不满16周岁的未成年人介绍就业的，由劳动保障行政部门按照每介绍1人处5000元罚款的标准给予处罚；职业中介机构为不满16周岁的未成年人介绍就业的，并由劳动保障行政部门吊销其职业介绍许可证。

第八条 用人单位未按照本规定第四条的规定保存录用登记材料，或者伪造录用登记材料的，由劳动保障行政部门处1万元的罚款。

第九条 无营业执照、被依法吊销营业执照的单位以及未依法登记、备案的单位使用童工或者介绍童工就业的，依照本规定第六条、第七条、第八条规定的标准加1倍罚款，该非法单位由有关的行政主管部门予以取缔。

第十条 童工患病或者受伤的，用人单位应当负责送到医疗机构治疗，并负担治疗期间的全部医疗和生活费用。

童工伤残或者死亡的，用人单位由工商行政管理部门吊销营业执照或者由民政部门撤销民办非企业单位登记；用人单位是国家机关、事业单位的，由有关单位依法对直接负责的主管人员和其他直接责任人员给予降级或者撤职的行政处分或者纪律处分；用人单位还应当一次性地对伤残的童工、死亡童工的直系亲属给予赔偿，赔偿金额按照国家工伤保险的有关规定计算。

第十一条 拐骗童工，强迫童工劳动，使用童工从事高空、井下、放射性、高毒、易燃易爆以及国家规定的第四级体力劳动强度的劳动，使用不满 14 周岁的童工，或者造成童工死亡或者严重伤残的，依照刑法关于拐卖儿童罪、强迫劳动罪或者其他罪的规定，依法追究刑事责任。

第十二条 国家行政机关工作人员有下列行为之一的，依法给予记大过或者降级的行政处分；情节严重的，依法给予撤职或者开除的行政处分；构成犯罪的，依照刑法关于滥用职权罪、玩忽职守罪或者其他罪的规定，依法追究刑事责任：

（一）劳动保障等有关部门工作人员在禁止使用童工的监督检查工作中发现使用童工的情况，不予制止、纠正、查处的；

（二）公安机关的人民警察违反规定发放身份证或者在身份证上登录虚假出生年月的；

（三）工商行政管理部门工作人员发现申请人是不满 16 周岁的未成年人，仍然为其从事个体经营发放营业执照的。

第十三条 文艺、体育单位经未成年人的父母或者其他监护人同意，可以招用不满 16 周岁的专业文艺工作者、运动员。用人单位应当保障被招用的不满 16 周岁的未成年人的身心健康，保障其接受义务教育的权利。文艺、体育单位招用不满 16 周岁的专业文艺工作者、运动员的办法，由国务院劳动保障行政部门会同国务院文化、体育行政部门制定。

学校、其他教育机构以及职业培训机构按照国家有关规定组织不满16周岁的未成年人进行不影响其人身安全和身心健康的教育实践劳动、职业技能培训劳动，不属于使用童工。

第十四条 本规定自2002年12月1日起施行。1991年4月15日国务院发布的《禁止使用童工规定》同时废止。

女职工劳动保护特别规定

（2012 年 4 月 28 日　国务院令第 619 号）

第一条　为了减少和解决女职工在劳动中因生理特点造成的特殊困难，保护女职工健康，制定本规定。

第二条　中华人民共和国境内的国家机关、企业、事业单位、社会团体、个体经济组织以及其他社会组织等用人单位及其女职工，适用本规定。

第三条　用人单位应当加强女职工劳动保护，采取措施改善女职工劳动安全卫生条件，对女职工进行劳动安全卫生知识培训。

第四条　用人单位应当遵守女职工禁忌从事的劳动范围的规定。用人单位应当将本单位属于女职工禁忌从事的劳动范围的岗位书面告知女职工。

女职工禁忌从事的劳动范围由本规定附录列示。国务院安全生产监督管理部门会同国务院人力资源社会保障行政部门、国务院卫生行政部门根据经济社会发展情况，对女职工禁忌从事的劳动范围进行调整。

第五条　用人单位不得因女职工怀孕、生育、哺乳降低其工资、予以辞退、与其解除劳动或者聘用合同。

第六条　女职工在孕期不能适应原劳动的，用人单位应当根据医疗机构的证明，予以减轻劳动量或者安排其他能够适应的劳动。

对怀孕 7 个月以上的女职工，用人单位不得延长劳动时间或者安排夜班劳动，并应当在劳动时间内安排一定的休息时间。

怀孕女职工在劳动时间内进行产前检查，所需时间计入劳动时间。

第七条 女职工生育享受98天产假，其中产前可以休假15天；难产的，增加产假15天；生育多胞胎的，每多生育1个婴儿，增加产假15天。

女职工怀孕未满4个月流产的，享受15天产假；怀孕满4个月流产的，享受42天产假。

第八条 女职工产假期间的生育津贴，对已经参加生育保险的，按照用人单位上年度职工月平均工资的标准由生育保险基金支付；对未参加生育保险的，按照女职工产假前工资的标准由用人单位支付。

女职工生育或者流产的医疗费用，按照生育保险规定的项目和标准，对已经参加生育保险的，由生育保险基金支付；对未参加生育保险的，由用人单位支付。

第九条 对哺乳未满1周岁婴儿的女职工，用人单位不得延长劳动时间或者安排夜班劳动。

用人单位应当在每天的劳动时间内为哺乳期女职工安排1小时哺乳时间；女职工生育多胞胎的，每多哺乳1个婴儿每天增加1小时哺乳时间。

第十条 女职工比较多的用人单位应当根据女职工的需要，建立女职工卫生室、孕妇休息室、哺乳室等设施，妥善解决女职工在生理卫生、哺乳方面的困难。

第十一条 在劳动场所，用人单位应当预防和制止对女职工的性骚扰。

第十二条 县级以上人民政府人力资源社会保障行政部门、安全生产监督管理部门按照各自职责负责对用人单位遵守本规定的情况进行监督检查。

工会、妇女组织依法对用人单位遵守本规定的情况进行监督。

第十三条 用人单位违反本规定第六条第二款、第七条、第九条第一款规定的，由县级以上人民政府人力资源社会保障行政部门责令限期改正，按照受侵害女职工每人1000元以上5000元以下的标准计算，处以罚款。

用人单位违反本规定附录第一条、第二条规定的，由县级以上人民政府安全生产监督管理部门责令限期改正，按照受侵害女职工每人1000元以上5000元以下的标准计算，处以罚款。用人单位违反本规定附录第三条、第四条规定的，由县级以上人民政府安全生产监督管理部门责令限期治理，处5万元以上30万元以下的罚款；情节严重的，责令停止有关作业，或者提请有关人民政府按照国务院规定的权限责令关闭。

第十四条 用人单位违反本规定，侵害女职工合法权益的，女职工可以依法投诉、举报、申诉，依法向劳动人事争议调解仲裁机构申请调解仲裁，对仲裁裁决不服的，依法向人民法院提起诉讼。

第十五条 用人单位违反本规定，侵害女职工合法权益，造成女职工损害的，依法给予赔偿；用人单位及其直接负责的主管人员和其他直接责任人员构成犯罪的，依法追究刑事责任。

第十六条 本规定自公布之日起施行。1988年7月21日国务院发布的《女职工劳动保护规定》同时废止。

附录：女职工禁忌从事的劳动范围

女职工禁忌从事的劳动范围

一、女职工禁忌从事的劳动范围：

（一）矿山井下作业；

（二）体力劳动强度分级标准中规定的第四级体力劳动强度的作业；

（三）每小时负重6次以上、每次负重超过20公斤的作业，或者间断负重、每次负重超过25公斤的作业。

二、女职工在经期禁忌从事的劳动范围：

（一）冷水作业分级标准中规定的第二级、第三级、第四级冷水作业；

（二）低温作业分级标准中规定的第二级、第三级、第四级低温作业；

（三）体力劳动强度分级标准中规定的第三级、第四级体力劳动强度的作业；

（四）高处作业分级标准中规定的第三级、第四级高处作业。

三、女职工在孕期禁忌从事的劳动范围：

（一）作业场所空气中铅及其化合物、汞及其化合物、苯、镉、铍、砷、氰化物、氮氧化物、一氧化碳、二硫化碳、氯、己内酰胺、氯丁二烯、氯乙烯、环氧乙烷、苯胺、甲醛等有毒物质浓度超过国家职业卫生标准的作业；

（二）从事抗癌药物、己烯雌酚生产，接触麻醉剂气体等的作业；

（三）非密封源放射性物质的操作，核事故与放射事故的应急处置；

（四）高处作业分级标准中规定的高处作业；

（五）冷水作业分级标准中规定的冷水作业；

（六）低温作业分级标准中规定的低温作业；

（七）高温作业分级标准中规定的第三级、第四级的作业；

（八）噪声作业分级标准中规定的第三级、第四级的作业；

（九）体力劳动强度分级标准中规定的第三级、第四级体力劳动强度的作业；

（十）在密闭空间、高压室作业或者潜水作业，伴有强烈振动的作业，或者需要频繁弯腰、攀高、下蹲的作业。

四、女职工在哺乳期禁忌从事的劳动范围：

（一）孕期禁忌从事的劳动范围的第一项、第三项、第九项；

（二）作业场所空气中锰、氟、溴、甲醇、有机磷化合物、有机氯化合物等有毒物质浓度超过国家职业卫生标准的作业。

劳动部关于颁发《未成年工特殊保护规定》的通知

（1994 年 12 月 9 日　劳部发〔1994〕498 号）

各省、自治区、直辖市劳动（劳动人事）厅（局），计划单列市劳动局；国务院各有关部委、直属机构：

根据《中华人民共和国劳动法》的有关规定，我部制定了《未成年工特殊保护规定》，现予以颁发，请按照执行，并将执行中的情况和问题及时反映给我部。

附件：1. 未成年工健康检查表

2. 未成年工登记表

（附件本书略）

未成年工特殊保护规定

第一条　为维护未成年工的合法权益，保护其在生产劳动中的健康，根据《中华人民共和国劳动法》的有关规定，制定本规定。

第二条　未成年工是指年满十六周岁，未满十八周岁的劳动者。

未成年工的特殊保护是针对未成年工处于生长发育期的特点，以及接受义务教育的需要，采取的特殊劳动保护措施。

第三条　用人单位不得安排未成年工从事以下范围的劳动：

（一）《生产性粉尘作业危害程度分级》国家标准中第一级以上的接尘作业；

（二）《有毒作业分级》国家标准中第一级以上的有毒作业；

（三）《高处作业分级》国家标准中第二级以上的高处作业；

（四）《冷水作业分级》国家标准中第二级以上的冷水作业；

（五）《高温作业分级》国家标准中第三级以上的高温作业；

（六）《低温作业分级》国家标准中第三级以上的低温作业；

（七）《体力劳动强度分级》国家标准中第四级体力劳动强度的作业；

（八）矿山井下及矿山地面采石作业；

（九）森林业中的伐木、流放及守林作业；

（十）工作场所接触放射性物质的作业；

（十一）有易燃易爆、化学性烧伤和热烧伤等危险性大的作业；

（十二）地质勘探和资源勘探的野外作业；

（十三）潜水、涵洞、涵道作业和海拔 三千米以上的高原作业（不包括世居高原者）；

（十四）连续负重每小时在六次以上并每次超过 20 公斤，间断负重每次超过 25 公斤的作业；

（十五）使用凿岩机、捣固机、气镐、气铲、铆钉机、电锤的作业；

（十六）工作中需要长时间保持低头、弯腰、上举、下蹲等强迫体位和动作频率每分钟大于五十次的流水线作业；

（十七）锅炉司炉。

第四条 未成年工患有某种疾病或具有某些生理缺陷（非残疾型）时，用人单位不得安排其从事以下范围的劳动：

（一）《高处作业分级》国家标准中第一级以上的高处作业；

（二）《低温作业分级》国家标准中第二级以上的低温作业；

（三）《高温作业分级》国家标准中第二级以上的高温作业；

（四）《体力劳动强度分级》国家标准中第三级以上体力劳动强度的作业；

（五）接触铅、苯、汞、甲醛、二硫化碳等易引起过敏反应的作业。

第五条 患有某种疾病或具有某些生理缺陷（非残疾型）的未成年工，是指有以下一种或一种以上情况者：

（一）心血管系统

1. 先天性心脏病；

2. 克山病；

3. 收缩期或舒张期二级以上心脏杂音。

（二）呼吸系统

1. 中度以上气管炎或支气管哮喘；

2. 呼吸音明显减弱；

3. 各类结核病；

4. 体弱儿，呼吸道反复感染者。

（三）消化系统

1. 各类肝炎；

2. 肝、脾肿大；

3. 胃、十二指肠溃疡；

4. 各种消化道疝。

（四）泌尿系统

1. 急、慢性肾炎；

2. 泌尿系感染。

（五）内分泌系统

1. 甲状腺功能亢进；

2. 中度以上糖尿病。

（六）精神神经系统

1. 智力明显低下；

2. 精神忧郁或狂暴。

（七）肌肉、骨骼运动系统

1. 身高和体重低于同龄人标准；

2. 一个及一个以上肢体存在明显功能障碍；

3. 躯干四分之一以上部位活动受限，包括强直或不能旋转。

（八）其它

1. 结核性胸膜炎；

2. 各类重度关节炎；

3. 血吸虫病；

4. 严重贫血，其血色素每升低于95克（9.5g/dL）。

第六条 用人单位应按下列要求对未成年工定期进行健康检查：

（一）安排工作岗位之前；

（二）工作满1年；

（三）年满18周岁，距前一次的体检时间已超过半年。

第七条 未成年工的健康检查，应按本规定所附《未成年工健康检查表》列出的项目进行。

第八条 用人单位应根据未成年工的健康检查结果安排其从事适合的劳动，对不能胜任原劳动岗位的，应根据医务部门的证明，予以减轻劳动量或安排其他劳动。

第九条 对未成年工的使用和特殊保护实行登记制度。

（一）用人单位招收使用未成年工，除符合一般用工要求外，还须向所在地的县级以上劳动行政部门办理登记。劳动行政部门根据《未成年工健康检查表》《未成年工登记表》，核发《未成年工登记证》。

（二）各级劳动行政部门须按本规定第三、四、五、七条的有关规定，审核体检情况和拟安排的劳动范围。

（三）未成年工须持《未成年工登记证》上岗。

（四）《未成年工登记证》由国务院劳动行政部门统一印制。

第十条 未成年工上岗前用人单位应对其进行有关的职业安全卫生教育、培训；未成年工体检和登记，由用人单位统一办理和承担费用。

第十一条 县级以上劳动行政部门对用人单位执行本规定的情况进行监督检查，对违反本规定的行为依照有关法规进行处罚。

各级工会组织对本规定的执行情况进行监督。

第十二条 省、自治区、直辖市劳动行政部门可以根据本规定制定实施办法。

第十三条 本规定自 1995 年 1 月 1 日起施行。

劳动和社会保障部办公厅对《关于童工问题的请示》的复函

（1998年8月13日　劳社厅函〔1998〕64号）

内蒙古自治区劳动厅：

你厅《关于童工问题的请示》（内劳监字〔1998〕5号）收悉，经研究，现函复如下：

《中华人民共和国未成年人保护法》第二十八条规定："任何组织和个人不得招用未满16周岁的未成年人"；《禁止使用童工规定》（国务院令第81号）第八条规定："文艺、体育和特种工艺单位，确需招用未满16周岁的文艺工作者、运动员和艺徒时，须报经县级以上（含县级，下同）劳动行政部门批准"。根据上述规定，除文艺、体育和特种工艺三个特殊行业外，其他用人单位（如汽车修理部等）招用未满16周岁的学徒工，无论这些学徒工是否获得经济收入，均应视为违法行为；劳动行政部门应根据国家关于禁止使用童工的有关法律规定，责令其改正，并给予行政处罚。

劳动和社会保障部等部门关于贯彻落实《禁止使用童工规定》的通知

（2003年4月18日　劳社部发〔2003〕9号）

各省、自治区、直辖市劳动和社会保障厅（局）、公安厅（局）、工商行政管理局、教育厅（教委）、卫生厅（局）、总工会、团委、妇联：

国务院重新制定的《禁止使用童工规定》（国务院令第364号）已经2002年9月18日国务院第63次常务会议通过，业已公布，自2002年12月1日起施行。新的《禁止使用童工规定》的制定实施，是实践“三个代表”重要思想的具体体现，对于整顿和规范市场经济秩序，保护少年儿童身心健康，维护少年儿童合法权益具有重要意义。为了全面落实《禁止使用童工规定》，严厉打击非法使用童工行为，现就贯彻实施的有关问题通知如下：

一、各有关部门应当高度重视，切实履行法定职责，在各自职责范围内做好对《禁止使用童工规定》执行情况的监督检查工作。

劳动保障部门应指导督促用人单位切实加强劳动合同管理，依法规范用工，建立录用人员核查登记制度；全面实行职业中介行政许可制度，规范职业中介行为，普遍推行劳动预备制度，严格把好就业准入关；督促用人单位严格按照国家工伤保险规定履行法定义务，完善工伤保险相关制度；加强劳动保障监察机构队伍建设，加大劳动保障监察执法力度，依法严厉打击使用童工的违法行为。

公安部门应加强对暂住人口的管理，配合劳动保障部门掌握本辖区内暂住人口中未成年人就业情况，积极配合有关部门严厉打击非法使用童工行为。

工商行政管理部门应加强监督管理，严把市场准入关，不得为未满16周岁的少年儿童发放个体工商户营业执照。根据劳动保障部门的提请，依法对非法使用童工的用人单位给予吊销营业执照的行政处罚。

教育部门应将《义务教育法》和《禁止使用童工规定》等法规纳入学校法制教育内容，加强九年义务教育的实施工作，加大扶持城乡贫困家庭儿童接受义务教育的力度，重视进城务工就业农民子女接受义务教育工作，做好女童教育工作。制定社会实践劳动的有关规定。采取切实措施保障义务教育阶段适龄少年儿童就学，加强学籍管理，防止学生流失和辍学，从源头上遏止童工的产生。

卫生部门应按照《职业病防治法》和《使用有毒物品作业场所劳动保护条例》的规定，加强对工作场所作业环境的监管，对在使用有毒物品的作业场所中使用童工的行为，要按照法律法规的规定认真查处。

工会、共青团、妇联等群团组织应加强对职工、妇女、儿童的法制宣传教育，增强未成年人父母或监护人的法制观念和未成年人的自我保护意识，积极配合政府职能部门加强对单位和个人非法使用童工情况的法律监督，依法维护未成年人的合法权益。

二、各地要结合实际情况，认真分析研究打击非法使用童工工作存在的问题，制定切实可行的工作计划，扎扎实实抓好《禁止使用童工规定》的贯彻落实。

（一）开展法规清理。各地要对照《禁止使用童工规定》，抓紧清理原有的地方规章政策，并结合地方实际制定具体实施办法，健全法规体系，为严厉打击非法使用童工工作提供有力的法律武器。

（二）建立协调机制。各地要按照《禁止使用童工规定》，加强对非法使用童工行为的综合治理，在当地政府领导下，建立以主管部门为主，各有关部门分工合作、相互配合的协调机制，以保证《禁止使用童工规定》的落实。

（三）加强监督检查。各地要在日常监督检查的基础上，定期组织各有关部门进行联合检查，检查情况于当年年底前上报劳动保障部，并抄送相关部门。

（四）发挥基层作用。乡镇、街道、村民委员会、居民委员会等基层政府和组织，应当通过宣传教育等多种手段，使广大不满16周岁的未成年人的父母或监护人清楚地认识到，保障其子女或被监护人的身心健康和接受义务教育，不得允许不满16周岁的未成年人被用人单位非法招用是其必须履行的法定义务。对允许非法招用的，要给予严肃的批评教育并及时向政府有关部门报告。要使打击非法使用童工行为的工作落到实处并覆盖全社会的各个角落。

（五）加强法制宣传。各地要通过有效方式使全社会都广泛了解《禁止使用童工规定》的内容，做到家喻户晓、人人皆知，增强用人单位和家长的法制观念，提高少年儿童的自我保护意识，形成全社会都来积极支持禁止和打击非法使用童工行为、关心和保护少年儿童成长发展的良好社会氛围。

三、全面准确把握并严格贯彻执行《禁止使用童工规定》。

（一）准确把握禁止使用童工的主体，掌握好有关政策界限。《禁止使用童工规定》第二条依据劳动法有关规定，对原规定使用童工的主体进一步予以明确，排除了不满16周岁的未成年人从事家庭劳动、家务劳动等未形成劳动关系的劳动，将禁止使用童工的主体限定为用人单位，即国家机关、社会团体、企业事业单位、民办非企业单位或者个体工商户。此外，第十三条规定，文艺、体育单位依法招用的不满16周岁的专业文艺工作者、运动员以及学校、其他教育机构、职业培训机构依法组织不满

16周岁的未成年人进行的教育实践劳动、职业技能培训劳动均不属于使用童工。各省、自治区、直辖市人民政府依据原规定的授权所制定的允许未满16周岁的未成年人从事的辅助性劳动的地方性规定，均应及时废止。

（二）建立用人单位招用人员登记核查制度，规范用工管理。《禁止使用童工规定》第四条规定，用人单位在招用人员时，必须核查被招用人员的身份证，并进行录用登记。录用登记的主要内容应当包括：被录用人姓名、性别、籍贯、出生年月等基本情况，居民身份证号码，个人劳动合同登记号码等基本情况。用人单位应当妥善保管录用人员的录用登记、核查等有关材料，接受政府职能部门的监督检查。对用人单位未按规定进行录用登记核查、未能妥善保管录用登记核查材料或者伪造录用登记核查材料的，一经查出，由劳动保障行政部门责令改正，并按照《禁止使用童工规定》第八条的规定进行处罚。

（三）加大对非法使用童工的处罚力度，严格执行处罚标准和执法纪律。在查处使用童工案件时，各级劳动保障行政部门必须严格按照《禁止使用童工规定》的有关罚款标准予以处罚，不得以任何理由减免。在具体处罚中，对使用童工不满1个月的，按1个月计算。

（四）加强劳动力市场清理整顿，打击非法职介。根据《禁止使用童工规定》，禁止任何单位或者个人为不满16周岁的未成年人介绍就业，对违反此规定者，由劳动保障行政部门吊销其职业介绍许可证。劳动保障行政部门应当切实履行职责，加强对劳动力市场的管理，规范职业中介行为。要全面实行职业中介行政许可制度，制定民办职业中介资格的标准和服务规范，加强对民办职业中介机构的审批和管理。对各种非法职业中介机构及违反本规定介绍不满16周岁的未成年人就业的行为，要坚决依法查处。同时，要加大日常监督检查工作力度，要求各类职业中介机构在服务场所公示合法证照、批准证书、服务项目、收费标准、监督机关名称和监督电话，向社会公布举报电话或设立投诉箱，接受社会的监督。

（五）做好对伤残童工的一次性赔偿工作，切实保障伤残童工的合法权益。根据《禁止使用童工规定》第十条第二款的规定，使用童工伤残或者死亡的，用人单位应当按照本规定承担一次性赔偿责任。劳动能力鉴定委员会应当对伤残童工进行劳动能力鉴定。一次性赔偿的具体办法由劳动保障部根据国家工伤保险有关规定制定。

（六）做好对文艺、体育单位招用不满 16 周岁的专业文艺工作者、运动员的管理工作，明确管理权限和职责分工。文艺、体育单位经未成年人的父母或者其他监护人同意招用不满 16 周岁的专业文艺工作者、运动员的，应当采取切实可行的措施，保障其身心健康和接受义务教育的权利。文艺、体育单位招用不满 16 周岁的专业文艺工作者、运动员，按文艺、体育单位的隶属关系，由劳动保障和文化、体育行政部门进行管理，具体管理办法另行制定。

（七）普遍推行劳动预备制度，提高公民的劳动素质。劳动预备制度的内容之一是国家通过职业学校和职业培训机构组织已完成九年义务教育、未能继续升学并且不满 16 周岁的城乡未成年人，参加 1—3 年的职业教育和职业培训，取得相应的职业资格证书或掌握一定的职业技能后再实现就业。各地应按照规定的要求，严格执行国家最低就业年龄的法定标准，全面实施就业准入的有关规定，普遍推行劳动预备制度。用人单位招收录用的人员必须达到法定就业年龄，对取得相应的职业学校学历证书、职业培训合格证书或职业资格证书的人员应优先录用。

山东省实施《女职工劳动保护规定》办法

（1991年8月23日　山东省人民政府令第22号）

第一条　为维护女职工的合法权益，减少和解决女职工在劳动和工作（以下统称劳动）中因生理特点造成的特殊困难，保护其健康，根据国务院《女职工劳动保护规定》（以下简称《规定》），结合我省实际情况，制定本办法。

第二条　本办法适用于我省境内一切国家机关、人民团体、企业、事业单位（以下统称单位）的女职工。

第三条　各单位应根据女职工的生理特点和所从事劳动的职业特点，改善劳动条件，加强劳动保护，做好对女职工的安全卫生教育和技术培训工作。

第四条　凡适合妇女从事劳动的单位，不得拒绝招收女职工。

第五条　凡有女职工的单位，对处于经期、孕期、产期、哺乳期、更年期的女职工应给予保护；女职工较多的单位，要确定专人负责女职工劳动保护工作。

第六条　不得在女职工怀孕期、产期、哺乳期降低其基本工资、解除劳动合同或无故将其转为待聘和富余人员。

第七条　禁止安排女职工从事因生理特点禁忌从事劳动范围的劳动。

女职工因生理特点禁忌从事的劳动范围，按劳动部《关于女职工禁忌从事劳动范围规定》执行。

第八条　女职工在月经期间，所在单位不得安排其从事高空、低温、冷水和国家规定的第三级体力劳动强度的劳动。从事这些劳动的女职工，月经期间应暂时调做其他工作。

对长久站立、行走劳动的女职工，因月经过多或痛经不能坚持劳动的，经医疗机构证明，给予公假1至2天。

第九条 女职工在怀孕期间，所在单位应遵守以下规定：

（一）不得安排其从事生产和使用危害女职工生理机能的有毒有害物质的作业和超过卫生防护要求的放射性作业以及经常攀高、弯腰、抬举、下蹲等容易引起流产、早产、畸胎的劳动。

对不能适应原劳动的，应根据县（市、区）级以上（含县级，下同）医疗机构的证明，予以减轻其劳动量或安排其他适宜的劳动。

（二）对怀孕7个月以上（含7个月）的女职工不得安排从事夜班和加班劳动，每天给予工间休息1小时，算作劳动时间。有定额考核的工种应扣除相应的劳动定额。上班确有困难且工作许可，经本人申请、单位批准，可休产前假60天，休假期间，其工资不低于基本工资的80%。

（三）怀孕女职工按卫生部门的规定，在劳动时间内进行产前检查的，算作劳动时间。有定额考核的工种应扣除相应的劳动定额。

第十条 女职工怀孕，在本单位的医疗机构或指定的医疗机构检查和分娩时，其检查费、接生费、手术费、住院费和药费由所在单位负担，费用由原医疗经费渠道开支。

第十一条 女职工产假时间按下列规定执行：

（一）女职工产假为90天，其中产前休假15天。难产的，增加15天。多胞胎生育的，每多生育1个婴儿，增加产假15天。晚育的，按《山东省计划生育条例》第二十八条规定，增加产假2个月。

（二）女职工怀孕不满4个月流产的，应根据医疗机构的意见，给予15到30天产假；怀孕4个月以上（含4个月）流产的，给予42天产假。

第十二条 女职工产假期满上班，应经1至2周的适应时间后，恢复其原劳动定额。因身体原因不能劳动的，经医疗机构证明，按患病的有关规定处理。

第十三条 女职工在哺乳期间，所在单位应遵守以下规定：

（一）有不满1周岁婴儿的女职工，每班劳动时间内给予两次哺乳（含人工喂养）时间，每次为30分钟，多胞胎生育的，每多哺乳1个婴儿，每次哺乳时间增加30分钟。每班劳动时间内的两次哺乳时间可以合并使用，哺乳时间和在本单位内哺乳往返途中时间算作劳动时间。有定额考核的工种应扣除相应的劳动定额。

女职工哺乳婴儿满1周岁后，如正值夏季的，单位可根据具体情况，适当延长哺乳期1至3个月；经县（市、区）级以上医疗机构诊断为体弱儿的，可适当延长哺乳时间，但以不超过半年为限。

（二）女职工在规定的哺乳期内，不得安排国家规定的哺乳期禁忌从事的劳动。

上班确有困难且工作许可，经本人申请，单位批准，可休半年以内哺乳假。休假期间，其工资不低于基本工资的80%。

第十四条 女职工因患有更年期综合症，经县（市、区）级以上医疗机构证明不能胜任现劳动的，所在单位应减轻其劳动量或暂时安排其他适宜的劳动。

第十五条 女职工在100人以上的单位，应设置女职工卫生室、孕妇休息室；女职工在40至100人的单位，设置简易温水箱及冲洗器；流动、分散工作的单位，发放单人自用冲洗用具。女职工浴室应实现淋浴化。

有5名以上哺乳婴儿的单位应建立哺乳室；有20名以上婴幼儿的单位建立托儿所或幼儿园。婴幼儿少不能自办托幼园所的单位，应采取联办等形式帮助女职工解决婴幼儿入托问题。

第十六条 各单位应切实做好女职工卫生保健工作。对女职工（含离退休女职工）至少每两年普查一次妇女病。在劳动时间内进行检查的算作劳动时间。

第十七条 女职工劳动保护的权益受到侵害时，有权向所在单位的主管部门或者当地劳动部门提出申诉。受理申诉的部门应在收到申诉书之日起 30 日内作处理决定；女职工对处理决定不服的，可在收到处理决定书之日起 15 日内向人民法院起诉。

第十八条 对认真执行《规定》和本办法，在女职工劳动保护工作中做出显著成绩的个人和单位，单位和主管部门应给予表彰和奖励。

第十九条 对违反《规定》和本办法，侵害女职工劳动保护权益的单位负责人及其直接责任人员，其所在单位的主管部门，应根据情节轻重，给予行政处分，并责令单位给予被侵害女职工合理的经济补偿；构成犯罪的，由司法机关依法追究刑事责任。

第二十条 各级劳动部门负责对本办法的执行进行检查。

各级卫生部门和工会、妇联组织有权对本办法的执行进行监督。

第二十一条 女职工违反国家有关计划生育规定和《山东省计划生育条例》的，其劳动保护，不适用本办法。

第二十二条 本办法由省劳动局负责解释。

第二十三条 本办法自公布之日起施行。一九六四年九月二日山东省人民委员会发布的《山东省女工保护工作暂行规定（草案）》同时废止。

山东省高温天气劳动保护办法

（2011年7月28日　山东省人民政府令第239号）

第一条　为了规范高温天气劳动保护工作，保障劳动者身体健康和生命安全，根据国家有关规定，结合本省实际，制定本办法。

第二条　本省行政区域内的企业、个体经济组织、民办非企业单位等组织（以下统称用人单位）在高温天气期间安排劳动者工作适用本办法。

国家机关、事业单位、社会团体在高温天气期间安排与之建立劳动关系的劳动者户外露天作业，参照本办法执行。

第三条　本办法所称高温天气是指县级以上气象主管机构所属气象台站发布的日最高气温达到35℃以上的天气。

第四条　各级人民政府应当加强对高温天气劳动保护工作的领导。

人力资源社会保障、卫生、安全生产监督管理、经济和信息化、住房城乡建设、水利、交通运输、海洋与渔业等部门根据各自职责，对高温天气劳动保护工作进行指导和监督检查。

电力、冶金、邮政、燃气等行业，根据各自行业特点，做好本行业的高温天气劳动保护工作。

工会组织依法对用人单位高温天气期间劳动保护措施实行监督。

第五条　县级以上人民政府应当建立高温天气预警预报制度，建立和完善气象灾害预警信息发布系统。气象主管机构所属的气象台站发布高温预警信号后，广播、电视、报纸、电信等媒体应当及时向公众传播。

第六条 用人单位应当建立健全防暑降温工作制度，落实相关措施，保障劳动者身体健康和生命安全。

第七条 用人单位在下列高温天气期间，应当合理安排工作时间，减轻劳动强度，采取有效措施，保障劳动者身体健康和生命安全：

（一）日最高气温达到40℃以上，当日应当停止工作；

（二）日最高气温达到37℃以上至40℃以下，全天户外露天作业时间不得超过5小时，11时至16时应当暂停户外露天作业；

（三）日最高气温达到35℃以上至37℃以下，用人单位应当采取换班轮休等方式，缩短连续作业时间，并且不得安排户外露天作业劳动者加班加点。

用人单位采取空调降温等措施，使工作场所温度低于33℃的，以及因行业特点不能停工或者因生产、人身财产安全和公众利益需要紧急处理的，不适用前款规定。

第八条 用人单位不得强迫劳动者在高温天气期间工作。

因高温停止工作、缩短工作时间，用人单位不得扣除或者降低劳动者工资。

第九条 用人单位应当对劳动者发放夏季防暑降温费，所需费用在成本费用中列支。

防暑降温费标准由省人力资源社会保障部门会同有关部门制定，并根据社会经济发展状况适时调整。

第十条 用人单位应当按照规定向在高温天气期间工作或者户外露天作业的劳动者供给足够的符合卫生标准的清凉饮料和含盐饮料；提供的清凉饮料等不能充抵防暑降温费。

第十一条 用人单位应当保证高温天气期间的生产环境安全，向劳动者提供必需的劳动保护设施和个人防护用品，并加强对劳动保护设施的维护和用品的管理工作。

第十二条 用人单位应当根据国家有关规定，合理布局生产现场，改进生产工艺和操作流程，采用良好的隔热、通风、降温设施，保证生产现场符合国家标准。

第十三条 用人单位应当对高温天气期间高温作业和露天作业劳动者进行职业健康检查，并建立或者记入劳动者健康档案。对患有心、肺、血管器质性疾病、持久性高血压、糖尿病、肺结核、中枢神经系统疾病等身体状况不适合高温环境的劳动者，以及孕期、哺乳期、年龄较大、体质较差的劳动者，应当在高温天气期间调整其工作地点或者工作岗位；确因工作需要不能调整的，应当在高温天气期间对其加强预防中暑和其他疾病的保护措施。

第十四条 用人单位应当对劳动者进行防暑和中暑急救的宣传教育，增强劳动者高温天气作业的自我劳动保护意识。

第十五条 用人单位应当改善劳动者高温天气期间的饮食卫生条件，防止夏季疾病流行。

第十六条 用人单位应当在高温工作环境下设立休息场所，并设有座椅，保持通风良好或者有空调等防暑降温设施。

第十七条 用人单位应当按照劳动者数量和高温天气作业情况，设立中暑紧急救助场所或者配备中暑救助人员。

第十八条 劳动者在高温天气期间因工作发生中暑的，用人单位应当安排劳动者停止作业，立即救治；发生重症中暑的，用人单位应当迅速采取有效措施，组织抢救，减少人员伤亡，并按照国家有关规定报告当地主管部门。认定为工伤的，依法享受工伤保险待遇。

第十九条 劳动者应当服从用人单位在高温天气期间合理调整作息时间或者工作岗位的安排。

第二十条 任何组织或者个人对违反本办法的行为有权向有关部门举报、投诉；新闻媒体对违反本办法的行为有权予以曝光。

第二十一条 违反本办法，用人单位具有下列行为之一的，由县级以上卫生行政部门责令改正；逾期未改正的，处以 2000 元以上 20000 元以下的罚款；构成犯罪的，依法追究刑事责任：

（一）未进行职业健康检查的；

（二）未建立劳动者健康档案的；

（三）未设立中暑紧急救助场所或者配备中暑救助人员的；

（四）提供的清凉饮料和含盐饮料不符合卫生标准的。

第二十二条 违反本办法，用人单位强迫劳动者在高温天气期间工作的，或者未按规定标准发放防暑降温费的，由县级以上人力资源社会保障部门责令改正；逾期未改正的，处以 2000 元以上 20000 元以下罚款；构成犯罪的，依法追究刑事责任。

第二十三条 其他气象灾害条件下，用人单位应根据县级以上气象主管机构所属气象台站发布的气象灾害预警信号及其防御指南，调整工作时间，保证安全生产，保障劳动者身体健康和生命安全。

第二十四条 本办法自公布之日起施行。

三、劳动保障监察

劳动保障监察条例

（2004年11月1日　国务院令第423号）

第一章　总　则

第一条　为了贯彻实施劳动和社会保障（以下称劳动保障）法律、法规和规章，规范劳动保障监察工作，维护劳动者的合法权益，根据劳动法和有关法律，制定本条例。

第二条　对企业和个体工商户（以下称用人单位）进行劳动保障监察，适用本条例。

对职业介绍机构、职业技能培训机构和职业技能考核鉴定机构进行劳动保障监察，依照本条例执行。

第三条　国务院劳动保障行政部门主管全国的劳动保障监察工作。县级以上地方各级人民政府劳动保障行政部门主管本行政区域内的劳动保障监察工作。

县级以上各级人民政府有关部门根据各自职责，支持、协助劳动保障行政部门的劳动保障监察工作。

第四条　县级、设区的市级人民政府劳动保障行政部门可以委托符合监察执法条件的组织实施劳动保障监察。

劳动保障行政部门和受委托实施劳动保障监察的组织中的劳动保障监察员应当经过相应的考核或者考试录用。

劳动保障监察证件由国务院劳动保障行政部门监制。

第五条　县级以上地方各级人民政府应当加强劳动保障监察工作。劳动保障监察所需经费列入本级财政预算。

第六条　用人单位应当遵守劳动保障法律、法规和规章，接受并配合劳动保障监察。

第七条 各级工会依法维护劳动者的合法权益，对用人单位遵守劳动保障法律、法规和规章的情况进行监督。

劳动保障行政部门在劳动保障监察工作中应当注意听取工会组织的意见和建议。

第八条 劳动保障监察遵循公正、公开、高效、便民的原则。

实施劳动保障监察，坚持教育与处罚相结合，接受社会监督。

第九条 任何组织或者个人对违反劳动保障法律、法规或者规章的行为，有权向劳动保障行政部门举报。

劳动者认为用人单位侵犯其劳动保障合法权益的，有权向劳动保障行政部门投诉。

劳动保障行政部门应当为举报人保密；对举报属实，为查处重大违反劳动保障法律、法规或者规章的行为提供主要线索和证据的举报人，给予奖励。

第二章 劳动保障监察职责

第十条 劳动保障行政部门实施劳动保障监察，履行下列职责：

（一）宣传劳动保障法律、法规和规章，督促用人单位贯彻执行；

（二）检查用人单位遵守劳动保障法律、法规和规章的情况；

（三）受理对违反劳动保障法律、法规或者规章的行为的举报、投诉；

（四）依法纠正和查处违反劳动保障法律、法规或者规章的行为。

第十一条 劳动保障行政部门对下列事项实施劳动保障

监察：

（一）用人单位制定内部劳动保障规章制度的情况；

（二）用人单位与劳动者订立劳动合同的情况；

（三）用人单位遵守禁止使用童工规定的情况；

（四）用人单位遵守女职工和未成年工特殊劳动保护规定的情况；

（五）用人单位遵守工作时间和休息休假规定的情况；

（六）用人单位支付劳动者工资和执行最低工资标准的情况；

（七）用人单位参加各项社会保险和缴纳社会保险费的情况；

（八）职业介绍机构、职业技能培训机构和职业技能考核鉴定机构遵守国家有关职业介绍、职业技能培训和职业技能考核鉴定的规定的情况；

（九）法律、法规规定的其他劳动保障监察事项。

第十二条 劳动保障监察员依法履行劳动保障监察职责，受法律保护。

劳动保障监察员应当忠于职守，秉公执法，勤政廉洁，保守秘密。

任何组织或者个人对劳动保障监察员的违法违纪行为，有权向劳动保障行政部门或者有关机关检举、控告。

第三章 劳动保障监察的实施

第十三条 对用人单位的劳动保障监察，由用人单位用工所在地的县级或者设区的市级劳动保障行政部门管辖。

上级劳动保障行政部门根据工作需要，可以调查处理下级劳动保障行政部门管辖的案件。劳动保障行政部门对劳动保障监察管辖发生争议的，报请共同的上一级劳动保障行政部门指定管辖。

省、自治区、直辖市人民政府可以对劳动保障监察的管辖制定具体办法。

第十四条 劳动保障监察以日常巡视检查、审查用人单位按照要求报送的书面材料以及接受举报投诉等形式进行。

劳动保障行政部门认为用人单位有违反劳动保障法律、法规或者规章的行为，需要进行调查处理的，应当及时立案。

劳动保障行政部门或者受委托实施劳动保障监察的组织应当设立举报、投诉信箱和电话。

对因违反劳动保障法律、法规或者规章的行为引起的群体性事件，劳动保障行政部门应当根据应急预案，迅速会同有关部门处理。

第十五条 劳动保障行政部门实施劳动保障监察，有权采取下列调查、检查措施：

（一）进入用人单位的劳动场所进行检查；

（二）就调查、检查事项询问有关人员；

（三）要求用人单位提供与调查、检查事项相关的文件资料，并作出解释和说明，必要时可以发出调查询问书；

（四）采取记录、录音、录像、照相或者复制等方式收集有关情况和资料；

（五）委托会计师事务所对用人单位工资支付、缴纳社会保险费的情况进行审计；

（六）法律、法规规定可以由劳动保障行政部门采取的其他调查、检查措施。

劳动保障行政部门对事实清楚、证据确凿、可以当场处理的违反劳动保障法律、法规或者规章的行为有权当场予以纠正。

第十六条 劳动保障监察员进行调查、检查，不得少于 2 人，并应当佩戴劳动保障监察标志、出示劳动保障监察证件。

劳动保障监察员办理的劳动保障监察事项与本人或者其近亲属有直接利害关系的，应当回避。

第十七条 劳动保障行政部门对违反劳动保障法律、法规或者规章的行为的调查，应当自立案之日起 60 个工作日内完成；对情况复杂的，经劳动保障行政部门负责人批准，可以延长 30 个工作日。

第十八条 劳动保障行政部门对违反劳动保障法律、法规或者规章的行为，根据调查、检查的结果，作出以下处理：

（一）对依法应当受到行政处罚的，依法作出行政处罚决定；

（二）对应当改正未改正的，依法责令改正或者作出相应的行政处理决定；

（三）对情节轻微且已改正的，撤销立案。

发现违法案件不属于劳动保障监察事项的，应当及时移送有关部门处理；涉嫌犯罪的，应当依法移送司法机关。

第十九条 劳动保障行政部门对违反劳动保障法律、法规或者规章的行为作出行政处罚或者行政处理决定前，应当听取用人单位的陈述、申辩；作出行政处罚或者行政处理决定，应当告知用人单位依法享有申请行政复议或者提起行政诉讼的权利。

第二十条 违反劳动保障法律、法规或者规章的行为在 2 年内未被劳动保障行政部门发现，也未被举报、投诉的，劳动保障行政部门不再查处。

前款规定的期限，自违反劳动保障法律、法规或者规章的行为发生之日起计算；违反劳动保障法律、法规或者规章的行为有连续或者继续状态的，自行为终了之日起计算。

第二十一条 用人单位违反劳动保障法律、法规或者规章，对劳动者造成损害的，依法承担赔偿责任。劳动者与用人单位就赔偿发生争议的，依照国家有关劳动争议处理的规定处理。

对应当通过劳动争议处理程序解决的事项或者已经按照劳动争议处理程序申请调解、仲裁或者已经提起诉讼的事项，劳动保障行政部门应当告知投诉人依照劳动争议处理或者诉讼的程序办理。

第二十二条 劳动保障行政部门应当建立用人单位劳动保障守法诚信档案。用人单位有重大违反劳动保障法律、法规或者规章的行为的，由有关的劳动保障行政部门向社会公布。

第四章 法律责任

第二十三条 用人单位有下列行为之一的，由劳动保障行政部门责令改正，按照受侵害的劳动者每人1000元以上5000元以下的标准计算，处以罚款：

（一）安排女职工从事矿山井下劳动、国家规定的第四级体力劳动强度的劳动或者其他禁忌从事的劳动的；

（二）安排女职工在经期从事高处、低温、冷水作业或者国家规定的第三级体力劳动强度的劳动的；

（三）安排女职工在怀孕期间从事国家规定的第三级体力劳动强度的劳动或者孕期禁忌从事的劳动的；

（四）安排怀孕7个月以上的女职工夜班劳动或者延长其工作时间的；

（五）女职工生育享受产假少于90天的；

（六）安排女职工在哺乳未满1周岁的婴儿期间从事国家规定的第三级体力劳动强度的劳动或者哺乳期禁忌从事的其他劳动，以及延长其工作时间或者安排其夜班劳动的；

（七）安排未成年工从事矿山井下、有毒有害、国家规定的第四级体力劳动强度的劳动或者其他禁忌从事的劳动的；

（八）未对未成年工定期进行健康检查的。

第二十四条 用人单位与劳动者建立劳动关系不依法订立劳动合同的，由劳动保障行政部门责令改正。

第二十五条 用人单位违反劳动保障法律、法规或者规章延长劳动者工作时间的，由劳动保障行政部门给予警告，责令限期改正，并可以按照受侵害的劳动者每人100元以上500元以下的标准计算，处以罚款。

第二十六条 用人单位有下列行为之一的，由劳动保障行政部门分别责令限期支付劳动者的工资报酬、劳动者工资低于当地最低工资标准的差额或者解除劳动合同的经济补偿；逾期不支付的，责令用人单位按照应付金额50%以上1倍以下的标准计算，向劳动者加付赔偿金：

（一）克扣或者无故拖欠劳动者工资报酬的；

（二）支付劳动者的工资低于当地最低工资标准的；

（三）解除劳动合同未依法给予劳动者经济补偿的。

第二十七条 用人单位向社会保险经办机构申报应缴纳的社会保险费数额时，瞒报工资总额或者职工人数的，由劳动保障行政部门责令改正，并处瞒报工资数额1倍以上3倍以下的罚款。

骗取社会保险待遇或者骗取社会保险基金支出的，由劳动保障行政部门责令退还，并处骗取金额1倍以上3倍以下的罚款；构成犯罪的，依法追究刑事责任。

第二十八条 职业介绍机构、职业技能培训机构或者职业技能考核鉴定机构违反国家有关职业介绍、职业技能培训或者职业技能考核鉴定的规定的，由劳动保障行政部门责令改正，没收违法所得，并处1万元以上5万元以下的罚款；情节严重的，吊销许可证。

未经劳动保障行政部门许可，从事职业介绍、职业技能培训或者职业技能考核鉴定的组织或者个人，由劳动保障行政部门、工商行政管理部门依照国家有关无照经营查处取缔的规定查处取缔。

第二十九条 用人单位违反《中华人民共和国工会法》，有下列行为之一的，由劳动保障行政部门责令改正：

（一）阻挠劳动者依法参加和组织工会，或者阻挠上级工会帮助、指导劳动者筹建工会的；

（二）无正当理由调动依法履行职责的工会工作人员的工作

岗位，进行打击报复的；

（三）劳动者因参加工会活动而被解除劳动合同的；

（四）工会工作人员因依法履行职责被解除劳动合同的。

第三十条 有下列行为之一的，由劳动保障行政部门责令改正；对有第（一）项、第（二）项或者第（三）项规定的行为的，处2000元以上2万元以下的罚款：

（一）无理抗拒、阻挠劳动保障行政部门依照本条例的规定实施劳动保障监察的；

（二）不按照劳动保障行政部门的要求报送书面材料，隐瞒事实真相，出具伪证或者隐匿、毁灭证据的；

（三）经劳动保障行政部门责令改正拒不改正，或者拒不履行劳动保障行政部门的行政处理决定的；

（四）打击报复举报人、投诉人的。

违反前款规定，构成违反治安管理行为的，由公安机关依法给予治安管理处罚；构成犯罪的，依法追究刑事责任。

第三十一条 劳动保障监察员滥用职权、玩忽职守、徇私舞弊或者泄露在履行职责过程中知悉的商业秘密的，依法给予行政处分；构成犯罪的，依法追究刑事责任。

劳动保障行政部门和劳动保障监察员违法行使职权，侵犯用人单位或者劳动者的合法权益的，依法承担赔偿责任。

第三十二条 属于本条例规定的劳动保障监察事项，法律、其他行政法规对处罚另有规定的，从其规定。

第五章 附 则

第三十三条 对无营业执照或者已被依法吊销营业执照，有劳动用工行为的，由劳动保障行政部门依照本条例实施劳动保障监察，并及时通报工商行政管理部门予以查处取缔。

第三十四条 国家机关、事业单位、社会团体执行劳动保障法律、法规和规章的情况，由劳动保障行政部门根据其职责，依照本条例实施劳动保障监察。

第三十五条 劳动安全卫生的监督检查，由卫生部门、安全生产监督管理部门、特种设备安全监督管理部门等有关部门依照有关法律、行政法规的规定执行。

第三十六条 本条例自 2004 年 12 月 1 日起施行。

关于实施《劳动保障监察条例》若干规定

（2004 年 12 月 31 日　劳动和社会保障部令第 25 号）

第一章　总　则

第一条　为了实施《劳动保障监察条例》，规范劳动保障监察行为，制定本规定。

第二条　劳动保障行政部门及所属劳动保障监察机构对企业和个体工商户（以下称用人单位）遵守劳动保障法律、法规和规章（以下简称劳动保障法律）的情况进行监察，适用本规定；对职业介绍机构、职业技能培训机构和职业技能考核鉴定机构进行劳动保障监察，依照本规定执行；对国家机关、事业单位、社会团体执行劳动保障法律情况进行劳动保障监察，根据劳动保障行政部门的职责，依照本规定执行。

第三条　劳动保障监察遵循公正、公开、高效、便民的原则。

实施劳动保障行政处罚坚持以事实为依据，以法律为准绳，坚持教育与处罚相结合，接受社会监督。

第四条　劳动保障监察实行回避制度。

第五条　县级以上劳动保障行政部门设立的劳动保障监察行政机构和劳动保障行政部门依法委托实施劳动保障监察的组织（以下统称劳动保障监察机构）具体负责劳动保障监察管理工作。

第二章　一般规定

第六条　劳动保障行政部门对用人单位及其劳动场所的日常

巡视检查，应当制定年度计划和中长期规划，确定重点检查范围，并按照现场检查的规定进行。

第七条 劳动保障行政部门对用人单位按照要求报送的有关遵守劳动保障法律情况的书面材料应进行审查，并对审查中发现的问题及时予以纠正和查处。

第八条 劳动保障行政部门可以针对劳动保障法律实施中存在的重点问题集中组织专项检查活动，必要时，可以联合有关部门或组织共同进行。

第九条 劳动保障行政部门应当设立举报、投诉信箱，公开举报、投诉电话，依法查处举报和投诉反映的违反劳动保障法律的行为。

第三章 受理与立案

第十条 任何组织或个人对违反劳动保障法律的行为，有权向劳动保障行政部门举报。

第十一条 劳动保障行政部门对举报人反映的违反劳动保障法律的行为应当依法予以查处，并为举报人保密；对举报属实，为查处重大违反劳动保障法律的行为提供主要线索和证据的举报人，给予奖励。

第十二条 劳动者对用人单位违反劳动保障法律、侵犯其合法权益的行为，有权向劳动保障行政部门投诉。对因同一事由引起的集体投诉，投诉人可推荐代表投诉。

第十三条 投诉应当由投诉人向劳动保障行政部门递交投诉文书。书写投诉文书确有困难的，可以口头投诉，由劳动保障监察机构进行笔录，并由投诉人签字。

第十四条 投诉文书应当载明下列事项：

（一）投诉人的姓名、性别、年龄、职业、工作单位、住所和联系方式，被投诉用人单位的名称、住所、法定代表人或者主要负责人的姓名、职务；

（二）劳动保障合法权益受到侵害的事实和投诉请求事项。

第十五条 有下列情形之一的投诉，劳动保障行政部门应当告知投诉人依照劳动争议处理或者诉讼程序办理：

（一）应当通过劳动争议处理程序解决的；

（二）已经按照劳动争议处理程序申请调解、仲裁的；

（三）已经提起劳动争议诉讼的。

第十六条 下列因用人单位违反劳动保障法律行为对劳动者造成损害，劳动者与用人单位就赔偿发生争议的，依照国家有关劳动争议处理的规定处理：

（一）因用人单位制定的劳动规章制度违反法律、法规规定，对劳动者造成损害的；

（二）因用人单位违反对女职工和未成年工的保护规定，对女职工和未成年工造成损害的；

（三）因用人单位原因订立无效合同，对劳动者造成损害的；

（四）因用人单位违法解除劳动合同或者故意拖延不订立劳动合同，对劳动者造成损害的；

（五）法律、法规和规章规定的其他因用人单位违反劳动保障法律的行为，对劳动者造成损害的。

第十七条 劳动者或者用人单位与社会保险经办机构发生的社会保险行政争议，按照《社会保险行政争议处理办法》处理。

第十八条 对符合下列条件的投诉，劳动保障行政部门应当在接到投诉之日起5个工作日内依法受理，并于受理之日立案查处：

（一）违反劳动保障法律的行为发生在2年内的；

（二）有明确的被投诉用人单位，且投诉人的合法权益受到侵害是被投诉用人单位违反劳动保障法律的行为所造成的；

（三）属于劳动保障监察职权范围并由受理投诉的劳动保障行政部门管辖。

对不符合第一款第（一）项规定的投诉，劳动保障行政部门应当在接到投诉之日起 5 个工作日内决定不予受理，并书面通知投诉人。

对不符合第一款第（二）项规定的投诉，劳动保障监察机构应当告知投诉人补正投诉材料。

对不符合第一款第（三）项规定的投诉，即对不属于劳动保障监察职权范围的投诉，劳动保障监察机构应当告诉投诉人；对属于劳动保障监察职权范围但不属于受理投诉的劳动保障行政部门管辖的投诉，应当告知投诉人向有关劳动保障行政部门提出。

第十九条 劳动保障行政部门通过日常巡视检查、书面审查、举报等发现用人单位有违反劳动保障法律的行为，需要进行调查处理的，应当及时立案查处。

立案应当填写立案审批表，报劳动保障监察机构负责人审查批准。劳动保障监察机构负责人批准之日即为立案之日。

第四章 调查与检查

第二十条 劳动保障监察员进行调查、检查不得少于 2 人。劳动保障监察机构应指定其中 1 名为主办劳动保障监察员。

第二十一条 劳动保障监察员对用人单位遵守劳动保障法律情况进行监察时，应当遵循以下规定：

（一）进入用人单位时，应佩戴劳动保障监察执法标志，出示劳动保障监察证件，并说明身份；

（二）就调查事项制作笔录，应由劳动保障监察员和被调查人（或其委托代理人）签名或盖章。被调查人拒不签名、盖章的，应注明拒签情况。

第二十二条 劳动保障监察员进行调查、检查时，承担下列义务：

（一）依法履行职责，秉公执法；

（二）保守在履行职责过程中获知的商业秘密；

（三）为举报人保密。

第二十三条 劳动保障监察员在实施劳动保障监察时，有下列情形之一的，应当回避：

（一）本人是用人单位法定代表人或主要负责人的近亲属的；

（二）本人或其近亲属与承办查处的案件事项有直接利害关系的；

（三）因其他原因可能影响案件公正处理的。

第二十四条 当事人认为劳动保障监察员符合本规定第二十三条规定应当回避的，有权向劳动保障行政部门申请，要求其回避。当事人申请劳动保障监察员回避，应当采用书面形式。

第二十五条 回避决定应在收到申请之日起3个工作日内作出。作出回避决定前，承办人员不得停止对案件的调查处理。对回避申请的决定，应当告知申请人。

承办人员的回避，由劳动保障监察机构负责人决定；劳动保障监察机构负责人的回避，由劳动保障行政部门负责人决定。

第二十六条 劳动保障行政部门实施劳动保障监察，有权采取下列措施：

（一）进入用人单位的劳动场所进行检查；

（二）就调查、检查事项询问有关人员；

（三）要求用人单位提供与调查、检查事项相关的文件资料，必要时可以发出调查询问书；

（四）采取记录、录音、录像、照相和复制等方式收集有关的情况和资料；

（五）对事实确凿、可以当场处理的违反劳动保障法律、法规或规章的行为当场予以纠正；

（六）可以委托注册会计师事务所对用人单位工资支付、缴纳社会保险费的情况进行审计；

（七）法律、法规规定可以由劳动保障行政部门采取的其他调查、检查措施。

第二十七条 劳动保障行政部门调查、检查时，有下列情形之一的可以采取证据登记保存措施：

（一）当事人可能对证据采取伪造、变造、毁灭行为的；

（二）当事人采取措施不当可能导致证据灭失的；

（三）不采取证据登记保存措施以后难以取得的；

（四）其他可能导致证据灭失的情形的。

第二十八条 采取证据登记保存措施应当按照下列程序进行：

（一）劳动保障监察机构根据本规定第二十七条的规定，提出证据登记保存申请，报劳动保障行政部门负责人批准；

（二）劳动保障监察员将证据登记保存通知书及证据登记清单交付当事人，由当事人签收。当事人拒不签名或者盖章的，由劳动保障监察员注明情况；

（三）采取证据登记保存措施后，劳动保障行政部门应当在7日内及时作出处理决定，期限届满后应当解除证据登记保存措施。

在证据登记保存期内，当事人或者有关人员不得销毁或者转移证据；劳动保障监察机构及劳动保障监察员可以随时调取证据。

第二十九条 劳动保障行政部门在实施劳动保障监察中涉及异地调查取证的，可以委托当地劳动保障行政部门协助调查。受委托方的协助调查应在双方商定的时间内完成。

第三十条 劳动保障行政部门对违反劳动保障法律的行为的调查，应当自立案之日起60个工作日内完成；情况复杂的，经劳动保障行政部门负责人批准，可以延长30个工作日。

第五章　案件处理

第三十一条　对用人单位存在的违反劳动保障法律的行为事实确凿并有法定处罚（处理）依据的，可以当场作出限期整改指令或依法当场作出行政处罚决定。

当场作出限期整改指令或行政处罚决定的，劳动保障监察员应当填写预定格式、编有号码的限期整改指令书或行政处罚决定书，当场交付当事人。

第三十二条　当场处以警告或罚款处罚的，应当按照下列程序进行：

（一）口头告知当事人违法行为的基本事实、拟作出的行政处罚、依据及其依法享有的权利；

（二）听取当事人的陈述和申辩；

（三）填写预定格式的处罚决定书；

（四）当场处罚决定书应当由劳动保障监察员签名或者盖章；

（五）将处罚决定书当场交付当事人，由当事人签收。

劳动保障监察员应当在2日内将当场限期整改指令和行政处罚决定书存档联交所属劳动保障行政部门存档。

第三十三条　对不能当场作出处理的违法案件，劳动保障监察员经调查取证，应当提出初步处理建议，并填写案件处理报批表。

案件处理报批表应写明被处理单位名称、案由、违反劳动保障法律行为事实、被处理单位的陈述、处理依据、建议处理意见。

第三十四条　对违反劳动保障法律的行为作出行政处罚或者行政处理决定前，应当告知用人单位，听取其陈述和申辩；法律、法规规定应当依法听证的，应当告知用人单位有权依法要求举行听证；用人单位要求听证的，劳动保障行政部门应当组织听证。

第三十五条 劳动保障行政部门对违反劳动保障法律的行为，根据调查、检查的结果，作出以下处理：

（一）对依法应当受到行政处罚的，依法作出行政处罚决定；

（二）对应当改正未改正的，依法责令改正或者作出相应的行政处理决定；

（三）对情节轻微，且已改正的，撤销立案。

经调查、检查，劳动保障行政部门认定违法事实不能成立的，也应当撤销立案。

发现违法案件不属于劳动保障监察事项的，应当及时移送有关部门处理；涉嫌犯罪的，应当依法移送司法机关。

第三十六条 劳动保障监察行政处罚（处理）决定书应载明下列事项：

（一）被处罚（处理）单位名称、法定代表人、单位地址；

（二）劳动保障行政部门认定的违法事实和主要证据；

（三）劳动保障行政处罚（处理）的种类和依据；

（四）处罚（处理）决定的履行方式和期限；

（五）不服行政处罚（处理）决定，申请行政复议或者提起行政诉讼的途径和期限；

（六）作出处罚（处理）决定的行政机关名称和作出处罚（处理）决定的日期。

劳动保障行政处罚（处理）决定书应当加盖劳动保障行政部门印章。

第三十七条 劳动保障行政部门立案调查完成，应在15个工作日内作出行政处罚（行政处理或者责令改正）或者撤销立案决定；特殊情况，经劳动保障行政部门负责人批准可以延长。

第三十八条 劳动保障监察限期整改指令书、劳动保障行政处理决定书、劳动保障行政处罚决定书应当在宣告后当场交付当事人；当事人不在场的，劳动保障行政部门应当在 7 日内依照《中华人民共和国民事诉讼法》的有关规定，将劳动保障监察限期整改指令书、劳动保障行政处理决定书、劳动保障行政处罚决定书送达当事人。

第三十九条 作出行政处罚、行政处理决定的劳动保障行政部门发现决定不适当的，应当予以纠正并及时告知当事人。

第四十条 劳动保障监察案件结案后应建立档案。档案资料应当至少保存 3 年。

第四十一条 劳动保障行政处理或处罚决定依法作出后，当事人应当在决定规定的期限内予以履行。

第四十二条 当事人对劳动保障行政处理或行政处罚决定不服申请行政复议或者提起行政诉讼的，行政处理或行政处罚决定不停止执行。法律另有规定的除外。

第四十三条 当事人确有经济困难，需要延期或者分期缴纳罚款的，经当事人申请和劳动保障行政部门批准，可以暂缓或者分期缴纳。

第四十四条 当事人对劳动保障行政部门作出的行政处罚决定、责令支付劳动者工资报酬、赔偿金或者征缴社会保险费等行政处理决定逾期不履行的，劳动保障行政部门可以申请人民法院强制执行，或者依法强制执行。

第四十五条 除依法当场收缴的罚款外，作出罚款决定的劳动保障行政部门及其劳动保障监察员不得自行收缴罚款。当事人应当自收到行政处罚决定书之日起 15 日内，到指定银行缴纳罚款。

第四十六条 地方各级劳动保障行政部门应当按照劳动保障部有关规定对承办的案件进行统计并填表上报。

地方各级劳动保障行政部门制作的行政处罚决定书，应当在 10 个工作日内报送上一级劳动保障行政部门备案。

第六章　附　则

第四十七条　对无营业执照或者已被依法吊销营业执照，有劳动用工行为的，由劳动保障行政部门依照本规定实施劳动保障监察。

第四十八条　本规定自 2005 年 2 月 1 日起施行。原《劳动监察规定》（劳部发〔1993〕167 号）、《劳动监察程序规定》（劳部发〔1995〕457 号）、《处理举报劳动违法行为规定》（劳动部令第 5 号，1996 年 12 月 17 日）同时废止。

重大劳动保障违法行为社会公布办法

（2016年9月1日　人力资源和社会保障部令第29号）

第一条　为加强对重大劳动保障违法行为的惩戒，强化社会舆论监督，促进用人单位遵守劳动保障法律、法规和规章，根据《劳动保障监察条例》《企业信息公示暂行条例》等有关规定，制定本办法。

第二条　人力资源社会保障行政部门依法向社会公布用人单位重大劳动保障违法行为，适用本办法。

第三条　人力资源社会保障行政部门向社会公布重大劳动保障违法行为，应当遵循依法依规、公平公正、客观真实的原则。

第四条　人力资源社会保障部负责指导监督全国重大劳动保障违法行为社会公布工作，并向社会公布在全国有重大影响的劳动保障违法行为。

省、自治区、直辖市人力资源社会保障行政部门负责指导监督本行政区域重大劳动保障违法行为社会公布工作，并向社会公布在本行政区域有重大影响的劳动保障违法行为。

地市级、县级人力资源社会保障行政部门依据行政执法管辖权限，负责本辖区的重大劳动保障违法行为社会公布工作。

第五条　人力资源社会保障行政部门对下列已经依法查处并作出处理决定的重大劳动保障违法行为，应当向社会公布：

（一）克扣、无故拖欠劳动者劳动报酬，数额较大的；拒不支付劳动报酬，依法移送司法机关追究刑事责任的；

（二）不依法参加社会保险或者不依法缴纳社会保险费，情节严重的；

（三）违反工作时间和休息休假规定，情节严重的；

（四）违反女职工和未成年工特殊劳动保护规定，情节严重的；

（五）违反禁止使用童工规定的；

（六）因劳动保障违法行为造成严重不良社会影响的；

（七）其他重大劳动保障违法行为。

第六条 向社会公布重大劳动保障违法行为，应当列明下列事项：

（一）违法主体全称、统一社会信用代码（或者注册号）及地址；

（二）法定代表人或者负责人姓名；

（三）主要违法事实；

（四）相关处理情况。

涉及国家秘密、商业秘密以及个人隐私的信息不得公布。

第七条 重大劳动保障违法行为应当在人力资源社会保障行政部门门户网站公布，并在本行政区域主要报刊、电视等媒体予以公布。

第八条 地市级、县级人力资源社会保障行政部门对本辖区发生的重大劳动保障违法行为每季度向社会公布一次。

人力资源社会保障部和省级人力资源社会保障行政部门每半年向社会公布一次重大劳动保障违法行为。

根据工作需要，对重大劳动保障违法行为可随时公布。

第九条 县级以上地方人力资源社会保障行政部门在向社会公布重大劳动保障违法行为之前，应当将公布的信息报告上一级人力资源社会保障行政部门。

第十条 人力资源社会保障行政部门应当将重大劳动保障违法行为及其社会公布情况记入用人单位劳动保障守法诚信档案，纳入人力资源社会保障信用体系，并与其他部门和社会组织依法依规实施信息共享和联合惩戒。

第十一条 用人单位对社会公布内容有异议的，由负责查处的人力资源社会保障行政部门自收到申请之日起 15 个工作日内予以复核和处理，并通知用人单位。

重大劳动保障违法行为处理决定被依法变更或者撤销的，负责查处的人力资源社会保障行政部门应当自变更或者撤销之日起 10 个工作日内，对社会公布内容予以更正。

第十二条 人力资源社会保障行政部门工作人员在重大劳动保障违法行为社会公布中滥用职权、玩忽职守、徇私舞弊的，依法予以处理。

第十三条 本办法自 2017 年 1 月 1 日起施行。

劳动部关于发布《劳动监察员管理办法》的通知

（1994年11月14日劳动部劳部发〔1994〕448号发布，根据2010年11月12日人力资源和社会保障部令第7号《关于废止和修改部分人力资源和社会保障规章的决定》修订）

各省、自治区、直辖市及计划单列市劳动（劳动人事）厅（局）：

为适应开展劳动监察工作的需要，加强劳动监察员管理工作，树立勤政廉政的好风气，建立一支政治素质、业务素质较高的劳动行政执法队伍，保障劳动法律、法规的贯彻实施，根据《中华人民共和国劳动法》有关监督检查人员的规定，我部制定了《劳动监察员管理办法》，现予发布，自1995年1月1日施行。

劳动监察员管理办法

第一条 为加强劳动监察员管理工作，规范劳动监察行为，提高劳动监察工作质量，保障劳动法律、法规的贯彻实施，根据《中华人民共和国劳动法》有关监督检查人员的规定，制定本办法。

第二条 县级以上各级人民政府劳动行政部门应按照本办法规定对劳动监察员进行管理和监督。

劳动安全卫生监察员管理工作，按照现行规定执行。

第三条 劳动监察员是县级以上各级人民政府劳动行政部门执行劳动监督检查公务的人员。

第四条 劳动监察员必须坚持严肃执法、文明执法原则，做到有法必依、执法必严、违法必究。

第五条 县级以上各级人民政府劳动行政部门根据工作需要配备专职劳动监察员和兼职劳动监察员。专职劳动监察员是劳动行政部门专门从事劳动监察工作的人员，兼职劳动监察员是劳动行政部门非专门从事劳动监察工作的人员。

兼职监察员，主要负责与其业务有关的单项监察，须对用人单位处罚时，应会同专职监察员进行。

第六条 劳动监察人员执行公务，有权进入用人单位了解遵守劳动法律、法规的情况，查阅必要的资料，并对劳动场所进行检查。

劳动监察人员执行公务，必须出示中华人民共和国劳动监察证件，秉公执法，并遵守有关规定。

第七条 劳动监察员应当具备以下任职条件：

（一）认真贯彻执行国家法律、法规和政策；

（二）熟悉劳动业务，熟练掌握和运用劳动法律、法规知识；

（三）坚持原则，作风正派，勤政廉洁；

（四）在劳动行政部门从事劳动行政业务工作 3 年以上，并经国务院劳动行政部门或省级劳动行政部门劳动监察专业培训合格。

第八条 劳动监察员培训工作应纳入劳动行政部门公务员培训计划，按照有关公务员培训规定办理。

第九条 劳动监察员的任命程序：

劳动行政部门专职劳动监察员的任命，由劳动监察机构负责提出任命建议并填写中华人民共和国劳动监察员审批表，经同级人事管理机构审核，报劳动行政部门领导批准；兼职劳动监察员的任命，由有关业务工作机构按规定推荐人选，并填写中华人民共和国劳动监察员审批表，经同级劳动监察机构和人事管理机构进行审核，报劳动行政部门领导批准。经批准任命的劳动监察员由劳动监察机构办理颁发中华人民共和国劳动监察证件手续。

劳动监察员任命后，地方各级劳动行政部门按照规定填写《中华人民共和国劳动监察证件统计表》，逐级上报省级劳动行政部门，由省级劳动行政部门汇总并报国务院劳动行政部门备案。

第十条 中华人民共和国劳动监察证件由国务院劳动行政部门统一监制。

第十一条 劳动监察员遗失劳动监察证件应立即向发证单位报告。发证单位应在报上登载启事声明作废。对遗失证件者，经发证机关审核后，予以补发。

劳动监察员调离原工作岗位，或不再直接承担劳动监察任务时，由任命机关免去任职，监察机构负责收回其监察证件，并交回发证机关注销。

第十二条 劳动监察员实行每3年进行一次考核验证制度。对经考核合格的换发新证，并按本办法第九条第二款规定填写报送《中华人民共和国劳动监察证件统计表》。

持证人未按规定考核验证或经考核不能胜任劳动监察工作的，注销其中华人民共和国劳动监察证件。

第十三条 各级劳动行政部门应建立劳动监察员培训制度，制定培训计划，按岗位技能要求，组织进行职业技能、专业理论知识等方面的培训，不断提高监察人员的政治素质和业务素质。

第十四条 劳动行政部门对模范执法、成绩优异的劳动监察员应当按照《中华人民共和国公务员法》给予奖励。

第十五条 应加强对劳动监察员的监督。对越权或非公务场合使用劳动监察证件，或利用职权谋取私利、违法乱纪的劳动监察人员，应给予批评教育；情节严重的，由任命机关撤销任命、收缴其劳动监察证件，并给予处分；触犯刑律的，由司法机关依法追究刑事责任。

第十六条 本办法自1995年1月1日起实行。

人力资源和社会保障部等部门关于加强对拒不支付劳动报酬案件查处工作的通知

（2012 年 1 月 14 日　人社部发〔2012〕3 号）

各省、自治区、直辖市高级人民法院、人民检察院、人力资源社会保障厅（局）、公安厅（局），新疆维吾尔自治区高级人民法院生产建设兵团分院，新疆生产建设兵团人民检察院、人力资源社会保障局、公安局：

为贯彻执行《中华人民共和国刑法修正案（八）》关于拒不支付劳动报酬罪的规定，完善劳动保障监察执法与刑事司法衔接制度，加大对拒不支付劳动报酬、侵害劳动者权益行为的打击力度，切实维护劳动者合法权益和社会公平正义，根据《中华人民共和国刑法》《中华人民共和国刑事诉讼法》《行政执法机关移送涉嫌犯罪案件的规定》等法律法规的有关规定，现就进一步加强涉及拒不支付劳动报酬案件查处和司法移送工作通知如下：

一、统一思想认识，高度重视拒不支付劳动报酬案件依法查处和司法移送工作，严惩劳动保障领域违法犯罪行为

当前，个别企业和个人有的有能力支付而不支付劳动者劳动报酬，有的通过转移财产、逃匿等方法逃避支付劳动者的劳动报酬，致使一些劳动者生活陷入困境，甚至引发群体性事件，严重侵害了劳动者的合法权益，影响社会和谐稳定。依法惩治拒不支付劳动报酬违法犯罪行为，保护劳动者合法权益，对于化解社会矛盾，保障社会和谐稳定，促进公平正义具有重要作用。建立劳动保障监察执法与刑事司法衔接工作制度是依法履行职责、捍卫劳动者合法权益的重要保证，是依法严厉打击拒不支付劳动报酬违法犯罪行为的必然要求。各级人民法院、人民检察院、人力资源社会保障部门、公安机关要进一步统一思想，高度重视，充分认识此类违法犯罪活动的严重性、危害性，增强政治责任感，密切分工协作，依法移送和查处拒不支付劳动报酬涉嫌犯罪案件，及时查办一批典型案件，有力打击拒不支付劳动报酬的犯罪行为，维护法律权威，保障劳动者的合法权益，促进劳动关系和谐稳定与社会公平正义。

二、切实履行职责，依法查处拒不支付劳动报酬违法犯罪案件

人力资源社会保障部门、公安机关、人民检察院、人民法院要按照有关规定，认真做好拒不支付劳动报酬行为涉嫌犯罪案件的调查、移交、侦办、审查批捕、审查起诉和审判，尽可能提高办案效率，并及时将有关情况进行通报。

人力资源社会保障部门要依法对用人单位遵守劳动保障法律、法规和规章的情况进行监督检查，通过各种检查方式监督用人单位劳动报酬支付情况，依法受理拖欠劳动报酬的举报、投诉。经调查，对违法事实清楚、证据确凿的，应当依法及时责令用人单位向劳动者支付劳动报酬。行为人逃匿的，人力资源社会保障部门可以在行为人住所地、办公地点、生产经营场所或者建筑施工项目所在地张贴责令支付的文书，或者采取将责令支付的文书送交其单位管理人员及近亲属等适当方式。对涉嫌犯罪的案件，应按照《行政执法机关移送涉嫌犯罪案件的规定》的要求，核实案情向本部门负责人报告并经同意后制作《涉嫌犯罪案件移送书》，在规定期限内将案件向同级公安机关移送，并抄送同级人民检察院备案。

公安机关对人力资源社会保障部门移送涉嫌犯罪的拒不支付劳动报酬案件，应依法及时审查决定是否立案。认为有犯罪事实，需要追究刑事责任的，依法立案，并及时查明犯罪事实，正确运用法律惩罚犯罪，保障劳动者的合法权益不受侵害。

人民检察院要依法及时做好此类案件的立案监督、审查批捕、审查起诉等检察工作，对工作中发现的职务犯罪线索应当认真审查，依法处理。

人民法院要依法及时受理、审理各类拖欠劳动报酬纠纷，对其中构成犯罪的，要坚决依法追究刑事责任。

公安机关、人民检察院、人民法院在案件审查过程中，可以告知劳动者有提起刑事附带民事诉讼的权利。

对不依法移送或者不依法办理涉嫌拒不支付劳动报酬犯罪案件的国家工作人员，要依法追究行政纪律责任；构成犯罪的，要依法追究刑事责任。

三、加强协调配合，做好拒不支付劳动报酬案件移送工作

人力资源社会保障部门向公安机关移送涉嫌犯罪案件，应当附有《涉嫌犯罪案件移送书》、涉嫌拒不支付劳动报酬犯罪案件调查报告、涉案的有关书证、物证及其他有关涉嫌犯罪的材料。在移送案件时已经作出行政处罚决定的，应当将行政处罚决定书一并抄送公安机关、人民检察院；未作出行政处罚决定的，原则上应当在公安机关决定不予立案或者撤销案件、人民检察院作出不起诉决定、人民法院作出无罪判决或者免予刑事处罚后，再决定是否给予行政处罚。

公安机关对人力资源社会保障部门移送的涉嫌拒不支付劳动报酬犯罪案件，应当予以受理，并在涉嫌犯罪案件移送书回执上签字。对于不属于本部门管辖的，应在受理后 24 小时内转送有管辖权的部门，并书面告知移送案件的人力资源社会保障部门。

公安机关作出立案或者不立案决定，应当在作出决定之日起 3 日内书面告知移送案件的人力资源社会保障部门。决定不立案的，应当同时退回案卷材料，并书面说明不立案的理由。

人力资源社会保障部门对于公安机关不予立案的决定有异议的，可以自接到通知后 3 日内向作出不予立案的公安机关提出复议，也可以建议检察机关依法进行立案监督。

在涉案人员众多、涉嫌跨区域犯罪、社会影响较大或涉嫌犯罪行为人故意销毁会计账簿、转移财产、逃匿、暴力抗拒执法等紧急情形下，人力资源社会保障部门应当及时通报公安机关，公安机关应当依法及时处置。

上级人力资源社会保障部门和公安机关应当对下级人力资源社会保障部门和公安机关执行本通知的情况进行督促检查，定期抽查案件查办情况，及时纠正案件移送工作中的问题和错误。

四、建立沟通机制，确保劳动保障监察执法与刑事司法工作有效衔接

在办理拒不支付劳动报酬案件的过程中，各级人力资源社会保障部门和人民法院、人民检察院、公安机关要加强沟通协调、通力合作，形成打击合力。各级人力资源社会保障部门要与当地人民法院、人民检察院、公安机关建立拒不支付劳动报酬案件移送的联系机制，加强联动配合，确保工作衔接顺畅，案件查处及时有力。要定期组织召开联席会议，互通查处违法犯罪行为以及劳动保障监察执法与刑事司法衔接工作的有关情况，研究解决衔接工作中存在的问题，提出加强衔接工作的措施，切实打击拒不支付劳动报酬的犯罪行为。要健全信息通报制度，通过简报、会议、网络等多种形式实现信息共享，推动劳动保障监察执法与刑事司法衔接工作深入开展。

五、加大宣传力度，及时公布拒不支付劳动报酬案件查处结果

各地要通过广播、电视、报刊、网络等多种渠道向社会广泛宣传拒不支付劳动报酬违法犯罪行为的危害，大力宣传依法打击拒不支付劳动报酬违法犯罪行为的决心。要支持新闻媒体开展舆论监督，畅通信息交流渠道，认真调查处理新闻媒体报道的拒不支付劳动报酬行为，做好相关案件的宣传报道和舆论引导工作，并依法将查处的严重违法犯罪案件向社会公布，达到惩处违法犯罪行为、震慑犯罪分子的目的。

附件：1. 涉嫌犯罪案件移送书

2. 不立案决定提请复议书

3. 立案监督建议书

（附件本书略）

人力资源和社会保障部关于印发《企业劳动保障守法诚信等级评价办法》的通知

（2016年7月25日　人社部规〔2016〕1号）

各省、自治区、直辖市及新疆生产建设兵团人力资源社会保障厅（局）：

现将《企业劳动保障守法诚信等级评价办法》印发给你们，请遵照执行。

企业劳动保障守法诚信等级评价办法

第一条　为增强劳动保障监察的针对性和效率，实行企业分类监管，督促企业遵守劳动保障法律规定，履行守法诚信义务，根据《劳动保障监察条例》有关规定，制定本办法。

第二条　企业劳动保障守法诚信等级评价是根据企业遵守劳动保障法律、法规和规章的情况，对企业进行劳动保障守法诚信等级评价的行为。

第三条　开展企业劳动保障守法诚信等级评价，应当根据事实，遵循依法、公正原则。

第四条　县级以上地方人力资源社会保障行政部门按照劳动保障监察管辖范围负责企业劳动保障守法诚信等级评价工作，由劳动保障监察机构负责组织实施，每年开展一次评价。

第五条　企业劳动保障守法诚信等级评价主要依据日常巡视检查、书面材料审查、举报投诉查处以及专项检查等劳动保障监察和其他有关工作中取得的企业上一年度信用记录进行。

开展企业劳动保障守法诚信等级评价应注意听取当地政府有关部门及工会组织的意见和建议。

第六条 人力资源社会保障行政部门根据下列情况对企业劳动保障守法诚信等级进行评价：

（一）制定内部劳动保障规章制度的情况；

（二）与劳动者订立劳动合同的情况；

（三）遵守劳务派遣规定的情况；

（四）遵守禁止使用童工规定的情况；

（五）遵守女职工和未成年工特殊劳动保护规定的情况；

（六）遵守工作时间和休息休假规定的情况；

（七）支付劳动者工资和执行最低工资标准的情况；

（八）参加各项社会保险和缴纳社会保险费的情况；

（九）其他遵守劳动保障法律、法规和规章的情况。

第七条 企业劳动保障守法诚信等级划分为A、B、C三级：

（一）企业遵守劳动保障法律、法规和规章，未因劳动保障违法行为被查处的，评为A级。

（二）企业因劳动保障违法行为被查处，但不属于C级所列情形的，评为B级。

（三）企业存在下列情形之一的，评为C级。

1. 因劳动保障违法行为被查处三次以上（含三次）的；

2. 因劳动保障违法行为引发群体性事件、极端事件或造成严重不良社会影响的；

3. 因使用童工、强迫劳动等严重劳动保障违法行为被查处的；

4. 拒不履行劳动保障监察限期整改指令、行政处理决定或者行政处罚决定的；

5. 无理抗拒、阻挠人力资源社会保障行政部门实施劳动保障监察的；

6. 因劳动保障违法行为被追究刑事责任的。

第八条 作出劳动保障守法诚信等级评价的人力资源社会保障行政部门可以适当方式将评价结果告知企业。

第九条 劳动保障守法诚信等级评价结果应归入企业劳动保障守法诚信档案，至少保留3年。

第十条 人力资源社会保障行政部门根据企业劳动保障守法诚信等级评价情况，对劳动保障监察管辖范围内的企业实行分类监管。

对于被评为A级的企业，适当减少劳动保障监察日常巡视检查频次。

对于被评为B级的企业，适当增加劳动保障监察日常巡视检查频次。

对于被评为C级的企业，列入劳动保障监察重点对象，强化劳动保障监察日常巡视检查。

第十一条 对于被评为C级的企业，人力资源社会保障行政部门应对其主要负责人、直接责任人进行约谈，敦促其遵守劳动保障法律、法规和规章。

第十二条 企业劳动保障守法诚信等级评价结果确定后，发生劳动保障违法行为需要降级的，作出评价的人力资源社会保障行政部门应当重新评价，及时调整其劳动保障守法诚信等级。

第十三条 人力资源社会保障行政部门应当与工商、金融、住房城乡建设、税务等部门和工会组织建立信用信息交换共享机制，对企业实行守信联合激励和失信联合惩戒。

第十四条 人力资源社会保障行政部门应当加强劳动保障监察管理信息系统建设，充分利用信息技术和手段，整合信息资源，提高企业劳动保障守法诚信等级评价工作效率。

第十五条 人力资源社会保障行政部门工作人员在企业劳动保障守法诚信等级评价工作中滥用职权、玩忽职守、徇私舞弊的，按照有关规定给予处分。

第十六条 对其他劳动保障监察对象开展劳动保障守法诚信

等级评价工作，依照本办法执行。

第十七条 省级人力资源社会保障行政部门可根据本办法和本地实际，制定实施办法。

第十八条 本办法自2017年1月1日起施行。

山东省劳动和社会保障监察条例

（2000年10月26日山东省第九届人民代表大会常务委员会第十七次会议通过，根据2012年1月13日山东省第十一届人民代表大会常务委员会第二十八次会议《关于修改〈山东省环境噪声污染防治条例〉等二十五件地方性法规的决定》修订）

第一章　总　则

第一条　为了依法规范劳动和社会保障行政执法行为，维护劳动者的合法权益，促进经济发展和社会稳定，根据《中华人民共和国劳动法》和有关法律、行政法规，结合本省实际，制定本条例。

第二条　县级以上人民政府劳动和社会保障行政部门对其管辖范围内的企业、民办非企业单位、个体经济组织以及与劳动者建立劳动合同关系的机关、事业组织、社会团体（以下统称用人单位）实施劳动和社会保障监察，适用本条例。

县级以上人民政府劳动和社会保障行政部门对机关、事业组织、社会团体遵守有关社会保障法律、法规的情况进行监察，依照本条例执行。

第三条　本条例所称劳动和社会保障监察，是指县级以上人民政府劳动和社会保障行政部门依法对用人单位遵守劳动和社会保障法律、法规的情况进行监督检查，并对违法行为依法作出处理的行政执法活动。

第四条　各级公安、工商、财政等有关行政部门，应当在各自的职权范围内协同劳动和社会保障行政部门做好劳动和社会保障监察工作。

第五条 劳动和社会保障监察应当遵循合法、公正、公开和教育与处罚相结合的原则，及时、准确地查处违反劳动和社会保障法律、法规的行为。

第六条 各级工会组织应当依法维护劳动者的合法权益，对用人单位遵守劳动和社会保障法律、法规的情况进行监督。

任何组织和个人对违反劳动和社会保障法律、法规的行为，有权向劳动和社会保障行政部门检举或者控告，其合法权益依法受到保护。

第七条 劳动和社会保障监察工作所需经费列入同级财政预算。

第二章 监察管辖与职责

第八条 省劳动和社会保障行政部门负责对中央所属、省属用人单位及与之合资、合作企业和外省、部队驻鲁用人单位实施劳动和社会保障监察。

设区的市和县（市、区）劳动和社会保障行政部门的监察管辖范围，由设区的市人民政府确定。

第九条 下级劳动和社会保障行政部门认为情况复杂或者影响重大的案件，可以提请上一级劳动和社会保障行政部门查处。上级劳动和社会保障行政部门认为必要时，可以直接查处应当由下级劳动和社会保障行政部门管辖的案件，也可以将自己管辖的案件委托或者交由下级劳动和社会保障行政部门查处。

第十条 对劳动和社会保障监察管辖发生争议的，报请共同的上一级劳动和社会保障行政部门指定管辖。

第十一条 劳动和社会保障行政部门履行下列监察职责：

（一）宣传、贯彻执行劳动和社会保障法律、法规；

（二）监督检查用人单位遵守劳动和社会保障法律、法规的情况；

（三）受理对违反劳动和社会保障法律、法规行为的检举或者控告；

（四）依法纠正和查处违反劳动和社会保障法律、法规的行为；

（五）法律、法规规定的其他监察职责。

第十二条 劳动和社会保障监察人员有权进入用人单位进行现场检查，查阅、复制有关资料，对现场进行拍摄、录音，询问有关人员，调取有关资料。被检查单位应当给予协助，不得阻挠、拒绝。

第十三条 劳动和社会保障监察人员应当熟悉劳动和社会保障业务，掌握有关法律知识，坚持原则，秉公执法。

劳动和社会保障监察人员不得披露被检查单位的商业秘密和技术秘密。

劳动和社会保障监察人员应当为举报人员保密。

第三章 监察内容与方式

第十四条 劳动和社会保障监察的内容是：

（一）制定劳动管理规章制度情况；

（二）招用劳动者情况；

（三）订立、履行劳动合同和集体合同情况；

（四）遵守工作时间和休息、休假制度情况；

（五）支付劳动报酬情况；

（六）遵守女职工、未成年工和残疾人员特殊保护规定情况；

（七）遵守国家有关安置人员规定情况；

（八）遵守职业介绍规定情况；

（九）遵守职业培训以及职业技能鉴定规定情况；

（十）遵守社会保险规定情况；

（十一）承办境外承包工程、对外劳务合作、公民个人出境就业的机构维护境外就业人员合法权益的情况；

（十二）法律、法规规定的其他内容。

第十五条 劳动和社会保障监察采取日常检查、专项检查、举报专查以及年度检查等方式。

除国家另有规定以及劳动和社会保障行政部门有理由认为用人单位存在违法行为或者违法嫌疑外，对同一用人单位的日常检查每年一般不超过两次，专项检查每年一般不超过一次。

劳动和社会保障行政部门没有法律、法规依据或者超越管辖权限对用人单位进行检查的，用人单位有权拒绝检查。

第四章 监察程序

第十六条 劳动和社会保障行政部门在实施专项检查和年度检查时，按照下列程序进行：

（一）制定监督检查方案；

（二）确定检查人员；

（三）实施监督检查；

（四）提出检查结果的报告和处理建议。

劳动和社会保障行政部门进行日常检查和举报专查时，可以直接派出检查人员进行监督检查。

第十七条 劳动和社会保障行政部门进行监察时，应当遵守下列规定：

（一）有两名以上的监察人员共同进行。监察人员应当着装整齐，佩戴执法标志，并出示执法证件。

（二）告知被检查单位监察的内容、要求和方法。

（三）询问或者现场检查应当制作笔录。笔录应当由监察人员和被询问人或者被检查单位的有关人员签名或者盖章。被询问人或者被检查单位的有关人员拒绝签名或者盖章的，应当注明拒绝事由。

劳动和社会保障行政部门可以根据需要向用人单位下达询问通知书，用人单位应当按照询问通知书的要求接受询问或者作出书面答复。

第十八条 劳动和社会保障行政部门根据监督检查结果，依照下列规定分别作出处理：

（一）用人单位的违法行为轻微，在一定期限内能够改正，依法可以不给予行政处罚的，应当责令改正；

（二）用人单位的违法行为依法应当给予行政处理或者行政处罚的，应当立案，并依照有关法律、法规的规定和本条例规定的程序给予行政处理或者行政处罚。

第十九条 劳动和社会保障行政部门作出行政处理决定，应当遵守下列程序：

（一）立案；

（二）调查；

（三）决定；

（四）制作行政处理决定书；

（五）送达。

第二十条 劳动和社会保障行政部门作出行政处罚决定的程序，依照《中华人民共和国行政处罚法》的规定执行。

第二十一条 劳动和社会保障行政部门对违法行为的查处，应当自立案之日起三十日内结案；情况复杂确实需要延长的，经劳动和社会保障行政部门负责人批准，可以适当延长，但延长时间最多不得超过三十日。

第二十二条 劳动和社会保障行政部门制作的行政处理决定书或者行政处罚决定书，应当自送达当事人之日起十日内报送上一级劳动和社会保障行政部门备案。

第二十三条 劳动和社会保障监察人员在监察过程中与当事人有直接利害关系的，应当回避。

第五章　法律责任

第二十四条 用人单位违反国家规定，延长劳动者工作时间的，由劳动和社会保障行政部门给予警告，责令改正，并可以处以三千元以上三万元以下的罚款。

第二十五条 用人单位非法招用未满十六周岁的未成年人或者违反国家对女职工和未成年工保护规定，侵害其合法权益的，由劳动和社会保障行政部门责令改正，处以三千元以上五万元以下的罚款。

第二十六条 用人单位违反国家有关规定裁减人员的，由劳动和社会保障行政部门责令改正，处以一万元以上五万元以下的罚款。

第二十七条 违反国家职业培训规定，未经批准擅自开办职业培训机构或者滥发培训证书、职业资格证书的，由劳动和社会保障行政部门予以取缔或者责令改正；有违法所得的，没收违法所得。

第二十八条 用人单位有下列行为之一的，由劳动和社会保障行政部门责令改正，对单位可以处以五千元以上三万元以下的罚款，对直接负责的主管人员和其他直接责任人员可以处以五百元以上五千元以下的罚款：

（一）未按照询问通知书要求接受询问或者不提供有关资料的；

（二）拒绝参加劳动和社会保障年度检查的；

（三）隐瞒事实真相，伪造、变造有关账册、材料或者隐匿毁灭证据的；

（四）打击报复证人和监察人员的。

第二十九条 用人单位阻挠劳动和社会保障监察人员依法行使监察职权或者打击报复举报人员的，由劳动和社会保障行政部门处以五千元以上三万元以下的罚款。

第三十条 用人单位未按照国家规定缴纳社会保险费的，由社会保险费征收机构责令限期缴纳，并依法予以处理。

用人单位违反国家社会保险费征缴规定的，由劳动和社会保障行政部门依照有关法律、法规给予行政处罚。

第三十一条 对用人单位和社会保险经办机构其他侵犯劳动者合法权益行为的行政处理或者行政处罚，依照有关法律、法规的规定执行。

第三十二条 劳动和社会保障行政部门违反行政处罚法和本条例规定程序作出的行政处罚决定和行政处理决定不能成立。

第三十三条 当事人对行政处罚决定或者行政处理决定不服的，可以依法申请行政复议或者提起行政诉讼。当事人在法定限期内不申请行政复议也不提起行政诉讼又不履行行政处罚决定或者行政处理决定的，由作出该决定的劳动和社会保障行政部门依法申请人民法院强制执行。

第三十四条 劳动和社会保障监察人员违反本条例，有下列行为之一的，由所在单位给予批评教育或者依法给予行政处分：

（一）违反本条例规定的程序收集证据的；

（二）应当提出回避而未提出的；

（三）向外界披露被检查单位的商业秘密和技术秘密的；

（四）泄露举报人员的；

（五）索取、收受被检查单位贿赂的；

（六）其他违反本条例的行为。

第三十五条 违反本条例规定，构成犯罪的，由司法机关依法追究刑事责任。

第六章 附 则

第三十六条 职业安全监察、矿山安全监察、职业卫生监察、特种设备安全监察，由其主管部门按照各自职责，依照有关法律、法规的规定执行。

第三十七条 本条例自公布之日起施行。1995 年 3 月 8 日山东省人民政府发布的《山东省劳动监察办法》同时废止。

山东省人民政府办公厅关于进一步加强和改进劳动保障监察工作的意见

（2012年2月6日　鲁政办发〔2012〕8号）

各市人民政府，各县（市、区）人民政府，省政府各部门、各直属机构，各大企业，各高等院校：

为深入贯彻落实《中华人民共和国劳动法》《中华人民共和国劳动合同法》《中华人民共和国社会保险法》《劳动保障监察条例》（国务院令第423号）、《山东省劳动和社会保障监察条例》等法律法规，维护劳动者合法权益，着力保障和改善民生，确保社会和谐稳定，经省政府同意，现就进一步加强和改进劳动保障监察工作提出如下意见：

一、充分认识加强劳动保障监察工作的重要性

劳动保障监察是保证劳动保障法律法规贯彻落实、维护劳动者合法权益、促进劳动关系和谐稳定的一项重要行政执法工作。近年来，全省各地不断加大劳动保障监察力度，及时查处各类劳动保障违法行为，切实维护劳动者合法权益，促进了经济发展和社会稳定。但随着我省进入深化改革开放、加快经济发展方式转变的攻坚期，一些深层次矛盾逐渐显现，利益格局分化、利益主体多元、利益诉求多样的态势更为明显。一些用人单位依法用工意识淡薄，不签订劳动合同、拖欠劳动者工资、安排劳动者超时加班、不依法参加社会保险等违法行为时有发生；个别地方出现了因要求增加工资、改善劳动条件引发的停工事件，劳资矛盾日益突出，维护劳动者合法权益和协调劳动关系的任务十分艰巨。各级、各有关部门要站在落实科学发展观和构建社会主义和谐社会的高度，充分认识新形势下加强劳动保障监察工作的重要性，切实加强组织领导，完善工作机制，认真研究解决劳动保障监察工作中存在的问题，逐步实现监管范围从城镇为主向统筹城乡转变，监管模式从被动反应向主动预防转变，切实维护广大劳动者合法权益，促进劳动关系和谐与社会稳定。

二、建立健全劳动保障监察监管机制

各级人力资源社会保障部门要牢固树立依法行政观念，认真贯彻劳动保障法律法规，建立健全各项监察执法制度，形成以预防违法为基础、重点查处为手段、维权维稳为目标的执法工作格局，提高劳动保障监察执法的科学性和实效性。要充分发挥日常巡查和书面审查的基础作用，建立日常巡查目标管理制度，增强书面审查信息化手段，提高源头预防和主动查处的有效性；要进一步提高举报投诉案件的查处效率，完善群众来访、来电、来信等举报投诉处理措施，确保举报投诉渠道畅通；要加大对突出违法行为的查处力度，针对不同时期、不同领域存在的拖欠劳动者工资、不签订劳动合同、不按规定参加社会保险等突出问题，适时组织开展专项执法检查，切实保障《劳动合同法》《就业促进法》《社会保险法》等法律法规的贯彻实施；要加强重大劳动保障违法案件的查处工作，对上级交办、媒体曝光以及严重侵害劳动者合法权益的违法案件，要落实案件查处责任，完善应急处置机制，及时发现、准确研判、快速反应、严肃查处；要进一步完善劳动保障监察“一体执法”工作方法，落实好劳动保障监察机构在执法中的主体地位和牵头、协调作用，坚决杜绝多头执法、重复检查；要建立举报奖励制度和重大违法行为社会公布制度，充分发挥社会和舆论监督的作用，督促用人单位自觉纠正违法行为；要深化企业劳动保障诚信制度建设，引导企业增强社会责任意识，树立自我约束、自觉规范、诚信守法的用工理念，指导和帮助企业构建和谐稳定的劳动关系。

三、切实加强劳动保障监察能力建设

（一）加强劳动保障监察队伍建设。县级以上人民政府要通过整合现有执法资源，规范劳动保障监察机构设置，配齐与工作任务相适应的劳动保障监察人员，保持劳动保障监察员的相对稳定，切实解决劳动保障监察执法力量不足的问题。要建立和完善劳动保障监察员录用、培训、考核、管理和激励制度，加强其资格培训和更新知识培训，不断提高监察执法人员的专业化水平。要加强劳动保障监察机构的工作作风建设和勤政廉政教育，提高劳动保障监察员忠于职守、严肃纪律、秉公执法的意识，建设一支精神风貌好、业务素质强、执法效率高的劳动保障监察队伍。

（二）落实劳动保障监察工作经费。县级以上人民政府要按照《劳动保障监察条例》（国务院令第423号）等有关规定，将劳动保障监察办公经费、办案经费等列入同级财政预算，不断改善办案条件，提高劳动保障监察执法队伍快速反应和应对突发事件的能力，确保高效履行职责。

（三）完善劳动保障监察工作监督机制。各级人力资源社会保障部门要健全工作目标管理和执法责任制度，完善执法程序，规范执法行为，推行劳动保障监察政务公开和服务承诺制，公开执法依据、程序、期限和职责。要建立公开、公平、公正的评议考核制度，严格落实执法责任制和错案追究制，主动接受社会监督。要严格实行案件调查、审核、决定“三分离”制度和行政处罚集体研究决定制度、重大处罚决定听证制度，正确行使自由裁量权，依法保障用人单位和劳动者的陈述权、申辩权和获得救济权，尊重、保护劳动者和用人单位的合法权益，坚决杜绝以权谋私、越权执法和行政不作为。

四、全面推进劳动保障监察网格化和网络化管理

劳动保障监察网格化和网络化（简称“两网化”）管理工作，是转变监察执法模式、提升监察水平的重要举措。按照《国务院办公厅转发人力资源和社会保障等部门关于进一步促进

劳动关系和谐稳定意见的通知》（国办发〔2010〕40号）关于加强劳动保障监察“网格化、网络化”建设的要求，“十二五”期间各地要按照“三步走”的发展规划，实现劳动保障监察“两网化”管理全覆盖。第一步到2012年年底，“两网化”管理覆盖70%的设区城市和50%的县（市、区）；第二步到2013年年底，覆盖到全省设区城市以及70%的县（市、区）、50%的乡镇（街道）；第三步到2014年年底，在全省乡镇（街道）基本实现劳动保障监察“两网化”管理全覆盖。各地要切实加强对“两网化”管理工作的组织领导，按照人力资源社会保障部《关于进一步推进劳动保障监察两网化管理工作的意见》（人社部发〔2011〕79号）要求，制定本地区“两网化”管理工作实施方案。人力资源社会保障、发展改革、财政等有关部门要积极协调配合，通过财政资金支持、政府购买服务和开发公益性岗位等形式，建立和充实监察协管员队伍。合理利用财政资金及金保工程建设经费，加快建设监察管理信息系统。各地要将“两网化”管理工作经费及装备纳入财政预算，为乡镇（街道）“两网化”管理提供必需的工作场所等工作条件。要加强“两网化”管理与基层公共服务平台的整合，利用基层公共服务平台资源，为劳动保障监察“两网化”管理工作的发展提供支持。

五、加强组织领导，健全部门协调配合机制

（一）加强组织领导，落实工作责任。各级政府、各有关部门要站在落实科学发展观和构建社会主义和谐社会的高度，充分认识新形势下加强劳动保障监察工作的重要意义，加强对劳动保障监察工作的领导，定期研究解决劳动保障监察工作中遇到的困难和问题，为劳动保障监察执法创造良好的外部环境。各级政府对本行政区域内的重大劳动保障违法案件及引发的群体性事件负总责，要加强督导，保证依法高效处理。因不当干预导致违法行为和群体性事件得不到及时查处和制止，造成严重后果的，要依法追究有关负责人和直接责任人的责任。各级要建立欠薪应急周转金和企业工资保障金制度，积极探索各种有效的方式、方法，完善解决企业拖欠职工工资问题的长效机制。

（二）建立各部门职责明确、协作配合的综合治理机制。各有关部门要进一步明确责任，认真履行职责，加强协调配合，形成维护劳动者合法权益的综合治理机制。住房城乡建设、交通运输、水利等部门要发挥好职能作用，认真履行对本行业主管项目和企业的监管职责，确保各项防止拖欠措施落实到位，处理好建设领域拖欠工程款及企业拖欠农民工工资问题；公安部门要积极配合有关部门查处欠薪逃匿、使用童工、强迫劳动、妨碍执行公务等违法行为，妥善处置由此引发的群体性事件，对黑恶势力参与的“恶意讨薪”行为依法予以打击；工商行政管理部门要依法对无证照违法经营主体进行取缔；人力资源社会保障部门要加强组织协调，依法查处违反劳动保障法律法规的行为。对拒不支付劳动报酬、使用童工、强迫劳动、妨碍执行公务、骗取社会保险待遇或者社会保险基金等，情节严重构成犯罪的，依法追究刑事责任。通过各方面的共同努力，进一步推动我省劳动保障监察工作健康、科学发展，促进劳动关系和谐稳定。

山东省人力资源和社会保障厅等部门关于做好我省涉嫌拒不支付劳动报酬犯罪案件查处衔接工作的通知

（2015年3月31日　鲁人社发〔2015〕17号）

各市中级人民法院、人民检察院、人力资源社会保障局、公安局、济南铁路运输中级法院：

现将最高人民法院、最高人民检察院、人力资源社会保障部、公安部《关于加强涉嫌拒不支付劳动报酬犯罪案件查处衔接工作通知》（人社部发〔2014〕100号）转发给你们，并结合我省实际，就做好涉嫌拒不支付劳动报酬犯罪案件查处衔接工作有关事宜明确如下：

一、各级各有关部门要通过召开座谈会、举办培训班、典型案例分析等方式，组织相关业务经办人员深入学习掌握涉及拒不支付劳动报酬罪的相关法律规定，正确理解适用法律条文，做好案件的调查和证据收集等工作，提高案件的办理质量。

二、各级各有关部门要通过广播、电视、报刊、网络等多种渠道，进一步向社会广泛宣传刑法修正案（八）和司法解释有关拒不支付劳动报酬罪的相关规定，让广大用人单位和劳动者知法、懂法、守法、用法，形成预防和打击恶意欠薪犯罪的良好舆论氛围。

三、各级人力资源社会保障部门要依法对用人单位遵守劳动保障法律、法规和规章的情况进行监督检查。通过检查，监督用人单位劳动报酬支付情况，依法受理拖欠劳动报酬的举报、投诉。对涉嫌犯罪的案件，在证据适用方面要加强与公安机关的沟通协调，调查取证要做到事实清楚、证据确凿，按照《行政执法机关移送涉嫌犯罪案件的规定》的要求，严格依照法定程序制作《涉嫌犯罪案件移送书》，在规定期限内将案件向同级公安机关移送，并抄送同级人民检察院备案。严禁不移送或者逾期不移送涉嫌拒不支付劳动报酬案件。

四、各级公安机关对涉嫌拒不支付劳动报酬犯罪案件应及时审查，做到应立案尽立案。立案后，要及时侦办，查明犯罪事实，保障劳动者的合法权益。

五、各级人民检察院要依法及时履行对拒不支付劳动报酬涉嫌犯罪案件的立案监督、审查批捕、审查起诉等职责。

六、各级人民法院要依法及时受理、审理各类劳动报酬纠纷及拒不支付劳动报酬案件。人民法院作为劳动报酬纠纷受理的案件，经审理认为不属劳动报酬纠纷案件而有犯罪嫌疑的，应当裁定驳回起诉，将有关材料移送公安机关或检察机关。

七、各级人力资源社会保障部门要加强与公安机关、人民检察院和人民法院的沟通联系，建立联席会议制度，联席会议由人力资源社会保障部门召集，每半年召开一次，互通打击拒不支付劳动报酬犯罪的有关情况，总结经验，查找不足；对需要协作处理的重大事项进行沟通和协商，达成协作共识；对疑难问题进行研究，提出解决问题的对策和措施；统一工作思路，共同研究部署下一步工作。

人力资源社会保障部等部门关于加强涉嫌拒不支付劳动报酬犯罪案件查处衔接工作的通知

各省、自治区、直辖市高级人民法院、人民检察院、人力资源社会保障厅（局）、公安厅（局），新疆维吾尔自治区高级人民法院生产建设兵团分院，新疆生产建设兵团人民检察院、人力资源社会保障局、公安局：

为贯彻执行《中华人民共和国刑法》和《最高人民法院关于审理拒不支付劳动报酬刑事案件适用法律若干问题的解释》（法释〔2013〕3号）关于拒不支付劳动报酬罪的相关规定，进一步完善人力资源社会保障行政执法和刑事司法衔接制度，加大对拒不支付劳动报酬犯罪行为的打击力度，切实维护劳动者合法权益，根据《行政执法机关移送涉嫌犯罪案件的规定》（国务院2001年第310号令）及有关规定，现就进一步做好涉嫌拒不支付劳动报酬犯罪案件查处衔接工作通知如下：

一、切实加强涉嫌拒不支付劳动报酬违法犯罪案件查处工作

（一）由于行为人逃匿导致工资账册等证据材料无法调取或用人单位在规定的时间内未提供有关工资支付等相关证据材料的，人力资源社会保障部门应及时对劳动者进行调查询问并制作询问笔录，同时应积极收集可证明劳动用工、欠薪数额等事实的相关证据，依据劳动者提供的工资数额及其他有关证据认定事实。调查询问过程一般要录音录像。

（二）行为人拖欠劳动者劳动报酬后，人力资源社会保障部门通过书面、电话、短信等能够确认其收悉的方式，通知其在指定的时间内到指定的地点配合解决问题，但其在指定的时间内未到指定的地点配合解决问题或明确表示拒不支付劳动报酬的，视为刑法第二百七十六条之一第一款规定的“以逃匿方法逃避支付劳动者的劳动报酬”。但是，行为人有证据证明因自然灾害、突发重大疾病等非人力所能抗拒的原因造成其无法在指定的时间内到指定的地点配合解决问题的除外。

（三）企业将工程或业务分包、转包给不具备用工主体资格的单位或个人，该单位或个人违法招用劳动者不支付劳动报酬的，人力资源社会保障部门应向具备用工主体资格的企业下达限期整改指令书或行政处罚决定书，责令该企业限期支付劳动者劳动报酬。对于该企业有充足证据证明已向不具备用工主体资格的单位或个人支付了劳动者全部的劳动报酬，该单位或个人仍未向劳动者支付的，应向不具备用工主体资格的单位或个人下达限期整改指令书或行政处理决定书，并要求企业监督该单位或个人向劳动者发放到位。

（四）经人力资源社会保障部门调查核实，行为人拖欠劳动者劳动报酬事实清楚、证据确凿、数额较大的，应及时下达责令支付文书。对于行为人逃匿，无法将责令支付文书送交其同住成年家属或所在单位负责收件人的，人力资源社会保障部门可以在行为人住所地、办公地、生产经营场所、建筑施工项目所在地等地张贴责令支付文书，并采用拍照、录像等方式予以记录，相关影像资料应当纳入案卷。

二、切实规范涉嫌拒不支付劳动报酬犯罪案件移送工作

（一）人力资源社会保障部门向公安机关移送涉嫌拒不支付劳动报酬犯罪案件应按照《行政执法机关移送涉嫌犯罪案件的规定》的要求，履行相关手续，并制作《涉嫌犯罪案件移送书》，在规定的期限内将案件移送公安机关。移送的案件卷宗中应当附有以下材料：

1. 涉嫌犯罪案件移送书；

2. 涉嫌拒不支付劳动报酬犯罪案件调查报告；

3. 涉嫌犯罪案件移送审批表；

4. 限期整改指令书或行政处理决定书等执法文书及送达证明材料；

5. 劳动者本人或劳动者委托代理人调查询问笔录；

6. 拖欠劳动者劳动报酬的单位或个人的基本信息；

7. 涉案的书证、物证等有关涉嫌拒不支付劳动报酬的证据材料。

人力资源社会保障部门向公安机关移送涉嫌犯罪案件应当移送与案件相关的全部材料，同时应将案件移送书及有关材料目录抄送同级人民检察院。在移送涉嫌犯罪案件时已经作出行政处罚决定的，应当将行政处罚决定书一并抄送公安机关、人民检察院。

（二）公安机关收到人力资源社会保障部门移送的涉嫌犯罪案件，应当在涉嫌犯罪案件移送书回执上签字，对移送材料不全的，可通报人力资源社会保障部门按上述规定补充移送。受理后认为不属于本机关管辖的，应当及时转送有管辖权的机关，并书面告知移送案件的人力资源社会保障部门。对受理的案件，公安机关应当及时审查，依法作出立案或者不予立案的决定，并书面通知人力资源社会保障部门，同时抄送人民检察院。公安机关立案后决定撤销案件的，应当书面通知人力资源社会保障部门，同时抄送人民检察院。公安机关作出不立案决定或者撤销案件的，应当同时将案卷材料退回人力资源社会保障部门，并书面说明理由。

（三）人力资源社会保障部门对于公安机关不接受移送的涉嫌犯罪案件或者已受理的案件未依法及时作出立案或不立案决定的，可以建议人民检察院依法进行立案监督。对公安机关受理后作出不予立案决定的，可在接到不予立案通知书后 3 日内向作出决定的公安机关提请复议，也可以建议人民检察院依法进行立案监督。

（四）人民检察院发现人力资源社会保障部门对应当移送公安机关的涉嫌拒不支付劳动报酬犯罪案件不移送或者逾期不移送的，应当督促移送。人力资源社会保障部门接到人民检察院提出移送涉嫌犯罪案件的书面意见后，应当及时移送案件。人民检察院发现相关部门拒不移送案件和拒不立案行为中存在职务犯罪线索的，应当认真审查，依法处理。

三、切实完善劳动保障监察行政执法与刑事司法衔接机制

（一）人力资源社会保障部门在依法查处涉嫌拒不支付劳动报酬犯罪案件过程中，对案情复杂、性质难以认定的案件可就犯罪标准、证据固定等问题向公安机关或人民检察院咨询；对跨区域犯罪、涉及人员众多、社会影响较大的案件，人力资源社会保障部门通报公安机关的，公安机关应依法及时处置。

（二）对于涉嫌拒不支付劳动报酬犯罪案件，公安机关、人民检察院、人民法院在侦查、审查起诉和审判期间提请人力资源社会保障部门协助的，人力资源社会保障部门应当予以配合。

（三）在办理拒不支付劳动报酬犯罪案件过程中，各级人民法院、人民检察院、人力资源社会保障部门、公安机关要加强联动配合，建立拒不支付劳动报酬犯罪案件移送的联席会议制度，定期互相通报案件办理情况，及时了解案件信息，研究解决查处拒不支付劳动报酬犯罪案件衔接工作中存在的问题，进一步完善监察行政执法与刑事司法衔接工作机制，切实发挥刑法打击拒不支付劳动报酬犯罪行为的有效作用。

山东省人力资源和社会保障厅 省公安厅转发人社部发〔2015〕14号文件 加强全省社会保险欺诈案件查处和移送工作的通知

（2015年5月27日　鲁人社发〔2015〕32号）

各市人力资源社会保障局、公安局：

现将《人力资源社会保障部、公安部关于加强社会保险欺诈案件查处和移送工作的通知》（人社部发〔2015〕14号）转发给你们，并就加强全省社会保险欺诈案件查处和移送工作通知如下：

一、高度重视社会保险欺诈案件查处和移送工作

全省各级人力资源社会保障部门、公安机关要从依法治国，维护人民群众利益的高度，充分认识打击社会保险欺诈违法犯罪的重要意义，履职尽责，密切配合，依法移送和查处涉嫌社会保险欺诈犯罪案件，凡是以欺诈、伪造证明材料或者其他手段骗取社会保险基金支出、社会保险待遇，涉嫌违法犯罪，并符合法律规定标准的案件，人力资源社会保障部门均应依法向同级公安机关移送。

二、建立健全社会保险基金行政执法与刑事司法有效衔接机制

全省各级人力资源社会保障部门和公安机关要按照《行政执法机关移送涉嫌犯罪案件的规定》（国务院令第310号），细化案件移送标准，规范案件移送程序。要建立联席会议制度，定期召开联席会议分析社会保险欺诈形势和任务，协调解决移送工作中存在的问题，研究提出加强预防和查处措施。省人力资源社会保障厅社会保险基金监督处、省公安厅刑事侦查局具体负责社会保险欺诈案件查处移送组织指导工作。

三、广泛开展社会保险法律法规宣传

通过多种形式，广泛宣传社会保险法、刑法解释以及相关法律法规和政策制度，向社会公布依法查处的社会保险欺诈典型案件，促进社会各方面增强社会保险诚信守法意识，增进对社会保险制度的理解和支持，并积极参与社会保险基金社会监督，形成共同防范和打击社会保险欺诈的良好社会氛围。

四、认真组织历年发现问题的查处和移送工作

全省各级人力资源社会保障部门、公安机关要及时向上级部门报送社会保险基金欺诈案件查处和移送情况。各市人力资源社会保障部门要对历年社会保险基金专项检查、日常监督、网络监督、投诉举报以及劳动保障监察、社会保险经办等工作中发现的涉及社会保险基金的违法违规问题，组织进行一次全面梳理核查，核查工作要责任到人，建立核查档案。对违法事实清楚、证据确凿的应当依法进行行政处理或行政处罚，对涉嫌社会保险欺诈的案件依法移送公安机关。梳理核查结果、移送情况于2015年6月30日前汇总报省人力资源社会保障厅。

附件：山东省社会保险欺诈案件查处和移送联席会议成员名单

（附件本书略）

人力资源社会保障部、公安部关于加强社会保险欺诈案件查处和移送工作的通知

各省、自治区、直辖市及新疆生产建设兵团人力资源社会保障厅（局）、公安厅（局）：

为贯彻落实全国人大常委会关于《中华人民共和国刑法》第二百六十六条的立法解释，完善行政执法与刑事司法有效衔接机制，加强社会保险行政部门与公安机关的协作配合，有效打击社会保险欺诈行为，切实保障基金安全完整、维护公民合法权益，促进社会诚信和法治建设，根据《中华人民共和国刑法》《中华人民共和国社会保险法》以及《行政执法机关移送涉嫌犯罪案件的规定》等法律法规的规定，现就进一步加强涉及社会保险欺诈案件查处和移送工作通知如下：

一、高度重视社会保险欺诈案件查处移送工作，依法严惩社会保险领域违法犯罪行为近年来，在党中央、国务院的正确领导下，社会保险事业取得重大进展，基金总体安全有效运行，对于保障和改善民生、促进社会公平正义、维护社会和谐稳定发挥了重要作用。但是，一些单位和个人诚信、守法意识淡薄，采取欺诈、伪造证明材料等手段骗取社会保险基金，直接导致基金多支少收，尤其是一些地方甚至出现了有组织的社会保险欺诈犯罪活动，严重侵害基金安全，危害社会保险制度可持续发展，破坏法律秩序，损害社会诚信，败坏社会风气，必须依法予以惩治和打击。全国人大常委会出台刑法第二百六十六条立法解释，对社会保险欺诈的刑罚适用进行了明确，即按照诈骗罪依法追究刑事责任，为打击和震慑社会保险领域欺诈违法犯罪行为、促进构建诚信社会提供了有力法律武器。依法做好社会保险欺诈案件的查处和移送工作是各级社会保险行政部门、公安机关必须履行的职责。各级社会保险行政部门、公安机关要充分认识社会保险欺诈违法犯罪活动的危害性，履职尽责，密切协作，着力健全社会保险基金监督行政执法与刑事司法有效衔接机制，依法移送和查处涉嫌社会保险欺诈犯罪案件，共同打击社会保险欺诈违法犯罪活动，切实维护法律权威和统一。

二、认真履行工作职责，依法查处社会保险欺诈违法犯罪案件社会保险行政部门和公安机关要严格按照法定职权，依法加强对社会保险欺诈案件的查处，坚决打击和震慑欺诈违法犯罪行为。

（一）认真做好行政监督检查和调查处理工作。社会保险行政部门要依法对社会保险法律法规和规章执行以及基金征缴、支付、管理和投资运营情况进行监督检查，依法受理社会保险欺诈举报、投诉。经检查和调查，对违法事实清楚、证据确凿的，应当依法依规作出行政处理处罚决定。对单位和个人涉嫌社会保险欺诈犯罪的案件，应当依法向同级公安机关移送；发现国家工作人员涉嫌违纪、犯罪线索的，应当向纪检监察机关或者人民检察院移送。社会保险行政部门要严格执行人民法院、人民检察院或公安机关的案件移送标准，不得以行政处理处罚代替移送。社会保险行政部门所属的经办机构发现涉嫌违法违规的问题，要及时向同级行政部门报告，并将调查材料一并移交。对社会保险经办机构移交处理的各类问题，社会保险行政部门和经办机构应及时沟通处理结果。

（二）依法做好案件立案侦查和移送起诉工作。公安机关对社会保险行政部门移送的涉嫌社会保险欺诈案件应当及时审查决定是否立案。对于立案的，应当及时侦查，查明事实。对于犯罪事实清楚、证据确凿应当追究刑事责任的，移送人民检察院起诉，并及时告知移送案件的社会保险行政部门。公安机关侦查后认为犯罪事实显著轻微，不需要追究刑事责任，但应当依法追究行政责任的，应当撤销案件并及时将案件移送同级社会保险行政部门。

（三）及时查处非刑事案件。社会保险行政部门对公安机关决定不予立案或者立案后撤销的案件，应当依法依规作出处理。对于欺诈骗取的社会保险基金应当依法追缴或追回；依照社会保险法律法规和规章的规定应当给予行政处罚的，应当依法依规作出行政处罚决定，制作行政处罚决定书，按照规定程序送达当事人。对于当事人逾期并经催告后仍不执行行政处理处罚决定的，应当依法申请人民法院强制执行。对于通过行政处理处罚，追缴或者追回的社会保险基金以及滞纳金应当缴入社会保险基金财政专户，纳入社会保险基金核算；罚款应当缴入国库，任何单位和个人不得截留、私分或者变相私分。

三、严格执行规定程序，及时做好社会保险欺诈案件移送和受理立案工作

各级社会保险行政部门和公安机关要严格按照《行政执法机关移送涉嫌犯罪案件的规定》要求，细化案件移送标准，规范案件移送程序，确保案件移送及时、高效。

（一）涉嫌社会保险欺诈案件移送。社会保险行政部门移送涉嫌社会保险欺诈犯罪的案件，应当按照《行政执法机关移送涉嫌犯罪案件的规定》，组成专案组，核实案情提出移送书面报告向本部门负责人报告同意后，制作《涉嫌犯罪案件移送书》，并附涉嫌社会保险欺诈犯罪案件调查报告、涉案的有关书证、物证及其他有关涉嫌犯罪的材料，在规定时间内向公安机关移送，并抄送同级人民检察院。在移送案件时已经作出行政处罚决定的，应当将行政处罚决定书一并抄送。

（二）移送案件受理和立案审查。公安机关对社会保险行政部门移送的涉嫌社会保险欺诈犯罪案件，应当予以受理，并在涉嫌犯罪案件移送书回执上签字。公安机关对于不属于本机关管辖的案件，应在受理后 24 小时内转送有管辖权的机关，并书面告知移送案件的社会保险行政部门。公安机关应当在受理涉嫌社会保险欺诈犯罪案件之日起 3 日内依法进行审查，决定是否立案。认为有犯罪事实，应追究刑事责任的，依法立案。公安机关作出立案或者不予立案决定，应当在作出决定之日起 3 日内书面告知移送案件的社会保险行政部门。决定不予立案的，应当书面说明不立案的理由，并退回案卷材料。社会保险行政部门对于公安机关不予立案的决定有异议的，可以自接到通知后 3 日内向作出不

予立案的公安机关提出复议，也可以建议检察机关依法进行立案监督。

（三）跨区域案件管辖和移送。跨区域的涉嫌犯罪案件，依照属地原则，由主要行为发生地或社会保险基金主要受损地社会保险行政部门移送当地公安机关。公安机关经审查，认为不属于本地区管辖的案件，应当转送有管辖权的公安机关。对跨区域案件管辖有异议的，报请共同的上一级公安机关指定管辖。公安机关跨区域调查案件的，有关地区公安机关和社会保险行政部门应当积极配合，协助调查。

四、健全沟通协作机制，确保社会保险基金监督行政执法与刑事司法工作有效衔接

各级社会保险行政部门和公安机关要建立社会保险欺诈案件查处移送工作联系机制，加强沟通协调，联动配合，确保工作衔接顺畅，案件查处及时有力。

（一）建立联席会议和情况通报制度。要定期召开联席会议，互通社会保险欺诈案件查处以及行政执法与刑事司法衔接工作情况，分析社会保险欺诈形势和任务，协调解决工作中存在的问题，研究提出加强预防和查处的措施。要加强信息情况通报，通过工作简报、信息网络等形式，及时通报和交换相关信息，实现信息共享。

（二）联动配合查办案件。要加强案件查处过程中的沟通协作，公安机关在查处社会保险欺诈案件过程中，需要社会保险行政部门协助查证、提供有关社会保险信息数据和证据材料或者就政策性、专业性问题进行咨询的，社会保险行政部门应当予以协助配合；社会保险行政部门对涉嫌犯罪行为人可能逃匿或者故意销毁证据，需要采取紧急措施的，应当及时通报公安机关，公安机关应当依法及时予以处置。社会保险行政部门和公安机关要适时开展专项行动，切实发挥震慑作用，推进建立行政和司法联动打击社会保险欺诈长效机制。

（三）加强重大案件查办会商。公安机关对社会保险行政部门移送的大案要案，要集中优势警力，运用多种侦查手段，快查快破。对案情复杂、社会影响较大的案件，要组织专门力量侦办。要加强案件会商，严格依法办案，按照法定职责、权限和程序，严格区分罪与非罪，既要防止以罚代刑，降格处理，又要防止扩大打击面。

（四）健全案件管理和报告制度。各级社会保险行政部门和公安机关要建立规范、有效案件管理制度，加强案件跟踪督办和汇总报告，定期上报社会保险欺诈案件情况。完善单位和个人社会保险欺诈违法信息记录和使用机制，促进社会诚信建设。加强社会保险欺诈典型案例分析和业务培训，总结和把握案件规律特点，不断提高案件查办能力和执法水平。上级社会保险行政部门和公安机关应当对下级社会保险行政部门和公安机关执行本通知的情况进行督促检查，定期抽查案件查办情况，及时纠正案件移送工作中的问题和错误。

五、加强宣传和舆论引导，形成共同防范和打击社会保险欺诈的良好社会氛围

各地要通过网络、报刊、广播、电视等多种渠道，加大社会保险宣传力度，加强社会保险信息披露，增进社会各方面对社会保险制度的理解和支持，共同维护基金安全。要完善举报奖励制度，通过设立举报信箱、电话、传真、电子邮箱以及在政府网站设立专栏等形式，搭建监督平台、畅通监督渠道，鼓励和支持参保个人、单位、社会组织和新闻媒体等社会各方面参与社会保险基金监督，严格执行举报保密制度，保护举报人合法权益。推进健全行业自律和从业人员自律机制，加强自我约束和内部控制。要依法受理和查处社会监督举报反映的社会保险欺诈违法违规问题，推进建立社会监督与行政监督相结合的有效机制。要依法向社会公布查处的社会保险欺诈违法犯罪案件，做好舆论宣传引导工作，有效发挥警示教育作用，从而更好地惩处违法行为、震慑

犯罪分子。

人力资源社会保障部基金监督司、公安部刑事侦查局具体负责社会保险欺诈案件查处和移送工作组织指导工作。

附件：1. ×××人力资源和社会保障厅（局）涉嫌犯罪案件移送书

2. 涉嫌犯罪案件移送书（回执）

（附件本书略）

四、劳动人事争议调解仲裁

中华人民共和国劳动争议调解仲裁法

（2007 年 12 月 29 日第十届全国人民代表大会常务委员会第三十一次会议通过）

目　录

第一章　总　则

第一条　为了公正及时解决劳动争议，保护当事人合法权益，促进劳动关系和谐稳定，制定本法。

第二条　中华人民共和国境内的用人单位与劳动者发生的下列劳动争议，适用本法：

（一）因确认劳动关系发生的争议；

（二）因订立、履行、变更、解除和终止劳动合同发生的争议；

（三）因除名、辞退和辞职、离职发生的争议；

（四）因工作时间、休息休假、社会保险、福利、培训以及劳动保护发生的争议；

（五）因劳动报酬、工伤医疗费、经济补偿或者赔偿金等发生的争议；

（六）法律、法规规定的其他劳动争议。

第三条 解决劳动争议，应当根据事实，遵循合法、公正、及时、着重调解的原则，依法保护当事人的合法权益。

第四条 发生劳动争议，劳动者可以与用人单位协商，也可以请工会或者第三方共同与用人单位协商，达成和解协议。

第五条 发生劳动争议，当事人不愿协商、协商不成或者达成和解协议后不履行的，可以向调解组织申请调解；不愿调解、调解不成或者达成调解协议后不履行的，可以向劳动争议仲裁委员会申请仲裁；对仲裁裁决不服的，除本法另有规定的外，可以向人民法院提起诉讼。

第六条 发生劳动争议，当事人对自己提出的主张，有责任提供证据。与争议事项有关的证据属于用人单位掌握管理的，用人单位应当提供；用人单位不提供的，应当承担不利后果。

第七条 发生劳动争议的劳动者一方在十人以上，并有共同请求的，可以推举代表参加调解、仲裁或者诉讼活动。

第八条 县级以上人民政府劳动行政部门会同工会和企业方面代表建立协调劳动关系三方机制，共同研究解决劳动争议的重大问题。

第九条 用人单位违反国家规定，拖欠或者未足额支付劳动报酬，或者拖欠工伤医疗费、经济补偿或者赔偿金的，劳动者可以向劳动行政部门投诉，劳动行政部门应当依法处理。

第二章 调 解

第十条 发生劳动争议，当事人可以到下列调解组织申请调解：

（一）企业劳动争议调解委员会；

（二）依法设立的基层人民调解组织；

（三）在乡镇、街道设立的具有劳动争议调解职能的组织。

企业劳动争议调解委员会由职工代表和企业代表组成。职工代表由工会成员担任或者由全体职工推举产生，企业代表由企业负责人指定。企业劳动争议调解委员会主任由工会成员或者双方推举的人员担任。

第十一条 劳动争议调解组织的调解员应当由公道正派、联系群众、热心调解工作，并具有一定法律知识、政策水平和文化水平的成年公民担任。

第十二条 当事人申请劳动争议调解可以书面申请，也可以口头申请。口头申请的，调解组织应当当场记录申请人基本情况、申请调解的争议事项、理由和时间。

第十三条 调解劳动争议，应当充分听取双方当事人对事实和理由的陈述，耐心疏导，帮助其达成协议。

第十四条 经调解达成协议的，应当制作调解协议书。

调解协议书由双方当事人签名或者盖章，经调解员签名并加盖调解组织印章后生效，对双方当事人具有约束力，当事人应当履行。

自劳动争议调解组织收到调解申请之日起十五日内未达成调解协议的，当事人可以依法申请仲裁。

第十五条 达成调解协议后，一方当事人在协议约定期限内不履行调解协议的，另一方当事人可以依法申请仲裁。

第十六条 因支付拖欠劳动报酬、工伤医疗费、经济补偿或者赔偿金事项达成调解协议，用人单位在协议约定期限内不履行的，劳动者可以持调解协议书依法向人民法院申请支付令。人民法院应当依法发出支付令。

第三章　仲　裁

第一节　一般规定

第十七条　劳动争议仲裁委员会按照统筹规划、合理布局和适应实际需要的原则设立。省、自治区人民政府可以决定在市、县设立；直辖市人民政府可以决定在区、县设立。直辖市、设区的市也可以设立一个或者若干个劳动争议仲裁委员会。劳动争议仲裁委员会不按行政区划层层设立。

第十八条　国务院劳动行政部门依照本法有关规定制定仲裁规则。省、自治区、直辖市人民政府劳动行政部门对本行政区域的劳动争议仲裁工作进行指导。

第十九条　劳动争议仲裁委员会由劳动行政部门代表、工会代表和企业方面代表组成。劳动争议仲裁委员会组成人员应当是单数。

劳动争议仲裁委员会依法履行下列职责：

（一）聘任、解聘专职或者兼职仲裁员；

（二）受理劳动争议案件；

（三）讨论重大或者疑难的劳动争议案件；

（四）对仲裁活动进行监督。

劳动争议仲裁委员会下设办事机构，负责办理劳动争议仲裁委员会的日常工作。

第二十条　劳动争议仲裁委员会应当设仲裁员名册。

仲裁员应当公道正派并符合下列条件之一：

（一）曾任审判员的；

（二）从事法律研究、教学工作并具有中级以上职称的；

（三）具有法律知识、从事人力资源管理或者工会等专业工作满五年的；

（四）律师执业满三年的。

第二十一条　劳动争议仲裁委员会负责管辖本区域内发生的劳动争议。

劳动争议由劳动合同履行地或者用人单位所在地的劳动争议仲裁委员会管辖。双方当事人分别向劳动合同履行地和用人单位所在地的劳动争议仲裁委员会申请仲裁的，由劳动合同履行地的劳动争议仲裁委员会管辖。

第二十二条　发生劳动争议的劳动者和用人单位为劳动争议仲裁案件的双方当事人。

劳务派遣单位或者用工单位与劳动者发生劳动争议的，劳务派遣单位和用工单位为共同当事人。

第二十三条　与劳动争议案件的处理结果有利害关系的第三人，可以申请参加仲裁活动或者由劳动争议仲裁委员会通知其参加仲裁活动。

第二十四条　当事人可以委托代理人参加仲裁活动。委托他人参加仲裁活动，应当向劳动争议仲裁委员会提交有委托人签名或者盖章的委托书，委托书应当载明委托事项和权限。

第二十五条　丧失或者部分丧失民事行为能力的劳动者，由其法定代理人代为参加仲裁活动；无法定代理人的，由劳动争议仲裁委员会为其指定代理人。劳动者死亡的，由其近亲属或者代理人参加仲裁活动。

第二十六条　劳动争议仲裁公开进行，但当事人协议不公开进行或者涉及国家秘密、商业秘密和个人隐私的除外。

第二节　申请和受理

第二十七条　劳动争议申请仲裁的时效期间为一年。仲裁时效期间从当事人知道或者应当知道其权利被侵害之日起计算。

前款规定的仲裁时效，因当事人一方向对方当事人主张权利，或者向有关部门请求权利救济，或者对方当事人同意履行义务而中断。从中断时起，仲裁时效期间重新计算。

因不可抗力或者有其他正当理由，当事人不能在本条第一款规定的仲裁时效期间申请仲裁的，仲裁时效中止。从中止时效的原因消除之日起，仲裁时效期间继续计算。

劳动关系存续期间因拖欠劳动报酬发生争议的，劳动者申请仲裁不受本条第一款规定的仲裁时效期间的限制；但是，劳动关系终止的，应当自劳动关系终止之日起一年内提出。

第二十八条　申请人申请仲裁应当提交书面仲裁申请，并按照被申请人人数提交副本。

仲裁申请书应当载明下列事项：

（一）劳动者的姓名、性别、年龄、职业、工作单位和住所，用人单位的名称、住所和法定代表人或者主要负责人的姓名、职务；

（二）仲裁请求和所根据的事实、理由；

（三）证据和证据来源、证人姓名和住所。

书写仲裁申请确有困难的，可以口头申请，由劳动争议仲裁委员会记入笔录，并告知对方当事人。

第二十九条　劳动争议仲裁委员会收到仲裁申请之日起五日内，认为符合受理条件的，应当受理，并通知申请人；认为不符合受理条件的，应当书面通知申请人不予受理，并说明理由。对劳动争议仲裁委员会不予受理或者逾期未作出决定的，申请人可以就该劳动争议事项向人民法院提起诉讼。

第三十条　劳动争议仲裁委员会受理仲裁申请后，应当在五日内将仲裁申请书副本送达被申请人。

被申请人收到仲裁申请书副本后，应当在十日内向劳动争议仲裁委员会提交答辩书。劳动争议仲裁委员会收到答辩书后，应当在五日内将答辩书副本送达申请人。被申请人未提交答辩书的，不影响仲裁程序的进行。

第三节　开庭和裁决

第三十一条　劳动争议仲裁委员会裁决劳动争议案件实行仲裁庭制。仲裁庭由三名仲裁员组成，设首席仲裁员。简单劳动争议案件可以由一名仲裁员独任仲裁。

第三十二条　劳动争议仲裁委员会应当在受理仲裁申请之日起五日内将仲裁庭的组成情况书面通知当事人。

第三十三条　仲裁员有下列情形之一，应当回避，当事人也有权以口头或者书面方式提出回避申请：

（一）是本案当事人或者当事人、代理人的近亲属的；

（二）与本案有利害关系的；

（三）与本案当事人、代理人有其他关系，可能影响公正裁决的；

（四）私自会见当事人、代理人，或者接受当事人、代理人的请客送礼的。

劳动争议仲裁委员会对回避申请应当及时作出决定，并以口头或者书面方式通知当事人。

第三十四条　仲裁员有本法第三十三条第四项规定情形，或者有索贿受贿、徇私舞弊、枉法裁决行为的，应当依法承担法律责任。劳动争议仲裁委员会应当将其解聘。

第三十五条　仲裁庭应当在开庭五日前，将开庭日期、地点书面通知双方当事人。当事人有正当理由的，可以在开庭三日前请求延期开庭。是否延期，由劳动争议仲裁委员会决定。

第三十六条　申请人收到书面通知，无正当理由拒不到庭或者未经仲裁庭同意中途退庭的，可以视为撤回仲裁申请。

被申请人收到书面通知，无正当理由拒不到庭或者未经仲裁庭同意中途退庭的，可以缺席裁决。

第三十七条　仲裁庭对专门性问题认为需要鉴定的，可以交由当事人约定的鉴定机构鉴定；当事人没有约定或者无法达成约定的，由仲裁庭指定的鉴定机构鉴定。

根据当事人的请求或者仲裁庭的要求，鉴定机构应当派鉴定人参加开庭。当事人经仲裁庭许可，可以向鉴定人提问。

第三十八条 当事人在仲裁过程中有权进行质证和辩论。质证和辩论终结时，首席仲裁员或者独任仲裁员应当征询当事人的最后意见。

第三十九条 当事人提供的证据经查证属实的，仲裁庭应当将其作为认定事实的根据。

劳动者无法提供由用人单位掌握管理的与仲裁请求有关的证据，仲裁庭可以要求用人单位在指定期限内提供。用人单位在指定期限内不提供的，应当承担不利后果。

第四十条 仲裁庭应当将开庭情况记入笔录。当事人和其他仲裁参加人认为对自己陈述的记录有遗漏或者差错的，有权申请补正。如果不予补正，应当记录该申请。

笔录由仲裁员、记录人员、当事人和其他仲裁参加人签名或者盖章。

第四十一条 当事人申请劳动争议仲裁后，可以自行和解。达成和解协议的，可以撤回仲裁申请。

第四十二条 仲裁庭在作出裁决前，应当先行调解。

调解达成协议的，仲裁庭应当制作调解书。

调解书应当写明仲裁请求和当事人协议的结果。调解书由仲裁员签名，加盖劳动争议仲裁委员会印章，送达双方当事人。调解书经双方当事人签收后，发生法律效力。

调解不成或者调解书送达前，一方当事人反悔的，仲裁庭应当及时作出裁决。

第四十三条 仲裁庭裁决劳动争议案件，应当自劳动争议仲裁委员会受理仲裁申请之日起四十五日内结束。案情复杂需要延期的，经劳动争议仲裁委员会主任批准，可以延期并书面通知当事人，但是延长期限不得超过十五日。逾期未作出仲裁裁决的，当事人可以就该劳动争议事项向人民法院提起诉讼。

仲裁庭裁决劳动争议案件时，其中一部分事实已经清楚，可以就该部分先行裁决。

第四十四条 仲裁庭对追索劳动报酬、工伤医疗费、经济补偿或者赔偿金的案件，根据当事人的申请，可以裁决先予执行，移送人民法院执行。

仲裁庭裁决先予执行的，应当符合下列条件：

（一）当事人之间权利义务关系明确；

（二）不先予执行将严重影响申请人的生活。

劳动者申请先予执行的，可以不提供担保。

第四十五条 裁决应当按照多数仲裁员的意见作出，少数仲裁员的不同意见应当记入笔录。仲裁庭不能形成多数意见时，裁决应当按照首席仲裁员的意见作出。

第四十六条 裁决书应当载明仲裁请求、争议事实、裁决理由、裁决结果和裁决日期。裁决书由仲裁员签名，加盖劳动争议仲裁委员会印章。对裁决持不同意见的仲裁员，可以签名，也可以不签名。

第四十七条 下列劳动争议，除本法另有规定的外，仲裁裁决为终局裁决，裁决书自作出之日起发生法律效力：

（一）追索劳动报酬、工伤医疗费、经济补偿或者赔偿金，不超过当地月最低工资标准十二个月金额的争议；

（二）因执行国家的劳动标准在工作时间、休息休假、社会保险等方面发生的争议。

第四十八条 劳动者对本法第四十七条规定的仲裁裁决不服的，可以自收到仲裁裁决书之日起十五日内向人民法院提起诉讼。

第四十九条 用人单位有证据证明本法第四十七条规定的仲裁裁决有下列情形之一，可以自收到仲裁裁决书之日起三十日内向劳动争议仲裁委员会所在地的中级人民法院申请撤销裁决：

（一）适用法律、法规确有错误的；

（二）劳动争议仲裁委员会无管辖权的；

（三）违反法定程序的；

（四）裁决所根据的证据是伪造的；

（五）对方当事人隐瞒了足以影响公正裁决的证据的；

（六）仲裁员在仲裁该案时有索贿受贿、徇私舞弊、枉法裁决行为的。

人民法院经组成合议庭审查核实裁决有前款规定情形之一的，应当裁定撤销。

仲裁裁决被人民法院裁定撤销的，当事人可以自收到裁定书之日起十五日内就该劳动争议事项向人民法院提起诉讼。

第五十条 当事人对本法第四十七条规定以外的其他劳动争议案件的仲裁裁决不服的，可以自收到仲裁裁决书之日起十五日内向人民法院提起诉讼；期满不起诉的，裁决书发生法律效力。

第五十一条 当事人对发生法律效力的调解书、裁决书，应当依照规定的期限履行。一方当事人逾期不履行的，另一方当事人可以依照民事诉讼法的有关规定向人民法院申请执行。受理申请的人民法院应当依法执行。

第四章 附 则

第五十二条 事业单位实行聘用制的工作人员与本单位发生劳动争议的，依照本法执行；法律、行政法规或者国务院另有规定的，依照其规定。

第五十三条 劳动争议仲裁不收费。劳动争议仲裁委员会的经费由财政予以保障。

第五十四条 本法自 2008 年 5 月 1 日起施行。

最高人民法院关于人民法院对经劳动争议仲裁裁决的纠纷准予撤诉或驳回起诉后劳动争议仲裁裁决从何时起生效的解释

（2000 年 7 月 10 日　法释〔2000〕18 号）

为正确适用法律审理劳动争议案件，对人民法院裁定准予撤诉或驳回起诉后，劳动争议仲裁裁决从何时起生效的问题解释如下：

第一条　当事人不服劳动争议仲裁裁决向人民法院起诉后又申请撤诉，经人民法院审查准予撤诉的，原仲裁裁决自人民法院裁定送达当事人之日起发生法律效力。

第二条　当事人因超过起诉期间而被人民法院裁定驳回起诉的，原仲裁裁决自起诉期间届满之次日起恢复法律效力。

第三条　因仲裁裁决确定的主体资格错误或仲裁裁决事项不属于劳动争议，被人民法院驳回起诉的，原仲裁裁决不发生法律效力。

最高人民法院关于审理劳动争议案件适用法律若干问题的解释

（2001 年 4 月 16 日　法释〔2001〕14 号）

为正确审理劳动争议案件，根据《中华人民共和国劳动法》（以下简称《劳动法》）和《中华人民共和国民事诉讼法》（以下简称《民事诉讼法》）等相关法律之规定，就适用法律的若干问题，作如下解释。

第一条　劳动者与用人单位之间发生的下列纠纷，属于《劳动法》第二条规定的劳动争议，当事人不服劳动争议仲裁委员会作出的裁决，依法向人民法院起诉的，人民法院应当受理：

（一）劳动者与用人单位在履行劳动合同过程中发生的纠纷；

（二）劳动者与用人单位之间没有订立书面劳动合同，但已形成劳动关系后发生的纠纷；

（三）劳动者退休后，与尚未参加社会保险统筹的原用人单位因追索养老金、医疗费、工伤保险待遇和其他社会保险费而发生的纠纷。

第二条　劳动争议仲裁委员会以当事人申请仲裁的事项不属于劳动争议为由，作出不予受理的书面裁决、决定或者通知，当事人不服，依法向人民法院起诉的，人民法院应当分别情况予以处理：

（一）属于劳动争议案件的，应当受理；

（二）虽不属于劳动争议案件，但属于人民法院主管的其他案件，应当依法受理。

第三条 劳动争议仲裁委员会根据《劳动法》第八十二条之规定，以当事人的仲裁申请超过六十日期限为由，作出不予受理的书面裁决、决定或者通知，当事人不服，依法向人民法院起诉的，人民法院应当受理；对确已超过仲裁申请期限，又无不可抗力或者其他正当理由的，依法驳回其诉讼请求。

第四条 劳动争议仲裁委员会以申请仲裁的主体不适格为由，作出不予受理的书面裁决、决定或者通知，当事人不服，依法向人民法院起诉的，经审查，确属主体不适格的，裁定不予受理或者驳回起诉。

第五条 劳动争议仲裁委员会为纠正原仲裁裁决错误重新作出裁决，当事人不服，依法向人民法院起诉的，人民法院应当受理。

第六条 人民法院受理劳动争议案件后，当事人增加诉讼请求的，如该诉讼请求与讼争的劳动争议具有不可分性，应当合并审理；如属独立的劳动争议，应当告知当事人向劳动争议仲裁委员会申请仲裁。

第七条 劳动争议仲裁委员会仲裁的事项不属于人民法院受理的案件范围，当事人不服，依法向人民法院起诉的，裁定不予受理或者驳回起诉。

第八条 劳动争议案件由用人单位所在地或者劳动合同履行地的基层人民法院管辖。

劳动合同履行地不明确的，由用人单位所在地的基层人民法院管辖。

第九条 当事人双方不服劳动争议仲裁委员会作出的同一仲裁裁决，均向同一人民法院起诉的，先起诉的一方当事人为原告，但对双方的诉讼请求，人民法院应当一并作出裁决。

当事人双方就同一仲裁裁决分别向有管辖权的人民法院起诉的，后受理的人民法院应当将案件移送给先受理的人民法院。

第十条 用人单位与其它单位合并的，合并前发生的劳动争议，由合并后的单位为当事人；用人单位分立为若干单位的，其分立前发生的劳动争议，由分立后的实际用人单位为当事人。

用人单位分立为若干单位后，对承受劳动权利义务的单位不明确的，分立后的单位均为当事人。

第十一条 用人单位招用尚未解除劳动合同的劳动者，原用人单位与劳动者发生的劳动争议，可以列新的用人单位为第三人。

原用人单位以新的用人单位侵权为由向人民法院起诉的，可以列劳动者为第三人。

原用人单位以新的用人单位和劳动者共同侵权为由向人民法院起诉的，新的用人单位和劳动者列为共同被告。

第十二条 劳动者在用人单位与其他平等主体之间的承包经营期间，与发包方和承包方双方或者一方发生劳动争议，依法向人民法院起诉的，应当将承包方和发包方作为当事人。

第十三条 因用人单位作出的开除、除名、辞退、解除劳动合同、减少劳动报酬、计算劳动者工作年限等决定而发生的劳动争议，用人单位负举证责任。

第十四条 劳动合同被确认为无效后，用人单位对劳动者付出的劳动，一般可参照本单位同期、同工种、同岗位的工资标准支付劳动报酬。

根据《劳动法》第九十七条之规定，由于用人单位的原因订立的无效合同，给劳动者造成损害的，应当比照违反和解除劳动合同经济补偿金的支付标准，赔偿劳动者因合同无效所造成的经济损失。

第十五条 用人单位有下列情形之一，迫使劳动者提出解除劳动合同的，用人单位应当支付劳动者的劳动报酬和经济补偿，并可支付赔偿金：

（一）以暴力、威胁或者非法限制人身自由的手段强迫劳动的；

（二）未按照劳动合同约定支付劳动报酬或者提供劳动条件的；

（三）克扣或者无故拖欠劳动者工资的；

（四）拒不支付劳动者延长工作时间工资报酬的；

（五）低于当地最低工资标准支付劳动者工资的。

第十六条 劳动合同期满后，劳动者仍在原用人单位工作，原用人单位未表示异议的，视为双方同意以原条件继续履行劳动合同。一方提出终止劳动关系的，人民法院应当支持。

根据《劳动法》第二十条之规定，用人单位应当与劳动者签订无固定期限劳动合同而未签订的，人民法院可以视为双方之间存在无固定期限劳动合同关系，并以原劳动合同确定双方的权利义务关系。

第十七条 劳动争议仲裁委员会作出仲裁裁决后，当事人对裁决中的部分事项不服，依法向人民法院起诉的，劳动争议仲裁裁决不发生法律效力。

第十八条 劳动争议仲裁委员会对多个劳动者的劳动争议作出仲裁裁决后，部分劳动者对仲裁裁决不服，依法向人民法院起诉的，仲裁裁决对提出起诉的劳动者不发生法律效力；对未提出起诉的部分劳动者，发生法律效力，如其申请执行的，人民法院应当受理。

第十九条 用人单位根据《劳动法》第四条之规定，通过民主程序制定的规章制度，不违反国家法律、行政法规及政策规定，并已向劳动者公示的，可以作为人民法院审理劳动争议案件的依据。

第二十条 用人单位对劳动者作出的开除、除名、辞退等处理，或者因其他原因解除劳动合同确有错误的，人民法院可以依法判决予以撤销。

对于追索劳动报酬、养老金、医疗费以及工伤保险待遇、经济补偿金、培训费及其他相关费用等案件，给付数额不当的，人民法院可以予以变更。

第二十一条 当事人申请人民法院执行劳动争议仲裁机构作出的发生法律效力的裁决书、调解书，被申请人提出证据证明劳动争议仲裁裁决书、调解书有下列情形之一，并经审查核实的，人民法院可以根据《民事诉讼法》第二百一十七条之规定，裁定不予执行：

（一）裁决的事项不属于劳动争议仲裁范围，或者劳动争议仲裁机构无权仲裁的；

（二）适用法律确有错误的；

（三）仲裁员仲裁该案时，有徇私舞弊、枉法裁决行为的；

（四）人民法院认定执行该劳动争议仲裁裁决违背社会公共利益的。

人民法院在不予执行的裁定书中，应当告知当事人在收到裁定书之次日起三十日内，可以就该劳动争议事项向人民法院起诉。

最高人民法院关于人民法院审理事业单位人事争议案件若干问题的规定

（2003 年 8 月 27 日　法释〔2003〕13 号）

为了正确审理事业单位与其工作人员之间的人事争议案件，根据《中华人民共和国劳动法》的规定，现对有关问题规定如下。

第一条　事业单位与其工作人员之间因辞职、辞退及履行聘用合同所发生的争议，适用《中华人民共和国劳动法》的规定处理。

第二条　当事人对依照国家有关规定设立的人事争议仲裁机构所作的人事争议仲裁裁决不服，自收到仲裁裁决之日起十五日内向人民法院提起诉讼的，人民法院应当依法受理。一方当事人在法定期间内不起诉又不履行仲裁裁决，另一方当事人向人民法院申请执行的，人民法院应当依法执行。

第三条　本规定所称人事争议是指事业单位与其工作人员之间因辞职、辞退及履行聘用合同所发生的争议。

最高人民法院关于事业单位人事争议案件适用法律等问题的答复

（2004年4月30日　法函〔2004〕30号）

北京市高级人民法院：

你院《关于审理事业单位人事争议案件如何适用法律及管辖的请示》（京高法〔2003〕353号）收悉。经研究，答复如下：

一、《最高人民法院关于人民法院审理事业单位人事争议案件若干问题的规定》（法释〔2003〕13号）第一条规定，“事业单位与其工作人员之间因辞职、辞退及履行聘用合同所发生的争议，适用《中华人民共和国劳动法》的规定处理。”这里“适用《中华人民共和国劳动法》的规定处理”是指人民法院审理事业单位人事争议案件的程序运用《中华人民共和国劳动法》的相关规定。人民法院对事业单位人事争议案件的实体处理应当适用人事方面的法律规定，但涉及事业单位工作人员劳动权利的内容在人事法律中没有规定的，适用《中华人民共和国劳动法》的有关规定。

二、事业单位人事争议案件由用人单位或者聘用合同履行地的基层人民法院管辖。

三、人民法院审理事业单位人事争议案件的案由为“人事争议”。

最高人民法院关于解除劳动合同的劳动争议仲裁申请期限应当如何起算问题的批复

（2004年7月26日　法释〔2004〕8号）

云南省高级人民法院：

你院云高法〔2004〕256号《关于审理劳动争议案件的当事人申请劳动争议仲裁期限应如何起算的请示》收悉。经研究，答复如下：

用人单位依据《中华人民共和国劳动法》第二十五条第（四）项的规定解除劳动合同，与劳动者发生争议的，劳动者向劳动争议仲裁委员会申请仲裁的期限应当自收到解除劳动合同书面通知之日起计算。

此复。

最高人民法院关于审理劳动争议案件适用法律若干问题的解释（二）

（2006年8月14日　法释〔2006〕6号）

为正确审理劳动争议案件，根据《中华人民共和国劳动法》《中华人民共和国民事诉讼法》等相关法律规定，结合民事审判实践，对人民法院审理劳动争议案件适用法律的若干问题补充解释如下：

第一条　人民法院审理劳动争议案件，对下列情形，视为劳动法第八十二条规定的“劳动争议发生之日”：

（一）在劳动关系存续期间产生的支付工资争议，用人单位能够证明已经书面通知劳动者拒付工资的，书面通知送达之日为劳动争议发生之日。用人单位不能证明的，劳动者主张权利之日为劳动争议发生之日。

（二）因解除或者终止劳动关系产生的争议，用人单位不能证明劳动者收到解除或者终止劳动关系书面通知时间的，劳动者主张权利之日为劳动争议发生之日。

（三）劳动关系解除或者终止后产生的支付工资、经济补偿金、福利待遇等争议，劳动者能够证明用人单位承诺支付的时间为解除或者终止劳动关系后的具体日期的，用人单位承诺支付之日为劳动争议发生之日。劳动者不能证明的，解除或者终止劳动关系之日为劳动争议发生之日。

第二条　拖欠工资争议，劳动者申请仲裁时劳动关系仍然存续，用人单位以劳动者申请仲裁超过六十日为由主张不再支付的，人民法院不予支持。但用人单位能够证明劳动者已经收到拒付工资的书面通知的除外。

第三条 劳动者以用人单位的工资欠条为证据直接向人民法院起诉，诉讼请求不涉及劳动关系其他争议的，视为拖欠劳动报酬争议，按照普通民事纠纷受理。

第四条 用人单位和劳动者因劳动关系是否已经解除或者终止，以及应否支付解除或终止劳动关系经济补偿金产生的争议，经劳动争议仲裁委员会仲裁后，当事人依法起诉的，人民法院应予受理。

第五条 劳动者与用人单位解除或者终止劳动关系后，请求用人单位返还其收取的劳动合同定金、保证金、抵押金、抵押物产生的争议，或者办理劳动者的人事档案、社会保险关系等移转手续产生的争议，经劳动争议仲裁委员会仲裁后，当事人依法起诉的，人民法院应予受理。

第六条 劳动者因为工伤、职业病，请求用人单位依法承担给予工伤保险待遇的争议，经劳动争议仲裁委员会仲裁后，当事人依法起诉的，人民法院应予受理。

第七条 下列纠纷不属于劳动争议：

（一）劳动者请求社会保险经办机构发放社会保险金的纠纷；

（二）劳动者与用人单位因住房制度改革产生的公有住房转让纠纷；

（三）劳动者对劳动能力鉴定委员会的伤残等级鉴定结论或者对职业病诊断鉴定委员会的职业病诊断鉴定结论的异议纠纷；

（四）家庭或者个人与家政服务人员之间的纠纷；

（五）个体工匠与帮工、学徒之间的纠纷；

（六）农村承包经营户与受雇人之间的纠纷。

第八条 当事人不服劳动争议仲裁委员会作出的预先支付劳动者部分工资或者医疗费用的裁决，向人民法院起诉的，人民法院不予受理。

用人单位不履行上述裁决中的给付义务，劳动者依法向人民法院申请强制执行的，人民法院应予受理。

第九条 劳动者与起有字号的个体工商户产生的劳动争议诉讼，人民法院应当以营业执照上登记的字号为当事人，但应同时注明该字号业主的自然情况。

第十条 劳动者因履行劳动力派遣合同产生劳动争议而起诉，以派遣单位为被告；争议内容涉及接受单位的，以派遣单位和接受单位为共同被告。

第十一条 劳动者和用人单位均不服劳动争议仲裁委员会的同一裁决，向同一人民法院起诉的，人民法院应当并案审理，双方当事人互为原告和被告。在诉讼过程中，一方当事人撤诉的，人民法院应当根据另一方当事人的诉讼请求继续审理。

第十二条 当事人能够证明在申请仲裁期间内因不可抗力或者其他客观原因无法申请仲裁的，人民法院应当认定申请仲裁期间中止，从中止的原因消灭之次日起，申请仲裁期间连续计算。

第十三条 当事人能够证明在申请仲裁期间内具有下列情形之一的，人民法院应当认定申请仲裁期间中断：

（一）向对方当事人主张权利；

（二）向有关部门请求权利救济；

（三）对方当事人同意履行义务。

申请仲裁期间中断的，从对方当事人明确拒绝履行义务，或者有关部门作出处理决定或明确表示不予处理时起，申请仲裁期间重新计算。

第十四条 在诉讼过程中，劳动者向人民法院申请采取财产保全措施，人民法院经审查认为申请人经济确有困难，或有证据证明用人单位存在欠薪逃匿可能的，应当减轻或者免除劳动者提供担保的义务，及时采取保全措施。

第十五条 人民法院作出的财产保全裁定中，应当告知当事人在劳动仲裁机构的裁决书或者在人民法院的裁判文书生效后三个月内申请强制执行。逾期不申请的，人民法院应当裁定解除保全措施。

第十六条 用人单位制定的内部规章制度与集体合同或者劳动合同约定的内容不一致，劳动者请求优先适用合同约定的，人民法院应予支持。

第十七条 当事人在劳动争议调解委员会主持下达成的具有劳动权利义务内容的调解协议，具有劳动合同的约束力，可以作为人民法院裁判的根据。

当事人在劳动争议调解委员会主持下仅就劳动报酬争议达成调解协议，用人单位不履行调解协议确定的给付义务，劳动者直接向人民法院起诉的，人民法院可以按照普通民事纠纷受理。

第十八条 本解释自二〇〇六年十月一日起施行。本解释施行前本院颁布的有关司法解释与本解释规定不一致的，以本解释的规定为准。

本解释施行后，人民法院尚未审结的一审、二审案件适用本解释。本解释施行前已经审结的案件，不得适用本解释的规定进行再审。

最高人民法院关于审理劳动争议案件适用法律若干问题的解释（三）

（2010年9月13日　法释〔2010〕12号）

为正确审理劳动争议案件，根据《中华人民共和国劳动法》、《中华人民共和国劳动合同法》、《中华人民共和国劳动争议调解仲裁法》、《中华人民共和国民事诉讼法》等相关法律规定，结合民事审判实践，特作如下解释。

第一条　劳动者以用人单位未为其办理社会保险手续，且社会保险经办机构不能补办导致其无法享受社会保险待遇为由，要求用人单位赔偿损失而发生争议的，人民法院应予受理。

第二条　因企业自主进行改制引发的争议，人民法院应予受理。

第三条　劳动者依据劳动合同法第八十五条规定，向人民法院提起诉讼，要求用人单位支付加付赔偿金的，人民法院应予受理。

第四条　劳动者与未办理营业执照、营业执照被吊销或者营业期限届满仍继续经营的用人单位发生争议的，应当将用人单位或者其出资人列为当事人。

第五条　未办理营业执照、营业执照被吊销或者营业期限届满仍继续经营的用人单位，以挂靠等方式借用他人营业执照经营的，应当将用人单位和营业执照出借方列为当事人。

第六条　当事人不服劳动人事争议仲裁委员会作出的仲裁裁决，依法向人民法院提起诉讼，人民法院审查认为仲裁裁决遗漏了必须共同参加仲裁的当事人的，应当依法追加遗漏的人为诉讼当事人。

被追加的当事人应当承担责任的，人民法院应当一并处理。

第七条 用人单位与其招用的已经依法享受养老保险待遇或领取退休金的人员发生用工争议，向人民法院提起诉讼的，人民法院应当按劳务关系处理。

第八条 企业停薪留职人员、未达到法定退休年龄的内退人员、下岗待岗人员以及企业经营性停产放长假人员，因与新的用人单位发生用工争议，依法向人民法院提起诉讼的，人民法院应当按劳动关系处理。

第九条 劳动者主张加班费的，应当就加班事实的存在承担举证责任。但劳动者有证据证明用人单位掌握加班事实存在的证据，用人单位不提供的，由用人单位承担不利后果。

第十条 劳动者与用人单位就解除或者终止劳动合同办理相关手续、支付工资报酬、加班费、经济补偿或者赔偿金等达成的协议，不违反法律、行政法规的强制性规定，且不存在欺诈、胁迫或者乘人之危情形的，应当认定有效。

前款协议存在重大误解或者显失公平情形，当事人请求撤销的，人民法院应予支持。

第十一条 劳动人事争议仲裁委员会作出的调解书已经发生法律效力，一方当事人反悔提起诉讼的，人民法院不予受理；已经受理的，裁定驳回起诉。

第十二条 劳动人事争议仲裁委员会逾期未作出受理决定或仲裁裁决，当事人直接提起诉讼的，人民法院应予受理，但申请仲裁的案件存在下列事由的除外：

（一）移送管辖的；

（二）正在送达或送达延误的；

（三）等待另案诉讼结果、评残结论的；

（四）正在等待劳动人事争议仲裁委员会开庭的；

（五）启动鉴定程序或者委托其他部门调查取证的；

（六）其他正当事由。

当事人以劳动人事争议仲裁委员会逾期未作出仲裁裁决为由提起诉讼的，应当提交劳动人事争议仲裁委员会出具的受理通知书或者其他已接受仲裁申请的凭证或证明。

第十三条 劳动者依据调解仲裁法第四十七条第（一）项规定，追索劳动报酬、工伤医疗费、经济补偿或者赔偿金，如果仲裁裁决涉及数项，每项确定的数额均不超过当地月最低工资标准十二个月金额的，应当按照终局裁决处理。

第十四条 劳动人事争议仲裁委员会作出的同一仲裁裁决同时包含终局裁决事项和非终局裁决事项，当事人不服该仲裁裁决向人民法院提起诉讼的，应当按照非终局裁决处理。

第十五条 劳动者依据调解仲裁法第四十八条规定向基层人民法院提起诉讼，用人单位依据调解仲裁法第四十九条规定向劳动人事争议仲裁委员会所在地的中级人民法院申请撤销仲裁裁决的，中级人民法院应不予受理；已经受理的，应当裁定驳回申请。

被人民法院驳回起诉或者劳动者撤诉的，用人单位可以自收到裁定书之日起三十日内，向劳动人事争议仲裁委员会所在地的中级人民法院申请撤销仲裁裁决。

第十六条 用人单位依照调解仲裁法第四十九条规定向中级人民法院申请撤销仲裁裁决，中级人民法院作出的驳回申请或者撤销仲裁裁决的裁定为终审裁定。

第十七条 劳动者依据劳动合同法第三十条第二款和调解仲裁法第十六条规定向人民法院申请支付令，符合民事诉讼法第十七章督促程序规定的，人民法院应予受理。

依据劳动合同法第三十条第二款规定申请支付令被人民法院裁定终结督促程序后，劳动者就劳动争议事项直接向人民法院起诉的，人民法院应当告知其先向劳动人事争议仲裁委员会申请仲裁。

依据调解仲裁法第十六条规定申请支付令被人民法院裁定终结督促程序后，劳动者依据调解协议直接向人民法院提起诉讼的，人民法院应予受理。

第十八条 劳动人事争议仲裁委员会作出终局裁决，劳动者向人民法院申请执行，用人单位向劳动人事争议仲裁委员会所在地的中级人民法院申请撤销的，人民法院应当裁定中止执行。

用人单位撤回撤销终局裁决申请或者其申请被驳回的，人民法院应当裁定恢复执行。仲裁裁决被撤销的，人民法院应当裁定终结执行。

用人单位向人民法院申请撤销仲裁裁决被驳回后，又在执行程序中以相同理由提出不予执行抗辩的，人民法院不予支持。

最高人民法院关于审理劳动争议案件适用法律若干问题的解释（四）

（2013年1月18日　法释〔2013〕4号）

为正确审理劳动争议案件，根据《中华人民共和国劳动法》《中华人民共和国劳动合同法》《中华人民共和国劳动争议调解仲裁法》《中华人民共和国民事诉讼法》等相关法律规定，结合民事审判实践，就适用法律的若干问题，作如下解释：

第一条　劳动人事争议仲裁委员会以无管辖权为由对劳动争议案件不予受理，当事人提起诉讼的，人民法院按照以下情形分别处理：

（一）经审查认为该劳动人事争议仲裁委员会对案件确无管辖权的，应当告知当事人向有管辖权的劳动人事争议仲裁委员会申请仲裁；

（二）经审查认为该劳动人事争议仲裁委员会有管辖权的，应当告知当事人申请仲裁，并将审查意见书面通知该劳动人事争议仲裁委员会，劳动人事争议仲裁委员会仍不受理，当事人就该劳动争议事项提起诉讼的，应予受理。

第二条　仲裁裁决的类型以仲裁裁决书确定为准。

仲裁裁决书未载明该裁决为终局裁决或非终局裁决，用人单位不服该仲裁裁决向基层人民法院提起诉讼的，应当按照以下情形分别处理：

（一）经审查认为该仲裁裁决为非终局裁决的，基层人民法院应予受理；

（二）经审查认为该仲裁裁决为终局裁决的，基层人民法院不予受理，但应告知用人单位可以自收到不予受理裁定书之日起三十日内向劳动人事争议仲裁委员会所在地的中级人民法院申请撤销该仲裁裁决；已经受理的，裁定驳回起诉。

第三条　中级人民法院审理用人单位申请撤销终局裁决的案件，应当组成合议庭开庭审理。经过阅卷、调查和询问当事人，对没有新的事实、证据或者理由，合议庭认为不需要开庭审理的，可以不开庭审理。

中级人民法院可以组织双方当事人调解。达成调解协议的，可以制作调解书。一方当事人逾期不履行调解协议的，另一方可以申请人民法院强制执行。

第四条　当事人在人民调解委员会主持下仅就给付义务达成的调解协议，双方认为有必要的，可以共同向人民调解委员会所在地的基层人民法院申请司法确认。

第五条　劳动者非因本人原因从原用人单位被安排到新用人单位工作，原用人单位未支付经济补偿，劳动者依照劳动合同法第三十八条规定与新用人单位解除劳动合同，或者新用人单位向劳动者提出解除、终止劳动合同，在计算支付经济补偿或赔偿金的工作年限时，劳动者请求把在原用人单位的工作年限合并计算为新用人单位工作年限的，人民法院应予支持。

用人单位符合下列情形之一的，应当认定属于“劳动者非因本人原因从原用人单位被安排到新用人单位工作”：

（一）劳动者仍在原工作场所、工作岗位工作，劳动合同主体由原用人单位变更为新用人单位；

（二）用人单位以组织委派或任命形式对劳动者进行工作调动；

（三）因用人单位合并、分立等原因导致劳动者工作调动；

（四）用人单位及其关联企业与劳动者轮流订立劳动合同；

（五）其他合理情形。

第六条　当事人在劳动合同或者保密协议中约定了竞业限

制，但未约定解除或者终止劳动合同后给予劳动者经济补偿，劳动者履行了竞业限制义务，要求用人单位按照劳动者在劳动合同解除或者终止前十二个月平均工资的30%按月支付经济补偿的，人民法院应予支持。

前款规定的月平均工资的30%低于劳动合同履行地最低工资标准的，按照劳动合同履行地最低工资标准支付。

第七条 当事人在劳动合同或者保密协议中约定了竞业限制和经济补偿，当事人解除劳动合同时，除另有约定外，用人单位要求劳动者履行竞业限制义务，或者劳动者履行了竞业限制义务后要求用人单位支付经济补偿的，人民法院应予支持。

第八条 当事人在劳动合同或者保密协议中约定了竞业限制和经济补偿，劳动合同解除或者终止后，因用人单位的原因导致三个月未支付经济补偿，劳动者请求解除竞业限制约定的，人民法院应予支持。

第九条 在竞业限制期限内，用人单位请求解除竞业限制协议时，人民法院应予支持。

在解除竞业限制协议时，劳动者请求用人单位额外支付劳动者3个月的竞业限制经济补偿的，人民法院应予支持。

第十条 劳动者违反竞业限制约定，向用人单位支付违约金后，用人单位要求劳动者按照约定继续履行竞业限制义务的，人民法院应予支持。

第十一条 变更劳动合同未采用书面形式，但已经实际履行了口头变更的劳动合同超过一个月，且变更后的劳动合同内容不违反法律、行政法规、国家政策以及公序良俗，当事人以未采用书面形式为由主张劳动合同变更无效的，人民法院不予支持。

第十二条 建立了工会组织的用人单位解除劳动合同符合劳动合同法第三十九条、第四十条规定，但未按照劳动合同法第四十三条规定事先通知工会，劳动者以用人单位违法解除劳动合同为由请求用人单位支付赔偿金的，人民法院应予支持，但起诉前用人单位已经补正有关程序的除外。

第十三条 劳动合同法施行后，因用人单位经营期限届满不再继续经营导致劳动合同不能继续履行，劳动者请求用人单位支付经济补偿的，人民法院应予支持。

第十四条 外国人、无国籍人未依法取得就业证件即与中国境内的用人单位签订劳动合同，以及香港特别行政区、澳门特别行政区和台湾地区居民未依法取得就业证件即与内地用人单位签订劳动合同，当事人请求确认与用人单位存在劳动关系的，人民法院不予支持。

持有《外国专家证》并取得《外国专家来华工作许可证》的外国人，与中国境内的用人单位建立用工关系的，可以认定为劳动关系。

第十五条 本解释施行前本院颁布的有关司法解释与本解释抵触的，自本解释施行之日起不再适用。

本解释施行后尚未终审的劳动争议纠纷案件，适用本解释；本解释施行前已经终审，当事人申请再审或者按照审判监督程序决定再审的，不适用本解释。

最高人民法院关于人事争议申请仲裁的时效期间如何计算的批复

（2013 年 9 月 12 日　法释〔2013〕23 号）

四川省高级人民法院：

你院《关于事业单位人事争议仲裁时效如何计算的请示》（川高法〔2012〕430 号）收悉。经研究，批复如下：

依据《中华人民共和国劳动争议调解仲裁法》第二十七条第一款、第五十二条的规定，当事人自知道或者应当知道其权利被侵害之日起一年内申请仲裁，仲裁机构予以受理的，人民法院应予认可。

人事争议处理规定

（2007 年 8 月 9 日中共中央组织部、人事部、总政治部国人部发〔2007〕109 号印发，根据 2011 年 8 月 15 日中共中央组织部、人力资源和社会保障部、总政治部人社部发〔2011〕88 号《关于修改〈人事争议处理规定〉的通知》修订）

第一章　总　则

第一条　为公正及时地处理人事争议，保护当事人的合法权益，根据《中华人民共和国公务员法》《中国人民解放军文职人员条例》等有关法律法规，制定本规定。

第二条　本规定适用于下列人事争议：

（一）实施公务员法的机关与聘任制公务员之间、参照《中华人民共和国公务员法》管理的机关（单位）与聘任工作人员之间因履行聘任合同发生的争议。

（二）事业单位与工作人员之间因解除人事关系、履行聘用合同发生的争议。

（三）社团组织与工作人员之间因解除人事关系、履行聘用合同发生的争议。

（四）军队聘用单位与文职人员之间因履行聘用合同发生的争议。

（五）依照法律、法规规定可以仲裁的其他人事争议。

第三条　人事争议发生后，当事人可以协商解决；不愿协商或者协商不成的，可以向主管部门申请调解，其中军队聘用单位与文职人员的人事争议，可以向聘用单位的上一级单位申请调解；不愿调解或调解不成的，可以向人事争议仲裁委员会申请仲裁。当事人也可以直接向人事争议仲裁委员会申请仲裁。当事人对仲裁裁决不服的，可以向人民法院提起诉讼。

第四条 当事人在人事争议处理中的地位平等，适用法律、法规平等。

当事人有使用本民族语言文字申请仲裁的权利。人事争议仲裁委员会对于不熟悉当地通用语言文字的当事人，应当为他们翻译。

第五条 处理人事争议，应当注重调解，遵循合法、公正、及时的原则，以事实为依据，以法律为准绳。

第二章 组织机构

第六条 省（自治区、直辖市）、副省级市、地（市、州、盟）、县（市、区、旗）设立人事争议仲裁委员会。

人事争议仲裁委员会独立办案，相互之间无隶属关系。

第七条 人事争议仲裁委员会由公务员主管部门代表、聘任（用）单位代表、工会组织代表、受聘人员代表以及人事、法律专家组成。人事争议仲裁委员会组成人员应当是单数，设主任一名、副主任二至四名、委员若干名。

同级人民政府分管人事工作的负责人或者政府人事行政部门的主要负责人任人事争议仲裁委员会主任。

第八条 人事争议仲裁委员会实行少数服从多数原则，不同意见应如实记录。

第九条 人事争议仲裁委员会的职责是：

（一）负责处理管辖范围内的人事争议。

（二）决定仲裁员的聘任和解聘。

（三）法律、法规规定由人事争议仲裁委员会承担的其他职责。

第十条 人事争议仲裁委员会下设办事机构，其职责是：负责人事争议案件的受理、仲裁文书送达、档案管理以及仲裁员的考核、培训等日常工作，办理人事争议仲裁委员会授权的其他事宜。办事机构设在同级人民政府人事部门。

第十一条 人事争议仲裁委员会处理人事争议案件实行仲裁庭制度，仲裁庭是人事争议仲裁委员会处理人事争议案件的基本形式。仲裁庭一般由三名仲裁员组成。人事争议仲裁委员会指定一名仲裁员担任首席仲裁员，主持仲裁庭工作；另两名仲裁员可由双方当事人各选定一名，也可由人事争议仲裁委员会指定。简单的人事争议案件，经双方当事人同意，人事争议仲裁委员会可以指定一名仲裁员独任处理。

第十二条 人事争议仲裁委员会可以聘任有关部门的工作人员、专家学者和律师为专职或兼职仲裁员。仲裁员的职责是：受人事争议仲裁委员会的委托或当事人的选择，负责人事争议案件的具体处理工作。

兼职仲裁员与专职仲裁员在仲裁活动中享有同等权利。

兼职仲裁员进行仲裁活动时，所在单位应当给予支持。

第三章　管　辖

第十三条 中央机关、直属机构、直属事业单位及其在京所属单位的人事争议由北京市负责处理人事争议的仲裁机构处理，也可由北京市根据情况授权所在地的区（县）负责处理人事争议的仲裁机构处理。

中央机关在京外垂直管理机构以及中央机关、直属机构、直属事业单位在京外所属单位的人事争议，由所在地的省（自治区、直辖市）设立的人事争议仲裁委员会处理，也可由省（自治区、直辖市）根据情况授权所在地的人事争议仲裁委员会处理。

第十四条 省（自治区、直辖市）、副省级市、地（市、州、盟）、县（市、区、旗）人事争议仲裁委员会的管辖范围，由省（自治区、直辖市）确定。

第十五条 军队聘用单位与文职人员的人事争议，一般由聘用单位所在地的县（市、区、旗）人事争议仲裁委员会处理，其中师级聘用单位与文职人员的人事争议，由所在地的地（市、州、盟）、副省级市人事争议仲裁委员会处理，军级以上聘用单位与文职人员的人事争议由所在地的省（自治区、直辖市）人事争议仲裁委员会处理。

第四章 仲 裁

第十六条 当事人从知道或应当知道其权利受到侵害之日起六十日内，以书面形式向有管辖权的人事争议仲裁委员会申请仲裁。

当事人因不可抗力或者有其他正当理由超过申请仲裁时效，经人事争议仲裁委员会调查确认的，人事争议仲裁委员会应当受理。

第十七条 当事人向人事争议仲裁委员会申请仲裁，应当提交仲裁申请书，并按被申请人人数递交副本。

仲裁申请书应当载明下列事项：

（一）申请人和被申请人姓名、性别、年龄、职业及职务、工作单位、住所和联系方式。申请人或被申请人是单位的，应写明单位的名称、住所、法定代表人或者主要负责人的姓名、职务和联系方式。

（二）仲裁请求和所依据的事实、理由。

（三）证据和证据来源、证人姓名和住所。

发生人事争议的一方在五人以上，并且有共同的仲裁请求和理由的，可以推举一至二名代表参加仲裁活动。代表人放弃、变更仲裁请求或者承认对方的仲裁请求，进行和解，必须经过被代表的当事人同意。

第十八条 人事争议仲裁委员会在收到仲裁申请书之日起十个工作日内，认为不符合受理条件的，应当书面通知申请人不予受理，并说明理由；认为符合受理条件的，应当受理，将受理通知书送达申请人，将仲裁申请书副本送达被申请人。

第十九条 被申请人应当在收到仲裁申请书副本之日起十个工作日内提交答辩书。被申请人没有按时提交或者不提交答辩书的，不影响仲裁的进行。

第二十条 仲裁应当公开开庭进行，涉及国家、军队秘密和个人隐私的除外。涉及商业秘密，当事人申请不公开开庭的，可以不公开开庭。当事人协议不开庭的，仲裁庭可以书面仲裁。

第二十一条 人事争议仲裁委员会应当在开庭审理人事争议案件五个工作日前，将开庭时间、地点、仲裁庭组成人员等书面通知当事人。申请人经书面通知无正当理由不到庭，或者到庭后未经仲裁庭许可中途退庭的，视为撤回仲裁申请。被申请人经书面通知无正当理由不到庭，或者未经仲裁庭许可中途退庭的，可以缺席裁决。

当事人有正当理由的，在开庭前可以申请延期开庭，是否延期由仲裁庭决定。

第二十二条 仲裁庭处理人事争议应注重调解。自受理案件到作出裁决前，都要积极促使当事人双方自愿达成调解协议。

当事人经调解自愿达成书面协议的，仲裁庭应当根据调解协议的内容制作仲裁调解书。协议内容不得违反法律法规，不得侵犯社会公共利益和他人的合法权益。

调解书由仲裁庭成员署名，加盖人事争议仲裁委员会印章。调解书送达后，即发生法律效力。

当庭调解未达成协议或者仲裁调解书送达前当事人反悔的，仲裁庭应当及时进行仲裁裁决。

第二十三条 当事人应当对自己的主张提供证据。仲裁庭认为有关证据由用人单位提供更方便的，应要求用人单位提供。

用人单位作出解除人事关系和不同意工作人员要求辞职或终止聘任（用）合同引发的人事争议，由用人单位负责举证。

仲裁庭认为需要调查取证的，可以自行取证。

第二十四条 人事争议仲裁委员会在处理人事争议时，有权向有关单位查阅与案件有关的档案、资料和其他证明材料，并有权向知情人调查，有关单位和个人不得拒绝并应当如实提供相关材料。人事争议仲裁委员会及其工作人员对调查人事争议案件中涉及的国家秘密、军队秘密、商业秘密和个人隐私应当保密。

第二十五条 当事人的举证材料应在仲裁庭上出示，并进行质证。只有经过质证认定的事实和证据，才能作为仲裁裁决的依据。

第二十六条 当事人在仲裁过程中有权进行辩论。辩论终结时，仲裁庭应当征询当事人的最后意见。

第二十七条 仲裁庭应当将开庭情况记入笔录。当事人和其他仲裁参与人认为对自己陈述的记录有遗漏或者差错的，有权申请补正。如果不予补正，应当记录该申请，并注明不予补正的原因。

笔录由仲裁员、书记员、当事人和其他仲裁参与人署名或者盖章。

第二十八条 仲裁裁决应当按照多数仲裁员的意见作出，少数仲裁员的不同意见应当记入笔录。

仲裁庭对重大、疑难以及仲裁庭不能形成多数处理意见案件的处理，应当提交人事争议仲裁委员会讨论决定；人事争议仲裁委员会作出的决定，仲裁庭必须执行。

仲裁庭应当在裁决作出后五个工作日内制作裁决书。裁决书由仲裁庭成员署名并加盖人事争议仲裁委员会印章。

第二十九条 仲裁庭处理人事争议案件，一般应当在受理案件之日起九十日内结案。需要延期的，经人事争议仲裁委员会批准，可以适当延期，但是延长的期限不得超过三十日。

第三十条 当事人、法定代理人可以委托一至二名律师或其他代理人进行仲裁活动。委托律师和其他代理人进行仲裁活动，应当向人事争议仲裁委员会提交有委托人签名或盖章的委托书。委托书应当明确委托事项和权限。

第三十一条 有下列情形之一的，仲裁员应当自行申请回避，当事人和代理人有权以口头或书面方式申请其回避：

（一）是案件的当事人、代理人或者当事人、代理人的近亲属。

（二）与案件有利害关系。

（三）与案件当事人、代理人有其他关系，可能影响公正仲裁的。

前款规定适用于书记员、鉴定人员、勘验人员和翻译人员。

第三十二条 当事人对仲裁裁决不服的，可以按照《中华人民共和国公务员法》、《中国人民解放军文职人员条例》以及最高人民法院相关司法解释的规定，自收到裁决书之日起十五日内向人民法院提起诉讼；逾期不起诉的，裁决书即发生法律效力。

第三十三条 对发生法律效力的调解书或者裁决书，当事人必须履行。一方当事人逾期不履行的，另一方当事人可以依照国家有关法律法规和最高人民法院相关司法解释的规定申请人民法院执行。

第五章 罚 则

第三十四条 当事人及有关人员在仲裁过程中有下列行为之一的，人事争议仲裁委员会应当予以批评教育、责令改正；触犯法律的，提请司法机关依法追究法律责任：

（一）干扰仲裁活动，阻碍仲裁工作人员工作的。

（二）拒绝提供有关文件、资料和其他证明材料的。

（三）提供虚假情况的。

（四）对仲裁工作人员、仲裁参与人、证人进行打击报复的。

（五）其他应予以批评教育、责令改正或应依法追究法律责任的行为。

第三十五条 仲裁工作人员在仲裁活动中有徇私舞弊、收受贿赂、敲诈勒索、滥用职权等侵犯当事人合法权益行为的，由所在单位或上级机关给予处分；是仲裁员的，由人事争议仲裁委员会予以解聘；触犯法律的，提请司法机关依法追究法律责任。

第六章 附 则

第三十六条 因考核、职务任免、职称评审等发生的人事争议，按照有关规定处理。

第三十七条 本规定由中共中央组织部、人力资源和社会保障部、中国人民解放军总政治部负责解释，省、自治区、直辖市可根据本规定制定实施办法。

第三十八条 本规定自2007年10月1日起施行，1997年人事部发布的《人事争议处理暂行规定》（人发〔1997〕71号）同时废止。

人力资源和社会保障部办公厅关于印发基层劳动人事争议调解工作规范的通知

（2014 年 3 月 5 日　人社厅发〔2014〕30 号）

各省、自治区、直辖市及新疆生产建设兵团人力资源社会保障厅（局）：

为进一步贯彻落实《中华人民共和国劳动争议调解仲裁法》及有关政策规定，加强基层调解工作规范化，促进调解组织建设、制度建设和队伍建设，切实改进工作作风，提升调解组织工作效能和社会公信力，充分发挥调解在争议处理中的基础性作用，现将《基层劳动人事争议调解组织名称规范》等工作规范予以印发（见附件），请认真组织实施。

各地要在今年 12 月底前，指导督促各类基层劳动人事争议调解组织将调解工作程序、调解组织工作职责和调解员行为规范在办公地点的显著位置上墙公布，并完成调解员证书制作发放等相关工作。上墙公布的内容应清晰、醒目，采用彩色铜版纸印刷，纸张不小于 A2（42 厘米×59.4 厘米），具体样式由省级人力资源社会保障部门统一制定。有条件的地区可将上述工作规范及调解组织地址、联系方式等信息制成维权手册、服务指南、联系卡片等材料，在企业、工业园区、有关人力资源社会保障服务窗口发放，或在相关网络平台进行发布。要主动与相关部门沟通协调，落实基层调解组织人员、经费、场所等，为加强基层调解工作规范化建设提供必要保障。

请各地在 2015 年上半年对所辖地区实施工作规范情况进行专项检查，并于 6 月底前将书面检查报告报部调解仲裁管理司，部里将适时进行抽查。

附件：1. 基层劳动人事争议调解组织名称规范

2. 劳动人事争议调解工作程序

3. 基层劳动人事争议调解组织工作职责（试行）

4. 劳动人事争议调解员行为规范（试行）

5. 劳动人事争议调解员证书制作管理规范

附件 1

基层劳动人事争议调解组织名称规范

一、企业劳动争议调解组织名称规范

（一）企业劳动争议调解组织名称由“企业名称”和“劳动争议调解委员会”依次组成。

（二）企业分支机构劳动争议调解组织名称由“企业名称”“分支机构名称”和“劳动争议调解委员会”依次组成。

二、事业单位及其主管部门、社会团体劳动人事争议调解组织名称规范

事业单位及其主管部门、社会团体劳动人事争议调解组织名称由“事业单位及其主管部门、社会团体名称”和“劳动人事争议调解委员会”依次组成。

三、基层劳动就业社会保障公共服务平台劳动人事争议调解组织名称规范

街道、乡镇劳动就业社会保障服务中心（所）及社区、行政村劳动就业社会保障服务站劳动人事争议调解组织名称由“街道、乡镇名称”或者“社区、行政村名称”和“劳动人事争议调解中心”依次组成。

四、其他类型劳动人事争议调解组织名称规范

参照上述原则，其他类型劳动人事争议调解组织名称一般由“设立单位名称”和“劳动人事争议调解委员会”或者“地区名

称”和“劳动人事争议调解中心”依次组成。

附件 2

劳动人事争议调解工作程序

一、申请调解。发生劳动人事争议，当事人可以口头或者书面形式向调解组织提出调解申请。

二、受理调解申请。调解组织接到调解申请后，应当及时对调解申请进行审查，在 3 个工作日内作出是否受理的决定。

三、开展调解。调解组织根据案情指定调解员或者调解小组进行调解，调解应当自收到调解申请之日起 15 日内结束。但是，双方当事人同意延期的可以延长。

四、调解协议的仲裁审查确认。达成调解协议的，双方当事人可以自调解协议生效之日起 15 日内共同向劳动人事争议仲裁委员会提出仲裁审查确认申请。

五、告知申请仲裁的权利。当事人不愿调解、调解不成或者达成调解协议后未经仲裁审查确认且不履行的，可以向劳动人事争议仲裁委员会申请仲裁。

附件 3

基层劳动人事争议调解组织工作职责（试行）

一、企业劳动争议调解组织、事业单位及其主管部门、社会团体劳动人事争议调解组织工作职责

（一）宣传人力资源社会保障法律、法规和政策；

（二）对本单位发生的劳动人事争议进行调解；

（三）监督和解协议、调解协议的履行；

（四）参与协调履行劳动合同、聘用合同、集体合同和执行单位规章制度等方面出现的问题；

（五）参与研究涉及劳动者切身利益的重大方案；

（六）协助本单位建立劳动人事争议预防预警机制。

二、基层劳动就业社会保障公共服务平台劳动人事争议调解组织工作职责

（一）宣传人力资源社会保障法律、法规和政策；

（二）调解本辖区内发生的劳动人事争议；

（三）监督和解协议、调解协议的履行；

（四）配合人力资源社会保障行政部门及调解仲裁机构开展辖区内劳动人事争议预防调解相关工作。

附件 4

劳动人事争议调解员行为规范（试行）

一、依法调解。坚持自愿、合法、公正、及时的原则，以事实为依据，以法律为准绳，履行居中调解职责。

二、爱岗敬业。热爱调解工作，注重业务学习，以维护劳动人事争议双方当事人权益为己任，恪尽职守，甘于奉献。

三、热情服务。工作主动、耐心、细致、周到，仪表整洁、语言文明、举止得体、态度诚恳。

四、保守秘密。不得泄露调解工作中获取的商业秘密、个人隐私等。

五、廉洁自律。不得收受、索取财物或者牟取不正当利益，不得为当事人介绍劳动人事争议仲裁、诉讼代理人。

附件 5

劳动人事争议调解员证书制作管理规范

一、劳动人事争议调解员证书制作

（一）证书封面

1. 内容

应当包括“劳动人事争议调解员证”、基层劳动人事争议调解组织标识及发证机关“××省（区、市）人力资源和社会保障厅（局）”。

2. 样式

宽约8厘米，高约11.5厘米，应当采用藏蓝色耐磨材质，烫银字印刷，设计应当简洁、大方、实用。

（二）证书内芯

1. 内容

应当包括调解员基本信息（照片、姓名、所属调解组织、发证日期、有效期、证书编号等）、发证机关公章、调解员行为规范主要内容（依法调解、爱岗敬业、热情服务、保守秘密、廉洁自律）及定期检验或注册记录等。

2. 样式

应当采用有一定厚度的耐磨纸张双面印刷，套印发证机关公章，应当有防伪设计。

二、劳动人事争议调解员证书管理

（一）制作发放

由各省、自治区、直辖市人力资源社会保障厅（局）按照制作要求统一制作并组织发放。

（二）发放范围

各类基层劳动人事争议调解组织专兼职调解员。

（三）申领条件

依据《中华人民共和国劳动争议调解仲裁法》第十一条规定，公道正派、联系群众、热心调解工作，并具有一定法律知识、政策水平和文化水平，在劳动人事争议调解组织专兼职从事调解工作的成年公民可申领劳动人事争议调解员证书。具体申领条件由各省、自治区、直辖市人力资源社会保障厅（局）统一制定。

（四）统一管理

各省、自治区、直辖市人力资源社会保障厅（局）要制定调解员证书管理办法，报部调解仲裁管理司备案。要建立调解员信息台账，由专人负责进行实时、动态管理。

人力资源和社会保障部 中央综治办 关于加强专业性劳动争议调解工作的意见

（2015年6月3日 人社部发〔2015〕53号）

各省、自治区、直辖市及新疆生产建设兵团人力资源社会保障厅（局）、综治办：

为贯彻落实中共中央、国务院《关于构建和谐劳动关系的意见》（中发〔2015〕10号）及中央综治委、人力资源社会保障部等16部委《关于深入推进矛盾纠纷大调解工作的指导意见》（综治委〔2011〕10号），进一步加强专业性劳动争议调解工作，现提出以下意见：

一、总体要求

深入贯彻党的十八大和十八届三中、四中全会关于健全社会矛盾纠纷预防化解机制、创新劳动关系协调机制、加强劳动争议调解的精神，按照《关于构建和谐劳动关系的意见》的要求，坚持“预防为主、基层为主、调解为主”的方针，建立党委、政府领导、综治协调、人力资源社会保障行政部门主导、有关部门和单位共同参与的专业性劳动争议调解工作机制，健全调解组织，完善工作制度，强化基础保障，提升专业性劳动争议调解工作能力，发挥专业性调解在争议处理中的基础性作用，促进劳动关系和谐与社会大局稳定。

二、加强专业性劳动争议调解组织建设

建立健全专业性劳动争议调解组织。积极推动企业劳动争议调解组织建设，建立有效的劳动争议协商解决机制，提高企业自主解决争议的能力。指导和推动行业商会（协会）建立劳动争议调解组织，重点推进争议多发的制造、餐饮、建筑、商贸服务和民营高科技等行业商会（协会）建立劳动争议调解组织。进一步加强乡镇（街道）劳动就业社会保障服务所（中心）调解组织建设。加强统筹协调，在乡镇（街道）矛盾纠纷调解工作平台设置“劳动争议调解窗口”，由当地乡镇（街道）劳动就业社会保障服务所（中心）调解组织负责调解窗口的日常工作。各类专业性劳动争议调解组织的设立和人员组成情况要及时向当地人力资源社会保障行政部门备案。各地人力资源社会保障行政部门要加强工作情况通报，建立调解组织、调解员名册制度，定期向社会公开调解组织、调解员名单。

推进专业性劳动争议调解组织规范化建设。各类专业性劳动争议调解组织和“劳动争议调解窗口”要按照人力资源社会保障部关于基层调解工作规范化建设的要求，统一规范标识、名称、工作职责、工作程序和调解员行为。各地人力资源社会保障行政部门要将推进调解工作规范化建设作为加强专业性劳动争议调解工作的重要措施，加强指导推动和督促检查。有条件的地区可通过发放劳动争议调解服务手册、联系卡，或在相关网站平台发布信息等方式，为企业、职工提供方便，提高调解组织的管理服务水平。

三、推动专业性劳动争议调解制度建设

完善劳动争议调解工作制度。对于小额、简单劳动争议案件，各类专业性劳动争议调解组织要探索符合其特点的调解制度和方法技巧，就近就地予以化解。对于重大集体劳动争议案件，各地仲裁机构要会同工会、企业代表组织及时介入，积极引导当事人双方通过调解化解争议，调解成功的要现场制作调解书，调解不成的要及时引导进入仲裁程序。各地人力资源社会保障行政部门要指导各类专业性劳动争议调解组织完善调解案件登记、调解工作记录、督促履行调解协议、档案管理、统计报告等工作制度。

完善调解与仲裁衔接机制。各地人力资源社会保障行政部门要指导仲裁机构做好调解与仲裁工作的衔接，加强对辖区内专业性劳动争议调解组织的支持。仲裁机构要落实调解建议书、委托调解、调解协议仲裁审查确认等三项工作制度，制定具体实施细则，提升调解协议的执行力。对未经调解组织调解，当事人直接申请仲裁的劳动争议案件，劳动人事争议仲裁委员会可向当事人发出调解建议书，引导其在企业、乡镇（街道）、行业调解组织进行调解。仲裁委员会对于已经立案的劳动争议案件，认为可以委托调解的，经当事人双方同意，可以委托调解组织进行调解。对当事人双方提出的审查调解协议申请，仲裁委员会受理后，应当对调解协议进行审查，对程序和内容合法有效的调解协议出具调解书。

四、加强专业性劳动争议调解的基础保障

加强调解员队伍建设。各类专业性劳动争议调解组织要合理配备专职或者兼职调解员。乡镇（街道）劳动就业社会保障服务所（中心）调解组织可通过调剂事业编制、政府购买服务、开发公益性岗位等多种途径，充实调解员队伍，争议案件易发、多发的乡镇（街道）要配备专职调解员。各地人力资源社会保障行政部门要指导各类专业性劳动争议调解组织建立和完善调解员的选聘、业务培训、工作考评等管理制度，逐步实现调解员持证上岗。加大调解员培训力度，建立调解员分级培训机制，提升调解员的法律素养和工作能力。加强调解队伍作风建设，增强服务意识，改进服务措施，提高服务能力，打造专业性劳动争议调解优质服务品牌。

改善调解工作条件。要积极协调有关方面，支持各类专业性调解组织改善工作条件。乡镇（街道）劳动就业社会保障服务所（中心）调解组织要有独立的调解室，配备必要的办案和办公设备。各地要积极协调将乡镇（街道）调解工作经费纳入当地财政预算，保证工作正常开展。根据调解案件数量和难易程度，通过政府购买服务方式，按照以案定补方式给予必要的经费支持。

五、加强对专业性劳动争议调解工作的组织领导

各地人力资源社会保障行政部门、综治组织要高度重视专业性劳动争议调解工作，将其作为构建和谐劳动关系、健全社会矛盾纠纷预防化解机制的重要任务，切实加强组织领导，密切配合，形成工作合力。

人力资源社会保障行政部门主要承担专业性劳动争议调解工作的牵头职责，负责制定劳动争议调解规章政策，会同有关部门推动各类专业性调解组织和队伍建设，建立健全集体劳动争议调解机制。

综治组织在党委、政府领导下，加强调查研究、组织协调、督导检查、考评、推动，推进矛盾纠纷排查预警、调解处置工作，研究完善群众利益协调机制，落实矛盾纠纷排查调处工作协调会议纪要月报制度。会同人力资源社会保障行政部门，将专业性劳动争议调解工作纳入综治工作（平安建设）考评。

各地人力资源社会保障行政部门、综治组织要对加强专业性劳动争议调解工作情况联合开展督促检查，推动各项任务落到实处。要建立联席会议、信息通报等制度，及时发现、定期分析工作中存在的问题和困难，共同研究对策措施。

人力资源和社会保障部等部门关于进一步加强劳动人事争议调解仲裁完善多元处理机制的意见

（2017年3月21日　人社部发〔2017〕26号）

各省、自治区、直辖市人力资源社会保障厅（局）、综治办、高级人民法院、司法厅（局）、财政厅（局）、总工会、工商业联合会、企业联合会/企业家协会，新疆生产建设兵团人力资源社会保障局、综治办、新疆维吾尔自治区高级人民法院生产建设兵团分院、司法局、财务局、工会、工商业联合会、企业联合会/企业家协会：

劳动人事争议调解仲裁是劳动人事关系矛盾纠纷多元化解机制的重要组成部分。当前，我国正处于经济社会转型时期，劳动关系矛盾处于凸显期和多发期，劳动人事争议案件逐年增多。通过协商、调解、仲裁、诉讼等方式依法有效处理劳动人事争议，对于促进社会公平正义、维护劳动人事关系和谐与社会稳定具有重要意义。根据中共中央办公厅、国务院办公厅《关于完善矛盾纠纷多元化解机制的意见》，现就进一步加强劳动人事争议调解仲裁完善多元处理机制，提出如下意见。

一、总体要求

（一）指导思想。全面贯彻党的十八大和十八届三中、四中、五中、六中全会精神，以邓小平理论、“三个代表”重要思想、科学发展观为指导，深入贯彻习近平总书记系列重要讲话精神，主动适应经济发展新常态，积极落实加强和创新社会治理新要求，探索新时期预防化解劳动人事关系矛盾纠纷的规律，不断提高调解仲裁规范化、标准化、专业化、信息化水平，推动健全中国特色劳动人事争议处理制度，完善劳动人事争议多元处理机制，切实维护劳动人事关系和谐与社会稳定，为全面建成小康社会做出更大贡献。

（二）基本原则

1. 坚持协调联动、多方参与。在党委领导、政府主导、综治协调下，积极发挥人力资源社会保障部门牵头作用，鼓励各有关部门和单位发挥职能作用，引导社会力量积极参与，合力化解劳动人事关系矛盾纠纷。

2. 坚持源头治理、注重调解。贯彻“预防为主、基层为主、调解为主”工作方针，充分发挥协商、调解在劳动人事争议处理中的基础性作用，最大限度地把矛盾纠纷解决在基层和萌芽状态。

3. 坚持依法处理、维护公平。完善劳动人事争议调解制度和仲裁准司法制度，发挥司法的引领、推动和保障作用，运用法治思维和法治方式处理劳动人事争议，切实维护用人单位和劳动者的合法权益。

4. 坚持服务为先、高效便捷。以提高劳动人事争议处理质效为目标，把服务理念贯穿争议处理全过程，为用人单位和劳动者提供优质服务。

5. 坚持立足国情、改革创新。及时总结实践经验，借鉴国外有益做法，加强制度创新，不断完善劳动人事争议多元处理机制。

（三）主要目标。到 2020 年，劳动人事争议协商解决机制逐步完善，调解基础性作用充分发挥，仲裁制度优势显著增强，司法保障作用进一步加强，协商、调解、仲裁、诉讼相互协调、有序衔接的劳动人事争议多元处理格局更加健全，劳动人事争议处理工作服务社会能力明显提高。

二、健全劳动人事争议预防协商解决机制

（四）指导用人单位加强劳动人事争议源头预防。加大法律法规政策宣传力度，推动用人单位全面实行劳动合同或者聘用合同制度，完善民主管理制度，推行集体协商和集体合同制度，保障职工对用人单位重大决策和重大事项的知情权、参与权、表达权、监督权，加强对职工的人文关怀。指导企业与职工建立多种方式的对话沟通机制，完善劳动争议预警机制，特别是在分流安置职工等涉及劳动关系重大调整时，广泛听取职工意见，依法保障职工合法权益。探索建立符合事业单位和社会团体工作人员、聘任制公务员和军队文职人员管理特点的单位内部人事争议预防机制。切实发挥企业事业单位法律顾问、公司律师在预防化解劳动人事争议方面的作用。推行劳动人事争议仲裁建议书、司法建议书制度，促进用人单位有效预防化解矛盾纠纷。

（五）引导支持用人单位与职工通过协商解决劳动人事争议。推动建立劳动人事争议协商解决机制，鼓励和引导争议双方当事人在平等自愿基础上协商解决纠纷。指导用人单位完善协商规则，建立内部申诉和协商回应制度。加大工会参与协商力度。鼓励社会组织和专家接受当事人申请或委托，为其解决纠纷予以协调、提供帮助。探索开展协商咨询服务工作，督促履行和解协议。

三、完善专业性劳动人事争议调解机制

（六）建立健全多层次劳动人事争议调解组织网络。推进县（市、区）调解组织建设，加强乡镇（街道）劳动就业社会保障服务所（中心）调解组织建设。在乡镇（街道）综治中心设置劳动人事争议调解窗口，由当地劳动就业社会保障服务所（中心）调解组织负责其日常工作。积极推动企业劳动争议调解委员会建设，指导推动建立行业性、区域性调解组织，重点在争议多发的制造、餐饮、建筑、商贸服务以及民营高科技等行业和开发区、工业园区等区域建立调解组织。加强事业单位及其主管部门调解组织建设，重点推动教育、科技、文化、卫生等事业单位及其主管部门建立由人事部门代表、职工代表、工会代表、法律顾问等组成的调解组织。加强专业性劳动人事争议调解与仲裁调解、人民调解、司法调解的联动，逐步实现程序衔接、资源整合和信息共享。同时，充分发挥人民调解组织在调解劳动争议方面的作用，在劳动争议多发的乡镇（街道），人民调解委员会可设立专门的服务窗口，及时受理并调解劳动争议。各级人力资源社会保障部门要加强统筹协调，指导推动劳动人事争议调解工作，建立专业性调解组织和调解员名册制度，加强工作情况通报和人员培训。

（七）加强劳动人事争议调解规范化建设。进一步规范调解组织工作职责、工作程序和调解员行为。建立健全调解受理登记、调解处理、告知引导、回访反馈、档案管理、统计报告、工作考评等制度。建立健全集体劳动争议应急调解机制，发生集体劳动争议时，人力资源社会保障部门要会同工会、企业代表组织及时介入，第一时间进行调解，调解不成的及时引导当事人进入仲裁程序。

（八）鼓励支持社会力量参与调解。引导劳动人事争议当事人主动选择、自愿接受调解服务。通过政府购买服务等方式，鼓励和支持法学专家、律师以及退休的法官、检察官、劳动人事争议调解员仲裁员等社会力量参与劳动人事争议调解工作，有条件的可设立调解工作室。发挥社区工作者、平安志愿者、劳动关系协调员、劳动保障监察网格管理员预防化解劳动人事争议的作用。鼓励支持社会组织开展劳动人事争议调解工作。

四、创新劳动人事争议仲裁机制

（九）完善仲裁办案制度。建立仲裁办案基本制度目录清单，指导各地完善仲裁制度体系。创新仲裁调解制度，可在仲裁院设立调解庭开展调解工作。依法细化终局裁决规定，提高终局裁决比例。建立健全证据制度，制定体现劳动人事争议处理特点的仲裁证据规则。建立仲裁委员会仲裁办案监督制度，提高仲裁办案纠错能力。推行劳动人事争议仲裁委员会三方仲裁员组庭处理集体劳动争议制度。实行“阳光仲裁”，逐步实行仲裁裁决书网上公开，接受社会监督。推进法律援助参与劳动人事争议仲裁，在案件多发高发地区的仲裁机构设立法律援助窗口，依法为符合条件的农民工、工伤职工等群体提供法律援助服务。

（十）简化优化仲裁具体办案程序。实施案件分类处理，简化优化立案、庭审、调解、送达等具体程序，提高仲裁案件处理质量和效率。规范简易仲裁程序，灵活快捷处理小额简单争议案件。建立健全集体劳动争议快速仲裁特别程序，通过先行调解、优先受理、经与被申请人协商同意缩短或取消答辩期、就近就地开庭等方式，实现快调、快审、快结。深化仲裁庭审方式改革，推广以加强案前引导、优化庭审程序、简化裁决文书为核心内容的要素式办案，提高案件裁决效率。推进派驻仲裁庭、巡回仲裁庭和流动仲裁庭建设，为当事人提供便捷服务。

（十一）加强仲裁办案管理和指导。建立仲裁案件管理标准体系，制定办案程序公正评价标准、办案质量效率评价标准和办案人员工作绩效考核标准。建立仲裁办案指导制度，统一仲裁办案适用标准，重点加强对新兴行业劳动争议、集体劳动争议等重大疑难案件处理工作的指导。加强案例指导，综合运用案例汇编、案例研讨会、庭审观摩等方式，发挥典型案例在统一处理标准、规范自由裁量权等方面的作用。统一仲裁文书格式。建立区域劳动人事争议处理交流协作机制。

五、完善调解、仲裁、诉讼衔接机制

（十二）加强调解与仲裁的衔接。调解组织对调解不成的争议案件，要及时引导当事人进入仲裁程序；定期向仲裁机构通报工作情况，共同研究有关问题；邀请仲裁机构参与调处重大疑难争议案件。仲裁机构要加强对辖区内调解组织的业务指导，建立仲裁员定点联系调解组织制度，落实调解建议书、委托调解、调解协议仲裁审查确认等制度，开展调解员业务培训。在争议案件多发高发地区，仲裁机构可在调解组织设立派驻仲裁庭。

（十三）加强调解与诉讼的衔接。调解组织要主动接受人民法院的指导，协助人民法院调处劳动人事争议。健全劳动人事争议特邀调解制度，吸纳符合条件的调解组织或调解员成为特邀调解组织或特邀调解员，接受人民法院委派或委托开展调解工作。鼓励和支持调解组织在诉讼服务中心等部门设立调解工作室。依法落实调解协议司法确认制度。

（十四）加强仲裁与诉讼的衔接。建立仲裁与诉讼有效衔接的新规则、新制度，实现裁审衔接机制长效化、受理范围一致化、审理标准统一化。各级仲裁机构和同级人民法院要加强沟通联系，建立定期联席会议、案件信息交流、联合业务培训等制度。有条件的地区，人民法院可在仲裁机构设立派驻法庭。

六、强化基础保障机制

（十五）加强调解仲裁队伍建设。乡镇（街道）劳动就业社会保障服务所（中心）调解组织要根据实际需要配备专职调解员，通过政府购买服务、调剂事业编制等方式，拓展调解员来源渠道。企业劳动争议调解委员会要配备一定数量的专兼职调解员，鼓励企业人力资源、法务、工会部门工作人员参与调解工作。仲裁机构要及时充实专职仲裁员队伍，并配备相应的仲裁办案辅助人员；注重从工会、企业代表组织以及其他社会组织中聘用兼职仲裁员，积极吸纳律师、专家学者等担任兼职仲裁员。持续开展调解员仲裁员分级分类培训，加强思想道德教育、职业道德教育和业务能力培训。探索远程在线培训、建立集中实训基地等培训新模式，培训重心向基层倾斜。鼓励地方先行先试，探索建立仲裁员激励约束和职业保障机制，拓展职业发展空间。健全风险防控机制，推进行风建设。培育和弘扬调解仲裁文化，大力宣传先进调解仲裁机构和优秀调解员仲裁员。

（十六）加快推进调解仲裁工作信息化建设。树立“互联网+”理念，利用现代化信息技术手段提高劳动人事争议处理效能。依托金保二期工程，建立调解仲裁办案信息系统、人员信息系统、监测管理信息系统，在实现人力资源社会保障系统内部信息互联互通的基础上，逐步实现调解仲裁信息与综治、人民法院等信息系统的互联互通。建立在线服务平台，整合调解、仲裁和诉讼资源，逐步开展在线调解、在线仲裁、电子送达等，实现线上、线下服务对接，提供“一站式”争议处理服务。

（十七）依法保障调解仲裁经费需要。按照《中华人民共和国劳动争议调解仲裁法》等有关规定，将仲裁工作所需经费列入同级财政预算予以保障，为开展仲裁活动提供支撑。对采取政府购买服务方式开展劳动人事争议处理工作的，要加强购买服务资金的预算管理。

（十八）改善调解仲裁服务条件。按照国家“十三五”规划纲要“基本公共服务项目清单”要求，不断改善调解仲裁服务条件。加强调解组织基础建设，确保调解有基本工作场所、有基本工作设施。加强仲裁机构标准化建设。仲裁员、记录人员在仲裁活动中应着正装，佩戴仲裁胸徽。

七、加强组织领导

（十九）健全劳动人事争议多元处理工作格局。积极推动将劳动人事争议处理工作纳入当地党委、政府重要议事日程，采取有力措施抓实抓好。综治组织要做好调查研究、组织协调、督导检查、考评、推动等工作，进一步把完善劳动人事争议多元处理机制作为综治工作（平安建设）考评的重要内容，严格落实社会治安综合治理领导责任制。人力资源社会保障部门要发挥在劳动人事争议处理中的主导作用，承担牵头职责，制定完善规章政策，会同有关部门统筹推进劳动人事争议调解仲裁组织建设、制度建设和队伍建设。人民法院要发挥司法在劳动人事争议处理中的引领、推动和保障作用，加强诉讼与调解、仲裁的有机衔接，依法及时有效审理劳动人事争议案件。司法行政部门要指导人民调解组织积极开展劳动争议调解工作，加强对人民调解员的劳动法律法规政策和调解方法技巧培训，组织推动律师做好法律援助和社会化调解工作。工会、企业代表组织要发挥代表作用，引导支持企业守法诚信经营、履行社会责任，依法设立劳动争议调解委员会，建立健全用人单位内部争议解决机制，教育引导职工依法理性维权。各有关部门要建立完善形势研判、信息沟通、联合会商、协调配合制度，形成各负其责、齐抓共管、互动有力、运转高效的联动机制。要充分发挥综治中心优势，有效整合工作资源，优化劳动人事争议多元处理机制。

（二十）强化责任落实，营造良好环境。各地要在当地党委、政府的领导下，进一步做好劳动人事争议调解仲裁工作，不断完善劳动人事争议多元处理机制。人力资源社会保障部门要会同有关部门制定切实可行的实施方案，明确任务、明确措施、明确责任、明确要求，并对本意见落实情况进行督促检查。充分运用传统媒体和现代传媒，加强劳动人事争议处理工作的宣传，营造良好舆论氛围。

人力资源和社会保障部 最高人民法院关于加强劳动人事争议仲裁与诉讼衔接机制建设的意见

（2017年11月8日 人社部发〔2017〕70号）

各省、自治区、直辖市人力资源社会保障厅（局）、高级人民法院，解放军军事法院，新疆生产建设兵团人力资源社会保障局、新疆维吾尔自治区高级人民法院生产建设兵团分院：

加强劳动人事争议仲裁与诉讼衔接（以下简称裁审衔接）机制建设，是健全劳动人事争议处理制度、完善矛盾纠纷多元化解机制的重要举措。近年来，一些地区积极探索加强裁审衔接工作，促进了劳动人事争议合法公正及时解决，收到了良好的法律效果和社会效果。但是，从全国来看，劳动人事争议裁审衔接机制还没有在各地区普遍建立，已建立的也还不够完善，裁审工作中仍然存在争议受理范围不够一致、法律适用标准不够统一、程序衔接不够规范等问题，影响了争议处理质量和效率，降低了仲裁和司法的公信力。为进一步加强劳动人事争议裁审衔接机制建设，现提出如下意见。

一、明确加强裁审衔接机制建设的总体要求

做好裁审衔接工作，要全面贯彻党的十九大和十九届一中全会精神，以习近平新时代中国特色社会主义思想为指导，坚持以人民为中心的发展思想，切实落实深化依法治国实践以及提高保障和改善民生水平、加强和创新社会治理的决策部署，按照《中共中央国务院关于构建和谐劳动关系的意见》（中发〔2015〕10号）、《中共中央办公厅国务院办公厅关于完善矛盾纠纷多元化解机制的意见》（中办发〔2015〕60号）有关要求，积极探究和把握裁审衔接工作规律，逐步建立健全裁审受理范围一致、裁审标准统一、裁审程序有效衔接的新规则新制度，实现裁审衔接工作机制完善、运转顺畅，充分发挥劳动人事争议处理中仲裁的独特优势和司法的引领、推动、保障作用，合力化解矛盾纠纷，切实维护当事人合法权益，促进劳动人事关系和谐与社会稳定。

二、统一裁审受理范围和法律适用标准

（一）逐步统一裁审受理范围。各地劳动人事争议仲裁委员会（以下简称仲裁委员会）和人民法院要按照《中华人民共和国劳动争议调解仲裁法》等法律规定，逐步统一社会保险争议、人事争议等争议的受理范围。仲裁委员会要改进完善劳动人事争议受理立案制度，依法做到有案必立，有条件的可探索实行立案登记制，切实发挥仲裁前置的功能作用。

（二）逐步统一裁审法律适用标准。各地仲裁委员会和人民法院要严格按照法律规定处理劳动人事争议。对于法律规定不明确等原因造成裁审法律适用标准不一致的突出问题，由人力资源社会保障部与最高人民法院按照《中华人民共和国立法法》有关规定，通过制定司法解释或指导意见等形式明确统一的法律适用标准。省、自治区、直辖市人力资源社会保障部门与高级人民法院要结合裁审工作实际，加强对法律适用问题的调查研究，及时提出意见建议。

三、规范裁审程序衔接

（一）规范受理程序衔接。对未经仲裁程序直接起诉到人民法院的劳动人事争议案件，人民法院应裁定不予受理；对已受理的，应驳回起诉，并告知当事人向有管辖权的仲裁委员会申请仲裁。当事人因仲裁委员会逾期未作出仲裁裁决而向人民法院提起诉讼且人民法院立案受理的，人民法院应及时将该案的受理情况告知仲裁委员会，仲裁委员会应及时决定该案件终止审理。

（二）规范保全程序衔接。仲裁委员会对在仲裁阶段可能因用人单位转移、藏匿财产等行为致使裁决难以执行的，应告知劳动者通过仲裁机构向人民法院申请保全。劳动者申请保全的，仲裁委员会应及时向人民法院转交申请书及仲裁案件受理通知书等相关材料。人民法院裁定采取保全措施或者裁定驳回申请的，应将裁定书送达申请人，并通知仲裁委员会。

（三）规范执行程序衔接。仲裁委员会依法裁决先予执行的，应向有执行权的人民法院移送先予执行裁决书、裁决书的送达回证或其他送达证明材料；接受移送的人民法院应按照《中华人民共和国民事诉讼法》和《中华人民共和国劳动争议调解仲裁法》相关规定执行。人民法院要加强对仲裁委员会裁决书、调解书的执行工作，加大对涉及劳动报酬、工伤保险待遇争议特别是集体劳动人事争议等案件的执行力度。

四、完善裁审衔接工作机制

（一）建立联席会议制度。各地人力资源社会保障部门和人民法院要定期或不定期召开联席会议，共同研究分析劳动人事争议处理形势，互相通报工作情况，沟通协调争议仲裁与诉讼中的受理范围、程序衔接、法律适用标准等问题，推进裁审工作有效衔接。

（二）建立信息共享制度。各地人力资源社会保障部门和人民法院要加强劳动人事争议处理工作信息和统计数据的交流，实现信息互通和数据共享。人力资源社会保障部门要加强争议案件处理情况追踪，做好裁审对比情况统计分析，不断改进争议仲裁工作，人民法院要积极支持和配合。要建立健全案卷借阅制度，做好案卷借阅管理工作。有条件的地区，可以实行电子案卷借阅或通过信息平台共享电子案卷，并做好信息安全和保密工作。

（三）建立疑难复杂案件办案指导制度。各地仲裁委员会和人民法院要加强对疑难复杂、重大劳动人事争议案件的研讨和交流，开展类案分析，联合筛选并发布典型案例，充分发挥典型案例在统一裁审法律适用标准、规范裁审自由裁量尺度、服务争议当事人等方面的指导作用。

（四）建立联合培训制度。各地人力资源社会保障部门和人民法院要通过举办师资培训、远程在线培训、庭审观摩等方式，联合开展业务培训，增强办案人员的素质和能力，促进提高裁审衔接水平。

五、加强组织领导

各地人力资源社会保障部门和人民法院要高度重视加强劳动人事争议裁审衔接机制建设工作，将其作为推进建立中国特色劳动人事争议处理制度的重要措施，纳入劳动人事关系领域矛盾纠纷多元处理工作布局，加强领导，统筹谋划，结合当地实际联合制定实施意见，切实抓好贯彻落实。人力资源社会保障部门要积极主动加强与人民法院的沟通协调。人民法院要明确由一个庭室统一负责裁审衔接工作，各有关庭室要积极参与配合。省、自治区、直辖市人力资源社会保障部门、高级人民法院要加强对市、县裁审衔接工作的指导和督促检查，推动裁审衔接工作顺利开展。要加大政策引导和宣传力度，增进劳动人事争议当事人和社会公众对裁审衔接工作的了解，引导当事人依法理性维权，为合法公正及时处理争议营造良好氛围。

山东省劳动人事争议调解仲裁条例

（2017年7月28日山东省第十二届人民代表大会常务委员会第三十一次会议通过）

第一章　总　则

第一条　为了公正及时解决劳动人事争议，保护当事人合法权益，促进劳动人事关系和谐稳定，根据《中华人民共和国劳动争议调解仲裁法》《事业单位人事管理条例》等法律、行政法规，结合本省实际，制定本条例。

第二条　本省行政区域内用人单位和劳动者发生的下列劳动人事争议的调解仲裁，适用本条例：

（一）企业、个体经济组织、民办非企业单位等组织和劳动者之间，机关、事业单位、社会团体和与其建立劳动关系的劳动者之间，因确认劳动关系，订立、履行、变更、解除和终止劳动合同，工作时间、休息休假、社会保险、福利、培训以及劳动保护，劳动报酬、工伤医疗费、经济补偿或者赔偿金等发生的劳动争议；

（二）事业单位、社会团体和与其建立人事关系的工作人员之间因终止人事关系以及履行聘用合同发生的人事争议。

第三条　解决劳动人事争议，应当遵循合法、公正的原则，着重调解，及时裁决，依法保护当事人的合法权益。

第四条　发生劳动人事争议，双方当事人可以协商，劳动者也可以请工会或者第三方参与协商，达成和解协议。

双方当事人不愿协商、协商不成或者达成和解协议后不履行的，可以向调解组织申请调解；不愿调解、调解不成或者达成调解协议后不履行的，可以向劳动人事争议仲裁委员会申请仲裁；对仲裁裁决不服的，除法律另有规定的外，可以向人民法院提起诉讼。

第五条 县级以上人民政府应当加强对劳动人事争议调解仲裁工作的领导，推动劳动人事争议仲裁调解与人民调解、行政调解、司法调解衔接联动，建立健全劳动人事争议调解仲裁工作协调、考核和经费保障机制。

第六条 县级以上人民政府人力资源社会保障部门指导本行政区域的劳动人事争议调解仲裁工作；教育、卫生和计划生育、科学技术、文化等部门按照职责分工，做好劳动人事争议调解仲裁的相关工作。

第七条 县级以上人民政府人力资源社会保障部门会同工会、企业方面代表建立协调劳动关系三方机制，共同研究预防和解决劳动争议的重大问题。

第二章　调　解

第八条 县级以上人民政府应当建立劳动人事争议化解机制，推进劳动人事争议调解组织建设，发挥调解组织在化解劳动人事争议中的作用。

第九条 发生劳动人事争议，当事人可以到下列调解组织申请调解：

（一）用人单位劳动人事争议调解组织；

（二）行业性、区域性劳动人事争议调解组织；

（三）在乡镇、街道设立的具有劳动人事争议调解职能的组织；

（四）依法设立的人民调解组织；

（五）其他具有劳动人事争议调解职能的组织。

乡镇人民政府、街道办事处应当对前款第三项调解组织履行职责予以支持。

第十条 劳动人事争议调解组织在调解劳动人事争议中履行下列职责：

（一）调解劳动人事争议；

（二）引导当事人履行和解协议、调解协议；

（三）宣传劳动人事法律、法规、规章和政策；

（四）协助用人单位建立劳动人事争议预防预警机制；

（五）法律、法规、规章规定的其他职责。

劳动人事争议调解组织应当接受劳动人事争议仲裁委员会的业务指导。

第十一条 劳动人事争议调解组织负责聘任、解聘调解员，建立调解员名册，并对聘任的调解员给予适当工作补助。

人力资源社会保障部门和工会应当定期对调解员进行劳动人事争议调解业务培训。

第十二条 发生劳动人事争议，当事人可以口头或者书面向劳动人事争议调解组织提出调解申请，劳动人事争议调解组织也可以在征得双方当事人同意后主动进行调解。

劳动人事争议调解组织自收到调解申请或者主动进行调解之日起十五日内结束调解，但是双方当事人同意延期的除外。

第十三条 经调解达成协议的，应当制作调解协议书。调解协议书应当载明当事人基本情况、调解请求事项、调解结果、协议履行期限和履行方式等内容。

调解协议书由双方当事人签名或者盖章，经调解员签名并加盖调解组织印章后生效，对双方当事人具有约束力，当事人应当履行。

第十四条 双方当事人可以自调解协议书生效之日起十五日内，共同向有管辖权的劳动人事争议仲裁委员会提出仲裁审查申请。劳动人事争议仲裁委员会经审查认为调解协议书形式和内容合法有效的，应当依法出具仲裁调解书。

第三章　仲　裁

第一节　一般规定

第十五条　省、设区的市、县（市、区）设立的劳动人事争议仲裁委员会由人力资源社会保障部门代表、工会代表、企业联合会和工商业联合会等企业方面代表，以及教育、卫生和计划生育、科学技术、文化等行业主管部门代表组成。劳动人事争议仲裁委员会主任由本级人民政府负责人或者人力资源社会保障部门主要负责人担任。

劳动人事争议仲裁委员会下设办事机构，具体承担劳动人事争议仲裁委员会的日常工作。办事机构应当配备适应办理案件需要的专职仲裁员和辅助工作人员，配置必要的办公场所和设施设备。

第十六条　劳动人事争议仲裁委员会履行下列职责：

（一）聘任、解聘仲裁员；

（二）受理劳动人事争议案件；

（三）讨论重大或者疑难的劳动人事争议案件；

（四）制定本仲裁委员会的工作规则；

（五）监督本仲裁委员会的仲裁活动；

（六）法律、法规、规章规定的其他职责。

第十七条　劳动人事争议仲裁委员会应当聘任符合法律规定条件的人员担任仲裁员，并建立仲裁员名册。

仲裁员分为专职仲裁员和兼职仲裁员。专职仲裁员在劳动人事争议仲裁委员会办事机构中从事劳动人事争议处理工作的人员中聘任。兼职仲裁员在劳动人事争议仲裁委员会组成单位工作人员以及专家、学者、律师中聘任。

仲裁员办理案件应当按照规定给予适当补助。

第十八条　发生劳动人事争议的用人单位和劳动者为劳动人

事争议仲裁案件的当事人。

劳务派遣单位或者用工单位与劳动者发生劳动争议的，劳务派遣单位和用工单位为共同当事人。

与劳动人事争议案件处理结果有利害关系的单位和个人，可以作为第三人申请参加仲裁活动，或者由劳动人事争议仲裁委员会通知其参加仲裁活动。

第十九条 当事人、法定代理人可以委托一至二名代理人参加仲裁活动。委托他人参加仲裁活动，应当向劳动人事争议仲裁委员会提交由委托人签名或者盖章的委托书，委托书应当载明委托事项和权限。

下列人员可以被委托为仲裁代理人：

（一）律师、基层法律服务工作者；

（二）当事人的近亲属或者用人单位的工作人员；

（三）当事人所在单位、居民委员会、村民委员会以及有关社会团体推荐的公民。

第二十条 申请人申请仲裁应当依法提出仲裁申请。

劳动人事争议仲裁委员会对未经调解直接申请仲裁的，可以提出调解建议，告知双方当事人由调解组织先行调解；当事人不同意调解的，应当及时受理。

第二十一条 劳动人事争议仲裁委员会应当自收到仲裁申请之日起五个工作日内作出是否受理的决定。

对符合下列条件的仲裁申请应当受理，并通知申请人；需要补充相关材料的，应当一次性书面告知申请人需要补正的内容：

（一）属于本条例规定的劳动人事争议范围；

（二）有明确的仲裁请求和事实理由；

（三）申请人是与本案有直接利害关系的自然人、法人或者其他组织，有明确的被申请人；

（四）属于本仲裁委员会管辖范围。

劳动人事争议仲裁委员会认为仲裁申请不符合受理条件的，

应当书面通知申请人不予受理，并说明理由。

劳动人事争议仲裁委员会不予受理或者逾期未作出决定的，申请人可以就该劳动人事争议事项依法向人民法院提起诉讼。

第二十二条 劳动人事争议仲裁委员会裁决劳动人事争议案件实行仲裁庭制。仲裁庭由三名仲裁员组成，设首席仲裁员。简单劳动人事争议案件可以由一名仲裁员独任仲裁。

仲裁庭仲裁劳动人事争议案件，应当配置专门的仲裁场所。仲裁场所应当相对独立、标志明显、设施设备齐全。

仲裁庭开庭时，仲裁员和记录人员应当着装整齐，佩戴仲裁徽章。

第二十三条 劳动人事争议仲裁证据包括：

（一）当事人陈述；

（二）书证；

（三）物证；

（四）视听资料；

（五）电子数据；

（六）证人证言；

（七）鉴定意见；

（八）勘验笔录。

当事人提供的证据经查证属实的，仲裁庭应当将其作为认定事实的根据。

第二十四条 当事人应当对自己提出的主张提供证据。但是，与争议事项有关的证据属于用人单位掌握管理的，用人单位应当提供；用人单位不提供的，应当承担不利后果。

依照法律、法规、规章规定无法确定举证责任承担的，仲裁庭可以根据公平原则和诚实信用原则，综合当事人举证能力等因素确定举证责任的承担。

第二十五条 仲裁庭根据当事人主张和案件情况，确定当事人应当提供的证据和举证期限。当事人在举证期限内提供证据确有困难的，经仲裁庭批准，可以适当延长举证期限。

第二十六条 仲裁庭可以在开庭前组织当事人交换证据。对当事人无异议的事实、证据应当记录在卷；对有异议的事实、证据，应当记录异议的理由。

第二十七条 有下列情形之一的，劳动人事争议仲裁委员会可以依法调查取证，也可以委托其他劳动人事争议仲裁委员会或者其他单位调查取证：

（一）当事人因客观原因不能自行收集证据，提出申请的；

（二）劳动人事争议仲裁委员会认为裁决案件需要的。

劳动人事争议仲裁委员会调查取证时，不得少于两人，并应当向当事人或者有关人员出示工作证件。

劳动人事争议仲裁委员会调查取证时，具有市场监督管理职能的部门、金融机构、社会保险经办机构等有关单位应当予以协助配合，不得收取费用。

第二十八条 当事人对专门性问题申请鉴定的，经仲裁庭同意，可以协商确定鉴定机构进行鉴定；协商不成的，由仲裁庭指定鉴定机构进行鉴定。

第二十九条 仲裁庭作出裁决前，当事人达成和解协议的，申请人可以撤回仲裁申请。

第三十条 劳动人事争议案件仲裁期间，有下列情形之一的，仲裁庭应当中止仲裁：

（一）劳动者一方当事人死亡，需要等待继承人表明是否参加仲裁的；

（二）劳动者一方当事人丧失民事行为能力，尚未确定法定代理人参加仲裁的；

（三）用人单位终止，尚未确定权利义务承受人的；

（四）一方当事人因不可抗拒的事由，不能参加仲裁的；

（五）案件裁决需要以其他案件的处理结果为依据，其他案件尚未处理完结的；

（六）案件裁决依据适用问题需要有权机关作出解释的；

（七）案件裁决需要等待工伤认定、伤残等级鉴定、司法鉴定意见的；

（八）因突发事件不能进行案件裁决的；

（九）法律、法规、规章规定的其他情形。

中止情形消除后，仲裁庭应当恢复仲裁。中止期间不计入仲裁期限。

第三十一条 劳动人事争议案件仲裁期间，有下列情形之一的，仲裁庭应当终结仲裁：

（一）劳动者一方当事人死亡，没有继承人或者继承人明确表示不参加仲裁的；

（二）申请人撤回仲裁申请的；

（三）仲裁庭逾期未作出裁决，当事人就该争议事项向人民法院提起诉讼，人民法院已经受理的；

（四）法律、法规、规章规定的其他情形。

第三十二条 仲裁庭在作出裁决前，应当先行调解。调解达成一致的，仲裁庭应当制作调解书；调解不成或者调解书送达前一方当事人反悔的，仲裁庭应当及时作出裁决。

第三十三条 仲裁庭裁决劳动人事争议案件，应当自劳动人事争议仲裁委员会受理仲裁申请之日起四十五日内结案；案情复杂需要延期的，经劳动人事争议仲裁委员会主任或者其委托的仲裁机构负责人书面批准，可以延期并书面通知当事人，但是延长期限不得超过十五日。仲裁庭逾期未作出仲裁裁决的，当事人可以就该劳动人事争议事项向人民法院提起诉讼。

仲裁庭裁决劳动人事争议案件，其中一部分事实已经清楚的，可以就该部分先行裁决。

第三十四条 当事人对发生法律效力的调解书、裁决书，应当依照规定的期限履行。一方当事人逾期不履行的，另一方当事人可以依法向人民法院申请执行。

第三十五条 仲裁庭对追索劳动报酬、工伤医疗费、经济补偿或者赔偿金的案件，根据当事人的申请，依法裁决先予执行的，在移送人民法院执行时，应当提交下列材料：

（一）移送执行函；

（二）先予执行裁决书；

（三）先予执行裁决书的送达回证；

（四）人民法院认为应当提供的其他材料。

第三十六条 仲裁文书的送达采取直接送达、委托送达、留置送达、邮寄送达等方式。

受送达人下落不明或者适用前款规定的方式无法送达的，可以公告送达。劳动人事争议仲裁委员会采取公告送达的，可以在受送达人住所地张贴公告，也可以在报纸或者人力资源社会保障部门网站发布公告，自公告之日起三十日即视为送达，本条例有特别规定的除外。

第三十七条 县级以上人民政府司法行政部门确定的法律援助机构，应当依法为符合法律援助条件的当事人及时提供法律援助。

第三十八条 劳动人事争议案件的管辖、仲裁工作人员的回避等本条例未作具体规定的事项，适用法律、法规、规章的有关规定。

第二节 特别规定

第三十九条 劳动人事争议案件有下列情形之一的，可以适用简易程序：

（一）权利义务明确、事实清楚的；

（二）双方当事人同意适用简易程序的；

（三）法律、法规、规章规定的其他情形。

适用简易程序的劳动人事争议案件可以由一名仲裁员独任仲裁。

适用简易程序的劳动人事争议案件，应当自劳动人事争议仲裁委员会受理仲裁申请之日起三十日内结案。

第四十条 劳动人事争议案件有下列情形之一的，不得适用简易程序：

（一）被申请人下落不明；

（二）集体争议；

（三）集体合同履行争议；

（四）劳动人事争议仲裁委员会认为不宜适用简易程序的案件；

（五）法律、法规、规章规定的其他情形。

仲裁庭适用简易程序仲裁案件过程中发现有前款规定情形的，应当将案件转为普通程序，裁决期限自受理申请之日起计算。

第四十一条 劳动者一方在十人以上并有共同请求的劳动人事争议案件，为集体争议案件。

集体争议案件的劳动者一方可以推举三至五名代表人参加仲裁活动。代表人参加仲裁的行为对其所代表的劳动者发生效力；但是，代表人变更、放弃仲裁请求，承认对方当事人的仲裁请求或者与对方当事人和解，应当征得被代表的劳动者同意。

第四十二条 因履行集体合同发生争议，经协商解决不成的，用人单位工会可以依法申请仲裁；用人单位尚未建立工会的，由上级工会指导劳动者推举产生的代表依法申请仲裁。

第四十三条 仲裁庭裁决集体争议案件或者因履行集体合同发生的争议案件，可以组织工会、企业联合会、工商业联合会、行业主管部门等参加调解仲裁活动，协助解决争议。

第四十四条 集体争议案件或者因履行集体合同发生的争议案件，劳动人事争议仲裁委员会采取公告送达方式送达仲裁文书的，自公告之日起十五日即视为送达。

第四章　法律责任

第四十五条　对违反本条例的行为，法律、行政法规已有处理规定的，适用其规定。

第四十六条　调解员、仲裁员以及其他工作人员，在解决劳动人事争议案件中有下列行为之一的，劳动人事争议调解组织或者劳动人事争议仲裁委员会应当予以解聘，并移交所在单位或者相关部门依法予以处理：

（一）不按照规定受理劳动人事争议申请，或者不按照规定程序处理劳动人事争议案件，情节严重的；

（二）隐瞒、伪造证据的；

（三）与当事人串通，损害国家、集体或者第三人利益的；

（四）索取或者收受当事人、代理人贿赂的；

（五）其他滥用职权、玩忽职守、徇私舞弊的行为。

第四十七条　仲裁参加人以及其他人员有下列行为之一的，劳动人事争议仲裁委员会可以给予批评教育、责令改正；构成违反治安管理行为的，由公安机关依法处理；构成犯罪的，依法追究刑事责任：

（一）以暴力、威胁或者其他方法干扰调解、仲裁活动，阻碍仲裁工作人员依法履行职责的；

（二）扰乱仲裁庭秩序的；

（三）对仲裁工作人员、仲裁参加人、证人、鉴定人等进行打击报复的。

第四十八条　仲裁参加人在仲裁活动中存在串通、伪造、毁灭证据或者虚构劳动人事关系等行为的，劳动人事争议仲裁委员会可以根据情节给予批评教育，并可以移交相关部门依法予以处理。

第五章　附　则

第四十九条　本行政区域内实施公务员法的机关与聘任制公务员之间、参照公务员法管理的机关（单位）与聘任工作人员之间因履行聘任合同发生的人事争议，军队聘用单位与文职人员之间因履行聘用合同等发生的人事争议，依照本条例执行。

第五十条　本条例自 2017 年 10 月 1 日起施行。

山东省人力资源和社会保障厅 省劳动人事争议仲裁委员会关于明确山东省劳动人事争议仲裁委员会受理劳动人事争议案件管辖范围的通知

（2015 年 1 月 8 日　鲁人社发〔2015〕2 号）

各市人力资源社会保障局、劳动人事争议仲裁委员会：

山东省劳动人事争议仲裁委员会于 2010 年 8 月 30 日经省政府批准，由原省劳动争议仲裁委员会、原省人事争议仲裁委员会整合成立（鲁人社发〔2010〕49 号）。2013 年 5 月 27 日省编办批复山东省人事争议仲裁中心更名为山东省劳动人事争议仲裁院（鲁编办〔2013〕71 号），2014 年 12 月 1 日省编办批复同意省劳动人事争议仲裁院主要职责调整（鲁编办〔2014〕222 号）。为进一步理顺省劳动人事争议仲裁委员会与有关市劳动人事争议仲裁委员会受理案件的管辖关系，根据《中华人民共和国劳动争议调解仲裁法》《中华人民共和国公务员法》《中国人民解放军文职人员条例》及中共中央组织部、原国家人事部、解放军总政治部《人事争议处理规定》（国人部发〔2007〕109 号）等规定，现将省劳动人事争议仲裁委员会受理劳动人事争议案件的管辖范围明确如下：

一、中央和省属驻济南市的机关、事业单位、社会团体与聘任（用）制工作人员之间发生的人事争议；

二、本省辖区内军级以上军队聘用单位与文职人员发生的人事争议；

三、在全省有重大影响的劳动人事争议；

四、省劳动人事争议仲裁委员会应当受理的其他劳动人事争议。

本通知自印发之日起执行。

山东省人力资源和社会保障厅 省劳动人事争议仲裁委员会关于建立劳动人事争议仲裁案例指导制度的意见

（2015 年 6 月 25 日 鲁人社发〔2015〕37 号）

各市人力资源社会保障局、劳动人事争议仲裁委员会：

为贯彻落实《中华人民共和国劳动争议调解仲裁法》和相关法律法规，统一法律适用，加强仲裁办案指导，提高仲裁办案质量，提升调解仲裁工作效能，维护当事人合法权益，经研究，决定在我省建立劳动人事争议案例指导制度（以下简称案例指导制度），现提出如下意见：

一、充分认识建立案例指导制度的重要意义

案例指导，是指按照一定标准、程序，有计划组织搜集、遴选并发布具有指导性意义的典型案例，为今后类似案件裁决提供参考范例，有利于解决法律规定不具体、适用法律不统一等问题。建立案例指导制度，系统地归纳和积累办案经验指导仲裁实践，是快速提高仲裁质量和效率的有效方式，是推进全省劳动人事争议调解仲裁工作制度不断发展完善的重要手段。各市要高度重视，认真做好案例指导工作，通过典型案例示范引领，进一步统一法律适用，提高仲裁工作效能，提升仲裁公信力和服务社会能力。

二、指导性案例的选编条件

指导性案例是指劳动人事争议仲裁机构裁决已经发生法律效力或裁审一致的，并符合以下条件之一的案例：

（一）涉及面广，影响面大，社会广泛关注的；

（二）法律法规规定比较原则的；

（三）具有典型性的；

（四）疑难复杂难以把握裁决尺度或者新类型的；

（五）其他具有典型指导意义的。

三、指导性案例的结构要求

指导性案例撰写内容主要包括：标题、裁决要点、案情概要、裁决结果和案例点评等。

标题由案件当事人名称和主要案由构成。如“××诉××履行劳动合同争议案”。裁决要点应当合法、合理、准确、精练，具有明确指导性。基本案情应写明审理查明的事实，简明扼要。裁决结果应当合法、公正。案例点评说理精准，恰当，法律效果和社会效果良好。

四、编选指导性案例的组织程序

各市劳动人事争议仲裁委员会对本委和县（市、区）仲裁委员会已经发生法律效力的裁决案件，认为符合指导性案例条件的，可以向省人力资源社会保障厅调解仲裁管理处、省劳动人事争议仲裁院报送。

人民法院、工会组织、专家学者、法律工作者和其他社会各界人士对各级劳动人事争议仲裁委员会已经发生法律效力的裁决，认为符合本意见第二条规定的，可以向作出生效裁决的仲裁委员会提出推荐建议。

各市劳动人事争议仲裁委员会推荐指导性案例，应当填写《案例推荐表》（样式附后），并简要说明推荐理由和依据，按照规定的体例要求撰写好案例及相关材料，同时要报送相关法律文书（如裁决书），并以纸质和电子版两种方式一并报送。对于涉及当事人隐私或不便于公开的事项，要以适当方式妥善处理。

省人力资源社会保障厅调解仲裁管理处、省劳动人事争议仲裁院负责指导性案例的审查、编选工作。指导性案例由省人力资源社会保障厅、省劳动人事争议仲裁委员会确定并统一发布。

各级人力资源社会保障部门、劳动人事争议仲裁委员会，要对已发布的指导性案例的执行情况进行监督和指导，努力维护案例指导的权威性。各地要按照本意见要求认真抓好落实，具体执行中遇到的有关问题，请及时向省人力资源社会保障厅调解仲裁管理处、省劳动人事争议仲裁院反映。

附件：1. 指导性案例推荐表

2. 关于备选指导性案例《××××××（标题）》的说明

（附件本书略）

山东省人力资源和社会保障厅等部门关于印发《山东省劳动人事争议仲裁委员会兼职仲裁员管理办法》的通知

（2016年3月8日　鲁人社办发〔2016〕27号）

省劳动人事争议仲裁委员会各成员单位：

现将《山东省劳动人事争议仲裁委员会兼职仲裁员管理办法》印发给你们，请认真遵照执行。工作中如有问题和建议，请及时向省劳动人事争议仲裁院反映。

山东省劳动人事争议仲裁委员会兼职仲裁员管理办法

第一章　总　则

第一条　为规范省本级劳动人事争议兼职仲裁员（以下简称兼职仲裁员）管理，发挥兼职仲裁员调处劳动人事争议纠纷的积极作用，根据《中华人民共和国劳动争议调解仲裁法》（以下简称《劳动争议调解仲裁法》）、《劳动人事争议仲裁组织规则》等有关法律规定，结合省劳动人事争议仲裁委员会（以下简称省仲裁委）实际，制定本办法。

第二条　本办法所称兼职仲裁员是指省仲裁委从组织部门、人力资源社会保障部门、军队及聘用单位文职人员工作主管部门、司法、工会、企业组织等相关机构的人员以及专家、学者、律师中聘任的非专职从事劳动人事争议处理工作的人员。

第三条 省劳动人事争议仲裁院（以下简称省仲裁院）是省仲裁委办事机构，负责省本级兼职仲裁员聘任工作的组织和具体管理工作。

第二章 聘 任

第四条 兼职仲裁员必须符合《劳动争议调解仲裁法》第二十条规定的标准，并具备以下条件：

（一）政治合格、作风优良、无不良信用和行为记录；

（二）熟悉劳动人事法律、法规和政策，具有较好的调解和沟通能力；

（三）遵守各项法律、法规、规则和本办法的规定；

（四）身体健康且有相应的时间从事劳动人事争议调解仲裁工作。

第五条 申请兼职仲裁员，主要采取个人报名和单位推荐相结合的办法。报名（推荐）人员需经所在单位同意，由省仲裁院对报名人员的资格和条件进行初审，报请省仲裁委、省人力资源社会保障厅研究，根据工作需要确定人选，并向社会公告。

第六条 拟聘任的兼职仲裁员须参加人力资源社会保障部组织的聘前培训，经考试考核合格，获得《劳动人事争议仲裁员证》，持证上岗。

第七条 兼职仲裁员，按首席仲裁员、独任仲裁员、普通仲裁员分类。兼职仲裁员聘期一般为三年。普通仲裁员连续聘任三年以上，且考核称职的，可聘为独任仲裁员，特殊情况下经省仲裁委同意可缩短年限聘任。独任仲裁员聘任期间表现特别优秀的，可聘为首席仲裁员。

第三章 权利义务

第八条 兼职仲裁员享有以下权利：

（一）普通仲裁员可参与审理、调解劳动人事争议案件，发表对案件的审理、调解意见，协助撰写裁决书等；

（二）独任仲裁员除享有普通仲裁员的权利外，有权独任审理、调解案件，撰写裁决书等；

（三）首席仲裁员除享有普通仲裁员和独任仲裁员的权利外，有权主持合议庭审理、调解案件等；

（四）符合本办法第十条规定的兼职仲裁员，可获得办案劳务报酬；

（五）参加人力资源社会保障部门组织的相关业务培训、庭审观摩、案件研讨等活动。

第九条　兼职仲裁员应当履行以下义务：

（一）审理案件必须以事实为依据，依照法律，遵循公平合理原则，公平、公正、高效地审理或调处案件；

（二）勤政廉洁，忠于职守，遵守纪律，服从安排；

（三）保守仲裁和商业秘密及当事人的隐私；

（四）认真学习劳动人事争议处理工作理论和法律、法规、政策，每年学习培训不少于40学时；

（五）接受省仲裁委仲裁监督。

第四章　劳务报酬发放

第十条　对兼职仲裁员（公务员和参照公务员法管理的事业单位编制人员、省人力资源社会保障厅直属事业单位编制人员除外）从事省仲裁委实际仲裁办案工作的，可发放劳务报酬，劳务报酬从仲裁专项经费列支。

第十一条　劳务报酬采取以案定补的原则，每依法处结一起劳动人事争议案件（包括案外调解案件），发放一定数量的劳务报酬。

劳务报酬根据案件难易组庭和结案方式不同分别计算：

（一）兼职仲裁员独任审理案件，每案劳务报酬300元。

（二）兼职仲裁员合议审理案件，每案劳务报酬500元；其中，主持案件审理的首席仲裁员发放300元，参与审理的兼职仲裁员每人发放100元。

（三）兼职仲裁员调解结案的，每案劳务报酬在上述标准上再增加200元；其中，属合议庭调解结案的，主持案件调解的首席仲裁员增发100元，参与调解的兼职仲裁员每人增发50元。

第十二条 劳务报酬每年审核、发放一次。每年11月底，由省仲裁院财务联络员负责汇总填写本年度兼职仲裁员劳务报酬发放审批表和明细表，每起案件劳务报酬发放情况由承办案件的省仲裁院分管副院长审核签名，全年案件劳务报酬发放情况由省仲裁院院长签字同意，报省人力资源社会保障厅规划财务处审核批准，通过银行转账方式发放。

第十三条 省人力资源社会保障厅每年应当对劳务报酬的审核、发放情况组织检查一次。

对作假骗补套取劳务报酬资金和随意滞留、挪用劳务报酬资金行为的，一经发现，除退回全部劳务报酬资金外，还要追究相关单位和人员责任并予以通报；情节严重的按有关纪律处分规定处理；触犯法律的移交有关部门依法惩处。

经年终和日常案件评查确认不合格案件，不得享受劳务报酬，已经领取的，应当全额退还。

第五章 监　督

第十四条 兼职仲裁员由省仲裁委指定办理案件时，应当保证办理案件的时间。有下列情况之一，可能影响案件办理的，应当主动说明情况，暂不接受新的案件：

（一）不能保证案件审理时间的；

（二）其他工作任务较重，难以按期完成案件审理工作的；

（三）因为健康原因难以按期参加案件审理工作的；

（四）承办案件有3件以上尚未审结的。

第十五条 兼职仲裁员有下列情形之一的，应当主动请求回避：

（一）系本案当事人或者本案当事人、代理人的近亲属；

（二）与本案有利害关系；

（三）与本案当事人、代理人有其他关系，可能影响公正仲裁的；

（四）可能影响公正裁决的其他事项。

前款第（三）项的“其他关系”是指：

1. 与当事人或代理人现在同一单位工作的；

2. 现任当事人的法律顾问，或者曾经担任当事人的法律顾问离任后不满2年的；

3. 为本案当事人推荐、介绍代理人的；

4. 担任过本案或与本案有关联的案件的证人、鉴定人、勘验人、辩护人、诉讼代理人。

第十六条 兼职仲裁员不得有下列行为：

（一）私自会见当事人及其代理人，接受当事人及其代理人的请客送礼；

（二）故意隐瞒证据或者伪造证据；

（三）玩忽职守，造成错案；

（四）拖延办案，贻误工作；

（五）利用职权为自己或者他人谋取私利；

（六）向案件当事人或与案件相关的人员泄漏案情、审理过程、案件涉及的商业秘密等，透露本人对案件的看法和仲裁庭合议的情况；

（七）在受聘的仲裁委代理案件，或在诉讼中代理自己曾审理过的案件；

（八）其他违法违纪行为。

第十七条 兼职仲裁员不得以当事人代理人的身份在被聘任仲裁机构代理仲裁案件。以当事人代理人身份在非聘任仲裁机构代理仲裁案件，不得有下列行为：

（一）与本案仲裁员、书记员或对方当事人及代理人透露兼职仲裁员身份；

（二）与本案仲裁员或者书记员私下讨论案件情况；

（三）明知自己担任代理人可能致使本案仲裁员回避而没有向当事人说明，继续担任其代理人；

（四）向仲裁庭和书记员提出与代理人身份不相符合的要求。

第十八条 兼职仲裁员在聘任期内，职业、职务或者通信方式发生变化，或者长期在外的，应当及时向省仲裁院报告。

第六章 考 评

第十九条 兼职仲裁员实行年度考核注册制度。省仲裁委建立兼职仲裁员个人档案，记录兼职仲裁员的办案、奖惩等情况，作为年度考核注册的依据。省仲裁院结合兼职仲裁员的年度总结进行综合考核，并作为年度注册、资格复审和续聘的主要依据。

第二十条 兼职仲裁员有下列表现之一的，由省仲裁委予以表彰、奖励：

（一）审理案件秉公执法，成绩显著的；

（二）总结审理案件实践经验成果突出，对工作有指导作用的；

（三）宣传劳动人事仲裁工作事迹突出的；

（四）有其他突出业绩的。

第二十一条 兼职仲裁员有下列情形之一的，年度考核不合格，并予以解聘：

（一）经省仲裁委指定参加仲裁庭，无正当理由予以拒绝的；

（二）一年内因本人原因两次以上（含两次）不到庭审理案件的；

（三）受到刑事处罚及有其他严重违法违纪行为的；

（四）违反本办法第十三、十四、十五、十六、十七、十八条规定，情节较重造成不良影响的；

（五）违反其他相关规定，情节较重造成不良影响的。

第七章　附　则

第二十二条　本办法自 2016 年 6 月 1 日起施行，有效期至 2021 年 5 月 31 日。

附件：1. 山东省劳动人事争议仲裁委员会兼职仲裁员劳务报酬发放审批表

2. 山东省劳动人事争议仲裁委员会兼职仲裁员劳务报酬发放明细表

（附件本书略）

第四部分

退役军人事务

中华人民共和国兵役法（摘录）

（1984年5月31日第六届全国人民代表大会第二次会议通过，根据1998年12月29日第九届全国人民代表大会常务委员会第六次会议《关于修改〈中华人民共和国兵役法〉的决定》第一次修正，根据2009年8月27日第十一届全国人民代表大会常务委员会第十次会议《关于修改部分法律的决定》第二次修正，根据2011年10月29日第十一届全国人民代表大会常务委员会第二十三次会议《关于修改〈中华人民共和国兵役法〉的决定》第三次修正）

第五十三条 国家实行军人保险制度，与社会保险制度相衔接。军人服现役期间，享受规定的军人保险待遇。军人退出现役后，按照国家有关规定接续养老、医疗、失业等社会保险关系，享受相应的社会保险待遇。现役军人配偶随军未就业期间，按照国家有关规定享受相应的保障待遇。

第五十四条 国家建立健全以扶持就业为主，自主就业、安排工作、退休、供养以及继续完成学业等多种方式相结合的士兵退出现役安置制度。

第五十五条 义务兵和服现役不满十二年的士官入伍前是机关、团体、企业事业单位工作人员或者职工的，服役期间保留人事关系或者劳动关系；退出现役后可以选择复职复工。

第六十条 义务兵退出现役，安置地的县级以上地方人民政府应当组织其免费参加职业教育、技能培训，经考试考核合格的，发给相应的学历证书、职业资格证书并推荐就业。退出现役义务兵就业享受国家扶持优惠政策。

义务兵退出现役，报考公务员、应聘事业单位职位的，在军队服现役经历视为基层工作经历，同等条件下应当优先录用或者聘用。

服现役期间平时荣获二等功以上奖励或者战时荣获三等功以上奖励以及属于烈士子女和因战致残被评定为五级至八级残疾等级的义务兵退出现役，由安置地的县级以上地方人民政府安排工作；待安排工作期间由当地人民政府按照国家有关规定发给生活补助费；本人自愿选择自主就业的，依照本条第一款至第四款规定办理。

第六十三条 军官退出现役，国家采取转业、复员、退休等办法予以妥善安置。作转业安置的，按照有关规定实行计划分配和自主择业相结合的方式安置；作复员安置的，按照有关规定由安置地人民政府接收安置，享受有关就业优惠政策；符合退休条件的，退出现役后按照有关规定作退休安置。

军官在服现役期间因战、因公、因病致残丧失工作能力的，按照国家有关规定安置。

第六十四条 机关、团体、企业事业单位有接收安置退出现役军人的义务，在招收录用工作人员或者聘用职工时，同等条件下应当优先招收录用退出现役军人；对依照本法第六十条、第六十一条、第六十三条规定安排工作的退出现役军人，应当按照国家安置任务和要求做好落实工作。

军人服现役年限计算为工龄，退出现役后与所在单位工作年限累计计算。

国家鼓励和支持机关、团体、企业事业单位接收安置退出现役军人。接收安置单位按照国家规定享受税收优惠等政策。

第六十七条 现役军人以逃避服兵役为目的，拒绝履行职责或者逃离部队的，按照中央军事委员会的规定给予处分；构成犯罪的，依法追究刑事责任。

现役军人有前款行为被军队除名、开除军籍或者被依法追究刑事责任的，不得录用为公务员或者参照公务员法管理的工作人员，两年内不得出国（境）或者升学。

明知是逃离部队的军人而雇用的，由县级人民政府责令改正，并处以罚款；构成犯罪的，依法追究刑事责任。

中华人民共和国军人保险法

（2012年4月27日第十一届全国人民代表大会常务委员会第二十六次会议通过）

目 录

第一章 总 则

第一条 为了规范军人保险关系，维护军人合法权益，促进国防和军队建设，制定本法。

第二条 国家建立军人保险制度。

军人伤亡保险、退役养老保险、退役医疗保险和随军未就业的军人配偶保险的建立、缴费和转移接续等适用本法。

第三条 军人保险制度应当体现军人职业特点，与社会保险制度相衔接，与经济社会发展水平相适应。

国家根据社会保险制度的发展，适时补充完善军人保险制度。

第四条 国家促进军人保险事业的发展，为军人保险提供财政拨款和政策支持。

第五条 中国人民解放军军人保险主管部门负责全军的军人保险工作。国务院社会保险行政部门、财政部门和军队其他有关部门在各自职责范围内负责有关的军人保险工作。

军队后勤（联勤）机关财务部门负责承办军人保险登记、个人权益记录、军人保险待遇支付等工作。

军队后勤（联勤）机关财务部门和地方社会保险经办机构，按照各自职责办理军人保险与社会保险关系转移接续手续。

第六条 军人依法参加军人保险并享受相应的保险待遇。

军人有权查询、核对个人缴费记录和个人权益记录，要求军队后勤（联勤）机关财务部门和地方社会保险经办机构依法办理养老、医疗等保险关系转移接续手续，提供军人保险和社会保险咨询等相关服务。

第二章 军人伤亡保险

第七条 军人因战、因公死亡的，按照认定的死亡性质和相应的保险金标准，给付军人死亡保险金。

第八条 军人因战、因公、因病致残的，按照评定的残疾等级和相应的保险金标准，给付军人残疾保险金。

第九条 军人死亡和残疾的性质认定、残疾等级评定和相应的保险金标准，按照国家和军队有关规定执行。

第十条 军人因下列情形之一死亡或者致残的，不享受军人伤亡保险待遇：

（一）故意犯罪的；

（二）醉酒或者吸毒的；

（三）自残或者自杀的；

（四）法律、行政法规和军事法规规定的其他情形。

第十一条 已经评定残疾等级的因战、因公致残的军人退出现役参加工作后旧伤复发的，依法享受相应的工伤待遇。

第十二条 军人伤亡保险所需资金由国家承担，个人不缴纳保险费。

第三章 退役养老保险

第十三条 军人退出现役参加基本养老保险的，国家给予退役养老保险补助。

第十四条 军人退役养老保险补助标准，由中国人民解放军总后勤部会同国务院有关部门，按照国家规定的基本养老保险缴费标准、军人工资水平等因素拟订，报国务院、中央军事委员会批准。

第十五条 军人入伍前已经参加基本养老保险的，由地方社会保险经办机构和军队后勤（联勤）机关财务部门办理基本养老保险关系转移接续手续。

第十六条 军人退出现役后参加职工基本养老保险的，由军队后勤（联勤）机关财务部门将军人退役养老保险关系和相应资金转入地方社会保险经办机构，地方社会保险经办机构办理相应的转移接续手续。

军人服现役年限与入伍前和退出现役后参加职工基本养老保险的缴费年限合并计算。

第十七条 军人退出现役后参加新型农村社会养老保险或者城镇居民社会养老保险的，按照国家有关规定办理转移接续手续。

第十八条 军人退出现役到公务员岗位或者参照公务员法管理的工作人员岗位的，以及现役军官、文职干部退出现役自主择业的，其养老保险办法按照国家有关规定执行。

第十九条 军人退出现役采取退休方式安置的，其养老办法按照国务院和中央军事委员会的有关规定执行。

第四章　退役医疗保险

第二十条　参加军人退役医疗保险的军官、文职干部和士官应当缴纳军人退役医疗保险费，国家按照个人缴纳的军人退役医疗保险费的同等数额给予补助。

义务兵和供给制学员不缴纳军人退役医疗保险费，国家按照规定的标准给予军人退役医疗保险补助。

第二十一条　军人退役医疗保险个人缴费标准和国家补助标准，由中国人民解放军总后勤部会同国务院有关部门，按照国家规定的缴费比例、军人工资水平等因素确定。

第二十二条　军人入伍前已经参加基本医疗保险的，由地方社会保险经办机构和军队后勤（联勤）机关财务部门办理基本医疗保险关系转移接续手续。

第二十三条　军人退出现役后参加职工基本医疗保险的，由军队后勤（联勤）机关财务部门将军人退役医疗保险关系和相应资金转入地方社会保险经办机构，地方社会保险经办机构办理相应的转移接续手续。

军人服现役年限视同职工基本医疗保险缴费年限，与入伍前和退出现役后参加职工基本医疗保险的缴费年限合并计算。

第二十四条　军人退出现役后参加新型农村合作医疗或者城镇居民基本医疗保险的，按照国家有关规定办理。

第五章　随军未就业的军人配偶保险

第二十五条　国家为随军未就业的军人配偶建立养老保险、医疗保险等。随军未就业的军人配偶参加保险，应当缴纳养老保险费和医疗保险费，国家给予相应的补助。

随军未就业的军人配偶保险个人缴费标准和国家补助标准，按照国家有关规定执行。

第二十六条　随军未就业的军人配偶随军前已经参加社会保

险的，由地方社会保险经办机构和军队后勤（联勤）机关财务部门办理保险关系转移接续手续。

第二十七条 随军未就业的军人配偶实现就业或者军人退出现役时，由军队后勤（联勤）机关财务部门将其养老保险、医疗保险关系和相应资金转入地方社会保险经办机构，地方社会保险经办机构办理相应的转移接续手续。

军人配偶在随军未就业期间的养老保险、医疗保险缴费年限与其在地方参加职工基本养老保险、职工基本医疗保险的缴费年限合并计算。

第二十八条 随军未就业的军人配偶达到国家规定的退休年龄时，按照国家有关规定确定退休地，由军队后勤（联勤）机关财务部门将其养老保险关系和相应资金转入退休地社会保险经办机构，享受相应的基本养老保险待遇。

第二十九条 地方人民政府和有关部门应当为随军未就业的军人配偶提供就业指导、培训等方面的服务。

随军未就业的军人配偶无正当理由拒不接受当地人民政府就业安置，或者无正当理由拒不接受当地人民政府指定部门、机构介绍的适当工作、提供的就业培训的，停止给予保险缴费补助。

第六章 军人保险基金

第三十条 军人保险基金包括军人伤亡保险基金、军人退役养老保险基金、军人退役医疗保险基金和随军未就业的军人配偶保险基金。各项军人保险基金按照军人保险险种分别建账，分账核算，执行军队的会计制度。

第三十一条 军人保险基金由个人缴费、中央财政负担的军人保险资金以及利息收入等资金构成。

第三十二条 军人应当缴纳的保险费，由其所在单位代扣代缴。

随军未就业的军人配偶应当缴纳的保险费，由军人所在单位代扣代缴。

第三十三条 中央财政负担的军人保险资金，由国务院财政部门纳入年度国防费预算。

第三十四条 军人保险基金按照国家和军队的预算管理制度，实行预算、决算管理。

第三十五条 军人保险基金实行专户存储，具体管理办法按照国家和军队有关规定执行。

第三十六条 军人保险基金由中国人民解放军总后勤部军人保险基金管理机构集中管理。

军人保险基金管理机构应当严格管理军人保险基金，保证基金安全。

第三十七条 军人保险基金应当专款专用，按照规定的项目、范围和标准支出，任何单位和个人不得贪污、侵占、挪用，不得变更支出项目、扩大支出范围或者改变支出标准。

第七章 保险经办与监督

第三十八条 军队后勤（联勤）机关财务部门和地方社会保险经办机构应当建立健全军人保险经办管理制度。

军队后勤（联勤）机关财务部门应当按时足额支付军人保险金。

军队后勤（联勤）机关财务部门和地方社会保险经办机构应当及时办理军人保险和社会保险关系转移接续手续。

第三十九条 军队后勤（联勤）机关财务部门应当为军人及随军未就业的军人配偶建立保险档案，及时、完整、准确地记录其个人缴费和国家补助，以及享受军人保险待遇等个人权益记录，并定期将个人权益记录单送达本人。

军队后勤（联勤）机关财务部门和地方社会保险经办机构应当为军人及随军未就业的军人配偶提供军人保险和社会保险咨询等相关服务。

第四十条 军人保险信息系统由中国人民解放军总后勤部负责统一建设。

第四十一条 中国人民解放军总后勤部财务部门和中国人民解放军审计机关按照各自职责，对军人保险基金的收支和管理情况实施监督。

第四十二条 军队后勤（联勤）机关、地方社会保险行政部门，应当对单位和个人遵守本法的情况进行监督检查。

军队后勤（联勤）机关、地方社会保险行政部门实施监督检查时，被检查单位和个人应当如实提供与军人保险有关的资料，不得拒绝检查或者谎报、瞒报。

第四十三条 军队后勤（联勤）机关财务部门和地方社会保险经办机构及其工作人员，应当依法为军队单位和军人的信息保密，不得以任何形式泄露。

第四十四条 任何单位或者个人有权对违反本法规定的行为进行举报、投诉。

军队和地方有关部门、机构对属于职责范围内的举报、投诉，应当依法处理；对不属于本部门、本机构职责范围的，应当书面通知并移交有权处理的部门、机构处理。有权处理的部门、机构应当及时处理，不得推诿。

第八章　法律责任

第四十五条 军队后勤（联勤）机关财务部门、社会保险经办机构，有下列情形之一的，由军队后勤（联勤）机关或者社会保险行政部门责令改正；对直接负责的主管人员和其他直接责任人员依法给予处分；造成损失的，依法承担赔偿责任：

（一）不按照规定建立、转移接续军人保险关系的；

（二）不按照规定收缴、上缴个人缴纳的保险费的；

（三）不按照规定给付军人保险金的；

（四）篡改或者丢失个人缴费记录等军人保险档案资料的；

（五）泄露军队单位和军人的信息的；

（六）违反规定划拨、存储军人保险基金的；

（七）有违反法律、法规损害军人保险权益的其他行为的。

第四十六条 贪污、侵占、挪用军人保险基金的，由军队后勤（联勤）机关责令限期退回，对直接负责的主管人员和其他直接责任人员依法给予处分。

第四十七条 以欺诈、伪造证明材料等手段骗取军人保险待遇的，由军队后勤（联勤）机关和社会保险行政部门责令限期退回，并依法给予处分。

第四十八条 违反本法规定，构成犯罪的，依法追究刑事责任。

第九章　附　则

第四十九条 军人退出现役后参加失业保险的，其服现役年限视同失业保险缴费年限，与入伍前和退出现役后参加失业保险的缴费年限合并计算。

第五十条 本法关于军人保险权益和义务的规定，适用于人民武装警察；中国人民武装警察部队保险基金管理，按照中国人民武装警察部队资金管理体制执行。

第五十一条 本法自 2012 年 7 月 1 日起施行。

军人抚恤优待条例

（2004 年 8 月 1 日中华人民共和国国务院、中华人民共和国中央军事委员会令第 413 号公布，根据 2011 年 7 月 29 日《国务院、中央军委关于修改〈军人抚恤优待条例〉的决定》修订）

第一章　总　则

第一条　为了保障国家对军人的抚恤优待，激励军人保卫祖国、建设祖国的献身精神，加强国防和军队建设，根据《中华人民共和国国防法》、《中华人民共和国兵役法》等有关法律，制定本条例。

第二条　中国人民解放军现役军人（以下简称现役军人）、服现役或者退出现役的残疾军人以及复员军人、退伍军人、烈士遗属、因公牺牲军人遗属、病故军人遗属、现役军人家属，是本条例规定的抚恤优待对象，依照本条例的规定享受抚恤优待。

第三条　军人的抚恤优待，实行国家和社会相结合的方针，保障军人的抚恤优待与国民经济和社会发展相适应，保障抚恤优待对象的生活不低于当地的平均生活水平。

全社会应当关怀、尊重抚恤优待对象，开展各种形式的拥军优属活动。

国家鼓励社会组织和个人对军人抚恤优待事业提供捐助。

第四条　国家和社会应当重视和加强军人抚恤优待工作。

军人抚恤优待所需经费由国务院和地方各级人民政府分级负担。中央和地方财政安排的军人抚恤优待经费，专款专用，并接受财政、审计部门的监督。

第五条　国务院民政部门主管全国的军人抚恤优待工作；县

级以上地方人民政府民政部门主管本行政区域内的军人抚恤优待工作。

国家机关、社会团体、企业事业单位应当依法履行各自的军人抚恤优待责任和义务。

第六条 各级人民政府对在军人抚恤优待工作中做出显著成绩的单位和个人，给予表彰和奖励。

第二章 死亡抚恤

第七条 现役军人死亡被批准为烈士、被确认为因公牺牲或者病故的，其遗属依照本条例的规定享受抚恤。

第八条 现役军人死亡，符合下列情形之一的，批准为烈士：

（一）对敌作战死亡，或者对敌作战负伤在医疗终结前因伤死亡的；

（二）因执行任务遭敌人或者犯罪分子杀害，或者被俘、被捕后不屈遭敌人杀害或者被折磨致死的；

（三）为抢救和保护国家财产、人民生命财产或者执行反恐怖任务和处置突发事件死亡的；

（四）因执行军事演习、战备航行飞行、空降和导弹发射训练、试航试飞任务以及参加武器装备科研试验死亡的；

（五）在执行外交任务或者国家派遣的对外援助、维持国际和平任务中牺牲的；

（六）其他死难情节特别突出，堪为楷模的。

现役军人在执行对敌作战、边海防执勤或者抢险救灾任务中失踪，经法定程序宣告死亡的，按照烈士对待。

批准烈士，属于因战死亡的，由军队团级以上单位政治机关批准；属于非因战死亡的，由军队军级以上单位政治机关批准；属于本条第一款第六项规定情形的，由中国人民解放军总政治部批准。

第九条 现役军人死亡，符合下列情形之一的，确认为因公牺牲：

（一）在执行任务中或者在上下班途中，由于意外事件死亡的；

（二）被认定为因战、因公致残后因旧伤复发死亡的；

（三）因患职业病死亡的；

（四）在执行任务中或者在工作岗位上因病猝然死亡，或者因医疗事故死亡的；

（五）其他因公死亡的。

现役军人在执行对敌作战、边海防执勤或者抢险救灾以外的其他任务中失踪，经法定程序宣告死亡的，按照因公牺牲对待。

现役军人因公牺牲，由军队团级以上单位政治机关确认；属于本条第一款第五项规定情形的，由军队军级以上单位政治机关确认。

第十条 现役军人除第九条第一款第三项、第四项规定情形以外，因其他疾病死亡的，确认为病故。

现役军人非执行任务死亡或者失踪，经法定程序宣告死亡的，按照病故对待。

现役军人病故，由军队团级以上单位政治机关确认。

第十一条 对烈士遗属、因公牺牲军人遗属、病故军人遗属，由县级人民政府民政部门分别发给《中华人民共和国烈士证明书》、《中华人民共和国军人因公牺牲证明书》、《中华人民共和国军人病故证明书》。

第十二条 现役军人死亡被批准为烈士的，依照《烈士褒扬条例》的规定发给烈士遗属烈士褒扬金。

第十三条 现役军人死亡，根据其死亡性质和死亡时的月工资标准，由县级人民政府民政部门发给其遗属一次性抚恤金，标准是：烈士和因公牺牲的，为上一年度全国城镇居民人均可支配收入的 20 倍加本人 40 个月的工资；病故的，为上一年度全国城镇居民人均可支配收入的 2 倍加本人 40 个月的工资。月工资或者津贴低于排职少尉军官工资标准的，按照排职少尉军官工资标准计算。

获得荣誉称号或者立功的烈士、因公牺牲军人、病故军人，其遗属在应当享受的一次性抚恤金的基础上，由县级人民政府民政部门按照下列比例增发一次性抚恤金：

（一）获得中央军事委员会授予荣誉称号的，增发35%；

（二）获得军队军区级单位授予荣誉称号的，增发30%；

（三）立一等功的，增发25%；

（四）立二等功的，增发15%；

（五）立三等功的，增发5%。

多次获得荣誉称号或者立功的烈士、因公牺牲军人、病故军人，其遗属由县级人民政府民政部门按照其中最高等级奖励的增发比例，增发一次性抚恤金。

第十四条 对生前作出特殊贡献的烈士、因公牺牲军人、病故军人，除按照本条例规定发给其遗属一次性抚恤金外，军队可以按照有关规定发给其遗属一次性特别抚恤金。

第十五条 一次性抚恤金发给烈士、因公牺牲军人、病故军人的父母（抚养人）、配偶、子女；没有父母（抚养人）、配偶、子女的，发给未满18周岁的兄弟姐妹和已满18周岁但无生活费来源且由该军人生前供养的兄弟姐妹。

第十六条 对符合下列条件之一的烈士遗属、因公牺牲军人遗属、病故军人遗属，发给定期抚恤金：

（一）父母（抚养人）、配偶无劳动能力、无生活费来源，或者收入水平低于当地居民平均生活水平的；

（二）子女未满18周岁或者已满18周岁但因上学或者残疾无生活费来源的；

（三）兄弟姐妹未满18周岁或者已满18周岁但因上学无生活费来源且由该军人生前供养的。

对符合享受定期抚恤金条件的遗属，由县级人民政府民政部门发给《定期抚恤金领取证》。

第十七条 定期抚恤金标准应当参照全国城乡居民家庭人均收入水平确定。定期抚恤金的标准及其调整办法，由国务院民政部门会同国务院财政部门规定。

第十八条 县级以上地方人民政府对依靠定期抚恤金生活仍有困难的烈士遗属、因公牺牲军人遗属、病故军人遗属，可以增发抚恤金或者采取其他方式予以补助，保障其生活不低于当地的平均生活水平。

第十九条 享受定期抚恤金的烈士遗属、因公牺牲军人遗属、病故军人遗属死亡的，增发6个月其原享受的定期抚恤金，作为丧葬补助费，同时注销其领取定期抚恤金的证件。

第二十条 现役军人失踪，经法定程序宣告死亡的，在其被批准为烈士、确认为因公牺牲或者病故后，又经法定程序撤销对其死亡宣告的，由原批准或者确认机关取消其烈士、因公牺牲军人或者病故军人资格，并由发证机关收回有关证件，终止其家属原享受的抚恤待遇。

第三章 残疾抚恤

第二十一条 现役军人残疾被认定为因战致残、因公致残或者因病致残的，依照本条例的规定享受抚恤。

因第八条第一款规定的情形之一导致残疾的，认定为因战致残；因第九条第一款规定的情形之一导致残疾的，认定为因公致残；义务兵和初级士官因第九条第一款第三项、第四项规定情形以外的疾病导致残疾的，认定为因病致残。

第二十二条 残疾的等级，根据劳动功能障碍程度和生活自理障碍程度确定，由重到轻分为一级至十级。

残疾等级的具体评定标准由国务院民政部门、人力资源社会保障部门、卫生部门会同军队有关部门规定。

第二十三条 现役军人因战、因公致残，医疗终结后符合评定残疾等级条件的，应当评定残疾等级。义务兵和初级士官因病致残符合评定残疾等级条件，本人（精神病患者由其利害关系人）提出申请的，也应当评定残疾等级。

因战、因公致残，残疾等级被评定为一级至十级的，享受抚恤；因病致残，残疾等级被评定为一级至六级的，享受抚恤。

第二十四条 因战、因公、因病致残性质的认定和残疾等级的评定权限是：

（一）义务兵和初级士官的残疾，由军队军级以上单位卫生部门认定和评定；

（二）现役军官、文职干部和中级以上士官的残疾，由军队军区级以上单位卫生部门认定和评定；

（三）退出现役的军人和移交政府安置的军队离休、退休干部需要认定残疾性质和评定残疾等级的，由省级人民政府民政部门认定和评定。

评定残疾等级，应当依据医疗卫生专家小组出具的残疾等级医学鉴定意见。

残疾军人由认定残疾性质和评定残疾等级的机关发给《中华人民共和国残疾军人证》。

第二十五条 现役军人因战、因公致残，未及时评定残疾等级，退出现役后或者医疗终结满 3 年后，本人（精神病患者由其利害关系人）申请补办评定残疾等级，有档案记载或者有原始医疗证明的，可以评定残疾等级。

现役军人被评定残疾等级后，在服现役期间或者退出现役后残疾情况发生严重恶化，原定残疾等级与残疾情况明显不符，本人（精神病患者由其利害关系人）申请调整残疾等级的，可以重新评定残疾等级。

第二十六条 退出现役的残疾军人，按照残疾等级享受残疾抚恤金。残疾抚恤金由县级人民政府民政部门发给。

因工作需要继续服现役的残疾军人，经军队军级以上单位批准，由所在部队按照规定发给残疾抚恤金。

第二十七条 残疾军人的抚恤金标准应当参照全国职工平均工资水平确定。残疾抚恤金的标准以及一级至十级残疾军人享受残疾抚恤金的具体办法，由国务院民政部门会同国务院财政部门规定。

县级以上地方人民政府对依靠残疾抚恤金生活仍有困难的残疾军人，可以增发残疾抚恤金或者采取其他方式予以补助，保障其生活不低于当地的平均生活水平。

第二十八条 退出现役的因战、因公致残的残疾军人因旧伤复发死亡的，由县级人民政府民政部门按照因公牺牲军人的抚恤金标准发给其遗属一次性抚恤金，其遗属享受因公牺牲军人遗属抚恤待遇。

退出现役的因战、因公、因病致残的残疾军人因病死亡的，对其遗属增发 12 个月的残疾抚恤金，作为丧葬补助费；其中，因战、因公致残的一级至四级残疾军人因病死亡的，其遗属享受病故军人遗属抚恤待遇。

第二十九条 退出现役的一级至四级残疾军人，由国家供养终身；其中，对需要长年医疗或者独身一人不便分散安置的，经省级人民政府民政部门批准，可以集中供养。

第三十条 对分散安置的一级至四级残疾军人发给护理费，护理费的标准为：

（一）因战、因公一级和二级残疾的，为当地职工月平均工资的 50%；

（二）因战、因公三级和四级残疾的，为当地职工月平均工资的 40%；

（三）因病一级至四级残疾的，为当地职工月平均工资的 30%。

退出现役的残疾军人的护理费，由县级以上地方人民政府民政部门发给；未退出现役的残疾军人的护理费，经军队军级以上单位批准，由所在部队发给。

第三十一条 残疾军人需要配制假肢、代步三轮车等辅助器械，正在服现役的，由军队军级以上单位负责解决；退出现役的，由省级人民政府民政部门负责解决。

第四章 优 待

第三十二条 烈士遗属依照《烈士褒扬条例》的规定享受优待。

第三十三条 义务兵服现役期间，其家庭由当地人民政府发给优待金或者给予其他优待，优待标准不低于当地平均生活水平。

义务兵和初级士官入伍前是国家机关、社会团体、企业事业单位职工（含合同制人员）的，退出现役后，允许复工复职，并享受不低于本单位同岗位（工种）、同工龄职工的各项待遇；服现役期间，其家属继续享受该单位职工家属的有关福利待遇。

义务兵和初级士官入伍前的承包地（山、林）等，应当保留；服现役期间，除依照国家有关规定和承包合同的约定缴纳有关税费外，免除其他负担。

义务兵从部队发出的平信，免费邮递。

第三十四条 国家对一至六级残疾军人的医疗费用按照规定予以保障，由所在医疗保险统筹地区社会保险经办机构单独列账管理。具体办法由国务院民政部门会同国务院人力资源社会保障部门、财政部门规定。

七至十级残疾军人旧伤复发的医疗费用，已经参加工伤保险的，由工伤保险基金支付，未参加工伤保险，有工作的由工作单位解决，没有工作的由当地县级以上地方人民政府负责解决；七至十级残疾军人旧伤复发以外的医疗费用，未参加医疗保险且本人支付有困难的，由当地县级以上地方人民政府酌情给予补助。

残疾军人、复员军人、带病回乡退伍军人以及因公牺牲军人遗属、病故军人遗属享受医疗优惠待遇。具体办法由省、自治区、直辖市人民政府规定。

中央财政对抚恤优待对象人数较多的困难地区给予适当补助，用于帮助解决抚恤优待对象的医疗费用困难问题。

第三十五条 在国家机关、社会团体、企业事业单位工作的残疾军人，享受与所在单位工伤人员同等的生活福利和医疗待遇。所在单位不得因其残疾将其辞退、解聘或者解除劳动关系。

第三十六条 现役军人凭有效证件、残疾军人凭《中华人民共和国残疾军人证》优先购票乘坐境内运行的火车、轮船、长途公共汽车以及民航班机；残疾军人享受减收正常票价50%的优待。

现役军人凭有效证件乘坐市内公共汽车、电车和轨道交通工具享受优待，具体办法由有关城市人民政府规定。残疾军人凭《中华人民共和国残疾军人证》免费乘坐市内公共汽车、电车和轨道交通工具。

第三十七条 现役军人、残疾军人凭有效证件参观游览公园、博物馆、名胜古迹享受优待，具体办法由公园、博物馆、名胜古迹管理单位所在地的县级以上地方人民政府规定。

第三十八条 因公牺牲军人、病故军人的子女、兄弟姐妹，本人自愿应征并且符合征兵条件的，优先批准服现役。

第三十九条 义务兵和初级士官退出现役后，报考国家公务员、高等学校和中等职业学校，在与其他考生同等条件下优先录取。

残疾军人、因公牺牲军人子女、一至四级残疾军人的子女，驻边疆国境的县（市）、沙漠区、国家确定的边远地区中的三类地区和军队确定的特、一、二类岛屿部队现役军人的子女报考普通高中、中等职业学校、高等学校，在录取时按照国家有关规定给予优待；接受学历教育的，在同等条件下优先享受国家规定的各项助学政策。现役军人子女的入学、入托，在同等条件下优先接收。具体办法由国务院民政部门会同国务院教育部门规定。

第四十条 残疾军人、复员军人、带病回乡退伍军人、因公牺牲军人遗属、病故军人遗属承租、购买住房依照有关规定享受优先、优惠待遇。居住农村的抚恤优待对象住房有困难的，由地方人民政府帮助解决。具体办法由省、自治区、直辖市人民政府规定。

第四十一条 经军队师（旅）级以上单位政治机关批准随军的现役军官家属、文职干部家属、士官家属，由驻军所在地的公安机关办理落户手续。随军前是国家机关、社会团体、企业事业单位职工的，驻军所在地人民政府人力资源社会保障部门应当接收和妥善安置；随军前没有工作单位的，驻军所在地人民政府应当根据本人的实际情况作出相应安置；对自谋职业的，按照国家有关规定减免有关费用。

第四十二条 驻边疆国境的县（市）、沙漠区、国家确定的边远地区中的三类地区和军队确定的特、一、二类岛屿部队的现役军官、文职干部、士官，其符合随军条件无法随军的家属，所在地人民政府应当妥善安置，保障其生活不低于当地的平均生活水平。

第四十三条 随军的烈士遗属、因公牺牲军人遗属和病故军人遗属移交地方人民政府安置的，享受本条例和当地人民政府规定的抚恤优待。

第四十四条 复员军人生活困难的，按照规定的条件，由当地人民政府民政部门给予定期定量补助，逐步改善其生活条件。

第四十五条 国家兴办优抚医院、光荣院，治疗或者集中供养孤老和生活不能自理的抚恤优待对象。

各类社会福利机构应当优先接收抚恤优待对象。

第五章 法律责任

第四十六条 军人抚恤优待管理单位及其工作人员挪用、截留、私分军人抚恤优待经费，构成犯罪的，依法追究相关责任人员的刑事责任；尚不构成犯罪的，对相关责任人员依法给予行政处分或者纪律处分。被挪用、截留、私分的军人抚恤优待经费，由上一级人民政府民政部门、军队有关部门责令追回。

第四十七条 军人抚恤优待管理单位及其工作人员、参与军人抚恤优待工作的单位及工作人员有下列行为之一的，由其上级主管部门责令改正；情节严重，构成犯罪的，依法追究相关责任人员的刑事责任；尚不构成犯罪的，对相关责任人员依法给予行政处分或者纪律处分：

（一）违反规定审批军人抚恤待遇的；

（二）在审批军人抚恤待遇工作中出具虚假诊断、鉴定、证明的；

（三）不按规定的标准、数额、对象审批或者发放抚恤金、补助金、优待金的；

（四）在军人抚恤优待工作中利用职权谋取私利的。

第四十八条 负有军人优待义务的单位不履行优待义务的，由县级人民政府民政部门责令限期履行义务；逾期仍未履行的，处以2000元以上1万元以下罚款。对直接负责的主管人员和其他直接责任人员依法给予行政处分、纪律处分。因不履行优待义务使抚恤优待对象受到损失的，应当依法承担赔偿责任。

第四十九条 抚恤优待对象有下列行为之一的，由县级人民政府民政部门给予警告，限期退回非法所得；情节严重的，停止其享受的抚恤、优待；构成犯罪的，依法追究刑事责任：

（一）冒领抚恤金、优待金、补助金的；

（二）虚报病情骗取医药费的；

（三）出具假证明，伪造证件、印章骗取抚恤金、优待金、补助金的。

第五十条 抚恤优待对象被判处有期徒刑、剥夺政治权利或者被通缉期间，中止其抚恤优待；被判处死刑、无期徒刑的，取消其抚恤优待资格。

第六章　附　则

第五十一条　本条例适用于中国人民武装警察部队。

第五十二条　军队离休、退休干部和退休士官的抚恤优待，依照本条例有关现役军人抚恤优待的规定执行。

因参战伤亡的民兵、民工的抚恤，因参加军事演习、军事训练和执行军事勤务伤亡的预备役人员、民兵、民工以及其他人员的抚恤，参照本条例的有关规定办理。

第五十三条　本条例所称的复员军人，是指在 1954 年 10 月 31 日之前入伍、后经批准从部队复员的人员；带病回乡退伍军人，是指在服现役期间患病，尚未达到评定残疾等级条件并有军队医院证明，从部队退伍的人员。

第五十四条　本条例自 2004 年 10 月 1 日起施行。1988 年 7 月 18 日国务院发布的《军人抚恤优待条例》同时废止。

退役士兵安置条例

（2011年10月29日　国务院、中央军委令第608号）

第一章　总　则

第一条　为了规范退役士兵安置工作，保障退役士兵的合法权益，根据《中华人民共和国兵役法》，制定本条例。

第二条　本条例所称退役士兵，是指依照《中国人民解放军现役士兵服役条例》的规定退出现役的义务兵和士官。

第三条　国家建立以扶持就业为主，自主就业、安排工作、退休、供养等多种方式相结合的退役士兵安置制度，妥善安置退役士兵。

退役士兵安置所需经费，由中央和地方各级人民政府共同负担。

第四条　全社会应当尊重、优待退役士兵，支持退役士兵安置工作。

国家机关、社会团体、企业事业单位，都有接收安置退役士兵的义务，在招收录用工作人员或者聘用职工时，同等条件下应当优先招收录用退役士兵。退役士兵报考公务员、应聘事业单位职位的，在军队服现役经历视为基层工作经历。接收安置退役士兵的单位，按照国家规定享受优惠政策。

第五条　国务院退役士兵安置工作主管部门负责全国的退役士兵安置工作。

县级以上地方人民政府退役士兵安置工作主管部门负责本行政区域的退役士兵安置工作。

人民政府有关部门和军队有关部门应当在各自职责范围内做

好退役士兵安置工作。

第六条 退役士兵应当遵守有关退役士兵安置的法律法规，服从人民政府的安置。

第七条 对在退役士兵安置工作中做出突出贡献的单位和个人，按照国家有关规定给予表彰、奖励。

第二章 移交和接收

第八条 国务院退役士兵安置工作主管部门和中国人民解放军总参谋部应当制定全国退役士兵的年度移交、接收计划。

第九条 退役士兵所在部队应当依照本条例的规定，将退役士兵移交安置地县级以上人民政府退役士兵安置工作主管部门。安置地县级以上人民政府退役士兵安置工作主管部门负责接收退役士兵。

第十条 退役士兵安置地为退役士兵入伍时的户口所在地。但是，入伍时是普通高等学校在校学生的退役士兵，退出现役后不复学的，其安置地为入学前的户口所在地。

第十一条 退役士兵有下列情形之一的，可以易地安置：

（一）服现役期间父母户口所在地变更的，可以在父母现户口所在地安置；

（二）符合军队有关现役士兵结婚规定且结婚满2年的，可以在配偶或者配偶父母户口所在地安置；

（三）因其他特殊情况，由部队师（旅）级单位出具证明，经省级以上人民政府退役士兵安置工作主管部门批准易地安置的。

易地安置的退役士兵享受与安置地退役士兵同等安置待遇。

第十二条 退役士兵有下列情形之一的，根据本人申请，可以由省级以上人民政府退役士兵安置工作主管部门按照有利于退役士兵生活的原则确定其安置地：

（一）因战致残的；

（二）服现役期间平时荣获二等功以上奖励或者战时荣获三等功以上奖励的；

（三）是烈士子女的；

（四）父母双亡的。

第十三条 自主就业的退役士兵应当自被批准退出现役之日起30日内，持退出现役证件、介绍信到安置地县级人民政府退役士兵安置工作主管部门报到。

安排工作的退役士兵应当在规定的时间内，持接收安置通知书、退出现役证件和介绍信到规定的安置地人民政府退役士兵安置工作主管部门报到。

退休、供养的退役士兵应当到规定的安置地人民政府退役士兵安置工作主管部门报到。

第十四条 退役士兵所在部队应当按照国家档案管理的有关规定，在士兵退役时将其档案及时移交安置地县级以上人民政府退役士兵安置工作主管部门。

退役士兵安置工作主管部门应当于退役士兵报到时为其开具落户介绍信。公安机关凭退役士兵安置工作主管部门开具的落户介绍信，为退役士兵办理户口登记。

第十五条 自主就业和安排工作的退役士兵的档案，由安置地退役士兵安置工作主管部门按照国家档案管理有关规定办理。

退休、供养的退役士兵的档案，由安置地退役士兵安置工作主管部门移交服务管理单位。

第十六条 退役士兵发生与服役有关的问题，由其原部队负责处理；发生与安置有关的问题，由安置地人民政府负责处理。

第十七条 退役士兵无正当理由不按照规定时间报到超过30天的，视为放弃安置待遇。

第三章　安　置

第一节　自主就业

第十八条　义务兵和服现役不满12年的士官退出现役的，由人民政府扶持自主就业。

第十九条　对自主就业的退役士兵，由部队发给一次性退役金，一次性退役金由中央财政专项安排；地方人民政府可以根据当地实际情况给予经济补助，经济补助标准及发放办法由省、自治区、直辖市人民政府规定。

一次性退役金和一次性经济补助按照国家规定免征个人所得税。

各级人民政府应当加强对退役士兵自主就业的指导和服务。县级以上地方人民政府应当采取组织职业介绍、就业推荐、专场招聘会等方式，扶持退役士兵自主就业。

第二十条　国家根据国民经济发展水平、全国职工年平均工资收入和军人职业特殊性等因素确定退役金标准，并适时调整。国务院退役士兵安置工作主管部门、军队有关部门会同国务院财政部门负责确定和调整退役金标准的具体工作。

自主就业的退役士兵根据服现役年限领取一次性退役金。服现役年限不满6个月的按照6个月计算，超过6个月不满1年的按照1年计算。

获得荣誉称号或者立功的退役士兵，由部队按照下列比例增发一次性退役金：

（一）获得中央军事委员会、军队军区级单位授予荣誉称号，或者荣获一等功的，增发15%；

（二）荣获二等功的，增发10%；

（三）荣获三等功的，增发5%。

多次获得荣誉称号或者立功的退役士兵，由部队按照其中最高等级奖励的增发比例，增发一次性退役金。

第二十一条 县级以上地方人民政府退役士兵安置工作主管部门应当组织自主就业的退役士兵参加职业教育和技能培训，经考试考核合格的，发给相应的学历证书、职业资格证书并推荐就业。退役士兵退役1年内参加职业教育和技能培训的，费用由县级以上人民政府承担；退役士兵退役1年以上参加职业教育和技能培训的，按照国家相关政策执行。

自主就业退役士兵的职业教育和技能培训经费列入县级以上人民政府财政预算。

第二十二条 各级人民政府举办的公共就业人才服务机构，应当免费为退役士兵提供档案管理、职业介绍和职业指导服务。

国家鼓励其他人力资源服务机构为自主就业的退役士兵提供免费服务。

第二十三条 对从事个体经营的退役士兵，按照国家规定给予税收优惠，给予小额担保贷款扶持，从事微利项目的给予财政贴息。除国家限制行业外，自其在工商行政管理部门首次注册登记之日起3年内，免收管理类、登记类和证照类的行政事业性收费。

第二十四条 国家鼓励用人单位招收录用或者聘用自主就业的退役士兵，用人单位招收录用或者聘用自主就业退役士兵符合规定条件的，依法享受税收等优惠。

第二十五条 自主就业的退役士兵入伍前是国家机关、社会团体、企业事业单位工作人员或者职工的，退出现役后可以选择复职复工，其工资、福利和其他待遇不得低于本单位同等条件人员的平均水平。

第二十六条 自主就业的退役士兵入伍前通过家庭承包方式承包的农村土地，承包期内不得违法收回或者强制流转；通过招标、拍卖、公开协商等非家庭承包方式承包的农村土地，承包期内其家庭成员可以继续承包；承包的农村土地被依法征收、征用或者占用的，与其他农村集体经济组织成员享有同等权利。

自主就业的退役士兵回入伍时户口所在地落户，属于农村集体经济组织成员但没有承包农村土地的，可以申请承包农村土地，村民委员会或者村民小组应当优先解决。

第二十七条 有劳动能力的残疾退役士兵，优先享受国家规定的残疾人就业优惠政策。

第二十八条 自主就业的退役士兵进入中等职业学校学习、报考成人高等学校或者普通高等学校的，按照国家有关规定享受优待。

入伍前已被普通高等学校录取并保留入学资格或者正在普通高等学校就学的退役士兵，退出现役后2年内允许入学或者复学，并按照国家有关规定享受奖学金、助学金和减免学费等优待，家庭经济困难的，按照国家有关规定给予资助；入学后或者复学期间可以免修公共体育、军事技能和军事理论等课程，直接获得学分；入学或者复学后参加国防生选拔、参加国家组织的农村基层服务项目人选选拔，以及毕业后参加军官人选选拔的，优先录取。

第二节 安排工作

第二十九条 退役士兵符合下列条件之一的，由人民政府安排工作：

（一）士官服现役满12年的；

（二）服现役期间平时荣获二等功以上奖励或者战时荣获三等功以上奖励的；

（三）因战致残被评定为五级至八级残疾等级的；

（四）是烈士子女的。

符合前款规定条件的退役士兵在艰苦地区和特殊岗位服现役的，优先安排工作；因精神障碍基本丧失工作能力的，予以妥善安置。

符合安排工作条件的退役士兵，退役时自愿选择自主就业的，依照本条例第三章第一节的规定办理。

第三十条 国务院退役士兵安置工作主管部门和中国人民解放军总参谋部应当制定下达全国需由人民政府安排工作退役士兵的年度安置计划。

第三十一条 中央国家机关及其管理的在京企业事业单位接收安排退役士兵工作任务，由国务院退役士兵安置工作主管部门下达。中央国家机关京外直属机构、中央国家机关管理的京外企业事业单位接收安排退役士兵工作任务，由所在地县级以上地方人民政府按照属地管理的原则下达。

第三十二条 县级以上地方人民政府，应当根据符合安排工作条件的退役士兵人数和用人单位的实际情况，下达安排退役士兵工作的任务，并依法向社会公开。

对安排退役士兵工作任务较重的县（市），可以由上一级人民政府在本行政区域内统筹安排。

第三十三条 安置地县级以上地方人民政府应当按照属地管理的原则，对符合安排工作条件的退役士兵进行安置，保障其第一次就业。

第三十四条 国家机关、事业单位、国有以及国有控股和国有资本占主导地位的企业招收录用或者聘用人员的，应当在同等条件下优先招收录用或者聘用退役士兵。

第三十五条 安置地人民政府应当在接收退役士兵的 6 个月内，完成本年度安排退役士兵工作的任务。

退役士兵待安排工作期间，安置地人民政府应当按照不低于当地最低生活水平的标准，按月发给生活补助费。

第三十六条 承担安排退役士兵工作任务的单位应当按时完成所在地人民政府下达的安排退役士兵工作任务，在退役士兵安置工作主管部门开出介绍信 1 个月内安排退役士兵上岗，并与退役士兵依法签订期限不少于 3 年的劳动合同或者聘用合同。

合同存续期内单位依法关闭、破产、改制的，退役士兵与所在单位其他人员一同执行国家的有关规定。

接收退役士兵的单位裁减人员的，应当优先留用退役士兵。

第三十七条 由人民政府安排工作的退役士兵，服现役年限和符合本条例规定的待安排工作时间计算为工龄，享受所在单位同等条件人员的工资、福利待遇。

第三十八条 非因退役士兵本人原因，接收单位未按照规定安排退役士兵上岗的，应当从所在地人民政府退役士兵安置工作主管部门开出介绍信的当月起，按照不低于本单位同等条件人员平均工资 80%的标准逐月发给退役士兵生活费至其上岗为止。

第三十九条 对安排工作的残疾退役士兵，所在单位不得因其残疾与其解除劳动关系或者人事关系。

安排工作的因战、因公致残退役士兵，享受与所在单位工伤人员同等的生活福利和医疗待遇。

第四十条 符合安排工作条件的退役士兵无正当理由拒不服从安置地人民政府安排工作的，视为放弃安排工作待遇；在待安排工作期间被依法追究刑事责任的，取消其安排工作待遇。

第三节 退休与供养

第四十一条 中级以上士官符合下列条件之一的，作退休安置：

（一）年满 55 周岁的；

（二）服现役满 30 年的；

（三）因战、因公致残被评定为一级至六级残疾等级的；

（四）经军队医院证明和军级以上单位卫生部门审核确认因病基本丧失工作能力的。

退休的退役士官，其生活、住房、医疗等保障，按照国家有关规定执行。

中级以上士官因战致残被评定为五级至六级残疾等级，本人自愿放弃退休安置选择由人民政府安排工作的，可以依照本条例第三章第二节的规定办理。

第四十二条 被评定为一级至四级残疾等级的义务兵和初级士官退出现役的，由国家供养终身。

国家供养的残疾退役士兵，其生活、住房、医疗等保障，按照国家有关规定执行。

国家供养分为集中供养和分散供养。

分散供养的残疾退役士兵购（建）房所需经费的标准，按照安置地县（市）经济适用住房平均价格和60平方米的建筑面积确定；没有经济适用住房的地区按照普通商品住房价格确定。购（建）房所需经费由中央财政专项安排，不足部分由地方财政解决。购（建）房屋产权归分散供养的残疾退役士兵所有。分散供养的残疾退役士兵自行解决住房的，按照上述标准将购（建）房费用发给本人。

第四十三条 因战、因公致残被评定为一级至四级残疾等级的中级以上士官，本人自愿放弃退休安置的，可以选择由国家供养。

第四章　保险关系的接续

第四十四条 退役士兵服现役年限计算为工龄，与所在单位工作年限累计计算，享受国家和所在单位规定的与工龄有关的相应待遇。

第四十五条 军队的军人保险管理部门与地方的社会保险经办机构，应当按照国家有关规定为退役士兵办理保险关系转移接续手续。

对自主就业的退役士兵，凭退役士兵安置工作主管部门出具的介绍信，由社会保险经办机构按照国家有关规定办理保险关系接续手续。对安排工作的退役士兵，由接收单位按照国家有关规定办理保险关系接续手续。

第四十六条 退役士兵到城镇企业就业或者在城镇从事个体经营、以灵活方式就业的，按照国家有关规定参加职工基本养老保险，服现役年限视同职工基本养老保险缴费年限，并与实际缴费年限合并计算。退役士兵回农村的，按照国家有关规定参加新型农村社会养老保险。

退役士兵在服现役期间建立的军人退役养老保险与其退役后参加基本养老保险的关系接续，由军队的军人保险管理部门和安置地社会保险经办机构按照国家有关规定办理。

退役士兵服现役年限视同职工基本养老保险缴费年限的养老保险待遇计发办法，按照国家有关规定执行。

第四十七条 退役士兵到各类用人单位工作的，应当随所在单位参加职工基本医疗保险；以灵活方式就业或者暂未实现就业的，可以参加职工基本医疗保险、城镇居民基本医疗保险或者新型农村合作医疗。退役士兵参加基本医疗保险的，其军人退役医疗保险金，按照国家有关规定转入退役士兵安置地的社会保险经办机构。实行工龄视同参加基本医疗保险缴费年限规定的地区，退役士兵的服现役年限视同参保缴费年限。

第四十八条 退役士兵就业应当随所在单位参加失业保险，其服现役年限视同失业保险缴费年限，并与实际缴费年限合并计算。参加失业保险的退役士兵失业，并符合《失业保险条例》规定条件的，按照规定享受失业保险待遇和相应的促进再就业服务。

第五章　法律责任

第四十九条 退役士兵安置工作主管部门及其工作人员、参与退役士兵安置工作的单位及其工作人员有下列行为之一的，由其上级主管部门责令改正，对相关责任人员依法给予处分；相关责任人员构成犯罪的，依法追究刑事责任：

（一）违反规定审批退役士兵安置待遇的；

（二）在审批退役士兵安置工作中出具虚假鉴定、证明的；

（三）在退役士兵安置工作中利用职权谋取私利的。

第五十条 接收安置退役士兵的单位违反本条例的规定，有下列情形之一的，由当地人民政府退役士兵安置工作主管部门责令限期改正；逾期不改的，对国家机关、社会团体、事业单位主要负责人和直接责任人员依法给予处分，对企业按照涉及退役士兵人数乘以当地上年度城镇职工平均工资10倍的金额处以罚款，并对接收单位及其主要负责人予以通报批评：

（一）拒绝或者无故拖延执行人民政府下达的安排退役士兵工作任务的；

（二）未依法与退役士兵签订劳动合同、聘用合同的；

（三）与残疾退役士兵解除劳动关系或者人事关系的。

第五十一条 退役士兵弄虚作假骗取安置待遇的，由安置地人民政府退役士兵安置工作主管部门取消相关安置待遇。

第六章 附 则

第五十二条 本条例适用于中国人民武装警察部队。

第五十三条 本条例自2011年11月1日起施行。

1987年12月12日国务院发布的《退伍义务兵安置条例》，1999年12月13日国务院、中央军委下发的《中国人民解放军士官退出现役安置暂行办法》同时废止。

本条例施行以前入伍、施行以后退出现役的士兵，执行本条例，本人自愿的，也可以按照入伍时国家有关退役士兵安置的规定执行。

中国人民解放军文职人员条例

（2005年6月23日中华人民共和国国务院、中华人民共和国中央军事委员会令第438号公布，根据2017年9月27日中华人民共和国国务院、中央军事委员会令第689号修订）

第一章　总　则

第一条　为了规范文职人员管理，保障文职人员合法权益，在军事人力资源领域贯彻军民融合发展战略，建设高素质文职人员队伍，促进军队革命化、现代化、正规化建设，制定本条例。

第二条　本条例所称文职人员，是指在军民通用、非直接参与作战且社会化保障不宜承担的军队编制岗位从事管理工作和专业技术工作的非现役人员，是军队人员的组成部分。

文职人员在军队和社会生活中，依法享有国家工作人员相应的权利，履行相应的义务。

第三条　文职人员的管理，坚持党管干部、党管人才原则，贯彻公开、平等、竞争、择优方针，依照法定的权限、条件、标准和程序进行。

第四条　军队对文职人员实行分级分类管理，提高管理效能和科学化水平。

第五条　军队建立与国家公务员和事业单位工作人员制度相衔接、具有比较优势的文职人员管理、保障制度和机制。

第六条　中央军事委员会政治工作部负责全军的文职人员管理工作，团级以上单位的政治工作部门负责本单位的文职人员管理工作。

第七条　国家和军队依法保障文职人员的合法权益，鼓励文职人员长期、稳定地为军队建设服务。

各级人民政府及其有关部门、有关军事机关应当按照职责分工，相互配合，做好文职人员的教育培训、户籍、社会保障、人力资源管理、抚恤优待等工作，为文职人员提供公共服务和便利。

第八条 对做出突出贡献的文职人员，按照国家和军队有关规定给予表彰和奖励，授予相应荣誉。

对违反军队纪律的文职人员，按照军队有关规定给予处分。

第二章 基本条件义务和权利

第九条 文职人员应当具备下列基本条件：

（一）具有中华人民共和国国籍；

（二）年满 18 周岁；

（三）符合军队招录聘用文职人员的政治条件；

（四）符合岗位要求的资格条件；

（五）身体和心理健康；

（六）法律、法规规定的其他条件。

第十条 文职人员应当履行下列义务：

（一）忠于祖国，忠于中国共产党，努力为军队建设服务；

（二）遵守宪法、法律、法规和军队有关规章制度；

（三）服从命令，听从指挥，遵守纪律，保守秘密；

（四）认真履行职责，努力提高工作质量和效率；

（五）团结协作，勤奋敬业，恪守职业道德，模范遵守社会公德；

（六）学习和掌握履行职责所需要的科学文化和专业知识，提高职业能力；

（七）根据需要，参加军事训练和非战争军事行动，承担相应的作战支援保障任务，依法服现役；

（八）法律、法规规定的其他义务。

第十一条 文职人员享有下列权利：

（一）获得政治荣誉、表彰、奖励；

（二）获得工资报酬，享受相应的福利待遇、抚恤优待和社会保障；

（三）获得履行职责应当具有的工作条件和劳动保护；

（四）参加培训；

（五）非因法定事由、未经法定程序，不被免职、降低岗位等级、辞退、终止或者解除聘用合同、处分等；

（六）申请辞职或者解除聘用合同，申请人事争议处理，提出申诉和控告；

（七）法律、法规规定的其他权利。

第三章 岗位设置

第十二条 军队文职人员岗位的编制员额，由中央军事委员会确定。

文职人员岗位的编制及其调整，按照规定的权限办理。

第十三条 军队建立文职人员岗位管理制度，对文职人员岗位实行总量、结构比例和最高等级控制。

第十四条 文职人员岗位，分为管理岗位和专业技术岗位两种类别。

管理岗位是指担负领导职责或者管理任务的工作岗位。

专业技术岗位是指从事专业技术和专业技能工作，具有相应专业技术、专业技能水平和能力要求的工作岗位。

第十五条 文职人员的岗位等级设置：

（一）管理岗位由高到低分为九个等级，即部级副职、局级正职、局级副职、处级正职、处级副职、科级正职、科级副职、科员、办事员；

（二）专业技术岗位分为高级、中级、初级岗位，由高到低设一级至十三级。

第四章　招录聘用

第十六条　军队实行面向社会公开招考、直接引进和现役军人转改相结合的文职人员招录聘用制度。

面向社会公开招考文职人员，适用于新招录聘用科级正职以下管理岗位的文职人员，以及中级以下专业技术岗位的文职人员。

直接引进文职人员，适用于选拔高层次人才和特殊专业人才。

现役军人转改文职人员，适用于选拔符合退役条件且拟作退役安置的现役军人。

第十七条　文职人员首次招录聘用的最高年龄分别为：

（一）局级副职以上或者专业技术七级以上岗位的，50周岁；

（二）处级正职至科级正职或者专业技术八级至专业技术十级岗位的，45周岁；

（三）科级副职以下或者专业技术十一级以下岗位的，35周岁。

第十八条　面向社会公开招考文职人员，一般按照制定计划、发布信息、资格审查、统一考试、面试体检、政治考核、结果公示、审批备案的程序进行。考试工作由全军统一组织实施。

直接引进文职人员和现役军人转改文职人员的程序，参照前款规定执行。现役军人转改文职人员，应当履行退役安置程序，由国家退役军人安置工作主管部门会同中央军事委员会有关部门组织实施。

第十九条　面向社会公开招考和直接引进文职人员，由战区级以上单位政治工作部门审批；现役军人转改文职人员，按照本条例第三十条规定的文职人员职务任免权限审批。

第二十条　对批准招录聘用的文职人员，根据军队有关规定实行委任制或者聘用制。

对实行聘用制的文职人员，用人单位应当与其签订聘用合同。聘用合同管理办法由中央军事委员会规定。

第二十一条 文职人员招录聘用结果，应当逐级上报至中央军事委员会政治工作部备案。

第五章 培训和考核

第二十二条 军队根据文职人员履行职责、改善知识结构和提高职业能力需要，对文职人员实施分级分类培训。

第二十三条 文职人员的培训，分为岗前培训、在岗培训、专业培训和任务培训。

文职人员应当接受军事职业教育。

第二十四条 文职人员培训纳入军队人员培训体系统一组织实施。

军队可以利用国家和社会资源，对文职人员进行教育培训。

第二十五条 对文职人员的考核，应当根据职责任务，全面考核德、能、勤、绩、廉、体。

第二十六条 文职人员的考核，分为平时考核、年度考核和聘期考核。有试用期的文职人员，应当组织试用期考核。晋升领导职务的文职人员，应当组织任职前考核。

第二十七条 文职人员的考核工作，由用人单位或者其上级单位组织实施，一般按照个人述职、民主测评、个别谈话、专家评议、绩效分析、综合评定的程序进行。

第二十八条 文职人员年度考核和任职前考核结果，分为优秀、称职、基本称职、不称职四个等次。试用期考核和聘期考核结果，分为合格、不合格两个等次。

第二十九条 文职人员的培训和考核实行登记管理。

培训情况和考核结果，作为文职人员职务任免、岗位等级调整、工资待遇确定、奖惩实施、续聘竞聘和辞退解聘等的主要依据。

第六章 职务任免

第三十条 文职人员岗位确定和调整、辞职、退休以及其他情形需要任免职务的，按照军队规定的程序办理。

文职人员职务的任免权限：

（一）部级副职岗位，专业技术一级至专业技术三级岗位，由中央军事委员会审批；

（二）局级正职至处级正职岗位，专业技术四级至专业技术七级岗位，由战区级单位审批；

（三）处级副职和科级正职岗位，专业技术八级至专业技术十级岗位，由军级单位审批；

（四）科级副职以下和专业技术十一级以下岗位，由师、旅级单位审批。

第三十一条 文职人员任职应当在规定的岗位编制标准内进行，并有相应的岗位空缺。

第三十二条 文职人员调整任职、辞职辞退、终止和解除聘用合同、退休、受到开除处分的，原职务自行免除。

第三十三条 因工作需要，文职人员可以在用人单位内部交流使用；工作特别需要的，可以在本专业领域跨用人单位交流使用。

第七章 岗位等级调整

第三十四条 文职人员晋升岗位等级，应当达到最低任职年限、具备相应资格条件，且在规定最低任职年限内的年度考核结果等次均为称职以上。

文职人员年度考核结果等次为基本称职以下的，1 年内不得晋升岗位等级。

第三十五条 文职人员晋升岗位等级，在现等级岗位任职的最低年限：

（一）管理岗位局级正职、局级副职分别为 5 年，处级正职至科级正职分别为 4 年，科级副职以下分别为 3 年；

（二）专业技术高级、中级、初级岗位，分别为 4 年、4 年、3 年。

第三十六条 文职人员的岗位等级，一般应当逐级晋升。表现特别优秀的可以提前晋升，表现特别优秀、工作特别需要的可以越级晋升。

文职人员岗位等级的降低，按照军队有关规定执行。

第三十七条 文职人员岗位等级调整，按照本条例第三十条规定的文职人员职务任免权限审批。

第八章 教育和管理

第三十八条 用人单位应当根据军队有关规定和文职人员职责要求，做好文职人员的教育管理工作，保持良好的战备、训练、工作、生活秩序。

第三十九条 用人单位应当将文职人员思想政治教育、党团组织管理纳入本单位政治工作计划并组织实施，提高文职人员的思想政治素质。

用人单位应当加强对文职人员的安全管理和保密教育，对涉密文职人员按照国家和军队有关涉密人员管理规定进行管理。

文职人员参加社会组织和其他组织及其活动，以及与军外人员的交往，应当遵守军队有关规定。

军队建立文职人员宣誓制度。

第四十条 根据需要，军队可以派遣文职人员出境执行任务。

文职人员因私出境，按照国家和军队有关规定执行。

第四十一条 文职人员招录聘用、考核、职务任免、岗位等级调整、奖惩、人事争议处理等工作，实行回避制度。

第四十二条 文职人员应当依照军队有关规定穿着文职人员服装。

文职人员服装的制式及其标志服饰由中央军事委员会批准。

第四十三条 文职人员的专业技术资格和职业资格评定，按照国家和军队有关规定执行。

文职人员退出军队后，在军队工作期间取得的专业技术资格和职业资格仍然有效。

第四十四条 文职人员与用人单位发生的人事争议，按照国家和军队有关规定依法处理。

文职人员对涉及本人的考核结果、处分决定等不服的，可以申请复核、提出申诉。

文职人员认为用人单位及有关人员侵犯其合法权益的，可以依法提出控告。

第四十五条 文职人员的人事档案，由军队有关部门按照规定进行管理。

第四十六条 军队用人单位按照国家有关规定，进行组织机构登记。

第九章 待遇保障

第四十七条 军队建立统一的文职人员工资制度。文职人员工资包括基本工资、津贴、补贴等。

第四十八条 文职人员住房实行社会化、货币化保障政策，住房公积金、住房补贴和房租补贴参照现役军官政策确定的标准执行。符合规定条件的人员，军队可以增发住房补助。

文职人员可以租住用人单位的宿舍，符合规定条件的可以租住公寓住房。

第四十九条 文职人员探亲休假、交通补助、健康体检和子女入托等，按照军队有关规定执行。

第五十条 用人单位及其文职人员应当按照国家规定参加所

在地职工基本医疗保险、失业保险、生育保险，缴纳保险费。参加养老保险、工伤保险的办法另行制定。

军队根据国家有关规定，为文职人员建立补充保险。

第五十一条 军队对文职人员给予医疗补助。文职人员参加军事训练、非战争军事行动和作战支援保障任务期间的医疗保障，实行军队免费医疗。

第五十二条 文职人员的伤亡抚恤，按照国家工作人员有关规定执行。文职人员的优待办法另行制定。

文职人员因参加军事训练、非战争军事行动和作战支援保障任务伤亡的抚恤优待，参照《军人抚恤优待条例》的有关规定办理。

第十章 人员退出

第五十三条 文职人员符合国家和军队规定退休条件的，应当退休。工作特别需要的，可以适当延长退休年龄，但是不得超过规定年龄 5 周岁。

文职人员退休后，享受国家和军队规定的相应待遇。

第五十四条 实行委任制的文职人员辞职，或者被用人单位辞退的，按照军队有关规定办理。

实行聘用制的文职人员解除、终止聘用合同，或者用人单位解除、终止聘用合同的，按照军队有关规定办理。

第五十五条 用人单位可以依法辞退文职人员或者单方面解除聘用合同。

有下列情形之一的，用人单位不得辞退文职人员或者单方面解除聘用合同：

（一）患职业病的；

（二）因公负伤，治疗终结后经劳动能力鉴定机构鉴定为一级至四级伤残的；

（三）患病或者负伤，在规定的医疗期内的；

（四）女性文职人员在孕期、产期、哺乳期内的；

（五）法律、法规规定的其他情形。

第五十六条 文职人员可以依法辞职或者单方面解除聘用合同。

有下列情形之一的，文职人员不得辞职或者单方面解除聘用合同：

（一）国家发布动员令或者宣布进入战争状态时；

（二）部队受领作战任务或者遭敌突然袭击时；

（三）参加军事训练、非战争军事行动或者承担作战支援保障任务期间；

（四）正在承担国家和军队重大任务，且须由本人继续承担的；

（五）正在接受审计、纪律审查，或者涉嫌犯罪，司法程序尚未终结的；

（六）法律、法规规定或者聘用合同约定的其他情形。

第五十七条 文职人员自退出军队之日起，与用人单位的人事关系即行终止。用人单位应当按照国家和军队有关规定，及时办理文职人员档案、社会保险、住房公积金等关系转移地方的相关手续。

符合国家和军队规定的补偿情形的，用人单位应当给予文职人员经济补偿。

第五十八条 文职人员退出军队的，按照本条例第三十条规定的文职人员职务任免权限审批，并逐级上报至中央军事委员会政治工作部备案。

第十一章 附 则

第五十九条 中国人民武装警察部队文职人员，适用本条例。

第六十条 对军队建设急需的高层次人才和特殊专业人才，

可以在文职人员岗位设置、招录聘用、培训和考核、职务任免、岗位等级调整、待遇保障等方面采取特殊措施，具体办法由中央军事委员会规定。

第六十一条 军队体制编制调整改革期间，现役军人转改文职人员的具体办法，另行规定。

第六十二条 本条例自公布之日起施行。

中共中央 国务院 中央军委关于印发《军队转业干部安置暂行办法》的通知

（2001 年 1 月 19 日　中发〔2001〕3 号）

各省、自治区、直辖市党委和人民政府，各大军区党委，中央和国家机关各部委，军委各总部、各军兵种党委，各人民团体：

现将《军队转业干部安置暂行办法》印发给你们，请遵照执行。

《军队转业干部安置暂行办法》的颁布实施，是党和国家干部人事制度改革的一项重大举措，是建立适应社会主义市场经济需要的有中国特色退役军官安置制度的具体步骤，对于进一步做好军队转业干部安置工作，实现人才资源的合理配置，促进经济和社会发展，加强国防和军队建设，都具有十分重要的意义。各级党委、政府和军队各级组织，要从党和国家的根本利益出发，统一思想，加强领导和督促检查，及时研究解决工作中遇到的矛盾和问题，切实把《军队转业干部安置暂行办法》贯彻落实好。各有关部门要精心组织，密切配合，按照中央的要求，无论对计划分配的军队转业干部，还是对自主择业的军队转业干部，都要妥善安置，使他们人尽其才，各得其所。广大军队转业干部要保持和发扬人民解放军的优良传统，服从大局，支持改革，体谅国家和地方的困难，自觉听从组织安排，努力在新的工作岗位上，为社会主义现代化建设做出新的贡献。

各地区、各部门在执行中有什么问题和建议，请及时报告。

军队转业干部安置暂行办法

第一章　总　则

第一条　为了做好军队转业干部安置工作，加强国防和军队建设，促进经济和社会发展，保持社会稳定，根据《中华人民共和国国防法》《中华人民共和国兵役法》和其他有关法律法规的规定，制定本办法。

第二条　本办法所称军队转业干部，是指退出现役作转业安置的军官和文职干部。

第三条　军队转业干部是党和国家干部队伍的组成部分，是重要的人才资源，是社会主义现代化建设的重要力量。

军队转业干部为国防事业、军队建设做出了牺牲和贡献，应当受到国家和社会的尊重、优待。

第四条　军队干部转业到地方工作，是国家和军队的一项重要制度。国家对军队转业干部实行计划分配和自主择业相结合的方式安置。

计划分配的军队转业干部由党委、政府负责安排工作和职务；自主择业的军队转业干部由政府协助就业、发给退役金。

第五条　军队转业干部安置工作，坚持为经济社会发展和军队建设服务的方针，贯彻妥善安置、合理使用、人尽其才、各得其所的原则。

第六条　国家设立军队转业干部安置工作机构，在中共中央、国务院、中央军事委员会领导下，负责全国军队转业干部安置工作。

省（自治区、直辖市）设立相应的军队转业干部安置工作机构，负责本行政区域的军队转业干部安置工作。市（地）可以根据实际情况设立军队转业干部安置工作机构。

第七条　解放军总政治部统一管理全军干部转业工作。

军队团级以上单位党委和政治机关负责本单位干部转业工作。

省军区（卫戍区、警备区）负责全军转业到所在省、自治区、直辖市干部的移交，并配合当地党委、政府做好军队转业干部安置工作。

第八条 接收、安置军队转业干部是一项重要的政治任务，是全社会的共同责任。党和国家机关、团体、企业事业单位，应当按照国家有关规定，按时完成军队转业干部安置任务。

第九条 军队转业干部应当保持和发扬人民军队的优良传统，适应国家经济和社会发展的需要，服从组织安排，努力学习，积极进取，为社会主义现代化建设贡献力量。

第十条 对在社会主义现代化建设中贡献突出的军队转业干部和在军队转业干部安置工作中做出显著成绩的单位、个人，国家和军队给予表彰奖励。

第二章 转业安置计划

第十一条 全国的军队转业干部安置计划，由国家军队转业干部安置工作主管部门会同解放军总政治部编制下达。

省（自治区、直辖市）的军队转业干部安置计划，由省（自治区、直辖市）军队转业干部安置工作主管部门编制下达。

中央和国家机关及其管理的在京企业事业单位军队转业干部安置计划，由国家军队转业干部安置工作主管部门编制下达。

中央和国家机关京外直属机构、企业事业单位的军队转业干部安置计划，由所在省（自治区、直辖市）军队转业干部安置工作主管部门编制下达。

第十二条 担任团级以下职务（含处级以下文职干部和享受相当待遇的专业技术干部，下同）的军队干部，有下列情形之一的，列入军队干部转业安置计划：

（一）达到平时服现役最高年龄的；

（二）受军队编制员额限制不能调整使用的；

（三）因身体状况不能坚持军队正常工作但能够适应地方工作的；

（四）其他原因需要退出现役作转业安置的。

第十三条　担任团级以下职务的军队干部，有下列情形之一的，不列入军队干部转业安置计划：

（一）年龄超过50周岁的；

（二）二等甲级以上伤残的；

（三）患有严重疾病，经驻军医院以上医院诊断确认，不能坚持正常工作的；

（四）受审查尚未作出结论或者留党察看期未满的；

（五）故意犯罪受刑事处罚的；

（六）被开除党籍或者受劳动教养丧失干部资格的；

（七）其他原因不宜作转业安置的。

第十四条　担任师级职务（含局级文职干部，下同）或高级专业技术职务的军队干部，年龄50周岁以下的，本人申请，经批准可以安排转业，列入军队干部转业安置计划。

担任师级职务或高级专业技术职务的军队干部，年龄超过50周岁、地方工作需要的，可以批准转业，另行办理。

第十五条　因军队体制、编制调整或者国家经济社会发展需要，成建制成批军队干部的转业安置，由解放军总政治部与国家军队转业干部安置工作主管部门协商办理。

中央和国家机关及其管理的在京企业事业单位计划外选调军队干部，经大军区级单位政治机关审核并报解放军总政治部批准转业后，由国家军队转业干部安置工作主管部门办理审批。

第三章　安置地点

第十六条　军队转业干部一般由其原籍或者入伍时所在省（自治区、直辖市）安置，也可以到配偶随军前或者结婚时常住户口所在地安置。

第十七条 配偶已随军的军队转业干部，具备下列条件之一的，可以到配偶常住户口所在地安置：

（一）配偶取得北京市常住户口满 4 年的；

（二）配偶取得上海市常住户口满 3 年的；

（三）配偶取得天津市、重庆市和省会（自治区首府）城市、副省级城市常住户口满 2 年的；

（四）配偶取得其他城市常住户口的。

第十八条 父母身边无子女或者配偶为独生子女的军队转业干部，可以到其父母或者配偶父母常住户口所在地安置。未婚的军队转业干部可以到其父母常住户口所在地安置。

父母双方或者一方为军人且长期在边远艰苦地区工作的军队转业干部，可以到父母原籍、入伍地或者父母离退休安置地安置。

第十九条 军队转业干部具备下列条件之一的，可以到配偶常住户口所在地安置，也可以到其父母或者配偶父母、本人子女常住户口所在地安置：

（一）自主择业的；

（二）在边远艰苦地区或者从事飞行、舰艇工作满 10 年的；

（三）战时获三等功、平时获了二等功以上奖励的；

（四）因战因公致残的。

第二十条 夫妇同为军队干部且同时转业的，可以到任何一方的原籍或者入伍地安置，也可以到符合配偶随军条件的一方所在地安置；一方转业，留队一方符合配偶随军条件的，转业一方可以到留队一方所在地安置。

第二十一条 因国家重点工程、重点建设项目、新建扩建单位以及其他工作需要的军队转业干部，经接收单位所在省（自治区、直辖市）军队转业干部安置工作主管部门批准，可以跨省（自治区、直辖市）安置。

符合安置地吸引人才特殊政策规定条件的军队转业干部，可以到该地区安置。

第四章 工作分配与就业

第二十二条 担任师级职务的军队转业干部或者担任营级以下职务（含科级以下文职干部和享受相当待遇的专业技术干部，下同）且军龄不满20年的军队转业干部，由党委、政府采取计划分配的方式安置。

担任团级职务的军队转业干部或者担任营级职务且军龄满20年的军队转业干部，可以选择计划分配或者自主择业的方式安置。

第二十三条 计划分配的军队转业干部，党委、政府应当根据其德才条件和在军队的职务等级、贡献、专长安排工作和职务。

担任师级领导职务或者担任团级领导职务且任职满最低年限的军队转业干部，一般安排相应的领导职务。接收师、团级职务军队转业干部人数较多、安排领导职务确有困难的地区，可以安排相应的非领导职务。

其他担任师、团级职务或者担任营级领导职务且任职满最低年限的军队转业干部，参照上述规定，合理安排。

第二十四条 各省、自治区、直辖市应当制定优惠的政策措施，鼓励军队转业干部到艰苦地区和基层单位工作。

对自愿到边远艰苦地区工作的军队转业干部，应当安排相应的领导职务，德才优秀的可以提职安排。

在西藏或者其他海拔3500米以上地区连续工作满5年的军队转业干部，应当安排相应的领导职务或者非领导职务，对正职领导干部安排正职确有困难的，可以安排同级副职。

第二十五条 各地区、各部门、各单位应当采取使用空出的领导职位、按规定增加非领导职数或者先进后出、带编分配等办法，安排好师、团级职务军队转业干部的工作和职务。

党和国家机关按照军队转业干部安置计划数的15%增加行政编制，所增加的编制主要用于安排师、团级职务军队转业干部。

各地区、各部门、各单位应当把师、团级职务军队转业干部的安排与领导班子建设通盘考虑，有计划地选调师、团级职务军队转业干部，安排到市（地）、县（市）级领导班子或者事业单位、国有大中型企业领导班子任职。

第二十六条　担任专业技术职务的军队转业干部，一般应当按照其在军队担任的专业技术职务或者国家承认的专业技术资格，聘任相应的专业技术职务；工作需要的可以安排行政职务。

担任行政职务并兼任专业技术职务的军队转业干部，根据地方工作需要和本人志愿，可以安排相应的行政职务或者聘任相应的专业技术职务。

第二十七条　国家下达的机关、团体、事业单位的年度增人计划，应当首先用于安置军队转业干部。编制满员的事业单位接收安置军队转业干部，按照实际接收人数相应增加编制，并据此增加人员工资总额计划。

第二十八条　党和国家机关接收计划分配的军队转业干部，按照干部管理权限，在主管部门的组织、指导下，对担任师、团级职务的，采取考核选调等办法安置；对担任营级以下职务的，采取考试考核和双向选择等办法安置。对有的岗位，也可以在军队转业干部中采取竞争上岗的办法安置。

第二十九条　对计划分配到事业单位的军队转业干部，参照其军队职务等级安排相应的管理或者专业技术工作岗位，并给予3年适应期。

企业接收军队转业干部，由军队转业干部安置工作主管部门编制计划，根据军队转业干部本人志愿进行分配，企业安排管理或者专业技术工作岗位，并给予2年适应期。

军队转业干部可以按照有关规定与用人单位签订无固定期限或者有固定期限劳动、聘用合同，用人单位不得违约解聘、辞退或者解除劳动、聘用合同。

第三十条 中央和国家机关京外直属机构、企业事业单位，应当按时完成所在地党委、政府下达的军队转业干部安置任务。需要增加编制、职数和工资总额的，其上级主管部门应当予以支持。

第三十一条 对自主择业的军队转业干部，安置地政府应当采取提供政策咨询、组织就业培训、拓宽就业渠道、向用人单位推荐、纳入人才市场等措施，为其就业创造条件。

第三十二条 党和国家机关、团体、企业事业单位在社会上招聘录用人员时，对适合军队转业干部工作的岗位，应当优先录用、聘用自主择业的军队转业干部。

第三十三条 对从事个体经营或者创办经济实体的自主择业的军队转业干部，安置地政府应当在政策上给予扶持，金融、工商、税务等部门，应当视情提供低息贷款，及时核发营业执照，按照社会再就业人员的有关规定减免营业税、所得税等税费。

第五章 待 遇

第三十四条 计划分配到党和国家机关、团体、事业单位的军队转业干部，其工资待遇按照不低于接收安置单位与其军队职务等级相应或者同等条件人员的标准确定，津贴、补贴、奖金以及其他生活福利待遇，按照国家有关规定执行。

第三十五条 计划分配到党和国家机关、团体、事业单位的军队转业干部，退休时的职务等级低于转业时军队职务等级的，享受所在单位与其转业时军队职务等级相应或者同等条件人员的退休待遇。

本条规定不适用于到地方后受降级以上处分的军队转业干部。

第三十六条 计划分配到企业的军队转业干部，其工资和津贴、补贴、奖金以及其他生活福利待遇，按照国家和所在企业的有关规定执行。

第三十七条 军队转业干部的军龄，计算为接收安置单位的连续工龄（工作年限），享受相应的待遇。在军队从事护理、教学工作，转业后仍从事该职业的，其在军队的护龄、教龄应当连续计算，享受接收安置单位同类人员的待遇。

第三十八条 自主择业的军队转业干部，由安置地政府逐月发给退役金。团级职务和军龄满20年的营级职务军队转业干部的月退役金，按照本人转业时安置地同职务等级军队干部月职务、军衔（级别）工资和军队统一规定的津贴补贴为计发基数80%的数额与基础、军龄工资的全额之和计发。军龄满20年以上的，从第21年起，军龄每增加一年，增发月退役金计发基数的1%。

第三十九条 自主择业的军队转业干部，按照下列条件和标准增发退役金：

（一）荣立三等功、二等功、一等功或者被大军区级以上单位授予荣誉称号的，分别增发月退役金计发基数的5%、10%、15%。符合其中两项以上的，按照最高的一项标准增发。

（二）在边远艰苦地区或者从事飞行、舰艇工作满10年、15年、20年以上的，分别增发月退役金计发基数的5%、10%、15%。符合其中两项以上的，按照最高的一项标准增发。

本办法第三十八条和本条各项规定的标准合并计算后，月退役金数额不得超过本人转业时安置地同职务等级军队干部月职务、军衔、基础、军龄工资和军队统一规定的津贴补贴之和。

第四十条 自主择业的军队转业干部的退役金，根据移交地方安置的军队退休干部退休生活费调整的情况相应调整增加。

经济比较发达的地区，自主择业军队转业干部的月退役金低于安置地当年党和国家机关相应职务等级退休干部月退休生活费数额的，安置地政府可以发给差额补贴。

自主择业的军队转业干部的退役金，免征个人所得税。

自主择业的军队转业干部，被党和国家机关选用为正式工作人员的，停发退役金。其工资等各项待遇按照本办法第三十四条规定执行。

第四十一条 自主择业的军队转业干部去世后，从去世的下月起停发退役金。区别不同情况，一次发给本人生前10个月至40个月的退役金作为抚恤金和一定数额的退役金作为丧葬补助费。具体办法由有关部门另行制定。

自主择业的军队转业干部的遗属生活确有困难的，由安置地政府按照国家和当地的有关规定发给生活困难补助金。

第四十二条 计划分配的军队转业干部，享受所在单位与其军队职务等级相应或者同等条件人员的政治待遇；自主择业的军队转业干部，享受安置地相应职务等级退休干部的有关政治待遇。

第四十三条 军队转业干部在服现役期间被中央军事委员会授予荣誉称号的，比照全国劳动模范（先进工作者）享受相应待遇；被大军区级单位授予荣誉称号或者荣立一等功，以及被评为全国模范军队转业干部的，比照省部级劳动模范（先进工作者）享受相应待遇。

第六章　培　训

第四十四条 军队转业干部的培训工作，是军队转业干部安置工作的重要组成部分，各级党委、政府和有关部门应当在政策和经费等方面提供必要保障。

第四十五条 对计划分配的军队转业干部应当进行适应性培训和专业培训，有条件的地区也可以在安置前组织适应性培训。培训工作贯彻“学用结合、按需施教、注重实效”和“培训、考核、使用相结合”的原则，增强针对性和实用性，提高培训质量。

军队转业干部培训的规划、组织协调和督促检查工作，由军队转业干部安置工作主管部门负责。

第四十六条 计划分配的军队转业干部的专业培训，由省（自治区、直辖市）按部门或者专业编班集中组织实施，培训时间不少于3个月。

军队转业干部参加培训期间享受接收安置单位在职人员的各项待遇。

第四十七条 自主择业的军队转业干部的就业培训，主要依托军队转业干部培训中心具体实施，也可以委托地方院校、职业培训机构承担具体工作。负责培训的部门应当根据社会人才需求合理设置专业课程，加强定向职业技能培训，以提高自主择业的军队转业干部就业竞争能力。

第四十八条 军队转业干部培训中心，主要承担计划分配的军队转业干部的适应性培训和部分专业培训，以及自主择业的军队转业干部的就业培训。

军队转业干部安置工作主管部门应当加强对军队转业干部培训中心的管理。军队转业干部培训中心从事社会服务的收益，主要用于补助培训经费的不足。

第四十九条 各级教育行政管理部门应当在师资、教学设施等方面，支持军队转业干部培训工作。对报考各类院校的军队转业干部，应适当放宽年龄条件，在与其他考生同等条件下，优先录取；对获二等功以上奖励的，应适当降低录取分数线投档。

第七章 社会保障

第五十条 军队转业干部的住房，由安置地政府按照统筹规划、优先安排、重点保障、合理负担的原则给予保障，主要采取购买经济适用住房、现有住房或者租住周转住房，以及修建自有住房等方式解决。

计划分配的军队转业干部，到地方单位工作后的住房补贴，由安置地政府或者接收安置单位按照有关规定解决。自主择业的军队转业干部，到地方后未被党和国家机关、团体、企业事业单位录用聘用期间的住房补贴，按照安置地党和国家机关与其军队职务等级相应或者同等条件人员的住房补贴的规定执行。

军队转业干部因配偶无住房补贴，购买经济适用住房超过家庭合理负担的部分，个人支付确有困难的，安置地政府应当视情给予购房补助或者优先提供住房公积金贷款。

军队转业干部住房保障具体办法，按照国家有关规定执行。

第五十一条 军队转业干部的军龄视同社会保险缴费年限。其服现役期间的医疗等社会保险费，转入安置地社会保险经办机构。

第五十二条 计划分配到党和国家机关、团体、事业单位的军队转业干部，享受接收安置单位与其军队职务等级相应或者同等条件人员的医疗、养老、失业、工伤、生育等社会保险待遇；计划分配到企业的军队转业干部，按照国家有关规定参加社会保险，缴纳社会保险费，享受社会保险待遇。

第五十三条 自主择业的军队转业干部，到地方后未被党和国家机关、团体、企业事业单位录用聘用期间的医疗保障，按照安置地党和国家机关与其军队职务等级相应或者同等条件人员的有关规定执行。

第八章　家属安置

第五十四条 军队转业干部随调配偶的工作，安置地党委、政府应当参照本人职务等级和从事的职业合理安排，与军队转业干部同时接收安置，发出报到通知。调入调出单位相应增减工资总额。

对安排到实行合同制、聘任制企业事业单位的军队转业干部随调配偶，应当给予 2 年适应期。适应期内，非本人原因不得擅自违约解聘、辞退或者解除劳动、聘用合同。

第五十五条 军队转业干部随迁配偶、子女符合就业条件的，安置地政府应当提供就业指导和服务，帮助其实现就业；对从事个体经营或者创办经济实体的，应当在政策上给予扶持，并按照国家和安置地促进就业的有关规定减免税费。

第五十六条 军队转业干部配偶和未参加工作的子女可以随调随迁，各地公安部门凭军队转业干部安置工作主管部门的通知及时办理迁移、落户手续。随迁子女需要转学、入学的，由安置地教育行政管理部门负责安排；报考各类院校时，在与其他考生同等条件下优先录取。

军队转业干部身边无子女的，可以随调一名已经工作的子女及其配偶。

各地在办理军队转业干部及其随调随迁配偶、子女的工作安排、落户和转学、入学事宜时，不得收取国家政策规定以外的费用。

第五十七条 军队转业干部随调随迁配偶、子女，已经参加医疗、养老、失业、工伤、生育等社会保险的，其社会保险关系和社会保险基金，由社会保险经办机构按照国家有关规定一并转移或者继续支付。未参加社会保险的，按照国家和安置地有关规定，参加医疗、养老、失业、工伤、生育等社会保险。

第九章　安置经费

第五十八条 军队转业干部安置经费，分别列入中央财政、地方财政和军费预算，并根据经济社会发展，逐步加大投入。

军队转业干部安置工作涉及的行政事业费、培训费、转业生活补助费、安家补助费和服现役期间的住房补贴，按照现行的经费供应渠道予以保障。

军队转业干部培训经费的不足部分由地方财政补贴。安置业务经费由本级财政部门解决。

第五十九条 自主择业的军队转业干部的退役金，由中央财政专项安排；到地方后未被党和国家机关、团体、企业事业单位录用聘用期间的住房补贴和医疗保障所需经费，由安置地政府解决。

第六十条 军队转业干部安置经费应当专款专用，不得挪用、截留、克扣、侵占，有关职能部门对安置经费的使用情况应当进行监督检查。

第十章 管理与监督

第六十一条 各级党委、政府应当把军队转业干部安置工作纳入目标管理，建立健全领导责任制，作为考核领导班子、领导干部政绩的重要内容和评选双拥模范城（县）的重要条件。

第六十二条 军队转业干部安置工作主管部门主要负责军队转业干部的计划安置、就业指导、就业培训、经费管理和协调军队转业干部的社会保障等工作。

自主择业的军队转业干部，由军队转业干部安置工作主管部门管理，主要负责自主择业的军队转业干部的政策指导、就业培训、协助就业、退役金发放、档案接转与存放，并协调解决有关问题；其他日常管理服务工作，由户口所在街道、乡镇负责。

第六十三条 各级党委、政府应当加强对军队转业干部安置工作的监督检查，坚决制止和纠正违反法律、法规和政策的行为；对拒绝接收军队转业干部或者未完成安置任务的部门和单位，组织、人事、编制等部门可以视情暂缓办理其人员调动、录用和编制等审批事项。

第六十四条 军队转业干部到地方报到前发生的问题，由其原部队负责处理；到地方报到后发生的问题，由安置地政府负责处理，涉及原部队的，由原部队协助安置地政府处理。

对无正当理由经教育仍不到地方报到的军队转业干部，由原部队根据有关规定给予党纪、军纪处分或者其他处罚。

第六十五条 退出现役被确定转服军官预备役的军队转业干部，到地方接收安置单位报到时，应当到当地人民武装部进行预备役军官登记，履行其预备役军官的职责和义务。

第六十六条 凡违反本办法规定，对军队转业干部安置工作造成严重影响的单位和个人，视情节轻重给予批评教育或者处分、处罚；构成犯罪的，依法追究刑事责任。

第十一章 附 则

第六十七条 中国人民武装警察部队转业干部的安置工作，按照本办法执行。

第六十八条 各省、自治区、直辖市依据本办法制定实施细则。

第六十九条 本办法自发布之日起施行，适用于此后批准转业的军队干部。以往有关军队转业干部安置工作的规定，凡与本办法不一致的，以本办法为准。

第七十条 本办法由国家军队转业干部安置工作主管的部门会同有关部门负责解释。

国务院关于服兵役取得军龄的人员转业后计算工作年限和工龄问题的决议（摘录）

（1956年2月24日　国议习字〔1956〕第15号）

依照中华人民共和国兵役法服兵役取得军龄的人员，复员转业后参加国家机关、事业部门和企业部门工作的，他的军龄应当计算为工作年限或工龄。

国务院、中央军委关于颁发《关于军队干部退休的暂行规定》的通知

（1981年10月13日　国发〔1981〕39号）

各省、市、自治区人民政府，各大军区、省军野战军，军委各总部、各军兵种，中央和国家机关各部委：

现将《关于军队干部退休的暂行规定》发给你们，希认真贯彻执行。

军队退休干部，在长期革命斗争中，英勇作战，努力工作，对革命战争胜利和军队建设，做出了重要贡献。各地区、各部门、各单位一定要加强领导，认真做好安置和管理工作，在政治上、生活上关心他们，及时研究解决他们的实际问题，使他们继续为革命做一些力所能及的工作，发挥他们在社会主义建设中的积极作用。

国务院、中央军委关于军队干部退休的暂行规定

根据军队建设的需要，每年将有一定数量的干部要退出现役作退休安置。这些干部，在长期革命斗争中，英勇作战，努力工作，对革命战争胜利和军队建设，做出了重要贡献。妥善安置军队退休干部，是党和政府对他们的关怀和爱护，也是各级政府的一项重要任务。为了安置好军队退休干部，特作如下规定。

第一条　军队的现役干部，男年满55周岁、女年满50周岁，或因战、因公致残，积劳成疾，基本丧失工作能力的，可办

理退休。已达上述年龄的专业技术干部以及其他干部，因工作需要，身体又能坚持正常工作的，退休时间可以适当推迟。

第二条 干部退休后，按下列标准发给生活费

（一）因年老、积劳成疾退休的干部。

抗日战争时期入伍的（含参加地方革命工作时间，下同），发给本人原工资（按照安置地区军队同职级干部的月工资额计算，下同）的95%。解放战争时期入伍的，发给本人原工资的90%。

中华人民共和国成立后入伍的，军龄（含参加地方革命工作年限，下同）满30年以上的，发给本人原工资的85%；军龄满20年不满30年的，发给本人原工资的80%；军龄满15年不满20年的，发给本人原工资的75%；军龄满10年不满15年的，发给本人原工资的70%；军龄不满10年的，发给本人原工资的65%。

（二）因战、因公负伤致残者因患二、三期矽肺病而基本丧失工作能力退休的干部，发给本人原工资的95%。生活不能自理、饮食起居需要人扶助的，还可以根据实际情况，每月发给护理费。护理费标准不得超过当地一般机械行业二级工的标准工资。

第三条 对具备下列条件的干部，可酌情提高其退休生活费。

（一）荣获军以上单位授予英雄、模范称号的，荣立一等功、特等功或相当奖励的，提高15%；荣立二等功、大功或相当奖励的，提高10%；荣立三等功或相当奖励的，提高5%。符合本项中两个条件以上的，按其中最高的一项标准发给。

（二）在高原缺氧、特别艰苦的边防、海岛等地区连续工作10年以上的，提高5%；连续工作15年以上的，提高10%；连续工作20年以上的，提高15%。

（一）（二）两项同时具备的，提高部分可合并计算，但提

高的结果，其总的退休生活费不得超过本人的原工资。需要提高退休生活费的具体数额，由批准其退休的单位确定。

第四条 干部经批准退休后，由军以上政治机关填发退休干部证明书和介绍信，并将干部个人档案材料转至退休安置地区的民政部门。退休干部证明书所填项目在退休后的变动，由安置地区的民政部门负责填写。

退休干部的交接工作，由军以上单位派人到安置地区的省、市、自治区民政部门办理。

第五条 退休干部的安置要从实际出发，有的可以就地安置，有的可以回本人或配偶原籍安置，有的可以到配偶、子女、父母居住地区安置。从外地到北京、上海、天津安置的要从严掌握。自愿回农村安置的给予鼓励。

第六条 退休干部的住房，经费和建筑材料由国家计委负责解决。退休干部的职级和安置地点（县、市），由军队各大单位每年 6 月底以前上报总政治部，经民政部和总政治部报国务院批准后纳入国家计划，由国家计委向有关省、市、自治区下达建房任务。

各省、市、自治区人民政府根据国家计委下达的建房任务，由建委承担建房，也可按当年下达的建房数量，先调拨相等数量的住房，给接收安置的军队退休干部居住。军队退休干部的住房，由当地民政部门负责分配，房管部门负责管理和维修。回农村安置的，可参照当地县、市军队退休干部的建房标准将建房费交给本人，由所在县、市人民政府、公社、生产大队帮助建房或买房，节约归己，产权归己。

退休干部的家具，由军队按规定标准发给家具费。需要地方供应购置家具的，安置地区商业部门负责照顾解决。

第七条 易地安置的退休干部，其配偶、未成年的和待业的子女，可随同前往；易地后身边无子女照顾的，可准许调一个已工作的子女随迁。有工作的配偶、子女，随迁后由安置地区的人事或劳动部门负责分配。退休干部和家属的户口，由安置地区民政部门开具证明，公安部门办理落户手续。家属原为市镇户口的，包括随退休干部到农村安置的，随迁后不改变，仍吃商品粮，一切都按当地市镇户口办理。

第八条 退休干部离队安置时，由军队一次发给相当于本人6个月工资的安家补助费。到农村安置的，一次发给相当于本人8个月工资的安家补助费。退休干部交地方安置时，由原单位按军队供应标准发给6个月的全国通用粮票。从第7个月起，由地方按当地标准供应。

第九条 退休干部和随迁的家属，前往居住地点途中所需的车船费、旅馆费、行李托运费和伙食补助费，由原单位按照军队现行标准发给。

第十条 退休干部离队安置时，当月的工资由原单位发给，从下个月起，由安置地区民政部门发给退休生活费。退休当年的生活费，由军队一次拨给安置地区的民政部门，从下一年起，其退休生活费，由安置地区的民政部门列入预算并按月发给。残废金由安置地区民政部门按规定标准发给。

第十一条 退休干部的生活供应标准、公费医疗等与当地相当职级的国家机关干部相同。取暖补贴费、粮价补贴、副食品价格补贴及其它补贴等，由民政部门按照居住地区规定标准发给。福利费按照当地在职干部的标准提取，由民政部门掌握，以解决军队退休干部的生活困难问题。

第十二条 退休干部去世后，当月的退休生活费照发，从下个月起停发退休生活费。其丧事处理，丧葬补助费，一次抚恤费和供养直系亲属生活补助费等，由当地民政部门按国家机关相当职级干部有关规定办理。

第十三条 军队退休干部的退休生活费、困难补助费和各种补贴费以及退休干部去世后的遗属生活补助费等，由安置地区的民政部门向同级财政部门编造预算列支。

第十四条 各级民政部门，在党委领导下，认真做好军队退休干部的思想政治工作和管理工作。按照规定阅读文件、听报告。要关心他们的身体健康和物质、文化生活。要及时研究解决他们的实际困难，鼓励他们参加一些力所能及的社会活动。总结交流工作经验，宣扬退休干部中的好人好事。对资历较深，贡献较大，有一定影响的退休干部，可由组织、人事部门安排他们担任荣誉职务。

第十五条 本规定自公布之月起执行。本规定公布前已交政府安置的军队退休干部，退休生活费标准低于本规定第二条规定的，由所在地区民政部门改按本规定第二条规定的标准，从1978年6月起补发其差额部分；符合离职休养条件的，由当地组织、人事部门和民政部门按照《国务院关于老干部离职休养的暂行规定》改为离职休养。

第十六条 本规定的实施细则，由民政部、总政治部制定。本规定的贯彻执行中，遇有特殊问题，由民政部、总政治部共同商量处理。

国务院、中央军委关于颁发《关于军队干部离职休养的暂行规定》的通知

（1982 年 1 月 4 日　国发〔1982〕1 号）

各省、市、自治区人民政府，各大军区、省军区、野战军，军委各总部、各军兵种，中央和国家机关各部委：

现将国务院、中央军委《关于军队干部离职休养的暂行规定》发给你们，望贯彻执行。军队离职休养老干部，在长期革命斗争中，对革命事业和军队建设，做出了重大贡献。各地区、各部门、各单位，一定要加强领导，要在政治上、生活上关心他们，切实做好这些老干部的安置和管理工作。需要国家机关和地方政府各部门帮助解决的问题，尽力给予解决。要教育所属工作人员和人民群众，尊敬这些长期为革命奋斗的老同志。离休老干部要继续发扬革命传统，保持艰苦朴素和密切联系群众的优良作风。

国务院、中央军委关于军队干部离职休养的暂行规定

我军老干部在长期革命斗争中，英勇作战，努力工作，对革命战争胜利，对社会主义建设和军队建设，做出了重大贡献，是党和人民的宝贵财富。但是，随着年龄的增长和干部年轻化的要求，有些老干部需要作离职休养安置。关心、爱护老干部，是我党我军的光荣传统。为了把离休干部安置好、管理好，根据《国务院关于老干部离职休养的暂行规定》，结合我军实际情况，

特作如下规定。

第一条 年大体弱不能坚持正常工作的一九三七年七月六日以前入伍（含参加革命工作，下同）的干部；一九四五年九月二日以前入伍的团职或行政十八级以上干部以及与其职、级相当的干部；一九四九年九月三十日以前入伍的师职或行政十四级以上干部以及与其职、级相当的干部，可以离休。具备上述条件的军队干部，离休的年龄为：师职以下干部年满五十五周岁，军职干部年满六十周岁的，兵团职和大军区职干部年满六十五周岁。身体不能坚持正常工作的，可提前离休。因工作需要，身体又能坚持正常工作的，可推迟离休。已离队的退休干部，符合离休条件的，由地方组织，人事部门负责改办离休。

第二条 离休干部的安置，要从实际出发，因地制宜。有的可以就地安置，有的可以回本人或配偶原籍以及配偶居住地区安置，有的也可到子女居住地区安置。自愿回农村安置的给予鼓励。驻边防、海岛、高原等地区的干部，在内地安置时，安置地区应优先接收。从外地到北京、上海、天津安置的要从严掌握。

第三条 离休干部就地安置的，由原单位管理，易地安置的，由接收单位管理，并由原单位一次发给相当本人两个月工资额的安家补助费；回农村安置的，由县市人民武装部管理，并由原单位一次发给相当本人四个月工资额的安家补助费。

第四条 离休干部住房标准，与在职干部相同。离休干部住房列入军队营建计划，由后勤部门统一修建和维修。建房经费和材料指标，由总政治部、总后勤部下达。建房任务当年没有完成的，经费和材料可结转下年度继续使用。

自愿在农村和县（含）以下城镇安置的，按规定标准发给建房费，由当地政府帮助建房或买房，节约归己。住房可以长期使用。

在城市有条件建房、买房分散安置的，也可按规定发给建房费，节约归己，产权归公，可以长期使用，但不得转让、出卖或出租。

第五条 各级领导和政治机关要关心离休干部的政治、文化生活。对于资历深或有一定影响的离休干部，要适当安排荣誉职务。在全国政协等机构安排的，由总政治部负责同中央组织部商定；在省、市安排的，由总部、军区、军兵种等单位负责同省、市有关部门商定。

干部离休后，按同职级在职干部规定的范围看文件，听报告，发学习材料。

重大节日和庆祝、纪念活动，要安排离休干部参加，并安排适当的席位。对离休干部的文娱活动，应优先安排。

干部离休后，继续享受规定的探亲待遇，另外本人可报销一次探视父母、子女或回原籍的往返车船费。

第六条 要关心离休干部的生活和身体健康，解决他们的实际困难。

离休干部的车辆、公勤人员，仍按中央军委规定的标准配备，或者按规定的标准发给交通补助费和公勤人员补助费。离休干部不领军服的，可按规定发给服装费。

离休干部治病、住医院，与在职的同职级干部同样办理，就诊时应优先照顾。到农村安置的，按干休所的医疗费标准发给。干休所和离休干部驻地附近有军队医疗机构的，将医疗费拨给该单位负责医疗，没有军队医疗机构的，将医疗费拨给供给单位，按规定报销。离休干部供养的直系亲属，医疗待遇与在职干部供养的直系亲属同样办理。

副军职以下离休干部因战因公伤残，饮食起居需要人扶助，或因瘫痪、双目失明等生活不能自理的，经大单位政治机关批准发给护理费。护理费标准一般不超过当地普通机械行业二级工的标准工资。

第七条 干部离休时，身边无子女的，可商请安置地区的人事、劳动或知青部门调一名子女（包括配偶）到安置地区工作。

离休干部的配偶和子女随迁、调动，按在职干部调动的有关规定办理。离休干部到农村安置的，家属原为市镇户口的，包括随离休干部到农村安置的；随迁后不改变，仍吃商品粮，一切都按当地市镇户口办理。

第八条 离休干部去世后，其丧葬、抚恤等按同职级在职干部的有关规定办理。

第九条 要发挥离休干部的作用，鼓励他们总结部队建设、作战、训练、政治工作、后勤工作等方面的经验，撰写革命回忆录，进行革命传统教育等。离休干部要发扬革命传统，关心国家大事，关心军队建设，积极反映情况，提出建议，做些力所能及的工作。

第十条 各级党委和政治机关，要加强对离休干部工作的领导。要把做好离休干部工作列入党委和政治机关的议事日程。要经常了解情况，及时解决问题。健全各级离休干部管理机构，配好干部。要注意总结交流做好离休干部工作的经验，宣扬先进典型，切实把工作做好。

第十一条 本规定自公布之日起执行。本规定的实施细则由总政治部制定，报中央军委批准后公布。

国务院、中央军委关于军队执行《国务院关于老干部离职休养制度的几项规定》的通知

（1982年6月8日　国发〔1982〕16号）

各省、市、自治区人民政府，国务院各部委、各直属机构，各大军区、省军区、野战军，军委各总部、各军、兵种：

国务院4月10日颁发了《关于老干部离职休养制度的几项规定》。现将军队在贯彻执行这几项规定中的有关问题，通知如下：

一、在建国以前入伍的和符合《国务院关于老干部离职休养制度的几项规定》第一条规定条件的干部，达到军队干部离休年龄的，均可离职休养。

二、已经交政府安置的军队退休干部，凡符合新的离休条件的，由所在地区人民政府负责改办离休。恢复本人原工资，不再收回军队，由当地政府按地方离休老干部负责管理。

三、军队离休干部的生活补贴，按《国务院关于老干部离职休养制度的几项规定》第三条执行。补贴的月工资，按本人现行的月工资标准发给。

四、军队离休干部的《老干部离休荣誉证》，由国务院统一制定，委托军级或相当军级以上单位授予。

国务院、中央军委关于中国人民解放军志愿兵军龄计算问题的通知（摘录）

（1983年2月3日　国发〔1983〕16号）

第九条　志愿兵的军龄，从县（市）征兵办公室批准入伍之日至部队批准退出现役之日为准计算。转业的志愿兵参加工作后，其军龄合并计算为所在单位的连续工龄。

国务院、中央军委批转民政部等部门《关于退伍义务兵安置工作随用工单位改革实行劳动合同制意见》的通知(摘录)

(1993年7月21日　国发〔1993〕54号)

五、……退伍义务兵的军龄连同待分配时间应一并计算为所在单位的连续工龄和待业、养老保险投保年限，并在工资、住房和其他方面享受同工龄、同工种职工待遇。

国务院办公厅 中央军委办公厅转发民政部 总参谋部等部门《关于深入贯彻〈退役士兵安置条例〉扎实做好退役士兵安置工作的意见》的通知

（2013 年 7 月 10 日 国办发〔2013〕78 号）

各省、自治区、直辖市人民政府，国务院各部委、各直属机构，各军区、各军兵种、各总部、军事科学院、国防大学、国防科学技术大学，武警部队：

民政部、总参谋部、中央组织部、中央宣传部、中央编办、教育部、财政部、人力资源社会保障部、国资委、税务总局、工商总局、公务员局《关于深入贯彻〈退役士兵安置条例〉扎实做好退役士兵安置工作的意见》已经国务院、中央军委同意，现转发给你们，请认真贯彻执行。

实施退役士兵安置改革，落实《退役士兵安置条例》，对于推进与社会主义市场经济体制相适应、与国家和军队改革相协调、具有中国特色的退役士兵安置制度建设，开创退役士兵安置工作新局面，具有重要意义。各地区、军地各有关部门要站在战略和全局的高度，充分认识实施退役士兵安置改革的重大意义，自觉把思想和行动统一到党中央、国务院、中央军委的决策部署上来，以高度负责的精神，认真履行职责，加强组织协调，狠抓工作落实，确保退役士兵安置改革顺利实施，以实际行动为退役士兵服务，为国防和军队现代化建设服务，为国家改革发展稳定大局服务。

关于深入贯彻《退役士兵安置条例》扎实做好退役士兵安置工作的意见

中共中央、国务院、中央军委对退役士兵安置改革作出重大决策部署，2011 年 10 月 29 日，新修订的《中华人民共和国兵役法》《退役士兵安置条例》公布，标志着以扶持就业为主，自主就业、安排工作、退休、供养等多种方式相结合的退役士兵安置制度基本建立，退役士兵安置工作进入新的历史时期。为贯彻落实《中华人民共和国兵役法》《退役士兵安置条例》，有序推进退役士兵安置改革，现提出以下意见：

一、全力推进自主就业退役士兵免费教育培训

（一）认真贯彻落实《退役士兵安置条例》《国务院关于加强职业培训促进就业的意见》（国发〔2010〕36 号）和《国务院、中央军委关于加强退役士兵职业教育和技能培训工作的通知》（国发〔2010〕42 号）等法规政策，健全制度机制，全力推进实施退役士兵免费教育培训，切实落实退役士兵教育资助和职业培训补贴政策，提高退役士兵就业能力。

（二）按照“政府主导、个人自愿、城乡一体、免费参加”的基本要求，通过政府组织、购买服务等多种方式，最大限度满足退役士兵接受各类职业教育和技能培训的需求。

（三）坚持统筹衔接待遇政策的原则，退役 1 年内的自主就业退役士兵可按规定免费参加教育培训；退役 1 年以上考入全日制普通高等学校或者参加职业培训的，按规定给予资助或者补贴。

（四）要把促进退役士兵稳定就业作为教育培训工作出发点，建立健全退役士兵教育培训的目标考核体系以及机构年检制度，增强教育培训的针对性和实用性，切实提高退役士兵就业竞争力。

（五）努力创新教育培训形式和内容，鼓励有条件的职业教育和技能培训机构、企业承担教育培训任务，提供实训实习条件，鼓励各地开展有针对性的创业培训，提高退役士兵创业成功率。

（六）完善退役士兵参加高等教育考试加分、在校大学生士兵复学优待等优惠政策，鼓励高等职业学校及专升本培养院校采取单列计划、单独划线、对口招生等措施，引导更多退役士兵继续深造、更多大学生应征入伍。

二、大力扶持自主就业退役士兵就业创业

（一）按照城乡一体的原则，将《国务院办公厅转发民政部等部门〈关于扶持城镇退役士兵自谋职业优惠政策意见〉的通知》（国办发〔2004〕10号）规定的就业服务、教育优待、小额贷款、个体经营减免费用和税收等各方面优惠政策，调整适用于所有自主就业退役士兵。其中，由原来规定按接收自谋职业退役士兵比例免征企业的营业税、城市维护建设税、教育费附加和企业所得税，调整为3年内按企业实际新接收安置退役士兵人数予以定额依次扣减营业税、城市维护建设税、教育费附加和企业所得税。定额标准为每人每年4000元，最高可上浮50%。对退役士兵从事个体经营的，3年内限额减免营业税、城市维护建设税、教育费附加和个人所得税，限额标准为每户每年8000元，最高上浮20%。各省、自治区、直辖市人民政府根据本地区实际情况在此幅度内确定具体定额、限额标准，并报财政部和税务总局备案。

（二）各地要认真研究制定操作性强的扶持就业创业措施办法，将扶持优惠政策落到实处；各级公共就业和人才服务机构要为退役士兵提供就业指导和服务，搭建信息网络平台，采取组织职业介绍、就业推荐、专场招聘会等方式，扶持退役士兵自主就业；要结合当地产业发展和创业项目，出台优惠政策，鼓励有创业要求、具备创业条件的退役士兵创业。

三、采取有力措施保障符合政府安排工作条件的退役士兵就业

（一）加大《中华人民共和国兵役法》《退役士兵安置条例》和《国务院关于进一步做好城镇退役士兵安置工作的通知》（国发〔2005〕23号）等法律法规政策的贯彻执行力度，强化保障措施，按规定为符合政府安排工作条件的退役士兵提供就业机会。

（二）机关、团体、企业事业单位及各类社会组织，不分单位性质和组织形式，都有依法接收安置退役士兵的责任和义务，特别是中央国家机关和国有大中型企业要带头履行好接收安置任务。任何部门、行业和单位不得下发针对退役士兵的歧视性文件，严禁以劳务派遣等形式代替接收安置。

（三）地方各级民政部门要会同机构编制、人力资源社会保障、国有资产管理等部门，按照国防义务均衡负担原则，科学合理拟订安置计划并报同级人民政府下达。退役士兵安排工作任务重的县（市），可以由上一级地方人民政府在本行政区域内统筹安排。

（四）在招录公务员、参照公务员法管理机关（单位）工作人员，招聘事业单位工作人员时，要确保同等条件下优先录用（聘用）符合政府安排工作条件的退役士兵。边疆、民族地区乡镇机关招录公务员时，可拿出一定数量的职位，招录符合职位要求、政府安排工作的退役士兵。退役士兵报考公务员、应聘事业单位职位的，在军队服现役经历视为基层工作经历，服现役年限计算为工龄。财政支付工资的各类工勤辅助岗位遇有空缺时，应当首先用于接收由政府安排的符合岗位条件的退役士兵。

（五）国有、国有控股和国有资本占主导地位企业在新招录职工时应拿出5%的工作岗位，在符合政府安排工作条件的退役士兵之间公开竞争，用人单位择优招录。确有困难的国有企业，经当地政府批准后，可适当降低接收比例。

（六）各用人单位要切实保障安排工作退役士兵的待遇落实，要及时签订劳动合同或聘用合同，尽快安排上岗，依法合理确定工资福利，按照国家有关规定接续养老、医疗、失业等社会保险关系，保证享受本单位同等条件人员的同等待遇，军龄10年以上的应当签订无固定期限劳动合同。

四、加强对退役士兵安置工作组织领导

（一）各地要切实加强对退役士兵安置工作的领导，把退役士兵安置工作列入工作重要议事日程，及时研究解决重大问题，做到思想上高度重视、工作上落实责任、组织上提供保障，确保退役士兵安置工作顺利开展。要进一步加强退役士兵安置工作领导机构能力建设，充实力量，履职尽责，充分发挥其牵头组织、统筹协调作用；要建立政府退役士兵安置部门与用人单位人力资源、用人计划及相关信息的共享、协调机制。对接收安置退役士兵成绩突出的单位，应按照国家有关规定予以表彰、奖励。对违反安置法律法规，特别是拒绝接收政府下达的安排工作计划任务和歧视、损害退役士兵合法权益的单位、个人，依法予以处罚。

（二）各级民政部门要切实负起责任，协调配合相关部门，强化分工协作力度；各级机构编制、人力资源社会保障、国有资产管理等部门要积极提供相关信息，参与拟订安置计划，保障符合政府安排工作条件退役士兵的岗位落实；各级教育、人力资源社会保障等部门要扎实做好退役士兵免费教育培训、考学优惠、就业指导与服务等工作，税务、工商等部门要落实税收优惠、费用减免等政策；各级财政部门要安排专项经费预算和必要的工作经费预算，保障退役士兵教育培训、一次性经济补助、伤病残安置等各项工作的组织实施，切实提高财政资金使用效益。

（三）要始终不懈抓好拥军爱兵的舆论宣传。采取多种形式，大力宣扬人民军队保家卫国的丰功伟绩和在抢险救灾、维稳处突等非战争军事行动中的重大作用，增强全民国防意识，关爱军人，情系国防，定期总结、宣传各行各业优秀退役士兵成才报国先进事迹、各级推动安置工作先进经验、社会各界支持安置工作先进典型，努力营造爱国拥军、关爱士兵的良好氛围。

劳动部办公厅关于退伍军人招收为劳动合同制职工后如何计算养老金和缴费年限问题的复函

（1991 年 10 月 5 日　劳办险字〔1991〕17 号）

云南省劳动厅：

你厅所属社会保险事业管理局《关于退伍军人招收为劳动合同制职工后如何计算养老金及投保年限问题的请示》（云社险〔1991〕14 号）收悉。经研究，同意你们的意见，即：按照国家有关规定计算的连续工龄，视同缴纳基本养老保险费的年限，合并计发基本养老金。据此，退伍军人招收为劳动合同制职工后，其服役期间的军龄应视为缴费年限，不再补缴基本养老保险费。

劳动部、总参谋部关于颁布《中国人民解放军技术兵职业技能鉴定实施办法（试行）》的通知

（1995年5月18日　劳部发〔1995〕235号）

各省、自治区、直辖市劳动（劳动人事）厅（局），解放军各军区、各军兵种、总后勤部、国防科工委司令部、军事科学院、国防大学院（校）务部，新疆建设兵团劳动局：

为提高军队技术兵专业技能水平，在军队逐步实行技术兵职业技能鉴定制度。这对增强部队战斗力，促进社会主义现代化建设具有重要意义。依据国务院批准的《工人考核条例》和劳动部颁发的《职业技能鉴定规定》，劳动部和总参谋部制定了《中国人民解放军技术兵职业技能鉴定实施办法（试行）》（以下简称《办法》）。现颁发试行，并就有关问题通知如下：

一、军队技术兵职业技能鉴定是国家职业技能鉴定制度的重要组织部分。这项工作应在国家有关方针、政策指导下进行。军队各有关部门要认真学习、领会《工人考核条例》和《职业技能鉴定规定》以及本《办法》等有关文件精神，加强宣传教育，使广大技术兵深刻认识实行职业技能鉴定的目的和意义。

二、为加强军队技术兵职业技能鉴定工作的管理和指导，劳动部和总参谋部成立“军队技术兵职业技能鉴定工作指导委员会”，负责对这项工作进行指导和协调（委员会组成名单附后）。

三、军队各有关部门要结合实际情况，制定技术兵各专业《职业技能鉴定实施细则》和各项有关规章制度，包括考评员工作守则、鉴定规程、考场规则等有关规章，并经军队技术兵职业

技能鉴定工作指导委员会审批准后实施。

四、军队技术兵职业技能鉴定工作是一项新举措，政策性强，技术复杂，工作量大，必须加强领导，审填行事，通过试点，总结经验，逐步推开。

五、各级政府劳动行政部门要积极支持军队技术兵的职业技能鉴定工作，并提供必要的服务。

附件：1. 中国人民解放军技术兵职业技能鉴定实施办法（试行）

2. 军队技术兵职业技能鉴定工作指导委员会组成名单

（附件2本书略）

中国人民解放军技术兵职业技能鉴定实施办法（试行）

第一条 为了适应社会主义市场经济发展和军队现代化建设的需要，提高军队技术兵技术素质，增强部队战斗力，在军队实行技术兵职业技能鉴定制度，根据国务院批准的《工人考核条例》和劳动部颁发的《职业技能鉴定规定》，制定本办法。

第二条 本办法所称职业技能鉴定是指依据《国家职业技能标准》《工人技术等级标准》和《职业技能鉴定规范》的要求，对军队技术兵进行的初、中、高技术等级考核和技师、高级技师（以下统称技师）资格的考评及证书的核发。

第三条 本办法适用于军队各类技术兵及有关部门和职业技能鉴定机构。

第四条 劳动部、总参谋部联合组成军队技术兵职业技能鉴定工作指导委员会。指导协调军队技术兵职业技能鉴定工作并实施监督检查，推动开展军队技术兵职业技能竞赛活动。

军队技术兵职业技能鉴定指导委员会办事机构设在总参谋部军务部。

第五条 总参谋部军务部综合管理军队技术兵职业技能鉴定工作，组织制定军队技术兵职业技能鉴定规划、规章和制度。

第六条 军队各大单位、军、师级单位或相当于军、师级单位的军务部门综合管理本单位技术兵职业技能鉴定工作，并会同军队同级业务主管部门分别组成技术兵职业技能鉴定委员会，指导协调本单位技术兵职业技能鉴定工作并实施监督检查，推动开展本单位技术兵职业技能竞赛活动。

第七条 各总部、军兵种技术兵业务主管部门组织实施本部门技术兵职业技能鉴定工作，制定有关职业技能鉴定工作的规章制度以及有关专业的《职业技能鉴定实施细则》和特有工种的标准、规范、试题，组建专业考评组织，组织考评员资格培训、考核和证书颁发工作。

第八条 军队技术兵经职业技能鉴定机构考核合格者，分别由军务部门核发国家统一的《技术等级证书》和《技师合格证书》《高级技师合格证书》。

《高级技师合格证书》和《技师合格证书》由各大单位军务部门核发；《高级技术等级证书》《中级技术等级证书》由军级（或相当于军级）单位军务部门核发；《初级技术等级证书》由师级（或相当于师级）单位军务部门核发。

第九条 军队技术兵取得的上述证书，是本人在服役期间和退伍就业时职业技能水平的凭证，也是其境外就业、劳务输出时办理职业技能水平法律公证的有效证件。

第十条 本办法由劳动部和总参谋部负责解释。

第十一条 本办法自颁布之日起施行。

劳动部办公厅关于职工应征入伍后与企业劳动关系的复函

（1997年5月30号　劳办发〔1997〕50号）

广东省劳动厅：

你厅《关于如何认定合同制职工应征入伍后与企业劳动关系的请示》（粤劳关〔1997〕105号）收悉，现函复如下：

职工应征入伍后，根据国家现行法律法规的规定，企业应当与其继续保持劳动关系，但双方可以变更原劳动合同中具体的权利与义务条款。按照《兵役法》《退伍义务兵安置条例》的有关规定，义务兵入伍前原是国家机关、人民团体、企业、事业单位正式职工，退伍后原则上回原单位复工复职。在全面实行劳动合同制度后，对应征入伍的职工，仍应执行上述规定。同时按照《军人抚恤优待条例》的规定，执行义务兵优待办法。

劳动和社会保障部办公厅关于复转军人军龄及有关人员工龄是否作为计算职工经济补偿金年限的答复意见

（2002年1月28日　劳社厅函〔2002〕20号）

黑龙江省劳动和社会保障厅：

你厅《关于复转军人军龄及有关人员工龄是否作为计算职工经济补偿金年限的请示》（黑劳社呈〔2001〕45号）收悉。经研究，答复如下：

一、关于退伍、复员、转业军人的军龄是否作为计发经济补偿年限问题。按照《中华人民共和国兵役法》和中共中央、国务院、中央军委《军队转业干部安置暂行办法》（中发〔2001〕3号）第三十七条以及国务院、中央军委《关于退伍义务兵安置工作随用人单位改革实行劳动合同制度的意见》（国发〔1993〕54号）第五条规定，军队退伍、复员、转业军人的军龄，计算为接收安置单位的连续工龄。原劳动部《违反和解除劳动合同的经济补偿办法》（劳部发〔1994〕481号）规定，经济补偿金按职工在本单位的工作年限计发，因此，企业与职工解除劳动关系计发法定的经济补偿金时，退伍、转业军人的军龄应当计算为“本单位工作年限”。

二、关于组织调动、企业分立、合并后，经济补偿金年限计算问题，原劳动部办公厅《对〈关于终止或解除劳动合同计发经济补偿金有关问题的请示〉的复函》（劳办发〔1996〕33号）中第四条已有明确规定：“因用人单位的合并、兼并、合资、单位改变性质、法人改变名称等原因而改变工作单位的，其改变前的工作时间可以计算为在本单位的工作时间。由于成建制调动、组织调动等原因而改变工作单位的，是否计算为在本单位的工作时间，在行业直属企业间成建制调动或组织调动等，由行业主管部门作出规定，其他调动，由各省、自治区、直辖市作出规定”。对企业改制改组中已经向职工支付经济补偿金的，职工被改制改组后企业重新录用的，在解除劳动合同支付经济补偿金时，职工在改制前单位的工作年限可以不计算为改制后单位的工作年限。

劳动和社会保障部办公厅 人事部办公厅关于对军队机关事业单位职工参加失业保险有关问题的复函

（2002年2月22日 劳社厅函〔2002〕52号）

山西省劳动和社会保障厅：

你厅《关于军队机关事业单位职工参加失业保险有关问题的请示》（晋劳社失函〔2001〕6号）收悉，现答复如下：

一、人事部、劳动和社会保障部、中国人民解放军总后勤部《关于军队后勤保障社会化改革中人事和劳动保障工作有关问题的通知》（后司字〔2000〕第332号）规定，"军队机关事业单位职工，从2000年7月1日起，按国家规定参加当地失业保险，缴纳失业保险费，享受失业保险待遇"。其中，"军队机关事业单位职工"，是指军队机关事业单位中无军籍的所有职工。即：列入军队队列编制员额的职工和不列入军队队列编制员额的职员、工人（含合同制）以及聘用的其他职工（不含离退休人员）。

二、军队机关事业单位参加失业保险，应按照规定如实提供职工人数、缴费工资基数等情况。失业保险经办机构应按照军队机关事业单位提供的参保人员名单和缴费工资等情况，为缴费单位和缴费个人办理参保手续、建立缴费记录。军队机关事业单位中的参保人员失业时，对符合条件的失业人员，要按时足额发放失业保险金，并提供相应的服务。

劳动和社会保障部办公厅 总后勤部司令部关于做好已参加当地养老保险军队无军籍退休退职职工移交地方安置养老保险关系处理工作的通知

（2006年12月26日　劳社厅发〔2006〕32号）

各省、自治区、直辖市劳动和社会保障厅（局），各军区联勤部，各军兵种后勤部，各省军区（警备区）总参管理保障部，总政直工部，总装后勤部，军事科学院院务部，国防大学、国防科学技术大学校务部，总后直属师以上单位：

2005年9月，国务院、中央军委批准的《关于加强和改进军队无军籍退休退职职工移交安置工作的意见》（民发〔2005〕135号）下发后，军地各级、各有关部门高度重视，认真抓好各项工作落实，军队无军籍退休退职职工移交安置工作进展比较顺利。目前，尚有部分省市已经参加当地养老保险、符合移交民政部门安置条件的军队无军籍退休退职职工未进行移交安置。为尽快落实这部分军队无军籍退休退职职工的移交安置工作，经研究，各地劳动保障部门及社会保险经办机构，可将其个人缴费部分（含利息）余额和移交当年剩余月份的养老金一次性或按月发给本人，在养老金发放完结的同时终止养老保险关系。军地各级、各有关部门要密切配合，按照现行安置政策规定，切实做好无军籍退休退职职工养老保险关系的处理工作。

劳动和社会保障部关于印发部分军队退役人员劳动保障政策的实施意见和宣传提纲的通知

（2007 年 7 月 16 日　劳社部函〔2007〕168 号）

关于部分军队退役人员劳动保障政策的实施意见

为贯彻落实劳动和社会保障部、民政部、财政部联合下发的《关于进一步落实部分军队退役人员劳动保障政策的通知》（劳社部发〔2007〕28 号，以下简称《通知》），切实做好部分军队退役人员劳动保障政策落实工作，现提出如下实施意见。

一、明确工作任务，落实工作责任

按照中央的部署，劳动保障部门贯彻落实部分军队退役人员劳动保障政策工作的主要任务有四项：一是落实再就业扶持政策；二是解决基本养老保险关系接续问题；三是解决基本医疗保险关系接续问题；四是继续按照我部两个“17 号文件”要求，做好失业保险、工伤保险的政策落实工作。各级劳动保障部门要在当地党委、政府的统一领导下，立即行动起来，明确目标责任，层层分解，确保各项劳动保障政策落实到位。

二、加强部门配合，核定政策对象

各级劳动保障部门要按照《关于落实部分军队复员退役军人有关劳动和社会保障政策中几个具体问题的通知》（中信联复退组电〔2007〕2 号和《通知》的精神，抓紧与民政部门沟通，做好部分军队退役人员和军队复员干部资料的接收工作，并组织专门力量进行核实。要充分发挥街道社区劳动保障平台的作用，深入开展排查工作，了解掌握在本社区内居住的部分军队退役人员和军队复员干部情况。各级社会保险经办机构要建立专门的部分军队退役人员和军队复员干部信访台账，通过群众来信来访了解情况。

社会保险经办机构在初步掌握部分军队退役人员和军队复员干部的就业情况、各项社会保险的参保缴费情况后，应与已建立的参保人员信息库进行对比，切实掌握其参保情况，为下一步有针对性地落实好部分军队退役人员和军队复员干部的劳动保障政策打好基础。

三、认真组织实施，狠抓工作落实

各级劳动保障部门要按照《通知》要求，在认真分析本地区形势的基础上，在工作安排、资金测算等方面制定工作方案，明确各项工作责任目标，认真组织实施。要及时调整和做好社会保险经办服务工作，可通过开设专门窗口、采用“一站式联合办公”或“绿色通道”等方式，为部分军队退役人员便捷、高效地办理各项业务。

（一）全力做好再就业扶持政策的落实工作

1. 掌握工作底数，明确重点帮扶对象。各级劳动保障部门要依据民政部门提供的以及劳动保障社区平台掌握的部分军队退役人员名单和基础数据，逐人核实，对失业且有就业愿望的部分军队退役人员，凭退役证、身份证为其办理求职登记，符合《国务院关于进一步加强就业再就业工作的通知》（国发〔2005〕36号）规定条件的，及时发放《再就业优惠证》。同时，将领取《再就业优惠证》人员名单印送当地就业局、社会保险经办机构、劳动力市场等相关部门，帮助其尽快实现再就业并享受相应的再就业扶持政策。有关为部分军队退役人员审核发放《再就业优惠证》的具体程序，由各地劳动保障部门制定。

2. 进一步加强就业服务和职业培训工作。各地劳动保障部门要在公共就业服务机构开设对军队退役人员专门服务的窗口，提供免费的有针对性地职业指导和职业介绍服务，并优先推荐合适的就业岗位。对有职业培训需求的，还要及时推荐参加职业培训并落实职业培训补贴政策。要开展上门政策咨询服务，宣传各项再就业扶持政策，了解部分军队退役人员就业和职业培训需求，掌握其就业、收入和生活状况，并根据其具体情况，推荐职业介绍和职业培训信息。对生活困难且年龄偏大的，要纳入就业援助的范围，优先提供公益性岗位，并帮助落实社会保险补贴和岗位补贴政策。

（二）全力做好基本养老保险关系接续工作

1. 进一步明确使用范围。接续养老保险关系政策的使用范围：一是安置在企业的部分军队退役人员和军队复员干部。二是安置在企业后又失业的部分军队退役人员和军队复员干部。三是按照现行制度应该参保而未参保的城镇部分军队退役人员和军队复员干部。四是以个体工商户或灵活就业人员身份参保的部分军队退役人员和军队复员干部。

2. 做好军龄登记工作。《通知》下发后，未参加基本养老保险的部分队退役人员和军队复员干部要持民政部门介绍信和干部复员证明或退役转业证明、户口本，到其户籍所在地社会保险经办机构办理军龄登记手续。社会保险经办机构要准确核实部分军队退役人员和军队复员干部视同缴费年限，认真做好参保登记工作。

3. 做好养老保险关系接续工作。对已经办理军龄登记手续后按规定参保缴费的部分军队退役人员和军队复员干部，其实际缴费年限与原有军龄合并计算为缴费年限，达到法定退休年龄和缴费年限（含视同缴费年限的军龄）满 15 年的，按现行规定按月享受基本养老保险待遇；对已经办理军龄登记手续后未参保缴费的部分军队退役人员和军队复员干部，达到法定退休年龄且军龄满 15 年的，以其退休时当地上年度在岗职工月平均工资为基数计发基本养老金。

对于参保缴费后又处于失业状态的部分军队退役人员和军队复员干部，社会保险经办机构要及时向其发放《社会保险关系接续通知书》，并保留其养老保险关系和个人账户，达到法定退休年龄和缴费年限（含视同缴费年限的军龄）满 15 年的，可根据规定为其核定基本养老保险待遇。对现实再就业的继续参保缴费的人员，社会保险经办机构及时受理并做好养老保险关系接续工作，合并记录个人账户。

社会保险经办机构要督促部分军队退役人员和军队复员干部所在的企业及时为其办理参保并足额缴纳社会保险费。企业缴费确有困难，并向社会保险经办机构提出缓缴和补缴申请的，社会保险经办机构核审批准后，可以与企业签订缓缴和补缴协议，以确保这些人员能够参保并接续基本养老保险关系。

对从事个体经济和灵活就业的部分军队退役人员和军队复员干部，社会保险经办机构按当地上年度在岗职工工资核定缴费基数，按照灵活就业人员参保政策，为其办理参保缴费手续。

（三）全力做好基本医疗保险关系接续工作

1. 全面制定落实军龄视同医疗保险缴费年限规定的政策措施。各地制定城镇职工基本医疗保险缴费年限政策时，应明确军龄视同缴费年限。已经出台缴费年限政策的地方，要将已办理军龄登记并按规定参保缴费的军队退役人员和军队复员干部的军龄与实际缴费年限合并计算，并做好与缴费年限相关的参保条件、享受待遇时限等政策的衔接。

2. 把军队退役人员作为扩大医疗保险覆盖面的重点。要继续通过降低费率、只建统筹基金、不建个人账户等措施，探索多渠道筹资，帮助困难企业职工参保。要进一步完善灵活就业人员的参保政策和办法，鼓励灵活就业的退役人员参加医疗保险。要积极配合民政部门推动医疗救助制度建设，确保符合条件的退役

人员及时享受医疗救助

（四）全力做好失业保险、工伤保险政策的落实工作

各级劳动保障部门要结合工作实际，认真研究提出具体措施，进一步细化实施方案，提高具体规定的可行性和实施中的可操作性，切实际按照两个“17号文件”的规定，全力做好失业保险、工伤保险政策落实工作。

四、加强督促检查，确保取得实效

落实部分军队退役人员政策，时间紧、任务重，必须加强督促检查，确保工作实效。要建立专项统计报告制度，逐月将贯彻落实两个“17号文件”和《通知》的进展情况及附表与次月10日前上报部维稳办。要按照属地原则，加强工作指导和督促检查，深入基层、深入群众，及时发现和解决工作中的新情况和新问题，确保将政策落实到基层，落实到每一个服务对象身上。中央复员退伍问题工作小组将对一些地区部分军队退役人员工作情况进行督察，我部也将对部分地区劳动保障部门的工作落实情况进行督察。

关于部分军队退役人员劳动保障政策的宣传提纲

为全面贯彻落实《关于进一步落实部分军队退役人员劳动保障政策的通知》（劳社部发〔2007〕28号），使各级劳动保障部门及社会保险经办机构作好各项社会保障政策的宣传解释工作，让企业和军队退役人员了解军龄登记、参保缴费、享受待遇等方面的相关规定，掌握社会保险权利与义务对等及多缴多得的原则，明了办事程序，进一步增强参保缴费意识，积极主动地参加社会保险。现提供有关问题宣传口径如下：

一、关于再就业扶持政策

（一）再就业扶持政策的主要内容是什么？

目前，国家制定实施了一系列促进就业再就业的扶持政策，主要内容包括：对从事个体经营的，提供税费减免和小额担保贷款；对被商贸、服务型等企业吸纳的，给予企业税收优惠和社会保险补贴；对就业困难对象提供就业援助，即政府投资开发的公益性岗位要优先安排就业困难对象，并给予社会保险补贴和岗位补贴：为从事灵活就业、申报就业并参加社会保险的，给予一定的社会保险补贴。此外，各级公共就业服务机构要提供免费的职业介绍服务；对参加职业培训的，还可享受一次性职业培训补贴；对通过初次技能鉴定、生活确有困难的，还可申领一次性职业鉴定补贴等。

（二）《再就业优惠证》的发放范围是什么？

享受各项再就业扶持政策的有效凭证是《再就业优惠证》。按照《国务院关于进一步加强再就业工作的通知》（国发〔2005〕36号）规定，《再就业优惠证》的发放范围是：有劳动能力和就业愿望的国有企业下岗失业人员，国有企业关闭破产需要安置的人员，国有企业所办集体企业下岗职工，享受城市居民最低生活保障且失业1年以上的城镇其他登记失业人员。对于失业且有就业愿望的部分军队退役人员，凭退役证、身份证到当地劳动保障部门办理求职登记，符合上诉规定条件的，可以申请《再就业优惠证》。当地劳动保障部门将及时按程序审核、发放《再就业优惠证》，并帮助落实各项再就业扶持政策。

二、关于养老保险政策

（一）军龄是否可以作为视同缴费年限？

《关于认真做好部分军队退役人员劳动和社会保障工作有关问题的通知》（劳社部发〔2006〕17号）规定，军队退役人员退出现役，安置在企业工作的，应按照国家有关规定参加基本养老保险，其军龄视同缴费年限，与实际缴费年限合并计算，并作为今后计算养老保险待遇的一项重要指标。

（二）缴费年限（含视同缴费年限的军龄）已满15年是否

可以不再缴费？

部分军队退役人员和军队复原干部缴费年限（含视同缴费年限的军龄）满15年是达到退休年龄后按月领取基本养老金的最低缴费年限。缴费年限（含视同缴费年限的军龄）满15年未达到退休年龄的职工有劳动收入而不继续缴费的做法不符合法律规定。国务院1999年发布的《社会保险正交暂行条例》第4条和第12条规定：单位和个人都应按时足额缴纳社会保险费；个人应该缴纳的社会保险费，由所在单位从本人工资中扣缴。另外，部分军队退役人员和军队复员干部退休时的养老保险待遇与本人的缴费工资、缴费年限挂钩，其缴费年限（视同缴费年限的军龄）满15年如果不继续缴费，其退休后的养老保险待遇将受到直接影响。

（三）未参保的部分军队退役人员和军队复员干部如何参加基本养老保险和接续关系？

按照现行政策规定，部分军队退役人员和军队复员干部尚未参保缴费的，可持有效证明到当地社会保险经办机构办理军龄登记手续，原有军龄可视同缴费年限，达到法定退休年龄和缴费年限（含视同缴费年限的军龄）满15年的，按现行计发办法计发基本养老金，按月享受基本养老保险待遇。对已办理军龄登记手续后未参保缴费的，在计发基本养老金时，以其退休时当地上年度在岗职工月平均工资为基数计发。对已办理军龄登记手续后按规定参保缴费的，其原有军龄与实际缴费年限合并计算为缴费年限。

（四）部分军队退役人员和军队复员干部安置在企业后又失业的养老保险关系如何处理？

对部分军队退役人员和军队复员干部，处于失业状态的，由所在参保地的社会保险经办机构保留养老保险关系，达到法定退休年龄和缴费年限（含视同缴费年限的军龄）满15年的，可按月享受基本养老保险待遇。在领取失业保险金期间不缴纳养老保险费。对实现再就业后继续参保缴费的，社会保险经办机构要及时受理并做好基本养老保险关系的接续工作。

（五）军队退役人员和复员干部为何应依法参保缴费

按照权利和义务相对应的原则，军队退役人员和复员干部应依法参加基本养老保险，按规定履行缴费义务，并享受基本养老保险待遇。在职时多缴费，退休后多领取养老金。

（六）军队退役人员和复员干部所在企业缴费确有困难的如何处理？

军队退役人员和复员干部所在企业应按规定缴纳基本养老保险，确有困难的可与当地社会保险经办机构协商签订缓缴或补缴协议，使军队退役人员和复员干部能够参保并接续基本养老保险关系。

（七）军队退役人员和复员干部从事个体经济或灵活就业的如何参保缴费？

从事个体经济或灵活就业的军队退役人员和复员干部，应按属地原则参加当地企业职工基本养老保险，以当地上年度在岗职工平均工资为基数，按规定比例缴费。

（八）参保人员如何计发基本养老保险待遇？为什么多缴可以多得？

根据《国务院关于完善企业职工基本养老保险制度的决定》（国发〔2005〕38号），从2006年1月1日起，实行新的养老金计发办法。具体规定为：基础养老金月标准以当地上年度在岗职工月平均工资和本人指数化月平均缴费工资的平均值为基数，缴费每满1年发给1%。个人账户养老金月标准为个人账户储存额除以计发月数，计发月数根据职工退休时城镇人口平均预期寿命、本人退休年龄、利息等因素确定。国发〔1998〕26号文件实施前参加工作，本决定实施后退休且缴费年限累计满15年的人员。在发给基础养老金和个人账户养老金的基础上，再发给过渡性养老金。过渡性养老金的计发办法按各地规定执行。

从以上规定可以看出，参保人员缴费年限越长，缴费工资越高，其基础养老金的计发基数和比例就会越高，基础养老金就高。同时由于个人账户储存额是根据缴费工资的一定比例计入的，缴费年限越长，缴费工资越高，个人账户养老金也就越高，退休后每月享受的基本养老金就越多。反之，缴费年限越短，缴费工资越低，退休后享受的养老金就低。

三、关于医疗保险政策

（一）军队退役人员失业期间如何解决医疗保险问题？

按照《医疗保险条例》规定，参加失业保险的人员在领取失业保险金期间，可以按规定享受医疗补助。不符合失业保险金领取条件以及领取失业保险金期满的军队退役人员，可以按照灵活就业人员参保的有关政策参加城镇基本医疗保险，接续医疗保险关系，按规定享受相应的医疗保险待遇。地方有医疗保险缴费年限规定的，军龄视同缴费年限。建立基本医疗保险统筹基金，解决军队退役人员住院和门诊大额医疗费用的保障问题，也可为有条件的部分人员同时建立个人账户和实行大额医疗补助。参加基本医疗保险的缴费率原则是按照当地的缴费率确定，其军龄视同缴费年限。缴费基数可参照当地上年度在岗职工平均工资核定。

（二）在困难企业工作的军队退役人员医疗待遇如何解决？

军队退役人员所在企业未参加城镇职工基本医疗保险的，地方政府要督促企业及个人按规定参保缴费。企业确有困难的，各地要通过多渠道筹资，帮助其所在企业参加医疗保险，妥善解决包括军队退役人员在内的企业职工的基本医疗保障问题。

（三）确实无力参加医疗保险的军队退役人员医疗费用如何解决？

对无力参加城镇职工基本医疗保险以及参加医疗保险后个人医疗费用负担沉重的退役人员，要按规定将其纳入医疗救助范围，保障其基本医疗待遇。

人力资源和社会保障部等部门关于退役军人失业保险有关问题的通知

（2013年7月30日　人社部发〔2013〕53号）

各省、自治区、直辖市人力资源社会保障、财政厅（局），新疆生产建设兵团人力资源社会保障、财务局，各军区、各军兵种、总装备部、军事科学院、国防大学、国防科学技术大学、武警部队：

为贯彻落实《中华人民共和国社会保险法》和《中华人民共和国军人保险法》，维护退役军人失业保险权益，现就军人退出现役后失业保险有关问题通知如下：

一、计划分配的军队转业干部和复员的军队干部，以及安排工作和自主就业的退役士兵（以下简称退役军人）参加失业保险的，其服现役年限视同失业保险缴费年限。军人服现役年限按实际服役时间计算到月。

二、退役军人离开部队时，由所在团级以上单位后勤（联勤、保障）机关财务部门，根据其实际服役时间开具《军人服现役年限视同失业保险缴费年限证明》（以下简称《缴费年限证明》）并交给本人。

三、退役军人在城镇企业事业等用人单位就业的，由所在单位或者本人持《缴费年限证明》及军官（文职干部）转业（复员）证，或者士官（义务兵）退出现役证，到当地失业保险经办机构办理失业保险参保缴费手续。失业保险经办机构将视同缴费年限记入失业保险个人缴费记录，与入伍前和退出现役后参加失业保险的缴费年限合并计算。

四、军人入伍前已参加失业保险的，其失业保险关系不转移到军队，由原参保地失业保险经办机构保存其全部缴费记录。军人退出现役后继续参加失业保险的，按规定办理失业保险关系转移接续手续。

五、根据《关于自主择业的军队转业干部安置管理若干问题的意见》（国转联〔2001〕8号），自主择业的军队转业干部在城镇企业事业等用人单位就业后，应当依法参加失业保险并缴纳失业保险费，其服现役年限不再视同失业保险缴费年限，失业保险缴费年限从其在当地实际缴纳失业保险费之日起累计计算。

六、退役军人参保缴费满1年后失业的，按规定享受失业保险待遇。

七、本通知自2013年8月1日起执行。本通知执行前已退出现役的军人，其失业保险按原有规定执行。

八、本通知由人力资源社会保障部、总后勤部负责解释。

附件：军人服现役年限视同失业保险缴费年限证明

（附件本书略）

人力资源和社会保障部办公厅 总后勤部财务部关于军人退役参加机关事业单位养老保险有关问题的通知

（2015年11月3日 人社厅函〔2015〕369号）

各省、自治区、直辖市及新疆生产建设兵团人力资源社会保障厅（局），各军区联勤部、各军兵种后勤部财务部，军事科学院院务部财务供应部，国防大学、国防科学技术大学校务部财务部（处），总后所属直供单位，武警部队后勤部财务部：

为贯彻落实人力资源社会保障部、财政部、总参谋部、总政治部、总后勤部《关于军人退役基本养老保险关系转移接续有关问题的通知》（后财〔2015〕1726号）和《关于军人职业年金转移接续有关问题的通知》（后财〔2015〕1727号），做好安置到机关事业单位工作的退役军人基本养老保险和职业年金转移接续工作，现将有关问题通知如下：

一、2014年10月1日以后下达退役命令，2014年10月1日至2015年10月31日期间已经离队的退役军人，由原军队所在单位财务部门填制《军人退役基本养老保险参保缴费凭证》《军人退役基本养老保险关系转移接续信息表》和《军人职业年金缴费凭证》（以下简称“转移凭证”）一式三份，一份存档，两份邮寄给本人，并将按规定标准计算的军人退役基本养老保险补助和军人职业年金补助汇给本人。退役军人收到转移凭证和补助资金后，将其中一份转移凭证交给安置单位，待所在地机关事业单位养老保险经办启动后，由安置单位按规定申请办理军人退役基本养老保险和军人职业年金转移接续手续。

二、2014年10月1日以后下达退役命令，2015年11月1日至2016年12月31日期间离队的退役军人，由军队所在单位财务部门填制军人退役养老保险转移凭证一式三份，一份存档，两份交给本人，并将按规定标准计算的军人退役基本养老保险补助和军人职业年金补助发给本人。退役军人到安置单位报到后，将其中一份转移凭证交给安置单位，待所在地机关事业单位养老保险经办启动后，由安置单位按规定申请办理军人退役基本养老保险和军人职业年金转移接续手续。

三、2014年10月1日以后下达退役命令，2017年1月1日以后离队的退役军人，按照后财〔2015〕1726号和后财〔2015〕1727号通知要求，办理军人退役基本养老保险和军人职业年金转移接续手续。

民政部等部门关于进一步做好军队无军籍退休退职职工安置工作的通知

（1992年8月12日　民安发〔1992〕23号）

各省、自治区、直辖市、计划单列市民政、财政、卫生厅（局）公费医疗管理委员会（办公室），各军区、各军兵种、国防科工委、后勤部、军事科学院、国防大学院（校）务部、各总部管理局（直工部），各省军区、总后所属直供单位：

《民政部、劳动人事部、总参谋部、总政治部、总后勤部关于做好军队编内和编外职工退休、退职工作的通知》（民〔1982〕39号）下发以来，对安置军队无军籍退休退职职工起到了积极作用。但随着情况的变化，其中有些规定不够完善。为了把这项工作搞好，促进部队的建设，根据国发〔1978〕104号文件精神，现就军队无军籍退休退职职工的移交范围、交接办法和管理经费等几个主要问题作如下规定。

一、下列军队无军籍退休退职人员由民政部门接收安置：

（一）集团军及其所属部队事业单位编内的全民固定工人和职员干部；

（二）军队各类院校、仓库、医院、科研、设计、文体、出版等事业单位的编内全民固定工人和职员干部；

（三）军队各级机关及其附属的内部招待所、幼儿园、装备修理机构、实习工厂、试验试制车间、营房维修机构、文印机构军人服务社、农场（生产基地）等事业单位的编内全民固定工人和职员干部；

（四）上述事业单位纳入国家劳动计划的编外全民固定工人

和职员干部，以及1971年11月底以前参加工作的计划内长期临时工。符合离休条件的职员干部，由安置地的组织、人事部门管理。

二、上述人员中原在企业系统工作，调入上述单位不满5年的职工；各大军区、各军兵种、国防科工委、各总部等大单位直属的企业化工厂、军马场、军办公司等企业单位；各大单位及省军区所属的经营性宾馆的退休退职职工，由原单位负责管理。

三、对易地安置的军队无军籍退休退职职工一般回原籍安置。提倡回农村安置。进北京、天津、上海市及省会所在地的，按当地有关规定执行。军队无军籍退休退职职工的住房，就地安置的居住原房；易地安置住房确有困难的，由部队原单位帮助解决。

四、军队无军籍退休退职职工要按计划进行安置。军队无军籍职工的退休退职，工人由师以上单位审批，职员干部按任免权限审批。每年年初，由总后勤部提出当年的移交人数（分省、自治区、直辖市），并会同民政部下达到省级（含计划单列市）民政部门和省军区后勤部门进行审核，经审核同意交接的由军地双方汇总于当年五月底前上报民政部、总后勤部，经批准列入当年的安置计划后开始交接。交接手续由军队师以上单位与安置地县以上民政部门办理。当年安置计划的完成情况，由省级民政部门和省军区后勤部门于年底前上报民政部、财政部、总后勤部。

五、军队无军籍退休退职职工由军队离退休干部安置办公室负责接收安置，其经费项目和渠道仍按国发〔1978〕104号、财政部〔1982〕财事字第111号文件执行。军队无军籍退休退职职工接收工作所需经费每年由总后勤部按照民政部提出的安排意见拨付。对此项经费要加强管理，实行包干使用，不得挪作他用。

六、军队无军籍退休退职职工的生活待遇按照国家有关规定执行。凡地方政府对退休退职职工生活待遇方面所做的各种补贴以及补贴标准的调整，应包括军队无军籍退休退职职工在内，所需经费由地方财政解决。

七、军队无军籍退休退职职工享受公费医疗待遇，其医疗问题按照国务院国发〔1978〕104号和卫生部、财政部卫计字〔1989〕第138号文件的有关规定执行。为减缓当前这部分职工医疗费严重超支的实际困难，从1992年起部队每向地方移交1名退休退职职工，由部队原单位支付一次性医疗补助费1000元。此项经费，在编职工列部队退役费报销，非编职工列有关经费开支。医疗补助费的管理使用办法，由各省、自治区、直辖市财政、民政和公费医疗管理部门根据当地实际情况制定。

八、妥善安置军队无军籍退休退职职工，是军队和地方的共同责任。军地双方应密切配合，互相支持，共同做好这项工作。本通知自下发之日起执行。

附：关于对安置范围有关条款的说明

附：

关于对安置范围有关条款的说明

为使军队无军籍退休退职职工的交接安置范围便于掌握，对通知中第一条第三款的有关内容说明如下：

一、内部招待所：指接待军内会议、过往人员或以接待军内人员为主并承担部分对外接待任务的招待所。

二、装备修理机构：指承担部队装备、民兵武器中小修或维护保养任务的修理厂、所（分队）等。

三、实习工厂：指各类院校为完成教学任务，培养学员掌握操作技能的校办工厂。

四、试验试制车间：指军队各类院校、科研单位为完成科研任务，对其产品进行试验试制的机构。

五、营房维修机构：指军队各级机关、部队、院校、科研、医院、文体等单位中，担负或主要担负本单位营房维修和零星工程建筑任务的工程队、维修队等。

六、文印机构：主要承担直属上级机关的文件、资料、教材、书刊等任务，并在军内发行的印刷厂、所（室）等非企业化单位。

七、军人服务社：指军队队列单位开办的、主要为军人及家属服务的商业、饮食、服务机构。

八、农场（生产基地）：包括列编农场、生产基地和军队各级机关、院校、医院、科研等单位为补助部队供应、改善部队生活举办的农场及农副业生产机构。

国务院军队转业干部安置工作小组等部门印发《关于自主择业的军队转业干部安置管理若干问题的意见》的通知

（2001 年 8 月 24 日　国转联〔2001〕8 号）

各省、自治区、直辖市党委和人民政府，各大军区党委，中央和国家机关各部委，军委各总部、各军兵种党委，各人民团体：

根据中共中央、国务院、中央军委颁布的《军队转业干部安置暂行办法》（中发〔2001〕3 号）的规定，从今年起，将有部分军队转业干部选择自主择业的方式安置。各地、各有关部门要在党委、政府的领导下，按照中发〔2001〕3 号和国转联〔2001〕6 号文件的有关规定和要求，抓紧构建自主择业的军队转业干部安置管理体系。要结合本地实际，制定相关政策和措施，确保他们退役金的核拨与发放、住房补贴与医疗保障、择业指导与就业培训、随调随迁家属安置与子女入学等问题的解决。要积极探索实践，认真总结经验，及时研究新情况和新问题，创造性地开展工作，不断改进和完善自主择业军队转业干部的管理服务办法。军地之间、部门之间要各司其职，相互协作，共同努力，为推进军队转业干部安置办法的改革做出应有的贡献。

现将《关于自主择业的军队转业干部安置管理若干问题的意见》发给你们，请遵照执行。

关于自主择业的军队转业干部安置管理若干问题的意见

一、关于自主择业的军队转业干部安置计划问题

自主择业的军队转业干部安置计划，由国务院军队转业干部安置工作小组、人事部、总政治部编制，与计划分配的军队转业干部安置计划同时下达，一经下达，不再变动。

二、关于自主择业的军队转业干部退役金的发放问题

自主择业的军队转业干部退役金，由国务院军队转业干部安置工作小组办公室会同有关部门编制预算，经财政部批准后，向各省（自治区、直辖市）划拨，年终进行决算。其中，第一年的经费，由国务院军队转业干部安置工作小组办公室依据总政治部干部部、总后勤部财务部提供的自主择业军队转业干部人数、职务等级和经费标准等情况，向财政部有关部门提出预算；以后年度的经费，由国务院军队转业干部安置工作小组办公室根据各省（自治区、直辖市）军队转业干部安置工作部门和财政部门按照规定标准上报的经费需求计划汇总编制预算。退役金的发放比照公务员工资统一发放办法，由各省（自治区、直辖市）军队转业干部安置工作部门会同当地财政部门通过国有商业银行支付。具体办法由各省（自治区、直辖市）制定。

自主择业的军队转业干部，其服现役期间的工资由部队计发至批准转业的当年12月31日，从翌年1月1日起逐月领取退役金。自主择业的军队转业干部离队时，其所在单位后勤财务部门按本人离队时的工资和津贴补贴标准，填制《人员供给介绍信》，安置地军队转业干部安置工作部门，按当地同等职务等级的军队干部所享受的工资和津贴补贴标准及中发〔2001〕3号文件第三十八条的有关规定，予以核发退役金。

自主择业的军队转业干部的退役金标准，根据中发〔2001〕

3号文件规定的项目和比例计算。军队统一规定的津贴补贴包括：军人职业津贴、生活补贴、伙食补贴、福利补助、地区津贴（含边远地区津贴、艰苦地区津贴、驻西藏部队特殊津贴、地区生活津贴）、生活补助、房租补贴。增发退役金比例的边远艰苦地区是指《国务院办公厅转发人事部、财政部关于调整机关事业单位工作人员工资和增加离退休人员离退休费4个实施方案的通知》（国办发〔2001〕14号）和《国务院、中央军委批转〈公安部、总政治部等部门关于边防、海岛等部队部分农村户口军官家属可在原籍转为城镇户口的意见〉的通知》（国发〔1989〕14号）确定的范围。退役金标准的调整，由国务院军队转业干部安置工作主管部门商财政部、总政治部根据移交地方安置的军队退休干部退休生活费调整情况相应调整增加。

自主择业的军队转业干部，被党和国家机关、人民团体或者财政拨款的事业单位选用为正式工作人员的，从被选用的下月起停发退役金，不再享受自主择业的军队转业干部的有关待遇。其工资待遇按照不低于选用单位与其转业时军队职务等级相应或者同等条件人员的标准确定，津贴、补贴、奖金以及其他生活福利待遇，按照国家有关规定执行。其他自主择业的军队转业干部就业后，退役金照发。

三、关于自主择业的军队转业干部的住房补贴问题

军队转业干部及其配偶均未按房改成本价、标准价、安居工程房价购买住房，或者未参加集资建房，或者未按规定的普通公有住房租金标准承租公有住房，或者虽按规定的普通公有住房租金标准承租了军产住房，但拟退出或按经济适用住房价格购买现住房的自主择业军队转业干部到地方后，未被党和国家机关、人民团体、企业事业单位录用聘用期间的购房补贴，从批准转业的翌年1月1日起，根据安置地政府的规定，按照当地政府机关与其军队职务等级相应或者同等条件人员的办法执行，所需经费由安置地政府解决。自主择业的军队转业干部被党和国家机关、人民团体、企业事业单位录用聘用以后期间的购房补贴，按照所在单位的规定执行。

自主择业的军队转业干部服现役期间的住房公积金，在其离队时一次性发给个人。实行住房公积金制度的地区，自主择业的军队转业干部可以根据本人意愿，将部队一次发给的服现役期间的住房公积金计入个人住房公积金账户。计入个人住房公积金账户的，在购建住房时，安置地有关部门应当并优先提供住房公积金贷款。

自主择业的军队转业干部服现役期间的住房补贴，由部队计发至批准转业当年的 12 月 31 日。

四、关于自主择业的军队转业干部的医疗保障问题

建立基本医疗保险制度的地区，自主择业的军队转业干部未被党和国家机关、人民团体、企业事业单位录用聘用期间，按照安置地政府的有关规定，统一参加安置地的基本医疗保险，并享受公务员医疗补助待遇。参加基本医疗保险所需缴纳的单位缴费部分和公务员医疗补助，由安置地军队转业干部安置工作部门向当地统筹地区社会保险经办机构缴纳，所需经费由安置地政府解决。军队转业干部个人以退役金为计算基数，按规定费率缴纳基本医疗保险费。安置地社会保险经办机构按照当地医疗保险的规定为自主择业的军队转业干部建立个人账户。其服现役期间的医疗保险个人账户基金余额并入本人新的基本医疗保险个人账户。自主择业的军队转业干部被党和国家机关、人民团体、企业事业单位录用聘用后，按照当地政府的规定，享受所在单位同等条件人员的医疗保险待遇，所需费用由所在单位和个人按规定缴纳。

未建立基本医疗保险制度的地区，自主择业的军队转业干部服现役期间的医疗保险个人账户基金余额，由其个人暂存，待安置地建立基本医疗保险、自主择业的军队转业干部参加基本医疗保险后，并入其个人账户。自主择业的军队转业干部未被党和国家机关、人民团体、企业事业单位录用聘用期间，享受安置地政府机关与其军队职务等级相应或者同等条件人员的医疗待遇，所需经费由安置地政府解决。自主择业的军队转业干部被党和国家机关、人民团体、企业事业单位录用聘用后，按照当地政府的有关规定，享受所在单位同等条件人员的医疗待遇。

自主择业的军队转业干部服现役期间的医疗保险费，由部队计发至批准转业当年的12月31日。

五、关于自主择业的军队转业干部的养老、失业保险问题

自主择业的军队转业干部就业后，应当按照《社会保险费征缴暂行条例》（1999国务院令第259号)、《失业保险条例》(1999国务院令第258号）等法规的规定，依法参加当地基本养老保险和失业保险，缴纳养老、失业保险费，并享受相应养老、失业保险待遇，其社会保险缴费年限从其在当地缴纳社会保险费之日算起。

六、关于对从事个体经营或者创办企业的自主择业的军队转业干部优惠政策问题

自主择业的军队转业干部申请从事个体经营或者创办企业，符合条件的，凭有关转业证件，工商行政管理部门应当优先办理。从事个体经营的，经主管税务机关批准，自领取税务登记证之日起，3年内免征营业税和个人所得税。对为安置自主择业的军队转业干部就业而新开办的企业，凡安置自主择业的军队转业干部占企业总人数60%（含60%）以上的，经主管税务机关批准，自领取税务登记证之日起，3年内免征营业税和企业所得税。自主择业的军队转业干部须持有师以上部队发给的转业证件，税务机关对此进行相应的审核认定。

七、关于自主择业的军队转业干部的就业培训问题

自主择业的军队转业干部的就业培训，贯彻“个人自愿，按需培训，依托社会，政府协助”的原则进行，主要依托军队转业干部培训中心具体实施，也可以委托地方院校、成人教育机构、职业培训机构承担具体工作。培训单位应当根据社会人才需求合理设置专业课程，加强定向职业技能培训，以提高自主择业的军队转业干部的就业竞争能力。对参加全国统一组织考试取得专业技术资格证书或者执业资格证书以及参加职业技能鉴定取得国家职业资格证书的自主择业的军队转业干部，地方用人单位应在同等条件下优先录用、聘用。

国务院军队转业干部安置工作小组办公室负责对自主择业的军队转业干部的就业培训工作进行指导监督，安置地军队转业干部安置工作部门负责就业培训工作的实施。其主要职责是：提供就业培训信息，制订就业培训计划，落实就业培训院校或承训单位等。

八、关于自主择业的军队转业干部的就业指导问题

自主择业的军队转业干部的就业指导，由军队转业干部安置工作部门负责。主要提供就业咨询，发布就业信息，组织人才交流，建立自主择业军队转业干部人才网。党和国家机关、人民团体、企业事业单位从社会上公开选用人员时，在同等条件下，应优先选用自主择业的军队转业干部。

九、关于自主择业的军队转业干部去世后的抚恤金和丧葬补助费的标准问题

自主择业的军队转业干部去世后，一次发给抚恤金和丧葬补助费，所需经费由中央财政支付。抚恤金标准：被批准为革命烈士的，为本人生前 40 个月的退役金；因公死亡的，为本人生前 20 个月的退役金；病故的，为本人生前 10 个月的退役金。丧葬补助费标准为本人生前 12 个月的退役金。

十、关于自主择业的军队转业干部管理部门的职责问题

军队转业干部安置工作部门负责自主择业的军队转业干部的安置管理工作。其主要职责是：

（一）负责自主择业的军队转业干部退役金的统计、预算、申报、审核、核拨和调整等工作。

（二）协调办理自主择业的军队转业干部的住房、医疗等社会保障问题。

（三）指导自主择业的军队转业干部就业。

（四）指导和协助自主择业的军队转业干部培训。

（五）负责自主择业的军队转业干部的档案接转与存放。协助办理评定专业技术职称、因私申请出国、出境等有关手续。

（六）指导街道、乡镇做好自主择业的军队转业干部的管理服务工作。

具体管理办法，由各省（自治区、直辖市）结合实际制定。

自主择业的军队转业干部的安置业务经费，由本级财政部门解决。

国务院军队转业干部安置工作小组等部门关于自主择业军队转业干部安置管理若干具体问题的意见

（2006年2月8日　国转联〔2006〕1号）

各省、自治区、直辖市军队转业干部安置工作小组，政府人事厅（局）、外事办公室、公安厅（局）、财政厅（局）、劳动社会保障厅（局）、人口和计划生育委员会，各军区、各军兵种、各总部、军事科学院、国防大学、国防科学技术大学、武警部队并各省军区（卫戍区、警备区）政治部，各驻外使领馆、处：

为进一步规范自主择业军队转业干部安置管理服务工作，根据《军队转业干部安置暂行办法》（中发〔2001〕3号）及其配套文件的有关规定，现就自主择业军队转业干部安置管理若干具体问题提出如下意见：

一、关于军龄和工作时间计算问题

（一）自主择业军队转业干部的军龄、衔龄、任职年限、边远艰苦地区工作年限和配偶随军并取得常住户口计算时间等截止日期，为批准其转业当年的3月31日。

（二）地方普通高等院校毕业直接入伍的军队转业干部，选择自主择业的，比照同期入军队院校学习的干部相应确定自主择业条件。

（三）收归军队建制的人武部干部，属于转业复员军人的，其收归前在人武部工作时间连续计算军龄。

（四）自主择业军队转业干部服现役期间的工作单位以军队任职命令确定的单位为准。

（五）自主择业军队转业干部服现役期间，外出学习（进修）或者代职在1年之内的，计算为其原部队驻地工作时间；在1年以上的，计算为其原学习（进修）或者代职部队驻地工作时间。

（六）自主择业军队转业干部在边远艰苦地区或从事飞行、舰艇工作时间，累加计算，不满12个月的按1年计算。

（七）自主择业军队转业干部服现役期间在飞行、舰艇学院学习的，其从事飞行、舰艇工作时间，从飞行、舰艇学院学员档案记载的上飞机、舰艇时间起计算。

（八）跳伞兵服役年限，不视同从事飞行年限。

（九）自主择业军队转业干部，其军龄按实际服役年限计算，不进行折算。

二、关于退役金计发问题

（十）增发自主择业军队转业干部退役金的军龄计算，服现役每满12个月计算1年军龄。剩余不满12个月的按1年军龄计算。

（十一）自主择业军队转业干部在地方普通高等院校毕业直接入伍的，其在校学习时间，与其军龄合并计发退役金。

（十二）自主择业军队转业干部入伍前上山下乡或者参加地方工作的时间，不作为增发月退役金计发基数比例的依据。

（十三）公安部门依据《中国人民解放军纪律条令》，给予边防、消防、警卫部队现役人员立功奖励的，按中发〔2001〕3号文件有关规定作为增发月退役金计发基数比例的依据。地方给予军队现役人员或者地方给予收归军队建制前人武部干部的其它立功奖励，不作为增发月退役金计发基数比例的依据。

（十四）军队大单位与总后勤部制定的军队干部津贴补贴标准不一致时，按总后勤部制定的全军统一规定标准执行。

三、关于有关待遇问题

（十五）自主择业军队转业干部被党和国家机关、人民团体或财政拨款的事业单位录用或聘用为正式工作人员的，从被录用或聘用的下月起停发退役金，不再享受自主择业军队转业干部的有关待遇。其从上述单位辞职、被辞退或解除聘用合同后，不再恢复自主择业军队转业干部待遇。

（十六）自主择业军队转业干部考入普通高等院校学习的，仍享受自主择业军队转业干部的有关待遇。

（十七）自主择业军队转业干部，符合国家和安置地政府享受独生子女父母奖励费（独生子女费）规定的，由安置地及时计发，所需经费由地方财政解决。

（十八）自主择业军队转业干部1994年12月31日前，逐月享受的政府特殊津贴，转业地方后仍继续享受，本人原所在大单位应将名单报总政治部干部部，商人事部有关部门划转所需经费。

（十九）自主择业军队转业干部就业后，应按照国家有关规定参加当地社会保险，履行缴费义务，并以其实际缴费年限计算相应的社会保险待遇。

（二十）自主择业军队转业干部受行政刑事处罚后，其退役金的处理，暂参照人事部《关于国家机关、事业单位工作人员受行政刑事处罚工资处理意见的复函》（人函〔1999〕177号）有关规定执行。

四、关于管理服务问题

（二十一）自主择业军队转业干部的离队报到手续，与计划分配转业干部同时办理，有特殊情况的可提前办理，截止期限由各省、自治区、直辖市确定。对无正当理由逾期不报到的，由其原部队派专人向地方移交，安置地军转和公安部门应及时办理接收落户手续，最迟不得超过当年9月30日。

（二十二）用人单位调用档案的，须由安置地军队转业干部安置工作部门、用人单位、自主择业军队转业干部三方签订协议。自主择业军队转业干部辞职、被辞退、解除聘用合同或从高等院校毕业后，用人单位须将档案及时退还安置地军队转业干部安置工作部门，不得转交第三方，同时履行相应的档案交接手续。自主择业军队转业干部从党和国家机关、人民团体或财政拨款的事业单位辞职、被辞退、解除聘用合同后，其档案不再退还安置地军队转业干部安置部门。

（二十三）自主择业军队转业干部就业的，用人单位应及时向安置地军队转业干部安置工作部门和劳动保障部门出具录用或聘用证明，本人应定期报告有关情况；自主择业军队转业干部辞职、被辞退、解除聘用合同或终止劳动关系后，用人单位应及时出具相应证明，并向劳动保障部门备案。

（二十四）自主择业军队转业干部的常住户口拟从安置地迁往其它地区的，应根据拟迁入地落户的有关政策规定办理。未就业期间，其退役金发放、医疗和住房保障仍由原安置地负责；就业后．其相关待遇按有关规定执行。

（二十五）自主择业军队转业干部因私出国、出境，时间在1年以上的，从第13个月起，每年应向安置地军队转业干部安置工作部门提供由我驻外使领馆、处或当地公证机关出具的本人生存证明书。由当地公证机关出具的证明书，须经我驻外使领馆、处认证。安置地军队转业干部安置工作部门凭上述证明，继续支付自主择业军队转业干部退役金。

自主择业军队转业干部出国定居后，其退役金照发。但须本人按照上述公证、认证要求，每年向安置地军转安置工作部门提供本人生存证明。

自主择业军队转业干部因私出国、出境或定居的，其境外的医疗费，由本人自理；获准在国外定居的，其住房补贴停发。后又经批准回国定居的，从落户下个月起，安置地军转安置工作部门按国转联〔2001〕8、9号文件有关规定执行。

自主择业军队转业干部出国定居后在境外死亡的，其亲属应及时通知安置地军队转业干部安置工作部门，并按照上述公证、认证程序，向安置地军队转业干部安置工作部门提供自主择业军队转业干部死亡证明书和供养直系亲属生存证明书，安置地军转安置工作部门按规定发给一次性抚恤金和丧葬补助费。

民政部、总政治部关于《国务院、中央军委关于军队干部退休的暂行规定》的实施细则

（1983年6月21日　民安〔1983〕56号　政干字〔1983〕第20号）

各省、市、自治区人民政府，各大军区、各军兵种、各总部、国防科工委、军事科学院和各直属院校政治部：

根据《国务院、中央军委关于军队干部退休的暂行规定》（下称《暂行规定》）第十六条规定，制定本实施细则。

第一条　《暂行规定》第二条、第三条所称“原工资（按照安置地区军队同职级干部的月工资额计算）”，包括职务（职称）工资、级别工资、地区工资补助（生活费补贴、地区津贴、地区工资性的林区津贴、矿区津贴、地区性生活补贴），不包括其他补助。未实行职务、级别工资的军队现役干部，其“原工资”应按照安置地区同类同级干部的月工资额计算，包括标准工资、地区工资补助，不包括其他补助。

《暂行规定》公布前已交政府安置的军队退休干部的“原工资”，是指退休时的工资额。

《暂行规定》第二条所称“军龄（含参加地方革命工作年限）”按满年计算，半年以上的按1年计算，不足半年的不计算。军龄计算截止时间，以办理退休手续之日为准。

第二条　《暂行规定》第二条（二）项所称“因战、因公负伤致残”，是指因战、因公负伤致残被评为二等乙级以上残废的。

《暂行规定》公布前已交政府安置的军队退休干部，已按

1958 年《国务院关于现役军官退休处理的暂行规定》，享受伤残退休费待遇的继续保留。低于《暂行规定》第二条（二）项规定标准的，按规定标准予以提高。差额部分，1978 年 6 月前退休的，从 1978 年 6 月起补发，以后退休的，从政府接收之月起补发。属于二等乙级以上残废或患二、三期矽肺病而未享受伤残退休费待遇的，经当地县以上民政部门审查，报省、自治区、直辖市民政厅（局）批准，从《暂行规定》公布之月起，按《暂行规定》第二条（二）项规定享受伤残退休费待遇。

第三条 符合《暂行规定》第二条（二）项规定，需发给护理费的，应是特等残废，或一等残废中生活不能自理、饮食起居需要人扶助的，并由师以上单位的医疗机构证明，军以上单位的政治机关批准。其护理费，离队前由军队发给，移交政府后，由安置地区的民政部门发给。离队前不符合发护理费条件的，移交政府后，因公负伤致残或原在部队期间因战因公所致伤残或矽肺病加重，已符合享受护理费条件的，应由当地县属以上医疗机构证明，县以上民政部门审查，报省、自治区、直辖市民政厅（局）批准，从批准之月起发给护理费。

《暂行规定》公布前已交政府安置的军队退休干部，原享受护理费的标准低于《暂行规定》第二条（二）项规定标准的，按规定标准予以提高，并按上述移交政府后报批程序办理。差额部分，1978 年 6 月前退休的，从 1978 年 6 月起补发，以后退休的从接收之月起执行。符合享受护理费条件而未享受的，也按同样报批程序，从批准之月起发给护理费。

凡享受护理费的，生活基本能够自理后，由当地县属以上医疗机构证明，经县以上民政部门提出意见，报省、自治区、直辖市民政厅（局）批准，停发护理费。

第四条 《暂行规定》第三条（一）项所称“相当奖励”是指退休干部在 1952 年 1 月《中国人民解放军立功与奖励工作条例（草案）》颁发以前荣立的相当于三等功以上的功。在衡量确定其等级时，一般情况下，甲等功可按一等功计算，乙等功可按二等功计算，丙等功、中功、小功可按三等功计算。获得荣誉称号或立功的单位，其个人不提高退休生活费。由地方授予荣誉称号或给予奖励的个人，按国务院和有关部门的规定执行。

第五条 《暂行规定》第三条（二）项所称“高原缺氧、特别艰苦的边防、海岛等地区”，是指海拔3500公尺以上的缺氧地区，沿陆地国境特别艰苦的县、自治县、旗境内的地区，驻岛部队按现行规定享有海岛生活补助的海岛，及当地省、自治区人民政府规定为特别艰苦地区的地区。所称“连续工作”年限，不包括中间调离上述地区的时间。凡符合此项规定条件的干部，退休时无论在何地区工作，均应按此项规定提高退休生活费。

第六条 《暂行规定》第三条亦适用于《暂行规定》公布前已交政府安置的军队退休干部。他们当中，符合该条提高退休生活费条件的，由当地县以上民政部门和武装部门共同审查，报省、自治区、直辖市民政厅（局）批准，从《暂行规定》公布之月起，享受提高退休生活费待遇。已按1958年《国务院关于现役军官退休处理的暂行规定》享受“特殊贡献”待遇的，也按照《暂行规定》第三条规定条件重新评定，并按上述程序报批。评定后的退休费标准低于原标准的，仍按原标准发给。此项评定工作，原部队政治机关要予以积极协助。

第七条 接《暂行规定》第四条和第七条规定，退休干部及随迁家属的交接和安置工作，应在当地政府的统一领导下进行，安置地的民政部门要及早作出计划方案，劳动、人事、公安、教育、商业、粮食、卫生等有关部门，要积极负责地落实他们的落户、医疗、家属工作安排、子女转学等事宜。住房建成后，就地安置的，应抓紧办理交接手续；易地安置的，等退休干部随迁家属、子女的工作安排、转学等事宜基本落实后，省、自治区、直辖市民政厅（局）即将《军队退休干部进住通知书》发往退休干部所在部队团以上政治机关，由团以上单位派人到安置地区的县以上民政部门办理交接。不需建房的，经军以上单位与省、自治区、直辖市民政部门协商同意后，由团以上单位派人（持不需建房的证明）到县以上民政部门办理交接。

军队退休干部的档案，由接收安置地区的县以上民政部门按照国家关于干部档案管理规定管理。

第八条 要求在城市安置的退休干部对于就地、回本人原籍、到配偶原籍或居住地安置的，一般应予接收。对于到父母、子女（不含现役军人、在校学生）居住地安置的，该地是中小城市（50 万人口以下）的一般应予接收；该地是大城市（50 万人口以上）的，如父母身边无直系亲属、干部未婚或干部身边无子女的，一般应予接收。

第九条 《暂行规定》第六条对军队退休干部住房问题作了原则规定，现明确如下：

①建房工作应在当地政府的主持下，由建委承担。具体分工按建发综字〔1981〕528 号和计基〔1982〕197 号文件执行。

②住房可根据各地的具体情况，采取统建、分建、购买、自建（指回农村安置的）等多种办法解决。

③夫妻双方只给一方分配住房。夫妻双方由部队同时退休，按职务高的一方分配住房；夫妻双方一方离休，一方退休，一般情况下，职务高的一方退休可分配住房，职务相当或职务低的一方退休，应随离休干部居住。住地方公房（指分配给本人或配偶的住房），本人要求分配住房的，可以分配住房，但应将原住房交回，不得同时占用两处住房。对人口较多居住拥挤的营职以下干部，经当地人民政府批准，可酌情留用一部分原住房。

④自愿回农村建房安置的是指回本人或配偶的原籍农村（含城市郊区的农村）。凡回农村安置的，须由本人申请，原部队团以上单位证明，安置地区县以上民政部门同意，并按国发〔1982〕29 号文件规定，取得批准机关发给的宅基地使用证明后，方可办理建房手续。进住时，本人和配偶必须将户口迁到农

村。退休干部的配偶系农村户口的，应尽量回农村安置。

⑤在安置地点（指城镇）原有私房（指本人有房产权）的，一般不再分配住房，如需维修、扩建，可由本人申请，原部队团以上单位证明，经县以上人民政府批准，酌情一次拨给本人一部分经费和建筑材料。所拨经费和建筑材料指标，请省、自治区、直辖市人民政府确定。维修或扩建后，产权不变，以后维修自理。

⑥从退休干部所在部队团以上政治机关接到《军队退休干部进住通知书》之日起，3个月无正当理由不报到的，或因其他原因不进住的，其住房由民政部门安排以后退休的军队干部居住。

⑦住房建成后，由当地民政部门负责分配、房管部门负责管理和维修，有条件的地方也可由民政部门管理；退休干部进住前，所需住房看管费，由地方财政解决；任何单位或个人，不得以任何借口挪用和侵占住房。退休干部的房租费按当地机关干部住公房的标准收缴，所需补贴，按当地国家机关相当职级干部有关规定办理。

⑧已经确定接收并已拨款建房的，其安置地点原则上不再变动。

⑨《暂行规定》公布前已交政府安置的军队退休干部不补发家具费。

第十条　《暂行规定》第七条所称随迁人员，应包括干部退休前经批准随军供养的其他亲属；所称“无子女照顾的”，是指无成年子女（未满16周岁）或虽有成年子女，但因残疾等原因而不能照顾的；所称“准许调一个已工作的子女随迁”，应当包括随迁子女的配偶及其未成年子女。

干部退休前已随军供养的现有部队服役的子女，退伍后可到退休干部安置地区落户，并与当地城镇退伍军人一样安排工作。

对退休干部随迁的待业子女，应和城镇待业青年一样（到农村安置的优先），由劳动人事部门安排就业。

第十一条 《暂行规定》第八条所称“按当地标准供应”，是指按当地国家机关干部的粮、油标准供应。《暂行规定》公布前已交政府安置的军队退休干部，其粮、油标准低于当地国家机关干部的粮、油标准的，应予提高；高的可不降低。

第十二条 《暂行规定》第九条所称“前往居住地点途中所需的车船费、旅馆费、行李托运费和伙食补助费”，包括搬进住房前的上述费用。

第十三条 《暂行规定》第十条所称“退休当年的生活费”，是指退休当年剩余月份的退休生活费。除退休当年剩余月份的医疗费（按国家规定的标准）一次拨给安置地区的公费医疗管理部门外，当年剩余月份的退休生活费和副食品价格补贴、粮价补贴、本年度取暖补贴、护理费（均按安置地区规定的标准计）、福利费及残废金等，均由军队一次拨给安置地区的民政部门。退休当年所需的其他经费，由安置地区民政部门按当地国家机关干部的标准，向同级财政部门编造预算列支。

军队退休干部从交给政府安置后的下一年起，所需各项费用，按财政部财事字〔1982〕第 111 号文件规定办理。其中医疗费用，由安置地区的公费医疗管理部门编列预算支付，超支部分按国家机关相当职级干部有关规定办理。

军队退休干部交政府安置后，应同当地国家机关中的退休干部一样，享受国务院和有关部门以及安置地区人民政府规定的各种优待。

第十四条 《暂行规定》第十二条所称“供养直系亲属”，是指必须依靠退休干部供养的下列人员：（一）父（含抚养退休干部长大的抚养人）、夫年满 60 周岁或基本丧失劳动能力的；（二）母（含抚养退休干部长大的抚养人）、妻年满 50 周岁或基本丧失劳动能力的；（三）子女（含遗腹子女、养子女、前妻或前夫所生子女）弟妹（含同父异母或同母异父的弟妹）、年未满

16 周岁或满 16 周岁尚在普通中学学习，或者基本丧失劳动能力的；(四) 其他必须依靠退休干部供养的无生活来源或其丧失劳动能力的亲属。

第十五条 县以上民政部门，应按《暂行规定》第十四条精神，会同组织、人事、卫生等有关部门，对军队退休干部阅读文件、听报告、组织生活、医疗和物质、文化生活等各项待遇提出安排意见，报当地党委和人民政府批准执行。

第十六条 《暂行规定》第十五条所称“本规定公布前已交政府安置的军队退休干部”，是指《暂行规定》公布前已经按照 1958 年《国务院关于现役军官退休处理的暂行规定》、1966 年《国务院关于修改军队退休干部生活费标准的通知》、1975 年《国务院、中央军委关于军队干部退出现役暂行办法》办理退休的军队干部。所称“退休生活费”，是指上述文件中规定的退休生活费基本部分。

第十七条 现由民政部门管理的军队退休干部中，凡符合离职休养条件的，由民政部门会同组织、人事和财政部门，按照《暂行规定》第十五条和国发〔1980〕253 号及国务院、中央军委〔1982〕1 号、16 号文件的规定办理。改办离休后，由干部、人事部门管理。

第十八条 各省、自治区、直辖市民政厅（局）和省军区政治部，可根据《暂行规定》和本实施细则，结合本地实际情况，提出贯彻意见，经省、自治区、直辖市人民政府批准执行，并报民政部、总政治部备案。

第十九条 本实施细则自《暂行规定》颁发之月（1981 年 10 月）起实行。

劳动和社会保障部等部门关于军队文职人员社会保险有关问题的通知

（2006年6月26日　后联〔2006〕2号）

各省、自治区、直辖市人民政府劳动和社会保障、财政、人事厅（局），各军区联勤部，各军兵种后勤部，总参管理保障部，总政直工部，总装后勤部，军事科学院院务部，国防大学、国防科学技术大学校务部，武警部队后勤部：

为了贯彻落实国务院、中央军委颁布的《中国人民解放军文职人员条例》，做好文职人员社会保险等有关工作，根据国家和军队有关政策规定，现就有关问题通知如下：

一、文职人员养老、医疗、失业、工伤和生育保险等社会保障政策，参照执行事业单位的相关办法。

二、各级劳动保障部门负责文职人员社会保险工作。聘用单位负责办理社会保险登记和社会保险费申报缴纳，以及文职人员参加社会保险手续。

三、聘用单位在办理社会保险登记时，社会保险经办机构应当考虑军队特点，适当简化手续，凡涉及军队编制、部署、军事实力等情况，聘用单位免予提供。聘用单位有部队代号的，办理社会保险登记所用单位名称一律使用部队代号。

四、聘用单位及其文职人员按照国家和当地政府规定的缴费基数、比例和标准，按时足额缴纳社会保险费。聘用单位应当缴纳的社会保险费，在本单位文职人员生活待遇经费供应定额中安排。文职人员个人应当缴纳的社会保险费，由聘用单位从其本人工资中代扣代缴。

五、在国家统一的事业单位养老保险制度出台前，文职人员养老保障参照事业单位退休保障政策执行。聘用单位所在地已开展事业单位养老保险制度改革试点的，聘用单位及其文职人员可参照执行。在国家统一的事业单位养老保险制度出台后，聘用单位及其文职人员按规定参加事业单位养老保险。文职人员在军队聘用岗位上退休后，退休待遇参照事业单位同类岗位退休人员的退休待遇确定，并按国家有关规定适时调整。

六、聘用单位及其文职人员按规定属地参加所在地医疗保险，按时足额缴纳医疗保险费。文职人员按规定享受相应医疗保险待遇。

七、聘用单位及其文职人员按照《失业保险条例》及有关规定参加失业保险，按时足额缴纳失业保险费。文职人员失业后，符合条件的，按规定享受失业保险待遇和相应的促进再就业服务。

八、文职人员按照《关于事业单位、民间非营利组织工作人员工伤有关问题的通知》（劳社部发〔2005〕36号）有关规定，执行国家机关工作人员的工伤政策。

九、聘用单位所在地事业单位已实行生育保险制度的，聘用单位按规定参加生育保险，为本单位文职人员缴纳生育保险费，文职人员按规定享受生育保险待遇。女文职人员按国家规定享受产假，产假期间工资福利待遇按照国家有关规定执行。

十、文职人员被聘用前已经参加社会保险的，由社会保险经办机构按规定办理社会保险关系和个人账户资金转移手续。

十一、文职人员被解聘后流动到机关事业单位、企业单位或灵活就业的，相关待遇按以下规定办理：

（一）文职人员被解聘后流动到机关事业单位就业的，原则上执行机关事业单位的养老、医疗、失业、工伤和生育等保障制度。

（二）文职人员被解聘后流动到企业就业或灵活就业的，按规定执行企业职工的社会保险制度，由社会保险经办机构参照《关于职工在机关事业单位与企业之间流动时社会保险关系处理意见的通知》（劳社部发〔2001〕13号）有关规定，接续或转移相关社会保险关系。其中，文职人员不享受养老保险一次性补贴待遇。

（三）文职人员被解聘后失业的，由社会保险经办机构保留其已建立的社会保险关系，保管其个人账户并计息，凡重新就业的，按规定接续或转移社会保险关系。

（四）未参加事业单位养老保险的文职人员被解聘后，由原聘用单位出具《文职人员工作年限证明》（见附件）。文职人员重新就业并参加养老保险后，由当地劳动保障部门依据本人档案、《文职人员聘用合同》和《文职人员工作年限证明》等相关材料，审核认定文职人员的视同养老保险缴费年限。

十二、聘用单位及其文职人员的社会保险费征缴管理和监督检查，按照《社会保险费征缴暂行条例》和《社会保险登记管理暂行办法》《社会保险费申报缴纳管理暂行办法》《社会保险费征缴监督检查办法》等有关法规规定执行。

十三、聘用单位要按照当地社会保险有关政策规定，及时为本单位文职人员办理参加社会保险手续，不得迟报、瞒报和漏报。聘用单位每年要向本单位文职人员公布全年社会保险费缴纳情况，接受群众监督。

十四、各级后勤（联勤）机关要加强对文职人员参加社会保险工作的检查指导，发现问题，及时纠正。

十五、各级劳动保障部门要积极支持文职人员参加社会保险工作，并给予指导、帮助和提供方便，按规定落实文职人员的各项社会保险待遇。

十六、通知所称文职人员，是指按照规定的编制聘用到军队工作，履行现役军官（文职干部）同类岗位相应职责的非现役人员；所称事业单位，是指财政全额拨款的事业单位；所称聘用单位，是指军级以上机关和驻边远艰苦地区以外的非作战部队。

做好文职人员社会保险等有关工作，对于维护文职人员合法权益、解除文职人员后顾之忧、促进文职人员合理流动，具有十分重要的作用。各部队后勤（联勤）机关和各级地方政府有关部门，要从加强国防和军队建设的高度，切实加强领导，抓好宣传教育，搞好军地协作，认真组织实施，落实好文职人员社会保险等政策。

总后勤部等部门关于军人退役基本养老保险关系转移接续有关问题的通知

（2015年9月30日　后财〔2015〕1726号）

各省、自治区、直辖市人民政府，新疆生产建设兵团，各军区、各军兵种、总装备部、军事科学院、国防大学、国防科学技术大学、武警部队：

为了贯彻实施《中华人民共和国社会保险法》《中华人民共和国军人保险法》和《国务院关于机关事业单位工作人员养老保险制度改革的决定》（国发〔2015〕2号），维护军人养老保险权益，实现军地政策顺畅衔接，经国务院、中央军委批准，现就军人退役基本养老保险关系转移接续有关问题通知如下：

一、军人退出现役参加基本养老保险的，国家给予军人退役基本养老保险补助。军人服现役期间单位和个人应当缴纳的基本养老保险费由中央财政承担，所需经费由总后勤部列年度军费预算安排。

二、军队各级后勤（联勤、保障）机关财务部门（以下简称财务部门），负责军人退役基本养老保险关系的建立、转移和军人退役基本养老保险补助的计算、审核、划转工作。

各级人民政府人力资源社会保障部门负责军人退役基本养老保险关系接续和补助资金接收，以及基本养老保险待遇落实等工作。各级人民政府财政部门按职责做好军人退役基本养老保险关系转移接续的相关工作。

三、军人退役基本养老保险补助由军人所在单位财务部门在军人退出现役时一次算清记实。

计划分配到企业工作的军队转业干部和军队复员干部，以及由人民政府安排到企业工作和自主就业的退役士兵，退出现役后参加企业职工或者城乡居民基本养老保险。军人退役基本养老保险补助的计算办法为：军官、文职干部和士官，按本人服现役期间各年度月缴费工资 20%的总和计算；义务兵和供给制学员，按本人退出现役时当年下士月缴费工资起点标准的 20%乘以服现役月数计算。其中，12%作为单位缴费，8%作为个人缴费。

计划分配到机关事业单位工作的军队转业干部和退役士兵，退出现役后参加机关事业单位基本养老保险。军人退役基本养老保险补助的计算办法为：军官、文职干部和士官，按本通知施行后服现役期间各年度月缴费工资 20%的总和计算；义务兵和供给制学员，按本人退出现役时当年下士月缴费工资起点标准的 20%乘以本通知施行后服现役月数计算。其中，12%作为单位缴费，8%作为个人缴费。

四、军人退役基本养老保险补助的月缴费工资，本通知施行前，军官、文职干部和士官为本人月工资数额，义务兵和供给制学员为本人退出现役时当年下士月工资起点标准；本通知施行后，军官、文职干部和士官为本人月工资数额乘以养老保险缴费工资调整系数，义务兵和供给制学员为本人退出现役时当年下士月工资起点标准乘以养老保险缴费工资调整系数。养老保险缴费工资调整系数确定为 1.136。

计算军人退役基本养老保险补助的月工资项目，本通知施行前包括：基本工资、军人职业津贴、工作性津贴、生活性补贴和奖励工资；本通知施行后包括：基本工资、军人职业津贴、工作性津贴、生活性补贴、艰苦边远地区津贴、驻西藏部队特殊津贴、高山海岛津贴、地区附加津贴和奖励工资。

五、军人退役基本养老保险个人缴费部分按规定计息，在军人退出现役时一次算清记实。本通知施行前的利率，按照中国人民银行公布的同期存款利率执行；本通知施行后的利率，按照国家规定的利率执行。

六、计划分配到企业工作的军队转业干部和军队复员干部，以及由人民政府安排到企业工作和自主就业的退役士兵，其军人退役基本养老保险关系转移至安置地负责企业职工基本养老保险的县级以上社会保险经办机构。

计划分配到机关事业单位工作的军队转业干部和退役士兵，其军人退役基本养老保险关系转移至安置地负责机关事业单位基本养老保险的县级以上社会保险经办机构。

七、军人退出现役时，由军人所在单位财务部门依据军人退役命令，安置地军队转业干部安置工作部门或者退役士兵安置工作主管部门的报到通知，以及军队团级以上单位司令机关军务部门或者政治机关干部部门的审核认定意见，开具《军人退役基本养老保险参保缴费凭证》《军人退役基本养老保险关系转移接续信息表》（以下简称《缴费凭证》《信息表》，见附件1、2），将军人退役基本养老保险补助资金通过银行汇至退役军人安置地县级以上社会保险经办机构，《缴费凭证》《信息表》和银行受理回执一并交给本人。军人所在单位财务部门同时向退役军人安置地县级以上社会保险经办机构邮寄《缴费凭证》和《信息表》。

社会保险经办机构收到军队财务部门邮寄的《缴费凭证》和《信息表》，核实到账资金无误后，为退役军人建立基本养老保险个人账户。退役军人应及时到安置地县级以上社会保险经办机构办理养老保险关系接续手续。

八、县级以上社会保险经办机构应将经办企业职工、机关事业单位基本养老保险的社会保险经办机构的通信地址、银行账户信息等，上报人力资源社会保障部社会保险事业管理中心，并及时报告信息变更情况。人力资源社会保障部社会保险事业管理中心与总后勤部军人保险基金管理中心建立社会保险经办机构信息交换机制；总后勤部军人保险基金管理中心负责将相关信息分发军队各级财务部门。

九、军人退出现役后参加城乡居民基本养老保险的，由安置地社会保险经办机构保存其军人退役基本养老保险关系并按规定计息。待达到企业职工基本养老保险法定退休年龄后，按照国家规定办理城乡养老保险制度衔接手续。

十、军人入伍前已经参加基本养老保险的，其基本养老保险关系和相应资金不转移到军队，由原参保地社会保险经办机构开具参保缴费凭证交给本人，并保存其全部参保缴费记录。军人本人应当将原参保地社会保险经办机构开具的参保缴费凭证，交给军人所在单位财务部门存档，在军人退出现役时，随军人退役基本养老保险关系一并交还给本人。军人退出现役后继续参加基本养老保险的，按照国家规定接续基本养老保险关系。

十一、自主择业的军队转业干部退出现役，由安置地人民政府逐月发给退役金，退出现役时不给予军人退役基本养老保险补助。军人所在单位财务部门，按照参加机关事业单位基本养老保险的办法，开具《军队自主择业转业干部缴费工资基数表》（见附件 3）交给本人，由本人随供给关系交给安置地军队转业干部安置工作部门。

自主择业的军队转业干部被党和国家机关、人民团体或者财政拨款的事业单位选用为正式工作人员的，从下月起停发退役金，按照国家规定参加机关事业单位基本养老保险。本通知施行前的个人服现役年限视同缴费年限；本通知施行后在军队服现役期间的基本养老保险补助，由军队转业干部安置工作部门根据《军队自主择业转业干部缴费工资基数表》，以其在军队服现役期间各年度月缴费工资之和为基数，通过退役金拨付渠道申请20%的养老保险补助，拨付至其单位所在地社会保险经办机构，其中 8%记入个人账户。所需经费由中央财政解决。

自主择业的军队转业干部按照国家规定依法参加当地企业职工基本养老保险的，其养老保险缴费年限从在当地缴纳养老保险费之日算起。

十二、军人退出现役采取退休方式安置的，实行退休金保障制度，退出现役时不给予军人退役基本养老保险补助。

一至四级残疾军人退出现役采取国家供养方式安置的，其生活保障按照国家规定执行，退出现役时不给予军人退役基本养老保险补助。

军人入伍前已经参加基本养老保险，退出现役采取退休、供养方式安置的，经本人申请，由原参保地社会保险经办机构依据军人所在团级以上单位出具的《军人退休（供养）证明》（见附件4）和参保缴费凭证等，退还原基本养老保险个人账户储存额，终止基本养老保险关系。

十三、军人服现役期间死亡的，由所在单位财务部门按照退出现役后参加企业职工基本养老保险的军人退役基本养老保险补助计算办法，将其服现役期间应当计算的退役养老保险个人缴费及利息一次算清，发给其合法继承人。

十四、军人退出现役后按规定办理基本养老保险关系转移接续手续的，军人退役基本养老保险补助年限与入伍前和退出现役后参加企业职工或者机关事业单位基本养老保险的缴费年限合并计算。

军人退出现役后参加机关事业单位基本养老保险的，本通知施行前的军人服现役年限视同机关事业单位基本养老保险缴费年限。

军人退役基本养老保险补助年限（含视同缴费年限）计算为军人退役时首次安置地企业职工或者机关事业单位基本养老保险参保缴费年限。

十五、军人退出现役后参加基本养老保险，达到法定退休年龄和国家规定的基本养老保险待遇领取条件的，按照待遇领取地有关规定享受相应的基本养老保险待遇。

十六、军人所在单位财务部门在开具转移凭证时，军人服现役期间的行政区划代码统一填写为“910000”，转入地社会保险经办机构据此做好人员身份标识，再次转移养老保险关系时，其服现役期间的行政区划代码不变，并在相应缴费期间的记录中注明“军人退役基本养老保险补助”。各级人民政府人力资源社会保障部门应加强信息系统建设，建立完善军人退役基本养老保险关系转移接续信息交换机制，促进军人退役基本养老保险关系顺畅转移接续。

十七、各级人民政府应加强对军人退役基本养老保险工作的组织领导，各级人力资源社会保障部门要会同财政部门和军队有关部门按照职责分工，加强协调配合，做好本通知的贯彻落实。

十八、中国人民武装警察退役基本养老保险关系转移接续有关问题执行本通知。

十九、本通知自 2014 年 10 月 1 日起施行。人力资源社会保障部、财政部、总参谋部、总政治部、总后勤部《关于军人退役养老保险关系转移接续有关问题的通知》（后财〔2012〕547 号），劳动社会保障部、财政部、人事部、总政治部、总后勤部《关于转业到企业工作的军官、文职干部养老保险有关问题处理意见的通知》（后联字〔2002〕第 3 号）同时废止。

二十、本通知由人力资源社会保障部、总后勤部负责解释。

附件：1. 军人退役基本养老保险参保缴费凭证

2. 军人退役基本养老保险关系转移接续信息表

3. 军队自主择业转业干部缴费工资基数表

4. 军人退休（供养）证明

（附件本书略）

总后勤部等部门关于军人职业年金转移接续有关问题的通知

（2015 年 9 月 30 日　后财〔2015〕1727 号）

各省、自治区、直辖市人民政府，新疆生产建设兵团，各军区、各军兵种、总装备部、军事科学院、国防大学、国防科学技术大学、武警部队：

为了贯彻实施《中华人民共和国军人保险法》《国务院关于机关事业单位工作人员养老保险制度改革的决定》（国发〔2015〕2 号）和《国务院办公厅关于印发机关事业单位职业年金办法的通知》（国办发〔2015〕18 号），建立多层次养老保险体系，维护军人养老保险权益，经国务院、中央军委批准，现就军人职业年金转移接续有关问题通知如下：

一、军人退出现役参加基本养老保险的，国家给予军人职业年金补助。军人服现役期间单位和个人应当缴纳的职业年金费用由中央财政承担，所需经费由总后勤部列年度军费预算安排。

二、军队各级后勤（联勤、保障）机关财务部门（以下简称财务部门），负责军人职业年金补助的计算、审核、划转工作。

各级人民政府人力资源社会保障部门负责军人职业年金补助的接收工作。各级人民政府财政部门按职责做好军人职业年金转移接续的相关工作。

三、军人职业年金补助由军人所在单位财务部门在军人退出现役时一次算清记实。军人职业年金补助的计算办法为：军官、文职干部和士官，按本通知施行后服现役期间各年度月缴费工资

12%的总和计算；义务兵和供给制学员，按本人退出现役时当年下士月缴费工资起点标准的12%乘以本通知施行后服现役月数计算。其中，8%作为单位缴费，4%作为个人缴费。

根据国家相关政策，军队适时调整军人职业年金单位和个人缴费的比例。

四、军人职业年金补助的月缴费工资，军官、文职干部和士官为本人月工资数额乘以养老保险缴费工资调整系数；义务兵和供给制学员为本人退出现役时当年下士月工资起点标准乘以养老保险缴费工资调整系数。养老保险缴费工资调整系数确定为1.136。

计算军人职业年金补助的月工资项目包括：基本工资、军人职业津贴、工作性津贴、生活性补贴、艰苦边远地区津贴、驻西藏部队特殊津贴、高山海岛津贴、地区附加津贴和奖励工资。

五、军人职业年金补助资金按照国家规定的利率计息，在军人退出现役时一次算清记实。

六、计划分配到机关事业单位工作的军队转业干部和退役士兵，由军人所在单位财务部门依据军人退役命令，安置地军队转业干部安置工作部门或者退役士兵安置工作主管部门的报到通知，以及军队团级以上单位司令机关军务部门或者政治机关干部部门的审核认定意见，开具《军人职业年金缴费凭证》（见附件1），将军人职业年金补助资金通过银行汇至退役军人安置地负责机关事业单位养老保险的县级以上社会保险经办机构职业年金银行账户，并将《军人职业年金缴费凭证》和银行受理回执一并交给本人。军人所在单位财务部门同时向退役军人安置地负责机关事业单位养老保险的县级以上社会保险经办机构邮寄《军人职业年金缴费凭证》。军人退出现役到接收安置单位报到后，将《军人职业年金缴费凭证》和银行受理回执交给接收安置单位，由接收安置单位负责办理军人职业年金转移接续手续。

县级以上社会保险经办机构应将经办机关事业单位养老保险

的社会保险经办机构的通信地址、职业年金银行账户信息等，上报人力资源社会保障部，并及时报告信息变更情况。人力资源社会保障部社会保险事业管理中心与总后勤部军人保险基金管理中心建立社会保险经办机构信息交换机制；总后勤部军人保险基金管理中心负责将相关信息分发军队各级财务部门。

七、计划分配到企业工作的军队转业干部和军队复员干部，以及由人民政府安排到企业工作和自主就业的退役士兵，由军人所在单位财务部门依据军人退役命令、安置地军队转业干部安置工作部门的报到通知，开具《军人职业年金缴费凭证》，将军人职业年金补助资金交给本人。

军人退出现役后，用人单位建立企业年金的，本人应将《军人职业年金缴费凭证》和军人职业年金补助资金交给用人单位，由用人单位负责办理相关转移接续手续。

八、军人入伍前已经参加机关事业单位职业年金或者企业年金的，其个人账户资金不转移到军队，由原年金管理机构继续管理运营。军人退出现役后参加机关事业单位职业年金或者企业年金的，按照国家规定办理原职业年金或者企业年金个人账户的转移接续手续。

九、军官、文职干部退出现役自主择业，由安置地政府逐月发给退役金，退出现役时不给予军人职业年金补助。

自主择业的军队转业干部被党和国家机关、人民团体或者财政拨款的事业单位选用为正式工作人员的，从下月起停发退役金，按照国家规定参加机关事业单位养老保险。本通知施行后在军队服现役期间的职业年金补助，由军队转业干部安置工作部门根据《军队自主择业转业干部缴费工资基数表》（见后财〔2015〕1726号《关于军人退役基本养老保险关系转移接续有关问题的通知》），以其在军队服现役期间各年度月缴费工资之和为基数，通过退役金拨付渠道申请12%的职业年金补助，拨付至其单位所在地社会保险经办机构。所需经费由中央财政解决。

十、军人退出现役采取退休方式安置的，实行退休金保障制度，退出现役时不给予军人职业年金补助。

一至四级残疾军人退出现役采取国家供养方式安置的，其生活保障按照国家规定执行，退出现役时不给予军人职业年金补助。

军人退出现役采取退休、供养方式安置，入伍前已参加机关事业单位职业年金或者企业年金的，达到法定退休年龄时，经本人申请，由原参保地社会保险经办机构依据军人所在团级以上单位出具的《军人退休（供养）证明》（见附件2），按照有关规定支付年金待遇。

十一、军人服现役期间死亡的，由所在单位财务部门将其本通知施行后服现役期间应当计算的军人职业年金补助及利息一次算清，发给其合法继承人。

十二、军人退出现役后达到国家规定的退休条件并依法办理退休手续后，按照国家规定参加职业年金或者企业年金的可享受相应的待遇。

十三、军人所在单位财务部门在开具转移凭证时，军人服现役期间的行政区划代码统一填写为“910000”，转入地社会保险经办机构据此做好人员身份标识。

十四、中国人民武装警察职业年金转移接续有关问题执行本通知。

十五、本通知自2014年10月1日起施行。

十六、本通知由人力资源社会保障部、总后勤部负责解释。

附件：1. 军人职业年金缴费凭证

2. 军人退休（供养）证明

（附件本书略）

山东省城镇退役士兵自谋职业办法

（2002年10月8日　山东省人民政府令第145号）

第一条　为做好城镇退役士兵安置工作，促进国防建设、经济发展和社会稳定，根据《中华人民共和国兵役法》等法律、法规，结合我省实际，制定本办法。

第二条　本办法所称城镇退役士兵，是指中国人民解放军和中国人民武装警察部队退役士兵中按国家规定由政府为其安置就业的士官和义务兵。

第三条　城镇退役士兵自谋职业坚持个人自愿、政府扶持的原则，政府对自愿自谋职业的城镇退役士兵给予鼓励和优惠。

第四条　各级人民政府应当加强对城镇退役士兵自谋职业工作的领导，组织协调有关部门共同做好退役士兵就业安置工作。

各级民政行政部门主管城镇退役士兵自谋职业的具体工作。

人事、劳动和社会保障、财政、公安、建设、税务、工商行政管理等部门按照各自职责，协助做好退役士兵自谋职业工作。

第五条　城镇退役士兵自谋职业，应当在待安置期间向安置地民政部门提交书面申请。民政部门对其申请经审核同意后，与申请人订立自谋职业协议书，发给《山东省城镇退役士兵自谋职业证书》及一次性自谋职业补助费，并告知当地劳动和社会保障部门。

第六条　转业士官和城镇退伍义务兵自谋职业补助费，分别按照安置地上年度城镇职工平均工资额的2.5倍左右和1.5倍左右的数额发放；在服役期间荣立个人一等功或者被大军区以上单位授予荣誉称号、个人二等功、个人三等功的，分别增发补助金基数的15%、10%、5%；多次获荣誉称号或者立功的，按其所获最高荣誉称号或者所立功最高一项等级标准计发。

第七条 县级以上人民政府应当设立退役士兵安置保障金，其主要来源由各级财政拨款、安置任务有偿转移金和其他途径筹集的资金组成。

退役士兵自谋职业补助费从退役士兵安置保障金中列支。

第八条 自谋职业的城镇退役士兵凭民政部门出具的介绍信，到原征集地或者其父母、配偶现户口所在地公安机关办理落户手续；其档案由当地劳动和社会保障部门就业服务机构代管；其养老、医疗、失业等社会保险费由个人按照规定标准交纳。

第九条 自谋职业的退役士兵从事个体、私营或者其他民营经济的，工商行政管理部门应当优先为其办理登记手续。

第十条 城镇退役士兵自谋职业，享受国家、省和当地政府规定的有关优惠政策。

第十一条 城镇退役士兵自谋职业从事经营活动的，有关部门和组织应当在符合城市规划的前提下，积极创造条件为其安排经营场地。

第十二条 人事、劳动和社会保障等部门应当组织有关机构，为自谋职业的城镇退役士兵提供就业指导、职业介绍和培训等服务，帮助其提高职业技能，取得有关职业资格。

第十三条 本办法自2002年11月8日起施行。

设区的市人民政府根据本地实际制定具体实施办法。

山东省退役士兵安置办法

（2015 年 2 月 25 日　山东省人民政府令第 287 号）

第一章　总　则

第一条　为了规范退役士兵安置工作，保障退役士兵合法权益，根据《中华人民共和国兵役法》《退役士兵安置条例》等法律法规，结合本省实际，制定本办法。

第二条　本省行政区域内退役士兵安置的相关工作适用本办法。

第三条　本办法所称退役士兵，是指依照《中国人民解放军现役士兵服役条例》的规定退出现役的义务兵和士官。

第四条　退役士兵安置坚持城乡一体、多元安置、统筹兼顾、体现优待的原则。

退役士兵安置实行以扶持就业为主，自主就业、安排工作、退休、供养等多种方式相结合的制度。

第五条　国家机关、社会团体、企业事业单位，都有依法接收安置退役士兵的责任和义务。在招收录用工作人员或者聘用职工时，同等条件下应当优先招收录用或者聘用退役士兵。退役士兵报考公务员、事业单位职位的，在军队服现役经历视为基层工作经历。

接收安置退役士兵的单位按照国家规定享受优惠政策。

第六条　县级以上人民政府应当加强对退役士兵安置工作的领导，建立退役士兵安置工作机制，将退役士兵接收安置和教育培训工作纳入国防动员以及双拥考核评比目标体系，将退役士兵安置工作经费和专项经费列入本级财政预算。

第七条 县级以上人民政府退伍军人和军队离退休干部安置领导小组负责本行政区域内退役士兵安置工作的统筹协调和监督检查。

县级以上人民政府退役士兵安置工作主管部门，负责本行政区域退役士兵安置工作。

各级机构编制和县级以上人民政府教育、公安、财政、人力资源社会保障、住房城乡建设、国有资产管理、税务、工商行政管理等部门应当在各自职责范围内做好退役士兵安置工作。

第八条 全社会应当尊重、优待退役士兵。退役士兵应当遵守有关退役士兵安置的法律法规，服从人民政府的安置。

第九条 对在退役士兵安置工作中做出突出贡献的单位和个人，按照国家有关规定给予表彰、奖励。

第二章 接收与移交

第十条 县级以上人民政府退役士兵安置工作主管部门对于符合规定条件的退役士兵，应当根据国务院退役士兵安置工作主管部门和中国人民解放军总参谋部制定的退役士兵年度移交计划进行接收。

第十一条 退役士兵安置地为退役士兵入伍时的户口所在地。入伍时是普通高等学校在校学生，退出现役后不复学的，其安置地为入学前户口所在地；退出现役后复学的，其安置地为入伍时户口所在地。

第十二条 退役士兵有下列情形之一的，可以易地安置，并享受与安置地退役士兵同等安置待遇：

（一）服现役期间父母户口所在地变更的，可以在父母现户口所在地安置；

（二）符合部队有关现役士兵结婚规定且结婚满二年的，可以在配偶或者配偶父母户口所在地安置；

（三）因其他特殊情况，由部队师（旅）级单位出具证明，经省级以上人民政府退役士兵安置工作主管部门批准易地安置的。

第十三条 退役士兵有下列情形之一的，根据本人申请，经省人民政府退役士兵安置工作主管部门批准，可以按照有利于退役士兵就业、医疗、生活的原则确定其安置地：

（一）因战致残的；

（二）服现役期间平时荣获二等功以上奖励或者战时荣获三等功以上奖励的；

（三）是烈士子女的；

（四）父母双亡的。

第十四条 符合政府安排工作条件的初级士官，在设区的市行政区域内跨县（市、区）易地安置的，由设区的市人民政府退役士兵安置工作主管部门批准；跨设区的市行政区域易地安置的，由省人民政府退役士兵安置工作主管部门批准。符合政府安排工作条件的中级以上士官，跨县（市、区）易地安置的，由省人民政府退役士兵安置工作主管部门批准。

第十五条 自主就业退役士兵应当自批准退出现役之日起三十日内，持退出现役证件、部队行政介绍信到安置地县（市、区）人民政府退役士兵安置工作主管部门报到。

符合政府安排工作条件的退役士兵，持接收安置通知书、退出现役证件和部队行政介绍信，在规定时间内到指定的安置地县级以上人民政府退役士兵安置工作主管部门报到。跨设区的市易地安置的初级士官和服现役满十二年以上的退役士官，由省人民政府退役士兵安置工作主管部门统一出具接收安置通知书。

退休、供养的退役士兵应当到规定的安置地人民政府退役士兵安置工作主管部门报到。

第十六条 退役士兵档案由所在部队团以上单位，按照国家档案管理的有关规定，移交给安置地县级以上人民政府退役士兵安置工作主管部门。

第十七条 县级以上人民政府退役士兵安置工作主管部门应当按照国家档案管理有关规定办理退役士兵档案的接收、保管、查阅和转递工作，并建立退役士兵基础信息数据库。

自主就业的退役士兵档案，由县级以上人民政府设立的公共就业人才服务机构免费管理。

安排工作的退役士兵档案，由安置地人民政府退役士兵安置工作主管部门移交给退役士兵接收单位管理。

退休、供养的退役士兵档案，由安置地人民政府退役士兵安置工作主管部门移交给相应的服务管理机构管理。

第十八条 县级以上人民政府退役士兵安置工作主管部门应当在退役士兵档案审核完毕且退役士兵报到后，为退役士兵开具落户介绍信；退役士兵持落户介绍信到指定的公安机关办理户口登记，公安机关应当及时办理。

第十九条 士兵被开除军籍或者除名的，离队时不予办理退役手续，由入伍前户口所在地公安部门办理落户手续，不享受退役士兵相关待遇。

第二十条 退役士兵发生与服役有关的问题，由其原部队负责处理；发生与安置有关的问题，由安置地县级以上人民政府负责处理。

第三章　自主就业

第二十一条 退役士兵符合下列情形之一的，由安置地县级以上人民政府扶持自主就业：

（一）不符合安排工作或者退休、供养条件的；

（二）符合安排工作条件，但退役时选择自主就业的。

第二十二条 县级以上人民政府应当组织协调公共就业和人才服务机构为退役士兵提供就业指导和服务，搭建信息网络平台，采取组织职业介绍、就业政策咨询、就业推荐、专场招聘会等方式，扶持退役士兵自主就业。

第二十三条 自主就业的退役士兵按照国家和省有关规定，享受就业服务、小额担保贷款、个体经营减免费用和税收等方面的优惠政策，县级以上人民政府及其有关部门应当予以支持。

第二十四条 对自主就业的退役士兵，由安置地县级以上人民政府根据实际情况发给一次性经济补助。自主就业退役士兵一次性经济补助标准由省人民政府民政、财政等部门拟定，报省人民政府批准后执行，并随着经济社会发展适时调整。

自主就业的退役士兵根据服现役年限领取一次性经济补助。服现役年限从批准入伍之日起算，到下达退役命令之日止。服现役年限按周年计算后，剩余月数不满六个月的按照六个月计算，超过六个月不满一年的按照一年计算。自主就业退役士兵一次性经济补助按照国家规定免征个人所得税。

第二十五条 县级以上人民政府及其有关部门应当鼓励用人单位招收录用或者聘用自主就业的退役士兵。对符合规定条件的接收自主就业退役士兵的企业，在新增加的岗位中，当年新招用自主就业退役士兵，与其签订一年以上期限劳动合同并依法缴纳社会保险费的，以及退役士兵从事个体经营并符合规定条件的，按照国家和省有关税费优惠政策执行。

第二十六条 有劳动能力的残疾退役士兵，优先享受国家规定的残疾人就业优惠政策。

第二十七条 自主就业退役士兵入伍前通过家庭承包方式承包的农村土地，承包期内不得违法收回或者强制流转；通过招标、拍卖、公开协商等非家庭承包方式承包的农村土地，承包期内其家庭成员可以继续承包；承包的农村土地被依法征收、征用或者占用的，与其他农村集体经济组织成员享有同等权利。

自主就业的退役士兵回入伍时户口所在地落户，属于农村集体经济组织成员但没有承包农村土地的，可以申请承包农村土地，村民委员会或者村民小组应当优先解决。

第二十八条 自主就业的退役士兵，由省人民政府退役士兵安置工作主管部门统一发给自主就业证书。

第四章 安排工作

第二十九条 退役士兵符合下列条件之一的，由县级以上人民政府安排工作：

（一）士官服现役满十二年的；

（二）服现役期间平时荣获二等功以上奖励或者战时荣获三等功以上奖励的；

（三）因战致残被评定为五级至八级残疾等级的；

（四）是烈士子女的。

符合前款规定条件的退役士兵，在艰苦地区和特殊岗位服现役的，在同等条件下优先安排工作；因精神障碍基本丧失工作能力的，由安置地人民政府予以妥善安置。

第三十条 省、设区的市、县（市、区）人民政府，按照国防义务均衡负担的原则，分级负责符合安排工作条件退役士兵的工作安排，保障其第一次就业。

第三十一条 省退役士兵安置计划，由省人民政府退役士兵安置工作主管部门会同机构编制、人力资源社会保障、国有资产管理等部门拟订，由省人民政府下达。设区的市、县（市、区）退役士兵安置工作主管部门根据上级退役士兵安置计划，会同有关部门拟订具体计划，由本级人民政府下达。

第三十二条 承担安置任务的单位应当按照安置地县级以上人民政府下达的计划，及时接收安置符合安排工作条件的退役士兵，不得以劳务派遣等形式代替接收安置。

财政支付工资的各类工勤辅助岗位遇有空缺时，应当首先用于接收由政府安排的符合岗位条件的退役士兵。

国有、国有控股和国有资本占主导地位的企业，在新招录职工时应提供不少于招收聘用人员数量百分之五的工作岗位用于安置退役士兵。

第三十三条 退役士兵安排工作实行文化考试与档案考核相结合的安置方式，公平、公正、公开安排退役士兵选岗就业。

退役士兵档案考核分值权重不得低于考试考核总分值的60%。

第三十四条 安置地人民政府应当在接收退役士兵的六个月内，完成本年度安排退役士兵工作的任务。退役士兵年度内待安排工作期间，安置地人民政府应当按照不低于当地城镇居民最低生活保障标准，按月发给生活补助费。

第三十五条 承担安排退役士兵工作任务的单位应当按时完成所在地人民政府下达的安排退役士兵工作任务，在退役士兵安置工作主管部门开出介绍信一个月内安排退役士兵上岗，并与退役士兵依法签订期限不少于三年的劳动合同或者聘用合同。符合订立无固定期限劳动合同的应当订立无固定期限劳动合同。

合同存续期内单位依法关闭、破产、改制的，退役士兵与所在单位其他人员一同执行国家的有关规定。接收退役士兵的单位裁减人员的，应当优先留用退役士兵。

第三十六条 由人民政府安排工作的退役士兵，服现役年限和符合本办法规定的待安排工作时间计算为工龄，享受所在单位同等条件人员的工资、福利待遇。

第三十七条 非因退役士兵本人原因，接收单位未按照规定安排退役士兵上岗的，应当从所在地人民政府退役士兵安置工作主管部门开出介绍信的当月起，按照不低于本单位同等条件人员平均工资80%的标准逐月发给退役士兵生活费至其上岗为止。

第三十八条 对安排工作的残疾退役士兵，所在单位不得因其残疾与其解除劳动关系或者人事关系。

安排工作的因战、因公致残退役士兵，按规定享受与所在单位工伤人员同等的生活福利和医疗待遇。

第三十九条 符合安排工作条件的退役士兵无正当理由有下列情形之一的，视为放弃安排工作待遇：

（一）不按照规定时间到退役士兵安置部门报到且超过三十日的；

（二）拒不服从退役士兵安置工作主管部门安排工作的；

（三）退役士兵安置工作主管部门下达安排工作通知一个月内，未到退役士兵安置工作主管部门办理安排工作手续的；

（四）办理安排工作手续后，未按规定期限到承担安排退役士兵工作任务单位报到的。符合安排工作条件的退役士兵在待安排工作期间被依法追究刑事责任的，取消其安排工作待遇。

第五章　退休与供养

第四十条　中级以上士官符合下列条件之一的，作退休安置：

（一）年满五十五周岁的；

（二）服现役满三十年的；

（三）因战、因公致残被评定为一级至六级残疾等级的；

（四）经军队医院证明和军级以上单位卫生部门审核确认因病基本丧失工作能力的。

因战致残被评定为五级至六级残疾等级的中级以上士官，本人自愿放弃退休安置选择由人民政府安排工作的，可以依照本办法相关规定办理。

第四十一条　省人民政府退役士兵安置工作主管部门根据国家退休士官安置计划，集中核查退休士官档案资料、审定安置去向等，制订全省退休士官接收安置计划，下达退休士官接收安置任务。

设区的市和县（市、区）人民政府退役士兵安置工作主管部门，应当根据上一级人民政府退役士兵安置工作主管部门的退休士官接收安置计划，制订本级退休士官接收安置计划，下达退休士官接收安置任务，并按照国家和省有关规定办理退休士官接收安置手续。

接到退役士兵安置工作主管部门开具的接收安置通知书后，相关服务管理机构应当及时接收退休士官，并负责做好对其的服务、管理工作。

第四十二条 因战、因公致残被评定为一级至四级残疾等级的中级以上士官，本人自愿放弃退休安置的，可以选择由国家供养。

第四十三条 被评定为一级至四级残疾等级的义务兵和初级士官退出现役的，由国家供养终身。

国家供养分为集中供养和分散供养。符合下列条件之一的，可以集中供养：

（一）因残疾原因需要经常进行医疗处置的；

（二）日常生活需要护理，不便于分散供养的；

（三）独身生活，不便于分散供养的。

在实行集中供养或者分散供养前，安置地退役士兵安置工作主管部门、移交退役士兵的部队、残疾退役士兵本人或者其监护人应当协商签订残疾退役士兵供养协议，并报省退役士兵安置工作主管部门签发接收安置残疾退役士兵通知书。

分散供养的残疾退役士兵购（建）房所需经费的标准，按照安置地县（市、区）经济适用住房平均价格和六十平方米建筑面积确定；没有经济适用住房的地方按照普通商品住房价格六十平方米建筑面积确定。购（建）房所需经费由中央财政专项安排，不足部分由地方财政解决。购（建）房产权归分散供养的残疾退役士兵所有。分散供养的残疾退役士兵自行解决住房的，按照上述标准将购（建）房费用发给本人。

第四十四条 符合退休、供养条件的退役士兵实行计划交接，其生活、住房、医疗等保障，按国家和省有关规定执行。

第六章　教育培训

第四十五条 县级以上人民政府应当加强对自主就业退役士

兵教育培训工作的组织领导。

教育培训工作坚持以促进就业为目的、以市场需求为导向、以中等职业教育和技能培训为主体、以高等职业教育、成人教育和普通高等教育为补充，本着退役士兵自愿参加、自选专业、免费培训的原则组织实施。

设区的市人民政府退役士兵安置工作主管部门负责本行政区域内退役士兵教育培训工作。

省人民政府退役士兵安置工作主管部门可以根据实际工作需要，进行跨区域调整和统筹安排，组织退役士兵参加省内易地教育培训。

第四十六条 县级以上人民政府退役士兵安置工作主管部门应当会同教育、财政、人力资源社会保障等部门，可以通过采取政府购买服务等方式，从师资力量、实训设施、教学质量、就业渠道好的教育培训机构中，确定退役士兵教育培训定点机构。

第四十七条 自主就业的退役士兵退出现役一年内可以选择在安置地设区的市人民政府确定的承训机构免费参加一次职业教育或技能培训；教育培训期限最短不少于三个月；期满经考试考核合格的，发给相应的学习（培训）证书、职业资格证书并推荐就业。

确有特殊原因当年不能报名参加培训的，经当地县级以上人民政府退役士兵安置工作主管部门批准后，可参加次年的短期技能培训。

第四十八条 县级以上人民政府应当建立健全退役士兵教育培训目标考核体系和教育培训机构定期考核机制，加强对教育培训机构的监督和指导。对未完成规定教育培训任务和要求的定点教育培训机构，取消其承办退役士兵教育培训资格。

第四十九条 自主就业退役士兵进入中等职业学校学习，报考成人高等院校或者普通高等学校的，按照国家有关规定享受优待。

第七章　社会保险关系转移接续

第五十条　退役士兵服现役年限与入伍前和退出现役后参加基本养老保险的缴费年限合并计算，待安置期按照国家有关规定执行，享受国家和所在单位规定的与工作年限有关的相应待遇。

第五十一条　县级以上人民政府人力资源社会保障行政部门，应当依照国家和省有关规定，会同同级人民政府退役士兵安置工作主管部门，配合军队的军人保险管理部门，做好退役士兵社会保险关系的接续工作。

第五十二条　对自主就业的退役士兵，凭退役士兵安置工作主管部门出具的介绍信，由社会保险经办机构按照国家有关规定办理社会保险关系转移接续手续。对安排工作的退役士兵，由接收单位按照国家有关规定办理社会保险关系转移接续手续。

第五十三条　社会保险行政部门和经办机构应当为退役士兵提供相关法律、法规和政策咨询等服务，及时为退役士兵办理社会保险接续手续。

第八章　法律责任

第五十四条　县级以上人民政府退役士兵安置工作主管部门及其工作人员、参与退役士兵安置工作的单位及其工作人员有下列行为之一的，由其上级主管部门责令改正，对相关责任人员依法给予处分；相关责任人员构成犯罪的，依法追究刑事责任：

（一）违反规定审批退役士兵安置待遇的；

（二）在审批退役士兵安置工作中出具虚假鉴定、证明的；

（三）未履行退役士兵安置工作职责或者未落实退役士兵扶持政策措施的；

（四）截留、挪用、侵占退役士兵安置专项经费的；

（五）在退役士兵安置工作中利用职权谋取私利的；

（六）其他违反退役士兵安置规定，损害退役士兵合法权益的。

第五十五条　违反本办法，接收安置退役士兵的单位有下列情形之一的，当地人民政府退役士兵安置工作主管部门责令限期改正；逾期不改的，根据《退役士兵安置条例》对国家机关、社会团体、事业单位主要负责人和直接责任人依法给予处分，对企业按照涉及退役士兵人数乘以当地上年度城镇职工平均工资十倍的金额处以罚款，并对接收安置单位及其主要负责人予以通报批评：

（一）拒绝或者无故拖延执行人民政府下达的安排退役士兵工作任务的；

（二）未依法与退役士兵签订劳动合同、聘用合同的；

（三）非因残疾退役士兵本人原因而与其解除劳动关系的。

第五十六条　退役士兵有下列情形之一的，由县级以上人民政府退役士兵安置工作主管部门取消其相关安置待遇：

（一）伪造或者非法获取有关文件、证明材料骗取安置待遇的；

（二）在政府安排工作的考试考核中弄虚作假的；

（三）采取其他违法方式弄虚作假骗取安置待遇或者在安置工作过程中从事违法活动的。

第九章　附　则

第五十七条　本办法自2015年4月1日起施行。1989年1月13日山东省人民政府发布的《山东省实施〈退伍义务兵安置条例〉细则》（鲁政发〔1989〕5号）同时废止。

中共山东省委办公厅 山东省人民政府办公厅关于做好全省退役士兵安置和权益保障工作的意见（摘录）

（2017年5月7日 鲁办发电〔2017〕44号）

一、对已到政府安置部门报到，非个人原因尚未安置的退役士兵，选择安排工作的，要按照规定安排到机关、事业单位和国有以及国有控股、国有资本占主导地位的企业上岗。待安置期间，由当地政府按不低于当地各年度城市居民最低生活保障标准发给其生活补助费。愿意选择自谋职业的，按规定办理相关手续。

二、因接收单位原因导致退役士兵不能按时上岗的，从当地安置部门开出介绍信的当月起，由接收单位按照不低于本单位同等条件人员平均工资80%的标准逐月补发生活费至其上岗为止。

三、对政府已安置接收单位、因个人原因未领取安置介绍信或接收单位已安排工作岗位因个人原因未上岗的退役士兵，要求上岗的，由原接收单位负责安排其上岗。不愿在原接收单位上岗的，可以办理自谋职业，对符合相关规定的，也可以选择退役士兵专项公益性岗位上岗。

四、对安置后待岗或失业的退役士兵，要按照国家相关规定保障其合法权益：

1. 对安置上岗后非个人原因待岗、且未解除劳动合同的人员，从文件下发之日起，自愿解除劳动关系自主就业的，由企业依法为其办理劳动关系解除手续；有到退役士兵专项公益性岗位就业意愿且符合相关规定的，可落实退役士兵专项公益性岗位；要求继续在原单位工作的，可等单位情况好转后上岗，待岗期间，由其所在单位按当地最低工资70%的标准，逐月发放生活费。

2. 对因单位破产改制等原因解除劳动关系失业的人员，按国家有关规定享受本单位同工龄同岗位职工的同等待遇。拖欠工资的，按照《中华人民共和国企业破产法》的规定优先予以清偿。本人有到退役士兵专项公益性岗位就业意愿且符合相关规定的，可优先安排退役士兵专项公益性岗位。

3. 对距离法定退休年龄5年之内、再就业有困难的，在个人提出申请、企业批准、双方签订协议后，可实行内部退养，达到法定退休年龄时再办理退休手续。

4. 对符合因病提前退休条件的，按照规定办理提前退休手续。

五、安置在企业工作的退役士兵，按规定参加企业职工基本养老保险。对目前尚未参保缴费的，可持有效证明到社会保险经办机构办理参加社会保险登记手续；对所在企业确实困难无力缴纳养老保险费的，由当地政府协调企业和经办机构协商，签订协议，纳入欠费管理，期间达到法定退休年龄的，个人缴纳部分按规定由本人缴纳后，为其办理退休手续；安置到企业后又处于失业状态、目前尚未参保缴费或中断缴费的，允许其以灵活就业人员身份缴纳养老保险费。

对已经参加基本医疗保险的退役士兵，按照属地基本医疗保险政策规定执行，其军龄视同缴费年限；对没有参加医疗保险的企业，由当地政府督促其按规定参加当地的医疗保险，参保前军队退役士兵发生的医疗费由企业负责解决，企业解决确有困难及本人和家属无力支付的，应纳入城乡医疗救助体系或通过临时救助等办法予以解决；对关闭破产企业的退役士兵，按照《中华人民共和国企业破产法》规定解决其医疗保险参保问题；对符合条件的失业退役士兵按其领取失业保险金的期限，由失业保险经办机构缴纳职工医保费，并享受职工医保待遇；灵活就业的退役士兵按照属地灵活就业人员参保办法参加职工基本医疗保险，也可自愿参加居民基本医疗保险。

六、选择自谋职业的退役士兵，发放自谋职业一次性经济补助，2001 年之前退役的，按 2001 年的标准发放；2001 年之后退役的，按退役当年标准发放。对自谋职业的退役士兵，政府要通过培训提高其就业能力，并保障其享受自主就业创业的优惠政策，鼓励效益好的民营企业优先聘用退役士兵。

七、对生活困难的退役士兵家庭，符合最低生活保障条件的，全部纳入低保保障范围，对低保边缘困难家庭给予临时救助。各级党委、政府要把退役士兵困难家庭纳入扶贫工程，采取一对一的帮扶措施帮助其脱贫。

八、对住房困难的退役士兵家庭，符合城镇住房保障条件的，由住房城乡建设部门负责建立专门台账，优先解决其保障性住房，做到应保尽保。

九、对有就业能力的退役士兵，各级政府要大力开辟就业渠道，积极扶持其就业。同时要结合本地实际，尽最大努力开发退役士兵专项公益性岗位，作为退役士兵就业的托底措施。开发的退役士兵专项公益性岗位，可以延长政府补贴时限。

十、对退役士兵加强职业教育和技能培训。充分利用我省教育资源，制定优惠政策，在春季高考中单列部分高职（高专）计划，单独划线录取；在高职院校单独招生中，安排办学水平较高的高职院校，选择优势学科专业面向退役士兵单独招生，单列计划录取；进一步提高退役士兵专升本录取比例，完善服役期间立功退役士兵专升本免试政策，为退役士兵接受高等教育提供多元渠道。按照自愿参加、自选专业、免费培训的原则，鼓励退役士兵参加职业技能培训，提高他们的就业创业能力。

十一、各市对保障退役士兵合法权益所需资金，要逐人建立台账、逐县（市、区）汇总后上报省有关部门，省级财政对财政困难县区别情况，按比例给予补助。

山东省人事厅等部门关于印发《山东省自主择业军队转业干部安置管理暂行办法》的通知

（2003 年 12 月 18 日　鲁人发〔2003〕38 号）

各市委组织部，各市人事局、编制委员会办公室、教育局、财政局、劳动和社会保障局、建委（建设局），人民银行各中心支行、分行营业管理部，各市国家税务局、地方税务局、工商行政管理局，各警备区、军分区政治部：

现将《山东省自主择业军队转业干部安置管理暂行办法》印发给你们，请遵照执行。

中共中央、国务院、中央军委颁布《军队转业干部安置暂行办法》（中发〔2001〕3 号）以来，部分军队转业干部选择了自主择业的安置方式，我省各项安置管理和服务工作积极稳妥地开展起来。随着国家和军队改革的进一步深化，将有更多的军队转业干部选择自主择业。各级、各部门要统一思想，提高认识，加强领导，认真做好《山东省自主择业军队转业干部安置管理暂行办法》的贯彻落实工作。军地之间、部门之间要各司其职，密切配合，不断改进和完善自主择业军队转业干部的管理服务工作，为全省经济社会发展和军队建设做出积极贡献。

山东省自主择业军队转业干部安置管理暂行办法

第一章　总　则

第一条　为了适应军队转业干部安置制度改革的需要，建立和完善我省自主择业军队转业干部安置管理体系，加强管理和服务工作，根据《中共中央、国务院、中央军委关于印发〈军队转业干部安置暂行办法〉的通知》（中发〔2001〕3号）、国务院军队转业干部安置工作领导小组等部门《关于印发〈关于自主择业的军队转业干部安置管理若干问题的意见〉的通知》（国转联〔2001〕8号）、国务院军转安置工作领导小组、人事部、财政部《关于印发〈自主择业的军队转业干部退役金发放管理办法〉的通知》（国转联〔2001〕9号）和有关规定，结合我省实际，制定本办法。

第二条　本办法所称自主择业军队转业干部，是指批准转业选择自主择业方式安置的军官和文职干部。

第三条　自主择业军队转业干部管理服务工作，坚持为经济社会发展和军队建设服务的方针，贯彻积极接收、妥善安置、服务到位、保障有力、管理有序的原则。

第四条　自主择业军队转业干部实行属地管理、分级负责的办法，由接收安置自主择业军队转业干部的市、县（市、区）和街道（乡镇）负责管理。管理主体为军队转业干部安置工作主管部门和自主择业军队转业干部管理服务机构。

第五条　接收安置自主择业军队转业干部是一项重要的政治任务，是全社会共同的责任。各级、各部门应当按照国家有关规定，按时完成安置任务，做好各项管理和服务工作。

第二章 机构设置与职责

第六条 省人事部门设立自主择业军队转业干部管理服务中心。各市、县（市、区）可根据工作需要，设立相应的自主择业军队转业干部管理服务机构或配备专职人员负责此项工作。自主择业军队转业干部人数较多的街道、乡镇，也要有专人负责其日常管理服务工作。

第七条 省自主择业军队转业干部管理服务机构职责

（一）根据国家政策规定，制定全省自主择业军队转业干部管理办法及相关政策法规。

（二）负责全省自主择业军队转业干部退役金和其它经费的统计、预（决）算、申报、审核、核拨和调整等工作。

（三）负责全省自主择业军队转业干部档案接收与移交工作。

（四）协调办理全省自主择业军队转业干部的住房、医疗等社会保障问题。

（五）指导全省自主择业军队转业干部就业和培训工作。

（六）对全省自主择业军队转业干部管理服务工作进行监督检查。

第八条 市自主择业军队转业干部管理服务机构职责

（一）根据国家及省有关政策规定，制定本市自主择业军队转业干部管理服务工作的具体办法及相关政策。

（二）负责全市自主择业军队转业干部退役金和其它经费的核定、预（决）算、申报、调整和发放等工作。

（三）负责全市自主择业军队转业干部就业培训和就业指导工作。

（四）负责自主择业军队转业干部档案的接转、存放与管理。

（五）协调办理自主择业军队转业干部的住房、医疗等社会保障问题。协助办理随调随迁配偶、子女的工作安排、落户和转学、入学等事宜及评定专业技术职称、因私申请出国出境等有关手续。

（六）对全市自主择业军队转业干部管理服务工作进行监督检查。

第九条 县（市）、区自主择业军队转业干部管理服务机构，按照市自主择业军队转业干部管理服务机构规定的职责，结合本地实际，落实自主择业军队转业干部的各项政策；指导街道、乡镇做好具体的管理服务工作。

第十条 街道、乡镇自主择业军队转业干部日常管理服务工作职责

（一）对在辖区内就业的自主择业军队转业干部中的党员，要督促他们按照有关规定，及时转移党组织关系，并按照有利于党组织教育管理，有利于党员参加组织生活、发挥作用的原则，把他们编入相应党支部，组织他们开展组织活动。

（二）定期组织辖区内自主择业军队转业干部进行政治学习，及时掌握他们的思想动态，做好经常性的思想政治工作。

（三）指导自主择业军队转业干部就业，及时掌握其工作动态、健康状况和家庭情况，定期向当地自主择业军队转业干部管理服务机构报告。

（四）协助办理自主择业军队转业干部随调随迁配偶、子女落户、入学等手续。

（五）负责自主择业军队转业干部计划生育、社会治安综合治理等方面的日常管理服务工作。

第十一条 自主择业军队转业干部安置及管理服务工作所需经费，由本级财政解决。

第三章 计划与安置

第十二条 自主择业军队转业干部的安置计划，由省军队转

业干部安置工作主管部门，按照国家下达的安置计划，与计划分配军队转业干部的安置计划同时编制下达。

第十三条　自主择业军队转业干部的接收安置，按照中发〔2001〕3号文件及我省的有关规定执行。符合进我省安置条件的被大军区级以上单位授予荣誉称号或荣立一等功或具有博士研究生学历的自主择业军队转业干部，可在全省范围内选择安置地点；符合进各市安置条件的荣立二等功或具有硕士研究生学历的，可在本市范围内选择安置地点。

第十四条　自主择业军队转业干部的报到通知，由省军队转业干部安置工作主管部门，与计划分配军队转业干部的报到通知同时发出。自主择业军队转业干部按规定时间到安置地自主择业军队转业干部管理服务机构报到，凭军转安置部门开具的证明到居住地公安派出所办理落户手续。

第十五条　自主择业军队转业干部的档案，由市、县（市、区）军队转业干部安置工作主管部门和自主择业军队转业干部管理服务机构管理。

第四章　待　遇

第十六条　自主择业军队转业干部从批准转业的翌年1月1日起由安置地政府逐月发给退役金。

第十七条　自主择业军队转业干部的月退役金，按照本人转业时安置地同职务等级军队干部月职务、军衔（级别）工资和军队统一规定的津贴补贴为计发基数80%的数额与基础、军龄工资的全额之和计发。

军队统一规定的津贴补贴包括：军人职业津贴、生活补贴、伙食补贴、福利补助、地区津贴（含边远地区津贴、艰苦地区津贴、驻西藏部队特殊津贴、地区生活津贴）、生活补助、房租补贴。

第十八条　自主择业军队转业干部按照下列条件和标准增发

退役金：

（一）军龄满20年以上的，从第21年起，军龄每增加一年，增发月退役金计发基数的1%。

（二）荣立三等功、二等功、一等功或者被大军区级以上单位授予荣誉称号的，分别增发月退役金计发基数的5%、10%、15%。符合其中两项以上的，按照最高的一项标准增发。

（三）在边远艰苦地区或者从事飞行、舰艇工作满10年、15年、20年以上的，分别增发月退役金计发基数的5%、10%、15%。符合其中两项以上的，按照最高的一项标准增发。

增发退役金比例的边远艰苦地区是指国办发〔2001〕14号和国发〔1989〕14号文件确定的范围。

第十九条 本办法第十七条和第十八条各项规定的标准合并计算后，月退役金数额不得超过本人转业时安置地同职务等级军队干部月职务、军衔（级别）、基础、军龄工资和军队统一规定的津贴补贴之和。

第二十条 自主择业军队转业干部的退役金，根据移交地方安置的军队退休干部退休生活费调整的情况相应调整增加。

经济比较发达的地区，自主择业军队转业干部的月退役金低于安置地当年党和国家机关相应职务等级退休干部月退休生活费数额的，安置地政府可以发给差额补贴。

自主择业军队转业干部的退役金，免征个人所得税。

第二十一条 自主择业军队转业干部退役金由中央财政专项安排。退役金的发放实行自主择业军队转业干部管理服务机构核准人数、核定标准、编制预算，财政部门核拨经费，银行代发到人的办法。市自主择业军队转业干部管理服务机构核准人数、核定标准，省自主择业军队转业干部管理服务机构进行审核汇总，省财政部门复核后将退役金划拨到代发银行退役金专用账户。代发银行为自主择业军队转业干部设立个人退役金专用账户，并于每月10日前将退役金拨付到个人账户，同时为省财政部门、省自主择业军队转业干部管理服务机构分别出具退役金对账表和退役金发放明细表。

第二十二条 自主择业的军队转业干部，被党和国家机关、人民团体或者财政拨款的事业单位录用聘用为正式工作人员的，从被录用聘用的下月起停发退役金，不再享受自主择业军队转业干部的有关待遇。其工资待遇按照不低于选用单位与其转业时军队职务等级相应或者同等条件人员的标准确定，津贴、补贴、奖金以及其他生活福利待遇，按照国家有关规定执行。其他自主择业的军队转业干部就业后，退役金照发。

第二十三条 自主择业军队转业干部未被党和国家机关、人民团体、企业事业单位录用聘用为正式工作人员的去世后，从去世的下月起停发退役金。去世后一次性发给抚恤金和丧葬补助费。抚恤金标准：被批准为革命烈士的，为本人生前40个月的退役金；因公死亡的，为本人生前20个月的退役金；病故的，为本人生前10个月的退役金。丧葬补助费标准为本人生前12个月的退役金。所需经费由中央财政支付。供养直系亲属生活确有困难的，由安置地政府按照国家和当地的有关规定发给生活困难补助金。

自主择业军队转业干部被党和国家机关、人民团体、企业事业单位录用聘用为正式工作人员的，其去世后的待遇按照国家和省有关规定执行，如低于本条前款规定的，可按照前款规定的待遇标准和支付渠道执行，不得重复享受。

第二十四条 自主择业的军队转业干部，享受安置地相应职务等级退休干部的有关政治待遇。

第二十五条 自主择业军队转业干部触犯国家法律的，按照国家有关规定处理。

第五章 社会保障

第二十六条 自主择业军队转业干部的住房，由安置地政府按照统筹规划、优先安排、重点保障、合理负担的原则给予保障，主要采取购买经济适用住房、现有住房或租住周转住房，以及参加集资、合作建房和修建自有住房等方式解决。对全迁户自主择业军队转业干部，当地政府应在其到地方报到前提供上述房源。

第二十七条 自主择业军队转业干部未被党和国家机关、人民团体、企业事业单位录用聘用期间的住房补贴，从批准转业的翌年1月1日起，根据安置地政府的有关规定，按照当地政府机关与其军队职务等级相应或者同等条件人员的办法执行，所需经费由安置地自主择业军队转业干部管理服务机构核定后，由同级财政解决。

自主择业军队转业干部被党和国家机关、人民团体、企业事业单位录用聘用期间的住房补贴，按照所在单位的规定执行。

第二十八条 自主择业军队转业干部服现役期间的住房公积金，在其离队时一次性发给个人。实行住房公积金制度的地区，自主择业军队转业干部可以根据本人意愿将部队一次发给的服现役期间的住房公积金计入个人住房公积金账户。计入个人住房公积金账户的，在购建住房时，安置地有关部门应当并优先提供住房公积金贷款。

第二十九条 自主择业军队转业干部因配偶无住房补贴，购买经济适用住房超过家庭合理负担的部分，个人支付确有困难的，安置地政府应当视情给予购房补助或者优先提供住房公积金贷款。

第三十条 已实施基本医疗保险制度的地区，自主择业军队转业干部未被党和国家机关、人民团体、企业事业单位录用聘用期间，按照安置地政府的有关规定，统一参加安置地的基本医疗保险，并享受公务员的医疗补助待遇。参加基本医疗保险所需缴纳的单位缴费部分和公务员医疗补助，由安置地自主择业军队转业干部管理服务机构向当地统筹地区社会保险经办机构缴纳，所需经费由安置地财政解决。转业干部个人缴纳部分以退役金为计算基数，按规定费率由自主择业军队转业干部管理机构从退役金中逐月代扣缴纳。安置地社会保险经办机构按照当地医疗保险的规定为自主择业军队转业干部建立个人账户。其服现役期间的医疗保险个人账户基金余额并入本人新的基本医疗保险个人账户。

第三十一条 尚未实施基本医疗保险制度的地区，自主择业军队转业干部服现役期间的医疗保险个人账户基金余额，由其个人暂存，待安置地实施基本医疗保险、自主择业军队转业干部参加基本医疗保险后，并入其个人账户。

自主择业军队转业干部未被党和国家机关、人民团体、企业事业单位录用聘用期间，享受安置地政府机关与其军队职务等级相应或者同等条件人员的医疗待遇，所需经费由安置地财政解决。

第三十二条 自主择业军队转业干部被党和国家机关、人民团体、企业事业单位录用聘用后，按照安置地政府的有关规定，享受所在单位同等条件人员的医疗待遇。

第三十三条 自主择业军队转业干部就业后，应当依法参加当地基本养老、失业、工伤和生育保险，按照规定缴纳保险费，并享受相应保险待遇。社会保险缴费年限从其在当地缴纳社会保险费之日算起，其原在部队的军龄已领取了相应的退役金，不再视同缴纳社会保险费年限。

第三十四条 参加了养老保险并按照规定缴费的自主择业军队转业干部，男年满60周岁、女年满55周岁的，其养老待遇按照国家和省有关规定执行。

第六章　培训与就业指导

第三十五条 自主择业军队转业干部的培训工作，是军转安置工作的重要组成部分，各级政府和有关部门应当在政策和经费等方面提供必要的保障。

第三十六条 培训工作应根据社会人才需求、就业实际需要确定，合理设置专业课程，加强定向职业技能培训，以提高自主择业军队转业干部的就业竞争能力。

自主择业军队转业干部的就业培训，贯彻“个人自愿，按需培训，依托社会，政府协助”的原则进行，主要依托军队转业干部培训中心具体实施，也可委托地方院校、成人教育机构、职业培训机构承担具体工作。

第三十七条 各级教育行政管理部门应在师资、教学设施等方面，支持自主择业军队转业干部培训工作。

自主择业军队转业干部报考各类院校本、专科专业，包括专升本考试的，不受年龄限制，在与其他考生同等条件下，优先录取；荣立二等功以上，总分低于提档分数线 20 分以内的，可以提交学校审查录取。鼓励自主择业军队转业干部参加各类职业技能培训，提高就业能力。自主择业军队转业干部到技术学院、高级技术学校学习，不受年龄限制，有关院校应充分考虑其特点，组织教学和培训。

第三十八条 自主择业军队转业干部的就业指导，由各级军转安置工作主管部门和自主择业军队转业干部管理服务机构负责。主要提供就业咨询，发布就业信息，组织人才交流，建立自主择业军队转业干部人才网。有条件的地区可建立自主择业军队转业干部创业园。

第三十九条 党和国家机关、人民团体、企业事业单位从社会上公开录用聘用人员时，在同等条件下，应优先选用自主择业军队转业干部。

对参加全国统一组织考试取得专业技术资格证书或者执业资格证书以及参加职业技能鉴定取得国家职业资格证书的自主择业军队转业干部，用人单位应在同等条件下优先录用、聘用。

第四十条 对自主择业军队转业干部申请从事个体经营或者创办企业的，安置地政府应当在政策上给予扶持。符合条件的，凭有关转业证件和当地自主择业军队转业干部管理服务机构出具的证明，金融部门应当积极给予贷款支持；工商行政管理部门优先核发营业执照。鼓励和支持个体工商户与私营企业优先接收自主择业军队转业干部，对接收安置自主择业军队转业干部10人以上的，允许跨行跨类增加经营范围。

第四十一条 自主择业军队转业干部从事个体经营的，经主管税务机关批准，自领取税务登记证之日起，3年内免征营业税和个人所得税。对为安置自主择业军队转业干部就业而新开办的企业，凡安置自主择业军队转业干部占企业总人数60%（含60%）以上的，经主管税务机关批准，自领取税务登记证之日起，3年内免征营业税和企业所得税。自主择业军队转业干部须持有师以上部队发给的转业证件，税务机关对此进行相应的审核认定。

第七章 家属安置

第四十二条 自主择业军队转业干部的随调随迁配偶及子女，与计划分配军队转业干部的随调随迁配偶及子女同等对待，同时接收安置，同时发出报到通知。

对到实行合同制、聘用制企业事业单位就业的军队转业干部随调配偶，应当给予2年适应期。适应期内，非本人原因不得擅自违约解聘、辞退或者解除劳动、聘用合同。

第四十三条 军队转业干部随调配偶、子女符合就业条件的，安置地政府应当提供就业指导和服务，帮助其实现就业。对从事个体经营或者创办经济实体的，应当在政策上给予扶持，按照国家有关规定给予税收优惠，并按照国家和安置地促进就业的有关规定给予收费优惠。

第四十四条 自主择业军队转业干部配偶和未参加工作的子女可以随调随迁，各地公安部门凭军队转业干部安置工作主管部门的通知及时办理迁移、落户手续。随迁子女需要转学、入学的，由安置地教育行政管理部门负责安排；报考各类院校时，在与其他考生同等条件下优先录用。

第四十五条 各地在办理自主择业军队转业干部及其随调随迁配偶、子女的工作安排、落户和转学、入学事宜时，不得收取国家政策规定以外的费用。

第四十六条 自主择业军队转业干部随调随迁配偶、子女，已经参加医疗、养老、失业、工伤、生育等社会保险的，其社会保险关系和社会保险基金，由社会保险经办机构按照国家和省有关规定一并转移或者继续支付。未参加社会保险的，按照国家和安置地有关规定，参加医疗、养老、失业、工伤、生育等社会保险。

第八章 其 他

第四十七条 自主择业军队转业干部中的党员到地方报到后，未就业的，应根据有关规定及时将组织关系转至本人户口所在地（街道、乡镇）党组织。自主择业军队转业干部党员较多，且居住比较集中的地方，可在街道、乡镇建立临时党支部，做好对未就业的自主择业军队转业干部党员的教育管理工作。

第四十八条 自主择业军队转业干部中的党员被用人单位录用聘用后，应及时将组织关系转至用人单位党组织。用人单位尚未建立党组织的，也可以将组织关系转到用人单位所在地或本人户口所在地（街道、乡镇）党组织。

第四十九条 自主择业军队转业干部中的党员，短期外出或外出时间较长但无固定地点，无法接转组织关系的，应主动与原所在党组织保持联系，定期汇报思想情况及外出活动情况。

第五十条 自主择业军队转业干部中的党员出国出境的，其党组织关系和党籍的处理，按照中组部、省委组织部的规定执行。

第五十一条 自主择业军队转业干部被党和国家机关、人民团体或财政拨款的事业单位录用聘用为正式工作人员后，安置地自主择业军队转业干部管理服务机构应及时将档案转出。被其它单位录用聘用后，可根据用人单位的需要提供档案副本，正本仍由军队转业干部安置工作主管部门和自主择业军队转业干部管理服务机构保管。

第五十二条 自主择业军队转业干部必须于每年 12 月 10 日前到当地自主择业军队转业干部管理服务机构进行登记。未进行登记的，安置地自主择业军队转业干部管理服务机构应向省级机构申报，停发其退役金。被录用聘用后，必须及时到安置地自主择业军队转业干部管理服务机构进行登记，如因不履行登记发生退役金或其它经费重复发放的，除如数追回外，视情节追究其个人责任。

第五十三条 自主择业军队转业干部的各项经费，应当设立专户，严格按照规定专款专用，不得挪用、截留、克扣、侵占。各有关部门应加强对各项经费的管理，定期对使用情况进行监督检查。

第九章 附 则

第五十四条 中国人民武装警察部队自主择业的转业干部安置管理工作，按照本办法执行。

第五十五条 各市依据本办法制定实施细则。

第五十六条 本办法自发布之日起施行。以往有关自主择业军队转业干部安置管理工作的规定，与本办法不一致的，以本办法为准。

第五十七条 本办法由省人事厅会同有关部门负责解释。

山东省人力资源和社会保障厅印发《关于做好全省退役士兵安置和权益保障工作的意见》政策解读的通知

（2017年5月19日　鲁人社函〔2017〕84号）

各市人力资源和社会保障局：

2017年5月7日，省委办公厅、省政府办公厅印发了《关于做好全省退役士兵安置和权益保障工作的意见》（以下简称《意见》）。《意见》共十一条，涉及人力资源社会保障部门职责范围内退役士兵劳动关系、社会保障和就业服务三个方面的工作。现将《关于做好全省退役士兵安置和权益保障工作的意见》相关政策解读印发你们，请参考执行。

《关于做好全省退役士兵安置和权益保障工作的意见》政策解读

一、退役士兵劳动关系问题

1.《意见》第四条第一款明确，“对安置上岗后非个人原因待岗、且未解除劳动合同的人员，从文件下发之日起，自愿解除劳动关系自主就业的，由企业依法为其办理劳动关系解除手续。”退役士兵被安置到用人单位后，因用人单位原因未能上岗，与单位解除劳动关系自主就业，应属于用人单位有过错劳动者提出解除劳动合同的情形，解除劳动合同时，用人单位应当向劳动者支付经济补偿。经济补偿的标准应不低于当地最低工资。待岗期间，按照《山东省企业工资支付规定》第31条规定，企业没有安排劳动者工作，劳动者没有到其他单位工作的，应当按照不低于当地最低工资标准的70%支付劳动者生活费。

2.《意见》第四条第二款明确，“对因单位破产改制等原因解除劳动关系失业的人员，按国家有关规定享受本单位同工龄同岗位职工的同等待遇。”根据《山东省退役士兵安置办法》第36条规定，由人民政府安排工作的退役士兵，服现役年限和符合规定的待安排工作时间计算为工龄，享受所在单位同等条件人员的工资、福利待遇。按照上述政策和同工同酬原则，因单位破产改制等原因解除劳动关系失业的退役士兵应当享受本单位同工龄同岗位职工的同等待遇，其中工龄包含服现役年限和符合规定的待安排工作时间。

《意见》第四条第二款还明确，“对因单位破产改制等原因解除劳动关系失业的人员……拖欠工资的，按照《中华人民共和国企业破产法》的规定优先予以清偿。”《中华人民共和国企业破产法》第113条规定，破产财产在优先清偿破产费用和共益债务后，应当首先清偿破产人所欠职工的工资和医疗、伤残补助、抚恤费用，所欠的应当划入职工个人账户的基本养老保险、基本医疗保险费用，以及法律、行政法规规定应当支付给职工的补偿金。企业破产时拖欠退役士兵工资和其他劳动保障权益，应当在第一清偿顺序中优先予以清偿。

3.《意见》第四条第三款明确，“对距离法定退休年龄5年以内、再就业有困难的，在个人提出申请、企业批准、双方签订协议后，可实行内部退养，达到法定退休年龄时再办理退休手续。”目前我国劳动保障法律体系中没有“内部退养”的规定。针对现实中一些年纪较大、再就业困难的退役士兵，企业有条件的，可以参照改制、政策性破产有关内部退养政策，在与职工就退养待遇协商一致后签订内部退养协议。职工的内部退养生活费标准应符合《山东省企业工资支付规定》，不低于当地最低工资标准的70%。退养期间，继续缴纳基本养老保险和医疗保险，达到法定退休年龄时，再办理退休手续，享受退休人员待遇。

二、退役士兵社会保险问题

1.《意见》第四条第四款明确，“对符合因病退休条件的，按照规定办理退休手续”。退役人员是否符合因病提前退休条件，依据《关于城镇个体工商户和灵活就业人员养老保险有关问题的通知》（鲁劳社〔2008〕65号）规定确认，即：原在国有和县以上集体企业工作期间基本养老保险缴费年限满10年，与企业解除或终止劳动关系后从事个体灵活就业的人员，经本人申请，劳动能力鉴定机构鉴定完全丧失劳动能力，且符合企业职工因病退休年龄、缴费年限条件的，可按规定办理因病退休手续。这里的退休年龄指的是男满50周岁，女满45周岁，缴费年限是指满15年，含视同缴费年限。

2.《意见》第五条第一款对安置在企业工作的退役士兵参加企业职工养老保险问题作了比较明确规定。对于困难企业无力缴纳养老保险费的情况，可按《社会保险费申报缴纳管理规定》（人社部令第20号）和《关于生产经营严重困难单位缓缴社会保险费有关问题的通知》（鲁人社发〔2015〕31号）规定的相关条件和程序，办理延缴或缓缴手续，在当地政府协调下，企业与经办机构协商，签订协议，纳入欠费管理。对此，各级人社部门和社保经办机构要严格把握政策，积极配合当地政府做好协调、认定等工作。对于与经办机构签订协议并纳入欠费管理的企业，在协议期间，被安置退役士兵达到法定退休年龄的，可由本人按规定补齐个人欠费部分后，办理退休手续，保证其基本养老保险权益。需要说明的是，这一政策适用于安置到企业的退役士兵，且应同时符合与经办机构签订协议、在协议期内到达法定退休年龄等条件。同时，企业应按协议规定及时缴纳单位欠费部分，经办机构应按规定继续向企业追缴单位欠缴部分。

另外，企业及包括退役士兵在内的职工应当依法依规办理参保登记手续，履行缴费义务。对于从事个体灵活就业的退役士兵，可按照自愿原则参加企业职工基本养老保险，按时足额缴纳基本养老保险费，到达法定退休条件并办理退休手续后，按规定享受养老保险待遇。

3.《意见》第五条第二款对退役士兵医疗保险问题进行了较为详细地规定。一是“对已经参加基本医疗保险的退役士兵，按照属地基本医疗保险政策规定执行，其军龄视同缴费年限”，已参保的退役士兵，应按照《社会保险法》规定按时足额缴纳基本医疗保险费，按规定享受医疗保险待遇；职工达到退休年龄办理退休手续时，军龄视同缴费年限，连同实际缴费年限累计达到当地规定最低缴费年限的，退休后不再缴纳基本医疗保险费。二是“对没有参加医疗保险的企业，由当地政府督促其按规定参加当地的医疗保险，参保前军队退役士兵发生的医疗费由企业负责解决”，企业和职工应当参加职工基本医疗保险，对于参保前发生的医疗费用，应按照权责对等原则，由企业负责解决。三是“对关闭破产企业的退役士兵，按照《中华人民共和国破产法》有关规定解决其医疗保险参保问题”，破产法规定欠缴的社会保险费要优先清偿，对依法关闭破产的退休人员也要在破产清算中预留相应费用。四是“对符合条件的失业退役士兵按其领取失业保险金的期限，由失业保险经办机构缴纳职工医保费，并享受职工医疗保险待遇”，对于失业人员缴费问题，《关于领取失业保险金期间的失业人员参加职工基本医疗保险有关问题的通知》（鲁人社发〔2011〕61号）规定得非常详细，各级人社部门要按照政策执行好落实好。五是“灵活就业的退役士兵按照属地灵活就业人员参保办法参加职工基本医疗保险，也可自愿参加居民基本医疗保险”，要结合《社会保险法》和当地规定做好征缴工作，保证退役士兵能够享受到基本医疗保险权益。

三、退役士兵就业服务问题

1.《意见》第六条明确，“对自谋职业的退役士兵，政府要通过培训提高其就业能力，并保障其享受自主就业创业的优惠政策，鼓励效益好的民营企业优先聘用退役士兵”。一是加强培训。对办理失业登记退役士兵，参加就业技能培训或创业培训，给予一定职业培训补贴，通过初次职业技能鉴定并取得职业资格证书或专项职业能力证书的人员，给予一定职业技能鉴定补贴，提高就业创业能力。二是促进就业和再就业。对符合条件的灵活就业退役士兵，给予社会保险补贴；对民营企业招用符合条件退役士兵，给予社会保险补贴、岗位补贴。三是扶持创业。对首次领取小微企业营业执照、正常经营并在创办企业缴纳职工社会保险费满 12 个月的退役士兵，可给予不低于 1.2 万元的一次性创业补贴，允许有条件的市对退役士兵注册个体工商户给予一次性创业补贴；加大创业担保贷款支持，对退役士兵可提供最高 10 万元的创业担保贷款，给予 3 年贴息。允许有条件的市对退役士兵创业提供一次性创业场所租赁补贴。

2. 关于专项公益岗位。《意见》的条文中多次提到的专项公益岗位，是在扶持退役人员就业方面出台的新措施，专门用于退役士兵的托底安置。这些专项公益岗位，目前正在由民政部门会同有关部门研究制定具体优惠条件和管理办法。待省里出台后，各地再按政策执行。